新注釈民法

(15)

債　権(8)

§§ 697〜711

〔第 2 版〕

窪田充見
編　集

大村敦志・道垣内弘人・山本敬三
編集代表

有斐閣コンメンタール

本書のコピー，スキャン，デジタル化等の無断複製は著作権法上での例外を
除き禁じられています。本書を代行業者等の第三者に依頼してスキャンや
デジタル化することは，たとえ個人や家庭内での利用でも著作権法違反です。

『新注釈民法』の刊行にあたって

　『新注釈民法』の編集委員会が発足したのは，2010 年秋のことであった。『注釈民法』(全 26 巻)，『新版注釈民法』(全 28 巻) は，民法学界の総力を結集して企画され，前者は 1964 年に，後者は 1988 年に刊行が始まった。その後の立法・判例・学説の変遷を考えるならば，第三の注釈書が登場してよい時期が到来していると言えるだろう。

　編集にあたっては次の 3 点に留意した。

　第一に，『新版注釈民法』が『注釈民法』の改訂版であったのに対して，『新注釈民法』はこれらとは独立の新しい書物として企画した。形式的に見れば，この点は編集代表の交代に表れているが (『注釈民法』の編集代表は，中川善之助，柚木馨，谷口知平，於保不二雄，川島武宜，加藤一郎の 6 名，これを引き継いだ『新版注釈民法』の編集代表は，谷口知平，於保不二雄，川島武宜，林良平，加藤一郎，幾代通の 6 名であった)，各巻の編集委員も新たにお願いし，各執筆者には『新版注釈民法』の再度の改訂ではなく新たな原稿の執筆をお願いした。もっとも，『注釈民法』『新版注釈民法』が存在することを踏まえて，これらを参照すれば足りる点については，重複を避けてこれらに委ねることとした。

　第二に，『新注釈民法』もまた，「判例に重きをおき，学説についてもその客観的状況を示して，現行の民法の姿を明らかにする」という基本方針を踏襲している。もっとも，判例に関しては，最高裁判例を中心としつつ必要に応じて下級審裁判例にも言及するが，必ずしも網羅的であることを求めないこととした。また，『注釈民法』『新版注釈民法』においては詳細な比較法的説明も散見されたが，『新注釈民法』では，現行の日本民法の注釈を行うという観点に立ち，外国法への言及は必要な限度に限ることとした。法情報が飛躍的に増加するとともに，かつてに比べると調査そのものは容易になったことに鑑み，情報の選別に意を用いることにした次第である。

　第三に，『新注釈民法』は，民法（債権関係）改正と法科大学院の発足を

強く意識している。一方で，民法（債権関係）改正との関係では，全20巻を三つのグループに分け，民法（債権関係）改正と関係の少ないグループから刊行を始めることとした。また，改正の対象となっていない部分についても，変動しつつある日本民法の注釈という観点から，立法論の現況や可能性を客観的に示すことに意を用いた。他方，実務との連携という観点から，要件事実への言及が不可欠な条文を選び出し，各所に項目を設けて実務家に執筆してもらうこととした。

　刊行にあたっては，多くの研究者のご協力をいただいているが，この十数年，大学をめぐる環境は厳しさを増しているのに加えて，民法（債権関係）改正法案の成立時期がはっきりしなかったこともあり，執筆者の方々はスケジュール調整に苦心されたことであろう。この場を借りて厚く御礼を申し上げる。

　冒頭に述べたように，注釈民法の刊行は 1964 年に始まったが，実は，これに先立ち，有斐閣からは註釈民法全書として，1950 年に中川善之助編集代表『註釈親族法（上下）』，1954 年に同『註釈相続法（上下）』が刊行されていた。有斐閣は 2017 年に創業 140 周年を迎えるが，民法のコンメンタールはその後半 70 年を通じて，歩みをともにしてきたことになる。熱意を持ってこの企画に取り組んで来られた歴代の関係各位に改めて敬意と謝意を表する次第である。

　　　2016 年 10 月

　　　　　　　　　　　　　　　　『新注釈民法』編集代表

　　　　　　　　　　　　　　　　　　大 村 敦 志

　　　　　　　　　　　　　　　　　　道 垣 内 弘 人

　　　　　　　　　　　　　　　　　　山 本 敬 三

本巻第 2 版はしがき

　本巻の初版は新注釈民法全巻のトップを切って，2017 年 2 月に刊行された。本巻『新注釈民法(15) 債権(8)』は事務管理・不当利得（697 条〜708 条），そして不法行為の前半部分（709 条〜711 条）をカバーしているが，分量としては不法行為の部分が 4 分の 3 近くを占めている。その後，2022 年 9 月には不法行為の後半部分（712 条〜724 条の 2）を扱う『新注釈民法(16) 債権(9)』が刊行され，加藤一郎編の『注釈民法(19)』が刊行されて以来，「この半世紀の理論的な展開と数多くの判例をふまえた」（本巻初版「はしがき」iii 頁）新しい不法行為法の注釈書が完成した。

　これに先立つ 2022 年 7 月，本巻の編者・窪田充見教授は本巻の改訂作業に着手された。8 月には改訂方針が確定され，執筆依頼がなされている。このように迅速な改訂がなされた主たる理由は，依頼状に書かれた改訂方針の中で述べられているように，「平成 29 年債権法改正をはじめとする法改正への対応を行う」必要があったことに求められるが，「9 月に刊行される『新注釈民法(16)』の関連する箇所の記述を踏まえた見直しを行う」ことも意識されていた。「初版刊行後の判例・学説等について必要な補充を行う」ことも当然ながら想定されていたが，全体を通じて「その他適宜の見直しをお願いできればと存じますが，大幅な追加・削除，構成の変更などのお考えがございましたらお知らせいただきたく存じます」との付記がなされ，早期の第 2 版刊行が企図されていたことが窺われる。実際のところ，原稿はすべて初版の執筆担当者に依頼され，2023 年 9 月締切，2024 年 4 月刊行が予定されていた。仕事が早いだけでなく，同時に慎重な段取りをされる窪田教授ならでは対応であった。

　ところが，予期しない事態が出来した。まず，2023 年 7 月に 709 条のうち「交通事故」の部分の担当されていた山口成樹教授が逝去された。この痛恨事に直面して，窪田教授は山口斉昭教授に依頼され，山口成樹教授担当分

の補筆を委ねられた。さらに続いて，2024 年 2 月には編者であり，かつ 710 条・711 条を担当された窪田教授が逝去された。2022 年 8 月の潮見佳男教授に続き，新注釈民法はまたも編者を失うこととなった。重なる悲劇に編集代表である私たちは形容しがたい喪失感に見舞われたが，早期刊行という窪田教授の御遺志を実現すべく，窪田教授担当分の補筆を，急遽，長野史寛教授にお願いした。補筆をご快諾いただいたお二方のご尽力に謝意を表するとともに，亡くなられた山口成樹・窪田充見両先生のご冥福をお祈りしたい。

　こうした不運に見舞われつつも，本巻第 2 版は完成を見るに至った。執筆者の方々のご尽力により，当初の予定より少し遅れるだけでの刊行を果たすことができた。「注釈民法というわが国の法律学において特別の意味を持ったシリーズの一冊として……読者に受け入れられ」（前記「はしがき」iv 頁），かつての加藤一郎編『注釈民法(19)』を継承し発展させた不法行為法の新注釈書として長く活用されることを期待したい。本書を手にすることが叶ったならば，「いや，早く出てよかったですよ。みなさん，本当に，ありがとうございました」と朗らかに語られたに違いない窪田教授を偲び，同教授に代わって執筆者各位に謝意を表しつつ本書を世に送る。

　2024 年 10 月

窪田教授の没後 1 年を前に

編集代表

大 村 敦 志

道 垣 内 弘 人

山 本 敬 三

本巻初版はしがき

　最初の注釈民法のシリーズにおいて，不法行為を扱う加藤一郎編『注釈民法(19)債権(10)』が刊行されたのは 1965 年，事務管理・不当利得を扱う谷口知平編『注釈民法(18)債権(9)』が刊行されたのは 1976 年のことである。その後，事務管理・不当利得については，谷口知平 = 甲斐道太郎編『新版注釈民法(18)債権(9)』が 1991 年に刊行されている。

　事務管理・不当利得については，一定の間隔で注釈民法が対応してきたが，不法行為についていえば，すでに最初の刊行から半世紀を超える期間が過ぎたことになる。もちろん，事務管理・不当利得の領域における判例や学説の展開も小さいものではない。しかし，戦後の民法学の中でも最も大きな変化がみられた不法行為法において，この半世紀というのは，まさしくその大きな展開の時期に当たるものである。この間に不法行為法は大きな展開を見せ，また，重要な判例が積み重ねられてきた。

　こうした事務管理・不当利得・不法行為をめぐる状況は，今回の新注釈民法の外形にも現れている。当初の注釈民法では，事務管理・不当利得を扱う『注釈民法(18)』が 724 頁，不法行為を扱う『注釈民法(19)』は 471 頁であった。今回の新注釈民法においては，編成自体が変わり，『新注釈民法(15)債権(8)』では，事務管理・不当利得に加えて，不法行為のいわば総論部分(民法 709 条から 711 条まで)を扱い，大塚直編『新注釈民法(16)債権(9)』で，それに続く民法 712 条以下を扱うこととなっている。これは，事務管理・不当利得が依然として重要であることをふまえつつも，この間に著しく展開した不法行為法に関する理論と判例を承けてのものである。

　本巻において取り上げる内容については，従前のシリーズとは執筆者も異なり，まったく新たなものとなっている。理論的にも，不当利得法の注釈では，類型論が前面に出され，また，不法行為法の注釈も，この半世紀の理論的な展開と数多くの判例をふまえたものである。

しかし，その一方で，従前のシリーズを引き継ぎ，また引き継ぎたいと願う部分もある。

ひとつは，注釈民法というシリーズが果たしてきた役割である。研究者や実務家に限らず，民法に携わる者，民法を学ぶ者にとって，『注釈民法』ならびに『新版注釈民法』は大きな権威とともに，計り知れない価値を有してきた。形式や内容に時代に応じた変化があるとしても，こうした特別の意義を持った注釈民法の一巻でありたいというのは，編者としての何よりの願いである。

もうひとつは，特に不法行為法についてであるが，この半世紀の展開が大きなものであったとしても，『注釈民法(19)』において示された問題意識は，現在でも，その重要性を失っておらず，本巻においても，そうした問題意識が維持されているということである。そのはしがきにおいて，加藤一郎博士は，「不法行為は，条文数が少ないのに対して，判例はきわめて多く，しかも不法行為法自体がたえず発展を続けている」とされ，「類型的考察は，どの分野でも必要なことであるが，条文の単純さと事象の複雑さのへだたりの著しい不法行為の分野では，とくにその必要性が大きく，将来の発展はこの方向に進められるべきだ」と書かれている。類型の意味をどのように理解し，また，類型をどのように立てるのかについて議論の余地があるとしても，このような不法行為法の基本的な性格は変わるものではなく，本巻においても，そうした不法行為法の理解を前提として，全体が組み立てられている。

全体の分量の制約もあり，また，今回のシリーズでは取り上げる情報を選別し，日本民法の注釈を行うという視点が重視されている。その点で，詳細な比較法的な叙述や分析がみられる従来のシリーズとはかなり印象も異なるかもしれないが，注釈民法というわが国の法律学において特別の意味を持ったシリーズの一冊として，本巻が読者に受け入れられることを切に願うものである。

2016 年 12 月

窪 田 充 見

目　　次

第3編　債　　権

第3章　事　務　管　理

第697条（事務管理）………………………………（平田健治）…　1

第698条（緊急事務管理）……………………………（　同　）…47

第699条（管理者の通知義務）………………………（　同　）…53

第700条（管理者による事務管理の継続）…………（　同　）…55

第701条（委任の規定の準用）………………………（　同　）…59

第702条（管理者による費用の償還請求等）………（　同　）…61

第4章　不　当　利　得

第703条（不当利得の返還義務）……………………（藤原正則）…77

第704条（悪意の受益者の返還義務等）……………（　同　）…184

第705条（債務の不存在を知ってした弁済）………（川角由和）…199

第706条（期限前の弁済）……………………………（　同　）…209

第707条（他人の債務の弁済）………………………（　同　）…213

第708条（不法原因給付）……………………………（　同　）…217

不当利得の要件事実 …………………………………（竹内　努）…257

第5章　不　法　行　為

第709条（不法行為による損害賠償）………………………………281

A　不法行為法に関する総説 ………………………（橋本佳幸）…281

B　不法行為の成立要件 ……………………………（　同　）…293

C　不法行為の効果 …………………………………（前田陽一）…392

D　不法行為の類型

Ⅰ　名誉毀損・プライバシー侵害等 ……………（水野　謙）…517

Ⅱ　医療事故 ………………………………………（手嶋　豊）…595

vii

目　次

Ⅲ　製造物に関する事故 ……………………（米村滋人）…654

Ⅳ　公害・環境侵害 ……………………………（吉村良一）…721

Ⅴ　交通事故……………………（山口成樹〔山口斉昭補訂〕）…777

Ⅵ　取引関係における不法行為 ………………（後藤巻則）…838

一般不法行為の要件事実 ……………………………（竹内　努）…890

第710条（財産以外の損害の賠償）…（窪田充見〔長野史寛補訂〕）…918

第711条（近親者に対する損害の賠償）………………（　同　）…949

事項索引 …………………………………………………995

判例索引…………………………………………………1009

凡　　例

1　関係法令

関係法令は，2024 年 10 月 1 日現在によった。

2　条　　文

条文は原文どおりとした。ただし，数字はアラビア数字に改めた。

3　比較条文

各条文のつぎに，〔対照〕欄をもうけ，必要に応じて，フランス民法，ドイツ民法など当該条文の理解に資する外国法・国際文書等の条項を掲げた。

4　改正履歴

各条文のつぎに，〔改正〕欄をもうけ，当該条文の改正・追加・削除があった場合の改正法令の公布年と法令番号を掲げた。ただし，表記の現代語化のための平成 16 年法律 147 号による改正は，実質的改正がある場合を除き省略した。

5　法令の表記

民法は，原則として単に条数のみをもって示した。その他の法令名の略記については，特別なものを除いて，原則として有斐閣版六法全書巻末の「法令名略語」によった。主なものは，以下の通り。

また，旧民法（明治 23 年法律 28 号・法律 98 号）および外国法・国際文書については，以下の略記例に従う。

一般法人	一般社団法人及び一般財団法人に関する法律	消費者被害回復	消費者の財産的被害等の集団的な回復のための民事の裁判手続の特例に関する法律
会社	会社法		
割賦	割賦販売法		
金融サービス	金融サービスの提供及び利用環境の整備等に関する法律	情プラ	特定電気通信による情報の流通によって発生する権利侵害等への対処に関する法律
刑	刑法		
国賠	国家賠償法	著作	著作権法
個人情報	個人情報の保護に関する法律	手	手形法
		特定商取引	特定商取引に関する法律
自賠	自動車損害賠償保障法	特許	特許法
消費契約	消費者契約法	独禁	私的独占の禁止及び公正取

凡　例

	引の確保に関する法律	旧担	旧民法債権担保編
破	破産法	旧証	旧民法証拠編
不公正告	不公正な取引方法	旧人	旧民法人事編
不正競争	不正競争防止法		
弁護	弁護士法	ス債	スイス債務法
労安衛	労働安全衛生法	ド民	ドイツ民法
		フ民	フランス民法
旧財	旧民法財産編	DCFR	ヨーロッパ私法共通参照枠
旧財取	旧民法財産取得編		草案

6　判例の表記

①　判例の引用にあたっては，つぎの略記法を用いた。なお，判決文の引用は原文通り
とし た が，濁点・句読点の付加，平仮名化は執筆者の判断で適宜行った。

　　　　最判平 12・9・22 民集 54 巻 7 号 2574 頁＝最高裁判所平成 12 年 9 月 22 日判決，
　　最高裁判所民事判例集 54 巻 7 号 2574 頁

②　判例略語

最	最高裁判所	簡	簡易裁判所
最大	最高裁判所大法廷	大	大審院
高	高等裁判所	大連	大審院連合部
知財高	知的財産高等裁判所	控	控訴院
支（○○高 △△支）	○○高等裁判所△△支部	判	判決
		中間判	中間判決
地	地方裁判所	決	決定
支（○○地 △△支）	○○地方裁判所△△支部	命	命令
		審	家事審判
家	家庭裁判所		

③　判例出典略語

家　月	家庭裁判月報	訟　月	訟務月報
下民集	下級裁判所民事裁判例集	審決集	公正取引委員会審決集
刑　集	〔大審院または最高裁判所〕刑事判例集	新　聞	法律新聞
		賃　社	賃金と社会保障
刑　録	大審院刑事判決録	東高民時報	東京高等裁判所民事判決時報
金　判	金融・商事判例		
金　法	金融法務事情	判決全集	大審院判決全集
交　民	交通事故民事裁判例集	判　時	判例時報
高民集	高等裁判所民事判例集	判　自	判例地方自治
裁判集民	最高裁判所裁判集民事	判　タ	判例タイムズ

凡　例

評　論	法律〔学説・判例〕評論全集	労　判	労働判例
		労民集	労働関係民事裁判例集
不法下民	不法行為に関する下級裁判所民事裁判例集	LEX/DB	TKC ローライブラリーに収録されている LEX/DB インターネットの文献番号
民　集	〔大審院または最高裁判所〕民事判例集		
民　録	大審院民事判決録	LLI/DB	判例秘書の判例番号

7　文献の表記

①　文献を引用する際には，後掲④の文献の略記に掲げるものを除き，著者（執筆者）・書名（「論文名」掲載誌とその巻・号数）〔刊行年〕参照頁を掲記した。

②　判例評釈・解説は，研究者等による評釈を〔判批〕，最高裁調査官による解説を〔判解〕として，表題は省略した。

③　法務省法制審議会民法（債権関係）部会における部会資料等は，法務省のウェブサイト上の PDF 文書の頁数で示した。

④　文献の略記

　　ⓐ　体系書・論文集

幾代	幾代通・不法行為（現代法律学全集）〔1977〕（筑摩書房）
幾代＝徳本	幾代通＝徳本伸一・不法行為法〔1993〕（有斐閣）
石田・再構成	石田穣・損害賠償法の再構成〔1977〕（東京大学出版会）
磯村・論考	磯村哲・不当利得論考〔2006〕（新青出版）
一問一答	筒井健夫＝村松秀樹編著・一問一答 民法（債権関係）改正〔2018〕（商事法務）
内田	内田貴・民法Ⅱ〔第3版〕債権各論〔2011〕（東京大学出版会）
梅	梅謙次郎・民法要義 巻之3 債権編〔訂正増補33版〕〔1912〕（有斐閣）
近江	近江幸治・民法講義Ⅵ 事務管理・不当利得・不法行為〔第3版〕〔2018〕（成文堂）
大塚・BISIC	大塚直・環境法 BISIC〔第4版〕〔2023〕（有斐閣）
大村	大村敦志・新基本民法6 不法行為編〔第2版〕〔2020〕（有斐閣）
加藤（一）	加藤一郎・不法行為（法律学全集）〔増補〕〔1974〕（有斐閣）
加藤（雅）	加藤雅信・新民法大系Ⅴ事務管理・不当利得・不法行為〔第2版〕〔2005〕（有斐閣）

凡　例

加藤・体系	加藤雅信・財産法の体系と不当利得法の構造〔1986〕（有斐閣）
加藤古稀(上)(下)	加藤一郎先生古稀記念・現代社会と民法学の動向(上)(下)〔1992〕（有斐閣）
川井	川井健・民法概論4 債権各論〔補訂版〕〔2010〕（有斐閣）
川角	川角由和・不当利得とはなにか〔2004〕（日本評論社）
窪田	窪田充見・不法行為法〔第2版〕〔2018〕（有斐閣）
窪田・法理	窪田充見・過失相殺の法理〔1994〕（有斐閣）
澤井	澤井裕・テキストブック事務管理・不当利得・不法行為〔第3版〕〔2001〕（有斐閣）
澤井・失火	沢井裕・失火責任の法理と判例〔増補版〕〔1990〕（有斐閣）
潮見〔初版〕・Ⅰ・Ⅱ	潮見佳男・不法行為法〔初版〕〔1999〕・Ⅰ〔第2版〕〔2009〕・Ⅱ〔第2版〕〔2011〕（信山社）
潮見・講義Ⅰ・Ⅱ	潮見佳男・基本講義 債権各論Ⅰ契約法・事務管理・不当利得〔第4版〕〔2022〕・Ⅱ不法行為法〔第4版〕〔2021〕（新世社）
四宮・上，中，下	四宮和夫・事務管理・不当利得・不法行為（現代法律学全集）上〔1981〕，中〔1983〕，下〔1985〕（青林書院）
末弘	末弘厳太郎・債権各論〔1918〕（有斐閣）
鈴木	鈴木禄彌・債権法講義〔四訂版〕〔2001〕（創文社）
谷口	谷口知平・不当利得の研究〔再版〕〔1965〕（有斐閣）
谷口・不法原因	谷口知平・不法原因給付の研究〔第3版〕〔1970〕（有斐閣）
谷口還暦(1)～(3)	谷口知平教授還暦記念・不当利得・事務管理の研究(1)〔1970〕，(2)〔1971〕，(3)〔1972〕（有斐閣）
橋本ほか	橋本佳幸＝大久保邦彦＝小池泰・民法Ⅴ（Legal Quest）〔第2版〕〔2020〕（有斐閣）
橋本・構造	橋本佳幸・責任法の多元的構造〔2006〕（有斐閣）
鳩山・上，下	鳩山秀夫・増訂日本債権法各論上・下〔1924〕（岩波書店）
平井	平井宜雄・債権各論Ⅱ不法行為〔1992〕（弘文堂）
平井・理論	平井宜雄・損害賠償法の理論〔1971〕（東京大学出版会）
平田・事務	平田健治・事務管理の構造・機能を考える〔2017〕（大阪大学出版会）
平田・利得	平田健治・不当利得法理の探究〔2019〕（信山社）

平野	平野裕之・民法総合 6 不法行為法〔第 3 版〕〔2013〕（信山社）
平野・債各	平野裕之・債権各論Ⅱ 事務管理・不当利得・不法行為〔2019〕（日本評論社）
広中	広中俊雄・債権各論講義〔第 6 版〕〔1994〕（有斐閣）
フォン・バールほか	フォン・バールほか編（窪田充見ほか監訳）・ヨーロッパ私法の原則・定義・モデル準則―共通参照枠草案（DCFR）〔2013〕（法律文化社）
藤岡	藤岡康宏・民法講義Ⅴ 不法行為法〔2013〕（信山社）
藤原	藤原正則・不当利得法〔全訂第 2 版〕〔2024〕（信山社）
星野・論集	星野英一・民法論集第 1 巻〜第 10 巻〔1970〜2015〕（有斐閣）
前田（達）	前田達明・民法Ⅵ-2（不法行為法）〔1980〕（青林書院）
前田（陽）	前田陽一・債権各論Ⅱ不法行為法〔第 3 版〕〔2017〕（弘文堂）
前田・帰責論	前田達明・不法行為帰責論〔1978〕（創文社）
松坂	松坂佐一・事務管理・不当利得（法律学全集）〔新版〕〔1973〕（有斐閣）
森島	森島昭夫・不法行為法講義〔1987〕（有斐閣）
吉田・侵害論	吉田邦彦・債権侵害論再考〔1991〕（有斐閣）
吉村	吉村良一・不法行為法〔第 6 版〕〔2022〕（有斐閣）
米村	米村滋人・医事法講義〔第 2 版〕〔2023〕（日本評論社）
リステイトメント	不法行為法研究会・日本不法行為法リステイトメント〔1988〕（有斐閣）
我妻	我妻栄・事務管理・不当利得・不法行為（新法学全集）〔1937〕（日本評論社）
我妻・講義	我妻栄・債権各論下巻一（民法講義Ⅴ 4）〔1972〕（岩波書店）
我妻還暦（上）（中）（下）	我妻栄先生還暦記念・損害賠償責任の研究（上）（中）（下）〔1957・1958・1965〕（有斐閣）

ⓑ　注釈書・講座

注民	注釈民法〔1964〜1987〕（有斐閣）
新版注民	新版注釈民法〔1988〜2015〕（有斐閣）
新注民	新注釈民法〔2017〜〕（有斐閣）
我妻・判コメ	我妻栄＝有泉亨＝四宮和夫・判例コンメンタール第 6 事務管理・不当利得・不法行為〔1963〕（コンメンタール刊行会）

凡　例

民法講座(1)〜(7)，(別巻1)，(別巻2)	星野英一編集代表・民法講座1〜7〔1984・1985〕，別巻1・2〔1990〕（有斐閣）
百年Ⅰ〜Ⅳ	広中俊雄＝星野英一編・民法典の百年Ⅰ〜Ⅳ〔1998〕（有斐閣）
賠償講座(1)〜(8)	有泉亨監修・現代損害賠償法講座〔1972〜1974〕（日本評論社）
新賠償講座(1)〜(6)	山田卓生編集代表・新・現代損害賠償法講座1〜6〔1997，1998〕（日本評論社）
実務民訴(1)〜(10)	鈴木忠一＝三ケ月章監修・実務民事訴訟講座1巻〜10巻〔1969〜1971〕（日本評論社）
新実務民訴(1)〜(14)	鈴木忠一＝三ケ月章監修・新・実務民事訴訟講座1巻〜14巻〔1981〜1984〕（日本評論社）
要件事実講座(4)	藤原弘道＝松山恒昭編・民事要件事実講座第4巻　民法Ⅱ物権・不当利得・不法行為〔2007〕（青林書院）
判例民法Ⅷ・Ⅸ	能見善久＝加藤新太郎編・論点体系判例民法8・9〔第3版〕不法行為ⅠⅡ〔2019〕（第一法規）

ⓒ　判例評釈・判例解説等

判民	東京大学判例研究会・判例民事法（有斐閣）
民百選Ⅰ○版	民法判例百選Ⅰ総則・物権〔1974〕，第2版〔1982〕，第3版〔1989〕，第4版〔1996〕，第5版〔2001〕，第5版新法対応補正版〔2005〕，第6版〔2009〕，第7版〔2015〕，第8版〔2018〕，第9版〔2023〕（有斐閣）
民百選Ⅱ○版	民法判例百選Ⅱ債権〔1975〕，第2版〔1982〕，第3版〔1989〕，第4版〔1996〕，第5版〔2001〕，第5版新法対応補正版〔2005〕，第6版〔2009〕，第7版〔2015〕，第8版〔2018〕，第9版〔2023〕（有斐閣）
消費百選	消費者法判例百選〔2010〕，第2版〔2020〕（有斐閣）
令（平・昭）○重判解	令和（平成・昭和）○年度重要判例解説（ジュリスト臨時増刊）（有斐閣）
最判解令（平・昭）○年	最高裁判所判例解説 民事篇 令和（平成・昭和）○年度（法曹会）
速判解	速報判例解説，新・判例解説Watch（法学セミナー増刊）（日本評論社）
リマークス	私法判例リマークス（法律時報別冊）（日本評論社）
争点Ⅰ，Ⅱ	加藤一郎＝米倉明編・民法の争点Ⅰ，Ⅱ（法律学の争点）〔1985〕（有斐閣）
新争点	内田貴＝大村敦志編・民法の争点（新・法律学の争点）

凡　　例

〔2007〕（有斐閣）

ⓓ　立法・改正資料

法典調査会民法議事	法典調査会民法議事速記録〔学振版〕（学術振興会）
法典調査会民法議事〔近代立法資料〕1～7	日本近代立法資料叢書一～七・法典調査会民法議事速記録（商事法務）
理由書	民法修正案理由書（広中俊雄編著・民法修正案（前3編）の理由書〔1987〕（有斐閣）所収）
立法的課題	現代不法行為法研究会編・不法行為法の立法的課題（別冊 NBL155 号）〔2015〕（商事法務）
部会資料	法務省法制審議会民法（債権関係）部会　部会資料
中間試案	民法（債権関係）の改正に関する中間試案〔2013〕
中間試案（概要付き）	法務省民事局参事官室・民法（債権関係）の改正に関する中間試案（概要付き）〔2013〕
中間試案補足説明	法務省民事局参事官室・民法（債権関係）の改正に関する中間試案の補足説明〔2013〕

⑤　雑誌略語

関　法	法学論集（関西大学）	法　学	法学（東北大学）
金　判	金融・商事判例	法　協	法学協会雑誌（東京大学）
金　法	金融法務事情	法　教	法学教室
神　戸	神戸法学雑誌	法　研	法学研究（慶應義塾大学）
ジュリ	ジュリスト	法　雑	法学雑誌（大阪市立大学）
新　報	法学新報（中央大学）	法　時	法律時報
曹　時	法曹時報	法　セ	法学セミナー
早　法	早稲田法学	法　政	法政研究（九州大学）
判　時	判例時報	北　法	北大法学論集
判　タ	判例タイムズ	民　商	民商法雑誌
判　評	判例評論（判例時報に添付）	名　法	名古屋大学法政論集
		立　命	立命館法学
阪　法	阪大法学	論ジュリ	論究ジュリスト
ひろば	法律のひろば	論　叢	法学論叢（京都大学）

8　他の注釈の参照指示

　　他の注釈箇所を参照するよう指示する場合には，→印を用いて，参照先の見出し番号で示した。すなわち，

　　　　同一箇条内の場合　　　　　例：→Ⅰ 1 (1)(ア)

　　　　他の条文注釈の場合　　　　例：→§175 Ⅱ 1 (2)(イ)

　　　　他巻の条文注釈の場合　　　例：→第 1 巻§9 Ⅱ 3 (2)(イ)

編者紹介

窪 田 充 見（くぼた・あつみ）　　　元神戸大学大学院法学研究科教授

執筆者紹介（執筆順）

平 田 健 治（ひらた・けんじ）　　　大阪大学名誉教授

藤 原 正 則（ふじわら・まさのり）　　北海道大学名誉教授

川 角 由 和（かわすみ・よしかず）　　龍谷大学名誉教授

竹 内 　努（たけうち・つとむ）　　　法務省民事局長

橋 本 佳 幸（はしもと・よしゆき）　　京都大学大学院法学研究科教授

前 田 陽 一（まえだ・よういち）　　　前立教大学大学院法務研究科教授

水 野 　謙（みずの・けん）　　　　　学習院大学法学部教授

手 嶋 　豊（てじま・ゆたか）　　　　神戸大学大学院法学研究科教授

米 村 滋 人（よねむら・しげと）　　　東京大学大学院法学政治学研究科教授

吉 村 良 一（よしむら・りょういち）　立命館大学名誉教授

山 口 成 樹（やまぐち・しげき）　　　元中央大学教授

山 口 斉 昭（やまぐち・なりあき）　　早稲田大学法学学術院教授

後 藤 巻 則（ごとう・まきのり）　　　早稲田大学名誉教授

長 野 史 寛（ながの・ふみひろ）　　　京都大学大学院法学研究科教授

§697

第3章　事務管理

（事務管理）

第697条①　義務なく他人のために事務の管理を始めた者（以下この章において「管理者」という。）は，その事務の性質に従い，最も本人の利益に適合する方法によって，その事務の管理（以下「事務管理」という。）をしなければならない。

②　管理者は，本人の意思を知っているとき，又はこれを推知することができるときは，その意思に従って事務管理をしなければならない。

〔対照〕　ド民 677・679・687，フ民 1301-1，DCFR V.-1: 101・2: 101

細　目　次

Ⅰ　事務管理に関する総説 ………………………2
1　沿革・体系上の位置・機能………………2
　(1)　沿　革 …………………………………2
　(2)　体系上の位置 …………………………5
　(3)　機　能…………………………………10
2　隣接制度との関連・規範調整 …………11
　(1)　不当利得との関係……………………12
　(2)　不法行為との関係……………………16
　(3)　契約法との関係………………………16
3　違法管理 …………………………………18
　(1)「正当な（berechtigt）事務管理」
　　論…………………………………………18
　(2)　近時の議論……………………………20
Ⅱ　本条の趣旨………………………………20
Ⅲ　要件 ………………………………………21
1　事務の他人性 ……………………………21
　(1)　総　説…………………………………21
　(2)　事案類型………………………………24
2　管理の開始 ………………………………29

　(1)　事務の種類……………………………29
　(2)　管理者の行為能力……………………30
　(3)　事務管理の法的性質…………………31
3　義務の不存在 ……………………………31
　(1)　義務が関係する諸場合………………32
　(2)　管理者が第三者との関係に基づき
　　本人の事務を管理する場合……………32
4　管理意思 …………………………………36
　(1)　機　能…………………………………36
　(2)　管理意思が複数人に対して並存す
　　る場合……………………………………38
5　本人の意思ないし利益との一致──
　善管注意義務が作用する諸側面（管理
　者の損害賠償義務，管理者の費用償還
　請求権）……………………………………38
　(1)　成立要件と存続要件…………………38
　(2)　費用償還の要件………………………39
　(3)　例外としての公的義務履行など……40
　(4)　追　認…………………………………40

〔平田〕　1

6 現代的要件論 ……………………41		V 終 了……………………………44		
7 経済学的観点からの立法ないし解釈		VI 準事務管理………………………44		
提案 ………………………………42		1 沿 革 ………………………44		
IV 効 果……………………………43		2 日本の議論 …………………45		
1 違法性阻却 …………………43		3 評 価 ………………………46		
2 本人に生ずる権利 …………44		4 知的財産権法 ………………46		
3 管理者に生ずる権利 ………44		5 処分行為との関連……………47		

I 事務管理に関する総説

1 沿革・体系上の位置・機能

(1) 沿 革

　古代ローマでの不在者の財産管理に始まり，中世での求償手段としての適用範囲の肥大，近世での基礎付けとしての準契約思想，不当利得からの制度的分化というさまざまな環境を経てきた事務管理制度には，現在においても，一般的，抽象的に安定した内容を与えることが困難な事情がある。この点は，他の領域，すなわち契約法，不法行為法と比べた際に明らかとなる。諸時代の沿革の複合的影響に応じて，現実の立法例もその運用も，多様な様相を示している。もちろん，事務管理という制度を有しない法圏も，それと機能的に対応する制度を程度の差はあれ有している（→(2)(イ)）。以上のことから，事務管理制度の意義を前提とした個別の問題点の解釈のためのみならず，事務管理という制度の存在意義を考えるためにも，沿革ならびに諸法圏での現在の運用をたどることの意味がある。

　(ア) ローマ法　ヤンゼン（Jansen）によれば，まず，ローマの時代には，事務管理は契約を伴わない信託の機能を果たしたとする。ここで，事務管理は，ローマの社会道徳に基づく拘束に由来し，友人などの同等者間において，あるいは主人と被保護者の間のような支配関係において生じ，他人の財産事務に留意する忠実義務と，それの反面としての管理者の出費償還請求権が問題となった。しかし，ローマの事務管理は，このような利他的活動に限定されておらず，求償と利得調整に関連付けられていた。これは，一般不当利得法が存在しなかったことと関連し，その意味で，調整システムの一部をなした。

　(イ) 普通法　普通法において，この利得調整機能が裁判実務の中心に移

§*697* I

動した。つまり，利得調整機能がこの制度の第一義となった。この点には，2つの点の変化が関連している。ローマにおける社会道徳，それに支えられた信託思想が消失したこと，他方では，合意の拘束力が徐々に承認され，その限りで事務管理に依拠する必要がなくなったことである。また，正義の要請としての利得吐き出しが中世以降，強調されていったことがある。これらの結果，事務管理は，輪郭のない調整道具に至った。正当でない事務管理，あるいは本人が反対の場合でさえ，双方的利得調整となった。しかし，このようなモデルを変質と非難することは早急であり，19世紀，20世紀までは，このモデルの需要が存在した。ドイツ法では現在でもそうである。

　(ウ)　近世　　同時に19世紀，20世紀に，緊急救助モデルへの移転と，報酬と人的損害賠償という法律効果の拡大が生じた。もっとも，このような展開の基礎はすでに自然法論にあった。合意の拘束力と一般不当利得請求権の承認ののちには，事務管理制度の存在意義が問われたが，通説は，利得法上ないしは契約法上の評価の非独立的表現と理解して，事務管理制度を維持した。クリスティアン・ヴォルフ（Christian Wolff）は，事務管理を管理者の本人のために活動する意思に由来するものと位置付け，この意思が本人の推定的同意に対応するものとした。したがって，適用領域は，そのような推定を可能にするものとして，損害防止に必要な費用に限定された（Jansen, Zeitschrift für Europäisches Privatrecht 2007, 963-969.）。

　以上のように，彼は，古典期ローマ法，中世普通法，近世法に，それぞれ，信託による忠実義務と求償，調整による不当利得吐き出し，緊急救助の損害賠償，報酬を対応させ，特徴付けているが，それらは鮮明な像ではなく，多様な機能，効果が法源に制約されつつ並存していた点に注意する必要がある。

　このような状況は，登場人物が多少違うものの，フランス法から見ても同様であった。カルボニエは，ロマニストとしてのポチエ，ジャンセニストとしてのドマなどを挙げたのちに，自然法思想や共和制の連帯思想を挙げて，事務管理思想の展開を概観している（Carbonnier, Droit Civil 4 Les Obligations, 11e éd., (1982) no 117 [HISTOIRE].）。

　(エ)　体系形成に向けての彷徨　　ヤンゼンはさらに敷衍して言う。

　事務管理法は，当初より，帰属回復と活動関係の二重性から成り立っていた。その問題視点，概念，適用領域，規範的基礎は相互に関連し，歴史上規

〔平田〕　3

§697 I 　　　　　　　　　　　　　　　第3編　第3章　事務管理

定されてきた。中世においては，管理者の反対訴権を中心として考え，さらに，準契約的性質付けで，古典期ローマ法ではなお観念上は相互に無関係に議論されたところの，直接訴権と反対訴権の同期化が，注釈学派以降に進行し，個々の訴権（請求権）の成否の前に，事務管理自体の構成要件充足性が問われた（Jansen, Historisch-kritischer Kommentar zum BGB, Schmoeckel, Rückert, Zimmermann（Hg.）Band III（2013），§§ 677-687 I, Rn. 15; Anm.131. なお，磯村・論考144 頁によれば，後期普通法における同期化は，主観的他人の事務において直接訴権を認めるという要請が作用していた）。ドネルスは16 世紀に事務管理を構造化しようとしたが（対象自体による他人の事務と，管理者の意思による他人の事務への二大別），輪郭のない調整道具として扱い続ける現代的慣用実務（前期普通法）には影響を与え得なかった（HKK/Jansen, §§ 677-687 I, Rn. 17.）。事務管理の存在根拠を問う基礎的論争を初めて導入したのが，自然法学者である。ここでは，責任法や利得法以外に契約外債権関係を否定するという方向（後期スコラ学派，グロティウスなど），管理者の意思と本人の推定的意思の対応に，黙示の契約を見る方向（プーフェンドルフ，クリスティアン・ヴォルフなど）などが現れた。しかし，その基礎を利得禁止に置くのか，契約法に置くのかで分かれた。ただ，いずれの側にも，他人の介入からの本人の保護が重要であるという，自由主義的評価が前提とされた。これらは，プロイセン一般ラント法，オーストリア民法，後期普通法を刻印した。

　（オ）　ドイツ民法の編纂過程　　しかし，ドイツ民法典立法者は，この狭い自然法的コンセプトを採用しなかった。ドイツ民法の事務管理法は，主として，普通法の法典化であるが，19 世紀末に集中的に判例学説によって達成された議論状況の背景の下で成立し，その個別的内容は，このような議論状況を考慮してのみ理解可能である。ここでは，全く新たな諸概念が展開されたのではないが，集中的な論争の過程で，普通法を機能上，ドグマ上，改訂するに至っている。

　一般利得法の承認とともに，管理者に事務処理意識が欠ける場合には，コンディクチオが問題となるとする説が増えてくるが，通説は，なおそのような場合をも含め続けた。これらを排除して制度の機能を変更することは，実定ローマ法源と調和しないものと考えたことによる（HKK/Jansen, §§ 677-687 I, Rn. 34.）。もっとも，事務管理の内部での区別は進行し，真正事務管理と不真

4　〔平田〕

正事務管理（自利の場合もしくは事務処理意識がない場合）の区別は 19 世紀末には一般的に承認された（HKK/*Jansen*, §§ 677-687 I, Rn. 35.）。

　キューベルは，部分草案において利他的行動を理念型に置き，その促進に事務管理制度の意義を見いだしたが，第一委員会は，そのような行動は例外であり，緊急事務管理と優越的公的利益が存在する場合を除き，事務管理が実際本人の利益となった場合にのみ管理者に調整請求権を与えた。第二委員会は，事務処理の権限を，客観的利益もしくは，管理者の観点から推測される本人の意思に結び付け，利他的行動への促進を与えようとした（以上のヤンゼン説，ならびにドイツ民法起草過程の詳細については，平田・事務 91 頁以下・156 頁以下。他に，Staudinger/Bergmann（2015），Vorbemerkungen zu §§ 677ff. Rdn. 9ff; 63ff; 73ff.）。

（2）　体系上の位置

　日本民法においては，事務管理は第 3 編第 3 章として，第 4 章不当利得，第 5 章不法行為と並んで，いわゆる法定債権関係の一つとして，第 2 章契約の約定債権と対比される。フランス（フランス法の状況については，山口俊夫・フランス債権法〔1986〕174 頁以下，新版注民(18)33 頁以下〔稲本洋之助〕）が準契約の一つとして規定し，ドイツ（ドイツ法の状況については，注民(18)7 頁以下〔山田幸二〕，新版注民(18)8 頁以下〔磯村保〕）が委任の直後に委任なき事務処理として個別の債権関係の列挙の中に挿入されていることと比較すると，立法がより新しい時期であることも影響して，契約と峻別し，法定債権関係の一種と位置付ける点で，日本法が最も体系的には洗練されていると言いうる。

　なお，フランス法の準契約が 2016 年の改正により事務管理，非債弁済，不当利得の三種を含むに至った。不当利得は条文（フ民 1303 条）の文言上は，前二者，すなわち事務管理と非債弁済に対して，補充的位置づけにあると思われる。これらの再構成が議論されている。例えば，Combot, QUASI-CONTRAT ET ENRICHISSEMENT INJUSTIFIÉ, 2023 は，不当利得の理念による共通理解を志向し，まず判例による性質付けの困難なケースの逃げ道（例として，loterie publicitaire が挙げられる）とならないように準契約のカテゴリーを廃し，その上で不当利得に非債弁済を吸収する，費用出捐や労務などの消極的利益を利得概念から排除し，また間接利得をも排除し，これらを事務管理に吸収することで不当利得と事務管理の関係を見直すなど，独自の提案

〔平田〕　5

§697 I　　　　　　　　　　　　　　　第3編　第3章　事務管理

をしている。不当利得は直接利得に限定されることで，積極的利得の再配分
であり，非債弁済の拡張とも言え，その目的は結局原状回復と等しいと説明
している。思うに，準契約を廃する点は説得的だが，それ以外の点は歴史的
沿革や制度の基本的機能を軽視しすぎているのではないだろうか。

　(ア)　独自性の探究　　いずれにせよ，事務管理は，任意の他人の権利領域
への介入として，他の制度と区別されるものの，英米法の動向や事務管理制
度の位置付けをめぐる議論を参照すると，この制度の独自性がどこに求めら
れるかは，必ずしも自明ではない。日本においては，利他的行動の優遇とい
う趣旨が伝統的に特色として挙げられてきたが，判例の数の少なさも相まっ
て，なかなか現実の機能との対応の有無が判別しにくい状況であった。後述
するように，事務管理を事務管理意思を中核とする制度と理解するにしても，
意思に区別の機能をあまり期待することはできないため，多かれ少なかれ，
規範的な，客観的な意思を想定せざるを得ない。それを擬制だとして排する
ならば，不当利得との限界付けに困るだろう。そうであるならば，徹底して，
不当利得等に分解して解消すべきだという説（ヤンゼン）もある。他方では，
制度を維持するために，この制度が与える諸法律効果に特色を求める傾向も
ある。例えば，跛行的ではあれ，双方的債権関係が設定され，しかもそこで
の事務処理の指針は，委任と同様に，管理者の本人の利益ないし意思への奉
仕（利益従属性）であるとする説（ベルクマン（Bergmann, Die Geschäftsführung
ohne Auftrag als Subordinationsverhältnis, 2010））である。これは，従来からも，
委任との連続性に本制度の特色を求める傾向に共通に見られた。本人の引渡
請求権などが認められる反面，管理者に費用償還請求権などが認められるの
は，このような関係における利益調整が反映している。

　例えば，四宮和夫「委任と事務管理」谷口還暦(2)299頁以下は，事務管
理と委任は本質的部分において法的効果を共有し「事務処理」一般法を構想
しうるとし，「《権能》の《発生原因》における両者の差異は，両者の法的効
果にも影響を与えないではおかない……。しかし，法的効果における両者の
差異は権能の発生原因における差異の投影によって生じた非本質的な差異に
すぎず，本質的部分においては両者はむしろ法的効果を共有するものである
ことを，発見する」（前掲300頁，丸括弧部分は引用を省略した）と述べる。その
上で，結論として，以下の3つの点を挙げている。①事務処理者が他人の権

6　〔平田〕

§697 I

利領域に効果を及ぼすことのできる《権能》は，本人による取戻しが可能である。②事務処理者は，事務処理の《権能》を取得すると同時に，完成義務，善管注意義務，自己執行義務・忠実義務，情報提供義務を負う。③②の権利義務は，事務処理を可能にする手段としての意味を有するが，さらに，そのようにして行われた事務処理の効果として，結果自体を本人に帰せしめる手段としての権利義務（本人の引渡し・移転の請求権，処理者の費用償還請求権など）が発生する，と。

橋本ほか3頁〔大久保〕は，事務管理の規律を多元的に正当化する立場を採り，費用償還請求権の基礎を不当利得に求めることは可能であるが，受取物引渡義務の基礎は不当利得に求めえないとして，それを管理意思と本人の推定的同意によって，契約に準ずる形で説明する。

しかし，事務管理意思の内容の形骸化や英米法の動向を参照すると，委任になぞらえる形で生成した事務管理制度は，果たして契約に準ずる法律効果を与えるに値する社会事実をとらえているのかという疑問を禁じ得ない。その弊害の一端が，準事務管理論や正当な事務管理論に現れているのではないだろうか。

(イ) 英米法からの接近

また，英米法にも，事務管理的な思想が芽生えつつある（あるいは不当利得法と事務管理法の分化，両者の連続性などの）証左として，アメリカ第三次回復法リステイトメントの動向を紹介しておこう（詳細は，平田・事務209頁以下）。

(a) 求められない介入　　その第3章「求められない介入」は，原告が意識的に，求められない利益を与える場合を扱う。ここでの「意識的に」とは，一方では，不存在もしくは瑕疵ある合意の場合（第2章）と区別し，他方では，被告の不法行為に基づく果実返還の場合（第5章）と区別するためであり，契約に従い与えられた利益については，第4章で扱う。本章の原告は，通常，当該行為の結果を意図しているが，受領者は，典型的には，原告に対する何らの義務に反していない。受領者は，原告の介入が求められないものであること，拒絶する機会を有しなかったものについての対価支払を求められていることを理由に，与えられた利益の対価支払を拒絶している。

通常，意識的に与えた利益の補償を求める者は，利益が求められたものであること，受領者が，少なくとも黙示に，対価支払に同意したことを示す必

〔平田〕　7

§697 I

第3編　第3章　事務管理

要がある。

　本章で掲げられた回復訴訟は，この一般ルールの例外のリストを構成する。判決において，契約が存在しない場合に時に回復が認められる理由は，しばしば言及されないが，事実関係の中に容易に見いだせる。考察されるべき重要な要素は，第1に，原告の介入の正当理由，第2に，非契約責任を支払わせる点での被告の困難，第3に，回復がなされない場合の利得，第4に，当該行為を促進させるための社会利益である。

　原告が緊急状態で行動する場合に回復を認めるルール（20条〜22条）（→§698 I 2）は，前掲の4つの要素の観点から説明される。原告が被告の事務へ関与することは，それが原告によって第三者に対して負われた義務の履行である場合（23条〜25条）には，通常，正当化される。介入が自利的な場合（26条〜30条）には，正当化は，しばしば，原告自身の法的地位の保護という正当な必要に見いだされる。これらの見出しの下での回復の一貫した制約は，求められない介入についての対価支払責任は，被告の損失となってはならないことである。

　第1節の緊急介入（20条〜22条）については，原告の介入が，「緊急時利益（emergency benefits）」付与と呼びうるものであれば，回復は直ちに正当化される。同じルールが厳密には緊急時とは言えない場合にも拡張される。すなわち，事前に契約しないことを正当化させるような事情の下，法が受領者にとって有益とみなすものを与える場合である。第20条，第21条においては，利益は被告に直接付与される。第22条では，利益は，被告の法的義務の原告による履行という形をとる。共通の性質は，介入の明白な公的利益と，事前の合意がないことで介入が阻止されるべきではないという判断である。

　全体を見た場合，大陸法上の事務管理制度は存在しないものの（すなわち，事務管理意思要件の不存在，委任になぞらえた双方的権利義務関係の非設定），機能的にはほぼそれに対応するものが与えられていると評価できる。第一次リステイトメントでは，第5章「錯誤，強迫，要請なくして任意に与えられた利益」（112条〜117条）において，ほぼ第三次リステイトメントの20条〜22条に対応する規定を置いていた。それ以外の条文も，萌芽的なものも含めれば，第一次に存したと言える。しかし，それは，かつての，所有者の自由を最大限尊重するために，求められない介入は原則として回復を排除する立場から

8　〔平田〕

§*697* I

のものであり，第三次はそこからの実質的な変更と言えるだろう。また，要件面を細かく見れば，介入者の主観的意図も考慮されていて，それいかんでは，無償行為とされ回復は排除されたり，受領者の責任がより重い内容の不法行為的救済（51条）に移行したりもすることが解説に指摘されている。

(b) 評価　大陸法では，同様な事情は，不当利得法，事務管理法の要件効果の抽象性一般性ゆえに，利得者ないし事務本人の保護は，押し付けられた利得などの観点を基礎に，類型的解釈などの手法を通じて，要件効果を事態に即して柔軟化する必要があったが，アメリカ法では，逆に，出発点が，強力な本人保護であったので，それを，本人の自己決定の機会の有無，強制的交換とならないための回復内容の工夫などによるコントロールを通して，より回復可能性の機会を広げる方向に進化してきたと言えよう。もっとも，あくまで可能性であって，実質的線引きが大きく変わったわけではない。とはいうものの，押し付けられたことから救済を一律に否定することから，両当事者の状況を関係的に考慮して救済の可否・方法を多様化することへの傾向が顕著である。

やや細かくいえば，本リステイトメントの立場は，被告となる受益者の配慮が中心である。被告の地位が悪化しないように，被告の主観的態様（50条〜52条）で区別しつつも，介入の正当化，強制的交換の排除などの諸観点で要件を制約する。介入の正当化は，基本的には，緊急事務管理ないし必要的事務管理に限定され，ただ，有益的事務管理も最も厳格な要件の下に認めている。介入者の事務管理意思を介入の正当性という客観的事情に置き換える流れは近時の大陸法系の立法にも見いだされる。まさに，この立場ゆえに，アメリカ法では，事務管理と支出利得は介入行為という観点から統合して扱われる。そして，この立場は，共通の法理を析出させる作業の容易化に寄与している。第三者弁済も，本リステイトメントの枠組みでは，第22条と第30条で，緊急的義務履行と有益的義務履行がそれぞれ別個の要件の下で評価される。他方では，効果において，金銭的調整のみならず，代位やリーエン（先取特権）を場合に応じて使い分ける。

いわゆる請求権競合論や要件効果の厳密な確定にこだわらない思考は，大陸法に慣れた目からは，新鮮なものに映る。制度の輪郭を確定することよりも，それに含まれる諸理念，諸原則による多元的コントロールが大事なのだ

〔平田〕　9

§697 I　　　　　　　　　　　　　　　第3編　第3章　事務管理

とする思考，同じような考えやルールが，重複して出てきてもよいのだとする思考，観念論と経験論の対立にもつながりそうな相違である。先例などにおける根拠のあいまいさを指摘し，ルールや設例を回復（不当利得）に純化させる努力が見える一方では，先例からルールを抽象する手続の限界も見えている。

　なお，この関連で，ドイツ民法は，占有者の費用償還，賃借人の費用償還などにおいて，事務管理規定を直接引用，指示している。これに対して，わが国では，費用の3分類を基礎に置いた必要費・有益費の償還内容をそれぞれ出捐額と現存利益として直接規律している。事務管理制度の典型的な適用場面ではないことを自覚しつつも，あえて事務管理の規定を参照する立場とその異質性の自覚を非参照として費用償還規律で充足させる立場の差が現れている。後者の立場は，まさに前述したアメリカ法の立場につながる。このように，事務管理制度を参照枠組みとして援用する規律手法はフランス法でも民法典の特別法において見られ，その性質付けが問題となる（Carbonnier, t. IV, nº 117〔THÉORIE JURIDIQUE〕.）。

(3) 機　　能

　一見，利他的活動の優遇として事務管理制度は説明されうるようにみえる。確かに，人命救助などの緊急ないし必要的事務管理は，この説明の妥当性を有するように見える。しかし，沿革から，事務管理制度は，利他的活動の結果が本当に本人を益する場合から，介入者の主観的意図にもかかわらず，本人の客観的もしくは主観的利益に適合しない場合，果ては，介入者の自利的ないし搾取的介入に至るまでが，事務処理という抽象的概念の下にとらえられてきた。近世以降，競合しうる諸制度の形成と安定化と並行して，事務管理制度もその本質の探究と適用範囲の明確化が種々試みられてきた。その痕跡は，近世の諸法典の多様な規律に見られるところである。

　以下で触れるように，その試みで象徴的なものを挙げると，一つは，正当な事務管理論（→3⑴）であり，もう一つは，準事務管理論（→VI）である。

　前者は，本人の意思ないし利益との客観的一致をそもそもの成立要件と解することで，事務管理制度を他人の権利領域への正当な（合法的な）介入制度ととらえるという，一見諸制度間の限界付けとしてまっとうに見える主張である。しかし，後述するように，沿革が与えるこの制度の輪郭は，本人と

10　〔平田〕

§*697* Ⅰ

介入者の間で利益調整する諸権利を双方的に与えるものの，それは，売買のような双務契約とは異なる跛行性を有するものであった。本人の意思ないし利益と一致しない場合でも，本人の介入者からの保護は要請される。その際に役立つ手段を事務管理は直接訴権として与えていた。正当な事務管理論は，事務管理制度の独立性を双務契約のような対称性の形で実現しようとするが，このような本人保護の要請を，限界付けの利益のために犠牲に供することになる。ましてや，正当な事務管理論を採りつつ，その要件から外れる場合にも管理者の諸義務を準用する立場はそもそも評価矛盾を来していると言えよう。

　他方では，この利便は，沿革上，介入者が最初から自利的介入の意図を持つ場合にも適用されてきた。しかし，先の場合が，利他的活動の結果的失敗のケースだとすれば，意図的に最初から自利的活動をする場合をも，事務管理に含めることは，この制度の限界を超えるであろう。

　このような，適用範囲を一方では狭め，他方では拡張しようとする，2つの相反するベクトルに事務管理制度はさらされてきた。

2　隣接制度との関連・規範調整

　契約や他の法定債権2種（不当利得，不法行為）との関係付けは重要である。なぜならば，一見，事務管理の諸要件を充足するように見える場合でも，他の諸制度において，より詳細に，より適正に当該紛争事実を処理することができる場合には，事務管理規範の適用は劣後すべきであるからである。言い換えると，そのような場合に，訴訟当事者の法律構成に影響されて，事務管理の成立を承認することは，より適正な評価を与えている規範の適用を回避する結果ともなりかねないからである。このような問題意識は，とりわけ，従来柔軟に事務管理を適用してきた国，例えばドイツにおいてとりわけ意識されるものである。行政法との関連で同様な問題を感じさせるものとして，名古屋高裁平成20年6月4日判決（判時2011号120頁。判批として，平田・事務333頁以下）がある。不法投棄産業廃棄物の処理調査費を事務管理としての費用償還請求の構成で認めたが，公法上の関連規定（廃棄物処理法）と事務管理の関係理解がややあいまいであると思われる。行政法における議論については，北村喜宣「行政による事務管理」自治研91巻3号33頁，4号28頁，5号51頁〔2015〕参照。

§697 I　　　　　　　　　　　　　　　　　第3編　第3章　事務管理

(1)　不当利得との関係

　事務管理の中核的法律効果としての費用償還は，その効果として，費用出捐時の出捐額が基準とされ，現存利得返還にとどまる不当利得と対比される。もっとも，事務管理規範の中に，702条3項として，本人の意思に反する費用に関しては，現存利益に償還が限定される規定があるため，連続性も見られる。この対比の実質は，占有者や賃借人の費用償還，委託を受けない保証人の求償権など，他の箇所でも見られる。多くの場合は，当該特別規定が優先適用されるが，そういう特別規定がない場合や，ある場合でも不十分な場合には，事務管理規定が補充的に欠缺補充の基準となる場合がある。

　費用償還が問題となる2場合（→Ⅲ1⑵⑺⑼）を支出利得類型とまとめて呼ぶならば（この類型の問題性を網羅的に検討したものとして，平田・事務343頁以下，さらに，磯村保ほか「〈シンポジウム〉不当利得法の現状と展望」私法74号〔2012〕77頁以下），その問題性は，管理者の有意的行為という点で事務管理と共通性を有する。

　⑺　支出利得との共通性　　この利得類型の特徴は，負担帰属法則に反した財産移動と特徴付けられる。広義で本人が負担すべき事務（本人が負う債務の弁済，本人が所有する物に関する費用出捐）が他人の出捐行為によってまかなわれている点に，不当利得としての調整が要請される根拠があるからである。この定義における，「他人の出捐」は，必ずしも契約を介したものではないため，その他人の有意的行為をどう評価するかで，法定債権関係の3種がいずれも関係しうる。すなわち，他人が本人の財産領域に侵害的に介入したと評価すれば，不法行為の観点が前面化するし，本人の財産領域に利他的・配慮的に介入したと評価すれば，事務管理の観点が前面化する。支出利得は，この2つの評価から消極的に区別され，財産移動が客観的に負担帰属法則に反している点のみをさしあたり評価する観点である。類型論の立場からは，有意的行為が給付利得でいう給付と評価されず，また，侵害利得でいう侵害でもない点で消極的に区別される。その限りで，この3つの観点は競合しえ，契約法（合意）との交錯ないし延長を考えれば，それとも競合しうる。

　⑴　押し付け防止　　ここでの問題は，いわゆる利得の押し付け防止である。本人の（仮定的）自己決定の尊重と出捐者の財産損失保護との調整問題である。この問題の前提は多様である。出捐者が事態を正しく認識している

§697 I

か否かで異なるし，契約関係の有無で異なるし，また契約関係が出捐者の自己義務と直結する場合か否かでも異なる。

　この問題は，他の類型でも問題となりうるが，典型的には，支出利得の類型，とりわけ費用出捐償還型において現れると考えられる。善意自主占有者の費用出捐は，錯誤による他人の債務弁済が例外的に有効となった場合の弁済者の債務者への求償（707条参照）に類似する事態であり，占有者（弁済者）の保護と所有者（債務者）の保護が最も先鋭に対立する。弁済求償型の場合には，弁済すべき義務としての債務が前提とされ，そこからの解放はさしあたり債務者にとっての利益と評価することが可能であるが，費用出捐償還型の場合には，必要費と評価できる場合は，弁済求償型と同様であるが，それ以外の費用の場合には，いわば緊急性，必要性がなく，受益者本人が自己の所有物にどのような改良等を施すかは所有者の自己決定に委ねられる事柄であり，心ならずも価値償還せざるを得ない事態をできるだけ回避し（事前の調査などの注意，事後の処理方法に関する交渉等を介した，他のルールによる解決），不可避な場合でも，想定される自己決定とのずれが損失者にも利得者にも評価的に帰責（転嫁）可能でない限りで，損失者の有意的惹起行為を考慮して，その償還額に反映させるべきであるからである。しかし，それ以外の分野でも議論されることがある。事務管理の分野で，伝統的に，「お節介的な干渉の防止」が語られてきたのは，まさに有意的介入という意味で，共通の機能と課題を共有することから由来すると考えられる。

　利得の発生が損失者の有意的行為に由来するという事情が，利得返還義務の成否・内容にいかなる影響を及ぼすかの問題は，既存の法制度の要件効果を振り返ることで示唆が得られる。

　(ウ)　要件　　例えば，第三者弁済は，第三者による弁済行為による介入とすれば，債務者としては，自らの弁済義務から頼んでもいないのに解放され，求償や代位の形で，新たな債権者に直面させられる。そのために，民法は，介入の要件として，第三者の利害関係（正当な利益）の有無と，債務者の意思を置いていた（平29改正前474条2項）が，改正によって，債権者の認識と意思も考慮されるに至った（474条2項ただし書・3項）。

　第三者弁済の要件に債権者の認識と意思が加わったことは，従来この事案類型を事務管理の一種として説明してきたことにどのような影響を与えると

〔平田〕　13

§697 Ⅰ 第3編　第3章　事務管理

考えるべきだろうか。474条2項ただし書の趣旨は，債務者の意思に反することを知らない場合における債権者保護とされる。474条3項の趣旨は，債権者が債務者の利益を確認できない場合や代位弁済者との関係を望まない場合における債権者保護とされる（中田裕康・債権総論〔4版，2020〕380頁）。第3項ただし書は，履行引受のように，第三者は正当な利益を有しない場合を念頭に置くが，債権者が債務者の委託を知る場合には，債務者の意思不明のリスクは解消されるため，債権者の意思は制約基準とならなくなる。第2項ただし書とは，立証責任の所在が異なるが，いずれからも債務者の意思が不明な場合に債権者を保護する趣旨がうかがわれる。弁済者が正当な利益を有しない場合には，債務者の意思が第三者弁済の有効性の基本であることは，改正前民法と同様と考えてよいが，改正によって，債権者の利益が第三者弁済の有効要件に加わる場合が生じた。これをどう捉えたらよいかは難問である。

第3項本文は，債権者の第三者からの弁済受領にかかわる不安一般を保護対象とし，第3項ただし書は，履行引受の場合を念頭に置き，債務者の利害からそれを制約するにすぎない。そういう意味で，第3項の本文とただし書の関係は，第2項の本文とただし書の関係と質的に異なると言えよう。第3項は，債務者の客観的意向を債権者が積極的に知っていた場合に，債権者の意向よりも債務者の利害を優先させる趣旨である。しかし，この点は解釈に混乱を持ち込むおそれもある。例えば，第三者が債権者に提示する履行引受の事実を証する文書が偽造であった場合において，債権者は弁済権原の有無について疑念を抱けば，債務者への問い合わせなどの調査が済むまでは，受領を拒絶できよう。しかし受領拒絶の意向を持ちながら，第三者による文書の提示を信頼して，弁済受領したが，のちに偽造と判明した場合を考えよう。おそらく，第3項ただし書には該当しない場合として，債権者は受領ないし弁済の無効を主張できるということになろうか。その場合の，債権者側の不注意はどのように考慮されるべきなのだろうか，などの解釈問題を引き起こす。

ドイツ民法267条2項が債権者に受領拒絶権を与えるのは，債務者が異議を申し立てた場合に限定していることと比べると，日本法は債権者の利益をより独立化させているが，その分不安定さも持ち込んだのではないか。

保証人の場合には，債権者との保証契約関係の存在が前提となり自己債務

弁済となるから，第三者弁済と異なり，保証契約が有効である限り，弁済の有効無効を論ずる前提がない。したがって，効果において，主債務者からの委託（契約）の有無に応じて，償還の範囲に差を設けることしかできない（459条・462条。債権法改正により459条の2第1項が委託保証人による弁済期前の弁済について弁済当時の主債務者の利益を償還の基準とする特則を設けた）。委託を受けない場合（462条1項）には，求償権の範囲は，免責当時の主債務者の現存利益であり，主債務者の意思に反する保証の場合（462条2項）には，求償時点での現存利益となる（債権法改正により新設された462条3項は委託を受けない保証人に関し，弁済期前の弁済による求償を弁済期以後に限定する）。これは，事務管理者の費用償還請求権を事務管理が本人の意思に反したか否かで2種類に区別（702条1項・3項）していることと対応する。もっとも，事務管理の場合には本人の反対の意思が認識可能な場合には，事務管理の成立要件をそもそも満たさないものと解されている点が異なる。この点は，第三者弁済の消極的要件である債務者の反対の意思を，学説が，判例と異なり，認識可能な反対の意思と理解するのに対応する。

占有者による費用償還では，必要費と有益費について，基準を異にさせ，さらに，有益費では，占有者の主観的態様で，悪意者には，期限許与という形で，償還義務者の保護を図る。賃借人の場合もほぼ同様である。

費用償還の場合には，それが有体物の付着の形を取る場合が問題である。付合の規定では，結合の程度のみが言及されているが，当事者の先行する主観的態様，分離の可否，分離の請求の有無などが，付着物の価値の実現可能性などと併せて考慮されるべきである。

事務管理でも同様に，本人の自己決定と介入者の利益保護の調整が問題となるが，それは，介入者の介入に際しての注意義務（本人の意思・利益の顧慮），介入中の注意義務（通知義務，継続義務）を通して，介入者の損害賠償義務，償還請求権の程度が決定される点に反映されている。

(ｴ) 効果　　効果について言えば，多くは，要件段階で成立を否定することをしないで，効果の段階で押し付けの有無を返還範囲や方法に反映させる方法を採っている。例外は，第三者弁済で，正当な利益を有しない第三者が債務者の意思に反した弁済をした場合であるが，この場合でも，弁済者から債権者（受領者）への不当利得返還請求（給付利得）は認められている。

§697 I　　　　　　　　　　　　　　　　　　　第3編　第3章　事務管理

　弁済求償型で言えば，求償方法について，債務者が当初から有していた抗弁の対抗や時効期間についてできるだけ変更のないように考慮することが提唱される。利得額を柔軟に考えれば，求償の範囲（額）の点でも考慮できないわけではないだろう。費用出捐償還型では，要件面で償還に値する費用かどうかで制限する方法と，効果面で現存利得に制限する方法がある。民法196条などは，必要費ならば全額，有益費ならば支出額または増価額，という枠組みで，費用の種類と効果を結合させた解決を採用している。また，償還時期について，196条は，まず善意悪意で，608条は費用の種類で区別している。言い換えれば，伝統的な費用の3分類（必要費，有益費，奢侈費）は，押し付け防止を，費用の分類への当てはめにより，それぞれの効果（全額か増加価値か償還否定か，期限許与の可否など）を異ならせることで，実践していたと言える。費用の3分類は，押し付けられた利得防止との関係では，前者は後者を実現するための要件効果の客観的評価枠組みを伝統的に提供してきたと言える。事務管理の償還規定も同じ枠組みで考える必要がある。

　不当利得法において，主観的利得，客観的利得という議論がなされることがある。この論点自体は，利得算定の基準をめぐるより一般的なものであるが，押し付け防止の議論を，利得算定の次元で自覚したものともいえる。

(2)　不法行為との関係

　不法行為との接点は，事務管理者の管理の過程で本人の財産領域が侵害される場合に生ずる。事務管理が一旦有効に成立すると，管理者の本人の権利領域への侵害は，客観的には不法行為の形式を取るように見えても，事務管理の効果として，管理者の債務不履行として性質付けられる（→5(1)）。これに対して，当初より，事務管理の要件を満たさない場合，とりわけ，意識的に（利他的事務管理意思なくして）本人の権利領域の自利的利用を意図する場合には，不法行為そのものである。これをも，いわゆる直接訴権に含まれる引渡請求などを活用する意図で事務管理の成立を認めようとするのがいわゆる準事務管理論である（→Ⅵ）。

(3)　契約法との関係

　事務管理が本人との関係で事務処理に関する義務が存在しないことを前提とするため，契約法は一見，事務管理の成立と排他的関係にあると見られる。その理解自体は正当であるが，契約が何らかの理由で不成立もしくは無効で

16　〔平田〕

§697 I

あったり，事後的に解消されたりした場合に，その状況下での事務処理を，いかなる規範で処理するのかが問題となる（→Ⅲ1⑵㋔）。いわゆる給付利得の観点からは，契約法規範が事態適合的にこのような場合に類推適用される方に傾く。

また，本人と管理者の間という視点を離れれば，管理者が第三者と契約関係ないしは法律関係があり，そこにおいて，介入権限や報酬などの介入後の法律効果が規律されている場合に，その関係と並存して，事務管理が成立するとみてよいのかの問題がある（→Ⅲ3）。

事務管理法理が他の法分野，とりわけ契約法の諸規定に浸透し，具体化されているとみうる場合がある。例えば，債権法改正により新設された607条の2がその一例である（ドイツ民法536a条2項も同旨）。賃借物の修繕が必要となった場合に，その旨の通知を賃貸人になし，相当の期間内に修繕しなかった場合，もしくは急迫の事情がある場合に，賃借人自ら修繕できる規定である。また，令和3年改正により新設された，土地の所有者自身による越境した枝の切除の要件を定める233条3項も同趣旨である。両改正前から存在した，修繕の必要や賃借物について権利主張する者があるときの615条の通知義務も同様に解することができる。

なお，委任契約との関係はやや独自の意味を帯びる。沿革において明らかなように，古代ローマにおける友人間の社会倫理に根ざした援助行為という広義での事務処理関係（ここでは契約の有無という分析自体がそもそも成り立ちにくい前提を考慮する必要がある。援助行為とは別の類型として，解放奴隷と元主人の関係に端を発するprocuratorと本人の関係は当初は事務管理と把握されたが，時代を追うにつれ，procuratorの地位の独立化とともに，委任と把握されるに至る。他方では，社会的地位の高いprocuratorは，最初より受任者ととらえられた。このように，歴史的存在としてprocuratorをとらえる視点からは，procuratorと本人の関係は，通時的かつ一律に，事務管理か委任かの二者択一的関係としてとらえることはできない（Kaser/Knütel/Lohsse, Römisches Privatrecht, 22. Auf.（2021）Rz. 55. 13など））に端を発し，現在においても，準契約の一種とする立法例（フランス）や委任なき事務処理という表題を持つ立法例（ドイツ）などに示されるように，委任ないし事務処理契約との類縁性を求める多様な思考が過去の歴史を彩っている。したがって，事務管理を委任と統合した事務処理法と構想する内外の試みもこの流れに属

〔平田〕　17

§697 I　第3編　第3章　事務管理

するし，事務管理の特質を本人の意思・利益への従属性に求める考えも委任契約から多くの示唆ないしは共通する手掛かりを得ようとする。他方では，あくまで契約ないし合意が成立しない事態をとらえるという体系思考からは，アナロジーによる副作用を警告する声が出てくる（委任における「利他性」の諸相を分析することの重要性を強調する近時の見解として，一木孝之・委任契約の研究〔2021〕がある）。

3　違 法 管 理

　事務管理の諸要件，諸義務に反する管理は，事務管理と言いうるのか。冒頭の管理義務や管理継続義務の規定から，本人の利益ないし意思との合致が求められており，この要件に反する場合になお事務管理の規定の適用があるか否かが争われる。既に現行民法の審議においてこの点が争われており，起草者，とりわけ梅謙次郎は，管理者に本人に対する諸義務を課する意義からこの点を肯定していた。その後，ドイツ法上での議論に触発され，日本の学説上で議論がある。

(1)　「正当な（berechtigt）事務管理」論

　(ア)　今までの状況　　ドイツでは，事務管理制度を不法行為や不当利得などの他の制度からより明確に限界付けようとする問題意識（請求権競合問題の解決提案）のもとに，費用償還の成立要件（事務の「引受け」の本人の意思ないし利益との一致，無過失での一致の誤信は含まれない）を事務管理の成立要件に持ち込み，その範囲でのみ違法性阻却の効果を生じさせる学説が生じ，（かつての）通説を形成した。日本でも，この潮流に影響を受け，同様の提案をする学説（平田春二「事務管理の成立と不法干渉との限界」谷口還暦(2)233頁以下〔702条3項を成立要件に類推適用〕）も生じた。

　新版注民(18)137頁以下〔高木多喜男〕は，事務管理と違法管理を区別しようとする文脈において，本人の利益と意思への適合を成立要件とする説（第1説）と他人のためにする事務の管理を全て事務管理とする説（第2説）を対比させ，優劣を検討しているが，その基礎には，ドイツにおける当時の通説（正当な事務管理説）とさらに古いかつての通説がある。しかし，日本法の文脈で対比されるべきは，(i)成立要件として本人の利益と意思への客観的適合を求めるか（正当な事務管理説），(ii)主観的適合で足りるか（700条ただし書の「明らか」を認識可能性として697条の成立要件に持ち込む通説）ではなかろうか。

18　〔平田〕

§697 Ⅰ

そして，梅説を第2説に位置付けるが（137頁），後者の(ii)説ではないだろうか（梅が，「初メ管理ヲ始メル時ニ本人ノ意思ニ反シテハナラヌト云フコトヲ極メタノデハナイ。暗ニ意思ノ分ラヌ時ニハ斯ウ云フコトニシナケレバナラヌト云フコトヲ法律ガ定メタニ過ギナイ。今事務管理ノ要素トシテ本人ノ承諾否本人ノ意思ニ反セザルト云フコトガ要素トシテアルナラバ何故706条〔現行法697条〕ナリ何処ナリニサウ云フコトガ言ツテナイカ。何処ニモサウ云フコトガ言ツテナイ」（法典調査会民法議事〔近代立法資料5〕153頁下段。傍点および句点は引用者）と発言していることを参照）。問題は，意思に反するか否かそれ自体ではなく，意思の認識可能性で足りるか否かであろう。さらに，成立要件と費用償還請求要件のどちらの議論をしているかであろう。これらの点が明確に区別されないために無用に議論が紛糾していることは，法典調査会の議論以来のものといえる。ここにも，事務管理制度を跛行的なものととらえるか，統一的要件で均質に双方的な権利義務を発生させる制度ととらえるかの対立が潜んでいる。

　（イ）近時の状況　　しかし，現在のドイツでは，正当な事務管理説は批判され，なお教科書類において維持されつつも，相対化されつつある（HKK/*Jansen*, §§ 677-687 I, Rn. 82, 106; Staudinger/Bergmann, Rn. 95-101; Münchner/Seiler, 6. Aufl. (2012) Vorbem. 12）。判例実務に対する影響はほとんどない。その原因は，事務管理の体系の歴史的二面性，二元性の（再）認識にあるだろう。沿革が示すとおり，本人から管理者に向かう，管理者の義務を規律するいわゆる直接訴権と，管理者から本人に向かう，管理者の費用償還請求に典型的な，本人の義務を規律するいわゆる反対訴権の成立要件が異なっており，その差は，ドイツ法にも，日本法にも受け継がれている。前者は，本人保護を趣旨とした，管理者の管理態様をコントロールする諸義務であり，後者は，管理者の管理態様を考慮した上での，費用償還の側面での不当利得と比較した管理者の優遇である。

　正当な事務管理論の盛衰から示唆されることは，事務管理を一定の要件の下に統一的制度として理解しようとする態度そのものは無理からぬものとはいえ，事務管理が問題となる場面を正当に評価したものとは言えない。成立要件と法律効果における本人の意思ないし利益の異なる位置付けが正当と言える。

〔平田〕　19

§697 II　　　　　　　　　　　　　　　第3編　第3章　事務管理

(2)　近時の議論

　正当な事務管理論は，この後者の側面（法律効果）の要件を一般化しよう
とするものと言えるが，それは，法規の構造を崩すものと意識されるように
なった。この点が最も鮮明に現れるのは，管理者の諸義務を規律するいわゆ
る直接訴権においてであり，管理者を人類扶助的な観点で優遇する費用償還
の要件を，直接訴権に持ち込むことによって，管理者をコントロールする場
面（善管注意義務，引渡義務，計算義務，通知義務など）が，法規構造に反して，
不当に狭められてしまう問題である。また，この説が主張した違法性阻却も，
本人の意思と利益との一致で一律に判断できる法律効果ではないことが明ら
かにされた。むしろ，一定の要件の下に競合問題を一律に解決しようとする
発想が問題を引き起こしている。

　実は，この対立は，日本民法起草の段階での，法典調査会の審議での，梅
委員と，穂積委員ないしはその他の委員の対立でもあった（→§702 I）。梅
委員は，この問題を正当にも指摘して，現行702条3項を削除するか不当利
得の箇所に移すべきだとする諸委員の意見に対して，原案の維持を主張した。

II　本条の趣旨

　穂積陳重は，現行民法草案を説明する中で，既成法典（旧民法）は，事務
管理を，不当利得の中で規律し，2箇条を置いていると説明する（法典調査会
民法議事〔近代立法資料5〕107頁。ちなみに，フランス民法は準契約の中で，非債弁済
等と並べて規定している）。それは，本人から管理者に向かういわゆる直接訴権
を規定する旧民法財産編362条と管理者から本人に向かういわゆる反対訴権
を規定する同363条である。これに対して，原案は，近時の立法動向に従い，
まず，不当利得から独立した制度として規定すること，本人に対する義務の
一番基本なものである管理義務の内容を冒頭で規定することなどの改正点を
挙げる。審議では，黙示の代理で十分だから事務管理はそもそも不要，余計
なお世話は道徳に放任すべき，英米法では存在しないなどとする意見（前掲
法典調査会民法議事125頁下段-126頁上段〔土方寧〕）も出たが，少数であった。な
お，当初は，末尾に原案712条として，「本章ノ規定ニ異リタル慣習アルト
キハ其慣習ニ従フ」が提案されていたが，立法には至らなかった（前掲法典

20　〔平田〕

§*697* III

調査会民法議事 154 頁）。

　また，本条で，1 項が本人の利益，2 項が本人の意思を規定しているのは，意思に従うことが原則であるものの，事務管理は本人の意思が知り得ない場合が多いため，実際上の原則を 1 項としたと述べる（前掲法典調査会民法議事 125 頁）。

　事務管理の規定ぶりは，他の制度の多くが冒頭規定で要件効果を簡潔に規律し，その後にそれを敷衍する規定，例外規定を置くことと異なり，管理者の本人に対する諸義務，本人の管理者に対する諸義務をこの順で規律するが，管理者の管理義務は，管理者の本人に対する義務の中でもっとも基本的なものであり，かつ，その充足が事務管理関係の成立ないし存続に依存しているという意味で冒頭に置かれている。すなわち，成立要件であると同時に存続要件（成立後の義務）でもあるという関係にある。事務処理が単発的なものではなく，継続的なものである場合には，介入自体のみならず，その中での個別の行為についても，意思との適合が問題となり得る（→§702 IV）。

III　要　　件

1　事務の他人性

(1)　総　　説

(ア)　序　　他人の事務であることは，事務管理の成立要件の一つである。他人の権利領域への介入を規律するのが本制度の目的だからである。したがって，「事務」は，管理者と本人の間に権利義務関係を認めるに値する対象を広く含む。社会規範に委ねられるべきものは除かれる。もとより，その処理が違法となるものは除かれる。

　中世ヨーロッパ以来の学説は，事務の他人性の要件について議論を重ね，他人の事務に 2 種類を認め，それを客観的他人の事務と主観的あるいは中性的他人の事務と称する。前者は，客観的に事務処理の結果の帰属が決まっていること，すなわち事務の他人性が肯定される場合であり，後者は，行為自体では帰属が定まらず，管理者の主観を介してのみ他人性が肯定される場合である。なお，ローマ法が前提とした，法的には家長に帰属するが内部的・事実的には奴隷や家子などの権力服従者に帰属すると観念された特有財産の

§697 III

第3編 第3章 事務管理

制度の存在が，帰属の不透明さを生み出し，事務処理意思で事務の帰属を振り分ける思考に寄与していたと推測されるが，ここでは触れない。

(イ) 主観的他人の事務　　主観的他人の事務の場合には，本人からの追認がない限り，費用償還請求はできないと考えるのが妥当である。例えば，本人が従来欲しがっていた切手を管理者がオークションで見かけ，本人に通知するいとまがなく，自ら落札したという場合でも，本人は費用償還という形での買受けを強いられない。本人は，改めて，提供された切手の入手の可否を決断できる。主観的他人の事務の場合には，そもそも本人との帰属性が管理者の意思方向のみに支えられており，それに対応するものは，本人の任意の意思表明以外にないからである。もしそうでないとすれば，本人は客観的利益性を理由に利益の押し付けを強いられることになろう。本人の名で落札した場合（無権代理）も同様であろう（→2(1)(イ)，4(1)）。

(ウ) 他人性と自己性の並存　　他人性と自己性が並存する場合がある。この場合には，事務処理は，一面，他人の事務管理，一面，自己事務処理となる。それは，権利関係の性質上，共有物の修理や共同債務の弁済のように，他人の利益と自己の利益が結合している場合である（自利的介入とまとめられるアメリカ第三次回復法リステイトメント26条から29条までの規律する対象も類似する）。求償利得と同様に，その関係の基礎にある負担秩序が費用償還の内容を決定する。四宮・上14頁注(二)の類型化によれば，順位的所属と共同的所属に分けられる（アメリカ第三次回復法リステイトメント23条・24条がこれらに対応する規律を有する）。順位的所属は，同じような給付義務を負う者が数人いるが，それらの者の義務の間に順位がある場合には，後順位者が自己の義務履行という事務を処理することが先順位者の事務の処理となる場合とされ，委託を受けない保証人の弁済（462条に特則がある），後順位扶養義務者の扶養が例示される。共同的所属は，数人のものが同順位で義務を負うが，負担部分は割合的に分かれているという場合で，義務は共同の事務であり，誰かがそれを処理した場合には，自己の事務であると同時に，負担部分を超える限度では，他人の事務の処理となる場合とされ，共有者の管理費用，同順位の扶養義務者の一人が負担部分を超えて扶養した場合が例示される。フランス法では，近時の改正（2016年10月施行）で，判例に従い，以下の規定（フ民1301-4条）を新設した。すなわち，（第1項）他人の事務を引き受ける管理者の個人的

§697 III

利益は，事務管理規定の適用を排除しない，（第2項）この場合に，約務，費用，賠償の負担は，共通の事務におけるそれぞれの利益の割合に応じて配分される，という内容である。第2項のこのような一律の処理に疑問を呈する学説がある。

　㈢　他人性と自己性の対立　　他人性と自己性が対立するような場合がある。交通事故における自己犠牲と呼ばれる問題である（新版注民(18)184頁〔高木〕）。自動車の運転手が車道に出てきた幼児を避けるため，街路樹に衝突して死傷したような場合である。いずれの側にも過失が存在しない場合には，損害を配分する基準がない。ドイツの判例（BGHZ 38, 270〔1962.11.27〕）は，事務管理の成立を認めつつ，損害賠償額を制限する解決をした。

　㈣　判例　　近時の判例として，最高裁平成22年1月19日判決（判タ1317号114頁。判批として，一木孝之・民商142巻4＝5号〔2010〕478頁，西理・判評621号（判時2087号）〔2010〕15頁）がある。共有者の一人が共有不動産を単独で管理し，収入を得ていた場合に，その収入額全額を申告し，課された所得税の支払のうち，他の共有者に帰属すべき収入部分に対応する税額を事務管理として償還請求した事件であるが，最高裁は，課税の仕組みをもとに，過大申告により，他の共有者の納税義務が消滅するわけではないから，過大に申告した部分を含め，管理者の自己の事務として，事務管理を否定した。共有物管理は事務管理の典型的一例（大判大8・6・26民録25輯1154頁）であるが，本判決においては，税法の申告手続の形式性が優先的に考慮されるべき事案であった。

　企業が従業員のために団体定期生命保険契約を結び，保険金を受け取っていたとして，死亡従業員の遺族から引渡請求が事務管理等の構成でなされることがあった（静岡地浜松支判平9・3・24判タ949号84頁など）。この場合も，企業が従業員の知らないうちに保険を締結し，さらに保険金を密かに独占することの問題はともかく，事務管理の要件，とりわけ他人の事務性は充足しがたいだろう。

　㈤　注意すべき点　　以下でも触れるように，事務の他人性を手掛かりに事務管理の成立を模索していく方法は，ややもすると，その事実にかかわる他の法律関係への目を怠る結果となる嫌いがある。不当利得法で，利益の追及の視点が過剰になる場合と同様である。したがって，法定債権関係に共通

§*697* III　　　　　　　　　　　　第3編　第3章　事務管理

することであるが，契約関係ないしその他の既存の法律関係との関係の吟味，すなわち，それらにおける評価が事務管理としての性質決定に優先すべきでないかどうか，が最も重要となる。

なお，事務管理制度を置く立法例でも，事務の他人性を前提としないものもある。例えば，オランダ民法やDCFRである。他人性決定の困難を回避するため，意識的に，他人性に替え，介入の合理性を事務管理意思と合わせ，要件化している。しかし，他人性要件を不要とすることの副作用はなお不明であり，検討を要する。

(2)　事　案　類　型

どのような紛争が事務管理として主張され，裁判所で認められるかは，それぞれの国の法的環境に依存する。すなわち，そもそも，訴訟代理人が何らかの事実を事務管理として根拠付けること，裁判所がそれに対応してその主張に基づき，何らかの権利を承認するか否かは，法典の規定の仕方，それに基づいて形成された制度理解を基礎とした，訴訟関係者の行動に依存する。したがって，厳密には，各国で事務管理として扱われるものを無自覚に参照することの危険があり，他方では，事務管理制度を有さない法圏における判決も機能的同質性が確認できる限りで，一定程度の意味がある。不当利得（支出利得）の観点からの検討については，→I 2⑴。

日本法の現状は，おおざっぱに言えば，訴訟代理人が補充的に事務管理の構成を主張することは多いものの，裁判所は，事務管理制度の要件を比較的忠実にたどり，成立の範囲を妥当な範囲に制約していると思われ，またそのような態度は，健全なものと評価しうる。なぜならば，既に言及しているように，事務管理を安易に承認することにより，契約関係や法律関係の規律を回避する結果になる危険性があるからである。ドイツのかつての判例の態度とその転換動向が示唆するところである。

(ア)　保存行為・改良行為　　費用の償還は，事務管理が成立すれば，702条によることになるが，民法は，占有者の費用償還規定（196条・608条など）を散在的に規定しており，その関係が問題となる。適用関係としては，702条が一般規定，196条ほかは特別規定と理解される。196条では，善意悪意と必要費有益費の区別，608条では，必要費有益費の区別で，償還の基準が与えられている。702条が費用の有益性と本人の意思を基準とする。196条

24　〔平田〕

と 608 条は，物との関連での客観的有益性を主たる基準としているのに対し，702 条は，（必要性を含む）有益性で判断するが，本人の意思でさらに振り分ける。本人の意思が意味を持つのは，有益的出捐の場合であろうから，結論はほとんど異ならないと思われる。

この類型に当たる近時の判例として，東京地裁平成 16 年 11 月 25 日判決（判時 1892 号 39 頁。判批として，清水恵介・判評 565 号（判時 1915 号）〔2006〕22 頁，吉永一行・マンション判例百選〔2022〕54 頁など）があり，マンションの管理組合法人である原告が共用部分である駐車場躯体部分のコンクリート劣化抑制工事の一環として，被告が区分所有権を有する同駐車場壁面の塗装工事を行わせた場合につき，事務管理に基づく費用償還請求が一部認められたが，管理規約，理事会決定，集会決議の効力を正面から問題とすべきであったように思われる。

(イ) 処分行為　代理人の名で法律行為をした場合には，本人のための有益性の存在を前提として，702 条 2 項により，650 条 2 項が準用され，本人に対して，代弁済請求や担保請求ができる。それでは，本人の名でした法律行為の効力はどうか。無権代理にとどまるというのが判例（最判昭 36・11・30 民集 15 巻 10 号 2629 頁など）とされるが，古い判決も合わせ考慮すると，必ずしも明確ではない（→§702 V 1 参照）。

(ウ) 義務履行　基本は，第三者弁済（474 条。債権法改正により，第三者，債務者，債権者間の利益衡量はより細かくなった）の規定による。正当な利益を有しない第三者は債務者の意思に反して弁済をすることができないとされることで，介入の合理性を有しない管理者は本人（債務者）の意思に弁済の有効性が依存させられる。ここでは，事務管理の場合と異なり，本人の意思に反することが，償還の段階で影響する（702 条 3 項）にとどまらず，債務者に対する償還の可否を決定する。その限りで，債務者本人の自己決定が，第三者の介入に対して保護されている。もっとも，判例は，本人の意思に反することは，本人側の主張立証に委ねることで，この点を緩和している（ボアソナード草案以降の第三者弁済における本人の意思の理解の変遷，利益の押し付け防止のあり方の詳細については，平田・事務 305 頁以下）。債権法改正により 474 条は，さらに債権者の意思を判断要素に取り込み，利益考量を精緻化している（→ I 2 (1)(ウ)）。関連するものとして，委託を受けない保証人の求償権規定（462 条）がある。

§697 III   第3編　第3章　事務管理

ここでは，主債務者の保証に対する意思に応じて，償還範囲が異なっている。参考となる規律として，アメリカ第三次回復法リステイトメント22条〜24条（他人の義務の履行，連帯債務の履行，独立債務の履行）がある。

なお，公益的義務や扶養義務の履行においては，義務内容の実現利益の大きさとの関連で，義務者としての事務本人の意思の考慮は後退する。伝統的な考えであり，ドイツ民法679条，DCFR V.-1: 102，アメリカ第三次回復法リステイトメント22条(2)(b)(c)などに見られる。

DCFR V.-1: 102 は，

（他人の義務を履行するための介入）

介入者が他人の義務を履行するために行動し，その義務の履行期が到来しており，優越する公益にかかわるものとして緊急に必要とされ，介入者が履行の受領者を専ら益する意図で行動する場合，介入者が履行のために行動する義務を負担する者が，本編で適用する本人である。

という規定を置き，義務負担者については事務管理の一般要件を満たさない場合にも，本人性を認め，介入者に義務負担者との関係でも事務管理成立の利益を享受させる趣旨である。ドイツ判例に由来する設例25（「設例」とは，DCFRが各条の説明のために，加盟国判例を素材として作成したもの。以下同じ）は，

深夜1時にGはさびれた土地から助けを求める女性の声を聞いた。急いで駆けつけたが，女性にたどり着く前に，狂人のハンマーで後頭部を打たれた。我に返ったあとで，Gは通りまで這い出て，通行人に（同様に狂人のハンマーで攻撃されていた）女性の状態を知らせた。女性はその後直ちに病院に収容された。Gは負傷の結果としての減収について，保険者がV.-1: 102に従い，本人とみなされる限りで，被害女性の健康保険者に請求できる。本条［1: 101］からは，保険者が本人とはなることは出てこない。

という内容を紹介する。

不法行為の加害者に代わって被害者の雇用者や扶養義務者が義務に従い被害者に賠償給付をする場合には，加害者の賠償義務は消滅しない（最判昭36・1・24民集15巻1号35頁）と解されているため，事務管理ではなく，賠償者代位の規定（の類推適用）による必要がある（新版注民(18)174頁〔高木〕，内田555頁）。

(エ)　人命救助　　ここでは，702条で扱うが，救助者の損害賠償請求権や

26　〔平田〕

§697 III

報酬請求権を認めるべきかの問題がある。関連するものとして，DCFR
V.-3: 102, 3: 103 がある。人命救助，広く救助行為の場合には，救助者が死
亡することがありうる。この場合に，救助者が家計維持者であると，救済の
要請も大きくなるが，そのリスクを被救助者に転嫁することは，事務管理の
制度趣旨に反し，基本的には，公的保障制度に委ねられるべきである。やや
異なる文脈ではあるが，アメリカ第三次回復法リステイトメント 22 条は，
他人の生命もしくは健康の保護のための専門的サービスに回復法上の救済を
認める。ここで非専門家に救済を否定する理由は，算定の困難さと回復を認
めた場合の救助行為の変質が挙げられる。

　近隣社会の自発的相互援助関係が崩壊し，社会が市民から自発的援助行
為・救助行為を期待しがたくなった状況を前提として，法が介入して，援助
行為を（公）法的義務化し，その違反に対するサンクションを課す立法例が
外国に見られ，その功罪についても議論がなされている。日本法においても，
一定の状況において公法上の義務なり刑罰が私人に課される場合（軽犯罪法 1
条 8 号，船員法 12 条など）があるが，そのような発想をより広く認める考え方
と言ってよい。利他的行為にどのようなインセンティブを与え優遇すること
が社会として望ましいかという広い問題として検討されるべきである。

　㋑　無効な取引の清算　　従来，判例学説において，無効な契約（大判明
36・10・22 民録 9 輯 1117 頁），取り消された契約のみならず，権限を踰越した
場合（大判大 6・3・31 民録 23 輯 619 頁）や契約終了後の場合にまで広く適用が
認められてきた。また，フランス法では伝統的に当初の権限の範囲を超えた
行為の処理に事務管理を用いることも指摘しておくべきだろう（婚姻配偶者に
ついてフ民 219 条 2 項，共同相続人についてフ民 815-4 条 2 項）。委任契約が終了し
た場合の事務管理の適用可能性についても判例学説の議論がある（Malaurie,
Aynès et Gautier, Droit des contrats spéciaux, 11ᵉ éd., 2020, nᵒ 346（note 70））。

　しかし，あるべき規範適用の面からは，このような運用を手放しに認める
ことは望ましくない。事務管理要件の観点からは，事務管理意思の充足が困
難であり，規範適用の観点からは，無効規範や契約清算規範（例えば，不法原
因給付）の回避にもつながるからである（ドイツ法に関してであるが，平田・事務
42 頁以下，加藤(雅)13 頁も同旨）。したがって，適用するに際しては，以上の観
点，とりわけ後者の観点が考慮されねばならない。また，注意義務・管理継

〔平田〕　27

§697 III   第3編　第3章　事務管理

続義務については事務管理を，契約の清算の面では給付利得の法理に従うというように，効果ごとに分けて考えるべきとする説（橋本ほか6頁〔大久保〕）がある。

　思うに，事務管理法には701条により委任法規定の若干が準用される。そのため，委任契約が無効の場合に事務管理規定の適用を肯定する場合，事務管理を介して委任規定を準用することと，契約清算（給付利得）の効果として委任規定全体を参照することとの調整が問題となりうる。この点を考慮すると，事実としてなされた契約義務履行行為に対して事後的にその契約清算規範に照らした評価をすること，すなわち契約清算規範（行為評価規範を含む意味で給付利得より広い）による一元的処理の方が，事務管理による準用規範の範囲の制約もなく，事態適合的かつ簡明で望ましいのではないだろうか。

　(カ)　契約交渉の挫折　　福岡高裁平成2年3月28日判決（判時1363号143頁。判批として，青竹正一・判評389号（判時1382号）〔1991〕55頁）は，病院建築が土地の転用許可が得られず不可能となった後に，当初より建築設計について折衝を重ねていた会社から施主に対して，事務管理による商法512条の報酬請求がなされ，認容されたものである。このような場合には，契約が不成立となった場合のための規範が優先して考慮されるべきで，安易に交渉中の報酬額を基準とすべきではない。

　相続人探索を業とする者の相続人のための事務管理を否定した，近時のドイツ判例（1999. 9. 23 BGH NJW 2000, 72 など）も参考となる。相続人探索業者は，相続人探索の公告を見て，相続人の存否を探索し，もし幸運にも見つかった場合には，当該相続人に，相続のための基礎資料の一部を提示して，契約締結（報酬は遺産の価値の1割から3割程度）と引換えに残りの情報提供を約束する。ここで，相続人が任意に契約を締結すれば，問題とならない。上掲判決は，相続人が契約締結を拒否しつつ，探索者の提示した一部の情報に基づいて自ら相続人資格を得た事案である。連邦通常裁判所は，探索業者の行動は，契約交渉の準備の意味をもち，事務管理や不当利得の法理になじまないとした。探索業者の利益押し付け的な行動とフリーライド的な相続人の行動をどう評価するかで判断が分かれうる微妙な紛争類型である。フランスの判例は伝統的に相続人探索業者に事務管理を適用してきており，例外的に事務管理意思の不存在を理由に適用を否定することがあった（BOUT, LA GESTION

§*697* III

D'AFFAIRES en droit français contemporain, 1972, n°ˢ 136 à 138.)。あるフランス判例
（Cass. civ. 1ʳᵉ 31 janv. 1995, *Bull. civ. I*, n° 59）は，前掲ドイツ判例と同様の場合に，
相続人が被相続人と疎遠ではあったものの，家族関係があることの認識を有
していたことを理由に，探索業者からの事務管理による償還請求を否定して
いる。かように，この問題は，前提となる事実関係の多様性をも考慮する必
要を感じさせる。

2 管理の開始

(1) 事務の種類

(ア) 客観的他人の事務　　客観的他人の事務の場合には，管理の開始とと
もに事務管理が成立する。主観的他人の事務の場合はどうだろうか（学説の
状況は，新版注民(18)223頁以下〔金山正信〕）。この場合にも，管理の開始ととも
に，事務管理は成立すると考えられるが，その効果としての費用償還等は別
問題で，本人の任意の帰属決定行為（追認）が必要と考えられる。この点は，
本人の名での法律行為としての事務処理の場合では無権代理となり，本人の
追認が必要となるのは当然であるが，管理者自身の名による法律行為の場合
や事実行為の場合でも，代弁済請求や費用償還要件としての有益性，本人の
意思との一致をより厳格に判断して，客観的利益の押し付けにならないよう
配慮する必要があろう。ちなみに，沿革的には，主観的他人の事務の場合，
ドイツ普通法から民法典への転換において，追認要件から有益性要件への推
移が見られる。本人保護の観点が有益性に移行したのである（Staudinger/
Bergmann, Vorbemerkungen zu §§ 677ff., Rn. 138）。

(イ) 主観的他人の事務　　主観的他人の事務の場合には，成立時期（開始
時期）について争いがある。通説は，管理意思で行動を開始した時点で事務
管理の成立を認める。少数説は，他人の権利領域に影響が生じた時点で成立
を認める。屋根の修理を例に取れば，通説では，修理材料の購入時点で成立
し，少数説では，実際に修理材料で他人の屋根の修理を開始した時点（もっ
とも，この時点で事務は客観的他人の事務となるだろう）あるいは本人が管理者の購
入を追認した時点となる。管理者に事務管理より生ずる義務を早い時点で負
わせることができる点で通説を支持したい。隣人の屋根修繕のために材料を
購入しながら，自宅の屋根修繕に用いたという場合に，管理者の責任が生ず
ることは，不都合（小池隆一・準契約及事務管理の研究〔1962〕278頁）ではなく，

〔平田〕　29

§*697* Ⅲ　　　　　　　　　　　　　第3編　第3章　事務管理

成立要件を満たしている限り，本人の権利領域に対する保護が発生している
というべきで，当然の効果というべきだろう。本人の財産権への現実の影響
以前に事務管理の成立を認めることは背理ではなく，本人保護の観点からは
管理者の行動を規制する諸義務を早期に課し，本人の不利益発生を未然に防
止できる態勢を整えることが望ましい。管理者の遅滞なき通知義務の履行に
より，本人との交渉を設定し，本人にとって無用な介入を早い時期に防止で
きよう。

(2)　管理者の行為能力

　なお，管理者の行為能力が問題となる。とりわけ，意思能力が欠ける場合
や制限行為能力者の場合に，どう考えるかが議論されてきた。ドイツ民法
682条のように，不法行為と不当利得の規律に委ねるという方法が考えられ
る（明文上は，管理者の責任制限の側面にのみかかわる）。学説は，ドイツ法の議論
の影響のもとに，多様である。

　まず，意思能力が必要である点にはほぼ異論がない。問題は，行為能力ま
で必要か，管理行為が法律行為か事実行為かで場合によって異なって解すべ
きか（近時の学説として，橋本ほか6頁〔大久保〕，山野目章夫・民法概論4 債権各論
〔2020〕338頁）である。行為能力制度に含まれる制限行為能力者保護を徹底
すること，行為の結果を享受する本人の利害，取消しの可能性から生ずる取
引の不安定性，などを考慮して，一般的に行為能力を必要と解するか（四
宮・上11頁など），そのような不都合は事実行為の場合には生じないと考え，
区別して扱うか（須永醇「事務管理と意思能力・行為能力」谷口還暦(3)351頁以下な
ど），の対立に帰着しそうである。さしあたり，前者を支持すべきであろう
か。なお，意思能力の定義，意思能力と行為能力の関係理解によっても，上
記の問題の前提は影響を受けるだろう。須永・前掲論文367頁は意思能力を
有する限り，事実行為について管理者としての義務を負わせても，特に苛酷
な結果を生ずることにはならないとするが，法律行為の場合と管理者の保護
に差を設けることになろう。さらに，須永・前掲論文370頁注23は，当該
事務管理に堪える者のみが当該事務管理に必要な意思能力ありと認定される
から，管理者にとって特に苛酷な結果を生じないであろうと述べるが，その
ような理解は行為能力を必要とする説に帰着するのではあるまいか。なお，
一般に，管理者に行為能力を必要と解し，存在しない場合には，不当利得，

§697 Ⅲ

不法行為法に委ねることは，その限りで，事務管理法による優遇された効果を管理者が享受できない結果を導く。しかし，最も顕著な相違である費用償還請求権と不当利得返還請求権の距離も今日の不当利得法における利得理解の柔軟化によりかなり減殺されていると解し得ようし，緊急事務管理における損害賠償責任の軽減も，不法行為法自体の解釈から導き出せよう（→§698Ⅱ3）。

なお，本人は，意思能力が欠ける場合や行為能力に制限がある場合でも，事務管理の成立に影響はない。意思無能力者を本人とする事務管理を認めたものとして，最高裁平成18年7月14日判決（判タ1222号156頁）がある。ただし，税法の解釈がかかわっている。

(3) 事務管理の法的性質

同様に，事務管理の法的性質も問題となる。実際に事務処理行為としてなされるものは，法律行為の場合もあり，事実行為の場合もある（フランス民法は2016年改正により，事実行為が含まれることを明示した（フ民1301条における des actes juridiques et matériels の表現））。事務管理自体は，一般に，準法律行為あるいは法的行為と位置付けられている。

3 義務の不存在

他人の事務の管理について，管理人が当該本人との関係で法的義務ないし権限を有する場合には，管理行為は義務の履行ないし権限の行使という法的評価で尽きるので，別途事務管理を考えることは不要のみならず有害である。もっとも，契約関係の周辺に発生するサービスが契約で処理できるか，事務管理で処理できるかという問題が生ずる場合もある。例えば，東京高裁平成11年2月3日判決（判時1704号71頁。判批として，浦川道太郎＝一木孝之・ジュリ1197号〔2001〕77頁，後藤巻則・判評502号（判時1725号）〔2000〕28頁，潘阿憲・ジュリ1230号〔2002〕117頁）は，長年保険外交員に保険が失効しないよう維持する管理を依頼してきたが，本人の死後，遺族の保険金請求に対して，ある保険が失効しており，支払を拒絶されたため，その責任を準委任や事務管理で問うた事案である。判決は，いずれの構成による賠償請求も否定したが，契約関係に付随してなされるサービスにどこまで信頼を置いてよいか，保護を与えるべきかの問題を問いかける。

契約が無効・取消しの場合（→1⑵⑷），契約上の権限を超える行為の場合，

§697 III　　　　　　　　　　　　　　　　　　　第3編　第3章　事務管理

契約上の権限が終了した後の行為などが問題となる。いずれも契約法ないし
は給付利得の問題として扱うべきである。

(1)　義務が関係する諸場合

　管理者が本人との間に何らかの契約関係あるいは法律関係を有する場合に
は，既に述べたように，その関係で規律され，事務管理が成立する余地はな
い。ところが，関係者が管理者と本人の2人に尽きる場合は，この考え方で
問題はないが，三当事者以上が登場する場合には，やや慎重な吟味が必要と
なる場合がある。

　第1に，管理者が第三者との関係に基づき本人の事務を管理する場合が挙
げられる。この場合には，管理者と第三者の間では，当該事務処理は管理者
の自己事務として事務管理は問題とならないが，当該事務処理が本人との関
係で他人の事務処理となり，事務管理を成立させないかが問題とされる場合
がある（→3(2)）。

　第2に，第三者が本人との間で何らかの関係上義務を負っており，その義
務を管理者が処理した場合である（→1(2)(ウ)，4(2)）。

　この場合は，さらに，①管理者が第三者の本人に対する義務を意識して事
務処理する場合（第三者弁済の場合）と②管理者が本人の事務を処理する際に
第三者の義務を認識していなかった場合に分けられる。②の場合を念頭に置
いた規律と考えられるものとして，DCFR V.-1: 102（→1(2)(ウ)）や，以下に掲
げる DCFR V.-3: 105 が挙げられる。

　3: 105（本人を免責させもしくは償還する第三者の義務）

　　介入者が損害から本人を保護するために行動する場合，〔もし損害が発生すれ
　ば〕本人に対して，第6編〔契約外損害賠償責任〕により損害惹起について責任
　を負うはずの者は，介入者に対する本人の責任について免責するもしくは，事
　情に応じて，償還する義務を負う。

(2)　管理者が第三者との関係に基づき本人の事務を管理する場合

　(ア)　日本法　　ここでの管理者が負う義務が第三者との関係で負わされて
いる場合には分けて考える必要がある。公務員，例えば消防隊員が職務とし
て人命救助をする場合には，その職務執行という評価に加え，個々の公務員
と被救助者との間に事務管理を観念することは妥当でないが，船長が公的義
務に応じ遭難者を救助する場合には，事務管理が成立しうるとされる。ドイ

32　〔平田〕

§*697*　III

ツ法においては，一般公法上の義務が問題となる場合と特別公法上の義務が問題となる場合を区別し，前者では事務管理の成立は可能であるが，後者では成立しないと説明される（Brox/Walker, Besonderes Schuldrecht, 46. Auflage (2022), §36 Rn. 10, 11）ことがある。当該行為が当該公務員の職務とどうかかわっているかの程度を見ているのであり，両者は連続しており，その区別は個別の事件における判断に依存する。このような区別は，どのような評価から由来するのだろうか。ある者の職務なり義務が，当該事務処理行為に及ぶものと考えうるか否かであろう。例えば，義務者 A が本人 B に対する義務履行の手段として管理者 C に義務を課した場合，通常は，義務者と管理者の契約関係で十分規律でき，たとえ外形的には管理者が本人の事務を処理するように見えても，これらの者の間には事務管理は成立しない（管理者は義務者の履行補助者的地位にとどまる）。それによって，当該行為が，事務管理でいう自己の事務にとどまるか，他人の事務にも該当するか否かが決まり，他人の事務にも該当する場合には他の要件充足があれば，事務管理が成立する（もっとも，A が義務者ではなく，B との間に事務管理関係が成立するような場合には別に考える説として，四宮・上 21 頁注(一)(a)(ii)②)。

　医師の診療行為も同様である（新版注民(18)211 頁以下〔金山〕）。ただし，いわゆる勤務医の場合には，契約当事者は経営主体であり，医師個人が当事者とはならない。そうなるのは，個人開業医の場合と勤務医が勤務以外で診療する場合である。患者に判断能力（意思能力）がある限り，原則として，医師と患者本人との間に契約関係が成立すると解してよい。そうでない場合（例えば，交通事故で本人が意識不明である場合）には，治療依頼者と本人の間の既存の関係（例えば，近親者の扶養義務，夫婦の協力扶助義務，宿泊施設の経営者の契約上の保護義務）があれば本人と依頼者の関係はそれに従いつつ，依頼者と医師の契約関係が生じ，そういう関係すらない場合には，本人と依頼した者の間に事務管理が成立しうる。

　しかし，このように，既存の義務ないし権限が第三者との間に存在する場合に事務管理が成立しうるかという問題は，ローマ法（この論点に関して，古典期ローマ法理解の再構成を試み，現代法（ドイツ法）解釈の提案に結びつける試みとして，Harke, Geschäftsführung und Bereicherung, S. 35ff.（2007）がある。ローマ法文の解釈が現代法の解釈に直結するわけではないことにも注意が必要）以来論じられ，その

〔平田〕　33

§697 III 　　　　　　　　　　　第3編　第3章　事務管理

要件充足の検討次第では，広く事務管理の成立が認められることになる。これは，契約関係にない第三者に事務管理に基づく費用償還の構成で，契約相手方の無資力を転嫁する手段にもなりやすく，転用物訴権と同様の問題を引き起こす。

商法512条が事務管理に関連して援用される場合がある。例えば，宅地建物取引業者が委託を受けていない当事者に対して商法512条にもとづく報酬を請求する場合である。最高裁昭和50年12月26日判決（民集29巻11号1890頁（牧山市治〔判解〕最判解昭50年662頁以下））は，売主買主双方に仲介業者がつき，協働して作業を進めたが，挫折し，仲介行為を中止したところ，数か月後に直接取引が成立したため，双方の仲介業者が売主買主に報酬を求めたものである。最高裁は，委託を受けない当事者に対し報酬請求権を取得するためには，「客観的にみて，当該業者が相手方当事者のためにする意思をもって仲介行為をしたものと認められることを要し，単に委託者のためにする意思をもってした仲介行為によって契約が成立し，その仲介行為の反射的利益が相手方当事者に及ぶというだけでは足りない」として，請求を認めた第二審判決を一部破棄差戻しした。商法512条は沿革的には，次条の513条などと同様に，商人性が明示の合意の不存在を補う機能を持つ規定であり，また相対の二当事者を念頭に置いた規定であろう。ドイツ商法も同趣旨の規定（354条）があるが，日本商法では，「他人のために」という事務管理規定（697条1項）と同じ文言を含むため，より一層訴訟当事者が事務管理の根拠として512条を援用する傾きがあるかもしれない。問題となる事案は多様であり（先の最判も仲介行為後の直接取引をどう評価するかの問題が介在している），仲介行為はその利益が当事者双方に不可分の形で帰属する構造のため，一般的評価がむずかしい（日独の議論を包括的に検討するものとして，塩原真理子「有益的事務管理に基づく報酬請求権——商法512条に基づく報酬請求権の下での議論を素材にして」東海法学53号〔2017〕88頁以下がある）。やや抽象的な判断をすれば，一方当事者との仲介契約がありながら，同時に他方当事者との事務管理を想定できるかという，本項での問題と共通のものがあり，前掲判決の引用部分が語るように，他人の事務性ないし利益帰属が仲介者の主観的意図のみならず，客観化されたものである必要性を語っているのは同質の問題性を含んでいるからだと言えよう。一般的に否定はできないが，肯定できる場合はごくまれ

34　〔平田〕

§697　III

と言えるだろう。その際，事務管理，不当利得，契約解釈など訴訟当事者がいずれの法的構成で主張したとしても，実質的問題は異ならないはずで，同一の事実に対して各構成相互の結論が大きく変わるべきではないだろう。フランスの判例では，事務管理が公序規定の回避に役立ってはならず，不動産仲介業者は書面による委託がない場合に事務管理に依拠して自己の仲介の補償を試みてはならないと述べたもの（Cass. 1er civ., 22 mars 2012, F-P+B+I, no 11-13.000）がある。

　(イ)　ドイツの教訓　　ドイツでは，1970年代から80年代にかけて，この論点に関する，判例によるやや安易な拡張適用現象が学説に指摘された。事案類型は以下のようなものがある（Auch-Gestion と呼ばれる）。すなわち，契約ないし法律上の義務に基づいて給付を与えた者が契約相手方ないし受益者と何らかの関係をもつ者に報酬請求する場合（一方配偶者への医療給付に基づき他方の配偶者に報酬請求する場合，事故車や違法駐車した車を警察の指示で運搬したレッカー業者が車所有者に対して報酬請求する場合，扶養義務者が扶養権利者の加害者に対して求償する場合），国や自治体の組織が職務に応じてした活動の費用償還を原因惹起者に対してなす場合（消防隊の消火活動，いかりの引き揚げ）などである。その上で，学説において事務管理意思や他人の事務の判断の再構成が試みられた（平田健治「事務管理法の構造，機能の再検討」民商89巻5号619頁以下，6号777頁以下，90巻1号36頁以下〔1984〕〔一平田・事務9頁以下〕，副田隆重「事務管理法の機能とその適用範囲」判タ514号226頁以下，522号133頁以下〔1984〕）。

　さらに，2000年前後から連邦通常裁判所は，学説の批判を意識して，一定の制限傾向にあることが指摘されている。すなわち，近時の連邦通常裁判所は，管理者の契約相手方との契約関係の優先を理由に第三者を本人とする償還請求を否定する傾向にある。これは，学説の批判が受容されたものと理解することができる（Münchner/Schäfer, 9. Aufl.（2023）§677 Rn. 47; Eckpfeiler des Zivilrechts 2022, S. 1423; Staudinger/Bergmann（2020）Vorbem zu §§677ff Rn. 139-143; Thole, NJW 2010, 1243）。

　例えば，1998. 11. 26(III)判決（BGHZ 140, 102〔患者を搬送したが死亡した場合に，依頼した保険会社を越えて，本人の遺族に対して事務管理による費用償還請求をすることを否定〕），2003. 10. 21(X)判決（NJW-RR 2004, 81〔請負人が注文者を飛び越えて，利益を得た家屋所有者に対して事務管理による償還請求をすることを否定〕），2004. 4. 15

〔平田〕　35

§*697* Ⅲ   第3編　第3章　事務管理

(Ⅶ)判決（NJW-RR 2004, 956〔下請負人の元請負人を越えての，注文者への報酬請求を否定〕），2011. 6. 28(Ⅵ)判決（VersR 2011, 1070〔清掃業者の依頼した地方自治体を越えての，道路を汚染した車保有者への償還請求を否定〕），2012. 6. 21(Ⅲ)判決（VersR 2013, 1538〔直前の判決と同旨〕）は，いずれも，当初の契約相手方との間で，管理者の権利義務，とりわけ報酬問題が包括的に規律されている場合には，私的自治に基づく契約の規律が，契約関係に立たない第三者との調整規律に優先すると述べて，事務管理の成立を否定している。まさに，既存の契約関係に基づく規律の回避の危険が意識され始めたといえる。

4　管理意思

(1)　機　　能

「他人のために」という要件は，一応管理者の活動の主観面を暗示させ，不当利得などからの限界画定の機能を営む。通説は，この要件を不当利得や不法行為からの限界付けの意味において要求する。しかし，事務管理の多様な適用事例を前にした場合，主観面を不当に強調するのは妥当ではない。人命救助などの緊急事務管理の類型では管理者の利他的意思方向は行為態様そのものから明らかであるが，それとても，管理者の行動がもつ客観的事態（他人の利益の緊急的保護）の評価から由来するものといえる。それ以外の場合でも，内心の意思というよりは，客観的行為態様から判断される利他性が問題とされているといえる。したがって，問題は，他人の事務性判断と意思の存否判断の関連性をどう理解するかの問題に展開する。日本で従来，主観説と客観説の対立（新版注民(18)216頁以下〔金山〕）が見られたことと関連するが，あるべき立場は，このどちらの立場にも徹底できないだろう。客観化された主観説とでも呼ぶべきものを支持したい（ドイツでのこの点に関する議論については，平田・事務50頁以下）。社会学的には，管理者の意思は，本人のためというよりも，その基礎に共同体への帰属感情があり，その集団に奉仕するという感情ではないかと指摘される（Carbonnier, t. Ⅳ, nº 117〔SOCIOLOGIE〕.）。この指摘は，事務管理の起源としての，ローマ市民間の倫理を連想させる。また，とりわけ，緊急事務管理の際に現れる救助行為は，公共精神（civisme），自己の信念を貫徹する市民の勇気（Zivilcourage）というテーマで，社会学，心理学の方面から論じられている（DER SPIEGEL 11/2013 の特集）。

　事務管理制度を置く立法例でも，事務の他人性を前提としないもの（オラ

§697 III

ンダ民法やDCFR）もある点は前述した。例えば，DCFR V.-1: 101 は以下のように，事務管理の成立要件を規律する。

1: 101（他人を益する介入）

(1) 本編は，以下の場合に適用される。すなわち，介入者が専ら本人を益する意図で行動し，かつ

　　(a) 介入者が行動の合理的理由を有し，もしくは

　　(b) 本人がその行動を，介入者に不利となる程度の遅延なく，承認した場合。

(2) 介入者は，以下の場合には，行動の合理的理由を有しない。

　　(a) 介入者が本人の希望を知る合理的機会を有したにもかかわらず，そうしなかった場合，もしくは

　　(b) 介入者が，介入が本人の希望に反することを知りもしくは合理的に知ることができた場合。

　この提案では，事務管理意思と介入の合理的理由が並置されてはいるが，重点は，介入の合理的理由にあり，その意味は，合理人が介入者の現実の状況に置かれたならば，実際に執られた手段による介入を理由があると考えるかどうかという基準であると説明されている。ここでも，成立要件の客観化が生じているということができ，事務管理意思の存否を客観的行為態様から判断する最近の有力傾向と同方向のものと評価できる。

　客観的他人の事務の場合は，事務管理意思は事務の他人性の認識において与えられると言ってよい。だから，この場合には，事務管理意思は推定されると言える。他方で，主観的他人の事務の場合には，事務管理意思自体によって事務の他人性が基礎付けられるという意味で，厳格に解される。主観的他人の事務の場合には，管理者が自己の事務管理意思を成立要件として立証できるためには，内心の意思にとどまらない何らかの客観的徴表が必要であり，客観的他人の事務の場合と異なり，意思の推定も働かない。客観的徴表としては，本人の名で契約を締結したという事実（自己の名で契約した場合には別途事務管理意思を立証する客観的徴表が必要となる）や，本人に管理開始を通知したという事実が挙げうる。

　本人が誰であるかを知る必要はなく，本人性の錯誤も成立の妨げとならない（ド民686条に明文あり）。しかし，他人の事務を自己の事務と誤信した場合には，事務管理意思は認められない（ド民687条1項に明文あり。反対，金山正信

〔平田〕　37

§697 III

第3編　第3章　事務管理

「事務管理の要件」谷口還暦(2)274頁。事務管理が成立しないと解した場合に，先行行為に基づく不法行為法上の作為義務を認め，事務処理の中断から生じうる本人の不利益防止を図る提案（平野・債各9頁）がある）。

(2)　管理意思が複数人に対して並存する場合

他人の義務を履行する場合には，事務管理意思の対象が，義務者と権利者の2人となる場合がある。ある者Aが扶養義務者Bに代わって，要扶養者Cを扶養した場合がその例である。Aは，BとCそれぞれの関係で，事務管理者たりうる。もっとも，このような場合には，償還意思が欠けるために，費用償還請求権が成立しない場合がある。例えば，AがCとの関係では，愛情に基づく扶養であり，償還請求する意図をそもそも有しない場合である。他方では，そういう場合でも，Bとの関係では費用償還請求が成立しうる。事務管理の法律効果は個別に判断されるわけである（DCFR V.-1: 102〔→1(2)(ウ)〕も参照）。

さらに，客観的他人の事務であると同時に自己の事務でもある場合，すなわち事務における利益結合の場合はどうか。この場合に，自己の義務にもかかわらず，かような権利義務関係にかかわりをもたない第三者に対して，事務管理に基づく費用償還請求をなし得るためには，管理者の行為を二重に，すなわち自己の義務履行と同時に第三者に対する事務管理として評価しうる根拠付けが必要となる。その評価をしようとすれば，管理意思も薄められた規範的な判断を伴うものにならざるをえない。むしろ，重要なことは，そのような意思の存否判断の前提にある，事務の帰属性（他人性）判断に含まれる評価問題を直視することである（→3(2)も参照）。

5　本人の意思ないし利益との一致 ── 善管注意義務が作用する諸側面
（管理者の損害賠償義務，管理者の費用償還請求権）

(1)　成立要件と存続要件

事務管理の内容と本人の意思ないし利益との一致，すなわち本人の意思ないし利益に反することが明らかではないことは，まず，事務管理の成立要件であると同時に継続中の義務要件である。通説判例（鳩山・下760頁ほか，大判昭8・4・24民集12巻1008頁）は，このように早くより700条に規定される管理継続義務の存続要件から，成立要件をも導き出している（さらに一歩進めるものとして，潮見・講義Ⅰ318頁・320頁）。700条ただし書において，本人の意

§*697* III

思に反しまたは利益に反することが明らかな場合には，管理継続義務は消滅するとしていることから，この要件を成立要件に持ち込んでいる。そして，ここでの「明らか」は通常の注意を払えば認識できることを意味すると解されているため，意思ないし利益との一致は善管注意義務の基準内の努力目標ということになろう。無過失で本人の利益もしくは意思に反しても，事務管理関係を有効に成立させる。

過失による不一致（本人の意思ないし利益に反することを認識可能であったこと）は，管理開始の時点で既に事務管理自体を成立させず，その後の行動は不法行為等の観点で判断される（この場合に，信義則により管理者の諸義務が成立するとするものとして，新版注民(18)145頁〔高木〕，四宮・上24頁）のに対して，管理中の不一致化では中止義務（700条ただし書）と善管注意義務違反（債務不履行）としての損害賠償義務を成立させる（直ちに不法行為となるとする説もある）。ドイツにおいては，700条に対応する規定がないので，ややニュアンスが異なるものの，同様に解されているようである（Staudinger/Bergmann, §677 Rn. 28.）。

少数説は，成立要件と継続義務それぞれにおける本人の意思と利益は異なるものと理解する立場である。

本人の意思が違法である場合には，ここでの基準とはならず，それに反しても，事務管理は有効に成立する。自殺の場合は，争いがあるが，本人の意思が尊重されるべきであろうか。

近時の判決として，東京地裁平成12年9月26日判決（判タ1054号217頁）がある。ガソリンスタンドに放置された車を所有者を装う者に誤って引き渡した従業員の責任が問題となった。本人でないため引渡しを一旦拒絶したが，携帯電話に本人らしき者が出たため，引き渡したことについて，善管注意義務違反なしとした。

(2) 費用償還の要件

他方，費用償還の基準としての意思ないし利益，とりわけ意思は，本人の真意と解されており，真意に反する事務処理費用の償還は出捐額ではなく現存利益に限定され，その限りで，本人保護が強調される（→§702 II 1）。

本人の利益は，事務管理成立要件としての場合と費用償還請求の要件としての場合とでは，同一の基準によるべきではないとする説として，四宮・上23頁注(二)(iii)がある。その例（平29改正前）として，短期消滅時効に服する

§697 III

債務を弁済する場合，費用償還請求のレベルでは，通常の 10 年の時効期間となるのではなく，原債権の時効期間を引き継ぐと解釈して，債務者（本人）を以前より不利な形での債務負担とさせない必要があるからとする。逆の例としては，人身損害の賠償を肩代わりした場合の時効期間をどう考えるかの問題がありうるが，この場合には被害者（本人）保護の要請はなくなるので，通常の時効期間となると考えられる。

(3) 例外としての公的義務履行など

善管注意義務の基本となる本人の意思に反して事務処理できるような例外的場合があるか。公益的義務や法定の扶養義務の場合に例外を認める立法例（ド民 679 条）があり，同様な立場が日本法でも有力であるが，私的自己決定の観点からの反対論（潮見・講義 I 319 頁）もある。少なくとも，公序良俗に反する本人の意思は基準とされるべきではないと思われる。それ以上にどこまでの例外を認めるかは，私的自己決定との関係で，慎重に解釈されるべきである。

(4) 追　認

事務管理の成立自体の追認と，個別の法律効果に対する追認がある。

事務管理の成立自体の追認は，本人の意思と利益との一致に反することが明らかな場合で，事務管理が成立しない場合（通説判例）に，本人の単独行為としての追認により，最初から有効な事務管理関係を成立させうる。フランス法は，近時の改正で，判例に従い，以下の規定を新設した。すなわち，本人による管理の追認は委任に相当する（フ民 1301-3 条）。

個別の法律効果に対する追認は，本人の意思ないし利益との一致を充足していない場合に，本人側の追認によって，費用償還請求権や代弁済請求権（702 条 1 項〔本人のために有益な費用〕，2 項〔本人のために有益な自己債務負担〕，3 項〔本人の意思〕）を成立させたり（ド民 684 条 2 文に明文がある），善管注意義務違反（697 条）に基づく損害賠償債務の免除の効果を持ちうる。

事務管理が無権代理行為（本人の名による本人の財産の処分行為など）や無権利者による自己の名での処分としてなされた場合に，事務管理の追認が，無権代理行為の追認の意味や処分授権の追完の意味をももつ場合がある。ただし，無権代理行為や処分行為が事務管理意思を伴ってなされた場合に限られる（ドイツ法における，他人の物の無権限処分と追認の関係理解の変化については，藤原正

§*697* III

則「無権限者による他人の物の処分と他人の債権の取立による不当利得(2)——自己の権利領域への無権利者による干渉に対する反動的請求」北法 59 巻 3 号〔2008〕1252 頁以下が詳しい)。

つまり，追認は，本人の任意の意思表示により治癒させるに適した瑕疵を前提とするため，管理者の事務管理意思等は，その対象とならない（通説。加藤(雅)26 頁〔準事務管理肯定の文脈において〕などの反対説がある）と解される。もし事務管理意思が存在しない行為を追認により，有効な事務管理とでき，本人がその引渡請求などの法律効果を享受できるとすれば，準事務管理を肯定することにつながり，自利的介入行為の制裁としてはともかく，不当利得や不法行為との限界付けが困難となろう。また，事務本人の機会主義的行動を抑止するためにも必要であろう。

6　現代的要件論

698 条でも示唆されるように，多様な事務管理の事案は，人命救助を典型とする必要的事務管理ないし緊急事務管理とそのような要素をもたない有益的事務管理に大別される。現実の運用や解釈で，この事態の差は，当然考慮されつつ適用されてきたが，この差をより意識する必要が感ぜられる。すなわち，必要的事務管理では，本人や管理人の意思に依存した運用ではなく，より客観化された判断基準がふさわしいし，他方，有益的事務管理では，逆に本人の意思や利益を，財産管理に関する自己決定，押し付け防止の観点から重視する規律が望ましいからである（以上について，平田・事務 357 頁以下）。

このように理解することは，必然的に，事務管理成立の諸要件の解釈において，類型的な視点が必要とされることを意味する。とりわけ，事務管理意思の存否の判断において，そうである。

通説に従えば，事務管理の成立要件として，①他人の事務，②事務の管理，③義務の不存在，④事務管理意思，⑤本人の意思もしくは利益に反することが明白でないこと，が挙げられる（ほかに，⑤を要件として挙げない説〔例えば，内田 556 頁〕，意思もしくは利益との客観的一致と解する説〔平田春二〔前掲谷口還暦(2) 233 頁以下などで，正当な事務管理論に依拠〕〕がある）。①②④は，それらの存在が事務管理を成立させる積極的要件として，事務管理者が，③⑤は，本人側の事情であり，それらの存在が事務管理を否定する意味を有することから，本人が，それぞれ主張立証責任を負うと解すべきである（大江忠・要件事実民法

§697 III 第3編　第3章　事務管理

(6)〔4版補訂版，2024〕1頁）。

7　経済学的観点からの立法ないし解釈提案

　ランデス＝ポズナーがまず1978年に法と利他主義の経済的研究という副題の下で救助者を類型化した上で救助義務の導入の行動への影響を検討した (Landes and Posner, Salvors, Finders, Good Samaritans, and Other Rescuers: An Economic Study of Law and Altruism, 7 J. Legal Stud. 83 (1978))。その前提として，救助者に救助義務を認め，その違反に不法行為的制裁を加えるべきかの問題があった。ポズナーは効率性の観点から肯定し，エプステインは自由の観点から不作為に責任を課すことには反対していた。エプステインは厳格責任の観点から作為における因果要件を強調して，救助行為のように，不作為（不救助）の場合には，同様の因果性は認められないから不法行為責任は生じないと主張した（もっとも，慎重に，原告と被告の間に，親子などの特別な関係が存在する場合を議論から除外しているが (Epstein, A Theory of Strict Liability, 2 J. Legal Stud. 189 (1973) note 91)，まさにこの場合にこそ，実務上不作為責任が認められるのであり，議論は当初よりかみ合っていなかった）。これに対し，前掲ランデス＝ポズナー論文は，救助の競争モデルをまず作り，非競争諸類型にも拡張適用するスタンスであったが，救助候補者に予測される行動が類型によって異なることをはじめ，救助行動への影響因子が多様で，救助義務の導入が救助行動のインセンティブを与えるという意味で，効率性を増すという関係を確認することはできなかった。これに対しては，多様な批判や改善提案が出された（平田・事務183頁以下）。

　そのうちでは，ポズナーの問題意識を一部継承する説として，高取引費用とパレート優越の要件の下で仮定的契約という枠組みで（不当利得のみで事務管理という法カテゴリーが存在しない法環境の下でではあるが）解釈学への示唆を論じたロングの論文 (Long, A Theory of Hypothetical Contract, 94 Yale Law Journal 415 (1984)) が注目される。彼は，高取引費用 (prohibitive transaction costs) とパレート優越 (Pareto-superiority) という二要件のもとに，仮定的契約 (hypothetical contract) 理論を提唱し，競合する他の説，すなわち，不当利得理論，ポズナーの富の最大化理論，エプステインの厳格責任理論と比べた際の優越を主張する。これらの影響のもとに，ドイツ法での解釈提案をした論文 (Köndgen, Die Geschäftsführung ohne Auftrag im Wandel der Zeiten-Versuch einer Ehrenrettung,

§*697* IV

in: Rechtsgeschichte und Privatrechtsdogmatik（1999）, hrg. von Zimmermann, Knütel und Meincke, S. 371ff.）も現れている。ケンドゲンは，事務管理者を類型化し，専門家としての管理者には一般的に軽過失で責任を負わせ，危険防止的管理の際の例外を認めず，他方，（完全もしくは不完全な）利他主義的管理者には通常の場合にも重過失を責任基準とするよう提案している（S. 393）。

　なお，これに関連して，ポズナーとエプスティンの論争に言及しておく。上記の論文もこの論争の中で書かれたものである。ポズナーが1972年にネグリジャンスの理論を書き，不法行為責任における責任判断を効率性から見た富の最大化の観点から正当化しようとしたのに対し，エプスティンは，翌年，厳格責任を根拠に批判的立場を採った。この両者の相互的批判（関連論文はポズナー4本，エプスティン5本の合計9本ほど，関連をより広くとれば，この数は増える）により，論点は広がり，また両者それぞれの検討対象の拡大により，当初の主張の鋭さは減殺され，立場は接近したように思われ，1979年のエプスティン論文で論争は終わっている。要するに，紛争類型の多様さ（日本法で言えば，過失責任類型と無過失（中間的）責任類型，権利侵害類型と利益衡量が必要な法益侵害類型）を前提とすれば，いずれの立場（出発点）もそれだけでは不法行為紛争の一元的基準たり得ないことが明らかとされたと一応まとめることができる。

IV　効　果

1　違法性阻却

　管理者が本人の意思と利益を配慮しつつ事務管理を開始する（697条）ことで，本来は他人の権利領域への干渉として違法とされる行為が，例外的に違法性を阻却されるとされる。しかし，これは，正当な事務管理論が主張したところの，一定の要件充足により，不法行為から峻別されることとなる事務管理制度という理解を前提とするものであるが，沿革はそれに反し，直接訴権と反対訴権で規律される双方的債権関係であった。すなわち，一定の要件充足による一律の違法性阻却は，現実に対して，ある場合には広すぎ，ある場合には狭すぎるものであり，問題となるのは，個別の具体的処理行為との関連においてである。緊急事務管理（698条）における注意義務ないし損

〔平田〕　43

§697 Ⅴ・Ⅵ　　　　　　　　　　　第3編　第3章　事務管理

害賠償義務の軽減は，正当防衛や緊急避難と同様の緊急状態における行為の評価に関わり，当該場面での法益や義務の衡量作業と言える。

2　本人に生ずる権利

697条から701条に規定されるもので，本人から管理者に対する諸請求権という意味で沿革上直接訴権と呼ばれてきたものである。条文上は，全て管理者の本人に対する義務の形式で規定されている。具体的には，本人の意思と利益を基準とした管理義務（697条），緊急事務管理の際の管理義務違反の効果としての損害賠償義務の軽減（698条），通知義務（699条），管理継続義務（700条），状況および結果報告義務（701条による645条の準用），受取物引渡し等の義務（701条による646条の準用），金銭消費責任（701条による647条の準用）がある。

3　管理者に生ずる権利

明文があるのは，費用償還請求権（702条），代弁済請求権（702条2項による650条2項の準用）であるが，この他に，損害賠償請求権，報酬請求権，代理権が認められるかが議論されている。

Ⅴ　終　　了

事務管理の終了事由は，事務管理の完成，本人等が管理をすることができるに至ったこと（700条本文），管理の継続が本人の意思または利益に反することが明らかとなったこと（700条ただし書），管理者の死亡（→§700Ⅳ），管理者の行為能力喪失（→Ⅲ2⑴），本人の終了の意思表示がある。他方，管理者の終了の意思表示，本人の死亡・破産，管理者の破産は終了事由に当たらない。

Ⅵ　準事務管理

1　沿　　革

民法上は規定がないが，歴史上，事務管理の典型的な要件（事務管理意思を伴う他人の事務の処理）を外れる場合に，どう適用するのかが，ローマ法源に基づきカズイスティックに議論された。ドイツ民法は，本人についての錯誤

44　〔平田〕

§697 VI

（686条），他人の事務の自己の事務との誤信（687条1項），他人の事務を自己の事務として意識的に無権限で処理（687条2項）することについてそれぞれ明文を置いた。ドイツ民法典の立法過程では，最後の類型の処理について第一草案では不法行為と性質付けして，不法行為法の処理に委ねたが，第二草案以降は，利益引渡しを損害で根拠付けることの困難さを考慮して，現行の規律内容（意識的自己事務処理の場合でも，本人側の直接訴権を選択的に許容，本人が行使した場合には現存利得の限りで返還義務を負担）に変更された。

2　日本の議論

これら，とりわけ最後の場合の規定（ド民687条2項）を参照して，日本法でも議論がある（古くは，共有船舶の一人の共有者による無断売却における代金引渡請求を，他の共有者の承認により事務管理に基づいて認めた大判大7・12・19民録24輯2367頁を準事務管理によるものだと主張する学説〔鳩山秀夫〔判批〕法協37巻7号〔1919〕1077頁〕があった）。とりわけ，この場合は，不法行為と評価することもでき，体系上の位置付けが議論されてきた。引渡請求や報告義務を認めうる利点を挙げる肯定説に対して，否定説は，利他的意思を前提とする制度を準用するのは筋が違うとして，不法行為や不当利得における損害や利得の算定の工夫で対処すべきだ，他方では，介入者の特殊な才能や機会による部分は返還させるべきでない，無体財産権については特別法で対処せよとする説（我妻・講義927頁以下），不法行為に対する制裁の効果として理解する説（好美清光「準事務管理の再評価——不当利得法等の検討を通じて」谷口還暦(3)427頁），商法の介入権（商555条など）にその基礎を求める説（平田春二「所謂準事務管理について」名法3巻2号〔1955〕29頁），追認説（事務管理意思も本人の追認で治癒するという考えを前提とする加藤(雅)26頁）などがある（従来の議論の詳細は，新版注民(18)318頁以下〔平田春二〕参照。アメリカ第三次回復法リステイトメントにおけるこの問題の規律については，櫻井博子「アメリカ法における違法に取得した利益に対する責任」法学会雑誌（首都大学東京）56巻1号〔2015〕737頁以下）。

　潮見佳男「著作権侵害を理由とする損害賠償・利得返還と民法法理」論叢156巻5＝6号〔2005〕216頁以下において，最近の内外の議論展開を踏まえた，現状認識が示されている。そこでは，侵害し得（やった者勝ち）の阻止の要請が高まっているとして，利益吐き出し法理の概観がなされる。利益吐き出しは損害なき損害賠償，侵害利得における違法性説などの構成で主張され

§697 VI 第3編 第3章 事務管理

るが，いずれも，侵害者が寄与した部分まで取り上げてしまう点での説得性や，損害や損失という法理の要件に由来する限界があるとする。最後に，利益吐き出しを独自の救済手段の一つとして認め，被侵害者の権利と侵害者の権利が比例原則に照らし振り分けられる方向性を示唆する。

3 評　価

確かに，準事務管理構成だけにさしあたり限定すれば，この構成は，ドイツ民法の起草過程が示すように，事務管理の典型的場合ではないことを自覚しつつ，不法行為の損害構成が本人保護の障害となり得るという危惧を回避するための便法であった。そこでの取得物引渡義務は，事務管理意思を伴う他人の事務の配慮的処理に基づき，委任の規定が準用される（ド民681条2文・667条）ことによるのであり，意識的な他人の事務への自利獲得的介入行為に適用する内在的論理を欠いている。他人の事務への介入の意識を欠く，無意識的自己事務処理ですら事務管理としての扱いを受けていない（ド民687条1項）のである。にもかかわらず，本人の利益を不法行為的保護以上に柔軟に保護しうる規律としての直接訴権の行使の機会を不法行為と並ぶ選択肢として認めつつ，他方では，反対訴権に関しては費用償還請求ではなく，介入者の側の最低限度の保護としての現存利得返還請求（ド民687条2項2文）で調整を図ろうとする，意識的自利的介入のための独自の法定事務処理関係とでもいうべき制度が意図されていることが見えてくる。ここから，発想としての，擬制信託との親近性も指摘される。

以上の事情にもかかわらず，利益の吐き出しを侵害者の主観的要件を故意以外の場合も含めて正当に扱うには，事務管理法の枠組みや制約を離れた，独自の制度設計が必要とされると思われる。かくして，準事務管理構成は，そのために用いられるべきではないだろう（→§703 IV 4，§709 B IV 2⑵⑷）。

4　知的財産権法

著作権法114条から114条の5までは，著作権侵害にかかわる損害の認定，算定について，それぞれ，損害額の推定，明示義務，書類提出命令，説明義務，損害額の認定等につき，準事務管理法理に対応する詳細な規定を用意しており，一般的法理を考える際に参考となる。同様のものとして，特許法102条以下，商標法38条，実用新案法29条，意匠法39条，半導体集積回路法25条，不正競争防止法5条，商法23条2項などがある。

46　〔平田〕

§*698*

5　処分行為との関連

なお，無権利者の処分行為に関して，判例（最判昭 37・8・10 民集 16 巻 8 号 1700 頁）は無権代理行為の追認規定（116 条）を類推適用した遡及的有効化を認めている。この場合に，追認をした原権利者が無権利者の得た売却代金全体にかかることを認めるならば，準事務管理問題において本人が介入者の取得利益全体の引渡しを認めることと同質の問題を生じさせる。そのため，不当利得法上の議論では，返還対象を処分物の客観的価値に限定する説が有力である（追完を，単純な選択的追認〔客観的価格の限度〕と悪意者に対する選択的追完〔取得物そのものにかかれる〕に分けて論ずる四宮・上 46 頁がある）。

　処分者の取得したものが契約に基づく債権にとどまる場合の原権利者の追認後の地位について判示した判決がある。無権利者が自己の名で販売委託契約を締結したのちに，所有者が自己と受託者の間に債権債務を発生させる趣旨で追認した場合でも，その効果として原所有者が委託者の地位を承継し，委託者としての販売代金引渡請求権を取得するわけではないとした最高裁平成 23 年 10 月 18 日判決（民集 65 巻 7 号 2899 頁）である。判決はその理由として，無権利者と受託者の間に有効に販売委託契約が成立しており，もし仮に債権債務が追認により原所有者に帰属するとすれば，受託者が無権利者に対して有していた抗弁を主張できなくなるなど，受託者に不測の不利益を与えるからとした。

〔平田健治〕

（緊急事務管理）

第 698 条　管理者は，本人の身体，名誉又は財産に対する急迫の危害を免れさせるために事務管理をしたときは，悪意又は重大な過失があるのでなければ，これによって生じた損害を賠償する責任を負わない。

　〔対照〕　フ民 1301-1 Ⅱ，ド民 680，DCFR V.-2: 102(2)，アメリカ第三次回復法リステイトメント 20-22

§*698* I 　　　　　　　　　　　　第3編　第3章　事務管理

I　要　件

1　本条の趣旨

　穂積陳重は，本条の趣旨を，必要管理の中で，急迫の危害がある場合に管理者の損害賠償責任を軽減するものと説明する（法典調査会民法議事〔近代立法資料5〕128頁）。すなわち，事態の緊急性を考慮し，判断や処理の慎重さを一般の場合と同じように要求するのは酷であるため，管理者の注意義務を軽減する趣旨である。旧民法は，「人ノ財産ニ患害アリト見ユルトキ」（旧財362条）であったが，現行法は保護法益を広げた。患害は危害に改められたが，趣旨を明確化するために「急迫ノ」が審議において加えられた。したがって，急迫の危害防止のための事務管理に際しては，管理者は，それ以外の場合に通常の過失（善管注意義務）基準で判断されるのとは異なり，事務管理の成立要件と事務処理行為のいずれにおいても，悪意もしくは重過失でない限り，損害賠償義務を負わない。697条で管理者に課せられている本人の意思ないし利益と一致した事務処理義務違反は，本条の場合には，重過失に至らないと認められないことになる。なお，本条によって，702条が規定する費用償還請求の要件としての，本人の意思ないし利益との一致が緩和されるわけではない。

2　法　益

　本条は，身体，名誉，財産を限定列挙するだけであるが，生命やそれ以外の法益にも広く類推されうる。もっとも，生命，身体の法益の重要性を考慮し，要件効果を区別する例（アメリカ第三次回復法リステイトメント20条・21条）もある。

　第20条　他人の生命もしくは健康の保護
(1)　他人の生命もしくは健康の保護のために必要な専門的サービスを実行し，供給し，または調達する者は，状況が求められない介入の判断を正当化する場合には，不当利得を阻止するために必要な限りで，当該他人から回復する権限を有する。
(2)　本条における不当利得は，当該サービスの合理的料金によって算定される。
　第21条　他人の財産の保護
(1)　他人の財産を切迫する害から守るために有効な行為をなす者は，状況が求

§*698*　I

められない介入の判断を正当化する場合には，不当利得を阻止するために必要な限りで，当該他人から回復する権限を有する。求められない介入は，所有者がなされる行為を望むだろうと想定することが合理的な場合にのみ正当化される。

(2)　本条における不当利得は，回避された損失もしくはサービスの合理的料金のいずれか低い方で算定される。

　上の例では人命救助は，財産救助と比較すると，専門的サービスという制約がある一方，財産救助の場合の，本人側の意向の制約がない。一般人による人命救助に回復責任を肯定すると，自己犠牲が，訴訟による価値の交換に変質してしまうという根本問題を引き起こすため，法は，これを無償とすることで，このような好ましくない結果を回避すると説明される。

3　危害の緊急性

　責任軽減の趣旨の及ぶ範囲が，緊急性が現実に存在する必要があるか，管理者が誤信した場合をも含むかをめぐって議論される。本人の保護を強調する立場からは緊急性が現実に存在することが最も妥当であるが，管理者の立場からは誤信に一定の保護を与えてもよいとする立場（小池隆一・準契約及事務管理の研究〔1962〕325頁など）も考えられる。誤信も含みうるとした場合にさらに緊急性の存否判断の際の主観的要件を通常の過失（四宮・上27頁）とするか，重過失（新版注民(18)238頁〔金山正信〕）でもよいと解するかが問題となる。誤信による救助行為から生ずるリスクに本人を巻き込むべきではないから，さしあたり，危険の現実の存在が必要と解したい。

4　管　理　方　法

(1)　悪意または重過失の立証責任

　本条は例外的責任軽減であるから，急迫の危害防止のための事務管理であることの立証責任は，管理者が負う。その上で，管理者の主観的態様についても，債務者側である管理者が悪意も重過失も存在しないことを立証すべきである。急迫性と故意重過失の不存在という二要件は，通常は，本人からの，管理者の善管注意義務違反による損害賠償請求に対する，管理者の抗弁（緊急事務管理における責任軽減）として機能しよう。ここでの「悪意」は，認識ないし知の意味ではなく，故意ないし害意の意味である。

　悪意重過失の不存在の立証責任を管理者側が負うとされている点に関して，

〔平田〕　49

§*698* Ⅱ 　　　　　　　　　　　　　　　　　第 3 編　第 3 章　事務管理

救命手当てをする者の予測可能性を担保したり，治療の萎縮効果を回避するために，善い隣人法（救急車到着までの救命手当に関する法律）が構想されたことがある（詳細は，久保野恵美子「善い隣人法（救急車到着までの救命手当に関する法律）案」ジュリ 1158 号〔1999〕79 頁）。その第 3 条は，「緊急時において救急車が到着するまでの間に被手当者に対して手当を施した手当者は，手当のために被手当者に生じた損害を賠償する責めを負わない。ただし，故意又は重過失があった場合にはこの限りではない」，とする。これによれば，被手当者が手当者の故意または重過失を証明しない限り，手当者は責任を負わないため，民法よりも手当者は立証責任について軽減されることになる。

(2)　専門家の場合

　専門家の救助サービスについては，通常の報酬請求（費用償還請求の箇所で後述。→§702 Ⅱ）を認める考えが有力であるが，このような場合には，専門家性と報酬を与えることとのバランスに基づき，一般人を念頭に置いた本条の趣旨は働かないと解せられる（四宮・上 27 頁。この点をドイツでの議論を参照しつつ検討するものとして，塩原真理子「緊急事務管理者の責任軽減について」東海法学 47 号〔2013〕82 頁以下）。

Ⅱ　効　　果

1　基礎にある政策的考慮

　本条の規律は，急迫の危害防止の場合に対する一律の責任制限であるが，立法例には，裁判官の裁量に委ねるもの（フランス，DCFR など）もある。多様な事案に対して一律の責任軽減がかえって公平でないという感覚に由来する。例えば，急迫の危害が管理者の行為に由来する場合あるいは本人の行為に由来する場合などはその点の考慮が必要となるだろう。DCFR Ⅴ.-2: 102 (1)は，損害が，介入者が①作り出し，②高め，もしくは③故意に永続化させた危険に由来する場合で，介入者に義務違反がある場合に，介入者の本人に対する損害賠償責任を認める。その設例 2（フランス判例より。「設例」については§697 Ⅲ 1 (2)(ウ)参照）は以下の場合を②の場合に当たるとする。

　　スーパーマーケットの客が（落とし物の）ハンドバッグを見付け，レジ係に手渡した。レジ係は，スピーカーで，バッグが発見されたので，持主が回収す

50　〔平田〕

§*698* II

るよう求めた。その名前は，バッグに含まれていたアイデンティティカードから読み取ることができたものであった。誰も現れなかったので，レジ係は，発見した客らが持主を知っており，引き渡すと言ったのに応じて，引き渡してしまった。しかし実際は，彼らはバッグもその中の金銭も自分達の手元にとどめ置いた。

この場合に，スーパーマーケットは，この喪失について責任を負う。占有するという慈善的介入に続き，従業員が保管することが安全なのだから，バッグを客に引き渡すことで，バッグとその中身の最終的喪失のリスクを高めたと言えるからである。もし，以下の設例1で，チェアを救助したあとで，隣人が保管を不注意で行い，その際に損害を被らせた場合には，同様である。
　　激しい長雨の結果，付近一帯は洪水となった。家主は休暇中であり，連絡用のアドレスも残さなかったので，隣人は家に入り，一組のチッペンデイルチェアを救助することにした。しかし，隣接する部屋に，別のチッペンデイルチェアがあることに不注意で気づかず，これらを持ち出すことをしなかった。また，より高価であることを不注意にも気づかず，ペルシャ絨毯を持ち出すこともしなかった。

なお，緊急救助の有益性を考慮して，単に責任軽減にとどまらず，一定の範囲で不作為責任を結び付け，救助行為の促進を図ることが提案される場合がある（アメリカのよきサマリア人法など）。既に，軽犯罪法（1条8号「風水害，地震，火事，交通事故，犯罪の発生その他の変事に際し，正当な理由がなく，現場に出入するについて公務員若しくはこれを援助する者の指示に従うことを拒み，又は公務員から援助を求められたのにかかわらずこれに応じなかつた者」）などにおいて，限定された状況での立法は日本でも存在する。しかし，これを超えて，一般的にかような義務ないし責任を構想することは，おそらく不要であるばかりではなく，有害であろう（平田・事務175頁以下）。
　英米法は，コモンロー上は，作為義務（救助義務）を原則として観念できないため，不法行為における義務から出発し，いかなる場合に個人に救助義務という作為義務が成立するかを問い，成立する場合に，その違反を不作為者の被害者に対する不法行為による賠償義務としてとらえる。これが英米法の文脈であり，救助義務を肯定する者（例えば，救助を促進する効果を根拠に）と否定する者（個人の活動の自由を侵害するとか，義務化してもその執行に様々な難点

〔平田〕　51

§*698* II 第3編 第3章 事務管理

があるとかを根拠に）がそれぞれの論拠を出して論争を続けている。もっとも，判例は一定の場合（救助者と被害者の間の人的関係，場所的関係，救助者による自発的介入，救助者による危険状況の作出など）に肯定するものがあり，その例は増え続けている。その反面，救助義務を履行した者にいかなる救済が与えられるかが次の問題として生じてくる。ここでは，それも自明のものではない。コモンローにおける，個人の自由を考慮した介入の自制の問題がそれである。

　コルトマン（Kortmann, Altruism in Private Law（2005), pp. 175-186.）は，以下のように考える。救助の義務化と救済の関係について，両者は無関係ではないが，必然でもない。少なくとも言えるのは，法の介入による義務化は，救助者をして少なくともコスト中立的になるよう確保する必要があることである。すなわち，救助者が法の強制により，救助行為により救助前より貧しくなることはあってはならないことである。さらに，両当事者の自己決定権に必要以上に介入しないことが必要であるとする。緊急状態では，交渉，コミュニケーションの余地がないため，法は客観的利益に対応するような介入を承認する。しかし，大陸法のあり方が示唆するように，救助の義務がなくとも，救済を与えることは可能であると。

　この点について，彼は，立法者が実現したいと望むものに依存して，異なるポリシーが示唆されるとする。すなわち，介入者の動機を問わず，介入の量を増やすためには，サービスの価値を超えるような実質的報酬を付与することである。介入者の内在的動機を浸食しないで，介入の量を増やそうとするためには，サービスの金銭的価値より低い報酬とする必要がある。この方法は，最初の方法よりは，インセンティブとしては有効ではないが，救助行為を内在的動機に帰属させる（お金のために介入したのではないという倫理的満足感）余地を残している。

2　公的補償との関係

　管理者が緊急事務管理，とりわけ人命救助に際し，自ら死亡ないし重症を負った場合に，遺族や管理者から本人に対して損害賠償請求ないし費用償還請求ができるか否かが，公的保障制度との関連で議論されるが，費用償還請求の箇所で後述する（→§702 II 3）。委任の場合には，650条3項に損害賠償請求について明文があるが，事務管理には準用されていない。

52　〔平田〕

3 災害救助，ボランティア活動

自然災害や人為的災害の場合の救助活動が一層重要となっている現代では，本条の趣旨が，たとえ事務管理と構成されないような緊急活動一般にも類推されてよい。不法行為では，正当防衛，緊急避難などの免責制度があるが，これらの制度と本条は趣旨において共通する。例えば，2013年度日本私法学会シンポジウム「震災と民法学」における米村滋人報告「大災害と損害賠償法」は，緊急事務管理を類推適用し，緊急時状況下における不法行為責任を軽減する提案をしていることは，このような趣旨として理解できる（当日の質疑応答も示唆に富む。私法76号〔2014〕13頁〔能見善久発言〕，49頁〔米村滋人発言〕）。

〔平田健治〕

（管理者の通知義務）
第699条　管理者は，事務管理を始めたことを遅滞なく本人に通知しなければならない。ただし，本人が既にこれを知っているときは，この限りでない。

〔対照〕　ド民681一文，DCFR V.-1: 101(2)・2: 101(1)(c)

I　本条の趣旨

穂積陳重は，本条を，外国には例の少ない箇条であるが（モンテネグロとドイツ民法第2草案が引用される），管理者の名を借りて運用する者を排除するため，事務管理の弊を防ぐ方法として規定したと説明する（法典調査会民法議事〔近代立法資料5〕134頁）。すなわち，管理者からの通知により，本人が事務管理の開始という事実と管理者を知り，善処できる機会を与えるためである。管理者の側にとっても，この義務履行によって，本人の意思を確認することができ，未然に善管注意義務違反から生ずる不利益を回避できる意味がある。委任の場合には，委任者の指図があらかじめ与えられるのが通常であり，状況により，その指図から離れる必要ができた場合に初めて，通知と回答待ちの必要が出てくるが，事務管理は，そうではないため，本条を規定する必要

〔平田〕　53

§699 II

第3編 第3章 事務管理

性がある。介入後の処理状況報告義務（701条の準用する645条）と連続する。

II 通知の方法・内容

　遅滞なく，管理の内容を本人に通知する義務を負う。すなわち，緊急で遅滞なく通知する余裕がない場合を除き，事務処理開始後の合理的期間内に本人に通知する義務を負う。事務処理が短時間で終わる場合には，他の義務履行，権利行使を合わせてなされる場合がある。通知義務は，単に通知するにとどまらず，回答が即座に得られない場合には，事務処理の待機が可能である限り，本人の回答を待ち，それに従った行動をする義務を含むと解される。本人の回答が本人の意思であるから，それを知った後になお本人の意思に反する従前の態様での事務処理の継続は，管理者の賠償責任を伴う。

　通知は，本人に既に開始された事務処理の内容を伝え，本人の対処を仰ぐ趣旨であるから，その内容は，管理の状況を具体的に示す必要がある。

　通知義務の違反により，本人に損害を生じさせた場合には，債務不履行としての損害賠償責任を負う。ドイツの判例（BGHZ 65, 354〔1975. 12. 4〕）で以下のようなものがある。道路脇の森林が整地されたのちに改めて植林された。長雨で整地部分の土砂が道路に進入したため，整地を請け負った業者に代わり，道路の管理責任を負う道路管理局が土砂を除去し，業者を被告として費用償還を求めた事案である。第一審，第二審は，管理局が業者に対して，一部の期間について通知義務を怠ったとして，その期間に対応する費用償還を否定した。連邦裁判所は，原告管理局の上告を容れ，全期間の費用償還を認めた。その理由として，原審は事務管理意思と通知義務の問題を混同していると指摘した。前者の要件は，事務管理に必須のものであるが，本件のように，客観的他人の事務でしかも Auch-Gestion にあたる場合には，被告である業者のための事務管理意思は推定される。他方，通知義務は怠られたとしても，そのことによって本人としての業者に損害が生じた場合の賠償義務が発生するだけで，費用償還請求が排除されることはない。被告業者は，事務管理意思推定の反証も，通知義務違反による損害の立証もしていない以上，原告は全期間の費用償還請求が認められるとした。

54 〔平田〕

§699 Ⅲ・Ⅳ, §700 Ⅰ

Ⅲ 通知不要の場合

本条ただし書は，本人が事務管理開始を既に知っている場合には，通知義務を負わないとしている。これ以外に，本人の所在不明の場合が挙げられる。

Ⅳ 予 告 義 務

開始前のあらかじめの通知は，一般に権利としてはあるが義務としては存在しないと解されている。緊急の場合を除けば，事務管理開始と通知義務の履行は相前後することが望ましい。それによって，本人の意向を知り，指図を受けることができ，事務管理の中止（本人の自己執行など）か継続あるいは契約関係への移行が実現されるからである（西理「『事務管理』についての覚書」判時2076号〔2010〕10頁は，通知義務を重視し，事務管理を契約交渉の開始とそれに基づく準備行為の順序が逆転した関係ととらえ，契約締結上の過失理論にならう見方を提唱し，示唆深い）。その意味で，管理開始と通知の時間的先後にこだわる必要に乏しい。DCFR V.-1: 101(2)，2: 101(1)(c)は，合理的範囲での本人の意向調査義務を，同様の定式で，成立要件にも，継続中の要件にも取り入れている。

〔平田健治〕

（管理者による事務管理の継続）
第700条 管理者は，本人又はその相続人若しくは法定代理人が管理をすることができるに至るまで，事務管理を継続しなければならない。ただし，事務管理の継続が本人の意思に反し，又は本人に不利であることが明らかであるときは，この限りでない。

〔対照〕 フ民1301-1 Ⅰ後段，DCFR V.-2: 101(2)

Ⅰ 継続義務の政策的意義――比較法

穂積陳重は，原案を，旧民法財産編362条2項の修正とする。すなわち，原則は事務が終了まで管理する義務を負うが，例外的に，継続義務が成立し

〔平田〕 55

§700 II 　　第3編　第3章　事務管理

ない場合を明文で明らかにする趣旨と述べる。他人の仕事にむやみに手を出して勝手の時にうち捨ててしまうことを妨げる趣旨であると説明する（法典調査会民法議事〔近代立法資料5〕135-136頁）。なお，ドイツ民法が継続義務を規定していないのは，審議の過程で，自明であるとして当初の規定を削除したことによる。DCFR V.-2: 101(2)は，簡明に，介入は合理的理由なくして中断してはならない，と規定する。

　自己執行義務はあるか。委任とは異なり，代行者の選任が許されるという見解がある。しかし，これは行き過ぎ（四宮和夫「委任と事務管理」谷口還暦(2) 309頁）であり，やむを得ない場合に限られると解すべきである。

II　義務の終了——現代的問題

　本人またはその相続人もしくは法定代理人が管理できるようになった場合には，管理継続義務は終了する。任意代理人や破産管財人なども含まれると解してよい。広く本人側の事務処理が期待できる場合には管理者の事務処理を継続させる必要がなくなるというのが本条の趣旨だからである。「管理をすることができる」が終了時であるから，管理者が上記のいずれかの者を了知したというだけでは足らない。通知義務履行の結果としての，本人側の管理可能性についての管理者の認識可能性を前提としよう。

　管理継続義務が終了しても，事務処理の権限は失われないため，継続は可能である。事務の性質上，継続すべき場合がありうる。

　本人等を了知し，管理者からの通知を介して，それらの者が管理可能であるという場合には，さらに交渉がなされ，事務処理の承継がなされるのが自然であり，そうでない場合は，事務処理継続について，本人側からの黙示の委任があると見るべきであろう。

　本人側の管理承継義務を認めるべきか。例えば，現代の空き家問題は，高齢の家屋所有者が死亡した後，相続人が遠方に居住するなどのため，その管理を承継しないため，生じている。その結果，倒壊等による近隣の危険を生ずる事態も生じることになる。この場合に，地方自治体を仮に管理者として，相続人に善処を求めることができるかという形で議論される。あるいは，相続放棄の場合の管理継続義務（940条1項）の問題も生ずる。相続放棄者の管

56　〔平田〕

§*700* Ⅱ

理継続義務が本条の趣旨をその基礎に含んでいるとすれば，放棄者が放棄に
もかかわらず自己の財産におけるのと同一の注意による管理継続義務を負う
のは，何らかの先行的遺産管理行為をしていた場合に限定すべきようにも思
えるが，検討を要する問題である。2021年改正により，放棄者が放棄時に
相続財産を現に占有している場合で，相続人等に引き渡すまでの間というよ
うに，保存義務が成立する範囲が明確化された。

　空き家問題については，空家等対策の推進に関する特別措置法が2014年
に成立し，2015年より施行されている（さらに2023年には改正法が成立し，施行
された）。適切な管理が行われていない空家等が防災，衛生，景観等の地域住
民の生活環境に深刻な影響を及ぼしており，地域住民の生命・身体・財産の
保護，生活環境の保全，空家等の活用のための対応と説明されている。事務
管理との関係では，市町村が空き家の所有者や管理者に善処を促し，最終的
には代執行で所有者等の負担で措置をとれる点が注目される。もちろん，そ
こに至るまでには，措置の実施のための立入調査，指導，勧告，命令，代執
行のように段階付けられた手続が所有者等の利益を害しないように定められ
ている。この手法は，廃棄物処理に関する行政立法の手法と似たものとなっ
ている。私人間の緊急的事務処理が事務管理法で規律されるのに対して，こ
こでは公私の主体間でのそれであるため，手続が軽いものから重いものへと
慎重に段階を追って進められるが，本人に帰属する事務の処理が公的に要請
される場合に管理者が最終的には替わってその事務を実現し，その費用は本
人に請求する点は発想を共通にする。

　所有者不明土地等問題の解消を目的として，2021年に民法等が改正され，
民法の所有権の章に「第4節　所有者不明土地管理命令及び所有者不明建物
管理命令」（264条の2から264条の8まで）と，「第5節　管理不全土地管理命
令及び管理不全建物管理命令」（264条の9から264条の14まで）が新設された。
その内容は基本的には既存の所有権を尊重し，現状維持を目指しているが
（264条の3第2項・264条の10第2項），管理人の選任手続（利害関係人の請求）や
管理対象の範囲（個別の不動産に特化可能）などで，既存の財産管理に関する諸
制度の制約を超えた柔軟性を裁判所のコントロールの下で与え，所有者不明
不動産の存在から生ずる問題に対処しようとしている。同様の趣旨から，所
在等不明共有者がいる場合の共有物管理，持分取得，持分譲渡などの規定

〔平田〕　57

（252条2項・252条の2第2項・262条の2・262条の3）も新設された。この改正が事務管理制度が活用される機縁となる（秋山靖浩「事務管理制度と土地所有権に対する制約──所有者不明土地問題を契機として」磯村保ほか編・法律行為法・契約法の課題と展望〔2022〕609頁以下）かどうかは慎重な検討が必要と思われる。本改正による制度は裁判所の公的管理下にあり、私人のイニシアティブのみで私人間の利益調整をなす事務管理とは根本的に異質なものである点が注意されるべきだからである。

Ⅲ　管理の中止──本条ただし書と697条との関係

　本条ただし書から、管理の継続が本人の意思または利益に反することが明らかな場合に、継続を中止する義務を負うことが出てくる（四宮和夫「委任と事務管理」谷口還暦(2)304頁は、《利益》主体に、《権能》を吸収する手段がつねに認められなければならないことを意味すると理解する）。ここで「明らか」とは、管理者が善管注意義務を尽くせば、不一致が認識しうる場合を指す。この場合には中止義務が成立し、それにもかかわらず管理者が事務処理を継続した場合には、損害賠償義務を発生させる。その性質は、不法行為とする説（新版注民(18)260頁〔金山正信〕）、債務不履行とする説（四宮・上27頁）がある。本人保護のために管理者の諸義務を存続させる方がよく、債務不履行説を採りたい。また、中止義務違反の成立を管理者が意思または利益に反することを現実に認識した場合に限定し、認識可能性にすぎない場合には善管注意義務違反とする説（新版注民(18)258頁〔金山〕）があるが、反していることの認識が管理者になければ中止しないことを責められないという理由は、中止義務が認識可能性により発生することと矛盾するだろう。

　なお、本人の意思が公的利益の観点から無視されるべき場合（ド民679条に明文がある）には、たとえ継続が本人の意思に反することが明らかであっても、継続義務は存続し、他方、中止義務は成立しないと解される。

　管理継続義務の終了事由（本人側の管理可能性、本人の意思または利益に反することの明白性）の主張立証責任は事務管理者側が負担する。

　通説は、本条ただし書を697条に関連付けて、ここから事務管理の成立要件の一つを作り出していることは、前述した（→§697Ⅲ5(1)）。

IV　管理者の死亡

　事務管理関係の相続による承継の可否が議論されているが，この点については，委任（653条1号〔受任者の死亡を終了事由とする〕）と異なり，規定がない。本人の利益の観点から，相続人の管理継続義務を認める説（松坂41頁。平野・債各16頁注14は本人が管理者を信頼して委託していないので相続されるとする（896条本文））と，事務管理の好意性を強調して承継を否定する説（四宮・上42頁〔ただし654条の類推適用が必要とする〕）がある。委任においてさえ，終了事由としているのであるから，それ以上に，管理者の相続人による継続を期待し得ない事務管理においては，管理者と本人の間に既に発生している費用償還や損害賠償などの権利義務の相続は別として，管理継続義務自体は否定すべきであろう。

〔平田健治〕

　　（委任の規定の準用）
　第701条　第645条から第647条までの規定は，事務管理について準
　　用する。
　　　　〔対照〕　フ民1301・1301-3，ド民681二文（666-668），DCFR V.-2: 103(1)

I　本条の趣旨

　穂積陳重は，本条を本人から管理者に向かういわゆる直接訴権を規定したものと説明する（法典調査会民法議事〔近代立法資料5〕141-142頁）。準契約構成を取るか否かにかかわらず，また，委任の規定を準用するか否かにかかわらず，事務管理制度を委任契約（事務処理契約）のルールで補充していることで大陸法系の立法例は共通している。その基礎にある考えは，両者における当事者の利益構造（受任者や管理人が委任者や本人の利益を配慮する）が類似するという評価である。

〔平田〕　　59

II 報告義務

645条の準用による。すなわち，管理者は，本人の請求があるときは，いつでも事務の処理の状況を報告し，管理が終了した後は，遅滞なくその経過および結果を報告しなければならない。

III 受取物引渡しと権利移転

646条の準用により，管理者は，事務を処理するに当たって受け取った金銭その他の物を本人に引き渡さなければならず，本人のために自己の名で取得した権利を本人に移転しなければならない（この義務の基礎を準契約に求める説として，橋本ほか10頁〔大久保〕）。管理者は，自己の名でした場合（無権利者による物の購入，売却など）は，債権的効果は管理者に一旦帰属し，追認があれば，それを本人に移転する義務が生じる。このような間接代理の場合に，財産権の譲渡ないし取得を目的とする契約が管理者自身の名でなされた場合の効果が問題となる。委任においては，譲渡の場合には，委託者から相手方に直接所有権が移転することには争いがない。他方，取得の場合については，相手方から委託者に直接移転するか，取次者を介して間接的に移転すると考えるかで争いがあり，取得行為の物権的効果は相手方から取次者，委託者へと間接的に移転するという明文を置く提案（民法（債権法）改正検討委員会編・詳解債権法改正の基本方針V〔2010〕145頁以下）がなされたことがある。事務管理の場合にも，一応同様に考えられるだろうか。

本人の名でした場合は，無権代理となり，いったんは浮動的状態（114条〜117条）となり，追認されるとその効果として，改めて本人に直接帰属することになると考えられる（詳細は，新版注民(18)263頁以下〔三宅正男〕参照）。

引き渡すべき目的物が管理者の責めに帰しえない事由で滅失損傷した場合には，本人がその危険を負担すべきである。本人が事務処理に基づく利益の帰属者であることの反映として，そう考えるべきである。

§701 IV・§702 I

IV 金銭消費による責任

　647条の準用による。すなわち，管理者は，本人に引き渡すべき金銭を自己のために消費したときは，その消費した日以後の利息を支払わなければならず，なお損害があるときは，その賠償の責任を負う。

〔平田健治〕

（管理者による費用の償還請求等）

第702条①　管理者は，本人のために有益な費用を支出したときは，本人に対し，その償還を請求することができる。

②　第650条第2項の規定は，管理者が本人のために有益な債務を負担した場合について準用する。

③　管理者が本人の意思に反して事務管理をしたときは，本人が現に利益を受けている限度においてのみ，前2項の規定を適用する。

〔対照〕　フ民 1301-2 II・1301-5，ド民 683・684・685・257，DCFR V.-3: 101

細　目　次

I　本条の趣旨……………………………61
II　費用償還請求権……………………63
　1　費　用…………………………………63
　2　利　息…………………………………65
　3　損害賠償請求………………………65
　4　報酬（インセンティブ付与との関係）
　　………………………………………………67
III　代弁済請求もしくは担保供与請求………67
IV　本人の意思に反した管理の場合の効

果――通説と少数説……………………68
V　本人の第三者に対する関係……………69
　1　代理権・処分権……………………69
　　(1)　判　例……………………………69
　　(2)　学　説……………………………70
　2　不当利得責任…………………………71
　　(1)　自己の名で締結した場合………72
　　(2)　本人の名で締結した場合………72
　3　法史的背景……………………………73

I　本条の趣旨

　穂積陳重は，前条とは反対に，本条を管理者から本人に向かう事務管理反対訴権を規定したものと説明する。内容は，旧民法財産編363条の修正である。第2項について，委任における受任者の費用償還請求規定（650条1項）を準用できないのは，委任の場合には委任者が必要と認めればよいが（正確

〔平田〕　61

§702 I　　　　　　　　　　　　　　　　　　　　第3編　第3章　事務管理

には，本人の指図等の契約環境を考慮した客観的判断だろう），事務管理では，客観
的有益性が必要だからとする。本人の意思に反した場合に返還義務の範囲が
不当利得の場合と同じとなる3項は，本人の意思に反する管理はできないこ
とを前提に，性質上事務管理の規定ではないとする。この場合に全く償還さ
れないとすると，ありがた迷惑の反対に迷惑ありがたとなるから利得の限度
での償還を認めると述べる（以上につき，法典調査会民法議事〔近代立法資料5〕
142-143頁）。

　ちなみに，この規定は，旧民法財産編363条2項を継承するものである。
ここでは，本人の意思に反する場合（ボアソナードはこの点について，本人の禁止
もしくは抗弁の意味と注釈していた。平田・事務310頁参照）の償還について，出訴
時点での現存利益を基準としており，フランス民法典と異なり，はっきりと，
事務管理を不当利得から区別する明文を置いていた。これに対して，そのル
ーツと考えられるフランス民法には従来旧民法財産編363条2項に対応する
規定は存在しなかった。2016年の債権法改正によりやっと同趣旨が1301-5
条として明文化された。

　3項については，審議の過程で，不当利得の規定だから，事務管理の節に
規定すべきでない，削除すべきという意見が出るが，梅謙次郎は，管理者の
本人に対する諸義務の規定（直接訴権）が不法の事務管理に適用されないと
困ると反論する（前掲法典調査会民法議事145頁）。梅の反論の内容を要約すれ
ば以下のようである。

　　706条〔現697条〕，709条〔現700条〕から暗に本人の意思に従うのが本則
　と見える。しかし，規則に違ったことをすれば事務管理でないかというとそう
　ではなかろう。管理者の義務を欠いたがために事務管理者でないとは言えない。
　意思に反した管理をすれば，不法の事務管理であり，不当利得しか権利を持た
　ない。もしこの個条がなければ，711条〔現702条〕の制約がなくなる。通知
　義務，継続義務，710条〔現701条〕の準用などが管理者にあてはまらないと
　困る。

　また，本人の意思に反する利益付与は，不当利得にすらならないという意
見（前掲法典調査会民法議事143頁下段-144頁上段〔土方寧〕）には，現在の法律家
の多くはそう考えないと返答する（前掲法典調査会民法議事146頁下段末尾〔梅〕）。
　ここに，現代においても議論される，本人の意思ないし利益に反する事務

62　〔平田〕

§702　II

管理を体系上どう扱うかの問題と押し付けられた利益の問題が既に現れている。

II　費用償還請求権

1　費　　用

　本条でいう有益な費用，有益な債務は，一般的に言えば，事務処理の諸類型（→§697 III 1 ⑵）の特徴により影響を受けつつも，そこでの本人の客観的利益（もしくは主観的利益としての意思が存在すれば，本人の立証負担を伴いつつ，それが優先する）に適合する出捐もしくは債務負担である。適合性は，まさに当該具体的な事務処理ごとの規範的判断に委ねられる。この点は支出利得における利得判断と連続し，共通するものがある。通常の費用償還における有益費のみならず，必要費を含む意味である。本人の利益に一致した費用でも，本人の意思に反した費用は，3項により，償還の範囲が出捐額ではなく現存利益に限定される。本人の利益適合性は，まず客観的に判断され（1項），もし主観的判断基準としての意思が認定できれば，それが優先して判断基準となる（3項）。

　一般的に言えば，義務履行型の場合には，有益性は肯定しやすい。四宮・上31頁注(二)は，他人の債務の履行の場合に，事務管理者の取得する費用償還請求権が原債権と同じ条件のものとして成立すると考えるか否かで，有益性の判断が異なってくることを指摘する（→§697 III 5 ⑵）。通説判例は，弁済によって，求償権は新たに時効期間が開始すると解しているが，四宮はそうでないと解し（例えば，原債権が短期消滅時効に服する場合や既に時効期間が進行していた場合，その状態の求償権が成立すると解する。反対，新版注民(18)296頁〔三宅正男〕），有益性ありと判断する方が本人の利益保護にもなり，管理者の利他的行動の保護にもなるとする。

　無委託保証人が破産手続開始後に取得した求償権を自働債権とする相殺を認めなかった事案（最判平24・5・28民集66巻7号3123頁，柴田義明〔判解〕最判解平24年下603頁）がある。判決理由は，破産法72条1項1号（破産手続開始後に他人の破産債権を取得したとき）の相殺禁止規定を類推適用し，そのような行為が，破産者の意思に基づくことなく，相殺適状が生ずる点において前掲

〔平田〕　63

§702 II　　　　　　　　　　　第3編　第3章　事務管理

規定と類似し，許容しがたいことを述べる（学説の分布については，中田裕康・債権総論〔4版，2020〕487頁以下）。事務管理の観点から見れば，破産手続開始により，利益の基準としての本人は破産者から総債権者に移行しており，破産手続開始後の具体的事務管理行為としての弁済は本人の利益に反すると評価することも可能と思われる。また，無委託保証が事務管理の性質を持つとすれば，無委託保証人は事務管理者としての通知義務（699条）や報告義務（701条・645条）を本人である主債務者に対して負担するため，柴田・前掲判解618頁注29が紹介するビジネスがうたう「主債務者に知られずに債権を保全すること」がこれらの義務に反せずに可能かは疑わしい。仮にこれらの義務の免責特約が債権者との間に交わされていても，義務を履行すべき相手方である主債務者にその効果が及ぶと考えることはできないだろう。さらに，本判決は債権法改正前の事案であるが，改正により，無委託保証人の求償権（462条）は，委託保証人と比べると，無委託という点による制約（462条1項）のみならず，保証が主債務者の意思に反する場合の制約（462条2項，事務管理の702条3項に対応）も明文化されており，この点も注意すべきである。

　他方，物の保存や改良型の場合には，利益の押し付けとならないような考慮が必要となる。

　管理者に償還請求の意思がない場合がある（ド民685条参照）。この場合には，請求される側（本人）でその点を立証する必要がある。争いはあるが（四宮・上17頁），償還請求権は成立しないが，事務管理自体は成立すると考えるべきである。事務管理意思と償還請求意思は別だからである。

　この関連で，ドイツ法では，管理者の償還請求権を否定するために，当該事実関係を法的関係が成立しないものとしての好意関係（Gefälligkeit）と性質づける場合がある（BGHZ 206, 254〔2015. 7. 23〕は，アマチュアスポーツクラブのメンバーである孫娘を祖母が競技会場に自家用車で連れて行く途中で交通事故にあった事案において，クラブが加入していたスポーツ保険の対象に祖母は含まれないとされたために，祖母がクラブに対して事務管理に基づく費用償還（損害賠償）を求めたもの。原審は，Auch-Gestion構成を介して肯定したが，BGHは好意関係を根拠として否定した）。一方，フランス法において，請求の根拠が黙示の救助合意（convention tacite d'assistance bénévole）ではなく事務管理であることを理由に，救助者の収入喪失までは賠償の範囲に含まれないとして，救助者の損害賠償請求の範囲について

§702 II

破棄差し戻した判決（Cass. 2ᵉ civ., 12 sept . 2013, nᵒ 12-23.530）がある。無償の援助合意は，援助者の損害賠償を認めるために，判例が形成したものであるが，事務管理等との関係をどう理解すべきかに問題があるとも言われる（Malinvaud, Mekki et Seube, Droit des obligations. 15ᵉ éd., 2019 nᵒ 73.）。

第三者の義務履行型の場合に，受益者に対しては償還請求意思がないが，義務者に対しては請求意思がある場合が考えうる。例えば，扶養義務者に代わって管理者が扶養した場合に，要扶養者に対しては請求しないが，扶養義務者に対してはする意思を有する場合が多いだろう（四宮・上19頁）（→§697 III 4 も参照）。

消滅時効は一般の規定（166条）により，請求権発生の時から進行する。

2　利　息

委任の場合には明文（650条1項）で費用の支出日以後の利息が認められている。事務管理においても認めてよいと考える（通説。反対，梅860頁，加藤（雅）18頁）。フランス民法1301-2条3項は，近時の改正で，委任の規定を類推適用していた判例に従い，管理者による立替払について，支払時よりの利息発生を認める。

3　損害賠償請求

受任者の損害賠償請求権を規定した650条3項が準用されていないので，文理上は，認められない。もっとも，近時は，外国法の動向（DCFR V.-3: 103 など）にも影響されつつ，限定的に認める説が多い。その際，損害を費用になぞらえる外国の動向を参考にすることもなされる。フランス民法1301-2条2項は，管理に際して被った損害の賠償を認める。

委任と事務管理における規律の相違は，両者における，受任者と事務管理者の立場の相違に由来するものと考えられる（この点について，一木孝之・委任契約の研究〔2021〕207頁以下）。前者においては，報酬等において，リスクを伴う受任者の活動はあらかじめ考慮され，交渉の対象ともなるのに対し，後者においては，リスクを伴う活動の危険配分をあらかじめ交渉等で行うことは想定されておらず，費用償還請求制度による活動の実費回収を超えて，リスクに伴う管理者の不利益の転嫁は自発的任意の介入の観点から排除されていると解せられる。もっとも，この観点は，リスクの大きさや緊急性によって変動し，また本人に確保される利益の大きさにも影響される。したがって，

〔平田〕　65

§702 Ⅱ　　　　　　　　　　　　　　　　第3編　第3章　事務管理

このような観点からの一定の範囲での（例えば，当該事務処理に定型的に伴うリスクの実現としての損害に限定するなど）管理者から本人へのリスク転嫁が行われることが妥当である（四宮和夫「委任と事務管理」谷口還暦(2)314頁以下は損害を4種類に類型化して検討している）。

　DCFR V.-3: 103(a)(b)は，介入者の賠償請求権を，介入が損害の危険を作り出すか，著しく高め，かつ，その危険が本人の危険と合理的に均衡すると評価しえた場合というふうに限定している。この枠組みによれば，一般的リスクや介入者が不合理なリスクを引き受けた場合には賠償請求は認められない。例えば，Bの炎上する家に達する際に，Aが自己の店舗を施錠せずに飛び出てきて，その店舗が窃盗にあったり，道路を横断する際に車にはねられたりした場合には，AはBに対して，本条による請求権を有しない。また，AがBの家に至る道にあった石に躓き，骨折して，目指すBの家の玄関に達し得なかった場合も同様である（以上は，設例4による。「設例」については§697 Ⅲ 1 ⑵(ウ)参照）。これらは救助行為の際にこうむった損害とはいえないからである。

　危険と損害の合理的均衡が必要であり，介入者のリスクは，損害発生の蓋然性と損害の程度の合成結果として定義できる。例えば，介入者が，高い価値の他人の財産（価値ある絵画，もしくはバックアップのない重要なデータの入ったラップトップパソコン）を保存するために，介入により相対的に低い財産損害（千ユーロのスーツを駄目にする）を引き起こすことの高い蓋然性（50％）がある場合には，たとえ，絵画やパソコンが失われる危険が比較的低い（10％）としても，介入者は合理的リスクを惹起している（設例7）。また，リスクの均衡を無過失で誤評価した場合には賠償請求できる。

　しかし，そのような定型的リスクといえても，本人の経済的負担を考慮すると限度があり，介入者の死亡や重傷に伴うコストは被救助者個人ではなく，国家ないし社会が集団的に負担すべきだとするポリシーもあり得よう。事実，警察官の職務に協力援助した者の災害給付に関する法律2条2項は，「前項の場合のほか，水難，山岳における遭難，交通事故その他の変事により人の生命に危険が及び又は危険が及ぼうとしている場合に，自らの危難をかえりみず，職務によらないで人命の救助に当たつた者（法令の規定に基づいて救助に当たつた者その他政令で定める者を除く。）がそのため災害を受けたと

66　〔平田〕

§*702* III

きも，同項〔1項。国又は都道府県は，この法律の定めるところにより，給付の責に任ずる〕と同様とする」と定め，海上保安官に協力援助した者等の災害給付に関する法律3条も同様の趣旨を定めている。このような公的給付との関係では，事務管理による損害賠償請求権は，補充的なものと位置付けられる。

4 報酬（インセンティブ付与との関係）

専門家のサービスに限定して，規定がない場合は費用の拡張解釈として，報酬請求権を認める立法例（例えば，DCFR V.-3: 102は第1項で介入者は，その介入が合理的であり，かつ自己の職業もしくは営業の過程で行われたものである限りで，報酬請求権を有する，とし，第2項で，報酬は，合理的である限りで，同種の行いを得るために介入の時と場所において通常支払われる額である，とする）が増えつつあり，日本の多数説もこの方向を支持している（四宮・上35頁は，社会通念上，当該状況のもとでは事務管理の引受けが有償でしか期待しえないような場合として専門家に限定しない）。その背景として，請求を否定した場合には，同じ専門的サービスを他人にさせた場合には費用償還として請求できるものを自ら行った場合には報酬としてできないというアンバランスの問題がある。他方では，一般的報酬の承認は，事務管理の無償性のみならず自発性をも変質させる危惧が指摘される。

なお，法が個別に報酬請求権を規定する場合がある。遺失物法28条1項（拾得物の価格の「100分の5以上100分の20以下に相当する額の報労金」），水難救護法24条2項（「河川ニ漂流スル材木ニ在リテハ其ノ価格ノ15分ノ1，其ノ他ノ漂流物ニ在リテハ其ノ物件ノ価格ノ10分ノ1，沈没品ニ在リテハ其ノ物件ノ価格ノ3分ノ1ニ相当スル金額以内ノ報酬」），商法792条1項（「船舶又は積荷その他の船舶内にある物……の全部又は一部が海難に遭遇した場合において，これを救助した者があるときは，その者……は，契約に基づかないで救助したときであっても，その結果に対して救助料の支払を請求することができる。」），同512条（「商人がその営業の範囲内において他人のために行為をしたときは，相当な報酬を請求することができる」）である。

III 代弁済請求もしくは担保供与請求

本文2項による650条2項の準用により，管理者は自己の名で本人にとって有益な債務を負担した場合には，本人に対し，自己に代わって弁済するよ

〔平田〕 67

§*702* IV   第3編　第3章　事務管理

う請求することができ，弁済期にない時は，相当の担保の提供を請求できる。

　代弁済請求権は，管理者への支払を請求する性質のものではないので，いずれの側からの相殺も許されないと解すべきである。最高裁昭和47年12月22日判決（民集26巻10号1991頁）は委任者からの相殺を否定した事案であるが，判決理由は一般論として示唆に富む。

IV　本人の意思に反した管理の場合の効果——通説と少数説

　前述したように，本条3項の規定を，事務管理に関する規定と理解する説（梅）と不当利得の規定と解する説（穂積）が対立しており，その背景には，事務管理の制度理解をめぐる対立が潜む。

　通説は，3項での本人の意思を，第三者弁済における債務者の意思と同様に，真意と解する。したがって，管理者が善管注意を払っても認識し得なかった真意もここでの基準となり，現存利得に制限される。意思を知る場合もしくは認識しうる場合には，中止義務が成立し，その後の事務処理の過程での費用出捐には本条の適用はない。もっとも，本人の意思は（その範囲は慎重に限界付けられるべきであるが）公的利益のための義務履行と矛盾する限りで，ここでも基準とならないと解される。本人の意思との一致の有無は費用出捐時を基準に判断される。その後の本人の意思の変更は，費用償還には影響を与えないが，継続義務等に影響を与える。

　逆に，出捐時における意思との不一致は，現存利得の法律効果に結び付き，請求時の現存利得の範囲に費用償還請求と代弁済請求の行使は限定されるため，本人側は，出捐時から請求時の間の利得消滅事由を主張することが認められる。そもそも本人の有益性は当初から，客観的な観点ではなく，本人の意思を判断基準とする主観的な観点で評価されるから，現存利益はその限りで当初から減縮されたものとして成立しうる。出捐の対象が，有形物で滅失損傷しやすいものや，価値が変動しやすいものの場合はこの主張が認められやすいだろう。利得の押し付け防止の観点からは，現存利得の成否，その程度についても，返還債務者としての本人の主観的事情の考慮が求められる。他方，金銭債務履行の場合の利益は，不当利得の構成（支出利得のうちの費用利得）との差はほとんどないだろうから，この差を過度に強調するべきでは

68　〔平田〕

§702 Ⅴ

ない。

　事務処理が単発的なものではなく，継続的なものである場合には，その中
での個別の出捐行為について，意思との適合が問題となり得る。この点は，
事務の引受けと実行を区別し，引受け（実行行為の最初の時点）の際の一致を
償還の基準とし，その後の意思変更を（管理者の認識可能性の限度でしか）考慮
しないドイツ法と異なる。ドイツ法は，本人の利害と管理者の任意裁量性を
たくみに調整したルールであるが，日本法のルールの方が，本人の利害をき
め細かく，費用償還請求の範囲に反映できる点で優れていると考える。

Ⅴ　本人の第三者に対する関係

1　代理権・処分権

(1)　判　　例

　管理者の代理権を認める諸国（フランス〔もっとも，2016 年の改正後の 1301-2
条 1 項においては，旧 1375 条の解釈が顕名による直接代理の根拠とした「管理者が本人
の名で締結した約務」（les engagements que le gérant a contractés en son nom）の表現が，
「管理者によって本人のために締結された約務」（les engagements contractés dans son in-
térêt par le gérant）と変更されている。この変更が従前の解釈にどう影響するかは不明で
ある。Malinvaud, Mekki et Seube, Droit des obligations, 15ᵉ éd. 2019, nᵒ 850（p. 768）によ
ると，間接代理のような場合をも含むことになり，適用範囲が広がるとする〕，イタリア，
オランダ，英米法の必需代理）と異なり，日本法には，明文が存在しない。その
結果，管理者が本人の名で法律行為をした場合には，無権代理となる。その
ため，判例（大判大 7・7・10 民録 24 輯 1432 頁〔3 人による不動産等の購入，そのうち
の 1 人による解除の意思表示。判決は，残りの 2 人の買主の追認がない以上，解除は有効
でないとした。同時に，このような処分行為も本人の意思に反しない限り有効に可能とも
言っており，一貫しない〕，最判昭 36・11・30 民集 15 巻 10 号 2629 頁〔本人の同居娘婿
が本人の所有不動産の売却処分を委ね，報酬を本人の名で約束もした第三者から本人の相
続人に対する報酬に当たる不動産の移転登記請求。判決は，事務管理は無権代理以上の効
果は生ぜず，本人に直接の効果が及ぶためには，「代理その他別個の法律関係」が必要と
する。調査官解説（高津環・最判解昭 36 年 392 頁）は，これを，正規の代理権ではなく，
表見代理や無権代理の追認の場合を指すと説明する。第一審では，本人所有財産の売却処

〔平田〕　69

§702 V　　　　　　　　　　　　　　　　　　第3編　第3章　事務管理

分の第三者への委託と報酬としての贈与の合意，すなわち有償委任が全体として事務管理
として肯定された。第二審以降は，報酬合意としての贈与契約の有効性の部分のみが議論
された形になっており，有償委任に含まれる売却処分と贈与という2つの処分行為のうち
前者の有効性が問題とされていない点でわかりにくい。報酬請求を問題とする前提として，
委任事務終了（648条2項）の有無を問題とすべきだからである。顕名がある事案であり，
有益性が認められても，代弁済請求は文言上（650条2項準用）認められず，後掲の学説
の提案のように，事務管理行為の有益性を要件としつつ代理効を認める必要性が特に感ぜ
られる事案である〕）は，管理者に代理権を認めないと解されているが，古く
は，事案の必要に応じて認める場合（大判大6・3・31民録23輯619頁〔汽船の売
買契約の買主代理人が，売主側の増額提案，さもなくば違約金を支払っての約定解除権行
使という状況に直面して，増額を承諾した事案。当時船価は日々高騰し，買主側は既に転
売契約を締結していた事情があった。判決は，「被上告人〔買主〕自ら局に当るも売買代
金の増額を承諾することは応に執るべきの処置」として，代理人による買主の名での増額
承諾について事務管理を認めた。代金支払の権限しかない代理人による増額承諾を権限踰
越の範囲での事務管理として性質付けているようであるが，有権代理人の権限解釈問題と
位置付けるべきか。これを事務管理者に代理権を付与した判例と理解するのはやや苦し
い〕）もあった。判例全体の理解については争われている（藤原正則「無権限者
による他人の物の処分と他人の債権の取立による不当利得（4・完）——自己の権利領域
への無権利者による干渉に対する反動的請求」北法59巻5号〔2009〕2330頁も，他人物
の無権限処分に関する判例法を見いだす困難を指摘する）。大審院での肯定例否定例
並存状態から最高裁での否定に判例が変更されたと理解する説（打田畯一「事
務管理と無権代理」谷口還暦(2)289頁）や，単に事案の緊急性・必要性の存否が
反映しているにすぎないという説（平田春二・判例演習（債権法2）〔1964〕118頁
以下，四宮・上38頁）がある。

　(2)　学　　説

　従来より，一般的に代理権を肯定する説（於保不二雄・財産管理権論序説
〔1954〕234頁〔義務はその履行に必要な範囲において権限を伴わなければならないから，
事務処理に必要な範囲において，管理者もまた代理権を付与されている。主観的他人の事
務についても同様〕），あるいはやや限定的構成で代理権（と同等の効果）を認め
ようとする説（三宅正男「事務管理者の行為の本人に対する効力」谷口還暦(1)364頁
〔無権代理人の責任について本人が代弁済義務を負う場合には，端的に本人が債務を負担

70　〔平田〕

§702 V

すると考え得る〕，加藤(雅)22頁〔代弁済請求権の代位行使〕），緊急事務管理に該当する場合に限定して例外的に認める説（四宮・上37頁・39頁）などの，学説がある。前掲大審院大正6年判決は，代理権を肯定するに際し，管理者の自己債務について，代弁済請求が認められていることを根拠にして，以下のように述べている。「管理者が本人の為めに自己の名を以て有益なる債務を負担したる場合に於て本人は管理者に代り其債務を弁済せざるべからざるより推論するときは管理者が本人の名を以て債務を負担したる場合には本人は之を自己の債務として弁済せざる可らざること当然の論理なれば……」。要するに，管理人の自己債務に代弁済請求が認められるならば，管理人の締結した本人債務については当然代理権が認められるとするものである（もっとも，四宮・上33頁は，この判決を重視することに反対）。DCFR V.-3: 106 は本人の有益性を要件として代理権を認める。

無権代理人の責任（117条）は履行または損害賠償であるが，相手方の選択により，このいずれかの債務を管理者が負い，さらには履行した場合に，この自己債務なり費用を本人に転嫁できるか。結局，この場合も702条の費用償還ないし代弁済請求の問題となり，本人にとっての有益性や本人の意思が改めて問題となる。

委任の場合には，費用償還の基準が，委任事務を処理するのに必要と認められるという基準であるのに対し，事務管理の場合には，本人のために有益であるという基準であり，しかも本人の意思の要件が重畳している。同様に，代理権について，委任の場合には，まさに委任契約の解釈に依存するのに対して，事務管理においては，仮に肯定するとしても，本人の意思ないし利益というはなはだ不明確な基準を手掛かりとせざるを得ない。法律行為の締結の際に，その基準を充足しているかどうかは，必ずしも明確ではない。そこで，客観的な緊急性・必要性という基準が前面化せざるを得ない。認めるとしても，この限度が望ましいと思われる。代理権を認めるフランス法の判例学説が処分行為の有効性をめぐって議論（高木多喜男「フランスにおける処分行為と事務管理の成立」谷口還暦(3)433頁以下）が多いのは，有益性という制約があるにもかかわらず，その限界付けがむずかしいことを象徴している。

2　不当利得責任

管理者と契約した第三者は，無権代理とされる以上，代理の効果として，

§702　V　　　　　　　　　　　　　　　　　　　　　第3編　第3章　事務管理

背後の本人に直接請求することはできない。この際に，前述したように，債権者代位権等の行使が考えられるが，不当利得ないし転用物訴権として請求できるかが，従来議論されてきた。

　ドイツ民法起草過程における第一委員会で，管理者が本人の名で締結した場合（部分草案245条は，第三者から本人に利益が至り，本人が管理者との間で法律上の原因を有さない限りでの，本人の第三者に対する不当利得責任を規定していた）と自己の名で締結した場合の規律について検討され，管理者が本人の名で締結した場合は，一般規定による不当利得が認められるという理由で，自己の名で締結した場合は，適切な規律ができないという理由で，いずれも規律は不要とされた（平田・事務99頁・107頁）。

(1)　自己の名で締結した場合

　管理者が自己の名で第三者と契約した場合でその契約上の利益が本人に帰した場合に，第三者が本人に不当利得返還請求できるか否かは転用物訴権の問題である。判例（最判平7・9・19民集49巻8号2805頁）は限定的要件の下に承認する（アメリカ第三次回復法リステイトメント25条も同旨）。このほか，代弁済請求権の特性（実質的には本人が負担すべき債務であるから，形式的に管理者が負担していても，実質的負担者の本人に弁済させることができる）を根拠に，第三者の本人に対する直接請求を認める説（詳細は，新版注民(18)305頁以下〔三宅〕。代弁済請求権の代位行使構成で認める，加藤（雅）22頁）がある。これらの説の基礎には，代弁済請求権（免責請求権）を転用物訴権の基礎に置いたフォントゥール（von Tuhr）の考えがある（詳しくは，平田・利得75頁以下）。転用物訴権一般の議論と同様に，事務管理者の自己債務と本人に対する免責請求権あるいは求償権との内容的関連を，相手方の保護の程度・態様にどのように反映させうるかの問題が共通する（衣斐成司「事務管理における本人の利益」法雑30巻3＝4号〔1984〕541頁以下も同様の問題意識を示す）。

(2)　本人の名で締結した場合

　管理者が本人の名で契約しても，通説判例に従う限り，無権代理となる。そのほか，前掲大審院大正6年3月31日判決（一1(1)）を参考に，702条2項の趣旨から，自己の名で行為したとすれば代弁済請求が可能だったであろう範囲で内部関係を外部関係に反映させ（したがって内部関係の変動に応じて債務は縮減しうる）直接的効力を認める説（新版注民(18)310頁以下〔三宅〕），相手

72　〔平田〕

§702 Ⅴ

方が無権代理の責任追及として履行請求を選択した場合にこの自己債務の代
弁済を本人に認める説（加藤(雅)24頁）がある。

3　法史的背景

　このように，事務管理人が第三者と契約締結した場合に，管理者に代理権
を認めるか，管理人の契約相手方である第三者から管理人の背後の本人に直
接請求を認めるかの問題に関しては，多様な説が見られる。そして，この分
布は，後期普通法において，法源の枠付け（附帯性訴権）への尊重と他の制度
との限界付けの意識に支えられ，広義の事務処理関係に限定された転用物訴
権の要件設定の議論（磯村・論考153頁以下参照）と対応する部分がある。すな
わち，そこでは，転用物訴権を広義の事務処理関係に限定する，以下の4説
が存在したとされる。第1説は，仲介者である事務管理者が本人に対して有
する事務管理反対訴権の第三者への譲渡を擬制するもの（第三者が仲介者を事
務管理者と認識する必要あり），第2説は，第三者を事務管理者として転用物訴
権とは事務管理反対訴権そのものと理解するもの（第三者は仲介者と契約する意
思のみならず，本人のための事務管理意思を有する），第3説は，事務管理者の本人
に対する債務解放請求権の反射的効果としてその請求権が成立する限りで第
三者が本人に対して直接請求できると理解するもの（その根拠を免責請求権で媒
介された，事務処理関係における実質的債務負担者という客観的状況に求めるため，第三
者が仲介者を事務管理者と認識する必要はない，したがって，自己の名で締結した場合と
本人の名で締結した場合のいずれにおいても，事務処理の有益性を要件として免責請求権
が成立し，したがって転用物訴権も成立する），第4説は，転用物訴権を準支配人
訴権（actio quasi institoria）と同様に，費用償還のみならず，契約履行も可能
とするもの（第三者は契約に際し仲介者が管理者であることを告知される必要あり），
である。しかし，第1説に対しては，譲渡の擬制の根拠が明らかではなく，
第2説に対しては，第1説よりは合理的な構成としても，そもそも第三者に
おいて事務管理意思の要件が満たされるかが問題とされ，第2説においては，
事務管理意思を他人の利益において行為する意識と解して正当化する。

　また，上記の諸見解（事務管理的理解）が事務管理に関係づける結果，その
独自の法律効果として利得の現存を要求しなかったことに対して，利得の現
存を要求する不当利得的理解も存在した。ここでは，仲介者の事務管理意思
を要件としつつも，管理者が自己の名で他人の利益において行為する場合が

〔平田〕　73

§702 Ⅴ   第3編　第3章　事務管理

典型となる。しかしここでも，転用物訴権の附帯性の構造は維持されている。ちなみに，部分草案 245 条（ある者が，他人が彼のために授権なくして管理者として第三者と締結し，追認されていない法律行為の結果として，第三者の財産から，これについて管理者に対しても権利を取得することのない，財産利益を取得した場合には，彼は第三者に対して利得の限度で責めを負う）は，事務管理の草案の末尾に，ドレスデン草案に依拠しつつ，仲介者が本人の名で行為した場合の第三者に対する本人の不当利得責任として転用物訴権を位置付けたが（起草者フォン・キューベルは，契約締結時に契約利益の本人への利用は客観的に認識可能となっており，管理者の意思のみが本人の利得の源泉を形成すると説明する），第一次委員会の審議で，自己の名で行為した場合をも規律する提案とともに，削除された。原案削除の理由は，本人の名で締結した場合に関する原案については，不当利得の一般原則で処理できるから明文規定は不要と理解されたためであり，自己の名で締結した場合の提案については，適切な規律が困難と判断されたためであった。

　かように，附帯性の構造を条文の体裁上で既に払拭し，不当利得的位置付けが鮮明なプロイセン一般ラント法のような立場を除けば，当時の他の立法例や学説は，沿革としての附帯性構造の制約の中で，（直接代理と間接代理の分離の不鮮明な時代的文脈において）本人の名での事務処理の場合として論じる説と，自己の名での事務処理の場合として論じる説が混在しており，現在から見た整頓が困難である。第3説は，管理者が顕名をしたか否かで区別しないので，現代法の規律から見れば，自己の名で契約締結した場合に事務管理者に認められる免責求償権が，本人の名で契約締結した場合にも勿論解釈で付与されると解することになろうが，後者の場合には，事務管理意思と事務処理の有益性の要件充足の下で，無権代理人の責任の免責請求ということになろう（加藤(雅)説も同旨）。

　第2説が戦後ドイツで見られた Auch-Gestion（→§697 Ⅲ 3 (2)(イ)）判例に示された構成に，第3説が，フォン・トゥール説に触発された（自己の名で締結した場合の）三宅説に，第4説が於保説に，おおよそ対応することが看取でき，したがってそれぞれの説の問題点を継承しているといえよう。かくして，本人との関連で利益追及を可能とする際に事務管理に関連づける構成は，大別すれば，一つは，仲介者を事務管理者と構成する方向，もう一つは，仲介者の契約相手方を事務管理者と構成する方向であったといえよう。いずれも

74　〔平田〕

§ *702* V

管理者の事務管理意思が想定できるか否かの問題を伏在させていた。

　フランス法においても，同様の状況が看取される（磯村・論考185頁以下参照）。すなわち，本人の義務を規律するフランス民法旧1375条（2016年改正で1301-2条1項─V 1(1)）は，管理者が本人の名において第三者と契約を締結した場合で有益性の要件を満たす場合には，本人の履行責任を定めているが，学説はこれを直接代理の関係と理解する。これは，上記の第4説と対応する。他方，管理者が第三者と自己の名で契約締結した場合には，第三者と本人の間に直接の関係が生ずるか否かは，第三者自身が，契約義務履行において，同時に本人の事務管理者たり得るかの問題であると解されている。これは，上記の第2説と対応する。

　この後の転用物訴権に関する議論は，法系による構成の差はあるものの，転用物訴権の附帯性の構造を事務処理関係に移しつつ，直接代理と間接代理の効果とりわけ後者の議論に投影されるか（日独学説），あるいは，物の改良事案を中心とする，契約リスクを例外的に修正する議論（日独仏判例）に分化していった。

〔平田健治〕

§703

第4章　不当利得

（不当利得の返還義務）

第703条　法律上の原因なく他人の財産又は労務によって利益を受け，そのために他人に損失を及ぼした者（以下この章において「受益者」という。）は，その利益の存する限度において，これを返還する義務を負う。

〔対照〕　ド民 812・818 Ⅰ～Ⅲ，フ民 1302・1302-1・1303（2016 年改正前 1376・1377）

細　目　次

Ⅰ　不当利得の総説……………………78
　1　不当利得という法制度 ……………78
　2　不当利得の一般条項………………83
　　(1)　ドイツ民法の立法の方針…………83
　　(2)　民法 703 条と 705 条の由来………85
　3　衡平説と類型論，および，箱庭説 ……87
　　(1)　衡平説…………………………87
　　(2)　類型論…………………………89
　　(3)　箱庭説…………………………91
　4　不当利得法が適用される事案類型 ……94
　　(1)　不当利得の分類の必要性…………94
　　(2)　給付による不当利得（給付利得）……94
　　(3)　他人の財貨の侵害による不当利得
　　　　（侵害利得）………………………95
　　(4)　他人の債務の弁済の求償と他人の
　　　　物に支出した費用の償還請求権（支
　　　　出利得）…………………………96
　　(5)　多数当事者関係（対第三者関係）…97
Ⅱ　給付による不当利得──一方的給付と
　双務契約の清算………………………98
　1　給付利得の機能……………………98
　　(1)　給付利得の機能…………………98
　　(2)　給付利得の対象…………………98

　2　給付利得の要件……………………102
　3　非債弁済の不当利得………………103
　　(1)　弁済としての給付………………103
　　(2)　債務の不存在…………………104
　　(3)　非債弁済の不当利得の排除（705
　　　　条～707 条）……………………105
　4　目的消滅の不当利得………………105
　5　目的不到達の不当利得……………106
　　(1)　目的不到達の不当利得の意義 ……106
　　(2)　目的不到達の不当利得の要件 ……107
　　(3)　目的不到達の不当利得に関する判
　　　　例と学説 ………………………107
　6　不法原因給付による不当利得………108
Ⅲ　給付利得の効果 …………………109
　1　給付利得の効果論…………………109
　2　原物返還…………………………110
　3　価格返還…………………………111
　　(1)　価格返還が指示される場合 ………111
　　(2)　価格返還の内容…………………113
　　(3)　価格返還の算定基準時……………115
　4　果実・使用利益の返還……………115
　　(1)　果実・使用利益の返還 ……………115
　　(2)　利息の返還義務…………………116

〔藤原〕　77

§703 Ⅰ

第3編　第4章　不当利得

5　利得消滅の抗弁（現存利得）…………118
　(1)　利得消滅の抗弁の制限 ……………118
　(2)　給付目的物の費消・売却 …………119
　(3)　給付目的物の滅失・損傷 …………121
　(4)　給付と関連して支出した費用………122
　(5)　給付の取得に際して支払った出費
　　　…………………………………………122
　(6)　給付から被った損害 ………………122
　(7)　利得消滅の証明責任 ………………123
6　不当利得返還義務の付遅滞……………123
7　法律行為（契約）の巻き戻し（民法
121条の2)……………………………………123
　(1)　民法121条の2 ……………………123
　(2)　民法121条の2第2項と第3項の
　　　評価矛盾の調整 ……………………124
Ⅳ　他人の財貨の侵害による不当利得（侵
害利得)………………………………………125
1　侵害利得の機能…………………………125
　(1)　侵害利得の機能 ……………………125
　(2)　侵害利得の要件・効果 ……………127
2　所有権の侵害……………………………128
　(1)　直接の侵害者に対する請求 ………128
　(2)　中間処分者に対する請求 …………130
　(3)　最終占有者に対する請求 …………134
　(4)　無償の善意取得者，および，原因
　　　関係が無効の善意取得者 …………136
3　所有者・占有者関係の規定……………137
　(1)　所有者・占有者関係の規定（189
　　　条～191条・196条）………………137
　(2)　所有者・占有者関係の規定と不当
　　　利得の規定（703条・704条）………138
　(3)　所有者・占有者関係の規定の意味
　　　…………………………………………139
4　他人の債権の回収による侵害…………140
　(1)　弁済が債権者に対して有効となる
　　　場合 …………………………………140
　(2)　弁済が債権者に対して有効となら
　　　ない場合 ……………………………140

5　知的財産権およびそれに類似した権
　利の侵害……………………………………142
　(1)　知的財産権の侵害の特殊性とその
　　　保護 …………………………………142
　(2)　現行法の考え方 ……………………143
　(3)　知的財産権に類似した権利の保護
　　　…………………………………………145
Ⅴ　支出利得（求償利得と費用利得)………146
1　支出利得の意義…………………………146
2　他人の債務の弁済による求償権（求
　償利得）……………………………………147
　(1)　求償利得の要件 ……………………147
　(2)　求償利得の効果 ……………………148
3　他人の物に支出した費用の償還請求
　権（費用利得）……………………………148
　(1)　費用利得の要件 ……………………148
　(2)　費用利得の効果 ……………………149
Ⅵ　多数当事者間の不当利得，ないしは，
　対第三者関係（「それによって」の要件
　＝「因果関係」)……………………………149
1　多数当事者間の不当利得（対第三者
　関係）の概観………………………………149
2　因果関係と給付関係……………………151
　(1)　直接の因果関係 ……………………151
　(2)　給付関係 ……………………………152
3　わが国での問題解決……………………153
4　振込取引（指図)………………………154
　(1)　振込取引の意義 ……………………154
　(2)　給付関係と出捐 ……………………155
　(3)　原因関係（補償関係・対価関係）
　　　の瑕疵 ………………………………156
　(4)　指図の欠如 …………………………159
　(5)　誤振込 ………………………………160
5　契約外の第三者に対する追及…………162
　(1)　金銭騙取の不当利得 ………………162
　(2)　転用物訴権 …………………………167
　(3)　無償取得した転得者への請求の拡
　　　張 ……………………………………182

Ⅰ　不当利得の総説

1　不当利得という法制度

　民法は，事務管理・不法行為とならぶ法定債権の発生原因，つまり，意思
表示によらず債権関係の発生する「事件」の1つとして，民法第3編第4章

§*703* I

に不当利得の規定をおいている（703条～708条）。その冒頭の規定が不当利得の一般条項として「法律上の原因のない利得」の返還義務を定める703条である。だから，民法は不当利得を「法律上の原因のない利得」という共通の「消極的な要件」で括ることのできる法制度だと考えていることになる。しかし，不当利得を1つの法制度と捉えることを可能にする「法律上の原因の欠如」という共通の要件の当てはまる場合は，実に多様なケースを含んでいる。例えば，非債弁済による給付の返還請求，双務契約が無効・取消しとなった場合の給付の巻き戻し，他人の物の無権限での使用による使用利益の返還請求などである。しかも，不当利得法が適用されるケースは，その各々が契約・所有権といった不当利得以外の法制度と関係しており，不当利得法はそれらの制度を補完する機能を有している。例えば，無効または取り消された契約の巻き戻しでは契約法を，他人の物の無権限の使用では所有権法を補完している。さらに，703条を含めて，民法は不当利得にあてられた第3編第4章に6か条（703条，704条～708条）の規定をおいているが，それ以外に物権（第2編）には196条（占有者の費用償還請求権），248条（添付による償金請求権），債権総則（第3編第1章）には462条2項（債務者の意思に反する無委託保証人の求償権）などの不当利得に関する規定が散在するように，当該の制度との関係で個別・具体的な規定がおかれているケースが多々ある（これらの準則は，不当利得の一般条項より前から存在する）。加えて，平成29（2017）年の債権法改正で，無効・取り消された法律行為（契約）の効果には703条が適用されないことを明確化するために民法121条の2第1項（原状回復義務）が，総則の法律行為に関する箇所（第1編第5章）に新設された。つまり，不当利得返還請求権の発生する根拠は様々であり，共通するのは，すべての場合に利得移動を基礎づける法律上の原因がないという一事である。だから，このように消極的なメルクマールだけが共通するとされている不当利得を，それ自体として1つの完結した法制度だと考えることは，必ずしも当然ではない。

　わが国の不当利得制度の母法である（ドイツ法，フランス法などの）大陸法の法制度は，ローマ法に由来するが，ローマ法では，不当利得は，債務の存在を錯誤して弁済した弁済者の弁済受領者に対する不当利得返還訴権である「非債弁済の不当利得（condictio indebiti）」をはじめとする個別のケースで，個々の不当利得返還訴権（condictio〔コンディクツィオ（ラテン語読みは，コンディ

〔藤原〕　79

§703 I 　　　　　　　　　　　　第3編　第4章　不当利得

クティオ）｝）である，「目的不到達の不当利得（condictio ob rem）」，「目的消滅
の不当利得（condictio ob causam finitam）」，「不法な原因による不当利得（condic-
tio ob injustam causam / condictio ex injusta causa）」，「恥ずべき原因による不当利
得（condictio ob turpem causam）」，「盗の不当利得（condictio furtiva）」，「無原因
の不当利得（condictio sine causa）」などの訴権が認められているにとどまって
いた。つまり，不当利得は，それ自体が完結した1つの法制度とは考えられ
てはいなかった。具体的には，目的不到達の不当利得とは，将来の一定の結
果の発生（反対給付）を期待して給付が行われたが，その結果が発生しなか
った場合の給付の返還請求，目的消滅の不当利得とは，給付時には存在した
法律上の原因（債務）が後に消滅した場合の給付の返還請求，不法な原因に
よる不当利得とは，不法な原因に基づく給付の返還請求であり，恥ずべき原
因による不当利得では給付者の側にも恥ずべき原因があれば返還請求は排除
された。他方で，盗の不当利得とは，盗人に対する不当利得返還請求，かつ，
所有物返還請求権を補完する債権的な請求権であり，無原因の不当利得とは，
例えば，添付による所有権取得に対する不当利得返還請求を含んだ，様々な
不当利得の返還を求める訴権の集合概念だった。

　さらに，コンディクツィオ（condictio）とは違った訴権も実質的には不当
利得返還請求訴権の一環だとみなされていた。具体的には，転用物訴権（ac-
tio de in rem verso）である。例えば，家長（主人）であるローマの元老院議員
Cは商売を禁止されており，しかも，直接代理の制度はローマ法では認めら
れていなかった。そこで，家長Cではなく，その権力に服従する家子・奴
隷BがBの名前で相手方Aと取引をする。ところが，BがCのために物を
購入したときでも，相手方Aは権利能力を欠くBに対して代金の請求がで
きない。そこで，附加的性質の訴権（actio adiecticiae qualitatis）として（附加的
性質の訴権または附帯性訴権に関しては，例えば，原田慶吉・ローマ法〔改訂，1955〕
216頁以下），BがCのためにAの給付を使用したことを要件として，利益が
転用されたものに対する訴権，つまり，契約外の第三者である家長Cに対
する転用物訴権が相手方Aに認められた。ただし，その返還請求の内容は，
利益の存する限度であり，利得消滅の認められないコンディクツィオ（con-
dictio）とは異なっていた。

　その中でも，ローマ法では，原則として一定の類型の契約（有名契約）以

80　〔藤原〕

§703 I

外の契約類型（無名契約）では，反対給付の訴求が可能ではなかったから，その場合に，契約上の履行請求に代わる，先履行した給付の返還請求としての目的不到達の不当利得が重要な役割を果たしていた。つまり，給付の目的（反対給付の履行）が達成できないことを原因とする不当利得返還請求である。ところが，全ての契約類型で反対給付の履行請求が可能となり，さらに，（例えば，法定解除などの）履行障害に対する契約法の制度が発展してきてからは，目的不到達の不当利得の適用領域は制限され，非債弁済の不当利得が（給付による）不当利得の中心的な制度となってきた。つまり，不当利得法は，不当利得以外の契約法，所有権法，不法行為法などの法制度が整備されてくるとともに，その守備範囲が狭まり，次第に不当利得以外の法制度の権利保護の欠缺を補充する独自の法制度として形成されてきた（ローマ法から近世への不当利得の変遷に関しては，Frank L. Schäfer, §§812-822, Ungerechtfertigte Bereicherung, Mathias Schmoeckel, Joachim Rückert, Reinhard Zimmermann（Hrsg.）, Historisch-ktitischer Kommentar zum BGB, Bd. III/2, §§657-853, 2013, S. 2587ff.〔その紹介が，藤原正則「フランク・L・シェファー『不当利得』（紹介）」宮本健蔵古稀・民法学の伝統と新たな構想〔2022〕505頁以下〕。磯村「不当利得に就いての一考察」論考1頁以下〔初出・論叢45巻6号〔1941〕, 46巻1号, 47巻1号〔1942〕〕も参照）。

　ただし，日本法や台湾法などの法典継受国は別として，かつてから不当利得の一般条項をおいていたのは，ドイツ民法とスイス債務法である。他の国々，例えば，（2016年債務法改正以前の）フランス民法は，不当利得の一般条項を持たず，民法典に散在する幾つかの弁済に関する規定などを除いては，主に非債弁済の不当利得に関して規定をおくにとどまっていた（2016年改正前フ民1370条〜1381条）。一般不当利得法はフランス法では判例によって形成されたもので，しかも，その根拠は歴史的に不当利得の中心であったコンディクツィオ（condictio）ではなく，いわゆる転用物訴権（actio de in rem verso）に求められていた。ただし，2016年の法改正で，フランス民法には，非債弁済，不当利得，（契約の清算に関する）原状回復に分類した不当利得に関する規定がおかれている。その上で，事務管理，非債弁済，不当利得が準契約（quasi-contract）として括られ，転用物訴権の判例をもとに規定した不当利得の一般規定（フ民1303条「事務管理及び非債弁済の場合以外に，他人を害して不当な利得を得た者は，それにより損失を被った者に対して，利得と損失の価値のうちより低い

§703 I 　　　　　　　　　　第3編　第4章　不当利得

方と同額の補償金を支払う義務を負う」）は，事務管理，非債弁済以外のケースに適用される「受け皿規定」とされている（フランス法に関しては，磯村「仏法理論に於ける不当利得法の形成」論考161頁以下〔初出・論叢52巻3号，4号〔1946〕〕，注民(18)79頁以下〔稲本洋之助〕，新版注民(18)30頁以下〔稲本洋之助〕，稲本洋之助「フランス法における不当利得制度」谷口還暦(1)73頁以下，Konrad Zweigert/Hein Kötz, Einführung in die Rechtsvergleichung, 3. Aufl., 1996, S. 564ff., 齋藤哲志・フランス法における返還請求の諸法理──原状回復と不当利得〔2016〕〔初出・法協126巻3号，5号，11号〔2009〕，130巻2号，3号，5号，6号，10号～12号〔2013〕〕。2016年の法改正後のフランス法に関しては，特に，齋藤・前掲書454頁以下を参照。改正法の翻訳につき，荻野奈緒＝馬場圭太＝齋藤由起＝山城一真訳「フランス債務法改正オルドナンス（2016年2月10日のオルドナンス第131号）による民法典の改正」同志社法学69巻1号〔2017〕279頁以下。上記の2016年改正後のフランス民法1303条の翻訳もこれによる）。

　他方で，わが国での不当利得法に当たる機能を果たす英米法の制度は，コモンロー上の準契約（quasi-contract），エクイティ上の代位原則（doctrine of subrogation），擬制信託（constructive trust），衡平法上の先取特権（equitable lien）などにまとめることのできる個別の訴訟形式の集積である。つまり，英米法では，伝統的には不当利得法は，それ自体として一元的な法制度とは考えられていなかった。ただし，現在では，イギリス法でも幾つかのテキスト（その嚆矢が，Robert Goff/Gareht Jones, The Law of Restitution, 1966だとされている。例えば，Zweigert/Kötz・前掲書 S. 557 を参照），および，アメリカでは回復法リステイトメント（Restatement of Restitution）にみるように，不当利得（unjust enrichment）が，その効果としては原状回復を目的とする「回復法（law of restitution）」の一環としての法制度であると認められてきている（英米法に関しては，立石芳枝「イギリス法における準契約」谷口還暦(2)339頁以下，注民(18)93頁以下〔土田哲也〕，新版注民(18)49頁以下〔土田哲也〕，木下毅・アメリカ私法〔1988〕198頁以下，Zweigert/Kötz・前掲書 S. 553ff.）。

　加えて，最近のヨーロッパ法の統一の試みの一環として，不当利得の法統一に向けてのたたき台である「共通参照枠草案（Draft Common Frame of Reference）」が提案されている。共通参照枠草案は，イギリス法も含めたヨーロッパ各国の不当利得法制度の共通合意を探る試みで，確かに，その抽象度は低く個別の事例の列挙のような印象も与える。しかし，他面で，不当利得以

§703 I

外の法制度を補完するという不当利得法の機能に則した分類がされており，各国で異なった機能を担っている不当利得法の将来の法統一のための体系化の方向を示していると考えることもできる（その翻訳が，不当利得法研究会訳「DCFR 不当利得編規定の暫定仮訳」民商 140 巻 4 = 5 号〔2009〕546 頁以下，フォン・バールほか 265 頁以下。ヨーロッパの不当利得法の統一に関しては，「特集・不当利得法の国際的現状と動向」前掲民商 140 巻 4 = 5 号 401 頁以下の諸論考，ペーター・シュレヒトリーム（藤原正則訳）「不当利得法の変遷」同編・ヨーロッパ債務法の変遷〔2007〕197頁，藤原正則「ヨーロッパの統一不当利得法の動向」同 213 頁以下，および，ペーター・シュレヒトリーム（藤原正則訳）「ヨーロッパ不当利得法原則（2006 年 2 月 27 日の改訂版）」同 385 頁以下も参照）。

2 不当利得の一般条項

(1) ドイツ民法の立法の方針

わが国の民法の不当利得の一般条項である民法 703 条は，非債弁済の不当利得に関する準則，しかも，ドイツ民法第 2 草案に由来する。

前述したように，契約の履行障害に関するルールが整備され，目的不到達の不当利得の守備範囲が狭くなってくると，不当利得訴権の中で非債弁済の不当利得が中心的な地位を占めるようになってきた。現に，大陸法の各国の法典（フランス，オーストリア，スイス，ドイツなど）でも，不当利得に関する規定の中心は，非債弁済の不当利得の返還請求権である。非債弁済の不当利得とは，債務の存在を錯誤して存在しない債務を弁済した弁済者の弁済受領者に対する不当利得返還請求権である（藤原 455 頁以下の各国法の翻訳を参照）。例えば，債務者 A は債権者 B に対して 100 万円の債務があったが，債務額を錯誤して，B に 200 万円を弁済した。B も債権を 200 万円と誤信して弁済受領した。ところが翌日になって，A が錯誤に気づいて，弁済した 200 万円のうち 100 万円は債務のない弁済（非債弁済）だとして返還請求する場合である。（英米法では現在でもそうだが，）かつては，非債弁済の不当利得の返還請求権の要件として，(i)「債務の不存在」，および，(ii)弁済者の債務に関する「（許されうる）錯誤」の証明が要求されていた（例えば，「事実の錯誤」は許されうる錯誤だが，「法律の錯誤」はそうではないなどと解されていた）。しかし，それでは弁済者 A が錯誤の証明に成功しないときは，非債弁済の不当利得の返還請求はできず，しかも，錯誤の証明は必ずしも容易ではない。

〔藤原〕 83

§703 Ⅰ   第3編　第4章　不当利得

　そこで，（当時は，争いがあったが，）ドイツ民法の準備草案（Vorentwurf）は，非債弁済の不当利得の返還請求の要件から，弁済者の「錯誤」を削除した。その結果，債務の不存在だけが非債弁済の不当利得の返還請求の要件とされ，その上で，弁済者Aの錯誤の証明責任を転換して，弁済受領者Bが弁済者Aに債務に関する錯誤が存在しなかったこと（錯誤の不存在）を証明すべきこととした（ドイツ民法準備草案1条「他人に対して負担する法的債務の履行のためにあるものを他人に給付した者は，債務が存在しなかったときは，受領者から給付したものの返還を請求できる。給付時に債務の存在しなかったことを給付者が知っていたときは，返還請求は排除される」）。しかし，同時に，弁済者Aの錯誤について善意の弁済受領者Bの弁済を保有できるという信頼を保護するために，弁済受領者Bの返還義務の範囲を現存利得とした。具体的には，以上の例で，弁済者A（損失者）の債務に関する錯誤を知らず（善意で）弁済受領した弁済受領者B（利得者）が，Aからの弁済受領後に強盗に遭いAから受領した200万円を奪われたとする。この場合に，B（弁済受領者）が100万円（非債弁済）の返還義務を負担するなら，A（損失者）の錯誤が原因で善意のB（利得者）は100万円の（信頼）損害を被る結果となる。そこで，善意の弁済受領者Bは，（非債弁済による利得〔100万円〕－利得消滅〔100万円〕＝）「現存利得〔0円〕」の返還義務を負うにすぎないとされた（ドイツ民法準備草案5条「受領者が給付を受領した時に善意だったときは，受領者は返還請求権の訴訟係属時に利得がある限りで返還義務を負う」）。つまり，非債弁済の不当利得による返還請求権の要件から錯誤の証明を削除して，要件を緩和した上で，弁済受領者の信頼保護を効果で調整し，善意の弁済受領者（利得者）の返還義務を現存利得に制限したのが，ドイツ民法の準備草案の方針だった。準備草案と同様に，ドイツ民法の第1草案も，非債弁済の不当利得の規定を法案の冒頭においていた（ドイツ民法第1草案737条1項「債務の履行のために給付した者は，債務が存在しないときは，給付したものの返還を請求できる」）。

　しかし，（現在のドイツ民法典に直接つながる最後の草案である）ドイツ民法第2草案は，初めて不当利得の一般条項を規定したスイス法（スイス旧債務法70条「適法な原因なく他人の財貨から利得した者は，返還の義務を負う」）に倣って，一連の不当利得の規定の最初に一般条項をおいた（ドイツ民法第2草案737条1項「他人の給付又はその他の方法により他人の損失において法律上の原因なく利得した者は，

84　〔藤原〕

§703 I

他人に利得を返還する義務を負う。法律上の原因が後に欠落したとき，又は法律行為の内容によって給付の目的とされた結果が発生しなかったときも，以上の返還義務が発生する」）。つまり，目的消滅の不当利得，目的不到達の不当利得，不法な原因による不当利得，無原因の不当利得なども含めた不当利得返還請求の全ての一般条項が不当利得の規定の冒頭におかれることとなった。その結果，「債務の存在しないとき」には給付の返還を請求できるという非債弁済の不当利得の規定は，「法律上の原因なく」利得した者は返還義務を負うとされ，「債務の不存在」は「法律上の原因なく」と一般化された。もちろん，同時に，準備草案からの方針で，弁済者に債務の不存在についての錯誤がないことを弁済受領者が証明したときには，非債弁済の不当利得の返還請求は排除されるというルールは維持されている（ドイツ民法第2草案739条「給付者が給付義務を負っていないことを知っていたとき，又は給付が道徳上の義務ないしは徳義上の配慮に合致しているときは，債務の履行のために給付されたものは返還請求できない」）。しかし，他方で，不当利得の返還義務に関しては，非債弁済の不当利得を念頭においたものであるが，一般的に善意の利得者は現存利得の返還義務を負うという規定がおかれた（ドイツ民法第2草案742条3項「受領者がもはや利得していない限りで，原物返還又は価格返還の義務は排除される」，ド民818条3項「受領者は，利得が現存していない限度で，返還又は価格返還の義務を免れる」）。ただし，同条で立法者がまず考えていたのは，非債弁済の不当利得の弁済受領者の返還義務であり，それ以外の不当利得のケースでは，各々でその効果を類推すべきだと考えられていた（以上のドイツ民法の不当利得の一般条項〔ド民812条〕の立法の経緯に関しては，Detlef König, Ungerechtfertigte Bereicherung, Tatbestände und Ordnungsprobleme in rechtsvergleichender Sicht, 1985, S. 33ff.; Detlef König, Ungerechtfertigte Bereicherung, Bundesministerium des Justiz（Hrsg.), Gutachten und Vorschläge zur Überarbeitung des Schuldrechts, Bd. II, 1981, S. 1515ff., S. 1528ff. 後者に関する紹介が，藤原正則「西ドイツ不当利得法の諸問題──デトレフ・ケーニッヒの法律案と鑑定意見の紹介を通じて」下森定ほか編著・西ドイツ債務法改正鑑定意見の研究〔1988〕391頁以下）。

(2) 民法703条と705条の由来

現行民法に先立つ旧民法では，フランス法と同様に事務管理・不当利得を明確に区別せず，事務管理，非債弁済，不法原因給付，添付，費用償還請求権などを「不当の利得」として列挙した規定がおかれていた（旧財361条）他

〔藤原〕 85

§703 I 第3編　第4章　不当利得

に, 非債弁済の不当利得に関する規定 (同364条〜366条), 不法原因給付による返還請求の排除 (同367条) などの個別の条文が規定されていた。しかし, 現行法では, 民法703条 (原案713条「法律上の原因なくして他人の財産により利益を受けたる者は其の利益の現存する限度に於て之を返還する義務を負う」[以下, 旧仮名遣いは表記のとおりだが, 読みやすさを考慮して, カタカナは平仮名で表記する]) に「法律上の原因のない利得」の返還義務を定める不当利得の一般条項, および, 非債弁済の不当利得の排除の要件として, 弁済受領者による弁済者の錯誤の不存在の証明を要求する民法705条 (原案715条) が規定された。以上はドイツ民法第2草案の立法上の決断を継受したものである (法典調査会議事速記録では, 703条〔原案713条〕で, ドイツ民法第2草案737条・742条, スイス旧債務法70条が, 705条〔原案715条〕では, ドイツ民法第2草案739条が参照されている。705条の立法時の議論に関しては, →§705 I, 法典調査会での議論については, 川角由和「民法703条・704条・705条・708条 (不当利得)」百年Ⅲ469頁以下を参照)。さらに, 民法703条が善意の利得者の返還義務を現存利得と規定したことは, ドイツ民法の立法の方針を継受している。だから, わが国の民法典は, 基本的には現行のドイツ民法につながるドイツ民法第2草案の不当利得に関する立法の方針を採用したことになる。つまり, (i)不当利得の一般条項を採用し (703条), (ii)非債弁済の不当利得の返還請求の要件から債務の存在に関する弁済者の錯誤を除いて, 非債弁済の不当利得の返還請求の排除に弁済受領者による弁済者の錯誤の不存在の証明 (「債務の存在しないことを知っていた」) を要求し (705条), (iii)(本来は非債弁済の不当利得に当てられた規定だった) 善意の利得者の返還義務を現存利得に制限した (703条) ことである。ただし, 広い意味での非債弁済の不当利得に関する規定である, 期限前の債務を弁済した際の中間利息の返還請求 (706条), および, 他人の債務の誤想弁済による弁済受領者に対する返還請求 (707条) では, 弁済者の錯誤 (706条ただし書「債務者が錯誤によってその〔＝弁済期前の債務の〕給付をしたときは」, 707条1項「債務者でない者が錯誤によって〔他人の〕債務の弁済をした場合において」) が不当利得返還請求権の要件として残っている (前者は, ドイツ民法では, 準備草案の段階から中間利息の返還請求も排除されており, 後者は, フランス民法〔2016年改正前フ民1377条〕を継受したもので, ドイツ民法には規定がない)。つまり, 基本的にはわが国の不当利得法の規定は, その立法当時には最も新しく, さらに, 不当利得の一

§*703* I

般条項を規定して，不当利得の適用範囲を拡大し，権利保護の欠缺を不当利得法制度によって補充し，不当利得法を体系的に整理したドイツ民法の立法方針を継承しているといえる。

3　衡平説と類型論，および，箱庭説

⑴　衡　平　説

　以上のような経緯で不当利得の一般条項が成立した後，一般条項の由来するドイツ法に倣って，ドイツ民法制定後のかつてのドイツ法学と同様に，わが国の学説は不当利得を一元的な制度として理解するようになった（特に，谷口 39 頁以下，我妻・講義 938 頁以下，松坂 58 頁以下を参照）。もっとも，現在でも有力なドイツの学説には，同じく不当利得制度を一元的な制度として理解し，違法な権利侵害による（利得）債務者の利得保有の剥奪が不当利得の一元的な基礎と考える「違法性説」という学説も存在する（違法性説に関しては，類型論の立場からの批判的考察に基づく紹介である，川角 63 頁以下を参照）。しかし，わが国の学説が受け入れ，普及したのは，同じく一元説の中でも，いわゆる「衡平説」とネーミングされている学説である。つまり，「形式的・一般的には正当視される財産的価値の移動が，実質的・相対的には正当視されない場合に，公平の理念に従ってその矛盾の調整を試みようとすることが不当利得の本質である」という不当利得法制度の理解である（例えば，我妻・講義 938 頁，松坂 58 頁以下。鳩山・下 793 頁の「余は前説〔統一説〕中公平説を採る」も参照）。その上で，不当利得の一般条項である民法 703 条の文言に忠実に，不当利得の要件を，⑴利得，⑵損失，⑶法律上の原因の欠如（「法律上の原因なく」），⑷利得と損失の因果関係（「そのために」）と一元的に説明する。ただし，2 当事者間で利得移動があったときには，因果関係，つまり，誰が誰に対して不当利得返還請求権を行使できるのかという不当利得返還請求権の当事者（原告・被告）の決定の問題は発生しない。だから，⑷は，利得移動が多数の当事者の間で生じたケース（多数当事者関係，ないしは，対第三者関係）でだけ意味を持つ要件である。効果論では，衡平説は，民法 703 条の「利益の存する限度」という文言から，不当利得の返還義務の内容を「現存利得」と一般化する。例えば，典型的な衡平説である松坂説は，利得を「取得せられたものが，すべてそのために支出せられた財産的価値およびそれに基づく負担を考慮に入れて，なお財産上の利益たることを示す場合でなければならない」（松坂 69

〔藤原〕　87

§703 I　　　　　　　　　　　　　　　第3編　第4章　不当利得

頁以下）と定義している。つまり，法律上の原因なく利得移動した対象その
ものではなく，利得債務者の財産状態の差額が利得だとする，いわゆる「総
体差額説」である（総体差額説とその批判は，四宮・上60頁注（一）を参照）。ただし，
我妻は，利得を「純粋に客観的に考えるときは，不当利得となる事実がなか
ったと仮定した場合に推測される財産の総額と現在の現実に存する財産の総
額を比較し，後者が前者より多い場合の差額，というべきであろう」と松坂
説と同様の定義を与えた後に，「しかし，かように客観的・計量的に算出さ
れるものを現存利得とすることは，不当利得制度の本質からみると，一面で
は大き過ぎ，他面では小さ過ぎるといわねばならない」と指摘し，「善意の
不当利得者の返還義務を現存利得に限ることは，その者を保護するための特
別の責任軽減」だとしている（我妻・講義1056頁）。だから，同じく衡平説で
も，必ずしも，総体差額という考え方は，純粋な形で貫徹されているわけで
はない。しかも，利得者の積極的な財貨が現存しないときでも，利得の返還
義務が現存利得に縮減するのが妥当ではない場合には，例えば，利得がなけ
れば，利得者の他の自身の財産で支出したであろう出費を免れたとして「出
費の節約」などの規範的評価で，利得の消滅が排除される（我妻・講義951頁，
松坂70頁）。加えて，衡平説では，例えば，不当利得は受益者から利益を剥
奪することを目的とはしないから，利得者の利得ではなく損失者の損失が，
不当利得返還請求権の上限を画するという形で，本来は利得移動の両面であ
るはずの「利得」「損失」の要件に解釈上の意味が与えられている（例えば，
松坂76頁。倉田彣士「不当利得の要件としての受益と損失」谷口還暦(1)1頁以下，11頁
以下も参照）。

　もっとも，衡平説は，本来は物権変動に無因原則を採用するドイツ法を基
礎とする不当利得制度の説明である。例えば，AがBに有体物（動産・不動
産）を売却し，動産を引き渡したが（不動産の所有権移転登記をしたが），後に，
Aが錯誤で売買契約を取り消したとする（債権法改正前の日本民法95条と異なり，
ドイツ法では，錯誤は無効ではなく，取消権を発生させる〔ド民119条1項〕）。その場
合に，売主A（給付者）の債務負担行為（権利移転する債務を負担する行為〔＝売
買契約〕）は無効となるが，処分行為（直接に権利変動を発生させる〔＝所有権を移
転させる〕行為）は有効だから，売買の目的物である有体物の所有権は依然と
して買主B（給付受領者＝利得者）に帰属している。その結果，A（損失者）は

88　〔藤原〕

§*703* I

不当利得返還請求権に基づいて，Bに対して有体物（動産・不動産）の所有権の返還を請求することになる（しかも，AのBに対する請求権は，債権的な不当利得返還請求権である）。この場合には，形式的には正当だが，実質的には正当ではない財貨移動（所有権の移転）の矯正という衡平説の説明には説得力がある。しかし，例えば，Aが不存在の債務をBに弁済した場合（非債弁済），Bが他人Aの土地を不法占有して利用した場合には，AからBへの財貨移動は，形式的一般的にも正当化されることはないと考えるべきであろう（加藤・体系118頁，好美清光「不当利得法の新しい動向について(上)」判タ386号〔1979〕15頁以下，16頁を参照）。

とはいっても，衡平説は，もともとは個別の不当利得訴権の集積であった不当利得を，一般条項を前提に共通の基礎を持つ制度として説明する役割を果たした。その結果，不当利得以外の法制度による権利保護の欠缺が生じたときに，その欠缺を補充する制度としての不当利得の機能を明示的・包括的に明らかにしたのは，衡平説の功績である。さらに，上述した要件・効果論により，衡平説は，不当利得法の問題解決のための解釈論上の道具立てを用意している。加えて，わが国の判例も，基本的には以上の衡平説の要件・効果論に依拠しているといえる。さらに，衡平説が公平を不当利得の制度趣旨と考えることは，その不当利得返還請求権の要件・効果が公平にだけ依拠することには直結しない。個々の不当利得返還請求権の内容を具体化させる際には，当然に具体的な請求権を発生させた「法律上の原因の欠如」の根拠が参照されることになる（例えば，鳩山・下799頁の「総ての不当利得に付て法律上の原因の統一的意義を定めんとすれば上に述べたるが如く公平又は正義と言ふの外なし。然れども之のみを以ては茫漠たるを免れざるが故に法律上の原因に付て解釈上の標準たり得べき意義を定めんとせば財産取得を適当に分類し其各種の財産取得に付て法律上の原因の意義を定めざるべからず」などを参照）。

(2) 類　型　論

ところが，1934年にオーストリアのヴィルブルク（Walter Wilburg）が，ドイツ民法の不当利得の一般条項である812条1項の「法律上の原因なく『他人の給付』又は『その他の方法によって』その他人の損失によりあるものを取得した者は，その他人に対して返還の義務を負う」という法律上の要件に依拠して，「給付による利得」と「その他の方法による利得」は全くその基

§703 I   第3編　第4章　不当利得

礎を異にするという学説を提唱した（Walter Wilburg, Die Lehre von der ungerecht-
fertigten Bereicherung nach österreichischem und deutschem Recht, 1934）。つまり，同
条によれば不当利得は，「法律上の原因のない利得」の返還という消極的な
要件によって規定された法制度である。さらに，他人の「給付」に法律上の
原因のないという要件は，給付とは，債務の弁済だから，債務のないことで
ある。しかし，他方で，「その他の方法による利得」は，不当利得の規定自
体からは，法律上の原因のないことの内容が明らかではない。だから，「法
律上の原因」の欠如した具体的な原因の分析によって，不当利得返還請求権
の内容を類型化し，その要件・効果を具体化しようというのが，ヴィルブル
クの考え方である。さらに，1945 年にドイツの有力な比較法学者のケメラ
ー（Ernst von Caemmerer）がヴィルブルクの学説を評価して，不当利得の類型
論（Typologie）を提唱してからは（Ernst von Caemmerer, Bereicherung und uner-
laubte Handlung, Festschrift für Ernst Rabel. Bd. I, 1954, S. 333ff.），現在まで類型論は
ドイツの通説的な学説の地位を占めている。その際に，ケメラーは，「給付
利得」「侵害利得」「求償利得」などの不当利得の類型以外に，幾つかの事実
的な類型を提示した。ただし，現在では，ドイツでは学説のみならず，判例
も類型論に依拠し，類型化の方向にも共通の合意がある（ドイツ法に関しては，
類型論に関する紹介も含めて，注民(18)19 頁以下〔山田幸司〕，新版注民(18)14 頁以下
〔磯村保〕）。

　わが国でも，磯村哲の紹介を嚆矢として（磯村「カェメラー『不当利得』（紹
介）」論考 211 頁以下〔初出・論叢 63 巻 3 号〔1957〕〕），第 2 次世界大戦後，有力な
学説が「類型論」に依拠して不当利得制度を基礎付け，類型論を精緻化する
方向が定着している（川村泰啓「返還さるべき利得の範囲(1)〜(5)」判評 55 号（判時
325 号）1 頁以下，57 号（判時 331 号）6 頁以下，64 号（判時 352 号）1 頁以下〔1963〕，
65 号（判時 359 号）1 頁以下，67 号（判時 365 号）10 頁以下〔1964〕，同「一つの中間的
考察」判評 72 号（判時 380 号）12 頁以下〔1964〕，同「不当利得返還請求権の諸類型(1)
〜(3)」判評 76 号（判時 395 号）1 頁以下，77 号（判時 398 号）1 頁以下，78 号（判時
401 号）8 頁以下〔1965〕，同「『所有』関係の場で機能する不当利得制度(1)〜(13)」判評
117 号（判時 528 号）1 頁以下〔1968〕，120 号（判時 538 号）2 頁以下，123 号（判時 547
号）2 頁以下，124 号（判時 551 号）2 頁以下，125 号（判時 554 号）2 頁以下，126 号
（判時 560 号）2 頁以下，128 号（判時 566 号）2 頁以下，129 号（判時 569 号）2 頁以下

§*703* Ⅰ

〔1969〕, 137 号（判時 593 号）2 頁以下, 138 号（判時 596 号）2 頁以下, 140 号（判時 602 号）2 頁以下, 142 号（判時 609 号）2 頁以下〔1970〕, 144 号（判時 615 号）2 頁以下〔1971〕, 同「給付利得制度」判評 143 号（判時 612 号）2 頁以下〔1971〕, 同「契約の無効・取消と不当利得」契約法大系Ⅶ〔1965〕154 頁以下など, 四宮・上, 広中, 澤井, 好美清光「不当利得法の新しい動向について(上)(下)」判タ 386 号 15 頁以下, 387 号 22 頁以下〔1979〕〔以下, 好美「動向(上)(下)」で引用〕, 藤原など）。その結果, ドイツ法での類型論の考え方は, わが国でも学説上は定着しているといえる。具体的には, 不当利得を一元的に説明する衡平説とは異なり, 不当利得返還請求権を類型化して, その各々の類型に則した要件・効果を考えようという類型論は多元論である。類型論は,「法律上の原因の欠如」の具体的な根拠に則して, 不当利得返還請求権を多元的・類型的に基礎付け, その要件・効果を具体化しようという考え方だからである。その結果, 類型論は, 不当利得が補完する不当利得法以外の法制度に則して, 不当利得を,(i)債権関係・契約を補完する「給付利得」,(ii)（財貨が特定の者に排他的に帰属しているという）広い意味での所有権法を補完する「侵害利得」, および,(iii)事務管理を補完する「支出利得」という類型に分類する。さらに, 利得移動が 3 当事者以上に及び, 不当利得返還請求権の当事者（原告・被告）の決定が問題となる場合を,(iv)多数当事者関係, または, 対第三者関係として, 2 当事者間の不当利得と区別している。さらに, 効果論でも,「当初取得したもの」の返還を原則として,「受益者の財産に生じた変動の調整は, ……それぞれの項目ごとに, 当事者の利益状況特に当該類型の特性を考慮しつつ, 解決していかなければならない」（四宮・上 84 頁）として, 利得者が「当初取得したもの」ないしは, 利得が返還義務の原則であり, 現存利得への返還義務の縮減は例外だと考えられている。だから, 類型論の方向性は, 個々の不当利得を発生させる「法律上の原因の欠如」の根拠に則して不当利得返還請求権を類型化し, その要件・効果, 特に効果を個別に具体化させるべきことを明示的に明らかにした点では, 衡平説と比べて, 解釈論として精緻化されているといえる（類型論に関しては, 土田哲也「不当利得の類型的考察方法」民法講座(6)1 頁以下も参照）。

(3)　箱　庭　説

　以上の類型論と同様に, 衡平説を批判して新しい不当利得法の体系化を試みるのが, 加藤（雅信）説である。加藤説は, 不当利得を「矯正法的不当利

§703 I　　　　　　　　　　　　　第3編　第4章　不当利得

得」と「帰属法的不当利得」に分類する。矯正法的不当利得とは，財貨移動
を基礎付けるはずだった表見的法律関係が欠如していた場合の利得の回復を
図る不当利得制度である（例えば，売買契約が無効だった場合の代金の不当利得返還
請求）。表見的法律関係は，私法だけでなく，行政法，民事訴訟法などの全
ての法分野が規定している。他方で，帰属法的不当利得とは，財貨移動を基
礎付ける表見的法律関係が存在せず利得移動した場合の利得の回復のための
不当利得制度である（例えば，他人の物を無権限で使用した場合の使用利益の不当利
得返還請求）。このような不当利得の法律上の原因の欠如につながる根拠は，
全実定法の体系の全てにまたがっており，したがって不当利得は「法体系を
投影」したもの，ないしは，不当利得では法体系が「箱庭」となっている，
ともいえるというのが加藤説の不当利得法の理解である。だから，加藤説は，
自身の不当利得の体系を「箱庭説」ないし「法体系投影理論」とネーミング
している。その上で，矯正法的不当利得の効果は，利得者の善意・悪意とは
無関係に，表見的法律関係の性質に従って決定される（例えば，双務契約の無
効・取消しの清算としての不当利得返還請求の効果）。他方で，帰属法的不当利得の
効果は，物権的請求権が行使されたときの利得の返還義務，つまり，占有者
の果実の返還義務，損害賠償義務（189条以下）とパラレルであり，具体的に
は利得者の善意・悪意によって民法703条，704条を適用すべきだとしてい
る。以上からは，矯正法的不当利得は類型論の給付利得，帰属法的不当利得
は非給付利得にあたるようにも見える。しかし，加藤説は，自説を類型論と
は一線を画しているとする。その理由は，加藤「法体系投影理論」が私法の
みならず行政法，民事訴訟法の分野に及ぶ全法体系での不当利得を包摂する
のとは異なり，類型論は不当利得の発生する全ての局面をカバーしていない
からである。特に，ドイツの類型論のケメラーなどでは，その類型は単なる
事実類型にすぎないが，矯正法的不当利得，帰属法的不当利得は，両者の
「法律上の原因なく」の立証責任，および，法効果が異なることを考慮した
分類だという点で，類型論の類型に対して優位性があるとされている。今ひ
とつ，通常は多数当事者間の不当利得（または，因果関係）の問題としてとり
あげられる，いわゆる「金銭騙取の不当利得」と「転用物訴権」が，不当利
得法の問題ではないとされていることが，加藤説の特徴である（加藤・体系
653頁以下）。

92　〔藤原〕

§703 Ⅰ

　以上の加藤説に対しては，次のように考える。まず，類型論の類型は単なる事実類型ではなく，各類型の性格付けの中に，その類型の問題解決の指針を含んでいる。例えば，無効・取り消された双務契約の巻き戻しとしての給付利得では，原則として，相互に回復を求める2つの請求権の間に双務契約に関する規定である同時履行の抗弁権（533条）が類推適用される。侵害利得では，その補完する所有権法の論理に従って侵害利得の要件・効果が決まってくるなどである。つまり，類型論の提唱する類型は，事実的な類型にとどまらず，法的な類型である。さらに，類型は不当利得の全局面を網羅する論理構造となっている。というのは，不当利得法は不当利得法以外の全ての法制度を補完する機能を持っているというのが，類型論の考え方だからである。だから，行政法上の不当利得，民事訴訟法上の不当利得が例示されていない場合があっても，それは具体例として示されていないだけで，それが類型論の類型に当てはまらないわけではない。反対に，加藤説の特徴は，類型論のように不当利得の類型の要件・効果が当該の不当利得類型の内在的性格から決定されるのではなく，個々の不当利得返還請求権と具体的に関係付けられた法規定から与えられる点にある。例えば，類型論では，非給付利得であり，支出利得，しかも，費用利得の一環だとされている占有者の費用償還請求権は，それを具体的に規定する表見的法律関係が存在するから（196条），加藤説では，（双務契約の巻き戻しを含む）矯正法的不当利得の一環とされている。もっとも，加藤説でも表見的法律関係が顧慮されて不当利得返還請求権の効果が決定される限りで，具体的な法規定から生じる法効果は，類型論とさほど異なったものにはならない。民法典の規定ないしは構造自体が，物権と債権の対比という形で，「所有権」と「債権」「契約」の分化に対応する類型的構造となっているからである。だから，不当利得の類型論ないしは類型が，法規定のあり方から直截に導かれるのは，財産法を物権法と債権法に大別するパンデクテン体系の民法典の下でであろう。その結果，加藤説の矯正法的不当利得と帰属法的不当利得も，パンデクテン体系をとる民法典の具体的な法規定のあり方を前提とするから，類型論の給付利得と侵害利得の分類とほとんど重複しているといえる（以上の箱庭説も含めた類型論の学説史に関しては，村田大樹「類型論の観点から見る統一不当利得法の将来」田井義信編・民法学の現在と近未来〔2012〕199頁以下。不当利得の全体との関係では，松岡久和「不当利得法の全

§703 I 　　　　　　　　　　　　第3編　第4章　不当利得

体像——給付利得法の位置づけを中心に」ジュリ1428号〔2011〕4頁以下を参照)。

4　不当利得法が適用される事案類型

(1)　不当利得の分類の必要性

　以上のように，不当利得法は不当利得以外の法制度（債権・契約法，所有権法，事務管理法）を補完する制度であり，その補完する制度は多岐にわたっている。しかも，民法は703条で一般条項を規定する他は，幾つかの不当利得返還請求権について規定をおくにとどまっている。したがって，一定の体系的な分類がなければ，不当利得法は個別事例の集積に終わってしまいかねない。だから，公平を制度目的とする衡平説も，不当利得を給付による利得（類型論では，給付利得），および，給付によらない不当利得（類型論では，侵害利得，支出利得に分類される非給付利得）に分類し，さらに，給付利得をローマ法以来の伝統に従って，幾つかに分類してきた。以下では，不当利得の全体に対する概観を与えるために，類型論の成果も考慮して，不当利得の分類（類型）を示すこととする。

(2)　給付による不当利得（給付利得）

　給付利得は，大別すると一方的な給付がされた場合と，双務契約の巻き戻しに分類できる。一方的な給付は，「非債弁済の不当利得」，「目的消滅の不当利得」，「目的不到達の不当利得」，および，双務契約の清算にも適用される「不法原因給付の不当利得」に分類されている。「非債弁済の不当利得」とは，最初（弁済時）から債務が存在しなかった場合の，給付の返還請求であり，狭義の非債弁済といわれている（例えば，過払，二重弁済）。さらに，広義の非債弁済と分類されているのが，弁済者に弁済の義務はないが，客観的には債務が存在する場合の弁済である，債務の期限前の弁済（706条），自己の債務と錯誤しての第三者の債務の弁済（707条）である。広義の非債弁済の規定には，かつては狭義の非債弁済の不当利得の返還請求権の要件だった錯誤の要件（「錯誤によって」）が残っている。錯誤なく期限前に債務を弁済すれば，期限の利益の放棄であり（136条2項），他人の債務を他人の債務と認識して弁済すれば，原則として第三者弁済となる（474条）からである。「目的消滅の不当利得」とは，給付時には債務が存在したが，後に債務が消滅したときの給付の返還請求である。例えば，賃貸借契約の締結を予定して，賃料を前払したが，賃貸借契約が締結されなかった場合の前払賃料（給付）の

94　〔藤原〕

§703 I

返還請求である。だから，目的消滅の不当利得には，不当利得返還請求権を排除する民法705条は適用されない。「目的不到達の不当利得」とは，相手方の一定の行為を促すために，債務の履行ではない財産の意識的な支出（出捐）が行われたが，相手方の一定の行為（「反対給付」）の履行強制ができない場合の出捐の返還請求である。例えば，婚姻が成立しなかった場合の結納の返還請求である。つまり，損失者の意思に基づく出捐はあったが，その出捐は債務の履行のための給付ではないということになる。だから，類型論，ないしは，わが国の学説も，目的不到達の不当利得を給付利得に含めるために，給付を債務の弁済ではなく，「目的指向的な他人の財貨の増加」と定義するものがある（松坂123頁，四宮・上109頁）。「不法原因給付による不当利得」とは，当事者は債務の存在を合意しているが，法秩序が債務を無効とみなす場合の給付の返還請求（708条ただし書），または，返還請求権の排除（同条本文）のルールである。だから，給付利得での給付とは，目的不到達の不当利得を除けば，債務の弁済である。

他方で，双務契約では，契約当事者は自己の給付と引換えに，意識して相手方の反対給付を自己の財産（支配領域）に取り込んでいる。だから，給付受領者の下で給付が滅失・損傷した場合でも，弁済者の錯誤が原因で利得移動が生じた非債弁済の不当利得のように容易に給付受領者の利得消滅，つまり，現存利得への返還義務の縮減が基礎付けられることはない。原状回復（121条の2第1項）が原則であり，利得消滅が肯定されるには，例えば，意思無能力者，制限行為能力者の返還義務を現存利益に制限する民法121条の2第3項のような無効・取消規範の保護目的が決定的である。さらに，給付と反対給付の返還には，同時履行の抗弁権（533条）の類推適用の可否が問題となるなど，一方的な給付の場合とは利益状況が異なっている。

(3) **他人の財貨の侵害による不当利得（侵害利得）**

侵害利得とは，「他人に排他的に割り当てられた財貨」の侵害があった場合の利得の返還請求である。ただし，侵害者に故意・過失があれば，当然に不法行為による損害賠償請求権（709条）が発生する。だから，侵害利得の機能は，所有権を中心とする排他的な財貨の割当てに反する財貨移動があるが，原物返還が不能で所有権に基づく返還請求が成立せず，しかも，侵害者に故意・過失がなく不法行為による損害賠償請求権が成立しない場合の，財

〔藤原〕　95

§703 I　　　　　　　　　　　　　　　　　　第3編　第4章　不当利得

貨の保護の欠缺の補完である。侵害利得の保護の対象となる財貨は，大別すると以下の3つである。(i)所有権，または，物権的権利の侵害。例えば，他人の物の無権限の使用，消費，および，処分して所有権を失わせた場合などである。つまり，物の所有者に帰属する有体物に対する排他的支配（使用・収益・処分権〔206条〕）の侵害，および，有体物所有権を物理的に消滅させる侵害（添付，消費）の回復である。(ii)他人の債権の侵害。債権者ではない者が無権限で債務者から債務を弁済受領したが，債務者が債務から解放される場合（478条）の債権者の弁済受領者に対する不当利得返還請求権である。(iii)知的財産権，および，それに類似した権利（例えば，パブリシティ）の侵害。ただし，知的財産権の侵害が不法行為を構成するときは，特別法による損害の額の推定の規定がおかれているが（特許102条，著作114条など），不法行為の3年の短期時効（724条1号）が完成しても，5年（166条1項1号）または10年（166条1項2号）（債権法改正前は，10年〔改正前167条1項〕）は利得の返還請求が可能となる点に，特に知的財産権の侵害では不当利得返還請求権の意味がある。

(4)　他人の債務の弁済の求償と他人の物に支出した費用の償還請求権（支出利得）

他人の債務の弁済，他人の物に対する費用支出では，弁済者，費用支出者に利他的意思があり，他人の現実または推定的意思に合致すれば，事務管理が成立する（697条）。支出利得は，例えば，費用の支出者に利他的意思がなく，事務管理が成立しないときの財貨移動の回復の制度であり，事務管理法を補完している。支出利得では，(i)他人の債務の弁済による求償（求償利得），および，(ii)他人の物に支出した費用の償還（費用利得）が問題となる。支出利得では，損失者の意識的な財産の支出（出捐）により利得移動が生じている。しかし，出捐は債務の弁済，つまり，給付ではないから，給付利得ではない。しかも，利得者の侵害行為による財貨移動ではなく，損失者の意識的な支出（出捐）によって財貨移動しているから，侵害利得とも異なる。ただし，他人の債務を弁済する場合も，例えば，（形式的には，保証債務の弁済で他人の債務の弁済ではないが，負担帰属は最終的には他人である主債務者の債務の弁済だから，）委託保証人による保証債務の弁済では，求償権の基礎は，主債務者と保証人の間の（準）委任契約による有益費用の償還請求権である（459条2

96　〔藤原〕

項・442条2項，および，650条を参照。弁済時からの法定利息の請求が可能）。無委託保証人の弁済でも，債務者の意思に反しないときは，事務管理による有益費用の償還請求権が成立する（462条1項・702条1項を参照。弁済時の利益の限度での求償が可能）。しかし，債務者の意思に反した無委託保証人の弁済では，不当利得の返還請求が成立するにとどまる（462条2項・703条。求償請求時の現存利得の返還義務）。つまり，不当利得の効果は，個別的に規定されている。費用償還請求権でも，民法196条，608条などに具体的な規定がおかれている。その結果，支出利得が問題となるのは，他人の債務の弁済が，委託契約を基礎とせず，かつ，事務管理が成立しなかった（つまり，「法律上の原因のない」）場合，例えば，上記の無委託保証人の弁済が債務者の意思に反する場合などである。だから，支出利得では，損失者の財貨の回復とともに，利得者に対する「押し付け利得」の防止に重点がある。例えば，民法196条2項は，占有者の支出した有益費に関しては，回復者は費用による増価が現存する限りで，かつ，占有者の支出額，または，増価額のいずれかを選択して償還することができると規定している。さらに，悪意の占有者に対しては，回復者の請求で裁判所は，償還に関して期限を付することが可能とされている。つまり，利得が現存する限りで，かつ，利得者は（支出額，増価額のうち）安価な償還を選択し，さらに，例えば，有益費用が支出された物を，第三者に賃貸して有益費による増価ゆえに高額な賃料を得るなど，増価の効果が現実化してはじめて償還請求できるとすることで，押し付け利得の防止が具体化されている（608条2項も参照）。

(5) 多数当事者関係（対第三者関係）

　2当事者間とは異なり，利得移動に3当事者以上が関与するときは，誰が不当利得返還請求権の当事者（原告・被告）となるのかが問題となる。求償利得では，必ず，債務者，弁済者，債権者の3人が利得移動に関与するが，債務の弁済効が発生すれば，求償利得の当事者は弁済者と債務者である。弁済効が発生しないときは，弁済者の弁済受領者に対する非債弁済の不当利得の返還請求が成立する（707条1項を参照）。だから，求償利得では多数当事者関係がシリアスな問題となることはない。その結果，多数当事者関係の重点は，給付利得と侵害利得であり，特に，契約による財貨移動がAからB，BからCと移転した場合に，A・B間の契約関係内の清算にAの不当利得返還請求

権を制限するのか，あるいは，A→C間の直接請求が可能なのかが，多数当事者関係（対第三者関係）での，ないしは，衡平説の要件論では利得と損失の「因果関係」の課題となる。

II　給付による不当利得——一方的給付と双務契約の清算

1　給付利得の機能
(1)　給付利得の機能
　給付利得とは，財貨移動が給付に基づいて行われたが，給付に法律上の原因のない場合の不当利得返還請求である。目的不到達の不当利得を例外として，給付利得での給付とは「債務の弁済のための出捐」である。だから，給付の目的である債務が，はじめから存在しなかったとき（非債弁済の不当利得），後に消滅したとき（目的消滅の不当利得），法秩序が債務の原因が債務を無効と評価したとき（不法原因給付による不当利得）は，給付は法律上の原因を欠くことになり，その結果として，給付を回復するための制度が，給付利得である。さらに，目的不到達の不当利得も「不完全な交換契約」の回復のための制度だから，給付利得は契約法，債権法を補完する法制度であり，「財貨運動法」と呼ばれている（四宮・上52頁）。さらに，このような給付利得の性格付けから，双務契約が無効・取り消された場合の清算に，給付利得と同様に契約を清算する制度である解除の規定（例えば，546条〔533条の準用〕），契約法の規定（例えば，危険負担，特に，平29改正前536条1項）の類推への論拠を基礎付けうることが，類型論による給付利得の析出の成果であるとされていた。ただし，債権法改正後は，法律行為の無効・取消しの効果には民法121条の2が用意され，同条の解釈に問題は移された（もっとも，例えば，双務契約の巻き戻しでも取消し原因が詐欺・強迫の場合には，533条が類推されるのかなどの問題では見解が分かれている）。

(2)　給付利得の対象
　給付利得の対象として問題となるのは，2つである。第1は，およそどのような種類の財貨が，給付利得の対象となりうるのかである。第2は，給付受領者の取得したもの，つまり，返還請求の対象とは何かであり，伝統的な衡平説では，利得と損失の要件で議論されてきたことである。ただし，第1

§703 Ⅱ

の問題は，後述する侵害利得とは異なり，実は余り重要ではない。なぜなら，侵害利得では，侵害者に故意・過失がなく不法行為による損害賠償が成立しないときに，どのような財貨の侵害に対して不当利得による法的サンクションが可能かが問題となり，そこでは，不法行為での「法律上保護される利益」（709条）にかかる制限と類似した作業が必要となるが，給付利得では，当事者が給付の目的としたものが給付利得の対象となるにすぎないからである。したがって，給付利得の保護する財産を限界付けるという作業は必要ではなく，しかも，給付利得の対象は財産的価値を有している必要もないということになる（四宮・上109頁）。

　第2の，給付受領者が取得したもの，つまり，返還請求の対象とは何か，という問題は，伝統的には給付利得ではなく不当利得一般について議論されてきた。しかも，その場合には，利得者の財産の積極的・消極的増加が利得であり，不当利得返還請求権の対象だと考えられてきた。しかし，この考え方は，利得移動の前後を比較して利得者の財産状態に生じた差額（総体差額）を利得だと考える衡平説の考え方からの説明である。類型論の視角からは，以上の考え方は，（当初）受けた「利益（利得）」と「利得」から利得消滅を控除した結果である「利益の存する限度（現存利得）」とを混同していることになる（四宮・上60頁注(一)を参照）。とはいっても，ここで衡平説が主に考えているのは，利得移動したものがはじめから有体物ではない労務・物の利用の場合である。労務・物の利用では，利得それ自体は有形的に確認できず，利得は利得者の財産の増加という形でしか認識できないからである。だから，そのことを意識した上で，利得の確認の方法の違いを考慮するためには，利得者の財産の積極的・消極的増加という分類には十分な意味がある。さらに，日本法では物権変動に無因原則を採用していないから，例えば，売買契約で有体物所有権が給付されたが，契約が無効・取り消されたときも，給付利得の対象は当然に所有権の回復ということにはならない。そこで，この場合にも，給付利得の対象とは何かが問題とされる余地はある。そこで，以下では，給付利得のケースに則して，給付利得の対象を整理することとする。

　㋐　給付受領者の財産の積極的増加　　所有権，制限物権，知的財産権のような権利はもとより，占有，さらに，登記・登録の移転等も給付利得の対象となるのは当然である。期待権のような権利，抵当権の順位の上昇のよう

〔藤原〕　99

§*703* II 第3編 第4章 不当利得

な権利の強化も，給付利得の対象となる（我妻・講義946頁以下，松坂70頁，四宮・上123頁以下）。ただし，売買契約が無効ならばもとより，取り消されたときも，所有権の移転は遡及的に無効となり（121条），給付利得で所有権を返還請求する局面は存在しないとも考えられる。しかし，例外的に，契約の有効性と物権の変動を無因と合意することも可能だから，所有権，その他の物権が給付利得の対象となること自体には間違いはない。

　他人物売買が無効・取消しとなったときも，所有権の有無とは無関係に売主が買主に対して給付利得の返還を請求できるのは当然である。もっとも，他人物売買では，売主が他人の物の所有権を取得しなければ，買主に対して移転できたはずの権利はそもそも存在しない（強いていうなら，売主が買主に給付したのは，他人物を取得して所有権を移転する債務負担である。しかし，その債権は，契約が無効・取消しとなったときは，最初から無効か遡及的に無効となっている）。だから，物の引渡し（・登記移転）がされていたときは，売主は給付利得によって占有（・登記）の回復が請求できるということになる。所有者ではない他人物売主の占有（・登記）の回復請求を物権的請求権で基礎付けるのは不可能だからである。しかし，その場合でも，売主は買主に対して引き渡した物の使用利益・果実の返還を請求することができる。他人物の買主が所有者から物の返還請求を受けた後に，売主に対して契約を解除して代金返還を請求したケースで，他人物の売主からの買主に対する売買目的物（他人物）の使用利益の返還請求を認めた判例（最判昭51・2・13民集30巻1号1頁）も存在する（ただし，加藤雅信〔判批〕昭51重判解66頁以下の批判もある）。無効な他人物売買の売主が給付利得の返還を請求した場合の使用利益についても，その理は同じであろう。

　以上のように考えると，給付利得は，単に「給付したもの」あるいは「給付によって創設された法的・事実上の地位」の回復を目的とするとでもいうほかはなく，その対象を議論することはあまり意味がないともいえる。つまり，無因原則が採用されているのでなければ，有体物所有権の移転を目的とする契約がされたときでも，給付利得の対象は給付の本体（所有権）ではなく付随的な利害調整（使用利益・果実および利息の返還請求）だけが残るにすぎないからである。

　無因原則と関係して問題になるのが，無因の債務負担行為である。債務負

§703 II

担行為が原因関係と無因でなければ，原因関係の無効・取消しで債務負担行為も無効となり，不当利得により回復する必要はない。しかし，当事者が無因的に債務負担するのは契約自由の原則の範囲内であり，また，債務負担が原因関係と無因とされている場合も存在する（手形・小切手）。その際に，債務負担しただけで未履行の場合は，不当利得は抗弁として主張されることになる。だから，それが手形・小切手法の理論でどう説明されるかは別として，手形・小切手の原因関係の抗弁は不当利得の抗弁である（大塚龍児「手形利得償還請求権——特にその利得について」北法 31 巻 2 号〔1980〕401 頁以下参照）。判例では，第三者 C に雇用されることの斡旋を A が B に依頼し，A が B に謝金を与えることとして，準消費貸借契約を締結したが，斡旋は成功せず，雇用されなかったが，B が A に消費貸借上の返還請求をしたというケースで，目的不到達によって B の債権取得は不当利得となるとしたものがある（大判大 7・7・16 民録 24 輯 1488 頁）。

(イ)　給付受領者の財産の消極的増加　　給付受領者の消極財産の減少も，当然に給付利得の対象となる。例えば，債務の免除，担保権の放棄である。ただし，債務の免除，担保権の放棄の意思表示も，原因関係が無効・取り消されれば，当然にその効力を失うから，給付利得による返還請求の対象は，債権証書の返還，担保物の引渡し，登記の回復などである（四宮・上 123 頁）。

(ウ)　出費の節約　　衡平説は，利得者が自己の財産からの出費を免れた場合は，利得債務者の財産の消極的増加があると説明している。具体例として，他人の物または労務の使用もしくは消費が例としてあげられている（松坂 70 頁）。例えば，無効な賃貸借，雇用契約によって，物の使用，労務が給付された場合である。この場合には，給付受領者は他人の物の使用，労務によって，同じものを取得するための自らの出費を免れている（出費の節約）。しかし，出費の節約の結果として自己の財産が増加することは，他人の物，労務の利用の反射的効果であり，利得そのものではない。このような反射的利益を利得と考えるのは，給付が利得債務者の財産にもたらした財産上の差額が「利得」だと考えるからである。そこで，類型論は，給付された物の使用，労務それ自体が給付利得の対象であり，その客観的価値（市場価格）の返還が認められるか否かは，利得消滅の問題だとする。その結果，衡平説が利得の存否で問題にしていた，物の利用，労務をその客観的価値で価格返還させ

〔藤原〕　101

§703 II 第3編 第4章 不当利得

るのが適切かという評価は，類型論では利得消滅の問題だということになる（主に侵害利得に則してではあるが，類型論からの出費の節約に対する評価については，川角120頁以下・175頁以下）。

2 給付利得の要件

伝統的な判例・学説では，民法703条の文言，ないしは，解釈から，(i)利得，(ii)損失，(iii)法律上の原因の欠如，(iv)利得と損失の因果関係の4つが，給付利得のみならず，不当利得に共通の要件とされている（例えば，鳩山・下782頁以下，我妻・講義945頁以下，松坂69頁以下）。ただし，2当事者間では因果関係は問題とならず，しかも，利得と損失は利得移動（給付）という単一の現象の表裏だから，多数当事者関係を別枠で扱うなら，給付利得の要件は，「給付」に「法律上の原因がないこと」である（四宮・上108頁，藤原42頁）。ただし，上述したように，目的不到達の不当利得とは，相手方に一定の行為を促すために，債務の履行ではない財貨の意識的な支出（＝出捐）がされたが，相手方に対する反対給付が履行強制できない場合の出捐の返還請求である。例えば，婚姻が成立しなかった場合の，結納の返還請求である。つまり，目的不到達の不当利得では，相手方の一定の行為を促すという目的での，損失者の意思に基づく他人の財貨の増大はあったが，その出捐は債務の弁済（＝給付）ではない。だから，目的不到達の不当利得を含んだ給付利得の要件を定義するなら，給付利得の要件の定義には，2つの可能性があることになる。つまり，第1は，給付を「目的指向的な他人の財貨の増大」と広く定義して，給付に法律上の原因がないこと，つまり，給付に対応する法律上の原因（＝債務，相手方による一定の行為の実現）の欠如と定義することである（松坂123頁，四宮・上109頁以下）。第2には，給付を，一方で，債権法上の一般的な定義と合致させて，「債務履行のための出捐」つまり，「債務の弁済」，他方で，「債務履行の目的ではなく，他人にある行為をなさしめる目的での出捐」と複線的に定義することである（藤原47頁）。その結果，法律上の原因の欠缺の根拠によって，給付利得は，非債弁済の不当利得，目的消滅の不当利得，目的不到達の不当利得，不法原因給付による不当利得に分類されている。

102　〔藤原〕

§703 Ⅱ

3 非債弁済の不当利得

(1) 弁済としての給付

(ア) 弁済は法律行為ではないから，弁済には債務を消滅させようという弁済の効果意思（弁済意思）は必ずしも必要ではない（松坂180頁）。要するに，債務の本旨に従った履行なら弁済となる。ただし，弁済の効果を決定するのは，不当利得法ではなく弁済に関する債権総則の規定である。

(イ) 代物弁済は債権の消滅効をもたらすから弁済と同じであり，非債弁済に関する不当利得の規定が適用される（我妻・講義1125頁，松坂181頁，注民(18)616頁〔石田喜久夫〕，新版注民(18)667頁〔石田喜久夫〕）。

(ウ) 債権自体は存在しても，本旨弁済でなければ，弁済は非債弁済として返還請求できる。例えば，種類債権の弁済で中等以下の物を給付すれば，債務者（弁済者）は給付義務から解放されないが，給付の返還請求は可能である（松坂181頁・183頁注(一〇)，藤原59頁）。他人の物を給付したときは，弁済は非債弁済であり，本来はその返還請求が可能なはずである。しかし，民法475条は，有効な弁済との引換給付での弁済者の返還請求を規定している。すなわち，同条は非債弁済された給付の留置を認めることで，弁済受領者の保護を図ったものである。通説の説明では，弁済者は物の所有権を持たず，しかも，任意に給付しているから占有訴権も行使できない。だから，占有の不当利得によって返還請求できると説明するか，特に，弁済者の特別な保護を図ったのが同条であるということになる（注民(12)68頁〔奥田昌道〕）。しかし，他人物を売却した売主は，所有者から追奪請求を受け，売買契約を解除して代金返還請求した買主に対して，物の使用利益の賠償を請求できるという判例（前掲最判昭51・2・13）がある。これは解除に関する判例であるが，債権関係・契約関係の清算という意味で共通する機能を有する給付利得にも，同様の理は当てはまると考える。だから，本旨弁済ではない弁済には弁済効はないから，他人物か否かを問わず，弁済者は返還請求が可能と解すべきであろう。したがって，民法475条は，非債弁済の不当利得の例外を認めて，弁済受領者を保護した規定だということになる。

(エ) 債権者ではない者に弁済したときは，当然に非債弁済として弁済の返還請求が可能である。しかし，弁済者の保護のために無権利者への弁済が例外的に有効とされる場合がある（478条）。判例（大判大7・12・7民録24輯2310

§*703* **II**　　　　　　　　　　　　　　　第3編　第4章　不当利得

頁）は，受領権者としての外観を有する者（478条。債権の準占有者〔平29年改正前〕）に対する弁済の効果は確定的・終局的だと解している。そうすると，債務者は，債権者に対しては弁済効を主張できるが，受領権者としての外観を有する者に対しては不当利得返還請求できないことになる。しかし，民法478条はあくまで弁済者の保護のための規定だから，弁済者の無権利者に対する非債弁済の不当利得による返還請求権が排除されるわけではない（注民(12)81頁〔澤井裕〕）。だから，弁済者（債務者）は，債権者に対して弁済の有効性を主張することも，受領権者としての外観を有する者に対して非債弁済の不当利得の返還を請求することも可能であろう。

　(2)　**債務の不存在**

　(ア)　債務の不存在とは，はじめから債権が存在しなかった場合，債権関係が無効・取消しで消滅した場合，あるいは，有効な債務が弁済の時点で（例えば，すでに弁済されて）消滅していた場合の全てである。要するに，弁済時に債権が存在しないことである。

　(イ)　停止条件付債権の条件成就前の弁済，始期付債権の期限未到来での弁済は，本来は非債弁済のはずである。ただし，期限付債権が期限前に弁済された場合には，返還請求を排除する民法706条の特則がある。

　(ウ)　抗弁権付きの債権

　抗弁権付きの債権，または，それに類似する債権が弁済されたときは，抗弁権の性質によって返還請求権の成否が決まる。

　(a)　延期的抗弁　　例えば，同時履行の抗弁（533条），催告・検索の抗弁（452条・453条）を看過して弁済したときは，返還請求はできない。延期的抗弁は債権の存否とは無関係だからである（四宮・上144頁，藤原60頁）。

　(b)　永久的抗弁　　永久的抗弁が存在したときは，弁済は非債弁済であり，返還請求が可能である。例えば，原因関係の抗弁の付いた手形を支払ったときである。永久的抗弁は，権利の帰属自体を否定するものだからである（我妻・講義1121頁，松坂179頁注(六)，四宮・上144頁以下）。

　(c)　消滅時効にかかった債権　　時効の援用をせず，時効の完成を知って弁済すれば，時効利益の放棄（146条）であり，非債弁済の不当利得の返還請求はできない。時効の完成を知らずに弁済しても，信義則上時効の援用権を喪失するから（最大判昭41・4・20民集20巻4号702頁），同じである。時効

§*703* **II**

の援用後に債権が弁済されたときも，結論として，弁済は非債弁済にはならないと解すべきであろう。時効の援用で実体法上も債権が消滅したと考えても，時効の完成を知って弁済すれば，民法705条が適用される。知らずに弁済したときも，信義則上援用権を失うとする判例の趣旨は，援用前よりも一層妥当するからである（我妻・講義1122頁，松坂178頁，四宮・上145頁）。

(d) **相殺の抗弁を看過した弁済**　相殺の抗弁を看過して弁済したときは，学説は一致して弁済は非債弁済にはならないとしている。その理由は，(i)債務者は自働債権として相殺可能だった債権を将来行使できる。(ii)受働債権のはずだった債務を相手方が弁済すれば，相殺可能性は消滅するから，相殺は延期的抗弁に近い。(iii)相殺は意思表示により初めて効力を生じ，かつ，法律関係の簡明な決済を目的とした制度にすぎないからである，とされている（我妻・講義1123頁，松坂178頁，四宮・上145頁）。

(3)　**非債弁済の不当利得の排除**（705条〜707条）

非債弁済の不当利得には，弁済者の錯誤の不存在を要件とする返還請求を排除する規定が存在する（ただし，期限前の債務の弁済が非債弁済か否かに関しては，議論がある。→§706）。

4　目的消滅の不当利得

一旦は給付に対する有効な法律上の原因（債務）が存在したが，後にその原因が脱落した場合の給付の不当利得返還請求を，目的消滅の不当利得という。その具体例は，消費貸借契約の成立で債権証書が交付されたが，後に弁済によって債権が消滅した場合の債権証書の返還請求（487条），解除条件付きでされた給付の解除条件成就後の給付の返還請求である。判例の具体例としては，衆議院議員が歳費を受領した後に任期途中で辞職したときの歳費の返還請求（大判大5・4・21民録22輯796頁），株式引受人が第1回の払込みをした後に創立総会でその引受株が償還された場合の払込金の返還請求（大判大11・6・14民集1巻310頁）がある。さらに，「無所有共用一体社会」の実現を目的とする団体に加入して全財産を出資（出捐）した者が，後に団体から脱退したケースで，団体加入の際に出資は「一切返還請求しない」という条項があったが，加入者の脱退により団体は出捐された財産を保有する法律上の原因がなくなったとして，合理的かつ相当と認められる範囲で返還請求を認めた判例（最判平16・11・5民集58巻8号1997頁）がある（藤原正則〔判批〕民商

〔藤原〕　105

§703 Ⅱ
第3編　第4章　不当利得

133巻3号〔2005〕490頁以下，後藤元伸〔判批〕消費百選2版250頁以下参照）。目的消滅の不当利得では，非債弁済の不当利得とは異なり，民法705条〜707条の適用で返還請求が排除されることはない。給付の時点では債務は存在しているから，債務の存在に関する錯誤は考えられないからである（松坂178頁，四宮・上138頁・148頁）。取消しに遡及効がある場合は，非債弁済の不当利得の一環とも考えうるが，そこでも，弁済者が取消原因の存在に関して錯誤していなかったことは，返還請求の排除にはつながらない。だから，民法705条の適用という観点から分類するなら，後に取り消された場合は目的消滅の不当利得だということになる（藤原80頁）。

5　目的不到達の不当利得

(1)　目的不到達の不当利得の意義

　先述したように，ローマ法では履行強制できる契約（有名契約）の数が限定されていたため（→Ⅰ1），相手方に給付の履行強制のできない契約（無名契約）が生じた。その場合には，一方の給付が先履行されても，反対給付を求める訴権がないため，給付者は相手方に履行請求ができない。そこで，先履行者の給付の取戻しのための手段が，目的不到達の不当利得だった。しかし，近世法では全ての契約類型で履行請求が可能となり（反対給付の履行請求），加えて，法定解除などの履行障害に対する契約法の制度が発展してきてからは（給付の回復），目的不到達の不当利得の適用領域は制限されてきた（目的不到達の不当利得の歴史については，吉野悟「Datio ob rem における目的——ローマ法の目的不到達の不当利得返還請求訴権の位置について」谷口還暦(1)48頁以下）。ドイツ法では，民法制定時に目的不到達の不当利得に規定をおくかが議論されていたが，十分に議論されないまま条文（ド民812条1項2文第2事例）が残された（Frank L. Schäfer, §§812-822, Ungerechtfertigte Bereicherung, Mathias Schmoeckel, Joachim Rückert, Reinhard Zimmermann (Hrsg.), Historisch-kritischer Kommentar zum BGB, Bd. III/2, §§657-853, 2013, S. 2607f., 五十嵐清「事情変更の原則と不当利得——ウィントシャイトの前提論を中心に」谷口還暦(3)87頁以下も参照）。その結果，ドイツの判例・学説は，同条を前提に目的不到達の不当利得の適用を論じているが，現在でもその適用範囲に関しては争いがある（土田哲也「給付利得返還請求権——目的不到達の場合について」谷口還暦(2)319頁以下，藤原82頁以下）。他方で，わが国でも理論的な問題は共通するが，ドイツ法とは異なり，目的不到達の

§703 II

不当利得を適用した判例は多くはない。

(2) 目的不到達の不当利得の要件

目的不到達の不当利得の要件は以下のようになる。すなわち，(i)債務の履行のためではない出捐（給付を「目的指向的な他人の財貨の増大」と定義するなら，「給付」），(ii)出捐（給付）の目的は相手方に一定の行為（反対給付）を行わせること，(iii)出捐（給付）の目的に関する出捐者（給付者）および受領者（給付受領者）の間の共通の合意があること，(iv)出捐（給付）の目的となった相手方（給付受領者）の行為が行われないこと，(v)出捐（給付）の受領者に対して履行の強制ができないことである。以上のうちで，出捐者（給付者）が出捐（給付）の返還請求を基礎付けるためには，(i)〜(iv)の事実を証明する必要がある。要するに，目的不到達の不当利得では，法律上の原因の欠如とは，債務の不存在ではなく，目的の不到達（反対給付の履行のないこと）だということになる。他方で，受領者が返還請求を拒むには，反対給付のあったことを証明するか，あるいは，反対給付の提供をすれば，法律上の原因があったことになる。

以上に加えて，目的不到達の不当利得の排除される事由として，ドイツ民法（ド民815条）は，給付者が目的達成が客観的に不能なことを知って給付したとき，または，給付者が信義則に反して目的の達成を妨げたときをあげている。給付者が目的達成の不能を知って給付したというのは，目的が達成されない場合も返還請求しない意図で給付したと評価できる場合であり，その根拠は禁反言，ないしは，贈与の意思があったと考えられるなら，わが国の民法の解釈としても，民法705条の類推適用で，同様の結論を導くことが可能であろう（松坂137頁，四宮・上140頁，148頁）。さらに，給付者が信義に反して目的の到達を妨げたときは，民法130条1項（条件成就の妨害）が類推適用できるであろう（松坂137頁，四宮・上141頁）。

(3) 目的不到達の不当利得に関する判例と学説

わが国の判例で，目的不到達の不当利得を適用したものは，ほとんどが結納の返還請求である。例えば，婚姻が成立しなかったときは，結納は返還請求が可能である（大判大6・2・28民録23輯292頁〔合意による婚約の解消〕）。さらに，挙式後2か月同棲したが同棲が解消された事例（大判昭10・10・15新聞3904号16頁）では結納の返還請求が認められ，挙式後に婚姻届はなかったが1年の同棲があった事例（大判昭3・11・24新聞2938号9頁），挙式後に届出が

〔藤原〕 107

§*703* II 第3編 第4章 不当利得

あり8か月間夫婦生活を継続した後に協議離婚した事例（最判昭39・9・4民集18巻7号1394頁）では，返還請求は認められていない。つまり，相手方の一定の行為が目的の到達と評価されたか否かの具体例である。結納以外のケースとしては，雇用されることを目的に相手方に謝金（消費貸借）を約したが，雇用されなかったため債務の履行を拒めるとされた事例（前掲大判大7・7・16），互いに金融を得させる目的で手形を振り出したが一方は目的を達成しなかった事例（東京控判大9・7・1新聞1825号17頁）がある。

ただし，加藤（雅信）説は，目的不到達の不当利得に関して批判的である。すなわち，目的不到達の不当利得は，未履行の債務の履行拒絶，および，既履行の債務の返還請求を基礎付けるという意味で，法律行為の無効と変わらない。だから，目的不到達の不当利得は，解除条件と構成すれば足りるのであり，かつ，そう考えれば，例えば，婚姻の不成立に有責な者からの結納の返還請求を認めなかった裁判例（例えば，神戸地判昭27・5・26下民集3巻5号686頁）も，解除条件の不成就に関する民法130条1項の条件成就の妨害と考えることで妥当な結論を導くことができる。だから，目的不到達の不当利得は，法律関係の未純化ゆえに必要とされた法形式にすぎず，独自の法制度とはいえないというのである（加藤・体系679頁以下，690頁。同旨，鈴木742頁，平野・債各34頁，橋本ほか36頁〔大久保〕）。加藤説は，上記の結納の返還請求以外で，目的不到達の不当利得を認めた判例（例えば，上記の大正7年大判〔しかも，原審は，就職の斡旋の成功が，準消費貸借の成立の停止条件であるとしている〕）の説明には説得力があると考えられる。しかし，他方で，好美説は，結納の事例では，当事者の意思を尊重すれば，解除条件付きの贈与という認定は容易ではないと指摘している（好美「動向（上）」23頁）。

6　不法原因給付による不当利得

目的不到達の不当利得も含めて，給付の目的（債務の弁済，または，それ以上の目的）が達成されたときは給付には法律上の原因があり，受領者は利得を保有できることになる。しかし，不法な原因に基づいた給付がされたときは，給付の目的が達成されても，ないしは，目的が達成されたがゆえに，給付は法律上の原因を欠くことになる。法秩序が，不法な原因を有効な法律上の原因とは認めないからである。この場合が，不法な原因による給付の不当利得（condictio ob turpem vel iniustam causam）である。かつては，一般的に不法な契

§703 III

約を無効とする公序良俗違反のような一般条項は存在しなかったから，例え
ば，殺人，窃盗などの犯罪を止めさせるための給付，あるいは，当然にその
義務がある行為を行わせるためにした給付は，この不当利得によって返還が
認められていた。しかし，現在では，国家が私人間の法律関係に一般的に介
入することが可能となり，強行法規，公序良俗違反（90条）の法律行為は無
効であり，履行請求は成立せず，給付されたものは返還請求できるのが原則
である。この場合には，はじめから法律上の原因は存在しないから，給付を
返還請求できるのは当然である。その結果，不法原因給付による不当利得の
返還請求（708条ただし書）の意味はほとんど失われている。反対に，返還請
求の排除を規定した例外規定（708条本文）が重要な意味を有している。だか
ら，ドイツ法では，不法原因給付による不当利得の返還請求の具体例として，
職務上当然それを行う義務がある官吏に賄賂を渡して，ある行為を依頼した
場合（ドイツ刑法331条〔単純収賄〕）の給付の返還請求権があげられることも
ある。ただし，単純収賄のケースで，給付者が（公序）良俗に違反している
かは疑念があるとも指摘されており，間違いなく不法原因給付による給付の
返還請求が可能な例は，恐喝されて支払った「みかじめ料」の返還請求など
とされている。だから，不法原因給付の不当利得の意味は，給付者が給付の
目的を達成したときであっても，しかも，その場合に，給付者が給付に法律
上の原因のないことを知って（「債務の存在しないことを知って」705条）いたと
きでも，返還請求が可能となることである。その理由は，公序良俗に反した
給付の目的を，法秩序が承認しないからであり，一般的な不当利得の規定に
よって返還請求できない場合でも，給付の返還請求が可能なことに，不法原
因給付による不当利得の意味がある（藤原122頁以下）。ただし，不法原因給
付による不当利得（708条ただし書），および，その排除の規定（同条本文）の
詳細は，708条の注釈に委ねる。

III　給付利得の効果

1　給付利得の効果論

　かつての通説の衡平説は，不当利得を一元的な制度と理解し，かつ，不当
利得返還請求権の対象である「利得」を利得債務者の財産上の差額だと考え

§703 III
第3編 第4章 不当利得

ている。したがって，不当利得の効果も，一元的に説明できる。他方で，多元論の類型論では，不当利得の個々の類型に応じて，要件と同時に効果も個別的に考えることになる。その際に，給付利得では，非債弁済を中心とする「一方的な給付」がされた場合と，「双務契約の巻き戻し」でその効果を区別すべきことは一般的に承認されている。なぜなら，同じく挫折した債権関係の清算でも，その両者で，善意・悪意の意味，および，善意の利得者の利得消滅の抗弁ないしは現存利得への返還義務の縮減のあり方は違っているからである。非債弁済の不当利得の原因は，弁済者（損失者）の錯誤であり，善意の弁済受領者（利得者）が利得消滅の抗弁を主張できる根拠は，弁済受領者の信頼保護である。反対に，悪意の非債弁済の受領者の返還義務には，盗の不当利得（condictio furtiva）が適用され，一種の不法行為だと考えられていた。だから，給付物が滅失しても返還義務は縮減されず，しかも，受領時からの利息の支払義務が発生する。つまり，ここでは，給付受領者の善意・悪意が，返還義務の範囲に決定的な意味を持っている。これに対して，双務契約では当事者は相手方の反対給付を，自身の財産上の決定によって，自己の支配領域に取り込んでいる。だから，給付物の滅失・損傷の危険を，当然には利得消滅として抗弁することはできない。ただし，例えば，制限行為能力者の取消しの効果が現存利得の返還とされているように（121条の2第3項），ここでは，無効・取消しを認めた規範の保護目的（制限行為能力者の保護）が，契約の巻き戻しに決定的な意味を持っている。そこで，以下では，まず，非債弁済を中心とする一方的給付が行われた場合を中心として給付利得の効果について記述し，その後に双務契約巻き戻しを含む民法121条の2に関しては若干の問題を指摘するにとどめる（121条の2に関しては，第3巻§121の2〔齋藤哲志〕の記述にゆだねる）。

2　原物返還

不当利得の返還義務は，それが可能なら原物返還すべきである（鳩山・下835頁，我妻・講義1054頁以下，松坂216頁，四宮・上74頁など）。まずは，利得者は利得を保有する根拠を欠くから，原物返還が可能なら利得したものを返還すべきだからである。歴史的な沿革も原物返還を指示しており，日本の民法には規定を欠くが（ただし，法律行為の無効の効果に関する，民法121条の2第1項では，無効な債務の履行として給付を受領した者は，原状回復〔原物返還〕の義務を負う

§*703* Ⅲ

と規定されている），ドイツ民法（ド民818条1項），フランス民法（改正前フ民1379条〔原物返還〕，改正後1302条〔原状回復〕）は原物返還を規定している。さらに，非債弁済に関する民法705条，706条，不法原因給付の708条が「給付したもの」の返還を命じていることも，その理由とされることがある（松坂216頁，我妻・講義1054頁以下，四宮・上74頁）。判例（大判昭8・3・3民集12巻309頁，大判昭16・10・25民集20巻1313頁など）もそれが可能なときは原物返還を命じている。原物返還が可能か否かの判定時期は，不当利得返還請求の請求時と解するものもあるが（我妻・講義1070頁），返還時を規準とすべきであろう（四宮・上75頁）。請求時と考えると，請求時以後に給付受領者が目的物を第三者に譲渡したときは，受領者に取戻しの義務を課すことになり，適切とは言い難いからである（四宮・上75頁以下注(三)）。

3 価 格 返 還

(1) 価格返還が指示される場合

給付者の故意・過失とは無関係に，原物返還が不能なときは，価格返還義務が発生する。不当利得は利得者の過責とは無縁の責任で，原物返還と同様に価格返還も損害賠償ではない。加えて，善意の弁済受領者は，給付を自己のものと信頼しているから，給付の保管に関する注意義務違反は観念できないからである。価格返還の価格は給付の客観的価値（市場価値）によって算定される（一(2)）。その上で，結果的に，善意の給付受領者が現存利得の返還義務を負うにとどまるのかは，利得消滅の抗弁の成否の問題だというのが，類型論の考え方である。価格返還が指示されるのは，以下のような場合である。

(ア) 利得の性質から利得自体を返還することが不可能な場合　例えば，他人の労務，または，物の使用が給付されたときは，その性質上原物返還は不可能だから，はじめから価格返還の義務だけが発生する。その際に，類型論は，労務・使用利益の客観的価値が価格返還の出発点となり，利得者の財産に給付の結果が生じていないという事情は，利得消滅の抗弁で考慮する。衡平説は，利得移動の前後の利得債務者の財産状態の差額を利得と考えるから，利得者が労務・使用利益で自己の財産の出費を免れたこと（出費の節約）が利得だとしている（松坂70頁。ただし，衡平説でも，我妻は，まず労務・使用の価値を算定し，その後に価値が利得者の許でどのような利益を与えたかを追究して現存利得

〔藤原〕　111

§703 III　　第3編　第4章　不当利得

を判定すべきだと指摘している。我妻・講義 1067 頁）。

(イ)　原物返還が不能となった場合

(a)　給付された有体物が利得者の下で滅失・損傷したときは，価格返還となる。利得者が，給付目的物を第三者に譲渡して原物返還が不能となったとき，消費したとき，添付で法律上分離が不能となったときも同様である。譲渡された債権から弁済を受けたときも，原物返還は不能となる（藤原 140頁）。

(b)　原物返還が不能か否かは，結局は社会観念によって決まる（我妻・講義 1068 頁）。だから，主観的・客観的不能などの評価は，債務の履行不能の場合と変わらない（→第8巻 §412 の2 IV）。具体例としては，無効な収用手続で取得した不動産が道路・公園・鉄道の敷地となったときは，原物返還は不能となる（大判大5・2・16 民録 22 輯 134 頁）。数口の債務の代物弁済として数筆の土地が給付されたが，債務の一部が無効だったときは，どの土地が不当利得となるかは特定し得ないから，不当利得の返還請求は原物返還ではなく価格返還となる（大判昭 16・2・19 新聞 4690 号6頁）。

(c)　代替物が給付された場合は，かつては，同種・同量の代替物の返還の義務を負うと解する学説もあったが（末弘 991 頁，谷口 296 頁），多くの学説は，価格返還義務を負うにとどまると考えていた（鳩山・下 836 頁，我妻・講義 1068 頁，松坂 216 頁，四宮・上 75 頁注(一)，澤井 33 頁，藤原〔初版，2002〕136 頁）。代替物の入手は可能だが，給付利得の返還義務は契約上の債務（調達義務）ではないからである。判例では，担保供与した特定の株式の売却代金相当額（価格返還）の請求が可能だが（前掲大判昭 16・10・25〔侵害利得の事例〕），名板借主の取引員に証拠金として交付した株式を処分された事例では同種の株式（代替物）の返還を命じた判例があった（大判昭 18・12・22 新聞 4890 号3頁〔侵害利得の事例〕）。しかし，近年の判例（最判平 19・3・8 民集 61 巻2号 479 頁）は，名義書換を怠った株式の譲受人が，株式分割で株式の交付を受けた名義株主に対して，株式の売却代金を請求した事例で，代替物を利得したときも，原則として，売却代金の返還義務を負うとしている。その理由は，損失者にとっては，売却後に代替物の価格が上昇すれば代替物の返還を請求するのが有利であり，下落すれば売却代金相当額の価格返還を請求するのが有利になる。その結果，損失者が受益者のリスクで投資するのと同視でき，受益者が善意

§*703* III

の場合には公平を失するからだとされている。つまり，原物返還が価格返還に変わるまでの給付物の価格の上昇・下落のリスクは給付者に帰責されるということになる（上記平成19年最判に関しては，原恵美〔判批〕民百選Ⅱ 9版140頁以下）。

(d)　金銭は動産だが，高度の流通・支払手段であり，単なる価値表象物である。だから，古銭などの特定物では原物返還が問題になるが，それ以外では，原物返還を命じる意味はない。したがって，金銭の給付では，価格返還の請求だけが可能だということになる。

(2)　価格返還の内容

価格返還は，給付されたものの客観的な価格（市場価格）によるべきである（四宮・上76頁，藤原141頁以下，橋本ほか42頁〔大久保〕，潮見・講義Ⅰ 356頁）。例えば，給付受領者が給付物を転売したときも，一般的には給付者は転売価格を知りようがないから，価格返還として給付物の市場価格を請求するほかない。他人の労務・物の使用が給付されたときも，同様であり，利得者（債務者）の出費の節約を知ることはできないから，損失者（給付者）は市場価格を請求することになる。その上で，善意の非債弁済の受領者（利得者）が，給付物を市場価格以下で売却したときは，利得消滅の抗弁が成立する。反対に，市場価格以上で転売したときは，売買代金は利得者の才覚，ないしは，利得者の締結した売買契約に由来するから，返還請求の対象とはならない。他方で，悪意の受領者に対して，市場価格より高価な転売代金を請求できるかは，いわゆる「準事務管理」の問題である（→§697 Ⅵ）。

類型論は，価格返還の内容は，客観的価値の返還だとしている。衡平説は，利得者の財産上の差額が利得だとするから，転売代金の返還を請求できると考えられないでもない。しかし，衡平説の立場でも，不当利得返還請求は，損失者の損失を限度とするとするから，同様に，客観的価値の返還を認めることになる。判例では，山林の共有者Bが他の共有者Aから，詐欺によりAの持分4分の1を買い受け，他に処分したというケースで，AのBに対する不当利得返還請求は持分の客観的価値だとしたものがある（大判昭11・7・8民集15巻1350頁〔Bの利得はAの損失（共有持分の客観的価値）と一致する，としている〕）。

ただし，損失者（給付者）が利得者（給付受領者）の処分価格を知ったとき

§703 III　　　　　　　　　　　　第3編　第4章　不当利得

は，損失者が，利得者の処分額（転売価格）が市場価格より高額だと考えれば，売買代金相当額を不当利得返還請求し，それに対して，利得者は市場価格を証明して，客観的価値の返還に応じることになる。反対に，損失者が，処分額が市場価格より低額だと考えれば，損失者は市場価格を請求し，その上で，損失者が利得消滅を抗弁することになる。だから，無権限者による他人の物の処分であり，侵害利得のケースだが，侵害者に売却代金の返還を命じた判例（大判明38・11・30民録11輯1730頁，大判大4・3・13民録21輯371頁，大判昭12・7・3民集16巻1089頁）は，売却代金が客観的価値（市場価格）と一致していたか，利得者が利得消滅の抗弁を主張しなかったケースだと考えるべきであろう。

　もっとも，客観的価値か売却代金かという対立は理論的にはともかく，実務的にはどこまで重要かは疑わしいとも考えられる。というのは，まず，少なくとも市場を介在させる限りで，通例では売却代金と客観的価値は一致する。その極例が，公開市場で売却される公開株式の処分である。ここでは，市場価格と客観的価値が完全に一致する（だから，例えば，失念株の処分などでは価格算定の基準時がいつかが紛争の中心となる）。もちろん，種類物でも，市場は段階的で複線的だが（つまり，販売段階，販売ルートは複数だが），一応は市場価格を観念することは可能である。どのような市場かはともかく，同種の物が反復的に取引されるから，少なくとも平均的な価格は判明する。だから，特別な事情のない限り売却価格は客観的価値である。他方で，不代替的な物，例えば，美術品などが処分されたときは，客観的価値は事後的にしか算定できない。しかも，不代替的な物の処分は，その処分の時点では一回生起的である。つまり，価格の算定は，「事後的に具体的に」行われるしかなく，少なくとも市場・競売を通じた処分では，特別な事情がない限り，処分価格は客観的価値と見做すほかない。だから，他人物を無権限で処分したときは（および，無効・取り消された契約に基づいて給付された物を処分したときも），売却代金は客観的価値と推定され，客観的価値が売却代金より低額だと処分者（利得者）が考えるなら，その事情を主張・立証するほかない。つまり，売却価格は反証可能な客観的価値の推定だということになる（藤原正則「売却代金の返還請求——他人物の無権限処分者の価値賠償義務」新井誠古稀・高齢社会における民法・信託法の展開〔2021〕138頁以下を参照）。

114　〔藤原〕

§703 III

(3) 価格返還の算定基準時

価格返還の算定の基準時に関する学説には，給付利得では，(i)利得の取得時（我妻・講義1081頁），(ii)原物返還が不能となり，価格返還義務が発生した時点（藤原142頁以下），(iii)不当利得の成立時を基準としながら，受益者が現存利得の返還義務を負うときは，現存利得の判定時（四宮・上76頁注(一)，潮見佳男「売買契約の無効・取消しと不当利得（その1）」法教455号〔2018〕94頁以下，98頁）と解するものがある。確かに，不当利得が発生したのが給付時だと考えれば，算定基準時は給付による利得の移動時であろう。しかし，原物返還が可能な限りで損失者（給付者）は給付物の価値を保有していたと考えるなら，算定基準時は原物返還が不能となった価格返還義務の発生時である。ただし，給付されたものが労務・使用利益のようにはじめから原物返還が不能なときは，給付時から価格返還義務が発生するから，(i)(ii)(iii)で違いはない。だから，有体物が給付されたときに，価格返還義務の発生までの物の価格の上昇・下落が給付者・受領者のどちらに帰属すべきかという評価が，以上の見解の違いにつながる。(iii)の学説は，利得者が現存利得の返還義務を負い，利得消滅による責任の軽減を認められる反面として，それとのバランスからは，価格上昇の影響を認めるべきだとしている（四宮・上76頁注(一)）。しかし，利得時から原物返還不能となる時点までの価格の高下は，給付物の所有者（権利者）である損失者のリスクに帰属すると考えるべきであろう。さらに，価格返還は原物返還に代わるものだと考えるなら，それまでは原物返還が可能だったのだから，価格返還義務の発生時点が算定の基準時とされるべきだと考える（詳細は，藤原正則「不当利得における価値賠償の算定基準時」藤岡康宏古稀・民法学における古典と革新〔2011〕321頁以下）。売却代金（相当額）の返還を命じた判例（前掲大判明38・11・30，前掲大判大4・3・13，〔事務管理を根拠とするが〕前掲大判昭11・7・8）は，価格返還義務の発生時を基準としたと考えるべきであろう。

4 果実・使用利益の返還

(1) 果実・使用利益の返還

わが国の民法の不当利得には，悪意の利得者に関する民法704条を除いて規定はないが，学説は，利得者の果実・使用利益の返還義務を肯定している（松坂238頁以下，四宮・上130頁，新版注民(18)447頁以下〔田中整爾〕）。果実・使

用利益は利得移動した給付から当然に得られる利益だといえるからである。ただし，善意の弁済受領者は，現実に取得した果実・使用利益（現存利得）の返還義務を負うにとどまる。立証責任を考えるなら，損失者は通常の用法によれば収取できる果実（・使用利益）の返還を請求し，利得者は現実には果実（・使用利益）を取得しなかったことを利得消滅の抗弁として主張することになる。他方で，我妻説は，原物返還の場合は，善意の利得者の返還義務には，民法189条，190条が（類推）適用され，使用利益・果実の返還義務を負わないと解している。その理由は，たとえ法律上の原因を欠くとしても所有権を取得した者の責任が，（民法189条以下の適用される）単に占有だけを取得した者より重いのは，公平を失することからだとされている（我妻・講義1072頁・1092頁。我妻説の評価に関しては，四宮・上129頁注(一)，藤原196頁を参照）。ただし，現在では，民法189条〜191条，196条の規定は，例えば，Aの動産をBが窃取してCに売却し，AがCに対して所有物返還請求権（ないしは，回復請求権〔193条〕）を行使したときに，Aと占有者Cの間に適用されると解されている。だから，民法189条〜191条，196条は給付（・契約関係）の当事者間，つまり，給付利得ではなく，侵害利得，しかも，対第三者関係に適用される規定である（→Ⅳ3）。他方で，給付の当事者間では，給付受領者（例えば，買主）が目的物の果実・使用利益の返還義務を免れることはない（他方で，例えば，売主である給付者は，受領した売買代金の利息を支払う義務も負うことになる）。

(2) 利息の返還義務

判例（最判昭38・12・24民集17巻12号1720頁）は，受益者が価格返還義務を負う場合には，民法189条1項は適用されない，つまり，善意の利得者でも収益権は認められないとした上で，民法703条の解釈として，「社会観念上受益者の行為の介入がなくても不当利得された財産から損失者が当然取得したであろうと考えられる範囲においては，損失者の損失があるものと解すべきであり，したがって，それが現存するかぎり同条にいう『利益の存する限度』に含まれるものであって，その返還を要するものと解するのが相当である」としている（ただし，同判決の調査官解説は，松坂〔初版，1957〕101頁の金銭に限らない一般的な効果論の記述を引用している。髙津環〔判解〕最判解昭38年418頁。好美「動向(下)」34頁を参照）。だから，判例は受益を損失によって限定した上

§*703* Ⅲ

で，利得者が運用利益（利息）を得ていると考えられる場合には，その限度で損失者の損失が推認されるという手法で，利息の返還義務を肯定している。つまり，まず，利息は消費貸借などの法律行為によって運用しなければ取得できないから，使用利益のように目的物から当然に生じる「事実による利得」ではなく，利得者の「法律行為による利得」だと考える。さらに，利得者が金融機関などで，当然に利息を取得できたであろう場合には，利得ありとする。その結果，利得者が金融機関などの場合は，利息の取得が肯定される（上記の昭和38年最判のケースでは，利得者・損失者ともに商人で，商事法定利息の返還が認められている）。反対に，利得者が金融機関などではなく，利得者の運用利益の主張・立証がされていないケースでは，善意の利得者の利息の返還義務は認められない（例えば，最判平17・7・11判タ1192号253頁〔侵害利得の事例〕）。さらに，悪意の貸金業者が制限超過利息を弁済受領した場合でも，弁済者が非商人（消費者）の場合は，利率は（平成29年改正後は廃止された民事法定利息〔年利5％〕より高額〔年利6％〕の）商事法定利息ではなく民事法定利息だとされた（長崎地島原支判平18・7・21判タ1220号211頁）。

　他方で，近時の有力な学説は，金銭が給付された場合について，利息は金銭の使用利益だとして，原物返還の場合の果実・使用利益の返還と同様に考えている（四宮・上130頁・131頁注（一），好美「動向（下）」33頁以下）。松坂説も，上記昭和38年最判を「損失」の部分の記述で引用し，「当該の事実なかりせば確実に財産の増加したことが証明せられることを要せず，その事実なかりせば財産の増加することが普通なりと認められる場合には，なお損失ありと解せらるべきである。例えば，或る人が権限なくして他人の家を利用した場合には，果して家屋の所有者が自らこれを利用し，または他人に賃貸し得たか，またこれを欲したか否かを問う必要なく，常に家賃相当額の損失があると解してよい。すなわち，ここに財産とは金銭的価値を有する権利の総和にとどまらず，これを利用してその内容たる利益を享受し得る可能性もまた潜在的価値として財産の構成部分をなすと見らるべきである」と記述している（松坂75頁）。だから，松坂説も，物の使用利益の延長として，利息を捉えているとも考えられる。さらに，通常の利息の範囲では，返還を認めるべきであり，その範囲に関しては，事案類型に即して，当事者の職業・返還までの期間を考慮して利率を決定すべきだとするものもある（星野英一〔判批〕民事

〔藤原〕　117

§703 Ⅲ 　　　　　　　　　　　　　　　第3編　第4章　不当利得

判例研究第2巻2債権〔1972〕520頁以下）。そうすると，善意の金銭の利得者も当然に利息の返還義務を負い，利息を収取しなかったことは，利得者の利得消滅の抗弁の成否の問題となる（大久保邦彦〔判批〕民百選Ⅱ7版150頁以下。ただし，大久保邦彦〔判批〕民百選Ⅱ8版156頁以下，9版138頁以下も参照）。

　以上の判例と近時の学説に関しては，次のように考える。まず，金銭の利得の場合，金銭の現存は推定される（大判明39・10・11民録12輯1236頁）。だから，その上で受領した金銭に（法定）利息が発生すると，いったん受領した金銭は，利得者の財産と混同するのが原則だから，利息を生じなかったという利得者の証明は必ずしも容易ではない。しかも，善意の非債弁済の受領者は，現実に取得した収益（利息）の返還義務を負うに止まり，たとえ，金銭に高度の収益性があっても，金銭で収益をあげる義務はない。その結果，判例は，通常は利得者の下で利息が発生することを推定できる事情を要求しているのだと考える（藤原正則「非債弁済の善意の弁済受領者の利息の返還義務──ドイツ法を参照して」近江幸治古稀・社会の発展と民法学(下)〔2019〕501頁以下。澤井40頁も参照）。

5　利得消滅の抗弁（現存利得）

(1)　利得消滅の抗弁の制限

　衡平説は，利得を現存利得と考えて，「利得は，受益者の現実の財産と，もし請求権者の損失において法律上の原因なくして目的物を取得しまたは費用を節約しなかったならば現に有するであろうと思われる財産とを比較して，その差に求められるべきである」と定義する（松坂220頁以下）。しかし，そうなると，受益の事実と因果関係を有する損害は，全て控除すべきことになるはずである。しかし，それでは，利得債務者の下で生じた不利益は，全面的に利得債権者（損失者）が負担することになりかねない。そこで，衡平説も，「善意の不当利得者の返還義務を現存利得に限ることは，その者を保護するための特別の責任軽減である」（我妻・講義1056頁）として，利得消滅の抗弁を制限する。類型論は，利得は利得移動した利益そのもの（「当初取得したもの」）であり，それを出発点として，利得消滅の抗弁の成否，つまり，現存利得が探求されることになる（四宮・上72頁以下・84頁）。その上で，類型論では，各々の不当利得類型が補完する法制度の趣旨から，多元的に利得消滅を基礎付けていくということになる。ただし，これまで利得消滅の抗弁に

118　　〔藤原〕

関しては，衡平説も含めて，主に給付利得を中心に論じられてきた。しかし，同じく給付利得でも，非債弁済の不当利得と双務契約の清算では，利得消滅の意味は異なっている。非債弁済の不当利得では，弁済者の錯誤に基づく弁済受領者の利得保有への信頼保護が現存利得への返還請求の制限の目的だから，他の不当利得の場合より利得消滅の抗弁は広く認められることになる。以下では，まず非債弁済の不当利得を中心とする（双務契約に基づく給付ではなく）一方的な給付がされた場合について，利得消滅の抗弁に関する問題を見ていくこととする。

(2)　給付目的物の費消・売却

　例えば，BがAに価格10万円の年代物のワインを注文したが，Aは誤って（錯誤して），価格1万円の通常のワインを注文したCにBに配達すべき10万円のワインを配達し，これをCは自分が注文した1万円のワインと勘違いして（善意で）飲んでしまった（費消した）とする。これは，非債弁済による給付が，善意の弁済受領者によって費消されたケースである。以上では，法律上の原因のない利得移動と利得消滅の間には因果関係がある。Aの錯誤による給付があったがゆえに，Cがワインを費消したからである。だから，給付が費消されたことのリスクを，受領者Cではなく給付者Aに負担させるのは決して不合理ではない。その結果，ワイン（原物）は費消されて原物返還は不能だから，類型論の考え方では，Cはワインの客観的価値（市場価値）10万円の価格返還義務を負うが，利得消滅を主張して，1万円の現存利得の返還義務を負うにとどまることになる（新版注民(18)21頁〔磯村保〕）。しかも，給付物が特定物か不特定物で区別しないのが，民法703条の方針である。他方で，利得移動がなくても利得者が同様の物を消費していたときは，利得消滅は成立しない。衡平説の用語では，その場合には，利得債務者は自己の財産からの出捐を免れているから，出費の節約となる。つまり，利得消滅には，利得移動と利得消滅の間に因果関係があり，かつ，利得債務者が利得保有できるという信頼に基づいて給付物を消費している必要がある。

　給付受領者が，給付目的物を時価以下で売却したときも，利得移動と売却の間に因果関係があれば，客観的価値を返還する必要はなく，売却額を返還すれば足りる。以上と関係して，例えば，AからBが動産を非債弁済として弁済受領し，その動産をCに売却した場合に，Aの不当利得返還請求に

§703 III 第3編 第4章 不当利得

対して，BはCに対する売買代金債権を譲渡すれば足りると考える余地がある。BのCに対する売買代金債権は，AからBに給付された動産（当初取得した利得）の「代位物（代償）」だからである。さらに，受領した物が滅失・損傷したときの損害賠償請求権，保険金請求権などが代位物の例である（四宮・上76頁・84頁注(二)）。その際に，ドイツ民法818条1項は，原物返還は「取得した収益（果実），利得した権利に基づき受領者が取得したもの，又は利得したものの滅失，損傷もしくは侵奪の代償として受領者が取得したものに及ぶ」と規定しているため，代位物は原物返還に代わる利得とされている（四宮・上82頁）。ただし，代位物には，(i)事実による代位物（滅失・損傷による損害賠償請求権）と(ii)法律行為による代位物（売却代金債権）があり，後者は「受けたる利益」ではなく，不当利得返還請求の対象にはならないと解されている（四宮・上82頁，藤原137頁）。なぜなら，転売によって獲得した時価以上の利益は，利得者の技能・才覚に帰せしめるべきだからである。言い換えると，売却代金（債権）は，給付された物からではなく，売買契約によって発生するからである。しかし，他方で，給付物を時価より安価に売却した場合は，代金債権を譲渡するか，代金相当額を返還すれば足りることになる。さらに，事実による代償の場合も，利得者が，代位物の返還ではなく，給付の価格返還をすることを妨げないはずである。そうすると，代位物の返還は，利得消滅の抗弁の主張だと考えるべきであろう。

ただし，実際には非債弁済の不当利得の多くは，金銭が交付されたケースである。しかし，特定物とは異なり，金銭には高度の代替性があるから，履行不能は考えられない。だから，非債弁済された金銭に利得消滅が認められるのは，相当に困難であろう。非債弁済された金銭で自己の債務を弁済したときや，本来必要な生活費に使用したときは，非債弁済と費消の間には因果関係がないから，利得は消滅しないと解される。衡平説では，利得者の出費の節約（消極的な財産の増加）が，現存利得だということになる（鳩山・下838頁以下，我妻・講義1098頁・1099頁）。反対に，弁済を受けたがゆえに誤った投資を行って金銭を失った場合，浪費した場合は，投資・浪費と利得移動に因果関係があれば，利得消滅が成立すると解されている（鳩山・下839頁，我妻・講義1100頁以下）。ただし，そのような因果関係を証明することは，しばしば困難であろう。さらに，投資・浪費を受領者が自分の財産上の判断で行

ったときは，その危険は受領者が負担することになる。例えば，自分の財産について自分の責任で管理・処分したことの結果としての贈与である（我妻・講義1100頁）。

因果関係という観点からは，投資や浪費より利得消滅の認められやすいケースも存在する。具体例は，銀行ＡがＢから取立委託された手形の不渡りを見過ごして手形金を支払い，受領者Ｂが手形の取立委任を受けたＣに手形金を交付したケースである（最判平3・11・19民集45巻8号1209頁，ただし，判決では，Ｂが銀行Ａから不渡りの通知を受けて悪意となるまでにＣに手形金を交付したという証明がないとして，Ｂの手形金の返還義務が肯定されている）。このケースで，Ａから不渡りの通知を受けて悪意となる以前にＢがＣに手形金を交付していれば，Ｂの利得消滅の抗弁が成立すると解されている（磯村保〔判批〕リマークス5号〔1992〕70頁以下，下森定〔判批〕金法1331号〔1992〕11頁以下）。その場合には，Ｂは代位物として，Ｃに対する不当利得返還請求権をＡに譲渡すれば足りることになる。

非債弁済で比較法的に見ても問題なく利得消滅が肯定されるのが，恩給・遺族年金が過払いされたケースである（Konrad Zweigert/Hein Kötz, Einführung in die Rechtsvergleichung, 3. Aufl., 1996, S. 587, S. 590 を参照）。利得者が過払いされた恩給・年金（非債弁済）を生活費に充てたときも利得消滅するというのが，そこでの共通の評価である（例えば，大判昭8・2・23新聞3531号8頁。ただし，利得者がわずかな財産しか持たないことも認定している）。この場合は，恩給などの社会保障上の給付は受給者の生活保障を目的としており，受給を受けた年金などは即座に生活費にあてられ，しかも，年金水準が生活様式を決定するのは当然であるという政策的考慮が，利得と消費の因果関係を肯定しやすくしているのだということになる（谷口582頁，我妻・講義1100頁，四宮・上102頁注（一），藤原150頁）。

(3) 給付目的物の滅失・損傷

給付された物が滅失・損傷した場合も，利得移動と因果関係があり受領者が弁済受領を信頼しているときは，利得は消滅する。滅失・損傷では，利得者の財産上の判断とは無関係だから，利得消滅を否定する余地はない。もちろん，例えば，給付された物の滅失により損害保険金請求権を取得したときは，代位物（現存利得）として保険金請求権を譲渡する必要がある（滅失・損

§703 III　　　　　　　　　　　　　　　第3編　第4章　不当利得

傷による加害者に対する損害賠償請求権に関しては，磯村保・事例でおさえる民法 改正債権法〔2021〕61頁を参照）。さらに，以上の理は，給付物が特定物か不特定物で違いはない。ただし，不特定物の場合は，利得消滅が因果関係で否定される場合もありうると考えられる。もっとも，非債弁済を受けた金銭を窃取された場合も，利得消滅があると解されている（我妻・講義1101頁）。例外が，無効な消費貸借によって貸金の交付を受けたが，金銭が窃取されたような場合である。消費貸借では，消費貸借が無効でも，はじめから借主（利得者）は返還を覚悟していたから，善意の弁済受領者に対する信頼保護の要請は働かず，悪意の利得者と同視されるべきだからである（我妻・講義1101頁も参照）。

(4)　給付と関連して支出した費用

給付受領者は給付が保持できると信頼して支出した費用を利得消滅として主張できる。例えば，給付物に支出した費用である。非債弁済による不当利得の場合には，必要費・有益費に限らず，冗費も償還されると解すべきであろう（鳩山・下839頁，松坂225頁・239頁）。冗費といえども，利得者が給付の取得の有効性を信頼して支出した費用だからである（藤原151頁を参照）。ただし，四宮説は，給付利得での費用の償還に関しては，民法299条を類推し，冗費は返還の必要はなく，善意の利得者の有益費用の償還請求に対しても期限を付すべきだと解している（四宮・上130頁以下）。

(5)　給付の取得に際して支払った出費

取得した目的物のために支出した費用（運賃，関税，所得税，手数料など）も，利得移動と因果関係があれば，利得消滅となる（松坂225頁）。

(6)　給付から被った損害

給付された物から受領者が損害を被った場合，どのような損害が利得消滅となるのかも問題となる。例えば，給付された犬が利得者の絨毯を傷つけたような場合は，契約が有効でも同様の損害を被ったであろうから，給付受領者が給付の有効性を信頼したことと因果関係がなく，利得消滅とはならないと解されている（我妻・講義1074頁，広中412頁，松坂235頁，四宮・上131頁）。ただし，例えば，病気の犬が給付されて受領者の他の犬が疾病に感染した場合は，給付者は事実上の積極的債権侵害による損害賠償義務を負う。だから，事実上の積極的債権侵害による損害賠償を利得消滅の項目として考慮するか否かがここでの問題であろう（我妻・講義1074頁以下，磯村保「契約の無効・取消

§703 III

の清算」私法 48 号〔1986〕45 頁以下，49 頁，新版注民(18)452 頁以下〔田中整爾〕)。

(7) 利得消滅の証明責任

利得消滅に関する証明責任は，利得消滅を主張する利得者が負担する。これは，給付利得に限られない。特に，類型論の考え方からは，（衡平説のように，利得者の財産上の差額ではなく，）不当利得返還請求権の対象は法律上の原因なく利得移動したものだから，利得消滅の抗弁の証明責任を利得者が負担するのは当然だということになる（四宮・上 90 頁注(三)，村上博巳・証明責任の研究〔新版，1986〕270 頁以下，松本博之・証明責任の分配〔新版，1996〕414 頁)。判例（前掲大判明 39・10・11 など）は金銭の利得に関しては，利得の現存が事実上推定されるとしているから，利得者は利得消滅を証明する必要があることになる（前掲最判平 3・11・19)。

6 不当利得返還義務の付遅滞

不当利得返還義務は，その主な例は他人の権利の侵害が不法行為に当たるとされたときの侵害利得であろうが，悪意の非債弁済の受領が同時に不法行為となり侵害時から付遅滞と評価されるときなどを別として，原則として期限の定めのない債務である。だから，損失者からの請求によって利得者は遅滞に陥り（412 条 3 項)，遅滞の責めを負うことになる（磯村・前掲〔判批〕リマークス 5 号 73 頁，藤原 168 頁以下，四宮・上 96 頁。ただし，四宮説は，双務契約の清算の場合を除き悪意の受益者は，催告なしで遅滞に陥ると解している)。

7 法律行為（契約）の巻き戻し（民法 121 条の 2）

(1) 民法 121 条の 2

法律行為（契約）の無効・取消しの効果に関しては，2017 年の債権法改正で民法 121 条の 2 が新設された。同条第 1 項は，その効果として「原状回復義務」を規定しており，703 条の「現存利得」の返還義務が双務契約の清算（巻き戻し）には適用されないことを明文で規定している。ただし，前述したように，善意の利得者の返還義務を「現存利得」に制限する民法 703 条は，非債弁済の善意の弁済受領者の利得保有の信頼を保護するドイツ民法 818 条3 項の立法方針に由来するものであり，それ以外の不当利得のケースには，そのままでは当てはまらないものだった。現に，ドイツ法でも民法典の制定以前の普通法では，無効・取り消された契約の巻き戻しには，非債弁済の不当利得（condictio indebiti）ではなく，無原因の不当利得（condictio sine causa）

〔藤原〕 123

§*703* III   第3編　第4章　不当利得

または目的消滅の不当利得（condictio ob causam finitam）が適用されていた。もっぱら善意の弁済受領者の信頼保護が問題となる非債弁済の不当利得（703条「現存利得」の返還義務）とは異なり，契約の巻き戻しでは，弁済受領者も自身の「財産上の決定」に基づいて給付し反対給付を受領している。だから，受領した反対給付の滅失は，当然には現存利得の返還義務（利得消滅による返還義務の縮減）を基礎づける根拠にはならない。その結果，わが国でも（判例では，この問題が取り上げられたことはなかったが，）学説では，民法703条を双務契約の巻き戻しには適用せず，双務契約の2つの給付の牽連性を考慮した解釈が唱えられていた（これらの学説および関連する問題に関しては，新注民(15)〔初版〕115頁以下〔藤原正則〕を参照）。

　さらに，121条の2第3項では，制限行為能力者の返還義務を現存利得に制限する改正前民法121条ただし書の規定に，意思無能力者の返還義務も同様に現存利得に制限するという規定が追加された。この規定の内容は改正前の従来の学説上も異論のないものであり（幾代通・民法総則〔2版，1984〕61頁，四宮和夫・民法総則〔1972〕58頁など），裁判例には，意思無能力者には改正前121条ただし書が類推適用されると判示したもの（仙台高判平5・12・16判タ864号225頁）も存在した。加えて，同条第2項には，無効な無償行為による給付受領者が善意の場合には，その返還義務は現存利得に制限されるという規定が新設されている。民法121条の2に関しては，第3巻§121の2〔齋藤哲志〕を参照。

(2)　**民法121条の2第2項と第3項の評価矛盾の調整**

　ただし，ここでは，同条2項と同条3項の関係ないしは2つの規定の評価の抵触の可能性について一言しておきたい。例えば，Aが錯誤してBに100万円を贈与したが，Aが贈与契約を取り消して100万円の返還を請求したときは，民法121条の2第2項が適用され，Aの錯誤について善意のBは，現存利得の返還義務を負うことになる。だから，Bが100万円を浪費していれば，Bの利得は消滅して返還義務を免れることになる。その理由は，自分が対価を支払わず目的物を取得できると考えた善意の給付受領者Bの信頼を保護することである。

　しかし，他方で，①例えば，意思無能力者ないしは制限行為能力者のA（以下，制限行為能力者を例に論ずる）がBに100万円を贈与し，Aの制限行為能

124　〔藤原〕

§*703* IV

力について善意のBが100万円を浪費したとする。このケースでAが贈与の取消しを主張して100万円の返還請求をした場合に，民法121条の2第2項を文言どおり適用すれば，善意のBの返還義務は利得消滅して0円となる。確かに，同条3項は，制限行為能力者および意思無能力者の返還義務を現存利得と規定しているにすぎない。しかし，②例えば，制限行為能力者AがBに目的物を100万円で売却したが，売買契約を取り消したときに，Bが代金100万円を支払うために第三者Cから消費貸借を受けて利息の支払を約したときは，Bは支払った利息相当額の損害を被る。しかし，BがAの行為能力の制限に善意であっても，Bはその損害の賠償を請求することはできない。つまり，制限行為能力者Aの契約相手方Bは制限行為能力者Aの取消しによって被った損害を甘受するほかはない。これが制限行為能力者の法律行為の取消しを認めた規定の保護目的である。そして，①のケースにおいて，対価なしで給付物（贈与物）を利得保有できるという信頼を相手方Bに惹起したことを，制限行為能力者Aに帰責することはできないであろう。そうすると，善意の受贈者Bといえども，100万円の返還義務を負うと解するのが妥当であろう。つまり，このケースでは，民法121条の2第2項を制限解釈するのでなければ，民法121条の2第2項と第3項の保護目的が抵触していることになり，第3項の評価を優先すべきであると考える。

IV　他人の財貨の侵害による不当利得（侵害利得）

1　侵害利得の機能

(1)　侵害利得の機能

例えば，雑誌会社Aが，著名な俳優Cの写真を雑誌の宣伝広告に使用するために，カメラマンBにCの同意を得た上で写真を撮影することを委託したとする。ところが，BはCの同意なく無断撮影した写真をAに使用させた。ここでは，AもBもCの肖像権を侵害することで利益を上げている。その結果，CがBに対して不法行為による損害賠償請求が可能なことには間違いはない。しかし，Aに対する不法行為に基づく請求が可能かは，必ずしも明らかではない。だから，CがAに対する自己の肖像権の使用につき価格返還を請求するとすれば，その根拠は不当利得返還請求権である（た

〔藤原〕　125

§*703* IV   第3編　第4章　不当利得

だし，被侵害者が通常人のDで，著名な俳優でなければ，Dの肖像権には財産的価値は
ないから，精神的損害に対する損害賠償請求だけが可能であろう）。今ひとつ，BがA
の動産を窃取して，善意・無過失のCに売却したとする。Cの下に原物が
存在すれば，Aは回復請求（193条）で，動産を回復することができる。し
かし，Cが動産を消費していたときは，Aの回復請求は不可能である。しか
も，善意・無過失のCに対しては，Aは損害賠償請求できない。この場合
に，AのCに対する動産の価格返還を認めうるとすれば，その根拠は不当
利得返還請求権である。だから，侵害が侵害者の故意・過失によらず，しか
も，有体物所有権による返還請求が成立しないときに，他人の権利領域への
侵害に対する救済を与えるのが，侵害利得である。したがって，侵害利得は，
他人の権利の故意・過失のない侵害に対しても救済を与えるという意味で，
不法行為法を補完する制度である。つまり，侵害利得は，侵害者に故意・過
失がなく，しかも，侵害された財貨の原物返還が不可能な場合でも，権利者
に排他的に割り当てられた財貨の回復を保護する機能を持っており，「財貨
帰属法」といわれている（四宮・上52頁）。

　ただし，侵害利得の対象は，不法行為によるサンクションの対象より限ら
れている。例えば，Bが同業者Aの営業を誹謗し，その結果，Aの売上げ
が減少し，Bが利益を上げたとする。AがBに対して不法行為による営業利
益の減少の損害賠償請求が可能なのは自明である。しかし，Aは売上げの
減少による営業利益の損失を，Bに対して不当利得によって返還請求するこ
とはできない。営業による利益は競争下で取得されるべきもので，権利者に
排他的に割り当てられている権利（割当内容のある権利）ではないからである
（松坂142頁，四宮・上189頁）。他方で，例えば，所有権は，有体物の使用・収
益・処分の権能を所有者に排他的に割り当てている（206条）。だから，財貨
の割当内容に反することが，侵害利得の積極的内容だとされている（四宮・
上189頁）。その結果，侵害利得の対象として認められているのは，(i)所有権
をはじめとする物権，(ii)他人の債権の回収（例えば，受領権者としての外観を有
する者への弁済〔478条〕による債権者の弁済受領者に対する不当利得返還請求），(iii)知
的財産権，または，それに類似する権利（例えば，財産的価値を持つ肖像権）の
侵害である（侵害利得の全体に関する問題については，川角由和「侵害利得請求権論の
到達点と課題」ジュリ1428号〔2011〕14頁以下）。

126　〔藤原〕

§703 IV

(2) 侵害利得の要件・効果

　伝統的な不当利得学説（衡平説）では，民法703条の解釈から，(i)利得，(ii)損失，(iii)法律上の原因の欠如，(iv)因果関係の4つが不当利得の共通の要件であり，侵害利得でも同じである。しかし，例えば，他人の物を無権限で使用・収益したケースを考えれば，所有権に割り当てられた使用・収益権の侵害が，侵害者の側からは利得であり，被侵害者の側からは損失である。さらに，多数当事者間の不当利得（一VI）で詳述するように，侵害利得では因果関係は不当利得の当事者規定に重要な意味を持たない。だから，侵害利得の要件は，他人の財貨への侵害による利得に法律上の原因がないことである。侵害とは，給付によらず，しかも，損失者自身の行為で利得移動が発生したのでもないことである。だから，侵害利得は，給付によらないことで給付利得と区別され，損失者ではなく利得者の行為による財貨移動で支出利得と区別されている。

　給付利得では，給付に法律上の原因のないこと（例えば，債務の不存在）は給付者（損失者）が主張・立証する必要がある。しかし，侵害利得では，侵害に法律上の原因のあることは，侵害者（利得者）が証明する必要がある（四宮・上72頁注(一)）。法律上の原因とは，有効な債権関係，または，法律上の規定だが，侵害利得では法律上の規定が問題となる。例えば，善意取得（192条），取得時効（162条）は，財貨移動を終局的に基礎付ける規定である。他方で，添付は，所有権の帰属を基礎付けても，同時に所有権を失った者（損失者）からの償金請求（248条）が認められているから，一般的には利得者の利得保有を正当化する法律上の原因とはならない。

　侵害利得の効果は，価格返還である。例えば，知的財産権の侵害では，原物返還ははじめから問題にならない。所有権の侵害でも，原物返還が不能なときは所有物返還請求権は行使できないから，価格返還による他はない（さらに，使用利益の侵害の原物返還ははじめから不可能である）。ただし，例外的にだが，侵害利得でも原物返還が問題となるケースも存在する。例えば，AがBを債務者とする公正証書に基づいて，BのCに対する債権の転付命令を受ければ，BのCに対する債権はAに移転する。しかし，公正証書の作成後にBが債務を弁済していれば，Aは転付命令の取得でBの債権を侵害したことになる。その結果，AがCから債権を回収する以前のBの回復の方法

〔藤原〕　127

は，AのBに対する債権譲渡とCへの通知である（大判昭15・12・20民集19巻2215頁）。以上のAからBへの債権譲渡と通知は，原物返還の一種であろう。

価格返還の内容は，侵害された財貨の客観的価値（市場価値）である（好美「動向（下）」24頁，四宮・上76頁，藤原243頁，潮見・講義I 344頁）。例えば，BがAの動産を無権限で処分して，第三者Cに善意取得させたときも，売却価格ではなく，市場価格が価格返還の内容となる。Bが自身で動産を添付により取得した場合と比較すれば，その理は明確であろう。しかも，売却代金は，Aの動産自体から発生したのではなく，Bによる動産の売買契約から発生したものである。類型論の考え方では，法秩序が排他的に権利者に帰属することを認めているのは，権利の客観的価値（市場価値）であり，処分（法律行為）によって取得された利益ではないということになる。ただし，故意の侵害者に対しては，侵害に対する懲罰，予防効果を考慮して，利益の返還を命ずる可能性が，準事務管理で論じられている（→§697 VI）。ただし，売却価格と客観的価値（市場価格）との違いに関しては，売却価格は反証可能な客観的価値の推定と考えるほかないことは，前述のIII 3 (2)価格返還の内容を参照。

例えば，Aが自己所有の動産を寄託していたBが，動産を善意・無過失のCに売却して，Cが善意取得した場合を考えれば，侵害利得の価格返還の算定基準時に関しては，利得時と価格返還の発生時が一致する。AのCに対する返還請求が不能となった時が，Bの利得時であり，価格返還義務の発生時は同時だからである。悪意または有過失のCが，動産を費消したときも，同様に返還が不能となった時が価格返還の算定の基準時であろう（ただし，AのCに対する不法行為による損害賠償の算定時期が事実審の口頭弁論終結時となることは，別の問題である）。だから，侵害利得の価格返還の算定基準時は，価格返還義務の発生時と考えるべきである（藤原244頁。ただし，四宮・上76頁注(一)・89頁注(二)も参照）。

2 所有権の侵害

(1) 直接の侵害者に対する請求

所有者には有体物の使用・収益・処分権（206条）が排他的に割り当てられている。したがって，そのいずれを侵害しても，不法行為に基づく損害賠償請求または不当利得による価格返還を請求できることになる。例えば，A

§*703* Ⅳ

の土地をＢが不法占有していた場合は，ＡはＢに対して土地の使用利益（通常の賃料相当額）の価格返還の請求が可能である。他の共有者との合意なく，持分を超える占有をする共有者に対しても，他の共有者は不当利得返還請求が可能である（249条2項，最判平12・4・7判タ1034号98頁。区分所有権の共用部分に関する最判平27・9・18民集69巻6号1711頁も参照）。他人の物を費消したとき，添付により所有権を取得したときは，所有物の価格返還の請求が可能である（248条）。

　ただし，他人の物の処分に関しては問題がある。確かに，第三者が権利取得すれば，権利者は所有権を失うから，侵害者に対して不当利得による価格返還の請求が可能である（大判明38・11・30民録11輯1730頁〔破産管財人による動産の処分〕，大判大4・3・13民録21輯371頁〔土地〕。判例は，処分の有効・無効に言及していないが，前者は192条，後者は94条2項の適用で処分が有効となると考えられるケース）。もちろん，Ａの不法行為による損害賠償請求と不当利得返還請求とは，請求権競合の関係となる。だから，他人の物の処分による侵害利得の成立の前提は，(i)無権利者の処分，(ii)その処分が権利者に対して有効となることである（我妻・講義1010頁，松坂151頁以下，四宮・上193頁）。その根拠としては，民法32条1項，94条2項，96条3項などが考えられるが，典型例は民法192条であろう。

　他方で，例えば，無権限のＢがＡの動産または不動産を第三者Ｃに処分したが，Ｃが権利取得せず，かつ，Ｃが動産または不動産を占有しているときは，ＡはＣに対して所有物返還（回復）請求が可能である。この場合にも，初期の判例は，ＡのＢに対する不法行為による損害賠償請求を認めていた（大判明43・6・9刑録16輯1125頁〔土地〕。Ａには，Ｂに対する損害賠償請求とＣに対する所有物返還請求の選択肢があるとする）。ところが，その後の判例は，所有権は失われていないから，Ａには損害がないとして，不法行為の成立を認めていない。しかも，それは所在不明とならない不動産だけでなく（大判大15・5・28民集5巻587頁），動産でも同じである（大判大8・10・3民録25輯1737頁〔立木の伐採〕，大判昭13・7・11判決全集5輯19号6頁〔動産〕）。ところが，事務管理・不当利得に関する判例は，不法行為とは違い，原所有者Ａが所有権を失ったか否か，つまり，無権利者の処分が有効か否かで区別していない。直接の侵害者Ｂに対しては，判例は，無権利者Ｂの処分の有効・無効に言

〔藤原〕　　129

§703 Ⅳ 第3編 第4章 不当利得

及ぼせず，AのBに対する不当利得返還請求を認容している（前掲大判明38・11・30〔動産〕，前掲大判大4・3・13〔土地〕，大判昭11・7・8民集15巻1350頁〔山林〕）。さらに，船舶の共有者の1人（侵害者）Bが船舶を処分したとき，侵害者Bの処分を追認した今1人の共有者Aの侵害者Bに対する売却代金の返還請求を認めた判例がある（大判大7・12・19民録24輯2367頁〔しばしば，準事務管理を認めた判例として引用されている。例えば，広中388頁を参照〕）。以上は，Aの所有物を処分した直接の侵害者Bに関する判例である。しかし，不法行為による判例は，直接の侵害者Bに対する請求でも，原物返還が可能なら「損害」がないとして損害賠償を認めない。他方で，不当利得返還請求では，多くは故意，少なくとも過失のある直接の侵害者Bに対しては，原物返還の可否にかかわらず，不当利得返還請求を認めている。そうすると，判例では，不当利得（ないしは，事務管理）が不法行為の「損害」の要件を補っていることになる。

学説も，不法行為に関する学説は，他人の所有物を処分しても，それが不法行為を構成するのは，第三者の善意取得，添付などで所有権を失った場合に限られ，法律上の権利が失われないときは，直接の侵害者である不法行為者Bに対しても，用益の阻害分や登記回復の費用を損害賠償請求できるにとどまると解している（加藤(一)107頁，四宮・下576頁，幾代＝徳本67頁注(1)）。

これに対して，不当利得に関する学説は，権利者Aは直接の侵害者Bの処分を追認（無権代理の追認に関する116条の類推）して有効とし，Bに対して不当利得返還請求できると解している（我妻・講義1011頁，四宮・上193頁以下，松坂152頁以下，新版注民(18)287頁以下〔三宅正男〕）。もちろん，AがBの処分を追認しても，無権代理の追認とは異なり，BのCに対する契約上の権利がAに移転するわけではない（最判平23・10・18民集65巻7号2899頁）。しかし，AによるBの処分行為の追認により，所有権はAからCへと移転し，Aの損失とBの利得の要件が具備されることになるというのである。

(2) 中間処分者に対する請求

以上に対して，中間処分者に対する不当利得返還請求の可否とその内容に関しては問題が複雑である。判例（大判昭12・7・3民集16巻1089頁）では，A会社の職工BがAのパルプを窃取してCに売却し，CがDに転売してDが費消したというケースで，AがCに対してDへの売却代金を価格返還と

§703 IV

して請求した。それに対して，CはDへの売却代金とBへの支払代金の差額が利得だと抗弁（対価抗弁）したが，Cの（対価）抗弁を認めず，CはDへの転売価格相当額の利得を得て，Aに損失を与えたと判示している。ただし，この事案では，CにはパルプをB所有と信じるにつき過失があった。他方で，A社の従業員Bが材木を窃取し，善意・無過失のCに売却し，Cが材木を転売したというケースで，AのCに対する不当利得返還請求に対して，CはBに支払った対価の控除を抗弁できるとした裁判例（高松高判昭37・6・21高民集15巻4号296頁）がある。

このような中間処分者Cの原所有者Aに対する対価抗弁が可能かに関して，学説は，控除説と不控除説に分かれている。しかも，衡平説の学説（我妻・講義1085頁以下，松坂233頁以下，谷口386頁以下）は，控除説を，類型論の学説（川村泰啓「返還さるべき利得の範囲(4)」判評65号（判時359号）〔1963〕8頁，広中410頁，四宮・上189頁・190頁注(四)〔ただし，大審院のケースでは，Cに過失があったから，高松高判とは一応は事案が異なると指摘する〕，好美「動向(下)」30頁以下）は，基本的に不控除説を支持している（中馬義直「盗品，遺失物等の売買に伴う不当利得の返還」谷口還暦(1)16頁以下〔不控除説〕も参照）。対価不控除説の論拠は，Cが現に動産を占有していたときは，Aの回復請求（193条）に対して，善意・無過失のCも動産を返還する必要があり，その際にBに支払った代金の返還をAに主張できないからである（対価控除は，民法194条の与える代価弁償としてだけ認められる）。ここでのAの侵害利得の返還請求（価格返還請求）は，Aの所有物返還請求権の代償の機能を有しており，所有物返還請求権が行使されたときと異なった判断がされるべきではない。つまり，AのCに対する請求は物権的性質を有しており，Cの代価の返還請求は，B・C間の契約関係の清算に由来する債権的性質を持っているということになる。他方で，衡平説は，特に，上記の2判決は，Aの従業員BがAの動産を窃取して第三者Cに売却したケースだったことにも注目して（我妻・講義1087頁），Aの過責を考慮し，Cの被る信頼損害の負担などを考慮して（松坂234頁以下），対価控除を考慮すべきだと解している。

以上の問題を考えるに当たっては，わが国と対照的なドイツ法との比較が有益だと考える。ドイツ民法では，占有離脱物でも金銭・有価証券には善意取得の規定が適用され，それ以外の動産でも競売で取得すれば善意取得が可

〔藤原〕　131

§703 IV

第3編　第4章　不当利得

能だが（ド民935条2項），民法193条，194条のような規定は存在しない。だから，以上の場合以外は，所有者は，占有離脱した動産を，取得時効が完成するまでは追及可能である。さらに，現在では，所有者Aは，盗人Bから動産が，C_1，C_2，……C_m，C_nと転売されたときは，占有者C_nに所有物返還請求するか，（善意・無重過失〔ド民932条2項〕で善意取得の要件を具備する）中間処分者C_1ないしはC_mの処分を追認して，C_1ないしはC_mに対して価格返還の請求が可能だと解されている（ただし，C_mが動産を市場価格より安価に処分したときは，善意のC_mは利得消滅を主張して，売却代金を返還すれば足りると解する学説が多数である）。確かに，ドイツ民法の施行（1900年）直後は，権利者が無権限処分者，特に，善意・無重過失の中間処分者の処分を追認して，不当利得返還請求できるのかに関しては理論的な疑念も呈されていた。しかし，それでもドイツの通説・判例が，中間処分者に対する不当利得返還請求と現占有者に対する所有物返還請求の選択権を認めたのは，実益の観点が決定的だと考えられる。というのは，第三者が動産を善意取得しているか否かは，所有者には容易に判断できない。さらに，占有離脱物が所在不明・氏名不詳の人間に処分されるか，複数の人間に処分されたときは，動産が発見できるか否かは不確実である。さらに，回復した動産が損耗しており，価格返還が物の回復より経済的に意味のある場合もある。しかも，中間処分者・占有者が善意の場合は，所有者は損耗に対する損害賠償請求はできない。そうなると，善意取得が成立して中間処分者に不当利得返還請求できる場合と比べて，善意取得の成立しない場合のほうが，かえって所有者の地位は劣化している可能性もある。しかも，所有者が現占有者（C_n）から動産を回復すれば，現占有者は自己の前主の中間処分者（C_m）に対して追奪担保責任を追及し，その場合には，代金の返還請求に加えて損害賠償も可能だから，現占有者に処分した中間処分者は売却代金以上の返還義務を負うことになる。ところが，所有者が追認して，中間処分者が価格返還すれば，中間処分者は追奪担保責任を確実に免れることになる。その結果，ドイツの判例では，所有者の保護を徐々に拡大し，無権限の売買が連鎖したときは，所有者は任意の処分者，つまり，最も高価に売却した者を選択して，その処分を追認することが可能とされている。さらに，所有者が物の一部を回復したときも，処分を追認できる。つまり，所有者の物の回復は，追認権の放棄とはみなされず，追認は処

132　〔藤原〕

§*703* IV

分を適法とするのではなく，不当利得返還請求のための擬制にすぎない。処分を追認した後でも，盗人に売却代金を超える損害の賠償を請求することも可能であり，その結果は，処分者と盗人は（不真正）連帯債務者となる。さらに，第三者の下で動産が加工されて所有権を失った後でも，つまり，追認する時点ではもはや所有者ではなくとも，所有者は処分を追認できる。結局のところ，物の処分によって所有者が取得できる経済的価値の全てを所有者に与えることを，追認によって達成しているのが，言い換えると，債権的請求（不当利得返還請求）による所有権の保護の完全化が，ドイツの判例・通説の考え方である（以上のドイツ法に関しては，藤原正則「無権限者による他人の物の処分と他人の債権の取立による不当利得(1)～(4)」北法 59 巻 2 号 565 頁以下，3 号 1219 頁以下，4 号 1707 頁以下〔2008〕，5 号 2309 頁以下〔2009〕。より簡潔な記述は，同〔判批〕北法 63 巻 3 号〔2012〕820 頁以下，799 頁以下を参照）。

　他方で，わが国の民法 193 条，194 条の母法であるフランス法の中間処分者に関する現在の状況は，中間処分者（商人）が動産を占有しているか否かで分かれ，(i)中間処分者が動産を占有しているときは，所有者保護が優先し，中間処分者は動産を返還する必要がある。(ii)中間処分者が善意・無過失ですでに動産を処分しているときは，中間処分者の処分は適法となり，転得者が支払った代価（弁償）について責任を負うのは所有者であって，中間処分者ではなく，所有者は直接の侵害者に対して責任を追及できるにとどまる。(iii)ただし，中間処分者が悪意・有過失であったときは，中間処分者は（不法行為ないしは不当利得による）価格返還義務を負う，とされている（武川幸嗣「他人物処分における所有者保護に関する一考察」名法 254 号〔2014〕153 頁以下を参照。藤原・前掲「無権限者(3)」北法 59 巻 4 号 1755 頁以下が紹介する，ドイツ法との対比でドイツでしばしば引証されるスイスの判例も参照）。

　そうすると，善意・無過失の中間処分者に対するわが国の（裁）判例の考え方は，ドイツ法とは異なり，さらに，善意・無過失の中間処分者は不当利得返還義務を免れるのではなく，対価抗弁を主張できるにすぎない点で，同様の取引の安全の規定を有しているフランス法とも異なっていると考えることも可能である。確かに，民法 193 条と 194 条の対比からは，193 条が適用される場合には，原物返還が請求されたときは，代価弁償は認められないことを重視するなら，対価抗弁は認められないことになる。そうすると，類型

〔藤原〕　　133

§703 Ⅳ

第3編　第4章　不当利得

論の学説が批判したように，上記の高松高判は誤っていることになる。しかし，他方で，原物返還ではなく，価格返還（不当利得）だけが問題になるときは，取引の安全を拡大するという考え方は，判例による法形成の一環として理由のないことではない（同様の思考図式が，動産の善意取得を認めていなかった，19世紀のドイツ法にも発見できることに関しては，藤原・前掲「無権限者(1)」北法59巻2号574頁以下を参照）。そう考えると，上記の昭和12年大判が対価控除を認めなかったのは，中間処分者に過失があったからだということになる。しかも，以下で見るように，そのような方向性を示しているのが，最終占有者が動産を消費したとき，および，最終占有者の使用利益の返還義務に関する判例だと考える余地もある。

(3)　最終占有者に対する請求

AからBが窃取した電線銅がC→D→E→Fと転売され，Fは金物販売商人であり，GがFから電気銅を買い受け，工事に使用（費消）したというケースで，AはGに対して主位的に原物返還を，予備的に動産の客観的価値と代価弁償の差額を請求した。判例（最判昭26・11・27民集5巻13号775頁）は，民法194条の回復請求権は，動産の現存を前提とし，回復請求に代わる不当利得返還請求も同様だとして，請求を全て棄却した。学説は，この判例を支持するものが多い。しかも，回復請求が動産の現存を前提とするなら，民法194条の適用されるケースだけでなく，193条が適用されるケースも同様だと解している（柚木馨・判例物権法総論〔1955〕361頁以下，舟橋諄一・物権法〔1960〕257頁，新版注民(7)〔2007〕207頁〔好美清光〕）。ただし，鈴木（禄弥）説は，Gから動産がHに転売されて現存すれば，転買者Hが原所有者Aから返還請求を受けると，転売者Gは転買者Hから追奪担保責任の追及を受けるのと比較すると疑問の余地もあると指摘している（鈴木禄弥「即時取得」総合判例研究叢書 民法(6)〔1957〕59頁以下）。そうすると，鈴木説の疑問と併せ考えると，昭和26年最判の考え方は，先に見たフランス法の中間処分者の責任のあり方，つまり，転売すれば，処分は適法となり，所有者に対して責任を負わないという考え方を，動産の消費にまで及ぼしたことになる。

今ひとつの判例（最判平12・6・27民集54巻5号1737頁）は，Aから窃取した土木機械を盗人Bが中古機械の販売業者Cに売却し，Cから土木機械を買い受けた善意・無過失の占有者Dに対して，Aから回復請求と使用利益の

§*703* Ⅳ

返還請求がされたケースで，民法 194 条の解釈として，原所有者 A の代価
弁償の提供があるまでは訴訟係属後も占有者 D には使用利益の返還義務は
ないとしている。確かに，善意の占有者 D には民法 189 条 1 項が適用され，
果実（・使用利益）の返還義務を負わないが，訴訟係属後は本権の訴えで敗訴
すれば悪意が擬制される（189 条 2 項）。だから，この判決は，民法 189 条 2
項の文言には反している（この判決に対する批判として，好美清光〔判批〕民商 124
巻 4 = 5 号〔2001〕723 頁以下，池田恒男〔判批〕判タ 1046 号〔2001〕67 頁以下）。判決
の理由は，(i)被害者 A は盗品の回復を請求するか否かを選択できるが，回
復を諦めれば占有者 D は使用利益を享受でき，回復を請求すれば使用利益
の返還義務を負い，占有者 D の地位は不安定となり，被害者と占有者の保
護の均衡を図った民法 194 条の趣旨に反する。(ii)被害者の占有者に対する代
価弁償の請求には利息は付されないが，被害者の回復請求に使用利益の返還
も認めれば，両者の均衡を欠くというのである。(i)は，例えば，占有者の使
用・収益が長期に及び，動産が劣化すれば，代価弁償が現在の価格より高額
となって被害者は回復を諦め，占有が短ければ回復を請求するということに
なりそうだが，これは被害者に選択権がある以上は当然の帰結である。だか
ら，重点は，(ii)であり，D の代価弁償の請求と A の使用利益の返還請求に
（売買契約の履行前の果実と利息に関する）民法 575 条を類推したのと同様の考え
方を提示している（だから，(i)は，(ii)と併せ見ると判決の理由には説得力があると考
えられる）。つまり，D の契約相手方 C に対する契約の解除による代金返還
請求を代価弁償という形式で，原所有者 A に抗弁できるなら，擬制的に
A・D は売買契約の当事者と考えられるということであろう（新版注民(7)226
頁〔好美〕は，代価弁償に利息を含まないことと関連させて理解すべきだとしている）。

　以上から（動産を中心とする）所有権の保護に関しては，次のように考える。
第三者に対する原物返還の請求が可能な場合でも，所有者は（所有権は失われ
ず，損害がないから，不法行為による損害賠償請求権は行使できないが，）通例は故意
であり，少なくとも過失はある直接の侵害者に対しては不当利得返還請求が
可能である。他方で，中間処分者に対しては，(裁)判例では，所有者の不
当利得返還請求は可能だが，有過失の中間占有者の対価抗弁を否定した判例
と，善意・無過失の中間占有者の対価抗弁を認めた裁判例がある。対価抗弁
の可否に関しては，学説の評価は分かれている。さらに，最終占有者に関し

〔藤原〕　135

§*703* Ⅳ
第3編 第4章 不当利得

ては，民法194条の適用されるケースだが，善意・無過失の占有者が動産を
費消したときは，動産の客観的価値と代価弁償の差額も請求できないとした
判例，および，所有者からの回復請求の訴え提起後も占有者は使用利益の返
還義務を負わないとした判例がある。そうすると，判例は，民法194条の趣
旨から，取引の安全を拡大しているということになる。その際に，ドイツ法
の構造を基礎とする類型論の学説の批判はあるが，民法193条，194条と同
様の規定を持つフランス法との対比からは，以上は所有権の保護と取引の安
全に関する判例による法形成であり，十分な理由があると評価することも可
能であろう。

(4) 無償の善意取得者，および，原因関係が無効の善意取得者

　BがAの動産を無権限でCに贈与して，Cが（無償で）善意取得したとき，
CはAに対して不当利得の返還義務を負うかに関して，判例には，一般論
として，「例ば買主が是に依りて当該動産（所有権）を取得したるときは其
の所有者は売主に対し其の代金を不当利得として請求するを得べく，若し贈
与なりしならば所有者は受贈者即ち即時時効に因り所有権を取得したる者に
対し不当利得として当該動産（所有権）そのものの返還を請求するを得べ
し」と判示したものがある（大判昭11・1・17民集15巻101頁〔騙取金銭による弁
済で，金銭の善意取得を理由に被騙取者の請求を棄却した原審を破棄差戻ししたもの〕）。
他方で，学説は，肯定説と否定説に分かれている。肯定説の論拠は，無償取
得は善意取得の制度目的である取引の安全とは無関係だからである（我妻
栄＝有泉亨・新訂物権法（民法講義Ⅱ）〔1983〕227頁以下，我妻・講義1011頁以下〔そ
の際に原所有者の返還請求権が債権的な不当利得返還請求であることを強調し，善意取得
者の担保設定は有効であると説いている〕，松坂99頁，好美「動向(下)」28頁，藤原257
頁以下）。否定説の論拠は，(i)取引の安全は無償取得者Cにも与えられるべ
き，(ii)原所有者Aは無権限処分者Bに対する不法行為，不当利得による請
求で満足すべき（舟橋・前掲書248頁以下，槇悌次・物権法概論〔1984〕130頁）で
あり，さらに，否定説の四宮説は，(iii)第三者Cに対する請求の必要性は，
侵害者Bの無償処分による利得消滅ゆえであり，Bの利得消滅がないときは，
第三者Cへの責任の拡張は不必要，(iv)ドイツ民法のように，無償の善意取
得者の返還義務を定める明文の規定（ド民816条1項2文）を欠くこと，を付
け加えている（四宮・上196頁注(三)）。しかし，いわゆる転用物訴権のケース

§703 IV

では，A・B間，B・C間に有効な契約関係が存在して利得移動したときでも，B・C間の利得移動が無償ならA・C間の直接請求を認めるのが判例（最判平7・9・19民集49巻8号2805頁）の考え方である。だから，わが国でも，無償取得は取引の安全とは無関係という一般的な評価を見てとることは十分な理由があるといえる。したがって，肯定説を支持したい。

　善意取得（192条）の前提は，第三者が有効に所有権を取得することだと解されている。だから，例えば，Aの動産をBが無権限でCに処分したとき，Cが善意・無過失でも，B・C間の売買契約がBの錯誤で取り消しうる場合は，Cは権利取得できないことになる（もちろん，その前提は，AがB・C間の契約の取消しによる無効を主張できることである〔例えば，錯誤に関して，最判昭45・3・26民集24巻3号151頁を参照〕）。善意取得は一種の承継取得であり，処分者の処分権の瑕疵を補完する制度にすぎないと考えると，原因関係が無効ないしは取り消された場合には善意取得は成立せず，第三者Cは所有者Aに無条件で動産を返還すべきだと解すべきことになる（舟橋・前掲書249頁割注，四宮・上238頁・239頁注（一））。しかし，善意取得の趣旨を単なる所有権の取得ではなく，取引の安全の保護の制度だと考えるなら，第三者Cは契約相手方Bに対する抗弁（ないしは，代金返還請求）を所有者Aに対して主張できると解すべきであろう（川村・前掲判評65号11頁，藤原258頁）。

3　所有者・占有者関係の規定

(1)　所有者・占有者関係の規定（189条〜191条・196条）

　占有の適法性を推定する民法188条以下の規定は，「占有権の効力」として，不適法占有者の果実の返還・損害賠償義務（189条〜191条），善意取得（192条〜194条），動物占有者の所有権の取得（195条），および，占有者の費用償還請求権（196条）を規定している。現在は，実体法の観点から，以上の規定は，(i)189条から191条まで，196条は，所有者・不適法占有者間の関係の規定，(ii)192条から194条までは，動産の占有の公信力（192条）と盗品・遺失物に関する善意取得の例外（193条・194条），(iii)195条は，所有権の原始取得と分類されている。ただし，189条から196条までは，所有者から所有物返還請求を受けた不適法占有者の（永続的な）抗弁を列挙したものであり，実体法の権利取得事由とは異なった観点から規定がおかれている。

〔藤原〕　137

§*703* IV　　　　　　　　　　　　　　　第3編　第4章　不当利得

(2) 所有者・占有者関係の規定と不当利得の規定（703条・704条）

かつて議論があったのが，以上の所有者・占有者関係の規定（189条〜191条・196条）と不当利得の規定（703条）との関係である。前者では，善意の占有者は果実の返還，および，損害賠償義務を免れるが，後者では，善意の利得者も果実の返還義務を負うからである。しかし，現在では，前者の規定は，侵害利得，しかも，対第三者関係に適用され，給付利得では，不当利得の準則（703条・704条）が適用されると解されている。だから，両者は適用される局面が異なり，ルールの抵触は存在しない。以上を侵害利得に関して敷衍すると，以下のようになる。

(ア)　**直接の侵害者との関係**　　例えば，Bが自己の土地と隣接するAの土地の一部を自己の土地と誤信して，Aの土地の下草を伐採して消費したとする（他人の所有権の侵害）。ここでは，A・B間に取引行為（処分行為）はないから民法192条は適用されず，BはAに消費した下草の不法行為による損害賠償，ないしは，不当利得の返還（価格返還）義務を負う（大判大4・5・20民録21輯730頁）。つまり，直接の侵害者には，民法189条から191条までの規定は適用されない。

(イ)　**対第三者関係**

(a)　**自主占有者の場合**　　他方で，Aから動産の寄託を受けたBが，善意・無過失のCに動産を売却して，現実に引き渡せば，Cは動産の所有権を取得する（192条）。ただし，BがAの動産を窃取して，善意・無過失のCに売却して引き渡したときは，Aは窃取から2年間はCに対して動産の回復を請求できる（193条）。しかし，その場合も，善意のCは，Aに対して果実の返還義務は負わない（189条1項）。果実の返還義務を負わない以上は，使用利益に関しても，同様に不当利得返還（価格返還）義務を負わないと解されている。加えて，例えば，Bが同種の物を販売するDに動産を売却して，Dから善意のCが買い受けたときは，AはCがDに支払った代金を償還する義務を負うが（代価弁償），動産を回復することが可能である（194条）。この場合も，CはAからの回復請求の訴えで敗訴しても，Aの訴えの提起以前の果実・使用利益に関しては返還義務を負わない（189条1項。ただし，同条2項は，本件の訴えで占有者が敗訴したときは，訴訟提起後の果実の返還義務を規定している〔訴えの提起による擬制悪意〕）。

138　〔藤原〕

§*703* Ⅳ

　加えて，以上のＣが動産を使用して滅失・損傷したときも，Ｃは損害賠償の義務を負わない。ただし，Ｃが現に利益を受けている限度では，不当利得の返還義務を負う（191条本文）。

　他方で，悪意の不適法占有者は，果実・使用利益の返還，損害賠償の義務を負うことになる（190条・191条本文）。しかし，これは当然の事理である。

　(b)　他主占有者の場合　　同様に，ＡからＢが窃取した動産をＢがＣに賃貸したときも，善意の占有者Ｃは，Ａに対して果実・使用利益の返還義務を負わない（189条1項）。ただし，Ｃが動産を使用して動産を滅失・損傷させたときは，Ａに対して損害賠償義務を負う（191条ただし書）。Ｃの善意は賃借権の取得に関するものであり，Ａからの損害賠償請求がなくとも，賃貸人Ｂに対しては債務不履行による損害賠償義務は免れない（もちろん，Ａの損害賠償請求に応じればＢに対しては責任を負わない）。

　つまり，民法189条から191条までは，善意の占有者に対して，所有権取得はできないが，果実・使用利益の返還，損害賠償義務に関して，いわば「限定された取引の安全」を認めた規定である。このような所有者・占有者関係の準則は，動産の善意取得（192条～194条），主に不動産の取引の安全に関する規定（わが国では，民法94条2項，96条3項，545条1項ただし書など）よりも古くから存在した。しかも，無権利者から権利取得することが不可能だった時代には，取得時効，添付とともに取引の安全を守っていた（例えば，ＢがＡから寄託された動産（小麦）をＣに売却すれば，善意取得が存在しなければ，ＣはＡから所有物返還請求を受ける。しかし，Ｂが動産を加工して新物（パン）として所有権を取得した上で，Ｃに売却すれば，Ｃは新物の所有権を取得するから，Ａから所有物返還請求を受けることはない）。

(3)　所有者・占有者関係の規定の意味

　以上のように，民法189条以下の所有者・占有者関係の規定は，侵害利得の対第三者関係での取引の安全を与えた規定であり，給付利得には適用されない（以上に関しては，新版注民(18)447頁以下〔田中整爾〕，四宮・上130頁以下，花本広志「物から生じる収益と不当利得(1)～(3)」判タ705号45頁以下，707号39頁以下，708号34頁以下〔1989〕，油納健一「不当利得と善意占有者の果実収取権──『使用利益』の問題を中心に」龍谷法学32巻4号〔2000〕118頁以下参照。より簡単な記述は，藤原259頁以下，藤原正則・物権法〈物権・担保物権〉〔2022〕110頁以下。さらに，田

〔藤原〕　139

§*703* IV

第3編　第4章　不当利得

中整爾「善意占有者の返還義務と不当利得」谷口還暦(2)91頁以下は，かつての学説を整理している。一第5巻§189〔88頁以下〕〔金子敬明〕）。

4　他人の債権の回収による侵害

(1)　弁済が債権者に対して有効となる場合

無権利者に弁済しても，弁済は原則として債権者に対して有効とはならない。だから，債権者は債務者に対して履行請求が，債務者は無権利者に対して，非債弁済の不当利得の返還請求が可能である。ただし，例外的に，弁済が債権者に対して有効となる場合がある（478条）。判例（大判大7・12・7民録24輯2310頁）は，弁済受領者としての外観を有する者（債権の準占有者〔平29改正前〕）への弁済は有効であるとして，債務者の弁済受領者に対する不当利得返還請求を退けている。しかし，民法478条は善意無過失の弁済者（債務者）に債権者に対する弁済拒絶権を与えたものと解すべきである（我妻栄・新訂債権総論（民法講義Ⅳ）〔1964〕281頁など）。だから，債務者が債権者に対して弁済の有効性を主張したときは，債権者は弁済受領者に対して不当利得返還請求が可能である（注民(12)81頁〔澤井裕〕，四宮・上199頁）。さらに，債権者が債権を譲渡して，譲受人が対抗要件を具備しない間に債務者が譲渡人（旧債権者）に弁済したときは，譲受人（新債権者）は債務者に対しては債権者の地位を主張できない（468条1項）。しかし，譲渡人（旧債権者）が債権の弁済を受けることは，譲受人（新債権者）に対する債権の侵害だから，譲受人は譲渡人に対して弁済を不当利得返還請求できる（大判明37・5・31民録10輯781頁）。さらに，動産・債権譲渡特例法（「動産及び債権の譲渡の対抗要件に関する民法の特例等に関する法律」）により第一譲受人が債権譲渡の登記をしたが，債務者対抗要件を具備しないときは，第三者対抗要件では劣後するが債務者対抗要件を備えた第二譲受人に対する債務者の弁済は有効である。しかし，第一譲受人は第二譲受人に対して不当利得返還請求が可能である。

(2)　弁済が債権者に対して有効とならない場合

他方で，債務者の弁済が債権者に対して有効とならないときに，債権者が債務者に履行請求するのではなく，弁済受領者に不当利得返還請求できるのかが問題となる。具体的には，2人の共同相続人の1人Aが被相続人に属した預金債権の全額の弁済を受けた事例で他の共同相続人Bの自己の相続分に当たる金額のAに対する不当利得返還請求を認めた判例（最判平16・

§*703* IV

10・26 判タ 1169 号 155 頁）がある。A は，B には法定相続分の預金債権が帰属
しており預金の払戻しが可能だから「損失」はないと主張したのに対して，
判例は，(i)A は一方で自己への預金の帰属を前提として債権の弁済を受け
ながら，他方で弁済の無効を主張しており，(ii)A への弁済に民法 478 条が
適用されれば B の請求が棄却されるなら，A への弁済に当たって債務者が
善意・無過失だったかという自己の関与していない事情を B は判断する必
要があるが，何ら非のない B のこのような負担は不当であり，A の B に
「損失」はないという主張は信義誠実の原則に反するとしている（結論が同じ
なのが，最判平 16・4・20 家月 56 巻 10 号 48 頁〔不当利得の他に，不法行為による損害
賠償請求も認めている〕，最判平 17・7・11 判タ 1192 号 253 頁。なお最大決平 28・12・
19 民集 70 巻 8 号 2121 頁は，共同相続された預金債権は分割されず共同相続人間の遺産
分割の対象となるとして，相続と同時に預金債権は分割されるとした上記平成 16 年 4 月
20 日最判を判例変更したが，預金債権の全額の払戻しを受けた共同相続人の 1 人に対し
て，他の共同相続人が自身の法定相続分に相当する損害賠償請求または不当利得返還請求
が可能だという結論に関しては変わらない。齋藤毅〔判解〕最判解平 28 年 526 頁以下，
548 頁を参照）。学説には，この判例に先立って，債権者は弁済受領者への弁
済を追認して，（弁済を有効として損失を発生させた上で，）弁済受領者に不当利得
返還請求できると説くものがあった（我妻・講義 1037 頁，松坂 165 頁，注民(12)
81 頁以下〔澤井裕〕，四宮・上 199 頁，藤原〔初版，2002〕230 頁）。さらに，以上の
判例以後の学説も判例を支持するが，債権者と債務者の請求の併存を認める
もの（山田誠一〔判批〕平 16 重判解 86 頁以下，小野秀誠〔判批〕金法 1748 号〔2005〕
7 頁以下）と，債権者，債務者のいずれかの弁済受領者への権利行使により
権利関係の確定を説くもの（潮見佳男・プラクティス民法 債権総論〔5 版補訂版，
2020〕330 頁以下）に分かれている（→第 10 巻§478 Ⅸ 3）。

　以上に関して若干のコメントをすると，弁済が債権者に対して有効でなけ
れば，債権者は債権を失わず，債務者に対する履行請求が可能だから，「損
害」も「損失」も受けていないはずである。そこで，上述したように，学説
（我妻・講義 1038 頁，松坂 165 頁など）は，同様の状況でのドイツ法の議論を参
照して，債権者は追認で弁済を有効として，「損失」を発生させた上で，不
当利得返還請求が可能だとしている。ドイツ法では，19 世紀には，以上の
債権者の無権利者（弁済受領者）に対する請求は，事務管理によるものだった。

〔藤原〕　141

§703 IV 　　　　　　　　　　　　　　　　　　第3編　第4章　不当利得

というのは，ドイツ民法典の成立以前（19世紀）には，事務管理は他人の権利領域への干渉に対する反動的請求であり，事務管理は，(ア)利他的意思のある事務管理（真正事務管理），(イ)他人の事務を自己の事務と誤信しての事務管理（誤想事務管理），(ウ)他人の事務を他人の事務と知っての事務管理（準事務管理）に分かれていた（(ア)では事務管理者の本人に対する有益費用償還請求に，(イ)(ウ)では本人の事務管理者に対する受領物の引渡請求に重点があった）。しかし，それでは，事務管理・不当利得・不法行為の区別が判然としなくなるという理由で，ドイツ民法は（故意の侵害者に対するサンクションである準事務管理は残したが，）誤想事務管理を廃止して，その効果を不法行為・不当利得に委ねた。ところが，その結果，以上のような真正事務管理に当たらないケースは，不法行為，不当利得では捕捉されなくなった（しかも，準事務管理の保護の対象となる権利は，ドイツの判例・通説では，不法行為と同様の権利〔絶対権〕と解されているから，債権は準事務管理によるサンクションの対象とならない）。そこで，ドイツの判例・通説は，債権者は債務者の弁済を追認して，弁済受領者に不当利得返還請求できると解している。ただし，その際の問題は，債務者の弁済受領者に対する非債弁済の不当利得を差し押さえた債務者の一般債権者と債権者の不当利得返還請求の競合，および，債務者が弁済受領者に対する反対債権を有していた場合の相殺の利益との優劣である（以上に関しては，藤原・前掲「無権限者(2)(3)」北法59巻3号1261頁以下，4号1709頁以下）。

　他方で，わが国では，民法479条の規定があり，民法478条が適用されない場合でも，受領権者以外の者に対する弁済が債権者の利益となった限度では，弁済受領者への弁済は有効となると規定している。つまり，債務者の財産に由来する弁済受領者への給付が，結果的に債権者に帰属することが承認されている。そうすると，債務者の相殺の利益，および，債務者の一般債権者の差押えの利益と債務者の弁済受領者への請求とは競合するが，債権者が弁済受領者から履行を受けたときは，債務者に対する債権は消滅すると解することが可能だと考える（注民(12)82頁・111頁〔澤井裕〕，藤原・前掲「無権限者(4)」北法59巻5号2362頁以下）。

5　知的財産権およびそれに類似した権利の侵害

(1)　知的財産権の侵害の特殊性とその保護

　特許権・著作権をはじめとする知的財産権は，その侵害が不法行為による

§*703* IV

サンクションのみならず，侵害利得の返還請求を基礎付ける割当内容を持っ
た権利だと考えられている（澤井 67 頁，松坂 142 頁，四宮・上 189 頁）。ただし，
同じく権利者に排他的な帰属が認められている権利でも，知的財産権と有体
物所有権ではその権利保護が可能となる形態は異なっている。知的財産権は，
有体物所有権とは違って，有体物の存在する場所以外でも侵害が可能である。
つまり，侵害の場所的な限界がないから，侵害に対する防御措置は限られて
おり，侵害が発生しても，その発見はしばしば困難であり，差止めも同様で
ある。したがって，知的財産権の保護には，妨害排除よりも損害賠償に比重
がかからざるをえない。しかも，市場で一回売却すれば価値実現は終了し，
（少なくとも，売却をとおして）市場価格の算定が比較的容易な有体物とは異な
り，知的財産権はそれを継続的に使用して製品を製造し市場で販売すること
で初めて価値実現できる権利だから，その利用形態に財産的価値は依存する。
だから，知的財産権の侵害による損害賠償額の算定は困難であり，価値の算
定方法によっては，かえって侵害を助長する結果となる。知的財産を侵害し
ても単にそのライセンス料相当額（客観的価値）の賠償が命じられるだけなら，
優れた生産設備・販売網を有する侵害者は侵害によって利益を収めることに
なる。しかも，知的財産権の侵害は，その侵害が判明しない暗数も多いと考
えられるから，知的財産権の客観的価値の算定の仕方にもよるが，単にライ
センス料相当額の返還を指示するだけでは，十分な権利保護とはいえない。
以上の問題に対する不当利得法（類型論）からの解答は，侵害に故意・過失
のないときは，知的財産権の客観的価値（実施料相当額）の賠償を指示する不
当利得の返還，故意・過失のあるときは，被害者の損害の賠償を指示する不
法行為による損害賠償請求，加えて，故意による侵害者には準事務管理によ
り侵害者の利益の剥奪を指示するという，3 種類のサンクションである（好
美清光「準事務管理の再評価」谷口還暦(3)371 頁以下）。

(2) 現行法の考え方

以上の知的財産権の侵害に対する実施料相当額，損害賠償，利益の剥奪と
いう 3 種類のサンクションは，知的財産権の故意・過失に基づく侵害の場合
の損害賠償の算定方式としてドイツ法で承認されてきたものである。さらに，
ドイツの判例は，その保護の対象を著作権・特許権から，それ以外の商標権
などの権利に拡大してきた。わが国の不当利得法の学説では，実施料相当額

〔藤原〕 143

§703 IV　　　　　　　　　　　　　　　　第3編　第4章　不当利得

という損害賠償は，損害としてではなく不当利得（知的財産権の客観的価値）と理解されることが多い（好美・前掲谷口還暦(3)413頁，四宮・上190頁注(三)）。

わが国では，例えば特許法102条は，1998年の改正前は，1項で侵害者の得た利益は権利者の損害額と推定する，2項で権利者は通常のライセンス料を損害賠償として請求できる，3項では，2項の損害賠償額を超える損害賠償は妨げないが，侵害者が軽過失のときは（実施料相当額を下回らない範囲では）賠償額を定める際にそのことを考慮できると規定していた（同様の規定が，著作権法114条，商標法38条，実用新案法29条などにも存在した）。以上の規定に関しては，1959年の改正の際に，上記のドイツ法の影響を受けて侵害者の利益の返還を規定する提案とともに審議された経緯があった。ところが，民法の不法行為の効果としては認められない侵害者の利益の返還が可能なのかが問題とされ，立法者は当時の通説だった我妻説に依拠して，特許権の権利者が利益を上げ得たのかを問題とせず，侵害者の利益を権利者の得べかりし利益の損害とするのが妥当だが，その際に侵害者の特殊な機会や才能に恵まれてあげた利益は侵害者に保有させるのが適切と考えた。このような経緯を経て立法されたのが，損害額を利益と推定するという特許法旧102条1項（など）の規定である。だから，以上は不法行為による損害賠償の規定だということになる（田村善之・知的財産権と損害賠償〔3版，2023〕206頁以下，261頁以下を参照）。

他方で，わが国の類型論の学説は，以上のような立法に対して批判的であった。その理由は，実施料相当額の返還は，侵害者の故意・過失によらず，不当利得として認められるべきである。さらに，侵害者の利益の返還は，侵害者の悪意の場合に限って，準事務管理として基礎付けることが可能であり，過失では足りないなどである（好美・前掲谷口還暦(3)412頁以下）。とはいっても，特許法103条は侵害者の過失を推定するから，不当利得と不法行為の違いは相対化されている。さらに，立法の経緯，および，過失の推定の規定があるとしても，以上の規定が侵害者の故意・過失を前提としている以上，特許法102条は，侵害が容易な権利である特許権の侵害に即して損害賠償の準則を規定したものと解すべきであろう。不当利得は侵害者の故意・過失がないときでも，権利者に権利の帰属割当を回復させる最低限度の権利保護であり，不法行為の補完をする機能を有している。だから，不当利得では，特許

144　〔藤原〕

権侵害の防止・サンクションといった側面は，不法行為法とは違って基本的に考慮されていない。その結果，他の侵害利得のケースと同様に，侵害者に故意・過失があれば，不法行為と不当利得は請求権競合の関係に立つことになる。もっとも，侵害者の利益を権利者の損害とみなすという考え方は，伝統的な損害概念である差額説とは違った規範的な損害概念に依拠しているといえる（田村善之・機能的知的財産法の理論〔1996〕221頁以下，沖野眞已「損害賠償額の算定──特許権侵害の場合」法教219号〔1998〕58頁以下）。だから，その結果，不法行為の損害概念が変化して，不法行為と不当利得の効果が重なり合う可能性はある。しかし，その場合でも，例外的に侵害者の過失の推定が覆されたとき，および，不法行為の損害賠償請求権の消滅時効は3年で完成する場合があるから（724条1号），そのような場合に，不当利得は権利者の請求権を基礎付けることになる。今ひとつ，類型論の学説は，侵害者から利益を剝奪する場合に，準事務管理を承認すれば，侵害者（事務管理者）に対して，事務の計算・報告義務を課すことで，被害者が損害の証明を負担する不法行為による損害賠償より有利だと考えていた。しかし，民事訴訟で一般的に証拠提出命令などの制度が整備され，知的財産権に関する法律でも過失の推定・書類の提出義務（例えば，特許103条・105条）などの立証の軽減が図られると，準事務管理の優位性は意味を失うことになる（ただし，侵害利得による利益の返還の可能性を説く，長谷史寛「知的財産権侵害における不当利得返還請求──侵害利得と不法行為が交錯する一場面」論叢180巻5＝6号〔2017〕622頁以下，同「いわゆる『利益吐出し』と民法法理──侵害利得の可能性と限界を中心に」民商157巻1号〔2021〕88頁以下も参照）。

(3)　知的財産権に類似した権利の保護

　一般的に知的財産権として承認された権利以外でも，その侵害に侵害利得による法的サンクションが与えられる権利も存在する。例えば，著名な芸能人・タレントなどの肖像権などであり，特に，それを宣伝・広告などに利用する場合は，通常は有償で本人の許諾を受けることから，割当内容を持った権利であることは，すでに社会的な認知を受けている。その結果，このような著名人の氏名権・肖像権が侵害されたときは，人格権侵害による慰謝料請求だけでなく，財産的権利としての人格権（氏名権・肖像権）に基づいて，侵害者に故意・過失がないときでも，肖像・氏名の使用の客観的価値を不当利

§703 V

得として返還請求できると解すべきである。もちろん，侵害者に故意・過失があれば，不法行為による損害賠償請求が可能であり，不当利得返還請求とは請求権競合の関係となる。以上のような人格権の財産的側面はパブリシティと呼ばれており，パブリシティには割当内容があると考えられる（花本広志「人格権の財産権的側面——パブリシティ価値の保護に関する総論的考察」獨協法学45号〔1997〕241頁以下，藤原正則「利益の吐き出し責任——ドイツの一般人格権の侵害の事例に則して」藤岡康宏編・民法理論と企業法制〔2009〕181頁以下）。ただし，一般的に割当内容を有する権利というには，権利侵害に対する差止め，権利の処分・担保設定の可能性のあることが前提だが，その全てを備えていない場合でも（例えば，パブリシティには譲渡可能性はないと考えられているが，そのことは反対に，排他的権利として強度の排他的帰属を意味すると考えることも可能であろう），割当内容を認める余地はあると考える。わが国の判例では，不法行為によってパブリシティの侵害に対する損害賠償請求を認めたものはあるが（例えば，東京地判昭51・6・29判タ339号136頁），不当利得による客観的価値の返還を認めたものではない。しかし，不当利得による救済が排斥されるものではないと考える。ただし，パブリシティの侵害には，多くの場合に侵害者の故意・過失を認めうるだろうから，不当利得返還請求が意味を持つのは，知的財産権の侵害の場合と同様に，時効期間の差異であろう。

V　支出利得（求償利得と費用利得）

1　支出利得の意義

　支出利得は，給付利得，侵害利得と並ぶ不当利得の第3の類型である。つまり，自己の財貨（金銭・物・労務）が他人（利得者）に帰属するような方法で，損失者が自ら財貨移動を惹起した場合の利得移動の矯正が，支出利得である。支出利得は，他人の債務の弁済による「求償利得」と他人の物に対する費用の支出による「費用利得」に分かれる。

　支出利得でも，給付利得と同じく，損失者が意識して支出した出捐の回復が問題となっている。しかし，給付利得での給付とは，通常のケースでは「債務の履行」であり，例外的に，目的不到達の不当利得でも受領者と合意した「目的達成のための出捐」である。だから，他人の財貨を増大させるた

§*703* Ⅴ

めの目的指向的な出捐が，給付である。他方で，支出利得では，損失者は，それと意識してか（求償利得），錯誤してか（費用利得）は別として，他人の財貨を増大させるためにではなく，自己の利益のために出捐を行っている。だから，損失者は意識して出捐はしているが，給付はしていないというのが，給付利得と支出利得との違いである。

　侵害利得では，侵害者（利得者）の他人（損失者）の財貨の侵害によって，利得移動が発生している。他方で，支出利得では，損失者の意識的な出捐によって利得移動が惹起されている。だから，侵害利得の問題は，排他的に権利者に帰属した割当内容のある権利の保護であり，不法行為，所有物返還請求権を補完するのが，侵害利得の機能である。それに対して，支出利得の問題は，一方で，損失者の他人の権利領域への干渉による「押し付けられた利得」からの利得者の保護であり，他方では，事務管理が成立しない場合の損失者の保護である。つまり，事務管理が成立しない場合でも，負担の帰属割合に応じた財貨移動の矯正を図るのが，支出利得の機能である。だから，給付利得を「財貨運動法」，侵害利得を「財貨帰属法」ということとの対比で，支出利得は「負担帰属法」とネーミングされている（四宮・上54頁。求償利得に関しては，渡邊力・求償権の基本構造〔2006〕，特に，141頁以下が包括的な検討を加えている。さらに，支出利得の全体像に関しては，平田健治「支出利得の位置づけ」ジュリ1428号〔2011〕22頁以下も参照）。

2　他人の債務の弁済による求償権（求償利得）

(1)　求償利得の要件

　求償利得の要件は，(ⅰ)損失者（弁済者）は他人の債務を弁済する意思で弁済する必要がある。そうでなければ，第三者弁済（474条）の要件は満足されず，債務は消滅せず，したがって，債務者には利得（債務の消滅）は生じない。(ⅱ)弁済の対象の債務は有効に成立・存続している必要がある。債務が存在しなければ，債務者の利得は生じないからである。ただし，債務が存在しないときは，弁済者は，弁済受領者に対して，非債弁済の不当利得の返還請求が可能である。(ⅲ)以上の(ⅰ)(ⅱ)の他に，他人の債務の弁済による求償権が他の法規定，特に（事務管理・）契約によって規律されていないことが求償利得の要件である。例えば，委託保証人の求償権（459条）は，主債務者と保証人の間の（準）委任の有益費用償還請求権であり，無委託保証人の弁済が主

〔藤原〕　147

債務者の意思に合致すれば，事務管理が成立する（462条1項・459条の2第1項）。他方で，無委託保証人の弁済が主債務者の意思に反するときは，求償の範囲は現存利得であり（462条2項），その性質は不当利得である。

(2) 求償利得の効果

　求償利得による債務者の利得は債務からの解放だから，原物返還は考えられず，価格返還である。さらに，求償利得では，利得者の善意・悪意は返還義務の範囲に影響を及ぼすことはない。しかも，債権者からの債権譲渡という方法によらず，債務の弁済効を介在させて，直接に債権者から「譲渡された債権」の履行を債務者に請求できるのが，求償利得の意味である。だから，債権譲渡によって債務者が不利益を被ることはないという債権譲渡の債務者保護の規定は，支出利得にも類推可能であろう。しかも，求償利得で損失者が取得するのは原債権ではなく求償権だから，債務者保護の要請はますます当てはまると考えられる。その結果，(i)利得債務者は債権譲渡に関する民法468条1項の類推で，訴訟係属となる前の債権者に対する一切の抗弁を利得債権者に対抗できる。(ii)しかも，それは求償権が発生した後でも同様である。例えば，債務者は弁済後に債権者に対して取得した反対債権で求償権と相殺できる（462条2項後段を参照）。(iii)原債権が時効消滅したときは，求償権の行使に対しても，原債権の消滅時効を抗弁できるということになる（好美清光「不当利得の類型論」私法48号〔1986〕34頁以下，44頁，四宮・上208頁，藤原324頁以下）。

3 他人の物に支出した費用の償還請求権（費用利得）

(1) 費用利得の要件

　費用利得の要件は，以下の4点である。(i)他人の財産に費用が支出されたが，費用が給付ではないこと。(ii)費用の支出者が他人の財産を自己の財産と錯誤していても，他人の財産と知っていても，費用利得は成立する。求償利得とは異なり，費用償還は他人の債務の弁済ではないから，出捐者の錯誤の有無は問題とならない。ただし，他人の財産を自己の財産と錯誤していたときは，事務管理は成立しない。(iii)費用の支出が事務管理の要件を満たさないこと。事務管理が成立すれば，事務管理は法律上の原因となり，不当利得返還請求権は発生しない。(iv)支出された費用に，財貨の所有者が妨害排除請求権を持たないこと。例えば，家屋の賃借人が賃貸人の同意なしで建物を増築

§703 VI

した場合は，造築部分が物理的には付合の要件を具備したときでも，賃貸人
は賃借人に造築部分の収去を請求できると解すべきであろう。賃貸人が造築
部分の所有権を主張すれば，初めて不当利得の問題となる。したがって，費
用利得では，まず収去義務の有無が検討されるべきである。

(2) 費用利得の効果

費用利得の効果論の重点は，押し付け利得の防止にある。なぜなら，費用
利得では原物返還は問題とならず（原物返還は収去請求であろう），その効果は
価格返還である。だから，費用の客観的価値の償還が常に可能なら，費用利
得は損失者から利得者への取引強制につながる恐れがある。具体的には，所
有者・占有者関係（196条），賃貸借での費用償還請求（608条）で，費用利得
の効果は具体化されている（→I 4(4)）。

VI 多数当事者間の不当利得，ないしは，対第三者関係
（「それによって」の要件＝「因果関係」）

1 多数当事者間の不当利得（対第三者関係）の概観

利得移動が2当事者間のみならず，3者以上に及んだとき（多数当事者関係，
ないしは，対第三者関係）は，誰が不当利得返還請求の当事者（原告・被告）と
なるのかが問題となる。ただし，多数当事者関係で困難な問題が発生するの
は，給付利得の場合である。というのは，例えば，AがBに寄託した動産
を善意・無過失のCに処分すれば，Aは所有権を失わせたBに対して不当
利得返還請求できる。しかし，Bが悪意または有過失のCに売却して，C
が動産を消費した場合は，BのCへの処分によっては動産所有権はAから
Cに移転しないから，BがAの所有権を侵害したことにはならず，動産の
所有権の喪失はCの消費によって惹起されており，財貨を侵害したCが不
法行為による損害賠償と不当利得返還の義務を負うことになる（ただし，同時
に，Bが不法行為責任，または，不当利得の返還義務を負う可能性はある。しかし，その
場合でも，Aは，BおよびCの双方に不法行為，不当利得に基づく請求が可能となるにす
ぎない）。他人の債務の弁済が問題となる求償利得では，確かに，最初から債
権者・債務者・弁済者の3当事者が利得移動に関与している。しかし，債務
の弁済効が発生すれば，利得者は債務者であり，弁済効が発生しないときは，

〔藤原〕 149

§*703* Ⅵ   第3編　第4章　不当利得

弁済者の債権者に対する非債弁済の不当利得が問題となるだけである。他方
で，例えば，買主Ａが売主Ｂの指示（指図）に従って，売買代金を第三者Ｃ
に支払った場合は，事実上の利得移動はＡ・Ｃ間で発生している。しかし，
Ａ・Ｂ間の売買契約が無効だったときに，ＡはＣに対する不当利得返還請求
権だけを行使でき，Ｂには行使できないというのは，明らかに不当であろう。
ＡはＢの指示に従っただけであり，弁済の相手方がＣでもＤでもＡにとっ
ては無関係だからである。さらに，同様の例で，Ｂ・Ｃの債務が不存在だっ
た場合も，やはり事実的な（Ａ・Ｃ間の）利得移動は問題解決の手掛かりには
ならない。だから，以上のように給付利得に多数当事者が関与する場合は，
事実的な利得移動ではなく，給付の効果帰属を評価して給付利得の当事者を
決定する必要がある。しかも，給付利得の事例には様々なヴァリエイション
があり，その結果，不当利得での多数当事者関係は，そのほとんどが給付利
得の問題である。

　このような給付利得の多数当事者関係は，現代の分業化された商品・労務
の給付，現金の介在しない弁済取引（例えば，銀行振込）などの取引が発展す
るにしたがって，重要性を増している。なぜなら，分業化され匿名化されて
連鎖する契約関係の一つに無効・取消しがあったときに，そこでの財貨移動
を回復する手段が不当利得に他ならないからである。しかも，連鎖した契約
関係に障害が生じたときに，契約に関与する者は自己の直接の契約相手方以
外からの履行・清算請求から免れたいと考えるのは当然である。自己の契約
相手方以外の者からの財貨追及に曝されれば，基本的には自己の契約の相手
方との間で考慮されていた取引の計算可能性が損なわれるからである。加え
て，給付利得のみならず，侵害利得の局面でも，取引の安全・計算可能性が
要求されているのが，現代の商品交換社会の現状であろう。例えば，民法
194条の適用されるケースで，動産を消費した善意・無過失の最終占有者に，
原所有者からの動産の回復請求に代わる価格返還を認めなかった判例（最判
昭26・11・27民集5巻13号775頁），原所有者からの回復請求の訴え提起後の使
用利益の返還請求を認めなかった判例（最判平12・6・27民集54巻5号1737頁）
などである（それ以外の侵害利得に関する問題については，藤原388頁以下，特に，
390頁以下を参照）。その結果，不当利得法は，分業化・匿名化された商品交換
が利用する法制度が無効・取消しとなったときに，そのような法取引を補完

する機能を担っている（多数当事者関係の全体像については，藤原正則「不当利得法の対第三者関係」ジュリ 1428 号〔2011〕30 頁以下も参照）。

2　因果関係と給付関係

(1)　直接の因果関係

かつてのわが国の判例・学説は，多数当事者間の不当利得で，不当利得返還請求権の要件として，「因果関係の直接性」を要求していた。ただし，因果関係の直接性は，わが国の不当利得理論に大きな影響を与えたドイツ法に由来する概念である。そこで，まず，ドイツ法での因果関係の意味について説明することとしよう。㋐A が B に自己所有の動産を売却し，代金を受領して引渡しも終えた。しかし，A・B 間の売買は，A の錯誤で取り消された（ド民 119 条 1 項）。ところが，B は動産を C に売却して引渡しもされていた。㋑同様の事例で，B の強迫を理由に A・B 間の売買契約が取り消された場合。㋒同様の事例で，A が買主 B の指示で，B から動産を買い受けた C に直接動産を引き渡した場合。

以上の㋐㋑のように A・B 間，B・C 間と売買契約などで給付が連続して行われたケースは，ドイツ法では「給付連鎖」と呼ばれている。㋐では，A は契約相手方（給付受領者）の B に対してだけ，給付利得の請求が可能だというのがドイツ法の結論である。というのは，物権変動で無因原則をとるドイツ法では，売買契約（債務負担行為）が無効・取消しとなっても，所有権移転の合意（処分行為）は原則として有効である。だから，動産の所有権は B にとどまり，A は債権的な不当利得返還請求によって，B に対して所有権の回復を請求することになる。その結果，第三者 C は，A・B 間の売買契約の無効・取消原因に対する善意・悪意とは無関係に，常に動産の所有権を取得する。さらに，動産が B から C に転売されていないときでも，B の債権者 G が動産を差し押さえれば，G が弁済を受けることになる。A は自己の所有権を理由に，G に対して強制執行の排除を求めることはできない。その結果，転得者 C には，善意・悪意とは無関係の取引の安全，つまり，「無因的（抽象的）信頼保護」が与えられ，一般債権者 G との「債権者平等」が実現される。

ところが，以上のケースで，A が C に対して不当利得返還請求によって動産の回復を請求できるとすれば，無因原則の与えた第三者に対する取引の

〔藤原〕　151

安全は，全く無意味となってしまう。そこで，かつてのドイツの判例・学説は，不当利得の成立要件として，「因果関係の直接性」を要求した。つまり，BはAの損失において，CはBの損失において動産の所有権を取得したのだから，A・B間の利得移動（利得と損失），B・C間の利得移動には直接の因果関係があるが，A・(B・)C間の利得移動の因果関係は「間接」的で，「直接の因果関係」はないということになる。

ただし，ドイツ法でも(イ)強迫による取消しでは，債務負担行為のみならず処分行為も無効となる（「瑕疵の同一性」）。だから，Aは第三者Cに対しても所有物返還請求が可能である。その結果，Cの取引の安全を与えるのは，善意取得だということになる。だから，ここでは，第三者Cには，無因原則による善意・悪意とは無関係な取引の安全ではなく，善意・無（重）過失（ド民 932 条 2 項）による「具体的信頼保護」が与えられることになる。要するに，ドイツ法では，財貨移動の瑕疵が債権的か（「無因的信頼保護」），物権的か（「具体的信頼保護」）で，第三者に与えられる取引の安全が異なってくることになり，かつ，無因的信頼保護の与えられる局面では，「債権者平等」が実現されることになる。

(2) 給 付 関 係

ところが，上記(1)の(ウ)では，A・B間，B・C間の引渡しを短縮して，Bの指示で直接AからCに動産が引き渡されている。これを，ドイツ法では，「短縮された給付」と呼んでいる。要するに，一旦はBに引き渡すことなく，直接にAからCに引き渡された場合である。ただし，この場合に，A・B間の売買契約が無効・取消しとなったときに，AはCに対して不当利得返還請求できないとするためには，因果関係の直接性という理論は必ずしも分かりやすくはない。現実の財貨移動は，直接にAからCに行われているからである。そこで，類型論は，給付関係の確定によって，A・B間，B・C間の給付利得を基礎付けている。短縮された給付でも，AはBに対して「給付（＝目的指向的な他人の財貨を増大）」しており，Cには「出捐（＝意識した自己の財貨の支出）」したにすぎない，と説明する。したがって，Aの出捐はCとの関係では無意味であり，Bとの関係で「給付」とみなされる。つまり，給付の「目的」によって給付関係を確定し，給付関係に則した不当利得返還請求権の当事者を決定するのが，類型論の考え方である。しかし，例えば，

152　〔藤原〕

§703 VI

第三者のためにする契約では，諾約者 A は，要約者 B との契約関係に基づいて，A に対する履行請求権を取得した第三者 C に「給付」する。その結果，A・B 間，および，A・C 間に「給付関係」が分裂することになる。そこで，A・B 間の契約関係に瑕疵があったときに，A・B 間の原因関係（補償関係）で給付利得が認められるのか，A・C 間の給付関係に則してか，あるいは，実質的な評価基準によって不当利得の当事者を規定する必要があるなどと，ドイツでは議論されている（ドイツの多数当事者の不当利得に関しては，廣瀬克巨「三角関係における給付利得 —— ドイツ類型論の一断面(1)(2)」比較法雑誌 15 巻 1 号 1 頁以下，2 号 1 頁以下〔1981〕，平田・利得 199 頁以下〔初出・民商 116 巻 1 号～3 号〔1997〕，および，最近の議論に関しては，瀧久範「三角関係型不当利得における事実上の受領者の保護」論叢 163 巻 4 号 104 頁以下〔2008〕，165 巻 4 号 117 頁以下，168 巻 1 号 146 頁以下〔2009〕。ドイツ法および，わが国の解釈論として，四宮和夫「給付利得の当事者決定基準」同・四宮和夫民法論集〔1990〕143 頁以下）。

3　わが国での問題解決

他方で，わが国では物権変動の無因原則をとらないから，上記 **2** (1)の(ア)(イ)(ウ)では，いずれも A は C に対して所有物返還請求が可能である。その結果，わが国では，少なくとも給付が有体物である限りは，第三者 C に取引の安全を与えるのは，意思表示の規定（94 条 2 項〔の類推〕，96 条 3 項など），および，動産取引では（193 条，194 条も含めた）善意取得の規定（192 条）であろう。つまり，第三者 C の権利取得が取引の安全を与えていることになり（具体的信頼保護），そうすると，利得移動したものが有体物である限りで，給付関係の確定は余り意味を持たない。さらに，例えば，動産が A→B，B→C と売買されて，A・B の契約が無効で，悪意または有過失の C が動産を消費した場合には，A は C に対して，不法行為および不当利得（侵害利得）によって損害賠償または価格返還を請求できることになる。だから，給付関係，または，契約関係に則した契約の清算だけでは，不当利得法上の問題解決も可能ではない。以上のような背景から，わが国の不当利得の多数当事者関係に関して，かつてから議論が多かったのは，文字通りの有体物所有権による財貨の追及が観念できない金銭騙取の不当利得と（給付が請負契約による仕事〔労務〕と動産でも付合して有体物ではなくなった）転用物訴権であった。学説でも，給付利得の全体について，ドイツ法を参照してわが国の解釈論として包括的

§703 VI　　　　　　　　　　　第3編　第4章　不当利得

な検討を行ったのは四宮説だけであった。ただし，現金を介在させない弁済取引である広い意味での指図である振込取引に関しては，有体物所有権とは切り離した議論が可能と考える。他方で，ドイツ法で多数当事者関係の不当利得として議論される債権譲渡，第三者のためにする契約などは，わが国では判例も少なく，ほとんど議論されてこなかった（債権譲渡，第三者のためにする契約などに関しては，四宮・前掲民法論集143頁以下，四宮・上209頁以下，藤原337頁以下・372頁以下を参照）。そこで，以下では，給付利得の典型的な事例として，振込取引を，さらにその後に，給付関係が介在しながら，契約外の第三者に対する追及として最もよく議論された金銭騙取の不当利得と転用物訴権を取り上げることとする（特に，金銭騙取と転用物訴権に則して，因果関係を論じたものとして，衣斐成司「不当利得における『因果関係』」民法講座(6)45頁以下）。

4　振込取引（指図）

(1)　振込取引の意義

例えば，A銀行に口座を持つBが，Cに対する債務を弁済するために，自己の口座からCのA銀行の口座への振込をA銀行に依頼し，AはBの指図に従って振込を実行したが，後にBの口座は資金不足だったことが判明したとする。ドイツ民法には指図の定義があり，「金銭・有価証券その他の代替物を第三者に給付すべき旨を他人に指図する証書を第三者に交付すること」とされている（ド民783条）。つまり，最終的に給付を受領する者に対して書面による授権が与えられるのが，指図という制度である。だから，指図証書が交付される小切手・為替手形による弁済は，指図である。さらに，銀行振込のように，A銀行に口座を有するBが，その預金をCのA銀行の口座に振り込むようAに委託した場合も，広義の指図である。わが国には指図の定義はないが，小切手・為替手形の交付は指図であり，手形・小切手は原因関係とは無因の債務を負担する約束だから，ドイツ法と同様の議論が可能であろう。他方で，わが国では，例えば，売主Aが買主Bの指示に従って，売買目的物を第三者Cに引き渡したが，A・B間の契約が無効だったときは，Aは原則として第三者Cに対して所有物返還請求が可能である。だから，A・B間，B・C間の給付関係は，対第三者関係での問題解決の手掛かりにはならない。しかし，わが国でも，例えば銀行振込は，指図での給付利得を考えるに相応しい例であろう。というのは，銀行振込では，上記の例

154　〔藤原〕

のように，BのA銀行の口座には残高が不足していたという場合でも，A
銀行が振り込んだ金銭を直接Cに返還請求するのは，振込取引を利用した
関係当事者の期待に反するであろう。なぜなら，Cの口座に振り込まれた金
銭が，BがA銀行に持参したものであろうと，Bの口座から振り込まれた金
銭であろうと，さらに，その際にBの口座が資金不足であろうと，Cにと
っては無関係である。Aにとっても，BがCの口座に振り込めと指示する
か，Dの口座に指示するかは，同様に無関係である。だから，原則として，
AはBとだけ資金移動の決済をし，CはBとだけ決済をしようというのが，
振込取引での当事者の意思である。だから，仮に，金銭に所有権ないしは帰
属割当が考えうるにしても，金銭の追及力を排除するのが，銀行振込での関
係者の意思に合致している。このような現金を介在させない弁済取引に関与
した者は，金銭の有体物性を排除することに合意していると考えるべきであ
ろう（指図ないしは振込取引に関しては，四宮・上228頁以下，後藤紀一・振込・振替
の法理と支払取引〔1986〕，藤原360頁以下，岩原紳作・電子決済と法〔2003〕，安達三季
生「振込の全体的構造(1)～(4)」法学志林106巻2号1頁以下，3号23頁以下，4号103
頁以下〔2008〕，107巻1号1頁以下〔2009〕を参照）。

(2) 給付関係と出捐

以上の考え方を前提に，銀行振込を念頭に指図に関する多数当事者関係，
ないしは，対第三者関係を整理すると以下のようになる。A銀行に口座を
有するBが，その預金をA銀行のCの口座に振り込むようA銀行に指図し，
Aが振込を実行したとする。振込の基礎となる契約関係（原因関係）は，指
図人Bと被指図人Aの間の原因関係（補償関係）と指図人Bと指図受益者C
との原因関係（対価関係）であり，A・C間には原因関係は存在せず，事実上
の金銭の交付である「出捐関係」が存在するだけである。以上の原因関係に
瑕疵がなく振込が行われたときは，AからCへの出捐によって，B・C間の
対価関係上の請求権（例えば，BがCに負っていた債務），および，A・B間の補
償関係上の請求権（Bの口座からの引き落とし）も消滅する。A・C間の事実上
の利得移動（出捐）とは別に，AはBに対する債務の弁済のためにCに出捐
することでBに給付し，BはAの出捐によってCに給付している。だから，
法的な意味での利得移動は，AがBに給付し，BがCに給付した場合と変
わりはない。

〔藤原〕　155

§*703* Ⅵ   第3編　第4章　不当利得

(3) 原因関係（補償関係・対価関係）の瑕疵

したがって，以上のＡ・Ｂ間の補償関係，Ｂ・Ｃ間の対価関係に瑕疵があったときでも，原則として，各々の給付関係に則した給付利得が成立するはずである。

⑺　**補償関係の瑕疵**　　その結果，例えば，Ａ銀行のＢの口座が資金不足であったとき，つまり，補償関係に瑕疵があるときは，被指図人Ａは指図受益者Ｃに対して直接請求することはできず，指図人Ｂに対してだけ履行請求が可能と解すべきである（四宮・上230頁以下，好美「動向(下)」26頁，藤原363頁）。大審院昭和15年12月16日判決（民集19巻2337頁）は，山林の売主Ｂが買主Ａに手付金を（Ｂが山林の購入資金の融資を受けた）債権者Ｃの口座に振り込ませたが，Ｂが山林の引渡しをしないので，ＡがＡ・Ｂ間の売買契約を解除したケースだが，ＡのＣに対する手付金の返還請求を退けて，傍論でＡ・Ｂ間の返還請求を指示している（解除に関する事案だが，不当利得返還請求に関しても同じであろう）。さらに，大審院大正13年7月23日判決（新聞2297号15頁）では，Ｂが偽造株式を担保にしてＡ銀行から融資を受け，自己の債権者のＣ銀行に金銭を交付させたケースだが，（Ａ・Ｂ間の）消費貸借契約が錯誤無効でも，金銭の所有権の移転は物権契約によるから所有権移転の合意には影響しないとして，ＡのＣに対する不当利得返還請求を退けている。つまり，理由づけは別して，結論としては補償関係の当事者Ａ・Ｂ間での清算を指示している。

⑷　**対価関係の瑕疵**　　反対に，ＢはＣへの弁済のためにＡにＣへの振込を委託したが，Ｂ・Ｃ間の債務が不存在だったとき，つまり，Ｂ・Ｃ間の対価関係に瑕疵があるときは，指図人Ｂは被指図人Ａには返還請求できず，指図受益者Ｃに対して給付利得の返還請求が可能である（四宮・上231頁以下，好美「動向(下)」26頁，潮見・講義Ⅰ353頁，藤原364頁）。被指図人Ａは指図人Ｂに給付する代わりに，指図受益者Ｃに出捐したにすぎず，Ａ・Ｂ間の補償関係に瑕疵はないから，給付利得がＢ・Ｃ間にだけ成立することは自明であろう。判例（最判昭28・6・16民集7巻6号629頁）は，Ｃ（未成年者）からＢに不動産が売却され，Ａ（軍需省）が代金を第三者弁済したが，その後にＣの母親が親族会の同意を得ていなかったためＣがＢ・Ｃ間の売買契約を取り消して，Ｂに不動産を返還請求したというケースである。それに対して，Ｂが代

156　〔藤原〕

金の返還と不動産の返還との同時履行関係を主張し，その前提としてBのCに対する不当利得返還請求の可否が問題とされた。Cは不当利得の返還の相手方は契約相手方Bではなく，金銭を第三者弁済してCに交付したAだと主張したが，上記昭和28年最判は，「第三者弁済の場合特別の事情なき限り債務者は弁済者に対して弁済者の支払った額だけの債務を負担する等何等かの相当の補償関係に立つものである」として，対価関係内での清算を指示している。さらに，指図人Bが被指図人A銀行への振込委託で（CではなくDと）相手方を誤記した場合に，Bの不当利得返還請求の相手方はAではなくDであることは当然の前提とされている（最判平8・4・26民集50巻5号1267頁）。

　(ウ)　二重欠缺　　さらに，補償関係，対価関係のいずれにも瑕疵のある場合（二重欠缺のケース）でも，以上の理に変わりはない。つまり，A・B（補償関係）間，B・C（対価関係）間の給付利得が成立するはずであろう。ただし，学説の考え方は分かれている。

　　①　A・C間の直接請求を認めるもの　　このような学説に共通する考え方は，(ア)Aには損失があり，Cには利得があるが，補償関係・対価関係も欠如するからBには利得も損失もない（鈴木771頁，松坂94頁）。(イ)補償関係，対価関係の存在がCの利得保有を正当化するのだから，AはCへの直接請求が可能である（加藤・体系491頁以下）。(ア)(イ)に加えて，(ウ)2つの請求権を認めるのは迂遠であり，(エ)不当利得は「その状態において『公平』的観点から不当な利得を排除すること」を理由として，直接請求を肯定している（近江79頁）。

　　②　A・B間，B・C間での2つの給付利得を指示するもの　　反対に，補償関係，対価関係に則した清算，つまり，A・B間，B・C間の2つの給付利得（二重不当利得）を指示する学説の論拠は，(ア)Aが自身で選択した契約相手方Bではなく，第三者Cの無資力の危険を負担するのは不当，つまり，Aの給付の相手方はBで，Cは出捐の相手方にすぎないこと，その上で(ア)を前提とすれば，(イ)AのCに対する直接請求を認めて，契約相手方Bの無資力を第三者Cに転嫁するのは不当であり，(ウ)直接請求を肯定すれば，Bの一般債権者Gとの関係でAに不当な優先弁済権が与えられるからである（藤原365頁以下，後藤・前掲書171頁以下，澤井49頁，潮見・講義I 352頁）。た

§703 VI 第3編 第4章 不当利得

だし，同じく2つの給付利得を指示する学説でも四宮説は，AのBに対する給付利得の対象はB・C間の給付利得だとしている（不当利得の不当利得）。その上で，善意のBに対するAの給付利得はB・C間の給付利得だが，Bが悪意の場合はAにはBに対する価格返還請求という選択肢があるとしている（四宮・上231頁）。しかし，これはAにBではなくCの無資力の危険を負担させることになり妥当ではないと考える。それにもかかわらず，四宮説が「不当利得の不当利得」を支持するのは，善意のBの利得は消滅してB・C間の給付利得に転化していると考えるからである。しかし，非債弁済の不当利得とは異なり，ここではBのCへの給付によって即座にBの利得の消滅を肯定すべきではない。したがって，A・B間の給付利得，B・C間の給付利得が各々成立すると解すべきであろう。ドイツの学説も二重欠缺のケースでは，かつては直接請求を認めるか否かで考え方が分かれていたが，現在は直接請求を否定するものが通説である（Staudinger Kommentar zum BGB, 2007, §812 Rn. 54ff.〔Stephan Lorenz〕を参照）。

判例（最判平10・5・26民集52巻4号985頁）は，第三者Dの強迫でBが，Dの紹介するAから消費貸借を受け，Dの指示で借入金はBではなくCに交付するとAに委託（指図）したケースで，BがA・B間の消費貸借契約を第三者Dの強迫を理由に取り消したときは，(a)「甲〔B〕は，特段の事情のない限り，乙〔A〕の丙〔C〕に対する右給付により，その価額に相当する利益を得たものとみるのが相当である。……甲を信頼しその求めに応じた乙は必ずしも常に甲丙間の事情の詳細に通じているわけではないので，このような乙に甲丙間の関係の内容及び乙の給付により甲の受けた利益につき主張立証を求めることは乙に困難を強いるのみならず，甲が乙から給付を受けた上で更にこれを丙に給付したことが明らかな場合と比較したとき，両者の扱いを異にすることは衡平に反する」として，A・B間の補償関係，B・C間の対価関係の二重の瑕疵では，A・B間の給付利得を指示している。ただし，同判決は，その後で，(b)「本件の場合，前記事実関係によれば，Y〔B〕とZ社〔C〕の間には事前に何らの法律上又は事実上の関係はなく，Yは，A〔D〕の強迫を受けて，ただ指示されるままに本件消費貸借契約を締結させられた上，貸付金をZ社の右口座に振り込むようX〔A〕に指示したというのであるから，先にいう特段の事情があった場合に該当することは明らかであって，

Ｙは，右振込みによって何らの利益を受けなかったというべきである」と判示して，ＡのＣに対する直接請求を肯定している。だから，同判決は，(i)補償関係の欠缺ではＡ・Ｂ間の給付利得を，補償関係・対価関係の二重欠缺では，Ａ・Ｃ間の直接請求を肯定した，または，(ii)二重欠缺のケースでも原則としてＡ・Ｂ間，Ｂ・Ｃ間の二重不当利得を指示した上で，「特段の事情」を認めて，Ａ・Ｃ間の直接請求を肯定したと理解する余地がある。もっとも，(ii)だとすると，同判決は，特段の事情に関しては具体的に説示していない。ただし，(ii)を前提にすると，Ａ・Ｃ間の直接請求が肯定されるのは，指図人Ｂに指図を帰責できないケース，つまり，例えば，Ｂが制限行為能力者の場合などである。本判決の原審（大阪高判平7・11・17民集52巻4号1021頁）では，Ｄに強迫されたＢは，Ｄに指定されたＡの事務所でやくざ風の男数名がいるなかで融資の説明を受け，融資のためにＢの父親所有の物件への抵当権の設定を依頼された司法書士が融資によってＢ家が潰れるなどと注意したなどの事情が認定されており，Ａ・Ｄ間の共謀を疑う余地があり，ＡはＢに対する給付のＢへの効果帰属を主張できないことになる（小野秀誠〔判批〕金判1070号〔1999〕54頁以下，藤原正則〔判批〕民百選Ⅱ8版164頁以下を参照）。だから，以上のように本判決を理解するなら，本判決の(a)の説示は別として，(b)は事例判例と評価すべきであろう。他方で，(i)だと理解すれば，判例は二重欠缺のケースでは，ＣのＢに対する法律上の原因のないことを理由に，Ａ・Ｂ間の直接請求を肯定したことになる（そのような理解として，瀧久範〔判批〕民百選Ⅱ9版146頁以下）。ただし，本件のような金銭の指図のケースで，Ａ・Ｃ間の直接請求を肯定すれば，給付者Ａに受領者Ｂの一般債権者Ｇに対する執行法上の優先権を与えないと解している判例（最判昭39・1・24判タ160号66頁）に抵触する契機があることは銘記すべきであろう。したがって，（後述の）騙取金銭による弁済（→5(1)）という限られた局面以外では，金銭の追及力は認められないと考えると，Ａ・Ｃ間の直接請求は二重欠缺の場合でも承認できないことになる。

(4) 指図の欠如

問題は，指図自体が欠如している場合，ないしは，指図人Ｂに指図が帰責できない場合である。(i)例えば，指図人Ｂが被指図人Ａに指図受益者Ｃへの振込指図を行ったが，ＡがＤに振り込んだ場合は，Ｂの指図それ自体

§*703* Ⅵ   第3編　第4章　不当利得

が欠如している。だから，Aの出捐はBに効果帰属する契機はなく，Aは
Dへの直接請求（非債弁済の不当利得）に指示されることになる。AがCに二
重振込したときも同じである。振込委託の偽造・変造，無権代理による振込
も，同様に指図そのものが欠如していると考えるべきであろう（好美「動向
（下）」26頁，四宮・上232頁，後藤・前掲書152頁以下，藤原367頁以下）。さらに，
振込以前にBが指図を撤回すれば，はじめから有効な指図がなかった場合
と基本的には同視されるべきである。(ii)これに対して，指図の意思表示に瑕
疵があった場合の不当利得のあり方は複雑である（後藤・前掲書152頁以下を参
照）。振込が行われた後に，指図人Bが無能力・錯誤・第三者の詐欺・強迫
を理由に振込指図の意思表示の無効・取消しを主張した場合である。言い換
えると，AのCに対する出捐がB・C間の対価関係に効果帰属することを，
Bに帰責できるかという問題である。もちろん，第三者の詐欺によってBが
Aに振込指図した時は，善意のAは民法96条2項でBの取消しの効果を免
れる。Bが（制限）無能力の場合は，無能力者保護の要請ゆえに，Bの指図
の無効・取消しでは，Aの出捐がBに帰責されないと考えるべきであろう。
しかし，指図人Bの錯誤，例えば，BがCの口座に振込する意図でA銀行
の振込用紙にDと誤記し，AがDの口座に振り替えた場合は，Aではなく
BがDに対して（非債弁済の）不当利得返還請求することになる。

(5)　誤　振　込

　以上と関係して，振込依頼人（指図人）Bが仕向銀行（被指図人）Aに，被
仕向銀行Dの指図受益者Cに振込依頼する意図だったが，BがCをEと誤
記してAがD銀行のEの口座に振り込んだ場合の法律関係については争い
がある。学説には，Bの錯誤を理由に，D・E間の預金契約は成立しないと
解するものもある（木南敦〔判批〕金法1455号〔1996〕11頁以下，前田達明〔判批〕
判評456号（判時1585号）〔1997〕30頁以下）。しかし，判例（前掲最判平8・4・26）
は，「振込みは，銀行間及び銀行店舗間の送金手続を通して安全，安価，迅
速に資金を移動する手段であって，多数かつ多額の資金移動を円滑に処理す
るため，その仲介に当たる銀行が各資金移動の原因となる法律関係の存否，
内容等を関知することなくこれを遂行する仕組みが取られている」として，
D・E間の預金の成立を認め，Eの債権者GがD銀行のEの預金債権を差
し押さえたときは，Bは第三者異議の訴え（民執38条）でGの強制執行を排

160　〔藤原〕

§703 Ⅵ

除できないとした。学説の多くは，以上の平成8年最判に対して批判的であ
る（岩原・前掲書313頁以下を参照。普通預金口座の性質から判例に賛成するのが，森田
宏樹「振込取引の法的構造──『誤振込』事例の再検討」中田裕康＝道垣内弘人編・金融
取引と民法法理〔2000〕123頁以下）。その実質的な評価は，誤振込というウィン
ドフォール（棚ぼた）から満足を受ける受取人Eの債権者Gより誤振込した
振込依頼人Bの保護を優先すべきだという評価である。ただし，原因関係
のない誤振込でも預金が成立すると解するなら，BのEに対する非債弁済の
不当利得に執行法上の優先権を承認するのでなければ，債権者Gの差押え
を排除することは困難であると考える（公示を重視しないアメリカ法での問題に関
して一般的には，松岡久和「アメリカ法における追及の法理と特殊性──違法な金銭混和
事例を中心に」林良平献呈・現代における物権法と債権法の交錯〔1998〕357頁以下，イ
ギリス法での非債弁済の不当利得の返還請求の優先に関しては，橋本伸「イギリス原状回
復法における弁済者の優先的保護(1)(2)」北法65巻5号1365頁以下，65巻6号1753頁
以下〔2015〕）。他方で，誤振込であることを知って預金の引出を行った受取
人Eに詐欺罪を適用した判例（最決平15・3・12刑集57巻3号322頁。ただし，特
殊なケースに則してだが，振込依頼人と受取人の間に原因関係が存在しなかったときも，
受取人が振込による預金の払戻請求をすることは，振り込まれた金銭を不正に取得するた
めの行為で，例えば，詐欺罪等の犯行の一環であり，著しく正義に反するような特段の事
情のないときは，受取人が振込依頼人に対して不当利得返還義務を負っていても，権利濫
用には当たらないとした，最判平20・10・10民集62巻9号2361頁も参照），および，
誤振込に悪意の被仕向銀行Dから受取人Eの預金債権との相殺を無効とし
て，振込依頼人BのDに対する不当利得返還請求を認めた裁判例がある
（名古屋地判平16・4・21金判1192号11頁，同控訴審・名古屋高判平17・3・17金判
1214号19頁，名古屋高判平27・1・29金判1468号25頁など）。そうすると，問題の
解決の方向性は，不当利得法ではなく，金融機関の構築した振込ネットのシ
ステムの中では，振込依頼人Bと被仕向銀行Dは直接の契約関係にはない
が，DはBに対しても注意義務を負っているという振込ネットの構造のと
らえ方ではないかと考える（そのような方向性の立法論も含めた解釈論として，岩
原・前掲書344頁以下を参照。さらに，藤原正則「誤振込による預金債権と被仕向銀行の
受取人に対する貸金債権による相殺──特に，ドイツのネット契約論との関係で」大塚龍
児古稀・民商法の課題と展望〔2018〕487頁以下も参照）。

〔藤原〕　161

§703 VI

第3編　第4章　不当利得

5　契約外の第三者に対する追及

(1)　金銭騙取の不当利得

(ア)　大審院の判例　　金銭騙取の不当利得は様々なケースを含むが，基本的には，以下の3つの事案類型に整理できる。第1は，BはCに対して消費貸借上の債務を負担していたが，Aを欺罔して偽造の株券を担保に金銭を借用し，Cに対する自己の債務の弁済に充てた（自己債務弁済型）。第2は，BはAの代理人と称してCから金銭を借用し，同様にCの代理人と称してAから借財し，Aから交付された金銭で，Cに対する債務を弁済した（二重騙取型）。第3が，BはCの代理人と称してAから借財し，Aから交付された金銭で，CのDに対する債務を弁済した（第三者弁済型）である。大審院は，以上の全ての事案類型で，(ア)AがBに交付した金銭の所有権が混同してBの所有物となった（大判昭2・7・4新聞2734号15頁など），(イ)AからCへの利得移動の間に中間者Bが存在するから，A・C間の利得移動には因果関係の直接性はない（大判大8・10・20民録25輯1890頁など），(ウ)第三者CはBに対する債権の弁済として金銭を受領しているから，Cの利得には法律上の原因がある（大判昭10・2・7民集14巻196頁など），(エ)第三者Cは善意・無過失なら民法192条が適用（準用）されて金銭所有権を取得する（大判昭13・11・12民集17巻2205頁）などの理由で，A・C間の直接の不当利得返還請求の成否を規律していた。つまり，大審院の判例は，金銭を有体物所有権の延長線でとらえるか（混同による所有権の喪失，第三者Cの善意取得），第三者の法律上の原因（債務の弁済受領）があると解するか，中間者Bの介在でA・B間の利得移動の因果関係の直接性を否定するかによって，第三者Cへの直接請求を排除していた。ただし，以上の大審院の判例の(ア)から(エ)の理由付け相互間の関係は必ずしも判然としない。さらに，Cが金銭を善意取得しても，直ちにAの不当利得返還請求が排除されるわけではないという判例（大判昭10・3・12民集14巻467頁など）もあり，大審院の判例を整合的に理解するのは困難であると評されている（例えば，加藤・体系654頁以下，磯村保「騙取金銭による弁済と不当利得」石田喜久夫＝西原道雄＝高木多喜男還暦（下）・金融法の課題と展望〔1990〕251頁以下，257頁を参照）。

(イ)　大審院判例に対する学説の批判　　以上の大審院の判例に対しては，2つの異なった方向からの批判がされた。第1は，金銭の高度の流通性と，

§703 VI

それが支払の手段であることを重視する見解である。流通手段としての金銭は高度の代替物であり，その金銭に所有権を認めれば取引の安全が阻害されるから，金銭では「占有」すなわち「所有」であり，善意取得（192条）を介す必要なく占有の取得により所有権を取得する。その結果，被騙取者Aの不当利得返還請求は騙取者Bにだけ向けられ，第三者CはAの請求に曝される可能性はないことになる（末川博「貨幣とその所有権」同・民法論集〔1959〕25頁以下〔初出・大阪市大経済学雑誌1巻2号〔1937〕〕，川島武宜・所有権法の理論〔1949〕197頁以下）。第2は，我妻説を中心とする学説の批判である。すなわち，騙取者Bの下での混同によりBが騙取金銭の所有権を取得して，被騙取者Aの不当利得返還請求権が遮断されるのは不当であり，利得と損失の因果関係は，社会観念上，騙取者Bが騙取金で第三者Cの利益を図ったと認められるだけで十分である（「社会観念（通念）上の因果関係」我妻46頁以下）。その上で，我妻説は，AのCに対する不当利得返還請求の成否をCの法律上の原因の存否に求め，はじめはCが善意・無過失でBから弁済受領すれば，Cには法律上の原因があるとした（我妻51頁以下〔即時取得の趣旨に基づく〕とする）。しかし，後に改説して，Cが悪意・重過失の場合にだけ，Cには法律上の原因が欠けるとした（我妻・講義1022頁以下〔金銭の融通性にかんがみ〕とする）。それ以外の学説にも，直接の因果関係で，A・C間の直接請求を切断することには反対するものがあった（谷口239頁以下，松坂86頁・98頁）。

　(ウ)　最高裁の判例　　他方で，最高裁は，はじめは占有と共に金銭所有権は移転すると判示して，金銭の受寄者への所有権移転を前提に横領罪の成立を認め（最判昭29・11・5刑集8巻11号1675頁），騙取・横領した金銭への一般債権者の差押えに対する第三者異議の訴えを退けた（前掲最判昭39・1・24）。しかし，その後，まず改説前の我妻説に従って第三者Cは騙取者Bに対する債務の弁済を善意で受領したから法律上の原因があるとし（最判昭42・3・31民集21巻2号475頁〔自己債務弁済型〕），さらに，改説後の我妻説に依拠して，「甲が，乙から金銭を騙取又は横領して，その金銭で自己の債務者丙に対する債務を弁済した場合……，騙取又は横領された金銭の所有権が丙に移転するまでの間そのまま乙の手中にとどまる場合にだけ，乙の損失と丙の利得との間に因果関係があるとなすべきではなく，甲が騙取又は横領した金銭をそのまま丙の利益に使用しようと，あるいはこれを自己の金銭と混同させ又は

〔藤原〕　163

§*703* Ⅵ   第3編　第4章　不当利得

両替し，あるいは銀行に預入れ，あるいはその一部を他の目的のため費消した後その費消した分を別途工面した金銭によって補填する等してから，丙のために使用しようと，社会通念上乙の金銭で丙の利益をはかったと認められるだけの連結がある場合には，なお不当利得の成立に必要な因果関係があるものと解すべきであり，また，丙が甲から右の金銭を受領するにつき悪意又は重大な過失がある場合には，丙の右金銭の取得は，被騙取者又は被横領者たる乙に対する関係においては，法律上の原因がなく，不当利得となるものと解するのが相当である」と判示した（最判昭49・9・26民集28巻6号1243頁〔自己債務弁済型〕）。つまり，占有離脱に近い騙取または横領などの行為によって移動した金銭が，騙取者B（甲）の下で一定の特定性を有して第三者C（丙）に弁済され，しかも，第三者Cが騙取金であることに悪意または重過失であるときは，被騙取者A（乙）は第三者Cに対して直接の不当利得返還請求が可能だということになる。しかも，BがAから騙取または横領したがゆえにCに弁済できたという程度の金銭の財貨移動の特定性があれば，AからCへの利得移動には「社会観念（通念）上の因果関係」がある。その上で，騙取・横領者Bから債務の弁済を受けた第三者Cには原則として法律上の原因があるが，悪意・重過失のあるCは法律上の原因を欠くというのが，判例の考え方である（本判決については，平田健治〔判批〕民百選Ⅱ8版162頁以下，村田大樹〔判批〕民百選Ⅱ9版144頁以下）。

　㈢　近時の学説——価値のレイ・ヴィンディカチオと債権の第三者効

以上の判例理論を前提に，現在の学説には，(a)判例の結論を，金銭の「価値のレイ・ヴィンディカチオ（所有物返還請求権）」による追及と説明するものと，(b)金銭騙取事例を不当利得法から括りだし，債権の第三者効として構成しようというものがある。(a)は，四宮説であるが，四宮説の出発点は，金銭を「物」と捉える立場も，「価値」にすぎないと考える立場も，一面的であるという考え方である。四宮説によれば，金銭の価値帰属者が金銭の価値帰属を変更する有効な意思に基づかず金銭を失ったときは，金銭の占有者には金銭の「物所有権」が帰属するが，価値帰属権者Aには金銭の「価値所有権」が存続する。その結果，価値帰属権者には，金銭の「価値所有権に基づく返還請求（＝価値のレイ・ヴィンディカチオ）」によって，金銭の追及が可能である。ただし，金銭の高度の代替性に鑑みて，その物理的な同一性にこだわ

164　〔藤原〕

§703 VI

らず，例えば，両替された金銭・帳簿上の金銭にも「価値の同一性」がある限りで価値のレイ・ヴィンディカチオは行使できるが，他方で，その流通手段としての性格ゆえに第三者の取引の安全も強度に保障される必要がある。だから，第三者Cが悪意・重過失のときに限って，被騙取者Aは第三者Cに対して価値のレイ・ヴィンディカチオによる追及が可能であり，かつ，その際に，騙取者B，第三者Cの一般債権者Gの強制執行に対しても第三者異議の訴え，破産の際は取戻権の行使が可能となる。価値のレイ・ヴィンディカチオの切断の要件が，第三者Cの善意・無過失でなく，悪意・重過失のないこととされるのは，金銭の流通性を考慮して有価証券の善意取得（手形法16条など）と同一と解すべきだとされているからである。さらに，四宮説では，騙取金銭に関する判例の不当利得と，価値のレイ・ヴィンディカチオは矛盾しないとされている。というのは，被騙取者Aの第三者Cに対する不当利得返還請求は，価値のレイ・ヴィンディカチオの代償の侵害利得だからである。だから，騙取者Bが騙取金銭で，CのDに対する債務を弁済したとき，Dが金銭を善意取得すればAの追及は切断されるが，Aの価値のレイ・ヴィンディカチオの代償としてのB・C間の求償利得を対象とするAの侵害利得が存続することになると説明されている（四宮「物権的価値返還請求権について」同・前掲民法論集97頁以下，四宮・上197頁以下）。

　好美説も価値のレイ・ヴィンディカチオという四宮説を支持するが，騙取者Bに対しては被騙取者Aの給付利得だけの成立を認め，第三者Cに対しては価値のレイ・ヴィンディカチオによる追及が可能だと解している。さらに，好美説は，法律上の原因の存否を第三者Cの主観的態様（善意・無重過失）に係らせる昭和49年最判の考え方は，類型論と矛盾すると指摘している。なぜなら，類型論では，法律上の原因の存否は，給付利得では契約の無効・取消し，侵害利得では権利者に帰属する割当内容の侵害という客観的な要件によって判断されるはずだからである。だから，第三者の主観的態様は善意取得の要件としてだけ整理できるのであり，価値のレイ・ヴィンディカチオという構成によってだけ判例は理解できるとされている（好美清光「騙取金銭による弁済について──不当利得類型論の視点から」一橋論叢95巻1号〔1986〕12頁以下）。

　ただし，付言すると，価値のレイ・ヴィンディカチオという考え方は，四

〔藤原〕　165

§703 VI   第3編　第4章　不当利得

宮説がドイツのハリー・ヴェスターマン（Harry Westermann）の学説なども参照して考案したものであるが（四宮和夫・前掲民法論集112頁の注(2)「H. Westermann, Sachenrecht, 5. Aufl., 1973, §30 V 参照」。さらに，公示を重視しない英米法上の擬制信託〔constructive trust〕，衡平法上の先取特権〔equitable lien〕も参照している〔同書105頁以下〕），ドイツ法ではほとんど支持されていない（例えば，Dieter Medicus, Ansprüche aufs Geld, JuS 1983, S. 897ff.）。ただし，ドイツ法でも，第三者Cが騙取者Bと共謀してAの被騙取金銭から弁済を受けたような場合は，悪意の不法行為者であるCに対してはAの追及が可能と考えられている（Detlef König, Ungerechtfertigte Bereicherung, Tatbestände und Ordnungsprobleme in rechtsvergleichender Sicht, 1985, S. 205f. を参照）（さらに，価値のレイ・ヴィンディカチオに対する評価に関しては，藤原402頁以下）。

　(b)の加藤（雅信）説は，金銭騙取の不当利得を不当利得の問題ではないと位置付ける。その上で，金銭騙取の不当利得の解決に，債権の第三者効（債権者代位権，詐害行為取消権）と価値のレイ・ヴィンディカチオという2つの解決の可能性を提案している。両者の違いは，金銭が一定の特定性を保っていれば，後者の価値のレイ・ヴィンディカチオによる追及が可能だが，前者は騙取金銭の特定性の維持に依存しないことである。ただし，いずれの方法も，騙取者Bの無資力が前提だとされている。なぜなら，騙取者Bが無資力でないときは，被騙取者Aの第三者Cへの追及は不要であるし，しかも，第三者Cが騙取金銭による弁済であることに悪意なことは無意味だからである。その結果，昭和49年最判のいう第三者Cの悪意とは，騙取者Bの被騙取者Aに対する弁済がBの無資力ゆえに不可能となることを知っていたことであり，詐害行為取消権（424条）による本旨弁済の取消しの際の「詐害の意思」である「通謀」に他ならないとされる。その結果，自己債務弁済型，および，二重騙取型では，B・Cが通謀していた場合に，AはCに対して詐害行為取消権を行使できる。BがCのDに対する債務を弁済した第三者弁済型では，AはBのCに対する求償権を代位行使（423条）できることになる。加えて，加藤説では，価値のレイ・ヴィンディカチオでも，詐害行為取消権と同様に，騙取者Bが無資力で，しかも，Bの無資力を第三者Cが知っていたことが要件だとされている。その理由は，価値のレイ・ヴィンディカチオも，その行使の態様は金銭債権と酷似しているから，第三者に対する

§703 VI

請求は，詐害行為取消権と同様に制限されるべきだからである（加藤・体系654頁以下）。

　ただし，以上の詐害行為取消権，債権者代位権による加藤説の考え方は，判例の客観的理解としては適切ではないという批判がある。第1に，詐害行為取消権，債権者代位権の行使では，被騙取者Aは，騙取者Bの一般債権者と競合することになる。しかし，判例の考え方では，AのCに対する不当利得返還請求は，Aに帰属した金銭の返還請求であろう。第2に，債権者代位権の行使なら，CはBに対する反対債権で相殺可能である。第3に，詐害行為取消権の要件である債務者（騙取者）Bの無資力が，昭和49年最判で要求されているかも疑問である。第4に，第三者Cの悪意の対象は，昭和49年最判では，A・B間の金銭騙取のはずだが，詐害行為取消権ではBの無資力であり，しかも，最判のいう第三者Cの重過失と第三者Cの詐害の意思（通謀）とは異なっているなどである（好美・前掲一橋論叢26頁以下）。

　(2)　転用物訴権

　(ア)　転用物訴権の意義　　転用物訴権とは，「契約上の給付が契約の相手方のみならず第三者の利益となった場合に，給付をなした契約当事者がその第三者に対して不当利得返還請求をする場合」などと定義されている（加藤・体系704頁）。つまり，契約上の給付が契約相手方以外の第三者に帰属した場合に，契約相手方に対する履行請求権があるにもかかわらず，第三者にも財貨追及が可能かという問題である。しかし，例えば，AがBに動産を売却し，BがCに転売したときに，Aが第三者Cに対して不当利得返還請求権を行使できるかが，転用物訴権として議論されることはない。Aは，Bが代金債務を履行しないときは，動産売買の先取特権に基づく物上代位（304条）によってB・C間の転売代金債権を差し押さえるか，A・B間の売買契約を解除して，Cに対して所有物返還請求権を行使することになる。だから，以上のような具体的な法規定が用意されているときには転用物訴権の成否が一般的に問題とされることはなく，転用物訴権による財貨追及が問われる範囲は自ずから制限されているといえる。もっとも，転用物訴権も不当利得法上の法形式だとするなら，不当利得以外の法制度の権利保護の欠缺がある場合の補完の手段であり，その適用領域が限られたものとなるのはむしろ当然の理だと考えることもできる。

〔藤原〕　　167

§703 VI

金銭騙取の不当利得と並んで転用物訴権も，わが国の不当利得の対第三者関係では従来から最も論じられてきたテーマである。ただし，金銭騙取の不当利得とは異なり，転用物訴権には長い歴史がある。すでに冒頭で言及したように，転用物訴権（actio de in rem verso）は，代理が認められず，家長だけに債務負担能力（権利能力）が制限されていたローマ法の時代に，家長Ｃの権力に服する家子または奴隷ＢがＡと取引して，Ａから取得したものをＢが家長Ｃの利益のために使用したときに，ＡからＡ・Ｂ間の契約の第三者である家長Ｃに対する利得の返還を請求する附帯性訴権が認められていたことに由来する。ただし，法律上の原因（causa）の欠如をメルクマールとする不当利得返還訴権（condictio）では利得消滅が認められなかったのとは違って，転用物訴権の効果は現存利得の返還だった。転用物訴権は，ドイツ法でも19世紀までの普通法の時代には一定の範囲で承認されていたが，ドイツ民法の成立の際に立法者は意識して転用物訴権（Versionsklage）を排除している。フランス法でも，判例は転用物訴権を承認したが，その後は，その範囲を制限している（フランスの転用物訴権に関しては，齋藤哲志・フランス法における返還請求の諸法理〔2016〕252頁以下）。わが国では，於保不二雄（於保不二雄「転用物訴権に就て」同・財産管理権論序説〔1954〕169頁以下），磯村哲（磯村「不当利得・事務管理・転用物訴権の関連と分化」論考11頁以下〔初出・論叢50巻4号，50巻5＝6号〔1944〕〕）の歴史研究はあったが，解釈学上の問題として正面から取り上げられたのは，昭和45年最判で転用物訴権が争われてからである。

　(イ)　昭和45年最判と衡平説　　昭和45年最判の前提となったのは，以下のようなケースだった。請負人Ａはブルドーザーの賃借人Ｂとの請負契約に基づき，ブルドーザーを修理したが，請負代金の支払を受けず，Ｂにブルドーザーを返還した。他方で，賃貸人Ｃは，Ｂの賃料不払ゆえに，賃貸借契約を解除してＢからブルドーザーを引き揚げた。そこで，ＡはＣに対して修理代金相当額を不当利得として請求した。ただし，Ｂ・Ｃ間には，賃料が相場より安価とされている代わりに，修理代金は賃借人Ｂが負担するという特約があった。

　以上を前提として，最高裁は，ＣがＢに賃貸した動産をＡが修理したときは，Ａの損失とＣの利得の間に「直接の因果関係」がある。ただし，その場合に，Ａ・Ｂ間には請負契約があるから，ＡはＢに対してだけ契約上の

§*703* VI

報酬請求が可能なのが原則である。しかし，Bが無資力でAのBに対する債権が事実上無価値な限りで，CはAの損失で利得したといえる。さらに，B・C間での修理代金はBの負担という合意は，Aに対して効力を持たないと判示した（最判昭45・7・16民集24巻7号909頁）。

　このような判例の考え方の背後にあるのは，騙取金銭の不当利得をモデルに形成された判例理論，および，衡平説といわれる学説（我妻，谷口，松坂）であろう。つまり，金銭騙取の不当利得では，損失者（被騙取者）Aと利得者（第三者）Cの間に中間者（騙取者）Bが介在しても，因果関係は損なわれない。しかも，金銭所有権が騙取者Bの下で混同により失われても（昭和45年最判のケースではAの給付はブルドーザーの修理による増価として特定性を保って第三者Cに移転している），AからCに利得移動した金銭に一定の価値の同一性，つまり，社会観念上の因果関係があれば，Aの第三者Cに対する追及が可能であり，第三者Cの取引の安全は，法律上の原因の有無で判断される，という考え方である。しかも，昭和45年最判は，B・C間で財貨移動に関する清算があっても，Aに対しては効力を持たない，つまり，法律上の原因とならないと評価している。現に，我妻説，谷口説，松坂説は，転用物訴権一般，および，昭和45年最判に対して，肯定的な評価をしている（我妻・講義1040頁以下〔添付による所有権の移転（侵害利得）と不当利得との連続性で言及している〕，谷口223頁以下，松坂94頁以下）。

　(ウ)　類型論の昭和45年最判の批判

　他方で，以上の昭和45年最判に対して，ドイツ法の類型論の影響を受けた学説は，極めて批判的であった。具体的には，因果関係の直接性は，契約外の第三者Cに対する直接請求を遮断するための機能を持っているにもかかわらず，判例はA（・B間，B・）C間の利得移動に直接の因果関係を認めている。その結果，因果関係の直接性は無内容となっている。判例は，B・C間での利得移動に関する決済（安価な賃料と修理費を賃借人が負担する合意）を顧慮せず，Cに二重の負担を負わせているなどである（例えば，加藤・体系703頁以下，好美「動向（下）」28頁以下，広中404頁以下，関口晃「不当利得における因果関係」谷口還暦(3)25頁以下，83頁以下）。とはいっても，わが国の学説には，ドイツ法と同様に転用物訴権を全面的に排除するものは少なく，一定の制限の下で承認するものが多い。以下では，そのような学説を概観する。

〔藤原〕　169

§703 VI 第3編 第4章 不当利得

（i）三宅説 三宅説の出発点は，契約外の第三者に対する直接の不当利得返還請求を排除するというドイツ法ないしは類型論の評価を前提とした上での転用物訴権の法的構成の探求である。その結果，三宅説は，転用物訴権は，事務処理者Bの本人Cに対する代弁済請求権（650条2項・702条2項）の事務処理者Bと契約した相手方Aによる直接行使だと法律構成する。例えば，昭和45年最判の事例では，賃貸人Cと賃借人Bの間にはブルドーザーの修理という事務処理関係（委任，または，事務管理）があると考えることができる。そこで，Bに対する請求権を持つBの契約相手方Aは，事務処理者Bが本人Cに対して有する代弁済請求権を直接に行使することが許されてよいというのが，三宅説の主張である。つまり，AはBに対する契約上の請求の延長として，契約外の第三者Cにも直接請求が可能となる。さらに，BのCに対する代弁済請求権は，本人CにBの契約相手方Aに支払えという請求権だから，Bの一般債権者Gが差し押さえても無意味である。その結果として，AはBの一般債権者Gに優先して弁済を受ける。ただし，本人Cは事務処理者BまたはBの契約相手方Aに支払うのも自由だから，CがBに支払えばAの請求は意味がなくなる（三宅正男「事務管理者の行為の本人に対する効力」谷口還暦(1)338頁以下，新版注民(18)302頁以下〔三宅正男〕）。ただし，三宅説，および，判例（最判昭47・12・22民集26巻10号1991頁）では，本人Cは事務処理者Bに対する反対債権でBのCに対する代弁済請求権と相殺できないと解されているから，その限度ではB・C間の決済は封じられていることになる。

（ii）加藤（雅信）説 加藤説は，例えば，昭和45年最判のケースでは，請負人（損失者）A・賃借人B間，および，賃借人B・賃貸人C（利得者）間には有効な法律関係が存在し，法律上の原因が存在するから，AのCに対する直接請求，つまり，転用物訴権は不当利得法の問題ではないとする。しかし，転用物訴権の可能性に関して，2つの法律構成を提案している。その1つは，上記の三宅説とは異なり，無資力のBの代弁済請求権のAによる債権者代位権による行使という可能性である。第2が，転用物訴権を「法の欠缺」と位置付けた上での転用物訴権の利益状況に則した考察である。加藤説は，問題を3つの局面に分けて考察する。すなわち，①B・C間の利得移動が「B・C間の関係全体からみて有償」で，かつ，利得移動の決済が

170 〔藤原〕

§703 Ⅵ

B・C間で行われている場合，②B・C間の利得移動が有償だが，B・C間の決済が終わっておらず，B・C間の債権が存在する場合，および，③B・C間の利得移動が無償の場合である。その上で，①で，A・Cの直接請求を認めれば，Cは，B・C間の決済にかかわらず，Aから再度の決済を求められるから，Cは「二重の経済的負担」を負うことになり妥当ではない（「取引の安全」）。②では，Bの一般債権者GがB・C間の債権を差し押さえる可能性を奪うから，Aに一種の優先弁済権を与えたことになるが，Aが優先する根拠はないから「債権者平等の原則」に反する。ただし，③に限っては，無償取得者である第三者Cと損失者Aとの利益衡量から，転用物訴権を肯定すべきである。その理由は，無償取得者は取引の安全とは無縁だし，ドイツ民法にも無償転得者に対しては給付利得の返還義務を拡張する規定（ド民822条）が存在することが参考にされてもよいからである。ただし，ドイツ民法822条は，A・B間の契約が無効で，善意の給付受領者BがCに無償で出捐したがゆえにBのAに対する利得消滅の抗弁が成立する場合に適用されるが，A・B間の契約が有効でも利益状況に変わりはなく，無償転得者Cを保護する必要はないからである（加藤・体系713頁以下）。

　注目すべきは，加藤説が①で，CがBに財貨移動の対価を支払ったことではなく，B・C間の利得移動が「B・C間の関係全体からみて有償」としていることである。昭和45年最判の事案では，賃貸人Cが賃借人Bの費用償還請求（608条）に応じたのではなく，賃料は安価とするが，ブルドーザー（賃貸物）の修理費用は賃借人Bの負担とするという合意があった。ただし，我妻説が指摘しているように，具体的なケースでは，Bの注文と倒産（その間約2か月），CのBからの引き揚げ（倒産直後）と処分（引き揚げ後約3か月）の間隔の短いことなど諸般の事情があった（我妻・講義1041頁以下）。つまり，Bの賃料が安価だったとはいえ，Bが賃貸借契約に基づいてブルドーザーを使用していた期間が短い場合には，「契約全体としては有償」だが，等価的な算術計算では有償とは評価できないことになる。これに対して，昭和45年最判では，修理費用B負担の特約が存在しても，AのCに対する請求の妨げにはならないとされていた。加えて，同最高裁判決の差戻審（福岡高判昭47・6・15判時692号52頁）でも，B・C間の賃貸借が合意された時にはブルドーザーはかなり損耗しており，修理を要することが予見されていたこと，

§703　Ⅵ　　　　　　　　　　　　　　第3編　第4章　不当利得

修理費用が過度に高額なら賃料を更に安価にする了解もあったと認定されている。したがって，修理代金負担と安価な賃料が，等価的意味で有償であるかは疑問だとも考えられる。

　(iii)　鈴木（禄弥）説　　鈴木説は，昭和45年最判を前提として加藤説を支持し，同判決のケースでは，B・C間に安価な賃料と引換えに修理費用をBが負担する特約があるから，転用物訴権を肯定すれば，Cは二重払いを余儀なくされるから妥当ではないとする。ただし，転用物訴権を肯定するか否かに関して，Aの要保護性と対立するのは，Bの一般債権者Gの利益であるとも指摘し，「賃借人は……支出したときは」（608条1項）を，Bが現実にAに修理代金を支払った後にはじめて，BはCに対して償還を請求できると解した上で，Bが未払の間はBはCに対して代弁済請求権（650条2項）を有するにすぎないから，CはBに支払っても債務を免れず，Bの一般債権者Gが代弁済請求権を差し押さえることは無意味だとして，Aの保護を肯定している（鈴木768頁以下・770頁）。だから，鈴木説は，不当利得以外の法制度によって，Bの一般債権者Gに対するAの優先権を認めていることになる。

　(iv)　好美説　　好美説は，Bとの契約（によるBの無資力）の危険をBの契約相手方A（給付者）が転用物訴権で第三者Cに転嫁する理由はないと転用物訴権を批判する。しかも，A・B間の契約は有効で，不当利得の問題かも疑わしい。だから，Aは賃借人Bの賃貸人Cに対する費用償還請求権を代位行使するか，差し押さえるのが本来のあり方である。ただし，B・C間の利得移動が無償の場合は，政策的判断でAの直接請求を認めても問題はない。もっとも，昭和45年最判のケースでは，B・C間の決済が行われていたから判例は疑問であるというのが，好美説の考え方である（好美「動向（下）」28頁以下。ただし，同〔判批〕リマークス14号〔1997〕56頁以下も参照）。

　(v)　四宮説　　四宮説は，転用物訴権を全面的に否定すべきものと考えている。第1に，A・B間の契約が有効な場合は，Aの請求の相手方は，契約相手方B以外には考えられない。第2に，第三者Cは無償とはいえ，有効な権利取得をしている。だから，Aが契約相手方Bの無資力を負担すべきだという原則を変更する余地はない。例外的に，A・B間の契約が無効で，しかも，Cが無償取得したがゆえに，Bの利得消滅が認められて，AのBに

172　〔藤原〕

§*703* VI

対する不当利得返還請求が不可能となった場合に限って，B に代わる返還義務を無償取得者の C に負担させるべきだとしている（四宮・上 242 頁以下）。

（エ）　平成 7 年最判とそれ以後の学説

（a）　平成 7 年最判　　以上のような学説（特に加藤説）の批判を受けたためか，最高裁は平成 7 年最判（最判平 7・9・19 民集 49 巻 8 号 2805 頁）で転用物訴権の成立する範囲を明確に限定する判断を示した（これは，実質的には判例変更だと考えられるが，昭和 45 年最判の判決理由中の判断を厳密に考えると，判例変更ではないという評価も可能である。田中豊〔判解〕最判解平 7 年下 900 頁以下・913 頁以下を参照）。平成 7 年最判の基礎となった事案では，請負人 A が雑居ビルの賃借人 B と請負契約を締結して，ビルを大改装した。ところが，A が B から請負代金の全額の支払を受けていない状況で，賃貸人 C は B の無断転貸を理由に賃貸借契約を解除し，B は行方不明となった。そこで，A は C に対して残代金相当額を不当利得返還請求した。ただし，B・C 間では，B は賃借にあたって権利金の支払の免除を受けるが，賃借ビルの改装・修理代金は B が負担すると合意されていたというケースである。これに対して，同判例は，「甲〔A〕が建物賃借人乙〔B〕との間の請負契約に基づき右建物の修繕工事をしたところ，その後乙が無資力となったため，甲の乙に対する請負代金債権の全部又は一部が無価値である場合において，右建物の所有者丙〔C〕が法律上の原因なくして右修繕工事に要した財産及び労務の提供に相当する利益を受けたということができるのは，丙と乙との間の賃貸借契約を全体としてみて，丙が対価関係なしに右利益を受けたときに限られるものと解するのが相当である。けだし，丙が乙との賃貸借契約において何らかの形で右利益に相応する出捐ないし負担をしたときは，丙の受けた右利益は法律上の原因に基づくものというべきであり，甲が丙に対して右利益につき不当利得として返還を請求できるとするのは，丙に二重の負担を強いる結果となるからである。……本件建物の所有者である丙が甲のした本件工事により受けた利益は，本件建物を営業用建物として賃貸するに際し通常であれば賃借人である乙から得ることができた権利金の支払を免除したという負担に相応するものというべきであって，法律上の原因なくして受けたものということはできず，これは……本件賃貸借契約が乙の債務不履行を理由に解除されたことによっても異なるものではない」と判示した。

〔藤原〕　173

§703 VI

第3編　第4章　不当利得

つまり，賃借人Bの委託で建物に施工した請負人AのBに対する債権が Bの無資力ゆえに無価値である限りでは，とりあえずは建物所有者（賃貸人） CはAの負担において利得しているといえる。しかし，B・C間の利得移動 が有償で行われていれば，CはBに対して法律上の原因を有する。したが って，AのCに対する直接請求（転用物訴権）が成立するのは，B・C間の利 得移動が無償の場合だけだというのである。平成7年判決を卒然と読めば， 上記した加藤説（限定承認説）が判決の基礎となっていることは判然としてい ると考えられる。特に，「CとBとの間の賃貸借契約を『全体としてみて』 Cが対価関係なしに利得を受けたときに限られる」という部分は，CがB に対して算術的に等価的な出捐をしておらず，B・C間の決済の合意に何ら かの対価的関係が存在すれば，Cには法律上の原因があるとしていることか らは，加藤説の影響を明確に見て取ることができると考える（本判決について は，松岡久和〔判批〕民百選Ⅱ8版160頁以下，油納健一〔判批〕民百選Ⅱ9版142頁以 下）。ただし，同判例の調査官解説では，判決の理由付けは加藤説と同じで はなく，例えば，B・C間にBの反対債権があったときでも，Bの一般債権 者Gの利益を損なうから転用物訴権を認めないとしているのではなく，債 権者代位権に問題解決を委ねる趣旨だと指摘されている（田中・前掲判解912 頁以下）。

(b)　平成7年最判以後の学説

以上の平成7年最判以後は，学説には限定承認説に左袒するものが多いが （近江75頁，橋本ほか70頁以下・74頁以下〔大久保〕，平野・債各69頁），否定説も 有力である。

(vi)　内田説　　内田説は，B・C間の利得移動が無償の場合であっても， 転用物訴権を肯定するのは，無償であれCには法律上の原因があり，Cの 正当な期待を裏切ると批判する。さらに，B・C間の利得移動の有償性の判 断は容易ではないと注意を促し，例えば，平成7年最判でも，賃貸人Cが 賃借人Bの権利金の支払を免除する代わりに，Bが建物の改修費を負担する という合意があったが，権利金より改修費は格段に高いと推測されると指摘 する。それゆえ，「利益に相当する負担」という基準は曖昧だから，転用物 訴権は否定されるべきだとしている。ただし，その上で，不当利得法以外の AのCに対する請求の可能性を検討して，BのCに対する費用償還請求権

174　〔藤原〕

§703 VI

（608条）は現実にAに弁済するまで行使できないから，Aが無資力のBの費用償還請求権を代位行使することはできないが，民法702条2項の準用する民法650条2項の代弁済請求権の代位行使が可能であり，加えて，Cの利得が無償の場合，例えば，Bが代弁済請求権を放棄したときは，Aは詐害行為取消権で放棄を取り消すことができるという提案をしている（内田589頁以下・592頁以下）。

（vii）　磯村(保)説　　磯村説は，無償の善意取得の場合とも比較して，CがBから無償取得したときでも，Aの直接請求を認めれば，Cは売買契約を締結させられたに等しい結果となるとして，転用物訴権を否定している（磯村保〔判批〕平7重判解70頁）。

（viii）　その他　　ただし，注目したいのが，限定承認説を支持しながら，B・C間の利得移動が未決済の場合には，転用物訴権という不当利得以外の法律構成で，AのBの一般債権者Gに対する優先を説くものもあることである。例えば，平野説は，(i)民法646条2項（受任者の権利移転義務）を類推して，AにBのCに対する費用償還請求権の移転を求める方法，(ii)民法608条1項の費用償還請求権は修理代金を支払ってはじめて成立すると解して，BがAに未払の場合には，民法650条2項を類推適用して，代弁済請求権をAに代位行使させるという鈴木説を支持し，(iii)民法423条を転用して，AのCに対する直接請求を認める可能性を提案している（平野・債各64頁以下・68頁以下）。澤井説も保存の先取特権（327条・330条）の趣旨にも合致するとして，鈴木説を支持している（澤井77頁以下・79頁）。そうすると，転用物訴権を全く否定する磯村説などは別として，多くの学説は，判例と同様に，無償取得者Cの要保護性の欠如は承認しているものと考えられる。さらに，B・C間に事務処理関係が存在すると考えるなら，AにBの一般債権者Gへの優先を肯定するものがあることにも留意すべきであろう。

（オ）　転用物訴権の構造と判例での転用物訴権の実質的な問題

（a）　3つの転用物訴権　　先に言及したように，転用物訴権の由来は，ローマ法で債務負担能力のない家子・奴隷Bと契約した相手方（給付者）Aが，その給付が契約外の第三者である家長Cの利益となった限度で，その返還をCに対して請求する附帯性訴権だった。だから，その前提は，契約相手方に債務負担能力がないこと，および，直接代理の制度が認められてい

§703 VI

第3編　第4章　不当利得

ないことであり，そのような場合に法の欠缺補充をするのが転用物訴権だった。ところが，その後に中世では，転用物訴権は以上のような制約から乖離して一般的な財貨追及の手段となったこともあったが（Frank L. Schäfer, §§ 812-822, Ungerechtfertigte Bereicherung, Mathias Schmoeckel, Joachim Rückert, Reinhard Zimmermann（Hrsg.), Historisch-ktitischer Kommentar zum BGB, Bd. III/2, §§ 657-853, 2013, S. 2654f.），近世に至って，転用物訴権は3つの法律構成に分化してきた（Berthold Kupisch, Die Versionsklage, 1965を参照。その要約が，藤原正則・不当利得法と担保物権法の交錯〔1997〕214頁注(17)）。

　第1が事務管理構成であり，中間者Bと第三者Cの間の事務処理関係に注目して，第三者Cを本人，中間者Bを事務処理者と考えた上で，給付者AをBとの契約相手方と構成するという考え方である。第2が，不当利得法構成であり，給付者Aの第三者Cへの財貨追及を前提として，第三者Cは中間者Bに対する法律上の原因を給付者Aに対しても主張できるという考え方である。第3が，転用物訴権を認めず，A・B間，B・C間の給付関係内の清算に問題を解消するという方法である。具体的には，第1の構成である，事務処理者Bの本人Cに対する代弁済請求権の契約相手方Aによる行使という構成を転用物訴権に与える三宅説は，転用物訴権を事務管理の一環として位置づけた19世紀から20世紀初頭のオーストリアの私法学者であるフォン・トゥール（Andreas von Tuhr）の学説（フォン・トゥールの転用物訴権に関しては，平田・利得75頁以下〔初出・法政理論（新潟大学）20巻3号，20巻4号〔1988〕〕）を基礎にしている。第2の構成が，フランス法の転用物訴権であり，わが国の限定承認説である。第3が，ドイツ民法の方針であり，わが国では四宮説がその具体例である。転用物訴権を事務管理でなく不当利得として構成すると，利得者Cは中間者Bとの対価関係を損失者Aに対しても法律上の原因として主張することで，利得者Cの取引の安全が守られることになる。ところが，契約による財貨移動の当事者間に法律上の原因がない場合が不当利得であるという，非債弁済をモデルとしたいわゆるコンディクツィオ体系によって不当利得が構成されると，A・B間およびB・C間での清算が指示されることになる。しかも，物権変動で無因原則が採用され，物権と債権の峻別が進んでくるドイツ法では，第三者に対する財貨追及は徐々に承認されなくなってくる。シェファー（Schäfer）によれば，ドイツの法史で転用

176　〔藤原〕

§703 VI

物訴権に止めを刺したのはパンデクテン法学であるが，その理由としては，(i)物権法での無因原則の承認，(ii)制限行為能力者の範囲の制限，(iii)直接代理の承認があげられている（Schäfer・前掲書 S. 2657，藤原正則「フランク・L・シェファー『不当利得』（紹介）」宮本健蔵古稀・民法学の伝統と新たな構想〔2022〕518頁以下）。その中でドイツ法に残されたのは，Ａ・Ｂ間およびＢ・Ｃ間のそれぞれの法律上の原因（causa）の存在とは関係しない，事務管理構成の転用物訴権だった。ドイツ民法に先行するドレスデン草案767条，ドイツ民法準備草案245条でも事務管理構成の転用物訴権が規定されていたが，ドイツ民法の起草者は事務管理の一環として転用物訴権に言及し，Ｂ・Ｃ間の債権の譲渡を受けなくともＡがＣに直接に権利行使できること，および，Ｂ・Ｃ間の財貨移動が無償だった場合のＡの財貨の回復の余地に，事務管理構成の転用物訴権の意味を認めている。しかし，前者は複雑な法律関係を惹起する上に，Ａに完全な救済を与えるものではなく，後者は不当利得とはいえないし，特異で異常な場合であるとして，転用物訴権を拒否した（藤原・前掲不当利得法と担保物権法の交錯37頁注(40)のドイツ民法の理由書〔Motive〕の翻訳を参照）。さらに，このような立法者の決定に忠実に，給付連鎖の二重欠缺の事例でも，ドイツ法では徐々に給付者Ａの第三者Ｃに対する直接請求を認めなくなってきている。第三者ＣがＢ・Ｃ間の法律上の原因をＡにも主張できるという形でＣの取引の安全が守られるなら，Ｂ・Ｃ間の契約が無効な場合は，ＡはＣに対する財貨追及が可能だと考えることも可能であろう。しかし，Ａ・Ｂ間，Ｂ・Ｃ間の各々の法律上の原因の欠如を問題とすべきだというのが，コンディクツィオ体系の不当利得の考え方である。しかも，このように個々の契約関係を経由しての清算は，契約相手方Ｂの一般債権者Ｇと給付者Ａとの債権者平等も保障している。その結果，ドイツ法では，ＡからＢに法律上の原因のない給付が行われ，さらに，ＢからＣに無償で給付がされて，善意のＢの利得消滅が認められる場合に限って，補充的にＡのＣに対する不当利得返還請求が認められている（ド民822条）。反対に物権変動で有因原則を採用し，契約当事者間の清算を指向していないフランス法では，その制限に腐心しているといえども，転用物訴権は命脈を保つことになる。ただし，わが国の判例で問題とされた転用物訴権のケースで問題となっているのは，給付対象が請負契約による仕事（労務）であり，第三者追及が原則として可

〔藤原〕　177

§*703* VI 第3編 第4章 不当利得

能な有体物所有権でもなく，金銭ですらない事案である。そうすると，A
の請負契約による給付に財貨追及の可能な契機を発見するほかないというの
が，転用物訴権の問題だということになる。

　(b)　**請負人の債権担保という実質的な問題**　　上記したように，原則と
して契約当事者間での清算を優先するドイツ法では，転用物訴権という法形
式は承認されていない。だから，昭和45年最判，平成7年最判のようなケ
ースが不当利得法の問題として取り上げられることはない。しかし，同様の
ケースで，請負人Aが契約相手方Bに対する履行請求にだけ指示されれば
足りるとは，ドイツ法でも考えてはいない。その理由は，売買などとは異な
り，請負契約では仕事の完成までには一定の時間を要するため，売買のよう
な目的物の引渡しと代金支払の同時履行は，請負契約では不可能だからであ
る。つまり，注文者が先履行するか，請負人が先履行するほかない。当然の
ことながら，注文者が先履行すれば，請負人の債務の履行確保は容易ではな
いから，請負人が仕事の完成に関しては先履行義務を負うとされている（ド
民641条）。しかし，請負人が仕事を完成させても，注文者が請負代金を支払
わない場合に，請負人が解除しても，給付対象は仕事（労務）だから，請負
人は金銭請求できるに止まる。同時に有体物（動産）が給付されたときでも，
多くの場合に動産は注文者の不動産または動産に付合しているから，有体物
としての返還請求は不能である。つまり，請負人は，契約の性質上，先履行
による注文者の無資力の危険を負担せざるを得ない（契約の性質上の信用供与）。

　そこで，ドイツ民法では，この契約の危険に対処するために，請負人には
動産修理による目的物への（わが国の動産保存の先取特権に当たるが，目的物の占有
の取得と継続を要件とする）法定質権が認められている（ド民647条）。だから，
ドイツ法での請負人Aの請負契約の第三者で目的物の所有者（賃貸人）のC
に対する直接請求を認める最もわかりやすい方法は，法定質権の善意取得で
ある。しかし，判例・通説は，契約質権の善意取得を規定したドイツ民法
1207条は法定質権には準用しないという立法過程での否定的な議論，およ
び，A・B間の請負契約の締結と目的物の引渡しは善意取得の前提である処
分行為ではなく債務負担行為だという理由で，法定質権の善意取得を否定し
ている。しかし，他方で，判例・通説は，請負人Aが目的物の占有を継続
している限りで，理論的には問題の多い占有者（請負人A）の費用償還請求

178　〔藤原〕

§*703* VI

権（ド民994条）による A・C 間の直接請求を認めている（費用償還請求権の行使には占有の継続は不要なはずだが，法定質権の制度趣旨から制限が課されている）。ただし，実務的には，請負人 A は，請負契約（約款）で修理対象の動産に質権を設定し，契約質権の善意取得で同様の結果を達成している。

　さらに，平成7年最判のケースは，建築請負人の債権担保という問題であり，ドイツ法では民法典の施行前から100年以上の長きにわたって議論されてきたテーマである。ドイツ法では，建物は土地に付合して一体の不動産となる。したがって，例えば，土地所有者 B が土地に C のために抵当権の設定をした後に，A に建物の建築工事を施工させれば，抵当権者 C は B の土地に付合した建物からも優先弁済を受ける。だから，例えば，価格100の B 所有の土地に200の被担保債権の C の抵当権が設定され，A が価格100の建物を建築すれば，抵当権者 C は過剰な与信を全て回収できることになる。19世紀の終わりから20世紀初頭には，（当時はヨーロッパの後進地域だった）ドイツ，スイス，オーストリアでは建築ブームがおこり，C が土地価格を大幅に超える抵当権を B 所有の土地に設定し，A の建築工事が完成した後に抵当権を実行するという，いわゆる「建築詐欺（Bauschwindel）」が流行した。これに対して，スイス法では，建築請負人 A の法定抵当権の設定は工事完成後でも可能とし，しかも，先行する抵当権が工事開始前の注文者 B の土地価格以上の担保価値を把握している限りで，A の C に対する損害賠償請求を認めるに至った。さらに，法定抵当権の設定は，下請人にも可能である。他方で，ドイツ法では，建築請負人 A には（わが国の不動産保存・不動産工事の先取特権〔326条・327条〕に当たる）保全抵当権（ド民648条）の設定が認められているが，工事開始前に登記する必要があり，土地所有者である注文者に対してだけ請求が可能であり，しかも，順位の原則に服すから，先行する土地の抵当権に対して劣後する。しかし，いろいろと紆余曲折があったが，1993年に請負人が注文者に対して工事開始前に担保供与を請求する権利が認められた（ド民648a条）。下請人は，元請人の担保に再担保を受けることで，同様の債権担保の可能性が与えられている。つまり，ドイツ法では，不当利得法の枠外で問題を解決し，しかも，契約当事者間での清算を指向するという方法が選択されている（以上のドイツ法の動産修理・建築請負人の債権担保に関しては，藤原・前掲不当利得法と担保物権法の交錯，建築請負人の債権担保に関する最近の動向に

〔藤原〕　179

ついては，田村耕一「ドイツにおける建築請負債権担保に関する動向と一考察」熊本法学
109号〔2006〕1頁以下を参照）。

　わが国での不当利得以外の制度に注目して，昭和45年最判と平成7年最
判の事案を考えると，前者では，注文者Bがブルドーザーの所有者なら，
請負人Aは動産保存の先取特権（320条）を取得していた。しかし，債務者
に属さない動産については，動産保存の先取特権は成立しない。さらに，A
が動産の占有を継続していても，Bの破産手続が開始すれば，動産に対する
留置権は破産財団に対抗できない（昭和45年最判当時は，旧破93条2項。現行法
では，破66条3項を参照）。後者では，建物が注文者Bの所有なら，ほとんど
行使されないとはいえ，Aは不動産工事の先取特権（327条）を取得する余
地があったが，注文者が賃借人ではその可能性も存在しない。このような，
請負人の債権担保という課題は，建築請負で建物を建築した場合に，材料を
請負人が供給したときに，完成建物の所有権を注文者が原始的に取得するの
か，請負人が取得するのかという形で，従来から議論されていた。だから，
以上の問題が，注文者が所有者でない場合に問われたのが，昭和45年最判，
平成7年最判の転用物訴権のケースだといえる。注目しておきたいのが，民
法339条の規定である。つまり，同条は，適時に登記された不動産工事，不
動産保存の先取特権は，同一不動産に先に登記された抵当権に優先して弁済
を受けることを規定している（2016年改正前フ民2095条に由来する転用物思想の一
環であろう）。同条には，抵当権者の利益を損なう危惧が提起されているが
（注民(8)〔1965〕222頁〔西原道雄〕参照），実質的には，契約外の第三者（抵当権
者）に対する転用物訴権を認めた規定であろう。したがって，わが国の民法
には，転用物訴権を具体化した規定が存在すると考えることも可能であろう。
その意味で，転用物訴権を，加藤説，判例の準則で承認する契機は十分に存
在すると考える。

　　　(c) 今後の課題　　以上を前提にわが国の問題に関して考えると，例え
ば，ドイツ法では動産を修理した請負人Aは，賃借人（注文者）Bと賃貸人
（動産所有者）Cとの修理費用はB負担とするという形での決済にもかかわら
ず，Cに対して費用償還請求権を行使できると解されている。だから，この
点に注目して，Aによる修理以前のC・B間の賃貸借の期間，および，Aの
修理後B・C間の賃貸借契約が解除されて，CからDにブルドーザーが売

却されるまでの期間がいずれも短かったことを考慮すれば，請負人Ａの賃貸人Ｃに対する請求を認容した昭和45年最判は妥当だという評価もあり得ると考える。また，それが適時に登記された場合ではあるが，不動産工事の先取特権，不動産保存の先取特権は先行抵当権にも優先するという規定（339条）の趣旨（転用物訴権を具体化した規定）を重視して，さらに先に言及した建築詐欺との類似性を見いだすなら，平成7年最判の事例でも，Ｂ・Ｃ間の清算の妥当性を精査する余地があるいうことになる。平成7年最判は，先にも加藤説に関して紹介したようにＢ・Ｃ間の利得移動が「Ｂ・Ｃ間の関係全体からみて有償」かという視角からＢ・Ｃ間の利得移動の有償性を評価しており，算術的な等価関係を要求していない。これに対して，好美説は，平成7年最判のケースに対して，Ｂ・Ｃ間の賃貸借の期間が3年だったことからＢは「3年契約で営業利益をあげるつもりで5180万円もの改修をして1カ月足らずで解除され，Ｙ〔Ｃ〕がその利益を引きついでいる……。一般論だが，Ｘ〔Ａ〕との関係でのＹ〔Ｃ〕の利得の不当性ないし『法律上の原因』は，本判決のようにＡ〔Ｂ〕Ｙ〔Ｃ〕間の当初の契約ではなく，その実体に即して判断されるべきではなかろうか」とＢ・Ｃ間の財貨移動の全体としての有償性に疑問を提起している（好美・前掲〔判批〕リマークス14号59頁）。しかも，これは転用物訴権を否定する立場である内田説も同様の指摘をしている（もっとも，そのことを理由に，対価性の不明確さゆえに，内田説は転用物訴権を否定している）（内田592頁）。現に，平成7年最判の第一審（京都地判平2・2・28民集49巻8号2815頁）は，Ｂ・Ｃ間の賃貸借契約が昭和57年2月1日に期間3年で締結され，Ａ・Ｂ間の請負契約の締結が同年11月初め，工事の引渡しが同年12月初め，Ｂ・Ｃ間の賃貸借契約の解除が同年12月24日であり，Ｂが現実に賃借建物を使用した期間が極めて短かったためにＢ・Ｃ間の利得移動が無償だと考えている。これに対して，調査官解説では，権利金の免除と短い期間の賃料とを比較すべきではなく，権利金は場所的利益の対価で賃借人の債務不履行解除の場合には返還させるべきではないこと，および，ＢはＣの解除後即座に建物を明け渡さず，Ｃの建物明渡しを求めるＢに対する訴訟が確定したのが昭和59年5月28日であることを理由に，「Ｂ・Ｃ間の関係全体からみて有償」だと判断している。ただし，同時に，ＣのＢに対するどのような出捐があれば「対価関係」として十分かは将来の判例の課題だと

§703 VI　　　　　　　　　　　　　　　　　第3編　第4章　不当利得

も指摘している（田中・前掲判解912頁以下）。したがって，これからの転用物訴権の課題は，B・C間の利得移動の有償性の評価にかかることになると考える。

さらに，今1つは，転用物訴権が成立した場合のCの利得の返還義務の範囲である。これには，A・B間の契約上の請求権の額を上限とした上で，Cの利得消滅の抗弁が認められるべきであろう。例えば，Aが修理した動産をBが使用することで減価したような場合である。裁判例では，この減価を考慮して，工事の時点での目的物の価格にAの請負代金を加えたものから，修理で増価した目的物の価格中の増価分の割合を算定し，例えば，CがDに目的物を処分したときは，処分時の価格に，修理による増価分の割合を乗じて，現存利得を算定したものなどがある（東京地判昭59・12・27判時1172号74頁）。

今一つ付言するなら，不当利得構成ではなく，C・B間の契約に事務処理関係を認めた上で，BのCに対する代弁済請求権をAが（代位または直接）行使するという法律構成（事務管理構成）が可能なら，AはBの一般債権者Gに優先する契機を認めることもできる。つまり，不当利得構成では，Aの債権的な不当利得返還請求権が，Bの一般債権者Gに優先することは困難であろうが，事務管理構成では，事務の他人性（修理はBの事務ではなく，Cの事務）を前提にして，これが肯定されることになる。しかも，現実に転用物訴権が問題とされたわが国の（裁）判例の背後には，請負人の先取特権制度の法の欠缺が認められるとすれば，これは説得力のない考え方とはいえないと考える。ただし，このような問題は，将来の判例・学説の課題であろう。

(3)　無償取得した転得者への請求の拡張

以上との関連で，無償転得者に対する給付者の請求についても言及しておくべきであろう。ドイツ法には，AがBに給付したものを，善意のBが第三者Cに無償で譲渡した場合には，AはCに対して給付の返還を請求することができるという規定（ド民822条）が存在する。もちろん，その根拠は有償の権利取得とは異なり，無償取得者は取引の安全とは無縁だということである。ただし，同条はドイツ法では事実上は死文に近いと評されている（Detlef König, Ungerechtfertigte Bereicherung, Bundesministerium des Justiz（Hrsg.）, Gutachten und Vorschläge zur Überarbeitung des Schuldrechts, Bd. II, 1981, S. 1584. 藤原

182　〔藤原〕

§*703* VI

正則「西ドイツ不当利得法の諸問題——デトレフ・ケーニッヒの法律案と鑑定意見の紹介を通じて」下森定ほか編著・西ドイツ債務法改正鑑定意見の研究〔1988〕437頁以下を参照）。というのは，同条の適用の前提は，給付受領者Bが善意で第三者Cに無償譲渡（贈与）することで，Bの返還義務が利得消滅（ド民818条3項）により排除されていることである。したがって，B・C間の利得移動が無償でも，Bが悪意の場合は利得消滅しないから，Aの請求の相手方はBに限られ，Cへの請求はできない。Bが無資力，捕捉不可能な場合も同様である。わが国の学説では，同様に考えているのが，四宮説である（四宮・上121頁以下・122頁注(一)）。だたし，この規定によれば，Aから非債弁済を受けた善意のBがCに贈与すれば，Aの請求はCに及び，他方で，Aから財貨を詐取した悪意のBがCに贈与すれば，Aの請求はかえってBに制限されることも不都合だとは考えられている。したがって，同条をBが無資力，捕捉不能な場合にも類推適用すべきだという見解も存在する（例えば，Karl Larenz/Claus-Wilhelm Canaris, Lehrbuch des Schuldrechts, Bd. II, Hb. 2, 13. Aufl., 1994, S. 195f. など）。ただし，ドイツ法では利得債務者を1人に制限することが原則だから，判例・通説は同条の文言を尊重している。しかし，先にも見たように，わが国の対第三者関係では，給付者Aは必ずしも契約相手方Bへの請求に制限されず，第三者Cに対しても財貨追及が可能な場合が存在すると考えるべきであろう。だから，以上のようなドイツ法の議論とは別に，わが国では無償取得した第三者Cには法律上の原因がないと考えておけば足りると考える。さらに，ドイツ法に関しても，給付者Aの第三者Cへの追及が可能な場合に関しては，AのBの一般債権者Gへの優先に関しては，問題にされていない。かえって，Aの請求は第三者Cへの直接請求だから，侵害利得の一環であるという見解も存在する（例えば，Larenz/Canaris・前掲書S195）。つまり，給付利得による契約当事者間での清算を優先するドイツ法でも，例外的に第三者保護の必要がない場合には，財貨の追及という側面が顕在化してくるのではないかと推測する。このように考えると，実定法の規定を欠くわが国では，かえって無償取得した第三者Cへの給付者Aの財貨追及を承認することは，決して無理ではないし，妥当であろう。しかも，判例がA・B間の契約関係が有効な転用物訴権でも，給付者Aの無償取得者Cに対する直接請求を認めているのであるから，Bの無資力の場合も含めて，A・B間の契約関係が

〔藤原〕　183

§704 I
第3編　第4章　不当利得

無効の場合には当然に同様の請求が成立すると解すべきであろう（橋本ほか75頁以下〔大久保〕も参照）。

〔藤原正則〕

（悪意の受益者の返還義務等）

第704条　悪意の受益者は，その受けた利益に利息を付して返還しなければならない。この場合において，なお損害があるときは，その賠償の責任を負う。

〔対照〕　ド民819 I・818 IV，フ民1352-7（2016年改正前1378）

細目次

I 立法の経緯と悪意の受益者の責任の根
拠 ……………………………………184
II 悪意の受益者 ……………………187
1 悪意の意味………………………187
（1）悪意の受益者 ………………187
（2）過失のある善意者 …………188
2 本人以外の者の悪意……………193
3 悪意の判定時期 ………………194
4 悪意の証明責任 ………………194
III 悪意の利得者の返還義務 ………195
1 「受けた利益」の返還義務 ……195
（1）原物返還・価格返還 ………195

（2）目的物の滅失・損傷 …………195
（3）（給付）目的物の費消・加工・売
却 ………………………………195
（4）果実・収益の返還 ……………195
（5）給付に対して支出した費用 ……196
（6）給付から被った損害 …………196
2 利息の返還義務…………………196
3 損害賠償義務……………………197
（1）不法行為説と不当利得説 ……197
（2）不法行為説 …………………197
（3）債務不履行説 ………………198
（4）判例（不法行為説）…………198

I　立法の経緯と悪意の受益者の責任の根拠

悪意の受益者とは，受益に法律上の原因のないことを知っている者である。悪意の受益者は，利得の返還義務を負うことを計算に入れておくべきだから，利得したものの返還義務を負うのは当然である。そこで，本条前段は，「その受けた利益に利息を付して返還しなければならない」と規定して，民法703条の善意の利得者の「現存利得」の返還義務とは異なり，「受けた利益」の返還を規定している。つまり，善意の利得者の返還請求への優遇（利得消滅の抗弁）は与えられないことを明らかにしている。加えて，本条前段は，受けた利益の他に「利息」の返還義務を，さらに，本条後段が，「この場合

184　〔藤原〕

§*704* I

において，なお損害があるときは，その賠償の責任を負う」と規定している。

民法704条は，旧民法財産編368条を修正して条文化したものだが，旧民法財産編368条は，「第361条第2号に掲げたる供与を悪意にて領受したる者は」，訴え提起時の利得の他に，「元本を領受せし時よりの法律上の利息」（1号），「収取を怠り又は消費したる特定物の果実及ひ産出物」（2号），「自己の過失又は懈怠に因る物の価額の喪失又は減少の償金縦令其喪失又は減少が意外の事又は不可抗力に因るも其物が供与者の方に在るに於ては此損害を受けさる可かりしときは亦同し」（3号）の返還義務を負うと規定していた。さらに，そこで指示されている361条（2項）2号は，「負担なくして弁済したる物及ひ虚妄若くは不法の原因の為め又は成就せす若くは消滅したる原因の為に供与したる物の領受」の取戻しだから，その主なケースは，悪意の非債弁済の受領であった（以上に関しては，松岡久和「不当利得と不法行為──悪意の不当利得者の責任に関する一考察」松本恒雄還暦・民事法の現代的課題〔2012〕491頁以下，496頁以下を参照。立法の経緯，および，立法と関係するフランス法，ドイツ法については，平田健治〔判批〕現代消費者法9号〔2010〕86頁以下，89頁以下も参照）。他方で，法典調査会議事速記録の民法704条（原案714条）では直接に参照条文としては指示されていないが，起草者が参照したドイツ民法第1草案741条1項では，債務の不存在と弁済者の錯誤を知っていた非債弁済の受領者は，不法行為による損害賠償の規準で給付者に損害賠償の義務を負うとされていた。だから，後に悪意となった者，および，訴訟係属によって擬制悪意となった者に一般的な責任が課されるのとは異なり，悪意の非債弁済の受領者は不法行為者だということになる。ただし，悪意の弁済受領者の責任には不法行為が適用されるという理由で，最終的には草案741条1項は削除されている（以上に関しては，藤原正則「受益者の悪意（民法704条）の認定」青竹正一古稀・企業法の現在〔2014〕51頁以下・60頁以下，同〔判批〕リマークス42号〔2011〕34頁以下・37頁）。だから，民法704条は，悪意の利得者の責任は，民法703条の現存利得の返還に制限されず，受けた利益を返還すべきこととともに，不法行為となる場合もあることを規定したものだと考える。立法者は，具体例として，他人の金銭を窃取した者は，金銭の法定利息の他に，被害者が債務の弁済ができなくなり違約金を支払った場合は，窃取者は利息の他に違約金も返還する必要がある，債務者ではないと知っていた者から米を受領したときは，米

〔藤原〕　185

§704 Ⅰ
第3編　第4章　不当利得

の価格に法定利息を加えて返還する他に，実損害の賠償が必要だとして，利息の返還義務も含めて不法行為の規定だと説明している（梅870頁以下）。この方針は，民法の立法者が不法行為については，債務不履行に関する民法416条の制限賠償主義を採用せず，損害賠償の範囲を裁判官の裁量に委ねていたこと（前田・帰責論230頁以下，法典調査会民法議事〔近代立法資料5〕304頁以下）と合致している。

　他方で，民法704条の悪意の利得者の責任の適用範囲については，わが国の学説の考え方は錯綜している。例えば，加藤（雅信）説は，（主に給付利得に当たる）矯正法的不当利得では民法703条，704条は適用されず，その効果は表見的法律関係が決定するが，他方で，所有者・占有者関係の類推から，（主に侵害利得に当たる）帰属法的不当利得にだけ民法703条，704条が適用されるとしている（加藤・体系348頁以下・438頁）。さらに，類型論の学説も，例えば，四宮説は民法704条の適用範囲では財貨帰属型の不当利得（侵害利得）を指示している（四宮・上92頁以下）。さらに，給付利得に関して，受益者の善意・悪意の区別の不都合さを説くものもある（内田601頁，鈴木742頁を参照）。以上のような学説は，非債弁済の不当利得を給付利得に含めて考えず，非債弁済はもっぱら民法705条以下の適用の問題としてだけ論じ，双務契約の清算を給付利得の典型例として考えている。反対に，受領者の善意・悪意を重視しようという学説（主に，衡平説）は，悪意の利得者の責任について考え方が分かれている。例えば，松坂説は，悪意の受益者は原物が責めに帰すべからざる事由で滅失した場合でも，原物の価格返還の義務を負うとしている（松坂252頁・253頁注(六)，その例証が，悪意の非債弁済の受領者に関するフランス民法〔改正前フ民1379条〕の規定である）。反対に，我妻説は，悪意の利得者の「受けた利益」の返還義務を，一般的な給付義務を負った債務者の責任と考えている。だから，悪意の利得者も履行遅滞となるまでは，帰責事由のない物の滅失・損傷の責任を負わないと解している（我妻・講義1105頁以下）。つまり，例えば，非債弁済の受領時から悪意であり不法行為責任を負うような場合は別として，後に悪意となった者が，帰責事由のない物の滅失・損傷の責任まで負うというのは，妥当ではない。だから，はじめから悪意の利得者が不法行為による損害賠償義務を負い，付遅滞となったような場合は別として，民法704条は善意者に与えられる責任の軽減に関しては悪意者は排除さ

186　〔藤原〕

§704 II

れることを規定したにとどまると解すべきであろう。

他方で，侵害利得では，利得者が利得移動のはじめから悪意の場合には，不法行為が成立するから，悪意の受益者の責任の意味は限られている。さらに，支出利得では，損失者から利得者への利得の押し付け防止が問題となるから，受益者の善意・悪意は意味を持たない。だから，民法704条は主に給付利得，特に，非債弁済の不当利得に関して，しかも，善意者に与えられる現存利得への返還義務の縮減の排除，および，損害の証明の必要なく利息を請求できることに意味があると考える。

II　悪意の受益者

1　悪意の意味

(1)　悪意の受益者

悪意の受益者とは，法律上の原因のないことを知りながら利得を得た者である（我妻・講義1102頁，新版注民(18)637頁〔福地俊雄〕）。言い換えると，「利得移動を基礎付ける事実」と「利得に法律上の原因のないこと」を知っていることである。利得移動の事実を知っただけで，必ずしも法律上の原因のないことが推論できるわけではないからである。判例（最判昭37・6・19裁判集民61号251頁）は，抵当権が抹消されると錯誤して被担保債権を債権者に第三者弁済したが，抹消の対象となる物件に食い違いがあり，抵当権の抹消がなかったが，債権者の悪意を否定したという事例で，悪意の受益者とは，「法律上の原因のないことを知りながら利得した者」と判示している（ただし，大澤逸平〔判批〕法協127巻1号〔2010〕168頁以下・178頁は，上告理由が，悪意が立証されていると主張したのに答えて，悪意を否定したことが採証法則に反しないと応答して一般論を述べたのだから，傍論にすぎないとしている。さらに，我妻・講義，松坂，四宮・上は，この判決を引証していない。他方で，新版注民(18)637頁〔福地〕は，先例として引証している）。さらに，破産者の締結していた賃貸借契約を解除して賃借人の未払賃料に敷金を充当した破産管財人に対する敷金返還請求権の質権者からの不当利得返還請求について「不当利得が成立する事実経緯を認識していたというべき」だから「悪意の利得者に当たる」とした第一審（横浜地判平16・1・29判時1870号72頁），原審（東京高判平16・10・19判時1882号33頁）

〔藤原〕　187

§704 II　　第3編　第4章　不当利得

に対して，「民法704条の『悪意の受益者』とは，法律上の原因のないこと
を知りながら利得した者をいうと解するのが相当である」と判示した上で，
破産債権者のために破産財団の減少を防ぐという破産管財人の職務上の義務
と質権設定者が質権者に対して負う義務との関係をどのように解するかとい
う論点を論じる学説や判例も乏しかったこと，および，破産裁判所の許可を
得ていたことを理由に悪意の受益者とはいえないとした判例（最判平18・12・
21判タ1235号148頁②）があり，この判例は，先例として，上記の昭和37年
最判を参照している。

(2)　過失のある善意者

ただし，法律上の原因がないことを知らないことに過失がある場合には，
善意なのか悪意かに関して，学説は分かれている。

(ｱ)　無過失を要求しない説　　立法者の梅は，不当弁済（非債弁済）取戻
しのケースで，全く自分の過失でいろいろと言って債権者が無理無体に払わ
せた場合は，不法行為に当たるが，それ以外は不当弁済取戻し（非債弁済の不
当利得返還請求）であり，このケースでは，弁済者（債務者），弁済受領者（債
権者）の双方に過失があることが多いが，債務者が自分に債務があるか否か
を知っているのが本当であり，双方に過失があるが，その過失の原因がどち
らにあるのかを調べることは実際にはほとんどできないと指摘している（法
典調査会民法議事〔近代立法資料5〕190頁以下）。だから，少なくとも弁済受領が
不法行為に当たる場合は別として，善意の弁済受領者に関しては，立法者は
過失の有無は問題にしていなかったと考える。かつての通説的な学説は，過
失のある善意者は，悪意の受益者ではないと解していた（鳩山・下837頁以下，
末弘992頁，我妻87頁）。ただし，我妻は，後には，一応善意者は無過失で
ある必要はないとしながら，同時に，公平の原則に基づいて，不当利得の発
生の事実への損失者の関与の程度と態様を斟酌して返還の範囲を決めるなら，
利得者の過失の有無もおのずから考慮されることになる（我妻・講義1102頁）
とも指摘している。

(ｲ)　過失者は悪意者と解する説　　他方で，谷口説は，わが国の学説はド
イツの通説の影響をうけており，ドイツ法は非債弁済につき過失の有無が争
われたから，客観的な要素に基づく解決を指向し，過失の問題を不当利得か
ら駆逐したと指摘した上で，ドイツ法，スイス法，フランス法，英米法を検

188　〔藤原〕

§*704* II

討して，受益者の過失も返還義務の範囲に影響を与えていると指摘する。さらに，善意が内心的な事実状態だとすると，無経験な者，愚鈍な者などが，経験ある者，用意慎重な者より善意であることが多くなり，道徳上尊重に値する者の責任が加重され，道徳上非難される者の責任が軽減されるという逆説的な結果となると批判する。さらに，善意者の責任軽減は，いわば権利取得したのと同様の結果となるが，善意取得，時効取得では占有者の善意・無過失が要求されていることとの均衡も指摘する。その結果，過失のある善意者は悪意とみなすべきだと解している（谷口知平「不当利得返還義務と受益者の善意悪意について」大阪商科大学経済研究年報3号〔1933〕215頁以下・234頁以下）。ただし，谷口説で注目すべきは，以上に続けて，善意悪意，知不知のような内心的な意思過程が裁判上問題になれば，徴表である間接事実によって推断する他なく，悪意を推測するに足る事実が立証されれば，一応の推定によって悪意とする判断は妨げられないから，知り得べかりしとき（すなわち善意が過失に基づく場合）は，悪意が推定される場合が多いであろうし，受益者の善意の立証を許すとしても（不知の立証は困難だから）その立証はほとんど不可能であり，結果的には過失による善意者の責任は加重されることになるから，以上のような議論は無意味かも知れないとしていることである（谷口・前掲論文239頁）。松坂説も，谷口説と同じく，谷口も引用するドイツの通説とは異なり，重過失を悪意と同視するレオンハルト（Franz Leonhard）を引証して，有過失の善意者を悪意者と同視すべきだと主張している（松坂佐一・不当利得論〔1953〕424頁以下，松坂220頁）。以上の谷口説，松坂説が，共通の論拠として持ち出すのが，ドイツ民法とスイス債務法の規定である。具体的には，将来の発生の不確実な目的，または，消滅する可能性のある目的のために給付されたときは，給付受領者は目的の不到達または法律上の原因消滅を知らないときでも悪意の利得者と同様の責任を負うと規定するドイツ民法820条である。スイス法に関しては，スイス債務法64条，3条である。スイス債務法64条は，利得者が返還を予期すべきだったときは，利得したものを返還すべきことを規定しており，ドイツ民法820条と同趣旨の規定であり，さらに，スイス債務法3条1項は，法律が法的効果の発生を人の善意と結び付けた場合は，善意の存在が推定される，2項は，当該の状況が注意を要求するような方法で注意を払ったときは，善意となることのできない者は，善意である

〔藤原〕 189

§704 II　　　　　　　　　　　　　　　　　　　第3編　第4章　不当利得

ことを主張することはできない，という規定である。さらに，松坂説は，法律上の禁止または善良の風俗に反して給付受領した者に，受領時から悪意の利得者の責任を課すドイツ民法819条2項も指示している（谷口・前掲論文217頁以下，松坂・前掲書405頁）。つまり，谷口説，松坂説は，利得者が返還義務を予期すべき場合も，悪意の利得者と同視すべきであり，現存利得への責任制限はされるべきではないことを，有過失の善意者を悪意者と同視すべきことの根拠としてあげている。四宮説も，過失のある善意者は悪意者と同視すべきだとする。その理由は，過失のある者の返還義務を現存利得に制限するのは不当であり，利息支払・損害賠償義務に関しては，それを過失ある者に認めないのは，不法行為責任との均衡から不当だからである（四宮・上93頁）。松岡説も，不法行為責任との権衡から，過失のある善意者は悪意者に含まれると解して，かつ，学説上の多数説だと指摘している（篠塚昭次＝前田達明編・新・判例コンメンタール(8)〔1992〕290頁〔松岡久和〕）。さらに，貸金業法，利息制限法違反に関する判例（→(オ)）に関するコメントだが，判例では，平成18年改正（削除）前の貸金業法43条1項に違反すれば，貸金業者は悪意の利得者と推定され，善意とされるためには特段の事情を主張・立証する必要があり，特段の事情の認定には合理的根拠が必要とされるから，悪意の認定には貸金業者の過失も含まれているという指摘もある（平田・利得403頁以下，〔初出・平19重判解〕）。

　(ウ)　重過失を悪意と同視する説　　福地説は，過失のある善意者を悪意者と考えるかは論理解釈ではなく法政策的な問題だとするが，過失者を一律に保護するのは不当だが，いささかでも過失があれば悪意者と同一視するのも問題で，重過失を悪意と同視すべきだとしている。さらに，その際に，金銭騙取の不当利得に関する判例（最判昭49・9・26民集28巻6号1243頁）が，悪意・重過失のある騙取金銭の弁済受領者は法律上の原因を欠くと判示したことは（→§703 Ⅵ5(1)(ウ)），確かに，不当利得の成立要件の問題だが，効果に関しても悪意と重過失を同視する見解を前提とするものと推測されるとしている（注民(18)596頁〔福地俊雄〕，新版注民(18)640頁以下〔福地〕）。

　(エ)　法律上の原因のない事実を知れば悪意とする説　　さらに，近時の利息制限法1条に違反する過払金返還請求訴訟を契機として，学説には，利息制限法違反の事実を知れば悪意の受益者と解するもの，過失のある貸金業者

§704　II

は悪意の受益者だと指摘するものが多い。茆原説は，悪意であるには法律上の原因があるか否かの法的認識は不要であり，法的認識の基礎となった事実の認識で足るとしている。その理由は，悪意が法的評価・法的判断をも意味すると解すると，利得者は「法律上の原因があると認識していた」などと主張して無意味化するからである。その結果，貸金業者には利息制限法違反の認識も必要なく，利率を知っていれば悪意だとする（茆原正道＝茆原洋子・利息制限法潜脱克服の実務〔2版，2010〕567頁以下）。川地説も，（利息制限法1条違反の制限超過利息の不当利得返還請求を排除する）平成18年改正（削除）前の貸金業法43条1項が適用されると誤信した貸金業者も利息制限法違反については悪意だから，善意の受益者とするのは疑問だと指摘している（川地宏行「不当利得返還請求権における利息の法定利率」新美育文還暦・現代民事法の課題〔2009〕285頁以下，302頁以下）。

　(オ)　判例の考え方　　他方で，悪意の認定で，(裁)判例は，直接に事実から悪意を認定できる場合は別として，そうでないケースでは，一定の事実から受益者の悪意を推定し，反証のない限りは，悪意を肯定するという手法をとっている。前者の例としては，例えば，売買契約が合意解除されたときは，前金の受領者は合意解除の時から，その返還義務を負うことを知っていると考えることができるとした裁判例（大阪地判昭29・3・25下民集5巻3号419頁。合意解除時から悪意となり，704条が適用されて利息の支払義務を負うとした），優先する抵当権の存在を知りながら，その抵当権者の債権届出のないことを奇貨として，第三者に融資して競落させた上で配当金の交付を受けた者は，優先権のある抵当権の存在を認識していたからと悪意を認定して，民法704条の利息の支払義務を負うとした裁判例（仙台高判平3・2・21判時1404号85頁。ただし，受益者は民事執行手続に基づいて配当を受けたから不法行為には当たらないとしている）がある。しかし，そうではないケースでは，一定の事実から受益者の悪意を推定し，反証のない限りは，悪意を肯定するのが(裁)判例の悪意の認定方法である。例えば，「株式会社の取締役たる地位に在る者は所謂権利株の売買は法律上禁止せられ居るものなりと云うが如きことは反対の事情の認む可きもの無き限り之を知了せるものと認むるを以て相当とする」という判例（大判大10・11・8新聞1932号10頁）がある。これは，「取引行為が強行法規に反するために無効な場合の給付利得などに関しては，〔法律上の原因

〔藤原〕　191

§704 II 　　　　　　　　　　第3編　第4章　不当利得

の欠缺に関する受益者の悪意の〕事実上強力な推定がなされるであろう」（新版注民(18)648頁以下〔福地〕）の一例である。加えて，特許権侵害に過失があっても善意だった者は悪意の受益者ではないとした裁判例（大阪地判昭50・3・28判タ328号364頁〔平29改正前724条前段ではなく同改正前167条1項の時効期間ゆえに不法行為による損害賠償ではなく不当利得の返還請求を主張したと考えられるケース〕）がある。つまり，法律上の原因の欠缺の認識に関する過失があっても，悪意とはみなされないということになる。さらに，貸金業者が被告（受益者）となる過払金返還訴訟でも，判例の考え方は同じである。具体的には，判例は，貸金業者が平成18年改正前の利息制限法1条1項違反の制限超過利息を受領したが，その受領につき平成18年改正（削除）前の貸金業法43条1項が適用されないときは，貸金業者が同条同項の適用があると認識し，しかも，そのような認識を有するに至ったやむを得ないといえる特段の事情がなければ，民法704条の悪意の受益者と推定されるとしている。その上で，例えば，貸金業法18条の要件を具備する書面の交付がなかったときに，特段の事情があるというには，貸金業者の「認識に一致する解釈を示す裁判例が相当数あったとか，上記認識に一致する解釈を示す学説が有力であったというような合理的な根拠」が必要だなどとして，特段の事情を具体化している（最判平19・7・13判タ1252号110頁②）。さらに，期限の利益の喪失約款の下で利息制限法所定の制限超過利息の支払の任意性を否定した最高裁判決（最判平18・1・13民集60巻1号1頁）の言渡日以前に支払われた制限超過利息に関しては，貸金業者が期限の利益喪失約款の下で制限超過利息を受領したというだけでは，貸金業者を民法704条の悪意の受益者と推定することはできないと判示した，つまり，特段の事情があったと判断したと評価できる判例がある（最判平21・7・10民集63巻6号1170頁）。以上のような貸金業者の悪意の判断は，強行法規違反の給付受領に関しては，悪意の強力な推定がされるという典型例の1つであろう。つまり，貸金業法の具体的な規定の制度趣旨，保護目的から，受益者（貸金業者）の悪意が推定されることが決定的だと考えられる。だから，悪意の認定に一定の規範的評価が働くことは間違いないが（貸金業法との関係で，中村也寸志「貸金業法43条の要件論等についての最高裁の判断」過払金返還請求訴訟の実務（別冊判タ33号）〔2011〕60頁以下），受益者の過失の有無を正面から問題にはしないというのが，判例の立場であろう。

§*704* Ⅱ

　以上から考えると，悪意は受益者の内面の事実（心象）だから，それが判然としている場合は別として，通常は外面に現れた間接事実から悪意を推定することになるのは避けがたい。だから，判例は，一定の事実が認定されれば悪意を推定して，それを覆す証明がなければ悪意を肯定している。その際に，例えば，貸金業法違反などで弁済受領が強行法規（・取締法規）に違反した場合，ないしは，取引上の注意義務に違反したと評価できるような場合は，悪意の推定が強く働く。その結果，悪意の認定で，悪意という「事実」の擬制，ないしは，「知っていたはずだ」という擬制の程度が高まれば，受益者が法律上の原因の欠缺を「知るべきだった」という評価に接近することになる。そうすると，知るべきだったという評価は，受益者の注意義務を前提とするから，注意義務違反を過失と捉えるか，あるいは，悪意の推定を推し進めて，一定の事実を知っていれば，通常人ならそれ以外に考える余地はないから，法律上の原因の欠缺の根拠となる事実を知っていたことが悪意だと考えることになる。しかし，悪意の受益者の責任の根拠は，受益者が取得したものを返還すべきことを知っていたときには，利得保有の信頼を保護する必要はないからである。だから，一方では，受益者が法律上の原因の欠缺を基礎付ける事実を知っていただけでは，悪意の責任を負わせるには不十分である。一般的には，法律上の原因の欠缺を基礎付ける事実から，取得したものに法律上の原因が欠如していることを必ず推論できるわけではないからである。しかし，他方で，一定の事実を前提とすれば，取得したものに法律上の原因が欠如していたことは推論できるはずだという評価的視点は不可欠である。かつ，その評価的視点の規準となるのは，具体的な利得移動を基礎付けた法律関係を規律する規定，特に，禁止規範の制度目的と考えるほかないであろう。だから，「知っていたはずだ」という評価の基準は，当該の規定の保護目的である。以上の意味で，悪意の認定には評価的視点は不可欠であるが，他方で，受益者の過失は，悪意とは別の問題だと考えたい（藤原161頁）。

2　本人以外の者の悪意

　給付の受領が代理行為による場合は，悪意は代理人を規準とすることになる（101条1項を参照）。包括的な代理権を有する者（法人の機関，未成年者・制限行為能力者の法定代理人，破産管財人）が存在する場合は，その者の善意・悪意が民法704条の適用を決することになる。法人の使用人が悪意の場合でも，

§*704* **II**　　　　　　　　　　　第 3 編　第 4 章　不当利得

法人の代表者の善意・悪意によるというのが判例（最判昭 30・5・13 民集 9 巻 6 号 679 頁）だが，学説は批判的である。法人の内部的な職務分担ゆえに，被用者の悪意が法人の悪意とみなされないのは不当だというのである（菅原勝伴〔判批〕北法 7 巻 2 号〔1956〕105 頁以下，福地俊雄「法人の不当利得と悪意」谷口還暦(3)123 頁以下，135 頁，新版注民(18)642 頁以下〔福地〕，我妻・講義 1103 頁以下，四宮・上 94 頁。多くは，715 条の類推とする）。

3　悪意の判定時期

利得時，例えば，給付受領した時から受領者が給付に法律上の原因のないことを知っていれば，当然に悪意であり，不法行為となる可能性もある。さらに，善意の利得者が後に法律上の原因の欠缺を知ったときも，悪意となり，その時点からは利得消滅を抗弁できないことになる（我妻・講義 1104 頁，新版注民(18)646 頁〔福地〕，四宮・上 94 頁）。

不当利得について訴訟係属があったときは，悪意とみなされるべきだ（擬制悪意）というのが，学説の多数である（松坂 220 頁，新版注民(18)646 頁以下〔福地〕，藤原 162 頁）。ドイツ民法（ド民 819 条 1 項）は，訴訟係属による悪意を規定しており，我妻説は，同趣旨の所有者・占有者関係の規定（189 条 2 項）を類推している（我妻・講義 1104 頁）。他方で，四宮説は，起訴は過失を推定するにすぎないという理由で，訴訟係属による擬制悪意に反対している（四宮・上 94 頁・90 頁注(二)）。

4　悪意の証明責任

悪意の証明責任は，損失者が負担するというのが通説である（我妻・講義 1104 頁，松坂 252 頁，四宮・上 93 頁，小室直人「不当利得請求権の主張・立証責任」谷口還暦(2)177 頁以下・189 頁，村上博巳・証明責任の研究〔新版，1986〕272 頁，藤原 163 頁）。その理由は，善意の証明は困難であり，しかも，悪意によって利得者の責任が加重されることである。ただし，給付が法律の禁止・公序良俗に反しており，かつ，受領者が違法性を認識している場合には，受領者の悪意が推定されると解すべきであろう（ド民 819 条 2 項は，その旨を規定している）（四宮・上 180 頁，藤原 163 頁）。

§704　III

III　悪意の利得者の返還義務

1　「受けた利益」の返還義務

(1)　原物返還・価格返還

　悪意の利得者も原物返還が可能なら原物返還を，不能なときは価格返還の義務を負う。ただし，悪意の利得者は，利得に法律上の原因のないことを知っているから，他人の物を保管するときと同様の責任を負担し，善管注意義務を負うと解すべきであろう（我妻・講義1105頁以下）。

(2)　目的物の滅失・損傷

　悪意の利得者は物の保管義務に関して善良な管理者の注意義務を負うから，注意義務違反で物が滅失・損傷したときは損害賠償義務を負う。ただし，悪意の利得者の責任も過失責任だから，不可抗力による物の滅失・損傷の責任は負わない。損失者から利得者に催告があって利得者が遅滞に陥った場合に，注意義務違反によらない損害の賠償義務を負うのは，遅滞の効果である（我妻92頁，我妻・講義1106頁，磯村保〔判批〕リマークス5号〔1992〕70頁以下・73頁，新版注民(18)651頁〔福地俊雄〕）。他方で，四宮説は，悪意の利得者は不法行為者に準じて受益の時から常に賠償義務を負うと解している（四宮・上96頁・131頁）。さらに，松坂説も同旨で，責めに帰すべからざる事由で滅失・損傷した場合でも，原物の価格賠償の義務を負うと解している（松坂252頁。鳩山・下842頁も参照）。しかし，善意の利得者が後に悪意となったときも，注意義務違反のない損害まで賠償義務を負うというのは不当であろう。不法行為に準じて遅滞の責任を負うのは，利得のはじめから悪意の利得者，例えば，悪意による非債弁済の弁済受領が不法行為と評価できる場合であろう。

(3)　(給付)目的物の費消・加工・売却

　悪意の利得者は善管注意義務を負うから，目的物を費消・加工・売却したときは，当然に損害賠償の義務を負う。利得した金銭を浪費したとき，誤って投資したときも，利得消滅は成立しない。ただし，利得者が目的物を客観的価値（市場価格）以上で売却した場合でも，売却代金の請求はできないと解すべきであろう（我妻・講義1109頁以下）。

(4)　果実・収益の返還

　果実・収益に関して，悪意の占有者の責任を規定する民法190条1項は，

§704 III
第3編 第4章 不当利得

果実の原物返還の義務の他に，消費した場合，過失で損傷し，または収取を
怠った果実の代価を償還する義務を指示している。悪意の利得者も，同様の
責任を負うと解すべきであろう。使用利益に関しても，同様である（我妻・
講義1106頁，松坂252頁）。

(5) 給付に対して支出した費用

悪意の利得者が目的物に支出した費用は，損失者に押し付けられた利得で
ある。だから，費用の償還が認められれば，利得者からの損失者に対する取
引強制となってしまう。だから，費用償還を認めないという考え方もありう
る（松坂252頁は，民法704条に従えば，費用償還を認めがたいと指摘する）。しかし，
民法196条は，悪意の不適法占有者にも必要費・有益費の償還を認めている。
ただし，同条は，有益費に関しては，資本化した有益費から現実に収益をあ
げることを可能にするため，期限を付すことを認めている。そこで，我妻説
は，同条2項ただし書が適用されると解している（我妻・講義1107頁）。

(6) 給付から被った損害

善意の利得者は，給付に法律上の原因があると信じたことと因果関係にあ
る損害を利得消滅として主張できる。他方で，悪意の利得者には利得保有へ
の信頼の基礎がないから，その控除を主張できない（我妻・講義1107頁）。

2 利息の返還義務

我妻説は，原物返還の場合は，果実・使用利益の返還で足りるが，金銭の
利得，価値賠償では，利息の支払義務を負うと考える（我妻・講義1108頁）。
他方で，四宮説は，利息は最低限度の損害賠償義務だから，価格償還（価格
返還）の場合に限らず，原物・代位物を返還する場合にも利息の支払義務を
負うと解している（ただし，金銭を含む原物，代位物からの果実・使用利益・利息的
収益を塡補する場合には，その額を控除すべきであるとする。四宮・上93頁・94頁）。
その利率は，法定利息であり，原則は民事の法定利息（404条）だが，受益
者が商人で収益をあげたときは商事利息（平29改正前商514条）となると解さ
れていた（我妻・講義1108頁・1111頁，四宮・上94頁，新版注民(18)656頁〔福地〕）。
ただし，判例は，貸金業者の顧客に対する金銭消費貸借による債権は商事債
権だが，利息制限法違反の制限超過利息の支払による過払金の返還請求では，
悪意の受益者である貸金業者の過払金の返還義務に対する利息は，不法行為
債権であり，民事法定利息が適用されると解している（最判平19・2・13民集

§704　III

61 巻 1 号 182 頁）。もっとも，2017 年の債権法改正で上記の商事法定利息の規定（改正前商 514 条）は削除されている。

3　損害賠償義務

(1)　不法行為説と不当利得説

学説の損害賠償責任の説明は，相当に複雑である。立法者は，利得移動のはじめから悪意の利得者は不法行為者であり，最低限は法定利息の支払義務を，さらに，損害を証明できれば実損害の賠償の義務を負うと考えていた（梅 870 頁以下，不法行為説）。しかし，後に，末弘説は，悪意の受益者が利益の全部を返還しても，損失者の損失を償うのに足りない場合に不足分を賠償させることが，民法 704 条後段の損害賠償の目的だと指摘し，その上で，その性質は同条後段に基づく特別の賠償義務であり，不法行為に基づくものではないから，損失者の損失があれば，権利侵害の要件を必要としないと説明した（末弘 998 頁）。つまり，不当利得の特別な責任と説明している（不当利得説）。

さらに，我妻説は，同条後段の損害賠償は，利得者の利得ではない損害を填補することを命じているから，不当利得の制度の外の責任であるが，しかし，不当利得制度の公平の原理を貫くために認められたものだから，時効期間には民法 724 条ではなく，一般の時効期間（平 29 改正前 167 条 1 項〔10 年〕）が適用されるとしている（我妻・講義 1108 頁）。我妻説を，末弘説と同様に不当利得説と理解するのか，あるいは，不法行為説と考えるのかは，評価が分かれている（例えば，円谷峻〔判批〕金判 1342 号〔2010〕7 頁以下・10 頁，松岡久和「不当利得と不法行為――悪意の不当利得者の責任に関する一考察」松本恒雄還暦・民事法の現代的課題〔2012〕497 頁以下を参照。不当利得説とするのが，川角由和〔判批〕民商 142 巻 3 号〔2010〕330 頁以下，341 頁，新版注民(18)657 頁〔福地〕。不法行為説と理解するのが，四宮・上 95 頁注(一)，藤原 167 頁・218 頁注（358））。松坂説も「これは不当利得の返還を超えて，不法行為の責任を課するものである。」とするにとどまる（松坂 252 頁）。

(2)　不法行為説

それに対して，立法者と同様に，明確に損害賠償義務を不法行為責任だと考えるものがある。そのはじめが，玉田説であり，民法 704 条後段は，悪意の受益者が受益の返還をしても損失者に損失が生じているときに，民法 709 条以下の不法行為の要件を充足する限りで，不法行為による損害賠償義務を

負うことを規定したものであり，不法行為と不当利得の請求権競合を認めた規定だと説明している（玉田弘毅「不当利得における悪意受益者の『責任』について」明治大学法制研究所紀要2号〔1959〕41頁以下，65頁）。かつ，現在は，不法行為説が有力であると理解されている（四宮・上93頁・95頁注(一)，加藤・体系387頁以下，広中413頁，藤原167頁・219頁注（360），滝澤孝臣・不当利得法の実務〔2001〕426頁，潮見・講義I 350頁）。

(3) 債務不履行説

他方で，かつては，損害賠償の性質を債務不履行の性質を有すると考えるものがあった。すなわち，福地説は，悪意の利得とは，(i)不確定期限のある債務の遅滞責任と同様であり，(ii)「受けた利益」と利息，損害賠償の連続性を容易に理解できる，(iii)特に，給付利得で善意から悪意に変わったときに，主観的容態の変化だけで不法行為責任が成立するのは理解できない（ただし，不法行為の要件を具備すれば，債務不履行と請求権競合となる），として，債務不履行責任説を説いていた（注民(18)609頁以下〔福地俊雄〕。ただし，新版注民(18)では，この部分は脱落している）。さらに，最近では，（後述する，不法行為責任説を判示した，平成21年最判を検討した上で，）松岡説は，(i)一回発生した債権に関しては，債権総論の規定が適用され，不当利得の返還債務も例外ではないこと，(ii)民法の起草過程に注目し，旧民法財産編368条3号が，1号・2号とあわせ読むと，悪意の非債弁済の受領者は受領時から不当利得返還義務の遅滞責任を負うことを規定しており，給付物の帰責事由のない滅失・損傷にも損害賠償の責任を負い，民法の起草者の説明のように不法行為責任の問題ではなかったこと，(iii)従来の判例・学説は，金銭債務の不履行では，損害賠償として約定・法定利息を損害の証明を要せず請求できるが，それ以上の損害が発生しても賠償は請求できないとしてきたが，それは契約上の債権に当てはまるもので，法定債権に関してはそうではないなどを理由に，債務不履行責任説を再評価している（松岡・前掲論文，特に，501頁以下）。

(4) 判例（不法行為説）

以上の問題に関しては，具体的な事件で争われたこともなく，(裁)判例も存在しなかった。しかし，最近の貸金業者に対する過払金返還請求訴訟で，借主が過払金返還請求とともに，民法704条後段に基づいて，貸金業者の不法行為の要件を証明しなくとも訴訟追行に要した弁護士費用の損害賠償請求

§705

が可能となるかが問題となり，下級審では見解が分かれていたが（川角・前
掲判批335頁以下など参照），最高裁は，民法704条後段の趣旨は，悪意の受益
者が不法行為の要件を充足する限りで不法行為責任を負うことを注意的に規
定したものであり，不法行為責任とは別の特別な損害倍賞責任を負わせたも
のではないと判示した（最判平21・11・9民集63巻9号1987頁）。ちなみに，判
例（最判平21・9・4民集63巻7号1445頁）は，貸金業者の借主に対する支払請
求と弁済受領が不法行為となるのは，民法704条の悪意の受益者と推定され
るだけでは足りず，貸金業者の行為態様が社会通念に照らして著しく相当性
を欠く場合に限られるとしている（だから，貸金業者が，債務の不存在と借主の錯
誤に悪意なだけでは，不法行為にはならないということになる）。

〔藤原正則〕

（債務の不存在を知ってした弁済）
第705条　債務の弁済として給付をした者は，その時において債務の
　　存在しないことを知っていたときは，その給付したものの返還を請
　　求することができない。

〔対照〕　ド民814，フ民1302・1302-1

細　目　次

Ⅰ　本条の意義と立法の趣旨 ……………200
　(1)　本条の意義 …………………………200
　(2)　問題の所在 …………………………200
　(3)　立法の趣旨 …………………………201
Ⅱ　要件と効果 ……………………………202
　1　要　件 …………………………………202
　　(1)　「債務の不存在」 …………………202
　　(2)　「債務の弁済」として給付をなし
　　　たこと ………………………………203
　　(3)　弁済時に債務の不存在を「知って

　　　いたとき」 …………………………203
　2　効　果 …………………………………205
Ⅲ　非債弁済と自然債務 …………………206
　(1)　自然債務の意義 ……………………206
　(2)　非債弁済と自然債務 ………………206
Ⅳ　過払い債務の弁済と「任意弁済」・「知
　　って弁済」 ……………………………207
　(1)　過払い債務の弁済と不当利得 ……207
　(2)　貸金業法の制定・改廃による影響
　　　………………………………………208

〔川角〕　　199

I 本条の意義と立法の趣旨

(1) 本条の意義

本来，給付者から受領者に給付がなされたところ，その給付について法律上の原因の欠缺＝債務の不存在がある場合には，当該給付は受領者の不当利得となる。つまり給付者は，受領者に対して不当利得返還請求権（いわゆる「給付利得請求権」〔703条・704条もしくは121条の2〕）をもつ（すでにローマ法上のconductio indebiti〔非債弁済の不当利得返還請求訴権〕以来の伝統を有する）。これが原則である。

しかしながら，本条は，例外的に給付者が給付時に「債務の存在しないことを知っていた」ときは，給付者はその給付したものの返還を請求することができない，とした。債務の不存在を知りながら弁済した者が，あとになって不当利得返還請求権を主張することは，信義則上「自己の先行する行為と矛盾する振る舞い」（venire contra factum proprium）として認められるべきことではないからである（四宮・上146頁。同旨，藤原63頁・66頁。もっとも，本条の趣旨が「信義則」だけで説明されるかというと，必ずしもそうとは言えない。このことについては後述するところ（→Ⅱ2）を参照）。

(2) 問題の所在

それでは，なぜ給付者は給付時に「債務の存在しないことを知っていた」にもかかわらず債務の弁済をするのであろうか。たとえば，給付者が受領者に対して「贈与の意思」を持って弁済した場合が，その典型であろう。そうでない場合に，給付者が債務不存在を知っていたにもかかわらず債務の弁済として給付することは異例のことに属する。たとえば，給付者が受領者からなんらかの圧力を受けて弁済した場合や，窮迫等のため（生活資金として再度の貸付けを受けるためなど）やむなく弁済した場合に限られることになろう。そのような場合に，本条の「債務不存在を知って弁済したこと」（以下「知って弁済」と略称する）をそのままあてはめて，給付者の不当利得返還請求権を拒絶した方がよいのか，それとも「知って弁済」要件を厳格に解して原則に立ち戻り，給付者の不当利得返還請求権を広く承認した方がよいのか，問題となりうる。

上記のことを含め，立法者が本条をどのように捉えていたか。それを，次

§705 Ⅰ

に確認しておく。

(3) 立法の趣旨

(ア) 3つの立法例　提案者の穂積陳重によれば,「知って弁済」の場合に債務の不存在を知って弁済した給付者(以下,非債給付者という)の不当利得返還請求権が最終的に排除されるのは,いずれの立法例にも共通する結論であった。たとえば,①非債給付者が債務の存在しないことを証明し,さらに債務が存在しないにもかかわらず錯誤によって弁済したことを証明すれば不当利得返還請求権が承認されるとする法形式をとる立法例があった(スイス債務法63条1項など。この場合,相手方＝受領者が給付者の「知って弁済」の立証に成功すれば,給付者の不当利得返還請求権は排除される)。これに対して,②非債給付者が債務の存在しないことを証明すれば,まずは不当利得返還請求権が根拠付けられるが,相手方が非債給付者による「知って弁済」を抗弁として提出し,これが認められれば,非債給付者の不当利得返還請求権が否定されるという法形式をとる立法例(現在のドイツ民法814条)があった。さらに,③債務が存在しないにもかかわらず弁済したことが錯誤に基づくものであったことは推定されるが,「知って弁済」の反証が成功した場合には非債給付者の不当利得返還請求権が排除されるという法形式をとる立法例(ザクセン民法草案1522条など)もあった。その上で穂積は,現行705条の立法提案が上記②の法形式(現行のドイツ民法方式)に従ったものであることを,次のような形で説明している。すなわち「本案ニ於テハ債務ノ存立シナイト云フコトヲ証明スレバ先ヅ前ノ箇条〔現行703条・704条を指す〕ニ於テモ当然取返ヘスト云フコトガ出来ル」のであるが,これに対して債務が「存立シナイト云フコトヲ〔給付者が〕知ツテ居ツタト云フ証拠ガ挙ツタラ其請求ハ退ケラルル」。すなわち「第二種〔上記②〕ノ方ノ規則ノ立テ方ニ致シマシタ」という(法典調査会民法議事〔近代立法資料5〕220頁上段。なお,括弧内は引用者による)。

(イ) 「知って弁済」は「贈与」に接近　さらに提案者の穂積によれば,債務不存在に基づく「法律上の原因の欠缺」の証明があれば,まずはなによりも給付利益についての不当利得返還請求権が認められることが「穏当」であり,かつ「公平」にかなうことは確かであった。それゆえにこそ「知って弁済」の意義は狭く厳格に解されるべきであった。すなわち,給付者は債務不存在について立証責任を負い,それに成功すればまずは不当利得返還請求

〔川角〕　201

§705 II　　　　　　　　　　　　　　　　　　第3編　第4章　不当利得

権が承認される。それに対して相手方が「知って弁済」を抗弁として証明して初めて不当利得返還請求権が排除される（前掲法典調査会民法議事220頁下段）。それを受けて穂積は，「債務ノ存立シナイト云フコトヲ知リナガラ給付ヲシタラ夫レハ贈与デアル又ハ贈与デナイノデアル」という論点にわざわざ言及し，それは学説の判断に任せておけばよいという趣旨のことを述べている（穂積はバイエルン民法草案では「知って弁済」が「贈与」であるとする明文の規定が置かれているとも指摘している。前掲法典調査会民法議事221頁上段参照）。この点，贈与契約が成立するためには，給付者の贈与意思と相手方の受贈意思の合致が必要であるから，「知って弁済」を厳密な意味で贈与と解することは無理であろうが，給付者側の意思だけを問題とする限り，「知って弁済」は一種の贈与意思を伴うのであり，その結果，贈与と限りなく接近するといってよいだろう（受領者が給付者の弁済を受領した時点で，一種の「現実贈与」が成立したとみることもできよう）。上記穂積の提案理由にはその趣旨が色濃くにじみ出ている（ちなみに，梅謙次郎も「知って弁済」をその無償性に着眼して「一ノ贈与ヲ構成スヘシ」と言っている〔梅872頁〕。さらに現在でも，たとえば内田612頁は，本条の「知って弁済」を「実質上贈与と解される」という）。

II　要件と効果

1　要　　件

(1)　「債務の不存在」

「債務の不存在」には，以下の諸ケースが含まれる。すなわち，①債務が最初から存在しない場合，②債務が無効・取消し・解除の対象となった場合，③債務が有効に成立したのち債務の弁済，免除等があった場合，④停止条件付債務や始期付債務が，いまだ条件の成就未定の間に弁済され，あるいは始期前に弁済された場合，がそれである（我妻・講義1120頁，松坂178頁，四宮・上143頁以下）。

　なお，上記②のうち「公序良俗違反」が無効原因となるときは，本条と708条の関係が問題となる。これについては708条の箇所で言及する（→§708 IV）。

202　〔川角〕

§705 II

(2) 「債務の弁済」として給付をなしたこと

(ア) 弁済の意義　　弁済自体は法律行為ではないから，弁済者に債務を消滅せしめる効果意思までは要求されない。諸般の客観的諸事情から「債務の弁済」として，つまり給付が客観的に弁済のために（causa solvendi）なされたことが明らかであれば足りる（我妻・講義1116頁・1125頁，松坂180頁）。

(イ) 弁済の任意性　　「債務の弁済」としてなされる給付は，必ずしも債務の本旨に従ったものである必要はないが，少なくとも「任意」の弁済として給付される必要がある。よって債務が不存在であるにもかかわらず「強制執行」を受けて弁済した場合は，本条の対象外である（我妻・講義1125頁，松坂180頁以下。なお，やむなく弁済したという側面からも同じ結論となることについては，→(3)(イ)）。

(3) 弁済時に債務の不存在を「知っていたとき」

(ア) 厳格な解釈の必要性　　立法の趣旨でも確認したとおり，弁済時に債務の不存在を「知っていたとき」とは，厳格に解されるべきである。言い換えれば，弁済時に債務の不存在を「積極的に知っていること」（四宮・上146頁）を要する。ないしは弁済時における「自由な弁済」であることを要する（我妻・講義1125頁）。したがって，債務の不存在を「過失」によって知らなかったことは「知っていたとき」に含まれない（我妻・講義1126頁，松坂184頁，四宮・上146頁，藤原66頁，新版注民(18)667頁〔石田喜久夫〕。なお大判昭16・4・19新聞4707号11頁も同旨）。さらに債務の不存在を疑いながら弁済した場合も本条から除外される。

(イ) 「知って弁済」と「是認されるべき事情」　　さらに「知って弁済」につき是認されるべき事情があれば，本条の適用はない。たとえば，自由意思に基づかない弁済や留保付弁済は，本条の「知って弁済」に該当しない。よって，強制執行を回避するためにやむなく「知って弁済」した場合は，本条の「非債弁済」とはならない（大判大6・12・11民録23輯2075頁）。また，地代家賃統制令（現在は失効。昭和60年法律102号）の統制価格を超えることを知りながら，内容証明郵便等による支払の催告を受け，債務不履行責任を問われるのをおそれ，「後日超過部分については返還請求をなすべき」旨を留保して弁済した場合も「任意弁済」とはならず，本条の適用はない（最判昭35・5・6民集14巻7号1127頁。ただし，地代家賃統制令に反する権利金の授受が行われた

〔川角〕　203

ケースで，借主が権利金の返還を請求したところ，借主が権利金の支払の無効を「知って弁済」したのであるから本条により返還請求を認めないとした判例がある〔最判昭32・11・15民集11巻12号1962頁〕。これは，借主が権利金の「支払特約」をした点に「知って弁済」の意義を認めた特殊な判決である）。さらに，留保付弁済のケースで「債務の不存在を知って弁済したことも無理からぬような客観的事情の存する場合」にも本条は適用されない（最判昭40・12・21民集19巻9号2221頁）。この理は，利息制限法を超過する違法利息を任意に弁済したが，元本充当の結果，計算上元利とも完済したことになるのに加え，さらに過払いの超過利息金が存在する場合にも適用されうる（四宮・上148頁）。よって，たとえ「知って弁済」した場合であっても，「是認されるべき事情」が存する限り，過払い利息は不当利得返還請求権の対象となる（結論同旨，最大判昭43・11・13民集22巻12号2526頁）。この点については，後ほど改めて言及する（→Ⅳ(1)）。

　なお，学説では，弁済の任意・不任意という主観的判断を避けて「弁済の合理的意味」という客観的評価（「合理的弁済論」）が提唱されてもいる（たとえば松坂184頁。より詳しくは徳本鎮「非債弁済と不当利得の成否」谷口還暦(3)195頁以下，特に200頁以下参照）。

　(ウ)　「知って弁済」の実質的要件——「贈与意思に準ずる財貨喪失意思」の存在　　ともあれ「知って弁済」要件は，狭く厳格に解されるべきである。単に外形上「知っていた」ということの立証だけでは本条の「知って弁済」要件の立証には不十分である。要するに「知って弁済」につき弁済者の「贈与意思」ないし「贈与意思に準ずる財貨喪失の意思」の立証が必要であろう（立法者ならびに内田612頁の見解を参照。以下ではこれを統一して「贈与意思に準ずる財貨喪失意思」と呼称する）。先に紹介した通説の立場（弁済時に債務の不存在を「積極的に知っていること」を要求する立場〔四宮・上146頁〕，ないしは弁済時における「自由な弁済」を強調する立場〔我妻・講義1126頁〕）も同様の趣旨であるものと解される。すなわち「積極的に知っていた」というのは，実質的に「贈与意思に準ずる財貨喪失意思」の存在を意味するし，「自由な弁済」とは，やむなく弁済した場合や留保付弁済等の自由制約要因を伴う弁済以外の文字通り「自由な」弁済を意味するからである。要するに，債務が不存在であるにもかかわらず，それを知った上で「積極的」に弁済したり，「自由」に弁済する場合の弁済者の意思には，「贈与意思に準ずる財貨喪失意思」が存在して

§705 Ⅱ

いると解してよいであろう。さらに，それに加えて判例は，「知って弁済」につき「是認されるべき事情」や「留保付弁済」があれば本条の「知って弁済」にはあたらない，としてきたのだと思われる。このような判例の法的判断を要件事実論的に言い換えると，次のようになるだろう。すなわち，弁済者が原告として，当該給付についての債務不存在（法律上の原因欠缺）を請求原因事実として立証できれば，まずは弁済者の受領者に対する不当利得返還請求権が認められる（703条・704条）。これに対して受領者は，弁済者の「知って弁済」（「贈与意思に準ずる財貨喪失意思」の存在）を抗弁として立証しなければならない（705条）。そして受領者がその抗弁に成功した場合には，弁済者はそれを覆す「是認されるべき事情」・「留保付弁済」等に関する再抗弁を立証しなければならない。すなわち，上記の判例の事実に基づけば，弁済者は「知って弁済」を阻却する事由の存在，つまりは「是認されるべき事情」や「留保付弁済」等の存在を再抗弁事由として立証することになる。このように本条に関する請求原因・抗弁・再抗弁を実体法的に統合するならば，弁済者の「贈与意思に準ずる財貨喪失意思」に基づく弁済が，実体法的な意味での「知って弁済」の実質的要件となる。その場合，立証（再抗弁）レベルでの「是認されるべき事情」等の存在を肯定する事実としては，たとえば「圧力を受けてなされた弁済」，強制執行を回避するためなどの「やむなくなされた弁済」，「留保付弁済」，さらには超過違法金利の付された金銭消費貸借の場合には，「契約書」および「請求書」・「受領書」における元本弁済額と利息金額に関する不明瞭な記載（請求時ごとに当該利息金が利息制限法に違反しているにもかかわらず，そのことを明示しない記載も含む）に基づく弁済，あるいは受領者による暴力的取立て行為の存在等が挙げられるだろう（以上，特に金銭消費貸借に関する点につき，小野秀誠・利息制限法と公序良俗〔1999〕328頁以下参照）。

2 効 果

本条の要件が充足されるときは，弁済者は「その給付したものの返還を請求することができない」。これについては，弁済者が「知って弁済」したことの単なる信義則上の効果の帰結であるのか，それとも弁済者が受領者に対して一種の「贈与意思」を持ってなした給付の効果であるのか，あるいは「自然債務」の履行をした結果であるのか，理解が分かれる（本条の非債弁済と自然債務との関係については後掲Ⅲを参照）。信義則上の効果の帰結であること

§705 III

第3編 第4章 不当利得

はその通りであろうが，それのみならず給付者に実質上「贈与意思に準ずる財貨喪失意思」が存在するという厳格な枠付けが必要であろう（ちなみに内田612頁では「贈与とは解されない事情のある場合には返還請求できる」と述べ，実質的に贈与と解される事情がないかぎり返還請求できるという原則論を再確認している）。なお，この「知って弁済」の立証責任は相手方＝受領者が負担することと解するのが判例・通説である（大判明40・2・8民録13輯57頁，大判大7・9・23民録24輯1722頁。新版注民(18)632頁〔松本博之〕，藤原66頁参照）。

III 非債弁済と自然債務

(1) 自然債務の意義

たとえば，「消滅時効にかかった債務」が自然債務の典型である。消滅時効にかかった債務の場合，「時効の援用」があれば，確定的に債務が消滅するが，そうでないかぎり債権債務関係が継続する。したがって，消滅時効にかかった債務を債務者が任意に履行すれば，それは有効な債務の弁済である。要するに，自然債務とは，一定の債権債務関係が存在した上で，その債務の任意の履行があれば有効な弁済となり，債権者はその弁済を有効に保持することができ，債務者（弁済者）はそれを不当利得として返還請求できない債務のことである（自然債務には債権者の「給付保持力」が認められる）。他方，自然債務は，裁判所に訴え出て履行を強制する効力を有しない（「訴求力」と「執行力」とが欠落している）。なお自然債務の有用性については，かねてよりかまびすしい議論があったが，ここでは立ち入らない。詳しくは石田喜久夫・自然債務論序説〔1981〕173頁以下を参照）。

(2) 非債弁済と自然債務

非債弁済を自然債務の履行とみるかどうかについては，かねてから議論の対立があった（特に徳義上の債務を自然債務に含めるドイツ法やフランス法上の学説による議論。詳しくは石田喜久夫「非債弁済と自然債務」谷口還暦(3)209頁以下参照）。しかしながら，本条の非債弁済は，もっぱら債務の不存在を知ってなす弁済を指す。つまり「知って弁済」は，債務の不存在を前提とするものであるから，債権債務関係の存在に基づく債務の履行とは言えない。したがって，本条の非債弁済は，自然債務とは切り離して理解するのが妥当であろう。なお立法

206 〔川角〕

§705　IV

者（穂積陳重）は，自然債務と非債弁済との関係について「少シ範囲ガ異ッテ居リマス」とし，前者には少なくとも法律上の原因（債権債務関係）が存するが，本条の非債弁済では「法律上の原因」が不存在である旨を述べている（法典調査会民法議事〔近代立法資料5〕221頁上段。ちなみに新版注民(18)659頁〔石田喜久夫〕は，立法者の見解をも「穏当とはいえない」とし，本条の非債弁済を自然債務の観念と関連付けること自体「論外」であるという）。これに対して谷口〔初版, 1949〕107頁以下は，自然債務を「純然たる道徳と法との中間的な義務」として積極的に解し，これを非債弁済と関連付ける（この傾向をもつものとして，高梨公之「社会的債務について」谷口還暦(1)31頁以下参照）。本稿の立場は，立法者の見解もしくは石田（喜）説に近い。

IV　過払い債務の弁済と「任意弁済」・「知って弁済」

(1)　過払い債務の弁済と不当利得

　過払い債務の弁済とは，利息制限法1条に定める制限年利（元本10万円未満・年利2割，元本10万円以上100万円未満・年利1割8分，元本100万円以上・年利1割5分）を超える債務の弁済で，元本に充当してもなお残る過払い分の弁済を指す。この過払い債務の弁済は，法律上の原因を欠く弁済であるから，弁済者（借主）は受領者（貸主）に対して不当利得返還請求権を行使することができる。ただ，債務者が本条（705条）の「知って弁済」をなした場合にのみ，不当利得返還請求権が排除されるにすぎない。しかしながら，この単純な結論を導き出すためには，特別な法的判断を要した。なぜなら，かつて利息制限法には1条2項という特則があり，制限年利を超える利息を「任意弁済」した場合には有効な弁済となって返還を請求することができない，とされていたからである（この旧1条2項の削除は，2006年〔平成18年〕の利息制限法改正を待たなければならなかった）。ところが，すでに示したように（→Ⅱ1(3)(イ)），前掲最高裁昭和43年11月13日大法廷判決が，制限超過利息を任意に支払っても，超過利息分を元本に充当した上でなお残額があれば，それについて不当利得返還請求権を行使することができる旨を判示した（その後，最判昭44・11・25民集23巻11号2137頁も同旨）。

　「任意弁済」を有効とする利息制限法旧1条2項の明文に反するかにみえ

〔川角〕　207

§*705* IV 第3編 第4章 不当利得

るこれらの判決を，どのように理解したらよいのだろうか。この点，「立法
部の怠慢」（本来は法改正をすべき国会がその改正を怠ってきたことを指す）を根拠と
するところの，利息制限法旧1条2項に関する「反制定法的解釈」に基づく
ものとして理解するのが有力な考え方であった（広中俊雄・新版民法綱要第1巻
総論〔2006〕75頁以下参照。なお，すでに述べたように利息制限法旧1条2項は2006年
の法改正で削除されたので，「反制定法的解釈」の余地はなくなった）。

(2) 貸金業法の制定・改廃による影響

上記昭和43年，44年と相次いで打ち出された最高裁判決を空洞化させた
のが1983年（昭和58年）の貸金業法（制定時法令名「貸金業の規制等に関する法
律」）の制定であった。貸金業法旧43条1項は，利息制限法上の制限超過利
息の支払であっても一定の形式的要件（貸主＝受領者から借主＝弁済者に対する一
定の書面〔貸付契約の内容開示書面や弁済金の受領書面〕の交付要件）を充足すると
ころの「任意弁済」を，改めて有効な弁済とした（いわゆる「みなし弁済」）。
それを受ける形で，最高裁平成2年1月22日判決（民集44巻1号332頁）は，
超過利息の「任意弁済」を広く有効と解した。これは貸金業法旧43条1項
の「適用の実質的要件を緩く解した」ものとされる（小野秀誠「利息制限法違反
の効力」新争点191頁参照）。しかしながら，最高裁は平成11年1月21日（民
集53巻1号98頁）の判決を皮切りに，貸金業法旧43条1項の「一定の形式
的要件」を厳格に解して（「その都度の詳細な書面交付」の要求など），利息制限法
1条の原則に立ち戻る一連の判決を下した（判例の動向を含め，小野・前掲論文
191頁以下参照）。このような近時の最高裁判決の立場は「実質的な任意性の
判断に回帰しつつあることを示している」とも評されている（小野・前掲論文
192頁参照）。この「実質的な任意性の判断」とは，本条の「知って弁済」の
実質的要件（「贈与意思に準ずる財貨喪失の意思」）を問題とする立場と極めて接
近するであろう。すなわち，非債弁済者（借主）はその弁済が法律上の原因
を欠くことを立証すればまず不当利得返還請求権を行使できるのであり，
それを本条（705条）の非債弁済によって阻止しようとする相手方（貸主）が
「贈与意思に準ずる財貨喪失意思」に基づく弁済＝「知って弁済」について
立証責任を負わなければならない（抗弁）。そして，相手方がその抗弁の立証
に成功した場合には，弁済者は「是認されるべき事情」等の立証を行う（た
とえば，単なる「一定の形式的要件」にとどまらない，詳細かつ具体的な書面の迅速な交

付がなかったことを立証すれば足りる。再抗弁)。少なくとも，相手方（貸主）が当該「知って弁済」の立証に成功しない限り，非債弁済者（借主）は弁済金＝過払い金についての不当利得返還請求権をもつ。こうして貸金業法の解釈における「実質的な任意性の判断」と本条の「知って弁済」の解釈論的な規範構造とが重なり合うのである。ちなみに，貸金業法旧43条1項の「みなし弁済」規定は，2006年の法改正（平成18年改正）で削除された（なお，現行の貸金業法12条の8第1項では，貸金業者が利息制限法1条の制限利率を超える利息の契約をしてはならない旨を，さらにその4項では制限利率を超える利息金を受領し，またはその支払を要求することができない旨を規定している）。今後，過払い金返還請求の当否は，直接に本条の非債弁済＝「知って弁済」の成立要件を充たすか否かによって判断されることになろう。

〔川角由和〕

（期限前の弁済）

第706条　債務者は，弁済期にない債務の弁済として給付をしたときは，その給付したものの返還を請求することができない。ただし，債務者が錯誤によってその給付をしたときは，債権者は，これによって得た利益を返還しなければならない。

〔対照〕　ド民813

Ⅰ　本条の意義と立法の趣旨

(1)　本条の意義

本条は，債務が有効に存在する場合の不当利得に関する特則である。債務が有効であるわけであるから，債務の弁済およびその受領も有効となり，不当利得に関する問題は生じない。本条本文は，弁済期前の弁済（期限前の弁済）についても同様である旨を規定する。すなわち「債務者は，弁済期にない債務の弁済として給付をしたときは，その給付したものの返還を請求することができない」。しかしながら本条ただし書は，「債務者が錯誤によってその給付をしたときは，債権者は，これによって得た利益を返還しなければな

〔川角〕　209

§706 I　　　　　　　　　　　　　　第3編　第4章　不当利得

らない」として，その「利益」についてのみ不当利得返還請求権を承認する。たとえば債務者が（弁済期に関する）錯誤によって，弁済期の2年前に債権者に100万円の債務を弁済した，とする。そして債権者が，その100万円の債務の弁済を受領し，100万円全額を銀行に預けて仮に10万円の利息を得た，とする。この場合，債権者は弁済金100万円を返還する必要はないが，期限前の弁済によって得た預金利息10万円については債務者に返還すべきことになる。

(2) 立法の趣旨

(ｱ) 立法提案の趣旨——「債権者の選択」　　提案者の穂積陳重は，債務者が期限前の弁済をした場合には，債務者が「債務」を負っている（言い換えれば債権者が「債権」をもつ）ことは確かなことであるから，債権者がその選択によって，弁済されたものを債務者に返還してもよいし，返還せずに留め置き，法定利息分だけを債務者に支払ってもよい，と提案した。これが現行706条の原案であった（法典調査会民法議事〔近代立法資料5〕223頁以下）。この原案では（そして現行706条においても），そもそも債務は有効に存在するのだが，ただ弁済が錯誤によって期限前になされた場合の（利息に関する）利益の問題のみを規律している。提案者の穂積は，期限前に弁済されたものを受け取ったままで法定利息を支払うか，それとも弁済されたものを一旦戻して弁済期に改めて債務者に弁済させるか，債権者に選択させる方途を選んだのである。これについては，とくに「法定利息」に関して議論が沸騰した。要するに，金銭の貸し借りに限らず，「物」の貸し借りもありうるので，物の「法定利息」を確定する基準が不明確であるとか，金銭の貸し借りに限るとしても，「法定利息」は年5分と画一的であるから，かえって債務者が不当な利益を受けることになりかねない，などといった疑問が提起された（前掲法典調査会民法議事228頁以下。なお現行民法上の「法定利息」は年3分である〔404条2項〕）。

(ｲ) 議論の経過と結論　　法典調査会における議論としては，そもそも原案は「錯誤による給付物の返還」にこだわりすぎているのではないか，たとえ債務者が錯誤によって期限前の弁済をしても，今日の取引では後になって債務者が「あれハ早過ギタカラ返ヘシテ貰ヒタイト云フコトハナイト思ヒマス」，という意見が出された（前掲法典調査会民法議事235頁上段）。その上で，

210　〔川角〕

§*706* II

他国の立法例の多くが（債務者による）「取戻ハ出来ヌ」ということになっているのであれば「ドウカサウ云フ事ニシテ貰ヒタイ」という修正案が出された（前掲法典調査会民法議事235頁下段）。これは期限前の債務弁済について弁済されたものの返還を認める余地を残す穂積原案に対する修正案であった。議論は錯綜したが，結果としてこの修正案が多数で可決され，案文の修正を提案者にゆだねることとなった（前掲法典調査会民法議事246頁下段）。なお，その議論の過程で，繰り返し「法定利息」の文言が画一的に過ぎること，さらに（金銭ではなく）「物」が期限前に弁済されたことによって債権者が「若シドレ位ノ貸賃デ儲ケタト云フコトガ証明スルコトガ出来レバ……夫レヲ標準ニシテヤル」という意見も出された（前掲法典調査会民法議事243頁下段）。こうして結局本条においては，現行民法706条の文言の通りに修正提案がなされ（前掲法典調査会民法議事257頁以下），それが多数で決せられた（前掲法典調査会民法議事262頁下段）。これを受けて，その後梅謙次郎も本条の趣旨につき，次のように言っている。すなわち「弁済期前ノ弁済ハ弁済トシテ有効ニシテ，誤テ之ヲ為シタル者モ敢テ其返還ヲ請求スルコトヲ得サルモノトセリ。唯但書ヲ以テ債権者ノ直接ノ不当利得ヲ妨クルニ止メタリ」と（梅875頁。句読点・引用者）。

II　要件と効果

1　要　件

(1)　債務者の弁済

　債務者による直接の弁済が典型であるが，債務者以外に，その保証人，連帯保証人，連帯債務者による弁済も含まれる（四宮・上155頁）。連帯保証人については判例がある（大判大3・6・15民録20輯476頁）。これによれば「債務者ノ委託ヲ受ケタル連帯保証人カ，債権者ノ請求ニ応シ弁償ヲ為シタルハ，主タル債務ノ弁済期前ニ在ルトキト雖モ其弁済ハ有効」とされ，その上で「保証人ハ主タル債務者ノ期限ノ利益ヲ害ス可カラサルニ依リ，債務ノ弁済期前ニ在リテハ，主タル債務者ノ承諾ヲ得テ弁償ヲ為シタル外，保証人ニ於テ求償権ヲ行フコトヲ得サルモノトス」（読点・引用者）とされた。つまり，保証人（連帯保証人）の期限前の弁済も有効であるが，保証人は債務者の期限

〔川角〕　211

§706 II 第3編 第4章 不当利得

の利益を害することができないので，求償権の行使については弁済期前の弁済に関する「債務者の承諾」を要する，とされた。これは，期限前の弁済によって債権者が利益を受けていた場合，その「利益」について保証人からの本条ただし書に基づく不当利得返還請求権を排除するものではない。なお，第三者が期限前の「第三者弁済」（474条）をなした場合には，本条が適用あるいは類推適用される（我妻・講義1123頁，四宮・上155頁，藤原71頁参照）。

(2) **弁済の有効性**

本条本文において，弁済は，期限前弁済とはいえ，あくまでも有効なものである。その意味で，前条の「非債弁済」そのものとは区別される（これに対して，梅873頁以下は，期限前の弁済は債務の本旨に従った弁済ではないから「非債弁済」と言ってよい，とする。しかしながら，ここでは立法提案者（穂積）の見解に従い，弁済自体は有効なものと解しておく）。

(3) **「錯誤」による弁済**

この場合の「錯誤」とは，債務者が期限前の弁済であることを「知らないこと」をいう。期限前の弁済であることを「知って」弁済した場合には，債務者によって期限の利益が放棄されたものと考えることができるから，債権者が期限前の弁済によって得た利益を債務者に不当利得として返還する必要がないからである（四宮・上155頁，藤原71頁参照）。

なお，本条ただし書の「錯誤」による弁済は，たとえば判決確定後に弁済猶予の特約が成立したにもかかわらず，債権者が「転付命令」を得て債権の満足を得た場合にも類推適用される（大判昭13・7・1民集17巻1339頁）。すなわち「債権者カ，弁済期到来前ノ債権ニ基キ転付命令ヲ得タルトキハ，転付後弁済期迄ノ中間利息ニ相当スル金額ヲ，不当利得トシテ債務者ニ返還スルコトヲ要スル」（判決要旨〔読点・引用者〕）。

2 効 果

本条によれば，有効な債務の期限前弁済がなされた場合，債権者は，その弁済そのものの返還義務を負わないが，「これによって得た利益を返還しなければならない」。先ほどⅠで例示した銀行の預金利息等の「利益」がその典型例である。このように，本条ただし書の「利益」は，事実上の利益ないし現実の利益を指し，利益獲得の可能性だけでは足りない。使用利益が問題となる場合も「現実の利用」がないかぎり，その返還義務は問題とはならな

い（四宮・上 156 頁参照）。ちなみに，債権者＝弁済受領者が「悪意」，すなわち期限前弁済を知っていた場合には，本条ただし書の「利益」返還につき，704 条が適用される。

〔川角由和〕

（他人の債務の弁済）

第 707 条①　債務者でない者が錯誤によって債務の弁済をした場合において，債権者が善意で証書を滅失させ若しくは損傷し，担保を放棄し，又は時効によってその債権を失ったときは，その弁済をした者は，返還の請求をすることができない。

②　前項の規定は，弁済をした者から債務者に対する求償権の行使を妨げない。

〔対照〕　フ民 1302-2

I　本条の意義と立法の趣旨

(1)　本条の意義

本来，「債務者でない者が錯誤によって債務の弁済をした場合」には，実質的に非債弁済（condictio indebiti の意味における非債弁済〔→§705 I (1)〕）であるから，弁済者は債務の不存在を主張・立証することによって，受領者に対して不当利得返還請求権をもつ。これが原則である。しかしながら本条 1 項は，「債務者でない者」の錯誤による弁済であったとしても，「債権者」が「善意で証書を滅失させ若しくは損傷し，担保を放棄し，又は時効によってその債権を失ったときは，その弁済をした者は，返還の請求をすることができない」とした。たとえば，B が C に債務を負っているところ，A が，自分が債務者であると誤信して C に弁済した場合，他人の債務の錯誤弁済の事案であるから，本来 A（他人の債務の弁済者）は，C（債権者）に対して不当利得返還請求権を行使できるはずである。そしてこの場合，C は，なお B（債務者）に自己の債権を行使して債権の満足を得ることができる。ところが，C が，すでに有効な弁済を受けたと考え，善意で債権証書を滅失させ，もしくは損

〔川角〕　213

§707 I 　　　　　　　　　　　　　　　第3編　第4章　不当利得

傷した場合であるとか，担保を放棄したような場合には，CはBに対して自己の債権を満足させることができなくなる。またCが，消滅時効によってBに対する債権を失ったときも同様である。このような例外的な場合に本条は，弁済者（A）は，受領者（C）に対して返還を請求することができない，とした。もっとも，この場合，弁済者（A）は債務者（B）に対して求償権を行使することができる（本条2項）。なお本条は，保証人でない者が保証債務を負っていると誤信して弁済した場合にも適用される（→II 1(1)参照）。

(2) 立法の趣旨

(ア) 提案の趣旨　　立法の提案者（穂積）にとっても「固ヨリ債務者デナイ者ガ錯誤デ弁済ヲシタモノデアリマスレバ不当弁済」である。つまりこれは（condictio indebiti の意味での）非債弁済である。この「非債弁済」である限りは，不当利得返還請求権を行使できるのが原則である。しかしながら，その弁済によって債権者が「善意」で「証書」を毀滅（ちなみに，平成16年改正で「毀滅」という文言は削除され，その代わりに「滅失させ若しくは損傷し」という文言が採用された）させてしまったり，その他の事情で真の債務者に弁済を請求することができなくなってしまえば，弁済者の「過失」ないし「間違」によって債権者に「非常ノ損害」を被らせることになる（法典調査会民法議事〔近代立法資料5〕247頁上段）。すでに旧民法財産編365条2項は，「債権者カ弁済ヲ受ケタル為ニ善意ニテ債権証書ヲ毀滅セシトキ」には，弁済者からの返還請求を否定していた。しかし提案者は，それだけでは狭いと判断し，諸外国の立法例を斟酌して「担保ヲ放棄」と「時効ヲ経過」したことによる債権の消滅の場合を追加した（前掲法典調査会民法議事247頁下段）。そして立法者は，このように証書の毀滅，担保の放棄，さらに時効期間経過による債権の消滅があれば，弁済者はその錯誤弁済の目的物に関する不当利得返還請求ができなくなる，とした。その上で，弁済者に，真の債務者に対する求償権の行使を認めたのである（前掲法典調査会民法議事247頁下段）。

(イ) 議論の経過と結論　　法典調査会における議論のなかで，債権証書の「返還」も毀滅にあたるかという質問が出され，提案者（穂積）はそれを肯定し，債権証書の「毀滅」は広い概念である旨を指摘している（前掲法典調査会民法議事248頁上段）。さらに，債権証書には何が含まれるか，という質問も出された。これに対して提案者は，債権証書自体の種類も広いのであり，

214　〔川角〕

§707 II

「帳簿デモ手紙デモ何ンデモ宜シイ」という見解を示した（前掲法典調査会民法議事 250 頁上段）。法典調査会では，それ以外の特段の質疑はなく，提案者の原案が承認された。

II 要件と効果

1 要 件

(1) 「錯誤」の意義

本条 1 項の「錯誤」とは，弁済者が自らを債務者であると誤信することである。保証人でない者が保証債務を負っていると誤信して弁済した場合も含まれる（我妻・講義 1128 頁。なお藤原 75 頁は「類推適用」されるとする）。債務そのものの存在・不存在に関する錯誤を意味しない。したがって，弁済者が第三者として弁済したが，そもそも債務が存在していなかった場合には，原則として 703 条・704 条の問題となり，例外的に 705 条が問題となりうる。また，本条 1 項の「錯誤」は，客観的に誤った弁済が弁済者の容態（人の意思によって支配可能な行動・態度・判断）に起因することを要求する趣旨ももつ，とされる（四宮・上 151 頁。四宮説によれば「一種の機縁主義（Veranlassungsprinzip）」とされる）。したがって，たとえば心神喪失者が債務を負っていないのに弁済した場合，その者にとって本条 1 項の「錯誤」は問題とならず，その者は債権者が善意で証書を滅失させた等の場合であっても，なお債権者に対して不当利得返還請求権をもつ（大判昭 11・11・21 新聞 4080 号 10 頁。四宮・上 151 頁参照）。いずれにせよ本条 1 項の「錯誤」は，第三者が，特定の債権者に対する「債務者」もしくは「保証人」であるものと誤信して，当該「債権者」に弁済するという事態を要件としている。それゆえ，たとえば供託官が，単に，無効な転付命令を有効なものと誤信して「正当な取戻権者以外の者」に払い渡した場合には，その供託金受領者が当該転付命令の執行債権につき証書の毀滅あるいは担保の放棄等の行為をしたとしても，本条の適用ないし類推適用は認められない（最判昭 62・4・16 判タ 642 号 173 頁）。

(2) 「証書」の意義

本条 1 項の「証書」とは，一般に「債権証書」（契約書）のことである。より広くは「債権の存在を証明する書面」を意味する（我妻・講義 1128 頁，四

〔川角〕 215

§707 Ⅱ　　　　　　　　　　　　　　第3編　第4章　不当利得

宮・上152頁）。かつて判例は，本条1項の「証書」（債権証書）とは，「債権
……ヲ証明スル目的ヲ以テ債務者自ラ又ハ第三者カ債務者ノ為メニ発行シタ
ル証書」のことであるとして，厳格に解していた（大判昭8・10・24民集12巻
2580頁）。しかし，これに対して学説は，本条1項の「証書」を「その書類
がないと債務者に対する債権の証明をなしえないものであれば足りる」と緩
やかに解している（四宮・上153頁。同旨，我妻・講義1129頁，藤原76頁）。先に
みた立法者の見解もそうであった。

(3) 「滅失させ若しくは損傷し」の意義

滅失・損傷は，証書の破棄等の物理的滅失に限らない。証書が債権者の支
配から離れ，債権者が自由に証書を立証方法に供することができなくなる事
態を広く含む，とするのが判例の立場である（大判明37・9・27民録10輯1181
頁）。学説もこれを支持する（我妻・講義1129頁，松坂187頁，四宮・上153頁，藤
原77頁）。先にみた立法者の見解も基本的にそうであった。

(4) 「担保を放棄し」の意義

担保の放棄は，主に抵当権設定登記の抹消や質物の返還を指す。それでは
保証人の免責行為はどうか。債務を負っていないのに弁済した者の給付を，
債権者が有効と誤信して保証人の責任を全部免責したような場合に問題とな
る。学説は，債権者の免責行為自体が錯誤によって無効となるから（つまり
保証人の保証債務はなお存続するから），結局本条1項の適用はないとする（我
妻・講義1129頁，四宮・上153頁。これに対しては，新版注民(18)684頁〔石田喜久夫〕
による批判がある。藤原77頁による批判もほぼ同旨。要するに，上記錯誤が「常に要素
の錯誤となるとは限らない」とする批判である）。

(5) 「時効によってその債権を失ったとき」の意義

本条1項の「時効」とは「消滅時効」のことである。すなわち，他人によ
る債務弁済を有効と信じた債権者が，自己の債権の消滅時効の進行に注意を
払うことなく時効の完成を迎えた場合，本条1項が適用される。なお，これ
に関して問題となるのは，請求権が競合する場合である。たとえばＡがＢ
の使用者であり，ＢがＡの金員を横領した事案で，ＢのためにＣが身元保
証人となっているとＣが誤信してＡに賠償金を支払った，とする。そして
この場合，ＡのＢに対する「不法行為に基づく損賠償請求権」は3年の短
期消滅時効（724条）にかかったが，「不当利得返還請求権」はいまだ消滅時

§*708*

効（5年〔166条1項1号〕）にかかっていなかった，とする。この場合には，本条1項の適用は排除される。つまりCは，Aを相手取って，不存在の債務（身元保証債務）に基づく弁済金を不当利得として返還請求することができる。言い換えれば，請求権が競合する場合，その複数の請求権がすべて消滅時効にかかった場合にだけ本条1項の適用がある（大判昭6・4・22民集10巻217頁。なお，我妻・講義1129頁以下，四宮・上153頁以下〔四宮説は請求権競合論につき独自の見解を説きながら，判例と同旨〕，藤原77頁以下参照）。

2 効 果

弁済は，その法律上の原因を欠く限り，基本的に非債弁済（condictio inde-biti の意味での非債弁済）であり，原則として弁済者はその返還請求権を行使できるはずであるが，例外的に本条の適用があるケースでは，弁済は有効なものとみなされ，弁済者による受領者に対する返還請求権は排除される（我妻・講義1130頁，松坂188頁，四宮・上154頁，藤原77頁以下）。もっとも，弁済者から真の債務者に対して求償権を行使することは認められている（本条2項）。その際，真の債務者の無資力のリスクは求償権者（＝弁済者）が負う。

〔川角由和〕

（不法原因給付）

第708条 不法な原因のために給付をした者は，その給付したものの返還を請求することができない。ただし，不法な原因が受益者についてのみ存したときは，この限りでない。

〔対照〕ド民817

細 目 次

Ⅰ 本条の意義と立法の趣旨 ……………218	(3) 給 付 ……………………………236
(1) 本条の意義 ……………………218	2 効 果 ………………………………240
(2) 問題の所在 ……………………219	(1) 返還請求権の否定 ……………240
(3) 立法の趣旨 ……………………219	(2) 具体例 …………………………240
Ⅱ 要件と効果 …………………………221	Ⅲ 本条ただし書の意義 ………………240
1 要 件 ………………………………221	(1) 意義と適用例 …………………240
(1) 不 法 …………………………221	(2) 適用例以外の場合 ……………241
(2) 不法な「原因のため」の給付 ……235	Ⅳ 非債弁済と不法原因給付 …………242

〔川角〕 217

§*708* Ⅰ   第3編　第4章　不当利得

(1) 問題の所在 …………………242	Ⅶ 損益相殺と不法原因給付 …………………250
(2) 具体例 …………………………242	(1) 損益相殺の意義 …………………250
(3) 学説と判例 …………………242	(2) 損益相殺と不法原因給付 …………250
Ⅴ 物権的請求権と不法原因給付 …………245	(3) 近時の最高裁判例 …………………251
(1) 序論——物権的請求権と不法原因	Ⅷ 本条の類推適用（不法行為責任との関
給付 …………………………245	係） …………………………254
(2) 法律行為無効の場合の物権的返還	(1) 不法行為責任と不法原因給付 ……254
請求権と不法原因給付 …………245	(2) 不倫関係に基づく慰謝料請求と不
Ⅵ 対第三者関係と不法原因給付 …………248	法原因給付 …………………………254
(1) 債権者代位権と不法原因給付 ……248	(3) 共同不法行為者間の求償と不法原
(2) 詐害行為取消権・否認権と不法原	因給付 …………………………256
因給付 …………………………249	

Ⅰ　本条の意義と立法の趣旨

(1)　本条の意義

　本条は，みずから不法な原因のため相手方（受益者）に給付をした者（不法
原因給付者）が，あとでその不法を盾にとって返還を請求することを許さな
い，とする規定である。たとえば，知人の殺人をもくろんだ A が，B に 300
万円を渡して殺人を依頼し，知人の殺害行為が完了したところ，その後に，
A が B を相手取って 300 万円の給付は公序良俗違反で無効な給付であるか
ら返せと請求しても，裁判所はこれを認めない，という趣旨である。ローマ
法以来，承認されてきた法制度である（condictio ex injusta causa〔不法な原因に
基づく不当利得返還請求訴権〕，condictio ob turpem causam〔恥辱的な原因に基づく不当
利得返還請求訴権〕）。近代法としては，ドイツ民法 817 条第 2 文がその旨を定
める（スイス債務法 66 条も同旨）。フランス民法には明文の規定はないが，
nemo auditur propriam turpitudinem allegans.〔何人も自己の醜悪な申立てを聴
許されない。〕という法格言が判例法によって認められ，学説上もこれが支持
されている。英米法においてもこの法格言が生きている，とされる。すなわ
ち「クリーンハンズの原則」がそれであって，He who comes into equity
must with clean hands.〔衡平法に訴えようとする者は清潔な手を持っていなければな
らない。〕とされる。信義則の一つの具体的な発現である。したがって「不法
な原因が受益者についてのみ存するとき」は，この限りでなく，給付者から
受益者に対する返還請求権が許される，とされる（本条ただし書。ドイツ民法
817 条第 1 文もほぼ同旨。なお上記諸外国の「不法原因給付制度」については，有泉亨

218　〔川角〕

「不法原因給付について（一）（二）（三・完）」法協 53 巻 2 号 232 頁以下，53 巻 3 号 461 頁以下，53 巻 4 号 656 頁以下〔1935〕が詳しい。さらに，新版注民(18)690 頁以下〔谷口知平＝土田哲也〕。加えて最近のヨーロッパにおける立法作業の動向を踏まえつつヨーロッパ各国の不法原因給付規定を広く紹介する文献として，瀧久範「ヨーロッパ契約法原則及び共通参照枠草案（ヨーロッパ不当利得法原則）における不法原因給付規定」香川法学 35 巻 1 ＝ 2 合併号〔2015〕109 頁以下も参照）。

(2)　問題の所在

　上記殺人依頼のように典型的な公序良俗違反の場合に本条の「不法」要件が充足されることは明らかだが，強行規定違反の場合や仮装譲渡のケースでも本条の「不法」が肯定されるだろうか。そもそも本条は，法律上の原因が欠けていて本来 703 条（ないし 704 条）の不当利得返還請求権が肯定されるべきところ，例外的にそれを排除する特殊な規定であるから，本条の成立要件は厳格かつ制限的に解される必要があるのではないか。したがって，先の「不法」要件もそうであるが，「給付」要件も併せて厳格かつ制限的に解釈されるべきではないか。

　さらに，その厳格解釈（＝制限的解釈）の立場をより徹底するならば，「不法原因給付」についても原則的には不当利得返還請求権が承認されるべきであり，給付者に受益者と同等か，もしくはそれ以上の不法性が認められるときに例外的に本条本文の「不法原因給付」の成立を認め，不当利得返還請求権を排斥すれば足りるのではないか。

　これらの点を，そもそも立法者はどのように捉えていたであろうか。それを次に見よう。

(3)　立法の趣旨

(ア)　提案の趣旨と反対の修正案　　提案者の穂積陳重による原案は，ほぼ現行の 708 条そのままであった。要するに，不法な原因によって給付をした者には不当利得返還請求権を認めないのである。ただ，不法な原因が受益者にのみ存すれば例外的に不当利得返還請求権を認める。これに対して，同じく提案者の一人であった梅謙次郎が強く反対した。そのわけは，一言で言えば，不法な原因によって給付をした者に不当利得返還請求権を与えないのであれば，不法な利益が受益者にとどまり，その結果，不法行為の実行者である受益者が不法行為をより早く完了させようとするからである。そうなれば，

§708 Ⅰ 第3編 第4章 不当利得

かえって不法行為が助長されるであろう。すなわち「不法行為ノ当事者〔実行者たる受益者──引用者〕ハ，速ニ其行為ノ履行ヲ完了シ以テ法網ヲ脱セント謀ルコト多カルヘシ。是レ間接ニ不法行為ヲ奨励スルモノト謂フヘシ」と（法典調査会民法議事〔近代立法資料5〕251頁下段。括弧内および句読点・引用者）。さらに梅は，その場合，不法行為の実行者（受益者）は，「鉄面皮」であるのみならず，いわば「不法行為ノ遂行ヲ法廷ニ請求スル者ナリ」とも述べている（前掲法典調査会民法議事252頁上段）。それだからこそ，受益者に対する不当利得返還請求権を認めよ（修正第一案），そうでなければ本条を削除せよ（修正第二案），と強く求めたのである。

　(イ)　修正案に対する提案者の答弁　　これに対し，提案者の穂積は，双方ともに「色々ナ申分」があって，提案者内での議論も錯綜し，決定打はない。それゆえ梅の修正案をそのまま法典調査会に諮った，という（前掲法典調査会民法議事253頁下段）。その上で，以下のように提案の趣旨を強調している。まず，なるほど不法の原因のために給付をした場合，法律上の原因が欠けるから「固ヨリ本則ノ」不当利得返還請求権が肯定されうる。しかしながら，本条本文は，「公益上ノ規定」であり，かつ給付者と受益者の「双方共ニ不法ナ目的」がある場合を想定しているのであって，受益者のみに不法な目的がある場合には「但書」の例外規定が適用される（前掲法典調査会民法議事253頁下段以下）。さらに上記「不法目的」のイニシアティブは，一般的に給付者の側にある。すなわち「始メ給付ヲシタ者ガ悪ルイト云フコトハ争ハレヌ」，つまりは「其不法ノ源ヲ塞グ」こと，要するに「其原因ノ方ヲ塞グ」ことの方が肝心である（前掲法典調査会民法議事255頁上段）。それゆえ本条原案のように提案した，と。こうして穂積は，本条本文による一種の「予防的効果」を期待した，といえる。

　(ウ)　議論の経過と結論　　この穂積の説明に対しては，繰り返し梅から反論がなされた。その論点は多岐に及ぶが，要するに，不法行為を実行した受益者に給付物をとどめておくという穂積の原案は，法律上の原因を欠く利得の保有を許さないとする不当利得返還請求権の本来の趣旨に反するのであり，かつまた不法行為の実行者である受益者の方に非難可能性があることも多いにもかかわらず，穂積の原案は不当にも給付者が悪いと決めつけている，というにあった（前掲法典調査会民法議事263頁以下，特に267頁上段・270頁下段）。

§708 II

これに対しては，不法の原因ある給付について，給付者の裁判所に対する不当利得返還訴訟を認めよという梅の修正案は「瑾ヲ持出シテ裁判所ヲ煩ハス」ことになって不当，とする反対論があった（同じく提案者の一人である富井政章の意見。前掲法典調査会民法議事 273 頁上段）。さらに，梅説のような「無効の効果の論理的貫徹」よりは「法律ガ保護ヲ与ヘナイ」という観点があくまで重要である，とする意見も出された（前掲法典調査会民法議事 278 頁下段以下）。すなわち，梅説によれば，受益者による不法行為は公序良俗違反＝無効であるから，まずは給付者による受益者に対する不当利得返還請求権が認められるべきことになるが，そのような「無効の効果の論理的貫徹」のみに終始すべきではない，とする意見である。議論は錯綜したが，結果的に梅の修正第一案も修正第二案も少数で否決され，穂積の原案が確定した。

ともあれ，ここで重要なことは，給付に法律上の原因が欠ける以上，不当利得返還請求権（給付利得請求権）が承認されることが原理・原則であるところ，本条は，まさしくその「例外規範」を形成している，ということである。したがって，本条の要件は，以下で確認するように，不法要件にせよ，給付要件にせよ，原則として厳格に解釈する立場が要求されざるを得ない（ただし，例外的・特殊的局面で不法要件や給付要件の柔軟な運用が図られることまで否定するものではない）。

II　要件と効果

1　要　　件

(1)　不　　法

(ア)　序　　論

(a)　不法原因給付における「不法」の意義　　「不法原因給付」の「不法」は一般的に「公序良俗違反」（90条）と同義ないし表裏一体であるとされる（我妻・講義 1131 頁以下，松坂 192 頁，加藤(雅)97 頁。なお，「公序良俗違反と不法原因給付」との関係について，広く判例・学説を検討するものとして，難波譲治「公序良俗と不法原因給付」椿寿夫＝伊藤進編・公序良俗違反の研究〔1995〕340 頁以下参照）。ただし，その際に注意される必要があるのは，「不法原因給付」の「不法」とは，そもそも給付当事者間で「無効＝法律上の原因欠缺」による不当利得

〔川角〕　221

§*708* II   第 3 編　第 4 章　不当利得

請求権が行使可能であるのに，あえてその請求権を排除するための要件であるから，原則として制限的に厳格解釈される必要がある，ということである。したがって，単に強行規定に違反するということだけで直ちに本条の「不法」とはならない（我妻・講義 1132 頁）。

（b）判例の立場　判例も古くから「公序良俗違反＝醜悪」という基準を用いていた（大判明 41・5・9 民録 14 輯 546 頁，大判昭 17・5・27 民集 21 巻 604 頁）が，戦後に至り，それをより徹底する方向を示した。すなわち本条の「不法」を，「反道徳的で醜悪な行為としてひんしゅくすべき程の反社会性」を指すと解したり（最判昭 35・9・16 民集 14 巻 11 号 2209 頁），あるいは「その行為の実質に即し，当時の社会生活および社会感情に照らし，真に倫理，道徳に反する醜悪なものと認められる」ものを指す，という（最判昭 37・3・8 民集 16 巻 3 号 500 頁）。これらの判例は，単に倫理・道徳を一面的に強調するのではない。すなわち，当事者の主観面のみならず行為そのものの社会的評価を含め，総合的に判断された結果として，「不法」要件が狭く厳格に捉えられるべきものとする方向性を指し示したもの，と言うことができよう。

（c）学説の立場　学説も基本的にこの判例の立場（「不法」を狭く厳格に捉える立場）を支持している（我妻・講義 1131 頁以下，松坂 192 頁以下，四宮・上 161 頁以下。なお内田 615 頁は「通説だといってよい」とする。これに対して，難波・前掲論文 351 頁，藤原 94 頁〔禁止規範の保護目的ないしは禁止目的を決定基準とする〕は「不法」を基本的に広く捉えている）。ちなみに星野説は，さらに徹底して次のように言う。すなわち「無効な行為に基づいて給付を保持している者が返還しなくてもよいというのは，よくよくの例外」であるから「不法原因給付にあたるとして返還請求の認められない場合は，ごく制限的にのみ認めるべきではないか」（星野英一・民事判例研究第 2 巻 2 債権〔1972〕546 頁）とする。これに対して谷口説は，単なる強行法規違反を含め「不法」を「極めて」広く解する立場を主張していた（谷口・不法原因 190 頁）。しかしこの谷口説は，給付利得の個別的特則というべき「不法原因給付」規定の「一般条項化」を志向するものであり，加えて強行法規違反のケースに関する判例の立場とも異なる。よって現在では，前者（「不法」を狭く厳格に捉える立場）が通説的な地位を占めていると言わなければならない（この文脈の中に，近時のいわゆる不法「限定説」も含まれよう。そして，その観点から「90 条の該当性判断と 708 条の該当性判断とは，や

はり異なるといわねばならない」とする論稿として，山本敬三・公序良俗論の再構成〔2000〕85 頁参照）。

ともあれ以下では，「不法」に関する判断基準を各論的に考察する。まず不法性判断について興味深い変遷を示した「仮装譲渡」から見ていく。

(イ) 仮 装 譲 渡

(a) 仮装譲渡の意義　　ここで仮装譲渡とは，94 条 1 項における通謀虚偽表示としての譲渡行為を指す。たとえば A が，その債権者による差押えを免れるために，A の所有する不動産甲を，贈与する意思がないのに B と相通じて贈与したような場合である。94 条 1 項によればこの贈与契約は「無効」である。したがって，B による甲の取得は法律上の原因を欠く不当利得であるから，B は A に甲を返還しなければならない。

ところで他方，A の B への甲の仮装譲渡は，A の債権者の利益を不当に阻害する。そこで仮装譲渡が本条の「不法原因給付」にあたるとして，A はその返還請求を否定されるのか否か。これがここでの問題である。最初に判例の立場とその変遷をみよう。

(b) 戦前の判例　　まず明治期後半，仮装譲渡が債権者の利益を「詐害」するがゆえに「不法」という，「債権者詐害＝不法」の先例（大判明 32・2・14 民録 5 輯 2 巻 56 頁，大判明 32・4・26 民録 5 輯 4 巻 81 頁。川井健「執行免脱のための仮装売買と 708 条」谷口還暦(1)293 頁以下）があった。つまり「虚偽」とか「通謀」とかの仮装譲渡「当事者」の主観的側面に力点を置くのではなく，より客観的側面を捉えうるところの「債権者詐害＝不法」を基準とすることによって本条の不法要件を充たすか否かを決する立場がそれである。これが第 1 のエポックとするなら，その「債権者詐害＝不法」から「犯罪行為＝不法」への転換（大判明 42・2・27 民録 15 輯 171 頁。川井・前掲論文 296 頁以下）が第 2 のエポックをなす。これが大正期の大審院判例によっても支持された。たとえば，大審院大正 10 年 10 月 22 日判決（民録 27 輯 1749 頁）は，次のように言っている。すなわち「債務者カ，債権ノ執行ヲ免カレンカ為メ，他人ト通謀シテ自己所有ノ不動産ノ売買ヲ仮装シテ所有権移転ノ登記ヲ為スモ，家資分散ノ際ニ於ケル如ク犯罪ヲ構成スル場合ヲ除クノ外，民法第 708 条ニ所謂不法原因ニ基ク給付ト云フコトヲ得サルコト当院判例……ノ示ス所」（句読点・引用者）と。このように戦前の判例は，「債権者詐害＝不法」の立場から

§708 Ⅱ 第3編　第4章　不当利得

枠を狭めて「犯罪行為＝不法」への一定の転換を図った。

　(c)　戦後の判例　　その後，戦後に至って「犯罪行為＝不法」から漸次「公序良俗違反＝不法」へと，さらに転換していった。これが第3のエポックである。それは昭和16年法律61号によって刑法96条ノ2（強制執行免脱目的での仮装譲渡を犯罪として処罰する規定）が新設されてからも基本的に同様であった。たとえば最高裁昭和27年3月18日判決（民集6巻3号325頁）は，なるほど上記刑法96条ノ2新設以降の仮装譲渡について「民法708条の不法の原因のためになされた給付に当るものとして，給付者において給付の返還を請求し得ない場合がある」とのやや婉曲的な表現をとるにとどまっている。ところが，最高裁昭和37年6月12日判決（民集16巻7号1305頁）は，仮装譲渡が譲受人主導でなされた等，本件仮装譲渡に関する幾つかの間接事実に注目しながら，結局，「諸事情を総合すれば，右仮装譲渡は実質上公序良俗に反するものというに足らず，すなわち，民法708条本文にいう不法原因給付に当らない」と判示した。このような「犯罪行為＝不法」から「公序良俗違反＝不法」への転換は，その後，最高裁昭和41年7月28日判決（民集20巻6号1265頁）でも実質的に維持された。すなわち言う。「法は強制執行を免れる目的をもって財産を仮装譲渡する者を処罰するが（刑法96条ノ2），このような目的のために財産を仮装譲渡したとの一事によって，その行為がすべて当然に，民法708条にいう不法原因給付に該当するとしてその給付したものの返還を請求し得なくなるのではない（最高裁昭和……37年6月12日第三小法廷判決，民集16巻7号1305頁参照）。……しかして，今本件についてみるに，前示認定の事実関係の下においては，X〔譲渡人〕の右不動産についての返還請求を否定することは，却って当事者の意思に反するものと認められるのみならず，一面においていわれなく仮装上の譲受人たるYを利得せしめ，他面においてXの債権者はもはや右財産に対して強制執行をなし得ないこととなり，その債権者を害する結果となるおそれがあるのである。これは，右刑法の規定による仮装譲渡を抑制しようとする法意にも反するものというべきである。しからば，本件について，前記仮装譲渡は民法708条にいう不法原因給付にあたらないとした原審の判断は正当として是認すべきである」。これは，Xがその債権者からの差押えを免れるため，XがYに対してなした不動産の仮装売買が「不法原因給付」にあたらないとした

224　〔川角〕

§708 II

判例であって，「債権者詐害＝不法」の立場に全面的に依拠したものではなく，また「犯罪行為＝不法」の立場に全面的に立脚するものでもない。いずれも本条の「不法原因給付」が認定されるための一個の判断要素にすぎない。むしろ，この昭和41年の最判で，昭和37年の最判が特に引用されている点を考慮するならば，仮装譲渡そのものが「公序良俗違反」と認定されて初めて本条の「不法原因給付」における「不法性」が認定されるとした判例と解されよう（なお川井・前掲論文302-303頁参照）。こうして判例は，仮装譲渡が本条の「不法原因給付」にあたる要件をより厳格に制限していった。

(d) 学説の立場　　学説は，一般に，「仮装譲渡」そのものをもって本条の不法にはあたらない，とする（川井・前掲論文305頁以下，四宮・上162頁および164頁以下，星野・前掲書530頁以下，水本浩「不法原因給付と所有権の帰属」谷口還暦(3)225頁以下，特に240頁）。なかでも星野説によれば，「仮装売買，広く通謀虚偽表示においては，表示された外形のほかに，当事者間の内部的な合意が存在する」という点に着目される。すなわち，仮装売買では譲渡人・譲受人間で一旦「信託的所有権移転を売買に仮装しただけ」であり，「将来一定の場合にこれを返還する旨の合意が存在」することが一般的であるからである，とされる（星野・前掲書537頁以下）。これに対して水本説は，仮装譲渡が「不法原因給付」とはならない理由を端的に「不倫性の希薄性」に求める立場から，星野説のように当事者間での返還合意を強調する必要はない，とする（その際，94条2項の「善意の第三者」との関係にも注意が払われている。水本・前掲論文240頁以下参照）。なお我妻説は，刑法96条ノ2の追加（1941年）以降は，仮装譲渡が「常に不法原因給付となるはずである」と述べつつも，前述の昭和37年最判および昭和41年最判について「すこぶる適切であって，注目に値する」と論じている（我妻・講義1141頁以下参照）。この点，水本説は刑事事件と民事事件を棲み分ける立場から，刑法96条ノ2の追加があっても，これは「仮装譲渡と不法原因給付」との関係には基本的に影響を与えないとして，より徹底した立場を示す（水本・前掲論文241頁）。ともあれ，こうして学説も，仮装譲渡が本条の「不法原因給付」にあたる要件につき，厳格な絞りをかけてきた，といえる。

(ウ) 強行法規違反等

(a) 強行法規違反と不法原因給付　　強行法規に反する行為が直ちに本

条の「不法原因給付」となるわけではないこと，すでに指摘した（→Ⅱ1(1)
(ア)）。そのことを如実に示したのが，いわゆる権利株の売買である。権利株
とは設立登記前の設立時募集株式引受人の地位のことであり，株券発行ない
し株主名簿の作成に関する会社の事務手続の便宜上認められたものである。
この権利株を売買することは，この事務手続上の便宜を侵害するものとして
広く禁止されていた（漸次緩和され，現在では「成立後の株式会社に対抗することが
できない」ものとされるにとどまっている。会社63条2項）。そこでかつて権利株の
売買は無効であったところ，買主から売主に支払われた代金の返還請求が本
条によって排斥されるかが争われた。判例は当初から権利株の売買は無効で
あるが本条の「不法」にあたらないとして，代金の返還請求を認めてきた
（たとえば大判明32・2・28民録5輯2巻124頁は，「登記前ノ株式ノ譲渡ハ其性質トシテ
当然醜汚ナルモノニ非ス」ということを理由とする。その他，大判明33・5・24民録6輯
5巻74頁も同旨）。我妻はこれを「第90条ないし第91条の範囲と第708条の
範囲の異なることを明らかにした点においては，歴史に記録すべき事例」と
いう（我妻・講義1143頁）。さらに，取引所の取引員としての営業免許を受け
た者がその名義を貸与する「名板貸契約」についても無効であるが，名義借
受人Aと顧客Bとの間で後者から前者に交付された証拠金の授受について
は，本条の「不法原因給付」にあたらないとした判例もある（前掲大判昭17・
5・27）。

　なお，かつて恩給法違反となる担保のための恩給証書の交付（恩給法11条
違反）が「不法原因給付」となるか，についても議論された。判例は一般に
「不法原因給付」とする判断にまで踏み込んでこなかった（そもそも708条に言
及しないものとして，たとえば大判大7・4・12民録24輯666頁等。他方で708条を問題
としつつその適用を否定するものとして，大判昭4・10・26民集8巻799頁）。学説も
およそこの後者（昭和4年大判）の判断を是とする（我妻・講義1148頁以下，松
坂193頁。これに対して谷口・不法原因70頁以下は，広く「不法原因給付」を承認する
立場から恩給法違反行為も「不法原因給付」としつつ，受領者にのみ不法性があるという
構成で本条のただし書を適用するという立場を示す。結論としては谷口説も判例〔昭和4
年大判〕と同様なのであるが，このような「ジグザグした理由づけ」は不要とする批判が
ある。水本・前掲論文239頁参照）。

　　(b)　特殊な強行法規違反　　かつて国策上，その行為が絶対的違法を生

ずる強行規定については，その違反行為が本条の「不法」要件を充足する，という判例が出されたことがある。たとえば，鉱業法に違反する採掘権の賃貸行為（斤先堀契約）に基づく賃料の返還請求を本条の「不法原因給付」として，これを排斥したもの（大判大8・9・15民録25輯1633頁），さらに外国人の土地取得（かつて禁止されていた）の代金（手付金）の返還請求を本条の「不法原因給付」として，これを認めなかったもの（大判大15・4・20民集5巻262頁）などがある。学説は，たとえ国策上の絶対禁止行為であっても，一旦支払われた対価を返還させることの否認にまで本条の「不法」を拡張することには批判的である（我妻・講義1143頁以下，特に1145頁参照。ほぼ同旨として，松坂193頁）。

　　(c)　経済統制法規違反（無限連鎖講防止法違反を含む）　　一般に経済統制法規違反については，行為自体は強行法規違反として無効であるが，すでに給付された代金等に関しては本条の「不法原因給付」とはならない，と解されてきた。「不法原因給付」に相当する「醜悪性」に欠けるからである。たとえば，農産品配給規則に反して支払われた金員の返還請求につき，その原因となった契約は無効であるが支払金自体は「不法原因給付」ではないとし，返還請求を認めた判例がある（前掲最判昭35・9・16）。さらに，石油製品配給規則に反する契約は無効であるが，支払われた代金は「不法原因給付」ではなく，その返還請求が可能であるとした判例もある（前掲最判昭37・3・8）。

　　ところで最近，無限連鎖講防止法違反の事案で，当該事業を営む会社が破産し，破産管財人（原告）がすでに配当金を受領した会員（上級会員，被告）に対してその配当金につき不当利得返還請求権を行使したところ，被告が「不法原因給付の抗弁」を提起して争った事件がある。この事件で最高裁は，「信義則」を根拠に被告の抗弁を排斥し，原告の不当利得返還請求を認容した（最判平26・10・28民集68巻8号1325頁。なお大澤彩〔判批〕平26重判解79頁以下，平田・利得427頁以下，瀧久範「民法708条本文の目的論的縮減——ドイツにおける贈与サークル（Schenkkreis）に関する諸判決を素材に」民事研修695号〔2015〕1頁以下も参照）。

　　無限連鎖講防止法違反の行為は，会員の射幸心を詐欺的にあおって給付させ，下部会員には結局配当金が交付されないという不当な経済的不利益を招

§*708* Ⅱ   第3編　第4章　不当利得

くものであるから90条の公序良俗違反＝無効であり，かつ原則として本条
の「不法原因給付」となって不当利得返還請求権を排除する（いわゆる「醜悪
性」をもつ）。しかし，本件最高裁判決によれば，例外的に，（無限連鎖講防止法
違反の当事者本人と異なる）破産管財人が原告となって不当に損失を被る被害者
（破産債権者）の出現を阻止するため被告に対して本件配当金の不当利得返還
請求権を行使することは認容されるべきであり，被告が本条本文の「不法原
因給付」を根拠に本件配当金の返還を拒むことは「信義則上許されない」，
とされた。仮に本件で，被告にのみ不法性が認められていれば本条ただし書
で処理されたであろうが，最高裁はそのような判断を回避し，もっぱら「信
義則」に依拠して判断を下した。このような信義則論の「不法原因給付制
度」における位置付けは，破産管財人の「第三者性」にかかる問題や本条た
だし書の解釈ともからみ，なお今後の検討課題とされる（大澤・前掲判批80頁，
平田・利得432頁以下を参照）。

　⑴　利息制限法違反・暴利行為等

　　(a)　現行利息制限法の立場と暴利行為の意義　　現行の利息制限法に違
反する金銭消費貸借契約は，その違法金利部分（超過部分）について無効と
なる（利息1条）。さらに，借主が超過部分をすでに任意に支払った場合であ
っても，借主は貸主に対して超過利息部分の返還を請求することができる
（ただし，元本が残存する場合の超過利息部分の元本充当の合意は原則有効である。また，
705条の「知って弁済」が立証された場合は別論である）。要するに，超過金利部分
の支払は本条の「不法原因給付」とはならない。かつまた金銭消費貸借契約
そのものは，それが暴利行為＝公序良俗違反と評価されない限り，無効とは
ならない。ちなみに「暴利行為」が公序良俗違反として無効とされるには，
「対立する両給付の著しい不均衡による一方の巨利の取得」という客観的要
件と「相手方の窮迫，軽率，無経験に乗じた」という主観的要件の両方が備
わっていなければならない。ただし，後者の主観的要件の立証は困難である
から，前者の客観的要件を重視し，客観的要件が備わっておれば主観的要件
は推定されるものとして解釈するのが妥当であろう（この点については，森泉章
「利息制限法違反利息と不法原因給付」谷口還暦(1)331頁参照）。

　　(b)　判例と立法の変遷　　古い判例では，利息制限法違反の利息金の支
払が「不法原因給付」であり，その不法性は貸主のみならず借主にも存する

228　〔川角〕

§708 II

として支払済み利息金の返還を請求することができない，とした判例があった。すなわち「利息制限法ハ公益規定ナルヲ以テ，若シ制限ニ超過シタル利率ヲ契約シタルトキハ，独リ債権者ニ背法ノ行為アルノミナラス債務者モ亦背法ノ行為アルコト勿論ナレハ，債務者カ任意ニ制限超過ノ利息ヲ債権者ニ支払ヒタル場合ニ於テハ，所謂不法ノ原因ノ為メ給付ヲ為シタルモノト云ハサルヲ得ス。而シテ不法ノ原因ノ為メ給付ヲ為シタル者ハ其給付シタルモノノ返還ヲ請求スルヲ得サルコトハ，民法第708条ニ於テ明ニ規定スル所ナリ」と（大判明35・10・25民録8輯9巻134頁〔句読点・引用者〕）。これは，利息制限法違反の超過利息契約の「無効」を「裁判上無効」と限定的に解していた戦前の旧利息制限法下の判例である（なお立法の経緯および判例・学説の立場を含め，詳しくは，新版注民(18)712頁以下〔石外克喜〕，小野秀誠・利息制限法と公序良俗〔1999〕201頁以下参照）。この戦前の判例の立場では，利息制限法に基づく債務者保護の要請はきわめて希薄なものとならざるをえなかった。

戦後は，利息制限法の昭和29年新法の制定（旧法の廃止）によって同法1条1項の無効が「実体法上無効」とするものに改められるとともに，同法1条2項が置かれて制限超過利息の「任意弁済」を有効とする明文の特則が定められた（その結果，制限超過金利の「任意」の支払自体を「不法原因給付」と解する余地は基本的になくなった）。そしてその後，長らくは同法1条2項の明文に忠実な判例が続いた。たとえば最高裁昭和37年6月13日大法廷判決（民集16巻7号1340頁）が，その典型である。しかし，その2年あまり後，明文規定に反して制限超過金利の「任意支払」の有効性を実質的に覆し，超過利息分の元本充当を認める判例（最大判昭39・11・18民集18巻9号1868頁）が登場した。さらに，最高裁昭和43年11月13日大法廷判決（民集22巻12号2526頁）が超過利息任意支払分の不当利得返還請求権を承認したことは，すでに指摘した通りである（→§705 IV(1)）。そして，最高裁は近時，利息制限法に違反する超高金利契約の元利合計金相当額の損害賠償請求を本条の「不法原因給付」の法意を援用して承認し，もって元本分の損益相殺を否定するに至った（最判平20・6・10民集62巻6号1488頁。この判決については，→VII(3)(ア)）。なお，元本の返還請求については，次に述べる。

　(c)　貸主から借主に交付された元本の返還請求　　それでは，貸主A が超高金利（年利数百パーセント以上，時には年利千パーセントにのぼるような高金

利）の取得を目的として借主Bに元本を交付した場合，Bは利息制限法違反の超過利息金の支払を拒むことができることは言うまでもないとして，さらに交付された元本の返還請求を拒むことができるであろうか。むろんこれは，超高金利の場合にかぎられる論点である。この場合，当該金銭消費貸借契約が，それ自体として暴利行為＝公序良俗違反にあたる点を捉えて言えば，A—B間の契約は無効であって，その「無効の論理的帰結」として，まず一応は貸主Aが借主Bに元本自体の返還を請求することは可能と言わなければならない。しかしながら，元本の給付が違法な超高金利獲得の「手段」にすぎないほどの特別な暴利性が認められる場合には，貸主Aの借主Bに対する元本の給付そのものが「不法原因給付」と認定されるべき場合もありうる。すなわち，その場合，超高金利の金銭消費貸借契約の元本の給付は，それ自体が「不法原因給付」となりうる。なぜなら，その場合の元本は，もっぱら貸金業者の暴利行為を導出するパイプ＝「手段」として継続的な「不法産出的役割」を果たすからである。そして貸金業者は，元本が返還された場合には，その元本を「元手」として違法で反倫理的な貸付行為を継続するからである（なお，その場合の元本の「手段性」の目安としては，現行の貸金業法42条1項において金銭消費貸借契約自体を無効とする基準年利である109.5パーセント〔平年の場合〕を超える年利が付された場合と解してよいだろう。なお，金山直樹「不法原因給付法理の柔軟化に向けて——暴利の消費貸借に対処するために」慶應法学1号〔2004〕377頁以下，特に390頁以下参照）。そしてこの場合には，貸主Aの借主Bに対する元本の返還請求は本条の「不法原因給付」として拒絶されよう（たとえば，東京高判平14・10・3判夕1127号152頁参照。なお，やや特殊な事例として福岡高判平23・9・8訟月58巻6号2471頁は，原告である貸金業者自身が，高金利による貸付け〔金銭消費貸借契約〕が本条本文の「不法原因給付」にあたるため顧客に対し貸付金元本の返還を求めることができないことを主張して所得税の期限後申告等をした事件に関して，原告の主張〔元本の貸付けが「不法原因給付」にあたるから借主に返還請求できず，よって所得税の期限後申告等が認められるべきであるという主張〕を前提に，結論としては訴えを棄却している）。

(d)　超高金利の元本がすでに借主から貸主に弁済された場合——「不法」要件の客観化　　それでは，Bが元本相当額をすでにAに弁済していた場合はどうか。この場合には，Aの貸付行為が超高金利の獲得を目的と

§*708* Ⅱ

するものであるかぎり B の A に対する元本の弁済（「給付」）が「不法原因給付」にあたり，しかもその「給付」の受領者 A にのみ不法性が存するとして本条ただし書を適用し，B の A に対する支払済み元本の返還請求を認めてよいと思われる（たとえば，森泉・前掲論文 335 頁以下は，すでに早くからこのような解釈論を提唱していた。最近，この点につきほぼ同旨のものとして，金山・前掲論文 402 頁も参照）。この場合，まずなによりも A による，支払済み元本を再稼働資金とする違法で反倫理性の強い超高金利貸付行為が将来的に繰り返される蓋然性が高いことに留意する必要がある（この点，前掲東京高判平 14・10・3 もほぼ同旨）。したがって，そのように支払済み元本が，もっぱら超高金利獲得の「手段」として悪用される蓋然性が高い場合には，本条の「不法」要件を客観化して捉え，借主による貸主への元本弁済を本条本文の「不法原因給付」とした上で，本条ただし書を活用する方途が考慮されてよいであろう。なお，このように，「不法原因給付」を根拠にして支払済み元本の返還を認める点については，最近簡裁レベルでこれを肯定するいくつかの判決が出されている（さしあたり，川角由和〔判批〕リマークス 28 号〔2004〕10 頁以下参照。なお，地裁以上の裁判例として札幌高判平 17・2・23 判時 1916 号 39 頁が重要である）。さらにこの判断は——先ほど指摘したことでもあるが——借主による支払済みの元利相当額の損害賠償請求において，本条の「不法原因給付」の法意を援用することにより元本相当分の「損益相殺」を否定した平成 20 年（2008 年）の最高裁判決によっても実質的に承認されているといってよいであろう（→Ⅶ(3)(ア)）。

　(オ)　不倫な男女関係等

　　(a)　不倫な男女関係　　これは善良の風俗に違反する典型的な場合である。たとえば，妻子ある男 A が不倫な関係を維持するために，その所有する不動産を愛人（妾）B に贈与した場合，A は，本条 1 項に基づきその贈与不動産の返還を請求することができない（典型例として，最大判昭 45・10・21 民集 24 巻 11 号 1560 頁。この大法廷判決は，給付要件や物権的返還請求権との関係で問題となる。この点については後述のところ〔→(3)(ア)(b)・Ⅴ(2)(イ)〕を参照）。なお，不倫な関係を清算するための手切れ金契約は有効であり，手切れ金が交付された後の返還請求は否定されるが，本条ただし書の適用がある場合（受領者についてだけ不法性が存する場合）には返還請求を認める判例がある（大判大 12・12・12 民集 2 巻 668 頁）。

〔川角〕　231

§*708* Ⅱ   第3編　第4章　不当利得

(b)　前借金との関係　　売淫行為の対価を請求できないことは言うまで
もない（90条）が，本条によれば，すでに対価が支払われた場合，後でそれ
を返還請求することもできない。売淫行為の対価の支払は本条の「不法原因
給付」となるからである。かつて問題となったのは，売淫行為を伴う酌婦稼
業を目的とする前借金契約との関係である。戦前の大審院判決は，前借金契
約によって酌婦に芸娼妓稼業を強制する部分（酌婦の人身の自由を制限する約款
を含めて）は無効としたが，前借金そのものの消費貸借契約に基づく返還義
務は有効に存在するものとした（大判大7・10・12民録24輯1954頁。ただし，そ
の後の大判大10・9・29民録27輯1774頁は，消費貸借契約の真意を確かめるべきであり，
形式的に消費貸借契約であるからといって常に前借金部分を有効とすべきではないとして，
戦後の判例転換の口火役を果たした）。

　戦後，最高裁は大審院の態度を改め，たとえ前借金契約が独立の消費貸借
契約の形式をとっていたとしても，それは酌婦稼業を強制する契約と一体不
可分であるとして「無効」と解し，さらに雇主からの前借金の返還請求は
「不法原因給付」として本条に反し認められない，と判示した（最判昭30・
10・7民集9巻11号1616頁）。すなわち言う。「Y₁は，その娘Aに酌婦稼業を
させる対価として，X先代から消費貸借名義で前借金を受領したものであり，
X先代もAの酌婦としての稼働の結果を目当てとし，これあるがゆえにこ
そ前記金員を貸与したものということができるのである。しからばY₁の右
金員受領とAの酌婦としての稼働とは，密接に関連して互に不可分の関係
にあるものと認められるから，本件において契約の一部たる稼働契約の無効
は，ひいて契約全部の無効を来すものと解するを相当とする。大審院大正7
年10月12日（民録24輯1954頁）及び大正10年9月29日（民録27輯
1774頁）の判例は，いずれも当裁判所の採用しないところである。従って
本件のいわゆる消費貸借及びY₂のなした連帯保証契約はともに無効であり，
そして以上の契約において不法の原因が受益者すなわちY₁等についてのみ
存したものということはできないから，Xは民法708条本文により，交付し
た金員の返還を求めることはできないものといわなければならない」（この判
例の評釈として，幾代通〔判批〕民百選Ⅰ2版38頁以下参照）。

(カ)　賭博行為等

(a)　賭博行為　　賭博行為ないし賭博契約は公序良俗違反として無効

232　〔川角〕

§*708* Ⅱ

（90条）であるが，本条の「不法」要件も充たす。賭博行為は不当に射幸心をあおり善良な風俗を害することになるからである。したがって，たとえば賭博行為によって負けたＡがすでに勝者Ｂに支払った賭け金を，あとになって返還請求しても，その請求は本条によって排斥される。例外的に受領者ＢがＡを無理矢理に賭博に誘引したような場合にのみ，本条ただし書の適用によってＡのＢに対する不当利得返還請求権（703条・704条）が承認されるにすぎない。

　(b)　動機の不法との関係　　問題となるのは，賭博資金として消費貸借契約に基づく金員を貸与する行為が絡む場合である。この場合，消費貸借契約の当事者間で「不法原因給付」が問題となるだろうか。まず，消費貸借契約そのものは，貸主が借主の賭博目的での借受け（「動機の不法」）であることを知らない限り，一般に公序良俗違反とはならない。これに対して貸主が当該動機を知っていれば，その場合，当該消費貸借契約は，賭博行為を促進し助長させるものとして公序良俗違反となる。なぜならこの場合，当該動機を知っている（悪意の）貸主は，いわば借主（＝賭博行為者）と同じ地位に立つのであり，借主と同様に賭博行為の「結果」（勝つか，負けるか）に大きな関心をもち，やがてはみずから賭博行為に参加する可能性が高いからである。

　そしてこの理は，賭博行為が先に行われ，負けた者が，賭け金を支払うために事後的に消費貸借契約を締結した場合にもあてはまる（大判昭13・3・30民集17巻578頁。ただし，貸主が賭博行為をやめさせるために借主にやむなく支払ったような事情がある場合は別である）。よって，当該の消費貸借契約に賭博行為を促進し助長させるファクターが存在する限り，貸主が借主に一旦交付した金員を不当利得として返還請求することは本条の「不法原因給付」として拒否される。例外的に，借主が「もう二度と博打はやらないから今度だけ貸してくれ」などといって貸主を欺いたような場合には，借主にのみ不法性が存するものとして本条ただし書が適用され，貸主の借主に対する不当利得返還請求権が認められることになろう（当事者間の不法性の大小の比較は，もっぱら本条ただし書のレベルで行われるべきである。なお「動機の不法」との関連で，川角由和〔判批〕民百選Ⅰ6版32頁以下参照）。

　(キ)　犯罪行為等

　(a)　犯罪行為　　当然のことながら，人を殺すことを委託して対価を支

〔川角〕　233

§*708* **II**　　　　　　　　　　　　　　第3編　第4章　不当利得

払う契約は無効（90条）であるが，すでに対価が支払われていた場合には本条によって返還請求は拒否される。その他，窃盗，強盗，詐欺，横領等の刑事犯罪についても原則として同様である（ただし刑法に反する行為がことごとく本条の「不法」性を充足するわけではないことについては，すでに「仮装譲渡」に関する箇所〔→(イ)〕で指摘した）。

　(b)　問題となるケース　　問題となるのは，犯罪の資金を供与してこれに加担する行為である。たとえば，外国への密航のため金員を交付した場合，判例は本条を適用して金員の返還請求を否定する（大判大5・6・1民録22輯1121頁）。ただし，カセイソーダの密輸資金の一部をXがYから強く懇望されてやむなく貸与した（Xが一旦思いとどまったという経緯が認定されている）ところ，Y（借主）が受け取った資金を遊興に使ったという事案では，X（貸主）の消費貸借契約に基づく返還請求が認められた（最判昭29・8・31民集8巻8号1557頁。最高裁は，本件消費貸借契約に基づく返還請求権について，708条の「法理」の適用によりXの請求を棄却した原審判決を破棄差戻しとしてXの請求を認容した）。ちなみに最高裁は，選挙費用の法定額をこえて支出される関係にあることを知りながら候補者のために選挙費用の一部を立て替えた場合であっても，この立替えは，行政法規違反の犯罪＝行政犯ではあるが本条の「不法原因給付」にあたらない，とした（最判昭40・3・25民集19巻2号497頁）。犯罪行為がすべて708条の「不法」にあたるわけではないことを示す判例の一つである。

　(ク)　裏口入学

　(a)　裏口入学　　たとえば医学部への入学志願者の親が大学側（あるいは仲介者）に3000万円を支払って医学部に入学させるような場合がある。これを裏口入学という。この3000万円の支払は「不法原因給付」であるから，入学できなかった場合に親（給付者）が大学あるいは仲介者に返還を請求しても，これは認められない（裁判例として，東京高判平6・3・15判タ876号204頁）。

　(b)　返還特約がついていた場合　　裏口入学の当事者間で，入学できなかった場合に備えて「返還の特約」をする場合がある。しかしながら，その特約自体，公序良俗違反である。したがって，すでに支払われた3000万円については本条の「不法原因給付」にあたるがゆえに，その返還請求はできない（東京地判昭50・3・26判時792号59頁など。なお前掲平成6年東京高判の原審である東京地判平5・1・25判タ876号206頁は，返還特約が不合格確定後になされた点な

§*708* Ⅱ

どに鑑み，親（給付者）の返還請求を認容したが控訴審で逆転判決〔確定〕）。例外的に，受益者である大学あるいは仲介者にのみ不法性が存する場合にだけ，本条ただし書の適用によって返還請求が認められうるにとどまる。なお，裏口入学とは事案を異にするが，食糧管理法違反の物資売買のケースにおいて不法原因契約（売買契約）を合意解除した上で，給付されたものの返還を特約することは本条の禁ずるところではない，とした判例がある（最判昭28・1・22民集7巻1号56頁）。

(2) 不法な「原因のため」の給付

(ア) 序論　　不法な「原因のため」の給付というのは，その給付によって企図された目的が（上記の）不法性を帯びることを指す。給付の原因が法律行為（売買とか贈与等）である場合には，その法律行為の内容の不法性いかんがその給付の不法性を規定する（我妻・講義1154頁）。その際，不法な「原因のため」というのは，単に不法を知っていたという意味での悪意のことではない。「原因のため」とは，むしろ「不法」と「給付」とを連結する客観的目的概念を指すのであるから，給付者の「知」・「不知」とは直接関係をもたない（たとえば我妻・講義1154頁は，「その給付によって企図された目的が社会的に不法な場合には，その給付は不法の原因のための給付となる」という表現で「客観的目的概念」を言い換えている）。

(イ) 動機の不法性　　ただし，給付行為そのものは適法であるが，その動機に不法性がある場合には，給付者の「知」・「不知」が問題となることがある（我妻・講義1155頁参照。なお松坂199頁は，給付者の「知」に加えて，給付者が「さらに積極的にこれ〔動機の不法―引用者〕を助成しようとした場合」を問題とする）。たとえば，Aが賭博の賭け金とする目的でBから金員を借り受ける場合，A―B間の消費貸借契約は一般的に有効であるが，BがAの動機を知り，よって消費貸借契約を締結することが賭博行為を促進し助長させるものとなる場合には，当該消費貸借契約は例外的に公序良俗に反する無効な法律行為となる（90条）。よってその場合，BのAに対する給付は不法な「原因のため」の給付となる。したがって，Bが，当該消費貸借契約が無効であるからという理由でその貸付金の返還をAに請求することは，貸付金の交付が本条の「不法原因給付」にあたるがゆえに拒絶される。ただ，受益者Aにのみ不法性が存し，それゆえ本条ただし書の適用がある場合にのみ，BのAに対す

〔川角〕　235

§708 II　　　　　　　　　　　第3編　第4章　不当利得

る返還請求が承認されるにすぎない。

(3)　給　　付

(ア)　判例の立場

(a)　目的不動産が「既登記」の場合　　この場合，古くから，登記名義の移転があれば本条の「給付」にあたり，現実の引渡しは不要である，との立場が示されていた（たとえば大判明39・12・24民録12輯1708頁）。さらに戦後，この理は，目的不動産が「既登記」の場合には受益者が引渡しを受けただけでは「給付」にあたらず，「給付」を受けたと言いうるためには「所有権移転登記」を受けていることを要する，という判例へと展開した（最判昭46・10・28民集25巻7号1069頁）。すなわち本判例は，X女が東京銀座のバーに勤めていた頃，客としてきていたY₁と知り合い，昭和38年11月頃から情交関係を生ずるにいたったが，その前後頃からY₁よりXに対し，「自分がXの面倒を見てやる，本件建物はまだY₂の所有であるが，自分はY₂に金を貸しており，右建物を取得したうえXに贈与するから，これに転住してもらいたい」等と言って，Y₁とXとの間に，いわゆる妾関係継続の合意がなされた。またそれとともに，その目的でXとY₁との間で本件建物につき贈与契約が成立し，Xは昭和39年2月頃同建物に転居したところ，Y₁において，昭和40年6月7日Y₂から代物弁済として本件建物の所有権の譲渡を受け，同年7月15日その所有権移転登記を経由したが，Y₁からXへの移転登記は未了であった，という事案である。ここで最高裁は，XとY₁との間で締結された贈与契約を「民法708条にいう不法の原因に基づくもの」と認定した上で，次のように言う。「原判決によれば，本件建物は既登記のものであったことが窺われるのであるが，本件においては，右贈与契約当時，XはY₁から本件建物の引渡を受けたことを認めうるにとどまり，Y₁は，その後，本件建物の所有権を取得し，かつ，自己のためその所有権移転登記を経由しながら，Xのための所有権移転登記手続は履行しなかったというのであるから，これをもって民法708条にいう給付があったと解するのは相当でないというべきである」。すなわち「本件のような既登記の建物にあっては，その占有の移転のみでは足りず，所有権移転登記手続が履践されていることをも要するものと解するのが妥当と認められるからである」。

この最高裁判決は，目的不動産が「既登記」の場合，目的物の引渡しのみ

236　〔川角〕

ならず登記の移転があって初めて本条の「給付」要件を充足する，と判示したものである。本条の「給付」要件に関する厳格な解釈を示した判例ということができよう。

(b) 目的不動産が「未登記」の場合　　とはいえ判例は，当該不動産（特に建物）が未登記である場合には，引渡しだけで「給付」となる，と言う（前掲最大判昭45・10・21）。すなわち本判例は，妻子あるX男がY女と妾関係を結び，その維持・継続とYの自活のため古い建物を取得した後にそれを取り壊し，その跡地に本件建物（未登記）を建てて，それをYに贈与し引き渡したところ，その後X—Y間の関係が不仲となって，Xが本件建物につき自己名義で所有権の保存登記をした上で，XからYに対して所有権に基づく明渡請求をした，という事案である（なおYは，本件建物に関する所有権移転登記請求を反訴として提起した）。最高裁（大法廷）は次のように言う。「〔X—Y間の〕贈与が無効であり，したがって，右贈与による所有権の移転は認められない場合であっても，Xがした該贈与に基づく履行行為が民法708条本文にいわゆる不法原因給付に当たるときは，本件建物の所有権はYに帰属するにいたったものと解するのが相当である。けだし，同条は，みずから反社会的な行為をした者に対しては，その行為の結果の復旧を訴求することを許さない趣旨を規定したものと認められるから，給付者は，不当利得に基づく返還請求をすることが許されないばかりでなく，目的物の所有権が自己にあることを理由として，給付した物の返還を請求することも許されない筋合であるというべきである。かように，贈与者において給付した物の返還を請求できなくなったときは，その反射的効果として，目的物の所有権は贈与者の手を離れて受贈者に帰属するにいたったものと解するのが，最も事柄の実質に適合し，かつ，法律関係を明確ならしめる所以と考えられるからである」。さらに最高裁は，本件建物に関するX名義の所有権保存登記に関して，次のように言う。「右登記は，Xが本件建物の所有権を有しないにもかかわらず，Yに対する右建物の明渡請求訴訟を自己に有利に導くため経由したもので，もともと実体関係に符合しない無効な登記といわなければならず，本件においては他にこれを有効と解すべき事情はない」。

この最高裁判決は，所有権に基づく返還請求についても本条の「不法原因給付」規定の趣旨を適用した判決として著名であるが，本件ではXの保存

〔川角〕　237

登記自体が実体関係に符合しない「無効な登記」と判示されていることに留意しておく必要がある。その上で，本判決は，未登記建物については「履行行為」＝「引渡し」があれば本条の「給付」があったものと解したものとして位置付けられている（なお本判決の批評として，水津太郎〔判批〕民百選Ⅱ9版148頁以下も参照）。

(c) 担保としての抵当権設定　　さらに，たとえば賭博で負けた金銭支払の担保として自己の不動産に抵当権を設定してその旨の登記をしても，この登記は無効の登記であるから，それだけでは実質上「給付」があったとはいえないとして，本条の「不法原因給付」の成立を否定した判例がある（大判昭8・3・29民集12巻518頁）。学説の立場からは，無効の債権を基礎とする抵当権設定登記は「終局的な利益」とまでいえないから本条の「給付」でないということになろう（→(ｲ)(a)）。いずれにせよ結論は同様であって，判例も学説もこの点きわめて接近しているものと言ってよい。

(ｲ)　学説の立場

(a) 基本的立場　　本条の「不法原因給付」は，本来承認されるべき不当利得返還請求権を拒否するものであるから，「給付」要件は狭く厳格に解されるべきであり，「受領者に事実上終局的な利益を与えるもの」（我妻・講義1156頁）あるいは「受領者が究極的に保有すべき給付」（松坂200頁）でなければならない。たとえば――先に確認した通り――賭博行為によって負けたAが賭け金支払の担保として勝者Bのため自己の不動産に抵当権を設定しても，その抵当権設定のみでは本条の「給付」とはいえない。仮に，Bによって抵当権の実行の申立てがなされても，それは執行上の公序良俗違反として無効とされうるであろう（なお，Aによる抵当権設定登記の抹消請求は承認されるべきである。我妻・講義1156頁参照）。要するに，抵当権の実行が完了して初めて給付ありと言える（同旨，松坂200頁，四宮・上167頁参照）。

(b) 目的物が不動産の場合　　この場合，まず，①移転登記の有無と②引渡しの有無が問題となる。①の移転登記の有無については，移転登記がなされたら，引渡しがなくても本条の「給付」あり，とする点で学説は判例と軌を一にする（我妻・講義1168頁，松坂202頁）。なお，我妻説は，「未登記」の場合に説を改め，引渡しだけで「給付」ありとする判例の見解を支持するに至った（我妻・講義1167頁）。さらに我妻説は，②について，不動産の引渡

§*708* II

しの重要性を強調して，未登記・既登記を問わず，「引渡し」があれば本条の「給付」あり，という結論に達している（我妻・講義 1168 頁）。なるほど「引渡し」は，未登記の場合に「給付」ありとする基準になるであろうが，既登記の場合に「引渡し」だけで「給付」ありと言えるかは問題である。これについては「登記が不動産物権変動の対抗要件として不動産取引において有する意義，ならびに不法な目的の達成をできるだけ抑制しようとする第708 条の趣旨を考慮するときは，なお疑問が残る」とする指摘がある（松坂202 頁以下参照）。

(c) 目的物が動産の場合　　目的物が動産である場合には，当然のことながら引渡しがあれば本条の「給付」となる。引渡しには，現実の引渡し（182 条 1 項）のみならず，簡易の引渡し（182 条 2 項）さらに占有改定（183 条）や指図による占有移転（184 条）が含まれる。本条の「給付」要件を狭く厳格に捉えるべきであるとする立場からは，占有改定でも給付ありと言えるか，問題となりうる。この点，本条の「給付がなされた」ことの意味は「事実上の支配が給付者から相手方に移ったことを意味する」という観点から「占有改定」は本条の給付にあたらない，とする学説に注目すべきであろう（水本・前掲論文 244 頁参照。なお同旨，松坂 201 頁）。

(d) 「給付」概念の拡張　　他方で，上記のように「給付」要件の厳格化を承認しながら，同時にその「拡張」の必要性を指摘する学説もある。すなわち，「受領者に事実上終局的な利益を与えるもの」としての通常の「給付」概念にあたらなくても，たとえば第三者（国家機関を含む）の行為が介入する場合に，「損失者の有意的活動を媒介としてその予定する経過のなかで財産的利益の増加が生じたのであれば，本条の『給付』に当る，というべきである」とするのである（四宮・上 171 頁）。たとえば A が，その財産を債権者によって強制競売された際，B と通謀して，A が B にも債務を負担しているかのように装い，B をして配当手続に加入させ弁済を受けさせたケースに関して，たしかに B の配当加入による受領だけをとりだしてみると，それは「任意の交付」ではなく執行機関による交付に基づくものであるから通常の「給付」概念にはあたらない。しかしながら B の配当受領は，「差押に際して任意に仮装債権を作ったことの当然の成り行きである。したがって 708 条の『給付』とすべきである」とされる（四宮・上 172 頁参照。なお，すでに我

〔川角〕　239

§*708* III 　　　　　　　　　　第3編　第4章　不当利得

妻・講義 1155 頁以下もほぼ同旨)。

2　効　　果

(1)　返還請求権の否定

本条の効果は,「不法原因給付」が成立した場合に,その給付されたもの
の返還請求を認めない,という点にある。なるほど不法原因が存在すれば,
公序良俗違反であり,給付に法律上の原因が欠けるので,不当利得返還請求
権の行使が可能である,といえる (ドイツ民法 817 条第 1 文はこの立場)。しかし,
日本民法典の立法者は,その結論を受け入れずに,給付者の受領者に対する
不当利得返還請求権を否定した (ドイツ民法 817 条第 2 文と同旨)。この点,す
でに触れた (一Ⅰ(3))。

(2)　具　体　例

それでは,建物の賃貸借が賭博開帳を目的になされた場合はどうであろう
か。売買・贈与等の所有権移転型契約と異なり,目的物の利用・使用型契約
である賃貸借の場合に「給付されたもの」とは一体何を指すのであろうか。
通常,目的物の「使用利益」(ないしその対価たる賃料)が「給付されたもの」
であり,「不法原因給付」の場合にはこの使用利益 (ないし賃料)の返還請求
が否定されることになろう。約定期間内の利用行為といえども,「不法原因
給付」である限り,使用利益の返還請求は拒否されるべきであろう。なお使
用・利用自体が禁圧されるべき場合には,目的物 (建物)自体は直ちに所有
者たる賃貸人に返還されるべきことになる (詳しくは磯村保「不法原因給付に関
する一つの覚書——貸借型契約無効の場合を中心として」神戸法学年報 2 号〔1986〕97
頁以下を参照。さらに藤原 112 頁以下も参照)。

Ⅲ　本条ただし書の意義

(1)　意義と適用例

本条本文は「不法原因給付」の場合に給付者からの受益者に対する返還請
求を拒絶するものであるが,これに対して本条ただし書は「不法な原因が受
益者についてのみ存するときは,この限りでない」として,給付者から受益
者に対する返還請求を認める規定である。本条本文の「不法原因給付」を作
出した張本人 (受益者)が,あとで「不法原因給付」を理由に給付者からの

240　〔川角〕

返還請求を拒めると解すべきではないからである。たとえば，密輸資金の供
与者（給付者）が受益者から威圧を受けたことによって資金提供した場合（最
判昭 29・8・31 民集 8 巻 8 号 1557 頁）が，そうである。その他，暴利行為の場合
も，当該暴利の受益者がもっぱら相手方の窮迫に乗じて暴利を取得するケー
スであるから，暴利部分（支払済みの暴利金利部分）について本条ただし書が適
用されうる（札幌高判昭 27・5・21 高民集 5 巻 5 号 194 頁の趣旨を参照）。さらに，
芸妓が抱え主との間で「中途転業の場合には多額の違約金を支払う」という
特約に基づいて支払った金員についても，本条ただし書の適用によって，そ
の返還請求が認められる（大判大 13・4・1 新聞 2272 号 19 頁）。

(2) 適用例以外の場合

一般的には受益者のみならず給付者にも不法性が認められる場合が多い。
たとえば殺人を依頼して，あらかじめその対価を支払った場合とか，不倫な
男女関係を継続するために金銭や貴金属を相手方に贈与したような場合であ
る。このような場合には，基本的に，給付者と受益者の不法性は相半ばする
と言ってよい。実は，先の昭和 29 年最判も密輸資金の供与について給付者
にも違法の認識があり，不法性があった。つまり給付者は，一旦密輸資金の
提供に同意したが，後で迷い，家族と相談した結果資金供与を断念したとい
う経緯があった。にもかかわらず給付者は，その後の受益者からの強い懇
願・威圧によってやむなく資金供与に応じたのであった。その認定事実を踏
まえて最高裁は，給付者の「不法的分子は甚だ微弱なもの」であり，「これ
を被上告人〔受益者――引用者〕の不法に比すれば問題にならぬ程度のもので
ある」とした上で，結局のところ「民法第 90 条も第 708 条もその適用なき
ものと解するを相当とする」，と判示したのである。この判決の趣旨に照ら
せば，仮に本条の適用が肯定される場合であったとしても，給付者と受益者
の不法性の大小を比較した結果，給付者のそれがきわめて微弱なものにすぎ
ない場合には，本条ただし書の適用がある，と解すべきことになろう。もと
より限界事例の判断については一層の慎重さが要求されようが，いずれにせ
よ不法性が「相半ば」する場合には本条ただし書の適用はないと解すべきな
のであるから（我妻・講義 1170 頁以下参照），一旦「不法原因給付」と認定され
た以上，給付者からの返還請求を容易に認めるべきではあるまい。その代わ
り，すでに指摘したように，本条本文における「不法」要件，「給付」要件

§*708* IV 　　　　　　　　　　　　　　　第3編　第4章　不当利得

の厳格な解釈が要求されるべきことになろう（なお四宮・上172頁は「両当事者
の『不法』相半ばする場合は，原則として，本条但書を適用すべきである」としつつ，
「給付」が完了している場合はそうではない，とする）。

IV　非債弁済と不法原因給付

⑴　問題の所在

　705条の非債弁済と本条の「不法原因給付」は，ともに703条・704条の
不当利得返還請求権（なかでも給付利得請求権）の特別規定である。本来は法律
上の原因を欠く給付であるからには不当利得返還請求権が承認されるべきと
ころ，これら特別規定は例外的に不当利得返還請求権を排除する。ところで，
その重畳適用が問題となる場合，705条が優先適用となるのか，708条が優
先適用となるのか。それとも，両者の選択的競合が認められるのか。

⑵　具　体　例

　たとえばAが，賭博目的で，その事情を知るBから資金を借り受けた，
とする。この場合，BのAに対する資金の交付は，本条の「不法原因給付」
であり，かつ705条の非債弁済でもあるように思われる（金銭消費貸借契約自
体が公序良俗違反＝無効であり，つまりは債務の不存在を知ってBがAに資金を交付し
たことになりうるから）。ここで，本条の「不法原因給付」と705条の非債弁済
とが競合関係に立つのか。それともいずれかが優先するのか。学説と判例は，
どのような態度を示してきたであろうか。それを次に見よう。

⑶　学説と判例

　⑺　学説　　一般に学説は，本条の「不法原因給付」の優先適用を承認す
る（石外克喜「民法708条と民法705条」谷口還暦⑵41頁以下・54頁）。ただし，一
部には非債弁済との選択的競合を認めるものがある（たとえば中川毅・不法原因
給付と信義衡平則〔1968〕45頁以下）。学説の動向を見る際に無視できないのは，
本条の「不法原因給付」における「不法」要件を，広く強行法規違反を含め
て把握するか否かである。たとえば地代家賃統制令違反の賃料の支払を広く
本条の「不法原因給付」と解するならば，正面から非債弁済（705条）との
重複適用が問題とならざるを得ない。これに対し，本条の「不法原因給付」
における「不法」要件を狭く厳格に解する立場に立って，強行法規違反を限

242　〔川角〕

§*708* **IV**

定的にのみ本条の「不法原因給付」に含めるとするならば，地代家賃統制令違反の場合に「不法原因給付」の適用は否定されうるのであるから，当該違反賃料の支払は，もっぱら非債弁済（705条）の問題（「知って弁済」の問題）として解決されることになる（これに対して，我妻・講義1152頁は，地代家賃統制令違反の行為を暴利行為に準じて捉え，「不法原因給付」となる，という）。ともあれ，本条の「不法原因給付」を優先的に適用すべしとする主要な学説の論拠を整理しておくならば，以下のようである（石外・前掲論文42頁も参照）。

①本条の「不法原因給付」が「第705条ノ規定ト相重複スルモノニ非ス」（梅882頁）とする立法者の見解を受けて，給付の原因が「不法性」を帯びている場合には広く本条の不法原因給付が優先的に適用されるべきであり，705条は適用されない，とするもの（末弘984頁）。

②社会的に妥当性を欠く契約を締結した場合には，「高い法の理念」から国家がその内容の実現を拒むべきであるし，一旦なされた結果の復旧たる不当利得返還請求権についても同様のことが妥当するがゆえに，本条の「不法原因給付」が優先的に適用されるべきであるとするもの（我妻・講義1152頁）。

③債務不存在を知って弁済したからといって広く705条の非債弁済を適用するのであれば，708条の適用範囲が狭くなりすぎるし，かつまた給付受領者にのみ不法原因がある場合には708条ただし書を適用して不当利得の返還を承認することによって解決すべきである，とするもの（谷口・不法原因174頁以下参照）。

(ｲ)　判例　　最高裁レベルのものとしては，地代家賃統制令違反のケースがある。しかし，これは特殊な判断をしており，もっぱら705条の問題として捉えている。すなわち，地代家賃統制令違反の賃料・権利金の支払を「民法708条の不法原因給付に当るかどうかの点については暫くおき」として708条に関する判断を回避した上で，705条の非債弁済にあたるか否かについてのみ判断を下している（最判昭32・11・15民集11巻12号1962頁，最判昭35・4・14民集14巻5号849頁。いずれの判決においても弁済者に「知って弁済」があったとして705条の非債弁済にあたる，と判示された）。なお，下級審レベルでは705条と708条の関係を直接に問題とした2つの裁判例がある。いずれにも共通する特徴点は，708条を705条の特則と解して，708条の優先適用を図っていることである。

〔川角〕　　243

§708 IV 第3編 第4章 不当利得

①大阪地裁大正9年12月17日判決（新聞1802号19頁）は，賭博で負けたAが賭け金を支払う代わりにB会社が引受人となっている為替手形をYに交付した事案である。その後，YはBから手形金の支払を受けたが，Bがこの手形金を不当利得（90条に違反する無効の手形であることを根拠とする）であるとして返還請求。その返還請求権をXがBから譲り受けて，Yに対し，手形金の返還と利息の支払を請求し，提訴した（BからYに対する譲渡通知があった）。これに対してYが，Aによる為替手形の交付は債務不存在を知ってなされた非債弁済である旨抗弁したところ，大阪地裁は以下のように述べてYの抗弁を排斥し，Xの請求を認容した。すなわち「其性質上非債弁済ニ因ル不当利得ノ一種ニ属スベキ不法原因給付ニ因ル不当利得ニ付民法第708条ニ於テ特ニ規定ヲ設ケタルハ，苟シクモ不法ノ原因ノ為メノ給付ナル以上，同条〔708条を指す〕ノ規定ニ依ラシムベキ趣旨ニシテ，同法第705条ヲ適用スベキモノニ非ザルコト多言ヲ俟タズシテ明カ」である，と判示した（括弧内および読点・引用者）。

②東京高裁昭和30年6月9日判決（下民集6巻6号1075頁）は，金銭の借主（債務者）Xが貸主（債権者）Yに旧利息制限法所定の制限利率を超過して支払った利息金の返還を請求した事案である。Xは，債務の不存在を知らなかったとして（condictio indebiti の意味での）非債弁済（705条の反対解釈）の主張をして，制限超過利息金にかかる不当利得返還請求権を行使した。それに対して東京高裁は，およそ上記①の大阪地判と同様に以下のように判示した。すなわち「債務者が任意に旧利息制限法所定の制限を超過する利息を債権者に支払った場合においては，民法第708条にいわゆる不法の原因のため給付をなしたものであり，その性質上非債弁済に属する不当利得の一種に属する不法原因給付による不当利得について民法第708条に於て，特に規定を設けたのは，苟くも不法原因の為めの給付である以上同条の規定に依らしめる法意であり，同法第705条を適用すべきものではないから，控訴人X〔債務者〕はその返還を請求することができない」。

この②判決は，そもそも旧利息制限法違反の超過利息分の支払について，それを借主（債務者）による「不法原因給付」として返還請求を認容しなかった点において，すでに先例的価値を失っているが，708条を705条の特則として708条の優先適用を図っている点には特徴がある。

244　〔川角〕

V 物権的請求権と不法原因給付

(1) 序論 —— 物権的請求権と不法原因給付

(ア) 財貨帰属秩序に資する法制度としての物権的請求権　本来，物権的請求権は，物権（特に所有権）の財貨帰属性（財貨支配の円満性）を保護するために認められたものであって，「給付関係」の存在を前提とするものではない。これに対して「不法原因給付」は，文字通り「給付関係」の存在を前提とする。したがって，一見したところ両者は無関係であるように思われる（戦前の判例にもその点を確認したものがあることについては，→(2)(ア)。なお，「不法原因給付」そのものにおいて「私的所有」関係の場での「不法原因給付」と「契約」関係の場での「不法原因給付」との二元化を図ろうとする見解として，川村泰啓「不法原因給付制度と類型論 —— 不法原因給付制度『序説』」片山金章古稀・民事法学の諸相〔1970〕327頁以下がある。ただし，この論文は，本稿の観点からする「物権的請求権と不法原因給付」を直接問題としたものではないので，その詳細についてはここでは割愛する）。

(イ) 物権変動の有因構成による影響　しかしながら，物権変動の「有因構成」を前提とするわが国の法制度によれば，「給付関係」＝契約関係が無効・取消しの場合，あるいは解除された場合には，遡及的に所有権が給付者に復帰し，受領者には所有権が移転しなかったという結論が導き出される。よって目的物が受領者のもとに存在する場合には，給付者は当該目的物に関して物権的返還請求権を行使しうる。ところで，「給付関係」の原因に「不法性」がある場合には，「不法原因給付」が成立するところ，その「不法原因給付」を理由として受領者は給付者の物権的返還請求権を拒否できるであろうか。これが，ここでの問題の焦点である。たとえば，AがBとの賭博で負けた賭け金を支払うためにA所有の乗用車を代物弁済としてBに引き渡した，とする。その後，Aが，代物弁済を公序良俗違反「無効」として，Bに対して，自己の所有権に基づいて物権的返還請求権を行使してきた，とする。この場合，Bは，Aの物権的返還請求権を，「不法原因給付」を理由に拒否できるであろうか。以下，判例を中心に，戦前と戦後とを分けて考察する。

(2) 法律行為無効の場合の物権的返還請求権と不法原因給付

(ア) 戦前の判例　まず仮装譲渡のケースを取り上げよう。この場合，当

§708 V　　　　　　　　　　　　　　　　　　第3編　第4章　不当利得

事者間での法律行為が無効となることを理由に（94条1項）譲渡人が所有権に基づいて譲受人に返還を請求するとき，「不法原因給付」に関する本条が適用されるか。これについて「不当利得ノ訴」は「債権」を基本とするものであり，「物権」を基本とするものではないという理由で本条の適用を否定した先例がある（大判明42・2・27民録15輯171頁等。川井健「執行免脱のための仮装売買と708条」谷口還暦(1)296頁以下参照）。またその後，不動産の仮装譲渡において虚偽の所有権登記名義の移転を，法律行為無効を原因として実体上の所有権登記名義が依然譲渡人にあるからという理由で，譲渡人からの譲受人に対する登記名義抹消の請求について本条の適用はない，とした先例もある（大判大7・8・6民録24輯1494頁。川井・前掲論文298頁参照）。いわゆる物権的返還請求権への708条不適用説の形成である（戦前の学説も，およそ不適用説が通説であった点については，有泉享「不法原因給付について（三・完）」法協53巻4号〔1935〕686頁以下参照）。ただし，戦前の判例では，仮装譲渡を94条1項に基づいて無効としたり，あるいは強行法規違反の行為を無効としたりすることによって物権的返還請求権を引き出している。要するに契約関係が存在する場合に「無効の効果の論理的貫徹」を根拠として，物権的返還請求権が承認されている。したがって，そこでは正面から「物権的返還請求権と不法原因給付」の関係は問題とはされてこなかった，という点に留意しておく必要がある（たとえば，水本浩「不法原因給付と所有権の帰属」谷口還暦(3)225頁以下，特に235頁以下参照）。

　(イ)　戦後の判例　　ところが戦後，最高裁は，大審院の708条不適用説を転換させ，708条適用説へと移行した。たとえば物資統制法規に違反して給付された物の所有権に基づく返還請求について708条を適用し，物権的返還請求を認めない態度を確立した（最判昭35・9・16民集14巻11号2209頁，最判昭37・3・8民集16巻3号500頁）。これを受ける形で，戦後，仮装譲渡の場合も物権的返還請求権についての708条適用説へと転換した（最判昭37・6・12民集16巻7号1305頁。川井・前掲論文301頁参照）。さらに，すでに指摘したように，妻子ある男Xが妾Yに対して一旦建物（未登記）を贈与したが，その後Yとの関係がこじれ，Xが自己名義での建物保存登記をした上でYに対し返還請求に及んだというケースで，最高裁は，「贈与に基づく履行行為が民法708条本文にいわゆる不法原因給付に当たるとき」は，「本件建物の所有権

§708　V

はYに帰属するにいたったものと解するのが相当」であり，この場合には「給付者〔X〕は，不当利得に基づく返還請求をすることが許されないばかりでなく，目的物の所有権が自己にあることを理由として，給付した物の返還を請求することも許されない」と判示した（最大判昭45・10・21民集24巻11号1560頁〔括弧内・引用者〕）。その上で最高裁は，給付した物の返還請求が許されないことの「反射的効果」として，目的物の所有権は贈与者Xの手を離れて，受贈者Yに帰属するに至ったのであり，その結果，受贈者Yによる所有権移転登記手続の請求（反訴）を正当として認容すべきである，とした。学説においては，わが国物権変動の有因構成（原因行為が無効であるならば，処分行為による所有権の移転もないという考え方）を前提とする立場から，この大法廷判決の見解を支持するものが多い（たとえば，我妻・講義1164頁・1178頁，松坂207頁以下，藤原116頁以下〔708条本文が「禁止規範の目的達成のための制度」であるという点から，物権的返還請求権にも同条が適用されるのは「当然」とする〕。なお四宮・上178頁は，独自の請求権競合論〔規範統合説〕から物権的返還請求権と不当利得返還請求権の「調整の問題」として捉えている。その他，学説の整理として，水本・前掲論文234頁以下および242頁も参照）。

　（ウ）「類型論」からの批判　　しかしながら，以上の判例・学説に対しては，いわゆる不当利得「類型論」の立場から批判がある。ここでいう「類型論」とは，財貨移転秩序に即した「給付利得請求権」と財貨帰属秩序に即した「侵害利得請求権」との二大別化を承認する立場である（これは，不当利得の典型的な類型という意味での上記「二大別化」を肯定するにとどまるのであるから，その他，支出利得請求権等の別の類型の存在を否定するものではない。この点については，松岡久和・川角由和・平田健治・藤原正則・吉川慎一「特集・不当利得法の現状と展望」ジュリ1428号〔2011〕4頁以下の各論考を参照）。ともあれ，この「類型論」によれば，本条の「不法原因給付」は，もっぱら「給付利得請求権」を制限するための例外規範（給付利得請求権の特則）ということになる（好美清光「不当利得法の新しい動向について（上）」判タ386号〔1979〕15頁以下，特に24頁参照）。要するに，贈与等の給付が公序良俗違反を理由としてその法律上の原因に欠缺を生じた場合には，本来は「給付利得請求権」が承認されるべきところ，本条の「不法原因給付」が認定される場合には例外的に「給付利得請求権」が排斥されることになる。したがって，そこに「物権的請求権」（財貨帰属秩序の

〔川角〕　247

§*708* Ⅵ 第3編 第4章 不当利得

物権法的制度）のロジックは介入する余地がない。いいかえれば「そもそも物権的請求権に708条が適用されるかという問題自体，生じるべきではない」（好美・前掲論文25頁）と考えるのである（同旨，広中426頁）。それゆえ，「類型論」の立場によれば，上記昭和45年の大法廷判決におけるＸの物権的返還請求権（所有権に基づく返還請求権）の主張は，そもそもその法的根拠を失う。もっとも，裁判実務は物権変動の有因構成に基づく物権的返還請求権の承認を前提としている。その点に鑑みれば，一応は，給付者（原所有者）による「物権的返還請求権」の主張を認めながら，それに対する相手方（受領者）の契約上の抗弁と，さらにそれに対する給付者の契約無効の再抗弁および相手方による「不法原因給付の再々抗弁」を承認することで対応すべきことになろう（このような観点を「縦型の統一的請求権」で構成しようとする試みとして，加藤・体系575頁以下，特に587頁，さらに加藤(雅)100頁も参照）。その意味で「類型論」からの批判は，もっぱら理論的な批判（「理念型」的な批判）にとどまるともいえるのであるが，そのような基本的観点がなければ，いわゆる「要件事実論」も没実務的なものに終始せざるをえないだろう。

Ⅵ 対第三者関係と不法原因給付

(1) 債権者代位権と不法原因給付

たとえば，ＡがＢとの賭博行為で負け，賭け金の代物弁済としてＡ所有の物（「動産」）をＢに引き渡した，とする。この場合に，Ａの債権者Ｃが，423条の「債権者代位権」を行使して当該物の引渡しを請求しうるだろうか（423条の3参照）。仮に423条を適用しうるとするならば，その趣旨は，ＡがＢに対して賭博行為無効を原因とする不当利得返還請求権を有するところ，Ａが当該不当利得返還請求権を行使せず，かつ無資力であるから，ＣがＡの不当利得返還請求権＝不当利得返還「債権」を代位行使する，というものであろう。

いまだＡが賭博で負けた金銭を支払わず，あるいはいまだ代物弁済を給付していなければ，賭博行為の無効は公序良俗違反に基づくものであるから誰からでも無効を主張できるはずであり，Ｃも公序良俗違反＝無効を主張すればよいわけである。要するにＣは，「債権者代位権」を行使するまでもな

248 〔川角〕

い。ところが，賭博行為に基づく「給付」が完了し，「不法原因給付」の成立要件が充足されたから，Cは，窮余の一策としてAのBに対する不当利得返還請求権につき「債権者代位権」の行使に及んだわけである。だとするならば，当該不当利得返還請求権自体が本条の「不法原因給付」を理由として拒否されるべき場合には，そもそもAが行使しうる債権が存在しないのであるから，翻ってCが代位すべき債権も存在しない，と言いうるはずである。それゆえ結局のところCは，Bに対して「債権者代位権」を行使することはできない。すでに判例もこの理を説いて，次のように言っている。すなわち「423条ノ定ムル代位訴権ハ，債権者カ其債務者ニ属スル権利ヲ行ウニ他ナラサレハ，債務者カ請求スルコトヲ得サルモノハ債権者ニ於テモ之ヲ請求スルコトヲ得サルノ筋合ナリ」と（大判大5・11・21民録22輯2250頁〔読点・引用者〕。この判例につき肯定する学説として，我妻・講義1162頁，松坂194頁，四宮・上179頁以下，山田幸二「不法原因給付」民法講座(6)69頁以下，特に129頁参照。これに対し，藤原121頁は「債権者代位権は債務者の財産を保全し，強制執行の準備をする権利であり，債権者代位権の行使を認めても，禁止規範の保護目的が常に損なわれるというわけではない」として判例・学説の立場に批判的である）。

(2) 詐害行為取消権・否認権と不法原因給付

たとえば，AがBに対して賭博で負けた金銭の代物弁済として，Aの唯一の責任財産である不動産を引き渡し，移転登記も完了した，とする。この場合にAの債権者Cが「詐害行為取消権」（424条）を行使し，あるいは破産管財人Dが「否認権」（破160条以下・173条）を行使した，とする。この「詐害行為取消権」ないし「否認権」は本条の「不法原因給付」の場合にも認められるだろうか。この場合，まず肝心な点は，「債権者代位権」の場合と異なり，CがAの権利を行使するのではない，ということである。すなわちCないしDは，独立して総債権者の利益のために，「詐害行為取消権」ないし「否認権」を行使する。したがってAの「不法原因給付」は，C・Dの「詐害行為取消権」ないし「否認権」とは切り離されている。それゆえ，C・Dは，固有に「詐害行為取消権」ないし「否認権」を行使することができる。判例も破産法上の「否認権」に関してではあるが，以下のように述べ，この理を承認している。すなわち「否認権ナルモノハ各破産債権者ノ権利ニ属シ，破産管財人ハ債権者全員ノ為ニ行使スルモノニシテ，破産者ノ権利ヲ

§*708* VII

第3編　第4章　不当利得

行使スルモノニ非ス。従テ債務者カ為シタル破産宣告前ノ行為ニシテ，前示
第72条〔現行破160条以下〕ノ規定ニ該当スル以上，縦令破産者自身ハ受益者
ト本件ノ場合ニ於ケルカ如ク特殊ナル関係ニ於テ之ヲ否認スルコトヲ得サル
場合ニ於テモ，破産管財人ハ債務者タル破産者ノ為シタル当該行為ヲ否認シ
破産者ノ財産状態ヲ行為以前ニ回復スルコトヲ得ルモノト謂ハサル可ラス」
と（大判昭6・5・15民集10巻327頁〔括弧内および句読点・引用者〕。この判例につき
肯定する学説として，我妻・講義1162頁，松坂194頁，四宮・上180頁，山田・前掲論
文129頁以下，藤原121頁以下参照）。

VII　損益相殺と不法原因給付

(1)　損益相殺の意義

「損益相殺」は，もっぱら不法行為に基づく損害賠償請求の調整のために
機能する。すなわち，被害者が不法行為によって損害を被ったのと同一の原
因によって利益を受けたときには，公平の観点から，その利益は損害賠償額
から差し引かれる，とするものが「損益相殺」である（内田447頁，加藤(雅)
308頁。→§709C V）。具体的には，被害者が死亡した場合の損害賠償請求にお
いて，被害者が将来必要としたであろう「生活費」や自動車事故における自
賠責保険の責任保険金等は，「損益相殺」として損害賠償額から控除される
（内田447頁，加藤(雅)309頁）。ただし生命保険金は，保険契約者があらかじめ
支払った保険料の対価であるから損益相殺の対象とはならない（最判昭39・
9・25民集18巻7号1528頁，内田448頁，加藤(雅)309頁参照）。

(2)　損益相殺と不法原因給付

それでは，上記のような「損益相殺」がどのように「不法原因給付」と関
係するのであろうか。それは，不法行為がもっぱら給付関係に基づいて行わ
れた場合に，その不法行為の不法性が本条の「不法性」を充足するか，とい
う観点から問題となる（久須本かおり「不法原因給付と損益相殺」名法227号
〔2008〕647頁以下参照）。具体的には，利息制限法に違反する暴利行為の前提
となった貸付金（元金）の給付が上記の損益相殺の対象となりうるか，とい
う形で問題となる。たとえば生活費に苦しむAが，やむをえずヤミ金のB
から50万円を借り受けたところ，年利500パーセントの制限超過の高金利

250　〔川角〕

§*708* VII

がつけられていたので，1年後Aが，Bからの暴力的請求に耐えかねてBに
元利合計300万円を支払った，とする。そしてその後，Aが元利合計300
万円の「損害賠償請求権」(709条)をBに対して行使した，とする。その場
合に，貸付元金50万円が「損益相殺」として控除されるか，それとも本条
の「不法原因給付」としてその控除が否定されるか，が問題となる(下級審
レベルでの判断は分かれていた。この点については，たとえば長谷川隆〔判批〕判評603
号(判時2033号)〔2009〕6頁以下，前田陽一〔判批〕判タ1298号〔2009〕69頁以下参
照)。

(3) 近時の最高裁判例

(ア) ヤミ金に関する最高裁判決　　この問題は，最近，最高裁レベルで判
断された。すなわち，Xらがヤミ金を統括するYから年利数百パーセント
以上の超高金利で金員を借り受け，元利合計金全額を弁済した後に，Yに対
して不法行為に基づく元利金相当額の損害賠償請求権を行使した事案がそれ
である。Xらの請求に対し，Yが元金相当額については「損益相殺」によっ
て損害賠償額から控除されるべきだと主張したところ，原審はYの主張を
認めたが，最高裁は，Yによる「損益相殺」の主張を認めず，破棄差戻しと
した(最判平20・6・10民集62巻6号1488頁)。その理由について，最高裁は次
のように判示した。「民法708条は，不法原因給付，すなわち，社会の倫理，
道徳に反する醜悪な行為(以下「反倫理的行為」という。)に係る給付につ
いては不当利得返還請求を許さない旨を定め，これによって，反倫理的行為
については，同条ただし書に定める場合を除き，法律上保護されないことを
明らかにしたものと解すべきである。したがって，反倫理的行為に該当する
不法行為の被害者が，これによって損害を被るとともに，当該反倫理的行為
に係る給付を受けて利益を得た場合には，同利益については，加害者からの
不当利得返還請求が許されないだけでなく，被害者からの不法行為に基づく
損害賠償請求において損益相殺ないし損益相殺的な調整の対象として被害者
の損害額から控除することも，上記のような民法708条の趣旨に反するもの
として許されないものというべきである」。そして「これを本件についてみ
ると，前記事実関係によれば，著しく高利の貸付けという形をとってXら
から元利金等の名目で違法に金員を取得し，多大の利益を得るという反倫理
的行為に該当する不法行為の手段として，本件各店舗からXらに対して貸

〔川角〕　251

付けとしての金員が交付されたというのであるから，上記の金員の交付によってＸらが得た利益は，不法原因給付によって生じたものというべきであり，同利益を損益相殺ないし損益相殺的な調整の対象としてＸらの損害額から控除することは許されない」（傍点・引用者）。

　本件判決では，元本たる貸付金の交付自体が，超高金利の利息金獲得という目的のための「反倫理的行為に該当する不法行為の手段」（傍点・引用者）と認定され，よって「不法原因給付」にあたるとされている。そして，超高金利の利息金獲得は，この「不法原因給付によって生じた」ものとされている。そのことから，元本を「損益相殺」の対象としてこれを控除することは許されない，と結論付けられているのである。学説は，ほぼ一致してこの最高裁判決を支持する（藤原正則〔判批〕平20重判解87頁以下，金山直樹〔判批〕判例セレクト2008（法教342号）18頁，長谷川・前掲判批10頁，前田・前掲判批76頁以下，久須本・前掲論文672頁等参照。なお，この平成20年最判に従う下級審判決として，大阪地判平28・5・27判時2318号69頁がある）。

　(イ) 騙取金に関する最高裁判決　　この最高裁判決は，Ｘらが，Ｙから，アメリカ合衆国財務省証券（以下，米国債）を購入すれば高額の配当金を得ることができるとの架空の事実を繰り返し告げられ，その旨を誤信して，米国債購入資金名下にＹから金員（総額2200万円）を騙取されたと主張し，Ｙに対し，不法行為に基づく損害賠償（709条）として，騙取された金員および弁護士費用相当額ならびに遅延損害金の支払を求めた事案に関するものである。この事案では，Ｙが上記米国債を実際には購入していなかったにもかかわらず，Ｘらを騙すため配当金と装って総額196万円余（以下，仮装配当金という）を支払っていた。原審は，Ｙの不法行為責任を認めた上で，仮装配当金の額を「損益相殺」として控除した。これを不服としてＸらが上告したところ，最高裁は次のように述べて原審判決を破棄差戻しとした（最判平20・6・24判タ1275号79頁）。すなわち「社会の倫理，道徳に反する醜悪な行為（以下「反倫理的行為」という。）に該当する不法行為の被害者が，これによって損害を被るとともに，当該反倫理的行為に係る給付を受けて利益を得た場合には，同利益については，加害者からの不当利得返還請求が許されないだけでなく，被害者からの不法行為に基づく損害賠償請求において損益相殺ないし損益相殺的な調整の対象として被害者の損害額から控除すること

§*708* VII

も許されないものというべきである〔ここで最高裁は先の最判平 20・6・10 を引用
している——引用者〕。前記事実関係によれば，本件詐欺が反倫理的行為に該
当することは明らかであるところ，Ｙは，真実は本件各騙取金で米国債を購
入していないにもかかわらず，あたかもこれを購入して配当金を得たかのよ
うに装い，Ｘらに対し，本件各仮装配当金を交付したというのであるから，
本件各仮装配当金の交付は，専ら，ＸらをしてＹが米国債を購入している
ものと誤信させることにより，本件詐欺を実行し，その発覚を防ぐための手
段にほかならないというべきである。／そうすると，本件各仮装配当金の交
付によってＸらが得た利益は，不法原因給付によって生じたものというべ
きであり，本件損害賠償請求において損益相殺ないし損益相殺的な調整の対
象として本件各騙取金の額から本件各仮装配当金の額を控除することは許さ
れないものというべきである」（傍点・引用者）。

　本件では，第一にＹがＸの支払った金員でそもそも米国債を購入するこ
とさえしておらず，Ｙが受領した金員が純然たる騙取金に相当すること，さ
らに第二に，ＹのＸらへの仮装配当金の交付が「専ら，ＸらをしてＹが米
国債を購入しているものと誤信させることにより，本件詐欺を実行し，その
発覚を防ぐための手段にほかならない」（傍点・引用者）ということが認定さ
れている。これが，仮装配当金の給付自体に関する本条の「不法性」を充足
せしめることの根拠になったのである。そして，仮装配当金の給付が本条の
「不法原因給付」にあたると判断されたがゆえに，Ｙの主張する損益相殺な
いし損益相殺的な調整が否定されたのである。かりに本件がマルチ商法であ
り，Ｘら自身が加害者の立場にも立つような特殊性があれば別だが（たとえ
ば名古屋地判平 6・5・27 判タ 878 号 235 頁は，ダイヤのマルチ商法における交付済みダ
イヤの価格相当分の「損益相殺」を肯定），そのような特殊性が存在しない本件で
は，最高裁の判断はきわめて妥当であり，その活用可能性の幅は大きいと言
うべきであろう（本判決の立場を支持するものとして，たとえば難波譲治〔判批〕金
判 1336 号〔2010〕218 頁以下，岡林伸幸〔判批〕法時 83 巻 3 号〔2011〕118 頁以下，前
田・前掲判批 76 頁以下参照。なお，久須本・前掲論文 672 頁は，本件におけるＹの行為
が「反倫理的行為とは言い難い」として，本件最判には「賛成できない」とする。この久
須本説に対する批判として，難波・前掲判批 219 頁および岡林・前掲判批 120 頁参照）。

〔川角〕　253

VIII 本条の類推適用（不法行為責任との関係）

(1) 不法行為責任と不法原因給付

たとえば，偽札を作って巨利を得ることができるとAに欺かれて資金を提供したBが，Aを相手取って不法行為に基づく損害賠償責任を追及する場合，Bの損害賠償請求権は「不法原因給付」の法意によって拒絶されるだろうか。かつて大審院は，BがAの行為によって権利を侵害されたことを理由とする「損害ノ賠償」請求は不法行為責任の追及に他ならず「不当利得ヲ訴ノ原因」とする返還請求とは異なると述べ，この場合には本条の「不法原因給付」は問題とはならないとしてBの損害賠償請求を認容した（大判明34・4・5刑録7輯4巻17頁）。その後，大審院は立場を改め，同様の事案において，本条の「不法原因給付」の規定は「単ニ不当利得ノ返還請求権ニ付制限ヲ為シタルノミナラス，不法ノ原因ノ為メ給付ヲ為シタル者カ其給付ニ因リテ受ケタル損害ニ付相手方ノ不法行為ヲ原因トシテ其賠償ヲ請求スル場合ニ付テモ，亦同一ノ制限ヲ為スモノト解釈セサル可ラス」（読点・引用者）と述べ，Bの損害賠償請求を棄却した（大判明36・12・22刑録9輯1843頁）。たしかに，Bにも「不正ノ原因」に基づく給付という側面があったことは否定できないが，それによってBの請求が全面的に斥けられるべきかというと躊躇せざるをえない。Bがあくまで「被害者」であることは大審院が一貫して認定していることなのであるから，本条の「不法原因給付」の類推適用というよりは，むしろ不法行為責任に固有な「過失相殺」（722条2項）による処理（「類推適用」）が図られるべきであったろう。だとするならば，理論的には，前者の明治34年大判が正当であるように思われる。すなわち，原則として不法行為に基づく損害賠償請求について，本条の「不法原因給付」を（類推）適用する必要はないであろう。

(2) 不倫関係に基づく慰謝料請求と不法原因給付

たとえば，妻子あるA男に「妻とは離婚する」と欺かれて不倫関係におちいったB女が，Aを相手取って不法行為に基づく慰謝料請求権を行使する場合に，Bの慰謝料請求権はB自身が不法な「給付」をしたとの理由で，「不法原因給付」の法意に基づき拒絶されるべきことになるだろうか。戦前，この種の事例で，Bの損害賠償請求を「民法第708条ニ示サレタル法ノ精神

§708 Ⅷ

ニ鑑ミ」棄却した先例があった（大判昭15・7・6民集19巻1142頁。ただしこの事案でBは，悪意で重婚的内縁関係に入っていた）。この大審院判決は，学説から「あまりに形式的」と批判されてきたところ（たとえば我妻・講義1180頁），戦後，同様な事案で，BがAから性的関係の継続後に捨てられたケースにつき，最高裁は次のように述べて，上記の大審院判決とは異なった判断をした。すなわち「女性が，情交関係を結んだ当時男性に妻のあることを知っていたとしても，その一事によって，女性の男性に対する貞操等の侵害を理由とする慰藉料請求が，民法708条の法の精神に反して当然に許されないものと画一的に解すべきではない。すなわち，女性が，その情交関係を結んだ動機が主として男性の詐言を信じたことに原因している場合において，男性側の情交関係を結んだ動機その詐言の内容程度およびその内容についての女性の認識等諸般の事情を斟酌し，右情交関係を誘起した責任が主として男性にあり，女性の側におけるその動機に内在する不法の程度に比し，男性の側における違法性が著しく大きいものと評価できるときには，女性の男性に対する貞操等の侵害を理由とする慰藉料請求は許容されるべきであり，このように解しても民法708条に示された法の精神に反するものではないというべきである」（最判昭44・9・26民集23巻9号1727頁）。そして，さらに最高裁は，Bの側においてAの詐言を誤信するにつき過失があったとしても，その誤信自体がAの欺罔行為に基づく以上，Aの帰責事由の有無に影響を及ぼすものではなく，「慰藉料額の算定において配慮されるにとどまる」と述べ，実質的に不法行為法上の「過失相殺」による最終的解決を示唆した。学説は，ほぼこの最高裁判決を支持している（我妻・講義1180頁，松坂210頁，加藤（雅）99頁・101頁）。もっとも，次のような見解には十分に留意しておく必要がある。すなわち判例の立場について「学説は，一般に，判例が不法行為に基づく損害賠償にも本条……を適用ないし類推適用したものとして理解し，そして，その態度を是認する。……しかし，ことは不法行為成立要件としての『違法性』の問題であるから，不法行為に基づく損害賠償請求に本条を適用ないし類推適用する，というよりは，むしろ，不法行為における『違法性』の判断……に際して本条の趣旨を参考にするのだ，と考える方が素直といえよう」（四宮・上181頁。なお同旨，好美清光「不当利得法の新しい動向について（上）」判タ386号〔1979〕26頁参照）。

〔川角〕　255

§*708* VIII

第3編　第4章　不当利得

(3)　共同不法行為者間の求償と不法原因給付

　共同不法行為（719条）の行為者間の求償も「一種の不当利得返還請求権」であるから，求償者に不法ないし違法の認識（故意）がある場合には本条の「不法原因給付」が（類推）適用され，あるいは求償者の側にのみ不法性があるという場合には本条ただし書が（類推）適用されることによって，求償権の行使が阻止されるべきである，という見解がある（古くは，谷口・不法原因227頁以下〔特に教唆者による求償を問題とする〕。近時でも四宮・上182頁，山田幸二「不法原因給付」民法講座(6)127頁以下，青野博之「不法行為における複数関与者間の求償権」法時60巻5号〔1988〕39頁以下，特に43頁）。すなわち，「不法原因給付」規定の（類推）適用によって，求償権の行使を阻止し，もって不法の抑止を図ろうとするわけである。とはいえ，このように共同不法行為者間の求償に関して，そもそも「不法原因給付」を問題とすべきか，疑問がないわけではない。なぜなら，そもそも求償者は，相手方（被求償者）に直接的には「給付」を行っていないので本条の「不法原因給付」を問題とするにはあまりにも不自然だからである（類推適用であっても同様の不自然さは残る）。また求償権の行使を阻止するためには，そもそも「責任割合」の次元での調整が可能であり，かつまた合理的であるからである。さらに，「不法の抑止」を図るのであれば，端的に不法行為法における「信義則・権利濫用法理」の適用によって求償権の行使制限を図る方が，理論上の無理が少ない（たとえば使用者責任における使用者の被用者に対する求償権行使を「信義則」によって制限した判例として，最判昭51・7・8民集30巻7号689頁参照）。いずれにせよ，本条の「不法原因給付」の共同不法行為者間の求償権への（類推）適用については，より慎重な判断が要求されるべきであろう（この点については，従来の学説が「不法原因給付制度を不当に拡げることになった」と指摘した上で，その例証として「共同不法行為者相互間での求償権の行使をも民法708条に服させようという主張」を取り上げてこれを批判する，川村泰啓「不法原因給付制度と類型論──不法原因給付制度『序説』」片山金章古稀・民事法学の諸相〔1970〕368頁参照。なお藤原125頁も「本来は共同不法行為での責任割合の考え方の問題であろう」として批判的である）。

〔川角由和〕

256　〔川角〕

不当利得の要件事実　Ⅰ

不当利得の要件事実

細 目 次

Ⅰ　訴訟物 ……………………………257
　1　権利の種類……………………257
　2　訴訟物の個数…………………258
Ⅱ　不当利得の要件事実 ……………259
　1　不当利得に基づく利得返還請求権の
　　発生要件………………………259
　　(1)　703条の法律要件 ……………259
　　(2)　「法律上の原因なく」の主張立証
　　　　責任………………………259
　　(3)　受益者の善意・悪意の主張・立証
　　　　責任（703条と704条の関係）………264
　　(4)　利得の返還の範囲 …………266
　　(5)　損失と利得との因果関係 …………270
　　(6)　無効な行為に基づいて給付がされ
　　　　た場合の特則 ……………………272
　2　悪意の受益者に関する特則（704条）
　　………………………………273

　　(1)　法定利息 ………………………273
　　(2)　損害賠償 ………………………273
　3　不当利得返還請求に対する一般的な
　　抗弁 ……………………………274
　　(1)　消滅時効 ……………………274
　　(2)　同時履行 ……………………274
　　(3)　受益者の帰責事由によらない滅
　　　　失・消滅 ……………………275
　　(4)　目的物の占有権原または使用収益
　　　　権原 ……………………………276
　4　非債弁済の要件事実（705条）………277
　　(1)　債務者の悪意（抗弁）……………277
　　(2)　弁済を是認し得る客観的事情の存
　　　　在（再抗弁）………………………277
　5　不法原因給付の要件事実（708条）…278
　　(1)　不法原因給付（抗弁）……………278
　　(2)　受益者のみの不法性（再抗弁）……278

Ⅰ　訴　訟　物

1　権利の種類

　不当利得に基づいて利得の返還を求める場合の訴訟物は，「不当利得に基づく利得返還請求権」である。不当利得の権利根拠規定としては，703条と704条が考えられるところである。この両者の関係については，703条を「善意の不当利得」，704条を「悪意の不当利得」という別々の権利根拠規定と解することもできそうであるが，Ⅱ1(3)のとおり，受益者の善意または悪意を主張立証できないために不当利得の成立が否定されるのは，不当利得制度の趣旨である公平の観念に反するから，受益者の善意または悪意にかかわらず，703条と704条を併せて「不当利得に基づく利得返還請求権」が発生する権利の根拠規定と解するべきであろう。

　また，類型論による場合，例えば給付利得の場合と侵害利得の場合で権利

〔竹内〕　257

不当利得の要件事実　I　　　　　　　　　　第3編　第4章　不当利得

（訴訟物）を異にすると考えるのかは問題となろう。仮に権利を異にすると考えると，給付利得の場合には「給付不当利得に基づく利得返還請求権」が，侵害利得の場合には「侵害不当利得に基づく利得返還請求権」が，それぞれ発生すると考えることとなる。類型論では不当利得の類型によって要件・効果を異にするし，703条の「法律上の原因なく」の要件の主張・立証責任についても扱いを異にする（→Ⅱ1⑵㈔）から，それぞれ別の権利であると結論付けることも可能である。この点に関して民法は，上記のとおり703条と704条を併せて「不当利得に基づく返還請求権」を規定しているところ，平成29年改正により，「不当利得の一般規定に対する特則」として，無効な行為に基づいて債務が履行された場合には，当事者は原則として相手方を原状に回復させる旨の義務を負うとの規定（121条の2第1項）が設けられた（一問一答35頁）ことから，これを実体法上の根拠として，少なくとも給付利得の返還を求める場合には権利を異にするとの理解もできよう。

　なお，704条が定める悪意の受益者に関する特則のうち，同条前段の「利息」の性質は法定利息であると解される（→Ⅱ2⑴）から，同条に基づいて利息の支払を求める場合の訴訟物は「不当利得に基づく法定利息支払請求権」であり，後段の「損害賠償」は，不法行為に基づく損害賠償の性質を有する（→Ⅱ2⑵，最判平21・11・9民集63巻9号1987頁）から，同条に基づいて損害賠償の支払を求める場合の訴訟物は，「不法行為に基づく損害賠償請求権」である。

2　訴訟物の個数

　1つの契約の無効や取消しなどによる不当利得が主張される場合には，無効・取消原因が複数あってもその原因ごとに権利が発生するのではなく，1個の契約の解消による不当利得返還請求権は1個であると解される。また，物権の侵害による不当利得が主張される場合には，訴訟物の個数は，物権的請求権の場合と同様（司法研修所編・改訂 新問題研究要件事実〔2023〕56頁），侵害される物権の個数と侵害の個数によって定まるものと思われる。

II 不当利得の要件事実

1 不当利得に基づく利得返還請求権の発生要件

(1) 703条の法律要件

703条によれば，同条に基づいて不当利得に基づく利得返還請求権が発生するための要件は，「法律上の原因がないこと」，「他人の財産又は労務によって利益を受けたこと」，「そのために他人に損失を及ぼしたこと」である。一般には，①利得の発生，②損失の発生，③利得と損失との間の因果関係，④利得について法律上の原因がないこと，と整理される（→§703 II 2）。不当利得の類型によって意味内容も異なるものの，このうち①利得とは，財貨の給付により，あるいは他人の財産の利用により利益を得たことであり，②損失とは，財貨を給付したこと，あるいは利得が権利の割当内容に違反していることをいう。③因果関係は，この損失と利得の間の因果関係を指すところ，ここでいう因果関係としては「直接の因果関係」あるいは「社会観念上の因果関係」が必要であるとされる（川井372頁）。

2者間の不当利得では給付をした者と給付を受けた者との間の損失と利得との関係は明確であって，請求原因事実としてこれらの3つの要件を「原告は，被告に対し，金○○万円を支払った」などと表現することにより要件事実が充足される。多数当事者間の不当利得について因果関係を基礎付けるときには，更に因果関係の直接性か，社会観念上因果関係があることを基礎付ける事実を主張する必要があろう。

(2) 「法律上の原因なく」の主張立証責任

(ア) 問題の所在　不当利得の上記成立要件のうち，「法律上の原因なく」利得をしたことは，実質的に不当利得の成否を左右する要件であるばかりか，様々な事象を包含し得る概念であることから，その全体について理論的な整合性をとりつつ主張・立証責任の所在を説明するのは難しく，大きな議論がある。根本的には不当利得法全体をどのように捉えるかという立場の違いが顕れるところである。

(イ) 請求原因説　703条は「法律上の原因なく」利得したことを不当利得返還請求権発生の要件と規定しているから，その発生を主張する原告において請求原因事実として主張・立証すべきであるとする考え方である（司法

不当利得の要件事実　Ⅱ

研修所編・10訂民事判決起案の手引〔補訂版，2020〕事実摘示記載例集8頁，注民(18) 588頁〔山木戸克己〕，小室直人「不当利得請求権の主張・立証責任」谷口還暦(2)180頁，大江忠・新債権法の要件事実〔2版，2022〕205頁）。判例にも，「民法703条の規定に基づき不当利得の返還を請求する者は，利得者が『法律上ノ原因ナクシテ』当該利得をしたとの事実を主張・立証すべき責任を負っているものと解すべきである」として請求原因説に言及するものがある（最判昭59・12・21裁判集民143号503頁）。

　請求原因説によると，不当利得に基づく利得返還を請求する原告は，請求原因事実として，

①　被告が利得をしたこと，

②　原告に損失が生じたこと，

③　原告の損失と被告の利得との間に因果関係があること，

④　被告の利得に法律上の原因がないこと，

を主張する必要があることとなる。

　㈡　抗弁説　　原告が当該利得についてあらゆる「法律上の原因」がないことを主張・立証しなければならないとするのはいわゆる「悪魔の証明」を課すことになるとして，むしろ被告の方で当該利得には「法律上の原因があること」を抗弁事実として主張・立証すべきとする考え方である（定塚孝司・主張立証責任論の構造に関する一試論〔1992〕29頁）。

　抗弁説によると，不当利得に基づく利得返還を請求する原告は，請求原因事実として，

①　被告が利得をしたこと，

②　原告に損失が生じたこと，

③　原告の損失と被告の利得との間に因果関係があること，

を主張すれば足りることとなり，これに対して被告は，

④　被告の利得には法律上の原因があること，

を抗弁事実として主張しなければならないこととなる（当該法律上の原因の発生が障害されたこと，あるいは消滅したことは再抗弁となろう）。

　㈢　類型論に基づく二分説　　類型論は，不当利得の類型によって要件事実の主張・立証責任にも差異が生じるとする。類型の捉え方については論者によって様々なものがあるところであるが，大きくは給付利得（契約その他の

不当利得の要件事実　Ⅱ

法律上の根拠に基づいて財産的利益が移動したが，当該法律関係が効力を失った結果，財貨を取り戻す場合）と侵害利得（外形的にも契約関係にない当事者間において，法律上一方当事者に割り当てられている権利を他方が侵害したことによって得た利益を返還させる場合）の類型があるといわれており（内田566頁），給付利得については「法律上の原因のないこと」が請求原因事実，侵害利得については「法律上の原因のあること」が抗弁事実となるとされている。

　例えば，不当利得の類型を「①運動法型，②財貨帰属法型，③負担帰属法型」を基本とした類型に分ける考え方では，①財産的利益の移動が基礎的法律関係との対応を欠く「運動法型」の場合には，自己に有利な法的効果を主張する者がその前提となる事実を主張しなければならないとして，法律上の原因のないことを請求原因事実として主張すべきであるが，②権利によって特定の人に割り当てられている財産的利益を他人が享受する「財貨帰属法型」の場合および③自ら負担すべきとされた不利益を他人の財産・労力によって免れる「負担帰属法型」の場合には，権利の割当内容への違反が正当化事由を持つか否かについて被告が主張しなければならず，法律上の原因のあることを抗弁として主張すべきであるとする（四宮・上72頁）。

　(ｵ)　箱庭説（法体系投影理論）　「法律上の原因なく」とは，財貨移転を基礎付ける法律関係がないことであって，その内容は全実定法体系の投影体ないし財産法体系の箱庭である。そこで，「法律上の原因」の主張・立証責任は，基本的には実定法体系によるのであって，不当利得の財貨移転の矯正と財貨帰属の確保という2つの機能に従って，①帰属法的不当利得（表見的法律関係もないまま事実上生じた財貨の移動につき，元来の権利者の利益を守る場合）と②矯正法的不当利得（表見的法律関係に基づく財貨移転を元に戻す場合）とで結論が異なる（加藤（雅）64頁・68頁）。すなわち，帰属法的不当利得の場合には，表見的法律関係も存在しないので，請求原因事実としては①被告の利得，②原告の損失，③利得と損失の因果関係で足り，これに対して被告が当該利得に法律上の原因があること（契約等の存在）を抗弁事実として主張する必要がある。さらに，当該契約等の効力の発生障害事実等が再抗弁になると考えられ，このような考え方によって物権的返還請求権の場合と主張・立証責任の所在がパラレルに考えられる。他方，矯正法的不当利得の場合には，表見的法律関係があるので，当該表見的法律関係の存在（売買契約の締結等）と併せ

〔竹内〕　261

不当利得の要件事実　Ⅱ　　　　第3編　第4章　不当利得

て，効力発生障害事由（売買契約の無効等）を原告が請求原因事実で主張する必要がある（そうでないと不当利得返還請求権が発生しない）が，例えば，請求原因で売買契約の締結とその錯誤取消しが主張されたとすると，原告の重過失（95条3項）の主張が抗弁事実となるなど，実定法体系に沿って主張・立証責任が分配されることとなる。

　(カ)　新請求原因説（評価概念説）　「法律上の原因なく」という要件は法的価値判断に基づく結論であって，その判断過程において法律関係の発生・障害・消滅の各要件事実をめぐる法律判断を行った結果を示したものにすぎないから，消極的証明を要する事実概念ではなく評価概念（その中に財産法の全体系を入れ子構造のように含み，その中で法律判断を行う枠としての概念）である（吉川愼一「不当利得」要件事実講座(4)157頁以下）。そして，そのような評価を基礎付ける事実が主張・立証されれば「法律上の原因なく」という評価（法律判断）に至り，不当利得返還請求権が発生することとなるから，「法律上の原因なく」という評価を基礎付ける事実は，やはり請求原因で主張されるべきである。

　すなわち，給付利得（侵害利得とともに上記(エ)の定義による）の場合には表見的法律関係の存在（例えば売買契約の締結）を請求原因事実として主張しただけでは「法律上の原因なく」との評価を基礎付けることができないから，それに併せて当該契約等の瑕疵（取消しや無効事由）を請求原因事実として主張することにより，給付についての法律上の原因の欠如を基礎付けることができる。したがって，表見的法律関係の存在とその瑕疵の双方が請求原因事実となる。これに対して侵害利得の場合には，原告と被告の間にはもともと表見的な法律関係も存在しないので，①被告の利得，②原告の損失および③利得と損失との間の因果関係（例えば原告の所有物を被告が使用して利益を得たなど）の事実が請求原因事実として主張されれば，原告に属する所有権等の権利を被告が侵害して利益を得たという事実関係が明らかとなり，それだけで被告の利得に「法律上の原因がない」という評価を基礎付けることができるから，これ以外に請求原因事実として主張することが必要な事実はないこととなる。この場合，当該利得を正当化できる事由がある場合には，被告が抗弁として主張すべきこととなる。このように，侵害利得の場合にも「法律上の原因なく」の要件は請求原因として主張されるべきであるが，その評価を基礎付け

262　〔竹内〕

不当利得の要件事実　II

る事実は既に上記①ないし③の事実により主張され尽くしていると理解でき
る。

　㈎　若干の検討

　(a)　請求原因説 (㈠) および抗弁説 (㈢) は，不当利得制度を統一的に
把握してその発生原因事実を検討しようとするものと思われる。このうち請
求原因説は「法律上の原因なく」と定める 703 条の法文に忠実に主張・立証
責任の分配を考えており，判例もこの立場を採るといわれているところであ
るが，原告に「法律上の原因なく」という消極的事実の主張・立証を迫るこ
ととなるため，抗弁説が説かれることとなる。しかしながら他方，抗弁説に
よると，原告が請求原因事実として主張するのは①被告の利得，②原告の損
失および③利得と損失との因果関係で足りることとなるため，いわゆる不当
利得原型説に接近し，権利の発生に関する法規説の立場から，民法の定める
請求権の特質や相互の関係を否定することとなると批判されるところである。

　(b)　類型論 (㈣) は，これを仮に給付利得と侵害利得に分けるとすれば，
給付利得については請求原因説，侵害利得については抗弁説と同じ結論をと
ることとなる。このように，類型論では「法律上の原因なく」という同一の
要件の主張・立証責任が類型によって異なるという結論がとられる。発生す
る権利（不当利得返還請求権）が類型によって異なる（「給付不当利得に基づく」利
得返還請求権など）とするのであれば，もはや「同一の要件」ではないから，
主張・立証責任の所在が異なることを直截に根拠付けられるが，(3)のとおり，
民法は，703 条および 704 条で併せて「不当利得に基づく利得返還請求権」
が発生すると規定するのみであって，類型に基づく不当利得返還請求権が発
生するという構造にはなっていないこととの関係をどのように整理するかと
いう課題があるように思われる（吉川慎一「所有権に基づく不動産明渡請求訴訟の
要件事実①」判タ 1172 号〔2005〕42 頁。もっとも，前記（→ I 1）のとおり，平成 29 年
改正により，無効な行為に基づいて債務が履行された場合には，当事者は原則として相手
方を原状に回復させる義務を負うとの規定（121 条の 2 第 1 項）が設けられたことから，
少なくとも給付利得の返還を求める場合には，類型論に基づいて主張・立証責任の所在が
異なるとの理解もできよう）。

　(c)　また，箱庭説（法体系投影理論）(㈤) は，類型論を更に発展させ，
「法律上の原因なく」という要件には実定法の全法体系が投影されていると

いう意味で不当利得制度の統一的把握を可能にしているが，要件事実的に見ると，「法律上の原因なく」という一つの要件の主張・立証責任が，矯正法的不当利得と帰属法的不当利得でその扱いを異にされる結論となってしまうように思われる。

(d) 新請求原因説 ((カ)) は，「法律上の原因なく」の要件に関する箱庭説（法体系投影理論）の考え方を基本的に受け入れつつ，これを事実ではなく評価概念（その中で法律判断が行われる「枠概念」と呼んでいる）として捉えて，実体法上その評価を基礎付ける事実が請求原因事実であると結論付けたことで，全ての不当利得について「法律上の原因なく」の要件が請求原因事実であることを改めて明らかにしており，ただ，損失と利得の発生等に関する事実関係の主張により，「法律上の原因なく」という評価が基礎付けられるときは，請求原因事実としてはそれ以上の事実の主張を要しないこととなるのだと整理できる。物権的返還請求権が主張される場合の請求原因事実および抗弁事実（①原告の目的物所有と②被告の占有で請求原因事実となり，占有権原が抗弁となる）の理解とも整合し，実務的には受け入れやすい結論かと思われる。

(3) 受益者の善意・悪意の主張・立証責任（703条と704条の関係）

(ア) 受益者の善意の主張・立証の要否　不当利得に基づいて利得の返還を求める場合，上記(1)の4つの要件以外に，受益者の善意または悪意を主張・立証すべきかが問題となる。704条が悪意の受益者の返還の範囲について規定しているところから，これと703条の定める不当利得との関係をどのように理解すべきかを考える必要があるのである。704条の「悪意」とは，「法律上の原因のないことを知りながら利得した者をいう」（最判昭37・6・19裁判集民61号251頁〔→§704Ⅱ1(1)〕）ところ，仮に703条を704条と対比して，前者を善意の不当利得，後者を悪意の不当利得それぞれの発生根拠と理解すると，例えば前者の不当利得に基づいて利得の返還を求める場合には，受益者の善意が要件となり，これが主張・立証できなければ不当利得返還請求は棄却されるという結論となる。しかしながら，そもそも不当利得は，「ある人の財産的利得が法律上の原因ないし正当な理由を欠く場合に，法律が公平の観念に基づいて受益者にその利得の返還義務を負担させる」（最判平21・11・9民集63巻9号1987頁）趣旨の制度である。そうすると，法律上の原因のない利得と損失があるのにもかかわらず，受益者の善意に関する主張・立証

不当利得の要件事実　II

を欠くからといって当該利得の返還を認めないのは不当利得制度の趣旨に反する結果といえよう（悪意の不当利得において悪意の立証ができないために請求棄却となる場合には，より不公平な結果となる）。703条は不当利得の成立に善意を要件とする旨規定しているわけではないから，703条と704条を別々の不当利得の根拠規定と解すべきではなく，703条と704条を併せて上記4つの要件による不当利得の権利根拠規定と理解し，704条はそのうち悪意の受益者について返還範囲等の特則を定めるものと考えるべきであろう。

したがって，不当利得に基づく利得返還請求権の発生には受益者の善意は要件とはならず，他方，704条に基づいて法定利息等特則に基づく請求をする場合には，受益者の悪意が要件となるものと解される。また，703条に基づく場合も704条に基づく場合も，受益者の善意・悪意にかかわらず不当利得返還請求権としては1個の権利が発生するものと考えることができる。

　(イ)　受益者に過失がある場合

　(a)　また，不当利得において受益者の過失（重過失）を要件として考慮すべきかが問題となる。704条の「悪意」については，善意について過失ある者は含まないとするのが従前の通説とされていた（我妻・講義1054頁）が，近年では過失のある利得者は悪意者に含むとの見解が有力である（四宮・上93頁）。また，少なくとも重過失がある利得者については悪意者と同視し得るとする見解もある（新版注民(18)641頁〔福地俊雄〕，田中清「不当利得に対する法定利息金請求の要件事実」薦田茂正＝中野哲弘編・裁判実務大系(13)〔1987〕300頁）。

　(b)　上記(ア)の悪意の定義によれば，善意とは法律上の原因のないことを知らないで利得した場合をいうこととなるから，過失ある者を悪意に含める見解のいう過失とは，法律上の原因のないことを知らないで利得したことについて受益時に調査義務を懈怠した場合を指すものと思われる。したがって，この見解によれば，704条に基づいて法定利息等の請求をする場合には，受益者の悪意に代えて請求原因事実として，受益者が当該利得に法律上の原因がないことについて受益時に調査義務を懈怠したことの評価根拠事実を主張・立証することができることとなろう。

　(c)　しかしながら，704条の規定は「悪意」であって，善意有過失の者をこれに含める明文上の根拠に乏しいといわざるを得ないし，一般的に「法律上の原因」の有無についての調査義務を利得者に課し，それを懈怠すると

〔竹内〕　265

「悪意」であるとするのも酷ではないかと思われる。703条が利益消滅の主張（一(4)）を認めるのも，法律上の原因があると信じて利益を失った者については，不当利得があった以上の不利益を与えるべきではないとの趣旨に出たもの（最判平3・11・19民集45巻8号1209頁）と考えられるとすれば，法律上の原因がないと知らなかった者（上記判例の表現では，法律上の原因があると信じていた者）については，知らなかったことにつき過失があったとしても704条ではなく703条の適用を認めるべきではないかと思われる（一§704Ⅱ1(2)）。

(d) また，解釈上有過失の者を「悪意」に含めることは酷であるが，一定の場合（特に過払金返還請求の場合が代表的である）には利得者の「悪意」を事実上推定することによって，利害の調整を図ろうとする見解もある（山下寛ほか「過払金返還請求訴訟をめぐる諸問題（下）」判タ1209号〔2006〕13頁）。

この点について判例（最判平19・7・13民集61巻5号1980頁）は，貸金業者に対する制限超過部分の過払金返還請求につき，貸金業者が制限超過部分を利息の債務の弁済として受領したが，その受領につき貸金業法43条1項（平成18年法律第115号による改正前のもの）の適用が認められない場合には，当該貸金業者は，同項の適用があるとの認識を有しており，かつ，そのような認識を有するに至ったことについてやむを得ないといえる特段の事情があるときでない限り，法律上の原因がないことを知りながら過払金を取得した者，すなわち民法704条の「悪意の受益者」であると推定されるものというべきであると判示した。上記「特段の事情」については，請求原因事実である「悪意」の主張に対する積極否認であって，被告からこのような内容の反証がされない限り悪意が認定されるという理解と，貸金業者に対する過払金返還請求であることが請求原因事実に顕れる場合には，むしろ貸金業者側で上記特段の事情により利得時に善意であったことを主張・立証しない限り，704条に基づく請求が認容されるという理解ができるように思われる。後述2(1)の東京地裁平成26年12月10日判決は，後者の理解に立つものであろう。

(4) 利得の返還の範囲

(ｱ) 問題の所在　703条は，受益者は「利益の存する限度において」これを返還する義務を負うと規定し，いわゆる現存利益の範囲内において利得返還義務があることを定めている。他方，704条は，悪意の受益者は「受け

不当利得の要件事実　II

た利益に利息を付して返還しなければならない」と規定して，悪意の受益者については利得全部の返還義務があると定めている。そこで，不当利得に基づく利得返還請求訴訟において，返還を求める利得の範囲に関し，どのような事実を主張・立証すべきかが問題となる。

　(イ)　利得返還の一般原則と現存利益の主張・立証責任

　　(a)　利得消滅の抗弁　　703 条の規定からは，（善意の）受益者については現存利益の範囲内で利得の返還義務が発生するように読め，そうすると，返還を求める原告の方で請求原因事実として受益者に現存する利益があることを主張すべきとも考えられる（小室・前掲論文 187 頁）。その上で，利得の現存について事実上の推定を働かせ，被告から利得消滅の反証がない限り利得の消滅を認めないという考え方もあろう。

　しかしながら，本来法律上の原因のない利得は返還するべきであって，不当利得の返還については受けた利益そのものの返還（現物返還）を原則とし，それが不能な場合にはその物の価格の返還をするべきものと解される（四宮・上74 頁）。703 条が善意の受益者に現存利益の範囲での利得の返還を認めるのは，利得に法律上の原因があると信じて利益を失った者に不当利得がなかった以上の不利益を与えるべきではない（前掲最判平 3・11・19）ことから，本来利得の全部を返還させるべきところ，特に返還の範囲を縮減したものと考えることができる。そうすると，不当利得返還請求権は，受益者が利得をした時点で利得の全範囲について一旦成立し，その後利得が消滅した場合には，受益者が善意の場合にはその全部または一部が縮減すると考えるべきであろう。このように考えると，受けた利益が存しないこと（利得後に利得の全部または一部が消滅したこと）は，一旦成立した不当利得返還請求権の全部または一部の消滅事由と考えられ，不当利得返還請求権の消滅を主張する受益者において抗弁事実として主張・立証するべきである。上記平成 3 年の判例も，金銭交付によって生じた不当利得の場合，利益が存在しないことについて不当利得返還請求権の消滅を主張する者が主張・立証すべきであると判示している。この趣旨は，金銭交付以外による利得をことさらに除外するものでもないと思われる（現物返還が不能の場合の価格返還について問題となる〔富越和厚〔判解〕最判解平 3 年 456 頁〕）。

　また，後述 2 のとおり，不当利得の返還とともに 704 条前段の法定利息

〔竹内〕　　267

不当利得の要件事実　II　　　　　　　　　　第3編　第4章　不当利得

あるいは同条後段の損害賠償の支払を求めるためには，受益者が受益の時またはその後に悪意であったことが請求原因事実となる。悪意の受益者が利得消滅の抗弁を主張することはできないものの，仮に請求原因事実のうち悪意の立証ができなかった場合でも703条に基づく不当利得は認められる余地があるから，なお利得消滅の抗弁（仮定抗弁）を主張することができると考えられる。

(b)　利得消滅に当たる事実　　利得した物それ自体の返還はできなくとも保険金支払請求権や損害賠償請求権などの価値代替物が存在する場合には，それが現存利益となり，価値代替物しか存在しないという限度で利得の消滅を主張できると考えられる（→§703 III 5 (3)）。また，受益者が当該物を消費したり，安価に処分したりした場合には，客観的価値相当額の返還義務が発生すると考えられるものの，現存する利益は当該物の消費により出費を免れた額や，安価な処分代金額に限定されることとなるから，その範囲での利得の消滅を主張することができるだろう（→§703 III 5 (2)）。実務上は，目的物の客観的価値相当額の金銭の支払（返還）請求等に対して，上記のような利得消滅の抗弁が主張されることとなるものと思われる。

他方，金銭を利得した場合には，当該金銭自体を消費したとしても，それが債務の弁済や生活費等の必要な使途に消費された場合には，それにより自己の財産の出費を免れたと考えられ，その利益が現存していると考えられるので，このような事実を抗弁として主張してもその主張自体失当である。他方，金銭を遊興費等に浪費した場合には，当該利得があったからその浪費があったといえるような場合であれば，まさにその利得が使用されて消滅したと考えることもできそうであるが，この場合でも，受益者のレクリエーション，娯楽あるいは芸のこやしに役立つという意味での利益が現存しているとする説もある（四宮・上89頁）。また，取得した金銭を他人に無償で譲渡した場合にも，やはり利得したから譲渡したというような場合であれば利得の消滅を肯定できる場合があるかもしれないが，それでも自己の財産の処分による何らかの利益を受けていると考えることもできよう。結局のところ，特に金銭の利得について利得消滅の抗弁が認められる場合は実務上ほとんどないように思われる。

268　〔竹内〕

不当利得の要件事実　II

(ｳ)　受益者悪意の再抗弁

(a)　704 条は，受益者が悪意の場合には，利得の消滅にかかわらず，利得の全部について返還義務が発生すると規定しているから，利得の消滅の抗弁に対し，原告は，利得消滅時に受益者が悪意であったことを再抗弁として主張することができる（吉川・前掲要件事実講座(4)129 頁，田中・前掲論文 298 頁）。前述のとおり，703 条と 704 条の不当利得は統一的な不当利得制度として理解することができるから，受益者が利得消滅時に悪意であったことの主張により，請求原因事実で主張された，元来の利得についての不当利得返還請求権が復活する（請求原因とは別の，「悪意の不当利得」が主張されるものではない）。したがって，予備的請求原因ではなく，再抗弁と考えられる。この受益者悪意の再抗弁は，受益者の主張する利得の消滅時に悪意であったことを主張することもできるし，利得が消滅していく過程で悪意になったことを主張することによりその時点で現存利益が固定され（前掲最判平 3・11・19 参照），その後の減少の効果を障害する主張をすることもできる（前者では全部再抗弁であり，後者では一部再抗弁となろう）。ただし，受益者が悪意であっても，返還を請求する者の責めに帰すべき事由によって利得が減少した場合には，返還の範囲も減少することになると考えられる（富越・前掲解 457 頁）から，被告は，上記受益者悪意の再抗弁に対し，「利得の減少が原告の責めに帰すべき事由により生じたことを基礎付ける事実」を再々抗弁として主張することができよう。また，受益者が制限行為能力者である場合には，その者の善意・悪意に関わらず返還の範囲は現存利益に限られる（121 条の 2 第 3 項後段）から，請求原因事実において制限行為能力者の行為を取り消したことによる不当利得の返還を求めることが明らかになっている場合には，受益者悪意は再抗弁とはならない。

(b)　なお，受益者悪意の再抗弁については，むしろ受益者の側で利得消滅の主張に併せて消滅時の善意を抗弁事実として主張すべきであるとする考え方もある（定塚・前掲書 31 頁，大江・前掲書 207 頁）。利得の消滅の抗弁は，受益者がその当時善意であったときに限って認められるものであると考えれば，論理的には一貫する考え方であると思われる。しかしながら，この考え方に基づいて不当利得の返還に加えて 704 条に基づく法定利息等の附帯請求がされている場合を考えると，704 条の法定利息および損害賠償に関しては受益

〔竹内〕　269

者の悪意が請求原因事実となるのに対し，利得の消滅については受益者の善
意が抗弁事実となってしまい，一つの要件に関する主張・立証責任の分配と
して問題があろうと思われる。703条には「善意」との要件はなく，むしろ
悪意でなければ利得消滅の主張は可能であると考えられるから，受益者が
「善意」であることの主張・立証責任を負うと考える必要はないのであって
（注民(18)588頁〔山木戸〕，新版注民(18)630頁〔松本博之〕），やはり受益者が利得
消滅時までに悪意になったこと（利得消滅時の悪意）が再抗弁事実であると考
えるべきであろう。

　(c)　704条の悪意には善意だが過失ある場合も含む，あるいは重過失に
よる利得も含むと解する場合には，上記受益者悪意の再抗弁とは別に過失
（重過失）の再抗弁を主張することもできる。

(5)　損失と利得との因果関係

(ア)　因果関係の直接性　　前述のとおり（一II1(1)），不当利得に基づく利
得返還請求権の発生要件としての因果関係については，損失と利得との間に
「直接の因果関係」あるいは「社会観念上の因果関係」があることが必要で
あるとされる。2者間の不当利得が問題となる場合には，損失と利得との間
の因果関係は比較的明らかであって，因果関係の直接性が問題となることは
多くないであろう。

　他方，多数当事者間の不当利得について因果関係を基礎付けるときには，
更に因果関係の直接性か，社会観念上因果関係があることを基礎付ける事実
を主張する必要があろう。この点について最高裁昭和49年9月26日判決
（民集28巻6号1243頁）は，下記(イ)の場合（騙取金による弁済）につき，騙取金
をもってそのまま弁済に充てた場合でも，これを一旦自己の財産と混同した
り預金したりしてから弁済に充てたとしても，「社会通念上……の連結」が
あるからなお因果関係があるものと判示し，また，最高裁昭和45年7月16
日判決（民集24巻7号909頁）は，下記(ウ)の場合（転用物訴権）につき，ブルド
ーザーの修理は，一面において，修理業者にこれに要した財産および労務の
提供に相当する損失を生ぜしめ，他方，所有者にこれに相当する利得を生ぜ
しめているから直接の因果関係があると判示した。このように判例は，一方
において損失を生じ，他方において利得を生じていることに社会通念上の連
結やつながりが見られる場合には，因果関係の直接性を広く認めつつ，(イ)お

270　〔竹内〕

不当利得の要件事実　Ⅱ

よび(ウ)のように「法律上の原因」の有無を検討する傾向にあるように思われる。そうすると，因果関係に関する要件事実論としては，上記各判例のように損失と利得との間に社会通念上の連結があることが請求原因事実に顕れていることをもって足りると考えられ，これが明らかではない場合には，更に「因果関係の直接性」を基礎付ける事実を主張する必要があることとなろう。

　(イ)　騙取金による弁済　　そこで，騙取金による弁済について，更に進んで利得に関する「法律上の原因」の有無を検討する。判例は，受益者（弁済を受けた者）の善意または悪意により結論を異にする。すなわち，最高裁昭和42年3月31日判決（民集21巻2号475頁）は，債権者が債務の弁済として金銭を善意で受領した場合には，法律上の原因に基づいてこれを取得したものというべきである旨判示し，また，前掲最高裁昭和49年9月26日判決は，債権者が金銭を受領するにつき悪意または重大な過失がある場合には，同金銭の取得は，被騙取者または被横領者との関係においては，法律上の原因がなく，不当利得となる旨判示している。

　判例の理論構成の是非のみならず，そもそも騙取金による弁済の事例を不当利得の問題として解決すべきか，学説上も大きな議論があり，様々な構成が示されているところである（加藤(雅)75頁以下，内田581頁以下など）が，ここでは判例の理論構成を前提とし，要件事実論の観点から受益者（弁済受領者）の善意または悪意（重過失）による不当利得の成否を検討すると，被告となる弁済受領者（受益者）の善意（原告が騙取された金銭による弁済であることを知らなかったこと）が抗弁事実となるか，同人の悪意または重過失が請求原因となるかという二つの構成が考えられる。被告は第三者に債権を有しており，その弁済を受けること自体に不当利得が発生する余地はないことを考えると，後者の構成のように，受益者が騙取金による弁済であることにつき悪意または重過失である場合に初めて，「法律上の原因」がないこととなり，不当利得が成立するものと考えられる。

　(ウ)　転用物訴権　　契約上の給付が第三者に利益を及ぼした場合，給付をした契約当事者が当該第三者に対して不当利得返還請求権（転用物訴権）を取得するか。これを不当利得の問題として捉えることを否定する説も有力である（四宮・上242頁，内田590頁）。他方，判例は，これを「法律上の原因」の有無の問題として検討し，まず，前掲最高裁昭和45年7月16日判決は，ブ

〔竹内〕　　271

ルドーザーの賃借人Ａから修理を依頼されて請負代金債権を取得したＸは，その後Ａが無資力となった場合には，ブルドーザーの所有者Ｙに対して不当利得返還請求権を有すると判示した。また，最高裁平成7年9月19日判決（民集49巻8号2805頁）は，これを限定し，建物賃借人Ａから依頼されて修繕工事代金債権を取得したＸは，その後Ａが無資力となった場合には，建物所有者ＹとＡとの間の賃貸借契約を全体としてみてＹが対価関係なくして利益を受けたときに限ってＹに対して不当利得返還請求権を有すると判示した（ただし，当該事案においては，営業用建物の権利金の支払を免除する代わりに修繕費用は賃借人の負担としていて，Ｙは対価なくして利益を得たものではないとした）。したがって，判例によれば，契約当事者の給付が第三者に対して利得を生じたとして当該第三者に対して不当利得返還請求をする場合には，原告は，「法律上の原因のないこと」を基礎付ける事実として，①契約の相手方が無資力となったこと（契約に基づく債権が無価値となったこと），②当該第三者が対価関係なしに利益を受けたこと（第三者が利益に相応する出捐ないし負担をしていないこと）を主張する必要があることとなろう。

(6)　無効な行為に基づいて給付がされた場合の特則

前記（一Ⅰ1）のとおり，平成29年改正により「不当利得の一般規定に対する特則」（一問一答35頁）として，121条の2の規定が設けられた。これにより，少なくとも給付利得の場合には，直接的には703条および704条の要件ではなく121条の2の規定に従って要件事実を検討すべきであるとも考えられる。そこで，本稿においてもこの場合について検討してみると，請求原因は，①契約等が成立したこと，②当該契約等に基づきその債務の履行として給付をしたこと，③当該契約等が無効であったこと（無効原因）であると考えられる（法律要件は異なるものの703条および704条に基づく請求原因と変わりはないと思われる）。これに対し，上記①の契約等が贈与契約等の無償行為である場合の受益者は，同条2項により，当該給付を受けた当時その行為が無効であることにつき善意であったことおよび当該利得が給付後に消滅（あるいは縮減）したこと（一Ⅱ1(4)(イ)）を抗弁として主張することができる。同規定は，上記①の契約等が無償行為の場合の特則であるから，これが有償行為であった場合には，同条1項により，相手方を原状に復させる義務を負う，すなわち給付を受けたものの返還をすることを要し，利得消滅の抗弁を主張す

ることはできないものと考えられる。したがって，この点で703条の規律とは異なることになりそうである。

2　悪意の受益者に関する特則（704条）

(1)　法定利息

704条前段は，悪意の受益者はその受けた利益に利息を付して返還しなければならないと規定する。本条の「利息」の性質について，遅延利息と解する説もある（我妻・有泉コンメンタール民法総則・物権・債権〔8版，2022〕1483頁）が，法定利息と考えるべきであろう（四宮・上94頁，吉川・前掲要件事実講座(4) 143頁）。したがって，本条の「利息」の支払を求める場合の訴訟物は，「不当利得に基づく法定利息支払請求権」ということになる。法定利得であるから，本条の利息は，給付者からの催告（412条3項）を要することなく，受益者が受益した時点で悪意の時にはその日から，また，受益後に悪意になった時にはその日から発生する（本条の悪意に過失も含むと解釈した場合には，調査義務が発生した日ということになろう）。

本条前段によれば，法定利息が発生するのは受益者が悪意の場合だから，本条の利息を請求するためには，原告は請求原因事実として，被告が当該利得について悪意であったこと（遅くとも法定利息の起算日以前に悪意であったこと，もしくは，説によっては善意であったことについて過失があったことを根拠付ける事実）を主張する必要がある。もっともこの点については，返還すべき利得については法定利息が発生するのが原則であるとして，原告が請求原因事実として被告の悪意を主張する必要はなく，むしろ被告が原告の主張する法定利息の起算日以降に善意であったことが被告の（一部）抗弁となるとする裁判例もある（東京地判平26・12・10判時2255号88頁）。

本条前段の法定利息の利率は原則として年3パーセントとし（404条2項），1期3年ごとに404条3項ないし5項により算定された割合による。

(2)　損害賠償

本条後段は，利得を返還して法定利息を支払ってもなお損害があるときは，悪意の受益者はその賠償をする責任を負う旨規定している。この損害賠償責任の性質について前掲最高裁平成21年11月9日判決は，「悪意の受益者が不法行為の要件を充足する限りにおいて，不法行為責任を負うことを注意的に規定したものにすぎず，悪意の受益者に対して不法行為責任とは異なる特

別の責任を負わせたものではないと解するのが相当である」と判示している。したがって，本条後段により損害の賠償を請求する場合の訴訟物は「不法行為に基づく損害賠償請求権」であり，請求原因事実は709条以下の規定に従うこととなろう。この場合，709条以下の不法行為の成立要件を満たせば損害賠償責任は発生すると解すべきであるから，その他に受益者の悪意の主張を要するものではないと解される（滝澤孝臣・不当利得法の実務〔2001〕426頁）。他方，受益者が悪意であるからといって直ちに給付者の法益侵害に対する故意・過失が認められるわけではない。前掲最高裁平成19年7月13日判決は，貸金業者の過払金の受領に関し，一定の場合に本条の悪意を推定しているが，本条後段の損害賠償を請求する場合には，これとは別に不法行為上の故意・過失に関する主張を要するというべきである（→§704 III 3）。

3　不当利得返還請求に対する一般的な抗弁

(1)　消 滅 時 効

　不当利得に基づく利得返還請求権の消滅時効は，民法166条に従い，債権者が当該利得返還請求権を行使することができることを知った時から5年（同条1項1号），または，債権者が当該利得返還請求権を行使することができる時から10年（同項2号）であると考えられる。そこで，抗弁事実としては，上記各消滅時効の要件により，①原告がその主張に係る不当利得返還請求権を行使することができることを知り，その時点から5年間が経過したことおよび当該時効を援用する意思表示をしたこと（145条），または，②当該不当利得返還請求権の発生時から10年間が経過したことおよび当該時効を援用する意思表示をしたことを主張することが必要である。なお，債権者が権利を行使することができることを「知った」というためには，権利行使が期待できる程度に権利の発生原因等を認識したことが必要であると考えられるから，「知った」事実に争いがある場合には，上記の観点からこれを基礎付ける事実を主張する必要がある。

　なお，704条後段の損害賠償については，これを不法行為に基づく損害賠償請求権であるとするのが判例（前掲最判平21・11・9）であるから，消滅時効も724条の規定に従うものと考えられる。

(2)　同 時 履 行

　判例（最判昭28・6・16民集7巻6号629頁，最判昭47・9・7民集26巻7号1327

頁）は，双務契約の取消しまたは無効により契約当事者間で給付した物につき相互に不当利得返還請求権が発生した場合には，533条の類推適用等により双方の債務は互いに同時履行の関係に立つことを認めるから，このような理由による不当利得返還請求の請求原因に対し，自己の債務を履行済みの被告は，同時履行の抗弁を主張することができる。同時履行の抗弁は権利抗弁である（司法研修所編・4訂紛争類型別の要件事実〔2023〕8頁）から，抗弁としては，原告の主張する契約に基づいて被告が原告に対して給付をしたことと，原告が当該給付を返還するまでは，被告は受領した給付物の返還を拒絶する旨の権利主張が必要である。

　なお，上記取消しの原因が詐欺や強迫である場合（96条1項）には，当該詐欺者および強迫者は同時履行の抗弁権を行使できないとする説もあり，この説によれば，例えば売主の詐欺により売買契約を取り消したとして，買主から支払済みの代金の返還を求める旨の請求原因事実に対し，当該詐欺をした売主が引き渡した目的物の返還との同時履行の抗弁を主張しても，主張自体失当となる。

(3) 受益者の帰責事由によらない滅失・消滅

　双務契約に基づいて給付の対象となった目的物が受益者の保管中に受益者の帰責事由によらずに（天災等により）滅失・消滅した場合，受益者がどのような返還義務を負うかについて議論がある。例えば，売買契約を締結して買主が目的物の引渡しを受け，代金も支払ったが，錯誤取消しにより当該契約が無効となった場合（95条1項）において，買主が目的物を保管中に当該目的物が地震により滅失したときを考えてみる。この場合，目的物の滅失がなければ買主は目的物を，売主は代金をそれぞれ不当利得として返還することにより原状回復が図られる（121条の2第1項）のが原則である。そこで，売主が買主に対して不当利得に基づき上記目的物の返還請求をしたとすると，上記滅失により，①買主の返還義務は消滅し，売主は代金の返還を拒絶できる（履行上の牽連関係を認め536条1項を適用する），②買主に目的物に代えて価格の返還義務が発生し，これと代金返還債務とは同時履行の関係に立つ（この限度で履行上の牽連関係を認める。内田603頁），③買主の返還義務は消滅するが，売主の代金返還債務は消滅しない（履行上の牽連関係を認めず，返還義務のみ消滅する）などの考え方があり得る（橋本ほか49頁以下〔大久保〕）。

〔竹内〕　275

不当利得の要件事実　Ⅱ　　　　　　　第3編　第4章　不当利得

　要件事実論の視点から，売主からの不当利得返還請求（目的物返還請求）に
対しての主張を考えてみると，①および③の考え方では，被告である買主は，
目的物が滅失したことを抗弁事実として主張することにより，返還義務を免
れる（目的物が滅失したことにより返還義務は履行不能となって消滅するから，目的物
の返還請求に対しては目的物の滅失の事実のみで抗弁となると考えられる。ただし，当該
滅失が買主の帰責事由による場合には，当該履行不能は債務不履行であって買主に賠償義
務が生じるから，売主からの履行不能による損害賠償請求に対しては，当該滅失は買主の
帰責事由によらないことを抗弁事実として主張する必要があることとなると思われる）。
他方，②の考え方では，滅失により買主に価格返還義務が発生するから，当
該価格の返還請求に対して，帰責事由によらない目的物の滅失の事実に加え
て，代金返還債務との同時履行の権利主張をすることにより抗弁となると考
えられる。

　なお，目的物の滅失は返還債務の存続の問題であって利得の消滅による返
還の範囲の問題とは法的枠組みを異にする（返還債務の存否は受益者の善意悪意
にかかわらない）から，目的物の滅失の抗弁に対して受益者の悪意は再抗弁と
はならないと考えられる。

⑷　目的物の占有権原または使用収益権原

　侵害利得（財貨帰属法型不当利得あるいは帰属的不当利得）の事案では，上記
1 ⑵の㈈ないし㈎のいずれの説に立っても，当該目的物の占有権原または使
用収益権原の存在が抗弁となる。占有権原を主張すべきか，使用収益権を主
張すべきかは，返還を求められている利益が目的物それ自体であるのか，当
該目的物の使用による利益なのかによる。そこで，被告は，目的物の占有権
原または使用収益権原にかかる抗弁事実として，例えば，当該目的物にかか
る賃貸借契約の締結とそれに基づく目的物の引渡しの事実を主張することが
できる。

　しかしながら，目的物の占有をすることができても使用収益をすることが
できる権原とはならない場合がある。このような場合，使用利益の返還を求
める請求原因に対して占有権原のみを主張しても失当である。例えば，留置
権者は従前の使用を継続することができ目的物の占有権原として（引換給付
となるという意味で一部）抗弁となるが，留置の間の使用利益は不当利得とし
て返還すべきとされる（鎌田薫ほか編著・民事法Ⅱ担保物権・債権総論〔2版, 2010〕

276　〔竹内〕

不当利得の要件事実　II

9頁）。したがって，目的物の使用利益の返還請求に対して留置権を主張して
も，抗弁として主張自体失当である。また，判例（最判平12・4・7判タ1034号
98頁）によれば，土地の共有者甲は，当該土地上に建物を所有する他の共有
者乙に対しては建物収去土地明渡しを求めることはできない（乙は共有持分権
に基づく土地全体の占有権原がある）が，自己の持分割合に応じて占有部分に係
る賃料相当額の不当利得返還を求めることができるから，乙に対する賃料相
当額の支払請求に対して，乙の土地の共有持分権があるとの主張は，占有権
原の主張にしかならず，失当となる。

4　非債弁済の要件事実（705条）

(1)　債務者の悪意（抗弁）

　債務が存在しないのに債務者が債権者に対して弁済をした場合には，当該
給付には法律上の原因がないから，債務者は，給付したものを不当利得とし
て返還請求することができる。他方，本条は，債務者が債務の存在しないこ
とを知って債務の弁済をしたときは給付したものの返還を請求することがで
きないと定めている。本条は非債弁済について一定の場合には不当利得返還
請求権が発生しないとする権利障害事由であるというべきであるから，債権
者において，債務者が弁済当時当該債務が存在しないことを知っていたこと
を抗弁として主張・立証すべきである（注民(18)591頁〔山木戸〕，新版注民(18)
632頁〔松本〕）。

　したがって，債務者が債権者に対し，債務の弁済として金銭等を給付した
ものの，当該債務が存在しなかったから不当利得に基づき返還を求めるとい
う請求原因事実に対し，被告である債権者は，「債務者は，請求原因の弁済
当時，当該債務が存在しないことを知っていたこと」との抗弁事実を主張・
立証することができる。

(2)　弁済を是認し得る客観的事情の存在（再抗弁）

　債務者が弁済当時，債務が存在しないことを知りながら弁済したとしても，
弁済したことに合理的な事情がある場合には，なお不当利得返還請求ができ
ると解されている（大橋弘「不当利得金返還請求と民法七〇五条の非債弁済等」前掲
裁判実務大系(13)309頁）。すなわち，判例は，強制執行を避けるためまたはそ
の他の事由のためやむを得ずに給付した場合には返還請求ができるとし（大
判大6・12・11民録23輯2075頁），あるいは，債務不履行の責めに問われるこ

〔竹内〕　　277

不当利得の要件事実 II　　　　　　　　　　　第3編　第4章　不当利得

とをおそれて留保付きで給付したとき（最判昭35・5・6民集14巻7号1127頁），訴訟を提起された場合の防御方法として支払う旨の留保を付して支払ったとき（最判昭40・12・21民集19巻9号2221頁）には，705条は適用されないとしている。したがって，債務者は，債務の不存在を知りながら弁済した場合でも，上記のような弁済を是認し得る客観的事情を再抗弁として主張・立証することにより，なお返還請求をすることができることとなる（→§705 II 1 (3)(ウ)）。

5　不法原因給付の要件事実（708条）

(1)　不法原因給付（抗弁）

賭博契約や愛人契約など公序良俗に反する契約は無効であるから，これらの契約に基づいてなされた給付は法律上の原因を欠き不当利得として返還請求できるのが原則である。他方，本条は，不法な原因のために給付したものの返還を請求することはできないと定めている。したがって，まず，公序良俗違反の契約に基づく給付が法律上の原因を欠くとしてその返還を求めても不当利得返還請求権は発生しないから，当該請求原因は主張自体失当となる。

他方，このような契約等に基づく給付であることが請求原因に顕れない場合には，被告は当該給付が不法の原因に基づくものであることを抗弁として主張・立証し，不当利得返還請求権の発生を障害することができる。また，法律行為の動機や目的に不法があるときにも本条の適用がある場合がある（→§708 II 1 (2)(イ)）から，被告は，原告が請求原因で主張する契約等の法律行為の動機や目的に不法があること（賭博場開帳のための賃貸借契約や盗品の寄託契約など）を抗弁として主張・立証することも考えられる（侵害利得のように，請求原因事実に契約関係等が顕れない場合には，被告が例えば原告と被告との間の使用貸借契約の締結の事実に加えて，当該契約が不法の目的で締結されたことを主張・立証することにより，抗弁になるものと考えられる。この場合，使用貸借契約の締結の事実のみで占有権原の抗弁となるので，上記不法の目的はいわゆるa＋bになる可能性があるが，占有権原の抗弁に対しては終了事由の再抗弁が考えられるのに対し，不法原因給付の抗弁に対して契約の終了は再抗弁とはならないと考えられるので，要件事実的には別の抗弁として機能し得るのではないかと考えられる）。

(2)　受益者のみの不法性（再抗弁）

本条ただし書は，不法な原因が受益者についてのみ存したときはなお返還

278　〔竹内〕

不当利得の要件事実　Ⅱ

の請求ができる旨定めている。また，債務者に不法性があっても，債務者の不法性が受益者の不法性に比べて微弱な場合（受益者からの提唱，強請，威圧による場合など）には，不法原因給付には当たらないとされる（最判昭29・8・31民集8巻8号1557頁，最判昭37・6・12民集16巻7号1305頁）。

　そこで，まず，請求原因事実に不法な原因に基づく給付であることが顕れる場合でも，当該不法が受益者のみにあること，あるいは受益者の不法性の方が大きいことを基礎付ける事実（契約に至る過程における受益者からの勧誘や威迫などの事実）を請求原因事実として併せて主張することにより，請求原因事実が主張自体失当となることを避けることができる。

　また，上記(1)の708条本文に基づく抗弁に対して上記の事実（受益者のみの不法性）を主張することにより不当利得返還請求権が発生（復活）するから，この主張が再抗弁として機能する。なお，この場合，給付をする債務者は，不法の原因を知っていることが多いものと考えられ，705条との関係が問題となる。しかしながら，本条ただし書によれば，債務者が不法の原因により債務が存在しないことを知っていたとしても返還の請求ができるのであるから，結局のところ本条ただし書が適用される場合には705条は適用されない（大橋・前掲論文309頁）というべきであって，上記再抗弁に対して債務者が給付当時に債務が存在しないことを知っていたことは再々抗弁とはならないと考えられる。

〔竹内　努〕

§*709* A

第5章 不 法 行 為

（不法行為による損害賠償）

第709条 故意又は過失によって他人の権利又は法律上保護される利益を侵害した者は，これによって生じた損害を賠償する責任を負う。

〔対照〕 ド民 823・826，フ民 1240

〔改正〕 本条＝平成 16 法 147 改正

A　不法行為法に関する総説

細　目　次

Ⅰ　不法行為制度 …………………………282	3　無過失責任による修正……………287
1　制度の概要 …………………………282	(1)　過失責任の限界 …………………287
(1)　不法行為による損害賠償 …………282	(2)　無過失責任の登場・拡大 …………288
(2)　機能場面 ……………………………282	(3)　無過失責任論から危険責任論へ …288
2　制度の特質 …………………………282	Ⅲ　不法行為法の組立て ………………290
3　制度の目的…………………………283	1　関連条文の位置付け ………………290
(1)　権利・法益の事後的保護 …………283	(1)　民　　法 ……………………………290
(2)　損害の塡補 …………………………284	(2)　特別法 ………………………………290
(3)　違法行為の制裁・抑止 ……………285	2　成立要件の体系……………………291
Ⅱ　過失責任と無過失責任 ……………286	(1)　不法行為の成立要件の類型 ………291
1　不法行為責任の責任原因………………286	(2)　特殊の不法行為による責任の構造
2　過失責任主義…………………………287	……………………………………291

〔橋本〕　281

I　不法行為制度

1　制度の概要

(1)　不法行為による損害賠償

　ある者が自己の権利・法益を侵害されて損害を受けた場合に，民法上，権利・法益の侵害，それによる損害は，特別の制度が介入しない限り，権利・法益の帰属主体たる本人の負担となる（「所有者が損害を負う」）。このことを前提に，侵害・損害が何人かの不法行為による場合に損害賠償によって本人の損害負担を覆すのが，不法行為制度である。すなわち，加害者が責任を負うべき原因（故意・過失による行為）によって被害者の権利・法益が侵害された場合には，加害者において不法行為責任が成立し，被害者が受けた損害を賠償する義務を負う。この義務の履行（損害賠償金の支払）を通じて，被害者に生じた損害は，経済上，加害者へ移転される（損害の転嫁）。

(2)　機 能 場 面

　不法行為制度の実際的重要性は，いうまでもない。故意であれ過失であれ，ある人の行為によって他人の生命・身体や各種財産が侵害される事態（不法行為）は，昔から存在する。のみならず，現代の社会生活では，工業・技術社会化，都市化，大規模社会化を背景に，不法行為制度の機能場面が格段に拡大している。例えば，交通事故，公害・生活妨害，製品事故，医療事故，名誉毀損・プライバシー侵害などの諸場面である。

　なお，不法行為は，無関係の当事者間で生起することが通例であるが，医療事故のように，契約関係にある当事者間で生起する場合も少なくない。不法行為法上の権利・法益の保護のために，当事者間の契約によって重ねて債務が設定されている場合には，不法行為と並んで契約違反（債務不履行）が成立する（→DⅡ2）。このとき，不法行為による損害賠償請求権と契約違反による損害賠償請求権の関係は，請求権競合の問題となる。

2　制度の特質

　不法行為の一般的な要件・効果を定める709条からは，不法行為制度の基本的要素として，加害者の故意・過失，権利・法益の侵害，損害賠償の3つを引き出すことができる。これらの要素は，相互に絡み合いながら，不法行為制度の特質を形づくっている。

§709 A I

　㋐　権利・法益の保護の制度　　不法行為制度は，権利・法益の侵害を要件としており，ある者の権利・法益が侵害された場合に，損害賠償の方法によって権利・法益の事後的保護を実現する役割を果たす。権利・法益を侵害された被害者は，不法行為制度が介入して加害者に損害賠償を命じることによって，その損害を経済的に塡補される。

　㋑　二当事者間での損害規律の制度　　権利・法益の事後的な保護にあたり，不法行為制度は，損害賠償の方法によって，加害者・被害者の二当事者間で損害を規律している。被害者が受けた損害は，損害賠償金の支払を通じて，被害者個人から加害者個人に移転（転嫁）される。損害規律の二当事者性は，私法上の法律関係や民事訴訟の二当事者性と対応している。

　㋒　加害者に対する責任追及の制度　　不法行為制度は，加害者の故意・過失を要件としており，責任の観点を基礎に置く。被害者から加害者への損害転嫁（損害賠償）は，不法行為責任・損害賠償責任の名のとおり（709 条の文言も「賠償する責任を負う」とする），被害者が加害者の責任を追及するものとして正当化される。加害者は，故意・過失という責任原因に基づいて責任を課せられ，被害者に対して損害賠償の義務を負う。

3　制度の目的

(1)　権利・法益の事後的保護

　不法行為制度の特質（→2㋐）に照らせば，不法行為制度の目的は，権利・法益の事後的保護にあるといえる（潮見 I 25 頁，藤岡 33 頁のほか，四宮・中267 頁）。生命・身体や各種財産が権利・法益として個々の法主体に帰属することは，まさに法が承認するところである。それゆえに，法は，権利・法益が侵害された場合のために不法行為による損害賠償制度を置き，事後的な損害塡補の方法によって，権利法益・その帰属主体の保護を実現している。

　権利・法益保護という制度目的からみたとき，不法行為制度は，差止めや正当防衛など，侵害を事前に阻止する方法での権利・法益保護制度（四宮・中281 頁・367 頁，同・下 479 頁参照）と一対をなす。ここには，不法行為の成立要件（特に権利・法益侵害（違法性）要件）を参照しつつ差止めの要件を構築する方向性が浮かび上がる。さらに，権利・法益保護の視点は，不法行為の要件・効果それ自体のあり方についても理論上の手掛かりを与える。例えば，成立要件論における過失の客観化や危険責任は，責任追及による権利・法益

〔橋本〕　　283

§*709* ＡⅠ 第3編 第5章 不法行為

保護の危殆化段階への前倒しとして位置付けられ（→ＢⅤ3⑸㈦(b)），また，損害賠償の諸準則についても，権利・法益保護の観点からの体系化が考えられる（→ＣⅣ2⑸・⑹）。

⑵ 損害の填補

㈦ **損害填補の目的**　もっとも，従前の一般的理解は，被害者が受けた損害の規律という観点から不法行為制度を捉え，その制度目的を損害の填補にみてきた（幾代＝徳本2頁，四宮・中263頁など）。判例によれば，「不法行為に基づく損害賠償制度は，……被害者が被った不利益を補てんして，不法行為がなかったときの状態に回復させることを目的とする」（最大判平5・3・24民集47巻4号3039頁）。このような理解は，「不法行為による損害賠償」（709条の見出し）の目的を論じるものといえる。

㈤ **民法外の諸制度との協働**

(a) **被害者救済制度との協働**　損害填補の目的からみたとき，不法行為制度は，民法外の被害者救済制度とともに，損害規律の一翼を担うものとなる。

不法行為制度による損害賠償は，加害者が存在して責任原因（故意・過失）がある場合に限定され，また，損害賠償請求権の実現には実際上の困難も伴いうる。このような限界を踏まえ，特定の領域における人身被害による損害の規律に関しては，個別の立法により，労働者災害補償保険制度，公害健康被害補償制度，医薬品副作用被害救済制度，犯罪被害給付制度などの被害者救済制度が置かれている。これらの制度は，潜在的原因者集団が拠出する基金や国庫から損害を填補する仕組みであって，損害を多数者へ分散する（中原太郎「損害填補制度としての補償基金に関する基礎的考察」河上正二古稀・これからの民法・消費者法（Ⅰ）〔2023〕542頁以下は，社会的補償・集団的責任として性格付ける）。これらの制度による被害者救済（補償）は，加害者・責任原因が存在する場合に限られておらず，また，補償の判定も簡易な手続によるが，他方で，被害者が受ける補償の範囲・額は限定・定型化されている。

なお，人身被害の救済のあり方に関する将来構想として，学説には，全ての人身被害をカバーするような包括的・総合的な被害者救済制度を創設して，不法行為制度の機能を代替させる立法提案もみられる（加藤雅信・損害賠償から社会保障へ〔1989〕）。

§709 A I

(b) 責任保険制度との協働　さらに，不法行為による損害賠償請求権に関しては，責任保険制度がその実現に役立っている（自動車損害賠償責任保険につき，→ DV 1(2)(オ)(a)）。責任保険制度は，加害者側が損害賠償責任を負担するリスクに備えるための仕組みであるが，同時に，加害者の無資力のリスクから被害者を保護する機能を果たす。

(3)　違法行為の制裁・抑止

(ア)　制裁・抑止の機能　不法行為制度は，加害者に対する責任追及という性格（一2(ウ)）のゆえに，不法行為者に対する制裁や将来の不法行為の抑止としても作用する。まず，過失責任の下で，故意・過失という法的評価には行為・行為者に対する非難の要素が含まれており，責任追及はそれ自体が一種の制裁となる。また，故意・過失による損害賠償責任は，各人が他者の権利・法益を侵害しないように注意して行動することを通じて，抑止の機能を果たす。

判例・通説によれば，これら制裁・抑止の作用は，被害者が被った不利益を回復するために加害者に損害賠償義務を負わせたことの「反射的，副次的な効果」にすぎない（最判平 9・7・11 民集 51 巻 6 号 2573 頁〔懲罰的損害賠償を否定〕）。つまり，制度の本来的な目的ではなく，事実上の機能にとどまる。

判例・通説の理解は，民事責任と刑事責任の分化・峻別を前提に，不法行為による損害賠償の制度には損害塡補の目的を割り振り，制裁（応報）や抑止（一般予防）の目的については刑罰制度に委ねるものである（加藤（一）3 頁）。このような役割分担が言われる背景として，不法行為制度は，加害者への責任追及にあたって故意と過失を区別せず，さらには無過失責任まで認めている。また，不法行為による損害賠償義務は，被害者の受けた損害の額に制約されている。

(イ)　抑止の目的化　異なる理解として，慰謝料との関連では，かねてから，制裁・抑止の機能を認めるべきことが提唱されてきた（慰謝料の制裁的機能。→§710 IV 2）。

さらに進んで，近年の学説では，制裁による抑止の要素を不法行為制度の目的（その 1 つ）にまで高める議論が有力である。これは，違法行為の抑止という法の目的の実現のために，国家による刑事訴追と並んで，私人（被害者）による不法行為訴訟も積極的役割を担うべきであるとの考え方（田中英

〔橋本〕　285

§709 A II 第3編 第5章 不法行為

夫＝竹内昭夫・法の実現における私人の役割〔1987〕参照）に基づく。特に，加害者
が故意に他人の権利（知的財産権，パブリシティ権）を無断行使して不正な利益
をあげる利益追求型の不法行為を念頭に，「利益吐き出し型の損害賠償」に
よるその抑止が議論されている（→C IV 5(1)(ア)）。

　(ウ)　最適な抑止　　「法と経済学」の視角からは，さらに無過失責任も取
り込んだ上で，最適な抑止，すなわち，社会的に望ましいレベルの活動の実
現を不法行為制度の目的に据える見解も主張される（森田果＝小塚荘一郎「不法
行為法の目的」NBL874号〔2006〕10頁）。この見解によれば，不法行為制度は，
損害賠償金の支払を通じて，ある活動から生じた事故の費用（損害）を当該
活動に負担させ，費用を内部化する仕組みである。その目的は，市場メカニ
ズムを介して，社会的に望ましいレベルの活動（当該活動が社会全体にもたらす
利益と不利益との差が最大になるような注意水準および行動水準での活動）を実現する
ところにある。

II　過失責任と無過失責任

1　不法行為責任の責任原因

　不法行為制度上，加害者は，一定の責任原因に基づいて不法行為責任を課
せられ，被害者に生じた損害を賠償すべき義務を負う。

　制定法上の責任原因をみたとき，まず，民法典は，一般的・基本的成立要
件を定める709条において，加害者の故意・過失を責任原因としている。こ
れは，過失責任主義（過失責任の原則）に基づき，過失責任を原則的な責任原
理としたものである。

　他方で，民法制定後に登場した特別法には，故意・過失をこえて責任原因
を拡大する例も少なくない。古いものから順に，鉱業法109条（旧鉱業法74
条ノ2〔1939年追加〕），自動車損害賠償保障法3条（1955年制定），原子力損害
賠償法3条（1961年制定），大気汚染防止法25条・水質汚濁防止法19条
（1972年追加），製造物責任法3条（1994年制定），人工衛星等の打上げ及び人工
衛星の管理に関する法律35条・53条〔2016年制定〕，二酸化炭素の貯留事業
に関する法律124条（2024年制定）などが，故意・過失を要件としない責任
成立要件を定めている（→D III 3，D IV 4(3)，D V 1(2)）。これらは，無過失責

§709 A II

任による過失責任主義の修正にあたる。

2 過失責任主義

過失責任主義は，近代の民法典が広く採用する立場であり，日本民法もまたそれにならった（山田卓生「過失責任と無過失責任」賠償講座(1)58頁以下）。過失責任主義には，「過失あれば責任あり」という積極的側面と「過失なければ責任なし」という消極的側面がある（四宮・中254頁）。

(ア) 積極的側面　　まず，積極的側面から捉えれば，過失責任主義は，過失責任という責任原理に基づき，故意・過失をもって加害者に不法行為責任を課するものである。過失責任は，近代の法理論上，個人の意思をもって法的義務の根拠とする意思理論の現れにあたる（星野「日本民法学における『イデオロギー』と『思想』」論集5巻〔1986〕267頁，前田(達)9頁）。契約上の債権・債務（契約の拘束力）が，それを意欲する当事者の意思に由来するのと同様に，加害者は，自らの非難されるべき意思，すなわち悪い意思（故意）ないし意思の緊張の欠如（過失）に基づき，損害賠償を義務付けられる（前田(達)26頁・29頁参照）。

(イ) 消極的側面　　これに対して，法発展の観点からは，過失責任主義はその消極的側面こそが重要であった。古法では，他人に損害を与えればそれだけで損害賠償責任が発生するという結果責任・原因主義の立場もとられた。過失責任主義は，これを克服して「過失なければ責任なし」とする点に，歴史的意義があった。

近代法上，この意味での過失責任主義は，自由主義思想の現れとされ，個人の自由な活動の保障を担っている（加藤(一)7頁）。過失責任の下では，各人は，必要な注意さえ払えば責任をおそれることなく自由に活動できるのである。さらに，社会経済的機能の面では，過失責任主義には，経済活動を活発化させて産業社会の発展を促すことが期待されていた（前田(達)10頁）。原因主義により一切の結果に対する責任を免れないとするならば，企業は，その活動から不測の損害賠償責任を負うおそれがあり，責任リスクを織り込んだ採算予測が不可能となってしまうからである。

3 無過失責任による修正

(1) 過失責任の限界

しかし，20世紀に入って，産業の急速な拡大は，他面で過失責任主義の

〔橋本〕　287

§709 A II 第3編 第5章 不法行為

問題性を浮かび上がらせた。工業化・技術化の進展に伴って登場した危険な企業活動（交通事業，電気事業，鉱業，化学工業など）との関連で，過失責任が限界に直面したのである。企業が事故発生の危険の内在する事業活動を行って大きな収益を上げている場面では，事故による損害を当該企業の負担とすることが社会的に要請されよう。ところが，複雑・技術的な設備・施設を用い，多数人を組織して行われる事業活動の過程で生じた突発的な事故について，過失の存否やその所在・内容はしばしば明らかでない。

(2) **無過失責任の登場・拡大**

ここに登場したのが，一定の場面につき，加害者に故意・過失がなくとも賠償責任を負わせる無過失責任である（無過失責任の展開と現状について，浦川道太郎「無過失損害賠償責任」民法講座(6)191頁参照）。現代の不法行為法では，無過失責任によって，過失責任主義（「過失なければ責任なし」の側面）が大幅な修正を受けており，日本法上も，相当数の特別法が無過失責任による責任成立要件を定めている（一1）。

このような動きは，理論面では，無過失責任論によって支えられた（加藤（一）19頁以下）。同理論は，危険責任および報償責任の思想を根拠に，特に危険性の多い企業（交通機関や危険な企業施設など）について無過失責任を認めるべきことを提唱する（この点で，原因主義への単純な回帰とは異なる）。危険責任は，危険物を管理する者はそこから生じる損害の賠償責任を負うという考え方であり，また，報償責任は，「利益あるところに損失もまた帰せしむべし」という考え方である（ただし，岡松参太郎・無過失損害賠償責任論〔改版，1953〕442頁・552頁は，後者の考え方を利益主義と呼び，報償責任と区別していた）。両者のうち，現在では，危険責任が強調されるようになってきている。

実際面では，無過失責任の登場・拡大は，責任保険の発展と連動している（加藤（一）28頁・43頁）。無過失責任の規律対象とされた企業は，責任保険への加入によって，無過失責任による損害賠償義務を負うリスクに備える。このとき，不測の事故発生のリスクは，事故発生の危険性の程度に応じた保険料の負担に転換されることになるため，企業にとっては，無過失責任の下でもなお，合理的な採算予測が可能となる。

(3) **無過失責任論から危険責任論へ**

(ア) **無過失責任の課題**　　もっとも，無過失責任をめぐる現在の法状況に

288　〔橋本〕

は，少なからぬ課題が残されている（橋本・構造166頁以下・275頁以下，中原太郎「過失責任と無過失責任」立法的課題37頁以下参照）。

まず，制定法の現状に関して，特別法が無過失責任を定めている領域は，現在でも相当に限定されている。外国の立法例（ドイツ法につき，浦川道太郎・ドイツにおける危険責任〔2021〕85頁以下）に照らせば，鉄道・航空機，送電線・パイプライン・高圧タンク・ガス管等についても，立法を通じて純粋の無過失責任に服させることが検討に値する。

次に，理論面に関して，無過失責任という消極的名称が示すように，無過失責任の積極的内実（その妥当領域や帰責構造）はいまだ明瞭にされておらず，抽象的に危険責任や報償責任の思想が論じられてきたにとどまる。そのため，どのような危険を無過失責任の規律対象とし，誰をその責任主体とすべきかについても，明確な定式化に向けた検討が進んでいない。また，同じ理由から，無過失責任は，あくまで，過失責任主義の修正（「過失なければ責任なし」の例外）として位置付けられてきた。このような位置付けは，立法による無過失責任の拡大にとって妨げとなりうる。

(イ)　危険責任論の提唱　　これらの課題を克服するべく，私見は，従来の無過失責任の領域に，危険責任という新たな責任類型を構想する（詳しくは橋本ほか251頁以下〔橋本〕，橋本佳幸「AIと無過失責任」法時94巻9号〔2022〕54頁）。

危険責任とは，ある危険源が「特別の危険」（高度の，かつ，完全には制御することができない危険）をはらむ場合に，その危険の現実化（操業上の事故）によって他人の権利・法益が侵害されたときは，当該危険源の作出・維持者が，故意・過失を要件としないで当該の権利・法益侵害に対する責任を負う，という責任類型である。この意味での危険責任は，「特別の危険」をはらむ危険源（特に技術的施設の操業）を規律対象とする独自の責任類型として，不法行為法上，過失責任と対等の地位で並び立つ。709条は，「過失あれば過失責任あり」という過失責任を表明するにとどまり，「過失なければ何ら責任なし」の原則まで含意するものではない。

III　不法行為法の組立て

1　関連条文の位置付け

不法行為法に属する法条は，民法第3編第5章「不法行為」に置かれるほか，特別法にも多数の特別規定がある。いうまでもなく，709条が中核的地位を占める。

(1)　民　　法

(ア)　709条およびその付随規定（不法行為の一般的な要件—効果）　709条は，不法行為責任の一般的・基本的規律として，一般的な責任成立要件と，損害賠償義務の発生という効果を定める。

同条の規律内容については，若干の付随規定が補充している。まず，責任成立要件に関しては，712条・713条・720条が，責任成立を妨げる事由を定める。また，損害賠償という効果に関しては，710条・711条および721条から724条の2までが，慰謝料，損害賠償の方法，消滅時効等について定めている。

(イ)　714条から719条まで（特殊の不法行為の成立要件）　714条から719条までの各条は，特殊の不法行為の責任成立要件を定めている。709条の責任成立要件は一般的・基本的性格を有するところ，特殊の不法行為は，これと異なる内容の，適用対象を限定された成立要件にあたる。

(2)　特　別　法

特別法上の関連条文には，(ア)特殊の不法行為の責任成立要件を定め，それ自体が損害賠償請求権の根拠条文となるものと，(イ)709条の責任成立要件や損害賠償の効果について補完するにとどまるものがある。

(ア)の主要な例には，①無過失責任を定める特別法（→Ⅱ1）のほか，②失火責任法，③消費者法分野での金融サービス法6条，④法人法制での一般法人法78条・117条，会社法350条・429条，⑤経済法分野での不正競争防止法4条・独占禁止法25条，⑥行政法分野での国家賠償法1条・2条などがある。

また，(イ)の例として，特許法102条・103条，著作権法114条，金融サービス法7条などが，損害額や過失の推定を定める。

§709 A III

2 成立要件の体系

(1) 不法行為の成立要件の類型

(ア) 一般の不法行為と特殊の不法行為　不法行為の責任成立要件は，709条が定める一般の不法行為の成立要件，および，1(1)(イ)・(2)(ア)の諸条文が定める特殊の不法行為の成立要件から構成される。

(イ) 特殊の不法行為の類型　特殊の不法行為の成立要件は，一般の不法行為の成立要件に対する特殊性の面から，さらにいくつかの下位類型に分かれる（吉村207頁）。714条から719条まで，および，特に重要な特別法である自動車損害賠償保障法3条・製造物責任法3条・失火責任法を取り上げて，分類を示しておく。

まず，(A)714条から718条，自動車損害賠償保障法3条・製造物責任法3条は，責任主体を拡大するものであって，ある人の行為または物が直接の加害原因となった場合に，当該の行為者または物と一定の関係にある者にその責任を負わせる（この類型での責任主体は，自らが加害行為をしたものではないため，「加害者」という表現が適合的でない）。

次に，(B)719条は，複数人が共同で1個の不法行為を行った場合（あるいは複数人の不法行為が共同して結果を生じた場合）に共同責任を負わせるものであって，独自の類型をなす。

さらに，(C)失火責任法（→B V 7(1)(ア)）は，唯一，責任成立を制限する特別規律であって，特異な地位を占める。

(2) 特殊の不法行為による責任の構造

前記(A)の類型の特殊の不法行為には，直接の加害原因（他人の行為か物か）および責任主体における責任原因の面で，各種の構造のものが含まれている。

(ア) 他人がした不法行為に対する責任　まず，714条・715条は，いずれも，他人A（責任無能力者など）がした不法行為について，Aと一定の関係にある者Y（監督義務者など）に責任を負わせる。

責任主体Yにおける責任原因に関して，714条・715条の1項ただし書は，権利・法益侵害の回避ではなく，Aの監督または選任監督に関する注意義務を定めた上で，注意義務の遵守の主張・証明責任をYの側に負わせている。このような責任は，注意義務違反がなければ責任を免れる限りで過失責任の大枠のなかにとどまるが，過失の証明責任の転換が実際には無過失責任

〔橋本〕　291

§*709* A Ⅲ 第3編 第5章 不法行為

にも近づきうるため，中間責任と呼ばれる。

さらに，715条については，実際の適用上，1項ただし書が空文化しており，使用者は，選任監督上の過失がない場合にも被用者の不法行為に対する責任を免れない。このような責任は，代位責任と呼ばれてきた。

(イ) 物による加害に対する責任　次に，717条・718条および自動車損害賠償保障法3条・製造物責任法3条は，瑕疵・欠陥ある物またはそれ自体として危険な物（工作物・自動車など）による加害について，物と一定の関係にある者Y（占有者・運行供用者など）に責任を負わせる。

責任主体Yにおける責任原因に関して，①717条（占有者の責任）・718条の1項ただし書は，物の管理に関する注意義務を定めた上で，注意義務の遵守の主張・証明責任をYの側に転換している（中間責任）。

他方で，②717条1項ただし書（所有者の責任）と自動車損害賠償保障法3条・製造物責任法3条は，Yの過失の有無を（責任成立要件としても免責事由としても）問わない無過失責任である。これらのうち，717条1項ただし書と製造物責任法3条の無過失責任は，物の瑕疵・欠陥を責任成立要件とするため，瑕疵責任（欠陥責任）と呼ばれる。これに対して，自動車損害賠償保障法3条の無過失責任は，物の瑕疵・欠陥による加害に限定されておらず，純粋の無過失責任にあたる。

〔橋本佳幸〕

§*709* B

B 不法行為の成立要件

細 目 次

I 総 説 ……………………294
  1 一般的・基本的成立要件としての
   709条…………………………294
   (1) 一般的・基本的成立要件 ………294
   (2) 比較法的位置付け ………………294
  2 709条の不法行為の成立要件 …………295
   (1) 伝統的通説の成立要件論 …………295
   (2) 本条注釈の成立要件論 ……………296
   (3) 不法行為の要件—効果と責任判断
    の構造…………………………297
  3 成立要件論の基本構造——議論状況
   と私見の方向性……………………298
   (1) 伝統的通説 ……………………298
   (2) その後の議論状況 ………………299
   (3) 私見の方向性 …………………300
II 行為要件………………………302
  1 行為要件，行為概念………………302
   (1) 議論状況 ……………………302
   (2) 行為要件の要否 ………………302
   (3) 行為概念の理論的意義 …………303
  2 自己責任の原則……………………303
  3 法人自体の不法行為（法人の709条
   責任論）………………………304
  4 不作為による不法行為……………304
   (1) 不作為不法行為の責任成立要件 …304
   (2) 作為義務違反要件 ………………305
III 権利・法益侵害（違法性）要件（総
  論）…………………………307
  1 権利・法益侵害要件の成り立ち……307
   (1) 「権利」侵害要件 ………………307
   (2) 権利・法益侵害要件 ……………308
  2 違法性説の通説化…………………309
   (1) 違法性説の登場まで ……………309
   (2) 違法性説 ……………………310
   (3) 伝統的成立要件論の確立 ………311
  3 その後の展開……………………311
   (1) 反対説の有力化 ………………311
   (2) 学説の混迷状況 ………………314
   (3) 判例に対する違法性説の影響力 …315

  4 権利・法益侵害（違法性）要件の現
   況…………………………315
   (1) 責任成立の限定機能 ……………315
   (2) 学説の現況 …………………318
  5 権利・法益侵害要件に関する特則……321
IV 権利・法益侵害要件（各論）……………322
  1 総 説 ……………………322
   (1) 権利・法益侵害要件の具体化 ……322
   (2) 絶対権性による権利・法益の類型
    化…………………………322
  2 財産的利益の侵害………………326
   (1) 物権の侵害 …………………326
   (2) 物権的権利の侵害 ………………329
   (3) 債権の侵害 …………………330
   (4) 営業の侵害 …………………334
   (5) 総体財産の減少（行為態様面の違
    法性）………………………337
  3 人格的利益の侵害………………342
   (1) 総 説 ……………………342
   (2) 身体的利益の侵害 ………………343
   (3) 身体的自己決定権の侵害 ………344
   (4) 生活妨害，景観利益等の侵害 ……344
   (5) 名誉・プライバシー，氏名・肖像
    権等の侵害 …………………345
   (6) 家族関係，社会的交際関係の侵害
    …………………………346
   (7) 精神的自由の侵害 ………………348
   (8) 行為の期待・信頼の侵害 ………348
V 故意・過失要件……………………348
  1 要件の伝統的理解………………348
   (1) 起草者の説明 …………………348
   (2) 伝統的通説 …………………349
   (3) その後の展開 …………………350
  2 故 意 ……………………350
   (1) 故意の意義 …………………350
   (2) 故意の場合の責任加重 …………351
  3 過失（総説）………………………352
   (1) 伝統的理解 …………………352
   (2) 過失の現代的変容 ………………352

〔橋本〕　293

§709 BI　　　　　　　　　　　　　　　　　　　　　第3編　第5章　不法行為

(3) 学説の展開 ……………………354	(2) 因果関係要件の始点・終点 ……378
(4) 過失理解の現況 …………………356	(3) 因果関係の総体と因果関係要件 …379
(5) 加害段階による類型化論（私見）…357	(4) 相当因果関係と因果関係要件 ……381
4 過失の構成要素…………………361	2 事実的因果関係……………………382
(1) 予見可能性と結果回避義務違反 …361	(1) 総　説…………………………382
(2) 各種の責任類型における過失（私	(2) 条件公式（「あれなければこれな
見）……………………………363	し」公式）………………………382
5 過失判断の基準・指針……………366	(3) 外界変化の因果的連鎖 …………384
(1) 注意の基準（抽象的・類型的基	(4) 割合的（部分的）因果関係論 …385
準）……………………………366	3 因果関係の特殊類型………………385
(2) 行為義務の判断因子 ……………368	(1) 総　説…………………………385
(3) 複数関与者間での行為義務の分配	(2) 不作為不法行為の因果関係 ………385
………………………………371	(3) 心理的因果関係 …………………387
(4) 他の行為規範との関係 …………371	4 因果関係要件の特則など…………388
6 故意・過失の阻却事由……………372	(1) 719条1項前段・後段 …………388
7 故意・過失要件に関する特則………373	(2) 権利・法益の拡大による要件の切
(1) 重過失を要件とする特則 ………373	り下げ……………………………389
(2) 故意・過失要件を緩和する特則 …374	5 故意・過失と権利・法益侵害との間
Ⅵ 損害発生要件 ……………………375	の関連性……………………………389
(1) 何らかの損害の発生 ……………375	(1) 因果関係要件の関連問題 ………389
(2) 損害発生要件が機能する場面 ……376	(2) 結果回避義務と権利・法益侵害と
(3) その他 …………………………377	の一般的対応関係 ………………390
Ⅶ 因果関係要件 ……………………377	(3) 結果回避義務違反と権利・法益侵
1 総　説…………………………377	害との間の個別具体的関連性 ………391
(1) 因果関係要件 …………………377	

Ⅰ　総　説

1　一般的・基本的成立要件としての709条

(1)　一般的・基本的成立要件

　709条の責任成立要件は，一般的・基本的性格をもつ。まず，709条は，適用範囲を限定されない一般的成立要件として，交通事故，公害・環境侵害，製品事故，医療過誤，名誉毀損・プライバシー侵害，取引的不法行為など，あらゆる事件類型の受け皿となってきた。また，709条の責任成立要件は，構造が単純であり，過失責任を直截に表現している点で，基本的成立要件にあたる。

　これらの特質は，一般的成立要件主義の採用（次述）と対応している。

(2)　比較法的位置付け

　比較法上，不法行為の責任成立要件の定め方には3つのタイプがある（四

294　〔橋本〕

§*709* B I

宮・中274頁）。

①個別的成立要件主義　ローマ法上，不法行為法は，多数の個別的な成立要件の集合からなっていた。現在でも，英米法がこのタイプに属する。

②一般的成立要件主義　フランス法は，単一の一般的成立要件を置く。フランス民法1240条（2016年改正前の1382条）によれば，「他人に損害を生じさせる人の行為は，いかなるものであっても全て，フォート〔faute 過失〕によって損害をもたらした者に，それを賠償する義務を負わせる」。

③中間型　ドイツ法は，①と②の中間を行い，やや狭い基本的成立要件を複数組み合わせる方法をとる。ドイツ民法823条1項が「故意または過失によって他人の生命，身体，健康，自由，所有権その他の権利を違法に侵害した」場合の責任成立要件，同条2項が「他人の保護を目的とする法規に違反した」場合の責任成立要件，さらに，826条が「善良の風俗に反する態様で故意に他人に損害を加えた」場合の責任成立要件を定めている。

日本民法は，709条において②の方法をとっている。一般的成立要件主義は，不法行為法による保護が新たに要請されるに至った場面への対応にすぐれる反面，要件の内容が極めて抽象的であるため，判例・学説による具体化が課題となる。

2　709条の不法行為の成立要件

⑴　伝統的通説の成立要件論

伝統的通説の当時，709条（原始規定）は「故意又ハ過失ニ因リテ他人ノ権利ヲ侵害シタル者ハ之ニ因リテ生シタル損害ヲ賠償スル責ニ任ス」という文言であった。

伝統的通説によれば，709条の不法行為の成立要件は次のとおりである（我妻103頁，加藤（一）61頁）。

㋐故意・過失による㋑行為　「故意又ハ過失ニ因リテ」に対応する。

㋒加害の違法性　「他人ノ権利ヲ侵害」と720条に対応する。

㋓責任能力　712条・713条に対応する。

㋔加害行為と因果関係のある㋕損害の発生　「之ニ因リテ生シタル損害」に対応する。

これらの要件を満たす場合に，不法行為による損害賠償義務の発生という効果が生じる。

〔橋本〕　295

§709 Ｂ I

第3編　第5章　不法行為

(2) 本条注釈の成立要件論

(ア)　条文の文言に沿った成立要件論　　しかし，伝統的通説の成立要件論に対しては，その後，709条の文言から外れた⑦加害の違法性要件を中心に，厳しい批判が向けられた。現在の学説では，むしろ，条文の文言どおりの成立要件論が支持を集めつつある。そこで，本条注釈では，709条の文言に沿って成立要件を組み立てた上で，関連する判例や学説の展開については各要件に位置付けて叙述を進めることとする。

本条注釈では，709条の不法行為の成立要件（以下では責任成立要件とも表記する。→(3)(ア)）を次のとおり組み立て，順次，各要件を説明する。

①行為要件（→Ⅱ）　　709条の見出し（不法行為による損害賠償）にも示されている。

②権利・法益侵害要件（→Ⅲ・Ⅳ）　　「他人の権利又は法律上保護される利益を侵害した」に対応する。2004年の現代語化改正前の709条の文言「他人ノ権利ヲ侵害」から，単に権利侵害要件とも呼ばれる。

③故意・過失要件（→Ⅴ）　　「故意又は過失」に対応する。

④損害の発生要件（→Ⅵ）　　「生じた損害」に対応する。

⑤因果関係要件（→Ⅶ）　　加害者の行為から権利・法益侵害を経て損害発生に至る因果関係。「（故意又は過失）によって」と「（これ）によって生じた（損害）」に対応する。

(イ)　説明　　伝統的通説の成立要件論との相違点を中心に，補足的説明をしておく。

まず，⑦加害の違法性要件を，②権利・法益侵害要件に置き換えた点は，伝統的通説に対する批判と709条の文言に基づく。

次に，②権利・法益侵害要件（⑦加害の違法性要件）と③故意・過失要件の順序について，伝統的学説は，709条の文言の順序に従って(ア)故意・過失要件から始めるが，むしろ，客観的要件たる②権利・法益侵害要件を，伝統的には主観的要件とされていた③故意・過失要件よりも先に置くこととする。また，②権利・法益侵害要件と③故意・過失要件は，責任成立の判断（→(3)(イ)①）を担うことから，他の要件（④損害発生要件，⑤因果関係要件）に先だって取り上げる。

最後に，⑦加害が正当防衛・緊急避難に該当しないこと（720条）と㋑責

§*709* B I

任能力（712条・713条）については，各条の注釈（→第16巻）に委ねる。正当防衛・緊急避難や責任無能力は，不法行為による損害賠償責任の成立を妨げる事由（阻却事由）として，不法行為の成立要件とは別個に位置付けることがふさわしい。訴訟上も，これらの阻却事由については加害者の側に主張・証明責任がある。

(3) 不法行為の要件─効果と責任判断の構造

(ア) 要件─効果の二分論の限界　前記(2)の成立要件論は，法律要件─法律効果の図式に基づき，709条の各要素を(i)損害賠償義務の発生という法律効果と(ii)その法律要件とに二分した上で，(ii)の各要素を「不法行為の成立要件」とする。

しかしながら，要件─効果の二分法の下で何を709条の法律効果と捉えるべきかは，それ自体が問題となりうる（四宮・中286頁参照）。損害賠償義務については，その成否のみならず数額も問題となり，また，損害賠償義務は，不法行為による損害賠償責任（不法行為責任）とも読み替えうるからである。

すなわち，前記(2)の成立要件論は，損害賠償義務の発生そのものを法律効果とみる。これと異なり，(a)損害賠償の範囲の判断を経て算定された賠償額における損害賠償義務の発生を法律効果とみれば，その要件には，損害発生にとどまらず，損害全て（各損害項目）とその数額まで含めなければならない（不法行為に基づく損害賠償請求の要件事実がそうである。→一般不法行為の要件事実Ⅱ4(1)）。

他方で，損害賠償義務を不法行為責任と読み替えれば，前記(2)の成立要件は，「不法行為責任の成立要件」として位置付けられる。この理解をさらに進めて，(b)不法行為責任の成立それ自体を法律効果とみるときには，前記(2)の成立要件論のように損害の発生を要件に含める必要すらなくなる。

要件─効果の線引きに関するこれら複数の可能性は，二分法で割り切ることの限界をもうかがわせる。

(イ) 責任判断の段階に応じた三分論　不法行為制度が加害者に対する責任追及の制度であること（→ＡⅠ2(ウ)）に着目するとき，不法行為による損害賠償責任の判断は，責任の成立・範囲・内容の判断という3段階に区分することができる（橋本ほか90頁〔橋本〕）。

①責任の成立　不法行為責任に関しては，まず，ある行為において不法

〔橋本〕　297

§709 B I　　　　　　　　　　　　　第3編　第5章　不法行為

行為責任（範囲・内容を捨象されたそれ）がそもそも成立するか否かが問われる。権利・法益侵害要件および故意・過失要件は，この段階の判断を担っており，行為に対する問責の可否を吟味する。

②**責任の範囲**　　次に，成立した不法行為責任がどれだけの範囲の結果にまで及ぶかが，問題となる。この段階では，後続侵害（最初の権利・法益侵害から波及して生じた権利・法益侵害）との相当因果関係など，広い意味での因果関係の判断が中心となり，行為に対する結果の帰属（結果帰属）・その範囲を吟味する。本条注釈では，因果関係要件（不法行為の成立要件。→Ⅶ1）と損害賠償の範囲（不法行為の効果。→CⅢ）の両項目にまたがって叙述される。

③**責任の内容**　　最後に，当該範囲の結果に及ぶ不法行為責任が，どのような内容において現実化するかが判断される。この段階の判断には，損害項目や損害額の決定など損害賠償それ自体に関する諸問題が属し，侵害された権利・法益に対する損害賠償のあり方を判断する。そこでは，責任追及（問責や結果帰属）の視点はもはや重要でなくなる。この段階は，不法行為の効果の問題となる（→CⅡ2・Ⅳ）。

不法行為責任の判断にあたって709条の各要素が担うべき役割を析出する上では，不法行為の成立要件─効果の2区分よりもむしろ，以上の3段階の区分が有用であろう。

3　成立要件論の基本構造──議論状況と私見の方向性

709条の責任成立要件のうち，責任成立判断の根幹を担うのは，権利・法益侵害（権利侵害）─故意・過失の2要件である。ところが，両要件の関係や責任判断の基本構造をめぐっては，伝統的通説が支配的地位を失って以降，複数の有力学説が対峙し，「混迷」（澤井裕「不法行為法学の混迷と展望」法セ296号〔1979〕72頁）とも評される議論状況が続いてきた。3では，各要件の個別的説明に先立ち，全体的な議論状況・展開を概観するとともに，私見の方向性を説明しておく。

(1)　伝統的通説

(ア)　**違法性─故意・過失の二元的要件論**　　長らく通説的地位を占めた伝統的学説（我妻栄，加藤一郎ら。→Ⅲ2(2)，Ⅴ1(2)）は，ドイツ法学の影響の下，条文上の権利侵害要件〔現代語化改正前〕を違法性要件に読み替え，違法性─故意・過失という二元的要件論をとった（違法性説）。

298　〔橋本〕

§709 BI

この成立要件論は，不法行為責任の実体を違法性・有責性にみるものである。まず，違法性要件は，客観的要件として外部的行為を取り上げ，行為の違法性（行為が法規範に反すること）を吟味する。違法性の実質は，行為の結果面である権利侵害にみていることになる（結果不法論）。次いで，故意・過失要件は，主観的要件として行為者の内心を取り上げ，行為者の有責性（違法な行為につき，行為者・その意思決定を非難しうること）を吟味する。

このような判断枠組みは，ドイツ刑法学の古典的体系と対応している。刑法学では構成要件該当性・違法性・責任（有責性）の三分論がとられるところ，古典的刑法理論は，違法性を行為の客観的要素に，責任を主観的要素に対応させた。また，違法性の実質的根拠も法益侵害にみていた（前田・帰責論7頁，四宮・中275頁参照）。

(イ) 支配的地位の喪失　　しかし，1970年前後から，伝統的学説の構想は根底から揺るがされる（→Ⅲ3(1)(ア)，V3(3)(ア)）。当時，不法行為訴訟が急増するなかで，裁判所は，行為の客観的内容や行為義務違反の観点から過失を判断するようになった（過失の客観化）。このことは，過失を主観的有責性とした伝統的な過失理解，ひいては違法—有責評価による責任判断に疑念を抱かせる。また，過失の客観化の下では，過失要件の評価対象（客観的行為）や評価内容（行為義務違反）が違法性要件と重なり合うことになり，しかも，相関関係理論によれば，違法性要件の評価対象には侵害行為の態様が取り込まれうる（違法性と過失の接近）。そのため，違法性—故意・過失の2要件は，両者の峻別・対置それ自体が困難になった。

こうしたなか，民法学説全般がドイツ民法理論の圧倒的影響からの転回を図る動きも加わって，伝統的通説は支配的地位を失うことになった。

(2)　その後の議論状況

その後の学説では，成立要件の組立てや責任判断の基本構造をめぐって複数の有力学説が対峙し，「新たな通説」の確立をみない状況が続いている。諸見解は，(ア)伝統的通説の延長・発展とみるべき立場と(イ)伝統的通説を全部否定する立場とに大別される。

(ア)　伝統的通説の延長・発展　　伝統的通説を継承する見解（澤井裕，吉村良一のほか，藤岡康宏らも近い。→Ⅳ1(2)(ア)，V3(5)(ア)）は，違法性—故意・過失の二元的要件論および違法—有責評価による責任判断を支持しつつ，違法性

〔橋本〕　299

§*709* Ｂ I 第3編　第5章　不法行為

要件および過失要件の下で複数の不法行為類型を区別することを通じて，過失の客観化や違法性要件の評価対象の広がりを位置付けている。

また，伝統的議論から一歩踏み出す議論（前田達明，四宮和夫。→Ⅲ3(1)(イ)，Ⅴ3(3)(イ)）として，違法—有責の評価枠組みを支持しつつ，違法性の実質に関して結果不法論から行為不法論へと転換する見解も主張される。この見解は，違法性を成立要件とは別次元の違法評価の問題とし，この違法評価に故意・過失を組み込む。

(イ)　伝統的通説の全部否定　　これに対して，全面的な反対論は，違法性—故意・過失の二元的要件論および違法—有責評価による責任判断を退けた上で，判例における責任判断のあり方に着目して成立要件論を組み立てる。

先陣を切った見解（平井宜雄のほか，星野英一も近い。→Ⅲ3(1)(ウ)，Ⅴ3(3)(ウ)）は，行為義務違反としての過失要件が，広く不法行為責任の成否の判断を担っているとみて，過失要件による一元的要件論を提唱した。

最近の議論（潮見佳男，能見善久ら。→Ⅲ4(2)(ア)，Ⅴ3(4)(イ)）では，条文の文言どおりに権利・法益侵害—故意・過失の2要件を立て，両要件の理論的関係を分析するものが多い。判例上，権利・法益侵害要件の機能場面が拡がってきたことが背景にある。

(3)　私見の方向性

成立要件論の基本構造に関して，私見は，伝統的枠組みの発展形を志向しており，以下の3点に特徴がある。

(ア)　権利・法益侵害—故意・過失の二元的成立要件　　私見は，709条の文言どおりに，権利・法益侵害—故意・過失の2要件をもって責任成立要件とする。かつ，判例の傾向どおり，権利・法益侵害要件を故意・過失要件と同等の重みでもって機能させる（→Ⅲ4(2)(イ)(b)，Ⅴ3(5)(イ)(c)）。

これら2要件の対置については，判断の主題面から，被侵害利益の保護法益性（有無・程度）の判断と加害者の責任原因の判断の区別と解する。不法行為制度は権利・法益保護を制度目的とし，また，加害者に対する責任追及という性格をもつ（→Ａ I 3(1)・2(ウ)）ところ，権利・法益侵害—故意・過失要件は，それぞれ，権利・法益保護の制度目的と責任追及の性格とに対応しているのである。各要件の具体的内容についても，違法—有責の区分などによるのではなく，各要件の判断主題に沿って組み立てる。

300　〔橋本〕

§*709* **B** I

(イ) 違法―有責評価による責任判断　　私見は，伝統的枠組みの延長上に，違法―有責評価による責任判断を維持する。違法評価に関しても，結果不法論を基調とし，違法性の実質を権利法益の侵害・危殆化にみる（→Ⅲ4(2)(イ)(a)，Ⅴ3(5)(イ)(a)・(b)）。

その理論的狙いとして，違法―有責の評価枠組みによれば，有責性非難を加害者の責任原因（故意・過失）の根底に置いて，不法行為責任の責任根拠を意思責任に求めることができる。さらに，権利・法益の侵害行為に対する違法評価を通じて，不法行為責任ならびに差止め・正当防衛といった，違法な侵害に対する権利・法益保護の諸制度の相互連関を浮き彫りにすることができる。

もっとも，違法―有責評価による責任判断は，成立要件論上，そのまま違法性―有責性要件のかたちをとるものではなく，むしろ，成立要件論全体（責任の阻却事由を含む）の理論的・内面的支柱をなす。成立要件論では，権利・法益侵害―故意・過失要件および責任の阻却事由の判断の全体を通じて「違法・有責な行為」が認定されるのである。権利・法益侵害―故意・過失の2要件は，両者全体で，類型的な違法・有責評価を担い（阻却事由の判断を残す点で，類型的評価にとどまる），違法・有責類型（類型的に違法・有責な行為）を記述している。

(ウ) 複数の責任類型への分化　　私見は，加害構造面から複数の不法行為類型を区別し，各類型ごとに権利・法益侵害―故意・過失要件の内容を定式化する（責任類型の分化）。

不法行為法の規律対象は，多様な加害構造（被侵害利益や加害行為の構造）を備えている。そのため，被侵害利益の保護法益性や加害者の責任原因の判断にあたっては，加害構造の類型ごとに，当該構造に即した独自の責任判断が要請される。そこで，以下の注釈では，権利・法益侵害要件との関連では絶対権侵害型と非絶対権侵害型を（→Ⅳ1(2)(イ)），また，過失要件との関連では直接侵害型と間接侵害型を区別し（→Ⅴ3(5)(ア)），類型ごとに各要件の内容を定式化する。さらに，不作為不法行為（→Ⅱ4(1)(イ)），過失による物理的幇助（→Ⅴ4(2)(オ)）についても，独自の責任類型として位置付ける。

複数の責任類型への分化は，実質的には，709条の1か条を複数の責任成立要件に分化させること（いわば709条の2以下の創設）を意味する。

〔橋本〕　　301

II 行 為 要 件

1 行為要件，行為概念

(1) 議 論 状 況

709条の不法行為は，その名（709条の見出し）のとおり，人の「行為」による。伝統的学説は，行為を成立要件とし，人の意識ある挙動として定式化した（我妻110頁）。このような定義は，因果的行為論の立場とみられる。また，行為が否定されたのは，睡眠中や意識喪失中の動作，絶対的強制による動作などであった。

その後の学説では，違法性の実質に関する行為不法論の登場をうけて，意思の要素をより重視した行為概念も提唱される。目的的行為論の立場からは，行為は，意思による外界の支配操縦として定義され（前田(達)20頁），また，社会的行為論の立場からは，意思によって支配することの可能な人間の振る舞いとして定義される（四宮・中292頁）。もっとも，行為該当性の具体的判断をめぐって，これらの学説の結論は伝統的学説と相違しない。

これに対して，近年の学説は，そもそも行為を独立の成立要件とせず，行為概念にも立ち入らない傾向が強まっている（潮見 I 58頁・346頁，窪田36頁以下参照）。

(2) 行為要件の要否

成立要件としての法技術的機能（不法行為責任の成立を限定する役割）の面からいえば，行為該当性が否定される諸事例（睡眠中の動作など）は，必ずしも行為要件の下で不法行為の成立を否定しなければならないものではない。それらの事例は，いずれにせよ，故意・過失または責任能力を欠いて不法行為が成立しない。

他方，行為要件には不法行為が「行為」であることを表現する役割もあるところ，この役割は，故意・過失要件または権利・法益侵害要件に吸収される。故意・過失が加害者の心理状態に存する限りは権利・法益侵害が行為のかたちをとり，他方，過失が行為義務違反に存するときは過失が行為によるため，過失要件と権利・法益侵害要件は，常にいずれかが過失行為または侵害行為として定式化されるからである。

したがって，成立要件論上，行為要件は，独立の要件として位置付けて厳

§*709* B II

密な定義を論じる必要性が乏しく，近年の学説の傾向を支持してよい。ただし，法人自体の不法行為構成（→3）を退ける立場では，行為要件が，独立の要件として，不法行為を自然人の行為に限定する役割を果たしうる（平井29頁）。

(3) 行為概念の理論的意義

行為概念は，行為要件との関連以外にも，独自の理論的意義を有しており，行為をいかなるものと捉えるかは関連問題の態度決定にも波及することになる。関連問題の第1は，違法性の実質に関する不法論であり，意思を中核とする行為理解は，故意・過失を違法要素に位置付ける行為不法論と結び付く（→Ⅲ3(1)(イ)(a)，Ⅴ3(3)(イ)(a)）。第2に，外界に生起した事象（行為の結果）をどの範囲まで行為に帰属させるかという結果帰属の判断（→Ⅶ2(3)(イ)）も，行為の捉え方と連動する。意思支配を行為の中心に据える場合には，行為への結果帰属の範囲も意思支配の範囲に限定されるはずである。

もっとも，これらの点は，むしろ，違法性の実質や結果帰属のあり方を先に検討した上で，帰納的に，それに適合的な行為概念を組み立てるべきものであろう。

2 自己責任の原則

709条の不法行為は，自己の行為によるものでなければならない。自己責任の原則（個人責任の原則）によれば，各自は自己の行為についてのみ責任を負う（加藤(一)62頁）。過失責任は，当然に，自己責任の原則を前提としている。

もっとも，709条においても，ある人Yが，自己の行為に基づき，他人Aによる権利・法益侵害行為に対する責任を負う場合は少なくない。例えば，①Yが，Aの侵害行為を道具として利用して不法行為を行う場合（間接正犯の類型。前田(達)22頁），②Aが不法行為を行うについて，監督義務者YがAの監督を怠っていた場合（責任能力ある未成年者Aの不法行為に対する親Yの監督過失による責任など），③YがAの侵害行為を容易化・誘発する行為をした場合（過失による幇助など。→Ⅴ4(2)(オ)）である。

さらに，自己責任の原則に関しても，特殊の不法行為に関する諸規定には，この原則の例外となるものが含まれている。714条・715条および719条がそれであり，特別の責任成立要件を置いて，他人の不法行為に対する責任を

〔橋本〕　303

定めている。

3　法人自体の不法行為（法人の709条責任論）

　伝統的理解は，709条の不法行為について，もっぱら自然人・その行為を想定していた。これに対して，裁判例では，公害・製造物訴訟を中心に，法人自体が709条による責任を負うとする法律構成（法人の709条責任論）が登場し，学説の注目を集めている（→第16巻§715Ⅳ2(3)）。この構成は，法人が多数の被用者を用いて行う組織的・一体的な事業活動を「法人自体の行為」として捉え，そこに709条を適用するものである（法人自体の不法行為）。

　伝統的理解と対比するとき，法人自体の不法行為という構成は，709条の不法行為を法人自体の行為に拡大するものにあたる。その理論的当否は，「法人自体の行為」が自然人の行為と同じだけの内実を備えているか（多数の被用者を用いた活動に対する事業支配の行使が自己の身体に対する意思支配の行使と並びうるか）にかかっている（詳しくは，橋本佳幸「『法人自体の不法行為』の再検討」論ジュリ16号〔2016〕50頁）。

4　不作為による不法行為

(1)　不作為不法行為の責任成立要件

　(ア)　議論状況　　不作為もまた行為に該当し，709条の不法行為が成立しうる（不作為による責任の拡大傾向につき，瀬川信久「不法行為法の将来」瀬川ほか編・民事責任法のフロンティア〔2019〕99頁以下）。問題は，不作為を行為の特殊の類型とみて，不作為による不法行為について特別の責任成立要件を組み立てるべきかという点にある。

　伝統的学説は，作為と不作為を区別し，不作為による不法行為について特別の責任成立要件を議論してきた（我妻110頁，加藤(一)133頁。その発展形として前田(達)108頁以下，四宮・中292頁以下・414頁）。作為義務違反要件（不作為の違法性。→(2)）や不作為の因果関係の問題（→Ⅶ3(2)）がそれである。

　これに対して，近年の有力説は，不作為不法行為の特別視に反対して，作為義務や不作為の因果関係は特別の問題を生じないとする（窪田充見〔判批〕民商121巻4＝5号〔2000〕635頁以下，潮見Ⅰ347頁）。この立場からは，作為と不作為の区別の困難も指摘される。例えば，消毒不十分なままでの注射行為は，一般に作為不法行為とされるが，消毒の不作為の問題ともいえる。

　(イ)　特別の責任判断枠組み　　作為不法行為と不作為不法行為を対比する

§709 B II

とき，作為不法行為においては，加害者が，自らの作為によって，当該作為から権利・法益侵害に向かう因果系列を新たに設定する（権利法益の侵害・危殆化）。これに対して，不作為不法行為においては，何らかの原因（自然力，第三者の行為，被害者の行為など）から権利・法益侵害に向かう因果系列を，不作為によりそのまま放置するにとどまる（権利法益侵害・その危険の放置）。不作為者は，当該の因果系列につき，それを放置する不作為をもって責任を追及されることになる。このような加害構造の相違に照らせば，両者は，責任判断のあり方も同じではありえない。

そこで，本条注釈では，伝統的理解を発展させて，作為不法行為という責任類型と不作為不法行為という責任類型の2つを区別して対置する（詳しくは橋本・構造5頁）。各責任類型は，それぞれ，作為不法行為・不作為不法行為の対極的な加害構造に即した責任判断枠組みを備える。不作為不法行為の責任判断枠組みは，具体的には，⑵ウ〔作為義務違反〕，Ⅴ4⑵エ〔過失〕，Ⅶ3⑵イ〔因果関係〕のようになる。

⑵　作為義務違反要件

㋐　議　論　状　況

（a）　伝統的理解（不作為の違法性）　　伝統的理解は，不作為不法行為についての特別の責任成立要件として，作為義務違反を要求してきた（我妻・加藤（一）の前掲箇所）。これは，不作為不法行為の責任主体を限定することを狙っている。例えば，Xが川で溺れた場合に，それを傍観していた全ての者が不法行為者となりうるわけではなく，救助義務を負う両親等に限られる。

理論構成面では，伝統的理解は，成立要件論に関する違法性説（→Ⅲ2⑵）を前提に，作為義務違反の要求を違法性要件に位置付けた。不作為による権利侵害は，消極的態様による侵害行為であるため，作為義務が存在する場合にはじめて違法性を帯びることになる（不作為の違法性）。

（b）　その後の展開（過失要件との接近）　　しかし，作為義務違反という特別の成立要件の地位は，その後，過失の現代的変容のために大きく揺らいでいる。過失の客観化（行為義務違反化）の下では，過失の不作為不法行為における作為義務違反（不作為の違法性）の問題は，過失要件と重なってくるからである（中井美雄「不作為による不法行為」新賠償講座⑴110頁・130頁）。裁判例をみても，作為義務違反の問題は過失要件で取り上げられている（橋本・構

〔橋本〕　　305

§*709* BⅡ   第3編　第5章　不法行為

造62頁以下参照)。

　不作為不法行為の特別視に反対する立場は，この点を指摘して，作為義務
の問題は過失要件（過失における行為義務）の一般論に解消されてしまうと主
張する（潮見Ⅰ347頁）。

　(イ)　作為義務違反の位置付け　　不作為不法行為という独自の責任類型を
構想する私見の立場（以下の詳細につき，橋本・構造23頁以下）からも，作為義
務違反と過失の接近は否定しがたい。過失の不作為不法行為に関する限り，
作為義務違反は過失要件に位置付けることで足りる。

　他方，過失不法行為以外では，作為義務違反要件はなお特別の成立要件の
地位を失っていない。とりわけ，故意の不作為不法行為については，故意要
件と別に，作為義務違反要件を立てる必要がある。故意要件は，行為義務違
反の要素を含まないからである。さらに，709条と密接に関連する差止請求
の場面でも，不作為による権利・法益侵害の差止め（プロバイダに対する権利侵
害情報の削除請求〔最判令4・6・24民集76巻5号1170頁参照〕など）については作
為義務違反が独自の要件となろう。差止めは過失を要件としないためである。

　(ウ)　作為義務者の判断基準

　不作為不法行為の責任判断枠組みの特殊性は，作為義務の判断においてさ
らに顕著となる（詳しくは橋本・構造26頁以下）。「他人を害してはならない」
という一般的禁止規範と異なり，「他人を損害から保護せよ」という一般的
命令規範は承認しがたい。そのため，作為義務をめぐっては，いかなる根拠
に基づいて誰に作為義務を賦課すべきかという特有の問題が登場する。責任
成立要件上，作為義務違反を過失要件に位置付ける場合にも，作為義務の判
断は，この点で，一般の過失判断に対する特殊性を失わない。

　この問題に関して，従前の学説は法令・契約・条理慣習を挙げてきたが
（前田(達)109頁，四宮・中292頁），これらは義務の形式的根拠（法源）にとどま
り，実質的基準を明らかにしているとはいいがたい。ところで，不作為不法
行為の構造（一(1)(イ)）に照らせば，作為義務判断の実質問題は，何らかの原
因から権利・法益侵害に向かう因果系列に関する負担・リスクを誰に割り当
てるべきかにある。したがって，作為義務の名宛人については，当該因果系
列との「近さ」を基準とすべきであろう。具体的には，次の2つが基準とな
る。

306　〔橋本〕

§709 B Ⅲ

①先行行為基準　当該因果系列を自己の行為（先行行為）によって始動させた者は，因果系列に介入してその進行を阻止すべき作為義務を負う（最判昭62・1・22民集41巻1号17頁〈京阪電車置き石事件〉は，「先行行為に基づく義務」の肯定例である）。

②支配領域基準　当該因果系列（その始点たる危険源や終点たる被侵害権利・法益）を自己の支配領域に有する者も，作為義務を課せられる。まず，㋐危険源を自己の支配領域内に有する者は，その危険の制御を命じられる。714条・715条・717条・718条が予定する監督・管理義務や，親権者が責任能力ある未成年子を監督すべき義務（最判昭49・3・22民集28巻2号347頁）などがある。また，㋑自己の支配領域内に有する他人の権利・法益に侵害が差し迫っている場合には，その救助等を命じられる。医師が適切な治療措置をとるべき義務などがある。さらに，㋒自己の支配領域内に有する他人の権利・法益が危険にさらされている場合には，危険に対する防御等を命じられる。担当教諭がクラブ活動中の生徒を保護すべき義務（最判平18・3・13判タ1208号85頁〔落雷事故〕）が，その例となる。

Ⅲ　権利・法益侵害（違法性）要件（総論）

1　権利・法益侵害要件の成り立ち

709条は，「他人の権利又は法律上保護される利益を侵害した」ことを要件とする（権利・法益侵害要件）。この要件は，被侵害利益の保護法益性の判断に関わる。

現在の文言と異なり，709条の原始規定は「他人ノ権利ヲ侵害シタル」ことを要件としていた。そこで，1では，この「権利」侵害要件が，判例による緩和を経て，権利・法益侵害要件に置き換えられるまでをたどる。

(1)　「権利」侵害要件

㋐　起草趣旨　709条（原始規定）の「権利」侵害要件は，同条の前身たる旧民法財産編370条1項（「過失又ハ懈怠ニ因リテ他人ニ損害ヲ加ヘタル者ハ」）にはみられなかった。

起草者によれば，この要件は，「故意又ハ過失ニ因ツテ他人ニ直接間接ニ損害ヲ掛ケル」場合にも，「其権利ヲ侵スト云フ程度ニ至リマセヌ時ニ於テ

§*709* B III 第3編　第5章　不法行為

ハ〔損害賠償〕債権ヲ生ゼシメナイ」ためのものであった（法典調査会民法議事〔近代立法資料5〕299頁上段〔穂積陳重。以下も同じ〕）。「権利ノ侵害ハナクシテ損害ヲ他人ニ及ボシタト云フ場合マデモ這入」るとするならば「不法行為ニ依ル債権ト云フモノノ範囲ガ甚ダ不明瞭ニナ」る。そもそも「不法行為ト云フノハ……既ニアリマスル権利ヲ保護スル法デア」る（同314頁下段）。

他方では、起草者は、「権利」を「広イ意味」で用い（同302頁下段），財産権（債権を含む）と並べて，生命・身体・自由・名誉等を挙げていた（同304頁上段・297頁下段）。

(イ)　当初の判例　　当初の判例は，「権利」侵害要件を字義どおりに解し，法律体系上，現に承認されている具体的権利の侵害を要求していた。この態度は，海賊版レコードの製造・販売の事件で「権利」侵害がないとした判決に顕著である（現在ならば著作権法96条が定める複製権の侵害となる）。大審院大正3年7月4日判決（刑録20輯1360頁〈雲右衛門事件〉）によれば，海賊版の製造・販売が「正義ノ観念ニ反スルハ論ヲ竢タサル所ナリト雖モ」，Yの複製行為はXの「著作権ヲ侵害シタルモノニアラサル」から，Xの損害賠償請求は失当である。また，大審院大正7年9月18日判決（民録24輯1710頁）も，「複製者ノ行為ヲ目シテ……創製者ノ人格権其他ノ権利ヲ侵害スル不法行為ナリト云フヲ得」ずとした。

(2)　権利・法益侵害要件

(ア)　判例による要件の緩和　　しかし，判例は，ほどなく，具体的権利の侵害に拘泥する立場を改めるに至り，大審院大正14年11月28日判決（民集4巻670頁〈大学湯事件〉）において，法律上保護される利益の侵害があれば足りるとの解釈を打ち出した（老舗の侵害を不法行為と認めた）。

同判決によれば，「第709条ハ，故意又ハ過失ニ因リテ法規違反ノ行為ニ出テ以テ他人ヲ侵害シタル者ハ之ニ因リテ生シタル損害ヲ賠償スル責ニ任スト云フカ如キ，広汎ナル意味ニ外ナラス。其ノ侵害ノ対象ハ，或ハ夫ノ所有権地上権債権無体財産権名誉権等，所謂一ノ具体的権利ナルコトアルヘク，或ハ此ト同一程度ノ厳密ナル意味ニ於テハ未タ目スルニ権利ヲ以テスヘカラサルモ，而モ法律上保護セラルル一ノ利益ナルコトアルヘク，否，詳ク云ハハ，吾人ノ法律観念上其ノ侵害ニ対シ不法行為ニ基ク救済ヲ与フルコトヲ必要トスト思惟スル一ノ利益ナルコトアルヘシ」（句読点は引用者による）。

308　〔橋本〕

§*709* B III

判例の態度変更は，すぐさま，学説の広い支持を得た（→2）。後には，最高裁も，大学湯事件判決を踏襲し，「709条にいう『権利』は，厳密な意味で権利と云えなくても，法律上保護せられるべき利益があれば足りる」とした（最判昭33・4・11民集12巻5号789頁〔内縁関係〕）。

(イ)　現代語化改正　　その後，2004年の現代語化改正に際して，709条の「権利」侵害要件に「法律上保護される利益」の文言が付加されるに至った。この改正は，大学湯事件判決以来の確定判例の立場を条文に織り込む趣旨であった（吉田徹＝筒井健夫・改正民法の解説〔2005〕115頁）。これにより，条文の文言上も，「権利」侵害要件は，権利・法益侵害要件に置き換えられた。

(ウ)　709条と「権利」　　不法行為制度は，ある利益が侵害された場合に防御的保護を与えるにとどまり，権利の名の下に積極的な利益享受・意思支配の力を付与する法技術とは性格を異にする（加藤(一)33頁参照）。それゆえ，709条による保護は，「権利」に限らず，「法律上保護される利益」にも及ぼされてよいのである。

2　違法性説の通説化

「権利」侵害要件をめぐっては，「権利」の縛りを緩和した大学湯事件判決（→1(2)(ア)）をうけて，学説上，違法性説が登場し，判例の立場を支持した。この違法性説は，長らく通説の地位を占めることになる。

(1)　違法性説の登場まで

前記1(1)(ア)の趣旨で置かれた「権利」侵害要件について，起草者は，故意・過失要件との関係を次のように理解していた。「行為ト云フモノハ其行為ガ権利侵害ニナラナケレバ行カヌ」。「行為ノ基トナリマスル意思ノ有様ト云フモノハ積極的ニ消極的ニ故意又ハ過失デナケラネバ行カヌ」（法典調査会民法議事〔近代立法資料5〕300頁上段・299頁下段〔穂積陳重〕）。すなわち，権利侵害要件が外部的行為（特にその結果面）に関するのに対し，故意・過失要件は行為者の内心に関する，という図式である（起草者の見解については，錦織成史「違法性と過失」民法講座(6)134頁以下参照）。

制定後の学説は，早くから，ここにドイツ法学流の客観的違法性―主観的有責性という図式を重ね合わせ，権利侵害要件を客観的行為・その違法性に対応付けた。鳩山秀夫によれば，理論上，不法行為は違法な加害行為に限られるべきところ，権利侵害があれば違法といえることから，709条は，不法

〔橋本〕　309

§*709* B Ⅲ　　　　　　　　　　　　　第3編　第5章　不法行為

行為の客観的成立要件として権利侵害を要求している（鳩山・下843頁以下・850頁・859頁。末弘1011頁・1050頁も参照）。すなわち，権利侵害要件は，権利侵害行為を取り上げる客観的要件であり，行為の違法性（行為の結果面からみたそれ）を吟味する，という理解である。

(2)　違 法 性 説

(ア)　権利侵害から違法性へ　　このような理解をさらに進めて，端的に違法性を成立要件として構成したのが，違法性説である。

違法性説は，「権利」侵害要件を「加害行為の違法性」要件に置き換えて読むべきとする（末川博・権利侵害論〔1930〕363頁，我妻125頁，加藤（一）36頁）。すなわち，不法行為の成立にとっては，権利侵害ではなく行為の違法性こそが本質的な要件である。709条は，行為の違法性を象徴させるには権利侵害が最も適当であることから，行為の違法性を認識するための手掛かり（違法性の徴表）として，権利侵害を成立要件としたにすぎない。したがって，加害行為が違法であるならば，たとえ権利侵害がなくとも不法行為の成立を認めてよい。

(イ)　相関関係理論　　もっとも，「権利」侵害要件に代わるべき違法性要件は，それ自体としてはいまだ抽象的である。違法性説において，この点は相関関係理論を通じて具体化された。

相関関係理論によれば，違法性は，(ア)被侵害利益の種類・性質と(イ)侵害行為の態様との相関関係において判断される。すなわち，加害行為の違法性は，(ア)被侵害利益面での違法性の強弱と(イ)侵害行為の態様面での違法性の強弱との相関的・総合的考察による。したがって，対世効が弱い権利や内容が漠然とした権利については，侵害行為の態様を特に考慮しなければならない（債権，営業権，名誉など）。他方，侵害行為が刑罰法規違反，取締法規違反または公序良俗違反であるときは，行為の態様の面から（被侵害利益がそもそも権利でなくとも）違法性を認めることができる（詐欺，会社による虚偽の公告・登記など）（我妻126頁・142頁以下，加藤（一）106頁・131頁以下）。

違法性説は，このような理解を基礎に大学湯事件判決を支持し，同判決の「法規違反ノ行為ニ出テ以テ他人ヲ侵害シ」との判示は，権利侵害から違法性への転換を示し，侵害行為の態様面から違法性を認めたものであると位置付けた（我妻123頁，加藤（一）35頁・133頁）。

310　〔橋本〕

§709　B Ⅲ

(ウ)　ドイツ法の影響　　なお，違法性説はドイツ法の影響を強く受けており，相関関係理論は，違法性要件を通じて，ドイツ民法823条2項・826条の成立要件（→Ⅰ1(2)）を709条に接ぎ木するという実質をもつ（加藤(一)36頁参照）。

(3)　伝統的成立要件論の確立

違法性説は，広く学説に浸透するところとなり，違法性—故意・過失という伝統的成立要件論が確立された。その影響は国家賠償法（1947年制定）にも及んでおり，民法709条に対応する同法1条では，他人の権利の侵害ではなく違法性（「違法に他人に損害を加えた」）が成立要件とされた。

1にみた展開と対比するとき，「権利」侵害要件に代わる違法性要件は，単に「権利」の縛りを外すにとどまらず，独自の積極的役割を担っているといえる。相関関係理論によれば，被侵害利益が強固でない場合には，違法性要件の下で，侵害行為の態様が吟味されて不法行為の成否が定まることになる。この点において，違法性要件は，不法行為の成立範囲を画定する独自の役割（成立要件としての法技術的機能）を果たすのである。

3　その後の展開

(1)　反対説の有力化

(ア)　違法性と過失の接近・融合　　違法性説および伝統的成立要件論は，学説上，長らく支配的地位にあったが，1970年前後から，成立要件論の基本構造をめぐる議論が巻き起こり，反対説が有力化した。その契機となったのは，違法性と過失の接近・融合である。

伝統的成立要件論は，客観的違法性—主観的有責性の対置に基づき，違法性—故意・過失という二元的要件論をとっていた。ところが，高度経済成長を背景に交通事故・公害・製造物訴訟などが急増するなかで，裁判所は，行為の客観的内容や行為義務違反の観点から過失を判断するようになった（過失の客観化）。このとき，過失要件は，その評価対象（行為態様）や評価内容（義務違反）において，違法性要件と交錯することになる。さらに，相関関係理論の下で侵害行為の態様（その非難性）が違法性要件の評価対象に取り込まれたという事情も付け加わった（違法性と過失の接近・融合）。こうしたなか，違法性—故意・過失の2要件は，両者の峻別・対置それ自体に疑いが生じ，違法—有責評価による責任判断も自明のものでなくなった。

〔橋本〕　311

§*709* B Ⅲ　　　　　　　　　　　　第3編　第5章　不法行為

　そこで，反対説は，一方で，そもそも違法性概念（違法—有責評価による責任判断）を排除することによって，新たな動向への理論的対応を図った（一(ウ)）。他方，違法性概念（違法—有責評価による責任判断）それ自体は支持する立場からは，行為不法論への転換を通じて，違法性と過失の関係について理論的整序が図られた（一(イ)）。

　　(イ)　行為不法論への転換

　伝統的通説と同じく違法性概念・評価を基礎に置く立場からの反対説として，前田達明は，行為不法論に基づいて違法性概念を再構成した上で，これを成立要件論とは別の次元に位置付けた。

　　　(a)　違法性と故意・過失　　違法性と過失の接近・融合を踏まえて，前田は，権利侵害＝違法という伝統的図式（結果不法論）を離れて，故意・過失といった行為無価値をも違法性判断の対象に取り込む（行為不法論。→Ⅴ3(3)(イ)(a)）。過失不法行為でいえば，結果回避義務に違反して権利侵害を生じさせる行為が，違法と判断されることになる（前田・帰責論8頁・185頁以下，前田(達)120頁）。

　　　(b)　違法性判断の位置付け　　成立要件論との関連では，前田は，709条の文言〔現代語化改正前〕どおりに，権利侵害—故意・過失という二元的構成をとる。その上で，権利侵害—故意・過失の両要件を満たす行為（故意・過失によって他人の権利を侵害する行為）について，さらに違法性の有無・程度を判断（評価）して，不法行為責任の有無・範囲が最終決定されるとする（前田・帰責論218頁，前田(達)122頁）。

　このような違法性判断を置く狙いは，権利侵害要件と故意・過失要件を，違法性という共通の次元において総合評価する点にある。例えば，債権侵害や日照・景観利益の侵害では，被害者側の権利侵害に示される結果不法の程度が低いため，加害者の故意・過失に示される行為不法の程度が高い場合にはじめて不法行為責任が成立する（前田(達)123頁，前田達明・民法学の展開〔2012〕266頁以下・270頁）。

　　　(c)　同系列の見解　　同系列の見解として，四宮和夫も，行為不法論とともに故意・過失—権利侵害という二元的成立要件論を支持する。また，成立要件を満たす行為についてさらに違法性・有責性を吟味するという判断構造も，前田と類似する（四宮・中277頁以下・284頁以下）。もっとも，四宮は，

312　〔橋本〕

§709 B III

行為不法論を貫徹する立場から，故意・過失要件に該当する行為について違法性・有責性判断を行うものとし，権利侵害という結果それ自体は違法性判断に組み込まない（同401頁）。

(ウ)　違法性概念・要件の排除

伝統的通説の対極にある反対説として，平井宜雄は，ドイツ法流の解釈を離れて判例分析を重視する立場から，そもそも違法性概念・要件を退けて，過失判断への一元化を提唱する。

(a)　違法性概念批判　　この見解は，伝統的通説が，条文にない違法性概念を709条の解釈に持ち込んだことを強く批判する。平井によれば，伝統的通説が依拠する客観的違法性―主観的有責性の対置は，ドイツ法学に由来する。ところが，比較法的にみて，このような対置はドイツ法に特殊な構成である上，709条はむしろフランス法の系譜に属する（平井・理論326頁以下・422頁以下，平井11頁以下）。また，判例が違法性概念を用いる場合には，主観的要件たる故意・過失に対比される客観的要件（ドイツ法的意味での違法性）という位置付けではなく，不法行為の成立の肯定・否定という判断それ自体を指しているにすぎない（平井・理論377頁以下，平井22頁）。

(b)　違法性要件の排除（過失判断への一元化）　　その上で，この見解は，判例の現実に適合する成立要件論として，過失要件による一元的構成（違法性要件の排除）を提唱する。その論拠として，平井によれば，違法性要件は「権利」侵害要件を緩和するという法技術的機能を担ってきたところ，「権利侵害から違法性へ」の命題が定着したことによって，同要件はこの役割を果たし終えた（平井・理論364頁以下・383頁，平井23頁）。その反面で，判例上，不法行為の成立を限定する機能を引き受けてきたのが過失要件であり，過失は，単なる心理状態ではなく，不法行為が成立したか否かという判断一般を含む高度の規範的概念（行為義務違反）に転化している（平井・理論385頁以下，平井23頁以下）。

(c)　同系列の見解　　同系列の見解として，星野英一も，709条がフランス法の系譜にあることを重視し，違法性概念・要件を排除する。また，成立要件論としては，条文の文言どおりに故意・過失―権利侵害という二元的構成をとりつつも，権利侵害要件を，生じた損害が権利侵害にあたらない場合を排除するための「ごく軽い」要件として位置付け，侵害行為の態様の要

〔橋本〕　　313

§709 B Ⅲ 第3編 第5章 不法行為

素についても故意・過失要件に割り振っている（星野「故意・過失，権利侵害，違法性」論集6巻〔1986〕317頁以下のほか，星野「権利侵害」論集9巻〔1999〕183頁参照）。

(2) 学説の混迷状況

(ア) 混迷とその背景　　前記(1)の反対説は，違法性説を通説の地位から追いやったものの，その後も，特定の見解が支配的地位を獲得するには至らず，また，違法性説の系譜が途絶えることもなかった（澤井102頁以下，吉村38頁・95頁以下，加藤(雅)184頁，藤岡75頁・129頁以下が，違法性説の流れを汲む。→Ⅳ1(2)(ア)）。

学説が混迷状況に陥った実際的理由は，違法性説と反対説の対立点が，①ドイツ的ないし刑法学的な違法—有責評価による責任判断を維持するか否か，また，②違法性の実質に関して結果不法論と行為不法論のいずれをとるか，といった根本的な態度決定に存したためであろう。

加えて，反対説が提唱した成立要件論は，違法性説と比べて特に優れていたわけでもなかった。違法性説における違法性要件は，被侵害利益が強固でない場面で，侵害行為の態様面から不法行為の成立範囲を画定する役割を担ってきた（→2(3)）。ところが，違法性要件を排除する(1)(ウ)の見解では，その種の判断を過失要件が引き取ることになって（平井41頁），過失要件の判断内容が複雑化・肥大化してしまう。また，違法性判断によって不法行為責任の成否を最終決定する(1)(イ)の見解では，権利侵害—故意・過失という成立要件論とは別に，違法性判断が隠れた要件として機能することになってしまう（前田・前掲民法学の展開270頁・274頁は，まさに違法性要件として位置付ける）。

(イ) 現代語化改正　　その後，2004年の現代語化改正も，学説の対立については特に決着を付けなかった。現代語化改正は，確定判例に沿って，厳密な意味での「権利」侵害を不法行為の成立要件としないことを条文に明記したにとどまる（吉田＝筒井・前掲書116頁）。このように「権利」侵害の縛りを取り除くことについては，どの見解からも異論はありえなかった。

成立要件論をめぐって見解が分かれていたのは，むしろ，「権利」侵害要件に代えて，いかなる枠組みをもって不法行為の成立範囲を画定すべきかという問題である。違法性説が違法性要件を立てるのに対して，反対説は過失要件に依拠し，あるいは違法性評価として行う（→(ア)）。ところが，現代語化

314　〔橋本〕

§709　B Ⅲ

改正は,「権利」侵害要件に代わるべき責任画定の枠組みについては特に手当てをせず,学説の議論（従前の対立状況）に委ねたのである。

(3)　判例に対する違法性説の影響力

違法性説は,もともと,判例による「権利」侵害要件の緩和をうけて登場したが,その後は,支配的学説として,判例に対し強い影響を及ぼしてきた。しかも,反対説からの厳しい批判にもかかわらず,違法性説は,現在まで判例に対する影響力を失っていない（判例における違法性概念の用語法については,瀬川信久「民法709条」百年Ⅲ585頁以下・624頁以下の分析が精緻である）。

確かに,判決の文言だけをみれば,違法性―故意・過失という成立要件論が,判例上,全面的に妥当しているとまではいいがたい。有形的利益（身体・物）の物理的侵害の場面が典型的だが,裁判例の圧倒的多数は違法性に言及しない（→4(1)(イ)(b)）。

しかし,無形的利益の侵害等の場面を取り上げれば,判例は,権利・法益が違法に侵害されたか否かによって不法行為の成否を決している（→4(1)(イ)(a)）。ここでは,違法性説と同様に,「違法」が不法行為の成立を限定する役割（成立要件としての機能）を果たしているのである。しかも,その違法な侵害の判断方法には,相関関係理論との対応関係を読み取ることができる。最高裁平成18年3月30日判決（民集60巻3号948頁。「ある行為が景観利益に対する違法な侵害に当たるといえるためには,少なくとも,その侵害行為が刑罰法規や行政法規の規制に違反するものであったり,公序良俗違反や権利の濫用に該当するものであるなど,侵害行為の態様や程度の面において社会的に容認された行為としての相当性を欠くことが求められる」）や,最高裁昭和63年2月16日判決（民集42巻2号27頁。「氏名を正確に呼称される利益は,……その性質上不法行為法上の利益として必ずしも十分に強固なものとはいえないから,……不正確に呼称した行為であっても,当該個人の明示的な意思に反してことさらに不正確な呼称をしたか,又は害意をもって不正確な呼称をしたなどの特段の事情がない限り,違法性のない行為として容認される」）が,その例である。

4　権利・法益侵害（違法性）要件の現況

(1)　責任成立の限定機能

現在の判例上,権利・法益侵害（違法性）要件は,二段階の絞りで,不法行為の成立を限定する機能を果たしている（前田陽一「不法行為における権利侵

〔橋本〕　315

§*709* B III 第3編 第5章 不法行為

害・違法性論の系譜と判例理論の展開に関する覚書」平井宜雄古稀・民法学における法と政策〔2007〕476頁・481頁）。学説上は，かつて，違法性要件は実際的意義が乏しいとする分析も有力であったが（→3(1)(ウ)(b)），判例の現状では，権利・法益侵害要件が成立要件として再生している（大塚直「保護法益としての人身と人格」ジュリ1126号〔1998〕38頁）。

(ア)　権利・法益該当性による限定

　(a)　権利・法益に該当しない利益　　まず，ある利益が「権利又は法律上保護される利益」に該当しない場合には，それが侵害された場合にも，およそ不法行為責任が成立しえない。もっとも，こんにちでは，人格的利益を中心に不法行為法の保護法益が拡大しており，判例上，不法行為の成立が全面的に否定される利益は必ずしも多くない。これまで，「権利又は法律上保護される利益」でないとされた例は，以下のとおりである。

　①静謐な宗教的環境の下で信仰生活を送るべき利益は，法的利益として認めることができない（最大判昭63・6・1民集42巻5号277頁〔死去した配偶者の追慕・慰霊等に関して神社がした宗教上の行為によって，信仰生活の静謐を害された事案〕）。

　②公職選挙法150条の2に違反する言動がそのまま放送される利益は，法的に保護された利益といえない（最判平2・4・17民集44巻3号547頁〔政見放送において差別用語を使用した発言部分が削除された事案〕）

　③内縁関係の実質を欠き，また，関係存続に関する合意もされていない婚姻外の男女関係の当事者は，その存続に関する法的な権利ないし利益を有しない（最判平16・11・18判タ1169号144頁〔「パートナーシップ関係」を一方的に解消された事案〕）。

　④いわゆる物のパブリシティ権（物の所有者がその物の名称等が有する顧客吸引力を排他的に利用する権利）は認められない（最判平16・2・13民集58巻2号311頁）。

　⑤弁護士会は，弁護士法23条の2第2項に基づく照会（23条照会）に対する報告を受けることについて法律上保護される利益を有しない（最判平28・10・18民集70巻7号1725頁）。

　②③④の利益は，それに不法行為法上の保護を与えることが，②公職選挙法の当該規定，③婚姻制度・内縁法理，④知的財産法制（→IV 2(2)(イ)(b)）と相容れず，また，①の利益も，（他者の）信教の自由の妨げとなるため，不法行

§*709* **B III**

為法による保護を全面否定すべきことになる。さらに，⑤は，弁護士会が23条照会の権限を付与されている趣旨から引き出される。

(b) **権利・法益侵害なく財産的損害が生じた場合**　もっとも，権利・法益の侵害がないまま財産的損害が生じた（そのようにみえる）場面では，被侵害権利・法益を明らかにしないまま不法行為の成立が肯定される場合がある。この類型については，総体財産の減少事例として後述する（→IV 2 (5)）。

(イ)　**違法な侵害による限定**

(a) **権利・法益の違法な侵害**　次に，ある利益が権利・法益に該当する場合にも，さらに，その利益が違法に侵害されたのでなければ，不法行為責任は成立しない。有形的利益の物理的侵害の場合（→(b)）は別として，判例は，「権利又は法律上保護される利益を侵害した」という要件に「違法に」という字句を読み込み，侵害行為（特にその態様）の面から不法行為の成立に絞りをかけている（前田・前掲平井古稀476頁）。

具体的にどのような侵害行為が権利・法益の違法な侵害に該当するかについては，個別の権利・法益ごとに判例準則が形成されつつある（→IV 2・3）。その判断基準（判断形式）には，例えば以下のものがある（前田・前掲平井古稀476頁以下）。

①権利侵害によって不法行為が成立するが，侵害行為が一定の要件を満たす場合には違法性が阻却されるとするもの（最判昭41・6・23民集20巻5号1118頁〔事実摘示による名誉毀損〕，最判平9・9・9民集51巻8号3804頁〔意見・論評による名誉毀損〕）。

②ある方法による法益侵害の程度が受忍限度を超える場合に，法益の違法な侵害とするもの（最判昭47・6・27民集26巻5号1067頁〔日照・通風妨害〕，最判平6・3・24判タ862号260頁〔騒音被害〕，最判平元・12・21民集43巻12号2252頁〔私生活の平穏の侵害〕，最判平17・11・10民集59巻9号2428頁〔みだりに自己の容貌等を撮影されない利益の侵害〕，最判平23・7・15民集65巻5号2362頁〔テレビ番組の出演者による弁護士懲戒請求の呼びかけ〕）。

③侵害される法益と侵害行為をする理由とを個別事例ごとに比較衡量し，前者が後者に優越する場合に，法益の違法な侵害とするもの（最判平6・2・8民集48巻2号149頁〔前科等に関わる事実を公表されない利益の侵害〕，最判平15・3・14民集57巻3号229頁〔プライバシーの侵害〕）。

〔橋本〕　317

§709 B Ⅲ

第3編　第5章　不法行為

④侵害行為が刑罰法規・行政法規または公序良俗に違反する場合，あるいは侵害行為に害意がある場合に，法益の違法な侵害とするもの（前掲最判平18・3・30〔景観利益の侵害〕，前掲最判昭63・2・16〔氏名を正確に呼称される利益の侵害〕）。

⑤権利行使・制度利用が不当であり，不当性について行為者に悪意または重過失がある場合に，権利行使・制度利用行為を違法とするもの（最判昭63・1・26民集42巻1号1頁〔不当な訴えの提起〕，最判平19・4・24民集61巻3号1102頁〔不当な弁護士懲戒請求〕，最判平21・9・4民集63巻7号1445頁〔貸金業者による過払金の受領行為〕）。

(b) 有形的利益の物理的侵害の場合　なお，身体・所有物などの有形的利益が物理的に侵害された場合については，判例は，違法な侵害を問うことなく当然に，権利・法益侵害要件の充足を認めている（瀬川・前掲百年Ⅲ624頁・629頁注84）。

(2) 学説の現況

(ア) 権利・法益侵害要件の再評価

権利・法益侵害（違法な侵害）要件が判例上果たしている責任限定機能とも連関しつつ，最近の学説には，権利・法益侵害要件を再評価して新たな意味付けを図る見解が登場している。その際，伝統的通説のような違法―有責の評価枠組みは必ずしも前提とされない。

(a) 違法性概念の新たな意味付け　まず，能見善久は，判例が権利・法益侵害要件で用いる違法性概念について，違法―有責の評価枠組みに対応付けるのではなく，利益衝突の調整道具として位置付けて再評価する。

非物理的侵害の場面で，判例は，単に権利・法益侵害があるだけでは権利・法益侵害要件の充足を認めず，侵害行為の違法性という付加的要素を要求する（一(1)(イ)）。能見によれば，この場面では，被侵害権利・法益と行為者の利益が衝突するため，どのような場合にどちらの利益を保護するかという政策的な価値判断が必要となる。判例が要求する違法性の内実はこの点の判断にあり，違法性概念が権利・利益の衝突の調整道具となっている（能見善久「不法行為の機能・要件の再構成」NBL937号〔2010〕18頁以下・24頁以下）。

ところで，このような理解をとるとき，行為者の自由と被侵害権利・法益の調整は違法性だけでなく過失要件でも問題となるため，違法性と過失の区

§*709* B Ⅲ

別が問われることになる。この点，能見によれば，違法性が自由と権利の調整に関する制度的・抽象的な判断であるのに対して，過失の判断は個別具体的状況の下での具体的注意義務の設定であって，判断のレベルが異なる（能見・前掲 NBL937 号 25 頁）。

(b) 権利保護の制度目的からの再評価

(ⅰ) 次に，潮見佳男は，不法行為制度を個人の権利保障を目的とする制度と捉える立場から，権利・法益侵害要件を故意・過失要件とともに不法行為制度の中核に位置付ける。

潮見によれば，不法行為法は，憲法の下で国家により個人への帰属が承認された個人の権利を基点とし，その保護を目的とする権利保障の体系である。このような制度理解によるとき，権利・法益侵害要件にいう「権利」（「権利」「法律上保護される利益」の区別に意味はなく，「法律上保護される利益」もまた「権利」の性質を持つ）については，憲法により保障された個人の権利が何かを基点として，権利の割当内容とその外延が確定されねばならない（潮見Ⅰ9頁以下・26頁以下）。特に，加害者の権利と被害者の権利が相互に衝突する場面では，権利間の衡量・調整を通じて，権利の割当内容とその外延が画される（潮見Ⅰ31頁以下・82頁）。

また，潮見は，個人の権利保障という制度理解を故意・過失要件にも及ぼし，過失判断では，憲法上保障された行為者の行動の自由（権利）と潜在的被害者の権利の間で衡量・調整が行われるとする（潮見Ⅰ255頁・292頁）。

(ⅱ) 同系列の見解として，山本敬三も，不法行為法を個人の基本権の保護制度とする理解に基づき，権利・法益侵害要件を被害者の基本権を保護するための要件として位置付ける（山本敬三「基本権の保護と不法行為法の役割」民法研究5号〔2008〕93頁）。

(イ) 違法性説の発展形（私見）

私見は，違法性説の発展を通じて，違法性と過失の接近・融合に対する理論的対応を図る。具体的には，(a)違法性説の意味での違法性を不法行為責任の判断の基礎に置きつつも，(b)成立要件論の次元では，違法性要件ではなく権利・法益侵害（権利・法益の違法な侵害）要件を立てる。

(a) 違 法 評 価

私見は，違法性説の延長上に，(ⅰ)有責性に対置される意味での違法評価を

〔橋本〕　319

§709 B III 第3編 第5章 不法行為

支持し，また，(ii)違法性の実質に関して結果不法論に依拠する。他人の権利・法益を侵害する行為は，侵害が侵害禁止規範に違反する場合に違法評価を受けることになる。

(i) 違法評価　不法行為責任の判断の基礎には違法評価が置かれるべきである。なぜなら，権利・法益の違法な侵害を論じることは，違法な侵害に対する権利・法益保護の諸制度（不法行為責任による事後的保護と差止め・正当防衛による事前的保護）の横断的理解に資する。また，民法第3編第5章の題号「不法行為」は，元々，ドイツ民法典の章名に由来し（法典調査会民法議事〔近代立法資料5〕295頁下段〔穂積陳重〕参照），違法な行為を指している。

(ii) 結果不法論　違法性の実質に関して，行為不法論への転換は支持されない。なぜなら，行為不法論は，もっぱら不法行為責任（その故意・過失要件）を念頭に置いており，差止め・正当防衛には適合しない（→V3(5)(イ)(b)）。また，行為無価値に違法性の重点を置く限り，生命・身体の侵害行為を当然に違法として絶対的保護を実現すること（→IV1(2)(ア)）もできなくなる。

(b) 権利・法益侵害要件

(i) 違法性要件の回避　他方，私見は，成立要件論の次元では，違法性説と異なって違法性要件を立てない。過失を行為義務違反とする現在の過失理解によれば，過失には違法要素が含まれることになり，違法性―故意・過失という2要件の対置は，客観的違法性―主観的有責性の対置と噛み合わないからである。違法性要件は，もはや違法評価と一対一の対応関係に立たず，間接侵害型の過失不法行為では，むしろ，過失要件が加害行為の違法評価を担うことになる（→V3(5)(ア)(b)(iii)）。

(ii) 権利・法益侵害（権利・法益の違法な侵害）要件　私見は，709条の文言に沿って，権利・法益侵害要件を成立要件とする。問題は同要件の理論的位置付けであるが，不法行為制度が権利・法益保護を目的とすることに照らせば，権利・法益侵害要件は，被侵害利益の保護法益性を判断主題とするものと解される（→I3(3)(ア)）。その際，同要件の判断内容には，当該利益がそもそも不法行為法上保護されるか否か（保護法益性の有無）だけでなく，いかなる態様の侵害に対して保護されるかという問題（保護法益性の程度）も含まれる。

320　〔橋本〕

§*709* **B III**

なお，保護法益性の程度の判断との関連では，(権利・法益)侵害という要件要素の下で，不法行為法の保護を付与すべき侵害態様であったか否かを判断することになる。あるいは，判例の現状（一(1)(イ)）に照らして権利・法益侵害要件を「権利・法益の違法な侵害」要件に書き改め，違法な侵害という要件要素においてその点を判断することでもよい。後者の場合に，違法な侵害という要件要素は，抽象的・規範的要件要素として，次述(iii)の侵害禁止規範の違反となるような侵害態様を指す（すなわち，違法評価ではなく，違法な実体が類型化された構成要件要素を意味する。林良平・近代法における物権と債権の交錯〔1989〕272頁参照）。

(iii)　違法評価との関係　　保護法益性の有無・程度の判断は，加害行為の側からみれば，侵害禁止規範違反の問題となる。侵害禁止規範は，個々の利益の保護法益性の有無・程度に応じて，当該利益に対する特定の態様による侵害を禁じる。個々の利益は，侵害禁止規範に違反した態様による侵害に対する関係で，不法行為法の保護を付与されるのであり，当該態様により当該利益を侵害する行為は，侵害禁止規範違反として（類型的な）違法評価を受ける。

5　権利・法益侵害要件に関する特則

特別法上の責任成立要件には，709条と異なり，権利・法益侵害を要件としないものがある。以下がその主要例である。

①消費者法分野　　金融サービス法6条は，金融商品販売業者の説明義務違反や断定的判断の提供に関する。同条は，契約締結の不当勧誘（一IV 2(5)(イ)(b)）の一類型にあたる。

②会社法分野　　会社法429条2項は，会社の計算書類・事業報告等の虚偽記載や虚偽の公告・登記に関する。また，金融商品取引法16条・17条・18条・21条・21条の2・22条・24条の4は，目論見書や有価証券届出書・報告書等の開示書類の虚偽記載等に関する。会社法・金融商品取引法が定める開示制度は会社債権者・株主や投資者の保護を目的に含むため，開示制度に連結された不法行為成立要件においても，これらの者の損失が権利・法益侵害に準じて取り扱われている。

③経済法分野　　独占禁止法25条は，独占禁止法違反の行為に関するもので，同条による損害賠償請求権は一般消費者にも認められる（購買価格の上

〔橋本〕　321

昇など）。独占禁止法による行為規制は一般消費者の保護を目的に含むため，行為規制に連結された不法行為成立要件においても，一般消費者の損失が権利・法益侵害に準じて取り扱われている。

④環境法分野　　原子力損害賠償法3条は原子力損害（同2条2項）に，また，船舶油濁等損害賠償保障法3条・39条はタンカー・一般船舶等油濁損害（同2条14号・16号）に関する。これらの規定によれば，権利・法益の侵害に至らなかった場合にも，汚染の除去・拡大防止措置や予防的避難・検査等のための費用支出について賠償が認められる。

IV　権利・法益侵害要件（各論）

1　総　　説
⑴　権利・法益侵害要件の具体化

IVでは，個々の権利・法益ごとに，権利・法益侵害要件の具体的な要件内容を叙述する。各々の権利・法益につき，いかなる態様で侵害する場合が権利・法益侵害（権利・法益の違法な侵害）要件に該当するのか，換言すれば，いかなる態様による侵害が侵害禁止規範違反として違法評価を受けるのか（→III 4⑵⑷(b)）を，個別にみていくこととする。複数の責任類型への分化を志向する私見の立場（→I 3⑶⑼）からは，この作業は，権利・法益侵害要件の下で，刑法各論に対応する多数の各則的構成要件を作り出す（構成要件の細分化）という意味をもつ。

権利・法益の配列については，利益内容に応じた分類によることとし，財産的利益の侵害（→2）と人格的利益の侵害（→3）に大別した上で，それぞれをさらに細分する。

⑵　絶対権性による権利・法益の類型化

㋐　従来の議論状況　　各論的検討にあたっては，絶対権か否かによる権利・法益の類型化を考察の手掛かりとする。このような類型化は，従来の議論にもみられた。

伝統的通説である違法性説は，反対説による批判の後も，現在まで，その系譜が途絶えていない（→III 3⑵㋐）。これらの学説では，加害行為の違法性の判断にあたって①絶対権の侵害と②その他の権利・法益の侵害の2類型を

区別・対置する議論が広まるに至った（澤井136頁・138頁以下，加藤(雅)184頁以下・232頁〔成立要件（構成要件）の2分〕のほか，吉村39頁・94頁以下，藤岡129頁以下・193頁）。

それによれば，①絶対権を侵害する行為は直ちに違法となり，行為態様との総合評価をまたない。他方，②その他の権利・法益の侵害は，それだけではいまだ違法といえず，侵害行為の態様との総合評価によって違法性が判断される。なお，侵害行為の態様には，刑罰法規・取締法規違反や公序良俗違反といった違法形式ではなく，侵害行為の客観的態様や行為者の意図等の実質的違法要素が該当する（澤井138頁・158頁，加藤(雅)185頁）。

このような類型化は，ドイツ民法823条1項・2項，826条の責任成立要件（→Ⅰ1⑵。823条1項は絶対権侵害のみを規律し，それ以外の権利・法益の侵害については823条2項・826条による）を参照して，違法性判断の指針を提示するものである。また，絶対権侵害を直ちに違法とする点は，生命・身体・健康につき，他の要素との相関的判断（利益衡量）を排して絶対的保護を実現することができる（澤井138頁）。もっとも，両類型の区別を支える絶対権概念（直接支配を権利内容とする権利，万人に対して効力が及ぶ権利，絶対的保護を受ける権利といった複数の理解がありうる）については，立ち入った説明がされない。

なお，現代語化改正後は，709条の文言上，「権利」と「法律上保護される利益」が区別されており，これと①②の2類型の区別とを対応付ける条文解釈の可能性が新たに生まれている（大塚直「709条の現代語化と権利侵害論に関する覚書」判タ1186号〔2005〕16頁参照）。

(イ)　絶対権侵害型と非絶対権侵害型（私見）

私見も，(ア)のような類型化を基本的に支持する。各類型は，侵害が権利・法益侵害（権利・法益の違法な侵害）要件に該当する範囲，すなわち，侵害が侵害禁止規範違反として違法評価を受ける範囲に，顕著な相違がある。

また，絶対権侵害型とそれ以外の区別について，私見は，権利・法益の内容・構造面（排他独占的支配）に着目する。

(a)　絶対権侵害型

(i)　排他独占的支配の侵害　　絶対権侵害型には，絶対権（対世権）のように，直接支配性ないし排他独占性を備えた権利・法益の侵害が該当する（なお，Ⅳでの叙述において，「侵害」は全て直接侵害を指す。→Ⅴ3⑸(ア)(a)）。所有権

〔橋本〕　　323

§709 B IV　　　　　　　　　　第3編　第5章　不法行為

および生命・身体が典型例であり，有体的存在（所有物や自己の身体）に対する排他独占的支配を内容とする。さらに，特定の行為可能性についての排他独占的支配に着眼するときには，知的財産権や債権帰属などにも排他独占的支配の領域（特許・発明の実施，債権の行使・処分）があるといえる。

　なお，絶対権（対世権）の性質と支配権の性質（排他独占性）とは互いに連動するところ，後述(iii)はむしろ排他独占性と対応している。その点で，名称の適否については一考を要するが，従来の用語法にならって絶対権侵害型としておく。

　　(ii)　絶対的保護　　この種の権利・法益は，他者によるその権利内容（排他独占的支配）の侵害に対し絶対的に（全ての人の，あらゆる態様の侵害に対し）保護される。その理由として，一方で，①所有権や生命・身体は，人の生存に不可欠な基本的法益であって，絶対的保護を要請する。他方では，②権利・法益の支配領域が，物や身体それ自体によって，外形的に明確に，かつ，狭い範囲に画定されているため，その絶対的保護を認めても他者（加害者）の活動自由が阻害されるおそれがない（錦織成史「ドイツにおける営業保護の法発展（下）」判タ353号〔1978〕18頁以下参照）。

　　(iii)　法技術的構成　　法技術的観点からいえば，前記(i)の権利・法益の権利内容を侵害する行為は，全て（何人の，いかなる態様による侵害であれ），侵害禁止規範違反として（類型的な）違法評価を受け，また，権利・法益侵害（権利・法益の違法な侵害）要件を充足する。例えば，所有権は，目的物の有形的支配を排他独占的に所有者へと割り当てており，同時に，その物の有形的支配は，他者による侵害が全面的に禁じられる。そのため，この物支配に他者が干渉する行為は，全て，侵害禁止規範の違反となる。

　　(b)　非絶対権侵害型

　　(i)　それ以外の侵害　　絶対権侵害型となる権利・法益の侵害以外のもの，すなわち，排他独占的支配を内容としない権利・法益の侵害は，全て，非絶対権侵害型に該当する。債権侵害，生活妨害，名誉・プライバシー侵害などが代表例となる。

　　(ii)　相対的保護　　この種の権利・法益は，絶対的保護を受けず，特定の態様による侵害に対してのみ保護される。これらの権利・法益は，支配領域が外形的基準によって狭く画定されていない（→(a)(ii)）ため，加害者側の

324　〔橋本〕

§*709* B IV

活動自由との比較衡量にさらされるからである。その際，侵害行為をめぐる個別的活動自由と（被侵害）権利・法益との調整は，当該の権利・法益が侵害に対し保護される範囲を侵害態様によって線引きするかたちをとる（その線をこえるまでは加害者側の個別的活動自由を優先し，こえた先では権利・法益の保護を優先する）。

(iii) **法技術的構成**　法技術的観点からいえば，前記(i)の権利・法益を侵害する行為は，特定の態様による侵害に限り，侵害禁止規範違反として（類型的な）違法評価を受け，また，権利・法益侵害（権利・法益の違法な侵害）要件に該当する。これらの権利・法益につき，侵害禁止規範は，特定の態様による侵害を禁じるにとどまる。

(iv) **侵害の態様**　侵害禁止規範が禁じる（違法な侵害となる）「特定の態様による侵害」は，侵害行為の手段・方法，侵害行為の状況，作用の種類・強弱などの要素によって記述される。また，一部の権利・法益侵害では，行為者の認識・目的などの内心的要素が重要となる（→2(1)(ア)(c)・(3)(エ)・(5)(ウ)(a)，3(6)(ア)(c)）。

なお，これらの各要素は，侵害行為の態様面での違法性（行為不法）を捉えるものではない（これに対して，澤井136頁，加藤(雅)219頁は，相関関係理論的発想から侵害行為の悪性を重視する）。「特定の態様による侵害」は，あくまで，個別的活動自由と（被侵害）権利・法益との比較衡量に基づいて権利・法益保護の範囲を線引き（→(ii)）したところの線を意味する（能見善久「不法行為の機能・要件の再構成」NBL937号〔2010〕21頁・24頁以下参照）。それゆえ，侵害禁止規範違反（特定の態様による侵害）における違法性の実質も，もっぱら権利・法益の侵害に存することになる（結果不法）。

(c)　**2類型のあてはめ**　以上の2類型を個別の権利・法益にあてはめる際には，以下の点に注意を要する。

第1に，次述2・3での権利・法益の配列は，利益内容に応じた分類にとどまる（→(1)）。絶対権侵害型か非絶対権侵害型かは，権利・法益ごとにみていくほかない。

第2に，絶対権侵害型に分類すべき場面は，数としては多くなく，排他独占的支配を内容とする権利・法益がそのような支配を侵害された場合に限られる。例えば，同じく所有権侵害でも，二重譲渡による侵害は絶対権侵害型

§ *709* B IV　　　　　　　　　　　　　　第 3 編　第 5 章　不法行為

に分類されない（→2(1)(ア)(c)）。

第 3 に，非絶対権侵害型に分類される場面については，権利・法益と侵害行為の組み合わせごとに，いかなる態様による侵害が権利・法益侵害（権利・法益の違法な侵害）要件に該当するかを個別に具体化しなければならない。

2　財産的利益の侵害

財産的利益の侵害については，物権と債権の対置を軸に，(i)物権・物権的権利の侵害（→(1)(2)），(ii)債権・営業の侵害（→(3)(4)），(iii)総体財産の減少（→(5)）に大別することができる。

絶対権侵害型と非絶対権侵害型の区別の観点からは，(i)物権・物権的権利の侵害のほとんどと(ii)の特定の場面（債権の帰属の侵害）が絶対権侵害型となる。それ以外は全て非絶対権侵害型である。

(1)　物権の侵害

(ア)　所有権の侵害

(a)　物支配に対する侵害　　所有権は，有体物に対する排他独占的支配を権利内容としており，物支配への干渉に対して絶対的に保護される（絶対権侵害型）。物の有形的・事実的支配に干渉する行為は全て，侵害禁止規範違反として違法評価を受け，また，権利・法益侵害要件を充足する。例えば，所有者以外の者が物を損壊し，占有し，使用収益・消費するなどの場合である（諸事例につき，注民(19)66 頁以下〔三島宗彦〕参照）。

(b)　権利帰属の侵害　　所有権は，権利帰属の面でも排他性があり，所有者は，所有権の帰属主体として，所有権の法的処分の可能性について排他的支配を有する。そのため，所有者は，そのような可能性への干渉に対しても絶対的保護を受ける（絶対権侵害型）。例えば，他人が権限なく動産・不動産を処分し，即時取得や表見代理を通じて所有権を喪失させた場合である。不法な登記手続によって所有者の登記名義を失わせる行為も，所有権の帰属の侵害となる（幾代＝徳本 77 頁注 8 参照）。

(c)　二重譲渡による権利帰属の侵害

(i)　対抗要件制度からの帰結　　同じく所有権の帰属の侵害であっても，二重譲渡によって第一譲受人が所有権の帰属を侵害される類型は，(b)と異なる（非絶対権侵害型）。X が所有者 A から不動産甲を買い受けて所有権を取得したが，所有権移転登記を経ない間に，Y も A から甲を買い受けて所有権

326　〔橋本〕

§*709* **B IV**

を取得し，その登記も経由したため，Xが所有権を失ったという事例で，以下説明する。なお，この事例は，後述(3)(エ)のとおり，債権侵害の問題としても捉えることができる（我妻栄・新訂債権総論（民法講義Ⅳ）〔1964〕80頁，幾代＝徳本71頁参照）。

この場合に，177条の対抗要件制度からの帰結として，登記を備えないXは，所有権の排他的帰属（法的処分の可能性に対する排他的支配）を同条の「第三者」に対抗することができる地位になかった。そのため，Yが甲を譲り受けて登記を経由し，Xの所有権を喪失させた行為は，Xの所有権の帰属に対する侵害とならない。同旨の判例によれば，不動産の二重売買における第二買主は，たとえ悪意であっても，登記をすれば完全に所有権を取得し，第一買主は所有権取得をもって第二買主に対抗することができないのであるから，Yが悪意で甲を買い受けて登記を経由し，そのためにXが所有権取得をYに対抗することができなくなったとしても，Yの不法行為責任を認めるには足りない（最判昭30・5・31民集9巻6号774頁）。

(ⅱ)　第二譲受人が背信的悪意の場合　　上記(ⅰ)については，第二譲受人Yの行為が自由競争の範囲を超える場合が例外とされる。

177条の「第三者」に関する背信的悪意者排除論の確立以降，学説は，不法行為責任との関連でも，Yが背信的悪意である場合に，その譲受行為が違法になるとしてきた（四宮・中345頁以下，前田(達)75頁のほか，加藤(一)109頁注4参照）。背信的悪意者排除論の下では，Xは，登記を備えていなくとも，背信的悪意のYに対して，所有権の取得，ひいては権利帰属の侵害を主張することができるからである。

さらに，近年の学説は，第二譲受人Yによる不法行為の成立をより広く認める方向にある。そこでは，背信的悪意者排除論を前提に，単純悪意のYに所有権を帰属させつつ，その不法行為責任を肯定するという解決も提唱される（平井42頁，平井・債権総論〔2版，1994〕121頁，澤井155頁，吉村57頁のほか，星野英一・民法概論Ⅲ〔1978〕127頁参照）。Yの行為によって，Xが（所有権の帰属の侵害とまではいえないが）第一譲受人としての法的地位を侵害されたという構成になろう。

(イ)　用益物権，不動産賃借権の侵害

(a)　用益物権の侵害　　用益物権は，所有権のような全面的支配ではな

〔橋本〕　　327

§*709* B IV 第3編 第5章 不法行為

いにせよ，物の利用価値の直接支配を権利内容とする（その支配の範囲は用益物権ごとに異なる）。それゆえ，用益物権も，物の有形的・事実的支配（権利内容が及ぶ範囲のそれ）への干渉に対して絶対的保護を受ける（絶対権侵害型）。例えば，地上権の目的たる土地を他人が占有・使用収益する場合は，地上権の侵害となる。

　(b)　不動産賃借権の侵害　　債権のうち，不動産賃借権については，借地借家法の規律などを通じて物権的な効力が認められており（賃借権の物権化），これと軌を一にして，賃借権侵害の不法行為の成立も広く肯定されてきた（我妻・前掲債権総論80頁）。

　不動産賃借権は，用益物権と同様，賃借物の有形的・事実的支配への干渉に対して絶対的保護を受ける（絶対権侵害型）。例えば，賃借地を他人が権原なく占有する場合が，賃借権の侵害となる（大判昭6・5・13新聞3273号15頁参照）。ただし，不動産賃借権が第三者対抗要件または占有のいずれも伴わなかった場合は，通常の債権侵害の問題となる（幾代＝徳本74頁注16）。

　(ウ)　担保物権の侵害

　(a)　抵当権の侵害　　抵当権は，目的不動産の交換価値を排他的に支配し，かつ，目的物の全部の上にその効力が及ぶ。抵当権は，そのような価値支配への干渉に対して絶対的保護を受ける（絶対権侵害型）。例えば，所有者または第三者が目的不動産を滅失・損傷させる場合や付加一体物を分離・搬出する場合（大判昭7・5・27民集11巻1289頁〔抵当山林から立木を伐採・搬出した事例〕）が，抵当権の侵害となる。これに対して，第三者が目的不動産を不法に占有する行為は，抵当権による価値支配の侵害とはならない（一定の要件の下で，抵当権に基づく優先弁済権の行使に対する侵害となるにとどまる。最大判平11・11・24民集53巻8号1899頁参照）。

　なお，抵当権の侵害となる場合であっても，抵当権の実行により被担保債権の完全な満足を得ることができるときは，損害発生が否定される（一VI(2)(ア)）。

　(b)　第三者による侵害の場合　　抵当不動産を滅失・損傷させたのが第三者である場合には，所有者において所有権侵害を理由とする損害賠償請求権が成立し，抵当権に基づく物上代位（372条による304条の準用）の対象となる。そのため，この場合には，抵当権者の損害賠償請求権の成否が特別に問

§709 B Ⅳ

題となる。学説では，抵当権者は所有者が取得する損害賠償請求権に物上代位すべきであるとして，抵当権者の固有の損害賠償請求権を否定する見解が多い（加藤(一)110頁以下，四宮・中319頁など）。

抵当権の侵害に関して，より詳しくは，→第6巻§369 Ⅶ 3。

(c) その他の担保物権の侵害　　以上のほか，各種の担保物権の侵害に関して，注民(19)70頁以下〔三島〕，道垣内弘人「担保の侵害」同・典型担保法の諸相〔2013〕43頁参照。

(エ) 占有（権）の侵害　　占有者は，物の占有を妨害・侵奪された場合には，198条・200条による損害賠償請求権を有する。その要件は，一般不法行為の原則に従う（大判昭9・10・19民集13巻1940頁）。

両条の損害賠償請求権による占有の保護は，占有が本権に基づかない場合に実際的意味をもつ。判例は，そのような占有の侵害についても，物の利用を妨げられたことによる損害の賠償を認める（大判大13・5・22民集3巻224頁）。これに対して，学説は，占有者が善意の場合（189条1項参照）を除き，使用収益の喪失による損害賠償を不当とする。詳細については，→第5巻§198 Ⅳ・§200 Ⅴ 2。

(2) 物権的権利の侵害

物権にはあたらないが物権的性質をもつ物権的権利も，不法行為法上，物権に準じた保護を受ける（絶対権侵害型）。

(ア) 資源採取の物権的権利の侵害　　特別法には，資源の採取を目的とする物権的権利を認めるものがある。例えば，鉱業権は，鉱区において一定の鉱物を採掘・取得する物権的権利であり（鉱業5条・12条），鉱区（鉱物採取というその特殊の利用）に対する支配権の性質をもつ（新版注民(6)〔補訂版，2009〕17頁〔舟橋諄一＝徳本鎮〕）。それゆえ，その独占的支配への干渉（他人が当該鉱区で採掘する行為など）は，全て鉱業権の侵害となる。漁業権（漁業6条・23条1項）についても同様である。詳細については，水利権・温泉権等の侵害も含め，注民(19)74頁以下〔三島〕参照。

なお，地下水の利用は，土地所有権の内容に含まれるが，同一水脈からの地下水の利用は相隣法的限界に服する（広中俊雄・新版民法綱要第1巻〔2006〕160頁）。そのため，隣地所有者Yの地下水利用によって土地所有者Xの地下水利用が妨げられた場面では，妨害が一定の限度を超えてはじめて不法行

〔橋本〕　329

為となる（大判昭 13・6・28 新聞 4301 号 12 頁参照）。

(ｲ)　知的財産権の侵害

　(a)　知的財産権（特許権，著作権のほか，実用新案権，意匠権，商標権など）は，およそ有体物・その支配の要素を含まないが，講学上，物権的権利とされてきた。

　知的財産法制は，知的財産権を通じて，特定の無形財の特定の利用行為の権利（特許・発明の実施や著作物の複製など）を権利者に専有させ（特許 68 条，著作 21 条以下など），他者による当該利用行為を禁じる。権利者は，当該無形財の当該利用行為の可能性について排他独占的支配を有するから，その独占的地位への干渉（無権限者が特許・発明を実施する場合，特許権者による実施を差し止める場合など）は，全て知的財産権の侵害となる。

　以上のほか，個別の知的財産権の侵害については，個別法の注釈書を参照。

　(b)　不法行為法による知的財産の保護は，基本的に，知的財産法制が現に権利を付与している範囲に限定される（前田健「知的財産法と不法行為」窪田充見＝大塚直＝手嶋豊編・事件類型別不法行為法〔2021〕371 頁以下参照）。ある無形財の利用行為について排他独占的権利を認めるか否か・その範囲については，知的財産法制が諸利益の衡量に基づく決定を下しており，その決定は不法行為法に優先するからである（窪田充見「不法行為法学から見たパブリシティ」民商 133 巻 4＝5 号〔2006〕737 頁以下，窪田 143 頁，田村善之「知的財産権と不法行為」同編・新世代知的財産法政策学の創成〔2008〕3 頁）。ただし，現行法制に明らかな保護の欠缺があり，それを不法行為法が補充すべき場合は，その例外となる（最判平 16・2・13 民集 58 巻 2 号 311 頁〔物のパブリシティ権を否定〕，最判平 24・2・2 民集 66 巻 2 号 89 頁〔パブリシティ権を承認〕参照）。

(3)　債権の侵害

(ｱ)　総　　説

　(a)　債権侵害の不法行為の論理構成　　債権は，債務者に対し給付を請求する権利であることから，かつては，第三者による侵害の論理的可能性それ自体も問題とされた。この点については，大審院大正 4 年 3 月 10 日判決（刑録 21 輯 279 頁）以来，債権は「権利ノ通有性」としての「対世的権利不可侵ノ効力」を備えており，「何人タリトモ之ヲ侵害スルコトヲ得サルノ消極的義務ヲ負担スル」という構成がとられてきた（我妻・前掲債権総論 9 頁参照）。

§*709* **B IV**

そもそも，不法行為法の観点からは，第三者に対する債権の効力を云々するまでもなく，端的に，債権が「権利又は法律上保護される利益」として不法行為法の保護を受けるか否かを論じれば足りる（林良平＝石田喜久夫＝高木多喜男〔安永正昭補訂〕・債権総論〔3版，1996〕7頁・74頁〔林〕）。債権は，財産価値獲得の可能力として財産の重要な構成要素をなすのであるから（債権の財産性・財貨性），保護を肯定すべきは当然である（於保不二雄・債権総論〔新版，1972〕11頁・80頁参照）。

　(b)　**債権侵害の類型**　　債権の侵害について，伝統的議論は，債権の構造・効力に照らして，①債権の帰属の侵害，②給付の侵害のうち債権が消滅する場合（平成29年民法改正をうけて，以下の記述では，履行請求権が否定される場合と読み替えている），③給付の侵害のうち債権が損害賠償債権に転形する場合，④債務者の責任財産の減少の各類型を区別してきた（我妻・前掲債権総論77頁以下，加藤（一）118頁以下，奥田昌道・債権総論〔増補，1992〕234頁以下，四宮・中320頁以下・344頁以下）。債権の保護の範囲を画定する上では，まずは債権侵害の内実が問われることから，以下の説明も伝統的類型論に依拠している。

　これに対して，近年の学説では，現実の紛争事例に即した類型論（不動産・動産二重取引型，条件付取引違反誘致型，引抜き型，労働争議型，間接侵害型など）も有力である（吉田・侵害論565頁以下・667頁以下。潮見佳男「債権侵害（契約侵害）」新賠償講座(2)249頁も参照）。伝統的議論との対比では③の類型を個別の場面に分解するものといえ，被侵害債権（契約）の種類・内容にも留意している。

　なお，不動産賃借権の侵害については，→(1)(イ)(b)。

　(イ)　**債権の帰属の侵害**

　(a)　第三者が債権の帰属を侵害する類型である。債権者の地位は，⑦債権それ自体と④当該債権の債権者への帰属関係とに分解することができるが（財産権の帰属に関しては，森田宏樹「財の無体化と財の法」吉田克己＝片山直也編・財の多様化と民法学〔2014〕116頁以下が詳しい），この類型では④が侵害される。①YがXの有価証券を毀滅し，または第三者に善意取得させる場合や，②受領権者としての外観を有する者YがXの債権の弁済を受けて債権を喪失させる場合（最判平23・2・18判タ1344号105頁〔弁済者に過失があるためXがなお債権を有している事例でXの損害賠償請求を認めたもの〕参照），③Yが表見代理人と

〔橋本〕　　331

§709 B IV　　　　　　　　第3編　第5章　不法行為

してXの債権を第三者に譲渡する場合が、この類型に該当する。

この類型において、債権の帰属は、他者による侵害に対して絶対的保護を受ける（絶対権侵害型）。債権といえども権利帰属の次元では排他性があり、債権者（債権の帰属主体）は、当該債権の法的処分・行使の可能性を独占している。それゆえ、そのような排他独占的支配への干渉（第三者による処分・行使など）は、全て、債権帰属の侵害として権利・法益侵害要件を充足する。

（b）　なお、同じく債権の帰属の侵害ではあっても、債権が二重に譲渡され、第二譲受人が先に第三者対抗要件を具備した結果、第一譲受人が債権帰属を侵害される類型では、不法行為の成立が原則否定される（所有権の二重譲渡に関する(1)(ア)(c)参照）。

（ウ）　給付の侵害（履行請求権が否定される場合）

（a）　第三者が債権の目的たる給付を侵害し（債務者の責めに帰することができない場合であるとする）、その結果、当該債権が履行不能になって履行請求権が否定される類型である。①特定物の引渡債権について第三者が目的物を毀滅した場合（大判大11・8・7刑集1巻410頁〔報酬債権の目的となっている立木を伐採〕参照）や、②なす債務について債務者を殺傷・監禁等した場合（大判大7・10・12民録24輯1954頁〔芸妓稼業契約を結んでいる芸妓を誘拐〕参照）が、この類型に該当する。

（b）　この類型について、学説は、加害者が債権の存在を認識していた場合にのみ不法行為の成立を認める（林ほか・前掲書76頁〔林〕、奥田・前掲書231頁・234頁。前掲の2判決も、認識のあった事案に関する）。

このような絞りには、第三者Yの債務者A（その所有物や身体）に対する物理的加害によって、債権者XがAに対する債権を侵害されるという特有の構造（間接被害）が反映している（幾代＝徳本70頁、前田(達)51頁、四宮・中320頁以下・496頁）。第1に、上記の構造において、直接被害者（A）の所有物や身体をめぐる債権関係（債権者X）は多数かつ広範囲にわたりうる。そのため、物理的加害による債権侵害に対する責任については、その範囲に何らかの限定を付することが求められる（幾代＝徳本70頁）。第2に、間接被害の構造の下で、XがYの不法行為責任を追及する場合には、YのAに対する所有権・身体侵害の不法行為とは独立に、YのXに対する債権侵害の不法行為が成立しなければならない（前田(達)303頁参照）。そして、物や身体に向け

332　〔橋本〕

§709　B IV

られた Y の行為は，債権の侵害まで行為の目的（方向）に含んでいた場合に
はじめて，債権侵害行為といえる（侵害禁止規範がそれを債権侵害行為として禁じ
る）のである（→V2(2)(イ)）。

　(c)　反対説として，近年では，(b)のような絞りを疑問視する学説も有力
である（星野・前掲民法概論Ⅲ126頁・128頁，平井・前掲債権総論119頁以下，平井
45頁以下・185頁以下のほか，吉田・侵害論647頁参照）。この見解は，本類型でも，
Y の過失行為（物・身体の物理的加害）において不法行為責任は成立している
として，X の債権の侵害を損害賠償の範囲の問題に位置付け，過失を構成す
る結果回避義務の義務射程が X・その債権の侵害を含むかどうかを問う。

　(エ)　給付の侵害（損害賠償債権に転形する場合）

　(a)　第三者が債務者の債務不履行に加担して給付を侵害する類型であり，
債権が損害賠償債権に転形する。①第三者 Y が，競合取引以外の方法で，
債務者 A の債務不履行に加担する場合（前掲大判大4・3・10，大判明40・6・22
民録13輯698頁は，いずれも，代理人 A の権限濫用〔委任・雇用契約の違反〕に相手方
Y が加担した事例）と，②第三者 Y が，既に X と契約を結んでいる A に働き
かけて，Y との間で競合取引をさせる場合（労働者の引き抜きや二重の売買契約）
とに大別される。

　なお，伝統的通説である相関関係理論（→Ⅲ2(2)(イ)）は，債権侵害に関し
て，もっぱらこの類型を念頭に，債権は弱い権利であるから侵害行為の違法
性（公序良俗違反）が問われるとしていた（我妻・前掲債権総論77頁）。

　(b)　伝統的学説は，この類型での主観的要件について，債務者に対する
教唆または債務者との通謀を要求する（前掲大判大4・3・10も同旨か）。債権は
債務者の信義を拠り所とするから，第三者の関与によって債務者が信頼を裏
切った場合にも，債権者としては債務者本人の不信を問うて満足すべきであ
る，との理由による（我妻・前掲債権総論78頁以下）。債務者が自由意思によっ
て債務の不履行（違法行為）を決意した以上は，その行為は，本来，もっぱ
ら債務者本人の責任に帰せられるべきといえる（→Ⅶ3(3)(イ)）。

　さらに，②競合取引の場面については，客観的要件の面からも，不法行為
の成立が限定される（我妻・前掲債権総論79頁，加藤(一)120頁）。すなわち，Y
が同一内容の債権を取得して履行を受けた（それによって X の債権の不履行をも
たらした）行為は，原則として適法であり，詐欺・強迫に類する手段を用い

〔橋本〕　333

§*709* **B IV**　　　　　　　　　　　　　第3編　第5章　不法行為

た場合や不正競争に該当する場合にだけ違法性を帯びる。なぜなら，債権には排他性がなく，同一内容の債権が時間的に相前後して成立することが認められている上，それら複数の債権の効力は互いに平等だからである。

　(c)　②競合取引の場面において，侵害行為の態様に関する上記の客観的・主観的要件は，自由競争を前提に（加藤(一)118頁・120頁），債権（先行契約）の保護と取引自由（競合する後行契約の自由）との間の調整を図るものにあたる。

　これに対して，近年の学説では，上記の要件による調整は債権保護の範囲を限定しすぎているとの批判が有力である。この見解は，二重売買事例でいえば，第二買主に契約侵害の認識がある限り広く不法行為の成立を認めてよいとし，教唆・通謀や不正な手段等を問わない（吉田・侵害論576頁のほか，磯村保「二重売買と債権侵害(1)」神戸35巻2号〔1985〕391頁以下，平井・前掲債権総論120頁以下，平井45頁以下）。なぜなら，自由競争は，他人の先行契約を侵害することまで許すものではない。むしろ，契約は，自由な取引活動の基礎として，第三者の競合取引による侵害に対しても保護が要請される（契約の保護を第三者に契約侵害の認識があった場合に限定するのは，第三者の自由な取引活動を確保すべき要請による。吉田・侵害論178頁以下・418頁以下・673頁以下参照）。

　(ｵ)　**債務者の責任財産の減少**　　第三者が債務者の責任財産を減少させて債権の強制的実現を困難にする類型である。①財産の損壊・隠匿等の事実行為による場合と，②第三者が債務者による財産の贈与・廉価売却などの相手方になる場合とがある。

　このうち，①の場合には，債務者が第三者に対して不法行為による損害賠償債権等を取得し，これが責任財産を構成することになる。また，②の場合にも，債権者は詐害行為取消権を行使して責任財産を回復することができる。そのため，いずれの場合も，債権侵害の不法行為を認める必要性は乏しいともいえる（加藤(一)120頁参照）。判例には，第三者に債権侵害（強制執行の妨害）の目的があった事案で不法行為の成立を認めたものがある（大判大5・11・21民録22輯2250頁〔債務者と第三者が通謀して財産を隠匿〕，大判昭18・12・14民集22巻1239頁〔第三者Yが債務者を教唆してYに対する訴訟上の請求を放棄させた〕）。

　(4)　**営業の侵害**

　(ｱ)　**総説**　　営業は，顧客との取引行為の反復・継続を通じて収益を獲得

§*709* **B IV**

することに向けられており，一定の収益力を備える。この点で，営業（現に存立しているか，開業の具体的準備段階にあるもの）も，不法行為法の保護が要請され，特定の態様による侵害に対して保護される（非絶対権侵害型）。

例えば，虚偽の風説を流布して営業を妨害する場合（支払能力・支払意思や販売する商品の品質等に対する社会的信頼を低下させて営業上の信用を毀損するなど）や，偽計・威力を用いて営業を妨害する場合（大判明32・12・21民録5輯11巻88頁〔不当な申立てによって裁判所に破産手続開始決定をさせた〕）が，営業侵害として権利・法益侵害要件を充足する。

　(イ)　競業者間での営業侵害

　(a)　不公正な競争手段　　営業の侵害は，しばしば，営業上の競争関係にある者の間で問題となる。ここでは，（競業者Y側の）営業自由および自由競争との衡量に基づき，（X側の）営業が，不公正な競争手段による侵害に対してのみ保護される。判例の表現によれば，「許される自由競争の範囲を逸脱」する行為による営業の侵害だけが，違法性を帯びて不法行為を構成する（最判平19・3・20判タ1239号108頁参照）。

　なお，競業者間での営業の侵害は，上記のような①競業者Yが，不公正な競争手段を用いてXの営業を侵害する類型が，典型例となる（大判大3・4・23民録20輯336頁〔競業者Yが商品の委託販売の受託者を脅迫して販売を停止させ，委託者Xの営業を妨害した〕など）。さらに，競業者による営業侵害には，②Yが不当にXの新規参入・事業継続を排除する類型も含まれる（大判昭15・8・30民集19巻1521頁〔中央卸売市場に所属してバナナの仲買業務を独占する仲買人の組合Yが，市場に所属しない青果問屋Xに対する販売取引を拒絶し，営業を不能にした〕，前掲最判平19・3・20〔パチンコ業者Yが，同業者Xの出店予定地の付近の土地等を児童遊園として社会福祉法人に寄附する方法によって，風俗営業法の規制を利用してXの出店を阻止した〕）。②の類型では，（X側の）営業の存立が，不当な競争阻害行為による侵害に対して保護されることになる（②の類型は，吉田邦彦「不正な競争に関する一管見」民法解釈と揺れ動く所有論〔2000〕498頁以下にいう「動的な競争秩序の保護」「取引先行者による侵害」や，独占禁止法2条9項の公正競争阻害性の一類型とされる「競争の減殺」に対応する）。

　(b)　競争法の定める行為類型

　具体的にどのような行為が不公正な競争手段（→(a)①）や不当な競争阻害

〔橋本〕　　335

§709 B IV 　　　　　　　　　　　　　　第3編　第5章　不法行為

行為（一(a)②）にあたるのか（どのような競争手段や競争阻害行為に対して営業・その存立が保護されるのか）については，競争法の定める行為類型が基準となる。

(i)　不正競争　　不正競争防止法は，「不正競争」の行為類型を個別に列挙した（不正競争2条1項各号）上で，「故意又は過失により不正競争を行って他人の営業上の利益を侵害した」場合の損害賠償責任を定める（同4条）。不正競争には，混同惹起行為（不正競争2条1項1号），営業秘密に係る不正行為（同4号～9号），誤認惹起行為（同20号），信用毀損行為（同21号）などの類型がある。

こうした規律は，不公正な競争手段による営業侵害に関して，民法709条の責任成立要件を具体化したものといえる。したがって，709条による場合も，営業保護の範囲は不正競争防止法4条と同じになる（その限りで，709条は独自の意義を失う）。

(ii)　不公正な取引方法　　独占禁止法は，「私的独占」「不当な取引制限」のほかに「不公正な取引方法」を禁止するところ（独禁3条・19条。さらに，独禁25条は特別の責任成立要件を置くが，同26条の制限がある），禁止行為の類型は個別に列挙されている（独禁2条9項各号）。不公正な取引方法には，ぎまん的顧客誘引（不公正告8項），競争者に対する取引妨害（同14項），共同の取引拒絶（独禁2条9項1号，不公正告1項），排他条件付取引（不公正告11項）などの類型がある。

このような行為規制は，競争法が，自由かつ公正な競争の観点から，競争秩序の下で許される行為の範囲を線引きしたものである。それゆえ，709条による営業の保護についても，侵害行為が「不公正な取引方法」の類型に該当するか否かを基準としてよい（根岸哲「独占禁止法違反と損害賠償」経済法学会編・独占禁止法講座Ⅶ〔1989〕60頁以下も結論同旨）。

(c)　競争法に具体的規律がない場面　　競業者間での営業侵害は，競争法に具体的規律のある類型ばかりではない。最近の判例では，競業避止義務の特約なく退職した元従業員が競業行為をした場合における営業侵害の不法行為の成否が問題となった（最判平22・3・25民集64巻2号562頁〔不法行為を否定した事例判決。会社Xの元従業員YがXと同種の事業を始め，Xの取引先から継続受注するようになったが，Yは，元営業担当としての人的関係を利用したにとどまり，また，取引開始も退職から5か月後であった〕）。

336　〔橋本〕

§709 B Ⅳ

(ウ) 間接被害の類型　　営業の侵害には，Aの身体や所有物に対する物理的加害行為によって，Xがその営業を侵害されるという間接被害の類型も含まれる。経営者・従業員の身体に対する加害（負傷・死亡）による場合や，送電線・通信回線等の公共設備に対する加害による場合などがある（企業損害。→C Ⅵ 2 (4)(ウ)・(エ)）。これらの場合に，身体・設備に対する物理的加害行為は，Xの営業の侵害まで行為の目的に含んでいた場合を除き，営業侵害の不法行為とならない（→(3)(ウ)(b)，C Ⅵ 2 (4)(ウ)(c)(i)②）。

(5)　**総体財産の減少**（行為態様面の違法性）

(ア)　総　　説

(a)　総体財産の減少事例　　不法行為責任は，権利・法益の侵害がないまま財産的損害が生じる（そのようにみえる）場面でも成立する場合がある。この種の場面は，一般には純粋経済損失（純粋経済損害）と呼ばれるが，以下では，イギリス法の pure economic loss（人身被害や物の損壊を伴わない場合を指す）と区別するために，総体財産の減少という表現を用いる。

総体財産の減少事例は，①被害者が自らの意思で処分行為を行う類型（(イ)詐欺・不当勧誘），②訴訟制度等の利用・それに内在する不利益に関わる類型（(ウ)不当な訴えの提起等），③契約・その交渉上の利益に関わる類型（(エ)契約交渉の不当破棄，(オ)建物の基本的安全性を損なう瑕疵），④特別法による行為規制が総体財産の保護に向けられている類型（(カ)虚偽の公告・登記，(キ)独占禁止法の違反行為）の 4 つに大別される。

(b)　権利・法益侵害要件の判断　　伝統的学説は，「権利」侵害要件を加害行為の違法性要件に置き換え，相関関係理論に基づいて違法性判断を行う立場（→Ⅲ 2 (2)(イ)）から，(イ)(a)詐欺，(ウ)不当な訴えの提起，(カ)虚偽の公告・登記などの諸事例を，行為態様面の違法性という観点から取り上げてきた（近年でも吉村 63 頁）。

しかし，各事例について，総体財産の減少という理解や行為態様面の違法性という観点が適合的かは再検討の必要がある（橋本佳幸「不法行為法における総体財産の保護」論叢 164 巻 1 〜 6 号〔2009〕391 頁）。なぜなら，ほとんどの事例では何らかの権利・法益の侵害を見いだすことができ，また，不法行為の成立範囲の画定にあたって行為態様の非難性それ自体が基準となっているかは疑わしい。

〔橋本〕　　337

§*709*　B IV

第3編　第5章　不法行為

(イ)　詐欺，不当勧誘

(a)　詐欺　　古典的事例として，詐欺によって金銭や物を騙取する行為は，不法行為となる（大判明32・5・30民録5輯5巻142頁，大判大12・3・14民集2巻103頁など）。

この類型では，詐欺者の欺罔行為によって相手方が金銭・物を処分し，その所有権を喪失しているが，被害者自らの意思による処分であるため所有権侵害に該当しないかのごとくである。そこで，伝統的学説は，刑罰法規違反・公序良俗違反という行為態様面から違法性を認めてきた。しかし，欺罔されてした処分は自由な意思決定に基づくものといえず，所有権侵害に該当するとしてよい。取引主体は，金銭・物所有権の自己への帰属を，欺罔行為に対して保護される。

なお，詐欺や不当勧誘を意思決定の自由（自己決定権）の侵害と捉える構成について，→D VI 3 (5)(イ)(b)。

(b)　契約締結の不当勧誘　　近年では，より広く，不実告知により誤認を生じさせる等の不当な方法で相手方を取引に勧誘し，損失をもたらしうる契約を締結させ，結果として相手方が取引上の損失を被った場面でも，不法行為の成立が肯定される（最判平8・10・28金法1469号51頁〔違法な勧誘行為〕，最判平18・6・12判タ1218号215頁〔説明義務違反〕など）。なお，金融商品の販売における不当勧誘に関しては，金融サービス法6条に特別の責任成立要件も置かれている。

契約締結の不当勧誘が不法行為となるのは，主に，①不実告知によって，相手方の事実誤認を積極的に惹起して契約締結をさせる場合，および，②情報収集・分析能力に構造的格差がある事業者・消費者間で，事業者が説明義務に違反して相手方たる消費者の事実誤認を放置したまま契約締結をさせる場合である。

この類型でも，不当勧誘の相手方は自由な意思決定を妨げられている（消費契約4条参照）から，詐欺の類型と同様の図式があてはまる。相手方は，金銭所有権の帰属や債務の（不）負担という権利・法益を，不当な勧誘行為に対して保護される。

以上のほか，この類型の詳細については，→D VI 2 (2)・3 (3)(イ)(b)。

(c)　宗教団体による献金の不当勧誘　　不当勧誘による不法行為は，寄

§*709* B Ⅳ

附の勧誘についても問題となりうる。宗教団体・その信者が献金を勧誘する行為は，それが「勧誘の在り方として社会通念上相当な範囲を逸脱する」場合に，違法と評価される（最判令6・7・11 LEX/DB25573641）。その判断に当たっては，寄附者が献金についての適切な判断を妨げられた程度だけでなく，献金によって生活の維持に支障が生じた程度なども総合的に考慮される。

(ウ)　不当な訴えの提起等

（a）　不当な訴えの提起　　提訴者の権利主張に根拠がなく，最終的に敗訴の確定判決が下された場合においても，相手方は，応訴のため，訴訟追行費用（弁護士費用）などの経済的負担や精神的負担を強いられている。ここには，提訴者の行為が相手方に対する不法行為にあたらないかが問題となりうる。

もっとも，裁判制度の自由な利用（裁判を受ける権利）の観点からは，当該訴えの提起は，「原則として正当な行為であり」，違法といえない。例外的に，「提訴者が，そのこと〔主張する権利が事実的・法律的根拠を欠くこと〕を知りながら又は通常人であれば容易にそのことを知りえたといえるのにあえて訴えを提起したなど，訴えの提起が裁判制度の趣旨目的に照らして著しく相当性を欠くときに限」り，「訴えの提起が相手方に対する違法な行為」となる（最判昭63・1・26民集42巻1号1頁）。

伝統的理論によれば，この類型は公序良俗違反という行為態様面の違法性の問題となる（大連判昭18・11・2民集22巻1179頁参照）。私見は，被告たる法的地位の発生において権利・法益侵害が存し，そのような法的地位の不発生という権利・法益が，裁判制度の趣旨目的を逸脱した訴えの提起に対して保護されると解する。被告たる法的地位の発生は，裁判制度に組み込まれた当然の不利益であるため，本来ならば権利・法益侵害となりえないが，訴えの提起が裁判制度の趣旨目的を逸脱する場合はその限りでない。

（b）　不当な弁護士懲戒請求　　弁護士懲戒請求（弁護58条）が事実的・法律的根拠を欠いていた場合は，「請求者が，そのことを知りながら又は通常人であれば普通の注意を払うことによりそのことを知り得たのに，あえて懲戒を請求するなど，懲戒請求が弁護士懲戒制度の趣旨目的に照らし相当性を欠く」ときに「違法な懲戒請求」となる（最判平19・4・24民集61巻3号1102頁）。前記(a)の基準に類似するが，「容易に」「著しく」の絞りがない。

〔橋本〕　　339

§*709* B IV 第3編 第5章 不法行為

(c) 確定判決の騙取，不当な保全処分　　不正な行為を行って，本来ありうべからざる内容の確定判決を取得した場合には，当該行為が著しく正義に反し，確定判決の既判力による法的安定の要請を考慮してもなお容認し得ないような特別の事情がある場合に限って，不法行為が成立する（最判昭44・7・8民集23巻8号1407頁，最判平10・9・10判タ990号146頁）。

他方，保全処分が執行されたが，被保全権利が当初から存在しないことが明らかになって取り消された場合（不当な保全処分）については，不法行為の成立は特に限定されない（最判昭43・12・24民集22巻13号3428頁参照）。

詳細については，民事訴訟法・民事保全法の注釈書を参照。

(エ) 契約交渉の不当破棄　　契約の締結交渉を一方当事者が打ち切った場合には，他方当事者が契約締結を見込んで投下した費用が無駄になりうるところ，交渉破棄者は，原則として，この支出費用の損害賠償責任を負わない。しかし，①事実に反して，契約締結の可能性や確実性を誤信させるように振る舞った場合（誤信惹起型），および，②締約段階に至ってから正当な理由なく締約を拒絶し，相手方の信頼を裏切る場合（信頼裏切り型）に限っては，交渉破棄者は不当破棄による責任を負うとされる（池田清治・契約交渉の破棄とその責任〔1997〕25頁以下・329頁以下）。

この責任を不法行為として法律構成する場合（最判昭58・4・19判タ501号131頁，最判平18・9・4判タ1223号131頁）における被侵害権利・法益について，契約締結の信頼や支出費用それ自体が権利・法益侵害に該当するとはいいがたいが，他方当事者が契約締結を信頼して行った財産処分に基づき，契約交渉の継続という法益が成立するとみることができる。破棄者の側の交渉離脱の自由を考慮すれば，そのような法益は，上記①②の場合に限り，破棄者の行為に対して保護されうる。

以上のほか，この類型の詳細については，D VI 2(1)・3(3)(イ)(a)参照。

(オ) 建物の基本的安全性を損なう瑕疵　　売買の目的物とされた建物に瑕疵があり，当該建物を取得した買主が修補費用相当額の損失を被った場合において，建物の瑕疵が設計・施工者の過失によるとする。このような場面で，判例によれば，建物の設計・施工者は，建物に「建物としての基本的な安全性を損なう瑕疵」，すなわち，「居住者等の生命，身体又は財産を危険にさらすような瑕疵」がある場合（「生命，身体又は財産に対する現実的な危険をもたらし

340　〔橋本〕

§*709* **B IV**

ている場合に限らず，……放置するといずれは……危険が現実化することになる場合」で
もよい）には，建物取得者に対し，瑕疵修補費用相当額の損害について「不
法行為による賠償責任を負う」（最判平19・7・6民集61巻5号1769頁，最判平
23・7・21判タ1357号81頁）。

　建物の瑕疵は，建築主―設計・施工者間の請負契約および建築主―建物取
得者間の売買契約における契約利益の侵害（契約不適合）であって，本来，契
約法の規律領域に属する。しかし，「建物としての基本的な安全性を損なう
瑕疵」の限りでは，建物取得者を含む建物居住者等の生命・身体の保護が問
題となり，そのため不法行為法の介入が要請されうる。判例は，そのような
瑕疵との関係で，生命・身体の侵害のおそれをもって権利・法益侵害要件が
充足されたとみて，生命身体に対する危険の除去のために瑕疵修補費用の賠
償を認めたものといえる。

　以上のほか，この類型の詳細については，→ D VI 3 ⑶(イ)(c)。

　(カ)　**虚偽の公告・登記**　　会社がした虚偽の公告・登記によって会社債権
者・株主等が損失（債権の回収不能など）を受けた場合に，取締役等に過失が
あるときは，会社債権者・株主等に対する不法行為責任が成立する（大判明
45・5・6民録18輯454頁，大判昭2・3・5新聞2731号12頁など）。

　この類型について，伝統的学説は，取締法規違反という行為態様面から違
法性を認めたが，あわせて，当該法規の保護目的が及ぶことも指摘していた
（加藤(一)132頁）。現在では，会社法429条2項が，公告・登記制度に連結さ
れた特別の責任成立要件を定めている（→III 5）。

　(キ)　**独占禁止法の違反行為**　　独占禁止法違反の行為については，独占禁
止法25条が特別の責任成立要件を定めるが（→III 5），同条による請求は，
排除措置命令がされた場合にしか認められない（独禁26条参照）。そこで，判
例は，被害者が，別途，民法の規定に基づいて損害賠償を請求することがで
きるとし，かつ，この請求を一般消費者（購買価格の上昇などの損害）にも認め
る（最判平元・12・8民集43巻11号1259頁）。

　この類型について，伝統的理解から，刑罰法規違反をもって違法性を認め
ることもできるが（小倉顕〔判解〕最判解平元年470頁参照），むしろ，独占禁止
法による行為規制の目的や行為規制に連結された同法25条の存在が決定的
であろう。

〔橋本〕　341

§709 B IV 第3編 第5章 不法行為

3 人格的利益の侵害

(1) 総 説

(ア) 各種の人格的利益　各種の人格的利益は，(i)身体的利益と(ii)狭義の人格的利益（身体的利益以外の人格的利益）とに大別される。(i)身体的利益には，①生命・身体・健康や②身体の自由・性的自由が分類される（→(2)）。③身体的自己決定権（→(3)）や④生活利益（生活妨害。→(4)）は，(i)身体的利益とも連続する面があるが，有形・無形の区別によれば(ii)狭義の人格的利益となる。そのほか，(ii)狭義の人格的利益には，⑤社会との関係に関わる名誉・プライバシー（→(5)），⑥家族関係・社会的交際関係といった人間関係（→(6)），⑦人格の内面での精神的自由（→(7)）などが含まれる。

絶対権侵害型と非絶対権侵害型の区別によれば，①生命・身体・健康および②身体の自由・性的自由の侵害が絶対権侵害型となり，他はほぼ全てが非絶対権侵害型である。

(イ) 人格権論　人格的利益は人としての生存・自律に関わる重要な利益であることから，学説では，それらを包括する「人格権」が構想される（五十嵐清・人格権法概説〔2003〕10頁以下。民法全体の体系における人格権について，→第1巻前注（§§3-32の2）II 2）。

人格権論によれば，人格権とは，人格的属性を対象とし，人格の自由な発展のために第三者による侵害に対し保護されなければならない諸利益の総体を意味する。人格権という権利の承認は，不法行為の成立の拡大や差止めによる保護につながり，また，包括的な人格権は，いまだ個別的権利として確立していない新たな人格的利益に法的保護を付与する際の受け皿となる，とされる。

もっとも，判例は，名誉，氏名，肖像等の個別の人格的利益を指して人格権概念を用いるにとどまる（最大判昭61・6・11民集40巻4号872頁〔名誉〕，最判昭63・2・16民集42巻2号27頁〔氏名〕など）。また，人格権論の法技術的有用性も，確たるものではない。第1に，人格権概念は，保護法益性が承認された人格的利益を総称する集合概念にとどまり，そこから個別の利益の法的保護が導き出されるような性質のものではない。第2に，権利・法益侵害要件の判断にあたって，権利と法益の区別は特に意味をもたない（→III 1 (2)(ウ)）。権利構成が法技術的意味を帯びるのは，人格権に基づく差止めの文脈に限ら

342　〔橋本〕

§*709* **B IV**

れる（→第 16 巻§722A Ⅳ(2)(イ)）。

(2) **身体的利益の侵害**

身体的利益は，人の身体それ自体に関わり，侵害に対する広範な保護が要請される。

(ア) **生命・身体・健康の侵害**

(a) **総説**　人は，自己の身体（生命・健康を含む）に対して排他独占的支配を有しており，その支配は全面的な保護を受ける（絶対権侵害型）。身体に対する有形的な干渉は全て，侵害禁止規範違反として違法評価を受け，また，権利・法益侵害要件を充足する。

身体侵害は，有形力の行使によって身体の完全性を損なう場合（負傷）が典型となるが，身体への作用が無形的な場合（音響，脅迫・嫌がらせなど）や作用の結果が生理的機能の障害にとどまる場合（病気の発症・感染，精神的障害など）も含まれる。生理的機能の障害の場合は，特に，健康侵害と呼ばれる。また，生命侵害は，身体侵害の結果が最大化した場合である。

(b) **死亡の場合の被侵害法益**　不法行為によって被害者が死亡した場合（→§711 Ⅱ 1）について，判例は，死亡による損害賠償請求権が被害者本人に発生し，それが遺族に相続されるという法律構成をとる（相続構成）。この構成は，被害者本人に対して生命侵害の不法行為が成立するとみるものである。

他方で，判例は，被害者の死亡によって扶養利益を喪失した遺族が固有の損害賠償請求権を主張する可能性も認めている（大判昭 7・10・6 民集 11 巻 2023 頁，最判平 5・4・6 民集 47 巻 6 号 4505 頁）。この場合には，遺族の扶養利益の侵害において不法行為が成立したと捉えることになるが，責任成立要件（権利・法益侵害，故意・過失）の判断は，やはり，被害者本人の生命侵害という実質面から行われる（四宮・中 323 頁，同・下 512 頁参照）。

(c) **損害賠償請求権の消滅時効期間の特則**　724 条の 2 は，「人の生命又は身体を害する不法行為による損害賠償請求権の消滅時効」についての特則を定める。同条にいう「身体」は健康を含む趣旨である（部会資料 31・13 頁）。

(イ) **延命利益侵害，生存の相当程度の可能性の侵害**　不作為不法行為（特に医療過誤）との関係では，生命・身体とは別個に，その拡大ともいうべ

〔橋本〕　343

§709 B Ⅳ　　　　　　　　　　　　　　　　　　　　第3編　第5章　不法行為

き身体的利益が不法行為法上の保護を受ける。

　具体的には，①（医師が注意義務を尽くして診療行為を行っていたならば）一定期間，患者が延命したであろうという延命利益，および，②（同じく）患者がその死亡の時点においてなお生存していた相当程度の可能性（最判平12・9・22民集54巻7号2574頁）がそれである。

　これらの法益・その侵害を観念することは，加害者の不作為と生命侵害との間の因果関係が確定されず，生命侵害の不作為不法行為が成立しない場面で重要な実際的意義をもち，生命・身体の保護を前進させる役割を果たす（→Ⅶ4⑵㋐，DⅡ3⑷㋔）。

　㋒　身体の自由，性的自由の侵害　　身体の自由とは，身体的拘束を受けない自由（場所的移動の自由）を指し，逮捕・監禁などの物理的・直接的拘束によって侵害される。身体の自由は，身体支配の発露であり，絶対的保護を受ける（絶対権侵害型）。710条の「自由」として起草者が念頭に置いていたのも，身体の自由である（法典調査会民法議事〔近代立法資料5〕448頁上段〔穂積陳重〕）。

　性的自由（貞操）も，同様に，身体支配の発露として絶対的保護を受ける（絶対権侵害型）。被害者を欺罔して性的自由を侵害した場合（大判明44・1・26民録17輯16頁〔名誉毀損とする〕，最判昭44・9・26民集23巻9号1727頁）は，情交が被害者自らの意思に基づくことになるが，詐欺の場面（→2⑸㋑(a)）と同じ図式があてはまる。

　なお，精神的自由の侵害については，→⑺。

　⑶　身体的自己決定権の侵害

　医療による身体侵襲との関連では，患者は，身体それ自体の保護と別個に，自らの意思で治療行為を選択・決定することができる地位（身体的自己決定権）を保障されている。医師が，治療行為について患者の同意を得るにあたり，十分な説明を怠った場合（説明義務違反）には，たとえ当該治療行為が医学的に見て適切であっても，自己決定権侵害の不法行為が成立する。詳しくは，→DⅡ3⑵㋒・⑶㋓。

　⑷　生活妨害，景観利益等の侵害

　人は，自らの身体・生活を取り囲む生活環境との関係で，①生活利益（騒音等にさらされたり日照・通風を奪われたりすることなく快適な生活を享受する利益）の

344　〔橋本〕

ほか，②眺望利益・景観利益（良好な景観の恵沢を享受する利益），さらには，③平穏に生活する利益などを有する。これらの権利・法益の侵害については，ＤⅣで叙述される（3⑶騒音被害，⑷日照・通風妨害，⑸眺望・景観侵害，⑹その他の生活利益の侵害）。

これらの権利・法益は，侵害に対して絶対的保護を受けない（非絶対権侵害型）。騒音・振動・粉じん・ばい煙・臭気の放散や日照・通風妨害によって周辺住民の生活利益が侵害される①の類型（生活妨害）では，騒音・振動等の作用が身体に及んでいるものの，非有形的作用にとどまり健康被害も伴わない点で，身体侵害の場面とは区別される。

⑸　名誉・プライバシー，氏名・肖像権等の侵害

㋐　総説　　人は，人格的自律の存在として社会との関わりをもつ上で，①自己の名誉（人格的価値についての社会的評価），②プライバシー（私生活の平穏・自由，私生活上の事実の秘匿，個人情報の適正な取扱い。広く，自己の情報に関するコントロール），③氏名（氏名の使用，氏名の正確な呼称），④肖像（容貌・姿態を撮影・公表されないこと）について，法的保護にふさわしい利益を有する。これらの権利・法益の侵害については，ＤⅠで叙述される（名誉毀損→1・2，名誉感情の侵害→1⑸，プライバシー侵害→3，個人情報の不適正な取扱い→3⑷，氏名権等の侵害→3⑶㋐⒝⒤，肖像権侵害→3⑵㋒⒞）。なお，パブリシティ権についても，→ＤⅠ4。

これらの権利・法益のうちでは，氏名を使用する権利（氏名権）だけが絶対権侵害型であり，他人による冒用に対して絶対的保護を受ける。他は全て，非絶対権侵害型となる。

㋑　絶対権侵害型・非絶対権侵害型の区別と名誉毀損　　名誉毀損に関しては，判例準則が免責事由を中心に展開され，不法行為の成否が，主に，名誉毀損に特有の免責事由（真実性の抗弁による違法性阻却）の次元で判断されている（→ＤⅠ2⑴㋐・⑵㋐）。このような判断枠組みは，権利・法益侵害（名誉毀損）において違法性が徴表されるとするかのごとくであり，絶対権侵害型に近づく。

しかし，名誉は社会の評価に依存し，また，その侵害は表現行為のかたちをとる。そのため，名誉という法益は，表現の自由との比較衡量にさらされ，絶対的保護になじまない。また，名誉毀損の不法行為については，免責事由

〔橋本〕　345

§709 B IV 第3編 第5章 不法行為

だけでなく成立要件も独自の責任限定機能を担っており，特定の侵害態様，すなわち公然と事実を摘示するか軽蔑的評価を表示する行為が要件となっている。これらの点で，名誉毀損は，むしろ非絶対権侵害型に区分される。言説が公共の利害に関する場合につき，不実性を成立要件とするのではなく真実性を免責事由と構成する判例準則は，刑法230条の2における挙証責任の転換や，言説者自らに言説の真実性を証明させることの合理性と関連付けて，理論的整序を図るべきものである。

(6) 家族関係，社会的交際関係の侵害

(ア) 家族関係の侵害

家族関係・家庭は，個人にとって最も基本的な人的結合関係として，不法行為法の保護を受ける。

(a) 婚姻・内縁関係の侵害　　婚姻関係の侵害に関しては，他方配偶者の有責不法な行為のために婚姻関係が破綻して離婚に至った場合が，不法行為とされる（最判昭31・2・21民集10巻2号124頁，最判昭46・7・23民集25巻5号805頁。→第17巻§768 II 3・4）。また，内縁または婚姻予約を正当の理由なく破棄する行為も，相手方に対する不法行為となる（最判昭33・4・11民集12巻5号789頁，最判昭38・9・5民集17巻8号942頁）。

ただし，婚姻関係の破綻・解消に関与した第三者が不法行為責任を負うのは，夫婦を離婚させることを意図して婚姻関係に対する不当な干渉をするなどして当該夫婦を離婚のやむなきに至らしめた場合に限られる。婚姻の解消は，本来，夫婦間で決められるべき事柄だからである（最判平31・2・19民集73巻2号187頁〔YがXの妻Aと不貞行為に及んだ。責任否定〕。最判昭38・2・1民集17巻1号160頁〔父Yが息子Aの内縁の妻Xをいびって追い出した。責任肯定〕参照）。

(b) 不貞行為の相手方による配偶者の権利の侵害　　夫婦の一方Aが第三者Yと不貞行為をした場合には，他方Xの，夫または妻としての権利（後掲最判昭54・3・30）もしくは婚姻共同生活の平和の維持の権利・法益（後掲最判平8・3・26）が侵害される（以下につき，→第17巻§752 V(2)）。

判例によれば，「夫婦の一方の配偶者〔A〕と肉体関係を持った第三者〔Y〕は，……右配偶者を誘惑するなどして肉体関係を持つに至らせたかどうか，両名の関係が自然の愛情によって生じたかどうかにかかわらず，他方の配偶者〔X〕の夫又は妻としての権利を侵害し，その行為は違法性を帯び」る（最

§*709* **B IV**

判昭 54・3・30 民集 33 巻 2 号 303 頁）。ただし，X と A の婚姻関係がその当時既に破綻していたときは，特段の事情がない限り，Y は X に対して不法行為責任を負わない（最判平 8・3・26 民集 50 巻 4 号 993 頁〔婚姻共同生活の平和の維持という権利・法益の侵害とする構成に基づき，婚姻関係が破綻していた場合は権利・法益を欠くとした〕）。

これに対して，学説では，X に慰謝料請求権を与えた場合の弊害を考慮して，不法行為の成立を否定する立場が有力である（水野紀子「不貞行為の相手方に対する慰謝料請求」山田卓生古稀・損害賠償法の軌跡と展望〔2008〕137 頁以下，二宮周平「不貞行為の相手方の不法行為責任」同書 167 頁以下参照）。法益・その侵害の構造面からみても，配偶者 A が不貞行為をしないという X の権利・法益の実現は，終局的に A の意思にかかっているところ，Y は，A が自由意思で行った不貞行為につき，その相手方となったにすぎない（前田達明・愛と家庭と〔1985〕19 頁以下・302 頁以下参照）。

(c) **不貞行為の相手方による子の利益の侵害**　夫婦の一方 A が第三者 Y と不貞行為をして家庭を放置した場合には，さらに，未成年の子 X の利益（親 A の監護・教育を受ける権利など）も侵害されることがある。判例は，この利益の保護については，(b)と異なり抑制的である。

判例によれば，「妻及び未成年の子〔X〕のある男性〔A〕と肉体関係を持った女性〔Y〕が妻子のもとを去った右男性と同棲するに至った結果，その子が日常生活において父親から愛情を注がれ，その監護，教育を受けることができなくなったとしても，その女性が害意をもって父親の子に対する監護等を積極的に阻止するなど特段の事情のない限り，右女性の行為は未成年の子に対して不法行為を構成するものではない」（前掲最判昭 54・3・30〔相当因果関係を否定〕）。

(ｲ) **社会的交際関係の侵害**　社会的交際関係も，社会生活の基礎となる人間関係として，不法行為法の保護を受ける。古くは，農村における村八分（村落共同絶交）が問題となった（注民(19)192 頁以下〔五十嵐清〕）。近年の判例には，会社が種々の方法を用いて特定政党の党員である従業員を職場で孤立させた行為を，職場における自由な人間関係を形成する自由の不当な侵害としたものがある（最判平 7・9・5 判タ 891 号 77 頁）。

〔橋本〕　347

§*709* B Ⅴ 　　　　　　　　　　　　　　　第3編　第5章　不法行為

(7)　精神的自由の侵害

　人の内面的な精神生活の次元では，精神的自由も，不法行為法による保護
が要請されうる（意思決定の自由の侵害については，→(3)，2(5)(イ)(a)）。

　判例によれば，信教の自由は，その態様・程度が社会的に許容し得る限度
を超える侵害に対して保護される（最大判昭63・6・1民集42巻5号277頁）。こ
れに対して，静謐な宗教的環境の下で信仰生活を送るべき利益は，そもそも
法的利益として認められない（同判決。→DⅠ3(2)(ウ)(b)）。

　このほか，市営地下鉄の列車内における商業宣伝放送による不法行為（聞
きたくないものを聞かない自由の侵害）が主張された事案で，違法性を否定した
判例がある（最判昭63・12・20判タ687号74頁。→DⅠ3(2)(ウ)(a)）。

(8)　行為の期待・信頼の侵害

　Yの言動に基づき，その相手方Xが，Yが特定の行為に出るとの期待・信
頼を抱いたが，YがXの期待・信頼を損なう場合がある。このような場面
につき，判例は，期待・信頼の侵害が不法行為を構成する可能性を排除しな
いが，あくまで例外的場合に限定している（最判平20・6・12民集62巻6号
1656頁〔放送事業者から取材を受けた者において当該取材で得られた素材が一定の内
容・方法で放送に使用されるものと期待・信頼した事案。消極〕，最判平21・12・10民集
63巻10号2463頁〔学校が生徒募集の際に生徒の親に対して説明・宣伝した教育内容等
の一部が入学後に変更された事案。消極〕）。仮にXの期待どおりの積極的行為を
要求するならば，Yの活動自由に対する重大な制約となろう（前掲の2判決は，
番組編集に関する自律的判断や教育内容等の決定に関する裁量を指摘する）。

Ⅴ　故意・過失要件

1　要件の伝統的理解

　709条は，「故意又は過失」を要件とする。この要件は，不法行為の責任
原因に関して過失責任主義（→AⅡ2）を採用することを意味する。

(1)　起草者の説明

　起草者は，権利侵害―故意・過失の2要件を行為と内心の対置として整理
し，故意・過失要件では行為者の「心ノ有様」を捉える趣旨であった。「行
為ノ基トナリマスル意思ノ有様ト云フモノハ積極的ニ消極的ニ故意又ハ過失

348　〔橋本〕

デナケラネバ行カヌ」とする（法典調査会民法議事〔近代立法資料5〕298頁下段・299頁下段〔穂積陳重〕）。

もっとも，過失に関する説明には揺らぎもみられ，「為スベキコトヲ為サヌトカ或ハ為シ得ベカラザル事ヲ為ストカ又ハ為スベキ事ヲ為スニ当ツテ其方法ガ当ヲ得ナイ」こと（行為）を捉えて「過失」ともしている（同297頁上段〔穂積〕）。この点は，旧民法財産編370条1項（「過失又ハ懈怠ニ因リテ他人ニ損害ヲ加ヘタル者」）の「過失又ハ懈怠」要件が内心と行為の双方にまたがっていたことが影響している（起草者による過失の理解について，錦織成史「違法性と過失」民法講座(6)134頁以下参照）。

(2) **伝統的通説**

(ア) **行為者の心理状態（主観的要件）**　伝統的学説は，故意・過失要件を，加害者の心理状態を捉える主観的要件として位置付けた。故意とは，他人の権利の侵害という結果（違法な事実）が発生すべきことを認識しながら，それを認容して（あえて）ある行為をするという心理状態を指す。また，過失とは，そのような結果の発生することを認識すべきでありながら，不注意のためそれを知りえないで，ある行為をするという心理状態を指す（我妻103頁，加藤(一)64頁）。

このような理解は，違法性―故意・過失という伝統的成立要件論と表裏一体の関係にある。すなわち，伝統的学説は，客観的違法性―主観的有責性の対置に基づき，条文上の権利侵害要件を違法性要件に読み替えるとともに，故意・過失要件を有責性を指すものと解したのである。

以上の伝統的理解は，それを基礎に置く伝統的成立要件論とともに，学説上，長らく支配的な地位を占めることになった。

(イ) **伝統的理解の特徴**

(a) **有責性，意思責任**　伝統的理解による故意・過失は，いずれも有責性の一場合にあたる。行為者は，違法な結果の発生を認識しながら当該行為に出たこと，または，意思を緊張させていれば違法な結果を認識しえたのに当該行為に出たことをもって，意思非難を向けられる。したがって，不法行為責任の帰責根拠も，ともに意思責任に存する（幾代＝徳本5頁・31頁参照）。

(b) **故意・過失の一体的理解**　伝統的理解において，故意と過失は一体的に理解されている。なぜなら，故意と過失は，心理状態・有責性として

共通する。さらに，法技術的観点からいっても，責任成立要件上，故意と過失は同列に置かれ，また，効果の面でも故意と過失の区別はないからである。この点は，刑法が故意犯を原則とし，また，故意犯と過失犯で法定刑を区別することとは事情が異なる。

(3) その後の展開

その後，1960 年代から 1970 年代にかけて，高速度交通や産業活動の急速な拡大・発展に伴い，交通事故・公害・製造物事故などの不法行為訴訟が急増した。ここに，判例上，過失の客観化（行為義務違反化）といわれる現象が生じ，過失の内実が大きく変容することになった（→3(2)）。判例は，加害者の内心ではなく客観的行為の次元で過失を捉えて，加害者が何々すべき注意義務を怠ったことをもって過失としたのである。

過失の客観化は，伝統的な過失理解（心理状態，有責性，意思責任）に全面的な見直しを迫り，また，故意・過失の一体的理解を困難なものとした。

以下，故意・過失の詳細については，項目を分けて説明する。

2 故 意

(1) 故意の意義

(ア) 伝統的理解，判例　故意の伝統的理解については，前記 1(2)(ア)のとおり。

故意の要件（過失との区別）に関して，伝統的学説では，刑法学での議論を踏まえて，①未必の故意と認識ある過失の区別や②違法性の認識の要否も議論された。①については結果の認容の有無が基準とされ，②については，違法性の認識は故意の要件でないとされる（我妻 103 頁以下）。とはいえ，故意と過失を厳密に区別することの実益は乏しく（→1(2)(イ)(b)），理論的整理にとどまった（加藤(一)68 頁）。

判例も，故意と過失を厳密には区別していない。もっとも，公害・生活妨害などの継続的不法行為では，被害発生が現実に認識されて以降，確定的故意を認定することもできるはずだが（我妻 104 頁），裁判例は故意を認めない（澤井 171 頁参照。結果の認容がないとする）。

(イ) 現在の学説

(a) 故意の定式化　過失の客観化以後も，支配的学説は，故意を行為者の心理状態において捉えてきたが（前田(達)25 頁，平井 70 頁など），故意の定

式化を修正して行為の要素を取り込む見解も有力である（四宮・中 300 頁・291頁，澤井 170 頁・173 頁）。

行為者に要求される心理状態に関しては，伝統的理解（→1⑵⑺）にならう見解のほか，故意を加害の意思（損害を加えようとする意思）とする定式化も主張される（平井・前掲箇所）。後者の定式化は，故意不法行為という独自の不法行為類型（→⑵）に関して，故意の範囲をやや狭め，責任加重という特有の効果について加害の意思を要件とする狙いがある。また，理論面では，過失論の展開（→3⑶）を反映して，故意から有責性の要素（違法―有責評価による責任判断）を排除している。

なお，違法性の認識に関しては，違法性の認識（意識）可能性がないことが責任の阻却事由に位置付けられている（前田・帰責論 209 頁，前田(達)28 頁，四宮・中 385 頁・395 頁〔→6⑴〕。これと異なり，澤井 172 頁，潮見Ⅰ 261 頁は，違法性の認識を故意の要件とする）。

(b)　故意・過失の異質性　　故意と過失の関係に関しては，過失の客観化以後，両者の異質性を強調する議論が強まっている（前田(達)50 頁，平井 25頁）。故意が行為者の内心を指すのに対して，過失は客観的行為の次元で捉えられるからである。このような相違は，故意・過失の責任根拠の理解にも影響する（→3⑷⑼）だけでなく，故意不法行為の位置付けをも左右することになる（→⑵⑴）。

⑵　故意の場合の責任加重

⑺　責任加重の諸場面　　709 条それ自体は，成立要件面でも効果面でも故意と過失を区別しないが，判例・学説を子細にみれば，故意不法行為の責任の方が過失よりも若干加重されている場面がある（前田(達)51 頁以下）。

まず，①債権侵害のうち，第三者が債務者の債務不履行に加担する類型（→Ⅳ2⑶⑴）では，不法行為の成立のために故意以上の内心的要素が要求されてきた。また，②間接被害としての債権・営業侵害の場面（→Ⅳ2⑶⑼・⑷⑼）でも，加害者は，債権・営業侵害についての故意がある場合（Ｘの商談を横取りする目的でＸの従業員Ａを懱いた事例など）に限って責任を負う。さらに，③精神的損害に対する慰謝料も，故意の方がより容易に肯定され（特別の愛着がある品物を損壊した事例），慰謝料額も高い（→§710Ⅴ3）。

⑴　故意不法行為の位置付け　　前記⑺の各場面について，伝統的理解は，

〔橋本〕　351

§709 B V 第3編 第5章 不法行為

故意の非難性の程度の反映にすぎないとみていた（加藤(一)66頁，幾代＝徳本29頁）。また，②の場面については，行為の目的性からの説明もなされる。上記の例でいえば，Xの営業を侵害するべくAの身体を害する行為は，その目的のゆえに営業侵害にまで行為支配が及び，営業侵害行為となって営業侵害の責任を基礎付ける（錦織成史「違法性と過失」民法講座(6)188頁）。

これに対して，近年の学説では，故意不法行為を過失不法行為と区別される独自の不法行為類型として位置付け，前記(ア)の諸場面をその現れ（故意不法行為に特有の要件—効果）とみる見解が有力になっている（平井73頁・124頁以下のほか，前田(達)52頁）。その背景には，過失の客観化によって，故意と過失（ひいては故意不法行為と過失不法行為）の異質性が浮かび上がったという事情がある。

3 過失（総説）

(1) 伝統的理解

過失とは，不注意，すなわち注意（注意義務）を怠ることを指す（加藤(一)68頁，四宮・中331頁など）。伝統的理解は，これを行為者の内心（意思の緊張を欠いたこと）において捉え，有責性の一場合とみていた（→1(2)）。

もっとも，起草者による説明には，過失を「心ノ有様」とするものと作為・不作為にみているものが混在していた（→1(1)）。また，既に明治・大正期の判例にも，過失判断について作為・不作為を取り上げたものが少なくない（大判明32・12・7民録5輯11巻32頁〔「危険予防ノ設備ニシテ缺クル所」〕，大判大5・1・22民録22輯113頁〔「執ルヘキ相当ノ注意」〕，大判大5・12・22民録22輯2474頁〔「相当ナル設備ヲ為シタルヤ否ヤ」〕など）。このような判決は，伝統的学説からは，行為者の心理状態を外部的な容態に基づいて認定したものという位置付けになる（幾代＝徳本32頁参照）。

(2) 過失の現代的変容

(ア) 過失の客観化（行為義務違反化）　1960年代から1970年代にかけて，交通事故・公害・製造物事故などが急増するなかで，判例では，過失の客観化（行為義務違反化）の動きが顕著になった。

これらの不法行為事例は，侵害の抽象的危険（特に事故発生の危険）をはらむ活動が行われる過程で，その危険が不運にも現実化して生命・身体の侵害に至るという特徴的な加害構造をとる。そのような事例において，裁判所は，

§*709* **B V**

加害者が何々すべき注意義務を負うにもかかわらずその注意義務を怠ったことをもって過失とした。そこでは，主に加害者の客観的行為の次元で過失（不注意）を捉えて，加害者がした行為の内容が期待される行為基準（行為義務）に合致していたか否かにより，過失の有無が判断されている。

例えば，トラック運転手 Y が飛び出してきた児童 X を轢いた事例につき，ある判決によれば，「自動車運転者は，前方道路上に遊戯中の児童を認めた場合，……児童に対し警笛等により自動車の接近を知らせ，児童の避譲を確認した後その側方を徐行して通過し，もって危険の発生を未然に防止すべき業務上の注意義務がある」ところ，本件での Y には，「前記注意義務を怠り，警笛を吹鳴することも，徐行することもせず，漫然進行し」た過失がある（神戸地判昭 39・7・15 民集 21 巻 1 号 66 頁）。

判例上，交通事故，公害，製造物事故，医療事故との関連でどのような具体的行為が過失とされているかについては，D の各項目（V 1 (1)，Ⅳ 4 (2)(イ)，Ⅲ 2 (1)(ア)，Ⅱ 3 (3)）を参照。

(イ)　過失の客観化の背景　　こうした過失の変容には，前記(ア)の特徴的な加害構造が深く関わっている（以下のほか，平井・理論 390 頁以下参照）。

第 1 に，侵害の抽象的危険性が現実化して権利・法益の侵害に至る場面で，伝統的な過失理解がいう結果発生の認識（予見）可能性は，有用な判断基準となりえない。認識可能性の判断は，具体的内容の認識を問うか抽象的内容のそれを問うかにより，両極端にぶれてしまう（前田（達）34 頁参照）。

第 2 に，侵害の抽象的危険が内在する活動については，危険の程度を社会相当な程度に制御することが課題となる。このような危険制御にとっては，意思の緊張よりもむしろ，事故防止のための適切な行為基準を定めてそれを遵守することが重要となる（四宮・中 304 頁参照）。

第 3 に，そのような行為基準の設定に際しては，目指すべき危険制御の水準をめぐって，諸因子の衡量判断（特に加害者側の活動自由と権利・法益保護の要請との調整）が必要となる（→5 (2)）。行為義務違反という構成は，こうした規範的判断を位置付けるにふさわしい。

(ウ)　過失の客観化と意思の緊張の欠如　　もっとも，過失の客観化が進んだ後も，裁判所は，過失を常に外部的行為においてのみ捉えているものではない。裁判所は，過失の認定にあたり，（加害者がした行為の内容とともに）意思

〔橋本〕　353

§709 BⅤ　　　　　　　　　　　　　　第3編　第5章　不法行為

の緊張の欠如を取り上げることが多々ある。最高裁判決にも，各種の事故の類型では，「漫然と」（最判昭63・7・1民集42巻6号451頁〔自動車事故〕），「注視せず」「前方を注視し」（最判昭48・4・5民集27巻3号419頁〔自動車事故〕，最判平7・3・10判タ876号142頁〔スキー事故〕），「軽信して」（最判平9・9・9判タ955号139頁〔自動車事故〕）といった判示がみられる。また，非絶対権の侵害の類型でも，侵害の認識可能性を取り上げる判示がみられる（→4⑵(イ)）。

(3)　学説の展開

(ア)　反対説の有力化　　伝統的通説は，違法─有責の評価枠組みを前提に，過失要件を主観的有責性として理解していた。過失の客観化以後も，伝統的通説を継承する立場からは，行為者の内心から過失を捉える見解がなお主張される（幾代＝徳本31頁以下・114頁のほか，加藤(雅)145頁は内心の不注意と行為義務違反とが裏表の二重構造をなすとみる）。

　しかし，過失の客観化（行為義務違反化）に正面から対応しようとすれば，伝統的理解については抜本的な見直しを避けがたい。なぜなら，行為義務違反の要素を過失の中心に置く場合には，過失が違法性と接近・融合することになって，違法性─故意・過失という二元的成立要件論が崩れてしまう。違法─有責の評価枠組みも成立要件との対応関係を失い，とりわけ，有責評価が成立要件上の行き場を失ってしまうかのごとくである。

　そこで，反対説は，一方で，そもそも違法─有責評価による責任判断を退けることによって，過失の客観化への理論的対応を図った（→(ウ)）。他方，違法─有責の評価枠組みを支持する立場からは，行為不法論への転換を通じて，過失における行為義務違反の要素について理論的整序が図られた（→(イ)）。

(イ)　行為不法論への転換

　伝統的通説と同じく違法─有責の評価枠組みを支持する立場からの反対説として，前田達明は，行為不法論への転換をもって過失の客観化を受けとめ，過失要件と行為義務違反・違法評価との間に必然的な結合関係を見出す。四宮和夫も，この系列に属する。

　(a)　過失要件と結果回避義務違反　　前田によれば，現代の高度技術化社会では，我々は，常に他人の権利を危殆化しており，侵害がやむをえない場合（社会相当な行為による侵害）もある。そのため，権利侵害＝違法という伝統的図式（結果不法論）は，もはや維持しがたい。法は，むしろ，権利侵害の

354　〔橋本〕

危険を社会相当な程度に抑える結果回避義務を命じうるにとどまり，そのような義務に違反して権利侵害を生じさせる行為がはじめて違法と判断される（行為不法論）。これが，結果回避義務違反として構成される過失である（前田・帰責論7頁以下・185頁以下）。

(b)　有責性の不問　　他方で，前田は，過失は結果回避義務の違反（違法性）に尽きるとみて，有責性を要求しない。通常人を基準とする過失判断（抽象的過失。→5(1)(ア)）は，個人意思非難としての有責性と相容れないとの理由による（前田・帰責論182頁・189頁・212頁）。

なお，同じく行為不法論に立って過失を結果回避義務違反とする四宮和夫は，有責性（人的非難可能性）に関しては，これを要求する立場を前提としつつ，一般的（通常人）基準によるかぎりで有責性判断が事実上空洞化されるとみている（四宮・中283頁以下，385頁・289頁）。

(ウ)　違法─有責の評価枠組みの排除

伝統的通説に対する根本的な反対論として，平井宜雄は，そもそも違法─有責の評価枠組みを退ける立場から，判例分析を基礎に，過失要件の内容や実際的機能の分析に向かう。星野英一も，この見解と近似する。

(a)　判例に沿った過失の定式化（違法・有責評価批判）　　この見解は，判例分析を手掛かりに，意思の緊張の欠如という過失理解を退けた上で，過失を，予見可能性を前提とする損害回避義務に違反する行為として定式化する。平井によれば，伝統的な過失理解が基礎に置く客観的違法性─主観的有責性の対置は，ドイツ法学に特殊な構成にすぎない。709条が系譜とするフランス法では，むしろ，フォート要件がドイツ法的意味での違法性と有責性の双方を含んでいる。日本の判例も，過失概念を単なる心理的状態と解してはいない（平井・理論326頁以下・385頁以下・398頁以下・422頁以下，平井12頁以下・26頁以下）。

(b)　過失要件による一元的要件論　　成立要件論に関しても，この見解は，判例分析に基づき，過失要件による一元的構成を提唱する（→Ⅲ3(1)(ウ)(b)）。平井によれば，上記のとおりに定式化される過失要件は，判例上，不法行為が成立したか否かという判断一般を含む高度の規範的概念として機能してきた（平井・理論393頁以下，平井23頁以下）。そこでは，㋐損害発生の危険の程度と㋑被侵害利益の重大さ，および，㋒損害回避義務によって犠牲に

§709 B Ⅴ　　　　　　　　　　　第3編　第5章　不法行為

される利益の3つが，過失の判断因子となっている（平井・理論402頁以下，平井30頁以下。→5⑵(ア)）。

　なお，同じく違法─有責の評価枠組みを退け，故意・過失をフォートと同じ観念と解する星野英一は，成立要件論については故意・過失─権利侵害という二元的構成による。もっとも，加害行為そのものの要素（侵害行為の態様を含む）は全て故意・過失要件に割り振り，責任の成否に関する主要な判断を同要件に担わせている（星野「故意・過失，権利侵害，違法性」論集6巻〔1986〕317頁以下のほか，星野「権利侵害」論集9巻〔1999〕183頁以下参照。→Ⅲ3⑴(ウ)(c)）。

(4)　過失理解の現況

　(ア)　過失の定式化　　過失の客観化，それをうけた過失論の展開を経て，以後の学説では，過失（注意義務の怠り）を客観的行為の次元で捉える理解が広まっている。近年の学説の定式化によれば，過失とは，結果の発生を予見して回避すべき注意義務の違反であるとされる（四宮・中304頁・332頁のほか，前田（達）48頁，平井27頁，潮見Ⅰ278頁）。

　なお，この定式化に現れている過失の構成要素（予見可能性と結果回避義務）については，→4⑴。

　(イ)　故意・過失要件の位置付け　　このような過失理解は，伝統的通説と異なり，有責性非難の観点を基礎に置くものではない（ただし，四宮は過失と有責性非難を結び付ける）。

　また，成立要件論の次元でも，違法性─故意・過失という伝統的な成立要件論によるのではなく，709条の文言に沿って故意・過失─権利・法益侵害という二元的要件論がとられる（ただし，平井は過失要件による一元的要件論をとる）。権利・法益侵害要件を再評価する最近の学説（→Ⅲ4⑵(ア)）からは，①権利・法益侵害要件（同要件の下で要求される違法性）が自由と権利の調整に関する制度的・抽象的な判断であるのに対して，過失要件は個別具体的状況の下での調整を行うとの理解（能見善久「不法行為の機能・要件の再構成」NBL937号〔2010〕25頁）や，②権利・法益侵害要件が被害者の権利の保障に関わるのに対して，故意・過失要件は加害者の権利（行動の自由）の保障に関わるとの理解（潮見Ⅰ26頁・255頁）が提唱されている。

　(ウ)　信頼責任　　近年の過失理解は，過失不法行為の帰責根拠についても，伝統的学説のような意思責任を退ける。結果回避義務違反それ自体は意思非

356　〔橋本〕

難と結び付かないからである。有力な見解は，故意不法行為の帰責根拠を意思責任としつつ，過失不法行為については信頼責任を引き合いに出す。すなわち，社会共同生活では，各社会構成員にあらかじめ各場面での行為義務が設定されており，各人は，互いに，他人がその行為義務を遵守して振る舞うことを信頼する。過失（行為義務違反）のある加害者は，この信頼を裏切ったことにより責任を負う（前田・帰責論 188 頁，前田（達）46 頁。ただし，窪田 50 頁，潮見Ⅰ 5 頁は批判的である）。

(5)　**加害段階による類型化論（私見）**

(ア)　**加害段階による類型化**

過失の客観化に対する理論的対応として，私見は，①違法─有責評価による責任判断を前提に，②故意・過失要件を加害者の責任原因の判断を担う要件として位置付ける。その上で，③加害段階の観点から過失不法行為責任の 2 類型を区別し，類型ごとに過失要件の内容を組み立てる（責任類型の分化）。

過失不法行為責任の類型化については，加害行為の構造（加害段階）面からの対置に基づき，(a)直接侵害（侵害段階）型と(b)間接侵害（危殆化段階）型を区別する。(a)直接侵害型は，古典的な構造の加害行為を規律する責任類型であって，意思の緊張の欠如としての過失理解があてはまる。これに対して，(b)間接侵害型は，新たな構造の加害行為の登場をうけて判例が創出した責任類型であって，行為義務違反としての過失理解があてはまる。

このような類型化論は，錦織成史の提唱にかかる（錦織成史「民事不法の二元性(3・完)」論叢 98 巻 4 号〔1976〕81 頁以下。藤岡 109 頁，大塚直「総括──科学技術の発展に伴う多様なリスクと不法行為法（拡張版）」大塚直＝米村滋人編著・多様なリスクへの法的対応と民事責任〔2024〕478 頁が同旨。澤井 174 頁以下，吉村 76 頁・78 頁以下，瀬川信久「民法 709 条」百年Ⅲ 570 頁以下による過失の類型の区別も，以下と類似する）。

(a)　**直接侵害（侵害段階）型**

直接侵害型は，古典的な責任類型であって，侵害段階の行為につき過失不法行為責任を追及する。

(ⅰ)　**規律対象**　直接侵害型は，他人の権利・法益を直接侵害する行為（行為とその結果たる権利・法益侵害が表裏一体の関係にある場合）を規律対象とする（なお，以下の叙述では，絶対権侵害型の権利・法益侵害を想定する。→Ⅳ 1 (2)(イ)(a)）。加害段階面からいえば，直接侵害行為とは侵害段階の行為を意味する。例え

§709 B V 第3編 第5章 不法行為

ば，（漫然と）自転車をこいでいて歩行者にぶつかる行為，（前方を注視しないま
ま）自動車を運転していて横断中の歩行者を轢いた行為，（犬の餌と誤認して）
ネズミ駆除用の毒餌を他人の犬に与えて死なせる行為が，この責任類型の規
律対象となる。

(ii) 過失要件の内容　　直接侵害型では，権利・法益侵害要件が直接侵
害行為（その結果面たる権利・法益侵害）を内容としており，過失要件は，その
ような行為事実の認識可能性を内容とする。すなわち，注意を怠らなければ，
当該行為によって権利・法益が直接侵害されることを認識して当該行為に出
ないことができた（にもかかわらず，注意を怠ってそのことを認識しないまま当該行
為に出た）ことである。このような内容の過失は，伝統的理解による過失（意
思の緊張の欠如）と一致する。

(iii) 違法―有責評価　　直接侵害型では，伝統的成立要件論と同じく，
権利・法益侵害要件が行為の違法評価を，また，過失要件が有責評価を担う
ことになる。すなわち，権利・法益侵害要件が取り上げる直接侵害行為は，
侵害禁止規範によって一般的に禁止されており，一般的に違法評価を受ける
（違法性の実質は権利・法益の侵害に存する）。また，過失要件の下で，権利・法益
の直接侵害という結果（違法評価を受けるべき行為事実）の認識可能性は，当該
行為に関する意思非難（有責評価）を基礎付け，加害者の責任原因となる。

(b) 間接侵害（危殆化段階）型

間接侵害型は，過失の客観化を通じて創出された責任類型であって，責任
追及，それによる権利・法益保護を危殆化段階の行為（危殆化行為）にまで前
倒しする。侵害の抽象的危険を内包する活動においては，しばしば間接侵害
の構造をもつ加害行為が登場するところ，判例は，行為義務による過失判断
を通じて，そのような加害行為を規律しているのである。

(i) 規律対象　　間接侵害型は，他人の権利・法益を社会相当程度を超
えて危殆化する行為（これが不運にも権利・法益の侵害に至った場合）を規律対象
とする。例えば，自動車の運転者がスピードを出して住宅地を走行する行為
（その結果，突然前方に現れた子供に衝突した場合）や，工場が許容量を超える汚染
物質を河川に排出する行為（その結果，他の不利な条件も重なって下流域の魚を死滅
させた場合）である。

なお，危殆化段階の行為は，何らかの中間原因を介在してはじめて危険が

358　〔橋本〕

現実化し，権利・法益侵害に至ることになる。「間接侵害」という名称は，この点に対応している。

(ii) 過失要件の内容　間接侵害型では，過失要件は，①危殆化禁止規範に違反して，他者の権利・法益を社会相当程度を超えて危殆化する行為（スピードを出して住宅地を走行する行為など）を，中心的内容とする。この要素は，行為義務による過失判断と重なる（過失の客観化）。

さらに，②そのような行為事実の認識または認識可能性も，過失要件の内容となる。すなわち，当該行為によって他者の権利・法益が社会相当程度を超えて危殆化されることを認識していたか，注意を怠らなければそれを認識することができた（にもかかわらず当該行為に出た）ことである。この要素②については，訴訟上，加害者がその不存在の事実（ミツバチの大群が信号機を覆っていた〔そのため赤信号に気付かないまま交差点に進入した〕ことなど）の主張・証明責任を負う。危殆化禁止規範は特定の危殆化行為を禁じるところ，そのような行為（要素①）は，特段の事情がない限り危殆化の認識・認識可能性（要素②）を伴うからである。

(iii) 違法─有責評価　間接侵害型では，過失要件の2要素の判断を通じて，危殆化行為が違法─有責評価を受ける。まず，危殆化行為は，①危殆化の程度が社会相当程度を超える場合に，危殆化禁止規範違反として違法評価を受ける（違法性の実質は権利・法益の危殆化に存する）。危殆化禁止規範は，侵害禁止規範（侵害の禁止）を前倒しするかたちで，社会相当程度を超える危殆化を禁じているのである。次いで，②当該行為による社会相当程度を超える危殆化の認識・その可能性をもって，当該行為に関する意思非難が基礎付けられ，加害者の責任原因となる。

なお，間接侵害型では，違法─有責評価が前倒しされており，危殆化段階の行為が既に違法─有責評価を受ける。間接侵害型でも，不法行為責任の成立のためには権利・法益侵害が要件となるが，同要件それ自体は行為の違法評価と関係しない。

(イ)　伝統的理解との連続性

前記(ア)の私見は，責任類型の分化を通じて，伝統的通説の延長上に，過失の客観化への理論的対応を図るものである。以下では，直接侵害型と間接侵害型の区別以外の点について，私見を伝統的通説と対比しておく。

〔橋本〕

§709 B V 　　　　　　　　　　　　第3編　第5章　不法行為

(a)　違法―有責評価による責任判断　　　私見は，伝統的通説と同じく，違法―有責評価による責任判断を支持して，過失要件の下で有責性を要求する。違法―有責評価による責任判断は，判例との整合性という観点からも支持に値する。まず，名誉毀損の免責事由に関する判例（最判昭41・6・23民集20巻5号1118頁，最判平9・9・9民集51巻8号3804頁）は，違法性の阻却事由と故意・過失の阻却事由を区別するが，この区別は違法―有責の評価枠組みと対応している。また，責任の阻却事由との関連では，他にも，有責性非難を排除するような特別の事情がある場合に故意・過失を否定した判例がある（→6）。さらに，裁判所は，過失の認定にあたって，しばしば，（加害者がした行為の内容とともに）意思の緊張の欠如の要素を取り上げており（→(2)(ウ)），ここにも有責性非難の観点がうかがえる。

(b)　結果不法論　　　違法―有責評価のうちの違法性に関して，私見は，結果不法論を基調とし，権利・法益の侵害または危殆化をもって違法評価を下す。侵害だけでなく危殆化行為をも違法と評価する点では伝統的な結果不法論を一歩進めているが，直接侵害型において故意・過失を違法評価に取り込まない点は，行為不法論と一線を画している（ただし，錦織らは，間接侵害型における危殆化行為の違法評価を「行為不法」とする）。

　結果不法論を維持する理由は，行為不法論が不法行為責任の制度にしか適合しないためである。民法上，違法な侵害に対する権利・法益保護の制度としては，不法行為責任による事後的保護のほかに，正当防衛や差止めといった事前的保護の制度があるところ，これらの事前の保護制度は故意・過失を要件としておらず，故意・過失を違法評価に取り込む余地がない。例えば，猟師Xに随行したYが特別に視力がよく，Xが構えた銃の前方にいる動物が人間（A）であることに気付いてXの銃を叩き落とした場合に，Yの行為（Xの権利・法益の侵害）がAの身体のための正当防衛に該当するか否か（Aの身体に対する違法な侵害の急迫の有無）は，結果不法を基礎に判断しなければならない。

(c)　故意・過失要件の位置付け（責任原因の判断）　　　他方で，私見は，伝統的成立要件論と異なり，故意・過失要件を有責性要件に読み替えることをしない。間接侵害型の過失不法行為責任では，過失要件は有責要素とともに行為義務違反という違法要素を含み，かつ，違法要素の比重の方が大きい

§*709* **B V**

からである。

成立要件論としては，むしろ，条文どおりに権利・法益侵害―故意・過失の2要件を立てた上で，両要件の関係を，客観的違法性―主観的有責性の対置ではなく，判断主題の相違として理解すべきであろう。すなわち，権利・法益侵害要件において被侵害利益の保護法益性を判断し，故意・過失要件において加害者の責任原因を判断するという役割分担である。

(d) 過失責任の責任根拠　　違法―有責評価を責任判断の基礎に置くとき，過失不法行為責任の帰責根拠は，伝統的理解と同じく，加害者に対する有責性非難，すなわち意思非難にある（意思責任）。

もっとも，間接侵害型における意思非難の要素は，次の2点で切り下げられている。第1に，間接侵害型では，危殆化行為が違法―有責評価を受けるため，意思非難も危殆化段階まで前倒しされることになる。第2に，間接侵害型での意思非難は，意思の緊張の欠如よりもむしろ，知識・思慮の不足や判断の誤り（不相当な危険があるのに危険がないと判断したこと）に向けられる（瀬川信久「危険・リスク――総論」ジュリ1126号〔1998〕142頁。文脈は異なるが，星野・前掲論集6巻320頁参照）。

なお，意思責任論に対しては，行為者本人ではなく通常人を基準とする過失判断（抽象的過失。→5(1)(ア)）は有責性非難や意思責任の考え方と整合しないとする批判もみられる（前田・帰責論212頁）。しかし，通常人を基準とする過失判断は，意思責任論の部分的制限にとどまるというべきである（幾代＝徳本41頁，四宮・中257頁・337頁参照）。具体的な行為者は，通常人と同水準の注意能力を備えることが通例であって，通常人を基準とする過失判断は，当該行為者の注意能力が劣後する例外的場面に限って，信頼の要素を取り込んだ擬制的な意思非難を行うにとどまる。

4　過失の構成要素

(1)　予見可能性と結果回避義務違反

近年の学説は，判例分析に基づき，過失（注意義務の怠り）は，①予見可能性と②結果回避義務違反の2要素からなるとする（→3(4)(ア)）。

(ア)　予見可能性

(a)　総説　　予見可能性とは，権利・法益侵害という結果の発生に関するそれを指す。予見すべきであったという規範的要請を示す意味で，予見義

〔橋本〕　361

§709 B V 第3編 第5章 不法行為

務ともいわれる。結果発生が予見されてはじめて当該結果の回避が可能になることから，予見可能性の要素は，結果回避義務の前提という位置付けがなされる（前田(達)48頁，平井27頁）。

(b) 調査研究義務による緩和　判例・学説上，一定の場面では，調査研究義務という構成を通じて予見可能性の要求が緩和されている。特に，公害・薬害事件では，被害発生の当時，健康への悪影響や副作用の存在がいまだ知られていなかった場合も少なくないところ，調査研究義務の承認を通じて，このような場面でも過失が肯定されてきた。

すなわち，化学工場の操業や新薬の製造販売等，予想外の重大な危険が潜在する可能性がある活動を始めるにあたって，行為者は，積極的にそのような危険を疑い，可能な調査研究を尽くすよう求められる（調査研究義務）。そして，調査研究をすれば実質的危険の存在が判明した（これにより結果発生が予見可能になった）であろう場合には，予見可能性があったものとして取り扱われる。

調査研究義務の内容に関して，裁判例によれば，「化学企業が製造工程から生ずる排水を一般の河川等に放出して処理しようとする場合においては，最高の分析検知の技術を用い，排水中の有害物質〔生物，人体等に重大な危害を加えるおそれのある副生物〕の有無，その性質，程度等を調査し」なければならない（新潟地判昭46・9・29下民集22巻9＝10号別冊1頁〈新潟水俣病訴訟〉）。また，医薬品製造業者の調査研究義務については，D Ⅲ 2 (1)(ア)(b)にスモン訴訟判決の紹介がある。

なお，薬害事件に関して，現在は，製造物責任法に基づき，予見可能性（過失）を要件としない欠陥責任の追及が可能である。

(イ)　結果回避義務

(a)　総説　結果回避義務とは，権利・法益侵害の発生を回避する作為・不作為の行為義務を指す。不文の義務であって，義務の成否・程度の判断は裁判所にゆだねられている。予見可能性がある場合でも，結果回避義務違反がなければ過失は否定されることになる。

結果回避義務は，一般に，結果発生を防止するような措置をとりつつ，ある活動を行うこと（交通規則を遵守した自動車運転など）に向けられる。裏返せば，結果発生の危険をはらむ活動全般をそもそも差し控えるべき義務ではな

362　〔橋本〕

い。そのような内容の結果回避義務は非現実的であり，また，結果回避義務違反を要求することの法技術的意義も失われてしまう（予見可能性がある限り常に結果回避義務違反となるため）。

(b) 公害事件での結果回避義務　　もっとも，とりわけ公害事件との関係では，結果回避義務の内容にも幅がありうる。

大正期の大阪アルカリ事件判決は，「化学工業ニ従事スル会社其他ノ者カ，其目的タル事業ニ因リテ生スルコトアルヘキ損害ヲ予防スルカ為メ，右事業ノ性質ニ従ヒ相当ナル設備ヲ施シタル以上ハ，……民法第709条ニ所謂故意又ハ過失アリト云フコトヲ得」ないとした（前掲大判大5・12・22〔亜硫酸ガスによる農作物の被害〕）（句読点は引用者による）。

しかし，深刻な公害被害が社会問題化して以後，同判決の論理に対しては，不当な産業保護という批判が強い（澤井裕・公害の私法的研究〔1969〕185頁・259頁）。工場操業に伴う健康被害の予見・認識がある場合にも，相当な防止措置を講じてさえいれば責任を免れることになりかねないからである。また，同判決以降の裁判例も，相当な防止措置を理由に過失を否定することには慎重であった（大阪控判大8・12・27新聞1659号11頁〈大阪アルカリ事件の差戻審〉，大判大13・6・19民集3巻295頁〈広島市灌漑用ポンプ事件〉参照）。

現在の裁判例・学説によれば，公害事件での結果回避義務は，状況に応じて操業それ自体の停止を含みうる（→D IV 4(2)(イ)）。結果発生の防止のために各種の措置を講じてもなお，工場操業が不相当な危険を伴う場面では，まさにそのゆえに，操業それ自体の停止（活動そのものの取り止め）という方法での結果回避を義務付けられうる（→5(2)(イ)・(ウ)）。

(2) **各種の責任類型における過失**（私見）

本条注釈では，709条の各要件の内容を具体化するにあたり，加害構造の面から複数の不法行為類型を区別し，それぞれの加害構造に即した責任判断枠組みを構築してきた（→I 3(3)(ウ)）。このとき，過失要件は，責任類型ごとに異なる判断内容を備えることになる。

以下に，主要な責任類型を取り上げて，過失要件の内容を整理・対比しておく。過失は予見可能性と結果回避義務違反からなるとする近年の理解（→(1)）は，作為による間接侵害（→(ウ)）や不作為不法行為の類型（→(エ)）にはよくあてはまるが，他の類型での過失要件には必ずしも適合しない（瀬川信久

§*709* B V 第3編 第5章 不法行為

「民法709条」百年Ⅲ583頁以下参照）。

　(ア)　作為による絶対権の直接侵害（侵害段階）　　最も古典的かつ基本的な加害構造をとるのは，加害者が作為によって絶対権を直接侵害する類型である（→3(5)(ア)(a)，Ⅳ1(2)(イ)(a)）。

　絶対権の直接侵害型において，権利・法益侵害要件は，直接支配性・排他独占性を備えた権利・法益を直接侵害する行為を内容とする（そのような行為は侵害禁止規範の違反となる）。その上で，過失要件は，当該行為によって絶対権が直接侵害されることの認識可能性（ひいては，直接侵害を認識して当該行為に出ないことができたこと）を内容とする。実際の例では前方不注視（それによる事故の不回避）が多いであろう（前掲最判平7・3・10〔スキーヤーの衝突事故〕参照）。

　(イ)　作為による非絶対権の直接侵害　　非絶対権の直接侵害の類型は，被侵害法益が(ア)の責任類型と異なっており，加害者が作為によって直接支配性・排他独占性を備えない権利・法益を直接侵害する（→Ⅳ1(2)(イ)(b)）。

　この責任類型では，権利・法益侵害要件が，侵害禁止規範に違反して，特定の態様により非絶対権を直接侵害する行為を内容とする。その上で，過失要件は，当該行為によって非絶対権が直接侵害されることの認識可能性を内容とする（最判昭47・6・27民集26巻5号1067頁〔日照・通風妨害〕，最判昭54・3・30民集33巻2号303頁〔夫または妻としての権利の侵害〕，最判平元・12・21民集43巻12号2252頁〔私生活の平穏の侵害〕などの判示が，加害者の故意・過失に言及する）。

　なお，この責任類型では，成立要件論上，責任成立を限定する機能は主に権利・法益侵害要件が担っており，過失要件が果たすべき役割は小さい（後述6(ア)に取り上げる場面を除く）。権利・法益侵害要件が充足される場合には，それと事実上（または当然に）連動して過失要件も充足されるからである。すなわち，侵害禁止規範が禁じているような態様での非絶対権の直接侵害行為は，直接侵害の認識を伴うことが通例である。また，禁止の対象が意図的な侵害行為である場合には，そのような行為は必然的に直接侵害の認識を伴う。

　さらに進んで，学説には，この類型では故意・過失要件が権利・法益侵害（違法性）要件に吸収されて責任成立要件が一元化するとの理解も有力である（加藤(雅)184頁・232頁のほか，山本敬三「不法行為法における『権利又は法律上保護される利益』の侵害要件の現況と立法的課題」立法的課題111頁参照）。

　(ウ)　作為による間接侵害（危殆化段階）　　間接侵害（危殆化段階）の類型は，

364　〔橋本〕

§709 B V

加害段階が(ア)の責任類型と異なっており，加害者が作為によって権利・法益を社会相当程度を超えて危殆化する（この危険が現実化して権利・法益の侵害に至る）という構造をとる（→3⑸(ア)(b)）。過失の客観化やそれをうけた過失理論は，実際にはこの責任類型をめぐって展開してきた。

間接侵害の類型において，過失要件は，①危殆化禁止規範に違反して，他者の権利・法益を社会相当程度を超えて危殆化する行為，および，②当該行為によって他者の権利・法益が社会相当程度を超えて危殆化されることの認識または認識可能性を内容とする。なお，要素②については，加害者の側にその不存在の事実の主張・証明責任がある。

近年の過失理解（→⑴）との対応関係は，次のようになる。まず，①危殆化禁止規範に違反する危殆化行為は，結果回避義務違反に対応する。また，②当該行為による権利・法益の危殆化の認識または認識可能性も，実質的に予見可能性と等しい（ただし，それが要求される理由は有責評価のためである）。

(エ) **不作為不法行為** 不作為不法行為の類型は，何らかの原因から権利・法益侵害に向かう因果系列（(ア)その始点たる危険源または(イ)終点たる被侵害権利・法益）を支配領域内に有する者が，当該因果系列の進行を放置するという加害構造をとる（→Ⅱ4⑴(イ)・⑵(ウ)②）。

この責任類型における過失要件は，まず，①当該因果系列を自己の支配領域内に有する者が，作為義務に違反して，当該因果系列を不作為により放置することを内容とする。主に，(ア)社会相当程度を超える危険をはらむ危険源を自己の支配領域内に有する者がその管理・監督を怠る場合（管理・監督過失）や，(イ)侵害の危険が迫っている他人の権利・法益を自己の支配領域内に有する者がその救助・防御を怠る場合が，これに該当する（過失の具体例については平井34頁以下参照）。

過失要件は，さらに，②当該因果系列を自己の支配領域内に有することの認識可能性を内容とする。(ア)自己の支配領域内に有する危険源が社会相当程度を超える危険をはらむことの認識または認識可能性や，(イ)自己の支配領域内に有する権利・法益に侵害の危険が迫っていることの認識または認識可能性が，これに該当する。裁判例では，結果（事故）発生の予見可能性とされる（最判昭62・1・22民集41巻1号17頁，最判平18・3・13判タ1208号85頁など。また，最判平21・3・10民集63巻3号385頁は，撤去義務違反による土地所有権の侵害に

§709　B V　　　　　　　　　　　　　　　第3編　第5章　不法行為

つき，妨害の事実の認識を問う）。

　この責任類型では，不作為とは別に直接・現実の加害原因が存在しており，不作為による過失（作為義務違反）は，いわば間接的原因・過失となる。

　(オ)　過失による物理的幇助　　過失による物理的幇助の類型は，幇助者が実行手段を供与する行為によって，他者の故意による不法行為の実行が容易化されるという加害構造をとる（橋本佳幸「幇助による責任」潮見佳男追悼・財産法学の現在と未来〔2024〕758頁以下）。例えば，倉庫会社等が誤った記載内容の証券を発行したところ，相手方が当該証券を悪用して第三者から金員を騙取した事例である（大判大2・4・26民録19輯281頁，大判大9・4・12民録26輯527頁など）。また，いわゆる専門家の責任（川井健編・専門家の責任〔1993〕参照）のうち，契約関係にない第三者に対する責任の類型は，過失による物理的幇助の事例も多い（最判昭36・5・26民集15巻5号1440頁〔宅地建物取引業者が所有者になりすました者を地主とする借地契約を仲介したところ，相手方が権利金を詐取された〕，最判昭50・11・28金法777号24頁〔司法書士が所有者の代理人と称する者からの委託によって登記申請をしたところ，登記名義が金員騙取に用いられた〕，最判平15・11・14民集57巻10号1561頁〔建築士が建設会社に対して工事監理者の名義貸しをしたところ，建設会社が安全性を欠いた建物を建築した〕など）。

　この類型について，判例は，719条2項ではなく709条を適用するものが多い（ただし，上記の諸判決のうち大判大2・4・26は719条1項前段による）。709条による場合には，過失要件は，①客観的幇助を禁じる規範に違反して，他者に不法行為の実行手段を供与し，故意による不法行為の実行を容易化する行為（物理的幇助），および，②当該行為によって他者の故意不法行為の実行が容易化されることの認識または認識可能性を，内容とすることになる。なお，判例は，要素①の行為をするについての「過失」をいうことがある（前掲大判大9・4・12，前掲最判昭50・11・28，前掲最判平15・11・14。この「過失」は要素②のみを指す）。

5　過失判断の基準・指針

(1)　注意の基準（抽象的・類型的基準）

　(ア)　通常人に期待される注意（抽象的過失）　　過失は注意の怠り（意思の緊張の欠如または行為義務違反）を指すところ，誰に期待される注意を基準とすべきかが問題となる。この点に関して，民法上の過失には，①通常人に期待

§709 B V

される注意を基準とする抽象的過失（400条の「善良な管理者の注意」参照）と，②当該行為者に期待される注意を基準とする具体的過失（413条1項・659条の「自己の財産に対するのと同一の注意」，827条の「自己のためにするのと同一の注意」など参照）とがある（我妻108頁，我妻栄・新訂債権総論〔1964〕26頁）。

709条における過失は，抽象的過失であって，通常人に期待される注意を基準とする（加藤(一)68頁，四宮・中336頁など）。当該の（具体的な）行為者の注意能力が通常人より低い場合（性格がそそっかしい，初心者であって知識・技量が高くない，特別の疲労・興奮状態にあるなど）にも，そのような個人的特性は過失判断にあたって考慮されない。内心の不注意については，あくまで通常人の知覚・判断能力や知識・経験を基準として結果の認識可能性が判断され，また，行為義務も，通常人における知覚・判断能力，知識・経験・技量や身体的能力を基準に設定される。

このような過失判断は，現実の加害者の注意能力が足りない場合にも，通常人に期待される注意水準での権利・法益保護を被害者に保障するためのものである。

(イ) 通常人の類型化　過失判断の基準となる通常人は，職業・地位・立場等の社会生活上の役割ごとに類型化して観念される（四宮・中337頁，平井57頁）。現代社会では専門化・分業化が進展し，また，社会生活領域の分化が著しいため，各人は，様々な社会生活上の役割をもって個々の社会生活領域に登場することになる。そのため，過失判断にあたっても，行為者が果たす社会生活上の役割（自動車運転者，鉄道運転手，医師，建築士，企業経営者など）ごとに，通常人を類型化して観念しなければならない。

通常人の類型化の実際的意味は，過失判断にあたって，当該の社会生活上の役割にある者に期待されるような，より高度の注意（特別の知識・判断能力や熟練・技量など）を基準とするところにある。例えば，医療行為・訴訟追行等，高度の専門的能力を求められる活動では，専門家（医師や弁護士）としての標準的注意が過失判断の基準となる。

特に，診療にあたる医師の過失については，「診療当時のいわゆる臨床医学の実践における医療水準」が，要求される注意水準を示す（最判昭57・3・30判タ468号76頁）。この医療水準は，医療機関の性質（一般開業医か大学病院・専門病院か）によっても左右されうる（最判平7・6・9民集49巻6号1499頁参照）。

〔橋本〕　367

§709 BV

第3編 第5章 不法行為

詳しくは，→DⅡ3⑶⑷⒜。

(ウ) **通常人の規範的性格**　過失判断の基準となる通常人は，あくまで規範的な存在であって，現実社会における平均人を指すものではない（前田（達）47頁）。例えば，スポーツ指導者は，たとえ平均的なスポーツ指導者において落雷事故発生の危険性の認識が薄い気象状況であったとしても，落雷事故を予防するための注意義務を免れない（前掲最判平18・3・13）。

同様に，通常人に期待される注意水準も，社会で現に行われている注意（行為慣行）の程度とは相違しうる。例えば，医師は，平均的医師が現に行っている医療慣行に従った医療行為を行っただけでは，必ずしも注意義務を尽くしたことにはならない（最判昭36・2・16民集15巻2号244頁〈東大病院輸血梅毒事件〉，最判平8・1・23民集50巻1号1頁〔麻酔時になすべき血圧測定の頻度が問題となった〕）。

(エ) **年齢による通常人の類型化**　行為者が年少である場合には，過失について，当該年齢層における認識・判断能力や知識・経験・技能等を基準とすべきでないかが問題となる。古い判例には，未成年者であっても，責任能力を備える以上は成年者と同一の注意義務に服するとしたものがある（大判大4・5・12民録21輯692頁）。これを支持する見解もあるが（我妻106頁），当該年齢層の年少者における注意を過失判断の基準とする立場も有力である（注民(19)25頁〔加藤〕，幾代＝徳本43頁）。

通常人の類型化は，元来，行為者の職業・地位・立場等に応じて注意水準の要求を引き上げるための構成であるが，責任能力制度の存在が示すように，行為者の生物的要因（年少さ）については行為者に有利に考慮する余地がある。もっとも，道路交通の場面を始め，多くの社会生活領域では，年少者も含めて関与者に一律の注意が要求されることになろう。

⑵　行為義務の判断因子

(ア) **ハンドの定式**　過失における行為義務の判断に関しては，平井宜雄が，アメリカ法におけるハンドの定式（ハンド裁判官が判決に示した過失の判定式。芹澤英明「過失の判定式」アメリカ法判例百選〔2012〕166頁参照）を参考に3因子を提示して，議論の土台を築いた。

この見解によれば，行為義務の成否・程度は，⑦当該行為から生じる結果発生の危険の程度および⑦当該行為によって侵害されるであろう利益（被侵

害利益）の重大さに対し，⑦行為義務を課すことによって犠牲にされる利益を比較衡量することによって決せられる（平井・理論403頁以下，平井30頁以下のほか，森島199頁以下）。図式的に表現すれば，「Probability（⑦）×Loss（④）＞Burden（⑦）の場合に過失あり」という判定式になる。

3因子による判断を敷衍すれば，次のとおりである。まず，行為義務の成否・程度は，基本的に，因子⑦と④にかかっている。両因子は相関関係的評価を受け，一方が大きければ他方が小さくともよい。例えば，医師の施術は，患者の生命・身体に対する危険を内包するから，両因子ともに大きく，高度の行為義務が肯定されやすい。判例上も，「人の生命及び健康を管理すべき業務（医業）に従事する者は，その業務の性質に照し，危険防止のために実験上必要とされる最善の注意義務を要求される」（前掲最判昭36・2・16）。

もっとも，因子⑦と④だけをみれば行為義務を肯定すべき場面でも，例外的に，因子⑦との比較衡量をもって行為義務が否定される場合がある。該当場面としては，(i)医療行為・医薬品供給行為，(ii)公害事例での相当な設備論，(iii)自動車交通における信頼の原則（→(3)）が例示される（平井・理論408頁以下，平井53頁以下）。

(イ)　犠牲利益との比較衡量の当否　　このような分析に関して，学説は，行為義務の成否・程度が諸因子の衡量によること，⑦と④が重要な判断因子であることの2点について一致している（既に加藤(一)70頁以下，幾代＝徳本47頁もこれを前提としていた）。因子⑦についても，考慮の必要性を認める見解が多い（前田(達)40頁以下，窪田60頁のほか，四宮・中357頁以下，大塚直「不法行為における結果回避義務」加藤古稀上44頁参照）。

しかし，(ア)(ii)公害事例での因子⑦の考慮については，学説の反対が強い。生命・身体侵害の危険をはらむ企業活動につき，①結果回避措置のコストや②社会的有用性・公共性との比較衡量をもって企業側の行為義務を軽減し，「相当な設備」で足りる（前掲大判大5・12・22。→4(1)(イ)(b)）とすることの是非に関する。

まず，①当該加害者における結果回避コストの負担（公害防止費用など）に関しては，個人の尊厳ゆえ，生命・健康は財産的利益と比較すべきでないとされる（四宮・中366頁，大塚・前掲加藤古稀上57頁・60頁）。多大な結果回避コストのために事業の採算性が疑われるならば，そもそも当該事業（工場操業）

〔橋本〕　369

§709 B V 第3編 第5章 不法行為

を開始しないことができたといえる。

次に，②当該活動の社会的有用性・公共性に関しても，活動を直接に停止させる差止請求において公共的利益への影響を考慮すべき場合が認められているにとどまる（→第16巻§722A Ⅳ(3)(イ)・(4)。権利・法益の違法な侵害要件に位置づけられる）。損害賠償請求との関連では，公共的利益のために被害者個人に犠牲を強いて損害賠償の権利すら与えないことは正義に反する，とされる（澤井127頁，大塚直「生活妨害の差止に関する基礎的考察(7)」法協107巻3号〔1990〕489頁，大塚・BASIC 489頁。吉田邦彦「法的思考・実践的推論と不法行為『訴訟』」同・民法解釈と揺れ動く所有論〔2000〕238頁による矯正的正義の指摘も参照）。

(ウ) 加害段階による類型化論から　　加害段階による類型化論の立場（→3(5)）からは，間接侵害（危殆化段階）型における危殆化禁止規範が，ここでいう行為義務に対応する。

危殆化禁止規範は，侵害禁止規範を前倒しして，他者の権利・法益を社会相当程度を超えて危殆化する行為を禁止する。このような禁止規範の前倒しは，被害者の権利・法益保護に資する反面，加害者側の活動自由に対する制約を伴う。それゆえ，ある具体的行為を禁じるか否かの判断にあたっては，①当該行為がはらむ権利・法益侵害の危険の程度と②当該行為についての行為者の具体的活動自由とを比較衡量しなければならない。

ハンドの定式の3因子との対比でいえば，①権利・法益侵害の危険の程度が，因子(ア)(イ)と対応しており，②具体的活動自由が因子(ウ)の位置にある。また，要素①と②の比較衡量にあたって，②具体的活動自由の重みには，当該行為の社会的有用性・公共性（因子(ウ)の問題）も間接的に反映されうる。(ア)(ⅲ)自動車交通において信頼の原則が認められるのは，交通の円滑の社会的要請（→DⅤ1(1)(イ)(b)）が，交通規則に反しない範囲で高速走行する自由の重みに反映しているからである。

因子(ウ)の例とされた他の場面のうち，(ⅰ)医療行為・医薬品供給行為は，患者に副反応・副作用の危険をもたらすが，同時に治療効果が期待されるため，当該患者に対する危険性（①）を減殺して評価される。

他方，(ⅱ)公害事例での「相当な設備」論には慎重を要する。なぜなら，工場操業の開始段階を捉える限り，操業の自由（②）はいまだ現実化しておらず，重みが小さい。次に，操業開始後に予想外の健康被害が判明した場面で

370 〔橋本〕

§*709* **B Ⅴ**

は，それ以降の操業継続はもはや間接侵害（危殆化禁止規範違反）にとどまるものではなく，要素①と②の比較衡量による過失判断が適合しない（大塚・前掲加藤古稀上 57 頁以下は，故意の継続的不法行為であって結果回避コストの考慮が許されないとする）。工場操業の社会的有用性は，権利・法益侵害（違法性）要件においても考慮する余地がない。

(3) **複数関与者間での行為義務の分配**

1 つの危険状況に複数人が関与する社会生活領域では，複数関与者による危険制御という観点から，行為義務が各関与者に分配されることがある（四宮・中 362 頁）。これは，当該生活領域全体の円滑な進行・展開を確保するために，危険制御に向けられた行為義務の負担を関与者全体の間で配分するものである。各関与者は，自己に割り当てられた行為義務を遵守する限り過失評価を受けることがない。

行為義務の分配がみられる典型場面は道路交通であって，信頼の原則のかたちをとる。信頼の原則によれば，交通関与者は，他の交通関与者が交通規則を遵守することを信頼してよい場合があり，この場合には，他の交通関与者が当該規則に違反する事態まで予想した行為をとるべき義務を負わない（関連する判例も含め，詳しくは→Ｄ Ⅴ 1 (1)(イ)）。

このほか，行為義務の分配の観点は，複数の医療関係者が共同して患者の治療にあたるチーム医療の場面でも意味をもちうる（最判平 20・4・24 民集 62 巻 5 号 1178 頁〔手術の説明を主治医に委ねた場合における総責任者の説明義務〕参照）。

(4) **他の行為規範との関係**

(ア) **取締法規との関係**　　個別の行政法規には，行政上の目的のために，一定の行為を制限または禁止する法律が数多くある。これらの法律（特に行政罰を備えたもの）は，取締法規と呼ばれる。取締法規は，あくまで行政法上の行為規範であって，不法行為法上の行為義務とは次元を異にする。

しかし，取締法規が，侵害の抽象的危険（事故発生の危険性）が内在する活動に向けられ，安全確保や事故防止を目的とする場面では，取締法規による行為規制は，同じく危険制御を目的とする不法行為法上の行為義務と実際上重なり合うことになる。道路交通法・労働安全衛生法・食品衛生法・医薬品医療機器等法などが典型例であって，これらの法律による行為規制・その水準は，不法行為法上の行為義務の設定にあたっての指針となる（道路交通法に

〔橋本〕　　371

§709 BⅤ 第3編 第5章 不法行為

関して，→DⅤ1(1)(ア)。この意味で，取締法規の違反があれば過失が推定される，といわれる（加藤（一）72頁）。

他方で，取締法規が安全確保・事故防止を目的とするが，その一般的・定型的な行為規制が個別具体的状況に適合せず不足している場合には，不法行為法上，より高度の行為義務を設定すべきことになる。

(イ)　スポーツのルール等との関係　スポーツ・遊びの参加者の過失については，そのルール等が不法行為法上の行為義務の指針となる。プレー中に他の参加者を負傷させた場合にも，ルールを遵守していた限り，当該行為は行為義務違反（過失）に該当しない。危険の引受けも含め，→第16巻§720Ⅴ5(4)。

6 故意・過失の阻却事由

前記のような故意・過失の定式化（→1(2)(ア)，3(4)(ア)）に該当する場合にも，有責性非難を排除するような特別の事情がある場合には，最終的に故意・過失が否定され（→(ア)），または，有責性阻却事由に該当して不法行為責任の成立が否定される（→(イ)・(ウ)）。

(ア)　違法性阻却事由の誤信に相当の理由がある場合　加害者において，違法性阻却事由に該当する事実が存在しないにもかかわらずその存在を誤信し，かつ，そのことに相当の理由がある場合には，故意・過失が否定される。加害者は，権利・法益侵害の事実こそ認識しているものの，行為の違法性を基礎付ける全事実（違法性阻却事由が真実には存在しないことを含む）についての認識および認識可能性を欠いており，有責性非難ができないからである。判例では，名誉毀損における相当性の抗弁などがこれに該当する（最判昭41・6・23民集20巻5号1118頁〔事実摘示〕，最判平9・9・9民集51巻8号3804頁〔事実を基礎とする意見論評〕。真実性を信じるべき相当の理由があった場合には故意・過失が否定される，とする）。

(イ)　違法性の意識の可能性がない場合　一般に，行為の法的評価は行為者が自らの責任で行うべきものであって（「法の不知は許さず」），何らかの理由で行為の適法性を誤信していた事実をもって故意・過失ないし有責性が否定されることはない。その例外として，例えば，ある事項の法解釈に関して判例がなく，学説も対立していたために，自己の行為（権利・法益に対する違法な侵害行為）の適法性を誤信していた場合には，故意・過失がないとされてい

372　〔橋本〕

§*709* **B V**

る（最判昭 46・6・24 民集 25 巻 4 号 574 頁〔国賠法 1 条に関する〕参照）。このような場合には，当該行為の違法性を意識することが期待できず，有責性が阻却される（四宮・中 385 頁・395 頁のほか，加藤(一)67 頁・71 頁参照）。

(ウ)　義務遵守の期待可能性がない場合　　当該行為者の置かれた具体的状況の下で，義務遵守の決意を期待することが無理であった場合にも，有責性非難が排除されるため，不法行為責任の成立が妨げられる（四宮・中 386 頁・395 頁）。判例には，「法的義務」（不作為不法行為における作為義務）を否定するにあたって期待可能性の要素を考慮したものがある（最判平 20・2・28 判タ1268 号 116 頁〔少年 Y が，少年 A による暴行現場に居合わせたが，Y は A を恐れていたため暴行を制止せず，また，A による仕返しを恐れて被害者の救護もしなかった〕）。

7　故意・過失要件に関する特則

特殊の不法行為の責任成立要件は，その多くが 709 条の故意・過失要件に対する特則にあたる。

(1)　重過失を要件とする特則

(ア)　失火責任法による責任軽減

(a)　総説　　失火ノ責任ニ関スル法律（失火責任法）は，責任成立要件を故意・過失よりも狭める方向の特則である。

本法によれば，失火の場合には，失火者に「重大ナル過失」があるときを除き，709 条が適用されない。これは，失火に対する責任を特別に軽減し，重過失がある場合に限り不法行為責任を成立させる趣旨である。

責任軽減の立法理由は，次の 3 点にある（大判明 45・3・23 民録 18 輯 315 頁，澤井・失火 6 頁以下）。第 1 に，失火により自己の財物を焼失させるような場合には，過失に宥恕すべき事情のあることが多い。第 2 に，人家の密集地で失火をした場合には延焼によって不測の損害が生じることがあり，失火者の賠償責任が酷となる。そのため，第 3 に，失火者に損害賠償責任を負わせないのが，我が国古来の慣習である。

もっとも，立法当時（1899 年）はともかく，消防能力が向上して耐火建築技術も発達した現在の社会状況の下では，責任軽減の合理性が揺らいでいる。

(b)　重過失要件　　本法にいう「重大ナル過失」（重過失）とは，「通常人に要求される程度の相当な注意をしないでも，わずかの注意さえすれば，たやすく違法有害な結果を予見することができた場合であるのに，漫然これ

〔橋本〕　373

§709 B V　　　　　　　　　　　　　　　第3編　第5章　不法行為

を見すごしたような，ほとんど故意に近い著しい注意欠如の状態」をいう
（最判昭32・7・9民集11巻7号1203頁〔庭での焚き火〕）。

　ところで，重過失要件は，①立証負担の軽減のために故意要件を緩和する
趣旨の場合と②程度の重い過失を要求する趣旨の場合とがある（道垣内弘人
「『重過失』概念についての覚書」平井宜雄古稀・民法学における法と政策〔2007〕540
頁）。上記の判例の定式化はどちらとも読めるが，実際の適用にあたっては
②程度の重い過失の有無が判断されている（澤井・失火49頁）。

　　(c)　適用範囲など　　本法は，債務不履行による損害賠償請求について
は適用されない（最判昭30・3・25民集9巻3号385頁〔借家人の失火による借家の
焼失〕）。失火による債務不履行（借家の焼失に関する損害賠償責任）には責任軽減
の理由があてはまらないため，条文の文言（「709条ノ規定ハ」）どおりに，責
任軽減を不法行為による損害賠償請求に限定する解釈がとられる。

　さらに，学説では，不法行為責任との関係でも本法の適用を限定する解釈
が提案される。この見解は，本法の適用対象となる火災を延焼部分に限定し，
失火から生じた直接の火災には709条がそのまま適用されるとする（澤井・
失火17頁以下，四宮・中340頁）。限定解釈の実際的意味は，他人の家での失火
の場合に，当該他人（直接火災）に対する失火者の責任を軽減しない点にあ
る。

　このほか，714条・715条・717条の適用領域で失火が生じる場面では，
責任の厳格化に向けられた当該規定と責任軽減を図る本法との間で，規範調
整が必要になる。この点の詳細につき，→第16巻§714 V，§715 II 5(2)(ア)，
§717 V 3。

　(イ)　その他　　重過失を要件とする責任成立要件としては，他に，法人の
役員の対第三者責任を定める会社法429条1項・一般法人法117条1項など
がある。

　(2)　故意・過失要件を緩和する特則

　(ア)　無過失責任を定める責任成立要件　　故意・過失要件を緩める方向の
特則として，まず，無過失責任の責任成立要件は，そもそも故意・過失を要
件としない。

　無過失責任の責任成立要件の多くは，技術的施設や瑕疵ある物による加害
を規律対象としており，民法717条1項ただし書（工作物所有者の責任）のほ

374　〔橋本〕

か，自動車損害賠償保障法3条，原子力損害賠償法3条，人工衛星等の打上げ及び人工衛星の管理に関する法律35条・53条，大気汚染防止法25条，水質汚濁防止法19条，製造物責任法3条などが該当する（→AⅡ1）。それ以外にも，消費者法や経済法・会社法の分野では，金融サービス法6条，独占禁止法25条，金融商品取引法16条・18条などが故意・過失要件を立てない。

　(イ)　過失の証明責任を転換する責任成立要件　　過失の証明責任を転換する中間責任の責任成立要件も，故意・過失要件についての特則にあたる。

　民法上の特殊の不法行為では，714条，717条1項本文（工作物占有者の責任），718条がこれに該当する。なお，証明責任の転換の対象は，管理・監督義務の遵守の事実に限られており，管理・監督義務それ自体を基礎付ける事実（他人・物と責任主体との関係。→Ⅱ4(2)(ウ)②）については被害者の主張・証明責任のままである。

　管理・監督過失の類型に関するもの以外にも，特別法では，特許法103条，会社法429条2項，金融商品取引法17条・21条・21条の2・22条・24条の4などが，過失の証明責任の転換を定めている。

Ⅵ　損害発生要件

(1)　何らかの損害の発生

　709条の効果は損害賠償義務の発生であるので，不法行為の成立要件としては，損害の発生も要求される。不法行為の結果面に関しては権利・法益侵害要件も成立要件であるところ，損害発生要件は，権利・法益侵害要件は充足するが損害が発生していない場合に，独自の役割を果たす。

　損害発生要件は，何らかの損害が発生していれば充足される。この要件は，あくまで，損害が発生しない場合には不法行為が成立しないとするためのものである（我妻152頁，加藤(一)148頁，幾代＝徳本21頁）。

　損害発生の有無を判断する上では，損害とは何かが前提問題となる。この点に関しては2つの損害理解が対立しており（→CⅡ1・Ⅳ1），次述(2)のとおり，いずれの理解をとるかによって損害発生要件の具体的判断が左右される。なお，損害発生の有無については，損害の種別や各種の損害項目も関連

〔橋本〕　375

§*709* B Ⅵ 第3編 第5章 不法行為

しうるが，これらは損害賠償の項目で説明される（→CⅡ2⑶・Ⅳ3以下）。

⑵ 損害発生要件が機能する場面

(ア) 伝統的学説から　伝統的学説は，金何円として現実化した金銭的不利益を損害と捉える立場（損害＝金銭説）から，損害発生要件について，現実的な損害の発生を要求する（加藤(一)148頁）。判例も，「被害者に生じた現実の損害」を要件としている（最判昭42・11・10民集21巻9号2352頁〔損害額の算定に関する判示〕）。

もっとも，現実の損害の発生を問う場合にも，損害発生要件によって不法行為責任の成立が妨げられる場面は，必ずしも多くない。財産的権利・法益の侵害からは何らかの金銭的不利益が生じることが通例であり，また，人格的権利・法益の侵害からは金銭によって慰謝すべき精神的苦痛が生じることが一般的であろう。

損害発生要件によって不法行為責任の成立が否定される場面としては，以下のものが考えられる。第1は，所有権等が無断利用によって侵害されたが，権利者に利用の計画がなかった場合である。例えば，他人が空き地を無断で駐車場として継続使用した事例では，所有者には現実の損害がない。第2は，担保権の侵害の事例である。担保権は，被担保債権に優先弁済を受けさせることを目的とする。そのため，例えば，抵当目的物を損傷してその価格を減少させた場合にも，残存価格から被担保債権全額の満足を得ることができる限り，抵当権者の損害はない（大判昭3・8・1民集7巻671頁）。第3は，権利・法益の侵害の程度が極めて軽微な場合であり，通行人が私有地を勝手に通り抜けただけでは所有者に損害はない。

(イ) 近年の学説から　これに対して，近年は，損害を，金銭ではなく，被った不利益という事実（例えば人の死亡・負傷等の事実）の次元で捉える立場が支持を集めている（損害＝事実説〔損害事実説〕）。このような理解からは，権利・法益侵害要件に該当する事実は原則として損害発生要件にも該当することになって，損害発生要件の独自の役割はさらに縮小する。特に，第1の類型では，土地の不法占有という事実をもって当然に損害発生が肯定され，客観的価値の損害賠償が認められる（窪田165頁のほか，四宮・中445頁）。

さらに進んで，不法行為制度の目的を権利・法益保護に見いだす立場（→AⅠ3⑴）からは，何らかの権利・法益が侵害された場合には損害賠償によ

376　〔橋本〕

る事後的保護が要請されるため，損害発生要件は独自の役割を失うことになろう。第2・第3の類型についても，損害発生の有無を問うよりもむしろ，端的に，担保権の侵害や微小侵害に対する損害賠償による保護のあり方を検討することがふさわしい（第2の類型につき，道垣内弘人「担保の侵害」同・典型担保法の諸相〔2013〕58頁以下参照）。

(3) そ の 他

(ア) 効果論の問題との区別　　伝統的な損害理解を前提とする場合にも，損害発生要件の下で，個別の損害項目やその数額が問われることはない。これらは効果論に位置付けられ，損害賠償義務の内容との関連で重要な意味をもつ（→C II 2・IV）。

また，伝統的学説からは，損害につき，不法行為の結果として現に存在する利益状態と不法行為がなかったと仮定したならば存在したであろう利益状態との差という定式化がなされる（差額説。我妻・判コメ208頁〔四宮〕，幾代＝徳本276頁）。このような定式化も，賠償賠償の内容（709条の「損害を賠償する責任を負う」にいう損害）を示すためのものであり，効果論に位置付けられる（→C IV 1）。

(イ) 一元的成立要件論における損害発生要件　　損害発生要件の判断内容は，成立要件論全体の組立てにも左右される。過失要件による一元的要件論（→III 3(1)(ウ)(b)）は，損害＝事実説の立場から，もっぱら権利・法益の侵害という事実（死亡・負傷等）を損害発生要件に位置付ける（平井76頁・125頁）。このとき，二元的成立要件論における権利・法益侵害（加害行為の違法性）要件は，損害発生要件に（一部の要素は故意・過失要件に）吸収されることになる（同41頁）。

VII　因果関係要件

1　総　　説

(1)　因果関係要件

不法行為の成立のためには，加害者の行為と権利・法益侵害ないし損害発生との間に因果関係がなければならない。709条の文言では，「（故意又は過失）によって」と「（これ）によって生じた（損害）」が，この点に対応する。

§*709* B Ⅶ 　　　　　　　　　　　第3編　第5章　不法行為

(2)以下で後述するとおり，成立要件としての因果関係要件については，行為義務違反の意味での過失行為または権利・法益侵害行為（その原因行為の側面）が因果関係の始点，権利・法益侵害（第一次侵害であるそれ）が因果関係の終点となり，両者の間の事実的因果関係が要件の内容とされる。

　もっとも，Ⅶで取り上げる事実的因果関係の判断は，後続侵害としての権利・法益侵害にもそのままあてはまる。この点に鑑み，2では，加害者の行為から第一次侵害までの範囲に限定することなく，広く，後続侵害を含む各々の権利・法益侵害までの事実的因果関係を取り上げる。同様に，3での説明も，第一次侵害までの範囲に限定していない。

(2)　因果関係要件の始点・終点

　因果関係要件については，まず，因果関係の始点・終点が問題となる。行為要件および損害発生要件を前提とする限り，因果関係要件の始点は加害者の行為に，終点は損害発生に設定することになる。ところが，現在では，両要件とも独自の成立要件としての地位が揺らいでいるため，その点の考慮が必要になる。

　㋐　因果関係要件の始点　　因果関係要件の始点は加害者の行為であるが，次のとおり，過失行為または権利・法益侵害行為として具体化される（→Ⅱ1(2)）。

　過失を加害者の心理状態（意思の緊張を欠くこと）に見いだす伝統的理解の下では，権利・法益侵害行為（その原因行為の側面）が，因果関係の始点（709条の文言では「これによって」）に該当する（我妻153頁，加藤(一)152頁）。これに対して，過失を行為義務違反と捉える近年の理解からは，行為義務違反の意味での過失行為が，因果関係の始点（「過失によって」）となる（前田(達)126頁，四宮・中291頁・403頁，平井25頁，潮見Ⅰ59頁・337頁）。

　なお，故意不法行為では，故意を行為者の心理状態と解する限り，権利・法益侵害行為（その原因行為の側面）が因果関係の始点となる。

　㋑　因果関係要件の終点　　因果関係要件の終点は，伝統的理解によれば損害の発生であるが（我妻・加藤(一)の前掲箇所），微修正を要する。

　成立要件論では，損害発生とは別に権利・法益侵害が要求されるため，加害者の行為と損害発生との間の因果関係は，必ず，権利・法益侵害を経由していることになる。しかも，権利・法益侵害要件に対する関係で，こんにち，

378　〔橋本〕

損害発生要件は独自の成立要件としての意義を失っている（→Ⅵ(2)(イ)）。したがって，責任成立要件上，因果関係要件の終点としては，損害発生ではなく，権利・法益侵害（一連の加害過程で最初に生じた第一次侵害であるそれ）を取り上げることで足りる。

　(ウ)　加害段階による類型化論から

　以上の理解を，加害段階による過失不法行為の類型化論（→Ⅴ3(5)）と組み合わせれば，各類型における因果関係要件は次のとおりになる。

　①直接侵害（侵害段階）型　　この類型は，権利・法益を直接侵害する行為（直接侵害行為）を捉えて不法行為責任を追及する。直接侵害行為（権利・法益侵害行為）は，原因行為と行為結果（権利・法益侵害）の両要素から構成され，かつ，両者が表裏一体の関係にある。そのため，この類型では，そもそも，権利・法益侵害要件と別個に因果関係要件を立てることができない。

　②間接侵害（危殆化段階）型　　この類型は，権利・法益を危殆化する行為（危殆化段階の行為）を捉えて不法行為責任を追及する。そのため，因果関係要件として，加害者の危殆化行為（行為義務違反の意味での過失行為）と権利・法益侵害（第一次侵害）との間の因果関係が要求される。

(3)　因果関係の総体と因果関係要件

　(ア)　因果的展開の広がり　　　前記(2)では，因果関係要件の終点を権利・法益侵害（第一次侵害）に置いた。もっとも，加害者の過失行為に始まる因果関係それ自体は，権利・法益侵害（例えば身体侵害）で終わるものではなく，権利・法益侵害をこえてさらに展開し，個々の損害項目（入院治療費，逸失利益など）にまで至る。また，権利・法益侵害は，複数のものが順次連鎖する場合があり，最初に生じた権利・法益侵害（第一次侵害）から因果的に波及してさらなる権利・法益侵害（後続侵害）が生じることになる（事故により複雑骨折という身体侵害を生じたところ，細菌感染や医療ミスが重なって最終的に生命侵害に至ったなど）。この場合には，さらに，複数の権利・法益侵害のそれぞれが損害項目へと展開する。

　不法行為責任の判断（709条の成立要件・効果の判断の総体）においては，このような因果的展開の全体について因果関係判断が要求される。権利・法益侵害（第一次侵害）を終点とする因果関係要件は，因果関係判断の一部を取り出して成立要件論に位置付けるものにとどまる。因果関係判断の残りの部分は，

〔橋本〕　379

§709 B VII　　　　　　　　　　　第3編　第5章　不法行為

効果論（損害賠償の範囲の判断など）で行われることになる（→C I 2⑵・III）。

　(イ)　因果関係の区分

　　(a)　責任成立・責任範囲の因果関係

　ところで，不法行為責任における因果関係判断は，近年の学説上，責任成立（責任設定）の因果関係と責任範囲（責任充足）の因果関係とに区分されてきた（これに対して，平井119頁・129頁，幾代＝徳本135頁は因果関係の区分に反対する）。この2区分は，形式的には，法律要件－法律効果の図式と709条の文言（「によって」が2か所で登場する）に依拠しており，責任成立の因果関係が成立要件論に，責任範囲の因果関係が効果論に位置付けられる。2区分の狙いは，責任成立の因果関係と責任範囲の因果関係とで，異なった基準・観点による因果関係判断が行われることの体系的整序にある。

　　(i)　第一次侵害による区分　　因果関係の2区分にあたり，多くの見解は，一連の加害過程で最初に生じた権利・法益侵害である第一次侵害を区分点とする（石田・再構成48頁〔第一次損害とする〕，澤井裕「不法行為における因果関係」民法講座⑹296頁以下，四宮・中403頁）。これによれば，加害者の行為から第一次侵害までが責任成立の因果関係となり，第一次侵害から後続侵害や各種の損害までが責任範囲の因果関係となる。この区分は，第一次侵害の前後で責任画定基準が異なる点（→C III 3⑵(イ)）を踏まえている。

　　(ii)　権利・法益侵害と損害（損害項目）の区分　　学説では，このほか，権利・法益侵害か損害（損害項目）かという区分も提唱される（前田（達）18頁・302頁，潮見 I 338頁）。この立場では，権利・法益侵害（第一次侵害であれ後続侵害であれ）までが責任成立の因果関係とされ，権利・法益侵害から損害（損害項目）までが責任範囲の因果関係とされる。このような区分は，後者が損害項目や損害額の決定など損害賠償それ自体の問題であることを踏まえている。

　　(b)　責任判断の3段階から　　これに対して，責任判断を成立・範囲・内容の3段階に区分する立場（→I 2⑶(イ)）からは，因果関係についても3区分がふさわしい。従来の議論との関係でいえば，第一次侵害の前後での区分と，権利・法益侵害と損害の区分とを組み合わせるかたちになる。

　まず，ある行為における不法行為責任の成否それ自体の判断（責任成立の判断）では，①加害者の行為から第一次侵害までの因果関係が吟味される（責

§*709* **B VII**

任成立の因果関係)。次に，成立した不法行為責任が及ぶ結果の範囲(責任範囲
の判断)については，②第一次侵害から後続侵害までの因果関係が評価対象
となる(責任範囲の因果関係)。最後に，当該範囲の結果に関する不法行為責任
の内容(損害賠償のあり方)は，③各々の権利・法益侵害から生じた損害(損害
項目)によって定まり(責任内容の判断)，責任追及の観点はもはや重要でない。

(c) **因果関係要件の位置付け**　加害者の行為から権利・法益侵害(第
一次侵害)までの因果関係について判断する因果関係要件は，因果関係の2
区分ないし3区分のうち，(a)(i)の立場および(b)の立場にいう責任成立の因果
関係を取り上げていることになる。

(4)　相当因果関係と因果関係要件

(ア)　相当因果関係の三分論　不法行為責任における因果関係の判断(成
立要件としての因果関係要件に限らず，効果論における因果関係の判断を含む)にあた
って，判例は，相当因果関係の有無を吟味してきた(大連中間判大15・5・22民
集5巻386頁)。伝統的学説も同様である(我妻154頁・201頁，加藤(一)152頁・
154頁)。この点については，C Ⅲ2・4で詳述される。

しかしながら，相当因果関係の三分論が登場した後，学説では，相当因果
関係による因果関係判断に反対する立場が支配的である。三分論の主唱者で
ある平井宜雄の分析によれば，相当因果関係の問題には，損害賠償に関して，
①事実的因果関係，②保護範囲，③損害の金銭的評価という3段階の判断が
含まれている(平井・理論135頁以下・429頁以下，平井82頁・110頁)。

まず，①事実的因果関係の判断は，加害者の行為と損害(平井は死傷などの
事実を想定しており，内実からいえば権利・法益侵害に近い。→Ⅵ(3)(イ))との間の因果
関係を，事実の平面で確定するものである。次に，②保護範囲の判断は，事
実的因果関係がある損害のうち，加害者がどの範囲までを賠償しなければな
らないか(賠償すべき損害の範囲)を画定する。最後に，③損害の金銭的評価
は，金銭賠償のために，保護範囲内にあるとされた損害を金銭に評価する作
業である。

その際，各段階の判断は，法的性質の面でも相違がある。①事実的因果関
係が事実認定の問題であるのに対して，②保護範囲の画定は，どの範囲の損
害までを賠償すべきかについての規範的判断による。さらに，③損害の金銭
的評価は，裁判官の創造的・裁量的判断となる。

〔橋本〕　381

§709 B VII

第3編　第5章　不法行為

以上の分析を基礎に，相当因果関係の三分論は，各段階の判断を法律構成上も明確に区別して位置付けること，および，因果関係要件（法技術的意味での因果関係概念）を事実的因果関係として構成することを提唱した。

(イ)　因果関係要件の構成　　相当因果関係の三分論は，事実的因果関係と他の規範的・評価的要素の峻別や因果関係要件の法技術的構成に関して，学説上，広い支持を得ている（前田(達)126頁，四宮・中407頁，潮見Ⅰ362頁以下など。→ＣⅠ2(2)）。そこで，本条注釈でも，因果関係要件には，もっぱら①事実的因果関係の判断を位置付けることとする。

その上で，責任成立の因果関係（加害者の行為から第一次侵害までの因果関係）に係る②保護範囲の判断については，Ⅶ5で取り上げる。また，②保護範囲の判断は，むしろ後続侵害（責任範囲の因果関係）との関連で重要な問題になることから，再度ＣⅢ3でも，第一次侵害の保護範囲の問題が後続侵害の画定基準と組み合わせて説明される。

なお，③損害の金銭的評価の問題は，責任成立の因果関係との関連ではそもそも登場しえない。金銭的評価は，各々の権利・法益侵害までの因果関係が確定された次の段階（責任内容）の問題だからである（→ＣⅣ3以下）。

2　事実的因果関係

(1)　総　　説

前記1(1)のとおり，因果関係要件は，加害者の行為（過失行為または権利・法益侵害行為〔その原因行為の側面〕）と権利・法益侵害（第一次侵害）との間の事実的因果関係を判断内容とする。

この意味での因果関係要件は，法的価値判断の要素を含まないとはいえ，責任判断にとって重要な理論的意義を有する。事実的因果関係は行為への結果帰属の基盤となるべきものであり，この点で，因果関係要件（事実的因果関係）の判断は，責任の基本的判断にあたる（橋本・構造43頁）。

(2)　条件公式（「あれなければこれなし」公式）

(ア)　条件公式による因果関係判断　　事実的因果関係とは，事実の平面で「特定の事実が特定の結果発生を招来した関係」をいう（最判昭50・10・24民集29巻9号1417頁〈東大ルンバール事件〉参照）。

その詳細について，学説には，条件公式を用いた説明が多くみられる（平井・理論136頁・433頁，平井83頁のほか，幾代＝徳本118頁，森島昭夫「因果関係」

382　〔橋本〕

§*709* **B VII**

リステイトメント 40 頁)。それによれば，事実的因果関係の存否は，条件公式（「あれなければこれなし」公式）によって判断される。もし当該の行為がなかったならば，当該の（当該の時点・場所・態様での）結果が発生しなかったであろう場合には，当該行為と当該結果との間に事実的因果関係が存在する。

条件公式が支持される理由は，次の 3 点にある。第 1 に，ある事実と結果との間の因果関係の有無を判断するには，その事実を除いた場合に結果がなお生じるかを判定するという方法が簡明である。第 2 に，「あれなければこれなし」の判断は，法的価値判断を含まず，事実関係の探求によって行われる点で，事実的因果関係の性質に合致する。第 3 に，条件公式によれば，ある事実が結果発生の必要条件の 1 つとなっていれば因果関係が肯定され，それが唯一の原因であったことは確定されなくてよい。この点も，不法行為法上の因果関係の判断に適合する（被告の行為と結果との間の因果関係のみを確定すれば足りるため）。

(イ) 複数原因の競合と条件公式

複数の原因が競合して結果が発生した場面では，条件公式が，必要条件にすぎない原因について因果関係を認めることを可能にする（→①）一方で，条件公式による判断に例外を認めざるをえない場合が登場する（→②③）。工場 A・B からの排水に含まれる汚染物質のために下流で被害が生じた事例を想定し，汚染物質の最大許容量（それを超えてはじめて被害が発生する量）を P として説明する（森島・前掲リステイトメント 45 頁以下，平井 84 頁）。

① A・B いずれも，それ単独では当該結果を生じさせない場合（必要的競合。A<P，B<P，A+B>P の場合）　　A・B ともに，条件公式の適用によって特段の問題なく事実的因果関係が肯定される。前述(ア)の第 3 の理由に対応する。

② A・B いずれも，それ単独で当該結果を生じさせうる場合（重畳的競合。A>P，B>P の場合）　　条件公式を機械的に適用すれば，A・B いずれも事実的因果関係を否定されてしまう。しかし，単独であれば事実的因果関係が認められることとの均衡（あるいは，より排出量が少ない①の場合との均衡）を理由に，②の場合にも，条件公式の適用の例外として事実的因果関係が肯定される。

③ A 単独でも当該結果が生じるが，B 単独では生じない場合（A>P，B<

〔橋本〕　383

§709 B VII　　　　　　　　　　　　第3編　第5章　不法行為

Pの場合）　　条件公式を機械的に適用すれば，Bの事実的因果関係が否定されてしまうが，③の場合も，条件公式の適用の例外として事実的因果関係が肯定される。工場がABCの3社で，A＜P，B＜P，C＜P，B＋C＞P，C＋A＞P，A＋B＞Pという関係にある場合におけるA・B・Cについても，同様である。

(3)　外界変化の因果的連鎖

(ア)　外界変化の連鎖と因果法則　　これに対して，条件公式の適用・その例外という説明に満足せず，因果関係の内実をさらに追究する立場も，学説上，有力に主張される（賀集唱「損害賠償訴訟における因果関係の証明」新堂幸司ほか編・講座民事訴訟⑤〔1983〕201頁・202頁のほか，前田(達)127頁，四宮・中409頁〔411頁では条件公式による判断を支持する〕，潮見Ⅰ350頁。次述の定式化は，刑法学における合法則的条件関係説（林陽一・刑法における因果関係理論〔2000〕66頁）に対応している）。

　この立場によれば，事実的因果関係の本質は，①当該の原因行為から当該結果に至る諸事象の継起（外界変化の連鎖）と，②そこにおける法則的連関（因果法則）とに存する。したがって，事実的因果関係の存否は，現実に生じた事象経過を解明し，それを因果法則と照合する方法によって確定するほかない。条件公式は，そのようにして確定された因果関係を前提に，「あれなければこれなし」という思考操作を行っているにすぎない。

　このような理解は，現実の訴訟における事実的因果関係の認定方法とも合致している（→一般不法行為の要件事実Ⅱ5(2)）。

(イ)　行為への結果帰属の観点から　　外界変化の因果的連鎖をもって因果関係要件の内容（事実的因果関係）とする理解は，行為への結果帰属という観点（→(1)）にも適合的である。

　外界に生起した事象（ある結果）を人（行為者）の意思の所産とみて，ある行為に帰属させるためには，外界を支配操縦する意思の力が当該事象にまで及んでいなければならない（詳しくは橋本・構造43頁以下）。そして，前述(ア)のような，行為から結果に至る外界変化の因果的連鎖は，まさに，意思的行為による外界の支配操縦を当該結果まで媒介するものであるから，そのような関係に基づき，当該結果を人の行為に帰属させることができる。これに対して，前述(2)のような条件関係は，あくまで仮定的な・思考上の関係にとどま

384　〔橋本〕

り，外界を支配操縦する意思の力を媒介することができない。そのため，条件関係それ自体は，行為への結果帰属の基盤とするのに適していない。

(4) **割合的（部分的）因果関係論**

ところで，前記(2)・(3)のどちらの理解に立つにせよ，加害者の行為と結果発生との間の事実的因果関係は，他原因（被害者の過失行為・素因，第三者の過失行為，異常な自然現象など）との競合によって結果が発生した場合（原因競合事例）も含め，ある・なしのいずれかとなる。

これに対して，一部の学説では，事実的因果関係を量的に把握する割合的（部分的）因果関係論も提唱された（野村好弘「因果関係の本質」交通事故紛争処理センター編・交通事故損害賠償の法理と実務〔1984〕62頁）。この理論は，原因競合事例において加害者の不法行為責任の範囲を割合的に限定する解決を狙うものであるが（原因競合事例での割合的責任限定については，ＣＶ1(2)・(3)のほか，橋本佳幸「損害賠償額の割合的調整」立法的課題197頁参照），理論構成面について厳しい批判を受けている（窪田・法理111頁以下）。

3 因果関係の特殊類型

(1) **総　説**

外界変化の因果的連鎖という意味での因果関係は，不法行為の全ての類型にあてはまるものではない。加害者の行為が不作為による場面や，因果経過に人の意思決定が介在した場面は，その構造上，加害者の行為と結果との間に外界変化の因果的連鎖が存在しえないため，因果関係要件の下でいかなる関係を吟味すべきかが問題となる。因果関係要件は行為への結果帰属の基盤となるべきものであるから，これらの場面では，端的に，行為への結果帰属を基礎付けうるような関係を問うべきことになろう。

(2) **不作為不法行為の因果関係**

不作為不法行為においては，加害者の行為（不作為）それ自体は外界変化をもたらさず，不作為から結果に至る外界変化の連鎖も存在しえない。そのため，因果関係要件に関して，不作為の因果関係という特別の問題が論じられてきた。

(ア) **従来の議論状況**

(a) **学説の理解**　　従来の学説は，不作為不法行為における因果関係判断の内実を，作為義務どおりの作為があれば（つまり当該不作為がなければ）当

該結果が生じなかったという条件関係に求めてきた。この点の理論的説明は，2つに大別される。

まず，①不作為不法行為につき特別の責任成立要件を組み立てる立場からは，不作為と結果との間には事実的因果関係が存在しないとする議論も，有力である（前田（達）109頁，四宮・中414頁）。不作為不法行為での因果関係判断は，むしろ，上記のような条件関係をもって事実的因果関係になぞらえ，結果を不作為に帰属させるものであると解する。

この立場に対しては，②行為が作為であれ不作為であれ，因果関係の内容は何ら相違しないという理解が対立する（森島・前掲リステイトメント40頁・44頁，窪田充見〔判批〕民商121巻4＝5号〔2000〕635頁以下，窪田351頁以下）。いずれの場合も事実的因果関係は「あれなければこれなし」の関係になる，とされる。

(b) 判例による定式化　　条件関係への着眼は，判例においても顕著である。最高裁平成11年2月25日判決（民集53巻2号235頁）は，「医師が注意義務に従って行うべき診療行為を行わなかった不作為と患者の死亡との間の因果関係」を，「医師の右不作為が患者の当該時点における死亡を招来したこと，換言すると，医師が注意義務を尽くして診療行為を行っていたならば患者がその死亡の時点においてなお生存していたであろうこと」として定式化しており，「患者が右時点の後いかほどの期間生存し得たかは，主に得べかりし利益その他の損害の額の算定に当たって考慮されるべき事由であり，前記因果関係の存否に関する判断を直ちに左右するものではない」とする。この判例の定式化（「医師が注意義務を尽くして……生存していたであろうこと」）は，診療行為の不作為がなければ当該時点での患者の死亡という結果が生じなかったという「あれなければこれなし」の関係を言い換えたものといえる。

(イ)　不作為への結果帰属の観点から（私見）

(a) 条件関係と結果帰属　　前述(1)の観点によれば，不作為不法行為における因果関係判断は，不作為への結果帰属の問題として把握すべきである（詳しくは橋本・構造42頁以下）。従来の学説でもこの点の指摘はみられたが（一(ア)(a)①），条件公式への着眼が結果帰属にふさわしくなかった。不作為と結果との間の条件関係は，思考上の論理的関係にすぎず，外界を支配操縦する意思の力を媒介することができないからである。特に，判例の定式化によれば，

§*709* B Ⅶ

当該不作為がなければ（作為があったならば）結果の発生時点が多少とも遅れたであろうという関係しかなくても，結果帰属の面で，作為による結果惹起と同視されてしまうことになる。

(b) **因果系列に対する支配操縦力**　不作為不法行為の加害構造（一Ⅱ4⑴⑷）に照らせば，ここでの結果帰属は，何らかの原因（自然力，第三者の行為，被害者の行為など）から権利・法益侵害に向かう因果系列を，当該因果系列を放置する不作為（作為義務違反）に帰属させるというかたちになる。因果関係判断では，このような結果帰属の成否こそが吟味されなければならない（詳しくは橋本・構造45頁以下）。

したがって，不作為不法行為の因果関係要件については，そのような因果系列の存在とともに，当該因果系列の進行に対して不作為による支配操縦（義務内容たる作為における支配操縦力）が及ぶか否か，すなわち，仮に作為義務を遵守して介入していれば当該因果系列の進行を阻止することができたか否かを，判断内容とすべきである。医師の不作為責任の例でいえば，適切な診療行為が行われていれば患者が当該疾病により死亡しないで健康を回復したであろう場合にはじめて，生命侵害についての因果関係が肯定される（延命利益侵害との因果関係につき，→4⑵⑺）。

(3) **心理的因果関係**

因果関係要件の内容は，因果経過に人の意思決定が介在する類型でも問題となりうる。（この類型に関しては，水野謙・因果関係概念の意義と限界〔2000〕192頁以下・263頁以下〔人間相互の交渉事例〕に詳しい）。心理的因果関係の問題である。

(ア) **人の意思決定が介在した因果関係**　この類型では，ある者Ｙの言動が契機となって第三者Ａや被害者Ｘがある行為を行い，当該行為がＸの権利・法益の侵害をもたらす（例えば，最判昭47・5・30民集26巻4号939頁は，バイクが突進してきたのに驚いた歩行者がその場に転倒したが，バイクとの接触はなかった事案で，相当因果関係を認めた）。このような因果経過では，外界変化ではなく内心の意思決定が問題となり，また，人の意思決定には因果法則があてはまらないため，外界変化の因果的連鎖を論じることができない。

この場面について，行為への結果帰属の観点からは，Ｙの行為が動機となってＡ・Ｘが当該行為を決意したという内心の意思形成過程（心理的因果関

〔橋本〕　387

§*709* B Ⅶ　　　　　　　　　　　　　　第3編　第5章　不法行為

係）をもって因果関係要件の内容としてよい。そのような関係があれば，Y
の行為による支配操縦がA・Xの行為にまで及ぶといえ，結果帰属の基盤と
なりうるからである。従来の学説も，特段の説明なく事実的因果関係を論じ
てきた（四宮・中410頁・428頁，平井87頁）。

　(イ)　**違法な意思決定が介在した場合**　　もっとも，心理的因果関係の類型
のうちでも，第三者Aや被害者Xが**違法な行為**（危殆化行為または権利侵害行
為）を決意する場面は，さらに特殊性を帯びる。

　A・Xが自由意思によって違法な行為を決意した場合には，一般に，その
行為は，もっぱら本人A・Xの意思の所産というべきであって，Yの行為へ
の結果帰属を認めがたい（四宮・中428頁以下・454頁以下）。それゆえ，違法な
意思決定（以下の事例の黒丸傍点）が介在した場面では，不法行為の実行の容
易化（→①②）や意思決定の自由の制約（→③）といった特別の事情（白丸傍
点）が付け加わった場合にはじめて因果関係要件を肯定することができる。
例えば，①Yが誤った記載内容の証券を発行したところ，Aがそれを悪用
してXから金員を騙取した事例（→Ⅴ4⑵(オ)），②交通事故の被害者Xが意識
不明で倒れている間にAが財布を盗取した事例，③交通事故の被害者Xが
うつ病に罹患の上で自殺した事例（→CⅢ4⑷(イ)）などである。

　なお，上記の3事例では過失による幇助（709条または719条2項）または後
続侵害の帰責の成否が問題となっており，事例①は過失要件（→Ⅴ4⑵(オ)）
または幇助要件の観点から，事例②③は高められた危険の現実化基準の観点
からも取り上げることができる。違法な意思決定が介在した場面での因果関
係要件は，結果帰属に関わる他の要件（過失・幇助要件や高められた危険の現実化
基準）と同時に，それと一体的に判断すべきであろう。

4　因果関係要件の特則など

(1)　719条1項前段・後段

　特殊の不法行為の成立要件のうちでは，719条1項前段・後段が，因果関
係要件に対する特則にあたる。実際の不法行為事件では，結果発生に複数人
の行為が関与した場合や複数の可能的原因がある場合など，被告たる加害者
の行為から被害発生に至るまでの事象経過を十分に解明しがたいことも少な
くない。このような場面（典型例は公害の複数汚染源事例）で，719条1項の特
則は有効な責任追及手段となりうる。

388　〔橋本〕

§*709* B VII

(2) 権利・法益の拡大による要件の切り下げ

このほか，医療過誤や公害・環境侵害事件との関連では，因果関係の終点の前倒しによって因果関係要件を切り下げる構成もみられる。生命・身体侵害よりも前段階で権利・法益の侵害を捉えるとき，因果関係要件として生命・身体侵害までの事実的因果関係を確定することは必要でなくなる。

(ア) 医師の不作為との因果関係　　医療過誤との関係では，医師の不作為と患者の生命侵害（死亡）との間の因果関係が確定されない場合にも，延命利益または生存の相当程度の可能性の侵害において権利・法益侵害を捉えて，医師の不作為の不法行為責任を追及する余地がある。すなわち，前述3(2)(イ)の私見のような，適切な診療行為が行われていれば患者が健康を回復したであろうという関係が証明されない場合にも，患者が一定期間延命されたという関係があれば，延命利益侵害の不法行為が成立する。また，前述3(2)(ア)の判例による定式化でいえば，「医師が注意義務を尽くして診療行為を行っていたならば患者がその死亡の時点においてなお生存していたであろうこと」が証明されない場合にも，「患者がその死亡の時点においてなお生存していた相当程度の可能性の存在」が認められれば，生存の相当程度の可能性を侵害する不法行為が成立する（最判平12・9・22民集54巻7号2574頁。→D II 3(4)(エ)）。

(イ) 不可量物の作用との因果関係　　公害・環境侵害事件との関係では，例えば，騒音・排ガスの作用と因果関係のある身体・健康侵害の発生が証明されない場合にも，生活妨害（生活利益の侵害）または平穏生活権の侵害において権利・法益侵害を捉えて，発生源の不法行為責任を追及することができる（→D IV 3(3)・(8)(イ)）。

5　故意・過失と権利・法益侵害との間の関連性

(1) 因果関係要件の関連問題

過失の客観化以前には，成立要件論上，故意・過失（要件）と権利・法益侵害（要件）との間の関連性を特に取り上げて判断するまでもなかった。故意・過失は，そもそも，その内容が権利侵害という結果の発生に関係付けられていたからである。これに対して，過失を行為義務違反とみる現代的理解の下では，過失（行為義務・その違反）と権利・法益侵害との間の対応関係・関連性を特に吟味すべき必要が生じる。5では，第一次侵害としての権利・

〔橋本〕　389

§*709* B VII　　　　　　　　　　　　　　第3編　第5章　不法行為

法益侵害（責任成立の因果関係）を念頭に，この問題について説明する（後続侵害に関しては→C Ⅲ）。

なお，このような対応関係・関連性の判断は，過失要件それ自体（過失の有無）の問題ではなく，また，因果関係要件の内容にも含まれないため，どこで叙述すべきかが問題となる。本条注釈では，判例や従来の議論での取扱いを踏まえて，この問題を因果関係要件の関連項目として位置付けるが，理論上は，独立の成立要件とすることでもよい。

(2)　結果回避義務と権利・法益侵害との一般的対応関係

(ア)　相当因果関係（判例）　　加害者が違反した結果回避義務と権利・法益侵害（第一次侵害としてのそれ）との間には，まず，一般的な対応関係・関連性がなければならない。

判例において，この点の吟味は，相当因果関係を内容とする因果関係要件が担ってきた。一例として，最高裁昭和43年6月27日判決（民集22巻6号1339頁）は，偽造の登記済証を用いて無効の所有権移転登記がなされ，これを信頼したXが登記名義人と取引した事案（国家賠償法1条により国の責任が追及された）で，登記官吏の違法行為〔過失行為〕とXの損害との間には「通常生ずべき相当因果関係がある」とした。この判断の内実は，義務規範の保護目的（→(イ)）の観点にも沿う。

なお，結果回避義務と権利・法益侵害との間の関連性が問題となった判決には，結果発生の予見可能性の有無をもって相当因果関係を肯定・否定したものも少なくない（最判昭38・9・26民集17巻8号1040頁〔肯定。ガソリンでクラッチを洗滌する行為と，引火炎上に狼狽して投げ捨てたガソリン缶による大火傷〕，最判昭48・4・20判時707号49頁〔肯定。二輪車の急な右折行為と，同車との衝突を回避しようとした後続車の暴走衝突〕，最判昭52・10・25判タ355号260頁〔否定。高校の教師による違法な懲戒と生徒の自殺〕。→C Ⅲ 4 (2)(イ)・(3)(イ)）。このような相当因果関係の判断は，過失要件における予見可能性の判断と異ならない（平井・理論466頁）。

(イ)　義務規範の保護目的（学説）　　近年の学説は，相当因果関係の三分論（→1 (4)(ア)）に基づいて，結果回避義務と権利・法益侵害との間の一般的な対応関係の判断を，因果関係要件ではなく，義務規範の保護目的の問題とする（四宮・中431頁。前田(達)132頁，潮見Ⅰ390頁にいう行為義務の義務射程もこれと同旨である。平井・理論460頁・464頁以下，平井123頁も類似する。→C Ⅲ 3 (1)(イ)・

390　〔橋本〕

§*709* **B VII**

(2)(イ))。

　義務規範の保護目的の判断では，加害者が違反した義務規範（結果回避義務）が，当該の権利・法益侵害の阻止をその保護目的の範囲に含むかが，吟味される。保護目的の範囲は広く解されるが，例えば，当該の義務の違反とは無関係な別の原因による事故は保護目的の範囲外となる（クラクションの故障した自動車を運転中に事故を起こしたが，事故の原因は速度超過にあったなど）。

(3)　結果回避義務違反と権利・法益侵害との間の個別具体的関連性

　(ア)　結果回避可能性（判例・通説）　　結果回避義務違反（過失）と権利・法益侵害（第一次侵害としてのそれ）との間には，さらに，当該事案の下での個別具体的関連性が要求される。例えば，速度超過で走行中の自動車が急に飛び出した子供を轢いたが，仮に制限速度を遵守していても子供を避けることができなかった事例で，このような関連性の有無が問題となる。

　判例は，仮に結果回避義務を遵守していれば当該の権利・法益侵害が回避されたであろうことを要求する立場とみられる（刑事の過失犯に関する判例は，明確に，結果回避可能性を要求する〔最判平 15・1・24 判タ 1110 号 134 頁〕）。この問題を論じる学説も，過失（結果回避義務違反）と権利・法益侵害との間の因果関係（条件関係）として，当該状況の下で結果回避義務を遵守していれば結果が発生しなかったことを要求している（加藤一郎・民法ノート（上）〔1984〕146頁，四宮・中 413 頁）。

　(イ)　義務違反がはらむ危険の現実化（私見）　　義務規範の保護目的に照らせば，結果回避義務違反（過失）と権利・法益侵害との間の個別具体的関連性としては，むしろ，当該の事案で，当該の結果回避義務違反のはらむ危険性（結果回避義務に違反する部分の危険性を指す。結果回避義務が制御しようとしたのはこの部分の危険性である）が当該の権利・法益侵害の発生において現実化したという関係を，要求すべきであろう。作為による間接侵害型の不法行為（→Ⅴ 4(2)(ウ)）に関する限り，危殆化禁止規範違反（過失）と権利・法益侵害との間の個別具体的関連性としては，危殆化禁止規範の違反（それがはらむ危険性）が当該の結果発生に寄与したという関係があれば足り，危殆化禁止規範の遵守によって結果が回避されたという関係までは必要ない（橋本・構造55 頁注 39）。

〔橋本佳幸〕

C　不法行為の効果

細　目　次

I　序 ……………………………393
　1　金銭賠償とその他の救済手段…………393
　　(1)　損害賠償と金銭賠償の原則 ………393
　　(2)　損害賠償の例外としての原状回復
　　　………………………………………394
　　(3)　損害賠償以外の効果としての差止
　　　め…………………………………………395
　2　不法行為の効果に関わる諸問題と本
　項目で扱う問題の限定…………………………395
　　(1)　損害の意義 …………………………395
　　(2)　損害賠償の範囲と損害の金銭的評
　　　価…………………………………………396
　　(3)　損害賠償額の減額・調整 …………396
　　(4)　損害賠償請求権 ……………………397
II　損害の意義 ……………………………398
　1　損害論と不法行為の要件・効果論……398
　2　損害と損害項目 ……………………399
　　(1)　損害・損害項目と賠償範囲・損害
　　　額の算定……………………………………399
　　(2)　損害項目と個別損害項目積み上げ
　　　方式………………………………………401
　　(3)　損害の種類と損害項目 ……………401
III　損害賠償の範囲 ………………………402
　1　序 ……………………………………402
　2　相当因果関係＝416条説の形成………403
　　(1)　相当因果関係＝416条説（鳩山
　　　説）登場前 ……………………………403
　　(2)　相当因果関係＝416条説（鳩山
　　　説）登場後 ……………………………405
　3　相当因果関係説への批判と近時の学
　説………………………………………………408
　　(1)　平井説の登場 ………………………408
　　(2)　平井説以後の状況 …………………410
　　(3)　若干の検討 …………………………414
　4　判例・裁判例の動向…………………416
　　(1)　序 ……………………………………416
　　(2)　相当因果関係＝416条説を比較的
　　　明確にとるもの ………………………416
　　(3)　事故や死亡などの結果について予

　　　見可能性を問題とするもの …………418
　　(4)　単に相当因果関係の有無を問題と
　　　するもの ………………………………419
　　(5)　判例・裁判例の総括 ………………421
IV　損害額の算定（損害の金銭的評価）……422
　1　総論―その1：差額説・損害事実説
　と判例…………………………………………422
　　(1)　差額説と損害事実説 ………………422
　　(2)　判例・裁判例の検討 ………………424
　　(3)　小　括 ………………………………428
　2　総論―その2：近時の議論 …………429
　　(1)　序 ……………………………………429
　　(2)　損害事実説・死傷損害説とその後
　　　の損害論の全体的傾向 ………………430
　　(3)　包括的算定や権利保障に着目する
　　　説（評価段階説・生活保障説）……431
　　(4)　規範的損害論 ………………………431
　　(5)　損害賠償の「権利追求機能」を重
　　　視する説 ………………………………433
　　(6)　「権利の保障内容」の観点から損
　　　害額算定に関する規範群を探究する
　　　説 ………………………………………434
　3　人身の侵害…………………………………435
　　(1)　個別損害項目積み上げ方式と包
　　　括・一律請求 …………………………435
　　(2)　死亡と財産的損害 …………………437
　　(3)　負傷・健康被害と財産的損害 ……444
　　(4)　人身侵害と精神的損害 ……………446
　4　その他の人格的利益の侵害――名
　誉・プライバシーを中心に…………………448
　　(1)　名誉・プライバシー侵害等の慰謝
　　　料額の算定方法 ………………………448
　　(2)　2000年頃からの名誉毀損等の慰
　　　謝料額の再検討 ………………………449
　5　財産的利益の侵害……………………453
　　(1)　序――近時の問題 …………………453
　　(2)　所有権等の侵害―その1：物の滅
　　　失 ………………………………………456
　　(3)　所有権等の侵害―その2：物の損

§*709* C I

傷 ······································460
　(4)　所有権等の侵害——その3：物の不
　法占有 ··························462
　(5)　その他の経済的損害 ··········462
6　弁護士費用·······················465
V　損害賠償額の減額・調整——概観と損
　益相殺 ······························468
1　概　観·····························468
　(1)　過失相殺などの減額事由と損益相
　殺との関係 ·····················468
　(2)　過失相殺などの減額事由の概略 ···468
　(3)　自然力の競合 ················469
2　損益相殺（ないし損益相殺的な調整）
　の各類型·····························474
　(1)　序 ···························474
　(2)　免れた支出と損益相殺 ········478
　(3)　第三者からの給付と損益相殺（な
　いし損益相殺的な調整）——その1：
　生命保険金など ·················480
　(4)　第三者からの給付と損益相殺（な
　いし損益相殺的な調整）——その2：
　社会保険給付など ··············482
　(5)　新たな規範的観点から「損益相殺
　的な調整」が否定される場合 ·······488
3　損益相殺等と過失相殺の先後関係······489
　(1)　序 ···························489
　(2)　判例・裁判例と学説 ··········490

VI　損害賠償請求権 ··················491
1　序 ·······························491
　(1)　権利主体 ····················491
　(2)　相続人 ······················492
2　人的範囲（間接被害者）··········492
　(1)　序 ···························492
　(2)　間接被害者——その1：近親者の精
　神的損害 ·······················494
　(3)　間接被害者——その2：近親者の財
　産的損害 ·······················498
　(4)　間接被害者——その3：企業損害な
　ど（近親者以外の第三者の財産的損
　害）···························502
　(5)　間接被害者——その4：近親者以外
　の第三者の精神的損害（死傷を原因
　としないもの）··················508
3　賠償者の代位（損害賠償による代位）
　·································510
　(1)　不法行為と422条の類推適用 ····510
　(2)　「肩代わり損害」との関係········511
4　損害賠償請求権の譲渡・代位行使······511
　(1)　序 ···························511
　(2)　譲　渡 ······················511
　(3)　債権者代位 ··················512
5　損害賠償債務の遅滞··············513
　(1)　総　論 ······················513
　(2)　各　論 ······················514

I　序

1　金銭賠償とその他の救済手段

(1)　損害賠償と金銭賠償の原則

　709条は，同条の一般不法行為の効果として「損害を賠償する責任」を規定する。また，714条・715条・717条・718条・719条の各条もこれらの特殊不法行為の効果として「損害を賠償する責任」を規定する（716条はこれらと条文の体裁が異なるが，709条の原則を確認した規定である〔→第16巻§716 I 3(2)〕点で，同様の規定をするものと解される）。このように民法は，一般不法行為・特殊不法行為を通じた不法行為の効果として「損害賠償責任」を規定するとともに，これらの条文を受けた722条1項において，債務不履行の417条を準用して，不法行為の損害賠償について「金銭賠償の原則」をとることを明ら

〔前田〕　393

かにしている。

　損害賠償の方法は，賠償すべき損害を金銭に換算してその金銭で支払う「金銭賠償」のほかに，「原状回復」（例えば壊した塀を修理するような原状に戻す方法）も考えられる。しかし，民法起草者は，原状回復は「混雑」を来しかえって不便であって〔貨幣経済社会の下では〕金銭の支払によるほうが便利であるとして，金銭賠償の原則を採用することにした（理由書407頁）。

　金銭賠償は，「一時金」で支払う方式が通常である。例えば，後遺障害による介護費用の損害額の算定のように，将来の不確定要素がある場合にも，一定の蓋然性判断に基づいて一時金で支払うことが認められているが，そのような場合について，一時金方式ではなく「定期金」方式をとることが認められることもある（詳細は→第16巻§722 A II(2)）。

　なお，判例は，不法行為に基づく損害賠償について，「被害者に生じた現実の損害を金銭的に評価し，加害者にこれを賠償させることにより，被害者が被った不利益を補てんして，不法行為がなかったときの状態に回復させることを目的とするものであ」るとしている（最判平9・7・11民集51巻6号2573頁）。上記判例は，現実に発生した「損害の塡補」を損害賠償制度の目的とすることで，抑止や制裁を目的とする懲罰的損害賠償（→§710 IV 2）を否定したものであるが，学説では，「侵害し得」にならないために「利益吐き出し型」の損害賠償を主張する議論も有力である（→IV 5(1)）。

(2) 損害賠償の例外としての原状回復

　金銭賠償の原則に対し，417条は「別段の意思表示がないときは」と規定しているので，不法行為については事後の特約をすれば原状回復も認められる余地がある。また，名誉毀損の不法行為については723条の特則による原状回復処分も認められている。社会の進歩とともに「最モ貴重ナル生存要件」をなしている「名誉」が毀損されたことに対する賠償は巨額の金銭賠償をしても完全とはいえず，特に原状回復を要する（理由書672頁・684頁以下）と起草者が考えたことによる（以上の原状回復に関する詳細は→第16巻§722 A III・§723）。

　このように，不法行為の効果としての原状回復は例外的であるが，金銭賠償の解釈指針として原状回復の理念を参照する議論がみられる（潮見〔初版〕230頁以下）。損害の塡補を損害賠償制度の目的と解する前記判例が，金銭賠

償を通じて「不法行為がなかったときの状態に回復させることを目的とするものであ」るとする点は，上記の議論と通底するものといえる。ただし，不法行為がなかったときの状態に回復するといっても，賠償範囲とされた損害（→2, Ⅲ）についての回復である点に留意する必要がある。

（3）　損害賠償以外の効果としての差止め

709条は，不法行為の効果として，権利法益侵害「によって生じた損害」に対する賠償（損害賠償）を規定しているが，権利法益侵害自体の禁止の請求（差止め）は規定していない。しかし，前述のように，不法行為の効果として，民法は，（過去に発生した損害に対する）原状回復については原則として否定している（723条で例外的にしか認めていない）のに対し，（将来発生する損害に対する）差止めについては，特に否定していない（ボワソナード草案・旧民法からの起草過程などに照らしても，722条1項によって原則として否定されたのは原状回復だけであることが差止肯定説によって指摘されている）。そこで，解釈論でこれを肯定する説（「法律上保護される利益」の侵害があるが，所有権や人格権などの物権類似の「権利」の侵害とまでいえず物権的請求権に準じた効果を導くことができない場合に，不法行為の効果として差止めを認める立場であり，故意・過失や損害発生の蓋然性も要件とする説。詳細は→第16巻§722 A Ⅳ）が有力であり，裁判例にも肯定例がみられる（東京地判平14・12・18判タ1129号100頁）。

2　不法行為の効果に関わる諸問題と本項目で扱う問題の限定

（1）　損害の意義

「損害」は，その発生が不法行為の成立要件であるとともに，不法行為の効果である損害賠償とも密接な関係にある。どの程度の損害が発生したかが損害賠償額に反映されることはもちろんであるが，それにとどまらない関係がある。すなわち，そもそも損害をどのように把握するかによって，損害の発生の有無や損害との因果関係の有無という成立要件のレベルの問題だけでなく，損害額の算定（損害の金銭的評価）の仕方も変わってくることになる（そのほか「損害の発生」は，遅延損害金〔→Ⅵ5(1)，第16巻§722 B Ⅲ〕や消滅時効〔→第16巻§724〕の起算点などに関わるものであり，①権利法益侵害が進行しているが，損害〔事実〕が一定の内容として確定していない段階，②損害〔事実〕は確定しているが，一部の損害項目が顕在化・具体化していない段階など，権利法益侵害・損害〔事実〕・損害項目の相互関係に留意して分析する必要がある）。そこで，Ⅲ「損害賠償の範囲」

§*709* C I
第3編　第5章　不法行為

への導入として，Ⅱで「損害の意義」について述べるとともに，Ⅳ1において，損害概念と損害の金銭的評価の問題との関係について述べることにする。

(2)　損害賠償の範囲と損害の金銭的評価

709条の規定する不法行為の効果は，「故意又は過失によって権利又は法律上保護される利益を侵害した者」の「これによって生じた損害を賠償する責任」である。同条の2つの「よって」という「因果関係」に関わる文言を一般不法行為の全体構造の中にどのように位置付けるかについては議論がある（米村滋人「損害帰属の法的構造と立法的課題」立法的課題163頁）が，故意または過失ある行為がなければ発生しなかった損害であること，換言すれば，「事実的因果関係」（→BⅦ2）のある損害であることを，損害賠償の要件と解するのが一般的である。しかし，そのような損害の全てが賠償の対象となるわけではなく，一定の規範的判断によって賠償範囲とされた損害が損害賠償の対象となる。不法行為の損害賠償の範囲については，債務不履行における416条のような明文の規定がないことも相俟って，多くの議論がなされてきた。Ⅲでは，この点について，やや詳しく述べることとする。

さらに，賠償範囲とされた損害が金銭的に評価されて初めて金銭賠償の対象となりうる。そこで，Ⅳにおいて，損害の金銭的評価（損害額の算定）について述べることにする（逸失利益の算定における中間利息の控除の問題は，債権法改正により722条1項において417条の2を準用する形で明文化されたことから，第16巻§722Bで扱うことにする）。

ただし，賠償範囲・金銭的評価のいずれの問題に位置付けられるかは，損害の把握の仕方によって変わりうる点に注意が必要である。

(3)　損害賠償額の減額・調整

(ア)　序　　このようにして金銭的に評価された損害額が，そのまま損害賠償額とされた形で被害者の加害者に対する損害賠償請求権（損害賠償債権）が成立するとは限らない。賠償範囲とされた損害の金銭評価額が，最終的に減額・調整された上で，損害賠償額として定められることがある。その代表例が，過失相殺（722条2項）と損益相殺（ないし損益相殺的調整）である。

(イ)　過失相殺など損益相殺以外の減額事由　　過失相殺など以下に述べる損益相殺以外の減額事由は，発生した損害をどこまで加害者に帰責できるか

396　〔前田〕

§709 C I

という観点から，一定「割合」の減額がされるものである。

①過失相殺の規定が適用ないし類推適用される，(a)被害者の過失，(b)被害者側の過失，(c)被害者の素因など，被害者側の事情が損害の発生に寄与した場合（→第16巻§722 C II・III）だけでなく，②当該加害者以外の不法行為も競合して損害が発生した場合（→第16巻§719）や，③自然力などの不可抗力が競合して損害が発生した場合にも，減額の可否が問題となる。

また，上記のような原因競合を背景とする問題以外にも，④被害者と好意無償の関係にある加害者が不法行為責任を負う場合（例えば，(a)自動車の好意同乗者が被害者となる事故や，(b)近所の人の好意で幼児をみてもらっていた際の事故）においても，損害賠償額の減額の可否が問題となる（本項目のVでは簡単に触れるにとどめる。上記(a)の詳細は→D V 1(2)(ウ)(c)，第16巻§722 C II 4(4)(ア)(b)）。

Vでは，以上の問題を概観しつつ，上記③を中心に述べることにする。

(ウ)　損益相殺　　損益相殺（ないし損益相殺的な調整）は，不法行為によって被害者やその相続人が得た利益について一定「額」を減額・調整する法理である。①死亡による逸失利益の算定における生活費控除のように，免れた支出が損失と表裏一体ないし厳密な同一原因の関係にあるとして，逸失利益の損害項目の算定プロセスの中に組み込まれている類型（→IV 3(2)(オ)）もあるが，②生命保険金や社会保険給付のように，不法行為によって生じた事態を原因とする第三者からの給付が控除対象となるかどうかが問題とされる類型や，③708条の趣旨などの新たな規範的観点から控除が否定される類型もある。Vでは，損害額の算定の問題と重なる上記①の類型も併せて，損益相殺（ないし損益相殺的な調整）一般について述べることとする。

(4)　**損害賠償請求権**

上記(3)までのプロセスを経ることで，損害賠償請求権（損害賠償債権）の金額が確定することになるが，そもそも，いかなる主体に損害賠償請求権が成立するかも問題となる。上記の問題のうち，胎児や近親者の慰謝料請求権の問題については，VI 1で概略を述べるにとどめる（詳細は→第16巻§721，§711に委ねる）。VI 2では，損害賠償の人的範囲（間接被害者）の問題を扱うことにする。

損害賠償請求権は，相続・譲渡・債権者代位の対象になるかどうかも問題となるが，相続の問題の詳細は711条の注釈に譲り，VI 4では，譲渡・債

〔前田〕　397

§709 C II　　　　　　　　　　第3編　第5章　不法行為

権者代位の問題を中心に扱うことにする。

　損害賠償請求権に関するその他の問題として，損害賠償債務の遅滞や，賠償者の代位の問題もⅥで扱うが，示談の問題は第14巻に譲る（→§695Ⅳ1(2)・§696Ⅱ1(2)）。

　損害賠償請求権の期間制限については，第16巻724条・724条の2の注釈に譲るが，金銭賠償だけではなく，723条に基づく原状回復も，不法行為に基づく損害賠償請求権の一内容として724条の期間制限に服すると解されることを指摘しておく。

Ⅱ　損害の意義

1　損害論と不法行為の要件・効果論

　(a)　「損害」が「発生」したこと，しかも，その「損害」が故意・過失に「よって」（権利または法律上保護される利益の侵害を介して）発生したこと，が不法行為の要件であり，その「損害」が「賠償」の対象となることは，709条から明らかである。

　では「損害」とは何か。その捉え方によって，①「損害」が「発生」しているか，②それが故意・過失に「よって」発生したものか，という不法行為の要件の側面での違いが生じうるだけでなく，③その「損害」（ないし「損害項目」）について，賠償範囲（相当因果関係）内にあるかの判断がされる点で，その判断の仕方にも影響が生じうるとともに，そのようにして賠償の対象とされた，④「損害」（ないし「損害項目」）の「額の算定（金銭的評価）」の仕方という，不法行為の効果の側面においても違いが生じる。

　(b)　損害の捉え方の違い（特に「差額説」と「損害事実説」）と，上記のような不法行為の要件・効果論との関係（特に①②④との関係）に関するより詳細な検討は，損害額の算定（損害の金銭的評価）への導入として，後記Ⅳ1で説明する（損害論に関する文献も→Ⅳ1）が，Ⅲの賠償範囲論への導入として，ごく簡単に説明しておく。

　(c)　「損害」概念の考え方は，図式的には，「差額説」と「損害事実説」の対立という形で整理することができる。差額説は，加害行為によって被った不利益を金銭的な差額として表現したものを損害と捉える考え方である。

398　〔前田〕

§*709* C II

　これに対し，損害事実説は，加害行為によって被った不利益として主張された事実を損害として捉える考え方である。

　「損害の発生」に関しては，次のような違いが生ずる。差額説に立てば，被害者が負傷して後遺症が残っても，①後遺症という不利益が収入の減少という金銭的な差額として現れなければ，少なくとも後遺症についての財産的損害は発生していないことになる（最判昭42・11・10民集21巻9号2352頁参照）。これに対し，損害事実説に立てば，②後遺症という事実が損害として認められ，あとは，これをどのように金銭的評価（損害額の算定）をするかの問題として扱われることになる。後述するように判例は，①を基本としつつ，②寄りの判断をするものもみられる（最判昭56・12・22民集35巻9号1350頁）。

　「因果関係の立証」や「損害額の算定」に関しては，次のような違いが指摘できる。すなわち，医療過誤と死亡損害との「因果関係」の証明については，①医療過誤がなければ相当程度の期間は延命できたことを立証しなければ死亡損害との因果関係の立証にならない（かつての下級審裁判例の考え方），②医療過誤がなければその時点では死亡しなかったことの立証をすれば足りて，どの程度の期間延命できたかは「損害の額の算定」（損害の金銭的評価）で考慮される問題にすぎない（最判平11・2・25民集53巻2号235頁），という2つの立場が考えられ，差額説は①，損害事実説は②の立場と結び付きやすい。

　損害と損害項目に関連するその他の違いは後記2で説明するが，以上の検討および以下の検討（さらには→Ⅳ1）が示すように，判例は「差額説」を基本としつつ，「損害の発生」に関してなど，「損害事実説」寄りの考え方を取り入れている部分もある。

2　損害と損害項目

(1)　損害・損害項目と賠償範囲・損害額の算定

(ア)　賠償範囲と損害額の算定の区別―その1

　(a)　判例は，①交通事故と自殺による「死亡」という最上位ないし抽象的な「損害」との相当因果関係を問題とする（最判平5・9・9判タ832号276頁）一方，②死亡による仏壇購入費用等の支出（最判昭44・2・28民集23巻2号525頁）や，負傷による近親者の帰国費用の支出（最判昭49・4・25民集28巻3号447頁）といった，下位ないし具体的な「損害項目」（個別の金銭的差額）との「相当因果関係」も問題として，賠償範囲とされた「損害項目」について，

〔前田〕

§ 709 C Ⅱ　　　　　第 3 編　第 5 章　不法行為

「損害額の算定」をしている。

　(b)　これに対し，「損害事実説」をとる平井説では，死亡や負傷という最上位の「損害」のみが，賠償範囲（義務射程）の判断の対象となって，下位の「損害項目」については，「損害の金銭的評価」の一資料をなすにすぎない（平井・理論 475 頁，平井 125 頁・126 頁。平井説では，損害と権利法益侵害が表裏一体となる。損害事実説をとりつつ最上位の事実でなくてもよいとする説として，窪田 166 頁参照）。

　ただし，判例の差額説を批判し，損害事実説寄りの立場をとる論者においても，「損害項目」を「賠償範囲の問題」として，支出の「必要性」ないし「不可避性」や利益取得の「確実性」など，（「損害」の賠償範囲とは別の）「損害項目」特有の賠償範囲の基準を提示する見解も有力である（前田（達）302 頁・310 頁以下，澤井 233 頁・236 頁，橋本ほか 208 頁・210 頁〔小池〕。四宮・中 435 頁以下・460 頁以下も参照）。

　(イ)　賠償範囲と損害額の算定の区別―その 2

　(a)　判例は，滅失した中古船の交換価格が口頭弁論終結時までに変動した場合の損害額について，高騰時に転売できた特別事情の予見可能性があったかどうか（大連中間判大 15・5・22 民集 5 巻 386 頁）という，「金銭的差額」との「相当因果関係」の問題としている。近時の判例は，有価証券報告書に虚偽記載がされた株式の購入について，「取得したこと自体」を「損害の発生」の問題とするかのような（損害事実説寄りの）判示をしつつ，「損害額の算定」に関しては，「金銭的差額」との「相当因果関係」を問題とする差額説の立場を堅持している（後記Ⅳ 5 (5)(ア)と最判平 23・9・13 民集 65 巻 6 号 2511 頁参照）。

　(b)　これに対し，損害事実説をとる平井説では，①中古船が滅失したという「事実」が「損害」であって，②その事実が賠償範囲と判断された後は，③裁判官がどの時点の市場価格を選択するかという「損害の金銭的評価」の基準時の問題となって，賠償範囲の問題とは明確に区別されることになる（平井 144 頁）。

　(ウ)　賠償範囲・損害額の算定の区別と損害賠償理論　　どこまでを①「賠償範囲」の問題とし，どこからを②「損害額の算定（損害の金銭的評価）」の問題とするかは，次のような差異をもたらす。

　すなわち，①は加害行為への帰責を要し，制限賠償主義の考え方がとられ

400　〔前田〕

§ *709* C Ⅱ

るのに対し，②は加害行為への（直接的な）帰責を要せず，「不法行為がなか
ったときの状態に回復させる」（最判平 9・7・11 民集 51 巻 6 号 2573 頁）という
原状回復（ないし〔フランス法の〕全部賠償）の考え方が参照されることとなる。

(2) 損害項目と個別損害項目積み上げ方式

差額説を基本とする判例は，賠償範囲とされた損害項目ごとにその額を算
定し，それを積算することで，損害全体の損害額を算定する「個別損害項目
積み上げ方式」をとっている。

損害事実説（平井説）においても，前述のように，「損害」の金銭的評価の
一資料として，「損害項目」が参照されることになる（平井 137 頁は，個別損害
項目積み上げ方式の有用性を評価している）。

そこで，項を改めて，算定で具体的に問題となる損害項目の各種について
説明する。

(3) 損害の種類と損害項目

(a) 上述のように，差額説を基本とする判例は，もちろん，損害事実説
においても，死亡や負傷などの「損害」よりも具体的なレベルの以下の各種
の「損害項目」が問題となる（ただし，損害事実説からは，最上位の「損害」の下
位をなす以下のような分類に，理論的な意味はあまりないことになる〔平井 79 頁〕）。

(b) 損害は，「財産的損害」と「財産以外の損害（非財産的損害）」（710
条）に大別される。

(ⅰ) 財産的損害は，さらに，負傷した場合の治療費のように現実に生じ
た①「積極的損害」と，後遺障害が残らなければ得られたはずの収入のよう
な②「消極的損害（逸失利益）」に分けることができる。

負傷した場合の損害項目は，①について，治療費，付添いのための近親者
の交通費，後遺障害が残った場合の介護費・住宅改造費など，②について，
休業損害，後遺障害による逸失利益などに分かれる。

(ⅱ) 「財産以外の損害（非財産的損害）」は，通常は，③精神的損害（慰謝
料）のことをいう。負傷した場合の損害項目は，③について，入通院慰謝料，
後遺障害慰謝料などに分かれる。

(c) なお，710 条のいう「財産以外の損害」には，精神的苦痛以外の
「無形の損害」が含まれるとして，法人の名誉毀損に対する損害賠償請求を
認めるのが判例である（最判昭 39・1・28 民集 18 巻 1 号 136 頁）。

〔前田〕 401

§*709* C III 第3編 第5章 不法行為

「無形の損害」には，実質的には財産的損害に相当するものが含まれている（幾代＝徳本279頁）が，精神的損害と同様に，損害額の算定根拠を主張立証することができないために710条の「財産以外の損害」に位置付けられたというべきである。したがって，710条の「財産以外の損害」の法技術的な意味は（財産的損害は損害額の算定の具体的根拠を示す必要があるのに対し）損害額の主張・認定に当たって算定の具体的根拠を示す必要がない，という点に求めるべきであろう（これに対し，平井78頁は，損害事実説の下，財産的損害の金銭的評価についても裁判官の裁量を広く認めるので上記の区別にあまり意味を認めない）。

III 損害賠償の範囲

1 序

(ア) 「損害賠償の範囲」と「事実的因果関係」・「損害の金銭的評価」との区別

(a) 後述（→2）のように，平井説の登場以降，相当因果関係の問題は，①加害行為と損害発生との「事実的因果関係」の問題（「あれなければこれなし」の判断による事実の平面の問題），②それが認められた損害のどこまでを賠償の対象にするかの「損害賠償の範囲（ないし保護範囲・賠償範囲）」の問題（規範的判断の問題），③賠償範囲とされた損害をどのように金銭に評価するかの「損害の金銭的評価（損害額の算定）」の問題の3つに区別されるようになった。

ただし，判例には，近時においても，上記②③を区別せずに，損害額算定で金銭的差額との相当因果関係を問題とする判断がみられる（→II 2(1)(イ)，IV 1(2)(ア)(e)）。他方，学説には，①②の区別を一部相対化する動きもある（→3 (2)(ア)・(エ)(b)）。

(b) 前述（→II 2(1)(ア)(b)）のように，平井説（損害事実説）では，②の賠償範囲は「損害」について問題となり，「損害項目」は③の「損害の金銭的評価」の問題を判断する一資料にすぎない。

これに対し，判例は，「損害」のみならず「損害項目」についても，②の問題に含めており，学説でもそのような立場が少なくない。

ただし最近は，(i)平井説と同様に「損害」のみを②の「損害賠償の範囲」の問題とし，「損害項目」を③の問題に位置づけつつ，②の判断基準を後述

§709 C III

(→3(2)(イ)) する危険性関連に求める点で平井説と異にする立場（窪田338頁・367頁以下・372頁）や，(ⅱ)「損害」が賠償の対象となるかを「責任範囲」の問題として危険性関連で判断し，「損害項目」が賠償の対象となるかを「損害賠償の範囲」の問題として前述（→Ⅱ2(1)(ア)(b)）の「必要性（不可避性）」・「確実性」で判断する立場（橋本ほか186頁〔橋本〕・208頁・210頁〔小池〕）も有力であり，留意を要する。

（c）③の「損害の金銭的評価」については，原状回復や全部賠償（全部評価）の考え方がとられるのに対し，賠償範囲については，制限賠償主義の考え方がとられている（→Ⅱ2(1)(ウ)）。

（イ）「損害賠償の範囲」の問題　加害行為と事実的因果関係（あれなければこれなしの関係）を有する損害は無限に拡がりうるので，制限賠償主義の下，加害者に責任を負わせるべき損害の範囲を規範的判断で限定する必要がある。しかるに，債務不履行については416条で判断基準が用意されているが，不法行為については条文上特に用意されていない。そこで，①いかなる基準で賠償範囲を制限するかが問題となる。これが「損害賠償の範囲」の中心問題である。

さらに，②加害者が故意・過失によって権利法益を侵害した直接の被害者以外にも，損害が拡大する場合がある。この場合の間接被害者の損害を，「損害賠償の範囲」（相当因果関係）の問題として扱うべきか，それとも，「権利法益侵害」の解釈として，別の不法行為の成立ないし別の請求権の主体の問題として扱うべきか，③「損害賠償の範囲」と「損害の金銭的評価」との関係をどう考えるかなど，問題は①にとどまらない。

以下では，①を中心に検討し，②については主にⅥ2で，③については主にⅣ1で，それぞれ検討する。

2　相当因果関係＝416条説の形成

(1)　相当因果関係＝416条説（鳩山説）登場前

（ア）起草者の見解　不法行為の賠償範囲については，709条その他の条文上，明文の判断基準が用意されていないため，416条の類推適用によるべきか，これとは別の判断基準によるべきか。起草者の穂積陳重は，この点に関して，以下の趣旨を述べている（法典調査会民法議事〔近代立法資料5〕305頁。民法709条に関する法典調査会の議論については，瀬川信久「民法709条」百年Ⅲ560頁

〔前田〕　403

§709 C Ⅲ 第3編　第5章　不法行為

以下，賠償範囲・権利侵害を中心とする主査会等をも含めた議論については，前田陽一「損害賠償の範囲」新賠償講座(6)68頁以下参照)。

　　　債務不履行については，当事者があることを双方で目論んでこれをやろうと思ったときであるので，通常生ずべき損害の賠償に限ることには理由がある。一方，不法行為は，千態万状の有様で生ずるものであるから，どのくらいが通常生ずべき損害であるかということが分からず，特別事情による場合も予見可能か否かということが言い難いので，このような区別をしないで融通がきくようになっている方が宜しい。賢明な裁判官に任せた方が安心と思ってこのような区別をしなかった。

　(ｲ)　初期の学説　　初期の学説は，①岡松参太郎・梅謙次郎など，上記の起草者の見解を受けて，不法行為の賠償範囲の基準について特に述べていないものが主流を占めていた（松波仁一郎＝仁保亀松＝仁井田益太郎・帝国民法正解(3)〔1896〕1449頁以下，岡松参太郎・註釈民法理由下巻　債権編〔1897〕次469頁以下，梅884頁）。これに対し，賠償範囲の基準に言及する学説として，②法典調査会からの自説である416条の準用を主張する土方寧の見解（土方寧・債権原因論〔1901〕223頁）や，③「不法行為アルニアラサレハ発生セサルヘカリシ損害」であり，かつ不法行為時に「予メ認識シ得ル損害ニアラサレハ（過失ノ範囲ニアラサレハ）責任ノ範囲ト為スヲ得ス」として，後の義務射程説に似た発想をとる菱谷精吾の見解（菱谷精吾・不法行為論〔初版，1905〕172頁・176頁。イギリス法の影響を受けている）も見られる。

　(ｳ)　416条類推適用説・相当因果関係説などの対立　　その後は，①416条を類推適用する横田秀雄・川名兼四郎らの説（団野新之・損害賠償論〔1909〕270頁，横田秀雄・債権各論〔1912〕899頁以下，川名兼四郎・債権法要論〔1915〕730頁），②416条の類推適用に反対する説（岡村司「損害賠償ノ二種」京都法学会雑誌6巻4号〔1911〕82頁。磯谷幸次郎・債権法論（総論）上巻〔1917〕444頁以下は，合意に基づかない不法行為において加害者の予見可能性を問題とすることの不合理をいち早く主張して416条は債務不履行に限定されるとしたが，後に，同・債権法論（各論）下巻〔1929〕894頁では富喜丸事件判決に同調した），③石坂音四郎によるドイツの適当条件（相当因果関係）説に依拠する説とが対立する。その中でも①③には後の鳩山説への萌芽がみられる（①の横田は，416条を「人類ノ共同生活関係」において加害者に責任を負わせるのを相当とする範囲を定めた共通の法則だとする富喜丸事件判決

§709 C III

の判示につながる議論をし，川名は，416条1項をドイツの適当条件説とした。③については後述）。

上記の石坂説は，(a)「一般的ニ観察シ同一ノ条件存スル場合ニ同種ノ結果ヲ生スルコトカ一般的ナル場合ニ其条件ト結果トノ間ニ因果関係存ス」とし，(b)「或結果ヲ生スルニ缺クヘカラサル条件（condictio sine qua non）」であり，かつ「或特定ノ場合ノミナラス一般的ニ同種ノ結果ヲ生スルニ有利ナル条件」，「換言スレハ結果ヲ生スル可能ヲ有スル条件」と結果との間に因果関係を認め，(c)債務不履行に適用される416条は上記の適当条件（相当因果関係）をさらに制限したものだとして，不法行為については適当条件によることを主張した（石坂音四郎・日本民法第三編債権第一巻〔1911〕293頁以下・312頁）。その一方で，債務不履行と不法行為とで（規定上は違いがあるものの）本来は賠償範囲が異なる理由はないとも述べたり，行為当時最も注意深い人が知り得べき事情や行為者本人が知る事情で行為当時存在したものに基づいて判断する説をとる（石坂・前掲書313頁以下・297頁以下）など，鳩山説への萌芽も見出せる。

このような学説上の対立を経て，相当因果関係＝416条説（鳩山説）が登場する。

(2) 相当因果関係＝416条説（鳩山説）登場後

(ア) 鳩山説　　鳩山秀夫は，「或ル事実ガ其現実ノ場合ニ於テ結果発生ノ条件タルノミナラズ，一般ノ場合ニモ亦此結果ヲ発生セシムルニ適スルモノナリヤ否ヤヲ標準トシ，他ノ一般ノ場合ニモ亦結果発生ノ条件タルモノニハ結果ヲ発生セシムルニ相当又ハ適当ナル原因力存スル」とするドイツの相当因果関係説（適当条件説）の中でも，「行為当時客観的ニ行為者ニ知レ又ハ最モ注意深キ人ニ知レ得ベカリシ事実」に基づいて判断するトレーガーの説を支持した（鳩山秀夫・日本債権法総論〔1916〕61頁以下）。

鳩山は，上記の点で石坂と同様の立場から出発しつつ，不法行為には債務不履行のような賠償範囲を制限する規定がないことから両者に差異があると解さざるをえなかった石坂説を乗り越える新たな展開を示した。すなわち，①416条を相当因果関係を規定したものと位置付けるとともに，②不法行為には特に〔債務不履行のような〕規定はないものの，「理論上両者ガ範囲ヲ異ニスルノ理」はなく，「不法行為ニ付テモ限ナク因果関係ノ連鎖ヲ認ムルハ法

〔前田〕　405

§709 C III 第3編 第5章 不法行為

典ノ趣旨ニ反スル」として，③債務不履行・不法行為とも相当因果関係＝416条によるべきものとした（鳩山・前掲書63頁，鳩山・下943頁）。

(イ)　富喜丸事件判決　鳩山説を受け，大審院も，416条の不法行為への類推適用を否定していた従前の判例（大判大6・6・4民録23輯1026頁，大判大9・4・12民録26輯527頁など）を変更し，相当因果関係＝416条説をとるに至った。

すなわち，富喜丸事件判決（大連中間判大15・5・22民集5巻386頁）は，①不法行為によって生ずる損害は「自然的因果関係ヨリ論スル」ときは「責任ノ範囲広キニ過キ」，「無限ノ負担ニ服セシムルニ至リ」，「吾人ノ共同生活ニ適セス」，②「共同生活ノ関係」において加害者の責任を問うに当たっては，「加害者ヲシテ一般的ニ観察シテ相当ト認メ得ル範囲ニ於テノミ其ノ責ニ任セシメ」，「其ノ以外ニ於テ責任ヲ負ハシメサルヲ以テ法理ニ合シ」，「民法第七百九条以下ノ規定ノ精神ニ適シタルモノト解ス」，③「民法第四百十六条ノ規定ハ」，「共同生活ノ関係ニ於テ人ノ行為ト其ノ結果トノ間ニ存スル相当因果関係ノ範囲ヲ明ニシタルモノニ過キスシテ」，「独リ債務不履行ノ場合ニノミ限定セラルヘキモノニ非サルヲ以テ」，「不法行為ニ基ク損害賠償ノ範囲ヲ定ムルニ付テモ同条ノ規定ヲ類推シテ其ノ因果律ヲ定ムヘキ」である（傍点筆者），とした。

もっとも判決の争点は，中間最高価格の問題であり，後の平井説の整理では金銭的評価の問題になる。また，後述（→4(2)(イ)(a)）のように，物的損害の逸失利益に関する判示である点にも留意する必要がある。

(ウ)　相当因果関係＝416条説の通説化

(a)　鳩山説以後は，当初，①相当因果関係＝416条説を支持する学説は少なく（嘉山幹一・債権総論〔1925〕106頁。入江真太郎・不法行為論第1巻〔1924〕67頁・221頁も参照），②単純に416条を類推適用する末弘厳太郎・岡村玄治らの説（曄道文藝「民法第四百十六条ト不法行為ニ因ル損害賠償ノ範囲」京都法学会雑誌12巻5号〔1917〕71頁以下〔416条は相当因果関係を拡張したものとする〕，末弘1109頁〔後に改説〕，三潴信三・債権法提要総論(上)〔2版，1925〕236頁以下，岩田新・債権法概論〔1925〕104頁，岡村玄治・債権法各論〔1929〕741頁以下。特に，岡村・同747頁以下が，416条類推適用説を主張するに当たり，「故意過失ノ及フ限度」に責任を制限したのが416条であり，「全ク物理的」な「相当因果関係」とは異なるとして，相当因

§709 C III

果関係＝416条説を批判した点は，後の義務射程説に類似した発想として目を引く），③石坂説を継承して416条は相当因果関係をさらに制限したものと解して不法行為について相当因果関係による説（中村武・債権発生原因論〔1928〕783頁，富井政章・民法原論(3)〔1929〕208頁以下），④石坂説とは対照的に416条は相当因果関係を拡張したものと解して不法行為について相当因果関係による説（勝本正晃・債権総論(上)〔2版，1930〕365頁以下），⑤因果関係の直接性を問題とする説（村上恭一・債権各論〔1921〕576頁以下〔故意・過失が結果たる「損害ニ及フコト」も要する〕，大谷美隆・債権各論講義〔1924〕269頁）など，多岐に分かれていた。

　(b)　しかし，その後，①我妻栄をはじめとして相当因果関係＝416条説を支持する学説が多く登場し（我妻栄・債権法〔1931〕213頁，小池隆一・日本債権法総論〔1933〕92頁，中村萬吉・債権法概論各論〔1933〕525頁以下，林信雄・判例を中心としたる債権法論総論〔1934〕103頁以下，池田寅二郎・債権総論(上)〔1934〕142頁以下，近藤英吉＝柚木馨・註釈日本民法債権総則(上)〔1934〕193頁，宗宮信次・不法行為論〔1935〕128頁，梅原重厚・不法行為概説〔1937〕119頁），②改説した末弘や戒能通孝から416条を類推適用することに対する批判はあった（末弘厳太郎「不法行為と第四百十六条」法時7巻10号〔1935〕36頁，戒能通孝・債権各論〔改訂初版，1946〕470頁以下は，特別事情についての予見可能性を問題とする416条は債務不履行にのみ適用されるべきであって，突発的な不法行為において加害者の予見可能性を問題とすることは不当あるいは無意味だと批判する）ものの，通説たる地位を確立していった。

　これを決定づけた我妻は，①「因果関係ある損害」，すなわち，「不法行為なかりせば生じなかったであらうといふ関係に立つ損害」は「意外な範囲に及ぶことが少くな」く，「その全損害を賠償せしむることは甚しく公平に反する」，②「実際上の因果の進展を一定の法律理想に従って切断しなければなら」ず，「損害賠償制度の理想たる公平の観念を標準として右の切断を行ふべきである」，③「我々は社会生活に於て一定の事実あれば通常生ずるであらうと考へられる結果を予想して行動」し，「その一定の事実といふのは我々の知り又は知り得べき事情を伴った一定の事実であ」るので，「これを前提に各人の義務を認めることが最も公平に適する」，④相当因果関係の内容を以上のように解するときは「第416条と同一に帰著する」，として，相

〔前田〕　407

§709 C III　　　　　　　　　　　　　　第3編　第5章　不法行為

当因果関係＝416条説を支持している（我妻201-203頁。損害の公平な分担について95頁も参照）。鳩山・我妻とも，相当因果関係を条件関係を前提にさらに限定したものと解する点では共通するが，我妻は「損害の公平な分担」の見地から相当因果関係による限定を基礎付けている。

(c)　相当因果関係＝416条説は，戦後の学説においても加藤一郎らにより通説の地位を保ち続ける（柚木馨・判例債権法総論（上巻）〔1950〕141頁，宗宮信次・債権各論〔1952〕383頁，吾妻光俊・債権法〔1954〕303頁，松坂佐一・民法提要債権各論〔1956〕216頁，加藤一郎・不法行為〔初版，1957〕154頁以下〔加藤(一)154頁以下も参照。ただし，加藤は前述した末弘・戒能の批判に一定の理解を示している〕，於保不二雄・債権総論〔1959〕128頁以下〔同書〔新版，1972〕138頁以下も参照〕）一方，戦後の判例もこれを堅持した（後述）。

もっとも，ドイツにおける相当因果関係の定義との比較から，416条はこれをさらに制限したものだとして，不法行為の賠償範囲を同条2項の予見可能性によって制限することに反対する説（山田晟＝来栖三郎「損害賠償の範囲および方法に関する日独両法の比較研究」我妻還暦(上)217頁以下）も見られ，平井説への一つの端緒となった。

3　相当因果関係説への批判と近時の学説

(1)　平井説の登場

(ア)　北川説の影響　　平井説の登場に更に影響を与えたのが，北川善太郎によるドイツ損害賠償法の構造的特質の研究である。

北川は，①ドイツの損害賠償理論は，裁判官による損害賠償額決定の自由裁量を狭め法的安定性を確保する目的の下，「責任原因」の存否が確定されると因果関係さえあればその有責性の程度と峻別された賠償義務を問うという「完全賠償主義」に立っていた，②相当因果関係理論は，上記をサポートする機能を有していても，賠償を制限する機能は十分に果たさないことから，「規範の保護目的」や「違法性関連」の理論のように，相当因果関係理論が捨象してしまった「責任原因」の分析へ向かう方向が見られる，と指摘した（北川善太郎「損害賠償法序説」論叢73巻1号8頁，2号17-31頁〔1963〕，同「損害賠償論の史的変遷」論叢73巻4号〔1963〕68頁）。

(イ)　平井説　　北川に続き，上記のような「特殊＝ドイツ法的な構造」を明らかにするとともに，そこから，相当因果関係＝416条説を批判する解釈

§709 C III

論を展開したのが平井宜雄である。

平井は，①ドイツの「完全賠償主義」＝「責任原因と損害賠償の範囲との切断」を支えるために，相当因果関係という「特殊＝ドイツ法的な法技術」が生じた，②成立要件である責任設定因果関係（故意過失に「因って」権利侵害が生じたこと）と，範囲に関する責任充足因果関係（権利侵害に「因って」損害が生じたこと）との区別は，後者については「過責」による制限が及ばないとする点に意味があるのであり，「完全賠償主義」＝「責任原因と損害賠償の範囲との切断」から帰結されるものである，とする（平井・理論24-27頁・31-34頁）。

他方，③416条の判例上の実際の機能を見ると，1項は予見可能性の主張を必要としない場合を通常損害と法律構成したものであり，予見可能性の立証責任を軽減した訴訟法的な意味を有するにとどまり，同条の実体法的な意味は全体として予見可能性の限度で賠償範囲を制限したものということに尽きる，④416条が損害の予見可能性を問題としている以上，いかなる態様でその損害が生じたかという責任原因の探求がなされなければならない，⑤それは正に，ドイツ完全賠償主義が否定した「責任原因と賠償範囲との直結」であり，そのような「制限賠償主義」をとる日本では，相当因果関係説をとることや責任設定因果関係と責任充足因果関係との区別をすることの理論的意味はない，とする（平井・理論34頁・90頁以下〔特に92頁〕・431頁）。

その上で，⑥従来の相当因果関係概念に対し，「事実的因果関係」・「保護範囲」・「金銭的評価」の3つの問題を明確に区別していないとして批判するとともに，⑦判例は責任原因と賠償範囲とを直結させている（債務不履行では416条につき債務者の予見可能性が問題とされているのに対し，不法行為では当該加害者の予見可能性ではなく通常人の予見可能性が問題とされることが多い）ものの，予見可能性が賠償範囲の画定基準としてその機能を十分に果たしていないことから，⑧過失不法行為の保護範囲については，過失の判断基準としての行為義務（損害回避義務）の及ぶ範囲（「義務射程」）の損害に限られるべきだと主張した（平井・理論135頁以下・449頁以下〔特に457-460頁〕，平井宜雄「不法行為における損害賠償の範囲」賠償講座(7)3頁以下，平井122頁以下。故意不法行為については，「異常な事態の介入の結果生じた損害」以外は全損害を賠償すべきだとする）。

〔前田〕 409

§709 C Ⅲ 　　　　　　　　　　　　　　第3編　第5章　不法行為

(2)　平井説以後の状況

(ｱ)　概要　　平井説以降，事実的因果関係，保護範囲（損害賠償の範囲），金銭的評価（損害額の算定）の3つの問題の区別は多くの学説の支持を得て今日の不法行為理論の共通基盤をなしているといえる（ただし，澤井195頁以下〔→(ｴ)(b)〕，水野謙・因果関係概念の意義と限界〔2000〕345頁は，事実的因果関係と保護範囲の区別を必ずしも徹底できない類型があることを指摘する）が，義務射程説については，一部の支持を得るにとどまった（幾代134頁以下，幾代＝徳本139頁以下。義務射程説を支持した幾代通も，前提とする損害概念の違いもあって保護範囲と金銭的評価の問題の区別を徹底しない点〔幾代＝徳本134頁〕や，故意と過失で賠償範囲の基準に差異を設けない点〔幾代＝徳本140頁〕など，平井との見解の違いが多々みられる。平井118頁以下は，幾代説との違いを強調して幾代説を批判する）。

平井説の登場以降も，不法行為の賠償範囲については，①なお416条を類推する説（鷺岡康雄「不法行為による損害賠償と民法四一六条」新実務民訴(4)305頁以下，清水兼男「不法行為と民法四一六条類推適用の成否」争点Ⅱ164頁以下，半田吉信「保護範囲説には，解釈上どのような意義があるか」椿寿夫編・講座現代契約と現代債権の展望2〔1991〕22頁），②危険性関連を基本にして新たな基準を提示する説（石田・再構成49頁以下，前田(達)301頁，四宮・中431頁・448頁以下，潮見〔初版〕178頁以下，潮見Ⅰ392頁以下，潮見・講義Ⅱ44頁・87頁，窪田367頁以下。橋本ほか186頁〔橋本〕・208頁〔小池〕参照。類似の立法論として，民法（債権法）改正検討委員会編・債権法改正の基本方針〔別冊NBL126号〕〔2009〕420頁以下も参照），③義務射程説や危険性関連説による新たな判断基準の提示に懐疑的な説（森島324頁，加藤一郎「不法行為における因果関係覚書」四宮和夫古稀・民法・信託法理論の展開〔1986〕180頁以下），④相当因果関係概念の有用性を再評価しつつ416条の類推適用には反対する説（澤井202頁以下。円谷峻・不法行為法・事務管理・不当利得〔3版，2016〕158頁以下，近江191頁以下も参照），⑤相当因果関係＝416条説を支持する説（加藤(雅)241頁。川井500頁以下も参照）などが主張され，議論が区々に分かれている（平井からは，上記①②③の説に対する反論もなされている〔平井115頁以下〕）。

以下では，上記の中でも，近時まで比較的多くの支持を得てきた説として上記②④説を，平井説や②説に対する批判として上記③説を，それぞれやや詳しく紹介する。

410　　〔前田〕

§709 C III

(イ) 危険性関連を基本とする説

危険性関連を基本とする説を比較的初期から提唱したのが石田穣・前田達明・四宮和夫であるが，各説は細部では考え方が分かれる。

(a) 石田説は，起草者の見解から日本も完全賠償主義に近いと解する点，したがって，損害賠償の範囲が故意・過失によって規定されるべきでなく，責任設定因果関係と責任充足因果関係との区別を維持すべきだとする点において，理論の出発点が平井説と大きく異なる（石田・再構成48頁以下・46頁）。

石田説は，「損害」＝「権利侵害」＝「法的保護に値する利益の侵害」と定義するとともに，第一次損害（権利侵害）につき故意・過失を有していれば不法行為は「成立」し（責任設定因果関係の問題），後続損害（権利侵害）については故意・過失の対象とならない，とする（石田・再構成35頁以下・46頁）。その上で，後続損害については，第一次損害と「危険性関連」を有するもののみが「賠償範囲」に入り（責任充足因果関係の問題），偶然的な結び付きしかない場合や被害者の危険な行為が関与していたときは賠償の対象とならないとし，この判断構造を416条に盛り込むことは可能だとして同条を類推適用する（石田・再構成49頁以下）。

(b) 前田説は，義務射程説は第一次的な法益侵害ないし損害については有力だが，後続するものについては疑問である（擬制的なものにならざるを得ない）とし，第一次的な権利侵害については義務射程説と同様に考えるが，後続の権利侵害については「危険性関連」で判断する（前田(達)298頁以下・302頁以下）点で，石田説と共通の発想に立つ。

しかし，(i)権利侵害と損害とを区別し，後続の権利侵害も「成立」の問題であり（間接被害者の損害については別個の不法行為の「成立」の問題となる），そこから生ずる個々の損害をどこまで賠償するかが「範囲」の問題だとする点（前田(達)302頁以下），(ii)権利侵害から生ずる個々の損害については，裁判例の分析から抽出した危険性関連とは別個の基準として，消極的損害については利益取得の「確実性」（前田(達)307頁以下），積極的損害については財産減少の「不可避性」による点（前田(達)310頁以下），(iii)416条を類推しない点（前田(達)301頁以下）で，石田説と異なる。

(c) 四宮説は，709条について，権利侵害に対しては故意・過失を要求しながら，侵害から生ずる損害に対しては故意・過失を要求していない点で

〔前田〕　411

§709 C Ⅲ 　　　　　　　　　　　　　　　第3編　第5章　不法行為

は，一応，完全賠償主義に立つものであるが，起草者が因果関係の判断を裁
判官に任せた点で，緩和された完全賠償の原則を有するとして，責任設定因
果関係と責任充足因果関係の区別を維持する（四宮和夫「不法行為法における後
続侵害の帰責基準」法学協会百周年記念論文集(3)〔1983〕44頁以下）。四宮説は，第1
次権利侵害についてのみ，義務射程と同様の「規範の保護目的」の範囲（義
務規範の範囲）であることを要して，後続侵害については危険性関連で判断す
る点など，基本的には前田説の枠組みを維持するが，危険性関連を基本とす
る説の中では最も緻密である。

　第1に，危険性関連の判断に当たり，「特別の危険」か「一般生活上の危
険」かを区別して前者の実現についてこれを肯定する（四宮・中450頁以下）。

　第2に，損害を，(i)権利侵害と不可分の関係にある「侵害損害」（物の毀損，
死傷〔さらに医療費・逸失利益・精神的損害などの損害項目に分かれる〕など），(ii)権
利侵害が被害者の総財産に波及した効果にすぎない「結果損害」（転売利益・
家族の旅費・弁護士費用等），(iii)第一次侵害が原因となって同一被害者または第
三者に生じた更なる権利侵害である「後続侵害」とに分類する。その上で，
(i)には故意・過失が及ぶ（義務規範の範囲内である）ことが必要である点，(ii)に
は前田説が指摘するような「確実性」「必要性」等の要件が必要である点，
(iii)には危険性関連が必要である点で，区別の実益があるとする（四宮・中435
頁以下・460頁以下）。

　第3に，後続の権利侵害は，前田説では第一次的な権利侵害との危険性関
連による帰責の問題（成立の問題）と位置付けられるのに対し，四宮説では直
接の故意・過失を欠いたまま帰責される点においては責任充足的（範囲の問
題）であるとしつつ，危険性関連による違法性判断を受ける点においては責
任設定的（成立の問題）である，と説明する（四宮・中453頁以下，四宮・前掲論
文75頁以下）。

　　(d)　危険性関連を基本とする説は，近時においても有力な支持を得て優
勢になっている（潮見〔初版〕178頁以下，潮見・講義Ⅱ87頁，窪田367頁以下）。
債権法改正に向けた試案においても，このような考え方に類似した議論とし
て，「契約上の債務不履行以外の理由による損害賠償の場合には，責任を基
礎づける規範が保護の対象としている損害およびその損害の相当の結果とし
て生じた損害が賠償される」という提案がなされた（民法（債権法）改正検討委

412　〔前田〕

§*709* **C** **III**

員会編・前掲書420頁以下）。債権法改正では，このような規定は採用されなか
ったが，416条2項の「予見し，又は予見することができた」という規定が
債権法改正により「予見すべきであった」という規範的概念に改められてい
る（→(3)(c)）。

(ウ)　義務射程説・危険性関連説による新たな判断基準の提示に懐疑的な説
　義務射程説・危険性関連説に対し，新たな抽象的な基準の提示に懐疑的で
あり，個別の公平判断によらざるを得ない面を強調するのが森島昭夫と加藤
一郎である。

　(a)　森島は，義務射程説について，予想外の経路をたどって予想外の主
体に損害が生じた場合や，予想外の異主体に損害が波及した場合は，その主
体との関係で損害回避義務を負っていたかを問題とする限りでは正しいが，
同一主体に予想外の損害が拡大した場合は問題の有効な解決ができないこと
や，平井説の損害概念を前提にすれば賠償範囲の問題の多くが裁判官の自由
裁量の金銭的評価の問題に放り出されてしまう点を批判する（森島316頁以
下・323頁以下）。

　危険性関連説については，(i)同一主体に損害が拡大した場合を主な対象と
するが，異主体に損害が波及した場合も同一の危険性関連の基準による点，
(ii)第一次侵害と後続侵害とがはっきり区別できない点，(iii)危険性関連という
概念が説得の道具としてはともかく，概念それ自体から結論は直接的には出
てこない点を批判する（森島320頁以下）。

　結局，賠償範囲の問題は，政策判断の問題であり，当事者の地位，加害の
行われた社会関係，損害の種類，社会の意識等によってその判断は変化する
ので，その基準を抽象的な概念に求めても結論は出ず，公平の判断から結論
が導かれると言うほかなく，判例の集積から判断要素を類型化するしかない
とする（森島324頁以下）。

　(b)　加藤は，四宮による危険性関連の「特別の危険」「一般生活上の危
険」の区別について，被害者・加害者の両面から検討する点で利益衡量と通
ずるものがあるが，強いて危険範囲といった単一の基準による必要はないし，
危険範囲自体にも多様な要因が入り得ると批判する（加藤・前掲論文185頁）。

　賠償範囲を決する法的因果関係は，単一の理論では説明できない具体的事
実ごとに異なる多面的な利益衡量によるものであるとして，その判断要素を

〔前田〕　413

§709 C III　　　　　　　　　　　　　　　第3編　第5章　不法行為

明らかにすることの重要性を強調する（加藤・前掲論文180頁以下）点で，森島と共通する立場をとるものである。

　㈄　相当因果関係説を再評価する説

　相当因果関係説を再評価する（416条の類推適用には反対する）説が澤井裕によって主張されて以降，近時においてもこのような立場を支持する見解が続いている（円谷・前掲書158頁以下，近江191頁以下）。

　　(a)　澤井のいう相当因果関係説ないし「相当性説」は，完全賠償主義に立ちつつその不公正（不公平）を是正するために，損害項目や賠償額について，以下の3つの判断を行うものである（概略は澤井208頁以下）。

　第1に，損害項目について，事実的因果関係（あれなければこれなし）では捨象されてしまう，相当因果関係における「反復性」・「蓋然性」の要求により，偶然（ありえない異常な出来事）を排除する（澤井208頁のほか，195頁以下・203頁以下が詳しい）。

　第2に，上記の検証をクリアした損害項目について，「相当性」による検証を加えるが，その重要な準則として，「規範が抑止しようとした特別の危険性の実現」であるか，「単なる日常的危険の実現」であるかによる（澤井208頁のほか，澤井204頁・211頁・219頁以下が詳しい）点は，四宮説と類似する。

　第3に，上記の検証を経た損害項目の賠償額についても，「相当性」による検証を加えるが，「確実性」・「必要性」などで判断する（澤井208頁のほか，澤井230頁が詳しい）点は，前田説・四宮説と類似する。

　　(b)　澤井は，相当因果関係説をとる大きな実益として，事実的因果関係（あれなければこれなし）と賠償範囲の問題とを峻別しきれない場合もあり，相当因果関係をもって因果関係の濃淡と賠償範囲とを一体として公平判断する必要もあることを強調する（澤井195頁以下のほか，澤井197頁・203頁以下・205頁・212頁も参照）。澤井は，かつては相当因果関係＝416条説をとっていた（澤井裕「不法行為における因果関係」民法講座(6)304頁）が，契約賠償規範に関する解釈とは隔たりがあるのに類推適用するのは「こじつけの感を免れない」として改説している（澤井209頁）。

　(3)　若干の検討

　　(a)　平井説の問題提起が画期的であった（事実的因果関係・賠償範囲・金銭的評価を区別する判断枠組みが大方の支持を受けた）にもかかわらず，賠償範囲の

414　〔前田〕

§*709* C III

義務射程説については，以上のように，学説の支持をあまり得なかった。また，4で検討するように，その後の判例や裁判例においても，義務射程説を採用したものはほとんどない（義務射程説で「理解」できるものは散見されるが，「義務射程」による判断をした裁判例は注釈者がみる限り1件である）。

　その要因については，①制限賠償主義に立つからといって，平井説のいうように責任原因（過失の判断基準たる行為義務）と賠償範囲とを結合させなければならない訳ではなく，制限する基準を責任原因以外にも求めうること（オノレによる比較法的概観について，加藤・前掲論文178頁以下参照），②平井説の抽象的・包括的な損害概念を前提とすれば，裁判官の裁量としての損害の金銭的評価に多くを任せることになる分，義務射程による賠償範囲の画定には余り困難が生じないが，裁判実務の損害概念を前提とすれば，個別具体的な損害項目について賠償範囲の判断をすることになり，そこまで個別具体的に義務射程を観念することに困難が生ずること，③過失判断が賠償範囲の判断に直結することによる過失要件の負担過重，④事前の視点からの行為規範を踏まえた過失（行為義務）の判断と，事後的な視点に立った評価規範の賠償範囲の判断は，本来，性質を異にする判断であり，特に交通事故の被害者の自殺などの後続侵害について問題が顕在化すること，などが指摘できよう（そのほか，709条やフランス民法1240条〔2016年債務法改正前1382条〕の統一的不法行為要件主義との関係や，①引用のオノレの分析との関係につき，前田（陽）・前掲論文90頁以下参照。平井124頁も参照）。

　（b）　賠償範囲については，前記(2)のように，平井説以降，危険性関連説・（416条を類推適用しない）相当因果関係説が有力になりつつも，学説が分かれた状態が続いたまま，近時は議論がやや停滞している。その一方で，賠償範囲論と密接に関連する損害論や損害算定論については，議論が重ねられて深化がみられる（→Ⅳ2）とともに，前述のように，因果関係と賠償範囲の関係について新たな指摘もされている（→(2)(ア)・(エ)(b)）。このような関連領域の動きを受けた賠償範囲論の再検討が望まれる（権利保護の観点からの再検討の試みとして，藤岡182-186頁参照）。

　（c）　なお，平成29年の債権法改正により，416条2項は，「予見し，又は予見することができた」という文言から，「予見すべきであった」という規範的な文言に修正されたが，不法行為の賠償範囲に関する従前の議論は基

〔前田〕　415

§*709* C III　　　　　　　　　　　　　　　　第3編　第5章　不法行為

本的に維持されよう（潮見佳男・民法（債権関係）改正法の概要〔2017〕71頁，吉村156頁以下参照）。

4　判例・裁判例の動向

(1)　序

　判例・裁判例には，(i)416条の「通常」や，「特別事情」の「予見」（可能性）などを判断枠組みで用いたり，富喜丸事件判決を引用するなど，相当因果関係＝416条説をとることが明確なものもある（後述のように「特別事情」の「予見」（可能性）を問題とするものは少ない）一方，(ii)「特別事情」ではなく，結果についての予見（可能性）を問題としたり，(iii)単に「相当因果関係」の有無を問題とするだけで，「通常」や「予見」（可能性）を特に問題としないものがみられる。

(2)　相当因果関係＝416条説を比較的明確にとるもの

　(ｱ)　概要　　民集登載の最高裁の不法行為判決で，相当因果関係＝416条説をとっていることが判決文中比較的明らかなものとして，以下を挙げることができる。

　①最高裁昭和32年1月31日判決（民集11巻1号170頁〔富喜丸事件判決を引用して滅失当時の交換価格で評価すべきとした〕），②最高裁昭和33年7月17日判決（民集12巻12号1751頁〔貨物自動車の休車による損害を通常損害とした〕），③最高裁昭和38年9月26日判決（民集17巻8号1040頁〔クラッチの洗浄中に引火炎上したガソリン缶を投げ捨てて作業を補助していた者に大火傷を負わせて死亡させたことについて，予見可能性のある損害とした〕），④最高裁昭和39年6月23日判決（民集18巻5号842頁〔不法伐採による損害額について富喜丸事件判決を引用して適正伐採時期における収穫を予見できたとしてその時期の価額で算定した〕），⑤最高裁昭和43年6月27日判決（民集22巻6号1339頁〔登記官の過失で無権利の登記名義人と取引して代金を支払った損害を通常損害とした〕），⑥最高裁昭和44年2月27日判決（民集23巻2号441頁〔弁護士への委任を通常として弁護士費用の相当因果関係を肯定した〕），⑦最高裁昭和44年2月28日判決（民集23巻2号525頁〔仏壇購入費等を相当な範囲で通常損害とした〕），⑧最高裁昭和48年6月7日判決（民集27巻6号681頁〔富喜丸事件判決を引用した上で，不当仮処分による逸失利益について予見可能性のない特別事情による損害とした〕），⑨最高裁昭和48年12月20日判決（民集27巻11号1611頁〔管理状況から窃盗が通常とはいえない自動車による事故について相当因

416　〔前田〕

§709 C III

果関係を否定した〕），⑩最高裁昭和49年4月25日判決（民集28巻3号447頁〔負傷被害者の近親者の帰国費用を通常損害とした〕），⑪最高裁昭和50年3月28日判決（民集29巻3号251頁〔無効な農地買収・売渡処分により農地を時効取得されて所有権を喪失した者の損害について時効完成時の価格を通常損害とした〕），⑫最高裁平成8年5月28日判決（民集50巻6号1301頁〔不当仮差押えにより供託した仮差押解放金の借入金の通常予測しうる範囲内の利息と自己資金の法定利息を通常損害とした（所有権侵害による損害の損害項目か）〕），⑬最高裁平成23年9月13日判決（民集65巻6号2511頁〔西武鉄道株の有価証券報告書の虚偽記載による株主の損害について，ろうばい売りの集中による過剰な下落による金銭的差額について，虚偽記載判明から「通常生ずることが予想される事態」だとして相当因果関係は否定されないとした〕）。

　(イ)　個別の検討

　後記(a)で述べるように，「特別事情」の予見可能性を明確に問題とするものは少ない。損害項目の金銭的評価に関する判決は①④⑪⑬，損害項目の賠償範囲に関する判決は②⑤⑥⑦⑧⑩⑫（⑧⑫は所有権侵害の損害の損害項目とみることができる），損害の賠償範囲に関する判決は③⑨と整理することができよう。

　　(a)　③判決は，民集の判決要旨では「特別事情」の予見可能性を肯定したものとされているが，判決文からは，⑧判決に比べて明確ではない。すなわち，③判決は，加害者Bがガソリンでクラッチを洗浄する際，電気コードのボルトナットに接触しないよう注意を払わないで操作した点に注意義務違反を認めた上で，その結果「引火炎上したガソリン缶を車外に投げ捨て，それがたまたま他人に突当ってその衣服を炎上させ，その故に火傷を負わせて死に至らしめた」場合は，「当然に因果関係あるものと判断することは相当でない」が，被害者Aが修理作業を助けて電灯を照射していたのだから「炎上のガソリン缶がAに突き当りその作業服に燃え移り大事に至るであろうことはBにおいて予見し得た」として，（相当）「因果関係」を認めたものである。むしろ，後記(3)の判決と同様に，加害者にとって（やや異常な）結果について加害者の「予見可能性」を問題としたものとみることもできる。平井説は，この③判決の予見可能性について，過失判断の予見可能性との「オーヴァラップ」を指摘する（平井・理論319頁）。

　これに対し，⑧判決は，明確である。銀行融資の担保として予定していた

〔前田〕　417

§*709* C Ⅲ 第3編 第5章 不法行為

物件への不当な仮処分によって事業の東京進出が遅れたことによる逸失利益・慰謝料の損害について，416条の類推適用を問題とした上で，「本件仮処分の執行によって通常生ずべき損害」ではなく，「特別の事情によって生じたもの」であり，加害者において「本件仮処分の申請およびその執行の当時，右事情の存在を予見しまたは予見することを得べかりし状況にあったものとは認められない」とした原審の認定判断を是認したものである。

　富喜丸事件判決の特別事情の予見可能性の判断枠組みを用いたことが比較的明らかなのは，⑧判決以外は，不当伐採の損害額について「適正伐採期における右立木の収穫を取得しうることを〔加害者が〕予見しまたは予見しえられた」と推察して，「416条2項による範囲の損害額を肯認した」原審判断を是認した④判決のみであり，いずれも富喜丸事件判決と同様に物の転売や利用による「逸失利益」が問題とされている点が注目される。

　　(b)　「通常損害」を認めた判決として注目されるのが，⑩判決である（詳細は→Ⅵ2(3)(ウ)）。この事件は，1968年に交通事故で負傷した被害者に対する付添看護のためにウィーンへの留学途上から帰国した長女の往復旅費について「必要性」等に照らして「社会通念上相当」だとして「通常生ずべき損害」と認めたものである。当時の加害者にとっては予期しないことかもしれないが，被害者側の事情と社会通念に照らして「通常損害」と認めたものとみることができる。

　　(c)　なお，⑬については，Ⅳ5(5)(ア)(a)で詳しく検討する。

　(3)　事故や死亡などの結果について予見可能性を問題とするもの

　(ア)　概要　　民集登載ではないが，特別事情ではなく事故や死亡などの結果（最上位の「損害」）について，加害者の「予見可能」性を問題とした最高裁判決として，以下のものがある。

　⑭最高裁昭和40年12月17日判決（判時440号33頁〔虚偽の出生届による精神的損害について予見可能性を否定した〕），⑮最高裁昭和48年4月20日判決（判時707号49頁〔他車の暴走を誘発したことによる事故について予見可能性を肯定した〕），⑯最高裁昭和52年10月25日判決（判タ355号260頁〔体罰による自殺について予見可能性を否定した〕）。

　(イ)　個別の検討

　　(a)　⑯判決は，教師Bから体罰をされた高校生Aの自殺について，「B

§*709*　C Ⅲ

が教師としての相当の注意義務を尽くしたとしても，Aが右懲戒行為によって自殺を決意することを予見することは困難な状況にあった」として相当因果関係を否定した原審判断を是認したものである。

⑮判決は，急に左車線から右折をしたY運転のバイクを避けようとした右車線の後続のA車が，バイクに接触して暴走し，対向の自転車に衝突してXが負傷した事件で，「自動車が他車との衝突・接触により……暴走を誘発し，第三者に損害を与えることがしばしばあることは，……運転する者にとって容易に認識しうる」ので，「Xの自転車に対するA車の本件衝突は，……運転する者の通常の注意をもってすれば予見可能の範囲内にある」（傍点筆者）といえ，「Y車の前記右折行為とA車・自転車の衝突との間には，……A車の無謀運転にかかわらず，相当因果関係がある」としたものである。

　(b)　③判決や⑯判決は「当該加害者」の予見可能性を問題としたのに対し，⑮判決は，運転する「通常人」について予見可能性を問題とする点で，③⑯判決以上に，平井説のいう過失判断の予見可能性との「オーヴァラップ」（→(2)(イ)(a)）を指摘できる。しかし，このような判決は少なく，反対に後述する㉙判決のように，死亡「損害」が賠償範囲にあるかについて，上記とは明らかに異なる判断枠組みを用いるものもみられる。

(4)　単に相当因果関係の有無を問題とするもの

(ア)　概要　単に，相当因果関係の有無を問題とするもの（明らかに事実的因果関係の問題を扱ったものを除く）として，以下を挙げることができる。

⑰最高裁昭和31年10月23日判決（民集10巻10号1275頁〔土地に無権原で建物を所有する者から建物を賃借・占有しても，権利者が土地を使用できないこととの間に，特段の事情がないかぎり，相当因果関係はないとした〕），⑱最高裁昭和43年4月23日判決（民集22巻4号964頁〔共同不法行為者は各自と相当因果関係がある損害について連帯責任を負うとした〕），⑲最高裁昭和43年11月15日判決（民集22巻12号2614頁〔個人企業の企業損害について相当因果関係を肯定した〕），⑳最高裁昭和47年5月30日判決（民集26巻4号939頁〔被害者たる歩行者に接触しなくても車両の運行と歩行者の受傷との間に相当因果関係があるとした〕），㉑最高裁昭和49年3月22日判決（民集28巻2号347頁〔親権者の義務違反と責任能力ある子の不法行為との相当因果関係を肯定した〕），㉒最高裁昭和49年4月15日判決（民集28巻3号385

〔前田〕　419

§*709* C III　　　　　　　　　　　　　　第 3 編　第 5 章　不法行為

頁〔中古車両の損傷と相当因果関係のある損害額〕），㉓最高裁昭和 54 年 3 月 30 日
判決（民集 33 巻 2 号 303 頁〔不貞行為と相手方配偶者の子の精神的損害との相当因果関係を否定した〕），㉔最高裁昭和 58 年 9 月 6 日判決（民集 37 巻 7 号 901 頁〔相当因果関係ある弁護士費用〕），㉕最高裁昭和 62 年 1 月 22 日判決（民集 41 巻 1 号 17 頁〔不作為の不法行為と相当因果関係ある損害〕），㉖最高裁昭和 63 年 4 月 21 日判決（民集 42 巻 4 号 243 頁〔心因的要因がある場合の相当因果関係ある入院期間〕），㉗最高裁平成 12 年 3 月 24 日判決（民集 54 巻 3 号 1155 頁〔電通社員の過労自殺について相当因果関係を肯定〕）。

　民集登載ではないが，㉘最高裁平成 18 年 2 月 24 日判決（家月 58 巻 8 号 88 頁〔親権者について責任能力ある子の不法行為と相当因果関係ある義務違反を否定〕），㉙最高裁平成 5 年 9 月 9 日判決（判タ 832 号 276 頁〔交通事故の被害者の自殺について相当因果関係を肯定した〕），㉚最高裁平成 31 年 3 月 7 日判決（判タ 1462 号 13 頁〔違法な仮差押命令の申立てと債務者がその後に債務者と第三債務者との間で新たな取引が行われなくなったことにより喪失したと主張する得べかりし利益の損害との間の相当因果関係を否定した〕）も重要である（とくに注目される㉙について→(イ)(b)）。

　なお，明示的ではないが相当因果関係の問題とみることもできるものとして，㉛最高裁昭和 46 年 6 月 29 日判決（民集 25 巻 4 号 650 頁〔近親者の付添看護による付添看護費用相当額の損害賠償を肯定した〕）がある。

　(イ)　個別の検討

　　(a)　損害項目の金銭的評価に関する判決は㉒，損害項目の賠償範囲に関する判決は⑲㉓㉔㉖㉚㉛，損害の賠償範囲に関する判決は⑰⑱⑳㉑㉕㉗㉘㉙と整理することができよう。

　　(b)　㉙判決は，交通事故の被害者 A の自殺について，①「本件事故の態様が A に大きな精神的衝撃を与え，しかもその衝撃が長い年月にわたって残るようなものであったこと，その後の補償交渉が円滑に進行しなかったことなどが原因となって，A が災害神経症状態に陥り，更にその状態から抜け出せないままうつ病になり，その改善をみないまま自殺に至ったこと」，②「自らに責任のない事故で傷害を受けた場合には災害神経症状態を経てうつ病に発展しやすく，うつ病にり患した者の自殺率は全人口の自殺率と比較してはるかに高い」ことなどの「事実関係を総合」すると，本件事故と A の自殺との間に「相当因果関係がある」とした（自殺の心因的要因の寄与を理由

420　〔前田〕

§*709* C III

に8割を減額した）原審判断を是認しうるとしたものである。

前述のように，⑯判決は，被害者の自殺について当該加害者の（事前の）予見可能性を問題とした。これに対し，㉙判決は，そのような判断枠組みをとらずに，被害者側の事情を中心に，病気の発生や自殺に関する経験則を踏まえた，交通事故と自殺との関連性の「事後的・回顧的な評価」として，自殺を交通事故に帰責しうると判断したものである。また，澤井説や水野説が指摘する（→3(2)(ア)・(エ)(b)），事実的因果関係と賠償範囲の判断を峻別できない類型としても注目される。

(5) **判例・裁判例の総括**

(a) 以上のように，最高裁判決には過失の義務射程による判断をしたものはないが，平井説のいう過失判断の予見可能性との「オーヴァラップ」（→(2)(イ)(a)）をみせるものもある。

(b) 一方，下級審裁判例には，「義務射程」による判断をしたものが1件みられる。C型肝炎訴訟判決（㉜東京地判平19・3・23判時1975号2頁）は，「製薬会社についての適切かつ十分な指示警告を行うべき注意義務の義務射程は適応外使用を行った者に対しても及ぶというべきである」としたうえで，適応外使用についても，「製剤が使用された状況について，指示・警告が意味を持たないような特異な事情が認められない限り，相当因果関係は否定されない」とした。

そのほか，学説（内田432頁）から，義務射程説による説明が可能なものとして紹介されている判決がある（㉝大阪地判昭51・7・15判時836号85頁，㉞東京高判昭50・10・27判時819号48頁）。前者は，小学生AがBの飼犬Cに襲われたため，道路に飛び出し，自動車に衝突された事故で，「Aが本件道路上に飛び降りたのは誠にやむをえない成り行きであ」り，「その原因は挙げてC側にあったものというべきであり，しかもかかる状態で道路上に飛び降りた者が交通事故に遭遇することも犬の占有者にとって通常予測しえないことではない」として，CがAに吠えつき襲いかかったことと事故との間の「相当因果関係」を肯定した（Bの責任を認めた）ものである。確かに，犬の占有者の「通常」の「予測」を問題としている点では，平井説のいう過失判断の予見可能性との「オーヴァラップ」ともいえるが，⑮判決ほど「注意義務」との直結が明確とはいえない（㉞はさらに明確とはいえない）。

〔前田〕　421

§709 C IV 　　　　　　　　　　　　　　　　第3編　第5章　不法行為

(c)　最後に判例の傾向をまとめておく。

(i)　富喜丸事件判決の特別事情の予見可能性の判断枠組みを用いたことが明らかなのは，⑧判決であり，他に④判決もそのように理解される。いずれも富喜丸事件判決と同様に，物の転売や利用による「逸失利益」が問題とされている。

(ii)　近親者の帰国費用の損害項目について「通常損害」とした⑩判決は，当該加害者の予測を超えることであっても，被害者側の必要性と社会通念に照らして相当因果関係を認めている。

(iii)　事故や死亡に対する当該加害者や通常人の（事前の）予見可能性を問題とする点で，平井説のいう過失判断の予見可能性との「オーヴァラップ」をみせる判決もある（前者は③⑯，後者は⑮）。

(iv)　上記(iii)に対し，その後，交通事故の被害者の自殺について，被害者側の事情を中心に，事後的・回顧的に相当因果関係を判断する㉙判決が出て，⑯判決とは隔絶している。

(v)　上記(iii)(iv)に対し，当該加害者の特別事情に対する予見可能性が明確に問題とされているのは，上記(i)の問題である。

(vi)　上記(iii)(v)以外では，(iv)と同じく，被害者側の事情を中心に，相当な範囲であるかを判断するものが多い。

IV　損害額の算定（損害の金銭的評価）

1　総論—その1：差額説・損害事実説と判例

(1)　差額説と損害事実説

(ア)　差　額　説

(a)　伝統的通説・判例の立場とされる差額説は，論者によって差異がある（差額説を4分類する，潮見佳男「不法行為における財産的損害の『理論』——実損主義・差額説・具体的損害計算」曹時63巻1号〔2011〕10頁以下参照）が，「侵害行為がなかったとしたらあるべき財産状態（利益状態）と，侵害行為がなされた現在の財産状態（利益状態）との差」を「金銭で表示したもの」を「損害」として捉えるものと定義することができる（差額説を批判する平井74頁以下に負う）。

422　〔前田〕

§709 C IV

差額説については，石坂音四郎に代表される初期の学説が参照したドイツでは，加害行為の前後における被害者の「総体としての財産状態」の差額に着目する考え方がとられてきた（石坂音四郎・日本民法第三編債権第一巻〔初版，1911〕282頁以下。なお，潮見説が，総体財産の事実状態の差に着目する損害事実説である点については2で後述する）が，日本の裁判実務では，損害額を算定するに当たって，個別具体的な財産ごとの金銭的差額に着目するアプローチ（個別損害項目積み上げ方式）がとられていることに留意する必要がある。

　（b）　このような差額説の立場を整理すると，以下のようになる（後の損害事実説の検討も含めて，沖野眞已「損害賠償額の算定」法教219号〔1998〕60頁に多くを負う）。

　［1］「損害」とは，財産状態（利益状態）の「差」が「具体的な金額」で示されたものであり，権利法益が侵害されても，その前後で「具体的な金額の差」が生じなければ「損害」は発生していない。

　［2］「損害」は，加害行為に「よって」生じた「具体的な金額の差」であるので，侵害行為と「具体的な金額の差」との間の「因果関係」についてまで証明されなければ，「損害」の発生が認められない。

　［3］「具体的な金額」の「算定」までできて，初めて「損害」が証明されたことになる。

　［4］　相当因果関係ある「損害」の「確定」と「損害額の算定」は区別されず，算定における裁判官の裁量的・創造的・規範的作用は排除され，基本的に事実認定の問題とされる。

　(イ)　損害事実説

　損害事実説は，「不利益を構成する事実」が「損害」であって，金額の算定は「損害の金銭的評価」という別のレベルの問題であるとする，平井宜雄によって提唱された説である（平井・理論475頁，平井75頁以下）。

　このような損害事実説の立場を整理すると以下のようになる。

　［1'］「損害」とは「不利益を構成する事実」であるので，その事実が証明されれば，「具体的な金額」の「差」を主張できなくても，「損害」の発生が証明されたことになる。

　［2'］　加害行為を起点とする因果関係の終点は「不利益を構成する事実」であって，加害行為と具体的な金額との間の因果関係は問題とならない。

〔前田〕　423

§709 C IV 第3編 第5章 不法行為

[3'] 「具体的な金額」の「差」を主張できなくても，「不利益を構成する事実」としての「損害」を金銭的に評価する「損害額の算定」は可能である。

[4'] 「不利益を構成する事実」の発生による「損害の確定」が「事実認定」の問題であるのに対し，「損害額の算定」は不利益を構成する事実を金銭化する「評価」の問題であって，証明責任の観念を容れる余地はなく，当事者による具体的な金額の主張は「評価を基礎づける資料の提出」である。金銭的な「評価」は裁判官による裁量的・創造的・規範的作用である（ただし，その作用は損害賠償の基本的理念によって枠がはめられるべきものであり，ガイドラインになるべき合理的な準則が定立されるに越したことはない）。

(2) 判例・裁判例の検討

差額説と損害事実説に関する上記の整理に照らして，判例・裁判例の動向は，どのように位置づけられるか。差額説のコロラリーとしての[1]〜[4]が，判例・裁判例においてどこまで貫徹されているか（損害事実説の[1']〜[4']寄りの考え方がどこまでみられるか）について，検討していく。

(ア) 差額説の[1]について

(a) 最高裁昭和42年11月10日判決（民集21巻9号2352頁）は，不法行為で後遺症が残ったが収入減にならなかった事例で，①「損害賠償制度は，被害者に生じた現実の損害を塡補することを目的とするものである」として，②「労働能力の喪失・減退にもかかわらず損害が発生しなかった場合」には，それを理由とする賠償請求はできないとした。

上記の特に②は，差額説の[1]に立つものであるが，これに対しては批判が強く，下級審裁判例は，この場面では「具体的な金額の差」よりも，より抽象的・定型的に「労働能力の喪失」を損害（項目）と捉えて逸失利益の損害額の算定をするようになった。このような状況を受けて，最高裁も若干の軌道修正をしたのが，次の判決である。

(b) 最高裁昭和56年12月22日判決（民集35巻9号1350頁）は，研究所勤務の被害者の後遺障害による逸失利益について，①かりに「後遺症のために身体的機能の一部を喪失したこと自体を損害と観念することができるとしても」，その後遺症が比較的軽微であって，現在または将来における収入の減少が認められない場合には，特段の事情がない限り，労働能力を一部喪失したことによる財産上の損害は認められない，としつつ，他方で，②収入の

424 〔前田〕

減少がないことが特別の努力に基づく場合や，昇給・昇任・転職等に際して不利益な取扱いを受けるおそれがある場合のような「特段の事情」がある場合については，収入の減少に直結しなくても財産上の損害を認める余地を肯定したものである。

このように差額説の[1]の考え方を緩めて，損害事実説の[1']寄りに「労働能力の喪失」自体を損害と認める方向性は，次の判決にもみられる。

(c) 最高裁平成8年4月25日判決（民集50巻5号1221頁）は，①「交通事故の被害者が事故に起因する傷害のために……労働能力の一部を喪失した場合において，いわゆる逸失利益の算定に当たっては，その後に被害者が死亡したとしても，右交通事故の時点で，その死亡の原因となる具体的事由が存在し，近い将来における死亡が客観的に予測されていたなどの特段の事情がない限り，右死亡の事実は就労可能期間の認定上考慮すべきものではない」とし，②その理由について，「労働能力の一部喪失による損害は，交通事故の時に一定の内容のものとして発生しているのであるから，交通事故の後に生じた事由によってその内容に消長を来すものではな」い，とした（最判平8・5・31民集50巻6号1323頁も同旨）。

差額説の[1]からは，後遺障害による収入減少は，刻一刻と具体的な金額の差として現実化されるものと考えられるので，口頭弁論終結時までに被害者が死亡した場合は，死亡時までの労働能力喪失期間で算定することに結び付きやすい（従前の下級審裁判例ではそのような立場が多かった）。しかし，最高裁は「労働能力の一部喪失による損害」が，事故時に「一定の内容のものとして発生している」として損害事実説の[1']寄りの考え方をして，上記のような解釈をとらなかった。

ただし，後遺障害逸失利益の定期金賠償に関する判示の中で，最判令和2年（最判令2・7・9民集74巻4号1204頁）が，「労働能力の全部又は一部の喪失により将来において取得すべき利益を喪失したという損害」について「逐次現実化」・「具体化」を問題として，上記最判平成8年よりも「差額説」寄りの損害の捉え方をしている点に留意を要する（長野史寛「判例における差額説とその修正」法教519号〔2023〕76頁以下参照）。最判令和2年は，①事故時に想定されなかった被害者の死亡を就労可能年数で考慮しない最判平成8年を定期金賠償でも踏襲する点で，《事故時に想定されていた就労可能期間の労働能

§709 C IV   第3編 第5章 不法行為

力喪失》という，その限りで最判平成8年のいう「事故時に一定の内容のものとして発生している」損害事実を賠償（算定）の対象としつつ，②「算定の基礎となった後遺障害の程度，賃金水準その他の事情に著しい変更」による「算定した損害の額と現実化した損害の額との間に大きなかい離」が生じた場合に民訴法117条で是正し，現実化した損害の額に対応した損害賠償額とすべく，就労可能期間以外の後遺障害の程度・賃金水準等に関して実損主義的な算定をする上で，あくまでも後遺障害逸失利益の定期金賠償の場面での「差額説」寄りの修正を図ったものといえよう。

(d)　さらに，人身損害以外でも，（建物の設計・施工者等の居住者等に対する責任に関する最判平19・7・6民集61巻5号1769頁を受けた）最高裁平成23年7月21日判決（判タ1357号81頁）は，「建物の瑕疵が，居住者等の生命，身体又は財産に対する現実的な危険をもたらしている場合に限らず，当該瑕疵の性質に鑑み，これを放置するといずれは居住者等の生命，身体又は財産に対する危険が現実化することになる場合には，当該瑕疵は，建物としての基本的な安全性を損なう瑕疵に該当する」として，かかる瑕疵の修補費用相当額の損害賠償を請求することができるとする。

放置すれば危険が現実化する建物の瑕疵それ自体を損害として把握するものといえる（2(6)で後述する長野説も参照）。

(e)　他方で，独禁法違反の石油カルテルに関する鶴岡灯油事件（最判平元・12・8民集43巻11号1259頁）では，①「当該価格協定のため余儀なくされた支出分」を消費者の「損害」と把握したうえで，②現実購入価格よりも「安い小売価格が形成されていたといえること」（つまり金銭的な差額）を被害者たる消費者が主張・立証しなければ，損害（額）を認定できないとして（→5(5)(イ)），ここでは差額説の[1][3][4]の考え方をとっている。

近時の判例（西武鉄道事件）は，後記(エ)でも触れるように，有価証券報告書に虚偽記載がされた株式を「取得したこと自体」を「損害の発生」の問題とするかのような判示をして，差額説の[1]を緩めて損害事実説の[1']寄りの立場をとっているが，「損害額の算定」に関しては，差額説の[4]を堅持している（→5(5)(ア)，最判平23・9・13民集65巻6号2511頁参照）。

(イ)　差額説の[2]について　　かつての下級審裁判例の大勢は，癌の治療などで医師に注意義務違反が認められたとしても，その注意義務違反がなけ

426　〔前田〕

れば患者が相当長期間生きることができたはずであるという立証ができない限り，医師の注意義務違反に「因る」患者の「死亡」という損害を認めることができない，という，差額説の[2]の考え方に立っていたとみることができる。だからこそ，医師の注意義務違反が認められながら上記のような立証ができない場合について，延命利益の侵害（東京地判平8・10・21判タ939号210頁など），適切な治療を受ける機会の喪失（東京地判平8・10・31判時1610号101頁など），適切な医療を受ける期待権の侵害（大阪地判平8・11・20判タ947号253頁など）といった様々な理論構成の下に，死亡による損害賠償を認めることができない代わりに，一定の慰謝料額を認める工夫がなされてきた。

　ところが，最高裁平成11年2月25日判決（民集53巻2号235頁）は，「医師が注意義務を尽くして診療行為を行っていたならば患者がその死亡の時点においてなお生存していたであろうことを是認し得る高度の蓋然性が証明されれば，医師の右不作為と患者の死亡との間の因果関係は肯定され」，患者の生存期間は，「得べかりし利益その他の損害の額の算定」で考慮されるべき事由である，とした。

　前述のように，この最高裁判決は，その時点で死亡しないで済んだ者が死亡した事実を「損害の発生」ないし「因果関係の終点としての損害」と捉え，生存可能期間を「損害の額の算定」の問題にすぎないとする点において，差額説の[2]よりも損害事実説の[2'][3'][4']に近い立場を示したものといえる。

　(ウ)　差額説の[3]について

　(a)　最高裁昭和39年6月24日判決（民集18巻5号874頁）は，死亡した幼児の逸失利益について，その額を「算定不可能として一概にその請求を排斥し去るべきではな」く，「裁判所は被害者側が提出するあらゆる証拠資料に基づき，経験則とその良識を十分に活用して，できうるかぎり蓋然性のある額を算出するよう努め，ことに右蓋然性に疑がもたれるときは，被害者側にとって控え目な算定方法……を採用することにすれば，……より客観性のある額を算出することができ」る，とする。

　比較的初期の最高裁判例であるものの，差額説の[3]（ないし[1]）が必ずしも徹底されず，やや損害事実説の[3']寄りの考え方がとられるとともに，証明責任の観念を容れない損害事実説の[4']の考え方も示されている。

　(b)　経済的損害に関しても，入札談合に関する裁判例では，損害額（想

〔前田〕　427

§709 C Ⅳ 　　　　　　　　　　　第3編　第5章　不法行為

定落札価格との差額）の算定について，民訴法248条の適用により証明責任が緩和されている（→5(5)(イ)(c)）。

　(エ)　差額説の[4]について

　(a)　前述したように，判例は，滅失した中古船の交換価格が口頭弁論終結時までに変動した場合の損害額について，高騰時に転売できた特別事情の予見可能性があったかどうか（大連中間判大15・5・22民集5巻386頁）という，金銭的差額との相当因果関係の問題としている。近時の判例（西武鉄道事件）は，有価証券報告書に虚偽記載がされた株式の購入について，「取得したこと自体」を「損害の発生」の問題とするかのような判示をしつつ，損害額の算定に関しては，金銭的差額との相当因果関係を問題とする立場を維持している（→5(5)(ア)，前掲最判平23・9・13参照）。

　前述のように，後者の判決には損害事実説の[1']に近い考え方がみられるものの，両判決を通じて，差額説の[4]の考え方が堅持されている。

　(b)　他方，最高裁平成9年1月28日判決（民集51巻1号78頁）は，不法行為で後遺症の残った不法残留外国人の逸失利益が問題となった事案で，「我が国における就労可能期間は，来日目的，事故の時点における本人の意思，在留資格の有無，在留資格の内容，在留期間，在留期間更新の実績及び蓋然性，就労資格の有無，就労の態様等の事実的及び規範的な諸要素を考慮して，これを認定するのが相当である」（傍点筆者）とした。

　逸失利益の蓋然性の判断において，不法就労であることを「規範的」に考慮して，収入が多い日本における就労期間を通常の蓋然性よりも短い期間で算定している点では，損害事実説の[4']に近い側面がある。

　なお，女子年少者の逸失利益の算定における蓋然性判断で性別に着目することを規範的観点から制限した高裁判決（東京高判平13・8・20判タ1092号241頁。詳細は→3(2)(ク)(b)）についても，上記と同様の指摘ができる。

(3)　小　　括

　以上みてきたように，判例・裁判例は，個別損害項目積み上げ方式を維持しつつ，(a)「損害の発生」に関しては，差額説から損害事実説へのシフトをみせる一方，(b)「損害額の算定」に関しては，①人身損害については，損害事実説へのシフトをみせつつも，②経済的損害については，金銭的差額に着目する差額説の考え方を基本的に維持している。

§709 C Ⅳ

(ⅰ) 人身損害に関しては，差額説における「具体的な金額の差」としての「損害」よりも，抽象的・定型的な「死亡」「労働能力の喪失」などの形で「損害の発生」を把握し，かつ，「損害額を算定」する傾向がみられる。

一方，経済的損害に関しては，「損害の発生」の場面では，損害事実説的な捉え方がみられるものの，「損害額の算定」の場面では，「具体的な金額の差」に着目する差額説の考え方が堅持されている。

(ⅱ) 上記と関連するが，人身損害に関しては，「（その時点で）死亡した事実」との間の因果関係が立証されれば，「損害」との因果関係が認められ，後は，その「損害」について「損害額の算定」がされる。「具体的な金額の差」との因果関係の立証までは要求されない。

これに対し，経済的損害に関しては，「具体的な金額の差」との「相当因果関係」が問題とされている。

(ⅲ) 人身損害に関しては，「具体的な金額」の「差」が，必ずしも証明責任論の支配する厳密な形で立証されなくても，損害およびその算定が認められている。

経済的損害に関しても，入札談合に関する裁判例では，損害額（想定落札価格との差額）の算定について民訴法248条の適用により証明責任が緩和されている。

(ⅳ) 損害額の算定は，必ずしも事実問題としてもっぱら客観的な蓋然性に基づく判断がなされているわけではなく，規範的作用もみられる。

2　総論─その2：近時の議論

(1)　序

前記1では，損害論の差額説と損害事実説という大きな対立軸から判例を検討してきた。その一方で，損害事実説が主張されて以降の損害論・損害算定論をめぐる学説の展開には，目覚ましいものがあり，注釈者の管見の限りでも論文は多数に上る（平井・理論以降の損害論や損害算定論の主なものとして，淡路剛久・不法行為法における権利保障と損害の評価〔1984〕，楠本安雄・人身損害賠償論〔1984〕，吉村良一・人身損害賠償の研究〔1990〕，潮見佳男「人身侵害における損害概念と算定原理(1)(2・完)」民商103巻4号509頁，5号709頁〔1991〕，若林三奈「法的概念としての『損害』の意義(1)～(3・完)」立命248号〔1996〕672頁，251号〔1997〕105頁，252号〔1997〕326頁，淡路剛久「差額説・相当因果関係説による不法行為損害

〔前田〕　429

§709 C IV　　　　　　　　　　　第3編　第5章　不法行為

論の近時の動向」新賠償講座(6)1頁，岡本詔治「人身事故損害賠償のあり方」同129頁，山口成樹「人身損害賠償と逸失利益（総論）」同159頁，水野謙「損害論のあり方に関する覚書」ジュリ1199号〔2001〕2頁，同「損害論の現在──権利侵害ないし法益侵害との関係に着目して」ジュリ1253号〔2003〕198頁，高橋眞・損害概念論序説〔2005〕，窪田充見「損害概念の変遷」日弁連交通事故相談センター編・交通賠償論の新次元〔2007〕75頁，難波譲治「損害の抽象性と具体性──損害の段階構造に関する覚書」立教法務研究1号〔2008〕105頁，橋本佳幸「不法行為法における総体財産の保護」論叢164巻1〜6号〔2009〕391頁，窪田充見「損害賠償法の今日的課題──損害概念と損害額算定をめぐる問題を中心に」司法研修所論集120巻〔2010〕1頁，潮見・前掲曹時63巻1号1頁，長野史寛・不法行為責任内容論序説〔2017〕）。

　損害論は，前記Ⅱ1や前記1で論じたように，「損害の発生」，「損害との因果関係」，「賠償範囲」，「損害額の算定（損害の金銭的評価）」と密接な関係にあるが，それだけではない。そもそも，「権利法益侵害」によって生じた不利益を「損害」として把握し，その賠償によって不利益を回復させる点で，「権利法益侵害」と表裏一体の関係にある。このように損害論は，不法行為の理論体系全体に関わる点で，類似の方向の議論であっても論者によって様々なニュアンスの違いがあり，同じ論者でも見解が後に修正されることもある。このような近時の損害論の展開の「全体的な分析整理」をここで行うことは困難であるので，以下では，全体的な「傾向」を指摘したうえで，代表的な見解をいくつか紹介することにする。

(2)　損害事実説・死傷損害説とその後の損害論の全体的な傾向

　損害事実説は，差額説を克服することで，損害論の展開の1つの大きな契機となった。しかし，損害事実説は，「個別損害項目積み上げ方式」に一定の意義を認めて，基本的にはこのような算定方法を取り入れるものである（平井137頁・139頁以下）。

　これに対し，後記3(1)でも触れる西原理論（死傷損害説）は，死傷それ自体の非財産的な損害に対する適切な賠償を「一体として」行うものであるとともに，「生命身体という権利」で問題となる「人間の尊厳・尊重・平等」を考慮した算定を行うものである。これらの点で，近時の損害論にみられる，①損害を包括的に捉える，②損害を侵害された権利・法益との関係で規範的に捉える，③損害額の算定に①②を反映する，といった傾向に対し，大きな

430　〔前田〕

§*709* C IV

影響を与えたとみることができよう（高橋・前掲書 229 頁以下・195 頁，若林・前掲立命 248 号 676 頁以下参照）。

過失一元論のもと違法性要件を否定する平井説（損害事実説）では，権利侵害は損害と過失の問題に解消されていた（損害と表裏一体化するとともに過失の被侵害利益の重大性の判断に吸収された）。しかし，近時，権利侵害要件の再評価がみられる（→Ⅲ 4 ⑴⑵）なか，損害や損害額算定に関しても，上記②③のように権利法益侵害との関係が注目されている。

⑶　包括的算定や権利保障に着目する説（評価段階説・生活保障説）

損害事実説を基本としつつ，損害額の算定における「個別的算定」（個別損害項目積み上げ方式）と「包括的算定」の双方について，統一的な理論的位置づけをしたのが，淡路説である（淡路・前掲権利保障 110 頁以下・112 頁以下・176 頁以下・180 頁・190 頁）。不法行為制度における「権利保障（権利保護）」の観点からの「原状回復の理念」に基づく算定や「生活保障」の考え方は，後の潮見説や長野説に影響を与えている。淡路説の概要は，以下のとおりである。

（ⅰ）　平井説と同様，損害の評価は「裁判官の創造的活動」による「評価」を要する。

（ⅱ）　①評価の基礎となる事実に関し，「証拠によって確定できる事実」について当事者の主張立証がされた場合は，「裁判官の活動に枠づけが与えられ」るのに対し，②「当事者がこのような主張・立証をしない場合」や，主張・立証しても「不確実性が大きい」場合は，「裁判官の創造的活動に大幅に依存することにな」り，③前者の場合は「個別的算定」，後者の場合は「包括的算定」を基本とすることになる。

（ⅲ）　「包括的算定」については，①「原状回復の理念」に基づく「裁判官の創造的役割」として，最低限の「生活保障」がなされる一方，②個別的算定では十分に「考慮されなかった不利益を考慮することも可能になる」。

⑷　規範的損害論

㋐　学　　説

差額説や損害事実説は，損害の捉え方は異なるものの，損害の要件を基本的には事実問題と解してきた。これに対し，損害を規範的に（も）捉えようとする見解が有力である。

（ａ）　若林説は，ドイツ法の検討を踏まえて，「加害行為によって被害者

〔前田〕　431

§709 C Ⅳ　　　　　　　　　　　　　　　　　第3編　第5章　不法行為

に生じた様々な不利益のうち賠償に値する『損害』と評価できる事実（損害項目）は何か，我々の法秩序においていかなる社会的不利益を賠償対象として『損害』と認めるのかという意味での損害論を論じる」べきだとする（若林・前掲立命252号115頁）。

　その上で，①「事実的かつ規範的概念」として「損害」を捉えることで，②「権利侵害（あるいは法益侵害）によって被害者に生じた不利益な変更」や利益状況を「法秩序にしたがって包括的に観察」して，③「金銭賠償等によって実現されるべき内容」としての「金銭評価の対象」や「評価の指針」を明らかにすることができる，と主張する（若林三奈「『損害』の意義」私法62号〔2000〕166頁以下）。

　　（b）　また，水野説は，①「損害を適切に把握・算定」するためには，一方で「侵害された権利ないし法益を規範的観点から具体的なものに変容させ」，あるいは，「損害の算定という効果を意識しながら新たに設定しなおした」うえで，「いかなる不利益が被害者に生じたのかを分析的に観念」すべきであり，②「権利侵害時から口頭弁論終結時までの不利益状態の変動のプロセス」を類型ごとに「規範的かつ金銭的に評価したもの」を損害として捉えるべきだ，と主張する（水野・前掲ジュリ1253号198頁。同・前掲ジュリ1199号6頁以下・4頁も参照）。

　　（c）　後述する潮見説も，これらに先駆けて規範的損害論に立つものである。また，特許権侵害による損害を「市場機会の喪失」と捉える説（→Ⅳ5⑴）もこの一種である。

　（イ）　裁判例　　ドイツで規範的損害論が問題となったロングフル・バースの事件が，日本の裁判例にもみられる（→DⅡ3⑶(ク)(c)(xv)）。すなわち，医師の不適切な説明によって重い障害を負った子を産むことになった場合，事実問題としてその両親に不利益が生じているとしても，その子が生まれたことを損害と解してよいかという問題である（下記の事件のほか，函館地判平26・6・5判時2227号104頁も参照）。

　第1審は，遺伝性の難病の子Aの出生に伴う出費等を両親Xらの損害と捉えることはAの生を「負の存在」と認めることにつながるとして否定した（東京地判平15・4・25判タ1131号285頁〔医師の説明義務違反が出産に関する自己決定に不当な影響を与えた慰謝料のみを認容〕）が，控訴審は，介護費用等を損害

432　〔前田〕

§709 C IV

として認めたとしても，それは両親の負担を損害と評価するものであってAの「出生，生存自体」を「損害として認めるものではない」とした（東京高判平17・1・27判時1953号132頁〔介護費用等の賠償も認容〕）。

(5)　損害賠償の「権利追求機能」を重視する説

損害を規範的に把握するだけでなく，損害額算定に関するより具体的な評価規範の探究をしたのが，潮見説とこれに続く後記(6)の長野説である。

(a)　潮見説は，「損害概念」として「事実状態比較説」（加害行為により生じた事実状態の差を損害とする）を採用し，「その差を原状回復の方向で，権利追求（本来的権利・利益内容の形を変えた実現）という観点から規範的に評価する」ことを基本として，人身侵害については，「被害者の享受する生活利益の総体を回復するという視点で損害を評価す」べきだとする。

こうして把握された損害を評価算定する際は，①「個別損害項目積み上げ方式を維持しつつ」，②「個々の損害項目について，最小限の損害としての権利・利益の客観的価値を賠償させるべく，抽象的損害計算を許す」一方，③「具体的損害計算は，それを超える……加算の方向でのみ許」すべきだとする（潮見・前掲民商103巻5号731頁以下。潮見〔初版〕220頁も参照）。

(b)　近時の潮見説は，財産権侵害を主に念頭に置いて次のように論ずる（潮見・前掲曹時63巻1号29頁・34頁・37頁。潮見・講義Ⅱ88頁も参照）。このような見解は，福島原発事故賠償を考える際も参考になる（一3(1)(ウ)，5(1)(イ)参照）。

(i)　「損害賠償請求権は本来の権利・法益の価値代替物としての性質を有する」以上，損害の「規範的評価」は，「原状回復の理念」の実現のために，「被害者の権利・法益の有する価値の実現・回復という観点」からされるべきである。

(ii)　①「当該客体の有する価値（交換価値・使用価値・担保価値など）を金銭で実現・回復してやれば，少なくともその限りで，当該権利・法益の有する価値が被害者に実現・回復される」が，②それだけでは，「当該権利・法益の有する価値が被害者に実現・回復されたといえない場合」がある。

すなわち，「被害者が社会生活のなかで自己に帰属する権利・法益の客体を用いて人格を自由に展開すること（財産管理・処分の自由を含む……）を通じて財産的利益を享受している場合」は，かかる自由が憲法で保障されていることから，「権利主体に対し，当該客体の価値だけでなく，当該客体を用い

〔前田〕　433

§709 C IV 第3編 第5章 不法行為

た行動がこの者の総体財産にもたらしたであろう利益」（「権利主体が当該客体を用いてみずからの行動を展開することにより得ることが許容された財産的利益」）の「実現・回復もされてはじめて，当該権利・法益の有する価値が実現・回復されたということができる」。「生命・身体侵害の場合のように，当該客体そのものの価値を算定することに無理がある場合でも，そうである」。

(ⅲ) ①「抽象的損害計算」は，「権利・法益として承認」された以上，「権利・法益に対する侵害があったならば，具体的被害者の損害いかんにかかわらず，少なくとも，その権利・法益が客観的・類型的に有する価値（客観的・類型的価値）を被害者に対して賠償として保障すべきである（最小限の損害）との理念」を実現するものである。

これに対し，②「具体的損害計算」は，「個別具体的被害者の財産状態を原状回復すべきであるとの理念」を実現するものであり，①②のいずれも「合理性があ」る。

(6) 「権利の保障内容」の観点から損害額算定に関する規範群を探究する説

潮見説（権利追求機能）と平井説（損害事実説）を基本に，「権利の保障内容」の観点から損害額算定に関する規範群を探究しつつ，従来の裁判実務や学説の算定論を再統合する試みが，長野説である。

長野説は，平井説に依拠して，①「どこまでの権利侵害について帰責されるか」という「責任範囲論」（事実的因果関係・保護範囲）と，②「帰責された権利侵害の事実について加害者がいかなる内容の責任を負うべきか」という「責任内容論」を区別して，②について，「どのような規範に基づいて確定するか」という「責任内容確定規範」を明らかにしようとするものであり（長野史寛「不法行為法における責任内容確定規範の考察」私法76号〔2014〕183頁以下，同・前掲書14頁以下），損害要件を独立に定立することには否定的である（同・前掲書307頁は前記(4)(ア)(b)の水野説の②の考え方を理由の1つとする）。

その概要は以下のとおりである（長野・前掲書301頁以下・275頁以下・291頁以下。同・前掲論文187頁以下）。

(ⅰ) 責任内容確定規範には，以下のものがある。

①「侵害された権利の完全性を回復するために支出された費用は，必要な限度で賠償されなければならない（権利回復規範）。そのための前払いも認められる」。

434 〔前田〕

§709 C IV

②「侵害された権利が保障する権限ないし地位またはそこから得られたであろう利益が損なわれた場合には、それらの価値が賠償されなければならない（価値補償規範）」。

③「権利の侵害を回避するために費用が支出された場合についても、①と同様に賠償される（権利保全規範）」。

④「侵害された権利が保障する権限ないし地位から得られたであろう利益の喪失を回避するために費用が支出された場合についても、①と同様に賠償される（利益保全規範）」。

(ii) ①の「権利回復規範」は、物損における修補費用や、人損における治療費・手術費などに対応する。

④の「利益保全規範」は、人損における介護費用など、物損における代物賃料に対応する。

②の「価値補償規範」は、物損における目的物の交換価値、人損における逸失利益など、慰謝料に対応する。

③の「権利保全規範」は、建物の基本的な安全性に関する設計・施工者等の居住者等に対する責任（前掲最判平19・7・6, 前掲最判平23・7・21〔→1(2)(ア)(d)〕）に対応する（以上は裁判実務との接合）。

(iii) ①権利回復規範, ③権利保全規範, ④利益保全規範は、現実の回復を目指す「対抗措置規範」であり、そこでは支出の「必要性」が問題となるのに対し、②価値補償規範は、現実の回復でなく「価値的回復」であり、逸失利益に関しては「確実性」が問題となる（前田（達）説との接合）。

(iv) 規範的損害論の人損における「原状回復の理念」として、「一次的に念頭に置かれる」のが「手術費用, リハビリ費用, 介護費用」などの「一定の措置による具体的な回復」であることは、「対抗措置規範」の発想に基づくものである（淡路説との接合）。

3 人身の侵害

(1) 個別損害項目積み上げ方式と包括・一律請求

(ア) 個別損害項目積み上げ方式の問題点と包括・一律請求、死傷損害説

(a) 差額説を基本とする裁判実務は、II 2(2)(3)で述べたように、死亡や負傷などの「損害」よりも具体的なレベルの各種の「損害項目」ごとの算定額を積算する「個別損害項目積み上げ方式」をとっている（負傷による損害

〔前田〕 435

§709 C IV

第3編　第5章　不法行為

の損害項目については II 2 (3)(b)で述べた）。損害事実説をとる論者も，損害の金銭的評価のプロセスでは，損害項目を算定の資料として，概ねこのような手法を用いている（平井125頁・137頁・139頁以下）。後記(2)以下では，この立場を基本として説明していく。

しかし，公害・薬害・食品被害などの被害者が集団訴訟を提起する場合，上記の方式は，①特に逸失利益について個々の被害者の収入の多寡で賠償額に大きな差が生じることは，人間の平等に反し，原告団の結束や協調を乱すおそれがある，②損害額の主張立証やその審理に手間がかかるため，裁判の長期化につながる，③さらには，個別損害項目では，被害者やその家族に生じた社会的・経済的・精神的な損害をカバーし切れない，といった問題が生じる。そこで，次に述べるように，上記の訴訟では，包括請求や一律請求がなされて，裁判例でも概ね認められてきた（詳細はD IV 6 (2)に譲り，(イ)以下で概略を述べる）。

(b)　なお，上記の①に関して，人間の平等を強調する学説として，死傷損害説（西原理論）がある（西原道雄「生命侵害・傷害における損害賠償額」私法27号〔1965〕114頁，同「人身事故における損害賠償額の法理」ジュリ339号〔1966〕26頁）。死亡や負傷それ自体を損害として把握する点では損害事実説と共通するが，本質的には金銭に換算できないものをあえて金銭的に評価する以上，人間の平等や個人の尊厳に照らし，収入の多寡にかかわらず一定額を平等に与えるべきだとする点で，決定的に対立する。この説の問題提起は大きな反響を呼んだ（四宮・下553頁）が，算定の基準が示されていないなどの問題点に対する批判も強く，裁判実務でも採用されていない（ただし，障害者の死亡による逸失利益の算定に関し，→(2)(ケ)(b)）。

(イ)　包括・一律請求に関する裁判例の概略

(a)　新潟水俣病事件の原告団は，財産的損害と精神的損害を一括しつつ，死者（1000万円）と症状等に応じた患者A〜C（1000万円〜500万円）のランク分けによる類型別一律請求をした。

これに対し判決（新潟地判昭46・9・29下民集22巻9=10号別冊1頁）は，原告の請求を慰謝料のみの請求であると捉えつつ，慰謝料の算定要素の中で稼働可能年数・収入のような逸失利益に関わる事情をも考慮した上で，A〜E（1000万円〜100万円）のランク分けによる慰謝料を認めた。

436　〔前田〕

§709 C Ⅳ

(b) その後の公害訴訟では，被害者やその家族に生じた社会的・経済的・精神的な損害を包括する「総体としての損害」を請求する包括請求の主張がなされるようになった。

西淀川大気汚染第1次訴訟（大阪地判平3・3・29判タ761号46頁）は，①精神的損害と財産的損害を含めたものを「包括慰謝料」として請求することは許され，②一律請求は違法ではないが，③裁判所はこれに拘束されず個別事情を考慮して算定し得るとした。

これに続いて，川崎大気汚染第1次訴訟（横浜地川崎支判平6・1・25判タ845号105頁），倉敷大気汚染訴訟（岡山地判平6・3・23判タ845号46頁）も①と②について，同様の判示をした。

(c) これに対し，尼崎大気汚染訴訟（神戸地判平12・1・31判タ1031号91頁）は，①包括請求が個別損害項目積み上げ方式に比べて合理的であるかどうかは疑問だとしてこれを採用せず，②予備的に請求された慰謝料請求について，公害健康被害補償制度の認定等級と認定期間に応じて算定した。

同判決は包括請求を否定したが，純粋な慰謝料の形をとることによって，公害健康被害補償制度による補償給付のうち財産的損害に相当する部分について損益相殺による減額をしなかった。上記(b)の3判決が，包括請求について財産的損害を含む包括慰謝料の請求と捉えた上で，いずれも損益相殺による大幅な減額をしたのと対照的である。なお，財産的損害を請求せずに慰謝料のみを請求した場合の慰謝料額算定の裁量の限界につき→(4)(ウ)。

(ウ) 学説の動向　学説では，包括請求に対し，「包括的損害把握」という面では支持しつつ，「包括請求方式」という面では疑問視する見解が有力である（潮見・前掲民商103巻5号731頁以下。潮見〔初版〕274頁以下も参照）。

近時の福島原発事故の損害論（→DⅣ8(2)(イ)）に関しては，被害者の「包括的な生活利益」に着目した議論が展開されている（淡路剛久「『包括的生活利益』の侵害と損害」同ほか編・福島原発事故賠償の研究〔2015〕11頁，潮見佳男「福島原発賠償に関する中間指針等を踏まえた損害賠償法理の構築」同書107頁以下，吉村良一ほか「福島原発事故賠償の法的課題──損害論を中心に」私法78号〔2016〕100頁）。

(2) 死亡と財産的損害

(ア) 序　死亡によって本人には，①財産的損害（積極的損害と消極的損害），および，②精神的損害が発生すると考えられ，必要に応じてさらに細分化さ

〔前田〕　437

§*709* C IV 　　　　　　　　　　　　第3編　第5章　不法行為

れた損害項目ごとに損害額が算定されて，それが合算されることになる。上記②の精神的損害については，後記(4)で負傷などの慰謝料と一緒に説明し，(2)では，上記①の財産的損害の積極的損害について簡単に触れたうえで，消極的損害（逸失利益）を中心に説明する。

　(イ)　積極的損害　　本人が死亡するまでの治療費・入院費・付添看護費・近親者の交通費などは，負傷の場合と同じく，相当な範囲（必要とされる範囲）で賠償が認められる。死亡による葬儀費用などの賠償が判例で認められている点については，間接被害者の近親者の項目（→Ⅳ2(3)）を参照。

　(ウ)　消極的損害（逸失利益）概説　　被害者の死亡による逸失利益は，①算定の基礎となる収入（基礎収入）から，②被害者が生活費として消費するであろう割合を控除した上で，③就労可能年数（稼働可能期間）を乗じることで，死亡しなかったら得べかりし利益を算出するとともに，④一時金で前払いされることによって生ずる運用利益を中間利息として控除する（現在価値に換算する）ことで算出される。

　　基礎収入×（1－生活費割合）×就労可能期間－中間利息
　　基礎収入×（1－生活費割合）×ライプニッツ係数

　ただし，実際に計算する際は，傍点部分について，個別の就労可能年数に応じたライプニッツ係数（例えば，年利3パーセントで15年なら11.938）を用いることになる。

　(エ)　就労可能年数（稼働可能期間）　　就労可能年数について，最高裁は，「生命表の数値如何にかかわらず，死者の経歴，年令，職業，健康状態その他諸般の事情を考慮して，自由な心証によって」認定し得るとする（最判昭36・1・24民集15巻1号35頁。最判昭41・5・6裁判集民83号477頁も同旨）一方，「事故当時における被害者の年齢，職業，健康状態等の個別要素と平均稼働年数，平均余命等に関する統計資料から導かれる就労可能期間に基づいて算定すべき」とも判示している（最判平8・4・25民集50巻5号1221頁〔労働能力一部喪失に関する判断であるが死亡にも妥当する〕）。

　下級審裁判例は，平均余命などを考慮した定型的な判断として，①一般的には，18歳から67歳までは就労可能なものとして年数を認定し，②年長者については，平均余命の2分の1程度をもって年数を認定する傾向にある。

　(オ)　生活費控除・中間利息控除

438　〔前田〕

§*709* C Ⅳ

(a) 生活費控除は，死亡したことで得べかりし利益を喪失するとともに生活費の支出を免れる利得をしたことから，就労可能期間の収入から損益相殺として控除されるものである（→Ⅴ2⑵）。

控除の割合は，被害者の家族関係（一家の支柱か否かなど），男女，年齢（年金受給者か否かなど）の要素などによってある程度定型的に判断されている（大阪地裁では，一家の支柱・女性は30〜40％，その他は50％とする〔大阪民事交通訴訟研究会編著・大阪地裁における交通損害賠償の算定基準〔4版，2022〕9頁。ただし，女子年少者に男女を併せた全労働者の平均賃金を採用する場合は45％とし，年金収入については前記と異なる割合を用いることがあるとする〕）。

女性については，男女間の生活費の支出傾向の一般的な違いもあるが，男女間の収入格差を是正する意味合いからも，控除割合が低めに判断されている。年金受給者については，年金の生活保障的性質から，控除割合が高めに判断されることがある（裁判例では60％程度とされることもある）。

(b) 中間利息の控除（詳細は第16巻§722Bの注釈に譲る）の計算については，平成29年の債権法改正前から，複利計算をする「ライプニッツ方式」を採用することに裁判実務がほぼ統一されている（大島眞一「交通事故」判例民法Ⅷ213頁。大阪民事交通訴訟研究会編著・前掲書8頁も参照）。

他方，利率については，近時の低金利を背景に債権法改正前の民事法定利率（年5パーセント）よりも低い様々な利率を採用する裁判例が続き不統一を呈した時期があったが，最高裁は「法的安定及び統一的処理」の必要性を理由に民事法定利率によらなければならないとした（最判平17・6・14民集59巻5号983頁）。

これを受け，債権法改正において，①「その損害賠償の請求権が生じた時点」の「法定利率」によることが明文化される（417条の2第1項・722条1項）とともに，②「法定利率」について「年3パーセント」を起点に3年周期で見直される変動制が採用された（404条）。低金利の時代になお高い利率での控除には妥当性の問題が残るが，年5パーセントからの改正に際して上記の「法的安定」性の要請もあって年3パーセントからの変動制になった。

(カ) 基礎収入─その1：概説

(a) 被害者が現実に収入を得ていた場合，それが基礎収入の基準となるのが原則である。

〔前田〕　439

§*709* C IV 第3編　第5章　不法行為

（i）　給与所得者は，死亡当時の給与額が基準となる。昇給等による収入の増加については，「証拠に基づいて相当の確かさをもって推定できる場合」には，「控え目に見積って」，これを基礎に収入額を算出することができる（最判昭43・8・27民集22巻8号1704頁は将来の賞与や退職金についても同様の判断をした。東京高判平22・10・28判タ1345号213頁も参照）。

（ii）　自営業者は，実収入が申告所得額を超えることが立証されない限り，申告所得額が基準となる（大阪地判平10・6・29交民31巻3号945頁など）。

（iii）　企業主は，「原則として，企業収益中に占める企業主の労務その他企業に対する個人的寄与に基づく収益部分の割合」によって算定すべきであり，「企業主の死亡により廃業のやむなきに至った場合等特段の事情」がない限り，収益の全部が企業主の労務等によってのみ取得されていたとみることはできない（最判昭43・8・2民集22巻8号1525頁）。

（iv）　年金受給者は，年金の性質等によって判断が変わりうる（後記(キ)で説明する）。

（v）　一時滞在外国人については，①予測される日本での就労可能期間内は，日本での収入等が，②その後は想定される出国先での収入等が，それぞれ基礎収入とされる（前掲最判平9・1・28〔→1(2)(エ)(b)〕。不法残留外国人の労働能力一部喪失に関する判断であるが，死亡の場合にも妥当する）。なお，日本での就労可能期間については，前記1(2)(エ)(b)で引用した「事実的及び規範的な諸要素を考慮して」判断される（同判決）。

（b）　被害者が現実に収入を得ていない場合は，以下の区分による。

（i）　年少者のうち，男子は，男子労働者の学歴計・全年齢平均賃金を基準とする。女子については，かつては，女子労働者の平均賃金を基準としていたが，男女格差是正のために，近時は，男女を併せた全労働者の平均賃金を基準としている（議論の経緯は後記(ク)参照）。

（ii）　専業主婦は，女子労働者の学歴計・全年齢平均賃金を基準とする。判例は，家事労働に専念する主婦も「女子雇傭労働者の平均的賃金に相当する財産上の収益を挙げるものと推定するのが適当」である（最判昭49・7・19民集28巻5号872頁）とするが，近時の学説には，平均賃金という抽象的損害計算による権利保障という考え方で説明するものがみられる（潮見・講義II 67頁〔65頁以下も参照〕。→2(5)）。

440　〔前田〕

§*709* C IV

(iii)　無職者については，過去の稼働経験，同人の能力，意欲，年齢など
に照らして，平均賃金の一定割合を基礎収入とするものが多い（大阪地判平
12・6・15交民33巻3号975頁など）。上記の学説の考え方からは，将来の再就
職の可能性を具体的に問題とすべきではない。

(キ)　基礎収入―その2：年金等　　判例は，不法行為によって死亡した被
害者が受給していた，①恩給法の普通恩給，国民年金法の老齢年金（最判平
5・9・21判タ832号70頁），②地方公務員等共済組合法の退職年金（最大判平
5・3・24民集47巻4号3039頁），③国民年金法の障害基礎年金，厚生年金保険
法の障害厚生年金（最判平11・10・22民集53巻7号1211頁）については，被害
者の相続人による被害者の逸失利益の請求を認めている。

これに対し，④国民年金法の障害基礎年金および厚生年金保険法の障害厚
生年金における子・妻の加給分（前掲最判平11・10・22），⑤厚生年金保険法の
遺族厚生年金（最判平12・11・14民集54巻9号2683頁），⑥軍人恩給扶助料（最
判平12・11・14判タ1049号218頁）については，逸失利益の請求を否定してい
る。

上記④については，(a)受給権者自身が保険料を拠出しておらず，保険料と
給付との牽連性が間接的であり，社会保障的性格が強いこと，(b)身分関係の
変動により受給権が消滅し，その存続が確実でないこと，を理由とする。上
記⑤⑥については，上記(a)(b)に加えて，(c)専ら受給権者自身の（生存中の）
生計の維持を目的としたものであること，を理由としている。

(ク)　基礎収入―その3：女子年少者

(a)　女子年少者が死亡した場合，かつては，女性の平均賃金を用いた上
で，男女の格差を是正するために，女性の生活費控除の割合を少なくする傾
向にあったが，それでもかなりの額の男女格差が残っていた。

そこで，下級審裁判例では，男女を併せた全労働者の平均賃金を算定の基
礎とするものが現れるようになった。男女雇用機会均等法や男女共同参画社
会基本法などを背景に，今後ますます女性が社会に進出して，近い将来男女
の賃金格差がなくなっていくだろうということを理由にする判決もみられた
が，近年のデータの動向を見る限り，近い将来格差がなくなるとはいいにく
い（下記判決も指摘する）。

(b)　そこで規範的観点から新たな正当化をして注目されたのが，東京高

〔前田〕　441

§*709* C IV   第3編　第5章　不法行為

裁平成13年8月20日判決（判タ1092号241頁）である。

　同判決は，「性別は個々の年少者の備える多くの属性のうちの一つである
にすぎ」ず，性別以外にも，知能その他の能力や親の経済的能力の差「その
他諸々の属性が……将来の所得格差をもたらし得る……にもかかわらず，他
の属性をすべて無視して，統計的数値の得られやすい性別という属性のみを
採り上げること」は，「性別による合理的な理由のない差別であ」り，「年少
者の逸失利益を算定するのに，性別以外の属性は無視せざるを得ないという
のであれば，性別という属性も無視すべき筋合いである」（傍点筆者），とし
て男女を併せた全労働者の平均賃金による算定を基礎づけている（この判決
に影響を与えたと考えられる議論として，野崎綾子「日本型『司法積極主義』と現状中立
性——逸失利益の男女間格差の問題を素材として」井上達夫ほか編・法の臨界Ⅰ〔1999〕
75頁，渡邉和義「未就労年少者の逸失利益の算定における男女間格差」判タ1024号
〔2000〕24頁，宮原守男・渡邉和義ほか「座談会・最近の交通事件をめぐる諸問題」交民
31巻索引・解説号〔2001〕410頁以下参照）。

　蓋然性判断を規範的観点から制約を加える点で，一時滞在外国人の就労可
能期間に関する判例（前掲最判平9・1・28は不法残留であるという規範的要素も考慮
して通常の蓋然性よりも短期間に判断した）の考え方との共通性がみられる（無免
許営業者の休業損害に関する後記(3)(エ)の裁判例も参照）。

　(c)　東京高判平成13年の後も，従来の女子平均賃金による高裁判決
（東京高判平成13・10・16判時1772号57頁）が出されて高裁レベルの判断が分か
れたが，最高裁はどちらの判断も是認して判例の統一を図らなかった（最決
平14・7・9交民35巻4号917頁，最決平14・7・9交民35巻4号921頁）。

　しかし，その後，東京・大阪・名古屋の各地裁において，男女を併せた全
労働者の平均賃金による算定をすることで見解の統一が図られ，現在の実務
は，この見解で固まったとされる（大島・前掲判例民法Ⅷ208頁〔207頁も参照〕。
大阪地裁は「男女を併せた全労働者の学歴計・全年齢平均賃金」を原則とする〔大阪民事
交通訴訟研究会編著・前掲書7頁〕）。

　(d)　上記の基準による女子年少者の範囲については，①中学卒業時まで
を原則とする見解，②高校卒業時までとする見解，③事案に応じて判断する
見解などに分かれている（大島・前掲論文208頁）。なお将来の幅広い多様な進
路の可能性が開いていることに照らせば，②の立場が上記(b)の東京高裁の考

442　〔前田〕

え方と整合的であろう。いずれにせよ大学進学の蓋然性がある場合は別途考慮されるべきである（大阪民事交通訴訟研究会編著・前掲書7頁）。

　(ケ)　基礎収入─その4：障害者

　(a)　養護学校高等部の生徒の死亡事故に関する裁判例（東京高判平6・11・29判タ884号173頁）で，原審が，卒業後に「地域作業所に進む蓋然性が最も高い」として入所者の平均収入7万円を基礎に逸失利益120万円（本人・両親の慰謝料は合計2500万円）と算定したのを破棄したものがある。

　控訴審は，①上記は「余りにも人間一人（障害児であろうが健康児であろうが）の生命の価値をはかる基礎としては低き水準」であり，「慰謝料の補完機能にも……限界がある」，②「潜在する将来の発展的可能性のある要因」も「相当な程度に蓋然性がある」限りは，年少者自身の生命侵害の損害額の算定にあたり，「何らかの形で慎重に勘案し，斟酌しても差し支えない」，③「こと人間の尊厳を尊重する精神のもとで，ひとりの人間の生命が侵害された場合に一般化された損害の算式によりある程度抽象化，平均化された人間の生命の価値を算出する方法を取るなか」で，「それが実損害の算定から掛け離れたものとならない限り」，「不確実ながらも蓋然性の高い可能性をもつ諸般の事情をも十分に考慮されてもよい」，とした上で，県下の最低賃金を基礎に1800万円の逸失利益を算定した（慰謝料は原審と同額）。

　(b)　前述したように人身損害の算定の平等を主張する西原理論（死傷損害説）には，どの水準でその額を設定するかという問題があったが，蓋然性判断に偏ることによって，障害者の逸失利益の算定があまりに低く算定される行き過ぎを咎めるものとして影響を与えたとみることができる。

　本判決には，潮見説のような抽象的損害計算による権利保障の発想がみられる一方，随所で「蓋然性」の留保をしている点で，実損主義（蓋然性判断による具体的損害計算）との相克が色濃く残っているといえよう。

　(c)　実損主義との相克は，全盲の未就労者（事故時17歳の女性）の全労働能力喪失の逸失利益算定において，「全盲の障害があったとしても，潜在的な稼働能力を発揮して健常者と同様の賃金条件で就労する可能性が相当にあった」としつつ，「逸失利益の算定に用いる基礎収入についても，証拠をもってその蓋然性を証明しなければならない」として，身体障害者の平均賃金が全労働者平均の約7割のところ8割を基礎収入とした裁判例（広島高判令

〔前田〕　443

§709 C IV　　　　　　　　　　　　　　　第3編　第5章　不法行為

3・9・10判時2516号58頁）にもみられる。本件で相当程度の可能性を超えた蓋然性の証明を要求したことに対しては，後遺障害で生活保障が特に求められる（実損主義の利得禁止の考え方に反しない）ことや損害評価の規範性に照らして批判もある（若林三奈〔判批〕リマークス66号〔2023〕49頁。城内明〔判批〕速判解28号〔2021〕94頁も参照。そのほか，聴覚障害児の死亡逸失利益に関し，吉村良一「障害児・年少者死亡における損害賠償（逸失利益）額の算定・再論」立命408号〔2023〕969頁以下参照）。

(3)　負傷・健康被害と財産的損害

(ｱ)　序　　積極的損害は，①治療費・入院費等と，②後遺障害が残った場合の介護費用・装具費等に分かれ，死亡の場合に比べて多様である。

消極的損害は，①休業損害と，②後遺障害による逸失利益が問題となるが，②については，死亡の場合の算定方法と共通する要素が少なくない。

精神的損害については，後記(4)で述べる。

(ｲ)　積極的損害―その1：概説　　①症状固定までは，治療費，入院費，付添看護費，入院雑費，本人・近親者の交通費（Ⅵ2(3)も参照）などが，②後遺障害が残る場合は，介護費用，装具・器具費，住宅改造費などが，損害項目となる（裁判実務の傾向は，大島・前掲論文188頁以下参照）。

いずれも実損害の相当な範囲（必要な範囲）について賠償が認められるが，入院関係費など定型的に判断されることもある。

(ｳ)　積極的損害―その2：将来の治療費の確率的算定（C型肝炎訴訟）交通事故の後遺症など比較的短期に固定する場合の算定は容易であるのに対し，C型肝炎感染のように，将来どのような症状になるか現時点では確定できない場合の算定は困難であるが，それを理由に賠償を認めないのは不当である。

そこで，東京地裁（東京地判平19・3・23判時1975号2頁）は，一定の確率で慢性肝炎，さらには肝硬変や肝細胞癌に進展することが統計上明らかになっていることに着目して，「損害を基礎付ける事実関係をもとに，将来予測される転帰ごとに抽象的に損害額を算出し，その発生確率を掛け合わせたものの総和を計算するという期待値計算的思考方法に立って，損害を算定」した。ただし，①治療検査費のほか，②入通院慰謝料，③生活の制約に対する慰謝料を対象とするものであって，逸失利益の算定は事実上困難だとして③の算

444　〔前田〕

§709 C IV

定の際に考慮に入れるにとどめた。

不法行為訴訟では，「疫学的因果関係」や「相当程度の生存可能性」など，統計や確率が活用されることがある。本判決は，C型肝炎に感染して治療を要するという事実を「損害」と把握した上で，治療費の算定において統計や確率を用いる手法を示した点で注目される。

(エ) 消極的損害―その1：休業損害　治療中の休業損害については，①現実に収入を得ていた場合は，それを基礎収入として治療に必要な期間について算定される。②現実に収入を得ていなかった場合は，死亡に関する説明に準ずる（→(2)(カ)(b)）。

なお，休業損害について，損害賠償制度は「法律上保護さるべき利益を侵害された被害者の救済を図るもの」だとして，無免許営業の運送業による収入ではなく，平均賃金を基礎収入とすべきだとした事例がある（佐賀地判昭48・6・19交民6巻3号1016頁）。

(オ) 消極的損害―その2：後遺障害による逸失利益

(a) 前述のように最高裁は，後遺障害による逸失利益について損害事実説寄りの姿勢を見せつつも，なお実損害（現実の収入減）による算定を原則とする立場を維持する（前掲最判昭56・12・22〔→1(2)(ア)(b)〕）一方，「労働能力の一部喪失による損害」を問題とするものもみられる（前掲最判平8・4・25〔→1(2)(ア)(c)〕）。

(b) 下級審裁判例では，逸失利益に関する限りで，労働能力の全部または一部の喪失自体を損害と把握した上で，失われた稼働能力に応じた算定をする労働能力喪失説の考え方に立つものが一般的である。すなわち，「基礎収入×労働能力喪失率×労働能力喪失期間－中間利息」の考え方に基づいて，「基礎収入×労働能力喪失率×労働能力喪失期間に応じたライプニッツ係数」で計算されている。

(i) 基礎収入と中間利息の控除については，死亡に関する説明に準ずる（→(2)(カ)～(ケ)・(オ)(b)）。

(ii) 労働能力喪失期間については，症状固定時以降について，これも死亡における就労可能期間に関する説明に準ずる（→(2)(エ)）。

なお，口頭弁論終結前に別の原因で死亡したとしても，「事故の時点で，その死亡の原因となる具体的事由が存在し，近い将来における死亡が客観的

〔前田〕　445

§709 C Ⅳ 　　　　　　　　　　　　　　　　第3編　第5章　不法行為

に予測されていたなどの特段の事情」がない限り，上記期間の認定上考慮されない（前掲最判平8・4・25，最判平8・5・31民集50巻6号1323頁。特段の事情には，癌による余命数か月の診断がされていた場合などが考えられよう）。

　(ⅲ)　死亡の場合と異なり，生活費控除はされない。

　口頭弁論終結前に別の原因で死亡した場合も，損益相殺の要件である原因の同一性を満たさないので生活費控除はされない（前掲最判平8・5・31）。

　労働能力をほどんど喪失した重度後遺障害であっても，生活費がかかるとして，控除しないのが裁判例の傾向である（名古屋地判平23・12・9交民44巻6号1549頁〔植物状態〕，名古屋地判平22・12・7交民43巻6号1608頁〔寝たきり〕）。

　(4)　**人身侵害と精神的損害**

　(ア)　序　　慰謝料一般については710条の注釈に，名誉毀損等による慰謝料については後記4(1)にそれぞれ譲り，以下では，人身侵害を中心に本人の慰謝料について説明する（近親者固有の慰謝料については，→Ⅵ2(2)(ア)，§711）。

　人身侵害の精神的損害（慰謝料）の損害項目には，死亡の場合の①死亡慰謝料，負傷等の場合の②入通院慰謝料，③後遺障害慰謝料などがある。

　判例は，慰謝料について，後記4(1)(ア)(a)のように，当事者双方の「諸般の事情」を参酌して算定すべきものとする（最判昭40・2・5裁判集民77号321頁〔人身侵害と思われる事例〕）が，近時の裁判実務は，交通事故のみならず他の不法行為類型においても定型的な算定をする傾向にある（田口勤「死亡慰謝料一般における交通事故算定基準の位置づけ」日弁連交通事故相談センター編・交通賠償論の新次元〔2007〕185頁）。

　なお，裁判例には，制裁的慰謝料は否定しつつ，慰謝料額の算定にあたり，上記の当事者双方の諸般の事情の一環として，「侵害の態様（故意か過失か，過失の程度，悪性の程度等）」を考慮したものがみられる（東京地判昭57・2・1判タ458号187頁，東京高判昭63・3・11判タ666号91頁〈クロロキン薬害訴訟〉）。

　(イ)　死亡慰謝料　　一家の支柱，母親，配偶者といった家族関係に基づく基準額によって，ある程度定型的に判断されている。大阪地裁の基準では，①加害者が飲酒運転・無免許運転・著しい速度違反・殊更な信号無視・ひき逃げ等か，②被扶養者数が多いか，③損害額の算定が不可能または困難かなどの要素も考慮されている（大阪民事交通訴訟研究会編著・前掲書10頁）。③は慰謝料の補完的機能に基づくものである。

446　〔前田〕

§709 C IV

㈦　後遺障害慰謝料　　後遺障害の等級に応じた基準額によって，ある程度定型的に判断されている。

なお，長崎じん肺判決（最判平6・2・22民集48巻2号441頁）は，①「慰謝料額の認定は原審の裁量に属する事実認定の問題であり，ただ右認定額が著しく不相当であって経験則又は条理に反するような事情でも存するならば格別」であるとする判例（最判昭38・3・26裁判集民65号241頁）について「留意」を要するとして，②「他に財産上の請求をしない旨を……訴訟上明確に宣言し」ている場合は，原審の「裁量にはおのずから限界があり」，「社会通念により相当として容認され得る範囲にとどまる」としたうえで，③原判決の認定は「低きに失し，著しく不相当」であるとして破棄差戻しをした。

慰謝料の補完的機能として実質的には財産的な要素が含まれていることを踏まえた判断といえよう。

㈢　入通院慰謝料　　必要とされる入通院期間を基礎とする基準額で定型的に判断されている

㈣　関連問題：「相当程度の生存可能性」侵害と慰謝料　　判例（最判平12・9・22民集54巻7号2574頁）は，医療過誤と死亡との間の因果関係が立証されない場合も，「生存していた相当程度の可能性」が立証された場合には，その保護法益の侵害による不法行為の成立に基づいて（→BⅣ3⑵㈭，DⅡ3⑷），慰謝料を認めている。

学説では，生存可能性侵害について確率的算定による逸失利益の賠償を肯定する説も有力である（大塚直「不作為医療過誤による患者の死亡と損害・因果関係論」ジュリ1199号〔2001〕15頁，窪田充見〔判批〕平12重判解70頁〔窪田156頁・301頁も参照〕，潮見Ⅰ385頁。否定説として，新美育文〔判批〕リマークス24号〔2002〕61頁，前田(陽)67頁）。

しかし，死亡による逸失利益（消極的利益）の算定自体が蓋然性判断であるところに，さらに確率判断を加えることには躊躇を覚える（既にC型肝炎に感染している場合の将来の治療費の算定〔→(3)㈦〕とは異なる）。統計的な裏付けのない場合にも相当程度の生存可能性が認められている（最判平16・1・15判タ1147号152頁〔債務不履行構成〕）ことからも，慰謝料の限度で賠償を認めるべきであり，ある程度の年数の生存と労働の可能性を認めうる統計的裏付けがある場合には，慰謝料額算定の一要素として財産的側面を考慮すれば足りよ

〔前田〕　447

§*709* C Ⅳ   第3編　第5章　不法行為

う（その後の裁判例でも慰謝料しか認められていないようである）。

4　その他の人格的利益の侵害——名誉・プライバシーを中心に

(1)　名誉・プライバシー侵害等の慰謝料額の算定方法

(ア)　判例・裁判例

(a)　判例は，慰謝料（財産以外の損害）について，その数額は事実審の裁判所が「各場合ニ於ケル事情ヲ斟酌シ自由ナル心証ヲ以テ」量定すべきものであり（大判明43・4・5民録16輯273頁〔名誉毀損の事例〕），その「性質上」原告が「損害額ヲ証明セサルモ」裁判所が「諸般ノ事情ヲ斟酌シテ之ヲ定」めるべきものとする（大判明34・12・20刑録7輯11巻105頁〔名誉毀損に関する判示〕）。そして，慰謝料額一般について，「当事者双方の社会的地位，職業，資産，加害の動機および態様，被害者の年令，学歴等諸般の事情」を参酌して算定すべきものとする（前掲最判昭40・2・5〔人身侵害と思われる事例〕）。

　近時の判例（最判平9・5・27民集51巻5号2024頁）は，名誉毀損の慰謝料額に関して，「事実審の口頭弁論終結時までに生じた諸般の事情を斟酌して裁判所が裁量によって算定するもの」であり，諸般の事情には，「被害者の……人格的価値について社会から受ける客観的評価が当該名誉毀損以外の理由によって更に低下したという事実も含まれる」とする（名誉毀損後に被害者が有罪判決を受けた事実を斟酌して慰謝料の額を算定しうるとした）。

(b)　近時の高裁レベルの裁判例は，名誉毀損の慰謝料額の算定で考慮すべき要素として，①「名誉毀損の内容，表現の方法と態様，流布された範囲と態様，流布されるに至った経緯，加害者の属性，被害者の属性，被害者の被った不利益の内容・程度，名誉回復の可能性など諸般の事情」（東京高判平24・8・29判タ1407号99頁）を挙げるものや，同様の諸事情に加えて，②「真実性」または（誤信）「相当性」の程度（東京高判平13・12・26判タ1092号100頁）や，③「事後的事情による名誉回復の度合」（東京高判平14・3・28判時1778号79頁）を挙げるものがみられる。

　プライバシー侵害の慰謝料額の算定については，個人情報の流出に関する判示として，「個人識別情報」か「個人的，主観的な価値」に結び付くような種類かといった「情報の性質」，「流出の態様と程度」，「2次被害の有無」などを考慮要素とするもの（東京高判平19・8・28判タ1264号299頁〔→(2)(ウ)(d)〕）がみられる。

§709 C Ⅳ

(イ) 学 説 等

(a) 学説や実務家の見解には，慰謝料一般ないし名誉毀損等の慰謝料の考慮要素について様々な整理がみられ（井上繁規「名誉毀損による慰謝料算定の定型化及び定額化の試論」判タ 1070 号〔2001〕18 頁以下。齋藤修編・慰謝料算定の理論〔2010〕121 頁以下，とくに 126 頁以下〔升田純〕も参照），近時の学説には，慰謝料一般について，「被侵害利益の種類・性質，加害行為の態様，被害者の年齢・職業・収入，加害者側の事情」などの「諸般の事情」を挙げるものがみられる（近江 197 頁）。

学説には，慰謝料が「無形の損害の塡補」であることを強調して，特に死傷の場合を念頭に，加害者側の事情として，加害者が「事故後に示した態度」を考慮することに批判的な見解がある（四宮・下 599 頁）。死傷の場合に対し，「名誉感情」の侵害のように，被害者の主観的・感情的な精神的苦痛に対する塡補が中心となる場合は，不法行為後の謝罪等の態度を考慮してもよいだろう。また，名誉毀損のような客観的な社会的評価の低下を核心とする場合（被害者が知らなくても新聞記事等の公表による社会的評価の低下によって損害が発生する）についても，主観的な精神的苦痛を伴うものである点で，加害者の個人的な謝罪等を考慮することは不当とはいえず，加害者の公の謝罪によって被害者の社会的評価が一定程度回復される場合は当然に考慮されるべきである。

(b) 後記(2)の問題を契機とする，名誉毀損の慰謝料額の算定に関する実務家の見解には，加害者側の事情として，①「加害行為の動機・目的の悪質性の程度」，②「加害行為の内容の悪質性の程度」，③「加害行為の真実性の欠如の程度」，④「加害行為の相当性の欠如の程度」，⑤「加害行為の方法と範囲」，⑥「加害行為によって加害者が得た利益」，また，被害者側の事情として，⑦「被害者の社会的地位（職業・経歴）」，⑧「社会的評価の低下の程度」，⑨「被害者が被った営業上の不利益の程度」，⑩「被害者の社会生活上の不利益の程度」，⑪「被害者の過失」，⑫「加害行為後の被害者の救済の程度」，⑬「被害者の請求態様」などの諸要素を挙げるとともに，各要素の点数化を試みるものがみられる（井上・前掲論文 19 頁・24 頁）。

(2) 2000 年頃からの名誉毀損等の慰謝料額の再検討

(ア) 序 名誉毀損の救済に関する民法起草者の見解には，「社会ノ進歩

§709 C Ⅳ   第3編 第5章 不法行為

ト共ニ最モ貴重ナル生存要件」をなしている「名誉」が毀損されたことに対する賠償は「巨額ノ賠償」をしても完全とはいえず，特に原状回復を要する（理由書672頁・684頁以下）とするものがみられる。しかし，名誉が毀損されて社会生活に支障を来す場合について，負傷して社会生活に支障を来す場合に比べて，十分な慰謝料額が算定されてきたわけではない。

名誉毀損やプライバシー侵害の慰謝料が低額で名目的なものにすぎず，表現の自由を濫用する結果をも招いているという問題はかなり前から指摘されていた（例えば，最大判昭和61・6・11民集40巻4号872頁の大橋進裁判官の補足意見は「名誉毀損に対する損害賠償は，それが認容される場合においても，しばしば名目的な低額に失するとの非難を受けているのが実情と考えられ」，「これが本来表現の自由の保障の範囲外ともいうべき言論の横行を許す結果となっている」とする）。このような週刊誌等による「侵害し得」（慰謝料を支払っても売上げ増によって十分に利益が残る）状況を受けて，2000年頃から，裁判官らを中心として，名誉毀損の慰謝料額の算定基準を再検討して，高額化・定型化を試みる議論が盛んになされた（東京地方裁判所損害賠償訴訟研究会「マスメディアによる名誉毀損訴訟の研究と提言」ジュリ1209号〔2001〕63頁，塩崎勤「名誉毀損による損害額の算定について」判タ1055号〔2001〕4頁，山地修「名誉毀損による損害額の算定について——諸外国の状況の実証的分析」同14頁，司法研修所「損害賠償請求訴訟における損害額の算定」判タ1070号〔2001〕4頁，井上・前掲論文14頁，坂本倫城「損害賠償実務研究会を終えての若干の感想」判タ1070号〔2001〕25頁，鬼頭季郎「名誉毀損事件の損害額の審理と認容額について」同28頁，大阪地方裁判所損害賠償実務研究会「名誉毀損による損害賠償額の算定」NBL731号〔2002〕6頁，能見善久ほか「〈座談会〉名誉毀損された被害者の救済」NBL734号〔2002〕10頁以下。なお，齋藤編・前掲書126頁以下〔升田〕の分析も参照）。

(イ)　名　誉　毀　損

このような動きの下，裁判例にも，名誉毀損について従来にみられない多額の慰謝料を認めるものが出るようになった。その代表的なものを紹介する（なお，平成29年以降の裁判例の慰謝料額の概観として，千葉県弁護士会編・慰謝料算定の実務〔3版，2023〕72頁以下・79頁以下も参照）。

(a)　芸能人に関するものとして，有名女優の私生活に関する週刊誌の記事による名誉毀損について，慰謝料の請求額は500万円であるが，慰謝料額1000万円を下回るものではない（芸能活動やコマーシャル出演への影響に関する無

形の財産的損害も含めて）とされた事例がある（東京高判平 13・7・5 判時 1760 号 93 頁）。

（b）　野球選手に関するものとして，アメリカにおける自主トレーニング中の行状を報じた週刊誌の記事による名誉毀損について，原審で 1000 万円の慰謝料が認定されたのに対し，控訴審では（原審の指摘する）選手としての資質にかかわる部分もそれ自体としては選手生命にかかわるものではないなどとして 600 万円に減額された事例（前掲東京高判平 13・12・26）や，読売巨人軍の選手が暴力団組長と交際し，野球賭博に関わった旨の週刊誌の記事による名誉毀損について 600 万円の慰謝料が認められた事例（前掲東京高判平 14・3・28）がある。

（c）　相撲力士に関するものとして，横綱らが八百長相撲をしたなどとする週刊誌の記事による名誉毀損について，記事の力士生命などに対する影響や裏付け取材の杜撰さなどを考慮して，横綱に 1000 万円，大関に 200 万円，相撲協会に 600 万円の各非財産的損害が認められた事例がある（東京地判平 21・3・26 判タ 1310 号 87 頁）。

（d）　政治家に関するものとして，鎌倉市長を批判する垂れ幕による名誉毀損について 1000 万円の慰謝料（および垂れ幕の撤去，謝罪広告の掲載）が認められた事例（横浜地判平 13・10・11 判タ 1109 号 186 頁）や，自民党元幹事長の衆議院議員が地下鉄工事で利権を得ている旨の月刊誌の記事による名誉毀損について 500 万円の慰謝料が認められた事例（京都地判平 14・6・25 判時 1799 号 135 頁）がある。

（e）　作家に関するものとして，グリコ森永事件の犯人として仮名を用いて週刊誌で報道された作家と実妹の名誉毀損について，事件の重大性・社会的関心の強さ・発行部数・作家側の反論可能性と現に反論が取り上げられたことなどを考慮して，作家に 400 万円，実妹に 100 万円（他に住民票等の不正入手によるプライバシー侵害について作家に 30 万円）の慰謝料が認められた事例がある（東京地判平 25・8・30 判時 2212 号 52 頁。控訴審〔東京高判平 25・12・25LEX/DB25502638〕でも維持）。

（f）　建築家に関するものとして，設計に関与した橋の評判が悪いなどとする週刊誌の記事による名誉毀損について，本人の慰謝料 500 万円と代表を務める設計会社の無形の損害 500 万円が認められた事例がある（東京地判平

〔前田〕　451

§*709* C IV 第3編 第5章 不法行為

13・10・22 判時 1793 号 103 頁。控訴審では本人の慰謝料 600 万円のみとされた）。

　(g)　学者に関するものとして，洞窟遺跡を捏造した旨の週刊誌の記事による名誉毀損について，抗議する遺書を残して自殺した学者の遺族が本人の慰謝料を相続したとして，800 万円の慰謝料が認められた事例がある（福岡高判平 16・2・23 判タ 1149 号 224 頁）。

　(h)　一般人（芸能人の元夫）に関するものとして，一時期芸能人と婚姻していた際の離婚に至る経緯を報じた週刊誌の記事について，プライバシーに属する事項（不貞行為や暴力的言動）の摘示によって名誉が毀損されたとして，800 万円の慰謝料が認められたが，その算定の際，週刊誌の発行部数に 1 冊あたり 10 円を掛合わせた 680 万円という金額を参考にしている（東京地判平 19・6・25 判タ 1260 号 301 頁）点が注目される（→5(1)(ア)(e)）。

　(i)　そのほか，名誉毀損と肖像権侵害（主に後者）が問題となった事例として，被告人の法廷中の写真やイラストを掲載した写真週刊誌の 2 つの記事について，原審では，写真につき 200 万円とイラストにつき 400 万円の慰謝料が認められた（大阪地判平 14・2・19 判タ 1109 号 170 頁）が，控訴審では，イラスト等に対する慰謝料が 200 万円に減額されて合計 400 万円の慰謝料が認められた（大阪高判平 14・11・21 民集 59 巻 9 号 2488 頁）。

　(ウ)　プライバシー侵害

　プライバシー侵害についても，名誉毀損ほどではないが，やや高額なものもみられる。代表的なものや特色のあるものを紹介する（なお，平成 29 年以降の裁判例の慰謝料額の概観として，千葉県弁護士会編・前掲書 78 頁以下・104 頁以下も参照）。

　(a)　芸能人に関するものとして，活動を休止して療養中であった有名歌手の住居をのぞき見して容貌等を撮影しその写真を週刊誌に掲載した行為について，プライバシーを侵害しイメージをも害するものとして 500 万円の慰謝料が認められた事例がある（東京地判平 28・7・27 判タ 1439 号 221 頁）。

　(b)　サッカー選手に関するものとして，有名選手の出生から現在に至る半生の詳細を著作で公表してプライバシーを侵害したことについて，200 万円の慰謝料が認められるとともに，同選手が書いた詩の掲載による複製権侵害の財産的損害として 185 万円の賠償も認められた事例（東京地判平 12・2・29 判タ 1028 号 232 頁と控訴審の東京高判平 12・12・25 判時 1743 号 130 頁）では，こ

452　〔前田〕

§*709* C Ⅳ

れらの算定の際に，出版で得た利益が3700万余円であることが考慮されている点が注目される（→5⑴(ア)(e)）。

　(c)　プロ野球球団のオーナーに関して，自宅内でガウンを着ている姿を隠し撮りしてその写真を掲載した行為をプライバシー侵害として慰謝料200万円が認められた事例がある（東京地判平17・10・27判時1927号68頁）。

　(d)　これに対し，個人情報の「提供」によるプライバシー侵害に関しては，その情報が識別情報のような場合は，名目的な賠償にとどまる。早稲田大学江沢民講演会名簿提出事件（最判平15・9・12民集57巻8号973頁）の差戻審（東京高判平16・3・23判時1855号104頁）では，原告らに講演会の妨害目的があった点を考慮して1人当たり慰謝料5000円，そのような事情の認められない原告らによる別件訴訟（東京高判平14・1・16判タ1083号295頁）では，1人当たり慰謝料1万円がそれぞれ認められた。ベネッセ個人情報流出事件（最判平29・10・23判タ1442号46頁）の差戻審（大阪高判令元・11・20判時2448号28頁）では，1人当たり慰謝料1000円が認められた（別件訴訟では慰謝料3000円が認められたものもある〔東京高判令2・3・25LEX/DB25566660〕）。

　ただし，エステサロンに登録された主観的・個人的な価値に結び付く情報のインターネット上への流出については1人当たり慰謝料3万円（前掲東京高判平19・8・28〔→⑴(ア)(b)〕），いたずら電話等の二次的被害を伴った場合については慰謝料20万円（神戸地判平11・6・23判時1700号99頁）が認められた事例がある。さらに，イスラム教徒の個人情報が公安当局からインターネット上に流出した事件では，信仰内容や前科情報なども含まれていたことから慰謝料500万円が認められた（東京地判平26・1・15判タ1420号268頁。控訴審〔東京高判平27・4・14LEX/DB25506287〕でも維持）。

5　財産的利益の侵害

⑴　序 ── 近時の問題

　財産的利益の侵害による損害額の算定に関して，近時議論になっている問題のうち，以下の2つの問題を簡単に紹介した上で，⑵以下では，所有権侵害による損害の問題に重点を置きつつ，有価証券報告書の虚偽記載や入札談合による経済的損害の算定の問題にも触れることにする。

　なお，純粋経済損害ないし総体財産の減少については，要件論で問題となることが多いので，BⅣ2⑸に譲ることにする（近時の文献として，山本周平

〔前田〕

§709 C IV　　　　　　　　　　　　第3編　第5章　不法行為

「不法行為法における経済的利益の保護とその立法的課題」立法的課題117頁のみを挙げ
ておく）。

　(ア)　不法行為制度の目的論と利益吐き出し型賠償

　(a)　判例は，①不法行為の損害賠償制度は，「被害者に生じた現実の損
害」を塡補して，「不法行為がなかったときの状態に回復させることを目的」
とするものであって（最大判平5・3・24民集47巻4号3039頁），②制裁や抑止
（一般予防）を「目的」とするものではなく，結果的に制裁ないし一般予防の
「効果」を生ずることがあるとしても，それは上記の目的のために加害者に
「損害賠償義務を負わせたことの反射的，副次的な効果にすぎ」ない（最判平
9・7・11民集51巻6号2573頁），としている（不法行為制度の目的論に関する最近の
文献として，田中洋「不法行為法の目的と過失責任の原則」立法的課題17頁参照）。

　(b)　これに対し，学説の中には，損害の塡補のみならず，抑止や制裁の
目的をも重視すべきだとする立場がある（後藤巻則「損害賠償と制裁」法時78巻
8号〔2006〕54頁，森田果＝小塚荘一郎「不法行為法の目的──『損害塡補』は主要な制
度目的か」NBL874号〔2008〕10頁，廣峰正子・民事責任における抑止と制裁〔2010〕）。

　このような立場から，他人の権利を侵害することで多額の利益を得ている
場合には「利益の吐き出し」をさせる賠償を認めるべきだとする主張がされ
ている（窪田充見「不法行為法と制裁」石田喜久夫古稀・民法学の課題と展望〔2000〕
685頁以下，同「規制緩和社会における民事責任のあり方について」企業と法創造1巻4
号〔2005〕95頁，山下純司「不法行為における利益吐き出し責任」NBL937号〔2010〕26
頁）。

　(c)　しかし，このような賠償が，被害者が被った損害を超える部分まで
賠償させるものだとすれば，大きな問題がある。かりに不法行為法において
抑止を重視することが正当化されたとしても，それは，①加害者が不当に得
た利益を「吐き出させる」ところまでの正当化にすぎず，②被害者が被った
損害を超える部分を「被害者に移転・帰属させる」ところまでを，不法行為
理論として正当化することは困難である（森田宏樹「特許権侵害による損害賠償
に関する規定の改正の方向──実体法の観点からの立法論的検討」知的財産侵害に対する
損害賠償・罰則のあり方に関する調査研究報告書〔1998〕39頁，沖野眞已「損害賠償額
の算定」法教219号〔1998〕63頁，潮見I 54頁。潮見I 55頁は，かかる理由から，不
法行為制度とは別の不当利得〔侵害利得〕や準事務管理などによるべきだとする。平野9

454　〔前田〕

§709 C IV

頁も参照)。

そこで，利益の吐き出しに積極的な論者にも，損害額の算定（損害の金銭的評価）の場面で加害者の利得を考慮するという法的構成で上記の問題を回避しようとする試みがみられる（窪田413頁，窪田・前掲石田古稀685頁以下・689頁。同696頁注(55)は損害の規範的評価の可能性も指摘する。山下・前掲論文26頁・30頁以下は，「利得参照型損害算定」という）。

(d) 上記(c)と関連する問題として，特許法には，①侵害者の得た利益額を権利者の損害額と推定する規定（102条2項）や，②権利者の実施能力の限度で〔侵害者の譲渡数量（販売数）〕×〔権利者の単位当たりの利益〕を損害額として，権利者が侵害者の譲渡数量を販売できなかった事情があればそれを減額事由とする規定（同1項）がある。これらは，侵害者の利得ないしそれに関する事情（譲渡数量）を損害額の算定の資料とするものであるが，あくまでも民法709条の特別規定として，一般法としての民法理論の枠を超えないような形で立法されたものである（中山信弘編著・注解特許法（上）〔3版，2000〕998頁以下・1013頁以下〔青柳昤子〕）。

上記の規定については，「市場機会の喪失」を損害として把握する規範的損害論に立つ見解が有力であり（1項について，鎌田薫「特許権侵害と損害賠償」CIPICジャーナル79号〔1998〕17頁，2項について，田村善之・知的財産権と損害賠償〔新版，2004〕334頁以下），上記の窪田説はこれと軌を一にするものである（窪田・前掲石田古稀688頁・696頁注53）。

(e) 他方，財産権の侵害から離れるが，慰謝料については，一義的に損害額が定まるものではないので，「損害の塡補」の趣旨から来る一定の枠内において（したがって「制裁的慰謝料」ではないものとして），加害行為が故意であることや，加害行為によって大きな利益を得ていることなどを考慮に入れて算定することが許容されよう（前田(陽)4頁。窪田・前掲石田古稀691頁参照）。

裁判例においても，週刊誌の記事による名誉毀損の慰謝料額として800万円を認めるに当たり，発行部数に1冊10円を掛合わせた680万円の金額を考慮に入れたもの（前掲東京地判平19・6・25）や，プライバシー侵害と詩の無断掲載による損害額の算定で出版によって得た利益額を考慮したもの（前掲東京高判平12・12・25〔複製権侵害も伴った事例〕）がみられる（→4(2)(イ)(h)・(ウ)(b)）。発行部数が多いほど社会的評価の程度が大きいことや，名誉毀損などで利益

〔前田〕　455

§*709* C Ⅳ 　　　　　　　　第3編　第5章　不法行為

を上げることに対する被害感情からも肯定されよう。

(イ)　福島原発事故賠償の中間指針と再取得費用

(a)　原子力損害賠償紛争審査会による福島原発事故賠償の中間指針 (2011年8月) では，①風評損害についても，平均的一般人の心理として敬遠する心理が合理的な場合には賠償範囲とされた点，②除染費用 (原状回復費用) が当該財産の客観的価値の範囲内で対象とされた点，③避難生活による精神的損害が認められた点 (JCO臨界事故のガイドラインでは，身体障害を伴わない精神的損害は賠償の対象とされなかった。とくに2022年12月2日の第5次追補では，生活基盤〔ふるさと〕の喪失・変容による精神的損害が独立項目として認められるなど拡充がみられる) などが注目されたが，特に次の点が重要である。

すなわち，第4次追補 (2013年12月) では，④帰還困難区域の土地家屋に生じた損害 (全損) について，市場価値にとどまらず，再取得に要する費用をも考慮した算定基準が示された点が画期的である。

(b)　上記について，学説では，①損害賠償制度は，金銭賠償による「原状回復」を目的とするものであり，②市場が確立して代替性の高い中古車については「交換価値アプローチ」で①の目的が達成できるのに対し，③中古車とは性質を異にする居住用不動産については，「再調達費用」を問題とする「原状回復費用アプローチ」でなければ，①の目的を達成できないという視点からの分析がみられる (窪田充見「原子力発電所の事故と居住目的の不動産に生じた損害」淡路剛久ほか編・福島原発事故賠償の研究〔2015〕146頁以下・152頁以下)。

この問題は，後で触れる市場性のない中古品の賠償の問題 (→(2)(イ)(b)) にも関連する。

(2)　所有権等の侵害―その1：物の滅失

(ア)　賠償の対象となる損害項目

物が滅失することで所有権が侵害された場合，以下のように，(a)交換価格 (市場価格) のほか，(b)使用利益，(c)転売利益，(d)慰謝料なども問題となることがある。

(a)　物の滅失による所有権侵害の場合，「現実の損害」の塡補により「不法行為がなかったときの状態に回復させる」(前掲最判平9・7・11参照) ためには，物自体の「交換価格」(市場価格) による賠償 (大連中間判大15・5・22民集5巻386頁〔以下，富喜丸事件判決という〕，最判昭32・1・31民集11巻1号170

頁）がされれば十分であるのが原則である。修理不能の場合も同様である（詳細は→(3)）。

(b) 得べかりし「使用利益」について，判例（富喜丸事件判決）は，①「物ノ交換価格」が「通常ノ使用価格ヲ包含スル」ことから，原則として賠償を否定しつつ，②例外として，被害者が「特別ノ使用収益」をなすことができたことを，加害者が「不法行為当時予見シ又ハ予見シ得ヘカリシ場合」は，賠償を認める。

これに対し，学説では，特別の使用利益について，取得の「確実性」を問題とする説が主張されている（前田(達)348頁。四宮・下575頁も同旨）。

(c) 得べかりし「転売利益」についても，後記(ウ)で詳述するように，例外的にしか認められない（富喜丸事件判決）。

(d) 物の滅失による慰謝料に関しても，伝統的通説は，富喜丸事件判決の延長線で，精神的損害が発生する「特別事情」につき「予見可能性」がある場合にのみ，相当因果関係ある損害として賠償が認められるとする（植林弘・慰藉料算定論〔1962〕177頁以下，加藤(一)230頁）。

しかし，最高裁判決には，予見可能性を要件とする相当因果関係を少なくとも明示的には問題としていないものがみられる。すなわち，隣地の不完全な石垣工事により家屋が修理不能な損傷を被った事例において，「財産以外に別途に賠償に値する精神上の損害を受けた事実がある以上」，「慰藉料支払の義務を負うべき……ことは民法710条によって明らかである」（傍点筆者）として慰謝料を認めたものがみられる（最判昭35・3・10民集14巻3号389頁）。

物の滅失による慰謝料に関する第2の問題として，いくつかの異なる類型を指摘することができる（以下につき，澤井238頁参照）。

(i) 上記の事例は，家屋の損壊による「所有権の侵害」に必然的に伴う形で，「平穏生活利益」という別の法益も侵害されていることから，慰謝料が認められたとみることもできる。

(ii) これに対し，ペットの死亡については，①「交換価格」の喪失だけでなく，②ペットに対する「愛着の喪失」についても，「不法行為がなかったときの状態に回復させる」ための「現実の損害の塡補」の対象となり，②に対する慰謝料が認められると考えることができる（宇都宮地判平14・3・28LEX/DB28070865は，血統書付きの猫について，財産的価値50万円，慰謝料20万円ほ

§709 C IV　　　　　　　　　　　　　第3編　第5章　不法行為

かの賠償を認める一方，東京高判平19・9・27判時1990号21頁は，犬の交換価格や再取得費用の賠償は否定したが，被害者3名に各35万円の慰謝料を認めた）。

(iii)　そのほか，慰謝料の補完的機能の一つの現れとして，「算定が極めて困難若しくは不能の財産上の損害を，その請求額の範囲内において慰藉料に置き換えてこれを慰藉料請求額に上乗せし，総額において請求額の範囲内での損害賠償額を認定することは，実体上も可能」であるとした上で，建物が損傷を受けて建替え時期を早められたことによる財産的損害について，その算定が極めて困難で不能に等しいとして，これを慰謝料に加えて損害額を認定した事例がみられる（大阪地判昭56・11・27判タ467号142頁）。

なお，農業被害の財産的損害の算定が困難な区域について，慰謝料で考慮した事例もみられる（前橋地判昭57・3・30判タ469号58頁〈安中公害訴訟〉）。

(イ)　物自体の価値の算定方法

(a)　市場性がある中古品の場合は，交換価格（市場価格）による（富喜丸事件判決，前掲最判昭32・1・31）。判例は，市場性のある中古車について，「当該自動車の事故当時における取引価格は，原則として，これと同一の車種・年式・型，同程度の使用状態・走行距離等の自動車を中古車市場において取得しうるに要する価額によって定めるべき」だとする（最判昭49・4・15民集28巻3号385頁）。スクラップによる残存価値があればその売却代金との差額となる（上記判決参照）。

(b)　市場性がない中古品の場合はどうか。裁判例には，店舗の備え付けの陳列棚が破壊された事例で，新品の再調達費用による算定をしたものがある（東京高判昭29・7・10下民集5巻7号1060頁）。すなわち，①「損害が発生しなかったと同一状態を回復する」ためには，「価額相当の金銭」（の賠償）で「同等の中古品を取得することは絶対に不能」であり，②「本件事故によって失った前記物品を店舗に備付けある原状に回復するには，新品を調製するのほか方法がなく，これに要した費用は……相当因果関係の範囲内にある損害である」とした。

学説では，滅失した中古品の価値が減少していた分を新品の再調達費用から控除する見解（四宮・下576頁）と，控除に反対する見解が分かれている（谷口知平＝植林弘・損害賠償法概説〔1964〕234頁〔谷口〕，澤井231頁）。使用利益に重きが置かれて転売の可能性があまりない場合には，「不法行為がなかっ

458　〔前田〕

たときの状態に回復させる」ために，価値減少分を減じて被害者に出捐を余儀なくさせることには慎重になるべきであろう（谷口＝植林・前掲書234頁が指摘する708条の趣旨も参考になろう）。

なお，前述のように，原発事故による帰還困難区域の土地家屋に生じた損害（全損）については，再取得費用が考慮されているが，市場性のない中古品に関する上記裁判例の考え方と軌を一にするものといえよう。

(c)　なお，火災などで家屋のなかにあった家財がすべて滅失して，個々的に時価を立証することが困難な場合には，民訴法248条の適用により「相当な額」の認定をすることができる（店舗兼家屋の火災の事例として，東京地判平11・8・31判タ1013号81頁〔店舗備品につき561万円，家財につき1034万円と評価〕，家屋の競落人によって不当に廃棄された事例として，東京地判平14・4・22判時1801号97頁〔100万円と認定〕）。

(ウ)　基　準　時

物の滅失による交換価格について，市場価格に変動がある場合にどの時点で算定（金銭的評価）をするかが問題となる（中間最高価格の問題が典型例である）。

(a)　富喜丸事件判決に始まる判例の立場は，①原則として滅失時の交換価格による（前掲最判昭32・1・31も参照）が，②その後の高騰した市場価格で被害者が転売するなどの方法により確実に利益を取得できたという特別事情があること，および，それを加害者が不法行為時に予見できたことを，被害者が立証できた場合は，高騰時の価格による（類似の判示として最判昭39・6・23民集18巻5号842頁も参照），とするものである（富喜丸事件判決は，①損害賠償は「不法行為ニ因リテ生シタル損害ヲ塡補スルコトヲ目的トスル」ので，その賠償の範囲は「先ツ以テ其ノ減失毀損ノ当時ヲ標準」として定めることを要し，「其ノ損害ハ滅失毀損ノ当時ニ於ケル交換価格ニ依リテ定マルヘキ」だとした上で，②滅失毀損した物が後に価額騰貴し，被害者がこれによって得べかりし利益を喪失したときは，直ちに騰貴価額による賠償を請求することはできず，高騰が「自然ノ趨勢」によるものであっても，(i)被害者において不法行為がなければ「其ノ騰貴シタル価額ヲ以テ転売其ノ他ノ処分」をするなどの方法により「該価額ニ相当スル利益ヲ確実ニ取得シタルヘキ特別ノ事情」があり，(ii)「其ノ事情カ不法行為当時予見シ又ハ予見シ得ヘカリシ場合」でなければ，損害賠償の請求はできないとした）。

判例の立場は，市場価格が変動した場合の損害額の算定の問題も，相当因

§709 C IV　　　　　　　　　　　　第3編　第5章　不法行為

果関係＝416条の問題として扱うものである。

(b)　近時の学説は，賠償範囲の問題とは区別された，金銭的評価の基準時の問題として捉えるべきだとして判例を批判する説が多い（→Ⅲ3(1)(2)）が，いかなる基準を設けるかについては議論が分かれている。

①口頭弁論終結時までの利益取得の蓋然性ある時点を裁判官が選択できるとする説（平井144頁），②口頭弁論終結時を原則とする説（前田(達)351頁），③原状回復に近い形で金銭賠償がなされるように基準時を定めるべきだとする説（森島411頁以下。吉村180頁も参照），④好機に転売できた客観的な蓋然性の高さを問題とする説（内田415頁）などがみられる（賠償範囲の社会的相当性の問題とする近江200頁も参照）。

なお，口頭弁論終結時までに市場価格が下落した場合は，判例の準則どおり，滅失時の価格によるべきであろう（橋本ほか226頁〔小池〕。前田(達)351頁は口頭弁論終結時とすると訴訟を遅延させるほど評価額が低くなるという問題を指摘する）。

(3)　所有権等の侵害―その2：物の損傷

(ア)　賠償の対象となる損害項目　　修理不能な場合は，滅失の場合に準じる。修理が可能な場合は，(a)修理費用，(b)修理しても低下する価値（評価損），(c)代替物を賃借した費用（代車費用など），(d)得べかりし使用利益などが賠償の対象となる。

(イ)　修理不能な場合　　判例（前掲最判昭49・4・15）は，被害車輌の事故時の取引価格と（スクラップなど残存価値の）売却価格の差額を相当因果関係ある損害として請求できるのは，①「物理的又は経済的に修理不能」な状態の場合のほか，②被害車輌の所有者において「買替えをすることが社会通念上相当」な場合も含むべきであるが，②の場合と認めうるためには，「フレーム等車体の本質的構造部分に重大な損傷の生じたことが客観的に認められることを要する」とする。

(ウ)　修理可能な場合

(a)　修理可能な場合，「修理費用」が損害額として算定されるのが原則である。

しかし，上記の「経済的に修理不能」な場合の考え方からは，外車などの損傷で「高額な修理費用」が請求された場合は，これを制限して交換価格に

460　〔前田〕

よる算定をすべきことになる。裁判例には，①「通常はその修理費用が損害となる」が，②「当該車両の事故後の時価と事故前の時価との差額を上回る場合」には，「右時価の差額を限度」として損害額を算定すべきだとし，③その理由として，「修理費用は，材料・部品代と工賃の総和として計上される」ので，修理内容によっては「原状回復以上の利益を回復する結果となることがあ」るからだとするものがある（神戸地判昭 63・8・18 判タ 702 号 207 頁）。

なお，建物の設計・施工者等の居住者等に対する責任に関する判例（最判平 23・7・21 判タ 1357 号 81 頁）は，建物の基本的な安全性を損なう瑕疵について，「放置するといずれは居住者等の生命，身体又は財産に対する危険が現実化する」場合にも，修繕費等の賠償を認める。

(b) 修理を要したことによる「評価損」も損害額に算定されうる。

修理可能な場合は，通常は修理費用で損害額の算定がされるが，初年度登録からの年数や走行距離が比較的短い中古車については，事故歴がついたことによる「評価損」を修理費用にさらに加えて算定がされることがある（修理費用の約 2 割を加算した事例として，岡山地判平 18・1・19 交民 39 巻 1 号 40 頁）。

(c) 修理中の「代車費用」なども損害額として算定されることがある。

修理中に代替物を賃借することが必要とされる場合，その費用は，相当な修理期間内につき，相当な賃料の範囲で，賠償が認められる（他にも車両を有するとして代車費用の必要性が否定された事例として，大阪高判平 5・4・15 交民 26 巻 2 号 303 頁。ベンツの代車費用として国産高級車の限度を相当とした事例として，東京地判平 19・11・29 交民 40 巻 6 号 1543 頁）。

(d) 修理中の「休業損害」を「通常損害」とした最高裁判決がある（最判昭 33・7・17 民集 12 巻 12 号 1751 頁）。被害車両（貨物自動車）を所有する会社が休車による逸失利益として 1 日当たり 2000 円の請求をした事件で，原審は，すべて「特別の事情により生ずべき損害」であって，加害者には特別事情の予見可能性がないとして請求を斥けたのに対し，最高裁は，「少くともその一部に，通常生ずべき損害を包含している」として，原判決を破棄し差し戻した。

貨物自動車という営業車両であることから通常損害の問題と解したものと考えられる。なお，代車費用と同様，期間と額について相当な範囲で認められる（名古屋地判平 15・5・16 交民 36 巻 3 号 732 頁など）。

〔前田〕　461

§*709* C IV 第3編　第5章　不法行為

(4)　所有権等の侵害—その3：物の不法占有

土地などの物の不法占有については，その物の使用料相当額による。

賃貸借契約終了後の不法占有について，従前の賃料による損害賠償が認められており（大連判大7・5・18民録24輯976頁），取り壊し予定の建物であっても変わりはない（東京高判昭62・6・29判タ658号135頁）。賃貸や自己使用などの形で利用されていなかった土地の不法占有についても使用料相当額の損害額が認められるべきである（損害事実説の考え方からは当然であるが，裁判実務にも一部みられる抽象的損害計算の考え方からも認められよう）。

(5)　その他の経済的損害

(ア)　有価証券報告書の虚偽記載と株主の損害

(a)　有価証券報告書等に虚偽の記載がされている上場株式を取引所市場において取得した投資者の損害額の算定に関して，判例（最判平23・9・13民集65巻6号2511頁）は，(i)当該虚偽記載がなければこれを取得することはなかったとみるべき場合における投資者の損害額について，(ii)①当該株を処分した場合は，取得価額と処分価額との差額を，②当該株を保有している場合は，取得価額と事実審口頭弁論終結時の市場価額（上場廃止の場合は非上場株式としての評価額）との差額を，それぞれ基礎として，虚偽記載に起因しない価格下落を除いて算定するものとした。

すなわち，(i)一般投資家であり，Y株を取引所市場で取得したXらは，「本件虚偽記載がなければ，取引所市場の内外を問わず，Y株を取得することはできず，あるいはその取得を避けたことは確実で」，「これを取得するという結果自体が生じなかった」とみるのが相当だとした上で，「虚偽記載と相当因果関係のある損害の額」について，(ii)上記①②の場合のそれぞれの「差額」を基礎として，本件公表前の「経済情勢，市場動向，当該会社の業績等当該虚偽記載に起因しない市場価額の下落分を上記差額から控除して，これを算定すべき」であるとし，(iii)「虚偽記載とは無関係な要因」に関しては，株を「処分するか保有し続けるかを自ら判断することができる状態にあった」ので，「上記要因に基づく市場価額の変動のリスクは，上記投資者が自ら負うべきであ」って「相当因果関係がないものとして，上記差額から控除されるべきである」のに対し，(iv)虚偽記載公表後の「ろうばい売りが集中することによる過剰な下落」については，虚偽記載の判明により「通常生ず

ることが予想される事態」であるので,「相当因果関係のない損害として上記差額から控除することはできない」とした。

(b) それまでの下級審裁判例では,①取得自体損害説,すなわち,取得したこと自体を損害として,取得価格と処分価格または現在価格の差額分で算定する説(東京地判平 21・1・30 判時 2035 号 145 頁など),②高値取得損害説,すなわち,取得価格と虚偽記載がなければ想定される適正価格との差額分を損害として算定する説(東京地判平 19・8・28 判タ 1278 号 221 頁,東京高判平 22・3・24 判時 2087 号 134 頁),③市場下落額損害説,すなわち,虚偽記載公表後の値下がり分を損害として算定する説(東京地判平 20・4・24 判タ 1267 号 117 頁,東京地判平 21・1・30 金判 1316 号 34 頁)など,見解が分かれていた(民法の視点からの裁判例・学説の概観につき,難波譲治〔判批〕リマークス 46 号〔2013〕42 頁)。

(c) 最高裁判決は,「取得するという結果自体が生じなかったとみることが相当であ」り,「その限りにおいて」(取得させられたこと自体を損害とする)「主位的主張は理由がある」と判示するにとどまり,上記①の説に立つことまでは明言していない。

学説では,同判決について,上記①と同様に,取得自体損害を不法行為の成立要件のレベルで捉えたものであり,損害の評価(損害額)は責任成立要件としての「損害」とは別次元の問題として,虚偽記載と相当因果関係のある損害を差額計算で算定したものと理解する立場(潮見佳男「資産運用に関する投資者の自己決定権侵害と損害賠償の法理——西武鉄道事件最高裁判決における損害論の検証」松本恒雄還暦・民事法の現代的課題〔2012〕525 頁以下,同「有価証券報告書等の不実表示に関する責任について」法セ 695 号〔2012〕19 頁,潮見・講義Ⅱ63 頁)が有力であるが,異論もある(難波・前掲判批 45 頁)。

潮見説は,上記のように理解することで,最高裁は,①不法行為の成立要件のレベルの「損害」については「損害事実説」に近い考え方をとりつつ,②「損害の額」の算定のレベルでは「差額説」の考え方が機能していると整理する(潮見・講義Ⅱ63 頁)。①に関しては,人身損害に関する判例を検討してきたところと軌を一にする見解といえる。

(イ) 価格協定・入札談合と損害

(a) 民訴法 248 条制定前の判例であるが,独禁法違反の石油カルテルに関する鶴岡灯油事件(最判平元・12・8 民集 43 巻 11 号 1259 頁)は,①元売業者

§709 C IV 　　　　　　　　　　　第3編　第5章　不法行為

の違法な価格協定の実施により商品の購入者が被る「損害」は，「当該価格協定のため余儀なくされた支出分」として把握されるとしたうえで，②現実購入価格よりも「安い小売価格が形成されていたといえること」を「被害者である最終消費者において主張・立証すべき」であるところ，③「価格協定が実施されなかったとすれば形成されていたであろう……想定購入価格」は，「現実には存在しなかった価格であり」，「現実に存在した市場価格を手掛かりとしてこれを推計する方法が許されてよい」が，④価格協定実施時から購入時までに「当該商品の小売価格形成の前提となる経済条件，市場構造その他の経済的要因等に変動」があったと認められる本件については，直前価格のみから想定購入価格を推認することはできず，前記②の要件は立証されていない，などとして，直前価格を想定購入価格と推認して請求の一部を認容した原判決を破棄した。

　最高裁は，この時点では，上記(ア)(c)で述べたような損害事実説的な「損害」の把握の仕方ではなく，「余儀なくされた支出分」という金銭的差額を「損害」かつ「損害の額」と捉えていたとみることができる。

　(b)　淡路説は，損害事実説（およびこれを基本とする自説の評価段階説）は，民訴法248条のもとでより有利に援用されうる（淡路剛久「差額説から解放された損害評価と経済的損害——独禁法違反の入札談合事件における損害額を例として」新賠償講座(6)241頁以下。評価段階説について同232頁以下参照）とした上で，次のように論じた。

　すなわち，(i)「損害」について，①価格協定の場合は，「価格協定によって形成された価格で商品を購入せざるを得なかった事実自体」を，②入札談合の場合は，「〔入札〕談合によって形成された落札価格で発注せざるを得なかった事実自体」を，それぞれ「損害」と把握すべきだとした（同238頁）うえで，(ii)「金銭的評価」について，上記①に関しては，最高裁が「現実に存在した市場価格による推認」を一般論として認めたことは妥当であるが，立証責任の支配する問題ではなく，また，あくまでも合理的計算方法の一つにすぎないことに留意すべきであると主張し，また，上記②に関しては，談合がなかった他の入札事例における予定価格と落札価格の差の割合（平均落札率）から推認する方法などを主張した（同242頁以下・249頁以下）。

　(c)　入札談合に関する近時の高裁判決は，なお（想定落札価格との）差額

464　〔前田〕

§709 CIV

を損害と捉える考え方が根強いが，民訴法248条の適用による損害額の算定を認めている。同条の適用については，①証拠資料からここまでは確実に存在したであろうと考えられる範囲に抑えた「控えめ」（謙抑的）な認定をすべきだとする抑制的算定説（大阪高判平18・9・14判タ1226号107頁，東京高判平20・7・2LEX/DB25440325など）と，②存在する資料等から合理的に考えられる中で実際に生じた損害額に最も近いと推測できる額を積極的に認定すべきだとする合理的算定説（東京高判平23・3・23判タ1365号84頁）に分かれて，前者が優勢であるが，いずれも平均落札率を基本に算定するものが多い。

　例えば，前掲東京高判平成20年は，公正取引委員会による立入検査前と後の平均落札率の差（4.69％）の範囲内にある各工事の契約金額の3％に相当する額を認定する一方，前掲東京高判平成23年は，いずれも特殊な要素がある工事の入札を除いた上で，談合のあった年度の各工事の平均落札率と，談合がなかった各工事の平均落札率との差が6.92％ないし7.83％であることから，契約金額の7％に相当する額を認定した。

　淡路説（評価段階説）を踏まえれば，想定落札価格（との差）を認定するに当たって，後者の判決のように従前の落札率のデータ中の特殊な要素を排除することは妥当である一方，当該工事の価格形成における競争を阻害する特殊な事情（落札率を平均よりも高くする事情）が被告から主張された場合はこれを考慮する余地があろう。

6　弁護士費用

　(ア)　序　　本項目では，弁護士費用について，説明の便宜上，損害額算定の問題だけでなく，そもそも賠償の対象となる損害かどうか等の関連する問題も含めて論ずることにする（弁護士費用と遅延損害金については→VI 5(2)）。

　日本の現行法は，弁護士強制主義を採らず，訴訟追行を本人が行うか，弁護士を選任して行うかの選択の余地が当事者に残されており，また，弁護士費用は敗訴者が負担する訴訟費用（民訴61条）に含まれていないため（民訴費2条参照），不法行為の被害者が弁護士費用について賠償の請求ができるか否かが問題となる。

　(イ)　判例と実務

　　(a)　古い判例（大連判昭18・11・2民集22巻1179頁。大判昭16・9・30民集20巻1243頁も参照）は，相手の訴訟提起が不当で不法行為を構成する場合に，

〔前田〕　465

§*709* C Ⅳ 　　　　　　　　　　　　　第3編　第5章　不法行為

やむを得ず弁護士に委任して応訴をした被害者について，相当な範囲の弁護士費用の賠償を認めていた。

(b)　しかし，現在の判例（最判昭44・2・27民集23巻2号441頁）は，上記の場合に限定をしない形で（特に下記の判旨②の冒頭を参照），弁護士費用の賠償を認める。

すなわち，まず，①「現在の訴訟はますます専門化され技術化された訴訟追行を当事者に対して要求する以上，一般人が単独にて十分な訴訟活動を展開することはほとんど不可能に近」く，②「相手方の故意又は過失によって自己の権利を侵害された者」が自己の権利擁護上，訴えを提起することを余儀なくされた場合，「一般人は弁護士に委任するにあらざれば，十分な訴訟活動をなし得ない……ことが通常」であるとする。

その上で，③訴訟追行を弁護士に委任した場合の弁護士費用について，「事案の難易，請求額，認容された額その他諸般の事情を斟酌して相当と認められる額の範囲内」のものに限り，「不法行為と相当因果関係に立つ損害」として賠償を認める。

(c)　上記判決は，不当な競売申立てに対して応訴を余儀なくされた事案であるが，「不法行為訴訟一般の問題として正面からとり組」んで「一般的指針」を判示したものであり（小倉顕〔判解〕最判解昭44年188頁），現在の裁判例は，人身侵害・人格権侵害・財産権侵害など，幅広い不法行為類型について弁護士費用の賠償を認めている。

したがって，被害者が無理に訴訟提起をしたような特別事情を加害者が立証しない限り（吉村181頁），相当額の弁護士費用について賠償が認められるのが通常であり，判例（前掲大判昭16・9・30）は，報酬支払の合意があれば，未払でも構わないとする。

裁判例では，賠償認容額の10%程度を基本としつつ，前記判例の挙げる事案の難易や，認容額（高額なら10%を下回り，少額なら上回ることが多い）などの事情で判断されている（大島眞一「交通事故」判例民法Ⅷ254頁参照）。

(ウ)　関連問題：債務不履行との関係

(a)　判例（最判平24・2・24判タ1368号63頁）は，使用者の安全配慮義務違反を理由とする債務不履行に基づく損害賠償について，不法行為に基づく請求との比較論から，弁護士費用の賠償を認める。

466　〔前田〕

§709 C IV

すなわち，①「安全配慮義務の内容を特定し，かつ，義務違反に該当する事実を主張立証する責任を負う」点で，不法行為に基づく請求をする場合と「ほとんど変わるところがな」く，②「労働者が……訴訟上行使するためには弁護士に委任しなければ十分な訴訟活動をすることが困難な類型に属する請求権である」ことを理由に，不法行為に関する判例と同様の事情を斟酌して「相当と認められる額」の弁護士費用について「相当因果関係に立つ損害」として賠償を認める。

(b) 他方，近時の高裁判決には，債務不履行の域を超えて不法行為が成立するという法律構成で，弁護士費用の賠償を認めたものもみられる（大阪高判平26・3・20金判1472号22頁〔上告棄却等により確定〕）。

従来の判例からは，債務不履行は直ちに不法行為を構成するものではなく（大判明44・9・29民録17輯519頁），とりわけ金銭債務の履行遅滞については，419条2項の条文上の制約からも弁護士費用の請求はできないのが本来である（最判昭48・10・11判時723号44頁参照。なお，不法行為の場合とは異なり，「侵害された権利利益の回復」ではなく，「契約の目的を実現して履行による利益を得ようとするもの」だとして，土地の買主が売主に対し土地の引渡しや所有権移転登記手続をすべき債務の履行を求めるための訴訟の提起等に係る弁護士報酬を損害賠償請求することを否定した最判令3・1・22判タ1487号157頁も参照）。

これに対し，上記高裁判決は（預金債権の共同相続に関する平成28年の判例変更〔最大決平28・12・19民集70巻8号2121頁〕・平成30年の相続法改正前に銀行が分割払戻請求を拒否した事案であるが），①銀行は「法律上……請求を拒むことができないことを十分認識し」ながら，「後日の紛争を回避したい」との自己都合から頑なに払戻しを拒絶し，「本来不必要であるはずの本件訴訟の提起並びにその追行に要する弁護士の選任及び弁護士費用の負担を余儀なくさせ，財産上の損害を与えたものであ」り，②「単なる債務不履行の域を超えて，不法行為が成立」し，弁護士費用負担との間に「相当因果関係」があるとして，③訴訟提起に至る事実経過や請求額・認容額を考慮した弁護士費用の賠償を認めた（遺言執行者からの公正証書遺言の内容に基づく払戻請求の拒否と弁護士費用に関する，さいたま地熊谷支判平13・6・20判時1761号87頁も参照）。

§709 C V

第3編　第5章　不法行為

V　損害賠償額の減額・調整——概観と損益相殺

1　概　　観

(1)　過失相殺などの減額事由と損益相殺との関係

　賠償範囲とされた損害が金銭的に評価された額が，そのまま損害賠償額とされる形で被害者の加害者に対する損害賠償請求権（損害賠償債権）が成立するとは限らない。金銭的評価のプロセスを経た額が，最終的に減額・調整された上で，損害賠償額として定められることがある。その代表例が，過失相殺（722条2項）と損益相殺（ないし損益相殺的調整）である。

　①過失相殺などの減額事由が，不法行為によって発生した損害を加害者にどこまで帰責できるかという観点から一定の「割合」が減額されるものであるのに対し，②損益相殺は，不法行為で損害を受けた被害者やその相続人が，不法行為を原因として利益を受けることのないように一定「額」について減額・調整がされるものである。

　その意味で，損益相殺は，過失相殺などの減額事由と理論的な関係を特に有するものではない。しかし，賠償範囲とされた損害の金銭評価額を最終的に減額・調整する効果を有する共通性から，上記①②を一括して，金銭的評価のいわば第2段階の問題として位置付けることができる（平井145頁参照）。そこでVにおいて，上記①②の問題を一緒に扱うことにする。ただし，①の問題の多くはその詳細を他の注釈項目に譲り，自然力の競合の問題以外は，概略を述べるにとどめる。

(2)　過失相殺などの減額事由の概略

　第1に，過失相殺の規定が適用ないし類推適用される場合として，①被害者の過失，②被害者側の過失，③被害者の素因など，被害者側の事情が損害の発生（ないし拡大）に寄与した場合（→第16巻§722 C II・III）が挙げられる。第2に，④当該加害者以外の不法行為も競合して損害が発生した場合（→第16巻§719 VII）や，⑤自然力などの不可抗力が競合して損害が発生した場合（(3)で触れる）にも問題となりうる。これらは，加害行為以外の原因が競合して損害が発生・拡大したことから，損害の全部の割合を加害者に帰責できるかどうかを問題とするものである。ただし，過失相殺の本来適用である①②（②についても共同不法行為との関係など過失相殺の本来適用とは言い切れない部分で問

468　〔前田〕

§709 C V

題が残る点について，前田陽一「過失相殺における『被害者側の過失』論の再検討」星野英一追悼・日本民法学の新たな時代〔2015〕788頁以下参照）以外の③〜⑤には，賠償範囲内（ないし相当因果関係がある）とされた損害について，明文の規定のある過失相殺以外の場合にも，加害行為だけでなく他の原因も必要条件的に競合して損害が発生・拡大したことをもって，損害の全部を加害者に帰責せずに一定割合を減額することを正当化できるかという理論的検討を要する側面がある（立法論を視野に入れた近時の研究として，橋本佳幸「損害賠償額の割合的調整——原因競合事例を中心に」立法的課題197頁。窪田478頁以下も参照）。

これに対し，上記のような原因競合を背景とする問題ではないが，加害者の被害者に対する好意無償の関係から不法行為が発生したことから，損害の全部について加害者に帰責できるかどうかが問題とされる場合がある（ここでは減額の可否の問題を扱うが，下記②については注意義務の軽減の可否も問題となる）。例えば，①自動車の好意同乗者が被害者となる事故や，②近所の人に幼児をみてもらっていた際の事故について，好意無償関係を理由に減額ができるかという問題である（本項目では次に述べるところを指摘するにとどめ，好意無償関係の問題の概観は，前田陽一「特別な人間関係と不法行為」新争点294頁，①の詳細は→D V 1 (2)(ウ)(c)，第16巻§722 C II 4 (4)(ア)(b)にそれぞれ譲る）。①については近時は減額に否定的である（危険な運転に対する認識・認容・関与などの事情がある場合に限定される。大島眞一「交通事故」判例民法 VIII 268頁参照）のに対し，②については減額に肯定的である（津地判昭58・2・25判タ495号64頁，津地判昭58・4・21判タ494号156頁参照）。このような差異の背景として，②については，幼児自体のイレギュラーな行動で事故が発生した場合が多く，親が近くにいても回避できたかどうか分からないという問題や，普段からの親の躾の問題なども絡むとともに，責任保険への加入も少ないため，①とはかなり違った利益状況にあることが指摘できよう。

(3) 自然力の競合

(ア) 序　　前述のように，原因競合を理由とする減額の可否の問題の1つとして，自然力の競合の問題があり，解釈問題としてだけでなく，それを踏まえた立法提案としても，議論がされてきた。例えば，(a)「損害の発生に関して，天災，不可抗力その他通常でない外的事由が競合したとき」（能見善久「裁量減額」リステイトメント137頁），(b)「損害の発生または拡大について，天

〔前田〕　　469

§*709* Ｃ Ｖ　　　　　　　　　　　　　第３編　第５章　不法行為

災，不可抗力その他通常の想定を超える事由が加害者の行為と競合し，損害
の発生または拡大に寄与していると認められる場合」（新美育文「過失相殺規定
において類推適用で処理されてきた問題を正面から規定すべきか」椿寿夫ほか編・民法改
正を考える（法時増刊）〔2008〕373頁），(c)「不法行為による損害の発生又は拡
大に社会的動乱，異常な自然力又は被害者の素因の寄与があった場合」（民
法改正研究会（代表加藤雅信）・民法改正と世界の民法典〔2009〕646頁）などに，賠
償額の算定で考慮する旨を規定化しようという提案がみられる。

　もっとも，原因競合には各種の類型があるので，類型の違いを意識した検
討を要する（原因競合一般については，四宮和夫をはじめとする様々な議論〔判例分析
を含む〕の蓄積を踏まえた一応の整理として，必要条件的競合，累積的競合，択一的競合，
重畳的競合，部分的重畳的競合，累積的競合・択一的競合不明型を区別することが有益で
ある。前田陽一「民法719条の存在意義と原因競合論」立法的課題234頁以下参照）。

　ただし，自然力の競合の問題は，複数の不法行為が競合した場合とは異な
る側面があるため，原因競合の類型論における①必要条件的競合（複数の原
因のいずれもが損害が全部発生するための必要条件であるとともに，単独では〔原因の１
つでも欠ければ〕損害を全く発生させなかった場合），②累積的競合（複数の全部惹起
力のない原因が累積して損害が全部発生し，単独では一部しか発生しなかった場合），③
重畳的競合（全部惹起力のある複数の原因が同時に競合して損害が全部発生し，単独で
も全部発生した場合）の区別を踏まえつつ，自然力の競合に即した形に再構成
した３つの類型を区別して検討を行う。

　(イ)　各類型の検討

　　(a)　瑕疵がなければ全部の損害の発生を免れたであろう場合（①型）
自然力の競合を理由とする減責の可否に関する議論において，主に念頭に置
かれているのは，①Ａの責任原因（Ａの過失も考えられるが，以下では717条・国
賠２条の瑕疵を主に念頭に置く）と自然力Ｂが必要条件的に競合して，Ｃに損害
を全部発生させた場合，簡単にいえば，瑕疵がなければ全部の損害の発生を
免れた場合であろう（四宮・下742頁は，自然力の競合と減責の可否をめぐる学説の
議論が，瑕疵と自然力の必要条件的競合の類型を対象にしていることを前提に論じている
が，瑕疵がなければ損害が「軽かった」場合とする点で，後述する②の類型との区別が曖
昧である。しかし，幾代＝徳本153頁は②の類型との区別を明確にしており，後述する否
定説の議論も瑕疵がなければ損害が全部発生しなかったことを前提にしている）。

470　〔前田〕

§709 C Ｖ

　この問題が多く論じられるようになった１つの契機が，飛騨川バス転落事件である。第１審は，不可抗力が寄与した部分を除いた割合での賠償を命じた（名古屋地判昭 48・3・30 判タ 295 号 153 頁）のに対し，控訴審は割合的責任論をとらなかった（名古屋高判昭 49・11・20 高民集 27 巻 6 号 395 頁）。

　学説には，寄与度などを考慮した減責を否定する立場（森島 79 頁以下，平井 160 頁以下，前田（陽）175 頁，橋本・前掲論文 203 頁以下）と，減責の余地を認める立場（川井健・現代不法行為法研究〔1978〕81 頁，四宮・下 742 頁，能見善久「共同不法行為責任の基礎的考察(3)」法協 95 巻 3 号〔1978〕508 頁以下）との対立がみられる。否定説は，不法行為が成立して賠償範囲（相当因果関係）内の損害であるとの規範的判断がされた以上，自然力を考慮する理由を見出すことは困難であり（平井 160 頁以下参照），過大な責任を負わせないためには「相当因果関係」の判断によるしかない（森島 80 頁以下）と主張する。これに対し，肯定説は，自然力のリスクをＡ（所有者・占有者等）側に全部負わせるのは公平に反する上（四宮・下 742 頁），相当因果関係では，責任原因との関係で過大な責任にならないよう自然力の原因競合を適切に考慮して責任範囲を定めることができない（能見・前掲論文 508 頁以下）として，責任原因や競合した自然力の内容等を考慮した割合的な減責を肯定する。

　これをどう評価すべきか。否定説が主張するように，不法行為が成立して賠償範囲（相当因果関係）内にあるとされた以上，自然力という（少なくとも被害者側に専ら属しているとはいえない）競合原因があるからといってそれを理由に減責することを直ちに正当化することは困難である。Ａの責任原因と自然力Ｂの双方の寄与度や，Ａの非難可能性ないし予見可能性を総合的に考慮した，Ａの帰責性の度合いに応じた減責という肯定説の理論構成（四宮・下 742 頁，能見・前掲論文 508 頁以下）は，妥当な解決を目指した新たな試みであるが，必ずしも解釈論としては十分に確立したものとはいえない（ただし，DCFR Ⅵ.-6：202 条「責任の軽減」の規定案にはこのような考え方がみられる。フォン・バールほか 262 頁）。

　従来の不法行為理論の大枠を踏まえるならば，①の「瑕疵と自然力の必要条件的競合」の類型については減責を否定しつつ，①と次の②の類型とを区別して，②の類型では減責を認めることが考えられる（前述のように，四宮・下 742 頁は，瑕疵がなかったら損害が「軽かった」とする点で②との区別が曖昧であるが，

〔前田〕　471

§709 C Ⅴ　　　　　　　　　　　　第3編　第5章　不法行為

幾代＝徳本153頁は②を明確に区別した上で，②については減責を積極的に肯定する）。

　　(b)　瑕疵がなければ損害の一部の発生は免れたであろう場合（②型）
上記の①の類型に対し，②Ａの責任原因（瑕疵）と自然力Ｂが必要条件的に
競合して発生させた部分（瑕疵がなければ発生しなかった部分）と，自然力Ｂが
瑕疵とは関係なく単独で発生させた部分（瑕疵がなかったとしても発生した部分）
とが併存・累積・一体化して，Ｃに全部の損害を発生させた場合（複数の不
法行為が累積的に競合した場合とはやや異なるが，瑕疵が原因となって発生させた部分と，
自然力のみが原因となって発生させた部分が累積一体化している点や，一部についてのみ
責任を負うべき点で類似する面がある），簡単にいえば，瑕疵がなければ損害の一
部の発生を免れた場合が区別される。この②の類型では，瑕疵と関係のない
自然力単独で発生させた部分は減責されるべきである（加藤(一)197頁，幾代＝
徳本153頁，内田514頁，前田(陽)175頁，石橋秀起・不法行為法における割合的責任の
法理〔2014〕202頁以下，橋本・前掲論文204頁以下参照）。

　　例えば，工作物がｂレベルの地震等の自然力に耐えられることが，瑕疵
の有無の基準であり，a＜b＜c≪dであるとする。Ａ所有の工作物がａレベ
ルにしか耐えられない構造で，ｂレベルの自然力には耐えられない瑕疵があ
る場合，その瑕疵とｂレベルの自然力とが必要条件的に競合して第三者Ｃ
に全部の損害を与えた（瑕疵がなければ損害を全部防げた）場合，これは前記①
の類型であるので，減責は認められない。これに対し，同じくＡ所有の工
作物がａレベルにしか耐えられない構造で，ｂレベルの自然力には耐えらな
い瑕疵がある場合，瑕疵の基準として想定されたｂをやや超えるｃレベルの
自然力で第三者Ｃに損害を与えたが，もし瑕疵がなくてｂレベルに耐えら
れる構造を有していたらＣの損害が一部にとどまった場合は，②の類型と
して減責されるべきである（前田(陽)175頁，橋本・前掲論文204頁以下参照）。

　　地震に関する裁判例では，阪神・淡路大震災によって倒壊した賃貸マンシ
ョンの1階で死亡した被害者に対する所有者の717条の責任について，瑕疵
がなくても結局は倒壊を免れなかったとしても，瑕疵がなければ1階部分が
完全に押し潰されなかった可能性がある（1階でも死亡を免れた人がいる）とし
た上で，「損害の公平な分担」の趣旨を理由に地震の寄与度5割を減額した
事例（神戸地判平11・9・20判時1716号105頁）は，①型における減額肯定説の
理論に類似する部分もあるが，瑕疵がなければ死亡を免れた可能性を問題と

472　〔前田〕

§709 C V

する点は，②型に関する上述した考え方に通ずるものといえる。

　一方，水害に関する裁判例で，営造物の瑕疵と自然力が必要条件的に「競合」して発生した（違法外力による）部分と，それ以外の自然力の「併存」による部分とを区別した判断をした事例（大阪高判昭 52・12・20 判タ 357 号 159 頁〈大東水害訴訟控訴審〉）がある。

　前述した地震の類型は，工作物の（加害作用ではなく）「瑕疵」がなければという，「瑕疵」との関連を問題とする点で，「規範的な判断」のレベルの問題である。これに対し，上記の水害の類型は，水害によって不可分一体として発生した損害のうち，営造物の「加害作用」がなければ発生しなかった「加害作用」との因果関係が認められない一部について責任を否定する「事実的因果関係」のレベルの問題である点で，両者は理論的意味合いを異にする（石橋・前掲書 203 頁参照）。しかし，発生しなかったであろう一部の損害について責任を否定する類型としては一応共通するので，前者を②型，後者を②′型としておく。

　(c)　瑕疵がなくても結局は全部の損害の発生を免れなかった場合（③型）　前述した A 所有の工作物に a レベルの自然力にしか耐えられない瑕疵があることを前提にした場合，①自然力 B が通常想定される b レベルで作用すれば，瑕疵がなければ全部の損害発生を免れ（①型），②自然力 B が通常想定される b レベルをやや超える c レベルで作用すれば，瑕疵がなければ一部の損害発生を免れた（②型）ところ，③自然力 B が通常想定される b レベルを著しく超える d レベルで作用したため，瑕疵がなくても結局は全部の損害発生を免れなかった場合が③型である（前述した②型における阪神・淡路大震災の裁判例の事例と比較されたい）。

　四宮和夫は，この③型を一種の重畳的競合が仮定的因果関係の問題として登場したものと捉える（四宮・下 741 頁）。全部の損害を発生させるに足りる瑕疵があるが，瑕疵がなくても全部の損害が発生した点で一種の重畳的競合とみるものである。また，時間的経過を細分化すれば，瑕疵と b レベル段階の自然力で全部の損害が発生しうるなかで，自然力が著しく異常な d レベルに達したために，瑕疵がなくても結局は全部の損害発生を免れなかった点で，仮定的因果関係の問題とみるものである。

　この③型は，「あれなければこれなし」の原則を単純適用すれば事実的因

〔前田〕　473

§709 C V 第3編 第5章 不法行為

果関係が否定されることになる。これに対し，四宮は，重畳的競合を上記の
原則の例外とする多数説（平井84頁以下）の論理をこの場合にも援用すると
ともに，「現実に発生したのと同じ損害を生じさせるに足りる瑕疵という帰
責事由がある」ことも理由にして，全部の責任を認める（四宮・中421頁以下，
下741頁以下）。

しかし，上述した①型のbレベルの自然力の例では全部の責任，②型のc
レベルの自然力の例では一部の責任を負う中で，③型の著しく異常なdレ
ベルの自然力の例において，四宮のように全部の責任を負わせることは明ら
かに均衡を失する上，「現実に発生したのと同じ損害を生じさせるに足りる
瑕疵」があることは②型も同じである。したがって，四宮のような全部の責
任を認める立場には問題がある。

「あれなければこれなし」の原則に戻って責任を全部否定することが考え
方としては素直である（加藤(一)197頁，幾代＝徳本168頁，内田514頁，前田(陽)
175頁。窪田・法理92頁も参照）。あるいは，四宮が指摘する重畳的競合ないし
仮定的因果関係の側面を考慮した中間的解決の試論として，前述した時間的
経過の細分化の議論を，瑕疵がなければ一部の損害を防げたcレベルの自然
力の段階までは瑕疵が現実的原因をなしていた（それ以上に高まった段階では自
然力を仮定的原因として考慮しない）と構成して，②型に準じた解決を導くこと
も考えられよう。

2 損益相殺（ないし損益相殺的な調整）の各類型

(1) 序

(ア) 損益相殺（ないし損益相殺的な調整）の意義

(a) 債務不履行・不法行為を問わず，損害賠償請求権者が損害を被ると
同時に，これと同一の原因により利益を得た場合，その利益を控除したもの
を賠償額とすることが，損益相殺として認められている（債務不履行と損益相
殺については，新版注民(10)Ⅱ〔2011〕504頁以下〔北川善太郎＝潮見佳男〕，第8巻
§416Ⅵ参照）。

明文の規定はないが，明治末期に石坂音四郎によって既に上記のような形
での解釈がドイツから導入された（石坂音四郎・日本民法第三編債権第一巻
〔1911〕326頁以下。石坂は「損得相殺」という用語による。学説史について，松浦以津
子「損益相殺」民法講座(6)681頁，濱口弘太郎「損害賠償法における損益相殺に関する

§709 C V

総合的研究(1)」北法 66 巻 4 号〔2015〕1220 頁以下参照。その他，近時の重要文献とし
て，潮見佳男「差額説と損益相殺」論叢 164 巻 1〜6 号〔2009〕105 頁）。その後，大審
院でも，大正 2 年には，死亡による逸失利益から「生活ノ為ニ費消スヘカ
リシ金額」を控除した判決（大判大 2・10・20 民録 19 輯 910 頁〔旅客運送契約に関
する事例〕），昭和 3 年には，死亡による逸失利益から生活費を控除するとと
もに，遺族たる妻の固有の慰謝料から遺族年金を「損得相殺ノ観念」により
控除した判決（大判昭 3・3・10 民集 7 巻 152 頁〔石坂の用語による〕）が続き，解釈
論として定着した。

（b）このように，損益相殺の対象となる利益には，支出を免れた生活費
のような「消極的利益」も含まれることになる。他方で，①被害者本人が受
ける利益（支出を免れた生活費）だけでなく，②被害者の損害賠償請求権を相
続した遺族が受ける利益（支出を免れた親の養育費）や，③本人や相続人が第三
者から給付される利益（保険金や社会保険給付）についても，控除の対象とな
るか否かが問題となってきた（③の問題について，山田誠一「重複塡補に関する一
考察——生命身体侵害における損害賠償からの併行給付の控除」加藤古稀(下)303 頁，若
林三奈「併行給付と損害賠償」ジュリ 1403 号〔2010〕62 頁）。後述するように，判
例は，問題となる事案類型の多様化に伴って，「損益相殺の法理の類推適用」
とか「損益相殺的な調整」という用語も使うようになっている。

（c）損益相殺は，前述のように，明文の規定はなく（債権法改正では債務
不履行に関する規定が検討された〔中間試案（概要付き）44 頁参照〕が立法化が見送ら
れた），これをどのように基礎付けるかが問題となる。

損害を金銭的な差額と捉える差額説の考え方から導く議論もありうるが，
損害の確定の問題とは区別された独自の規範的意味を有するものとして，損
益相殺を説明する学説が有力である（四宮・下 601 頁・602 頁，澤井 248 頁，吉村
182 頁，近江 210 頁など。差額説と損益相殺に関する学説の詳細について，潮見・前掲論
文 115 頁以下，新版注民(10)Ⅱ 505 頁以下〔潮見＝北川〕参照）。例えば，四宮和夫
は，①損益相殺は，被害者を不法行為がなかったときの状態に置くという
〔金銭賠償における〕「原状回復の理念」の裏返しとしての「『利得の防止』の
思想」（被害者は不法行為によって利得してはならない）に基づくものであり，②
「原状回復の理念」と同様に規範的に捉えるべきものであって，③当該利益
と損害との関係や不法行為制度の目的に照らして，当該利益を控除すること

〔前田〕　475

§709 C V 第3編 第5章 不法行為

が「衡平」であることが必要だとする（四宮・下601頁・602頁）。

判例も，損害賠償制度が「被害者に生じた現実の損害を金銭的に評価し，加害者にこれを賠償させることにより，被害者が被った不利益を補てんして，不法行為がなかったときの状態に回復させることを目的とするものである」ことから，「被害者が不法行為によって損害を被ると同時に，同一の原因によって利益を受ける場合には，損害と利益との間に同質性がある限り，公平の見地から，その利益の額を……損害額から控除す」べきものとしている（最大判平5・3・24民集47巻4号3039頁）。

(イ) 損益相殺（ないし損益相殺的な調整）の要件

(a) 損益相殺の対象となる利益について，伝統的通説は，石坂説を継承して，損害賠償の範囲の問題とパラレルに不法行為と「相当因果関係」ある利益を要件としてきた（我妻204頁，加藤(一)245頁）が，不明確だとする批判が強まった（幾代＝徳本303頁，平井145頁。相当因果関係は損益相殺と無関係だとする，北川善太郎「損害賠償論序説(1)」論叢73巻1号〔1963〕39頁も参照）。

学説では，澤井裕によって，①利益が加害と因果関係にあり（つまり損害と同一原因であり），かつ，②直接に「損害を塡補する性質」（ないし「法的同質性」）を有することが主張され（澤井裕「損益相殺(2)」関法8巻5号〔1959〕501頁。澤井248頁も参照），四宮の支持を得た（四宮・下602頁）。近時の学説は，その後の判例の展開もあって，澤井説と軌を一にする議論として，①利得が損失と「同一の原因」であり，かつ，②損失と「同質性」ないし「相互補完性」を有することを要件とするものが多い（吉村182頁，潮見〔初版〕326頁，潮見Ⅱ129頁，近江210頁，前田(陽)111頁，橋本ほか238頁〔小池〕。平井147頁も参照）。

(b) 判例は，当初は，要件を一般的に示すことなく，当該事案の解決との関係で，「損失と利得との同質性」（最判昭53・10・20民集32巻7号1500頁）や，「同性質」ないし「相互補完性」（最判昭62・7・10民集41巻5号1202頁）といった要件を個別に問題としていた。

その後，判例は，①「被害者が不法行為によって損害を被ると同時に，同一の原因によって利益を受ける」ことと，②「損害と利益との間に同質性がある」ことを要件に挙げるとともに，上記①に関して，「被害者が不法行為によって死亡し，その損害賠償請求権を取得した相続人が不法行為と同一の原因によって利益を受ける場合」にも要件を満たし得る旨を示すに至った

§*709* C V

（前掲最大判平5・3・24）。

なお，上記の判例が出された後も，社会保険給付と上記②の要件に関して，以前の判例と同じく，「同性質」ないし「相互補完性」を問題とする判例がみられる（後掲最判平22・9・13〔→(4)(エ)(b)〕）。

(ウ)　損益相殺をめぐる判例の用語法の変遷

判例は，必ずしも厳密な使い分けではないが，事案類型の多様化に伴って，初期の「損益相殺」から，「損益相殺の法理又はその類推適用」，さらには，「損益相殺的な調整」と用語法を変化させてきた。大まかな傾向としては以下のとおりである。

(ⅰ)　判例は，被害者本人に給付された損害保険金（火災保険金）については，「損益相殺として控除されるべき利益にはあたらない」とした（最判昭50・1・31民集29巻1号68頁）。

(ⅱ)　これに対し，死亡した幼児の逸失利益を親が相続人として損害賠償請求する場合における，親が支出を免れた養育費について，「損益相殺の法理又はその類推適用」により控除すべき「損失と利得との同質性がな」いとして控除を否定した（前掲最判昭53・10・20）。ここでは，将来の逸失利益の算定に関し，被害者本人の幼児とは別主体である親の養育費について，「損失と利得の同質性」が問題となっていることから，「又はその類推適用」という用語法によったものと考えられる。ただし，その後は，逸失利益に関して同一主体の生活費の控除の可否が問題となった場合も含めて，「損益相殺の法理又はその類推適用」の問題としている（最判平8・5・31民集50巻6号1323頁は，労働能力一部喪失後に別の原因で死亡した場合の生活費について，「損害の原因と同一原因により生じたものということができず，両者は損益相殺の法理又はその類推適用により控除すべき損失と利得との関係にない」とした）。

(ⅲ)　さらにその後の判例は，「被害者又はその相続人が取得した債権につき，損益相殺的な調整を図ることが許されるのは，当該債権が現実に履行された場合又はこれと同視し得る程度にその存続及び履行が確実である……場合に限られる」として，得べかりし退職年金の賠償額の算定にあたり，被害者の相続人に支給が確定した遺族年金額の控除を肯定した（前掲最大判平5・3・24）。①被害者の「相続人」に②第三者から「給付」される③「社会保険」給付にかかる④債権が問題となったことから，「損益相殺的な調整」と

〔前田〕　477

§*709* C V 　　　　　　　　　　　　　　第3編　第5章　不法行為

いう用語法によったものと考えられる。ただし，その後は，利得と損失が
（表裏一体として）厳密に同一原因をなす逸失利益と（支出を免れた）生活費の問
題については「損益相殺の法理又はその類推適用」の用語法による（前述）
ものの，第三者からの「社会保険給付」以外の問題も含めた幅広い類型につ
いて，「損益相殺ないし損益相殺的な調整」という用語法によっている（上
記①〜④のいずれにも該当しないが上記用語法によるものとして，欠陥住宅の建替え費用
の賠償についてそれまでの居住利益等の控除を否定した最判平 22・6・17 民集 64 巻 4 号
1197 頁）。

　(ｴ)　損益相殺（ないし損益相殺的な調整）とその類型　　以下では，判例に
おける事案類型の多様化を踏まえた分類として，①免れた支出，②第三者か
らの給付（生命保険金など），③第三者からの給付（社会保険給付など），④新た
な規範的観点からの判断により控除が否定される利益の各類型ごとに，検討
を行うことにする。

　(2)　**免れた支出と損益相殺**

　(ｱ)　序　　例えば，不法行為によって死亡して得べかりし収入を失ったこ
とによる将来の逸失利益が算定される場合，収入を得るためには生活費が必
要であり，死亡して収入を失ったことと死亡によって生活費の支出を免れる
利益を得たことは，表裏一体ないし厳密な同一原因の関係がある。そこで，
将来の逸失利益の損害項目を（仮定的に）算定するプロセスの中で，支出を
免れたはずの生活費が損益相殺として控除されることになる。生活費のほか
に，所得税や幼児の親の養育費についても，その支出を免れた利益が，被害
者が収入を失った損失と表裏一体ないし厳密な同一原因の関係をなすものと
して，将来の逸失利益の損害項目の算定プロセスの中で控除の可否が問題と
なる（これに対し，後述のように，不法行為によって生じた事態を原因とする第三者か
らの給付について，控除の可否が問題とされる一連の問題がある）。

　(ｲ)　**生活費・養育費**

　　(a)　死亡による逸失利益の損害項目の算定に当たり，死亡によって支出
を免れた生活費は，損益相殺として控除が認められている。「原因の同一性」
と「損失と利得の同質性」が認められるからである。

　　これに対し，後遺障害による逸失利益については，たとえ死亡と同じく労
働能力を 100％ 喪失した場合であっても，生活費の支出が認められる以上，

478　〔前田〕

生活費は控除されない。

　また，交通事故による労働能力一部喪失後，口頭弁論終結前に被害者が死亡したが，交通事故との間に相当因果関係が認められない場合も，生活費は控除されない。判例は，生活費の支出を免れたことは「同一原因により生じたもの」とはいえず，「損益相殺の法理又はその類推適用により控除すべき損失と利得との関係にない」からだとする（前掲最判平8・5・31。以上につきIV 3⑶(オ)(b)(ii)も参照）。

　(b)　では，死亡した幼児の養育費はどうか。死亡した幼児の逸失利益をその相続人である親が損害賠償請求する場合，死亡した幼児自身が支出を免れた生活費については，逸失利益との同質性から損益相殺がされることに問題はない。これに対し，幼児が就労可能年齢になるまでの間に別主体である親が支出を免れた養育費については，必要経費のように考えて控除を肯定すべきか否か解釈が分かれ得る。

　判例は，控除否定説をとる。幼児の将来得べかりし収入と親が支出を免れた養育費との間には「損益相殺の法理又はその類推適用」により後者を控除すべき「損失と利得との同質性」が認められないことを理由とする（前掲最判昭53・10・20。すでに最判昭39・6・24民集18巻5号874頁は，本人の収入と生活費のような直接の関係にないとして養育費の控除を否定していた）。

　かつては，実務家を中心に養育費の支出を免れた以上は衡平の観念から控除を肯定すべきであるとする議論も有力であった（千種達夫・人的損害賠償の研究(上)〔1974〕196頁）。しかし，近時は判例の結論に異論は少なく，幼児の養育は親の生き甲斐であって養育費の支出を免れたことを親の利得と考えるべきではないとする学説もみられる（内田422頁）。

　(ウ)　所得税　　一定の収入を得れば所得税の支出を伴うという表裏一体の関係があるため，将来の逸失利益の損害項目の算定にあたって，得べかりし収入から所得税などの租税額を控除すべきかどうかが問題となる。

　判例は，控除否定説をとる。事故による負傷で小売業を廃業して営業上得べかりし利益を喪失したことによる損害額の算定にあたり，「営業収益に対して課せられるべき所得税その他の租税額を控除すべきではない」とした原審判断は正当であり，「税法上損害賠償金が非課税所得とされているからといって，損害額の算定にあたり租税額を控除すべきものと解するのは相当で

〔前田〕　479

§709 C V 第3編 第5章 不法行為

ない」とする（最判昭45・7・24民集24巻7号1177頁）。

学説は，所得税法9条1項18号（人身損害の賠償金を非課税とする）は，不法行為がなければ徴収し得た所得税額が控除されていないことを前提に，その額を徴収しないという趣旨に基づくものである（控除を肯定することはその趣旨を没却することになる）として，判例の結論を支持する立場が有力である（四宮・下606頁，吉村185頁，潮見〔初版〕327頁）。

(3) 第三者からの給付と損益相殺（ないし損益相殺的な調整）―その1：生命保険金など

(ア) 序　第三者からの給付については，社会保険給付も問題となるが，特有の問題が少なくない。そこで，(3)では保険契約に基づく生命保険金・損害保険金や一種の贈与である香典・見舞金を扱い，(4)で社会保険給付を扱うことにする。

(イ) 生命保険金

(a) 生命保険金について，判例は控除を否定する。すなわち，「すでに払い込んだ保険料の対価の性質を有し，もともと不法行為の原因と関係なく支払わるべきものである」として，「たまたま……不法行為により被保険者が死亡したためにその相続人……に保険金の給付がされたとしても，これを不法行為による損害賠償額から控除すべきいわれはない」とする（最判昭39・9・25民集18巻7号1528頁）。

学説では，生命保険金について，損害を填補する目的を有しないことを理由に，控除の否定を導く説が有力である（加藤(一)245頁，澤井249頁，吉村183頁）。しかし，生命保険金にも損害を填補する機能がある（潮見〔初版〕328頁，近江211頁）以上，（保険代位が否定されていることからも）「重複填補」になる「相互補完性」を有せず，損益相殺の可否の問題となる前提自体を欠いているという説明が正確であろう（潮見〔初版〕329頁，近江211頁参照）。

(b) 自動車の搭乗者傷害保険の死亡保険金についても，判例は，控除を否定するが，その理由として，「被保険者が被った損害をてん補する性質を有するものではない」とする（最判平7・1・30民集49巻1号211頁〔保険代位を否定する条項があるという事実を指摘しつつ，被保険自動車の搭乗者やその相続人を「定額の保険金」の給付で保護するものであることから，損害填補の性質を否定する〕）。

これについても，相互補完性を有せず，重複填補や損益相殺の可否の問題

480　〔前田〕

になる前提自体を欠いているという説明が適切であろう。

(ウ) 損害保険金

(a) 損害保険金（火災保険金）について，判例（前掲最判昭50・1・31〔一(1)(ウ)(i)〕）は，損益相殺による控除を否定しつつ，保険代位による減額を認める。すなわち，「既に払い込んだ保険料の対価たる性質を有し，たまたまその損害について第三者が……損害賠償義務を負う場合においても，右損害賠償額の算定に際し，いわゆる損益相殺として控除されるべき利益にはあたらない」としつつ，他方で，「保険者の代位の制度により，その支払った保険金の限度において被保険者が第三者に対して有する損害賠償請求権を取得する結果，被保険者たる所有者は保険者から支払を受けた保険金の限度で第三者に対する損害賠償請求権を失い，その第三者に対して請求することのできる賠償額が支払われた保険金の額だけ減少することとなる」とする。

なお，人身損害保険金についても上記と同様の扱いであるが，裁判基準損害額（過失相殺前の損害額）が確保されるように，保険金の額と過失相殺後の賠償額の合計額が裁判基準損害額を上回る場合に限り，上回る額の範囲で保険代位がされる（最判平24・2・20民集66巻2号742頁）。

損害保険金は，損害填補の性質（相互補完性）を有し，被保険者は加害者に対する損害賠償の請求によって重複填補の問題が生じうるので，保険会社には保険代位による損害賠償請求権の取得が認められ（保険25条），判示のように賠償額が減少することになる。実質的には損益相殺と同じであるが，重複填補を避けるための法律構成として，損害保険については，損益相殺ではなく請求権代位がとられているのである（第三者の給付について損益相殺がされる場合との違いとして，代位求償ではなく請求権代位であり，加害者の賠償責任は全体として変わりがない点を指摘できる）。

(b) 所得補償保険について，判例（最判平元・1・19判タ690号116頁）は，損害保険の一種と解している。すなわち，「所得補償保険は，被保険者の傷害又は疾病そのものではなく，被保険者の傷害又は疾病のために発生した就業不能という保険事故により被った実際の損害を保険証券記載の金額を限度として填補することを目的とした損害保険の一種というべきであ」るとする。約款には代位の条項はないものの，相互補完性による重複填補の問題になることを認めることで，最判昭和50年と同様，請求権代位により，「被保険者

は保険者から支払を受けた保険金の限度で右損害賠償請求権を喪失する」こ
とになる。

　(エ)　香典・見舞金　　香典や見舞金について，判例は損益相殺を否定する
（最判昭43・10・3判時540号38頁，大判昭5・5・12新聞3127号9頁）。香典につい
ては，「損害を補塡すべき性質を有するものではないから，これを賠償額か
ら控除すべき理由はない」とする。見舞金についても同様の理由から控除の
否定が支持されよう。ただし，「損害を補塡すべき性質」の要件は，見舞金
については，生命保険に関して述べたように，「相互補完性」と言い換える
べきであろう。

　(4)　第三者からの給付と損益相殺（ないし損益相殺的な調整）—その2：社
　　会保険給付など

　(ア)　序　　　第三者から給付された社会保険給付などについては，①控除の
対象となる利益か否かという問題のみならず，②いかなる損害項目との関係
で控除されるか，③損害が塡補されたと評価される時期はいつか（損害の元
本に対し不法行為時に塡補されれば遅延損害金が発生しないため）といった点が問題
となる（特に③は判例の大きな展開がみられるので，(エ)でやや詳しく扱う）。

　(イ)　遺族年金と「損益相殺的な調整」

　　(a)　判例（最大判平5・3・24民集47巻4号3039頁）は，地方公務員等共済
組合法に基づく退職年金を受給していて事故で死亡した被害者の配偶者が，
同年金の逸失利益の損害賠償請求権を相続するとともに，同法に基づく遺族
共済年金の受給権を取得した場合について，次のように判示した。すなわち，
まず一般論として，「損益相殺的な調整」一般に関する，①損害と利益の
「同一の原因」性と②損害と利益の「同質性」の2要件（→(1)(イ)(b)）を挙げる
とともに，特に「被害者又はその相続人が取得した債権」が問題となる場合
については，将来にわたる「債権を取得したということだけ」では「損害が
現実に補てんされた」とはいえないので，③「債権が現実に履行された場合
又はこれと同視し得る程度にその存続及び履行が確実である」ことが要件と
して付加される（→(1)(ウ)(iii)）旨を判示した。その上で，(i)退職年金と遺族年
金との「同質性」を認める一方，(ii)いまだ支給の確定していない遺族年金に
ついては，履行はともかく「その存続が確実であるということはできない」
として，「支給を受けることが確定した遺族年金の額の限度」で損害賠償額

§709 C V

から控除した。

本判決は，①得べかりし退職年金（損失）と遺族年金（利得）との同質性を認めるとともに，②現実に支払を受けていなくても「支給を受けることが確定」していれば控除ができるとした点で，将来支給される労災保険給付（年金）の控除を否定した判例（使用者行為災害に関する後掲最判昭52・10・25。第三者行為災害の労災保険給付と請求権代位に関する後掲最判昭52・5・27も参照）を事実上変更したと解される点に重要な意義がある。

(b) その後，最高裁平成11年10月22日判決（民集53巻7号1211頁），および，最高裁平成16年12月20日判決（判タ1173号154頁）は，いずれも被害者の死亡による逸失利益の損害賠償請求権を相続した遺族が取得した「支給を受けることが確定した遺族厚生年金」について控除の対象とする（最判平成11年は遺族基礎年金も含める）とともに，新たな判示もしている。

すなわち，最判平成11年は，障害基礎年金および障害厚生年金の受給権者が不法行為により死亡した場合に，その相続人が被害者の死亡を原因として遺族年金（遺族基礎年金および遺族厚生年金）の受給権を取得したときは，①当該相続人がする損害賠償請求において，支給を受けることが確定した右各遺族年金は，「財産的損害のうちの逸失利益」から「損益相殺的な調整」により控除すべきである（②遺族年金額が上回る場合の超過分を「他の財産的損害や精神的損害」との関係で控除することはできない）とした。

一方，最判平成16年は，死亡被害者が「障害基礎年金等の受給権者でなかった場合」について，「給与収入等を含めた逸失利益全般」との関係で「遺族厚生年金」を控除の対象とした（最判平成16年は最判平成11年の②のような判示はしていないが，同様に解される）。前記最大判平成5年や最判平成11年が，被害者が年金受給者である場合の得べかりし年金収入との関係で遺族年金の「同質性」を認めて控除の対象としていたのに対し，最判平成16年が，被害者が年金受給権者でない場合の「給与収入等を含めた逸失利益全般」との関係で，より幅広く，遺族年金との「同質性」を認めた点が注目される。

(ウ) 労災給付・自賠責保険金と損益相殺等による控除

(a) 判例は，《第三者行為災害》については，労働者災害補償保険法の規定〔現行法では12条の4〕により「受給権者に対し，政府が先に保険給付又は災害補償をしたときは，受給権者の第三者に対する損害賠償請求権はその

価額の限度で当然国に移転」するとして，請求権代位による構成で，被害者の損害賠償請求権の縮減を認める（最判昭52・5・27民集31巻3号427頁。加害者の賠償責任は変わらない）。

他方，《使用者行為災害》については，「政府が労働者災害補償保険法に基づく保険給付をしたときは労働基準法84条2項の規定を類推適用し，……使用者は，同一の事由については，その価額の限度において民法による損害賠償の責を免れる」として，損益相殺による構成ではないものの，加害者の賠償責任を減じている（最判昭52・10・25民集31巻6号836頁）。

両判決とも，「将来の給付額」について控除を否定したが，前述のように，最大判平成5年の射程が及び，支給が確定した給付額については，控除の対象になる旨の事実上の判例変更がされたと解される。

(b)　判例は，「労災保険法による休業補償給付及び傷病補償年金並びに厚生年金保険法による障害年金が対象とする損害と同性質であ」るのは，「財産的損害のうちの消極損害（いわゆる逸失利益）のみ」であって，積極損害（入院雑費，付添看護費など）や精神的損害（慰謝料）は「同性質であるとはいえない」として，保険給付が消極損害の額を上回っても，「これらとの関係で控除することは許されない」とする（最判昭62・7・10民集41巻5号1202頁）。

このように労災保険等については，損害費目による拘束があることに伴って，控除の対象となる（利益ではなく）損害についての制限がある。

(c)　これに対し，自動車損害賠償責任（自賠責）保険の保険金については，人身損害との関係で上記のような費目の拘束はなく，判例は人身損害全体から保険金を控除することを認める（最判平10・9・10判タ986号189頁）。「損害賠償額の支払は，右事故による身体傷害から生じた損害賠償請求権全体を対象としており」，「保険会社が損害賠償額の支払に当たって算定した損害の内訳は支払額を算出するために示した便宜上の計算根拠にすぎない」というのがその理由である。

(エ)　「損益相殺的な調整」と損害が塡補されたと評価すべき時期

(a)　前掲最判平成16年は，被害者たる労働者の交通事故による《死亡事案》において，支払われた《自賠責保険金》の自賠責損害賠償額（自賠16条1項）への充当について，「本件自賠責保険金等が支払時における損害金の

§709 C V

元本及び遅延損害金の全部を消滅させるに足りないときは，遅延損害金の支払債務にまず充当されるべきものであることは明らかである（民法491条1項〔現489条1項〕参照）」とした。

自賠責保険金については，前述のように人身損害に関して損害費目の制限がないことや，不法行為の賠償債務である自賠責損害賠償額を加害者が特段の合意なく支払った場合と同視しうることから，債務の弁済充当の一般ルールである当時の491条〔現489条〕に従って，遅延損害金から充当することが自然な解釈であり，それまでの判例も同様の立場をとっていた（最判平11・10・26交民32巻5号1331頁，最判平12・9・8金法1595号63頁）。これに対し，上記判決が，「自賠責保険金等」と判示する中に，労災保険法に基づく《遺族補償年金》や厚生年金保険法に基づく《遺族厚生年金》を含めていたことについては，問題となった。すなわち，塡補対象となる損害費目について制度上拘束がある社会保険給付については，その損害と同質性を有する損害費目の「元本」に対して「不法行為時」に損益相殺的な調整ないし充当がされるべきではないかという疑問が生じうる（大島眞一「交通損害賠償訴訟における虚構性と精緻性」判タ1197号〔2006〕37頁注34）。

（b）そこで，最高裁平成22年9月13日判決（民集64巻6号1626頁）は，被害者たる労働者の《負傷事案》において支払われた《社会保険給付》について，塡補の対象となる損害費目の「元本」との間で，「不法行為の時」に損益相殺的な調整をすべきだとした。

同判決は，被害者たる労働者が交通事故で負傷して後遺症が残り，自賠責保険金と任意保険金の支払のほか，労災保険給付（療養給付・休業給付。以下，「各保険給付」という）の給付を受けるとともに，障害年金・障害基礎年金・障害厚生年金（以下，「各年金給付」という）の支給を受けまたはその受給が確定した事案である。同判決は，①前記最大判平成5年（一・(イ)(a)）の判旨を引用し，②不法行為による後遺障害で社会保険給付を受けた場合，「これらの社会保険給付は，それぞれの制度の趣旨目的に従い，特定の損害について必要額をてん補するために支給されるものであるから」，「てん補の対象となる特定の損害と同性質であり，かつ，相互補完性を有する損害の元本との間で，損益相殺的な調整を行うべき」であるとした上で，③本件各保険給付・各年金給付の「趣旨目的」に照らして，「療養に要する費用又は休業損害の元本」

〔前田〕　485

§709 C V　　　　　　　　　　　　　第3編　第5章　不法行為

や「後遺障害による逸失利益の元本」との間で「損益相殺的な調整を行うべきであ」る，とするとともに，④「特段の事情のない限り，これらが支給され，又は支給されることが確定することにより，そのてん補の対象となる損害は不法行為の時にてん補されたものと法的に評価して損益相殺的な調整をすることが，公平の見地からみて相当というべきである」とした。また，⑤最判平成16年については「事案を異にし，本件に適切でない」とした。

　なお，上記③④の判示により，社会保険給付で塡補された療養費用・休業費用や後遺障害による逸失利益については，遅延損害金が発生しないことになる。判例は，負傷という（抽象的な）損害が発生した不法行為時に，その後に具体化する治療費・弁護士費用や逸失利益などの損害費目も含めて，一体として損害や損害賠償債務が発生した扱いをする（最判昭37・9・4民集16巻9号1834頁，最判昭48・4・5民集27巻3号419頁，最判平7・7・14交民28巻4号963頁参照）ことで，不法行為時からの中間利息の控除等による公平を図りながら，遅延損害金について統一的で簡明な処理をしている（→5(2)(ア)）。本判決は，これと表裏一体の処理として，「てん補の対象となる損害が現実化する都度ないし現実化するのに対応して定期的に支給されることが予定されている」社会保険給付について，「不法行為の時」に塡補されたと法的に評価して，遅延損害金は発生しなかった扱いをすることで簡易な処理をしたものといえる。

　(c)　最高裁平成22年10月15日判決（裁判集民235号65頁）も，最判平成22年9月を受け，《負傷事案》において，同様の一般論を述べたうえで，休業給付や障害一時金による塡補の対象となる「休業損害及び後遺障害による逸失利益」の「元本」との間で「不法行為の時」に塡補されたものとして「損益相殺的な調整」をすべきであるとした。

　なお，千葉勝美裁判官の補足意見は，労災保険法や公的年金制度に基づく「遺族年金給付」についても，「本件の場合と同じ考え方を採る余地がある」として，最判平成16年の変更を示唆した（《死亡事案》の《遺族補償年金》についても本判決と同様の処理をすべきであって，最判平成16年は判例変更をすべきである旨を主張する学説として，前田陽一〔判批〕平22重判解112頁）。

　(d)　最高裁大法廷平成27年3月4日判決（民集69巻2号178頁）は，上記の流れを受けて，《死亡事案》の《遺族補償年金》について，損害の「元

本」に対し「不法行為の時」に填補されるとする立場をとり，最判平成 16
年の判断は「抵触する限度において，これを変更すべきである」とした（最
判平 16 年から本判決に至る判例の展開に関する研究として，前田太朗「損益相殺的調整
の現代的意義と課題」交通法研究 44 号〔2016〕46 頁）。

　最大判平成 27 年は，①損益相殺的な調整の一般的な要件に関して，最大
判平成 5 年や最判平成 22 年 9 月と同様の判示をした上で，②労災保険給付
は，「その制度の趣旨目的に従い，特定の損害について必要額を填補するた
めに支給され」，「遺族補償年金は，労働者の死亡による遺族の被扶養利益の
喪失を填補することを目的」とし，「その填補の対象とする損害は，被害者
の死亡による逸失利益等の消極損害と同性質であり，かつ，相互補完性があ
る」のに対し，「損害の元本に対する遅延損害金に係る債権」は，「履行遅滞
を理由とする損害賠償債権であるから」，「遺族補償年金の目的とは明らかに
異な」り，填補対象とする損害と「同性質」であるとも「相互補完性」があ
るともいえないので，「逸失利益等の消極損害の元本との間で，損益相殺的
な調整を行うべき」であるとした。

　さらに損害が填補されたと評価される時期について，最判平成 22 年 9 月
を発展させて，③「被害者が不法行為によって死亡した場合において，不法
行為の時から相当な時間が経過した後に得られたはずの利益を喪失したとい
う損害についても，不法行為の時に発生したものとしてその額を算定する必
要が生ずる」が，この算定は不確実・不確定な「蓋然性に基づく将来予測や
擬制の下に行わざるを得ないもので，中間利息の控除等も含め，法的安定性
を維持しつつ公平かつ迅速な損害賠償額の算定の仕組みを確保するという観
点からの要請等をも考慮した上で行うことが相当である」とした上で，④遺
族補償年金は，「遺族の被扶養利益の喪失が現実化する都度ないし現実化す
るのに対応して，その支給を行うことを制度上予定してい」て，「制度の趣
旨に沿った支給がされる限り，……当該遺族に被扶養利益の喪失が生じなか
ったとみることが相当であ」り，「損害賠償請求権を取得した相続人が遺族
補償年金の支給を受け」または受給が確定したときは，「制度の予定すると
ころと異なってその支給が著しく遅滞するなどの特段の事情のない限り，そ
の填補の対象となる損害は不法行為の時に填補されたものと法的に評価して
損益相殺的な調整をすることが公平の見地からみて相当である」とした。こ

〔前田〕　487

§709 C V 第3編 第5章 不法行為

の③④の判示は，遅延損害金について，擬制的で簡易迅速な処理をする側面だけでなく，「公平」の観点も十分考慮したものといえよう。

最大判平成27年は，前述のように，遺族補償年金について，最判平成16年を判例変更したものであって，判決文はもちろん給付金の性質等の違いからも，自賠責保険金に関する最判平成16年の判断は維持されていると解される（調査官解説として，谷村武則〔判解〕最判解平27年上100頁参照）。他方，本判決が判示の対象とした遺族補償年金以外でも，判旨のいう「制度の趣旨目的に従い，特定の損害について必要額を塡補するために支給され」，損害が「現実化する都度ないし現実化するのに対応して，その支給を行うことを制度上予定」する社会保険給付（例えば，遺族厚生年金や遺族基礎年金）については，本判決と同様に解することができよう（谷村・前掲判解99頁参照）。

⑸　**新たな規範的観点から「損益相殺的な調整」が否定される場合**

㋐　序　　損益相殺は，前述のように一定の規範的な判断を伴うものであるが，新たな規範的観点によるものが現れている。「相互補完性」の要件の一環として位置づけることもできるが，従来とは異質な規範的判断を含むものとして独立した項目で扱うことにする。

㋑　取引的不法行為と不法原因給付（708条）の類推適用　　判例は，損益相殺の可否について，「原因の同一性」と「損失と利得の同質性」の有無を中心に判断してきた（前述）が，取引的不法行為の事案で，上記の基準では損益相殺を必ずしも明確には否定しきれない場合について，「708条の趣旨に照らし」て，「損益相殺ないし損益相殺的な調整」を否定する最高裁判決が相次いで現れた。

すなわち，ヤミ金融から著しく高利で金銭を借りた被害者が元利金を返済した後にその返済額について不法行為に基づく損害賠償の請求をした事件で，不法行為の手段として交付された元本について「損益相殺ないし損益相殺的な調整」を否定する（最判平20・6・10民集62巻6号1488頁）とともに，架空の投資話で出資金を騙取された被害者がその出資金について不法行為に基づく損害賠償の請求をした事件で，詐欺の手段として交付された仮装配当金についても「損益相殺ないし損益相殺的な調整」を否定した（最判平20・6・24判タ1275号79頁）。

前者の判決理由（後者も同旨）は，①708条は，不法原因給付（反倫理的行為

に係る給付）について不当利得返還請求を許さない旨を定めることで，「反倫理的行為については，同条ただし書に定める場合を除き，法律上保護されないことを明らかにしたもの」である，②したがって，「反倫理的行為に該当する不法行為の被害者が，……損害を被るとともに，当該反倫理的行為に係る給付を受けて利益を得た場合には，同利益については，〔民法708条の適用により〕加害者からの不当利得返還請求が許されないだけでなく，被害者からの不法行為に基づく損害賠償請求において損益相殺ないし損益相殺的な調整の対象として被害者の損害額から控除することも……民法708条の趣旨に反するものとして許されない」とした。契約構成（不当利得構成）と不法行為構成の競合問題について，制度間調整の観点から，708条を類推適用して損益相殺を否定したものとみることができる。

　(ウ)　欠陥住宅の居住利益等　　前記(イ)と同様に，新たな規範的な観点から損益相殺を否定したと解しうる判例として，建物の構造上の瑕疵による建て替え費用の損害と，居住利益・建て替え後の耐久年数延長の利益との「損益相殺ないし損益相殺的な調整」を否定したものがある（最判平22・6・17民集64巻4号1197頁）。

　建て替えが遅延するほど損益相殺が大きくなるという不当な結果を避けるという点に規範的な意味が認められる。

3　損益相殺等と過失相殺の先後関係

(1)　序

　生活費控除のように，免れた支出が損失と表裏一体ないし厳密な同一原因の関係にあるとして，逸失利益の損害項目の算定のプロセスの中に組み込まれている損益相殺については，損益相殺の操作を含めた損害額の算定がされた後に過失相殺がされることに問題はない。しかし，社会保険給付のように，損害項目の金銭的評価のプロセス外で損益相殺ないし損益相殺的な調整（以下，後者も含めて損益相殺という）がされる場合については，損益相殺と過失相殺との先後関係が問題となって賠償額が変わりうるため，議論になっている（議論の詳細について，若林三奈「社会保障給付と損害賠償との調整――被害者に過失ある場合の併行給付の控除範囲」立命300＝301号〔2005〕1447頁参照）。

　例えば，負傷による損害額が1000万円で，社会保険給付が700万円，加害者と被害者の過失割合が7：3の場合はどうか。損益相殺をした後に過失

§709 C V 第3編 第5章 不法行為

相殺をする控除後相殺説（相殺前控除説）による賠償額が（1000万円−700万円）×0.7＝210万円になるのに対し，過失相殺をした後に損益相殺をする相殺後控除説（控除前相殺説）による賠償額は1000万円×0.7−700万円＝0円という違いが生ずるのである。

(2) **判例・裁判例と学説**

(a) 裁判実務は，①健康保険による給付については，控除後相殺説の立場をとっている（東京高判昭56・12・16判時1035号54頁，名古屋地判平15・3・24判タ1155号235頁。ただし，最判平17・6・2民集59巻5号901頁は，自賠法72条1項後段〔現自賠72条1項2号〕の解釈に限定して，国民健康保険法58条1項による葬祭費の支給額について，相殺後控除説の立場をとる）。

これに対し，②第三者行為災害の労災保険金（最判平元・4・11民集43巻4号209頁〔後述のように伊藤正己裁判官の反対意見がある〕。最判昭55・12・18民集34巻7号888頁は，争点ではないが，破棄自判する中で相殺後控除説による原審判断の部分は維持）や，③確定した遺族年金（最大判平5・3・24民集47巻4号3039頁は，争点ではないが，相殺後控除説による原審判断を是認）については，相殺後控除説の立場をとるのが判例である。

(b) 上記の②の最判平成元年の法廷意見は，「受給権者に対する第三者の損害賠償義務と政府の保険給付義務とが相互補完の関係にあり」，「労働者の過失を斟酌すべき場合には，受給権者は第三者に対し右過失を斟酌して定められた額の損害賠償請求権を有するにすぎない」として，過失相殺後の損害額から保険給付が控除されるとする立場をとるものである。

これに対し，伊藤反対意見は，「労災保険制度は社会保障的性格をも有して」おり，「保険給付の中には労働者自らの過失によって生じた損害に対する填補部分と，第三者の過失によって生じた損害に対する填補部分とが混在し」，「第三者の損害賠償義務と実質的に相互補完の関係に立つのは，右のうち第三者の過失によって生じた損害に対する填補部分であ」るとして，控除後相殺説の立場をとった（つまり，上記の例に置き換えると，700万円の給付のうち加害者の過失割合の7割に応じた490万円の部分だけが相互補完関係になるので，1000万円×0.7−700万円×0.7＝700万円−490万円＝210万円という計算になる）。

(c) 学説においても，上記反対意見と同様，労災保険の社会保障的な性質を理由に，控除後相殺説をとる立場が主張されている（近江214頁，窪田

§709 C Ⅵ

441 頁，前田(陽)111 頁。潮見〔初版〕336 頁以下も参照）。上記③の確定した遺族年金については，②と同じく社会保障的性質があることに加えて，代位の問題がないことや被害者の掛金に対する対価の性質を有することからなおさら，控除後相殺説をとるべきであろう。

Ⅵ　損害賠償請求権

1　序

(1)　権 利 主 体

(ア)　自然人・胎児　　自然人は，被害者本人として，あるいは，後述するように，間接被害者や相続人として，損害賠償請求権の主体となりうる。胎児には権利能力がない（3条1項参照）が，損害賠償については，既に生まれたものとみなされる（721条。停止条件説・解除条件説など，胎児の法的地位の詳細は，→第 16 巻§721 Ⅱ・第 19 巻〔第 2 版〕§886 Ⅲ）。

したがって，①胎児の間に，父が不法行為で死亡した場合には，固有の損害賠償請求権を取得しうる（遺族固有の慰謝料請求権〔711 条〕のほか，逸失利益の相続構成をとらない場合には，扶養利益の侵害による損害賠償請求権も取得しうる）。また，②胎児自身が不法行為による侵害を受けた場合（例えば，胎児性水俣病患者〔熊本地判昭 48・3・20 判タ 294 号 108 頁参照〕）についても，721 条が適用されて，固有の損害賠償請求権を取得しうる。

さらに，胎児は，相続についても既に生まれたものとみなされる（886 条 1項）ので，③胎児の間に死亡した父の損害賠償請求権を相続によって承継取得することもできる（出生した子が嫡出子にならない場合は，胎児認知〔783 条 1 項〕または死後認知〔787 条ただし書〕による父子関係の形成を要する）。

(イ)　法人　　法人も権利能力を有するので，損害賠償請求権の主体となりうるが，法人については，名誉毀損において，慰謝料請求の可否が問題とされた。代々木診療所事件判決（最判昭 39・1・28 民集 18 巻 1 号 136 頁）は，精神的苦痛としての慰謝料ではなく，信用を失ったことによる計算できない無形の損害を 710 条（財産以外の損害）に基づいて請求することができるとした。

損害賠償請求権の主体となるためには，本来は，権利能力が必要であるが，権利能力なき社団についても，法人に準じて損害賠償を請求しうると解され

〔前田〕　491

§709 C Ⅵ 第3編 第5章 不法行為

ている（無形損害の賠償を認めた事例として，東京高判平7・11・29判時1557号52頁）。

(2) 相　続　人

(ア)　財産的損害　　相続人（自然人，胎児）は，被害者が死亡した場合に，被害者の損害賠償請求権を相続によって承継する。

ただし，被害者が「即死」した場合の逸失利益の損害賠償請求権については，損害賠償請求権の帰属主体の問題などから，損害賠償請求権が成立し相続されるかどうかが議論となってきた。判例は，相続を肯定している（大判大9・4・20民録26輯553頁）が，多くの学説は，これに反対して遺族の扶養利益の侵害による構成をとっている（詳細は→§711 Ⅱ2）。

もっとも，相続構成をとる判例においても，相続放棄をした場合や相続権のない内縁の妻などについては扶養構成による請求を認めている（→2(3)(イ)）。

(イ)　精神的損害　　慰謝料請求権の相続の可否についても議論となってきた。この問題についても，判例は相続を肯定している（最大判昭42・11・1民集21巻9号2249頁）が，多くの学説は，一身専属権（896条ただし書）として相続を否定し，遺族は711条の固有の慰謝料請求権を行使すれば足りるとしている（詳細は→§711 Ⅲ3）。学説には，死亡による逸失利益の損害賠償請求権の相続を認めつつ，慰謝料請求権については相続を否定する学説もある（内田462頁・466頁，川井504頁・513頁）が，判例と同じく両方とも肯定する説は少数である（前田(陽)118頁以下，藤岡450頁以下）。

安全配慮義務や医療過誤などで債務不履行構成を取った場合，711条は適用されないとするのが判例であり（最判昭55・12・18民集34巻7号888頁），少なくともこの点では，慰謝料請求権の相続を認める実益がある（前田(陽)119頁）。

2　人的範囲（間接被害者）

(1)　序

(ア)　間接被害者の意義

(a)　AのBに対する不法行為によってBと一定の関係にあるCも被害を受けた場合，Cを間接被害者という（間接被害者をテーマとする主な文献として，徳本伸一「間接被害者からの損害賠償請求」新実務民訴(4)265頁，栗田哲男「間接被害者の賠償請求」争点Ⅱ196頁，中井美雄「間接被害者」民法講座(別巻2)319頁，潮海一雄「間接被害者の損害賠償請求」石田喜久夫＝西原道雄＝高木多喜男還暦中・損害賠償法

492　〔前田〕

§*709* **C** **VI**

の課題と展望〔1990〕203頁，夏目明徳「間接被害者の損害」塩崎勤＝園部秀穂編・新・裁判実務大系(5)〔2003〕208頁，平野裕之・間接被害者の判例総合解説〔2005〕，高岡大輔「営業の間接的侵害による責任(1)～(5・完)」論叢187巻2号，6号，188巻3号〔2020〕，189巻1号，3号〔2021〕。間接被害者も扱う主な論文として，吉田・侵害論，能見善久「比較法的にみた現在の日本民法──経済的利益の保護と不法行為法」百年Ⅰ619頁）。

(b)　間接被害者には多様な類型があり（詳細な類型分析として，四宮・下494頁以下・501頁以下・528頁以下），類型ごとに理論的な問題状況が異なる（以下はその代表例であって他にも類型に応じた異なる問題がある）。

(i)　例えば，711条の近親者固有の慰謝料請求権や，近親者の扶養利益の侵害による損害賠償請求権については，直接被害者Bの権利法益との関係でAの故意・過失が認められてBとの関係で不法行為が成立すれば，その「効果」として（間接被害者であるCとの関係で故意・過失が認められなくても）近親者Cにも損害賠償が認められることに理論上あまり問題はない（後述する判例のほか，四宮・下507頁・512頁，潮見〔初版〕184頁参照）。

(ii)　これに対し，間接被害者の類型の中でも議論が多い企業損害（特に，AのBに対する不法行為によってBを雇用する企業Cに営業損害が生じた場合）については理論的な対立がある。詳細は後記(4)で述べるが，①上記(i)と同様に，直接被害者Bとの関係で不法行為が成立すれば，後は賠償範囲（相当因果関係）の問題として扱う説と，②Cの権利法益との関係でもAの故意・過失が認められない限り，Cに対するAの不法行為は認められないと解する説との対立がみられる。

(c)　「間接被害者」の問題は，上記①の立場からは，主に「賠償範囲」（ないし「損害」）の問題に解消される（平井184頁・186頁）として，また，上記②の立場からは，主に「直接被害者」の問題に解消される（窪田327頁）として，法技術的には「間接被害者」という概念は不要だとする議論も有力である。

このような議論は，問題の主要な部分を説明可能であるが，すべてを説明し切れるかどうかは別である（→(2)(ア)(c)・(4)(ウ)(d)(ii)。高岡・前掲論叢189巻3号69頁以下，山本周平「間接被害者」法教521号〔2024〕80頁参照）。また，従来から類型に応じて異なる議論がされてきたことを紹介する必要からも，以下では，

〔前田〕　　493

§*709* C VI 　　　　　　　　　第3編　第5章　不法行為

まず「間接被害者」の類型を概観し（潮見〔初版〕182頁以下に多くを負う。四宮・下494頁以下・501頁以下・528頁以下，平野・前掲書6頁以下も参照），項を改めて個別の類型の検討に移ることにする。

(イ)　間接被害者の類型の概観

(a)　以下では，便宜上，主体については，「近親者」と「企業などの第三者」，損害については，「精神的損害」と「財産的損害」に大別する。

すなわち，後記(2)の「近親者の精神的損害」については，①直接被害者の死傷を原因とするもの（711条の適用・準用），②直接被害者の死傷以外を原因とするもの，後記(3)の「近親者の財産的損害」については，③扶養利益の喪失，④近親者の付添等の負担，⑤近親者の治療費等の肩代わり損害，という項目に分けて説明する。

また，後記(4)の「企業損害などの近親者以外の第三者の財産的損害」については，⑥個人会社型の企業損害（形式的企業損害），⑦真正企業損害，⑧肩代わり型の企業損害，という項目に分けるとともに，最後に後記(5)で⑨「近親者以外の第三者の精神的損害（死傷を原因としないもの）」にも触れる。

(b)　これに対し，純粋に理論的な観点からは，近親者と企業等の第三者，精神的損害と財産的損害の相互にまたがる類型化をすることもできる。

すなわち，上記①③④は，直接被害者に対する権利法益侵害と密接に関連して定型的に別主体に発生する損害（定型的付随損害）であるとともに（潮見〔初版〕184頁以下），前記(ア)(b)(i)で述べたように，直接被害者との関係で故意・過失があれば足りるとすることに問題がない点で，共通する（四宮・下507頁・512頁，潮見〔初版〕184頁）。また，上記⑤⑧は，直接被害者に発生した損害を近親者や企業が「肩代わり」した損害であるとともに，422条（賠償者の代位）の規定の準用が問題となる点で，共通する。

しかし，説明の便宜と理論的観点の双方に鑑み，上記(a)の類型化に基づいて個別の検討を進めることにする。

(2)　間接被害者—その1：近親者の精神的損害

(ア)　直接被害者の死傷と711条（定型的付随損害—その1）

(a)　被害者が人身損害を被ったことで，被害者の近親者が精神的損害を受けることがある。711条は，被害者が死亡したときに，一定範囲の近親者について，固有の慰謝料請求権を認めているが，709条・710条との関係で

いかなる意味を有するかが問題となる。

学説には，①709条・710条の一般原則では導けない帰結を創設・補充した規定と解する立場もある（好美清光「生命侵害の損害賠償請求権とその相続性について」田中誠二古稀・現代商法学の諸問題〔1967〕675頁以下，平井181頁，加藤（雅）274頁。起草者の見解でもある点について，理由書672頁以下参照）。しかし，②法的保護に値する利益を広く709条の被侵害利益として認める今日においては，709条・710条の一般原則に対する修正として，(i)賠償すべき間接被害者の範囲を，一定の人的関係（親子・配偶者）とそれに基づく被害（その者の「死亡」で受けた精神的苦痛）の双方（換言すれば被害の密接関連性と重大性・要保護性）から制限しつつ，(ii)上記の要件を満たす場合の精神的損害に関する立証責任を軽減した規定と解するべきである（幾代＝徳本258頁，四宮・下505頁以下参照）。ただし，後述のように，711条の規定する人的関係・被害に直接当たらない場合にも判例では賠償が認められているので，上記②の考え方を基本にして「例示」的に要保護性のある人的関係・被害を制限した規定というのがより適切であろう（平野400頁参照）。精神的損害は，直接被害者に関しても（財産的損害に比べて）無定形で明確性を欠くという問題があり，間接被害者に関しては上記の問題がより顕著になるため，立証責任を緩和しつつ適切な範囲に賠償を制限するという711条の上記の意義が認められる（後記(5)も参照）。

(b) 711条に関する判例・裁判例や学説の詳細は同条の注釈に譲るが，上記②の立場から判例をみると，以下の指摘を（後の検討の準備を兼ねて）することができる。

大審院（大判昭11・5・13民集15巻861頁）は，父親死亡時に1歳4か月に満たない幼児の711条に基づく慰謝料請求を認めているが，これは711条が要件とする一定の人的関係ある者の死亡については，現実の精神的苦痛の立証を特に要することなく，709条・710条の一般原則が認める要保護性のある精神的苦痛が当然にあるものと推定して，精神的損害に関する立証責任を軽減したものとみることができる（四宮・下506頁・508頁参照）。

また，最高裁（最判昭33・8・5民集12巻12号1901頁）は，10歳の娘が顔面に醜い跡を残す負傷をした事例で，711条は死亡以外の場合に近親者の慰謝料請求権をすべて否定したものではなく，母親が「子の死亡したときにも比肩すべき精神上の苦痛を受けた」と認められ，「711条所定の場合に類す

§*709* C Ⅵ　　　　　　　　　　　第3編　第5章　不法行為

る本件においては」,「709条, 710条に基いて, 自己の権利として」慰謝料
を請求しうる, としている。これは, 709条・710条の一般原則に対する
711条の制限を, 711条の解釈として一部緩和したものとみることができる。
711条が要件とする一定の人的関係ある者の死亡については, 前述のように,
一般原則が認める要保護性のある精神的苦痛が当然にあるものと推定される
が, 子の「死亡」に直接該当しない場合は, それに「比肩しうべき精神上の
苦痛」の具体的立証によって初めて要保護性ある精神的損害が認められるこ
とになる。

　さらに, 最高裁 (最判昭49・12・17民集28巻10号2040頁) は, 身体障害者で
あるため死亡被害者B女と長年同居してその庇護をうけていたBの夫の妹
Cが加害者Aに請求した事例で, 711条は「限定的に解すべきものでなく」,
「同条所定の者と実質的に同視しうべき身分関係が存し, 被害者の死亡によ
り甚大な精神的苦痛を受けた者」には,「711条の類推適用」が認められる
とした。この判決から, 711条について709条・710条の一般原則から導け
ない帰結を補充した規定と解する学説もある (平井181頁)。しかし, 前述し
たように, 711条の規定する「父母」「配偶者」「子」は例示であり, 同条の
趣旨から, これらの例示と同視しうる特別に密接な人的関係にあることが立
証された場合は, その死亡による精神的苦痛については, 一般原則が認める
要保護性のある甚大な苦痛があったものと推定するのが711条の趣旨という
べきである。すなわち, 711条を類推適用する意味は, 例示と同視しうる特
別に密接な人的関係にあることが立証された者の死亡については, 現実の精
神的苦痛の立証を緩和して, 当然に要保護性のある精神的苦痛があるものと
推定する点に求めるべきである (四宮・下506頁・508頁)。

　(c)　このように711条の趣旨は, 一定の人的関係とそれに基づく被害
(被害の密接関連性と重大性・要保護性)によって, 709条・710条の一般原則を
制限したものであるが, その趣旨は直接被害者の死傷を原因としない場合に
も参照されるべきである。すなわち, 以下に述べるように, ①直接被害者の
「生命身体以外」の権利法益が侵害された場合における近親者の精神的損害
はもちろん, 後記(5)で述べる, ②生命身体以外の侵害における「近親者以外
の間接被害者」の精神的損害に関しても, 711条を参照した被害の密接関連
性や重大性・要保護性の観点から, 賠償範囲 (相当因果関係) と保護法益性の

496　〔前田〕

§*709* C Ⅵ

判断がされるべきである。

(イ) 死傷以外を原因とするもの

(a) A女がB女の夫Hと肉体関係を持ったことで，HがAと同棲するに至り，B・Hの子Cが父Hから監護等を受けられなくなった場合のCの損害について，判例（最判昭54・3・30民集33巻2号303頁）は，AのBに対する不法行為との「相当因果関係」の問題とする。すなわち，Aが「害意をもって父親の子に対する監護等を積極的に阻止するなど特段の事情のない限り」，「父親自らの意思によって行うことができる」以上，Aの「行為との間には相当因果関係がない」とする。

間接被害者の精神的損害について709条・710条の一般原則を制限する711条の上述の趣旨に照らせば，①711条を参照した《被害の密接関連性と重大性・要保護性の観点》からの《賠償範囲と保護法益性の判断》において，直接被害者との関係で成立した不法行為の「効果」として賠償が認められるか，②そうでなければ，加害者との関係で不法行為の「成立」が認められるかを問題とすべきである。上記判例は，①からみれば，Aに「害意」による「阻止」がない限り，直接被害との密接関連性を欠くものとして711条の趣旨に照らし相当因果関係を否定したものと評価しうる一方，②からは，Aに「害意」がある場合は，Aの加害行為の態様とCの権利法益の要保護性の相関判断において，Aの行為はCとの関係でも違法なものとして不法行為の成立が認められることになる（四宮・下528頁・527頁はCの要保護性の弱さに照らして②の観点から上記判決を結論として妥当だとする）。

(b) 上記①にやや近い名誉毀損に関する裁判例（静岡地判昭56・7・17判タ447号104頁）として，殺人事件の被害者亡B女が犯人と不倫関係にあったとする虚偽の新聞記事を掲載した事案で，「死者の名誉を毀損し，これによって近親者の名誉をも毀損するに至る場合には，右記事掲載は近親者に対する不法行為を構成する」として，Bの母Cに対する地方新聞社Aの賠償責任を認めたものがある（Cとの関係でAの故意・過失を前提としない点について四宮・中325頁・下498頁参照）。Bが生存していたとしても，被害の密接関連性と重大性・要保護性に照らして，Cに対する賠償が認められるべきであろう（Aの予見可能性に照らしてCとの関係で不法行為の「成立」を認める余地もあるが多分に擬制的である）。

〔前田〕 497

§*709* C Ⅵ 　　　　　　　　　　　　　　第3編　第5章　不法行為

(3)　間接被害者―その2：近親者の財産的損害

(ア)　序　　　以下では，①扶養利益の喪失，②近親者の付添等の負担，および，③治療費等の肩代わり損害について説明する。前述したように，「定型的付随損害」として，711条の規定する近親者の精神的損害のほかに，上記①②を挙げることができる（直接被害者との関係で故意・過失があれば足りるとすることに問題はない）。

(イ)　扶養利益の喪失（定型的付随損害―その2）　　　判例は，不法行為によって死亡した者から扶養を受けていた配偶者・子が相続を放棄した場合であっても，「加害者は右配偶者等の固有の利益である扶養請求権を侵害したものであるから，右配偶者等は……扶養利益の喪失による損害賠償を請求することができる」とする（最判平12・9・7判タ1045号120頁〔死亡した被害者に約48億円の債務があったため妻と子らが相続を放棄した事例〕）。このような扶養利益侵害による損害賠償請求は，相続を放棄した場合のほか，内縁の妻（自賠法72条1項の請求であるが，最判平5・4・6民集47巻6号4505頁）や，相続権のない老親（秋田地判昭60・9・3交民18巻5号1191頁）についても，認められる。

前述のように，判例は，被害者死亡による逸失利益の損害賠償請求権を相続する構成を認めている。死亡した被害者の収入から，①生活費，②奢侈的支出，③家族の扶養，④貯蓄が支出されると考えた場合，相続構成では，②③④の分を請求できるのに対し，扶養構成では③の分しか請求できない（楠本安雄・人身損害賠償論〔1984〕89頁以下）ので，扶養構成のほうが一般に額が低くなる。また，被害者の近親者に相続構成で損害賠償請求する者と扶養構成で損害賠償請求する者がいた場合，後者の請求分が前者の請求分から控除されることになる（前掲最判平5・4・6参照）。

(ウ)　近親者の付添看護のための旅費など（定型的付随損害―その3）

(a)　直接被害者に対する権利法益侵害と密接に関連して定型的に近親者に発生する財産的損害のうち，上記(イ)の近親者の扶養利益喪失以外のものを本項目で扱う。本項目で扱う①定型的付随損害は，後記(エ)で扱う②近親者の肩代わり損害との区別が必ずしも明確でない部分もあり，論者によって後記(エ)に分類されることもある（例えば，近親者の付添看護のための帰国費用について，潮見〔初版〕184頁は本稿と同じく①に分類するが，近江176頁は②に分類する）。しかし，直接被害者の固有の損害とは区別された形で，近親者固有の損害として，

498　〔前田〕

§709 C VI

賠償範囲（や要保護性）が検討されるべき問題かどうかという視点から，以下のように整理したい。

　(b)　判例が，直接被害者からの請求を認めた損害の中には，上記の視点からは，本来は近親者固有の損害として，近親者からの請求であっても認めるべき損害がみられる。

　(i)　近親者自ら付添看護をするための帰国費用について，判例（最判昭49・4・25民集28巻3号447頁）は，不法行為によって被害者が重傷を負ったため，遠隔地に居住・滞在している被害者の近親者が，被害者の看護等のために被害者の許に赴くことを余儀なくされ，旅費を出捐した場合，「当該近親者において看護等のため被害者の許に赴くことが，被害者の傷害の程度，当該近親者が看護に当たることの必要性等の諸般の事情からみて社会通念上相当であり，被害者が近親者に対し右旅費を返還又は償還すべきものと認められるとき」には，右旅費は「往復するために通常利用される交通機関の普通運賃の限度内」においては，当該不法行為により「通常生ずべき損害」に該当するとした。

　近親者が帰国して「看護に当たることの必要性等」を中心に被害者が近親者に旅費を返還すべき関係も併せて相当因果関係を認めたものであり，近親者固有の損害についての賠償範囲の判断がされている。

　(ii)　これに対し，近親者自ら付添看護した場合の付添看護費用については，「肩代わり損害」との区別について吟味を要する。

　判例（最判昭46・6・29民集25巻4号650頁）は，「被害者が受傷により付添看護を必要とし，親子，配偶者などの近親者の付添看護を受けた場合には，現実に付添看護料の支払いをせずまたはその支払請求を受けていなくても，被害者は近親者の付添看護料相当額の損害を蒙ったものとして，加害者に対しその賠償請求をすることができる」とするが，ここで問題とされた付添看護料相当額は，あくまでも直接被害者について賠償範囲の判断がされたものにすぎない。

　かりに近親者からの請求がされたとしても，近親者が付添看護費用を「肩代わり」したことについての相当因果関係の判断が加わるにすぎない。したがって，通常の付添看護費用相当額が問題となっている限りは，「肩代わり損害」と同様の問題というべきであって，近親者自らが介護を要する特別事

〔前田〕　499

§709 C VI 第3編 第5章 不法行為

情のもとに，逸失利益などを含めた通常の付添看護費用相当額を超える賠償
が問題となった場合に初めて，近親者固有の損害についての賠償範囲の問題
として，「肩代わり損害」から区別されることになろう（近江 176 頁以下参照。
2 歳 11 か月の女児の負傷について，入院付添費のほかに看護した母の逸失利益の賠償を
認めた事例として，大阪地判昭 59・5・24 判タ 531 号 226 頁）。

なお，やや関連した問題として，9 歳の息子の轢死を目撃した母の PTSD
による休業損害を否定した裁判例（東京地判平 15・12・18 交民 36 巻 6 号 1623 頁）
がみられるが，被害の密接関連性と重大性・要保護性に照らして一定の賠償
を認めるべき場合も考えられる（判決は慰謝料の算定の中では考慮している）。

(c) 近親者からの請求について判例が賠償を認めた損害としては，次の
ものがある。

葬儀費用について，判例（大判大 13・12・2 民集 3 巻 522 頁）は，「故意又ハ過
失ニ因リ人ノ生命ヲ害シタル者ハ其ノ葬儀ニ関スル費用ヲ損害トシテ賠償ス
ヘキモノニシテ死ハ人ノ早晩免レサル運命ニ係リ又其ノ費用ハ死者ノ親族ニ
於テ当然負担スヘキモノナルコトヲ理由トシテ之カ賠償ヲ辞スルコトヲ得サ
ル」として，支出した近親者からの請求を認める（次の問題も含めた裁判例の分
析として，田井義信・生命侵害の損害賠償〔2015〕13 頁以下）。

また，墓碑・仏壇等の費用についても，判例（最判昭 44・2・28 民集 23 巻 2
号 525 頁）は，「人が死亡した場合にその遺族が墓碑，仏壇等をもってその霊
をまつることは，わが国の習俗において通常必要とされ」，祭祀主宰者が，
「不法行為によって死亡した家族のため墓碑を建設し，仏壇を購入したとき
は，そのために支出した費用は，不法行為によって生じた損害でないとはい
え」ず，「不法行為のさいに当該遺族がその費用の支出を余儀なくされるこ
とは，ひとえに不法行為によって生じた事態であって」，墓碑建設・仏壇購
入の費用とその他の葬儀費用とを「区別するいわれがない」（上記大正 13 年判
例を引用）として，支出した近親者からの請求を認める。

いずれも直接被害者が本来支出すべきものでない点に加えて，死亡被害者
だけでなく，その近親者としての必要性等の賠償判断を問題とすべき点から
も，「肩代わり損害」の問題とは区別されるべきであろう。

(エ) 近親者が支出した医療費等の肩代わり損害

(a) 近親者が支出した医療費等については，①被害者の損害として被害

500 〔前田〕

§709 C VI

者から請求する場合も多いが，②近親者から請求することも認められている。

すなわち，判例は，①の場合（大判昭18・4・9民集22巻255頁，最判昭32・6・20民集11巻6号1093頁。いずれも被害者の親が支出した治療費について被害者たる子が請求した事例）と，②の場合（大判昭12・2・12民集16巻46頁〔被害者たる親の治療費を支出した戸主たる子が請求した事例〕）に，いずれも賠償を認めている。

近親者からの請求を認めた②の大判昭和12年の法律構成はあまり明快ではないが，同判決に関する評釈（有泉亨・判民昭和12年度〔1938〕23頁以下）は，AがBの権利を侵害して相当因果関係ある損害がCにも発生した場合はCに対する賠償を認めることが709条の条文上可能であるとして，相当因果関係の問題として判決の結論を支持している。

裁判例は，近親者が支出した治療費等について近親者の損害として近親者からの請求を認めており（東京高判昭50・3・27判タ327号214頁），間接被害者に拡大した損害に関する相当因果関係（賠償範囲）の問題として扱っているとみることができる。

ただし，前記(ウ)で論じたように，ここでの相当因果関係の判断は，直接被害者との関係で治療の必要性等に関する相当因果関係（賠償範囲）の判断がされたうえで，付加的に，「近親者が肩代わり」したことに関する相当因果関係（賠償範囲）の判断もされているにすぎない点で，前記(ウ)の類型と区別されることを強調しておきたい。相当因果関係による構成は直截であるが，上記の点の違いを意識する必要がある。

　(b)　学説においても，①間接被害者の問題と捉える説がある（幾代＝徳本270頁は，422条の類推適用を企業の場合に限定し，同263頁以下は，近親者の場合を間接被害者の問題とする）。

これに対し，上記のような相違点を踏まえて，あくまでも直接被害者に発生した損害の金銭的評価の問題と捉えた上で，扶養義務に基づく義務的な支出の場合について，②賠償者の代位（422条の類推適用）によるべきだとする説が有力である（四宮・下522頁，平井184頁以下，潮見・講義Ⅱ100頁）。他方，扶養義務者でない近親者の支出については，③事務管理または委任契約に基づく費用償還請求権（702条・650条）による構成（四宮・下522頁）や，④弁済者代位（499条）による構成（潮見・講義Ⅱ100頁）などが主張されている。

〔前田〕　501

§*709* C Ⅵ 第3編 第5章 不法行為

(4) 間接被害者—その3：企業損害など（近親者以外の第三者の財産的損害）

㋐ 序 企業損害については，①個人会社型の企業損害（形式的企業損害），②真正企業損害，③肩代わり型の企業損害の類型化のもとに説明する。特に②については，前記(1)㋐(b)(ⅱ)で述べたように，間接被害者に関する理論対立の中心をなす。

㋑ 個人会社型の企業損害（形式的企業損害）

(a) 判例は，Aの不法行為で個人会社Cを経営するBが負傷した場合における「形式上間接の被害者」たるCの営業損害について一定の場合に賠償を認める（最判昭43・11・15民集22巻12号2614頁）。

すなわち，Aの不法行為で薬剤師Bが視機能に障害を来して営業能力が低下したため，Aに対し，①Bからは治療費と慰謝料を請求する一方，②Bが個人経営する薬局のC有限会社（税金対策から法人形態にしたもので社員はBと名目上の社員たるその妻）からは営業損害を請求した事案で，②の請求について，「C会社は法人とは名ばかりの，俗にいう個人会社であり，その実権は従前同様B個人に集中して，BにはC会社の機関としての代替性がなく，経済的に……一体をなす関係にあ」り，「原審が，AのBに対する加害行為とBの受傷によるC会社の利益の逸失との間に相当因果関係……を認め，形式上間接の被害者たるC会社の本訴請求を認容し……た判断は，正当である」とした。

(b) 上記判断は，C会社がBの①「個人会社」であり，Bには②「代替性がなく」，BとC会社は③「経済的に一体をなす」関係にある（①②③の3要件を満たす）ことから，B固有の逸失利益とC固有の逸失利益とを基本的に同視しうるが故に，Bから前者の請求をする代わりに，Cからの後者の請求を認めたものと理解することができる（平井186頁。潮海・前掲論文222頁，潮見〔初版〕185頁も参照。潮見〔初版〕186頁は損害賠償請求の次元での法人格の否認・形骸化と論ずる）。

これと表裏一体をなすものとして，次に述べるように，判例や裁判例の大勢は，上記③（ないし①）の要件を満たさない真正企業損害について賠償を否定している。

㋒ 真正企業損害—その1：社員等の死傷を原因とするもの

(a) 真正企業損害は，AのBに対する不法行為によって，Bに営業活動

502 〔前田〕

§709 C Ⅵ

を依存する企業Ｃが営業を阻害されて営業損害等を被った場合に（個人会社型の企業損害とは異なり）Ｂからの損害賠償請求とは独立した形でＣ固有の営業損害等を請求する類型である。①ＡがＢの生命身体を侵害して，社員Ｂの休業等で営業損害等を被った企業Ｃが（Ｂとは独立した形で）Ａに損害賠償請求する場合（以下で扱う）のほか，②ＢがＣの依存する電力会社等の場合もある（後記(ｴ)で扱う）。

　（b）　上記①を典型とする真正企業損害について，賠償を否定した原審判断を是認した最高裁判決がみられる（最判昭54・12・13交民12巻6号1463頁）。家庭用置き薬の販売会社Ｃの従業員数人中の1人であるＢがＡの不法行為で負傷したため，Ｂの担当地域での営業ができず，Ｃが営業損害を被ったとしてＡに対し損害賠償を請求した事件である。第1審（東京地八王子支判昭53・7・31交民12巻2号347頁）は，前掲最判昭和43年を意識した非代替性と経済的一体性の要件のもと相当因果関係を肯定して請求を認めたが，第2審（東京高判昭54・4・17判時929号77頁）は相当因果関係を否定し，最高裁もこれを是認した。第2審は，①「事業はその従業員が余人をもって代え難い者であればある程その者の事故に伴ない……困難となる危険が大き」く，「その危険の除去」は継続的事業をする「経営者の責任」であるので，従業員としての「代替性がないこと」を相当因果関係の判断基準とすべきではなく，また，「経済的一体性」も認められないとして，第1審の判断を咎めている。

　上記の第2審判決のように，最判昭和43年以降は，真正企業損害についても，経済的一体性の要件を欠くことを理由に賠償を否定する裁判例が多い（近時のものとして，東京地判平26・11・17交民47巻6号1403頁，東京高判平24・12・20判タ1388号253頁，京都地判平24・5・9交民45巻3号570頁。裁判例につき，夏目・前掲論文214頁以下・218頁，平野・前掲書116頁，吉田邦彦〔判批〕民百選Ⅱ8版200頁以下，高岡・前掲論叢189巻1号29頁以下・40頁以下も参照）。

　少数ではあるが，①従業員の業務に代替性がないとされた事例や，②従業員の15人中10人が死傷した事例において，逸失利益の賠償が認められた裁判例もあるが，いずれも上級審で覆されている（①につき，名古屋地判昭55・9・26交民13巻5号1203頁，名古屋高判昭56・12・23交民14巻6号1320頁〔経済的一体性を否定〕，②につき，大津地判昭54・10・1下民集30巻9〜12号459頁〔直接企業損害として認容〕，大阪高判昭56・2・18判タ446号136頁〔個人会社でない場合は会社

〔前田〕　503

§709 C Ⅵ 　　　　　　　　　　　　　　　　　第3編　第5章　不法行為

に対する故意を要する〕）。

　ただし，経済的一体性がない場合にも，企業が不可避な費用（肩代わり損害でないもの）を支出した場合は，その費用の賠償を認めるものもみられる（大阪地判平 16・8・31 交民 37 巻 4 号 1163 頁〔透析患者の送迎業務を行う従業員の負傷による代行運転派遣費用の支出について少なくとも短期間は代替性が認められないとして賠償を認容〕，東京地判平 4・9・11 交民 25 巻 5 号 1123 頁〔バンドメンバーの負傷による公演中止に伴うキャンセル費用等の出費の一部を認容したが逸失利益は経済的一体性がないとして否定〕）。

　(c)　学説の議論はどうか。その背景には，ドイツ民法とフランス民法の不法行為法の構造上の違いが反映している。

　(ⅰ)　ドイツ民法 823 条 1 項は，故意または過失により他人の権利を違法に侵害した者は，「その他人に対し」，これによって生じた損害の賠償義務を負う旨を規定しており，損害賠償請求権者を不法行為者が故意・過失で権利を侵害した「直接被害者」に限定している。そのため，企業損害などの間接被害者の問題は，別の権利主体との間で別の不法行為が成立するか否かの問題とされている。ドイツ法の影響のほか，解釈基準の明確性や加害者の計算可能性の考慮から，日本法としても同様に，間接被害者との関係で不法行為が成立するかを問題とする学説が多い（この方向の見解として，德本・前掲新実務民訴 270 頁，中井・前掲民法講座 383 頁以下，幾代＝德本 271 頁以下，潮見〔初版〕185 頁，窪田 327 頁。加藤(雅)198 頁以下，平野・前掲書 136 頁も債権侵害論から同様の帰結をする）。

　このような立場から，企業の権利法益との関係で別個の不法行為が成立するための要件を論ずる見解として，①企業との関係で過失（予見可能性と結果回避義務）があれば足りるとするもの（窪田 327 頁。潮見〔初版〕185 頁も参照）と，②故意を要するもの（加藤(雅)199 頁，平野・前掲書 136 頁。前田(達)287 頁は少なくとも故意があれば問題ないとする）とが分かれている。

　(ⅱ)　これに対し，日本民法の 709 条は条文の構造上ドイツ民法のような直接被害者への限定がされていないことや，709 条と同様の条文構造を持つフランス民法 1240 条（2016 年債務法改正前 1382 条）では別主体に損害が拡大した場合も相当因果関係の問題とされていることに照らして，別の主体に損害が拡大した場合であっても，判例のように賠償範囲の問題として処理すべき

504　〔前田〕

§709 C Ⅵ

であるとする見解も主張されている（星野英一・民法概論Ⅲ〔1978〕125頁以下・129頁以下，吉田・侵害論647頁，平井185頁，前田陽一「損害賠償の範囲」新賠償講座(6)95頁以下，内田469頁以下。近江180頁参照。なお，別人への後続侵害の問題とする澤井220頁以下や，〔責任成立要件としての被侵害利益の性質の観点とともに〕「賠償範囲」の観点にも着目する高岡・前掲論叢189巻3号58頁以下・62頁以下・69頁以下も参照）。

このような立場からは，社員の権利法益との関係で故意・過失があれば不法行為が成立し，企業損害はその不法行為の賠償範囲の問題となる。吉田説は，賠償範囲の基準として，「会社の規模，被用者（受傷者）の地位，損害の内容及び程度（受傷者の数），侵害行為の危険性等」の総合考慮によるべきである（吉田・侵害論647頁。近江180頁はこれらの考慮に基づく社会的相当性判断による）としつつ，判例の個人会社・非代替性・社会的一体性の3要件のうち，非代替性を重視すべきだとする（吉田・前掲民百選Ⅱ201頁。ただし，同201頁および同「福島原発爆発事故による営業損害〈間接損害〉の賠償について」淡路剛久ほか編・福島原発事故賠償の研究〔2015〕162頁以下は，事案類型を異にする表題の問題に関しては別だとする）。一方，義務射程説をとる平井説では，過失の前提となる損害回避義務の義務射程が企業に及ばなければ賠償範囲に入らないことになる（平井186頁）ので，上記(i)の立場の①の見解と同じ帰結となる（平井185頁以下が企業Cに対する故意をもって社員Bに加害した場合に賠償を認める点も同じ帰結となるが，平井125頁の故意不法行為の一般論からは，社員Bとの関係で故意があれば，企業損害も賠償範囲に入るはずであり，この点では差異が生じうる）。

(d)　上記(ii)の立場は，星野説を契機に，吉田説がフランスの判例研究等を踏まえて発展させた議論である。フランス民法1382条（2016年債務法改正前。現1240条）の起草過程や，これを継受したボアソナード民法・旧民法から明治民法に至る709条の起草過程からも，直接被害者に限定されない条文構造であることを指摘して驥尾に付している立場（前田・前掲論文63頁以下，95頁以下）から，若干のコメントを加えたい。

(i)　真正企業損害の賠償に否定的な議論（特に前記(i)の立場）に対しては，栗田説や夏目説から企業の物的設備と（従業員のような）人的設備との間で侵害された場合の逸失利益の扱いにバランスを欠くという疑問（栗田・前掲論文197頁，夏目・前掲論文223頁以下）が提起された。これに対して，所有権侵害

§709 C VI 第3編 第5章 不法行為

と債権侵害の差異によるものだとする反論がされている（平野・前掲書130頁）が，営業侵害の問題（潮見〔初版〕185頁参照）と捉えれば，差異は相対化されよう。とはいえ，企業の所有する物的設備と人的設備との間には一定の差異は残らざるを得ないであろう。また，非代替的な従業員が死傷した場合，営業利益の損失と代替措置等による不可避な費用の支出（肩代わり損害でないもの）との間には要保護性の差異が認められよう（前記(b)の裁判例も後者については認めるものがみられる。積極的損害か消極的損害か，企業がリスクを甘受すべき度合いなどの違いによるものといえよう）。

　(ⅱ)　間接被害者の精神的損害に関しては，711条を踏まえた被害の密接関連性と重大性・要保護性の要素による，賠償範囲と保護法益性の判断によるべきことを提案した（→(2)(ア)(c)）。社員等の死傷による真正企業損害に関しては，吉田説が指摘する「企業の規模」や「従業員の地位」を踏まえた「非代替性」の要素と，吉田説が指摘する「損害の内容及び程度」を踏まえた被害の「重大性・要保護性」の要素による，《賠償範囲と保護法益性の判断》によるべきであろう（次の問題を含めて方向性を共有する議論として，営業の間接的侵害について「依存関係」に着目するとともに，責任成立要件としての「被侵害利益」の性質の観点と「賠償範囲」の観点の両側面から検討する高岡・前掲論叢189巻3号69頁以下参照）。

　(エ)　真正企業損害―その2：物的侵害を原因とするもの

　(a)　従業員等の死傷以外を原因とする真正企業損害は，必ずしも，以下で扱う送電設備の損壊事故によるものに限られないが，学説や裁判例による議論があるこの問題に焦点を合わせることにする（営業利益の侵害の観点からは，間接被害の範疇に収まらない多様な問題があることにつき，潮見・講義Ⅱ102頁参照）。

　(b)　この問題を扱った裁判例（東京地判平22・9・29判時2095号55頁。評釈として，橋本佳幸〔判批〕リマークス44号〔2012〕50頁）は，Aの従業員らの過失によるB電力会社の送電線切断事故により送電が停止して，C鉄道会社の列車の運行が一時不能になり，運賃払戻し等の損害を被ったとして，CがAに損害賠償を請求した事案である。判決は，①Cの「営業上の損失」について「権利侵害」がある，②電気供給の停止による影響は「非常に広範囲」で「連鎖的に無限に拡大し得る」ため，故意がある場合は別として，「加害者が，停電により影響が及ぶ可能性をごく抽象的にでも認識可能であれば，

506　〔前田〕

§709　C Ⅵ

そのすべての損害について予見可能性があった」とすると「損害賠償の範囲は不当に拡大し」，加害者に酷である，③「一般に，送電線が切断された場合に，常に停電が生じるわけではな」く，常に「直ちに列車運行が不能になるというわけでもな」く，本件事故と損害発生との間には「Ｃの判断も一要素として介在している」ので，「停電事故が発生するとの予見が可能であった」としても，「損害の前提となる特別の事情について，予見可能性があった」ともいえない，として，「相当因果関係」を否定した。

　（c）　学説は，このような場合について，Ｃの権利法益との関係で不法行為の成立を否定する立場（徳本伸一「過失による送電線の切断と損害賠償請求」川崎秀司＝重倉珉祐古稀・現代の民事法〔1977〕105頁，能見・前掲百年論文641頁，橋本・前掲判批53頁）と賠償範囲外とする立場（水野謙・因果関係概念の意義と限界〔2000〕333頁）に分かれる。

　この判決は，Ｃの権利侵害について論じているが，Ａの過失によるＢの所有権等の侵害があったことを暗黙の前提とした上で，Ｃの損害について，法的保護に値する利益の侵害によるものであるが，Ａの加害行為との相当因果関係を欠く（賠償範囲外である）として賠償を否定したものといえよう。

　従業員等の死傷による真正企業損害について㈨で論じた非代替性は，あくまでも従業員の業務に関する要件であって，性質を異にするこの問題には適合的でない。㈨で論じたように，企業の営業の保護に関して，物的設備と人的設備との間には相対的には差異が残るが，《他社との契約に基づく依存関係》はさらに劣後する形で差異が残るといえる。他方で，本件の鉄道運行の一時停止には，人身事故や天候などの様々なリスク要因があり，停電についても落雷等によるものもあるので，送電線の切断によるものが特別に高められたリスクとはいえない。これら両面において，密接関連性や営業利益の要保護性の程度が劣る点に照らして，賠償範囲外というべきである。

　これに対し，Ａ（東京電力）の福島原発事故で操業停止したＢ社と独占販売契約をしていたＣ社が，製品の特性上代替品を入手できず営業損害を被った事件で，一定期間の逸失利益につき相当因果関係が認められた事例がある（大阪地判平27・9・16判タ1423号279頁）。判決が理由とする，両社の「非常に緊密かつ特殊な関係」に加えて，原発事故で避難指示区域に指定されたＢ社の長期の操業停止というＣのリスク計算の想定外の事態であることも重

〔前田〕　　507

§709 C VI　　　　　　　　　　　　　　　第3編　第5章　不法行為

要といえよう。

　　(オ)　肩代わり型の企業損害

　　(a)　Aの不法行為によって身体に傷害を受けた被害者Bの使用者Cが，休業手当や治療費を支出した場合（「肩代わり損害」）について，学説は，近親者の場合と同じく，支出が義務的かどうかで区別する。

　義務的な支出の場合は，①賠償者の代位（422条類推適用）による説が多い（幾代＝徳本270頁，平井184頁以下，潮見・講義Ⅱ100頁）。

　義務的でない場合は，②弁済者代位（499条）による構成（前田(達)284頁，幾代＝徳本271頁，潮見・講義Ⅱ100頁。加藤(雅)199頁も参照），③代償請求権（平成29年改正法では422条の2）による構成（幾代＝徳本271頁。なお，四宮・下613頁は義務的な場合にこの構成をとる），④事務管理または委任契約に基づく費用償還請求権（702条・650条）による構成（加藤(雅)199頁参照）などが主張されている。

　　(b)　判例は，使用者が第三者の不法行為による労働者の死亡について労基法79条に基づく義務として遺族補償を履行した場合について，賠償者の代位（422条類推適用）を認めている（最判昭36・1・24民集15巻1号35頁）。

　下級審裁判例の傾向は以下のとおりである（平野・前掲書200頁以下の分析に負うところが大きい）。(i)義務的な支出については，①賠償者の代位（422条類推適用）によるものが比較的多い（宇都宮地判昭51・1・16交民9巻1号28頁，東京地判平2・12・20判タ758号209頁など）。(ii)義務的でない支出については，②相当因果関係ある損害とするもの（東京地判昭62・5・29交民20巻3号742頁〔個人経営者の従業員への給与支払〕），③弁済者代位（平29改正前499条・500条）によるもの（佐賀地判昭46・4・23交民4巻2号681頁〔会社の葬儀費用の支出〕），④事務管理に基づく費用償還請求権（702条）によるもの（大阪高判昭45・1・29判タ246号306頁〔会社の義務的でない見舞金〕）などがみられる。

　(5)　間接被害者—その4：近親者以外の第三者の精神的損害（死傷を原因としないもの）

　　(ア)　AがBの権利法益（生命身体以外のもの）を侵害したために，第三者C（Bの近親者ではないが一定の関係がある）が精神的損害を受けた場合に関する裁判例がみられる。

　　(a)　第1に，自分の属する宗教団体やその代表者が誹謗された信者によ

508　〔前田〕

§709 C Ⅵ

る慰謝料請求を否定した一連の裁判例がある（①名古屋高判平5・12・24判タ846号221頁，②大阪高判平6・10・18判時1521号44頁，③高松高判平6・10・25判タ871号257頁，④福岡高判平6・9・16判タ885号222頁，⑤東京高判平成7・10・30判タ915号206頁〔ただし一部名指しで中傷された信者についてはその信者の固有の名誉や名誉感情が侵害されたとして不法行為の成立を認めた〕など。地裁レベルの4判決を検討したものとして大塚直〔判批〕判タ846号〔1994〕91頁）。

　上記裁判例にはニュアンスの差があり，(i)711条と関連させるものとして，間接被害者の慰謝料が認められるのは711条に準ずる場合であって，直接被害者が侵害された法的利益の重要性とその者との関係に照らして，慰謝料請求権が否定されるとするもの（①）や，間接被害者の賠償は711条が適用される場合のほか，直接被害者と社会経済的に一体関係にある場合に限定されるとするもの（③），(ii)信者は直接被害者ではない（間接被害者である）ので，加害者に故意がない限り賠償責任を負わないとするもの（②⑤），(iii)信者らに独自に保護されるべき法的利益はないとするもの（④）に分かれる。

　第2に，A（プリンスホテル）がB（日教組）の主催する集会のためのホテル使用予約を一方的に破棄し，使用させる仮処分命令が確定したにもかかわらず使用が拒否され，集会に参加できなかったCの精神的苦痛について賠償を否定した裁判例がある（東京高判平22・11・25判タ1341号146頁）。

　判決は，「集会の内容」や一般参加者Cの「集会への参加の実情に照らすと，損害賠償請求の対象となる精神的損害と認めることはできない」とした。判決の法律構成は必ずしも明確ではないが，集会に参加できなかったCの残念な気持ち等は，あくまでも主観的な感情にとどまるものであって，集会への参加について「法律上保護される固有の人格的利益」の侵害があるとはいえないという趣旨であろう。

　(b)　前者（第1）の裁判例については，(i)の類型の裁判例が論ずるのと同様，711条の趣旨に照らした被害の密接性と重大性・要保護性の観点から，賠償は否定されるべきであろう。

　これに対し，後者（第2）の裁判例については，集会の性質や参加形態などの事情にもよるが，集会の自由の憲法的価値に照らして，被害の密接関連性と重大性・要保護性の観点から賠償が認められる場合も考えられよう。

　(イ)　では，間接被害者の精神的損害について，この類型を含めて，どう考

〔前田〕　509

§*709* C Ⅵ 　　　　　　　　　第3編　第5章　不法行為

えるべきか。

　民法起草者が，709条に旧民法にはない「権利侵害」の要件を導入するに
あたり，法的保護に値する損害のみを賠償の対象とする意味と，無形損害に
ついては権利侵害の発生の証明をもって損害発生の証明に代える意味を考え
ていたこと（前田陽一「不法行為における権利侵害・違法性論の系譜と判例理論の展開
に関する覚書」平井宜雄古稀・民法学における法と政策〔2007〕453頁以下）や，これ
に関連して，精神的損害が無定形であって財産的損害のような具体的な立証
が問題とならないことを併せて，以下のように考えたい。

　間接被害者の損害は，①709条の構造に照らして賠償範囲（相当因果関係）
の問題になるが，精神的損害については，①とともに，②（直接被害者のよう
に加害者との関係で故意・過失が認められる必要はないが）「権利又は法律上保護さ
れる利益」の侵害によるものかどうかも重要な問題というべきである（前
田・前掲新賠償講座(6)97頁。間接被害者の財産的損害についても②の要件は問題となる
が，多くの場合にこの要件が満たされることについて，星野英一「権利侵害」リステイト
メント37頁参照）。そして，上記①②の判断においては，これまでも述べてき
たように，711条の趣旨に照らした，被害の密接関連性と重大性・要保護性
が重要な要素をなすと考えられる。

3　賠償者の代位 （損害賠償による代位）

⑴　不法行為と 422 条の類推適用

　債務不履行については，「債権者が，損害賠償として，その債権の目的で
ある物又は権利の価額の全部の支払を受けたときは，債務者は，その物又は
権利について当然に債権者に代位する」ことが規定されている（422条）。し
たがって，例えば，受寄物を詐取された受寄者が，寄託者に対して目的物の
価額の全部を賠償した場合は，受寄者は目的物の所有権または損害賠償請求
権を取得することになる。

　そこで不法行為で他人の物を損傷した加害者が物の価額の全部を賠償した
場合についても，422条の類推適用により，加害者が目的物の所有権を取得
すると解するのが通説である（加藤(一)262頁以下，前田(達)394頁，幾代＝徳本
346頁，澤井268頁，加藤(雅)285頁。四宮・下656頁は一部を賠償した限度での一部代
位の余地を認める）。かつては反対説（戒能通孝・債権各論〔1946〕467頁）もみら
れたが，近時は異論のないところである。

510　〔前田〕

§*709* C VI

(2) 「肩代わり損害」との関係

第三者の不法行為によって身体に傷害を受けた被害者の扶養義務者や使用者が，治療費や休業手当を支出した場合（「肩代わり損害」）についても，422条の類推適用により，被害者の加害者に対する損害賠償請求権の代位を認めるかどうかが問題となっている。学説と判例について，→2(3)(エ)・(4)(オ)。

4　損害賠償請求権の譲渡・代位行使

(1)　序

財産権侵害による損害賠償請求権については，一般の金銭債権と同様に，相続・譲渡・債権者代位の目的になることに異論はない。

これに対し，人身や名誉などの人格権が侵害されたことによる損害賠償請求権（財産的損害と精神的損害の賠償請求権）が，相続・譲渡・債権者代位の目的になるかどうかについては，被侵害利益あるいは発生した損害が非財産的な性質であることなどから，議論がある。

相続の問題については711条の注釈に譲り，以下では，譲渡・債権者代位の可否について述べることにする。

(2)　譲　　渡

財産権侵害による財産的損害はもちろん，人身侵害による財産的損害（逸失利益）についても，損害賠償請求権の譲渡性が認められている（幾代＝徳本341頁。淡路剛久・債権総論〔2002〕434頁，注民(11)359頁〔植林弘〕も参照）。

これに対し，人身侵害による精神的損害（慰謝料）の賠償請求権については，議論が分かれている。原則として譲渡性を否定しつつ，合意や債務名義が成立した場合に例外的に譲渡性を認めるのが近時の有力説である（幾代＝徳本341頁，加藤(雅)275頁，前田(陽)124頁。前田(達)398頁も同旨）。有力説の立場は相続性と譲渡性を別個の扱いをすることになるのに対し，従来の学説は（非）相続性と（非）譲渡性の問題を「帰属上の一身専属性」の問題として一括して扱う傾向にある（これらの2つの問題を「帰属上の一身専属性」とし，代位可能性の問題を「行使上の一身専属性」とする二分論は，鳩山秀夫「一身に専属する権利の意義」民法研究(3)〔1926，初出は1915〕564頁以下に始まるようである）。しかし，相続と譲渡は別個の制度であり，それぞれの趣旨に照らして別個の扱いを認めるべきである（フランスでは，損害賠償請求権について，譲渡性よりも相続性のほうが広く認められている。前田陽一「不法行為に基づく損害賠償請求権の『帰属上』『行使上』

〔前田〕　511

§709 C VI　　　　　　　　　　第3編　第5章　不法行為

の一身専属性の再検討」立教法学 44 号〔1996〕67 頁）。

(3)　債権者代位

　学説では，財産権侵害・人身侵害を問わず，①財産的損害については債権者による代位行使（423 条）を認めるが，②精神的損害（慰謝料）の賠償請求権については「行使上の一身専属権」（423 条 1 項ただし書）であるとして，債権者による代位行使を否定する説が多い（我妻栄・新訂債権総論〔1964〕167 頁など）。ただし，②については，具体的に請求された場合や合意または債務名義が成立した場合には，例外的に「行使上の一身専属性」が失われ，代位行使の対象となると解する説が有力である（前田達明・口述債権総論〔3 版，1993〕254 頁〔割注も参照〕，潮見佳男・新債権総論Ⅰ〔2017〕677 頁。差押えについて幾代 = 徳本 341 頁も参照）。

　判例は，名誉侵害による慰謝料請求権に関して，被害者本人が慰謝料請求権の「請求意思を貫くかどうかをその自律的意思に委ねるのが相当である」（承継取得者にはそのような理由はない）として，①合意または債務名義が成立するなど「具体的な金額の慰藉料請求権が当事者間で客観的に確定した」場合，または，②「被害者がそれ以前の段階において死亡した」場合でない限り，一身専属性を有するものとして債権者は代位行使することはできない（最判昭 58・10・6 民集 37 巻 8 号 1041 頁），としている。

　このような判例の立場に対し，債権者代位権の目的（客体）となるか否かは，債務者の権利行使の自律性よりも債権者の共同担保となる権利であるか否かに着目すべきであるとの立場からは，判例が上記①のみならず②の場合にも一身専属性が失われるとすることに疑問が呈されることになる（潮見・前掲新債権総論Ⅰ 676 頁以下）。さらに，損害賠償請求権については，もともと共同担保性をもった権利が侵害されたことによるものか否かに着目する議論も可能であろう。すなわち，生命・身体・名誉などの人格権が侵害されたことによる損害賠償請求権は，財産的損害であると精神的損害であるとを問わず，共同担保性を持たないものとして債権者による代位行使の対象とならない（たとえ相続によって承継取得されても）と解する余地もあろう（フランスには上記のような考え方がみられる。前田・前掲立教法学 66 頁以下参照）。

512　〔前田〕

§*709* C VI

5 損害賠償債務の遅滞

(1) 総 論

損害賠償債務も金銭債務であるから，履行遅滞に陥れば，法定利率による遅延損害金が発生する（419条・404条。遅延損害金の法定利率の基準時たる「遅滞の責任を負った最初の時点」〔419条1項〕は，下記の判例理論により，損害発生時としての「不法行為時」となる〔第16巻§722 B Ⅲも参照〕。なお，不法行為の損害賠償債務については405条の適用・類推適用による遅延損害金の元本組入れはできない〔最判令4・1・18民集76巻1号1頁〕）。

不法行為による損害賠償債務は，期限の定めのない債務であるので，412条3項の適用が問題となる。同項の適用により履行の請求を受けてから遅延損害金が発生するとした大審院判決もあった（大判明41・3・18民録14輯275頁）が，不法行為時から当然に遅滞に陥るとする立場が判例となり（大判明43・10・20民録16輯719頁など），最高裁も「損害の発生と同時に，なんらの催告を要することなく，遅滞に陥る」としている（最判昭37・9・4民集16巻9号1834頁。これに対し，安全配慮義務違反による場合については，請求時から遅滞に陥るとする〔最判昭55・12・18民集34巻7号888頁〕）。加害行為時ではなく損害発生時としての不法行為時に損害賠償債務が発生し，その時点で当然に遅滞に陥って遅延損害金も発生するという構成である（四宮・下635頁，平井165頁参照）。

学説においても催告を要しないとする立場が通説をなしてきた（我妻208頁，加藤(一)219頁，四宮・下635頁）。これに対し，通説が根拠とするローマ法からの沿革や公平の観念（我妻・前掲新訂債権総論105頁，四宮・下634頁以下）は明確とはいえず，412条3項とのバランスも考慮すべきだとして，請求時ないし訴状送達時から発生すべきだとする説も主張されている（平井165頁以下。潮見〔初版〕267頁もこれを基本的に支持する）。しかし，金銭賠償による損害の塡補を通じて「不法行為がなかったときの状態に回復させる」（最判平9・7・11民集51巻6号2573頁参照）という不法行為の損害賠償制度の目的に照らせば，不法行為前と損害塡補後の間に「いささかもすきまを残さない」ことが必要である（四宮・下635頁）。このような要請は，物の侵奪（ローマ法が想定していた）や金銭の詐取（大審院判例のリーディングケース）だけでなく，人損にも当てはまる（四宮・下635頁）として，不法行為一般について不法行為（損害発生）時から当然に遅滞に陥って遅延損害金が発生する（人損の逸失利益の中間利

〔前田〕 513

§709　C Ⅵ　　　　　　　　　　　　第3編　第5章　不法行為

息も不法行為時から控除される）と解することを原則とする判例の立場は，損害賠償の目的に合致した簡明なルールとして支持されよう。

⑵　各　　論

㈎　治療費・弁護士費用

（a）　身体傷害による「治療費」のように，負傷という抽象的な損害が発生した後に，支出として具体化する損害項目についても，判例（最判平7・7・14交民28巻4号963頁）は，不法行為（損害発生）時から遅延損害金が発生するという原則を維持している（なお，蓄積性ないし遅発性の損害と遅延損害金に関する議論につき→第16巻§722 B Ⅲ⑶）。

すなわち，交通事故による身体傷害を理由とする損害賠償請求の遅延損害金の起算点が争点になった事件で，前述した昭和37年判決を引用した上で，「同一事故により生じた同一の身体傷害を理由とする損害賠償債務は1個と解すべきであって，一体として損害発生の時に遅滞に陥るものであり，個々の損害費目ごとに遅滞の時期が異なるものではないから〔最判昭58・9・6民集37巻7号901頁参照〕，同一の交通事故によって生じた身体傷害を理由として損害賠償を請求する本件において，個々の遅延損害金の起算日の特定を問題にする余地はない」とした。

（b）　上記最判平成7年が引用する最判昭和58年は，交通事故の被害者に発生した「弁護士費用」という後日の支出により具体化する損害項目について，前掲最判昭和37年を引用して，不法行為時から発生を認めている。

すなわち，弁護士費用に関する損害は，「その余の費目の損害と同一の不法行為による身体傷害など同一利益の侵害に基づいて生じたものである場合には1個の損害賠償債務の一部を構成するものというべきであるから」，「損害賠償債務も，当該不法行為の時に発生し，かつ，遅滞に陥るものと解するのが相当である」が，「被害者が弁護士費用につき不法行為時からその支払時までの間に生ずることのありうべき中間利息を不当に利得することのないように算定すべきものであることは，いうまでもない」とした。

（c）　判例の立場は，負傷という（抽象的な）損害が発生した不法行為時に，その後に具体化する治療費・弁護士費用や逸失利益などの損害費目も含めて，一体として損害や損害賠償債務が発生した扱いをすることで，不法行為時からの中間利息の控除等による公平を図りながら，遅延損害金について

514　〔前田〕

§*709* C Ⅵ

統一的で簡明な処理をしたものとみることができる（四宮・下 637 頁参照。損益相殺的な調整が不法行為時にされたと評価する最大判平 27・3・4 民集 69 巻 2 号 178 頁にも同様の説明がみられる。損益相殺的な調整と遅延損害金について V 2 ⑷㋓も参照）。

　これに対し，判例の立場に反対する学説（平井 166 頁）のみならず，判例を基本的に支持する学説（四宮・下 637 頁）においても，弁護士費用については損害賠償債務一般とは別個の扱いをすべきだとする見解が有力である。しかし，弁護士費用も不法行為で生じた紛争解決のために要する費用として発生した損害であり，損害賠償の範囲（相当因果関係）内にある損害と捉えれば，他の損害と別個の扱いをする必要はなく（潮見〔初版〕267 頁以下），判例の立場が支持されよう。

　㋑　減失した物の価格が騰貴した場合　　不法行為で減失した物の価格が不法行為後に騰貴した場合について，判例（大判大 10・4・4 民録 27 輯 616 頁）は，①騰貴価格による賠償額に対する遅延損害金について，騰貴した時にこれに相当する利益を失ったものであるから，「騰貴シタル時ヨリ始メテ請求シ得ヘキモノ」であって，不法行為時に遡って請求することはできないとする一方，②不法行為時より価格騰貴時に至るまでの間は，「騰貴セサル前価格ニ依リ算定シタル損害額ニ対スル」遅延損害金を請求する権利を有するにすぎないとした。

　学説は，上記①の判示には賛成しつつ，騰貴時までその物が存続したと仮定した上での議論であるから騰貴前の遅延損害金は一切請求できないとして，上記②の判示には反対する立場をとるものが多い（末弘厳太郎〔判批〕判民大正 10 年度〔1923〕143 頁。我妻 209 頁，加藤(一)219 頁，広中 502 頁も参照）。これに対し，上記②の請求を肯定する学説もある（四宮・下 635 頁）が，特別な使用利益の喪失がある場合に使用利益の損害の問題として扱うべきであろう（末弘・前掲判批 143 頁参照）。

　㋒　不法占有による使用料相当額の損害　　学説では，不法占有による使用料相当額の損害賠償を請求する場合は，不法占有継続中の遅延損害金を請求できないとする説が主張されている（注民(19)62 頁〔篠原弘志〕，四宮・下 635 頁）。物の減失による交換価値の賠償がされる場合，必要最小限の利用喪失の代償として損害発生時からの遅延損害金が支払われるという考え方から，①不法占有による損害賠償について遅延損害金の請求ができない一方，②減

〔前田〕　515

§709 C Ⅵ

第3編 第5章 不法行為

失による交換価値の損害賠償については遅延損害金のほかに使用料相当額を請求できず，特別な使用利益の喪失がある場合のみ遅延損害金の請求に代えてその賠償を請求できると解するものである（四宮・下635頁）。

他方で，不法占有による使用料相当額の損害は，侵害が継続する限り，日々新たに発生し，損害を知る限り別個に消滅時効が進行する（大連判昭15・12・14民集19巻2325頁）ので，これとの整合性を重視すれば，煩雑ではあるが日々新たな遅延損害金が発生するという解釈も成り立ちうる（福岡地田川支判昭47・2・28訟月18巻11号1673頁は，国有地の不法占拠者に対する国側の上記のような考え方に基づく遅延損害金の請求を認めた）。

(エ) 離婚に伴う慰謝料　判例（最判令4・1・28民集76巻1号78頁）は，「離婚に伴う慰謝料」（離婚〔自体〕慰謝料）の損害賠償債務は，「離婚の成立時」（裁判離婚では判決確定時）に遅滞に陥る，とする。相手方の「有責行為によって離婚をやむなくされ精神的苦痛を被ったこと」による「損害は，離婚が成立して初めて評価されるものであるから，その請求権は，当該夫婦の離婚の成立により発生する」ことを理由とする（「離婚に伴う慰謝料」とは別に「婚姻関係の破綻自体による慰謝料」〔離婚原因慰謝料〕が「問題となる余地はない」と付言する）。

〔前田陽一〕

§709 D I

D 不法行為の類型

I 名誉毀損・プライバシー侵害等

細 目 次

1 名誉毀損・総論 ── 名誉とは何か……517
  (1) 問題の所在 ………………………517
  (2) 「人格」概念を援用する判例………518
  (3) 「人格」概念を援用しない判例・
    その1 ── 団体・法人や多数の人々
    の名誉毀損 ……………………520
  (4) 「人格」概念を援用しない判例・
    その2 ── 前科の公表と名誉との関
    係 ………………………………526
  (5) 「人格的」価値にかかわる「社会
    的」評価が「客観的」であるという
    ことの意味 ……………………529
2 名誉毀損・各論 ── 表現の自由との
  調整 …………………………………538
  (1) 事実摘示型の名誉毀損 …………539
  (2) 意見・論評型の名誉毀損 ………546

  (3) 「虚名は保護に値しない」という
    学説について ……………………556
3 プライバシー侵害………………………559
  (1) はじめに ………………………559
  (2) 私的空間への侵入から保護され平
    穏に私生活を送る利益の侵害 ………560
  (3) 判断枠組みの変質から保護され平
    穏に社会生活を送る利益の侵害 ……566
  (4) 個人情報の取得・利用・提供によ
    るプライバシー侵害………………578
4 パブリシティ権の侵害…………………589
  (1) パブリシティ権の内容 …………589
  (2) 判例理論の位置付け ──「情報の
    自由な流通」論との関係………591
  (3) 「専ら」基準について……………592
  (4) 損害の算定 ……………………593

1 名誉毀損・総論 ── 名誉とは何か

(1) 問題の所在

名誉は、プライバシーと並んで、今日では人格権や人格的利益の名の下に語られることが少なくない（これに対して、戦前の判例や学説は、不当な訴訟・執行・保全処分、内縁の不当破棄、生徒に対する体罰など様々なケースを名誉毀損事例として捉えており、〔人格的利益に必ずしも限定されない、また、今日の「名誉」よりも幅広い〕多様な法益が「名誉」概念の下で語られていたといわれている。この点については、瀬川信久「民法709条（不法行為の一般的成立要件）」百年 III 617 頁以下、建部雅・不法行為法における名誉概念の変遷〔2014〕5 頁以下参照）。しかし、人格権や人格的利益という概念は多義的であり（藤岡196頁以下参照）、「人格」という概念と名誉とがどのように結びつくのかは必ずしも明らかではない。後に見るように、判例は、人の人格的価値について社会から受ける客観的評価を名誉と解して

〔水野〕　517

§709 DI 第3編 第5章 不法行為

いるが，「客観的」評価とは何か，「社会」から受けるとはどういう意味か，「人格的価値」は法人も有するのかなど，未解明な点は少なくないのである。もっとも，ドイツの「一般的人格権」概念については，わが国でも研究の蓄積がある（古くは五十嵐清＝松田昌士「西ドイツにおける私生活の私法的保護」戒能通孝＝伊藤正己編・プライヴァシー研究〔1962〕150頁以下，近時では建部・前掲書117頁以下など）。しかし，ドイツでは，民法が不法行為につき厳格な権利要件を定めているため名誉を保護法益とすることが困難だったところ，戦後，人間の尊厳や人格の自由をうたうボン基本法が制定されたことなどに影響されて，ドイツ民法823条1項の「その他の権利」の中に，名誉も保護の対象とする「一般的人格権」が含まれると解釈されるに至った（五十嵐＝松田・前掲論文158-159頁）ことに注意が必要である。これに対して，わが国の民法709条は，ドイツ民法のように（侵害から保護されるべき）「権利」のカタログを列挙する形式を採用しておらず，ドイツ法とは，そもそもの出発点を異にしている。

そこで，以下では，専らわが国の判例の動き（戦後の最高裁判所の判決に主に焦点を当てる）を素材に，判例が名誉について論じる際に「人格」概念をどのように用いているのかについて整理し，この作業を通じて名誉という法益の意義を検討する（一1）。その上で，名誉毀損における免責事由（一2），さらに，他の人格的利益（プライバシー，肖像権，パブリシティ権など）について検討する（一3・4）。

(2) 「人格」概念を援用する判例

「人格」概念を用いて名誉について論じる判例は，大きく3つに分かれる（(ア)～(ウ)）。

(ア) 名誉の定義と差止請求　第1に，最高裁大法廷昭和61年6月11日判決（民集40巻4号872頁〈北方ジャーナル事件〉）は，「〔①〕人の品性，徳行，名声，信用等の人格的価値について社会から受ける客観的評価である名誉を違法に侵害された者は，損害賠償（民法710条）又は名誉回復のための処分（同法723条）を求めることができるほか，〔②〕人格権としての名誉権に基づき，加害者に対し，現に行われている侵害行為を排除し，又は将来生ずべき侵害を予防するため，侵害行為の差止めを求めることができるものと解するのが相当である。〔③〕けだし，名誉は生命，身体とともに極めて重大な保護法益であり，人格権としての名誉権は，物権の場合と同様に排他性を有

518　〔水野〕

§709 **D Ⅰ**

する権利というべきであるからである」と判示する。この判決は，名誉毀損を理由とする出版物の事前差止めの合憲性が問われた事案であるが，最高裁として初めて，民法710条と723条に共通するものとして，名誉を「人格的価値について社会から受ける客観的評価」と定義している（①）。理論的には，710条に該当する名誉侵害のすべてが723条にいう名誉毀損に当たるとは限らないと解する余地もあるが（幾代通〔判批〕判タ264号〔1971〕43頁），本判決は，名誉の定義というレベルにおいて，2つの条文の「名誉」を同一に解している。その上で判決は，「名誉権」が「人格権」であるがゆえに「排他性を有する」ことを強調して（③），名誉権に基づく差止請求（→§723）を認めている（②）。

(イ)　723条が適用される名誉毀損——名誉感情との違い　第2に，最高裁昭和45年12月18日判決（民集24巻13号2151頁）は，民法723条にいう名誉とは「人格的価値について社会から受ける客観的な評価，すなわち社会的名誉を指すものであって，人が自己自身の人格的価値について有する主観的な評価，すなわち名誉感情は含まない」と述べる（723条の「適当な処分」を命じなかった原判決を維持）。これは，名誉を名誉感情と区別する文脈で，客観的（または主観的）評価の対象である人格的価値に言及するものである。

(ウ)　710条が適用される名誉毀損——慰謝料額の算定　第3に，最高裁昭和58年10月6日判決（民集37巻8号1041頁）は，名誉侵害に伴う慰謝料請求権の行使上の一身専属性を肯定する文脈で，「被害者の人格的価値を毀損せられたことによる損害の回復の方法」として慰謝料を捉える（被害者が破産宣告〔現行破産法では破産手続開始決定〕を受けていても，慰謝料を求める訴えについて当事者適格を有しないことになる理由はないとした）。また，最高裁平成9年5月27日判決（民集51巻5号2024頁）は，新聞記事による名誉毀損による損害は新聞発行時に生じるが，「人格的価値について社会から受ける客観的評価が〔新聞発行後の〕当該名誉毀損以外の理由によって更に低下した」場合，これを斟酌して慰謝料額を算定しうると判示する。これらの判例は，慰謝料の性質や算定の際に斟酌すべき事由を判断する際に「人格的価値」に言及する。

(エ)　小括　以上，(ア)から(ウ)では，「人格的価値」や「人格権」という概念は，当該事案を解決する上で判決理由の説得力を高める，いわば道具概念としての役割を果たしているが，ここでは以下の3点に留意したい。第1に，

〔水野〕　519

§*709* D I   第3編　第5章　不法行為

上記の判例が用いる「人格」概念は，ドイツ法にいわゆる「一般的人格権」（一(1)）とは，歴史的にも機能的にも異なる意義を有している。したがって，「一般的人格権」を導入する際のドイツ法の議論（例えば，人間の尊厳や人格の自由を重視するボン基本法の発想〔一(1)〕）が，わが国でも妥当するかどうかは別個の検討を要する。第2に，名誉感情と名誉を区別する文脈で，判例は，人格的価値に対する評価が主観的か，それとも客観的かという区別をする（一(イ)）が，このように截然と切り分けられるのだろうか。また，「人格的価値」について「社会」から受ける「客観的」評価（一(ア)(イ)）とは何を意味するのか（この問題は慰謝料の性質〔一(ウ)〕にも関連する）。以上，第1と第2の問題点は(5)で検討する。第3に，これまで「人格」概念に依拠する判例を概観したが，実は，「人格」概念を援用して名誉毀損を論ずる判例は，それほど多くはない。次の(3)と(4)では，この点に注目して，名誉を理解する上で「人格」概念が積極的な意義をもつのかについて検討する。

(3)　「人格」概念を援用しない判例・その1——団体・法人や多数の人々の名誉毀損

原告の名誉が毀損されたことを前提に，被告が免責の抗弁を主張する場合（一2)，名誉と「人格」概念の関係は直接の論点にならない。これ以外で「人格」概念を援用しない判例に，団体や法人に関する次のようなものがある。

(ア)　団体・法人の名誉毀損

(a)　自治会（権利能力なき社団）の名誉が毀損された事例

戦後の公式判例集で初めて名誉毀損を扱った最高裁昭和31年7月20日判決（民集10巻8号1059頁）では，かねてから大がかりな麻薬団のあることを内偵中の警察署員と麻薬Gメンらが，アパートに居住する華僑らを構成員とする自治会（権利能力なき社団）Xを急襲し，居住者らを逮捕したという新聞社Yの記事が問題となった。

(i)　名誉毀損があったかどうか——その判断基準　　まず，この記事は，X自体が麻薬団の本拠であるかのように読めるか。判決は「一般読者の普通の注意と読み方を基準として解釈した意味」に従って，これを肯定し，Xの名誉が毀損されたことを理由に記事の取消広告を認めた原判決を是認している。この判断基準は，（団体や法人ではなく）自然人の名誉が，新聞記事，イン

520　〔水野〕

ターネット上のウェブサイト掲載の記事またはテレビ番組によって毀損された事例にも受け継がれている（最判平9・5・27民集51巻5号2009頁〔主に興味本位の記事を掲載する新聞でも，読者は記事に幾分かの真実が含まれていると考えるのが通常であるとして，新聞の性質を1つの理由に社会的評価の低下を否定した原判決を破棄差戻し〕，最判平24・3・23判タ1369号121頁〔フリーのジャーナリストが開設したウェブサイト掲載の記事について，一般の閲覧者がおよそ信用性を有しないと認識・評価するとはいえないとして，社会的評価の低下を肯定〕，最判平28・1・21判タ1422号68頁〈「人間動物園」事件〉〔台湾の先住民族Xの父Aが参加した1910年の日英博覧会の展示について，テレビ局（NHK）Yが番組の中で，当時の欧州の人々の世界観と整合的な「人間動物園」という言葉で紹介しても，一般の視聴者が，AやXが動物と同じように扱われるべき者と受け止めるとは考え難いとしてXの名誉毀損を否定〕など）。

(ii) 名誉とは何か——権利能力なき社団の場合　それでは，権利能力なき社団Xの「名誉」を毀損するとはどういう意味か。最高裁は，「人の社会的評価」を傷つけることと述べるにとどまり，ここでは，人格概念には言及していないのである。

(b) 法人の名誉が毀損された事例　次に，最高裁昭和39年1月28日判決（民集18巻1号136頁〈代々木診療所事件〉）では，診療を行う財団法人Xが，国民を殺りくする計画等について特定の政党からの指令を流しているという新聞社Yの記事が問題となった。判決は「法人の名誉権侵害の場合は金銭評価の可能な無形の損害の発生すること必ずしも絶無ではなく」，そのような損害も金銭賠償の対象となると判示する。しかし，この判決は，法人の名誉とは何かについて直接判示するものではなかった。

(イ) 多数の人々の名誉毀損

(a) 被害者を特定できない場合　名誉毀損が成立するためには被害者が特定していることを要する（言い換えると，一般の読者・閲覧者・視聴者らであれば，名誉毀損にかかわる表現を解釈することによって被害者を同定できる必要がある）。したがって，例えば「A地方の人たちは粗野である」という漠然とした表現行為を行っても名誉毀損にはならない（五十嵐清・人格権法概説〔2003〕36頁参照）。昨今のヘイト・スピーチも同様の観点から，名誉毀損は否定されるだろう（ただし特定の団体・個人を対象とするヘイト・スピーチは別論である。京都朝鮮学園に対する名誉毀損を認めた大阪高判平26・7・8判時2232号34頁参照〔最決平

〔水野〕　521

§709 D I

第3編 第5章 不法行為

26・12・9 LEX/DB25505638 は上告棄却・不受理〕）。

(b) **被害者を特定しうる場合**　これに対して，最高裁平成15年10月16日判決（民集57巻9号1075頁〈テレビ朝日ダイオキシン報道事件〉）では，A市産の野菜がダイオキシン類に汚染されているというテレビ局Yの報道によって名誉が毀損されたとして，A市で野菜を生産・販売するXら29名（1審では376名）が損害賠償と謝罪広告を求めた。主な争点は，放送で用いられた表現が真実といえるかどうかであった（→2(1)(ウ)）が，もう1つ注目されるのは，最高裁が「本件放送は，一般の視聴者にほうれん草等のA産の葉物野菜の安全性に対する信頼を失わせ，A市内において各種野菜を生産するXらの社会的評価を低下させ，Xらの名誉を毀損した」という原審の判断を是認した点である。ここでも，名誉を語る上で「人格」概念は援用されていない（Xらの名誉毀損は，A市産の野菜の安全性について疑問が提起された結果として生じた第2次的な権利侵害とみうるが，この点については→(ウ)(b)(ii)・(iii)）。

(ウ) **検　　討**

(a) **団体や法人の名誉の主体 —— 自然人との共通性**

(i) **人格的価値に言及しないことの是非**　権利能力なき社団に関する前掲最高裁昭和31年7月20日判決は「人格的価値」に言及せず，「人の社会的評価」の低下に注目する。また，前掲最高裁昭和39年1月28日判決〈代々木診療所事件〉の結論は，法人にも社会的評価が考えられるとして支持されているが（例えば，五十嵐・前掲書36頁。古くは，鳩山・下878頁も「名誉とは人（自然人又は法人）が社会より受くる評価を謂ふ」としていた），学説も，ここでは「人格的価値」に言及しない。しかし，それでは，団体や法人の「何に関して」社会から受ける客観的評価が低下しているというのだろうか。（刑法の）ある学説が指摘するように，「社会的評価自体は名馬や名犬も享受しているのであって，名誉の主体となることの決め手とはならない」（佐伯仁志「名誉とプライヴァシーに対する罪」芝原邦爾ほか編・刑法理論の現代的展開 各論〔1996〕78頁）はずである（もちろん，権利能力がない動物は賠償請求の主体にはなりえないが，佐伯説の主眼は，「社会的評価の低下」と言っただけでは名誉毀損の説明になっていないという点にある）。

(ii) **社会の構成員との間のコミュニケーション**　①したがって，ここで議論すべきことは，法人や団体が受けている社会的評価が「人間の人格に

§*709* D I

対する評価と同様に」（佐伯・前掲論文78頁）名誉と呼べるのかどうかということでなければならない。このような立場に立つと、「法人が人間と同様に1つの意思主体として社会的活動を行っており」「人間の人格に対するのと同様の社会倫理的評価を受けていること」（佐伯・前掲論文78頁）に、法人の名誉主体性の根拠を求めるのが妥当である。②この「社会的活動」とは、団体や法人が、社会の構成員との間で日常的に行う様々なコミュニケーションの総体と言い換えることができるだろう。団体や法人は、このようなコミュニケーションを通じて、名声・信用・良き企業イメージなどを培っていると考えられるが、かかる構図は、自然人が人格的価値を作り上げる過程と共通している（→(iii)①）。こう考えると、「人の……人格的価値について社会から受ける客観的評価」を名誉と捉えた前掲最高裁大法廷昭和61年6月11日判決〈北方ジャーナル事件〉の射程は、法人や団体にも及ぶことになる。

　(iii)　社会的コミュニケーションが阻害される危険の高まり　　人格的価値を有する自然人とパラレルに団体・法人の名誉主体性を捉えると（→(ii)）、名誉毀損およびそこから生じる損害はどのように理解できるか。①まず、団体や法人の名誉が毀損され、団体や法人がこれまで社会の構成員との間で行ってきたコミュニケーション（社会的活動）を通じて生まれた名声・信用・企業イメージなどが傷つけられる（社会的評価の低下という権利侵害）と、団体や法人が、「今後」社会の人々との間で行うであろうコミュニケーション（社会的活動）に支障をきたす危険が高まる。社会的コミュニケーションがこのように阻害される「危険」が高まったとき、私たちは名誉毀損による損害が生じると考えるのだと思われる。もっとも、これは、団体や法人に特別なことではない。自然人も、その人格的価値の形成過程で、他者との間でコミュニケーションをしているからである（本稿は、自己と他者が、最初から自律的な主体として存在するのではなく、社会的コミュニケーションの所産であるとする正村俊之「コミュニケーション論の系譜と課題」同編著・コミュニケーション理論の再構築〔2012〕20頁以下や、他者の反応を確かめ協調し一定の合意をするという協働（co-action）という過程を経ることによって、初めて意味のある言葉が生まれ、個々人という概念が生み出されるのだとするガーゲンの社会構成主義の立場〔Gergen, K.J., *An Invitation to Social Construction*, 4th ed.（2023）pp. 115-116〕が社会的現実を適切に説明しており、近代法の底流にある個人主義とは異なるものの、名誉毀損という規範的文脈でも説得力があると考

〔水野〕　　523

§*709* D I　　　　　　　　　　　　　　　第3編　第5章　不法行為

えている）。自然人の名誉が毀損された場合も，かかる社会的コミュニケーションが，「今後」阻害される「危険」が高まるのであり，自然人の場合は，（通常は）これが精神的損害と評価される。②しかし，団体や法人の場合は，それに加えて，構成員の脱退や事業達成への悪影響なども生じうる（森泉章「法人・集団の人格権」賠償講座(2)126-127頁）。後者は，財産的損害という性格をもつが，この金銭的価値を裁判所が認定することは困難なことが多いだろう。前掲最高裁昭和39年1月28日判決〈代々木診療所事件〉のいう「無形の損害」は，①と②を併せ，裁判所が自由な裁量で損害額を算定することを容易にするテクニカル・タームとして機能していると考えられる。

　(b)　いわゆる「信用毀損」の問題

　(i)　商品に対する批判　　法人には，構成員の脱退や事業の達成への悪影響（→(a)(iii)②）よりも，その金銭的価値が立証しやすい財産的損害が生ずることもある。例えば，Xが製造・販売している商品（浄水器）の性能について，消費者が期待する性能を備えていないとする実験結果を示した雑誌の記事が問題になったことがある（東京地判平7・2・16判タ896号193頁）。判決は，当該記事は「Xの名誉ないし信用を毀損する」とした（免責事由に該当することを理由に不法行為の成立は否定）が，ここで問われていることは，第1次的には，Xの商品に対して批判的な評価がなされた結果生じた財産的損害（Xらは顧客の契約解除による損害を主張する）である。つまり，企業イメージの低下により無形の損害が生じた（→(a)(iii)）のではなく，個々の商品の性能にかかわる評価の低下が最初にあり（商品の評価毀損と人の名誉毀損を区別して論じる山田卓生〔判批〕ジュリ1095号〔1996〕189-190頁参照），これによって，消費者の行動パターンに変化が生じて（契約の解除など），財産的損害が生じたと見るのが自然である。

　(ii)　名誉毀損との違い　　したがって，この限りで，商品に対する批判を名誉毀損の範疇で議論するのは適切ではない。論者が指摘するように，市場に提供される商品・役務が批判にさらされ，不利な事実が摘示されることは，競争的な市場の性格に本来的に由来しており，かかる競争的な場に原則として依存しない人格的な利益の侵害とは区別されるべき問題だからである（中村哲也「営業批判と名誉毀損法」幾代通献呈・財産法学の新展開〔1993〕479-480頁）。したがって，①商品に対する批判を「信用毀損」と呼ぶことは，名誉の中に

524　〔水野〕

§*709* D I

信用も含まれるとする判例理論との間で混同が生じる。「商品に対する批判による財産的損害の発生事例」のように具体的に呼ぶほうが適切であろう。もっとも，当該商品が企業の主力商品だったような場合は，企業に対する消費者の信用やイメージが低下し，結果として，企業の名誉毀損の問題が生じることもあろう。しかしこれは，商品に対する批判的な評価（商品に関する評価の低下）という第1次的な権利侵害ではない。その結果生じた，第2次的な権利侵害（後続侵害）であり，その違法性評価（不法行為の成否の判断）は慎重に行うべきである。②これと関連して，ある職業に従事するX（自然人）の提供する役務（例えば歯科医の治療行為）について，Yが管理・運営するウェブサイト（グーグルマップの口コミなど）において利用者の否定的な評価や感想が投稿された場合はどうか。そのような投稿にはXの役務について否定的なものもあれば肯定的なものもあるのが通常であり，閲覧者もそのことを踏まえた上で，市場の中で役務提供者を自ら取捨選択するための判断材料として当該サイトを利用していると考えられる。つまりXは，まさに競争的な市場の一員として自らの役務に対する評価を受けているのであり，当該口コミがXの（提供する役務とは明確に切り離された）人格や資質を特に非難しているという事情のないかぎり，Xの社会から受ける人格的価値の低下をそもそも問題とするべきではないだろう（根本尚徳〔判批〕リマークス61号〔2020〕16頁も参照。これに対して，下級審裁判例では，名誉毀損の枠組みで捉えた上で，受忍限度を超えてXの社会的評価を低下させるものではないとするものが多い〔Yに対して投稿記事の削除を求める請求ないし仮処分命令申立てを認めなかった東京高判令3・11・4 LEX/DB25595272（最決令4・9・15 LEX/DB25595273は上告不受理），東京高決平30・6・18判時2416号19頁など〕）。

　　(iii)　特定産地の野菜をめぐる報道事例の評価　　以上のように考えると，前掲最高裁平成15年10月16日判決〈テレビ朝日ダイオキシン報道事件〉で，テレビ局Yの報道番組がA市産のほうれん草等の安全性について疑問を提起したため，A市で野菜を生産・販売するXらに財産的損害が生じた場合に，Xら一人ひとりの名声や信用など，その人格的価値にかかわる社会的評価が低下したといえるのかについては――判決は名誉毀損を認めた原判決を是認するが――やや疑問である。なぜなら，各農業従事者の名誉毀損は第2次的な権利侵害であり，また，Yの番組は，個別の農業従事者らが生産する農作

§709 DI

第3編　第5章　不法行為

物のリスクを問題としているのではなく、「概括的な集団の生産した商品に向けられた批判」（建部・前掲書111頁）をしていたからである（紙谷雅子〔判批〕民商130巻4＝5号〔2004〕868頁も参照）。当該番組は、（一般の視聴者は、A市でほうれん草等を生産・販売する人々という形でXらを特定しうるものであったが―(イ)(b)）Xらの人格的価値を損なうことに直接向けられていたわけではない（したがって、判決が農業従事者らの人格的価値に言及しなかったことは、あくまでもその限りで理解しうる）。

(4)　「人格」概念を援用しない判例・その2――前科の公表と名誉との関係

(3)と異なり、「社会的評価の低下」にすら言及しない判例群がある。

(ア)　公的機関による前科の漏えい　　まず、最高裁昭和56年4月14日判決（民集35巻3号620頁〈前科照会事件〉）では、A社から解雇されたXの地位保全に関する事件が京都地方裁判所や中央労働委員会に係属していたところ、Y市（京都市）の区長がXの前科および犯罪経歴について、A社から受任した弁護士Bの申出を受けた弁護士会からの照会（弁護23条の2）に漫然と応じ、弁護士会に報告した結果、Bから情報を得たA社の幹部らによって、Xが、地裁や中労委の審議終了後等において構内にいた事件関係者や傍聴者らの前で、自らの前科を摘示されるなどしたケースが争われた。判決は、「前科及び犯罪経歴（以下「前科等」という。）は人の名誉、信用に直接にかかわる事項であり、前科等のある者もこれをみだりに公開されないという法律上の保護に値する利益を有」し、市区町村長は「選挙資格の調査のために作成保管する犯罪人名簿に記載されている前科等をみだりに漏えいしてはならない」と判示して、原審の判断（区長の報告は過失による公権力の違法な行使にあたるとしてY市の国賠法1条1項の責任を認めた）を是認している。

(イ)　著作物の中での前科の公表　　次に、最高裁平成6年2月8日判決（民集48巻2号149頁〈ノンフィクション「逆転」事件〉）では、米国統治下の沖縄県で発生した米兵への傷害の罪で、実刑判決を受けたXに関する事案が問題となった。Xは、仮出獄（現在の仮釈放〔刑28条〕）後、沖縄を離れ、都内のバス会社に就職し結婚もしたが、会社にも妻にも前科を秘匿していた。しかし、就職後8年余り経てから、本件裁判の陪審員の1人であったYがノンフィクションを執筆し、その中でXの実名を使ってXの前科等にかかわる事実を公表した。判決は、ある者が「有罪判決を受け、服役したという事実

526　〔水野〕

§*709* D I

は，その者の名誉あるいは信用に直接にかかわる事項であるから，その者は，みだりに右の前科等にかかわる事実を公表されないことにつき，法的保護に値する利益を有する」として，前科照会事件判決（一(ア)）を引用した上で，「その者が有罪判決を受けた後あるいは服役を終えた後においては，一市民として社会に復帰することが期待されるのであるから，その者は，前科等にかかわる事実の公表によって，新しく形成している社会生活の平穏を害されその更生を妨げられない利益を有する」と述べ，慰謝料を認めた原判決を是認している。

(ウ) 検　討

(a) ノンフィクション「逆転」事件における法益　　上の2つの判決のうち，ノンフィクション「逆転」事件判決のいう「新しく形成している社会生活の平穏を害されその更生を妨げられない利益」とは，プライバシーの利益のことであると捉える見解が多数を占めている。確かに，Xが新しく人間関係を形成していたところ，Y執筆のノンフィクションが出版されたことによって，Xがそれまでと異なる判断枠組みから認識されるに至ったこの事案は，プライバシー侵害と捉えるのが適切である（一3(3)）。

(b) 名誉とプライバシーとの関係

しかし，ノンフィクション「逆転」事件判決は，「有罪判決を受け，服役したという事実」（一(イ)）を，Xの名誉や信用に直接かかわる事項と捉えている。また，判決が引用する最高裁昭和41年6月23日判決（民集20巻5号1118頁〈「署名狂やら殺人前科」事件〉）では，昭和30年2月の衆議院議員総選挙に立候補したXについて，選挙公報で学歴や出身地を詐称した疑いがあるほか殺人の前科があるなどと報じた同年3月発行のY社の新聞（全国紙）記事がXの名誉を毀損すること自体は争われていない（争点は名誉毀損の免責の抗弁の成否であった。一2(1)）。よってノンフィクション「逆転」事件判決の事案においても，Xの前科等に関する事実が公表された以上，それが名誉毀損と評価される余地はある（建部・前掲書97頁以下も参照）。この点について，「逆転」事件判決の調査官は，前科等は「それが真実であるからこそ問題となるのであって，その公表した事実が真実であれば，一定の要件の下に免責が認められる名誉毀損の問題とは，一線を画されるべき」であるとして，本件をプライバシーの問題と捉えている（滝澤孝臣〔判解〕最判解平6年129頁）。

〔水野〕　527

§*709* DI 第3編 第5章 不法行為

しかし，真実性（プライバシー侵害では抗弁にならない）の抗弁が成り立てば名誉毀損事例でYが免責されることはあるが，それは抗弁の問題であり，請求原因レベルで，名誉毀損とプライバシー侵害の双方が（選択的に）成り立ちうることは背理ではないように思われる。問題は，その先にある。

(i) 継時的に成立しうる名誉毀損とプライバシー侵害　一般に，前科等に関する事実が公表され社会的評価が低下すると，Xがこれまで行ってきた社会的コミュニケーションが「今後」阻害される「危険」が高まる。このような危険の高まりが論点となる場合，名誉毀損による精神的損害の賠償が問題となるのだった（→(3)(ウ)(a)(iii)）。しかし，ノンフィクション「逆転」事件判決で問題となったのは次の段階であり，Xをとりまく情報環境（故郷を離れ平穏に暮らしていた）が実際に攪乱し（プライバシー侵害），Xが従来とは異なる判断枠組みから認識されるに至ったこと（プライバシー侵害による損害）に対する慰謝料が請求されている。名誉毀損とプライバシー侵害は，本件では同時的にではなく，継時的に成立しており，当事者は後者の点を争っていた（名誉毀損が法現象として成立するとしても，当事者はその点は争点にしていない）と解される。この意味で，ノンフィクション「逆転」事件判決を評する論者が，「プライバシー侵害を問題とするか，名誉侵害を問題とするかは，結局のところ，被害者の選択にゆだねられる」と指摘する（山本敬三〔判批〕民商116巻4＝5号〔1997〕642頁（注14））のは正鵠を射ており，また，判決が社会的評価の低下について議論しなかったことも理解しうる。

(ii) 名誉毀損かプライバシー侵害かが大きな意味を持たないケース
これに対して，前科照会事件判決の事案は微妙である。原審は，前科に関する情報が流布した範囲が限定的（場所は京都地裁と中央労働委員会の構内，集まった人数も限定的）であることを考慮して，Xの社会的名誉は大きく低下していないとする。たしかに，このような見方も可能であるが，このケースは，名誉毀損に続いてXをとりまく情報環境が攪乱したプライバシー侵害の事案であるともいえる（伊藤正己裁判官の補足意見は，法廷意見が用いなかった「プライバシー」という言葉を使い，「前科等は，個人のプライバシーのうちでも最も他人に知られたくないものの1つであ」ると判示する）。しかし，本件は情報の攪乱の度合いはさほどではなく，名誉毀損とプライバシー侵害の境目にある事例であった。しかも，主な争点は，Y市の区長がAの対立当事者であるXの前科等を漏

えいすることが，公権力の違法な行使といえるのかどうかであった。判決が，名誉毀損の意義について正面から論じなかったのは，このような観点に照らすと理解可能である。

(iii) 前科の公表が名誉毀損として争われる場合　これに対して，前掲最高裁昭和41年6月23日判決〈「署名狂やら殺人前科」事件〉では，新聞社Yが名誉毀損行為をしたことが当然の前提になっている（したがって，社会的評価の低下について裁判所は検討しようとはせず，Yの免責の抗弁の成否が争点となっている）。これは，Xが選挙の前後を通じて社会的活動をしており（社団法人や政治団体等を主宰），もし名誉毀損が認められれば，今後の社会的活動への影響が多少なりとも抑えられるという目論見があったからであるようにも見受けられる。Xは，「実際に」情報環境が攪乱し，従来と異なる枠組みから認識されたこと（＝プライバシー侵害による損害）よりも，社会的コミュニケーションが「今後」阻害される「危険」が高まること（＝名誉毀損による損害）を問題視していた（〔昭和27年の平和条約発効に伴う〕恩赦によって被選挙権を回復して間もないXの関心は，今後のことに向けられていた）のかもしれない。

(5)　「人格的」価値にかかわる「社会的」評価が「客観的」であるということの意味

(3)と(4)では，被害者の人格的価値や社会的評価の低下に言及しない判例を検討することを通じて，社会的コミュニケーション（これによって人格的価値が形成される）の所産である自然人や法人について，その名誉が毀損されるということは，彼らの社会的コミュニケーションが今後阻害される危険が高まることを意味しており，また，その結果，次の段階として，被害者をとりまく情報環境が実際に攪乱してしまうことがあり，それは，プライバシー侵害の1つの類型と捉えうることについて検討した。以上を踏まえて，名誉毀損において，その低下が問題となる社会的評価，すなわち「人格的」価値について「社会から受ける客観的評価」（前掲最大判61・6・11〈北方ジャーナル事件〉）とはそもそも何を意味するかについて検討することにしよう。

(ア)　「社会から受ける」客観的評価

まず，「社会から受ける」という意味が問題である。判例は，人が自身の人格的価値について有する主観的な評価である名誉感情を，人が人格的価値について社会から受ける客観的な評価である名誉と区別している（前掲最判

〔水野〕　529

§709 DI

第3編　第5章　不法行為

昭45・12・18〔→(2)(イ)〕）。

（a）**人は自身の人格的価値について純粋に主観的な評価をすることが可能か**　しかし，両者を実際に区別できるのかは微妙である。なぜなら，仮に，最高裁が名誉感情を定義する際に，「人は自身の人格的価値について（たった1人で）主観的な評価をすることができる」という立場をとっていると理解し，その正当化を試みるならば，私たちは，社会的コンテクストから独立した抽象的な人間像を措定し，しかも，そのような人間が実在することを想定する必要がある。しかし，このような正当化は，説得力が乏しいからである。むしろ私たちは，たった1人でいるときでも特定の文化に根ざした社会的な共同実践を行っており，他者の補完的な行為を通して初めて何かを意味する力を得ているという立場（ケネス・J・ガーゲン（東村知子訳）・あなたへの社会構成主義〔2004〕217頁・326頁参照）のほうがより現実に即している。言い換えると，ここでは「個人の人格が他者との共同によってのみ形成され，意味づけられる」という認識（個人主義的権利観の限界に着目する浅野有紀「プライヴァシーの権利における公法と私法の区分の意義」佐藤幸治古稀・国民主権と法の支配（下巻）〔2008〕192頁。正村俊之のコミュニケーション理論やガーゲンの協働（co-action）理論〔→(3)(ウ)(a)(iii)〕も参照）に立つべきである。そして，かかる立場を前提に，名誉感情の侵害と名誉毀損を区別しようとするのなら，私たちは，名誉毀損の定義のうち，「社会から受ける」という意味を次のように解するほかないだろう（→(b)）。

（b）**名誉感情の侵害とは異なる名誉毀損特有のメルクマールは何か**　すなわち，私たちは，①他者との共同実践ないしコミュニケーションによって（＝社会的に）作り上げてきた自己の人格的価値を有し，②その人格的価値を保有しながら，他者との間で（＝社会的に）さらなるコミュニケーションを行っている（東京地判平28・8・30判タ1468号244頁も「人の人格的価値に対する社会的評価はその人の職業を始めとする社会的地位やそれを前提とする社会との関わり合いといった対象者と社会との関係性と分かち難く結びついている」と判示する）ところ，③人格的価値を低下させる表現行為がなされ，④それが一定の範囲を超える人々に（＝社会的に）流布されて，⑤コミュニケーションが今後阻害される危険が高まった場合に，名誉毀損による損害（自然人の場合は通常は精神的損害，法人の場合には無形の損害）が生じると考えられる。このように，「社会から受

§709 D I

ける」というのは多層的な意味を有しているが、名誉感情が侵害された場合にも、①〜③の事象は生じていることが多いので、名誉感情の侵害とは異なる名誉毀損特有のメルクマールは、④（およびそれによって生じる⑤）と考えられるのである（より子細に見れば、名誉毀損の場合に③の人格的価値の低下が生じるかどうかは、④で問題となる一定の範囲を超える人々の〔新聞であれば一般読者、ウェブサイトの記事であれば一般閲覧者、テレビ番組であれば一般視聴者の（→(3)(ア)(a)(i)）〕解釈作業、すなわち、そのような人々が③の表現行為について被害者の人格的価値を低下させるものと解釈するかどうかにかかっている。これに対して、名誉感情の侵害の場合には、人格的価値の低下の有無は、被害者本人が③の表現行為をどのように受け止めたか、また、その受け止め方に相当の理由があったのかどうかによって判断されることになるだろう。そしてこのように考えると、名誉毀損による不法行為が成立するためには、その前提として、一般の読者・閲覧者・視聴者らによる被害者の同定可能性が必要である〔→(3)(イ)〕一方で、名誉感情の侵害の場合には、問題となっている表現について被害者自身が解釈して、自分に対して向けられたものであると相当の理由をもって判断したといえるのかどうかが問われることになる。表現行為による名誉感情の侵害について表現行為の「対象者が当該表現をどのように受け止めるのかが決定的に重要である」と指摘する福岡高判令2・3・24 LEX/DB25598565 も参照）。実際、下級審裁判例に現れた事例でも、例えば、タクシー運転手に対し乗客が侮蔑的な言辞を車内で弄した場合には名誉感情の侵害とされている（大阪高判昭54・11・27判タ406号129頁）が、これは、当該表現が、運転手が職務を遂行する過程で、これまで社会の人々との間で培ってきたであろう誇りを傷つけるようなものであっても、当該言辞が流布されてはいない以上（事象④が生じていない）、名誉毀損とはならないからである。また、名誉感情の侵害に関する前掲最高裁昭和45年12月18日判決（→(2)(イ)）では、日本共産党所属の市議会議員の立候補者に、自由民主党の市長選挙の対策本部から選対委員に委嘱する旨の委嘱状が送付された事案が争われているが、この判決をめぐってある論者は、名宛人が一定の立場を明らかにして政治活動に専念している場合、委嘱状送付の事実が第三者に知られることを通して、名宛人の名誉が毀損される可能性があると指摘する（幾代・前掲判批46頁）。これも、事象④が名誉感情の侵害と名誉毀損とを区分する指標になることを示している（これに対して、窪田充見ほか編著・事件類型別 不法行為法〔2021〕314–320頁〔建部雅〕は、名誉について④〔＝「公然性」〕を要求するのが裁

〔水野〕　　531

§709 D I　　　　　　　　　　　第3編　第5章　不法行為

判例の趨勢だとする一方で，④を一律に要求することに疑問を提示し，例えば学校や職場など，限られた範囲の人々に被害者の社会的評価を低下させる情報が伝達されたような場合に，情報伝達の必要性や相当性の有無を違法性要件の中で柔軟に考慮して，名誉毀損の成否を判断する途を探る）。

（イ）　社会から受ける「客観的」評価

次に，社会から受ける「客観的」評価とはどういう意味だろうか。

（a）「主観的」評価との対比　　上で検討したように，人が自身の人格的価値について有する主観的評価である名誉感情（ないしその基礎にある人格的価値）の形成過程においても，他者とのコミュニケーションは行われているのであり，人が自身の人格的価値について純粋に「主観的」な評価をすることはありえない（→(ア)(a)）。このような観点に立つと，名誉毀損に限られず，およそ人格的価値が侵害される場合，社会的接触関係にある他者の存在が想定され，その意味で，人格的価値に関する評価は何らかの形で客観的な性格を帯びることになる。この点を踏まえた上で，名誉毀損事例で「客観的」評価という点がクローズアップされた事例を検討するならば，次のとおりである。

（b）「客観的」評価と損害の発生時期　　まず，最高裁は，新聞記事による名誉毀損について「新聞が発行され，読者がこれを閲読し得る状態になった時点で，右記事により事実を摘示された人の客観的な社会的評価が低下するのであるから，その人が当該記事の掲載を知ったかどうかにかかわらず，名誉毀損による損害はその時点で発生している」と判示する（前掲最判平9・5・27〔→(2)(ウ)〕）。この判決は，被害者の認識の有無にかかわらず，社会的評価が低下したのは新聞発行の時点であることを論じる文脈で，「客観的」という言葉を用いている。

（c）「客観的」評価と慰謝料の算定時期　　しかし，同判決は，慰謝料額について「事実審の口頭弁論終結時までに生じた諸般の事情を斟酌して裁判所が裁量によって算定する」とした上で，「名誉毀損による損害が生じた後に被害者が有罪判決を受けたという事実を斟酌して慰謝料の額を算定することが許される」と判示する。つまり，被害者の人格的価値が名誉毀損以外の理由によってさらに低下した事実も斟酌しうるのである。しかし，ここでの保護法益が社会的評価という客観的利益であり，それによる損害が有罪判

532　〔水野〕

§*709* D I

決以前にすでに生じているのなら，慰謝料も，不法行為時を基準に評価すべきである（窪田充見〔判批〕民商119巻4＝5号〔1999〕770頁）ようにも思える。もっとも，「客観的な」社会的評価が低下しているとしても，通常の物損事例のように，その低下が一回的現象として生じているわけではない。社会的な情報環境（平川宗信・名誉毀損罪と表現の自由〔1983〕20頁も参照）に常にさらされている私たちの人格的価値にかかわる評価は，当該環境の変化に応じて常に変動する可能性がある。よって，このような情報環境の変化を柔軟に取り入れうる損害論を構築するか（水野謙「損害論のあり方に関する覚書」ジュリ1199号〔2001〕6頁は，権利侵害時から口頭弁論終結時までの被害者の不利益状態の総体を損害と観念する），あるいは（理論的にやや不明確であるが）判例のように損害は既発生と捉えた上で（→(b)），金銭的評価の段階で損害発生後の事情を斟酌するのが妥当であろう。

(ウ)　「人格的」価値について社会から受ける客観的評価

最後に，社会から受ける客観的評価の対象である「人格的」価値とは何か。この点が特に問題となるのは，次の2つの類型である（→(a)(b)）。

(a)　社会的マイノリティという属性と「人格的」価値

(ⅰ)　問題の所在　　ある人が被差別部落の出身であること，少数民族に属すること，統合失調症であること，同性愛者であることなど，当該被害者が社会の中で少数者の属性を有しているという事実を摘示することは，名誉毀損になるか。東京高裁平成18年10月18日判決（判時1946号48頁）では，社長Ｘが逮捕監禁され，衣服を脱がされ同性愛行為を仮装された様子を写真に撮られ退任を迫られたという社内抗争事件をめぐって，週刊誌Ｙが電車内の吊り広告の見出しで「ホモ社長」という言葉を使った点が問題となった。判決は，「現在の日本社会においては，同性愛者，同行為を愛好する者に対しては侮蔑の念や不潔感を抱く者がなお少なくない」，「このような状況において，Ｘがかかる嗜好をもつ者と誤解されることはＸの社会的評価を低下させる」と述べる。この立場は，社会的なマイノリティに対する偏見や差別が残っている以上，社会的評価の低下を肯定せざるをえないとするものである。しかし，社会的評価の低下というだけでは，名誉毀損を説明したことにはなっておらず（→(3)(ウ)(a)(ⅰ)），人の「人格的」価値について社会から受ける客観的評価が低下している必要がある。では，ある人が社会的マイノリ

〔水野〕　　533

§*709* D I 第3編 第5章 不法行為

ティに属している事実を摘示すること（ないにもかかわらずあると誤解される表現行為を含む）は，「人格的」価値にかかわる社会的評価を低下させるだろうか。

(ii) 名誉毀損の成立を否定する学説・裁判例　　ある（刑法上の）学説は，「人格とは人が主体的に作り上げていくものであって，人格に対する評価の基礎となる事実は，その人の責任において変更することのできる事実でなければならない」という観点から，病気や障害は名誉とは関係がないと主張する（佐伯・前掲論文77頁）。そして，生まれつきの身体的資質や家柄など「個人にとって責任のない事柄」の公表は，プライバシー侵害になり得るとしても名誉の侵害とはいえないとしている（佐伯仁志「プライヴァシーと名誉の保護(一)」法協101巻7号〔1984〕991頁）。裁判例でも，X（小学校教諭）の父親が被差別部落の出身であることを部落解放運動団体Yの機関誌（各学校にも配布されている）がXの意に反して記事にした（Yの運動方針は，部落出身者は差別から逃げず，自ら出身を名乗り闘うべしというものだった）ことが問われた高知地裁平成4年3月30日判決（判タ788号213頁）は，被差別部落出身かどうかなどは，Xの「職責を遂行する能力や資質を判断するに際して考慮されるべきでない私的事項であり，Xに対する社会的評価を低下させる性質を持つものということはでき」ないとして，プライバシー侵害は認めたものの，名誉毀損の成立は認めなかった。

(iii) 検討　　(ii)の学説は，ある意味で説得力に富んでいるが，社会的マイノリティとしての属性について偏見がある場合に名誉毀損を認めなくてよいのかについては，疑問が拭えない。①第1に，そもそも人格とは，人が主体的に作り上げていくものなのか（(ii)説はこれを出発点とする）。もちろん，かかる側面は否定できないだろうし，比較法的に見ても，ドイツのボン基本法が自己の人格を自由に発展させる権利をうたった（一(1)・(2)(エ)）ことは，歴史的経緯（ナチス時代の反省に立っている）に照らせば理解しうる。しかし，現実の社会では，その人の責任で変更できない事実もしばしば人格に対する評価の基礎となり，その人の社会的評価を低下させる──これは規範的には不合理な差別であるが──ことは否定できないだろう。個人の人格は，他者との共同によって形成され意味付けられてしまう（一(ア)(a)）のである。このような人格の形成過程に注目すると，不合理な社会的評価の低下に対して，名誉毀損による法的救済の途（名誉回復処分〔723条〕を含む）を閉ざすべきではな

534　〔水野〕

い。②第2に，個人の責任とはいえない事柄の公表を，プライバシー侵害として扱えば足りるのかも問題である。前掲東京高裁平成18年10月18日判決のように，そのような性的指向を有していないにもかかわらず「ホモ社長」と表現された場合，被害者がこれをプライバシー侵害として訴えることは考えにくい。前掲高知地裁平成4年3月30日判決の事案も，被害者自身は被差別部落の外で生まれたようであり，プライバシー侵害だけを問題とすれば足りるのかは疑問である（Yの意向を受けた市の同和教育担当者が「父親が部落民なら本人がどう思おうと部落民とみなす」として「部落民宣言」を強く勧め，問題の記事も，Xが自身を部落民と思っていないことを論難していた）。③第3に，仮に原告である被害者が社会的マイノリティの属性を有していても，被告による真実性の抗弁が成り立たない（公開を欲しない私的な情報がみだりに公開されたことを被害者が自ら認めるに等しい）プライバシー侵害で訴えるよりも，被告が免責されるための公共利害性の要件（→2⑴⑷⒜）が満たされない（真実性のテストの手前の「正当な」関心事という要件がそもそも満たされない）として，その段階で勝敗の決着がつく名誉毀損を理由に被害者が賠償請求したいと考えることもありうる。その場合に，被害者の選択の幅を狭めるような解釈は望ましいとはいえないと思われる。

　(b)　「死者の名誉毀損」

　(ⅰ)　間接保護説　　死者をモデルとする小説または死者に関する週刊誌の記事もしくは捜査機関の記者発表などの中で，死者が生存しているならば，その社会的評価を低下させるような事実が摘示された場合，死者の「人格的」価値について社会から受ける客観的評価の低下（死者の名誉毀損）があったことを理由に，損害賠償を求めることはできるだろうか。死者には権利能力がないので，これは否定に解するのが自然な考え方である。①故人A（元公使）をモデルとする小説の中で，Aが「妻帯中に部下の妻と関係があった」と記述されたことが問われた東京高裁昭和54年3月14日判決（高民集32巻1号33頁〈「落日燃ゆ」事件〉）も，死者の名誉ないし人格権については「実定法上の根拠を欠く」としている。しかし，同判決は，「故人に対する遺族の敬愛追慕の情も一種の人格的法益としてこれを保護すべきものであるから，これを違法に侵害する行為は不法行為を構成する」とする。このように，「死者の名誉」が保護法益となることを否定しつつ（もっとも，死者が生存して

〔水野〕　535

いれば，その社会的評価を低下させるような事実が摘示された場合，裁判所は「死者の名誉が毀損された」という便宜的な言い方をすることが多い），遺族の敬愛追慕の情を保護法益とする考え方は，その後の下級審裁判例でも採用されている（HIV患者の死亡をめぐる写真週刊誌の記事に関する大阪地判平元・12・27判時1341号53頁，捜査機関の誤った発表に基づく報道に関する松山地判平22・4・14判タ1334号83頁など）。②死者の名誉を実名で毀損する小説によって，（「スパイの息子」として）近親者の名誉も毀損された場合（大阪地堺支判昭58・3・23判タ492号180頁〈実録小説「密告」事件〉）には，生存近親者固有の名誉毀損が成立することがある。これら①②の考え方（間接保護説）は，学説でも多数説である。

　　(ⅱ)　直接保護説の主張とその問題点　　これに対して，学説の中には，死者も人格的利益を保有し，その利益が侵害された場合，遺族や故人が指定した請求権者などが死者に代わって救済を求めうるとする説（直接保護説）も主張されている。①この説を採る論者は，比較法的手がかりをドイツの判例に求め，人格の自由な発展は，「人間の生活像がその死後も……名誉毀損的歪曲から保護されることを信頼し，その期待の中で生存し続ける場合にのみ，十分保護される」（斉藤博・人格権法の研究〔1979〕211頁）などと主張する（五十嵐清「『メフィスト事件』再考」北海学園大学法学研究41巻1号〔2005〕82-83頁も参照）。しかし，本人の死後，その人格像を保護することは，間接保護説の下でも，多くの場合，可能なはずである。②遺族がいない場合や，死者の利益と遺族の敬虔感情が一致しない場合は，間接保護説では死者の人格的利益が守られないという批判もある（五十嵐清・人格権論〔1989〕170頁）が，故人の人格像を歪曲する言説が，現存するいかなる人の法益も侵害しない場合に裁判所を通じた是正措置（直接保護説は慰謝料ではなく差止請求を主に念頭に置く）を講じる必要があるのかは疑問である（幾代通「死者の名誉を毀損する言説と不法行為責任」名法88号〔1981〕218-219頁）。③なお，著作権法60条本文は，著作者人格権がその主体の死後は消滅することを前提としており（中山信弘・著作権法〔4版，2023〕671頁，作花文雄・詳解著作権法〔6版，2022〕241頁），直接保護説の論拠にはならない。

　　(ⅲ)　「遺族の敬愛追慕の情」について　　①このように考えると，直接保護説のように，権利能力なき死者の名誉をあえて観念する実益は乏しい。もっとも，故人に対する遺族の敬愛追慕の情を保護法益とする間接保護説の

§709 DI

下でも，遺族の損害賠償請求が常に認められるわけではない。まず，敬愛追慕の情の侵害の程度が問題となる。具体的には，故人と遺族との関係の近さ（親族関係の遠近，両者の生活実態など）や，故人の死後，その社会的評価を低下させる事実が摘示されるまでの時間的間隔が問題となる。摘示された事実が虚偽である必要はあるか。前掲東京高裁昭和54年3月14日判決〈「落日燃ゆ」事件〉は，故人の死後，44年余りを経て小説が発表された事案で，「かような年月の経過のある場合，右行為〔故人に対する遺族の敬愛追慕を侵害する行偽──筆者注〕の違法性を肯定するためには，……少なくとも摘示された事実が虚偽であることを要する」としている（虚偽とは認められないとして不法行為の成立を否定）。年月の経過との相関関係で，摘示された事実の虚偽の要否を判断するものであり，正当であろう。②次に，表現の自由に対する配慮のあり方が問題となる。前掲東京高裁昭和54年3月14日判決〈「落日燃ゆ」事件〉では，故人の死後，「年月を経るに従い，歴史的事実探求の自由あるいは表現の自由への配慮が優位に立つ」とされたのに対し（摘示された事実が虚偽とは認められなかった事案），前掲大阪地裁堺支部昭和58年3月23日判決〈実録小説「密告」事件〉では，「憲法の定める表現の自由及び学問の自由といえども虚偽の事実をもって他人の権利，名誉を侵害する自由までも保障するものではない」とされている（摘示された事実が虚偽だった事案）。一方，写真週刊誌の記事が問題となった前掲大阪地裁平成元年12月27日判決は，故人に対する遺族の敬愛追慕の情が侵害された場合にも，報道機関の報道および取材の自由との関係で慎重な調整が必要となるとして，公共利害性・公益目的性・真実性という（名誉毀損で定式化されている〔→2〕ものと同様の）違法性阻却事由の存否を検討している。ただ，この最後の点は，やや微妙である。遺族の敬愛追慕の情を保護法益とする場合，法益侵害の違法性が阻却されるのは，「死者の名誉」を保護法益として観念し，それを毀損した被告が免責される場合と同様に解しうるのだろうか。もしそうなら，「死者の名誉」を観念しない間接保護説の前提と矛盾しかねない。しかし，間接保護説の下でも，死者が生存しているならば，その社会的評価を低下させるような事実を摘示することが，まさに取材や報道の目的となっている場合には，その公共利害性・公益目的性・真実性の有無が，遺族に対する不法行為の成否を判断する際にも重要な要素になると考えるべきだろう。

〔水野〕

§*709* D I   第3編　第5章　不法行為

③それでは，（死者Aが生きていたとしても）Aの社会的評価が低下させると
はいえないような報道をYが行った場合に，Aの遺族Xの敬愛追慕の情の
侵害を問題とする余地はあるだろうか。これについて，津地裁四日市支部平
成27年10月28日判決（判時2287号87頁）は，地方のテレビ局Yがニュー
ス番組の中で工場の爆発事故を報じる際に，死亡したAの顔写真として，
Aの遺影（出棺の際に葬儀場の外からYが無断で撮影）を他の被害者の写真と共に
約7秒間報道したケースで，Aの母Xの「静穏に故人を悼む利益や敬愛追
慕の情」を保護法益として設定した上で，Aの写真を放映する必要性・相
当性の程度等にかんがみて社会生活上受忍すべき限度を超えた侵害があった
とは認めなかった。この事案では，Aの顔写真をニュース番組の中で使用
するという行為自体は，（Aが仮に生存していたとしても，Aは番組の中で突然の事
故の被害者という属性が専ら報じられているにとどまるので）Aの名誉（または名誉感
情）を損なうものとはいえないだろう。このような場合に，遺族の死者に対
する敬愛追慕の情が他者によって侵害されたと見ることには，やや無理があ
るのではないか。判決が言及するもう1つの法益である「静穏に故人を悼む
利益」のほうが，保護法益としては（その要保護性はより小さいであろうが）適
合的であったと思われる。一方，前掲最高裁平成28年1月21日判決〈「人間
動物園」事件〉で，判決は，死者Aおよびその娘Xについて社会的評価の低
下を否定したが（→(3)(ｱ)(a)(ⅰ)），Xの損害賠償請求を認めないという結論は，
ややすわりが悪いものであった。この事件では，（原判決〔東京高判平25・11・
28判タ1419号146頁〕によれば）Aが民族の誇りをもって自発的に参加した
（ともみうる）展示をYが差別的な言葉で紹介したという点を捉えて，（Aがも
し生存していれば）A自身の（名誉ではなく）名誉感情が侵害されたであろうこ
とを理由に，Xの遺族としての敬愛追慕の情の侵害を問題とする余地はあっ
たと考えられる。

2　名誉毀損・各論——表現の自由との調整

近時の名誉毀損をめぐる多くの判例では，原告の名誉が毀損されたこと自
体は，あまり争われない。主な争点は，被告の免責の抗弁が認められるかど
うかである。以下では，事実の摘示による名誉毀損（→(1)）と，意見や論評
による名誉毀損（→(2)）に分けて判例理論を確認し，その上で，判例理論に
批判的な見解を検討する（→(3)）。

§709 DI

(1)　事実摘示型の名誉毀損

(ア)　最高裁の定式化

(a)　「署名狂やら殺人前科」事件　　原告の名誉を毀損した被告の免責事由を明確に定式化したのは前掲最高裁昭和 41 年 6 月 23 日判決（民集 20 巻 5 号 1118 頁〈「署名狂やら殺人前科」事件〉）である。Y 社発行の新聞（全国紙）が「二月選挙の内幕 三候補者の場合 署名狂やら殺人前科」という見出しの記事の中で，前月の衆議院議員総選挙に立候補した X には，選挙公報で学歴や出身地を詐称した疑いがあるほか，殺人の前科があるなどと社会面トップ欄で報じた点が争われた。判決は，「名誉毀損については，その行為が〔①〕公共の利害に関する事実に係り〔②〕もっぱら公益を図る目的に出た場合には，〔③〕摘示された事実が真実であることが証明されたときは，右行為には違法性がなく，不法行為は成立しない……，〔④〕もし，右事実が真実であることが証明されなくても，その行為者においてその事実を真実と信ずるについて相当の理由があるときには，右行為には故意もしくは過失がなく……不法行為は成立しない……（このことは，刑法 230 条の 2 の規定の趣旨からも十分窺うことができる。）」とする。そして，公共利害性（①）は，X が衆議院議員の立候補者だったことから肯定し，公共目的性（②）も，原判決の判文上了解できるとする（原審は「国民は，公務員またはその候補者の適否を判断するため，当該公務員またはその候補者について知る必要があ」などと述べていた）。そして，前科に関する報道は真実なので違法性を欠き（③），経歴詐称の点も真実と信ずる相当の理由があったので故意または過失がない（④）として，Y の責任を否定した原判決を維持している。

(b)　真実性と相当性の判断基準時　　このように，摘示された事実の真実性が違法性判断にかかわる（→(a)③）のに対し，真実と信ずるについての相当性は故意・過失の要件にかかわる（→(a)④）。また，判例によれば，摘示された事実の重要な部分が真実であるかどうかは，行為者の認識にかかわらず客観的に判断すべきなので，判断基準時は口頭弁論終結時である（最判平 14・1・29 判タ 1086 号 102 頁〔犯人と推測させる内容の記事掲載後に有罪判決を受けたことを考慮しなかった原判決を破棄差戻し〕）。他方で，行為者の名誉毀損行為時の認識内容が問題となる相当性は，行為時に存在した資料に基づいて判断される（前掲最判平 14・1・29 の傍論）。

〔水野〕

§709 DI 第3編 第5章 不法行為

(イ) 公共利害性と公益目的性

以上を前提に，被告が免責されるための要件について，以下ではより詳しく検討する。まず，最高裁の定式 (一(ア)(a)) によれば，公共利害性と公益目的性という2つの要件にかかわる評価根拠事実を被告が主張・立証しない限り，真実性または相当性のテストをするまでもなく，被告は免責されない。

(a) 公共利害性

(i) 犯罪に関する事実　　前掲最高裁昭和41年6月23日判決〈署名狂やら殺人前科」事件〉では，衆議院議員の立候補者の経歴や前科について公共利害性が肯定されたが，このほか，犯罪に関する事実は，特段の事情のない限り公共の利害に関する事実とされることが多い。その理由について，ある裁判例は，犯罪は「一般社会における正当な関心事」であり，「その事実を公衆に知らせ，これに対する批判や評価の資料とすることが公共の利益増進に役立つ」からと判示する（最判平15・3・14民集57巻3号229頁〈長良川リンチ殺人報道事件〉の差戻審である名古屋高判平16・5・12判タ1198号220頁。なお，差戻審は，犯罪事実そのものではなく，〔犯行時少年だった〕犯人の経歴や交友関係等の情報〔差し戻した最高裁によれば，これを報じても少年法61条の禁ずる推知報道には当たらない〔一3(3)(ア)(c)(ii)〕〕も，犯行の凶悪・残忍・重大性に照らし社会への影響力が大であるなどとして公共利害性を肯定する)。

(ii) 私人の私生活上の行状　　著名なタレントや俳優の私生活上の振る舞い（家庭内での確執や近所付き合いなど）は，多数の人々が関心を寄せることが社会的に正当なものであるとはいえないので，公共利害性は否定される（東京地判平27・6・24判時2275号87頁。なお，東京高判平13・7・5判時1760号93頁は，俳優の近所付き合いに関する興味本位の報道は「国民の低俗な覗き見趣味」にはかなうとしても，国民の個人としての思想および人格の形成・発展に資する情報ではないと判示する)。もっとも，私人の私生活上の行状であっても，その社会的活動の性質や社会に及ぼす影響力の程度によっては，当該行状が，当該私人の社会的活動に対する批判や評価の資料となりうるので，公共利害性が肯定される（刑事事件だが，わが国有数の宗教団体の会長の女性関係が乱脈をきわめているという月刊誌の摘示した事実について〔平成7年の現代語化・平易化前の〕刑法230条ノ2第1項の規定する「公共ノ利害ニ関スル事実」とした最判昭56・4・16刑集35巻3号84頁〈月刊ペン事件〉参照)。犯罪容疑者の場合はどうか。これも，公衆の批判にさら

§709 D I

すことが公共の利益増進に役立つかという点から判断されるべきである。したがって，犯罪事実に密接に関連する行状でなくても，容疑者の社会的地位や社会への影響力などによっては，公共利害性が認められることがある（東京地判平2・12・20判タ750号208頁。ただし，当該事案では公共利害性を否定）というべきである。

　(b)　公益目的性

　(i)　公共利害性との関係　　摘示された事実について公共利害性が肯定される場合は，事実を摘示する記事等の公益目的性が肯定されることが通常である。裁判例によれば「犯罪に関する事実や裁判の経過に関する事実は……公共の利害に関する事実であるから，これについての記事等も，特段の事情のない限り，公益目的の存在が推認される」（前掲名古屋高判平16・5・12）。特段の事情としては，執筆態度が著しく真摯性を欠く場合や，私怨を晴らしまたは私利私欲を追求する意図がある場合などが挙げられている（前掲名古屋高判平16・5・12，広島地判平24・5・23判時2166号92頁など）。なお，主要な動機が公益のためであれば，多少私的な動機が混入しても「もっぱら」公益を図る目的があるといえる（大阪高判昭55・9・26高民集33巻3号266頁）。

　(ii)　意見・論評型の名誉毀損との関係　　公益目的性が推認されない特段の事情（㊀(i)）がある場合，被告は，ある事実を基礎として原告につき意見・論評をしていることが多いと思われる。実際，公共利害性を肯定しながら公益目的性を否定する裁判例では，Xの無罪判決確定後に元警察幹部Yが個人的感情から，今でもXを犯人と確信していると記者に発言したり（青森地判平5・2・16判時1482号144頁），美容整形外科医Yが近隣の美容整形外科医Xの治療法について，テレビ番組で一方的に人格的非難を含む批判を行う（東京地判平2・1・30判タ730号140頁）などしているが，これらの事例は，今日の判例理論の下では，意見ないし論評の表明による名誉毀損における「人身攻撃に及ぶなど意見ないし論評としての域を逸脱したものでない限り」という免責要件を充たすかどうかが問われるケースに当たると考えられる（㊀(2)(イ)(b)）。

　㊂　真　実　性

　(a)　「重要な部分」についての真実性の証明　　前掲最高裁昭和41年6月23日判決〈「署名狂やら殺人前科」事件〉は明言していないが，摘示された事

〔水野〕　541

§*709* D I 　　　　　　　　　　　　第3編　第5章　不法行為

実の「重要な部分」や「主要な部分」が真実だと証明されれば足りるというのが裁判例の動向である（例えば「主要な部分の補足的なものにすぎない」箇所が真実ではなかった場合に新聞社の責任を否定した大阪高判平 24・9・20 判タ 1406 号 95 頁。なお前掲最判平 14・1・29〔→(ｱ)(b)〕も参照）。その理由として，①まず，新聞記事の場合は，「新聞報道が本来有する表現の自由，迅速性の要請」を無視すべきではないとされることがある（大阪高判昭 61・11・14 判タ 641 号 166 頁）。②また，X 病院の医師 Y らが，精神科等で行われている治療内容を捜査機関に告発し新聞記者にも公表した事例では，「私人は専門の捜査機関ではないのであるから，告発事実全体が細部に至るまで悉く客観的真実に完全に一致することを求めるのは苛酷に過ぎ」るとして告発の違法性を否定し，さらに「重要な部分について真実であることが証明されれば足りる」として記者への公表について名誉毀損を認めなかった裁判例があり（前掲大阪高判昭 55・9・26），上告審・最高裁昭和 58 年 10 月 20 日判決（判タ 538 号 95 頁）でも維持されている。

(b)　「重要な部分」かどうかの判断基準

(ⅰ)　新聞記事の場合　　新聞記事による名誉毀損があったかどうかの判断基準（→1 (3)(ｱ)(a)）と同様に，「一般読者の普通の注意と読み方」が基準とされることが多い。例えば，X の逮捕（その後，無罪判決を受けた）に関する警察の報道発表を受けて掲載された Y 社の新聞記事の一部に，警察の発表にはない，事実と異なる記載があっても，「記事の見出し，レイアウト，記事内容等の事情を総合的に勘案し，一般読者が普通の注意の読み方で読んだ場合の印象を基準とすれば」事実と異なる記載部分は「重要な部分」には該当しないとした裁判例がある（前掲大阪高判平 24・9・20〔最決平 25・12・17 LLI/DB L06810074 は，上告却下・棄却・不受理〕）。

(ⅱ)　テレビ番組の場合　　前掲最高裁平成 15 年 10 月 16 日判決（民集 57 巻 9 号 1075 頁〈テレビ朝日ダイオキシン報道事件〉→1 (3)(ｲ)(b)）は，テレビの「報道番組の内容が人の社会的評価を低下させるか否かについても，〔新聞記事の場合と〕同様に，一般の視聴者の普通の注意と視聴の仕方とを基準として判断すべき」であるという一般論を述べた上で，テレビの「報道番組によって摘示された事実がどのようなものであるかという点についても」当該基準にしたがって判断するのが相当だとしている。具体的には，「番組の全体的な

542　〔水野〕

構成，これに登場した者の発言の内容や，画面に表示されたフリップやテロップ等の文字情報の内容を重視すべきことはもとより，映像の内容，効果音，ナレーション等の映像及び音声に係る情報の内容並びに放送内容全体から受ける印象等を総合的に考慮」すると，「ほうれん草を中心とするA産の葉物野菜が全般的にダイオキシン類による高濃度の汚染状態にあり，その測定値が1g当たり『0.64〜3.80 pgTEQ』もの高い水準にあるとの事実」が重要な部分であり，これについて真実性が証明されていないとした（最高値3.80 pgTEQがA産の〔葉物野菜ではなく〕煎茶の測定値であることを視聴者に明らかにしていなかった事案）。

㈒　相　当　性

　事実摘示型の名誉毀損事例で，免責の可否をめぐって最も争われるのは，摘示された事実（の重要部分）を真実と信ずるについて相当の理由があるかどうかである。

　(a)　裏付け取材の要否　　例えば，生まれながら口の形が変わっている嬰児の変死事件について，捜査当局が公式発表をしていない段階で，Y社の新聞記者が解剖医および刑事官からの情報をもとに，家族Xらの誰かが殺害したという印象を読者に与える記事を掲載した事件で，判例は，慎重に裏付け取材をすべきであったとして相当性の抗弁を認めなかった（最判昭47・11・16民集26巻9号1633頁）。このように，Yが依拠した資料や取材源の信頼度が低い場合には，裏付け取材が必要になる（Xと離婚し他の男性と再婚した元妻の供述以外に報道の裏付けとなる資料がない場合に相当性を認めなかった最判平14・1・29判タ1086号114頁，治験統括医X自身の発言をもとに，その裏付け取材もした上で，Xが一部の製剤メーカーに配慮して治験を遅らせた旨の記事をY社の月刊誌が掲載した事案で相当性ありとした最判平17・6・16判タ1187号157頁も参照）。

　(b)　無罪推定原則と相当性　　Xが控訴中の刑事事件の第1審判決で認定された事実をもとに，Yが出版物中の文章を執筆した場合，無罪推定原則は，相当性の抗弁が認められない方向に作用するか。判例は，刑事判決で認定された事実は，「刑事裁判における慎重な手続に基づき，裁判官が証拠によって心証を得た事実である」ことを理由に，これを否定する（最判平11・10・26民集53巻7号1313頁〔相当性を否定した原判決を破棄差戻し〕）。ここでの論点は，相当性，すなわち刑事裁判手続への信頼度なのであり，有罪判決が確

§709 DI

定するまで被疑者や被告人をどう扱うべきかという問題とは次元を異にして
いることに鑑みると，判例の態度は是認されるべきであろう。

(c) **取材源の秘匿と相当性** 報道機関Yが取材源秘匿の要請から取
材源を明らかにしなかった場合，相当性の抗弁にマイナスの影響を与えるか。
下級審裁判例はこれを肯定する。信頼に足りる取材源かどうかを明らかにし
ないままでは，Yが相当性に関する評価根拠事実について十分な立証を尽く
したとはいえないからである（例えば東京地判平6・7・27判タ865号238頁は，取
材源の秘匿の要請は，取材源について証言の拒絶等が許されるという限りで尊重されるに
とどまり，名誉を害された者の不利益において相当性の立証の程度を緩和することはでき
ないとする）。

(d) **先行報道と相当性** ある者に関する犯罪の嫌疑が繰り返し報道さ
れ社会に広く知れ渡ったとしても，それだけでは相当性の抗弁にプラスの影
響を与えない。先行報道がされても，真実その罪を犯したことの証明とはな
らないからである（後掲最判平10・1・30。意見・論評型の名誉毀損について後掲最
判平9・9・9も同旨）。なお，先行報道の繰り返しにより社会的評価そのもの
が低下しなくなるともいえないだろう。

(e) **事実の陳述の仕方** 一定の信頼度がある資料や取材源に依拠して
事実を摘示した場合でも，事実の陳述に関するスタイル（藤岡康宏〔判批〕判
タ543号〔1985〕129頁参照）によっては相当性が認められないことがある。例
えば，捜査当局が被疑事件の事実を発表した場合でも，それが客観的真実で
あるかのように報道した事例で，取材記者および編集者について相当性が否
定されている（最判昭49・3・29裁判集民111号493頁）。

(f) **新聞社が通信社から配信サービスを受けている場合**

通信社から記事を配信された新聞社が裏付け取材をせずに記事をそのまま
紙面に掲載した場合，相当性は肯定されるか。配信サービスを受けている新
聞社（全国の地方新聞社など）の中には，自社の新聞の発行地域外で取材拠点
を持たないものが多く，そのような場合に裏付け取材をすることは想定され
ていないため，問題となる。なお，アメリカの一部の法域では，報道機関が
定評ある通信社から配信された記事を実質的な変更を加えずに掲載した場合
に，その記事が他人の名誉を毀損するものであっても，原則として報道機関
は責任を負わないという「配信サービスの抗弁」が採用されている。

544　〔水野〕

§709 D I

（ⅰ）　通信社に相当性が認められない場合　　最高裁平成 14 年 1 月 29 日判決（民集 56 巻 1 号 185 頁）は，通信社において，配信記事に摘示された事実（私人の大麻所持）を真実と信じるについて相当の理由がない事案で，配信サービスを受けた新聞社についても相当性を否定している。判決は，「配信記事の信頼性に関する定評」という「配信サービスの抗弁」の前提（なお，紙谷雅子〔判批〕法時 69 巻 7 号〔1997〕91-92 頁は，名誉毀損を繰り返すと善意でも厳格責任を負うというコモン・ロー独自のルールも，当該抗弁の背後にあると指摘する）がわが国で成り立つかどうかに疑問を投げかけ，私人の犯罪行為やスキャンダルなどの報道では「配信記事に摘示された事実の真実性について高い信頼性が確立しているということはできない」ことを強調する。

（ⅱ）　通信社に相当性が認められる場合　　これに対して，最高裁平成 23 年 4 月 28 日判決（民集 65 巻 3 号 1499 頁）は，医療事故をめぐる配信記事に摘示された事実について，通信社が真実と信ずる相当の理由があった事案で，通信社と新聞社とが「記事の取材，作成，配信及び掲載という一連の過程において，報道主体としての一体性を有すると評価することができるときは，当該新聞社は，当該通信社を取材機関として利用し，取材を代行させたものとして，当該通信社の取材を当該新聞社の取材と同視することが相当であって，当該通信社が当該配信記事に摘示された事実を真実と信ずるについて相当の理由があるのであれば，……特段の事情のない限り，当該新聞社が自己の発行する新聞に掲載した記事に摘示された事実を真実と信ずるについても相当の理由があるというべきである」と判示する。本判決は，このように，通信社に相当性が認められ，かつ，通信社と新聞社との報道主体としての一体性（判旨によれば「通信社と新聞社との関係，通信社から新聞社への記事配信の仕組み，新聞社による記事の内容の実質的変更の可否等の事情を総合考慮して判断」される）がある場合には，新聞社にも相当性を認めている（最判平 14・3・8 判タ 1091 号 71 頁の北川弘治裁判官の意見も参照）。あくまでもこの限りで，判例は，通信社による配信サービスの意義（前掲最判平 23・4・28 の言葉を借りれば「新聞社の報道内容を充実させ，ひいては国民の知る権利に奉仕するという重要な社会的意義」。大塚直〔判批〕平 23 重判解 81 頁は，「地方紙が地域民主主義の発展の基盤となる知る権利を保障している」点に注目する）を認めているといえるだろう。なお，通信社に相当性が認められない場合，名誉毀損を理由とする損害賠償金を支払った新聞社

〔水野〕　　545

§709 D I 第3編 第5章 不法行為

は通信社に求償することができる。これも，配信サービスの抗弁を一般的に認める必要がない1つの論拠となりうる。

(2) 意見・論評型の名誉毀損

(ア) 最高裁の定式化　　被告の意見や論評によって原告の社会的評価が低下した場合，被告はどのような抗弁ができるか。最高裁平成9年9月9日判決（民集51巻8号3804頁）は，Y社発行の夕刊紙がXの犯罪事実を摘示するとともに（事実摘示型の名誉毀損），同事実を前提にXの行為の悪性を強調する意見・論評を公表した（意見・論評型の名誉毀損）事案で，「ある事実を基礎としての意見ないし論評の表明による名誉毀損にあっては，〔①〕その行為が公共の利害に関する事実に係り，かつ，〔②〕その目的が専ら公益を図ることにあった場合に，〔③〕右意見ないし論評の前提としている事実が重要な部分について真実であることの証明があったときには，〔④〕人身攻撃に及ぶなど意見ないし論評としての域を逸脱したものでない限り，〔⑤〕右行為は違法性を欠く」，「右意見ないし論評の前提としている事実が真実であることの証明がないときにも，……〔⑥〕行為者において右事実を真実と信ずるについて相当の理由があれば，その故意又は過失は否定される」と判示している（これは，教員Xらの通知表交付をめぐる混乱を批判するYのビラの配布が問われた最判平元・12・21民集43巻12号2252頁の判決に⑥を加えたものである）。

　これによれば，被告は，意見・論評の表明について，まず，公共利害性（①）と公益目的性（②）に関する評価根拠事実を主張・立証する必要がある（これに成功しないと免責されない）。次に，意見・論評の前提事実の重要な部分について真実性の証明（③）があれば，原則として意見・論評の表明は違法性を欠き（⑤）被告は免責されるが，例外的に人身攻撃に及ぶなど意見・論評の域を逸脱していれば（④）違法性は免れない（実際の裁判例では，④に関する評価根拠事実は原告が再抗弁の中で主張するのではなく，被告が抗弁の中で「人身攻撃には及んでいない」などと主張することが多い）。また，真実性の証明（③）がなされなくても被告が，前提事実の重要な部分について相当性を主張・立証すれば，故意・過失は否定される（⑥）が，その場合でも，意見・論評の域を逸脱していれば（④）違法性は免れず（もっとも最高裁はこの点を明言しないが），結局，不法行為責任を負うことになると考えられる。

546　〔水野〕

§709 D I

(イ)　事実摘示型の名誉毀損の免責事由との比較

(a)　真実性・相当性の証明の対象　　事実摘示型と意見・論評型とでは，真実性・相当性に関する証明の対象が異なる。事実摘示型では，免責を求める被告は，原告の社会的評価を低下させる事実（名誉毀損的事実）について真実性または相当性の証明責任を負うのに対して，意見・論評型では，被告は，原告の社会的評価を低下させる意見・論評ではなく，意見・論評の前提となっている事実について真実性または相当性の証明責任を負担する。これは，事実については真偽を判断する基準が確立しているので，真実性・相当性基準による規制が可能であるのに対し，意見の当否については一義的な判断基準がない（瀬川信久〔判批〕判タ 871 号〔1995〕64 頁）からだと思われる。なお，意見・論評の前提事実は，①名誉毀損的事実のこともあるが，②名誉毀損的ではない事実の場合もある。②の場合は，真実性の証明が容易なことが多いだろう（これは著作物の意見・論評において顕著である。X の著作物を Y が批判した事例を扱う最判平 10・7・17 判タ 984 号 83 頁は，「著作物の引用紹介が全体として正確性を欠くものでなければ」真実性の証明があると判示する）。

(b)　意見・論評の域を逸脱していないこと

「人身攻撃に及ぶなど意見ないし論評としての域を逸脱したものでない限り」という事実摘示型にはない要件（一(ア)④）について，事実摘示型と意見・論評型を区別していなかったかつての裁判例の中には，公益目的性の中でこれを考慮するものがあった（一(1)(イ)(b)(ii)）。しかし最高裁は，公益目的性の中ではなく，また，真実性および相当性の抗弁とも異なる枠組みの中でこれを捉えている。なお，裁判例の中には，意見・論評の域を逸脱していない論評のことを「公正な論評」と呼ぶものもあるが，最高裁の法廷意見は，この用語は使っていない（コモン・ローの「フェア・コメント」法理は一(ウ)）。

(i)　表現の自由との関係　　意見・論評の域を逸脱したものでない限りという要件は，表現の自由を保障する趣旨のもと，例外的な場合を除いて，被告の免責を広く認める方向に作用する。最高裁平成 16 年 7 月 15 日判決（民集 58 巻 5 号 1615 頁。X が Y の著作物を無断で採録したのは著作権の侵害だと Y が著作物の中で表明）は，意見・論評について「内容の正当性や合理性を特に問うことなく，人身攻撃に及ぶなど意見ないし論評としての域を逸脱したものでない限り，名誉毀損の不法行為が成立しないものとされているのは，意見な

〔水野〕　547

§*709* Ｄ Ⅰ　　　　　　　　　　　　　　第3編　第5章　不法行為

いし論評を表明する自由が民主主義社会に不可欠な表現の自由の根幹を構成するものであることを考慮し，これを手厚く保障する趣旨によるものである」と判示している。

　(ⅱ)　意見・論評の域を逸脱するかどうかの判断要素

　①　意見・論評の趣旨　　(ⅰ)に照らすと，意見・論評の域を逸脱しているかどうかは慎重に判断されるべきである。例えば，Ｙ配布のビラに，教員Ｘらについて「愚かな抵抗」「有害無能な教職員」等の表現があっても，Ｘの教育内容の粗末さではなく，通知表の交付をめぐる混乱を批判・論評することがビラの主題ならば，論評の域を逸脱していない（前掲最判平元・12・21）。ほかにも，Ｘの行った（臓器売買による）生体肝移植手術について医師Ｙが国会議員らの勉強会の席で「これ犯罪ですよ」と発言しても，その趣旨が手術の医学的相当性を離れてＸに対する人身攻撃に及ぶとは解されていない（松山地判平23・6・29判タ1372号152頁）。これに対して，Ｙ市の市長Ａが定例記者会見で，Ｙ市が設置・管理する外国語専門学校の学生（海外研修先で地震により死亡）の遺族Ｘらから面会を求める要望書を受け取ったが面会しない理由として，礼儀や節度を保った文章で面会を求めないと会うわけにはいかないという趣旨の説明をする際に，当該要望書について「訳の分からない失礼な文章」であり「〔Ｘらは〕これだけ言っても意味の分からない，ご理解されない体質の人だろうと思いました」と論評した事案で，当該論評は，Ａが面会しない「理由とは別に」Ｘらの「人格又は性質を攻撃する」ものだとされている（富山地判平27・11・25判時2299号127頁。判決は，Ｘらが公的人物〔②参照〕ではなく，要望書はＡを非難する内容〔④参照〕でもなく，さらにＡが自己の発言のマスメディアによる拡散を予想していたことなどにも照らし，Ａの発言は，意見・論評の域を逸脱するものだとしている）。

　②　相手方が公的な立場にいる場合　　政党の幹事長Ｘについて，Ｙ社の月刊誌が「政治力の拙さ」「妥協案を押し付けられた」等と論評しても，「国家の政策に関する事項については，その政策形成過程も含めて，国民による厳しい監視，批判がなされるべきものであって，その政策策定に関与する者は，このような厳しい批判についても，ある程度甘受すべき」なので，公正な論評の域は逸脱していない（もっとも，「保護者同伴の幹事長」などの侮辱的表現は，Ｘが公的立場にあることを重視しても論評の域を逸脱している）とされてい

548　〔水野〕

§709　DI

る（東京地判平 18・4・21 判時 1950 号 113 頁）。政治家の資質について，国民や報道機関は事実に基づく自由な意見・論評が許されるとする見地から，国会議員 X を「ウソつき常習男」と論評した Y 社の週刊誌の記事が，意見・論評の域を逸脱していないとする裁判例もある（東京高判平 15・12・25 判タ 1157 号 175 頁）。

③　相手方の反論可能性，発言の場所　　市議会議員 Y が議会の一般質問で，事前通告せずに，市長 X の施策や自宅の違法建築について「冷血漢」「あくどいやり方」などと批判した事件で，Y の発言が，X が反論や回答ができない 3 回目の質問時になされ，議会における言論の品位の維持を定める地方自治法 132 条の趣旨に照らしても適切さを欠き，X の人格を攻撃する目的をうかがわせるとして，Y の行為の違法性を認めた裁判例がある（京都地判平 24・12・5 LEX/DB25483559〔正当な職務行為ではないので，Y 個人の責任を問いうるとした〕。もっとも，控訴審・大阪高判平 25・5・9 LEX/DB25502337 は，国賠法 1条 1 項を適用し，Y の責任を否定する）。

④　相手からなされていた批判　　Y の著作物を無断で再録した X が，著作中で Y を批判・誹謗・揶揄していたことに照らすと，Y がこれに対する反論として行った法的な見解の表明（X の著作は「ドロボー本」で著作権侵害である）は，意見・論評の域を逸脱していないとする判例がある（前掲最判平 16・7・15）。同様に，宗教法人 Y 発行の機関誌が，Y の元顧問弁護士 X を「鬼畜も同然」「人間失格の最低の卑劣野郎」などと批判しても，両者の間で長年にわたり批判的言論の応酬が繰り広げられてきたことに照らすと意見・論評の域を逸脱していないとされている（東京地判平 21・1・28 判タ 1303 号 221頁）。

⑤　インターネット上の書込み　　X_1 社製のボートを購入した Y が，ボートの沈没に腹を立て，自身の管理点検の怠りを隠蔽したまま，X_1 社の信用を毀損し，社長 X_2 の人間性を批判する書込みを，Y が管理運営するインターネット上のホームページ（海釣りやボートを趣味とする者の間では有名だった）の電子掲示板に継続して行った事案で，「インターネットの書込みの影響力の大きさや，諸々の事柄が抽象化され自制の期待が困難であるインターネットの性質等」にかんがみて，Y の行為の違法性を認めた裁判例がある（東京高判平 21・6・17 判時 2065 号 50 頁）。

〔水野〕　549

§709 DI

第3編 第5章 不法行為

⑥ **基礎となった事実と意見・論評との間の関連性** 学説の中には，基礎となった事実と意見・論評との間に合理的なつながりがない場合に，論評の違法性を肯定する見解もある（神田孝夫「論評ないし意見表明による名誉毀損と免責事由（三）・完」札幌法学16巻1号〔2004〕9頁以下は，前掲最判平元・12・21〔一①〕について牽強付会な印象を免れないと批判する）。これに対して，戦後補償問題に関わってきた弁護士Xについて，Y社発行の月刊誌が「慰安婦問題をでっち上げた」と論評した事案で，「意見ないし論評に関しては，前提とした事実からの推論の過程やその内容に合理性までは必要とされず，意見ないし論評としての域を逸脱したものでない限り，不法行為責任の成立が否定される」とする裁判例がある（東京地判平27・4・27判時2261号178頁）。意見の当否は一義的な判断基準がないこと（一(a)）と表現の自由を保障する要請（一(b)(i)。前掲最判平16・7・15も，この要請から，意見・論評の正当性や合理性は問わないという原則的な立場を明らかにしている）に照らすと，後者の裁判例に賛成すべきであろうか。

⑦ **前提となる事実が摘示されない場合** 最高裁は「ある事実を基礎としての意見ないし論評の表明による名誉毀損」についてしか論じていないが（一(ア)），意見・論評の中には，前提となる事実を摘示しないものもある。もっとも，人が他人を論評する際には（その過程がたとえ不合理なものであれ）ある事実に基づき，または，存在するかどうかはっきりしない事実をあると誤解したり，あると決めつけたりして行う（つまり，真実性・相当性の有無はともあれ，明示または黙示の前提事実に基づく）場合がほとんどであろう。にもかかわらず，前提事実にあえて言及しないで名誉毀損的な意見・論評を行うことは，適切に反論する機会を相手方から奪い，また，摘示されていない前提事実を意見・論評の受け手にあれこれと想像させる（山口成樹〔判批〕法協109巻11号〔1992〕1813頁参照）ことにもつながり，言論の作法として好ましいものではない。よって，前提事実を明示しないということ自体，意見・論評の域を逸脱していると判断する方向に働く一要素だと考えられる（前提事実を論評者が摘示しないとき，または，その立証ができないときは名誉毀損の責任を免れないとする堀内明「公正な論評」竹田稔＝堀部政男編・新・裁判実務大系(9)〔2001〕46頁も参照）。なお，Xの殺害容疑について刑事裁判で審理中であるにもかかわらず，作家Yが，Xについて「ハングレ」「手前勝手」などと表現し，無期懲役の刑が

550 〔水野〕

§709　DⅠ

相当と論評した事例で，「論評の基礎となる事実の指摘に欠け，また表現も侮蔑的なところがあるものについて，公正な論評の法理による免責を認める余地はない」とした裁判例がある（東京地判平2・3・26判タ723号247頁）。

　(c)　事実摘示型の名誉毀損との区別

　(ⅰ)　問題の所在　　意見論評型の名誉毀損では，前提事実が明示的または黙示的に存在する場合がほとんどだと考えられる（一(b)(ⅱ)⑦）が，事実摘示型の名誉毀損も，具体的資料に一定の推測や意見を交えて事実が摘示されていると考えられる（瀬川・前掲判批64頁）。このため，両者をどう区別したらよいのかが問題となる。

　(ⅱ)　第三者の談話の紹介や修辞上の誇張・強調を伴うもの　　前掲最高裁平成9年9月9日判決は，「証拠等をもってその存否を決することが可能な他人に関する特定の事項を主張している」と理解される場合には（その基準は「一般の読者の普通の注意と読み方」であり，前後の文脈や記事の公表当時に一般の読者が有していた知識・経験が考慮される），事実を摘示しているとする。判決によれば，これには，間接的ないしえん曲に特定の事項を主張する場合や，修辞上の誇張ないし強調を行ったり比喩的表現方法を用いたりする場合も含まれる。このような観点から，同判決は，殺人等の被疑者Xに関する第三者の「Xは極悪人，死刑よ」という修辞上の誇張・強調を伴う談話を紹介する新聞記事は，Xが犯罪を犯したという事実を摘示するものである（同時にXの行為の悪性を強調する意見・論評の公表でもある）としている。なお，下級審裁判例の中には，「謀略家・Xによって，政治・外交がひっかき回されている」という記事を，事実を摘示するものとした裁判例がある（東京地判平13・7・18判時1764号92頁）。

　(ⅲ)　事実Aから事実Bを推論する場合　　最高裁平成10年1月30日判決（判タ967号120頁）は，殺人等の被疑者Xの（殺人を素材にした推理小説に関する）読書歴から，殺人の動機として，犯罪小説を自ら創作し演じたと推論する捜査員の見解を紹介したY社の新聞記事について，前掲最高裁平成9年9月9日判決（一(ⅱ)）と同様の一般論を繰り返した上で，殺人の動機の「推論の結果として本件記事に記載されているところは，犯罪事実そのものと共に，証拠等をもってその存否を決することができる」として，事実摘示型の名誉毀損に位置付けている。これによって，事実Aをもとに事実Bを

〔水野〕　551

§709 DI

第3編　第5章　不法行為

摘示するときに，意見・論評型を装うことにより，Bではなく（証明が一般により容易な〔一(a)〕）A（本件ではXの読書歴）について被告が真実性・相当性の証明をすればよいことになるのを防ぐことが可能になる（前田陽一〔判批〕判評478号（判時1652号）〔1998〕34頁参照）。

　(iv)　医療行為を経ない医師の分析　　政治家Xの言動をもとに精神科医Y_1がXを演技性人格障害と分析し，それをY_2社発行の月刊誌が「Xは病気である」という見出しと共に掲載した事案で，「本件記事は，医師が患者としてのXを診察，検査するなどの医療行為を経て診断を確定した上でこれを医学的事実として記載した」ものではなく，「Y_1の評価を記述するものであって……証拠等をもってその存否を決することが可能な他人に関する特定の事項」ではないとした裁判例がある（大阪高判平28・4・21 LEX/DB25542986）。ここでは医師の分析が医療行為を経たものかどうかが重視されている。

　(d)　名誉感情の侵害との区別

　(i)　問題の所在　　前提となる事実を摘示しないで，被害者に対する侮辱的な表現行為が行われ，しかも当該表現が「証拠等をもってその存否を決することが可能」（前掲最判平9・9・9→(c)(ii)）ではない場合には，事実摘示型の名誉毀損には当たらないので，意見・論評の表明による名誉毀損（→(b)(ii)⑦）の問題となるように見える。しかし裁判所は，このようなケースで，名誉毀損ではなく，被害者の名誉感情が侵害されるにとどまると判断する場合がある。

　(ii)　電子掲示板に短い書込みがなされた事案　　例えば，最高裁平成22年4月13日判決（民集64巻3号758頁）は，インターネットの電子掲示板上の（Xが学園長を務めるA学園に関する）スレッドに「気違いはどうみてもA学長」という書込みがなされたケースで，当該書込みは「Xの人格的価値に関し，具体的事実を摘示してその社会的評価を低下させるものではなく，Xの名誉感情を侵害するにとどまる」として，社会通念上許される限度を超える侮辱行為である場合に初めて人格的利益の侵害が認められうると判示した（Xが経由プロバイダY〔最判平22・4・8民集64巻3号676頁によれば，経由プロバイダもプロバイダ責任制限法2条3号（令和6年改正の情報流通プラットフォーム対処法〔情プラ〕2条4号）にいう「特定電気通信役務提供者」に該当する〕に対して発信者情報〔情プラ5条1項柱書の下では「特定発信者情報……以外の発信者情報」〕の開示およ

§709 D I

び損害賠償〔情プラ6条4項参照〕の請求をした事案。これらの請求が認められるための1つの要件は，開示請求者の権利侵害の明白性〔情プラ5条1項1号参照〕であるが，上記の判示は〔当該要件の前提をなす〕権利侵害の有無にかかわる判示である）。この判決は，前提となる事実を摘示しない侮辱的な表現について，常に名誉感情の侵害が問題になるとしたものではなく，特段の根拠を示さない「気違い」という短い表現（平成22年4月13日判決によれば「意見ないし感想」）だけでは，当該掲示版の一般の閲覧者が，Xの人格的価値を低下させるものであるとは解釈（一1(5)(ア)(b)）できないという判断をしたものと考えられる。

(iii)　前提となる相応の事実や根拠を想起しうる事案　　したがって，前提となる事実や根拠を摘示しない表現であっても，当該表現について相応の事実や根拠を前提としているに違いないと一般の人々が想像しうる結果，一般の人々が当該表現に一定の説得力を感じて被害者の人格的価値が低下すると解釈するであろう場合には，名誉毀損が成立すると考えるべきである。例えば，X（全日本郵政労働組合）と激しく対立し闘争を繰り返していたY（全逓信労働組合）（Xを「御用組合」と批判していた）が「寄生虫（全郵政）駆除大作戦!!展開中」なる文字が書かれた縦60cm・横6mの横断幕を通行人から見える場所に掲示した事案で，名誉毀損による損害賠償請求を認容した裁判例（長崎地判昭58・5・13労判419号51頁）がある。また，Xのツイッター（現在の「エックス」）上の投稿に対して「行くのは福岡警察〔原文ママ〕であってるかな？　詐欺と横領で立件したらいい？」との投稿がなされた事案について，後者の投稿は，Xの犯罪を裏付ける事実を摘示せずに投稿者がXの犯罪行為に関する根拠を有しているとの印象を与える意見ないし論評の表明であり，名誉感情の侵害について判断するまでもなく，Xの名誉権の侵害は明らかであるとする裁判例（東京地判令3・12・24 LEX/DB25603974。特定電気通信役務提供者Yに対する発信者情報〔改正情プラ法の下では特定発信者情報以外の発信者情報→(ii)〕の開示請求を認容）がある。いずれの裁判例も，説得的である。

(ウ)　コモン・ローの「フェア・コメント」法理とその後の動き

意見・論評型の名誉毀損を論じる際に，コモン・ローの「フェア・コメント」法理が参照されることがある（幾代通「アメリカ法における名誉毀損とFair Comment」末延三次還暦・英米私法論集〔1963〕25頁以下，竹田稔・プライバシー侵害と民事責任〔増補改訂版，1998〕306頁など参照）。しかし，この法理は，アメリカ

〔水野〕　553

§709 DI 第3編 第5章 不法行為

では他の見解に取って代わられようとしている。

(a) 「フェア・コメント」法理　被告の意見・論評の表明が一般大衆の関心事にかかわり，被告の現実の意見・論評であり，原告を専ら害する目的でなされたものでなければ，意見・論評の合理性の有無にかかわらず，被告は，意見・論評部分について免責される（ただし，論評が虚偽の名誉毀損的な事実を含んでいる場合は，当該事実については免責されない）（アメリカ第2次不法行為法リステイトメント§566, Comment a〔1977年〕参照）。これが「フェア・コメント」法理の最大公約数的な内容であるが，この法理は，名誉毀損において相当性の抗弁が認められておらず（真実性の抗弁が奏功しないと名誉毀損の責任を負う），論評部分が免責されるためには論評について（一義的な判断基準がないにもかかわらず）真実性が要求されたコモン・ロー（山口・前掲判批1819頁）の下で，言論の機能を拡張する機能を営んでいた。

(b) 「フェア・コメント」法理のその後　しかしアメリカでは，この法理は，その後の判例理論によって，表現の自由がさらに尊重される方向へと大きく変容するに至った。すなわち，ある判例は，「〔政府による言論および報道・出版の自由の制限を禁じる〕合衆国憲法第1修正の下で，虚偽の思想というようなものは存在しない。ある意見がいかに有害に思われようとも，われわれは，裁判官と陪審の良心ではなく，他の思想との競争がそれを正すことを当てにしている」と述べ（Gertz v. Robert Welch, Inc, 418 U.S. 339-340〔1974〕），「フェア・コメント」法理にあった，意見や論評が「原告を専ら害する目的でなされたものでない」という制約をなくそうとしたのである。

(c) 表現の自由を徹底する見解　このようなアメリカ法の展開に影響を受けた，わが国のある論者は，「意見に対して名誉毀損責任を問いうるのは，意見の言明の前提として事実の言明が存在する場合であり，その場合にも名誉毀損責任を問いうるのはその前提とされている事実の言明に限られる」，「いかに意見が悪意に基づくものや，個人攻撃を目的とするものであっても……意見を名誉毀損と捉えることは許されるべきではない」と主張する。そして，意見・論評型の名誉毀損に関するわが国の判例は，憲法21条の要求を満たしていないとしている（松井茂記・表現の自由と名誉毀損〔2013〕344-345頁）。

(d) 「対抗言論」法理

554　〔水野〕

§709　D I

　上に述べた見解の背後には，意見（言論）には意見（さらなる言論〔more speech〕）で対抗すべきであり，意見によって名誉が毀損されても，裁判所に法的救済を求めることは，原則として許されないとする考え方（「他の思想との競争」を重視する Gertz 判決〔一(b)〕も参照）がある（松井・前掲書 344 頁・224 頁）。しかし，以下に述べるように，かかる見解が原則として成り立つと考えることには無理があるのではないか（「対抗言論」法理の射程を制限的に解釈する，高橋和之ほか編・インターネットと法〔4 版，2010 年〕64-70 頁〔高橋〕，松井茂記ほか編・インターネット法〔2015〕65 頁〔宍戸常寿〕も参照）。

　(i)　名誉毀損が行われた表現空間へのアクセス可能性　　まず，名誉毀損的表現を受けた相手方が反論しうる能力を持っていないことがあり（前掲東京高判平 21・6・17〔一(イ)(b)(ii)⑤〕は，X₂ がインターネット操作技術を持たない事案だった），また反論しうる状況にないこともある（前掲京都地判平 24・12・5〔一(イ)(b)(ii)③〕の事案〔市議会議員 Y が議会の一般質問で，事前通告せずに市長 X に一方的な論評を行った〕は，それに近いか。なお，最判昭 62・4・24 民集 41 巻 3 号 490 頁は，新聞紙上における政党間の批判・評論の意見広告について，人格権または条理を根拠とする反論文掲載請求権を認めていない）。意見の応酬を同じ土俵で行うことができないことは，少なくないのである。

　(ii)　対抗言論によるコストと名誉回復の見込み　　しかも，相手方が（事実のレベルで）反論しうる場合でも，なぜ，（規範のレベルで）反論しなければならないのだろうか。例えば，Y がインターネットの掲示版に X を批判する書込みを続けたときに，同一の掲示版で X がコスト（精神的負担も含む）をかけて反論しなければならない理由はないはずである（当事者が同一のフォーラム〔電子会議室〕に身を置いていても「言葉汚く罵られることに対しては，反論する価値も認めがた」いとする東京高判平 13・9・5 判タ 1088 号 94 頁も参照）。また，一般的に，社会的評価の低下が反論によって回復する見込みがあるわけではないことにも注意が必要である（刑事事件であるが，最決平 22・3・15 刑集 64 巻 2 号 1 頁は，インターネット上の情報により「一度損なわれた名誉の回復は容易ではなく，インターネット上での反論によって十分にその回復が図られる保証があるわけでもない」とする。また，東京高判平 28・12・5 LEX/DB25544973 は，国会議員 X が，A 社発行の B 新聞の政治部編集委員 Y のフェイスブックの投稿記事により名誉を毀損された〔X は自己の公式ウェブサイトやツイッター（現在の「エックス」）を通じて反論していた〕事案で，当

〔水野〕　555

該記事の摘示する事実〔Xの前職時代の無断欠勤等〕は，事柄の性質上，ウェブサイトやツイッター上の言論では，真実でないことの積極的な論証が容易ではないとする）。以上の理は，インターネット以外の空間においても同様に当てはまるだろう。

(iii) 同一の表現空間で論争誘発的な言動をしていた場合　なお，下級審裁判例の中には，パソコン通信サービスの会員Xがフォーラム上でYを「ネット犯罪者予備軍」と表現し，これに対してYがXの発言を「妄想電波混じり」と表現したケースで，Yの発言は，許された表現行為の範囲内であり違法性が阻却されるとしたものがある（東京地判平13・8・27判タ1086号181頁。判決は「パソコン通信に参加している一般の読者」を基準に社会的評価の低下も認めなかった）。しかしこれは，「意見には意見で」という規範をYに課しているのではなく，裁判所がYの行為の違法性を判断する際に，名誉毀損的表現を誘発したXの言動に着目するものである。したがって，意見・論評の域を逸脱するかどうかに関して，すでに検討したところと同様に理解しうる（→(イ)(b)(ii)④)。

(3) 「虚名は保護に値しない」という学説について

これまで事実摘示型（→(1)）と意見・論評型（→(2)）の名誉毀損の抗弁事由を判例の枠組みに従いながら検討したが，わが国の学説の中には，実体を伴わない社会的評価，すなわち「虚名」は保護に値しないとして，摘示された事実が真実ならば，当該摘示によって社会的評価が低下した場合でも，名誉毀損にならないと解く見解がある（松井・前掲書225-226頁，潮見I 175頁）。この見解は，現在の判例理論（→(1)(a)）——事実の摘示によって，人格的価値について社会から受ける客観的な評価が低下して損害が生じた場合に，被告が免責されるためには，真実性または相当性の抗弁が認められるか否かを議論するよりも前に，まず，公共利害性および公益目的性のテストを通過する必要がある——とは大きく異なっている。このような「虚名は保護に値しない」という立場と整合的な見解として，比較法的には次の2つの見解が存在する。①まず，被告が真実性を主張・立証できれば，それだけで被告は免責されるという立場がある。これは，イギリスやオーストラリアなどコモンウェルス諸国の多くの法域で，名誉毀損に関する立法がなされる以前，判例が採っていた考え方である。②一方，アメリカの判例は，真実性に関する立証責任を転換し，摘示された事実が虚偽であることを原告が証明できなければ，

§*709* D I

民事上の救済は受けられない（さらに原告が公的人物の場合は，被告の側に現実の悪意があることも原告が証明する必要がある）と解しており，上に紹介したわが国の学説に影響を与えている。これらの考え方について，以下の2点を指摘したい。

　㋐　真実であれば何を報道してもいいのか　　上の①②いずれの見解の下でも，被害者XについてYが摘示した事実（マスメディアが報道するニュースが問題となることが多い）が真実でありさえすれば，公共利害性や公益目的性を伴わないものであっても，例えば，著名人の私生活上の振る舞い（㊀(1)(イ)(a)(ii)）に関するニュースについても，Yは名誉毀損の責任を負わないことになってしまう。しかし，これでは，Xの社会的評価を低下させるような報道が助長されかねない。また，例えば芸能人などが，表舞台の姿とは別の顔を持っていたとしても（どんな人にもこのような側面はある），その人が築き上げた名声や信用などのすべてが虚名であり保護に値しないとはいえないはずである。すなわち，「虚名」について，Xの外観や行動に対応する実際の価値や実質が存在しない場合における，Xに向けられた（虚ろな）社会的評価のことであると定義するとしても，Xは，他人の目に映るXの様子（＝外観）や社会の人々に対するXの振る舞い（＝行動）が（部分的ではなく）総体として評価されて，つまり，これまで他者との間で行ってきた種々の社会的コミュニケーションの積み重ねによって，自らの社会的評価を獲得してきたはずである。このとき，YがそのようなXに対する評価の根拠となっている社会的コミュニケーションのすべてと矛盾する事実を逐一摘示していない以上（そのようなことは事実上不可能である），Xが獲得した社会的評価が虚名であると断じることは，そもそもできないと考えられる。こう考えると，社会的評価が「実体」を伴わないことを問題視する「虚名」という概念自体，ミスリーディングである（水野謙「『虚名』に関する一考察」瀬川信久＝吉田克己古稀・社会の変容と民法の課題〔下巻〕〔2018〕171頁）。従来の判例を維持し，Yの摘示した事実によりXの人格的価値にかかわる社会的評価が低下していれば，名誉毀損を理由に訴えを提起できると考えるべきである。このように解することによって，Yの摘示した事実の真偽にかかわらず，Xが積み重ねてきた社会的コミュニケーションの所産である社会的評価が総体として保護され，Xの社会的活動の継続が支援されることになる。これに対して，「虚名は保護に値し

〔水野〕

§*709* Ⅾ Ⅰ 　　　　　　　　　　　　第3編　第5章　不法行為

ない」という立場から，私的な行状に関する報道は，名誉毀損ではなくプライバシー侵害として捉えれば足りるという考え方も主張されている（潮見Ⅰ178頁）。しかし，どちらの法益侵害を理由に請求を行うのかは，Ⅹの選択に委ねれば足りるのではないか。なぜなら，ⅩがⅩのイメージとは異なる近所付き合いの様子などを暴露した場合に，もしⅩがプライバシー侵害で訴えると，Ⅹは，公開を欲しない私的な情報がみだりに公開されたということを請求原因レベルで自ら認めるに等しい結果となりかねず，Ⅹがそれを望まないこともあるからである（同様の利害状況は，被害者が社会的マイノリティの属性を有している場合にも見ることができた〔→**1**(5)(ウ)(a)(ⅲ)③)〕）。これに対して，Ⅹが名誉毀損を理由に，私生活上の行動を報道したⅩに損害賠償を請求する場合には，現在の判例理論の下では，真実性のテストを通過する前に，公共利害性の要件（→(1)(イ)(a)）が満たされないとして，Ⅹは免責されないことになる。

　(イ)　アメリカ法の前提とわが国の法状況との違い　　上に紹介した見解②をとったアメリカの判例（New York Times v. Sullivan, 376 U.S. 254〔1964〕）は，新聞記事（キング牧師を支援し警察の対応を批判する意見広告）の一部に僅かな誤りがあったため，警察を監督するコミッショナーⅩが提起した文書による名誉毀損（libel）訴訟で，新聞社Ⅹがコモン・ロー上の真実性の抗弁（見解①）ができず，州裁判所が巨額の賠償（50万ドル）を命じたところ，合衆国最高裁判所が見解②をとって，これを覆したというものである。これは表現の自由に資する考え方といえるが，わが国では，真実性については「重要な部分」について証明があれば足りる（→(1)）し，名誉毀損訴訟における慰謝料額も，近時，増額傾向がみられるとはいえ，多くの事例では，せいぜい数百万円程度にとどまる（権利侵害に無関心なマスメディアによる被害を抑止するためにも，高額化すべしという見解は実務家を中心に主張されてはいるが。例えば，司法研修所「損害賠償請求訴訟における損害額の算定」判タ 1070 号〔2001〕4 頁以下，塩崎勤「名誉毀損による損害額の算定について」判タ 1055 号〔2001〕4 頁以下）。こう考えると，わが国の判例理論の下でも，報道機関による表現の自由が過度に制約されることにはならないはずである。なお，イギリスの 2013 年名誉毀損法（佐伯仁志「英米における名誉毀損罪をめぐる近時の動向」曾根威彦先生＝田口守一先生古稀祝賀論文集［下巻］〔2014〕111-115 頁も参照）では，真実性の抗弁は維持されているものの，言明によって伝えられた非難が大筋において真実であればよいとさ

558　〔水野〕

れ（3条），また社会の正当な関心事（public interest）の抗弁が真実性の抗弁とは切り離す形で規定された（4条。この背景には，政治家に対する論評を行いやすくしようとする判例理論があった）。さらに原告の名誉に重大な侵害をもたらす言明でなければ，そもそも原告は訴えを提起できない（1条）。比較法的にも，表現の自由とのバランスの取り方は様々であり，わが国で見解②のような極端な立場をとる必要性はないというべきだろう。

3 プライバシー侵害

(1) は じ め に

　プライバシー侵害は，名誉毀損と並び，人格権の侵害として位置付けられることが多いが，「プライバシー」が何を意味するのかは必ずしも明確ではなく，判例は，内容に争いのある「プライバシー」という言葉を用いずに，問題となっている法益の内容を直接議論することもある。一方，学説では，プライバシー概念は，古典的には「1人で放っておいてもらう権利」（→(2)）として捉えられていた（これは「私的領域への不可侵」という考え方と密接に関連していた。浅野有紀「プライヴァシーの権利における公法と私法の区分の意義」佐藤幸治古稀・国民主権と法の支配（下巻）〔2008〕183頁参照）が，その後，「自己についての情報をコントロールする権利」として捉え直されるようになった（佐藤幸治・現代国家と人権〔2008〕所収の一連の論文参照）ことはよく知られている。しかし，自己の情報も公共財的な性格を併せ持つのであり，後者の考え方が，個人は自己の情報について排他的に支配や管理ができるという発想を含意しているならば（わが国では，しばしばそのような文脈で語られることがあるが），それには無理があるだろう（水野謙「プライバシーの意義」NBL936号〔2010〕29頁以下）。団体が何らかの目的のために特定の個人情報を収集する場面を考えても，情報のコントロールという大づかみな概念では，適切な処理は図られないことは後に見るとおりである（→(4)）。もっとも，わが国の情報コントロール権説に影響を与えたアメリカのフリードが強調していたことは，プライバシーがなければ，私たちが他者との関係の中で生きていく上で基本となる敬意，愛情，友情および信頼を観念できないということであった（Charles Fried, Privacy, 77 Yale L.J. (1968) 475 at 477）。このうち，愛情および友情について，フリードはさらに次のように分析する。すなわち，これらを育むためには一定の親密さが必要であるが，それは，自分の行動・信念・感情に関する情報を，

§*709* DⅠ

特定の相手とだけ特別に共有することによって生じる。この意味で，プライバシーは，友情や愛情を形成するのに使われるモラル・キャピタルといえる（Ibid. at 484）。このようにフリードが「1人で放っておいてもらう」という没交渉の個人ではなく，他者との間で積極的な関係を形成しようとする個人を観念し，社会的なプライバシー（一(3)）を説いていた点は注目に値する（浅野・前掲論文187頁参照）。以下では，このようなプライバシー概念の多義性を意識しながら，裁判例の動向を検討する。

(2)　私的空間への侵入から保護され平穏に私生活を送る利益の侵害

(ア)　「宴のあと」事件　　わが国で最初にプライバシーについて本格的に論じた裁判例は，東京地裁昭和39年9月28日判決（下民集15巻9号2317頁〈「宴のあと」事件〉）であるが，これは，モデル小説の内容が争われた判決である点に注意が必要である。作者Yは，小説の主人公が妻を踏んだり蹴ったりする場面を叙述したが，主人公のモデルとなったXは，判決によれば，この点に「とくに強い憤懣を感じ」ている。これは，Yが小説の中で，これまでXが社会の人々とのコミュニケーションの中で獲得した社会的役割とは異なる判断枠組みの下でXを解釈し，Xが社会の人々に呈示してきた自己像とは異なる人間像を描いたことに由来すると推測できるのであり（一(3)(ア)(a)・(イ)(a)），私生活がのぞき見されたり（一(イ)(b)），私的な情報が同意なく取得されたり第三者に公開されたりしたケース（一(4)）ではない。もっとも，判決は，Xは政界を引退後，余生を平穏に送ろうとしていたところ，小説の発表により「再び公衆の面前に自分の全身をさらけ出されたような……堪え難い苦痛を覚えた」とも指摘している。Xは，この限りで，私的領域が侵害されたのと同様の精神的苦痛を味わい，古典的な「1人で放っておいてもらう権利」，言い換えると，平穏に私生活を送る利益が侵害されているといえるだろう。「宴のあと」事件判決のいう「私事をみだりに公開されない」という法益侵害の実質は，この点にあると考えられる。なお，判決は，プライバシー侵害が認められるには，公開された内容が，①「私生活上の事実または私生活上の事実らしく受け取られるおそれ」があり，②「一般人の感受性を基準にして当該私人の立場に立った場合公開を欲しないであろうと認められ」，③「一般の人々に未だ知られていないことがらであること」を必要とし，さらに，④「公開によって当該私人が実際に不快，不安の念を覚えたこ

§*709* D I

とを必要とする」としている。このような平穏に私生活を送る利益が侵害されたことが問題となった他の事例に，次のようなものがある（一(イ)）。

(イ)　その他の事例

(a)　他人の氏名・住所・電話番号等を記載したビラの配布　最高裁平成元年12月21日判決（民集43巻12号2252頁）は，教員Xらの通知表交付をめぐりYがXらを批判するビラ——Xらの氏名・住所・電話番号等が記載されていた——を大量に配布したところ，Xらが，電話・葉書・スピーカーによる嫌がらせや非難攻撃を受け，落ち着かない気持ちで毎日を送ったという事案で，「私生活の平穏などの人格的利益を違法に侵害された」と判示し，慰謝料請求を認めている。氏名・住所・電話番号は，必ずしも非公知の情報とはいえないが（この意味で「宴のあと」事件の要件〔一(ア)③〕は，やや原告に厳しすぎるといえよう），判決は，それらを公表することによって，Xの私生活の平穏が現に侵害されてしまったことを，プライバシーという言葉こそ用いていないものの，重視している。では，平穏に私生活を送る利益はなぜ重要なのか。この点を述べるのが次の裁判例である。

(b)　私的空間にいる被害者の盗撮など

(i)　私的空間の重要性　Y社発行の写真週刊誌のカメラマンが，①自宅のダイニングキッチンにいるX（有名作家と交際していた）を塀越しに撮影したり（東京地判平元・6・23判時1319号132頁），②加療のため入院中の大手消費者金融業の会長X（車椅子姿）を病院の廊下で撮影した（東京地判平2・5・22判時1357号93頁）事例で，裁判例は，「人格的利益」の侵害（①），あるいは「肖像権及びプライバシー」の侵害（②）を理由に慰謝料請求を認めている。判決①は，「人が自己の居宅内において，他人の視線から遮断され，社会的緊張から解放された形で個人の自由な私生活を営むことは，人格的利益として何よりも尊重されなければならない」としている。私的空間にいても，他者の存在をまったく切り離すことはできないであろうが（私たちは1人でいるときでも特定の文化に根ざした社会的な共同実践を行っているから〔一1(5)(ア)(a)〕），「社会の視線から逃れて自らの生き方や考え方を見つめなおすことを可能とする空間」（長谷部恭男・憲法〔8版，2022〕152頁）あるいは「社会的ペルソナを演じ分けていても，1個の実存として仮面を脱ぐ場所」（石川健治「人格と権利」ジュリ1244号〔2003〕30頁（注29））を，私たちは必要としているのであり，か

〔水野〕　561

かる文脈において，判決①は肯定的に捉えられる。一方，判決②は，病院の中が「患者が医師に身体を預け，秘密ないしプライバシーの細部まで晒して，その診療を受ける場所」であり，病院は「完全な私生活が保証されてしかるべき私宅と同様に考えるべきである」（②）と判示する。ここでは医師と患者との信頼関係の上に成り立つ，閉ざされた空間における，治療行為の私事性とその要保護性が強調されている。

本人の容姿が撮影されていない場合はどうか。③福岡高裁平成24年7月13日判決（判時2234号44頁）は，Yの提供する「ストリートビュー」の映像にXの自宅のベランダの洗濯物が不鮮明に写り込んでいた事例で，容貌・姿態以外でも私的な営みに関する私的事項が他人からみだりに撮影されると「私生活において安心して行動することができなくな」るとして，プライバシー侵害となる場合があるとする（当該事案では被撮影者の受忍限度の範囲内として違法性を否定）。また，④最高裁平成7年9月5日判決（判タ891号77頁〈関西電力事件〉）は，Y社が，その従業員Xについて，共産党員またはその同調者であるとして，職制を通じて職場の内外で監視していた事案で，特に，Xの上司である主任や課長が，指紋を残さないよう手袋を用意してXのロッカーを無断で開け，Xの私物である「民青手帳」の内容を撮影した行為等について，「プライバシーを侵害するもの」と判示する。会社の私物保管用のロッカーの内部は，私的空間に準ずるものといえるだろう。

(ii) 肖像権概念の多義性 (i)②の裁判例は「肖像権」の侵害という言葉を用いるが，人の肖像に係わる権利は多義的な内容を含んでいる。例えば，肖像の有する顧客吸引力がフリー・ライドされるとパブリシティ権の侵害になるし（→4），②のように他人の私的空間（と同視しうるもの）に侵入して他人を撮影する場合は，「平穏に私生活を送る利益」としてのプライバシーが侵害されている。これに対して，警察官が公道上のデモの参加者を撮影したり（最大判昭44・12・24刑集23巻12号1625頁〈京都府学連デモ事件〉），写真週刊誌のカメラマンが法廷内の被疑者を撮影した（最判平17・11・10民集59巻9号2428頁）事例で，判例は「何人も，その承諾なしに，みだりにその容ぼう・姿態（以下「容ぼう等」という。）を撮影されない自由を有する」（昭和44年判決），「人は，みだりに自己の容ぼう等を撮影されないということについて法律上保護されるべき人格的利益を有する」（平成17年判決）という言い方を

する。最高裁は，これらの判決において，多義的な「肖像権」という言葉を用いることを慎重に避けている（→(ウ)(c)）。

(ウ)　私的領域が侵害されていない場合

原告が1人で放っておいてもらいたい（意に反する干渉をしないでもらいたい）と考えても，（物理的な意味で）私的な空間にいない場合は，被告の法益，自由権，行為の必要性などとの衡量が必要になる。

(a)　公共の場所における音による侵害　　最高裁昭和63年12月20日判決（判タ687号74頁）は，Y市が市営地下鉄の車内で商業宣伝放送（1駅1回5秒程度）を行うことに違法性はないとされた事例であるが，伊藤正己裁判官の補足意見は，「個人が他者から自己の欲しない刺戟によって心の静穏を乱されない利益を有しており，これを広い意味でのプライバシーと呼ぶことができる」としている。もっとも，同裁判官は，プライバシーは公共の場所では「保護が希薄とならざるをえず，受忍すべき範囲が広くなる」とし，宣伝放送を行うY市の経済的自由に配慮する一方で，Xが公共の交通機関の中で車内放送を聞くことを事実上強制される「とらわれの聞き手」であったことを受忍限度論（なお，公害・環境侵害における受忍限度論は→Ⅳ3）の中で考慮している。

(b)　信仰生活の静謐の侵害　　最高裁大法廷昭和63年6月1日判決（民集42巻5号277頁〈自衛官合祀事件〉）では，殉職した自衛官Aについて，国Y（自衛隊地方連絡部）の協力のもと，社団法人B（県隊友会）がAの妻X（キリスト教信者）の意に反して，宗教法人C（県護国神社）に対して他の殉職自衛官と共に合祀申請をしたことが問題となった。判決は，Cによる合祀はCの信教の自由の範囲内の行為であり，それについてXが「自己の信仰生活の静謐を他者の宗教上の行為によって害された」として「不快の感情」を持っても，信教の自由の保障が，自己と相容れない信仰をもつ者の宗教上の行為に対して「自己の信教の自由を妨害するものでない限り寛容であることを要請している」以上，かかる感情は被侵害利益とは認められないと判示する。確かにXは，Cの宗教行事への参加を強制されておらず，故人や神に自己の信仰の枠内で祈りをささげる自由も奪われていない。「私的空間への侵入から保護され平穏に私生活を送る利益」と同種の利益が，宗教上のレベルにおいて侵害されているわけではなく，この意味で，他者（C。なおAの父も合

〔水野〕　563

§*709* D I 　　　　　　　　　　第3編　第5章　不法行為

祀を歓迎していた）の宗教的行為を行う自由との競合という問題が生じやすい状況にあったと考えられる。もっとも，学説は本判決に批判的である。騒音・震動等による被害（一(a)も参照）と異なり，宗教的問題から生ずる精神的苦痛には，他の利益との衡量が必要な受忍限度論は妥当しないという説（星野英一「自衛官合祀訴訟の民法上の諸問題」同・民法論集8巻〔1996〕316頁）のほか，本件では，事実に反してXの篤志によりCに神楽料が奉納されたとされ，永代にわたり命日祭が斎行されることになったが，これについてまで宗教的寛容の名の下に受忍しなければならないという点を疑問視する見解（芦部信喜・宗教・人権・憲法学〔1999〕68頁参照）などが主張されている。

(c)　公道上や法廷での写真撮影

(i)　警察官による公道上での撮影　　前掲最高裁大法廷昭和44年12月24日判決〈京都府学連デモ事件〉は，デモに参加した学生（被告人）を警察官が無断で撮影した事件で，「肖像権と称するかどうかは別として」「個人の私生活上の自由の一つとして，何人も，その承諾なしに，みだりにその容ぼう・姿態（以下「容ぼう等」という。）を撮影されない自由を有する」としている。判決は，国家権力（警察権）から当該自由が保護される根拠を憲法13条に求めている。もっとも，「私生活上の自由」も無制限に保護されるわけではなく，「〔①〕現に犯罪が行なわれもしくは行なわれたのち間がないと認められる場合であって，しかも〔②〕証拠保全の必要性および緊急性があり，かつ〔③〕その撮影が一般的に許容される限度をこえない相当な方法をもって行なわれるとき」は警察官による写真撮影が許されるとして，同判決は，公共の福祉の観点からこれを基礎付けている（その上で，公道上の被告人がデモの許可条件や道交法に外形的に違反していた当該事案では，警察官の撮影行為を適法とした原判決の判断は憲法に違反しないとした）。なお，要件①～③は限定列挙という趣旨ではない。最高裁平成20年4月15日決定（刑集62巻5号1398頁）は，要件①（現行犯ないし準現行犯的状況の存在）が満たされない事案で，犯人特定のための証拠資料の入手という捜査目的の達成のため，「必要な範囲において，かつ，相当な方法によって行われた」警察官によるビデオ撮影を適法と判示している。その際に同決定は，撮影が公道上とパチンコ店内という「通常，人が他人から容ぼう等を観察されること自体は受忍せざるを得ない場所」で行われた点に着目する。

564　〔水野〕

§*709* D I

(ⅱ) 写真週刊誌のカメラマンによる法廷内での撮影　　前掲最高裁平成
17年11月10日判決は，Y社発行の写真週刊誌のカメラマンが，刑事事件
の被告人Xを法廷内で無断で撮影した事件で，前掲最高裁大法廷昭和44年
12月24日判決〈京都府学連デモ事件〉を引用しながら「人は，みだりに自己
の容ぼう等を撮影されないということについて法律上保護されるべき人格的
利益を有する」とした上で，「ある者の容ぼう等をその承諾なく撮影するこ
とが不法行為法上違法となるかどうかは，〔①〕被撮影者の社会的地位，〔②〕
撮影された〔原文ママ〕被撮影者の活動内容，〔③〕撮影の場所，〔④〕撮影の
目的，〔⑤〕撮影の態様，〔⑥〕撮影の必要性等を総合考慮して，被撮影者の
上記人格的利益の侵害が社会生活上受忍の限度を超えるものといえるかどう
かを判断して決すべきである」（その上で，撮影が違法であれば，写真を公表する行
為も人格的利益の侵害に当たる）と判示している。そして判決は，社会の耳目を
集めた刑事事件の被疑者（①②）について報道する目的があった（④）とはい
え，隠し撮りという態様は不相当（⑤）で，その必要性も認め難い（⑥）と
した上で，Xが「写真撮影が予想される状況の下に任意に公衆の前に姿を現
したものではない」（③）ことにも着目して，撮影行為が受忍限度を超える
違法なものであったと判断した。本判決もまた，京都府学連デモ事件判決が
留保した「肖像権」という言葉は用いず，代わりに「人格的利益」という言
い方をしている。また，京都府学連デモ事件判決とは異なり憲法13条には
言及せず，また「私生活」という言葉も用いず——判例は，憲法13条につ
いて国民の私生活上の自由が国家権力の行使に対して保護されるべきことを
規定していると捉えている（→(ⅰ)。在留外国人の指紋押捺制度に関する最判平7・
12・15刑集49巻10号842頁も参照）が，本件はそのような国家権力の行使が問
題とはなっているわけではない——，端的に，写真撮影が予想される状況だ
ったかどうかを問題にしている。さらに，原判決（報道が公共の利害に関する事
項にかかわり，専ら公益を図る目的でなされ，取材方法が目的に照らして相当である場合
は違法性が阻却されるとした）と異なり，受忍限度を超えるかどうかについて，
被撮影者の事情（①〜③）を含む，より多様な要素を総合考慮している（なお，
本判決は，Xの容貌等を描写したイラスト画についても，みだりに公表されない人格的利
益を認めつつ，描写に作者の主観や技術が反映するイラスト画の特質を参酌して，受忍限
度を超える違法性があったかどうかを評価すべしとしている）。

〔水野〕　　565

§*709* DI

第3編　第5章　不法行為

(3)　判断枠組みの変質から保護され平穏に社会生活を送る利益の侵害

(ア)　判断枠組みの変質とプライバシー侵害

(a)　ノンフィクション「逆転」事件　　前掲最高裁平成6年2月8日判決（民集48巻2号149頁〈ノンフィクション「逆転」事件〉〔→1(4)(イ)〕）は，沖縄で実刑判決を受けたXが，仮出獄（現在の仮釈放〔刑28条〕）後，新しく人間関係を形成していた（前科を秘匿したまま都内の会社に就職し結婚もしていた）ところ，Yがノンフィクションを執筆し，その中でXの実名を使ってXの前科等の事実を明らかにした事件で，ある者が「有罪判決を受けた後あるいは服役を終えた後においては，一市民として社会に復帰することが期待されるのであるから，その者は，前科等にかかわる事実の公表によって，新しく形成している社会生活の平穏を害されその更生を妨げられない利益を有する」と述べている。ここでは，Xの秘密（＝公開を欲しない私的な情報）がYによって暴露されたこと自体が問題というよりも，むしろ，仮出獄後，社会の人々とのコミュニケーションを通じて一定の社会的役割を獲得し自己像を呈示してきたXが，Xの秘密を暴露するノンフィクションの出版によって，異なる判断枠組み（社会学にいわゆる「フレーム」。認識している状況に一定の解釈をもたらす基盤）から解釈・認識されたことが問題である（水野・前掲 NBL936号34頁）。この結果，Xは，従前と同様の社会生活（「逆転」事件判決は「私生活」という言葉を用いていないことに注意）を営むことが困難となってしまっている。本判決は，プライバシーという言葉こそ用いていないが，他者とのコミュニケーションを通じて，積極的な関係を形成している個人の社会的なプライバシー（→(1)）を論じていると考えられる。

(b)　判断枠組みの変質をもたらすもの

ノンフィクション「逆転」事件では，Xが他者との間で形成してきた情報環境にYが介入して，当該情報環境を攪乱し，人々がXを解釈する際の基盤となる判断枠組みの変質をもたらしている。これは，ノンフィクションを含むメディアの伝達作用に権力装置と支配関係を機能させる側面がある（正村俊之「コミュニケーション論の系譜と課題」同編著・コミュニケーション理論の再構築〔2012〕17頁）ことに由来すると考えられる。このような権力的・支配的関係から生じるプライバシーの侵害は，メディアの介入事例以外にも，Xに関する情報を，公権力や職場の上司などが伝達するケースにも見られる。

§*709* D I

（i）前科照会事件　　例えば，A 社から解雇されその地位保全に関する事件が地裁や中労委に係属していた X の前科や犯罪経歴について，Y 市の区長が（A 社から受任した弁護士 B の申出を受けた）弁護士会からの照会に漫然と応じ報告をした結果，（B から情報を得た A 社の幹部らによって）X が地裁や中労委の構内にいた事件関係者や傍聴者らの前で前科を明らかにされたケース（最判昭 56・4・14 民集 35 巻 3 号 620 頁〈前科照会事件〉〔→1⑷㋐〕）は，プライバシーの侵害事例とも見ることができる事案であった（→1⑷㋑⒝⒤）。

（ii）職場でのパワーハラスメント　　A 社の従業員 X（韓国籍。日本で出生し 16 歳で初めて自らの国籍を知った後も日本名を名乗り続けていた）が，別件の労働審判で A 社に不利な陳述書を提出して以来，他の従業員の前で，代表取締役 Y から繰り返し「朝鮮名を名乗ったらどうだ」などと強要されたケース（東京高判平 27・10・14 LEX/DB25541315）では，Y の行為が X の「プライバシーや社会生活の平穏といった人格的利益を侵害する嫌がらせ」であるとして慰謝料請求が認容されている。

（iii）氏名にかかわる人格的利益の多義性　　（ii）の事例では職場における氏名の名乗り方が問われているが，最高裁昭和 63 年 2 月 16 日判決（民集 42 巻 2 号 27 頁）は，氏名は「個人として尊重される基礎であり，その個人の人格の象徴であって，人格権の一内容を構成する」と判示している。氏名については，①他人に冒用されない権利・利益，②他人から氏名を正確に呼称される利益，③戸籍上の氏名を使用することによって社会生活上の不利益または不便を受けるおそれがある場合にそれを秘匿しまたは用いない利益，④人の氏名，肖像等が商品の販売等を促進する顧客吸引力を有する場合に，その顧客吸引力を排他的に利用する権利など，多様な人格的利益（ないし人格権に由来する権利）が考えられる。前掲最高裁昭和 63 年 2 月 16 日判決は，①と異なり②は，「不法行為法上の利益として必ずしも十分に強固なものとはいえない」として，侵害行為の態様との相関関係で不法行為の成否を判断する姿勢を示している（不正確に氏名を呼称する行為も，「当該個人の明示的な意思に反してことさらに不正確な呼称をしたか，又は害意をもって不正確な呼称をしたなどの特段の事情がない限り」違法性はなく，さらに外国人の氏名については，テレビ放送などで「民族語読みによらず日本語読みで呼称する慣用的な方法」が「我が国の社会一般の認識として是認されていた」場合には，個人の明示的な意思に反した呼称をしても，テレビ局の行為

〔水野〕　　567

§709 DI 第3編 第5章 不法行為

に違法性はないとした）。一方，職場において権力的・支配的関係に立つ者が，判断枠組みの変質をもたらした(ii)のケースでは，上の③の利益の侵害が問題となり，判決は，他の従業員の前でYがXの意向を無視して繰り返し本名を使用するよう勧奨したことが不法行為を構成すると判断している。なお，④は，パブリシティ権として保護の対象となる（→4）。また，①に関連して，東京高裁平成30年6月13日判決（判時2418号3頁）は，「氏名でなく通称であっても，その個人の人格の象徴と認められる場合には，人は，これを他人に冒用されない権利を有」するとしている（書籍の執筆者名やツイッター〔現在の「エックス」〕のアカウント名として通称を使用していた宗教法人の代表役員Xになりすまして，氏名不詳者がツイッターのアカウントを開設した事案。経由プロバイダYに対する発信者情報〔令和6年改正情報流通プラットフォーム対処法5条1項柱書の下では「特定発信者情報……以外の発信者情報」〕の開示請求を認容）。他方で，最高裁平成18年1月20日判決（民集60巻1号137頁）は，「宗教法人も人格的利益を有しており，その名称がその宗教法人を象徴するものとして保護されるべきことは，個人の氏名と同様である」とするが，宗教法人には「人格的利益の一内容として，名称を自由に選定し，使用する自由」があり，XY双方の宗教法人が，それぞれの教義を簡潔に示す語を冠した名称を使用しているなどの事情から，お互いの名称が類似している当該事案では，Xの名称を冒用されない権利が違法に侵害されたとはいえないとしている（Xの差止請求を棄却した原判決を維持）。

(c) 他者の利益・自由との比較衡量

(i) 実名を使用するノンフィクション作品　　前掲最高裁平成6年2月8日判決〈ノンフィクション「逆転」事件〉は，ある者の前科等にかかわる事実は，刑事事件や刑事裁判という「社会一般の関心あるいは批判の対象となるべき事項にかかわるものであるから」実名の公表が許される場合もあり，その者の社会的活動の性質や影響力などによっては「社会的活動に対する批判あるいは評価の一資料として」「前科等にかかわる事実が公表されることを受忍しなければならない場合もある」とした上で（判決は名誉毀損に関する「公共ノ利害」にかかわる前掲最判昭56・4・16刑集35巻3号84頁〔→**2**(1)(イ)(a)(ii)〕を引用する），不法行為の成否は「〔①〕その者のその後の生活状況のみならず，〔②〕事件それ自体の歴史的又は社会的な意義，〔③〕その当事者の重要性，その

568　〔水野〕

者の社会的活動及びその影響力について，〔④〕その著作物の目的，性格等に照らした実名使用の意義及び必要性をも併せて判断すべきもので，その結果，前科等にかかわる事実を公表されない法的利益が優越するとされる場合には」精神的苦痛の賠償を求めることができると判示する。実名による前科の公表という，Ｘについて異なる解釈をもたらす，判断枠組みの変質行為について，他者が利益や自由（社会の人々の正当な関心や批判・評価の自由，著作者Ｙの表現の自由）を有する場合もあり，判決は——「プライバシー」という言葉は用いなかったが——，このとき「利益の優越」論によって，両者のバランスをはかっている（結論として，ＹがＸの実名を使用して前科等の事実を公表したことは正当化できないとする）。

　（ii）　実名類似の仮名を使用する週刊誌の記事　　最高裁平成 15 年 3 月 14 日判決（民集 57 巻 3 号 229 頁〈長良川リンチ殺人報道事件〉）（→2⑴⒤⒜⒤）では，Ｙ社発行の週刊誌が，犯行時少年であったＸ（刑事裁判係属中）が起訴事実にかかわる罪を犯した事件本人であることやＸの経歴や交友関係等の情報を実名類似の仮名を用いて掲載した記事（一定範囲の読者にはＸに関する記事であると推知可能であった）が問題となった。判決は，当該記事により不特定多数の一般人がＸを当該事件の本人であると推知することはできないとして，少年法 61 条に違反する推知報道ではないとした上で（これに対して，窪田充見〔判批〕判例セレクト 2003（法教 282 号）〔2004〕20 頁は，不特定多数の一般人を基準とする判旨について，少年の更生可能性の観点から疑問視する），上記の情報について「Ｘのプライバシーに属する情報である」と明言しつつ，判決⒤を引用しながら，「その事実を公表されない法的利益とこれを公表する理由とを比較衡量し，前者が後者に優越する場合に不法行為が成立する」としている。その際に考慮される判断因子として，判決は，「〔①〕本件記事が週刊誌に掲載された当時のＸの年齢や〔②〕社会的地位，〔③〕当該犯罪行為の内容，〔④〕これらが公表されることによってＸのプライバシーに属する情報が伝達される範囲とＸが被る具体的被害の程度，〔⑤〕本件記事の目的や意義，公表時の社会的状況，本件記事において当該情報を公表する必要性など」を挙げている（これらの事情を審理判断せず，また，名誉毀損の免責事由について「署名狂やら殺人前科」事件判決の示した定式〔→2⑴⑺⒜〕に従った具体的な検討をしなかった原判決を破棄差戻し）。これらの判断因子のうち，②，③，⑤は，判決⒤の③，②，

§*709* D I　　　　　　　　　　　　　　　　　第3編　第5章　不法行為

④と（部分的に）対応している。これに対して，本判決の挙げる①と④は，少年がかかわる事件（①）で実名が秘されて（④）報道がされた本件に特徴的な事情といえる。

　(iii)　少年保護事件を題材とする論文　　最高裁令和2年10月9日判決（民集74巻7号1807頁）では，先天的な疾患（発達障害）を有する少年Xの非行の調査等をした家裁調査官 Y_1 が，調査の際に作成した手控え（Xの非行事実，母親の生育歴，学校での評価，知能検査等のプライバシーに属する情報を含む）をもとに，当時社会の関心を集めつつあった当該疾患の非行事例における特性などを明らかにすることを目的とする論文を執筆し，出版社 Y_2・Y_3 が発行する雑誌や書籍に掲載した事案が争われた。本判決は，判決(i)(ii)を引用し，プライバシー侵害による不法行為の成否について同様に比較衡量を行い，その判断因子として「〔①〕本件プライバシー情報の性質及び内容，〔②〕本件各公表の当時におけるXの年齢や〔③〕社会的地位，〔④〕本件各公表の目的や意義，本件各公表において本件プライバシー情報を開示する必要性，〔⑤〕本件各公表によって本件プライバシー情報が伝達される範囲とXが被る具体的被害の程度，〔⑥〕本件各公表における表現媒体の性質など」を挙げている。これらの判断因子のうち，②と⑤は少年犯罪が問題となった判決(ii)でも同様に考慮されており（(ii)①④），③と④は判決(i)および判決(ii)と（部分的に）対応している（(i)③④，(ii)②⑤）が，とりわけ本判決が重視したのは，①と④〜⑥の事情であった。すなわち，本件プライバシー情報は，少年審判や家裁調査官の職責などを定める少年法の趣旨に照らし「秘匿性は極めて高い」（①）が，その一方で，本件論文の上記の目的は，当該疾患の研究の促進を図り理解を広めるという Y_2 の論文特集の趣旨にも沿い，その公表は「重要な公益」を図るものであり，プライバシー情報の記載はこの種の論文に必要なことでもあった（④）（これらを言い換えると，プライバシー情報を公表する必要性・相当性は高かったといえるだろう）。また，本件論文にはXや事実関係の時期を特定する記述はなく，表現媒体も医療関係者や研究者等を対象とするものであり，Xに具体的被害が生ずる可能性は相当低かった（⑤⑥）（言い換えると，Xについて判断枠組みが実際に変質するおそれは非常に低い事案であった）。判決は，これらを重視して，プライバシー侵害による不法行為の成立を否定している。

　(iv)　検索事業者による検索結果の提供　　最高裁平成29年1月31日決

570　〔水野〕

§*709* Ｄ I

定（民集 71 巻 1 号 63 頁）（→第 16 巻§723 VI 2⑴(ｱ)）では，児童買春の容疑で逮捕され罰金刑に処せられた X が，インターネットで X の居住する県の名称と X の氏名を条件として検索すると X 逮捕の事実が書き込まれたウェブサイトの URL・表題・抜粋が提供されるとして，検索事業者（グーグル インク）に対して，人格権ないし人格的利益に基づき，当該 URL 等の削除を求める仮処分命令を申し立てた事案が争われた。本決定は，「個人のプライバシーに属する事実をみだりに公表されない利益」は法的保護の対象となるとする一方で，検索事業者の検索結果の提供は，自らの方針に沿った結果を得られるように作成されたプログラムによるものであり，「検索事業者自身による表現行為という側面」があり，また，情報の発信や入手を支援する当該提供行為は「インターネット上の情報流通の基盤として大きな役割を果たしている」とする。その上で本決定は，「検索事業者が，ある者に関する条件による検索の求めに応じ，その者のプライバシーに属する事実を含む記事等が掲載されたウェブサイトの URL 等情報を検索結果の一部として提供する行為が違法となるか否かは，〔①〕当該事実の性質及び内容，〔②〕当該 URL 等情報が提供されることによってその者のプライバシーに属する事実が伝達される範囲とその者が被る具体的被害の程度，〔③〕その者の社会的地位や影響力，〔④〕上記記事等の目的や意義，上記記事等が掲載された時の社会的状況とその後の変化，上記記事等において当該事実を記載する必要性など，〔⑤〕当該事実を公表されない法的利益と当該 URL 等情報を検索結果として提供する理由に関する諸事情を比較衡量して判断すべきもので，その結果，〔⑥〕当該事実を公表されない法的利益が優越することが明らかな場合には，検索事業者に対し，当該 URL 等情報を検索結果から削除することを求めることができる」という一般論をまず展開した。このように本決定は，URL 等情報の削除が問われる事案でも，判決(ⅰ)〜(ⅲ)と同様に比較衡量を行う姿勢を示したが（⑤），注目されるのは，⑥の「明らかな場合には」という要件である。最高裁は，なぜこのような「明らか」要件を導入したのか。本決定を読むかぎり，その理由は，検索事業者による検索結果の提供行為に「表現行為という側面」があり（原決定〔東京高決平 28・7・12 判タ 1429 号 112 頁〕でグーグル側は，自己が情報流通の中立的な「媒介者」であるので削除請求は認められないと主張していたが，本決定はそのような主張には与しなかった），「インターネット上の

〔水野〕　571

§709 DI

第3編 第5章 不法行為

情報流通の基盤」という重要な性質があるという点に求めることができるだろう（なお，内田貴「インターネットにおける検索結果の削除について」中田裕康古稀・民法学の継承と展開〔2021〕709頁以下も参照）。原々決定（さいたま地決平27・12・22判時2282号78頁）が「更生を妨げられない利益」としての（過去の犯罪を社会から）「忘れられる権利」という視点から検討を行うのに対して，本決定が提示する一般論は，「個人のプライバシーに属する事実をみだりに公表されない利益」について，「明らか」要件を採りつつも従来の判例理論と親和性の高い比較衡量の枠組みの中でこれを論じるものである。なお，「忘れられる権利」は，EU一般データ保護規則（GDPR）17条で規定されている（同条の見出しは「Right to erasure ('right to be forgotten')」である）が，データの主体が情報の管理者に消去（erasure）を求めることができる「個人データ」の範囲はかなり広く（逮捕歴に限られるわけではない。GDPR4条(1)），また，各種の理由に基づいて（時の経過が直接の要件となっているわけでもない）個人データの消去を請求できる（GDPR17条1項）など，さいたま地裁のような捉え方とは，その内容に隔たりが大きいことにも留意すべきである。

　本決定が比較衡量⑤について挙げる因子①〜④は，判決(i)〜(iii)と重なる部分が多いが，最高裁は，当該事案に関する検討を行う際に，とりわけ児童買春が「社会的に強い非難の対象とされ，罰則をもって禁止されていることに照らし」X逮捕の事実は「今なお公共の利害に関する事項」であるとして，①の事情を重視する。また，検索結果がXの居住する県の名称とXの氏名を条件として検索した結果の一部であり，本件事実の伝達範囲は「ある程度限られ」ている（②）として，Xが妻子と暮らし，罰金刑を受けた後，罪を犯さずに民間企業で働いているなどの事情（③）を考慮しても「本件事実を公表されない法的利益が優越することが明らかであるとはいえない」としている（Xの抗告棄却）。この結果，社会的・法的に強く非難される行為をしたXは，罰金刑に処せられた後も，（Xの過去の行動に関心を持ち検索をする，ある程度限られた範囲の）人々からの，X逮捕に関する情報へのアクセスを甘受しなければならず，Xにとって判断枠組みが実際に変質するおそれは続くことになる。これはXには酷かもしれないが，最高裁によれば，当該事実の公共利害性ゆえに是認されるべき結果であり，また，そのような公共の利害にかかわる情報を含む，各種のインターネット上の情報の入手・発信を支

援する重要な役割を果たす検索結果の提供行為は，当該事実を公表されない法的利益の優越が明らかな場合でなければ，その（事後的な）差止めは認められないということなのであろう。しかし，犯罪にかかわる事実も（その悪性の程度や罪を犯した者の属性などにもよるが），年月が経過すれば（原決定〔前掲東京高決平28・7・12〕によれば，本件では X が罰金の納付を終えてから5年が経過しておらず刑の言渡しの効力が失われていなかった〔刑34条の2第1項〕）公共利害性がやがて低下することも考えられる。また，検索事業者ではない各種 SNS の運営者が投稿記事の削除を請求された場合については，本決定の射程の及ぶところではない。これらが問題となったのが，次の判決である（一(v)）。

　(v)　情報ネットワークの運営者による投稿記事の表示　　最高裁令和4年6月24日判決（民集76巻5号1170頁）（一第16巻§723 VI 2 (3)(ウ)）では，旅館の女性用浴場の脱衣所侵入の疑いで逮捕され，建造物侵入罪で罰金刑に処せられた X が，X 逮捕の当日，逮捕の事実について複数の報道機関がウェブサイト上で報じた記事について，同日，ツイッター（現在の「エックス」）上の氏名不詳者らのアカウントにおいて当該記事の一部を転載するツイートがなされたところ，それらが一般の閲覧に供し続けられているとして，ツイッターを運営する Y に対して削除を求めた事案が争われた。判決は，「個人のプライバシーに属する事実をみだりに公表されない利益……を侵害された者は，人格権に基づき，加害者に対し，現に行われている侵害行為を排除し，又は将来生ずべき侵害を予防するため，侵害行為の差止めを求めることができる」として，プライバシー侵害行為の差止請求の根拠を最高裁として初めて人格権に求めることを明言した。その上で本判決は，ツイッターが「情報発信の場やツイートの中から必要な情報を入手する手段」を利用者に提供していることなどを踏まえると，X が Y に対し各ツイートの削除を求めることができるか否かは，「〔①〕本件事実〔X 逮捕の事実〕の性質及び内容，〔②〕本件各ツイートによって本件事実が伝達される範囲と X が被る具体的被害の程度，〔③〕X の社会的地位や影響力，〔④〕本件各ツイートの目的や意義，本件各ツイートがされた時の社会的状況とその後の変化など，〔⑤〕X の本件事実を公表されない法的利益と本件各ツイートを一般の閲覧に供し続ける理由に関する諸事情を比較衡量して判断すべき」であり，その結果，〔⑥〕本件事実を公表されない法的利益が「優越する場合には」各ツイートの削除

§709 D I　　　　　第3編　第5章　不法行為

を求めることができると判示した。本判決は，本件の事案にあくまでも則する形で比較衡量の枠組み（⑤）を採り（船所寛生〔判解〕ジュリ1585号〔2023〕110頁は，SNSごとに，また同一のSNSにおいても利用実態が異なりうるので，一般的な削除基準の定立は困難であると指摘する），決定(iv)と同様の因子（①～④）を提示するが，決定(iv)と異なり法的利益の優越に関する「明らか」要件には言及しない。これはなぜか。本判決がいうように，Yは基本的には「情報発信の場」（記事〔ツイート〕が投稿されるプラットフォーム）を提供するにとどまり，また，ツイッターに検索機能はあるが，それは「ツイートの中から」情報を入手するためのものである。たしかに，ツイッターはアクセス数も多く著名人等も利用しているが（原判決〔東京高判令2・6・29判タ1477号44頁〕はこの点に注目するなどして「明らか」要件を採った），検索事業者による検索結果の提供のように，利用者が広くインターネット上に情報を発信したり，膨大な情報の中から必要なものを入手したりすることを支援する「情報流通の基盤」という性格はないという考え方が，「明らか」要件を不要とする本判決の判断の背後にあったものと思われる（なお，情報流通基盤としての役割の有無とは異なる視点を提示する見解として長野史寛「判例から見た人格権侵害の差止め要件論」法教528号〔2024〕75頁がある）。このほか，検索結果の提供行為に「表現行為という側面」があるとした決定(iv)と異なり，本判決はYが表現行為をしているかどうかにも言及しない。これは，本件では第一次的に表現行為をしているのは各ツイートの主体であり（削除請求の対象も各ツイートである），そのようなツイートを情報発信のプラットフォームに（いわば）放置している状態について，人格権を侵害していると評価できるのかが論点となっていることが影響しているものと思われる。

　本判決は，逮捕後8年以上が経過しXへの刑の言渡しが効力を失い（刑34条の2第1項後段），各ツイートに転載された〔元の〕記事も削除されていることなどから，「本件事実の公共の利害との関わりの程度は小さくなってきて」おり〔①〕，また，各ツイートは速報目的であったとうかがわれ，長期間の閲覧を想定していたとは認め難く〔④〕，さらに，Xの氏名を条件としてツイートを検索すると本件各ツイートが表示されるので「Xと面識のある者に本件事実が伝達される可能性が小さいとはいえ」ず〔②〕，しかもXは父の事業の手伝いなどをしており「公的立場にある者ではない」〔③〕として，X

574　〔水野〕

の本件事実を公表されない法的利益の優越を認め，各ツイートの削除を求め
ることができるという事例判断を下した（破棄自判）。決定(iv)と比較すると，
②③の具体的な事情にそれほどの違いはないともいえるが（ただし決定(iv)の事
案では，Xの氏名だけでなく居住する県の名称も検索の条件として入力する必要があっ
た），公共利害性の程度に関する判断（①）は大きく異なっている（時の経過に
よる刑の消滅に加えて，元記事の削除という本件特有の事情が考慮されている）。また，
比較衡量の因子④は，決定(iv)では事案への当てはめの際に考慮されていない
（決定(iv)については，記事の執筆者でなければ詳細な主張ができないような事情を判断因
子として挙げること自体を批判する学説もあった〔曽我部真裕「『インターネット上の情
報流通の基盤』としての検索サービス」論ジュリ25号〔2018〕49頁〕）のに対して，
本判決では速報目的の推認という形で重視されている。原審で削除請求の対
象となった本件各ツイートは，いずれも元記事の一部をそのまま転載するも
のであり，裁判所も，このような推認をしやすかったものと思われる。これ
らの事情があり，また「明らか」要件を採らない以上，Xのプライバシーを
保護するほうに比較衡量の秤は傾いたわけであるが，本判決は事例判断を下
したものであり，その射程距離が長いとはいえない（本判決は，時の経過により，
ツイートに名前が上がった人の刑が消滅しても，それだけで当該ツイートの公共利害性が
低下すると判断しているわけではない）。しかし，本判決が各種SNSのうちツイ
ッターについて「情報流通の基盤」の役割があるとは述べず，比較衡量の際
に「明らか」要件を採らなかったことが，今後の裁判例に与える影響は小さ
くないと思われる。

　(イ)　モデル小説とプライバシー侵害

　(a)　「宴のあと」事件　　前掲東京地裁昭和39年9月28日判決〈「宴の
あと」事件〉では，Y創作の小説の主人公（Xがモデルとなっている）が，妻に暴
力を振るう場面について，Xが「憲法擁護国民連合に関与していたこともあ
って」強い不満を感じている。ここでも，Xが社会の人々とのコミュニケー
ションの中で獲得した社会的役割（必ずしも明らかではないが，女性の人権問題等
に敏感だったのであろうか）とは大きく異なる形で，Xが解釈されてしまった。
この事件は，Xの「平穏に私生活を送る利益」としてのプライバシーが侵害
された側面もあるが（→(2)(ア)），ノンフィクション「逆転」事件判決と同様，
判断枠組みの変質から保護され平穏に社会生活を送る利益が侵害された事例

〔水野〕　575

§*709* D I　　　　　　　　　　　　　第3編　第5章　不法行為

とも見うるのである。

　(b)　「石に泳ぐ魚」事件

　(i)　人は自己イメージを使い分けることができるか　　学説の中には，人は自己イメージを「使い分ける」ことができるという想定に立ち，「自己イメージのコントロール権」としてのプライバシーを主張する見解がある（棟居快行・人権論の新構成〔改版新装，2008〕192頁）。これは，「ドラマツルギー」という社会学上の考え方（人は誰でも舞台の上で，オーディエンスに対して，その場にふさわしい自己を自在に演出し呈示している。E・ゴッフマン（石黒毅訳）・行為と演技〔1974〕141頁以下参照）に着想を得たものであるが，職場における上司と部下との関係からも明らかなように，人は日常生活の中で，特定の印象を呈示することがいわば「規範」化されていることが少なくなく，社会的役割を自在に選択できる場面は限られている（片桐雅隆・自己と「語り」の社会学〔2000〕62頁以下・206頁以下のいう「相互行為の非対称性」）。個人（舞台の上のパフォーマー）と他者（それを見守るオーディエンス）との間に明確な境界線を設け，人を自らの行為の完全な主体者として捉えようとする徹底した個人主義的見解は，プライバシーを語る際にはふさわしくないと考えられる（ゴッフマンを批判するGergen, K.J., *An Invitation to Social Construction*, 4th ed.（2023）p. 110 も参照）。

　(ii)　「石に泳ぐ魚」事件の場合　　以上のことは，最高裁平成14年9月24日判決（判タ1106号72頁〈「石に泳ぐ魚」事件〉）の控訴審（東京高判平13・2・15判タ1061号289頁）に提出された陳述書から推測される韓国籍の女性X（Y創作の小説の主人公Aのモデル）の状況からも明らかである。Xは，政治犯とされる父を持ち，生まれつき顔に大きな腫瘍があるため，世間の道徳的判断や無遠慮な視線による「規範」的な圧力を受け続け（Xによれば「十字架」を「担わなければならなかった」），しかしそれに懸命に抗いながら，自分の人生を何とか前向きに捉えようとしていた（ここにはイメージを「使い分ける」余裕は存在しない）ところ，Yが小説の中で，Aの父親の逮捕歴の記述に加え，Aの顔面の腫瘍について苛烈な表現を羅列したことに，Xは強い精神的衝撃を受けている。最高裁は，Yの小説の発表によりXの「名誉，プライバシー，名誉感情が侵害された」という言い方をするが，ここではXがなんとかして摑み取った社会的役割が，Yが独自に設定した判断枠組みの中で変質を余儀なくされたことが論点といえるだろう。

§*709* D I

(c) モデル小説の芸術性と違法性判断

(i) 2つの異なる「芸術性」　モデル小説は，私的空間への侵入から保護され平穏に私生活を送る利益（一⑵）と，判断枠組みの変質から保護され平穏に社会生活を送る利益のいずれをも侵害する可能性があるが（以下では両者を同時に扱う），前掲東京地裁昭和39年9月28日判決〈宴のあと」事件〉は，小説の芸術性と違法性との関係について，次のように判示する。「芸術的に昇華が十分」で，「モデルの起居行動といった生の事実から解放される度合が大きければ大きいほど」プライバシー侵害が否定されるが，「それは芸術的価値がプライバシーに優越するからではなく，プライバシーの侵害がないからにほかならない」。また，「プライバシーの価値と芸術的価値（客観的な基準が得られるとして）の基準とは全く異質のものであり，法はそのいずれが優位に立つものとも決定できない」。モデル小説のプライバシー侵害の違法性判断においては，このように，芸術的昇華の度合いという小説の「虚構化」（一(ii)）と，小説自体の「芸術的価値の高さ」（一(iii)）という2つの異なる「芸術性」が論点となる（飯野賢一「モデル小説とプライバシー」愛知学院大学論叢法学研究50巻3＝4号〔2009〕71頁，日比嘉高・プライヴァシーの誕生〔2020〕203頁以下）。

(ii) 虚構化　「宴のあと」事件では，判決は，事実とフィクションとの境界が判別しがたいことを1つの理由に不法行為の成立を認めている。また，「石に泳ぐ魚」事件の控訴審判決（前掲東京高判平13・2・15）は，「現実に題材を求めた場合も，これを小説的表現に昇華させる過程において，現実との切断を図り，他者に対する視点から名誉やプライバシーを損なわない表現の方法をとることができないはずはない」と断じる。しかし，このように文学の作法に介入し，虚構化の程度とプライバシー侵害の有無とを直結させる論法は，リアリズム小説の創作の現場に著しい萎縮効果をもたらしかねず（日比・前掲書206頁），また，文学の非専門家にすぎない法律家の越権行為であるようにも思われる。この点，東京地裁平成7年5月19日判決（判タ883号103頁〈「名もなき道を」事件〉）は，主人公Aの色弱の事実（Aのモデルとなった故人も色弱だった）を作者Yが明らかにしても，それがAの苦悩の人生を描く上で不可欠であり（なおYは，Aの面倒を見続けた近親者〔このモデルがXらである〕のことも好意的に描いている），また現在では色弱が社会的に不利な事情で

〔水野〕　577

§*709* D I　　　　　　　　　　　　　　第3編　第5章　不法行為

はないことが作中で語られているとして──Ａの色弱という色覚の遺伝上
のタイプについて虚構化がなされていないことによりＡの近親者であるＸ
が平穏に私生活を送る利益が侵害されているともいいうる事案で──プライ
バシー侵害の違法性を否定する慎重な判断を行っており参考になる。

　(ⅲ)　芸術的価値の高さ　　プライバシーと作品の芸術的価値とは異質で
あり比較しえないという「宴のあと」事件判決に対しては，芸術的に高めら
れた表現は通常人の感覚からみて受忍しうる範囲に入ることが少なくないと
する見解（伊藤正己「『宴のあと』判決の問題点」ジュリ309号〔1964〕49頁）も主張
されている。他方で裁判例の中には，モデル小説の主な執筆目的は読者の購
読意欲を高めて営利を得ることにあるとして，小説のもつ芸術性という論点
に無関心なものもある（大阪地判平7・12・19判タ909号74頁）。この問題につ
いて，日本文学の専門家による次のような洞察が示唆に富んでいる。論者に
よれば，小説は，現実から遊離した，たんなる虚構の嗜好品ではない。小説
を読むことを通じて，人は，そこに描かれた私的な人間関係を自己吟味しな
がら模倣し，公共的な空間における議論に反映させる。小説は，私性と公共
の空間とを媒介する重要な社会的回路の役割を果たしうるのである（日比・
前掲書215-217頁）。このように，優れた小説が，私たちが私的な空間で培っ
た思考と，自らの意見をオープンに表明しうる言説の空間とを媒介するとい
う意味で公共的な機能を果たすのであれば，不法行為責任を論じる上で，こ
の点を無視することは許されないというべきだろう。なぜなら，表現行為に
よって人々の間に正当な関心が惹起され，それに基づく自由な批判を通じて
公共の利益が増進し，個人の思想や人格が発展し陶冶される場合，そのよう
な効果は，表現者の不法行為責任を（名誉毀損の場合も〔→2(1)(イ)(a)〕，プライバ
シー侵害の場合も〔→3(3)(ア)(c)(i)〕）免責する方向に作用するからである。

　(4)　個人情報の取得・利用・提供によるプライバシー侵害

　Ｘの個人情報を団体Ｙ（会社・病院・労働組合・学校など）が取り扱う場面で
も，Ｘのプライバシーの利益との衝突が起こりうる。

　(ア)　個人情報の第三者への提供

　(a)　早稲田大学江沢民講演会事件

　最高裁平成15年9月12日判決（民集57巻8号973頁）は，Ｙ大学が外国の
要人の講演会を開催する際に，警視庁Ａから事前に参加申込者の名簿の提

出を求められていたにもかかわらず，このことをYがXらを含む同大学の学生に通知して同意を得ることをせずに，Xらの学籍番号・住所・氏名・電話番号が記入された名簿をAに提出した事案で，「Yの行為は，Xらが任意に提供したプライバシーに係る情報の適切な管理についての合理的な期待を裏切るものであり，Xらのプライバシーを侵害する」と判示している。本判決は，次の3点で注目される。

(i) 「自己が欲しない他者」との関係から生じるプライバシー　　まず，住所や氏名など個人を識別するための単純な情報も，特定の他者との関係ではセンシティブなものになりうる（Xらは講演会で叫ぶなどして逮捕された者であるが，自らの情報を警察に開示されたことに強い拒絶反応を示している）。判決の言葉を借りれば，「秘匿されるべき必然性が必ずしも高いものではない」個人情報も，「本人が，自己が欲しない他者にはみだりにこれを開示されたくないと考えることは自然なことであり，そのことへの期待は保護されるべきもの」だからである。ここでは，Aに情報が開示されることによって，どのような「具体的な」不利益がXに生ずるのか（控訴審は具体的な不利益の不存在を1つの根拠にYの責任を否定した）は問題となっていない。本件のプライバシーは，自己が欲しない他者に個人を識別する情報を知られたくないという利益にとどまる。この意味で，本件では，私的空間への侵入から保護され平穏に私生活を送る利益（→(2)）が論点となっているわけではなく，また，判断枠組みが変質した結果，平穏に社会生活を送る利益（→(3)）が侵害されているわけでもないのである。

(ii) 「情報コントロール権」構成の不採用　　次に，本判決は，情報にかかわる「プライバシー」を論じる際に，学説のいう「情報コントロール権」（→(1)）という法律構成は採用せず，Xの「合理的な期待を裏切る」Yの行為に注目している。個人に関する情報は社会一般の利益を増進させることもあり（→(b)），公共財的な性格を併せ持っている（→(1)）。Xが自己の情報を（当然に）コントロールしうるという発想は，民事責任を論じる際には問題の本質を見えにくくする。この意味で，判決が着目した「合理的期待の裏切り」は，本件の事案にふさわしい帰責根拠として評価に値すると考えられる。

(iii) 比較衡量論の不採用　　本判決は，YがXらの情報をAに提供することの有用性や必要性（控訴審はこの点にも注目する）を顧慮しない。かかる

〔水野〕　579

§709 DI 第3編　第5章　不法行為

態度は，ノンフィクション「逆転」事件判決が他者の利益・自由と比較衡量を行う（前掲最判平6・2・8〔→(3)(ア)(c)(i)〕）のとは異なっている。これは，警察への情報提供について，YがXらの同意を得る前提として，あらかじめXらにこれを知らせることが容易であり，それさえしておけば（警察に情報を知られたくなかったXらは講演会に参加しないことを選択し）警備する側にむしろメリットが生じた可能性があるという事案の特殊性に由来すると考えられる。一方当事者にプライバシー侵害という不利益をあえてもたらすことによって，他者の利益が増進するという，上記比較衡量論の前提にある典型的な事情が，本件には存在しなかったと思われるのである。

　　(b)　第三者への情報提供が社会全体の利益を増進させる場合　　例えば，①犯罪による収益の疑いがある金銭についてXから送金依頼を受けた銀行Yが，行政庁AにXの氏名・住所等を届け出たり（犯罪収益移転8条1項，同法施行令16条参照），②エボラ出血熱に罹患したXを診断した医師Yが最寄りの保健所長を経由してXの氏名・年齢・性別等の情報を都道府県知事に届け出たりするような場合（感染症6条2項1号・12条1項1号）はどうか。いずれも法令によって，情報提供が（公法上）義務付けられている場合である（なお，個人情報27条1項1号も参照）が，ここでも，自己が欲しない他者に情報を知られたくないというプライバシーの利益をXについて観念しうる。しかし，Xのプライバシーをこのように侵害する情報提供をあえて行うことによって社会全体の利益が増進することは明らかであり（早稲田大学江沢民講演会事件ではそのような関係はなかった〔→(a)(iii)〕），ここでは，社会的効用を含む結果回避コストを考慮しうるハンドの定式を適用し，Yには過失がないと考えるべきである。

　(イ)　個人情報の取得と利用

　　(a)　情報の取得自体が問題となる場合　　下級審裁判例は，①警視庁警察官に任用されたXが，警察学校に入校した当日に，東京都Yによって血液検査を含む身体検査を実施され，その際にXの同意なくHIV抗体検査が行われたケース（東京地判平15・5・28判タ1136号114頁。Yは陽性反応が出たXに退職を勧奨した）や，②XがY金融公庫に採用内定の予告を受けた後，血液採取による肝機能検査を含む健康診断が行われたが，その際にXの同意なくB型肝炎ウイルスの検査がなされたケース（東京地判平15・6・20労判854号

580　〔水野〕

§*709* DI

5頁〔ウイルス感染が分かりXは不採用となった〕）において，判決は，HIV感染症やB型肝炎について誤解や偏見がある状況下では，これらの感染症に罹患していることは「他者に知られたくない私的事柄」（①）ないし「他人にみだりに知られたくない情報」（②）であるから，YがXの同意なしにこれらの情報を取得することはXのプライバシーを侵害する（検査の必要性および事前の同意がある場合には違法性が阻却されるが，そのような事情はない）としている。判決②では，内定に至っていなかったXの不採用は不法行為とならないとされている（これに対して判決①は辞職勧奨行為の違法性も肯定する）が，かかる具体的な不利益とは無関係に，両判決とも，Xのウイルス感染に関するYの情報取得行為そのものがXのプライバシーを侵害するとしている。

(b) 情報の目的外利用 福岡高裁平成27年1月29日判決（判時2251号57頁）では，Y病院に勤務する看護師Xが，Y病院を患者として受診した結果，HIV感染が判明したが，この情報をもとにY病院の副院長と看護部長がXに対して勤務を休むよう指示した事案が争われた。判決は，Yが診療目的で収集されたXのHIV感染という本件情報を，Xの事前の同意なく労務管理として用いたこと（個人情報保護法18条1項が禁ずる目的外利用にあたる）は，Xのプライバシーを侵害するとしている（合理的な理由なく〔日和見感染や院内感染のリスクは乏しかった〕病欠を指示したことはXの就労を妨げる不法行為にもなると判示する）。その理由として，判決は，患者の医療情報は重要な秘密であり，またHIV感染者に対する偏見・差別があることに鑑みると本件情報は他人に知られたくない個人情報であることを挙げている。

(c) 労働者のメンタルヘルスに関する情報の取扱い 昨今，業務上の心理的負荷を原因とする精神障害や自殺事例などの増加を受けて，労働者のメンタルヘルスの維持と快適な職場環境の実現が重要な課題となっている（厚労省「労働者の心の健康の保持増進のための指針」〔平27・11・30改正〕参照）。この実現のためには，労働者からのメンタルヘルスの情報の取得と事業者による適切な就業上の措置の実施が求められるが，その前提として労働者のプライバシーを保護する必要がある。例えば，平成26年改正労働安全衛生法によれば，メンタルヘルスの不調の防止のために，事業者は労働者に対して心理的負担の程度を把握する検査（ストレスチェック）を行わなければならない（労安衛66条の10第1項）が，検査をした医師等は，検査を受けた労働者の書

〔水野〕 581

面または電磁的記録による同意を得ずに，検査結果を事業者に提供してはならない（労安衛66条の10第2項後段，労安衛則52条の13第1項）。メンタルヘルスに関する情報は，労働者のプライバシーに属する情報であり（最判平26・3・24判タ1424号95頁〈東芝事件〉も，この点を明言した上で，過重な業務により鬱病に罹患したXの賠償額を定める際に，神経科の医院への通院歴等をXが使用者Yに申告していないことを理由に過失相殺をすることはできないとした〔ただし，Yが過重な業務によるXの体調悪化を認識しえた事案〕)，したがって，使用者がストレスチェックに関する情報に不正にアクセスしたような場合（労安衛則52条の10第2項は，事業場の構成員がストレスチェックの実施に関与する場合があることを予定している）には，その段階で――解雇や退職勧奨などの（労安衛66条の10第6項が予定していない）具体的な不利益が労働者にもたらされていなくても――，プライバシー侵害を理由とする安全配慮義務違反または不法行為が成立すると考えるべきである。

(d) 早稲田大学江沢民講演会事件との比較　①早稲田大学江沢民講演会事件判決（一(ア)(a)）は，単純な個人識別情報も，特定の第三者（「自己が欲しない他者」）との関係ではみだりに開示されたくない情報になり，かかる第三者に情報を開示するとプライバシー侵害になると判示する。これに対して，裁判例(a)(b)は，特定の第三者との関係性という要素よりも，情報それ自体の秘匿性の高さや内容（不当な差別や偏見などの不利益が伴いがちである。個人情報保護法2条3項の「要配慮個人情報」の定義も参照）に着目して，同意なしに情報を取得し，また，目的外利用をすること自体をプライバシー侵害と評価している。②しかし，早稲田大学江沢民講演会事件判決も裁判例(a)(b)も，Xに関する情報を第三者に提供したり，Xの情報を取得・利用する際に，Xから同意を得ておらず，また，同意なしの提供・取得・利用について，その必要性や相当性が認められないという点では共通しており（これに対して前掲最判令2・10・9は，Xのプライバシーに属する情報をXの同意を得ないで公表することが「重要な公益」にかなう〔公表の必要性・相当性が高い〕事案であった。一(3)(ア)(c)(iii)），このような場合には，いずれも，Xに具体的な不利益が発生する手前の段階で，すなわちYによる情報の取扱いによりXが社会生活を営む際のリスクが抽象的に増大したことをもって，プライバシー侵害があったとされている（(c)で取り上げた労働者のメンタルヘルスに関する情報に使用者が不当にアクセスした場合も同

§*709* Ｄ Ｉ

様に処理されるべきである）。この点で，私生活や社会生活の平穏が実際に侵害されるかどうかが問題となる類型（一⑵⑶）とは異なっている。

　(e)　情報の不適切な管理と漏えい　　それでは，Ｙが収集したＸの情報をＹが適切に管理しなかったために，当該情報が（当然のことながら，その必要性も相当性も認められない形で）漏えいし社会に拡散された場合はどうか。この場合には，Ｘの社会生活の平穏が実際に侵害されることもあれば，Ｘが社会生活を営む際のリスクが抽象的に増大するにとどまることもあるだろう。例えば，東京高裁平成 27 年 4 月 14 日判決（LEX/DB25506287〈公安テロ情報流出事件〉）では，東京都Ｙ（警視庁）がテロ活動防止のために収集したＸら（イスラム教徒）の情報（信仰内容や前科のほか「容疑情報」として特定のイスラム教徒との交友関係等が詳細に記載されていた）がインターネット上に流出した事案が争われ，Ｙの情報管理上の注意義務違反が認められ，慰謝料請求が認容されている（国賠 1 条 1 項）が，Ｘらの中には情報流出の結果，職を失ったり経営する店の売上げが激減したりするなどの現実の被害を受けている者がいる事案であった。一方，最高裁平成 29 年 10 月 23 日判決（判タ 1442 号 46 頁〈ベネッセ個人情報漏えい事件〉）では，Ｙが取得・管理していた未成年者Ａの氏名・性別・生年月日・郵便番号・住所・電話番号とＡの保護者Ｘの氏名といったＸにかかわる個人情報が，Ｙの情報システムの開発等に従事していた外部の会社の従業員によって不正に持ち出され，名簿業者に売却された事案が争われた。判決は，情報の漏えいを知ったＸの不快感や不安を超える損害の発生について主張・立証がされていないということのみから直ちにＸの請求を棄却した原判決を破棄し，プライバシー侵害を認めている（精神的損害の有無・程度等について審理を尽くさせるため差戻し。差戻審〔大阪高判令元・11・20 判時 2448 号 28 頁〕は，Ｙが被害者らに 500 円分の金券を配布するなどの措置を講じていることなどを考慮して 1000 円の慰謝料を認めた）。

　(f)　第三者に対する情報開示のリスクまたは情報提供の拒絶　　このほか，個人情報を管理・利用しているＹが，①第三者に対して当該情報を不当に開示・公表するリスクがあるのかどうかが争われるケースや，②Ｘに対する情報提供を拒絶した場合について争われる場合がある。まず，①のケースとして，最高裁平成 20 年 3 月 6 日判決（民集 62 巻 3 号 665 頁）は，行政機関が住基ネットにより住民の本人確認情報を管理・利用する行為について

〔水野〕　　583

§*709* Ｄ Ⅰ

第3編　第5章　不法行為

「本人確認情報が法令等の根拠に基づかずに又は正当な行政目的の範囲を逸脱して第三者に開示又は公表される具体的な危険」は生じておらず，憲法13条の保障する自由（→(2)(c)(i)(ii)），すなわち行政機関によって「個人に関する情報をみだりに第三者に開示又は公表されない自由」を侵害するものではないとして，住民からの住民票コードの削除請求を認めていない。最高裁令和5年3月9日判決（民集77巻3号627頁）も，行政機関等が番号利用法に基づき特定個人情報（個人番号〔マイナンバー〕をその内容に含む個人情報）の利用・提供等をする行為について同様の判示を行い，個人番号の削除等を求める訴えを退けている（最判令5・3・9 LLI/DB L07810040も同旨）。②一方，弁護士Aからの申出を受けた弁護士会Xが，公務所または公私の団体Yに弁護士法に基づく照会をしても（弁護23条の2），前掲最高裁昭和56年4月14日判決〈前科照会事件〉（→1(4)(ア)，(3)(ア)(b)(i)）が漫然と政令指定都市の区長が照会に応じた事案で当該政令指定都市の損害賠償責任を認めたこともあって，Yが守秘義務や個人情報の保護などを理由に，照会に対する報告（Xへの情報提供）を拒絶するケースが少なくない。Yが拒絶すれば，プライバシーの侵害は回避されるが，他方で，照会制度の実効性が損なわれ，私人の権利の実現や司法制度に対する信頼（伊藤眞「弁護士照会運用の今後」金法2115号〔2019〕15頁参照）に負の影響が出ることは否定できない。このとき，情報提供を受けられなかったXは，Yに対して，照会制度の実効性が損なわれたことなどを理由に損害賠償を請求できるか。最高裁平成28年10月18日判決（民集70巻7号1725頁）は，当該「照会に対する報告を受けることについて弁護士会が法律上保護される利益を有するものとは解されない」として，これを否定する。照会制度の実効性や司法制度への信頼等を確保するために不法行為法を利用することは，不法行為法の目的に照らし筋違いであり（木内道祥裁判官の補足意見も参照），判決には説得力がある（なお，最判平30・12・21民集72巻6号1368頁は，弁護士会が照会の相手方に当該照会に対する報告義務があることの確認を求める訴えについても，確認の利益を欠くとしている。このほか，照会の申出をした弁護士Aの依頼者Bが，報告を拒絶したYに対して損害賠償を請求できるかという問題もある。弁護士会と異なり依頼者Bについては裁判を受ける権利などを観念しうるが，Yが守秘義務や個人情報の保護などを理由に報告を拒絶した場合に，Yの過失ないしYの行為の違法性を肯定するのは困難な場合が多いであろう）。

〔水野〕

§*709* D I

(ウ)　ビッグデータとプライバシー

　情報通信技術の進展に伴い，事業者が収集・利用しうる個人情報は，データの容量（Volume）も種類（Variety）も，また，データの変化するスピード（Velocity）も飛躍的に増大している。このような（3つの V を特徴とするといわれる）ビッグデータを事業者が利活用するとき，個人のプライバシーはどのような危険にさらされるか。以下では，問題となりうる大きく2つのケースを検討する。

　(a)　「匿名加工情報」から「個人情報」を復元する行為

　自動車に搭載されている ETC や GPS のデータを利用して渋滞予測サービスを提供したり，患者の医療データを用いて疾患リスクを割り出し予防医療や新薬の開発につなげたりするなど，ビッグデータを利活用してビジネスチャンスにつなげようとする企業のニーズは，ますます高まっている。

　(i)　個人情報と匿名加工情報　　そこで，個人情報保護法は，「個人情報」（生存する個人に関する情報であって，①当該情報に含まれる氏名，生年月日その他の記述等により特定の個人を識別できるもの〔これには，他の情報と容易に照合することができて，それによって特定の個人を識別できるものも含まれる〕および②個人識別符号〔顔の骨格や指紋などをデジタルデータ化したものや旅券の番号・個人番号（マイナンバー）・運転免許証の番号など，その情報単独で特定の個人を識別できる符号〕が含まれるもの。個人情報2条1項・2項，同法施行令1条）のほかに，個人情報には該当せず情報の利活用が容易な（→(ii)）「匿名加工情報」（上に定義した個人情報のうち，①については記述等の一部を削除し〔例えば，氏名を削除したり，生年月日の情報を生年月に置き換えたり，年齢が「116歳」という珍しい事実に関する記述を「90歳以上」に置き換えたりするなど〕，②については個人識別符号の全部を削除することによって，特定の個人を識別できないように個人情報を加工して得られる個人に関する情報であって，当該個人情報を復元できないようにしたもの。個人情報2条6項・43条，同法施行規則34条，個人情報保護委員会「個人情報の保護に関する法律についてのガイドライン（仮名加工情報・匿名加工情報編）」）という類型を設け，企業のニーズに応えようとしている（このほか，個人情報取扱事業者〔個人情報16条2項〕が匿名加工情報より加工による抽象化の程度が低くデータとしての有用性が高い加工を個人情報に施し，他の情報と照合しない限り特定の個人を識別できないようにした〔同41条1項〕「仮名加工情報」〔同2条5項〕という類型もある。当該情報を作成した個人情報取扱事業者は，通常，作

〔水野〕　585

§*709* Ｄ I 第3編　第5章　不法行為

成の元となった個人情報や削除された情報等を保有しているので，当該事業者において仮名加工情報は引き続き個人情報に該当する。また，仮名加工情報については個人データ〔同16条3項〕の第三者への提供は原則として禁じられており〔同41条6項。本人の同意を得るために加工前の個人情報を復元することも予定されていない〕，仮名加工情報である個人データは，もっぱら当該事業者内部において利活用されることになる）。

　(ii)　個人情報保護法による規律　　個人情報を取り扱うに当たっては，個人情報取扱事業者は，その利用目的をできる限り特定しなければならず（個人情報17条1項。なお，同17条2項・18条も参照），また，当該情報を取得した場合には，あらかじめその利用目的を公表している場合を除き，利用目的を速やかに本人に通知し，または公表しなければならない（同21条1項。この場合，本人の同意は通常は不要であるが，要配慮個人情報〔同2条3項〕を取得する場合には原則として本人の事前の同意が必要である〔同20条2項〕）。さらに，個人情報取扱事業者が個人データを第三者に提供する場合は，原則として本人の同意が必要である（同27条1項。要配慮個人情報等以外の個人データについてはオプトアウト手続による第三者提供も可能である〔同27条2項〕）。これに対して，個人情報に該当しない匿名加工情報については，当該情報の作成者も受領者も，一定の条件（同43条～46条）を満たせば，本人の同意なく自由にこれを流通させ，複数の事業者間で分野横断的に利活用することもできるというメリットがある。しかしながら，匿名加工情報も，個人情報の復元を完全に防ぐことは技術的に難しく，その結果，プライバシー侵害が生じるおそれがある。そこで，個人情報保護法は，匿名加工情報取扱事業者（同16条6項）による識別行為（個人情報から削除された記述等・個人識別符号・加工の方法に関する情報を取得し，または匿名加工情報を他の情報と照合して本人を識別する行為）を禁じている（同45条）。匿名加工情報取扱事業者がこれに違反した場合には，個人情報保護委員会が事業者に勧告・命令を行うことがあり（同148条1項・2項），事業者が当該命令にも違反した場合には，刑罰（1年以下の拘禁刑または百万円以下の罰金）が科される（同178条）。

　(iii)　個人情報の復元に関する民事責任　　こうしたサンクションとは別に，民事責任のレベルでも，匿名加工情報について実際に識別行為を行うことによって，個人情報を復元・取得した匿名加工情報取扱事業者が，これをもとに個人情報に関する上記の規律（一(ii)）を経ることなく，本人に接触し

586　〔水野〕

§709　D Ⅰ

たり第三者に個人情報を提供したりしたような場合には，当該事業者はプライバシー侵害による不法行為責任を負うべきである。また，具体的な接触や情報提供がなくても，匿名加工情報取扱事業者の識別行為を本人が何らかの形で覚知した場合は，医療情報のように，秘匿性の高い情報はもちろん，そうでなくても自己が欲しない（見ず知らずの）当該事業者に自己の情報を取得されたことを理由に（その段階で生じうる社会生活を営む際のリスクの増大〔→(イ)(d)②〕をもって），本人は，プライバシー侵害による損害賠償を当該事業者に請求することができると考えられる（なお，個人情報保護法の起草段階で，プライバシーとの関係について十分な議論がなされなかったことについては，堀部政男編著・プライバシー・個人情報保護の新課題〔2010〕63頁〔鈴木正朝〕参照）。

　(b)　行動ターゲティング広告

　ビッグデータのアソシエーション分析（膨大なデータ間の関連性の分析）によって，将来起こりうる出来事は一定の範囲で予測可能になる。この分析は，あくまでも予測にとどまり，しかも理由や因果関係を明らかにするものでもない（V・M・ショーンベルガー＝K・クキエ（斎藤栄一郎訳）・ビッグデータの正体〔2013〕80頁以下参照）。したがって，これに基づいて，人々に事前に法的なサンクションを科したり（これと異なり，保険業界ではビッグデータを利活用し，被保険者の保険事故のリスクを予測し保険料率に差異を設けるなどしている），人々の行動の自由を制約したりすることは許されない。それでは，顧客の行動履歴を元に，いわゆるターゲティング広告を行った業者に対して民事責任を追及することはできるだろうか。

　(ⅰ)　特定の顧客の個人情報を用いる場合　　例えば，小売店Ｙが，これまで蓄積した様々な消費者に関するデータから抽出した統計的に有意な購買パターンを，Ｙの顧客ＸがＹ発行のポイントカードを使って商品を購入した際の履歴（行動履歴）やＸが当該ポイントカードの作成時にＹに知らせた属性（Ｘの年齢・性別など）などと照合することによって，現在Ｘが妊娠中であるというプロファイリングを行い，妊娠と関連が深い商品のクーポンを送ったところ，実際にＸが妊娠していた場合はどうか（アメリカでの実例についてはショーンベルガー＝クキエ・前掲書92頁以下参照）。このとき，Ｘにとって，自己の妊娠という情報が他者に知られたくないものであるとしても，あるいはＸにとってＹが自己の妊娠という個人情報を開示されることを欲しない

〔水野〕　587

§709 D I　　　　　　　　　　　　第3編　第5章　不法行為

他者であったとしても，Yは，当該情報と結果的に同じ内容のものを予測ないし推測しているだけであり，Xまたは第三者から当該情報を直接取得しているわけではない。したがって，日常用語でいうところの「気持ちの悪さ」をXが覚えても，Yの行動が損害賠償という効果を導くプライバシー侵害であると捉えるのは難しい。Yは「データ媒介的覗き見」をしているとしてプライバシー侵害を肯定する学説もある（山本龍彦・プライバシーの権利を考える〔2017〕148頁）が，やや比喩的にすぎるのではないか（論者自身も認めるように，データマイニングをした結果の適用によって得られる情報はあくまでも推測にすぎない。山本・前掲書110頁〔注49〕）。なお，上のような事例は，個人情報保護法の下では，Xの個人情報（ポイントカードによって把握される商品購入履歴等）の利用目的（個人情報17条1項）の達成に必要な範囲を超えるものなのかがまず問題となり，もし超えるのであれば，あらかじめ（すなわちオプトイン方式によって）Xの同意を得る必要がある（同18条1項）。

　　（ii）　特定の顧客の個人情報を用いない場合　　行動ターゲティング広告には，特定の顧客を対象とするもの以外にも，ウェブサイトの閲覧履歴・広告のクリック・入力したキーワードなどの行動履歴を蓄積し，ユーザーの興味・嗜好を分析してユーザーを小集団（クラスター）に分類し，クラスターごとにインターネット広告を配信するものもある（頻度はこちらのほうが多いだろう）が，この場合は，クッキー（Cookie）（特定の個人を識別するのではなく，情報端末のユーザーが使用するブラウザを識別する）は使用しても，個人情報（→(a)(i)）は用いていないので，プライバシー侵害の問題は，(i)よりもさらに遠のくと考えられる（商品に関する行動履歴を用いて商品をアイテムベースでレコメンドする広告も同様である）。グーグルのように検索エンジンを提供する多くの会社は，行動ターゲティング広告を好まないユーザーに，広告の配信を停止する仕組み（オプトアウト手続）も用意している（日本インタラクティブ広告協会「行動ターゲティング広告ガイドライン」〔2016年5月改訂〕5条も参照）。もっとも，提供元では個人の氏名と結びついていない（誰の個人データであるか分からない）インターネットの閲覧履歴やユーザーの属性情報（提供元はこれらの情報をデータベースとして蓄積・分析して事業の用に供している）が，提供先においては（提供先内の個人データと結合することによって）特定の個人を識別できる情報となることがある。近年，これが社会問題化した（2019年に，就職活動サイト〔リクナビ〕を運

588　〔水野〕

営していた企業が，就活生の個人情報である氏名の代わりにクッキーを用いるなどして，就活生の閲覧履歴等から内定を辞退する確率を予測し，内定辞退率のデータの提供を受ける企業において特定の個人を識別できることを知りながら，就活生の同意なしに，当該データを企業に提供していたことが明らかになり，個人情報保護委員会が提供元の企業に対する勧告および提供先の企業に対する指導を行った）ことを背景に，個人情報保護法は，第三者（提供先）が「個人関連情報」（生存する個人に関する情報であって，個人情報・仮名加工情報・匿名加工情報のいずれにも該当しないもの〔同 2 条 7 項〕。宇賀克也・新・個人情報保護法の逐条解説〔2021〕103 頁は，特定の個人を識別できないインターネットの閲覧履歴，位置情報，クッキーなどを例示する）を個人データとして取得することが想定されるとき，個人関連情報取扱事業者（同 16 条 7 項）は，本人の同意なしに個人データを第三者に提供することが許される例外的な場合（同 27 条 1 項各号）を除いて，本人の同意（第三者が個人関連情報取扱事業者から個人関連情報の提供を受けて本人が識別される個人データとして取得することを認める旨の同意）が得られていることについて確認する（確認の方法について，同法施行規則 26 条 1 項は，個人関連情報の提供を受ける第三者から申告を受ける方法その他の適切な方法と規定する）ことをしないで，当該個人関連情報を当該第三者に提供してはならないという規定（個人情報 31 条 1 項柱書・1 号）を設けるに至った。これは，事業者がターゲティング広告に限られず，広くデジタルマーケティングを行う場合にも，重要な意味を持つ規定といえる。なお，個人関連情報取扱事業者がこの規定に違反した場合には，個人情報保護委員会が当該事業者に対して勧告・命令を行うことがあり（同 148 条 1 項・2 項），当該事業者が命令にも違反した場合には，1 年以下の拘禁刑または百万円以下の罰金に処せられる（同 178 条）。

4　パブリシティ権の侵害

(1)　パブリシティ権の内容

(ア)　人格権に由来する「肖像等をみだりに利用されない権利」の一内容

最高裁が初めて「パブリシティ権」という言葉を使い，その内容を論じたのは最高裁平成 24 年 2 月 2 日判決（民集 66 巻 2 号 89 頁〈ピンク・レディー事件〉）である（なお，競走馬の名称を馬主 X らに無断で使用したゲームソフトを Y が制作・販売した事例で，原審が「物のパブリシティ権」なるものを認めたのに対して，最判平 16・2・13 民集 58 巻 2 号 311 頁は，「競走馬の名称等が顧客吸引力を有するとしても，

〔水野〕　　589

§*709* Ｄ Ｉ

第3編　第5章　不法行為

物の無体物としての面の利用の一態様である競走馬の名称等の使用につき，法令等の根拠もなく競走馬の所有者に対し排他的な使用権等を認めることは相当ではな」いとした。最高裁は，当該事案ではパブリシティ権という言葉は用いず，また，物の名称の顧客吸引力と，その排他的な使用権等を直結させる解釈を否定したことに注意が必要である）。ピンク・レディー事件では，Ｘら（2人組のアイドル「ピンク・レディー」として1976年にデビューした）の振り付けを利用したダイエット法について，タレントＡが解説する（このほか，タレントＢがピンク・レディーの思い出を語る）Ｙ社の女性週刊誌の記事（詳細〔転載記事を含む〕は，水野謙「パブリシティ権の法的性質」法教408号〔2014〕134-135頁参照）の中で，Ｘらの当時の白黒写真が計14点，無断で使用されたケースが問題となった。判決は，まず，①「人の氏名，肖像等（以下，併せて「肖像等」という。）は，個人の人格の象徴であるから，当該個人は，人格権に由来するものとして，これをみだりに利用されない権利を有する」と判示する（判決は，外国籍の氏名を正確に呼称される利益を論じた最判昭63・2・16民集42巻2号27頁〔→3(3)(ア)(b)(iii)〕ならびに公道上および法廷でみだりに写真撮影をされない自由ないし利益を認めた最大判昭44・12・24刑集23巻12号1625頁〈京都府学連デモ事件〉〔→3(2)(ウ)(c)(i)〕および最判平17・11・10民集59巻9号2428頁〔→3(2)(ウ)(c)(ii)〕を引用する）。そして，②「肖像等は，商品の販売等を促進する顧客吸引力を有する場合があり，このような顧客吸引力を排他的に利用する権利（以下「パブリシティ権」という。）は，肖像等それ自体の商業的価値に基づくものであるから，上記の人格権に由来する権利の一内容を構成する」としている。判旨①によれば，（著名人に限られず）人には，人格権に由来する「肖像等をみだりに利用されない権利」があり，判旨②によれば，肖像等が有するところの，商品の販売等を促進する顧客吸引力を排他的に利用するパブリシティ権は，「人格権に由来する権利の一内容」を構成する。判旨①②によれば，結局，パブリシティ権は「肖像等をみだりに利用されない権利」の一内容といえる（なお，肖像権概念の多義性については→3(2)(イ)(b)(ii)，氏名にかかわる人格的利益の多義性については→3(3)(ア)(b)(iii)）。

　(イ)　肖像等を使用する行為が違法となる場合　　ピンク・レディー事件判決は，判旨②（→(ア)）に続いて，「肖像等に顧客吸引力を有する者は，社会の耳目を集めるなどして，その肖像等を時事報道，論説，創作物等に使用されることもあるのであって，その使用を正当な表現行為等として受忍すべき場

590　〔水野〕

§709 Ⅾ Ⅰ

合もある」とする。ここでは判旨①と異なり，「社会の耳目を集める人」が念頭に置かれ，彼らの肖像等を使用した「正当な表現行為等」は受忍すべきであるとされている。では肖像等を使用する行為が違法となるのは，どのような場合か。判旨は，「肖像等を無断で使用する行為は，①肖像等それ自体を独立して鑑賞の対象となる商品等として使用し，②商品等の差別化を図る目的で肖像等を商品等に付し，③肖像等を商品等の広告として使用するなど，専ら肖像等の有する顧客吸引力の利用を目的とするといえる場合に，パブリシティ権を侵害するものとして，不法行為法上違法となる」と述べている（金築誠志裁判官の補足意見によれば，①にはブロマイドやグラビア写真が，②にはキャラクター商品が含まれる）。このような「専ら」肖像等の有する顧客吸引力の利用を目的としているかどうかという基準（以下，『専ら』基準」という）は，多くの下級審裁判例がすでに採用していたものである（東京高判平 11・2・24 LEX/DB25462869〈キング・クリムゾン事件〉，東京地判平 12・2・29 判タ 1028 号 232 頁〈中田英寿事件〉，東京地判平 16・7・14 判時 1879 号 71 頁〈ブブカ第 1 次訴訟事件・第 1 審判決〉，東京地判平 20・7・4 判時 2023 号 152 頁〈ピンク・レディー事件・第 1 審判決〉，東京地判平 22・10・21 LEX/DB25442770〈ペ・ヨンジュン事件〉など）。

(2) 判例理論の位置付け──「情報の自由な流通」論との関係

しかし，ピンク・レディー事件判決は，従来のいくつかの裁判例と異なり，「著名人が著名性を獲得する過程でメディアによる紹介等が大きく関与している以上，パブリシティ権の名の下に自らの情報をコントロールすることが許されない場合がある」という見解（前掲東京高判平 11・2・24〈キング・クリムゾン事件〉，前掲東京地判平 12・2・29〈中田英寿事件〉，知財高判平 21・8・27 判時 2060 号 137 頁〔前掲最判平 24・2・2 の原判決〕参照）は採用していない。この見解を推し進めると，ある裁判例（東京地判平 17・8・31 判タ 1208 号 247 頁〈ブブカ第 2 次訴訟事件〉）が強調するように，芸能人が著名となり経済的利益を得るようになった基盤には「情報の自由な流通」市場があったはずであり，自らの存立基盤を否定するようなパブリシティ権の主張は認められないという見解に結び付く。しかしながら，ピンク・レディー事件判決は，このような立場からは遠いところにある。また「情報の自由な流通」を尊重する立場と関連して，他人の成果（著名人の肖像等の有する顧客吸引力）は，原則として誰でも自由に利用でき，パブリシティ権は，フリー・ライドを例外的に規制すべき場

〔水野〕　591

§709 DⅠ 第3編 第5章 不法行為

合に意味を持つとする説もある（井上由里子「パブリシティの権利の再構成」筑波大学大学院企業法学専攻十周年記念論集・現代企業法学の研究〔2001〕140頁以下）。他人の成果へのただ乗り（フリー・ライド）は原則違法ではなく（世界はフリー・ライドによって発展しているから），これを放置すると成果開発へのインセンティブが損なわれるなどの場合に初めて規制すべきであるというのが知的財産法を支える1つの考え方であるが，ピンク・レディー事件判決は，パブリシティ権をフリー・ライドの自由の例外として位置付けるアプローチは採らず，人の人格的利益を尊重する立場からパブリシティ権にアプローチし，パブリシティ権と「正当な表現行為等」を対置した上で，「専ら」基準で両者を調整しようとしている。

(3) 「専ら」基準について

(ア) 「専ら」顧客吸引力を利用していたといえる場合　　ピンク・レディー事件判決は，記事の内容（ピンク・レディーそのものを紹介するものではない）や，記事に使用されたXらの写真が約200頁の雑誌全体の3頁の中で使用されたにすぎない上，2.8 cm×3.6 cm〜8 cm×10 cm 程度の大きさの白黒写真であったことに照らして，Xらの写真は，記事の内容を補足する目的で使用されたものであり，専らXらの肖像の有する顧客吸引力の利用を目的とするものとはいえないとしている。しかし，YがXらに無断で，Xらの肖像等に大きく依存して経済的利益をあげることは許されないという観点に立つのなら，①Xらの肖像等以外の記事の顧客吸引力の大小（ピンク・レディー事件では，女装したタレントAが簡単なダイエット法を実践する記事が中心であり，Xらの写真がなければかなり面白みに欠ける記事だったともいいうる。吉田和彦〔判批〕ひろば65巻7号〔2012〕71頁も同旨）と，②Xらの肖像等自体の顧客吸引力の大小（ピンク・レディーの写真は白黒写真でも女性週刊誌の読者層〔Xらはデビュー当時，園児や小学生の女子から圧倒的な支持を受けていた〕への訴求力は大きかったと考えられる）とを具体的に認定し，両者の相関関係をもって「専ら」基準の適用を判断するのが望ましい。ピンク・レディー事件では①は小さく②は大きいので，「専ら」基準の下でもYは不法行為責任を負うという見方も可能であったと思われる。

(イ) 表現の自由と対立する価値　　にもかかわらず，ピンク・レディー事件判決は，やや形式的な理由でYの不法行為責任を否定しており，ここに

§*709* Ｄ Ⅰ

はＹの表現の自由をできるだけ尊重しようとする姿勢がうかがわれる。しかし，当該事案で，表現の自由と対立する価値は，直接的には「肖像等それ自体の商業的な価値」（→(1)(ｱ)）であろうが，後者の価値の背後には，芸能人が社会の構成員とのコミュニケーション（社会的コミュニケーション）を通じて（自らの役割に対する人々の期待に応えながら），自己のタレントとしてのイメージを呈示し続けてきたという積み重ねがあるはずである。およそ，人は，その人格的価値の形成過程で他者との間でコミュニケーションを行い（名誉毀損とは，当該コミュニケーションが阻害される危険性が高まることを意味していると解される〔→1(3)(ｳ)(a)(ⅲ)〕），そのような日々のコミュニケーションを通じて社会的な役割を獲得し自己像を呈示している（かかる自己像が異なる判断枠組みから認識されることがプライバシー侵害の一類型である〔→3(3)(ｱ)(a)〕）。表現の自由に偏することなく，社会的コミュニケーションという人間の基本的な営みと密接な関係にある「肖像等それ自体の商業的な価値」との適正なバランスをはかるべきであろう。

(4)　損害の算定

　パブリシティ権をめぐっては，損害の算定のあり方も問題となる。

(ｱ)　財産的損害　①ＹがＸの肖像等を商品の広告として無断で使用していたが，Ｙが事前に使用の許諾を求めていれば，Ｘが了承する蓋然性が高かった場合には，許諾を与える機会が奪われたことによる損害として，原則としてライセンス料相当額の賠償をすれば足りるだろう。②これに対して，当該蓋然性が高かったとはいえない場合（特に芸能人は，肖像等が大衆の目に大量に触れ，飽きられないよう露出をコントロールする必要がある）はどうか。①と同様の算定を行うと，当事者間に強制的にライセンス契約を締結させたのと同じ結果となり（窪田148頁）不適切である。このとき裁判所は，Ｘが肖像等の商業的価値を最大にするチャンスが奪われたことによる損害について，想定されるライセンス料相当額のほか，無断使用によってＹが挙げた利益などを参考にして，相当な損害額を算定するほかはないだろう。

(ｲ)　精神的損害　ピンク・レディー事件判決は，パブリシティ権を人格権に由来する権利の一内容を構成するものと位置付けており（→(1)(ｱ)），財産的損害を填補するだけでは償いきれない精神的苦痛が生じている場合に慰謝料請求することは，積極的には排除されていないと思われる。もっとも，特

〔水野〕　593

§709 D I 第3編　第5章　不法行為

に，自己のイメージの呈示が経済的利益の獲得と結び付いている芸能人の場合は，通常，財産的損害の賠償が認められれば足りる場合が多いだろう（Xの写真がYの雑誌に無断掲載されたケースで慰謝料請求を否定する前掲東京地判平22・10・21〈ペ・ヨンジュン事件〉参照）。その一方で，パブリシティ権の侵害は「社会的コミュニケーション」というキーワードを通じて，名誉毀損やプライバシー侵害とも隣接していることにも注意すべきである（→(3)(イ)）。例えば，A社の宣伝のため専属の出演契約を締結していた俳優Xの肖像等がA社のライバルY社のCMに使用された場合，Xが肖像等を利用して二重に利を図ったとの印象を業界や大衆に与えたとして，財産的損害と並んで精神的損害の賠償を認めた裁判例（東京地判昭51・6・29判タ339号136頁〈マーク・レスター事件〉）がある。これは，パブリシティ権侵害と並んで，俳優としての評価・名声を毀損した名誉毀損事例ともみうる事案である。また，Xが芸能人になる前の姿を写した写真がY社の雑誌に掲載されたケースで，パブリシティ権の侵害を認める一方で（もっとも先例が乏しいことから違法性の認識可能性を否定），芸能人は，現在までに作り上げた雰囲気に合わない昔の姿を知られたくないことが考えられるとしてプライバシー侵害も認めた裁判例（前掲東京地判平16・7・14〈ブブカ第1次訴訟事件・第1審判決〉）がある。このように，社会的コミュニケーションを通じて肖像等が顧客吸引力を有するに至った場合の精神的損害については，どのような利益が侵害されたのかを個別に検討して（コミュニケーションが阻害される危険性に着目するのか〔名誉毀損〕，呈示してきた自己像が異なる判断枠組みから考慮されるに至ったことに注目するのか〔プライバシー侵害〕，それとも肖像等の商業的な価値の侵害それ自体に焦点を当てるのか〔パブリシティ権の侵害〕），その算定を行うべきである。

〔水野　謙〕

§*709* D II

II 医 療 事 故

細 目 次

1 はじめに……………………595
  (1) 医療事故と医療過誤，医療過誤訴
    訟……………………………595
  (2) 医療過誤訴訟の動向とそれを取り
    巻く周辺事情………………597
2 医療過誤の賠償責任の法的構成………599
  (1) 責任の根拠——不法行為責任か債
    務不履行責任か……………599
  (2) 法律構成の違いによる差異………601
  (3) 医療過誤訴訟による救済とその他
    の救済制度との関係………602
3 医療事故の損害賠償責任法理…………603
  (1) はじめに……………………603
  (2) 権利または法律上保護されるべき

利益の侵害……………………604
  (3) 過失・義務違反をめぐる課題……606
    (ア) 医療関係者が患者に負う義務
    (606)　(イ) 医療技術上の過誤
    (技術過誤)(606)　(ウ) 転送義務
    違反(615)　(エ) 説明義務違反
    (616)　(オ) 患者以外の第三者の
    権利・利益保護(625)　(カ) 過失
    の特定の程度(625)　(キ) 証拠の
    隠蔽など(626)　(ク) 診療類型別
    の事例群(626)
  (4) 因果関係の問題……………642
  (5) 損害の発生とその評価…………647

1 は じ め に

(1) 医療事故と医療過誤，医療過誤訴訟

　医療は，疾病や傷害などにより，その生命・身体・生活状況が脅かされる状態にある人々に対し，その身体や精神状態に対して，医学的知見を根拠とした処置を実施することにより，その改善を試みる営みである。医療は，メカニズムが完全に解明されておらず，個人差のある人体に対して実施される，身体等に直接作用を及ぼすという侵襲行為の性格を持ち，危険を本質的に内在するものである。現代医療は，科学技術の粋を集めた医薬品と医療機材，高度な治療技術が多様に用いられ，専門領域と知識を有する複数の医療関係者の技術が集約されて実施されるものも多い。現代人はこのような高度に発達した現代医療の恩恵を受けることもまたひとつの大きな要因として，人類史上例のない高度高齢社会を生きることとなっている。

　高度・複雑な技術と知識の結晶である現代医療であるが，特に医療が必要なのは，疾病などの事情を抱えた人々であり，そうした人々は，現にある問題に負荷が追加されれば，それに耐えられるとは限らない。それゆえに，ささいなミスであっても，場合によっては，それが患者の死や重度障害といっ

〔手嶋〕　595

§*709* D II　　　　　　　　　　第3編　第5章　不法行為

た，極めて重大な結果にまで結び付いてしまう可能性がある。そして，医療を実施するのが，究極的には人による以上，行為者が何らかのミス――うっかりミスであれ，知識・技量不足による必然的なものであれ――を起こす可能性を，完全に消去することはできない。医療は日々進歩を続けているとはいえ，なお未完成であり，医療を必要とする全ての疾病・傷害に対して，好結果をもたらしうるとは限らない。患者の状態，個人差などの理由により，医学的に適切な処置を実施しても，それらが奏功せず，あるいはさらに進んで，より悪い結果を招来することすらもある。医療のリスクに関して，現実に一つの事故が起こる背景には，その何百倍にもあたる数の，医療関係者が事故に結び付く可能性を感じてヒヤリ・ハットする事例があるとされ，ヒヤリ・ハット事例を報告・収集することを通じて，医療のシステムを改善し，重大事故に発展しないように配慮することが推奨されている。しかしながら，そうした努力が行われても，システムの改善が機能しない事態もありえないではなく，事故が起こることは避けられない側面がある。

　医療事故とは，広く医療上に発生した事故を意味するとされ（磯崎辰五郎＝高島學司・医事・衛生法〔新版，1979〕185頁），これは病院等で提供された医療に起因し，または起因すると疑われる，患者に生じた不良転帰全般をいうと考えられる。ただし医療法6条の10は，死亡または死産で，病院管理者が予期しなかったものとして厚生労働省令で定めるものに限定して，医療事故の報告義務を課している。医療過誤とは，こうした不良転帰のうち，医療関係者に責任を帰すことができるものをいう。医療関係者の作為・不作為によって生じた医療事故について，医療関係者に過誤があったかどうかの法的責任を問う訴訟が，医療過誤訴訟である（最高裁判決を含めた医療過誤訴訟の法理を詳細に解説するものとして，大島眞一・Q＆A医療訴訟〔2015〕がある）。

　医療関係者と患者・患者家族との間では，治療に限らず，ときに深刻な摩擦を生じることがあるが，これに医療事故が関与しているとは限らない。医療関係者に対してハラスメントを行ったり，他の患者に対して迷惑を及ぼすなど，医療関係者が扱いに苦慮する患者・患者家族を揶揄する言葉として「モンスターペイシェント」がある。しかし，反面において，問題のある医師・医療関係者が患者に与えるストレスを指す言葉として「ドクター・ハラスメント（ドクハラ）」という言葉もあり（その主張が排斥されたものとして東京地

596　〔手嶋〕

判平 19・7・12 LEX/DB28131895, 東京地判平 25・8・8 判タ 1417 号 250 頁など), いずれも, その程度が深刻なものになれば, 医療現場における不法行為となりうる余地がある。

(2) **医療過誤訴訟の動向とそれを取り巻く周辺事情**

多数の医療機関において, 多くの医療が毎日実施されている日本で, 医療過誤訴訟に関する新規受件数は, 近時, 年間約 700〜800 件台で推移している (最高裁判所事務総局民事局まとめ。https://www.courts.go.jp/saikosai/vc-files/saikosai/2023/230619-iji-toukei1-heikinshinrikikan.pdf)。通常訴訟事件の原告勝訴率がほぼ一貫して 8 割を超えているのに比較して, 医療事件の認容率の低さ (2 割前後) は際立っているが, その理由としては, 事案の困難さという要因以外に, 和解率の高さ (ほぼ 5 割超), 医療側の敗訴が明白になった場合は和解される事案が多いこと, 訴訟提起自体に意味があると解する原告もいること, などが指摘されている。損害賠償以外にも何らかの意義を見出そうとする立場は同時に, 訴訟によって謝罪・事案解明・再発防止といった効果を期待しているとされる。医療過誤訴訟に, このような, 損害賠償に限られない意味付けを与えようという発想は日本独特のものではなく, 世界的にも同様な傾向がある (イギリスにつき, HERRING, MEDICAL LAW AND ETHICS 9th ed, 140 (2022))。

従来, 不法行為法の体系書では, 医療事故に関する記述は, 過失の判断基準をめぐって言及するものが存する程度であった (幾代＝徳本 46 頁など)。しかし医療過誤訴訟の数が増え, そこに含まれる法的課題が明確になるようになったこともあり, 近時は多くの記述がなされるようになってきている (潮見・講義Ⅱ 225 頁以下, 吉田邦彦・不法行為法等講義録 〔2008〕 59 頁以下, 窪田 290 頁以下, 大村敦志・もうひとつの基本民法Ⅱ 〔2007〕 35 頁以下など)。

医療過誤訴訟の増加の理由として指摘されるのは, 今日の高度な医療自体に大きな危険が内在しており, そうした危険の実現は一定程度避けられない面があること, 医療に対する期待は増大する一方, それが裏切られたと感じたときの落差は大きく, 関係者に責任をとってもらいたいという気持ちが生じること, 事故により負うに至った事態を再発しないことを望むこと, 医師患者関係が変化し, 医療を受けることは恩恵ではなく権利であり, 不本意な結果が生じた場合に, 泣き寝入りすることが当たり前ではなくなったということ, 医療＝強者, 患者＝弱者というマスメディアの報道姿勢が, 患者がい

§*709* D II 第3編 第5章 不法行為

かなる場合でも被害者であるという感覚を持たせがちなこと，医療をサービスの一種と考える患者の増加と，その権利意識の拡大，法曹人口の増加により医療過誤を専門のひとつに加える弁護士数も増えていることなど，さまざまな要因が指摘されてきた。なお，Feldman, *Suing Doctors in Japan*, in: ENGEL=MCCANN ED., FAULT LINES, C. 12（2009）は，従来と異なる医療事故をめぐる法制度運用の変化が，日本での近時の医療過誤訴訟の増加の要因であると指摘している。

もっとも，医療過誤があったとしても，それらのすべてが訴訟となるわけではなく，医療事故に起因する紛争のうち，話し合いを経ても解決せずに訴訟にまで至るのは，それらのうちのきわめて小さな割合であるにすぎないことは，内外の研究で明らかにされている。また，訴訟になったとしても，その具体的事例のすべてに，医療側の賠償責任を根拠付ける事情があるわけでもない。このように，事故対訴訟の比率がごく小さく，訴訟は医療事故全体のごくわずかな割合であるにすぎない状況は，医師の多くが訴訟を提起され，賠償責任に備える責任保険の掛金が高騰し，医療に関する責任保険制度を維持するために社会的・法的対応を余儀なくされた経験を1970年代から数度にわたって有するアメリカにおいても違いはないという指摘もある（BAKER, MEDICAL MALPRACTICE MYTH, 157（2005））。

医療関係者の過誤が医療者からも明白であれば，医療関係者は，責任の所在を争うことはせず，和解などの早期解決の方法を選ぶ可能性が高いであろう。そこで，訴訟で判決にまで至るのは，医療者側でも自己が有責とは考えない，あるいは，訴訟の場においても責任を否定することが合理的と考えるような事案で，結局，事故が過誤かについての両関係者の認識が異なっているものが多いと考えられる。その意味で，裁判所には判断の難しい事案が持ち込まれることになっており，原告勝訴率も低下するということになっていると推測される。

医療事件の増加と複雑化を反映して，東京地裁・大阪地裁・札幌地裁・福岡地裁・名古屋地裁・横浜地裁・千葉地裁・さいたま地裁・広島地裁・仙台地裁には，医療事件を中心的に扱う，医療集中部が設置されている。こうした医療集中部を擁する裁判所では，専門的知見が必要で複雑な内容を含むことが多い医療事件の取扱いについて，迅速・的確な対応をとることができる

598 〔手嶋〕

§*709*　D II

ように経験が蓄積され，これらをマニュアル化したものも一部は公にされ参考に供されている（森冨義明ほか・医療訴訟ケースブック〔2016〕も参照）。それらの運営方針（指針）は，口頭弁論までの当事者の活動として，訴状への記載の方法などについて，当事者の陥りやすい問題点を回避するための方策や留意点が述べられているほか，争点整理手続としての主張整理や医学的知見の獲得，証拠調べとして書証・人証の扱い，鑑定に関する事項などが簡潔に示されている。このような，医療集中部の設置・運営は，論点の抽出など，さまざまな点で能率的であり，通常事件に比べて長くなりがちな医療事件の審理期間も短縮できるともいわれ，医療集中部を上記10か所だけでなく，全国の裁判所に設置すべきとの意見も実務界では主張されている。

2　医療過誤の賠償責任の法的構成

(1)　責任の根拠——不法行為責任か債務不履行責任か

　医療過誤の賠償責任となる根拠としては，後述するように，医療技術上の過誤（技術過誤）と説明義務違反が主なものである。医療関係者に民事責任が認められるためには，医療関係者に不法行為（709条以下）または債務不履行（415条以下）が存在することを立証する必要がある。民法では，医療事故には過失責任主義，すなわち加害者とされた者に過失がないと賠償責任を問うことはできないという立場を採用している。

　医師が患者を診察する場合，通常は医師患者関係の基礎に診療契約が締結されている。この場合の契約当事者は医療機関あるいは個人の医師と，患者である。診療契約を通説は準委任契約（656条）と解し，医師は，その有する専門的知識と技術を駆使して，患者の診断・治療を行う。また，患者に対して種々の情報を提供したり，患者に関連する文書を作成することも，その債務の内容に含まれる。診療契約に関する議論は諸外国で多くの蓄積があり，日本でも，外国法の状況と共通する点が多いと解されるとしても，個別の権利義務については，各国それぞれの事情がある（近江幸治・民法講義V契約法〔4版，2022〕301頁以下，近藤昌昭＝鈴木和彦「診療契約」内田貴＝門口正人編集代表・講座現代の契約法各論2〔2019〕84頁以下）。

　なお，医師患者関係が通常の委任—受任の関係を超えた特別な色彩を帯びることから，その規律は契約の方が望ましいとする主張もヨーロッパでは盛んであり，診療契約に関する立法が民法典に追加されることが起こっている

〔手嶋〕　599

§*709* D II 第3編 第5章 不法行為

（オランダ：オランダ民法第7編446条〜468条；ドイツ：ド民630a条〜630h条，また，DCFR（共通参照枠草案）IV. C-8: 101〜111 も参照〔DCFRについては，フォン・バールほか197頁以下〕）。

債務不履行責任を基礎として損害賠償請求するという場合は，診療を受ける患者側が医療に関しては債権者であり，①診療契約の成立，②医師の注意義務の存在，③医師が②の注意義務に違反したこと，④③により患者の生命・身体等が侵害されたこと，⑤損害の発生および額，⑥④と⑤との因果関係，が請求原因の要件事実である（岡口基一・要件事実マニュアル民法2〔6版，2020〕532頁）。

一方，医療関係者や医療機関に対し，不法行為責任を基礎として損害賠償請求をするという場合には，患者側が，賠償責任の成立要件である①故意・過失，②権利侵害，③損害の発生，④因果関係，の全てを主張立証する必要がある。このうち，主に過失が問題となる①については，過失と評価される評価根拠事実を主要事実として主張立証する。

医師の注意義務となる基準は，善管注意義務と解されている。とはいえ，人体が完全に解明され尽くした存在ではないことに鑑み，医師はあくまで治癒の結果を達成することに努力することを義務付けられる手段債務であり，治癒の結果を達成することは，診療債務の内容とならず，たとえ治療が不首尾に終わったとしても，その事実だけから直ちに債務不履行が成立するというわけではない。

医療行為が一般に，患者に一定の兆候がみられたときには，それに対応する処置をとることが求められ，それをなさなかった場合には，なぜ当該処置を実施しなかったのかについて医療側が説明を求められる側面を有することからすれば，望ましい結果が出せなかったこと，それ自体は論難されなくても，結果を出すためになすべきことは一応想定されるという点で，単に手段債務であるというだけにとどまらない側面もある。また，美容外科や，歯科診療のうちの審美歯科などの場面では，その契約の内容から，委任ではなく請負であると構成することも不可能ではない。ただしこの場合でも，どの程度の完成度をもって仕事が完了したといえるか，という問題はあり，本人が仮に満足していなくても仕事としては完成していると解することで，結論的には大きな差は出ない（東京地判平24・2・9 LEX/DB25492102 は，歯科インプラント

600 〔手嶋〕

§*709* D II

につき，請負と主張する原告の訴えを認めていない。なお，診療契約債務として特定の検査方法の不実施が不適切とされたものとして，福岡地判平 25・11・1 LEX/DB25446381)。

なお，医師は，診療の求めがあった場合には，正当な事由がない限りこれを拒むことはできない（応招義務。医師法 19 条，歯科医師法 19 条）。正当事由のない診療拒否は，医療側の過失を推定させるとするのが下級審判決の傾向である（千葉地判昭 61・7・25 判タ 634 号 196 頁，神戸地判平 4・6・30 判タ 802 号 196 頁）。この場合，債務不履行ではなく不法行為で処理される。

(2)　法律構成の違いによる差異

従来，医療事故の責任を問題にする際に，患者側にとっては，債務不履行構成の方が，不法行為構成よりも証明責任等の点で有利であるとの議論が存在した。しかしながら今日では，法律構成の違いで，結果に大きな影響を与えることはないと理解されており，判例の立場も現在では両者を区別していないと解されている（最判平 7・6・9 民集 49 巻 6 号 1499 頁ほか。平野教授は，どちらの責任を認めたのか明らかにしない判決が少なくないと指摘される。平野 73 頁）。医療行為の場合，最善の治療を実施したとしても良い結果を確実に得られるとは限らないことから，医療の結果が思わしくなくても，その事実を示しただけでは，債務者に不履行があったことにはならないことは上述した。このため，債務者の責任を追及するためには，債務者から履行がなされたと反論された場合に，そのような履行内容は患者の処置にとっては不十分であって，その不十分な履行の結果として，患者側に損害が生じたことを指摘しなければならない。そして，その指摘すべき内容は結局，不法行為における過失の立証と実質は変わらないと指摘された。医療の実施に関して医療側が負う治療債務は手段債務であり，履行が不完全かどうかは善管注意義務違反の有無にかかり，それに帰責事由があることを明らかにする義務は原告が負うのである（中野貞一郎「診療債務の不完全履行と証明責任」同・過失の推認〔1978〕67 頁）。

上記のような，診療債務を全て手段債務と解することについては，疑問も指摘されている。それによれば，債務者は，患者に対して，患者に医療行為によって「意外な結果」を招来しないという義務を負っており，それは結果債務として考えることができる。意外な結果が発生した場合は，患者に対して説明する義務が発生し，これを弁明義務として実体法上の義務と捉える（新堂幸司「診療債務の再検討」同・民事訴訟法学の展開〔2000〕97 頁）。これについ

〔手嶋〕　601

§709 D Ⅱ 第3編 第5章 不法行為

ては，本来的給付義務の履行不完全の証明責任の決定に付随的義務が影響する根拠が十分ではないとの批判がある（以上につき，倉田卓次ほか・要件事実の証明責任 債権総論〔1986〕121頁以下）。法律構成の違いで結論が大きく変わるものではないとするのは，英米法・大陸法いずれの法圏諸国でもほぼ同じだが，それでもどちらを主にするのかという議論はなされ，大陸法では契約責任，英米法では不法行為責任が中心とされる（STAUCH, THE LAW OF MEDICAL NEGLIGENCE IN ENGLAND AND GERMANY, 9 (2008)）。なお，アメリカ法律家協会（American Law Institute）による，第三次不法行為法リステイトメントでは，医療過誤は不法行為で扱われ，15条にまとめられたものが採択された（2024年5月。https://www.ali.org/news/articles/alis-torts-medical-malpractice-approved/）。

もっとも，証明責任以外にも，遅延利息の発生時期（不法行為時か請求時〔債務不履行〕か）・近親者の慰謝料請求権の存否（不法行為のみ認められる）・相殺禁止や過失相殺などの点で，不法行為と債務不履行とで扱いの違いはあり，それらについては多くの場合，不法行為構成の方が，患者側に有利である。また，意識不明の患者が搬送されてそのまま治療が開始された場合のように，診療契約の成立に疑問があるような場合には，本来の争点と異なる場面が争点となる恐れもある。

現在，日本での実務上は，いずれか一方のみを選択して請求する場合よりも，両者の法的構成を選択的併合で請求する場合が多いとされる（秋吉仁美編著・医療訴訟〔2009〕204頁〔関根規夫〕）。

(3) 医療過誤訴訟による救済とその他の救済制度との関係

医療では，特定の事故類型については，特別な救済制度が存在しており，古くより存在するものとして，予防接種法15条以下に定める被害救済制度がある。さらに，医薬品医療機器総合機構（PMDA）による医薬品・生物由来製品・再生医療等製品に起因する被害に対して金銭給付を行う健康被害救済制度，日本医療機能評価機構が運営する，一定の要件を満たす新生児の重度障害に対して給付が行われる産科医療補償制度があるが，これらは民事責任制度とは異なる枠組みで提供されている。近時，医療による不良転帰を救済するための制度は少しずつ拡大してきており，医療事故をめぐる複雑さと責任追及の困難さを鑑みれば，制度拡大の傾向自体は歓迎できるものと解される。そして，生じた被害がこうした制度の準備した事故類型に該当する場

602 〔手嶋〕

§*709* D Ⅱ

合には，裁判結果を待たずに速やかな救済が図られる。

しかしながら，事故の事案によっては，それが救済対象に含まれるか含まれないか明らかでない境界領域が生じることは避けられない。また，用意された救済制度が，救済として十分なものでない場合などには，それらの救済に代えて，またはそれらの救済に加えて，民事責任を追及するということもある。近時の事例として，インフルエンザに対して投与されたタミフルを服用後，患者がマンションから転落死したことがその副作用かどうかが争われた事案（医薬品副作用救済給付に関して消極。名古屋高判平28・2・5 LEX/DB25542486〔最決平28・9・6 LEX/DB25544420（不受理）〕）や，C型肝炎救済において救済対象外にされたものについて，制度の類推適用の余地はないとしたもの（福岡高判平26・6・20 LEX/DB25504331〔最決平27・9・17 LEX/DB25541742（棄却・不受理）〕）などが散見される。他方，「子宮観血手術」についての保険約款の解釈が争われた事例（最判平21・10・1判タ1317号106頁）がある。

また，治験により身体への被害が発生した場合に，治験契約に基づいて補償金が支払われることになっているときには，その支払請求は民事訴訟によってなすことができ，因果関係の存否について立証するのは治験依頼者と解されている（東京地判平24・8・9判タ1389号241頁）。

3 医療事故の損害賠償責任法理

(1) は じ め に

医療事故の損害賠償の中心は，その前提となる日常診療の実施数の多さから，日常診療での事故である。しかしながら，医療のあらゆる場面での事故・不首尾が，損害賠償の根拠となりうるものであり，実験的治療や治験も，その例外ではなく，むしろこれらは，必要な情報提供の範囲や手続が倫理規定により細かく定められていることから，紛争になる可能性は小さくないともいいうるところである。なお，複数医療関係者の責任関係（転送元医療機関と転送先医療機関との責任関係，チーム医療における責任関係等）については，715条，719条での一般理論の解説に委ねることとし，ここでは扱わない（この問題を主に共同不法行為の観点から検討するものとして，福田剛久ほか編著・医療訴訟（最新裁判実務大系2）〔2014〕605頁〔松本佳織〕など。医療事故予防のために複数の方策が考えられる場合，責任関係が変わりうることを指摘するものとして，手嶋豊「チーム医療における事故責任の所在」論ジュリ16号〔2016〕61頁以下）。

〔手嶋〕　603

§*709* D Ⅱ 第3編 第5章 不法行為

(2) 権利または法律上保護されるべき利益の侵害

(ア) 生命・身体侵害 医療の対象は生命・身体・健康であり，医療事故の場合，それらが侵害されたという場合には，不法行為の典型例ということができ，そうした権利・利益が侵害されたという医療事故について，権利侵害の側面からは，特に言及すべき特徴は見当たらない。

(イ) その他の利益侵害 しかしながら，生命や身体被害に対する被害と加害者の過失との因果関係を立証することができなかった場合に，当初当事者が問題とした被害である死や重度障害よりも，より小さな法益である生命を保持する利益，最後の時を家族と過ごす利益等が侵害された場合と扱われて，少額の賠償が認められる場合がある。また，ウィルス感染（HIV）を理由とする差別的扱いに対して，慰謝料を認める事案もある（甲府地判平17・7・26判タ1216号217頁）。他方，新型コロナウイルス感染を理由とする受診拒否に関しては医療機関の責任を否定したものがある（札幌高判令4・3・16 LEX/DB25592235）。

(ウ) 自己決定権侵害・説明義務違反 正常な精神状態の成人は，疾病の状態であっても，各人が自己の生命・身体についての最終的な処分に関する決定権を有しており，当該患者の承諾なく患者の身体に接触することは，たとえ医師が患者の健康状態の改善，すなわち治療を目的としてなすものであっても，認められず，これは健康状態が実際に改善しても変わらない（最判平12・2・29民集54巻2号582頁は重度疾患の患者の健康状態は改善されたものであるが，人格権侵害を理由とする賠償責任を認めた）。患者が受診を拒否している場合には強制的に治療を継続することはできない（札幌地判平13・4・19判タ1116号249頁）。

医師は，医療行為の実施に先立って，患者に対して，現在の状態・予定された治療行為の内容と期待される結果，その危険性・当該治療法を実施しない場合の予想される転帰・不利益等について説明し，当該患者から同意を得ることが必須とされる。こうした患者の同意を得るためになされる医師の説明と患者の同意は，「インフォームド・コンセント」と呼ばれることが多くなっているが，アメリカ法の Informed Consent と一致しているわけではなく，日本における発展を背景に，あくまで説明義務と呼ぶべきであるとの主張もなされている（米村134頁）。世界的には，医療における説明の問題はそ

604 〔手嶋〕

§*709* D II

の要件・効果がアメリカのそれとは異なっていても，Informed Consent と呼ぶことについて強い異論は示されていないが（KOCH ED., MEDICAL LIABILITY IN EUROPE, 644（2011）），disclosure malpractice という言葉も使われている（STAUCH, 95）。

説明義務を履行せず，承諾を得ないで治療を実施したという場合，たとえこうした治療により，患者の健康状態が改善したとしても，医師のなした医療行為は，患者の有効な承諾を得ないものと評価される。そのため，こうした患者の自己決定権侵害に対しては，損害賠償が命じられる。

　㈏　情報漏えい・プライバシー侵害　　身体情報の漏えいという場合にも，その情報の要保護性を否定することはなかろうと考えられる。医療事件では，究極の個人情報である身体情報を漏えいしたり，患者のプライバシーを侵害した場合の責任も問題となりうる。医師・医療関係者の守秘義務は，公法上の義務（刑 134 条）のみならず，診療契約上の義務でもあり，医療関係者が診療行為の過程で知り，または知ることが必要とされた情報は，正当な理由なく患者以外の者に漏らさないことが当然に求められていると解され，これに反した場合は契約上の義務違反あるいはプライバシー侵害としても民事責任を負うことになる。

　もっとも，現在の医療機関や医療施設はまだまだ患者のプライバシーを守るように配慮できるものにはなっていない設備も多い。また，入院の際にも，個室ではなく二人部屋や四人部屋が，入院形態の大勢をなお占めている現在の状況では，患者の秘密やプライバシーの漏えいを問題とできるのは，当該情報が特別に保護されるなどの，情報漏えいの出所が明確にできる場合のような例外的な場合に限られてきた。具体的には，HIV 感染の診断を受け，大学医学部附属病院で受診していた同大学歯学部学生が，病院医師が患者の病状を本人の承諾なく歯学部教授の問い合わせに答えたために大学を退学せざるを得なくなった旨を主張して大学設置者に診療契約上の守秘義務違反に基づいて損害賠償の支払を求めたもの（東京地判平 11・2・17 判時 1697 号 73 頁〔請求は棄却〕）や，患者の検査を依頼された医療機関が患者の意思を確認せずに HIV 抗体検査を行い，検査結果を依頼者に通知するにあたって患者の同意を得なかったことがプライバシー権を侵害する不法行為にあたるとして慰謝料および弁護士費用を請求した事例（東京地判平 15・5・28 判タ 1136 号 114 頁

§709 DII 第3編 第5章 不法行為

〔一部認容〕）がある程度であった。しかし近時，患者の同意なく診療情報を漏らしたことを違法とし（さいたま地川越支判平22・3・4判時2083号112頁），臨床写真の流出など個人情報が漏れたことに対して慰謝料を肯定する（東京地判平25・3・28 LEX/DB25511605）など，次第に事案が増えつつある。

(3) **過失・義務違反をめぐる課題**

(ア) 医療関係者が患者に負う義務　医療事故における過失の問題は，医師の客観的注意義務違反の有無の検討として現れる。この場合，医師に注意義務違反があったかどうかの判定は，当該職務に属する同様の職務に従事する医師の立場からが基準となる。医療に従事する者は，医学という専門的知識に裏づけられた行動規範に基づいて，その職務を実施するものであり，そうした知識を持たない通常一般人の行動基準をもとに，医療者の過失の有無を判断するのは適当ではないからである。

医療関係者の義務違反を問題にするとき，原告側が事案の推移に関する機序を示す必要がある。その際，結果に原因を与える起因力があるものに絞り込むことが実務上は求められている。医療の場合，行為義務の特定の程度が低く，個別的義務の多くが列挙されることが多いとされるが（平井56頁），こうした傾向が訴訟の争点をいたずらに増加させ紛争の長期化の原因となると批判・反省され，近時は可能な限り争点をあらかじめ絞り込むことが求められるようになっている。

技術上の過誤と説明義務違反との関係は従前，ドイツ法に倣い，技術上の過誤が認められない場合に説明義務違反で責任を補足的に充足させるという，「受皿」的運用が主であったとされたが，近時は両者が並列的に主張されることが多い。また，技術過誤の立証が困難であるとわかってから主張されるわけではなく，訴訟の早い段階から主張される。もっとも，診療過誤があれば，説明義務違反はそれに吸収されてしまい判断されることはなく，逆に，診療過誤は認められない場合に，説明義務違反として責任を認める，というのが実際の判決例では一般的である。

(イ) 医療技術上の過誤（技術過誤）

(a) 義務違反の存否の判断——医療水準　医療関係者は，人の生命および健康を管理すべき業務（医業）の性質に照らして危険防止のために実験上必要とされる最善の注意を求められるが（最判昭36・2・16民集15巻2号244

§709 D II

頁〈東大梅毒輸血事件〉），これは無過失責任ではなく，あくまで過失責任の範疇に入ると理解される（唄孝一＝星野英一〔判批〕法協 81 巻 5 号〔1965〕550 頁。これに対して，無過失責任という評価も存在する〔谷口知平〔判批〕民商 45 巻 3 号〔1961〕317 頁〕）。ここで求められている「最善の注意」とは，実施された処置が治療時のいわゆる臨床医学の医療水準に照らして適当であったか否かが基準である（最判昭 57・3・30 判タ 468 号 76 頁。なお，川井 478 頁）。

　医療水準という用語は，未熟児網膜症の治療をめぐって，普及途上だった光凝固法を実施することが医師に義務づけられるかという問題として争われたことが，この議論を進展させた（松倉豊治・医学と法律の間〔1978〕120 頁以下〔初出・判タ 311 号〔1974〕61 頁〕）。未熟児網膜症については，厚生省研究班報告書が 1975（昭和 50）年 3 月に発表され，この時点で光凝固法の有効性が確かめられたとして，そこに示された診断治療基準をもとに，それ以前の出生であれば，光凝固法の実施は医療水準になく，患者に光凝固法実施の適応があったとしてもその不実施の責任を問い得ないのに対し，それ以後の出生であれば，光凝固法は医療水準にあり，その不実施は過失となるという判断をする下級審判決もあったことから，医療水準は全国一律と考えられているのではないかとの論点が提示されていた。

　ある治療法が医療水準にあると認められれば，それを正当化する理由がなければ，当該治療法の不実施は，医療関係者に過失があるとされる。しかし，とくに新規の治療法には，未知の危険が内包されることがあり，追試程度の数では明らかにならなかったものでも，広く実施されることで，初めて危険が露見する可能性もある。そこで，ある治療法が医療水準にあると認めることは，こうした危険の発現に一役買うことになることも考えられる。したがって，新規の治療法に含まれるかもわからない未知の危険性を重視すれば，それが医療水準にあることを明言するのには，慎重な配慮が必要とされる。しかし他方で，その有効性・安全性が確かめられるならば，早くその恩恵を享受できなかったため，悪結果を招来したという不満を抱く患者が生じることもあり，その場合には，そうした悪結果を甘受せざるを得なかった無念の気持ちに対処することになる。こうした意味で，医療水準にあるかどうかの決定には，相反する要請が存在する。

　最高裁は，医療水準は，医療機関の環境的・地理的要因なども考慮に入れ，

〔手嶋〕　607

§*709* D II 第3編 第5章 不法行為

当該医療機関の性格，所在地域の医療環境の特性等の諸事情から個別に判断されると判断した（最判平 7・6・9 民集 49 巻 6 号 1499 頁）。地域の基幹病院と位置づけられる診療機関は，高度な医療行為を提供する義務があるが，通常の医療機関で求められる水準は，特別なものではない（東京高判平 13・3・28 判時 1754 号 81 頁）。逆に，診療所などは，そこでなしうることを見極め，早めに患者を転送することが医師の義務とされるが（最判平 9・2・25 民集 51 巻 2 号 502 頁，最判平 15・11・11 民集 57 巻 10 号 1466 頁など），これは病院についても当てはまる（より高次の病院への転送につき，松山地判平 24・6・26 LEX/DB25482119）。

医療水準は，先進医療が一般的に，高度研究医療機関—基幹的医療機関—一般的な診療機関という順で，段階的に定着していくとするのが最高裁の考え方であり，ある治療法は，それが効果的であるという医学的知見が段階的に普及してゆくが，それが最終的な段階にまで至って，適用のための基準が固まれば，治療法の一つとしての説明が求められる一方で，未確立の治療法としての説明義務も必要でなくなる（脳血栓の処置につき，広島高岡山支判平 25・12・26 判時 2222 号 56 頁）。

(b) **医学的知見を基礎として義務違反の有無を判断する諸判例**　　医療水準は，未熟児網膜症の治療方法の普及という，この議論が問題とされるようになった経緯も絡んで，新しい治療法がいつの時点から診療に当たる医師に実施義務となるのかという議論にはなじみやすい。しかしながら，一般に行われている医療行為の内容が，実施された医療との関係で適切であったかという場面では，必ずしも必要なわけではない。そこで，医療過誤訴訟の判決では，問題となっている治療行為が医療水準に照らして適切であったかどうかという表現をしないものも決して少なくない。例えば，最高裁平成 14 年 11 月 8 日判決（判タ 1111 号 135 頁）は，医薬品の副作用について添付文書に依拠しつつ「当時の医療上の知見」といい，食道がんの手術後の呼吸管理に関する最高裁平成 15 年 11 月 14 日判決（判タ 1141 号 143 頁）や，投薬後の経過観察に関する最高裁平成 16 年 9 月 7 日判決（判タ 1169 号 158 頁）も注意義務違反を指摘する一方で，当該処置にかかる「医療水準」について，その内容には言及していない。

これらについては，具体的な事実関係に基づいて個別的な過失判断をしているのは，類型的に実施すべき医療内容を特定できないために，過失判断の

608　〔手嶋〕

§*709* D II

一般原則に従った個別的判断がなされると指摘されているが（米村 120-121 頁），医療水準自体には争いはなく，争点化していなかっただけとの理解も示されている（福田ほか・前掲書 275 頁〔廣谷章雄〕）。

(c) 過失の判断について問題となる事項

(i) 治療法がまだ医療水準に達しているといえない場合　医療水準に達していない医療行為については，医師にそれを実施すべき義務はなく（最判平 4・6・8 判タ 812 号 177 頁），そのような治療法の存在を患者に積極的に知らせたり，実施している医療機関に患者を転送するという義務も生じない（最判昭 63・3・31 判タ 686 号 144 頁）。ただし，医療水準には達していないが，治療当時に専門医の間で積極的評価が与えられつつあり，相当数の医療機関が実施している治療法であって，患者のライフスタイルに対する与える影響が大きい治療法（乳がんの温存療法など）について，医師がそのことを知っているという事情がある場合は，例外的にこのことを知らせることが求められる場合がある（最判平 13・11・27 民集 55 巻 6 号 1154 頁。近時は，インターネット等により医療情報が医療職以外の人々にとっても比較的容易に入手できるようになり，新規の治療法の情報も広く共有されることが多くなっている。このことから，当該治療法についての正確な情報提供・当該治療法を実施できない医療機関から転送して受療することが可能であったかといった問題が，今後，より大きな問題となってゆく可能性があろう）。ここから，医療水準の設定については，単に医療現場への定着というのみならず，患者の期待をも考慮して決すべきとの主張がなされており，他方で，こうした個別的な要素を考慮に入れるのであれば，医療「水準」という概念が有効なものであるのかどうか，疑問を指摘する見解もある。

なお，標準的な治療法が存在していない場合には，その時点で最善と考えられる治療法を選択することも認められる（東京高判平 11・9・16 判時 1710 号 105 頁）。

医療保険で認められている治療法であれば，それは医療水準に達していると考えてよいと思われる。これに対して，保険で認められていないことを理由として，当該治療を実施しないことは，民事責任との関係では免責の根拠とならないとする下級審判決が存在するが（京都地舞鶴支判昭 26・3・22 下民集 2 巻 3 号 414 頁），当該判決時期から時間が経過しており，今日でも同様であるかについては異論もありうる。一方，医療水準として未確立なため保険適

〔手嶋〕　609

§*709* D II 第 3 編　第 5 章　不法行為

用がされず，自由診療でのみ実施されている場合には，そうしたものであることを患者に対して十分に説明することが求められる（東京地判平27・5・15判時 2269 号 49 頁）。

　(ii) 医療慣行　　医師が治療当時の医療慣行に従って治療していたが，その慣行が事故予防の観点からみて不十分であったときに，慣行の遵守は医師の責任を否定する理由とはならない。医療慣行は，医療をとりまくさまざまな社会的要因で決定されるものであり，それが本来ありうべき望ましい医療を反映しているとは限らない。これに対して，医療水準はあくまで，医療の見地から医師が何をなすべきかという当為の観点によって決定されるものである。

　例えば，供血者の選定に関する問診について，生活の詳細にまで立ち入った質問をすることはしないというのが当時の慣行であったとしても，それに縛られることなく的確な問診を実施していれば供血に不適当な提供者を発見することができたという場合，この慣行は供血者の選定に際して必要な問診を尽くしたとはいえない（前掲最判昭36・2・16）。同様に，手術のために麻酔中の患者のバイタルサインのチェック頻度が，手術に従事している医療関係者数の不足から，5 分おきにしかできないのでそれを慣行としているという状況がある場合，麻酔薬の添付文書に，5 分より短い時間での確認をすべきとの記載があるのであれば，その慣行は同じように適切なものとはいえず，責任を生じさせることになる（最判平8・1・23民集 50 巻 1 号 1 頁）。

　(iii)　医療関係者の見解が分かれている場合　　日本でこの問題は，医師の自由裁量の問題として扱われてきた（注民(19)150 頁〔加藤一郎〕）。近時は医師の裁量を広く認める見解は支持者が少なく，選択・実施された治療法が，水準内にあるものとして合理性を有しているかどうかから，その当否を判断するという形のものが多い（脳腫瘍の手術範囲について裁量範囲を逸脱したとして責任を肯定した事案として，神戸地判平 19・8・31 判時 2015 号 104 頁があり，また，手術方法の選択に関して，医師が選択した手術方法を不適当としたものとして，高松高判平 16・7・20 判時 1874 号 73 頁。具体的な抗生剤の選択は医師の裁量であるとして，責任を否定するものとして，岡山地判平 25・11・13 判時 2208 号 105 頁。名古屋地判平 17・6・30 判タ 1216 号 253 頁は，突発性難聴について確立した治療法は存在せず，その治療法の選択は医師の合理的な裁量に委ねられているとする。化学療法の選択について同趣旨の判

決として，東京地判平 15・6・27 LEX/DB28082437 がある）。閉塞性黄疸の処置で専門家の見解が異なる場合について，治療・説明ともに義務違反はないとする判決があり（大阪地判平 13・6・15 判時 1782 号 84 頁），また，標準的治療法のないところでは治療者が患者の自己決定を尊重したうえで最善の方法をとることが求められている（前掲東京高判平 11・9・16）。

(iv) 医薬品の添付文書　　医薬品の添付文書とは，医薬品の使用にあたって，その危険性や副作用など，患者の安全を確保するために医師に様々な注意を喚起する目的で記載・提供する重要な情報源のひとつであり，使用当時得られる最高の情報であって，それに従わなかった場合は医師の過失が推定される（前掲最判平 8・1・23。添付文書の注意事項に従わなかったことに特段の合理的理由がない場合過失があるとしたものとして神戸地判平 27・1・20 判時 2268 号 83 頁）。もっとも，添付文書に従わなかったとしても，それが合理的な根拠に基づくものであることを示すことができれば，過失の推定は覆る（抗がん剤パクリタキセルの使用につき添付文書に従わなかったことに合理的理由があり過失を推定することはできないとしたものとして，大阪地判平 25・2・27 判タ 1393 号 206 頁）。また，添付文書の記載における禁忌の根拠が明確ではない場合や（抗精神病薬につき横浜地判平 21・3・26 判タ 1302 号 231 頁），記載が投薬を禁忌としていても，それが許される場合もある（蘇生措置について大阪地判平 21・5・18 判タ 1302 号 224 頁）。

添付文書は，最新のものを参照すべきであり，その含意についても，専門知識を基礎として理解することが当然に求められている（前掲最判平 14・11・8）。このように，医薬品の添付文書に対する位置づけは，最高裁では極めて重い。しかしながら，分子標的薬イレッサ（ゲフィチニブ）の添付文書の記載が不十分であったとして製造物責任の有無が争われた事例においては，結局，製薬会社の責任は認められなかった（最判平 25・4・12 民集 67 巻 4 号 899 頁）。

(v) 治療上のガイドライン　　治療上のガイドライン（Clinical Guideline）とは，特定の臨床状況における適切な医療について，医師と患者の決定を支援するための系統的な見解をいう。これは一般に，治療当時に最も効果的と理解される処置に関する情報を提供するものであって，臨床医にとって有益なばかりでなく，患者にとっても適切と思われる医療を受けることが期待できるという意味で，望ましいものである。こうしたガイドラインは，証拠に基づく医療（EBM）との関係で，さまざまな趣旨のものが，さまざま

§*709* D II 第3編 第5章 不法行為

な機関・組織により作成されるようになっている。ガイドラインについて言及する最高裁判決はまだ存在しないが，下級審では既に多くの事例の集積がある。

医師の処置が，当該疾患において推奨されているガイドラインから乖離している場合，こうした処置に対していかなる評価がなされるかについては，当該ガイドラインの性格，作成組織その他により異なった結論になりうる。ガイドラインが作成された時期がいつで，どの程度推奨される内容であるのか，示されている内容が標準的治療を示す趣旨なのか，参考意見を述べるにすぎないものかなどにより違いが生じうる。諸外国の議論においても，ガイドラインの問題は，法的責任論に直接には結び付けられていないことが多い。

多くのガイドラインでは，課題とされる疾患等について一般的な所見が示されるにすぎず，具体的患者にそれを適用するにあたっては，個別の事情を斟酌の上，それが適切であったかどうかを検討することになる。そこで，ガイドラインに照らして，一見するとそれに違反する治療内容であるとみられる場合であったとしても，それが直ちに医師の過失・客観的注意義務違反とされることは通常はないものと考えるのが多数の見解である。原告がガイドライン違反を主張したことに対して義務違反を否定した例として，大阪地裁平成25年4月26日判決（判タ1395号228頁）などがある。とはいえ，ガイドラインに示されている内容を実施していない場合には医療関係者に義務違反が認められることもあり（大阪地判平19・9・19判タ1262号299頁），ガイドライン違反が医師の合理的裁量からの逸脱と認める判決もある（東京地判平23・12・9判タ1412号241頁。同趣旨として大阪地判平21・11・25判タ1320号198頁。診断基準に従わなかった場合につき，山口地岩国支判平12・10・26判時1753号108頁）。少なくとも，複雑な医療行為の当否を判断するに際して，ガイドラインの存在は，医師の治療行為の当否を判断する際の有力な手がかり（潮見I 333頁は「一応の基準」と表現する）にはなると考えられている。

なお，ガイドラインを作成した学会がガイドライン遵守の監視義務を怠ったとして被告にされた事案もあるが，結論としてその責任は否定されている（前掲大阪地判平19・9・19）。

(vi) 各種行政法規　身分に関して定めのある医療職には，身分関係を中心に，実施・実行を義務づける様々な行政法規が定められているが，それ

§*709* D Ⅱ

らの全てが患者の生命身体の保護に関連するわけではなく，こうした行政法規に反していることが明らかになったからといって，そこから直ちに当該医療職に民事責任上も過失がある，とされるわけではない。

(vii) 救急医療の特殊性　　救急医療は，救急患者に対して，患者情報が少ない下で，適時に的確な判断をもって治療を実施しなければ，重大な結果を生じさせる危険が常に付きまとう性質を有する。この場合，結果として別の方法が適切であった可能性があるという事情が後の評価において生じたとしても，治療に当たった医療関係者の責任を問うことはできないと考えられる（さいたま地判平 26・5・29 判時 2250 号 48 頁）。しかしその際には，当該状況下で医師がなしえた内容を十分に吟味する必要があり，それが救急医療の見地から評価しても不十分である場合には，責任を問いうることもある（大阪地判平 22・3・1 判タ 1323 号 212 頁など。なお，横浜地判平 17・9・29 判時 1916 号 102 頁は救急患者を診察した際に転送の必要性を認識せず帰宅させたことにつき責任を認めた）。救急医療体制としての 2 次救急病院で対応できないときは，3 次救急病院に転送することが必要である（大阪高判平 15・10・24 判タ 1150 号 231 頁）。

他方，航空機や列車内など，閉塞した状況下，あるいは災害時などに，その場に居合わせた医療関係者に協力を求められることがあり，当該医療関係者の注意義務は軽減されるか，はときに問題となるが，これまでのところ，判決例は存在しない。こうした状況下で事態収拾に協力すべきということは専門職の倫理的観点からいえるとしても，それは法的義務ということはできないと理解されている。しかしいったん協力して診察を始めてしまえば，それは当該状況下においてなしうる的確な処置を実施することが求められると解される。こうした場合に，緊急事務管理（698 条）の理解を参考に，医師・医療関係者の注意義務の軽減を認めるべきとの議論があり，こうした事態における救助を推奨する意味では，その責任の軽減をはかる主張には根拠があるものと考えられる。

(viii) 緻密で真摯かつ誠実な医療を実施すべき義務　　医師の医療技術の実施に重点を置いた義務に加えて，医師には緻密で真摯かつ誠実な医療を尽くすべきとの主張があり，これを認めた下級審判決（名古屋高判昭 61・12・26 判タ 629 号 254 頁は杜撰・不誠実と表現する）や学説も存在する。しかしこの見解は，履行がなされたことの判断基準が明確であるとはいえないこと，医療水

〔手嶋〕　　613

§*709* **D II**　　　　　　　　　　　第3編　第5章　不法行為

準に達していない治療法の不実施の責任を履行態様に着目して認めさせるための回避策という側面が強いと解され，最高裁では否定されている（前掲最判平4・6・8）。

　(ix)　専門医と一般医，研修医　　専門医か一般医かで，注意義務の水準は変わるかについて，医師免許に関する法制度上では，専門医か一般医といった区別は存在しない。しかし医療は，相当程度に専門細分化されており，学会が中心となって専門医認定制度も整備されていることを考えると，医師の注意義務の基準も，専門によって異なりうると解し，原則として自己の専門分野ないしその隣接領域における臨床医学の水準的知識に従って医療行為を行えば足りるとする見解に与するべきであろう（平井58頁）。この点は，知識面と技術面の両者にまたがって問題となり，また，責任が重くなる方向にも，軽くなる方向にも働きうる。責任が重くなるという点は，専門医の注意義務と一般医の注意義務とが異なる場面では，専門医の有する注意能力を求められていたにもかかわらずそれを果たさなかったという点で，生じた結果に責任を負うことになるということである。責任が軽くなるという点は，疾患の種類によっては，専門外として一般医の注意義務を果たしていれば責任を負わないということになるということである。

　新人の医師（研修医）とそうでない者の間で注意義務の水準は変わるか。この点について日本ではあまり議論がないが，医師であれば当然必要な能力は存在することが求められているから，研修医であるからといってその責任が軽減されることはないと考えられる。もっとも，研修医を指導する指導医の責任が別に問題とされる余地はあるものと思われる。

　(d)　過失・医療水準の主張立証責任　　ある治療法が医療水準に該当することを立証するのは，原告である患者側である。医療水準は規範的要件であり，その成否を根拠づける具体的事実が，主要事実であるとされる（榮岳夫「注意義務違反（総論，医療水準）」高橋譲編著・医療訴訟の実務〔2013〕277頁）。患者側は実施された治療と，それが医療水準から逸脱したものであることを主張立証しなければならないが，この場合，医学文献を基礎にしつつ，具体的事案への当てはめを考える必要がある。なお，手技上の操作ミスなど，知識や恒常的な技術の適用とは必ずしも合致しないが，一瞬の気の緩みによって事故が生じてしまった場合についても，責任を追及する側がその存在につい

614　〔手嶋〕

ての証明責任を負う（札幌地判平 13・2・26 判時 1759 号 113 頁など）。札幌地裁平成 26 年 12 月 24 日判決（判時 2252 号 92 頁）は，医療関係訴訟での注意義務違反は医学的知見を踏まえたもので，医学的知見は専門的経験則に属し，それが立証されなければ経験則として採用できないため，過失があるとする側の不利益とならざるを得ないとしている。

　(ウ)　転送義務違反

　　(a)　転送義務の位置付け　　医師は，専門外など，患者に対して，何らかの理由で医療水準に従った医療行為を自ら・自院でなしえないと判断した場合には，当該患者をそれが実施可能な医療機関・医師のもとに転送することが必要である。

　医療水準が全国一律ではなく，医療機関がそれぞれにもつ性格から決せられるものである以上，大規模な病院では医療水準となっても，小規模な診療所ではそうでない場合もある。小規模な診療所でも医療水準になっているが，設備その他の関係で実施できない場合もあり，その場合には転送義務を実行しなければならない。このように，転送義務は医療水準の実践の一場面である。転送義務は直ちに転送しなければ重大な結果が招来される危険が迫っている場合にのみ認められ，それ以外は転院を勧告する義務にとどまるという見解や（平野 80 頁），確定診断がなされている場合とそうでない場合とを分けて論じるべきとの見解（米村 129 頁）もある。医療関係者としては，どの段階で自分の手に負えないと判断しなければならないか，の問題であり，前者の見解については，重大化するかどうかについては紙一重の場合もあること，後者の見解に対しては，臨床現場では手術後初めて確定診断がなされるということもありうるとされるため，確定診断をどのように考えるかが問題になろう。

　開業医の役割は，風邪，鼻炎などの比較的軽度の病気の治療に当たるとともに，患者に重大な病気の可能性がある場合には，高度な医療を施すことのできる診療機関に転医させることにあるのであって，開業医は，通院を継続している患者につき，上記診療機関に転医させるべき疑いのある徴候を見落としてはならず，このような徴候を認めた場合には，患者が必要な検査，治療を速やかに受けることができるように相応の配慮をすべき義務がある（前掲最判平 9・2・25）。このような専門医への転送・転医勧告の必要性を認識し

〔手嶋〕　615

§*709* D Ⅱ 第3編 第5章 不法行為

ない場合には義務違反がありうる（大阪地判平7・12・20判時1586号97頁，神戸地姫路支判平8・9・30判タ942号205頁，名古屋地判平12・9・18判タ1110号186頁など多数）。転送の要否の判断の適否が争われた事案は非常に多い。もっとも，転院指示に過失があっても死亡について因果関係が否定される場合（東京高判平7・12・26判タ912号217頁）や，転院の必要性が認められないこともある（東京地判平7・12・25判タ923号245頁）。なお，通常は一般的診療のみを行う医療機関から高度な医療機関への転送が問題になるが，逆に高度な医療機関から一般的な診療が主たる役割である医療機関への転送判断が適切でなかったのではないかが争われた事例もある（東京地判平27・4・23 LEX/DB25525746〔請求棄却〕）。

(b) 転送義務の実施　　転送義務の実施に際しては，「医師には患者を転送させるに当たり医療水準にかなった診療を行うことができる転送先を適切に選定すべき義務があり，仮に医療水準にかなった診療を行うことのできない医療機関に患者を転送させた場合には転送義務を尽くしたとは言えないこともあり得る……。転送先としていかなる医療機関が最も適切かという判断については，転送先の人員体制や医療設備の内容，転送先までの距離，転送に要する時間，患者の状態などを総合的に考慮すべき」（前掲さいたま地判平26・5・29）と解されている。転送する際には，ただ送り出せばよいというものではなく，相応の配慮が必要である（富山地高岡支判平12・2・29判タ1081号236頁。ギラン・バレー症候群患者の転送に際しての呼吸管理に過失があったとしたものとして，福岡地判平19・2・1判タ1258号272頁）。

(エ) 説明義務違反

(a) 説明義務の根拠　　医療の実施に際しては，医師は患者からその承諾を得る必要があり，その承諾があることによって，実施される医療行為は適法と扱われる。患者の有効な承諾の前提として提供することを求められているのが，医師からの患者への説明であり，その必要性に対して疑問を差し挟む見解は，今日では見られない。もっとも，説明義務違反の効果が，後の治療を全て違法とするのか，選択の機会を奪ったにすぎないと考えるかについては複数の立場があるが，日本では後者と考えるとする立場が多数と思われる。

医療は，患者のライフスタイル実現に奉仕すべきものであり，その最終的

§709 D Ⅱ

な選択は個別具体的な患者に依拠するとの考えに照らせば，医師がなすべき説明は，患者に対して，医師が患者の病状から実施することを自ら決定・予定する治療法について，その概略を説明しておけば十分であるというわけではない。医療行為について，例えば外科的治療・内科的治療など，複数の選択肢がある場合には，患者が患者固有の人生観からの吟味を可能とするような十分な情報提供と，場合によっては，そうした患者の情報の把握をさらに進めて情報交換を進めることが，診療に当たる医師には求められている。

　最高裁も，医師の説明義務に関して，1980年代になって初めてこれを肯定する立場を明らかにしたが（最判昭56・6・19判タ447号78頁。事案としては患者側敗訴），その内容はこれまで変遷をとげてきており，現在ではより広い範囲の情報を患者に提供し，その自己決定を保障すべきという方向に変化してきている。もっとも，がんの告知をするかどうかは医師の裁量に属することとして，医療現場の実践を尊重する姿勢を示していた（最判平7・4・25民集49巻4号1163頁。治療上の特権として後述する。→(b)(ⅰ)）。その後，宗教上の教義に基づき，輸血をすべて拒否するという立場を示している信者の治療の説明について，患者が輸血を伴う医療行為を拒否するとの明確な意思を有している場合，このような意思決定をする権利は，人格権の一内容として尊重されなければならず，患者に対し，病院の輸血方針を説明し，手術を受けるかどうかについての意思決定をさせるべきであったとして，損害賠償を認めている（最判平12・2・29民集54巻2号582頁）。

　乳がんに対する乳房温存手術が手術方法の説明の範囲に含まれるかに関しては，当該治療法が医療水準に達していなくても，少なくとも，当該療法が少なからぬ医療機関において相当数の実施例があり，これを実施した医師の間で積極的な評価もされているものについては，患者が当該療法（術式）の適応である可能性があり，かつ，患者が当該療法（術式）の自己への適応の有無，実施可能性について強い関心を有していることを医師が知った場合などにおいては，たとえ医師自身が当該療法（術式）について消極的な評価をしており，自らはそれを実施する意思を有していないときであっても，患者に対しては医師の知っている範囲で，当該療法（術式）の内容，適応可能性やそれを受けた場合の利害得失，当該療法（術式）を実施している医療機関の名称や所在などを説明すべき義務があるとした（前掲最判平13・11・27）。こ

〔手嶋〕　617

§709 D II 第3編 第5章 不法行為

れは説明義務の限界の例外に属する。医師が患者の特別な希望を知っている場合には，それに応じて説明すべき内容も変わり，患者の分娩の希望についてより多くの情報を提供すべきとするものがある（最判平17・9・8判タ1192号249頁〔分娩方法の選択に関わるもの〕）。疾患の治療法について既に同意を得ていても，その方法に変更がなされ，当初の方法と異なる危険がそこに含まれるようになったときには，改めて患者に熟慮する機会を提供すべきである（最判平18・10・27判タ1225号220頁〔未破裂脳動脈瘤に対する治療方法の決定に関するもの〕）。なお，患者に末期がんであることを説明しなかった場合に，患者自身に説明しないことそのものは医師の裁量に属すると認めつつも，医師はそうした場合には患者の家族に対して説明する義務があるとして，説明することで最後の時を家族と有意義に過ごすことができなくなったことへの賠償責任を肯定したものがある（最判平14・9・24判タ1106号87頁）。

このように判例では，医療関係者は治療に先立って患者に説明する義務があることを認めるが，説明の方法については，特定の方法を明言することはしていない。また他方で，説明の実施が実際の医療の場面で実行不能にならない配慮もなされているように見受けられる。

(b) 説明の分類とそれぞれの問題

医師の説明にも様々な内容があり，その整理も多様であり得るが，本稿では説明を，①承諾を得るための説明，②療養指導としての説明，③顛末報告としての説明，に分類し，それによって解説する。しかし近時，従来の説明の分類に対しては，性格の違う内容を同列に扱っており不適切との批判もなされ，それを支持する見解も増えつつある（米村128頁以下は，説明義務概念を，①患者・家族等の医療的決定保護を目的とする情報提供義務〔予定される治療の利害得失・他の治療法の可能性の説明など〕，②その他の利益保護を目的とする情報提供義務〔病名・診療経過の告知・説明など〕とに再構成することを提案・展開している）。

患者の自己決定権との関連では①が重要である。②は退院時の患者への説明であり，説明ではあるが治療当時の医療情報を正確にわかりやすく患者に伝えるという内容であって自己決定ではなく技術上の過誤のひとつで（最判平7・5・30判タ897号64頁〔退院時の指示が不適切とされた事例〕），医療水準に照らして判断される問題である。③は診療契約における付随義務・契約の余後効・信義則の一場面として論じられる。③は事前に提供される説明義務とは

§709 D II

異なるものであり，「説明」という形で一括することが適当かどうかについては，疑問も指摘されている。また，転送の前提としての説明という類型を独立した説明類型として挙げる見解もあるが，これは医療水準に吸収されるという点で②に含まれ，これに対しても批判がある。

　（ⅰ）承諾を得るための説明　　医師が，患者の同意を得るのは，予定された検査や治療の前になされなければならない。また，治療は患者が同意をなした範囲までしか実施されてはならないことが基本である（承諾範囲からの逸脱について有責としたものとして福岡地小倉支判平 14・5・21 判タ 1141 号 219 頁）。説明すべき相手方は，患者本人が原則である。承諾を得て治療を実施している全身麻酔中の本人の手術について，手術範囲の変更が必要であることが判明した場合に，本人に代わって，家族が有効に同意をすることができるかに対して，慎重な判断を示した判決（眼窩内の腫瘍への治療としての視神経の切断につき大阪地判平 13・9・28 判タ 1095 号 197 頁は責任肯定）が複数みられる。また，診断がまだ十分に確定していない段階で，結果的に不適切な説明を行った場合には，後に問題となり得るが（東京地判平 13・1・29 判タ 1085 号 267 頁。責任を否定），治療の見込みが判明していないところに説明義務はない（札幌地室蘭支判平 14・1・11 判タ 1129 号 246 頁）。

　有効な同意をなすには，患者が，十分な情報が提供されたうえで，自由意思により決定することが必要である。適切な選択ができないような不十分な情報では足りない（大阪地判平 14・10・31 判時 1819 号 74 頁）。情報にはそれぞれ重要度に差があるのが一般的であり，患者にとって重要な情報を欠くことがあってはならない（東京高判平 13・7・18 判タ 1120 号 235 頁）。また，侵襲度のより大きい処置に患者が既に同意していたという事情があったとしても，より侵襲度が小さい治療法に変更された場合に，後者には前者と異なる固有の危険がある場合には，いわゆる「大は小を兼ねる」という関係には立たず，改めてそれについての承諾が必要である（前掲最判平 18・10・27）。患者の意向が重視される処置について，その意向が明らかでないときには説明義務はない（ALS 患者への人工呼吸器装着につき仙台地判平 12・9・26 訟月 48 巻 6 号 1403 頁）。もっとも，説明義務は患者の希望を何が何でも容認するというものではなく，患者は具体的な治療行為自体を指定することができるわけではないが（東京高判平 14・12・25 東高民時報 53 巻 1〜12 号 47 頁），美容整形については異なる可

〔手嶋〕　619

§*709* D Ⅱ 第3編　第5章　不法行為

能性がある（東京地判平25・9・19 LEX/DB25514814）。

　患者に同意能力がないという場合には，後見人や親権者が本人に代わって同意することになるが，成年後見制度には患者の生命身体に関する処分権はないというのが通説的理解である（米村137頁は，四宮和夫＝能見善久・民法総則〔9版, 2018〕75頁を，これができるとする立場として少数説とする）。患者が自分自身の治療方針を決することができない場合には，近親者に対して，患者の治療方針を相談するというのが実際の治療の状況であるため，この方面の制度整備が望まれている。なお，患者が未成年者であっても，可能な限りわかりやすい言葉を用いて治療に対する理解を得ておくべきである（インフォームド・アセント）。患者に意思能力があり，自ら決定できる状態にあるとき，患者の配偶者は，配偶者自身が医師であり配偶者の治療に関心があったとしても診療契約の当事者にはならず，独立して説明義務の対象となるものではない（高松高判平26・5・30訟月60巻10号2079頁）。

　医師が患者の同意取得に際し説明すべき項目としては，診断の内容，患者の現在の状態，予定している治療法の概要と目的・方法，治療の危険・副作用の可能性，代替できる治療法の存否とそこから期待できる効果，放置した場合の転帰，治療期間などがあげられる（前掲最判平13・11・27，潮見・講義Ⅱ234頁）。これらの情報提供の範囲も，原則として医療水準によって決定される。これについて，精神科病院に任意入院当時の医療水準では，患者の無断離院防止策として徘徊センサーの装着等の措置を講ずる必要があるとされていたわけでもなく，患者が他の病院と無断離院防止策を比較した上で入院先を決定する病院選択の機会を保障すべきであったということはできず，説明義務があったということはできないとした最高裁判決がある（最判令5・1・27判タ1511号123頁）。

　説明すべき情報の範囲は，同じ状況におかれた医師であれば，どのような情報を開示したかを基準とする合理的医師説も存在するが，一般に提供される程度の情報でよいというのは患者の自己決定とは相容れない。また，標準的な情報提供の水準がはっきりしないことも少なくないように思われる。合理的患者にとり重要な情報は何かを理解するためには医師は患者と話し合う必要があり，これはインフォームド・コンセントの目指す実質であることに鑑みれば，合理的な患者であればどの程度の情報を求めるか，を基準としつ

620　〔手嶋〕

§709 D Ⅱ

つ，個別具体的な患者の事情を医師が知りまたは知りうる場合には，その事情にしたがって説明の範囲が決まる，いわゆる二重基準説を相当としよう（信仰上の輸血拒否に関する前掲最判平12・2・29）。説明は，適切な時期に行われる必要があり（福岡高判平13・6・7判タ1118号221頁），手術の安全性をことさらに強調するなど，一定の方向に誘導するような説明の方法は，適切な説明とはいえない（東京地判平15・10・29 LEX/DB28091822）。

なお，美容整形などのように，患者の生命身体の維持に必ずしも必要ないと思われる処置を実施する場合には，通常の医療の場合よりも詳細な説明が必要であり（大阪地判平14・8・28判タ1144号224頁），このことは医療行為の性質からも根拠付けることができる。美容医療では，自費診療であることから，キャンセル等についての説明も求められている（東京地判平25・2・7判タ1392号210頁）。治験参加における説明について，通常の診療よりも広範かつ詳細な説明と同意書面が必要である（名古屋地判平12・3・24判時1733号70頁，名古屋高金沢支判平17・4・13 LEX/DB28101392）。治験参加者が高度な理解力を有すると評価できる場合には，十分な説明がなされれば義務違反は認められない（大阪地判平23・1・31判タ1344号180頁）。

患者の拒否に対しては，医師は説得する責任がある場合を認める判決（C型肝炎ウィルス感染者に検査受検を勧めるべきとしたものに大阪地判平19・7・30判時2017号110頁）や，患者が自己の疾患の危険について誤解している場合に誤解を解いて入院精査を勧める義務を認める判決（大動脈弁閉鎖不全症およびうっ血性心不全について，東京地判平18・10・18判時1982号102頁）もあるが，説明を果たしたうえで紹介状を交付している場合に患者がこれを無視して帰省しているなど，医師がなしうることをなした場合には，責任を問われない（横浜地川崎支判平16・12・27判時1910号116頁）。

治療法の実施基準が定まる前段階などの場合には，十分な説明が必要である（痙性斜頸へのアドリアシン注入術につき大阪地判平20・2・13判タ1270号344頁，美容外科におけるしわ・タルミ改善効果が認められた薬剤をシミ除去のために用いたことにつき説明義務違反があったものとして東京地判平19・3・8 LEX/DB28130783）。研究段階にある治療方法を実施する際にも，より詳細な情報提供が求められ，臨床試験等について提供すべき書面や説明の内容については，「人を対象とする生命科学・医学系研究における倫理指針（令和3年，同4年・5年一部改訂

〔手嶋〕　621

§*709* D II 第3編 第5章 不法行為

文部科学省・厚生労働省・経済産業省）」第4章が詳細に定めている。

　もっとも，医師の説明義務が免除される場合もある。例えば，患者自身が医師などで，すでに治療の内容・危険性等の情報を知っている場合には，自己の状態についての情報提供を受けるのみで判断をすることはできるであろう。また救急状態の場合，治療が優先されることは多言を要しない。さらに，強制的治療が認められる場合や患者が説明を受ける権利を放棄している場合，さらに真実を告げることが患者に対して重大な悪影響を与えるであろうことが確実と予想できる場合などが，説明を免除される場合として，学説上挙げられることが多い。これらの場合に説明を行うことを免除されるのは，無駄なことを求める必要がなかったり，承諾の有無にかかわらず治療を実施することが必要な場合，患者が説明を受けることを望まないという意向を尊重することなどが理由となる。

　真実を告げることが患者に対して重大な悪影響を与えることが確実に予見できる場合に，その悪影響を避けるために医師の判断で説明を差し控えることを認める考え方を，治療上の特権と呼ぶこともある。説明の差控えが問題とされることが多いのは，がんと診断された場合の告知の問題である。患者の状態から判断して，告知するか否かは，医師の合理的な裁量の範囲内とされ，説明に適した段階がありうる（前掲最判平7・4・25）。しかし，裁量の範囲内とはいえ，その権限の行使は合理的である必要があり，がんであるからといって常に医師に説明義務が存在しないというわけではない。もっとも，告知の方法いかんでは別の問題が発生する恐れがある（がんが告知されたことに起因して患者が自殺してしまったことが配慮義務違反かどうかが争われた事例として，さいたま地川越支判平15・10・30判タ1185号252頁は責任を否定している）。診断結果を本人に告げないと医療側が判断した場合には，家族に対して病名を告知することを検討する必要があり，その検討を行わなかった場合には，責任が認められる（前掲最判平14・9・24。なお東京地判平6・3・30判時1522号104頁は，具体的場面について詳細な検討を加える）。反面において，患者自身に病名を含めて説明を行い，これに対して患者が手術を拒否した場合に，医師は改めて家族に対して説明する義務は生じない（名古屋地判平19・6・14判タ1266号271頁）。

　がんはかつての「死に至る疾患」から，慢性疾患・治る疾患，治らなくても上手に付き合ってゆくべき疾患，と位置づけられるようになってきている

622　〔手嶋〕

§*709* **D II**

という事情があり，また，疾病に対する啓蒙活動が進展し，多くの人々にとて基本的な知識は普及していることで，実際の診断名を隠し通して治療することは難しくなっている。そうであれば，医師患者間の信頼関係の側面からも，診断を伏せることは適切とはいえないことも多いと考えられる。従来と異なり，がんの告知は多くの医療機関において一般的となっており，がんは告知するかしないかという論点から，どの段階でいつ説明をなすべきか，説明後の対応いかんである告知後のフォローをどうするかの方に，議論の中心が移っている。がん以外で，統合失調症の可能性があることの告知が起因となって患者が自殺したことが問題とされた事例では，医師の行為は相当であるとした（鹿児島地判平9・10・24判自173号84頁）。なお，予後の説明に関して，患者に予測される余命を告げることについては，その予測が実際には困難なことから，法的義務とは言い難いと解されている。

同意と説明とは対応関係にあることが必要であり，より侵襲の度合いの高い治療に同意していればそれよりも軽度の侵襲にとどまる治療には同意していただろうとの推測は可能かもしれないが，それぞれに固有の危険が存在する場合には，大は小を兼ねるという関係には立たない（前掲最判平12・2・29）。

　(ii)　療養指導としての説明　　この説明については，治療当時の実践としての医療を説明という方法により行うものであって，前掲した，技術上の過誤の問題として考えることになる。これを説明義務の中に含めることについては適切でないとの批判があるが，自己決定とは区別されるものとしてこの種の説明が存在することは比較法的にも支持されている。

療養指導という内容がここでの説明には不可欠であるため，この類型では，適切な医療として水準的な情報を提供することが求められており，それがなされなかった場合には，自己決定権侵害ではなく，診療上の過誤として扱われる。その結果，逸失利益を含めた損害賠償までも認められる（美容整形における処置部位に対する包帯の巻き方の指示が不適切であったとする東京地判平13・7・5判タ1089号228頁や，投与薬剤が胎児に影響を与える可能性があったとして中絶費用と慰謝料を認めたものとして大阪地判平14・2・8判タ1111号163頁があるほか，結腸ポリープ摘出手術後の指導について過失を認めたものとして，大阪地判平10・9・22判タ1027号230頁など。また，子宮外妊娠につき，名古屋地判平24・1・27 LEX/DB25480433も，医師の指導説明義務違反を認めた）。なお，他科の診療が必要と考えた場合，

〔手嶋〕　623

§709 D II　　　　　　　　　　　第3編　第5章　不法行為

専門的見地からその必要性を伝え，受診を勧める義務がある（東京地判平19・8・24判タ1283号216頁）。

主治医の診断や治療方針に対して，別の医師が見解を述べる「セカンド・オピニオンを得る」ことが，広く行われるようになっており，保険点数も認められている。かつては，現に診察を受けている医師と違う医師の意見を聞くなどといえば，主治医の機嫌を損ないかねないと患者は心配するのが通常であり，他の医師の意見も聞きたいが実際にはできない，といった消極論が語られ躊躇されていた時期もあった。しかしながら今日では，むしろ積極的にセカンド・オピニオンを聞けるように配慮する医療機関も増えているといわれている。治療医が外科医の場合は外科療法が，内科医の場合は薬物療法を選びがちというような，客観的な患者の状態やその希望よりも，医師の専門次第で治療法の第一選択肢が決まってくる傾向があると指摘されることがないではない。治療を実施した結果の利益も不利益も，それを受けるのは患者自身なのであるから，第三者の専門的立場から，当該患者に推奨される治療を再検討する機会を設けるのは，当該患者にとって，納得できる治療を選択する上で，有意義なことである。

セカンド・オピニオンは，説明を受けるという形で実施されるものではあるが，それを行うことを依頼された者は，当該事案に対して自己の有する医学的知見を適用して診断を下し，最適な治療法を提案するというものであり，その所見が誤っているならば，それは医療水準の問題として判断される。

(iii)　顛末報告・治療後の説明・死因解明義務　　治療後に説明を求められた場合，医師はその内容について正確に報告する義務が，医療契約に付随する義務，あるいは信義則を理由として認められる（顛末報告義務・死因解明義務と呼ばれる）。この説明は患者の自己決定に関するものではなく，医学的知見を示すことでもないため，第三の説明として別の類型として考慮される（術後の説明として，岡山地判平14・11・26判タ1138号212頁）。

患者が死亡したという場合，患者遺族に対して医師が説明することを根拠づけるためには，当該契約が遺族との関係ではなお継続すると解する，あるいは，当該契約は患者本人の死亡により終了するが信義則上契約の効力が継続していると解するといった構成から，説明が義務づけられる（東京高判平16・9・30判時1880号72頁，大阪地判平20・2・21判タ1318号173頁，仙台地判平

624　〔手嶋〕

§709 D II

22・9・30 LEX/DB25442701 等）。第三者のためにする契約構成に賛成する見解もある（前掲東京高判平 16・9・30 を引用する，平野 76 頁）。患者に重度の障害が残っている場合にも，患者から顛末報告についての求めがあった場合にはこれをすべきである（前掲大阪地判平 20・2・21）。

この種の説明は，自己決定に関する説明とは異なり，詳細に至ることは必要がないと指摘されている。ただし説明の際に，更なる傷害の発生・拡大を防ぐためには何らかの報告を義務づけることは積極的に考えられる。患者が自殺した場合にその原因を適切に説明しなかったことについて説明義務違反を認めるものがある（大阪高判平 25・12・11 判時 2213 号 43 頁）。

病理解剖の説明内容について，個別の承諾を得なかったことについて違法とはいえないとした事例（東京地判平 14・8・30 判時 1797 号 68 頁）がある。また，病理解剖の実施についての説明が不適切であったことについて慰謝料を認めた事例がある（名古屋高判平 28・10・25 LEX/DB25544470）。

　(c)　「同意書」の扱い　　同意書の存在は，説明があったことを積極的に基礎づけるわけではない。事前に一切の権利を放棄する旨の同意書は公序良俗に反して無効と扱われることについては（静岡地浜松支判昭 37・12・26 下民集 13 巻 12 号 2591 頁），今日，争いはない。もっとも，今日でも同意書は広く用いられており，たとえば近視矯正術の適応ガイドラインに合致しなくても同意する旨の同意書を提出していた事案について，技術過誤・説明義務違反の両者を否定した事案があるが，その場合も同意書の存在だけで請求を否定することにはなっていない（東京地判平 17・3・4 LEX/DB28100635 など）。

　(オ)　患者以外の第三者の権利・利益保護　　患者以外の第三者に対して，医師が注意義務を負う場合について，患者が肝炎や HIV に罹患し，医師がそれを診断していたにもかかわらず，適切に危険を回避すべきことを警告しなかったために，配偶者・パートナーなどに感染が生じた場合や，不妊化手術の実施に際してその説明が不十分であったために，配偶者が妊娠してしまったといった問題が考えられる（前掲仙台地判平 22・9・30 は，不妊化手術は夫婦両者が当事者であるとする）。この場合，当該第三者を保護する義務が医師に存するかどうかを検討する必要がある。

　(カ)　過失の特定の程度　　過失の特定に関して，原告は義務違反が被告にどの時点でどのように認められるかを主張する必要があり，診療経過から注

〔手嶋〕　　625

§*709* D II

第3編 第5章 不法行為

意義務違反の事実を具体的に主張し，それを裏づける医学的知見を併せて主張することが求められる（秋吉仁美編著・医療訴訟〔2009〕276頁〔廣谷幸男〕）。しかしそれが困難な場合もあり，その場合には詳細にまで及ぶ必要はなく，問題とされる行為についてある程度概括的なものでかまわないとされている。最高裁昭和39年11月24日判決（民集18巻9号1927頁）は，注射の消毒が不完全だったことにより障害が残った場合に，注射器具・施術者の手指・注射部位のどこに消毒不完全があったとしても，過失を認定してよいとしたものである（最近の判決として，横浜地判平13・7・13判タ1183号314頁）。もっとも，院内感染が疑われるMRSAについて，感染源・感染経路を確定できない場合には，被告の過失を特定することができないとして請求が認められなかった事例もある（東京高判平10・9・10判タ1042号210頁）。なお，手技上の過失を認めた事例としては大阪高裁平成13年7月26日判決（判タ1095号206頁〔顔面けいれん〕〔最決平15・4・24 LEX/DB28081849（不受理）〕）がある。

　㈎　証拠の隠蔽など　　カルテ改ざんを認める事例は少ないが，認めるものもあり（高松高判平27・10・7 LEX/DB25542488や，麻酔記録をねつ造したことを認めた東京地判平15・11・28 LEX/DB28090425など），これが甚だしい場合には，それが独立の不法行為として慰謝料の根拠となる（甲府地判平16・1・20判タ1177号218頁）。

　㈏　診療類型別の事例群

　　(a)　分類のための視角　　医療事故は，全ての診療科目で発生・存在するものであり，問題とされる事故の内容も，薬剤の取違えや投与量の確認ミスといったものから，複雑・高度な医学的判断の是非にまで，様々な，広範囲なものが問題とされている。

　　よく指摘されるように，医療過誤訴訟は，同一疾患で同じような結果が生じていたとしても，それぞれの事件の個性が強いものとされ，訴訟の結果が必ずしも同じこととなるとは限らない。それでも，同一疾患について複数の訴訟が提起されるときには，事故が起こりやすいと解される部分について，それが法的に帰責できるものかどうかが議論の中心となり，それをめぐって医療現場の改善が行われることが期待できるかもしれない。

　　医療事故の診療態様類型では，問診・検査・診断・治療・手術・注射・輸血・麻酔・投薬その他あらゆる場面で発生し，問題となる疾患も，一般に予

§*709* D II

後が良いとされるものばかりでなく，治療法が存在しないものであったとしても，満足のいく処置がなされなかったという場合には，紛争につながっている。

医療行為に事故の可能性がある限り，紛争と無縁な医療措置は存在しないと言ってよい。適切な処置が速やかにとられなければ，大きな事故につながりやすい，外科・産科・内科などは，他の専門に比べて紛争となる割合が高い。また，歯科領域も，紛争の多い類型である。

医療事件に関しては，千件を超える事案が公表されており，それらの義務違反の全てを網羅することは困難であること，各事件の個性が強いこと，古い事案は歴史的な意味をもつこと以上のものではないものが多いことから，以下では，主に平成以後の紛争事例が多いものについて，診療過程と疾患類型とで分けて言及することとしたい。なお，疾患類型については，福井次矢＝高木誠＝小室一成総編集・今日の治療指針〔2024〕を参照した。

(b)　診療過程からの分類

(i)　受診前　　通常の場合，医療は患者の主訴が存在するところから始まるが，法の定める検診や人間ドックによって，自覚症状が出始める前に，健康チェックがなされることがある。患者に特定の部位や症状について主訴がある場合のように，ピンポイントでそうした症状の原因を探索するのと異なって，いくつかのチェックポイントを確認するにとどまるものであり，大量に処理しなければならない事情もある。この際に，当該検診を実施する医療関係者の注意義務は軽減されるべきであるかについて議論されている（定期健康診断での責任否定例として名古屋地判平21・1・30判タ1304号262頁など）。

(ii)　受診まで　　医師に応招義務があることは医師法19条に定められており，これに違反した場合は，公法上の義務違反と私法上の義務違反との両者が関係する。これについて下級審判決は，正当理由のない診療拒絶は，医療関係者の過失を推定するとすることにつき，→2(1)。

(iii)　診　　断

診断は，問診・視診・触診・聴診といった患者との対面における言語・非言語を通じた情報収集と，その評価により，以後の方針が決定され，その後の検査・治療といったプロセスを経ることになる。

①　問診・視診・触診・聴診　　医師は，患者と対面し診察を実施する

〔手嶋〕　627

§*709* D II 第3編 第5章 不法行為

ことにより，多くの情報を得る。診察の手法は，問診・視診・触診・聴診などであり，視診・触診・聴診なども，それぞれ診療における価値は大きいとされるが，訴訟において最も現れる頻度が高いのは，問診である（急性咽頭蓋炎の触診について横浜地判平 17・9・29 判時 1916 号 102 頁）。

　問診は，例えば，副作用のある医薬品を投薬する前に，当該医薬品で具合が悪くなったアレルギー反応の経験がないかを確かめるなど，危険回避をするための問診と，診察を通じて患者の状態を評価判断するための情報収集を目的とする問診，とに分類される（秋吉編著・前掲書 274 頁〔井出正弘〕）。前者の，危険回避のための問診は，患者本人に危険を招来させないための場合が主であるが（麻酔薬によるアナフィラキシーショックにつき，青森地弘前支判平 15・10・16 LEX/DB28091733 など），当該問診を受けた者が血液提供者だった場合に，当該血液から第三者が疾病に感染しないように配慮するという場合もある。患者状態の把握のための情報収集目的の問診は，たとえば頭痛を訴える患者に対して，速やかな外科的処置が必要かどうかなど，生命にかかわる判断につながることも多い（一過性麻痺への対応につき東京地判平 25・12・25 判タ 1410 号 287 頁，頭痛患者への対応につき大阪地判平 15・10・29 判時 1879 号 86 頁等）。

　　② 検査　　検査は，患者の現状についての情報を収集するとともに，それまでの診察で明らかになったいくつかの診断候補を絞り込む機能を営む。このように，検査は現代医療に不可欠であるが，他方で，検査そのものにも危険が内在するものも少なからず存在する。また，複数種類の検査を実施しても，「疑い」を高める以上には診断を確定するために大きな意味をもたないこともあり，当該検査がどのような意義があるのかは，医療費抑制の観点からも関心が払われるところである。

　上述のように，検査は①必要性があるかどうか，②選択された検査方法・検査薬は適切であったか（より安全な検査方法を選ぶべきであったとする名古屋地判平 13・1・12 判タ 1177 号 253 頁），③検査実施方法に問題はなかったか（検査薬の量，検査薬の投与速度など），④用いられる検査機器（器具）の安全性は満たされているか，検査器具は適切に使用されたか，などが問題とされうる。当該医療機関で検査が実施できない場合は，当該検査が医療水準に達していれば，転送を積極的に検討することになる。

　また，検査結果の評価についても，その危険性を見落としていないか，逆

§*709* D II

に過剰診断をしていないか，が検討の対象となる。検査結果の見落としは誤診との関係でしばしば問題とされてきたが，逆に過剰診断については余り問題にされてこなかった。それでも近時はそのような誤診も問題となるようになっている（東京地判平 23・5・19 判タ 1368 号 178 頁〔胃がん〕など）。なお，患部摘出後に標本を作製すべきところそれをしなかったために疾患の検討可能性を失わせたことにつき過失を認めたものもある（宇都宮地判平 17・7・27 LEX/DB28101906）。

　検査は，それが一定の危険を内在することに鑑み，検査実施前に説明を実施し，承諾を得ることが原則である。

　注意義務違反が問題とされた検査には，脊髄造影（松山地判平元・12・21 判タ 725 号 189 頁，札幌地判平 5・10・28 判タ 863 号 249 頁），心臓カテーテル検査（那覇地判平 24・4・25 LEX/DB25481219〔造影剤の量の大幅超過〕，山形地判令 2・1・21 LEX/DB25564840 など多数），大腸ファイバースコープ（内視鏡）検査（福岡地判飯塚支判平 10・10・12 判タ 1026 号 249 頁〔検査の際，結腸を穿孔した〕，広島高岡山支判平 31・4・18 LEX/DB25563174），エコー検査（福岡地判平 25・11・1 LEX/DB25446381〔診療契約で定められた検査を実施しなかった〕），血液検査（採血の手技）（仙台高秋田支判平 18・5・31 判タ 1260 号 309 頁，東京地判令 3・12・24 LEX/DB25602862）などがある。

　診察により依頼された処置と異なる疾患の徴候が認められた場合，そこからさらにどこまで検査等を実施することが必要かについては，これを積極的に捉える事例がある（膀胱がんにつき，名古屋高判平 26・5・29 判時 2243 号 44 頁）。

　(iv)　治療　　上記の診察・検査を通じて明らかになった疾患に対して，治療が実施されることになる。もっとも，いたずらに医学的な介入を実施するよりは，自然治癒に任せる方が患者にとって望ましいこともある。

　そこで，治療においては，その要否，治療法の選択と可否，治療の実施時期，奏功しない場合の治療法の変更といったことが治療当時の医療水準に照らして適当であったかどうかが問題視されることになる。

　具体的治療法での注意の内容は，以下のようなものである。

　①　投薬　　薬剤の選択，投薬方法の選択（点滴によるのか，経口薬なのか）など，投薬前問診（アスピリン喘息など。広島高判平 4・3・26 判タ 786 号 221頁），誤投薬（薬剤の取違え）の発生とその原因，投薬量の誤り（乳児につき千葉

〔手嶋〕　　629

§*709* D II

第3編　第5章　不法行為

地判平12・9・12判時1746号115頁など），投薬が奏功しない場合の薬剤の変更の要否の検討，などが問題とされる。

②　注射　　投薬経路から，感染防止の関係での注射薬・注射機材の消毒の適切さといった点，さらに麻痺等を回避するための注射部位の適切な選定と適切な実施とが，使用される薬剤と無関係に要求される水準となる。その上で，その効能が急速であることに鑑み，注射方法の選択の適否（筋肉注射か静脈注射か），注射薬の選択・注射方法・注射部位の適否，などが検討されるべき点である。点滴の場合も，注射に準じて扱われる。

③　手術　　手術の必要性判断と，手術時期，手術方法・術式（開腹手術か内視鏡手術か），手術手技と手術部位の適切さ，などが問題とされる。また，手術後に手術野に異物を残さないのは当然である（東京地判平24・5・9判時2158号80頁など）。

手術後の術後管理も重要で，それ自体から回復する場合の際の管理・処置（大阪地判平19・3・9判時1991号104頁，大阪地判平20・2・27判タ1267号246頁など）と，場合によっては必要となる再手術の必要性・再手術の実施時期等の判断（福岡地久留米支判平14・5・10判タ1145号193頁，千葉地判平28・3・25 LEX/DB25542730など）も重要である。

④　麻酔　　麻酔方法の選択（低血圧麻酔につき仙台地判平12・4・13判時1735号110頁，東京地判平30・2・26 LEX/DB25552086）・麻酔薬の選択と投与量・麻酔時の適切な患者の状態の確認（最判平8・1・23民集50巻1号1頁〔血圧測定〕やモニター装着）・麻酔のリスク説明・気道確保などの蘇生措置の不適切さ（東京高判平24・8・29 LEX/DB25482922）などの多様な側面（東京地判平20・5・9判タ1286号220頁〔説明義務〕，宮崎地判平26・7・2判時2238号79頁〔看護師への指示の不十分〕など極めて多数）が争われている。

⑤　輸血　　その要否・可否，輸血の時期などのほか，輸血方法（加圧輸血：広島高岡山支判平10・1・29判タ981号213頁）や異型輸血をしないこと（岡山地判昭63・3・22判時1293号157頁など）が問題とされている。

⑥　放射線　　放射線療法の要否・可否（放射線科医の立場から過失を否定したものとして福岡地判平16・2・12判時1865号97頁），他の治療法（外科治療など）との比較，照射部位や照射方法・照射量の適切さ（東京地判平16・3・31 LEX/DB28091301や大阪高判平16・9・7 LEX/DB28092465は責任否定）などが争われる。

また，放射線療法固有の副作用として，放射線脊髄症（東京地判平7・9・22判タ916号192頁など）や脳幹部への副作用防止措置（横浜地判平13・10・31判タ1127号212頁）が問題となる。

(v)　経過観察　　いつ治療に取り掛かるか，治療後患者の状態がどのように推移しているかを把握する必要があり，これが経過観察の問題である。経過観察として何をすべきであったか，すべきでなかったのか，の判断の適否が問われることがある。また，期間が長時間に及ぶ可能性のある分娩では，次の対応が必要になるかどうかを判断するために，分娩経過の観察そのものが対応の中心となる。

回復後の定期検診によって，追跡が必要なことが判明することがあり，その場合の指導が適切であったかどうかも問題とされる（心臓手術後の定期検診につき，高知地判平24・7・27 LEX/DB25482506は患者の状態から否定。このほか，神戸地判平27・5・19 LEX/DB25540789は，肺の影が継続していることから内視鏡検査を実施すべきとした）。

(vi)　転院・転送　　患者の治療に最適なものを提供できなければ，転院・転送を視野に入れて検討することが必要になるのが，医療水準が個別的に決まることの反映である。そこでより高度な医療機関に当該患者を転送することが必要かどうか，転送が可能かという可否の問題，そして，どこにいつ転院するのか（転院先の選択と転院時期）という点が主に検討の対象となる（東京地判平26・2・26判タ1411号317頁ほか極めて多数）。また，転院に際しては，引継ぎと情報提供も適切に行われなければならず，転院の方法も患者の状態を考慮して実施する必要がある。

もっとも，転送しても結果に違いがなかったと解される場合には，賠償が認められない（札幌地判平26・9・17判時2241号119頁）。

(vii)　帰宅・指示　　転院は医療機関同士の移動であるが，患者を退院・帰宅させることもあり，その際には，患者や患者家族がその状態を理解し適切な対応ができるように，医学的な知識を持たない者に対する理解容易な指示をなすことが必要である（高松高判令元・8・30 LEX/DB25564116〔最決令2・7・16 LEX/DB25566907（不受理）〕）。一方，患者が医師の指示説得を拒絶して帰宅しようとする場合には，それ以上の対応は求められない（札幌地判平13・4・19判タ1116号249頁）。

〔手嶋〕　　631

§*709* D II
第3編　第5章　不法行為

(ⅷ)　看護　　看護の問題として，転倒・転落といった事故例が非常に多数存在する（岡山地判平26・1・28判時2214号99頁は責任を否定するが，肯定例は非常に多い）ほか，褥瘡（床ずれ）も問題とされることがある（東京地判平9・4・28判タ949号192頁，東京地八王子支判平17・1・31判タ1228号246頁，東京高判平30・9・12判時2426号32頁など）。また，ICUでのベッドからの転落についても事案がある（高松高判令4・6・2 LEX/DB25592690〔最決令5・2・10 LEX/DB25595758（不受理）〕）。うつぶせ寝も問題とされたことがある（東京地判平10・3・23判タ988号264頁，東京地八王子支判平16・4・28 LEX/DB28092291）。

(c)　疾患別の分類

　一般に患者数・罹患数が多いものは，比較の問題として訴訟の数も多い傾向がある。これは事故が起こる可能性を完全に零にすることは難しいため，治療の母数が多ければ，事故が発生する頻度もどうしても高くなる，ということであろう。医療事故の場合，責任否定例の方が肯定例よりも数的に，はるかに多い。同一疾患でも問題とされるのは，結果を回避することができたというためにはどうすることが当該事案において適切だったかであり，このため，当該疾患について，誤診が問題になる場合もあれば，治療の適否が問題になる場合もあり，紛争の焦点は，同一疾患で同一の転帰となったものでも，常に同一であるとは限らない。以下では，紛争例の多い疾患群について，主に平成以後の事案について，責任が認められた事案を中心に概観するが，紙幅の関係から網羅的なものではなく，医療事件のごく一部を反映したものにすぎない。また，責任否定例は責任肯定例よりもはるかに多く存在することから，ここに挙げられていない疾患でも訴訟となっているものは少なくないことに留意されたい。

(ⅰ)　救急対応・感染症など　　中毒性疾患として，ふぐ中毒（呼吸管理不十分として大阪高判昭63・3・28判時1287号80頁など），マムシ咬傷（血清投与の要否等につき，広島高松江支判平7・7・28判タ890号190頁など）がある。

　外傷について，破傷風（福岡高判昭53・6・26判タ377号142頁，旭川地判平13・10・16 LEX/DB28071487など），ガス壊疽（障害部位の洗浄・麻酔方法などにつき青森地八戸支判平18・10・2判タ1244号250頁ほか多数），骨折（大阪地判平14・10・31判時1819号74頁など極めて多数），頭部外傷（神戸地姫路支判平8・9・30判タ942号205頁〔転医義務の懈怠〕など），熱射病・熱中症（福岡地判平15・10・6判タ

§709 D II

1182 号 276 頁〔クーリングの不手際〕など）がある。

感染症に対する処置が問題とされた事案も多い（仙台地判平 14・12・12 判タ
1185 号 267 頁，名古屋地判平 20・7・18 判タ 1292 号 262 頁など多数。感染症そのものが
問題になる場合と，入院中の MRSA 感染など，処置に続発する事態として問題が起こる
場合とがある）。ハンセン病への投薬が不適切で後遺障害となったもの（東京地
判平 17・1・31 判時 1902 号 92 頁。国賠については熊本地判平 13・5・11 判タ 1070 号
151 頁）もある。

(ii) 呼吸器　肺がんでは，診断の遅れ・治療の適否・使用薬剤の適否
等が争われており，責任肯定例も多い（仙台地判平 18・1・26 判時 1939 号 92 頁，
仙台地判平 19・10・16 判時 1996 号 68 頁，前掲神戸地判平 27・5・19 など多数）。使用
薬剤については，薬害が問題とされたもの（最判平 25・4・12 民集 67 巻 4 号 899
頁）もある。

気管支喘息では，発作時への対処の適否と，当該疾患を持病とする患者が
別の疾患を発症した場合にその処置に際してどの程度配慮したか，その適否
が争われたものがある（水戸地判平 17・5・18 判タ 1222 号 224 頁，千葉地判平 18・
9・11 判時 1979 号 93 頁など多数）。

結核については，投薬をめぐる副作用の問題が多いが（神戸地判平 3・4・22
判タ 770 号 236 頁など），見逃し（東京地判平 15・2・28 LEX/DB25549669），気管支
拡張症へのエンボライゼイションが問題とされることもある（静岡地判平 3・
10・4 判タ 773 号 227 頁は適応や手技について問題とされたものである）。

肺血栓塞栓症について，責任を認めているものがある（東京地判平 23・12・
9 判タ 1412 号 241 頁〔予防措置の不実施〕，千葉地判令 2・3・27 判時 2474 号 122 頁〔検
査不実施〕，名古屋高金沢支判令 2・12・16 判時 2504 号 95 頁〔発症責任肯定〕）。

(iii) 循環器　内科系・外科系それぞれで，先天性疾患とそうでないも
ののいずれもが問題とされている。

先天性心疾患では，大動脈弁閉鎖不全症（東京地判平 18・10・18 判時 1982 号
102 頁，東京地判令 2・11・17 LEX/DB25609608），ファロー四徴症（東京地判平 13・
7・5 判タ 1131 号 217 頁，広島高松江支判平 30・6・6 LEX/DB25560703），心房中隔欠
損症（東京地判平 13・4・19 判タ 1134 号 234 頁，さいたま地判平 26・4・24 判時 2230
号 62 頁〔異物残置〕）などが争われている。

急性心筋炎につき，転送措置が争われている（福岡高判平 27・2・26 LEX/DB2

〔手嶋〕　633

5506031)。狭心症では，複数あり（松江地判平 14・9・4 判タ 1129 号 239 頁，名古屋高金沢支判平 29・1・25 LEX/DB25545078 など），心筋梗塞も，多数ある（東京地判平 13・7・4 判タ 1123 号 209 頁，神戸地判平 19・4・10 判タ 1295 号 295 頁，福岡高宮崎支判平 29・10・27 LEX/DB25560657〔最決平 30・3・23 LEX/DB25560464（棄却，不受理）〕など）。

　手術につき，冠状動脈バイパス手術（前橋地高崎支判平 13・3・22 判タ 1120 号 246 頁），弁置換手術（広島地判平 7・8・30 判タ 903 号 216 頁〔大動脈弁置換〕），房室ブロックへのペースメーカー植込み（東京地判平 16・2・2 判タ 1176 号 243 頁）などがある。なお，心臓移植手術後の術後管理についての事例（大阪地判平 13・1・19 判タ 1086 号 272 頁）がある。

　血管系の疾患では，閉塞性動脈硬化症（名古屋地判平 17・1・27 判時 1919 号 119 頁，札幌地判平 26・12・24 判時 2252 号 92 頁など），慢性閉塞病変（CTO）（東京地判平 16・2・23 判タ 1149 号 95 頁，東京地判平 17・4・27 判タ 1186 号 191 頁，東京地判令 2・2・6 LEX/DB25585375），下肢静脈瘤（高松地観音寺支判平 16・2・26 判時 1869 号 71 頁）などがある。

　(iv)　消化器　　消化器は多様な疾患が問題となっている。舌がんでは治療に関する説明の適否が争われているほか（東京地判平元・3・13 判タ 702 号 212 頁），舌がん手術の適否も争われている（千葉地判平 13・12・20 判タ 1104 号 244 頁，東京高判平 15・3・26 LEX/DB25592805）。食道がんについても，治療についての技術過誤・説明義務違反，延命利益侵害などが認められている。手術中の事故（さいたま地判平 17・12・14 LEX/DB28110338〔手術中の穿孔事故〕，東京地判平 18・2・23 判タ 1242 号 245 頁〔気管切開術後の失血死〕）や，手術後の管理の不適切（千葉地判平 14・6・3 LEX/DB28072334〔呼吸管理〕）が問題視されたものもある。食道アカラシアの治療では，手術中の他臓器の損傷責任が問われた（広島地判平 12・1・19 判タ 1077 号 260 頁）。胃がんでは，誤診を含む診断の遅れ，治療の適否が問題とされ，長期生存率が必ずしも高くなかった時期より現在まで，非常に多くの事例がある（新潟地判平 18・3・27 判時 1961 号 106 頁，名古屋地判平 19・7・4 判タ 1229 号 247 頁，東京地判平 30・4・26 判タ 1468 号 188 頁，東京地判令 3・8・27 判時 2542 号 70 頁，東京地判令 4・1・28 LEX/DB25603264 など）。大腸がんも事例が増えている関係で紛争例が多く存在する（神戸地判平 16・2・10 LEX/DB25410545，東京地判平 18・11・22 判タ 1265 号 293 頁，東京地判平 19・8・24 判タ 1283 号

216頁など多数）。直腸がん（前掲大阪地判平19・3・9，水戸地土浦支判平20・10・20判時2026号87頁〔腹腔鏡手術〕，東京地判平29・12・28 LEX/DB25551128）や，結腸がんの事例も非常に多い（東京地判平24・5・17 LEX/DB25494445，前掲福岡地判平25・11・1，甲府地判平29・4・18 LEX/DB25545885〔術後管理〕など多数）。

　がん以外の消化器疾患も多く争われている。以下にその例を挙げる。

　食道静脈瘤（高松地判平3・12・9判タ783号197頁，福岡地判平7・1・20判時1558号111頁，神戸地判令3・9・16判時2548号43頁など），胃ろう（東京地判平18・4・20判タ1225号286頁，前掲東京高判平30・9・12など），十二指腸潰瘍（岐阜地大垣支判平2・7・16判時1368号114頁，京都地判平4・7・17判時1489号142頁など）がある。偽膜性大腸炎につき，手術後に発生した場合に発見および対処が不適切であったかどうかが争われている（広島地判平9・11・19判タ994号224頁，仙台地判平10・1・20判時1677号117頁，広島地判令5・4・25 LEX/DB25595607）。腸間膜動脈閉鎖症（岐阜地判平18・3・30判時1961号121頁，東京地判平18・4・27判タ1233号287頁），絞扼性イレウス（名古屋高金沢支判平19・10・17判タ1278号264頁，東京地判平21・10・29判タ1335号175頁，前掲東京地判平26・2・26，宮崎地判令4・12・21 LEX/DB25594283など），メッケル憩室炎（福岡地判平16・1・16判時1891号102頁）がある。

　虫垂炎について，処置の遅れが重大な結果に結び付くことから，古くより誤診および治療の遅れの責任，手術時の麻酔等が争われ，責任肯定例も多い（東京地判平7・3・23判タ903号223頁，名古屋地豊橋支判平15・3・26判タ1188号301頁，福岡高判令4・4・21 LEX/DB25592655など）。

　腹部大動脈瘤も事案は多い（東京地判平18・6・21判タ1236号291頁，鹿児島地判平25・6・18判時2207号65頁，東京地判平28・5・19判タ1432号190頁，広島高判平30・2・16 LEX/DB25560210，東京地判令4・7・22 LEX/DB25606846など多数）。

　痔について，当該疾患への治療や（前掲千葉地判平28・3・25），処置にかかわる事故が争われている（大分地判平6・12・26判タ886号261頁〔点滴静注のショック死〕など）。

　（ⅴ）肝・胆・膵　　肝・胆・膵関係も，がんの事案が多い。総胆管がん（大阪地判平10・12・18判タ1021号201頁）の事例のほか，肝臓がんでは，処置の適切さが問題とされた事案が多数ある（東京地判平18・9・1判タ1257号196頁，大阪地判平19・7・30判時2017号110頁，名古屋地判平20・10・31判タ1325号

〔手嶋〕　635

§*709* D Ⅱ 　　　　　　　　　　第3編　第5章　不法行為

210頁〔ラジオ波，説明義務〕，仙台地判平22・6・30 LEX/DB25442383など）。膵臓がんは死亡率が高く，診断の遅れを問題とする事案がある（山口地岩国支判平19・1・12判タ1247号310頁など）。胆のうがんは，告知が問題とされた事案が著名であるほか（最判平7・4・25民集49巻4号1163頁），手術適応が問題とされたものがある（東京地判平19・6・27 LEX/DB28131679）。

　がん以外の疾患として，肝臓では，肝硬変の処置に係る事案が多数存在する（東京地判平18・7・28判タ1253号222頁，大阪地判平22・9・29判時2116号97頁など）。劇症肝炎の処置（前掲名古屋地判平13・1・12，大阪地判平16・2・16判時1866号88頁）などが問題とされた。

　膵臓では，膵炎の処置をめぐっての紛争が複数ある（名古屋地判平16・9・30判時1889号92頁，長崎地佐世保支判平18・2・20判タ1243号235頁，大阪地判平25・4・26判タ1395号228頁など）。胆石についても事案が散見される（那覇地判平23・6・21判タ1365号214頁〔胆石摘出できなかったことに手技上の過失〕，東京地判平30・10・11判時2419号40頁など）がある。

　(ⅵ)　腎　　腎臓がんの事案として，手術手技の誤りを認めたものがある（福岡地判平21・1・9判時2047号145頁）。

　腎炎については，かつて投薬薬剤の副作用（クロロキン製剤につき東京地判昭57・2・1判タ458号187頁など）が問題にされた。水腎症につき，内視鏡手術の失敗例で責任が肯定されている（神戸地判平10・3・23判時1676号89頁，浦和地判平11・10・15判時1719号109頁）。腎不全について，カテーテル処置等について争われたもの（鳥取地判平11・12・21判時1721号129頁）がある。

　(ⅶ)　泌尿器　　前立腺がんでは，患者が手術を拒否したという選択について，説明の相手が問題とされた（名古屋地判平19・6・14判タ1266号271頁）。尿路結石に伴う敗血症（東京高判平27・10・15 LEX/DB25541574），膀胱炎（広島地判昭57・12・22判タ492号127頁）などがある。前立腺肥大症に対する生検・手術療法後の後遺症や死亡に対する責任も問題とされる（横浜地川崎支判平12・3・30判タ1101号232頁，東京地判平13・6・29判タ1099号244頁，東京地判平25・11・7 LEX/DB25516080など）。

　陰嚢水腫では，手術に際しての説明の当否が問題とされ（広島地判平6・12・19判時1555号101頁），精索捻転症では，転医義務が問題とされたり（名古屋地判平12・9・18判タ1110号186頁），誤診が争われている（奈良地判平19・7・

636　〔手嶋〕

§709 D II

25 LEX/DB28132311)。

(viii) 血液　　血液疾患として，白血病（大阪地判平 19・9・19 判タ 1262 号 299 頁），悪性リンパ腫（東京地判平 15・8・27 判タ 1170 号 267 頁，大阪地判平 15・12・18 判タ 1183 号 265 頁など）に関する事案が存在する。また，紫斑病（京都地判平 15・10・21 判時 1856 号 132 頁），血友病に関する事案（山口地下関支判平成 6・1・24 判タ 844 号 220 頁）もある。

(ix) 代謝・内分泌　　糖尿病についても多くの事案がある（大阪地判平 12・1・27 判時 1727 号 118 頁，前橋地判平 15・4・11 判時 1866 号 123 頁，千葉地判平 16・2・16 判時 1861 号 84 頁，前掲高松高判令元・8・30〔前掲最決令 2・7・16（不受理）〕など）。

乳がんの事案も非常に多く，誤診・手術法の説明義務違反などが争われている（前掲福岡地判平 16・2・12，東京地判平 17・6・23 判時 1930 号 108 頁，東京地判平 18・6・23 判タ 1246 号 274 頁など多数）。他方，乳がんでないものを乳がんと診断したものもある（仙台高判令 2・10・20 LEX/DB25567192 など）。

(x) アレルギー　　アレルギー疾患として，花粉症・膠原病などが争われている（横浜地判平 15・6・20 判時 1829 号 97 頁，前掲水戸地判平 17・5・18 など）。ベージェット病（東京地判平 11・5・31 判タ 1009 号 223 頁），関節リウマチ（さいたま地判平 27・10・22 LEX/DB25541489），化骨性筋炎（東京地判昭 57・10・18 判タ 490 号 138 頁）などもある。

(xi) 神経・筋　　脳腫瘍の事案が多数存在する（神戸地判平 19・8・31 判時 2015 号 104 頁，東京地判平 22・3・4 判タ 1356 号 200 頁，名古屋高判令 4・7・28 LEX/DB25593365 など）。

脳出血については，発症前の予防措置の実施の可否と，発症後の対応の適否の両面について問題になる。未破裂脳動脈瘤は，主に説明義務違反の問題として争われている。肯定例も数多い（福岡地判平 19・8・21 判時 2013 号 116 頁，名古屋地判平 24・2・17 判時 2246 号 37 頁，大阪地判平 24・3・27 判タ 1394 号 259 頁，広島高判令 3・2・24 判タ 1498 号 62 頁〔最決令 4・3・4 LEX/DB25592442（棄却，不受理）〕など）。くも膜下出血では，発症後速やかな処置が行われたかどうかが争点となる（大阪地判平 17・7・29 判タ 1210 号 227 頁，函館地判平 17・10・13 判タ 1240 号 304 頁，大阪地判平 18・2・10 判時 1949 号 76 頁など）。硬膜下血腫も事例がある（神戸地明石支判平 2・10・8 判時 1394 号 128 頁，高松高判平 2・12・27 判タ 754

〔手嶋〕　637

§*709* D Ⅱ　　　　　　　　　第3編　第5章　不法行為

号204頁など)。

　このほか，各種脳炎（大阪地判平16・4・28判タ1175号238頁，新潟地判平17・2・25判時1913号130頁，名古屋地判平19・4・26判タ1261号236頁，福島地判平20・11・18 LEX/DB25441031)，水頭症（東京地判平3・11・25判タ775号210頁，東京地判令4・4・28 LEX/DB25605508)，斜頸（大阪地判平20・2・13判タ1270号344頁)，頸椎後縦靱帯骨化症（大阪地判平21・11・25判タ1320号198頁)，心原性脳塞栓症（神戸地判平27・1・20判時2268号83頁，仙台高判令4・1・21 LEX/DB25594319)，ギラン・バレー症候群（福岡地判平19・2・1判タ1258号272頁，東京地判平23・2・24判タ1363号150頁，甲府地判令2・1・21 LEX/DB25564940)がある。

　結核性髄膜炎も争われている（東京地判平19・1・25判タ1267号258頁，福岡高判平20・4・22 LEX/DB25450283)。

　(xii)　整形外科領域　　骨折に関しては，救急医療関連（一(i)）を参照。腰痛，椎間板関連の事案が多い（大阪地堺支判平13・12・19判タ1189号298頁，名古屋高金沢支判平23・11・30判時2143号92頁，東京高判令3・6・10 LEX/DB25590698〔最決令3・12・8 LEX/DB25591986（棄却，不受理)〕など)。

　また，人工股関節・膝関節（奈良地判平27・1・13 LEX/DB25505771，東京地判平27・4・2 LEX/DB25525610，東京地判平27・10・15 LEX/DB25531988，東京高判令3・9・30 LEX/DB25594703〔最決令4・4・12 LEX/DB25594704（棄却，不受理)〕)，手根管症候群（さいたま地川越支判平16・8・26判タ1212号213頁)などがある。

　(xiii)　皮膚科　　最高裁昭和44年2月6日判決（民集23巻2号195頁)は，水虫治療に用いられた放射線照射が皮膚がんを引き起こしたとされたものである。このほか，悪性黒色腫（神戸地判昭62・9・28判タ672号225頁)，アトピー性皮膚炎（東京地判平16・6・16判時1922号95頁)などがある。

　(xiv)　婦人科　　子宮がんの事案が多くある（子宮頸がんにつき東京地判平20・12・15 LEX/DB25440202，大阪地判平30・11・27 LEX/DB25562310など，子宮体がんにつき，広島高松江支判平16・5・26 LEX/DB28092384など)。

　卵巣がんについては，治験が問題とされたもの（名古屋地判平12・3・24判時1733号70頁，名古屋高金沢支判平17・4・13 LEX/DB28101392)がある。

　子宮筋腫についても，治療や処置についての紛争事例があり（東京地判平21・1・16 LEX/DB25440924，東京地判平25・11・28 LEX/DB25516275など)，子宮脱の事例もある（前掲東京地判平23・12・9)。

638　〔手嶋〕

§709 D Ⅱ

(xv) 産科　子宮外妊娠として，指導説明義務違反が争われたもの（名古屋地判平 24・1・27 LEX/DB25480433）がある。また，減胎手術が問題とされたものもある（大阪高判令 2・12・17 判時 2497 号 23 頁〔最決令 3・9・30 LEX/DB25591368（棄却，不受理）〕）。

妊娠中毒・妊娠高血圧腎症の事案も多い（東京地判八王子支判平 8・2・19 判時 1585 号 48 頁，名古屋高判平 23・2・14 LEX/DB25470948 など）。やや特殊な例として，血小板減少性紫斑病の妊婦の妊娠管理の事案がある（大阪地判平 8・2・28 判タ 935 号 218 頁）。風疹症候群児の事案は，いわゆるロングフル・バースの事例である（東京地判平 4・7・8 判時 1468 号 116 頁，前橋地判平 4・12・15 判タ 809 号 189 頁など）。

分娩方法の選択に関しては非常に多くの事例がある（名古屋地判平 21・6・24 判時 2069 号 84 頁，山口地判平 27・7・8 LEX/DB25540794 など極めて多数）。分娩監視の事例も少なくない（神戸地判尼崎支判平 15・9・30 判タ 1144 号 142 頁，東京地判平 16・3・12 判タ 1212 号 245 頁，東京地判平 29・1・19 LEX/DB25538622，広島高岡山支判平 30・7・26 LEX/DB25561247〔最決令元・9・6 LEX/DB25506571（不受理）〕，大阪高判令 3・12・16 判時 2559 号 5 頁）。分娩後弛緩性出血・DIC の事例も多い（名古屋地判平 17・4・14 判タ 1229 号 297 頁，東京地判平 18・7・26 判時 1947 号 66 頁，東京高判平 28・5・26 判タ 1441 号 42 頁〔最決平 29・4・28 LEX/DB25546394（棄却，不受理）〕，東京地判平 28・7・21 判時 2330 号 68 頁，東京高判令 3・11・18 LEX/DB25591917 など多数）。

陣痛促進剤の使用に関しても争われている（広島地判平 8・3・28 判タ 912 号 223 頁，佐賀地判平 12・8・25 判タ 1106 号 202 頁，東京地判平 18・3・15 LEX/DB28110926，広島地判福山支判平 28・8・3 LEX/DB25544230，広島地判令 2・1・31 判タ 1484 号 184 頁）。関連して，子宮破裂の事案もある（東京地判平 2・3・12 判タ 734 号 210 頁，東京地判平 5・12・7 判タ 847 号 252 頁，前掲広島地判平 8・3・28，大分地判平 9・2・24 判タ 953 号 250 頁など）。

(xvi) 小児科・新生児領域　脳室周囲白質軟化症（PVL）（大阪地判平 19・10・31 判タ 1263 号 311 頁），大動脈弁狭窄症（東京地判平 24・10・25 判タ 1385 号 84 頁），低酸素性虚血性脳症（福島地判平 25・9・17 判時 2213 号 83 頁，福岡高判平 27・6・19 判時 2269 号 19 頁〔最決平 28・3・24 LEX/DB25542805（棄却，不受理）〕，前掲大阪高判令 3・12・16 など），脳ヘルニア（東京高判平 30・3・28 判時 2400 号 5 頁

〔手嶋〕　639

§*709* D Ⅱ   第3編　第5章　不法行為

〔最決令元・7・16 LEX/DB25564056（棄却，不受理）〕），絞扼性イレウス（横浜地判平
21・10・14 判タ 1321 号 172 頁，長崎地判平 26・3・11 LEX/DB25503815，東京地判令 3・
11・29 LEX/DB25602241，前掲宮崎地判令 4・12・21），高インスリン血性低血糖症
（広島地判平 27・5・12 LEX/DB25447332），WFS（ウォーターハウス・フリードリクセン
症候群）（東京地判平 15・6・3 判タ 1157 号 227 頁）など多様な疾患が争われている。

　昭和期に非常に多くの事例が争われたが，近時は減っているものとして，
核黄疸がある（最判平 7・5・30 判タ 897 号 64 頁，大阪地判平 23・2・18 判タ 1372 号
173 頁など）。未熟児網膜症についても，最高裁平成 7 年 6 月 9 日判決（民集
46 巻 6 号 1499 頁）を始めとして 100 件を超える事案が存在するが，近時は争
われている事案は見受けられない。

　このほか，未熟児低血糖（SFD）・新生児低血糖（前橋地判平元・12・19 判時
1357 号 115 頁，金沢地判平 4・6・19 判時 1472 号 105 頁）などがあり，ピエールロ
バン症候群につき，呼吸管理としての気管切開の要否が争われ，責任は否定
されたものがある（高松高判平 23・9・15 判タ 1378 号 173 頁〔最決平 25・12・5 LEX/
DB25502560（棄却，不受理）〕）。

　(xvii)　眼科領域　　眼科領域では，眼疾患の治療に関するものと，視力
矯正手術に関するものとがある。

　眼疾患では，白内障（東京地判平 15・5・7 判タ 1182 号 289 頁，東京地判平 22・
8・30 判タ 1337 号 198 頁，東京地判令 2・1・20 LEX/DB25584026，東京地判令 3・4・30
判タ 1488 号 177 頁など），緑内障（東京地判平 20・2・20 LEX/DB28140806，大阪高判
平 20・3・26 判時 2023 号 37 頁，東京地判平 25・1・31 LEX/DB25510409）などが問題
とされている。視力矯正手術でもいくつか事例がある（大阪地判平 14・8・28
判タ 1144 号 224 頁，大阪地判平 21・2・9 判タ 1300 号 276 頁，東京地判平 23・10・6 判
タ 1409 号 391 頁，東京地判平 30・2・15 LEX/DB25552266，東京地判平 31・3・28 判時
2444 号 28 頁）。

　(xviii)　耳鼻咽喉科領域　　この領域では，様々な部位のがんの事例が多
いが（耳下腺腫瘍：静岡地沼津支判平元・4・26 判時 1343 号 113 頁，有棘細胞がん：東
京地判平 18・12・8 判タ 1255 号 276 頁，滑膜肉腫：さいたま地判平 16・3・24 判時 1879
号 96 頁，副鼻腔横紋筋肉腫：前掲横浜地判平 13・10・31），副鼻腔炎（仙台地判平
17・2・15 判タ 1237 号 294 頁，岡山地判令元・5・22 判時 2441 号 37 頁など）や，喉頭
蓋炎（大阪地判平 16・1・21 判タ 1174 号 264 頁，前掲横浜地判平 17・9・29，名古屋地

640　〔手嶋〕

判平 19・9・27 LEX/DB25421125 など），中耳炎（福岡地判平 15・4・22 判タ 1176 号 253 頁，横浜地判平 19・3・22 判タ 1252 号 313 頁など）などもある。また，睡眠時無呼吸症候群（広島地判平 23・2・23 判タ 1380 号 160 頁など）も争われている。

(xix)　美容医療関係　　美容医療関係の紛争でも，技術上の過誤を問題にするものと，説明義務違反を問題にするものの両者があり，内容も多様である。腋臭（高松高判平 11・6・28 判タ 1041 号 232 頁），多汗症（熊本地判平 27・3・25 LEX/DB25540793），肝斑（横浜地判平 15・9・19 判時 1858 号 94 頁，東京地判平 19・3・8 LEX/DB28130783），脂肪吸引術（東京地判平 24・9・20 判タ 1391 号 269 頁，東京地判平 25・3・14 判タ 1415 号 379 頁など），豊胸手術（東京地判平 25・2・7 判タ 1392 号 210 頁，東京地判平 30・7・13 LEX/DB25556483 など），顔の美容整形（広島地判平 6・3・30 判タ 877 号 261 頁，仙台地判平 29・9・8 LEX/DB25449343，東京地判令 3・2・18 LEX/DB25587974 など），性器関連（東京地判平 15・4・22 判タ 1155 号 257 頁，東京地判平 21・6・19 判時 2058 号 69 頁）などがあり，脂肪吸引は重大な結果を招来する恐れがあることから，事案も多い。

(xx)　精神科　　精神科での医療事故も，治療に関するものが中心であるが，それ以外に，疾患の影響下で自傷他害の事案が含まれることは，他の診療科目と異なる側面である。精神疾患には患者の自殺の危険があることはよく知られているが，具体的な予見可能性がないと責任を認めることは難しい（岡山地判平 24・2・28 判タ 1385 号 211 頁，最判平 31・3・12 判タ 1465 号 56 頁など。最判令 5・1・27 判タ 1511 号 123 頁〔→(b)(i)〕は説明義務が問題とされたもの）。

うつ病（東京地判平 7・2・17 判タ 901 号 209 頁，大阪地判平 24・3・30 判タ 1379 号 167 頁など）や，統合失調症（東京高判平 6・2・24 判タ 872 号 197 頁，横浜地判平 12・1・27 判タ 1087 号 228 頁，神戸地判令 5・8・4 LEX/DB25596041 など）について事例がある。

(xxi)　歯科領域　　歯科領域も事例は多く，治療面・審美面の両者においてそれぞれ紛争事案があり，自費診療の場合は，費用の点でも争いが起こることがある。これらの場合，技術過誤・説明義務違反の両者が問題とされることが少なくない（東京地判平 26・8・21 判タ 1415 号 260 頁，東京地判平 26・11・6 判タ 1424 号 311 頁，東京地判平 29・3・23 判タ 1452 号 229 頁，東京地判平 31・3・14 判時 2428 号 61 頁，大津地判令 4・1・14 判時 2548 号 38 頁）。

〔手嶋〕　641

§*709* D II　　　　　　　　　　　　　第3編　第5章　不法行為

(4)　因果関係の問題

(ア)　総説　　医療過誤訴訟では，過失の立証とともに，過失と生じた結果との間の因果関係の存在の立証責任も，原告が負担する。そしてこの立証の困難さが，医療事件をより難しくしているとしばしば指摘される（加藤新太郎「医療過誤訴訟における因果関係」川井健＝田尾桃二編・転換期の取引法〔2004〕357頁）。医療過誤訴訟において因果関係の立証が困難な理由には，患者側に医療の経験則の知識をもっていないのが通常であること，医療の対象が人体であるため，事故の発生メカニズムが明確でない場合があること，人体には個人差があり定型的な事態の推移ばかりではないこと，解剖が行われていなかったなど事故の再現・調査が常に可能とはいえないこと，患者によっては複数あるいは多様な原因を有する場合があり事故原因を絞れるとは限らないこと，などが指摘されている。

(イ)　事実的因果関係の存在の必要性　　医師に技術上の過誤あるいは説明義務違反といった義務違反があったことが認められたとしても，こうした義務違反と，患者に生じた結果との間に「あれなければこれなし」という事実的因果関係がなければならない。この因果関係の存否は，事実審口頭弁論終結時の知見に従って判断される。

　医療関係者に過失があっても，患者は早晩同じ転帰をとったであろうという場合には，その責任を問うことはできない。実施された医療行為が不適切であったとしても，生じた被害との間に因果関係がなければ，その医療行為については責任はない（鉗子分娩の手技に不手際があっても出生児の死亡の原因とはいえないとしたものとして，東京地判平19・3・29 LEX/DB28131211。東京地判平22・9・27判タ1377号151頁はカテーテルの留置が不適切としつつそれが不整脈や胸背部痛の原因ではないときは責任はないとした）。

　因果関係の存在については，通常人の目から判断して，その関係があると考えられる程度のもので足り，科学的に一点の曇りもないものである必要はないが，両者の間には高度の蓋然性が存在することが必要である（最判昭50・10・24民集29巻9号1417頁〈東大ルンバール事件〉）。高度の蓋然性とは，10中8から9の割合で心証を形成するものと解されている。医療行為と症状との因果関係について，症状が医療行為前には存在しない一方で，症状が医療行為と近接して発生し，医療行為と無関係に生じるとは認められず，医療行

§709 D II

為によって生じる可能性が認められるものであれば，当該症状は医療行為によって生じたものと認められるとする判決があるが（東京地判平19・4・13判時1990号40頁），これは上記最判を再述したものであると解される。因果関係の存否の判断は，世界的にはどの法制度でも共通というわけではなく，英米法では，因果関係は50％かそれ以上の確率があることを示すことでよいとされている（CARR, UNLOCKING MEDICAL LAW AND ETHICS, 2nd ed., 125（2015））。

医療過誤訴訟では多くの場合，他原因こそが生じた悪結果の原因であるとの反論がなされる。これについては，原告側で，他原因の不存在を高度の蓋然性をもって立証する必要があると解されているが（松並重雄〔判解〕最判解平18年738頁），具体的にはそれぞれの事案における総合評価となる。例えば，集団予防接種時の注射器の連続使用でB型肝炎ウィルスに感染したかどうかが争われた事例で最高裁は，集団予防接種等の被接種者の中に感染者が存在すると注射器の連続使用で感染する危険性があり，原告が幼少期に受けた集団予防接種等で注射器の連続使用がされ持続感染者となって肝炎を発症したこと，集団予防接種の注射器の連続使用以外は水平感染の可能性は極めて低かったこと，集団予防接種以外に感染原因となる可能性の高い具体的な事実の存在はうかがわれず，他原因の可能性は一般的，抽象的なものにすぎないことなどを総合すると，経験則上，集団予防接種等と感染との間の因果関係を肯定するのが相当とした（最判平18・6・16民集60巻5号1997頁）。手技上の過失と結果との因果関係でも，他原因の存在の抽象的な可能性を示すだけでは十分でない（最判平11・3・23判タ1003号158頁は，脳神経減圧手術後に患者が脳内血腫等で死亡した事案で，手術施行とその後の脳内血腫の発生との関連性を疑うべき事情が認められる場合，他原因による血腫発生も考えられないではないという極めて低い可能性があることをもって手術操作上の誤りを推認できないとした原判決の判断には，経験則ないし採証法則違背があるとした）。

医師の言動が不適切であったとしても，このために患者がPTSDに罹患したとの主張が認められなかった事例があるが，これはPTSDが発生する機序の関係でそのような事態が医師患者関係において生じていなかったとした事例である（最判平23・4・26判タ1348号92頁）。また，過失を認めてもそれが現在の症状と因果関係があることを立証できなければ請求は認められない（熊本地判平8・11・25判タ944号233頁）。

〔手嶋〕　643

§709 D II

第3編　第5章　不法行為

㈡　作為・不作為　　医療事故は，作為によっても不作為によっても起こりうる。注射実施によるショック症状の出現や，不適切な部位に対して放射線を照射することで後遺症を発生させること，誤った投薬によって重大な副作用を招来する，手術部位の誤りや器具操作の不適切による血管の切断など，作為によって重大な結果が生じる場合は，その原因と回避方法については，比較的容易に想起することができる。この場合は，当該作為が，生じた結果との間に起因力を有するかどうかを判定することになる。他方，徴候の見落としによって必要な投薬を怠ったり，検査を実施しなかった結果疾患を進行するに任せてしまったなど，本来なすべき医療行為を行わないという不作為によって，患者に重大な結果を生じる場合もある。こうした不作為型の事故の場合には，因果関係の存否の認定は，作為の場合に比べると，格段に困難さが増す。

　不作為の場合は，不作為それ自体は結果に対して起因力をもたないので，現に生じてしまった結果を生じさせないために，当該作為をしなかった者には何が求められていたかを検討する作為義務の有無，生じた結果がその不作為の結果といえるかどうかの因果関係の存否を検討の対象とすることになる。最高裁も，経験則に照らして医学的知見に関する全証拠を総合的に検討し，不作為が患者の当該時点における死亡を招来したことを是認しうる高度の蓋然性が証明されれば，不作為と死亡との間に因果関係は肯定されるとし（最判平11・2・25民集53巻2号235頁），多くの判決においてもこの観点から不作為の因果関係が検討されている（IVHカテーテルを早期に抜かなかったことと死亡との因果関係を肯定した東京地判平18・11・22判タ1265号293頁，経過観察義務違反と新生児の死亡との因果関係を肯定した神戸地判平15・9・30判タ1211号233頁，急性膵炎に対する転院義務違反と死亡との間の因果関係を否定した東京地判平16・3・25判タ1163号275頁，悪性リンパ腫の診断と死亡との間の因果関係を否定した大阪地判平15・12・18判タ1183号265頁などがある）。

　実際の場面では，作為可能性があり作為義務があると認められる者を特定した上で，その実施が可能であったかどうかを検討することになる。そしてその後，どの程度生存しえたかは損害の額算定で考慮する（前掲最判平11・2・25）。

　㈢　説明義務違反と因果関係　　医師の責任の根拠を，説明義務違反に求

644　〔手嶋〕

§*709* D II

める場合の因果関係の問題は,「もし十分な説明を受けていたならば,当該患者はその治療に承諾することはなかった」と評価できるものである必要があり,情報が提供されなかった危険の現実化と,もし情報が提供されていたら,合理的な患者であれば治療を受けなかったということを示す必要がある。一般的には,患者の多くは,医師の勧める治療を受け入れるのが通常であろう。たとえば,現に存在する痛みの除去のための処置に,ごくわずかな危険があるとしても,そのために痛みの治療を拒否する事態は,余り起こらないものと考えられる。そうであれば,説明義務違反と損害との間に因果関係を認めることができるのは,同程度の合理性のある処置が複数存在し,どちらも医学的見地から見て適切と考えられる範囲にあるが,医師と患者とで価値観が異なり,異なった選択肢を選ぶ可能性がある場合というのが,説明義務違反として想定される問題類型ということになる(こうした類型は,未破裂脳動脈瘤の処置についての事案などに散見される。大阪地判平17・7・29判タ1210号227頁,名古屋地判平24・2・17判時2246号37頁など)。

　そのような類型でない場合,患者が侵害されたのは情報を提供されることで選択の機会があったところ,それを侵害されたという選択権の侵害にとどまるので,賠償責任が認められるとしても,それは慰謝料に限られ,賠償額も100万円〜300万円程度のものというのが相当とされてきている(ただし東京地判平8・6・21判タ929号240頁など,例外的に高額な慰謝料を認める場合もないではない)。

　(ｵ)　**因果関係の立証が果たされなかった場合の処理**　　診察時にがんが存在していたにもかかわらず,医師の過失によりこれを見落としてしまい,患者のがんの治療開始が遅れ,結局患者は死亡したが,たとえ適時に正しい診断ができ,がん治療の遅延がなかったとしても,患者の死亡は結局避けられなかっただろうという場合,医療関係者の誤診と,生じた結果である患者の死亡との間に,「あれなければこれなし」という意味での因果関係はない。そこで,この場合には,問題とされた義務違反と結果との間に因果関係がない以上は,生じた結果に対する損害賠償責任を負わない結論となる。しかし,このように医師側に過失が認められながら,結果に対して一切損害賠償責任を認めないことは,結果回避の蓋然性を下げたことに責任のある当事者を無限定に免責することになりかねず,適当とはいえないとの評価がある。

〔手嶋〕　　645

§*709* D Ⅱ 第3編　第5章　不法行為

こうした過失と死亡との間に因果関係が認められない場合に，最高裁は，適正な治療がなされていたならば，現実の死亡時点ではなお生存していた蓋然性がある場合には因果関係を認め，その後の生存可能性の大小は損害算定で考慮するとする見解を採用することとした（最判平12・9・22民集54巻7号2574頁，最判平16・1・15判タ1147号152頁。患者が死亡しなかった場合につき最判平15・11・11民集57巻10号1466頁）。また，因果関係を認めることができない場合であっても，より小さい法益が害されたとしてそれに対する賠償を認めることがある（最判平14・9・24判タ1106号87頁）。反面において，相当程度の可能性すらも立証できない場合には，賠償は認められない（最判平17・12・8判タ1202号249頁。下級審判決でも，例えば千葉地判平18・6・26 LEX/DB28111651）。それまでは下級審において，適切な処置が行われたならば得られたであろう余命期間を短縮したことには因果関係を認めその限度で賠償責任を認めたり，医療水準に従った医療を受ける「期待権」を不適切な処置により奪ったとして慰謝料を認める，適切な治療を受ける機会を奪ったことに責任を認め慰謝料の根拠とする見解などがあり，下級審判決でもそれに賛同するものが一部にみられていたが，それらと異なる立場をとるものである。しかし，実施された医療行為が著しく不適切なものである場合に限って，適切な医療を受ける期待権が侵害されたとして検討する余地が全くないわけではない（最判平23・2・25判タ1344号110頁）。この場合の著しく不適切なものとは，主に医学的な行動基準に照らしての評価である。

　(カ)　損害賠償の範囲についての因果関係について　　損害賠償の範囲に関しては，医療事故に特有の法理はなく，他の事故類型での生命・身体侵害の損害賠償事例と同様の方法により，算定される。損害賠償の範囲については，不法行為の場合であっても民法416条が類推適用され，通常損害については常に賠償範囲に含まれ，特別損害については，当事者が予見すべきであったときにのみ賠償の範囲に含まれると解されている。不妊治療中に実施された子宮筋腫核出術に際してガーゼが遺留されたことで障害が発生し，人工授精および体外受精の適応がなくなったのにこれに気付かず実施された生殖補助医療の費用を損害賠償の範囲に含めたもの（東京地判平18・9・20判タ1259号295頁）や，美容整形の失敗においての再手術費用は認められる（大阪地判平13・4・5判時1784号108頁）。

646　〔手嶋〕

§*709*　D II

(5)　損害の発生とその評価

(ア)　総説　　損害算定に際しては，交通事故の実績が参照されることが多いと指摘されているが，交通事故と医療事故とは性質が異なる面もあり，そうした点は修正される余地がある。とはいえ，損害賠償において前提とされるのは，事故がなければ被害者に実際にあり得た財産状態を，可能な限り現実に近づけるということであり，この点においては医療事故も交通事故も違いはない。

他方で，医療事故と交通事故とで具体的に違う点としては，交通事故の場合は，医療が必要のない人が被害者になるという場合を基本に賠償法理が構築されているが，医療は，それが必要な人に対して提供されるものであり，事故前の段階で，すでに何らかの形で稼働能力を失っている人が被害を受けることが少なくない。Ｓ字結腸がんの手術による縫合不全に起因する敗血症で患者が死亡したが，それがなくとも手術当時のがんの進行度から，稼働可能年数は５年と認定する判決がある（大阪地判平7・3・24判タ881号222頁）。

積極的損害としての医療費について，事故の結果新たに必要となった医療費の損害賠償のみが対象となる。

これらの理由のため，医療事故では，同一の疾患の治療をめぐる事故であっても賠償額は状況により上下するということがあり得ることになる。しかし，同種疾患について集団訴訟を提起するという場合，個人の事情に応じた個別算定による積み上げではなく，慰謝料のみで一括請求する場合などもある（大分地判平10・8・24判タ1009号231頁）。

(イ)　保護される利益と損害との関係　　不法行為にいう損害は，不法行為がなければあったであろう財産状態と現在の財産状態との差額であると解されるが，そうであるならば，患者に既に持病があって就労可能性が低い，あるいは平均余命まで生きられる可能性が低い場合などには，この点などを考慮すべきということになる。なお，症状が口頭弁論終結時までに固定していない場合，その時点までの損害しか請求できないとされる（高知地判平18・3・3判タ1241号174頁）。

医療事故の事案では，原告側が医療関係者の過失と生じた結果との間の因果関係について高度の蓋然性が存在することを主張し，逸失利益まで請求するのに対して，場合によっては，過失と死亡との高度の蓋然性の存在を否定

〔手嶋〕　647

§709 D Ⅱ　　　　　　　　　　第3編　第5章　不法行為

しつつ，相当程度の可能性を認めたうえで慰謝料のみを肯定するという処理が行われることがある（大阪地判平15・12・18判タ1183号265頁，仙台地判平17・2・15判タ1237号294頁）。また，初めから慰謝料請求のみをするという場合もある（東京地判平15・12・24 LEX/DB28091445）。これは医療事故が，軽微な負荷であっても身体状況の不良な患者には重大な結果を惹起しやすいということにより，検討を要する問題である。

　㋦　逸失利益の算定　差額という観点から損害を眺めたとき，患者が適切な治療を適時に受けていたとしても，長期の生存が見込めないときには，不適切な医療行為が原因で不良転帰を招来していたとしても，患者に生じた損害を，健康人の死亡と同列に扱うことは難しいこともある。また，高齢者は一般に負荷に対する耐性が弱いことから些細な処置の誤りが重大な結果の引き金となる医療事故に巻き込まれる場合が少なくないが，伝統的な逸失利益中心の賠償制度の枠組みでは，このような場合に高額の損害賠償を得ることは難しい。

　医療の場合，当初から疾病を有する患者に対して処置がなされるものであるため，治療の出発点となった疾患の予後が良好なものでない場合，最善の医療を提供されても患者の状態が改善されたかどうかについて確かではないことを理由として，逸失利益を認めなかったり，算定期間を短く認定するといったことが行われることがある。最高裁平成18年4月18日判決（判タ1210号67頁）の差戻審である福岡高裁平成19年5月24日判決（判時2000号43頁）は，医師の過失と患者の死亡との間の相当因果関係を認めつつその後患者がどの程度回復し得たかについて疑問を示して，逸失利益を否定し，慰謝料と弁護士費用のみを損害として認めたものである。

　事故がなければ被害者には平均余命が期待できるという場合には，通常の損害算定方法に従って損害が算定され，医療事故に固有の問題は存在しない（早期肺がんの誤診につき，平均余命までの損害賠償を肯定したものとして，仙台地判平18・1・26判時1939号92頁）。これに対して，医療事故の場合，もともと持病を有していて基礎収入が低かったり，長期生存が期待できないような病態の人が事故の被害者となる場合もあり，そうすると，事故がなければ平均余命を全うできたはずという経験則があてはまらない可能性もある。

　転送義務が存していたのにもかかわらずそれが遅滞したことについて医師

648　〔手嶋〕

§*709* D II

の過失を肯定しつつ，疾患の治癒困難性・予後が悪いことを考慮した事例がある（急性白血病につき，福岡高判平 18・9・12 判タ 1256 号 161 頁）。また，事故がなかったとしても，疾患の進行具合から，患者が就労できた可能性はなく余命は 1 年と認定したものもある（東京地判平 18・2・23 判タ 1242 号 245 頁）。

　もともと患者に疾患が存在した結果，通常の収入が期待できない場合，基礎収入の一定割合が算定の基礎となるとする判決がある（名古屋高金沢支判平 24・4・18 LEX/DB25481100〔最決平 26・2・7 LEX/DB25503135（不受理決定）〕）。患者が回復しても，その後に通常の収入を期待できる状況になければ，逸失利益は減額されるべきということになる（逸失利益を 30% と抑え，慰謝料を遺族含めて 1800 万円としたものとして，名古屋地判平 15・6・24 判タ 1156 号 206 頁がある）。被害者が先天性の障害を有していた場合に，余命期間および賃金について減額されたものを基礎とした判決があり（東京地判平 17・2・17 LEX/DB28101921），適切な転送措置をとっていても後遺障害が残った蓋然性が認められるときは，損害の公平な見地から逸失利益は 5 割とするものもある（名古屋地判平 20・7・18 判タ 1292 号 262 頁）。反面において，高収入を得る職業従事者の逸失利益を高額に算定した判決もある（神戸地判平 16・10・14 判時 1888 号 122 頁）。

　㈐　慰謝料算定をめぐる問題

　(a)　医療事故における慰謝料算定の特性　　医療事故の場合，事実関係が不明確なため，請求を認めることに躊躇されつつも何らかの形での賠償を認めるという処理がなされることも少なくなく，その際に，慰謝料の補完的機能が弾力的に運用されることがあり，例えば福岡高裁平成 26 年 9 月 4 日判決（LEX/DB25504905）は，患者に持病があることから労働能力を十全に認められるとはいえないとして，逸失利益を算定することは困難であるので，諸般の事情を総合考慮した上で，逸失利益発生の可能性を含む慰謝料として認定するのが相当としている（上告審は棄却・不受理。最決平 27・6・12 LEX/DB25540654）。また，生存率低下を慰謝料で考慮し，逸失利益自体は認めないといった処理がなされることがある（東京地判平 18・4・26 LEX/DB28111209）。

　慰謝料算定については，医療事故と交通事故との間で一概に慰謝料水準が異なるとはいえないとし，具体的な事案の諸般の事情を総合考慮して決すべきと判示するものがある（東京高判平 19・9・20 判タ 1271 号 175 頁）。実務上こうした理解は共有されているようであり，個別的事情を指摘する判決例が医療

〔手嶋〕　649

§709 D Ⅱ 第3編 第5章 不法行為

事故においては散見され，慰謝料を増額する方向性を示すものと，慰謝料を減額する方向性を示すものの両者がある。慰謝料を増額する方向性を示す場合としては，慰謝料が，被害者の受けた苦痛に対する慰めという側面を有しているため，被害者の個別事情，特に受けた苦痛が格別であることや，一般的事情に吸収されきれない特別な苦痛，信頼関係の破壊に基づく事情など，慰謝料を増額することを根拠づける事情である（東京地判平18・7・26判時1947号66頁は，慰謝料増額事由があるという）。これに対して，慰謝料を減額する方向性としては，事故被害者が治療に非協力的・消極的であったことが治療の不首尾に一定の役割を果たしたとみられるような場合，慰謝料の弾力的な運用とも関連するが，予後が悪い疾患などにおいては，結果が悪かったとしてもある程度は甘受せざるを得ない事情として慰謝料を減額する方向に考えるものなどがある。出産により産婦が死亡したが，配偶者と死亡者の親とが慰謝料請求権を有する場合，配偶者により多くの慰謝料を認めるべきであるとの判決がある（前掲東京高判平19・9・20）。

他方，加害者とされた医療関係者の事情に言及する判決も少なくない。これらは，加害者の悪性の徴表とされそれが慰謝料に反映されたり，事故後の対応を不適切としてそれを慰謝料に反映することが認められている。もっとも，詳細な慰謝料算定理由が示されても，そうした理由と金額とが比例しているとは限らない（齋藤修編・慰謝料算定の理論〔2010〕71-120頁〔手嶋豊〕）。

(b) 慰謝料算定の具体例

(ⅰ) 医療技術上の過誤の場合　事故と結果に因果関係が認められる場合には，他の事故類型と同程度の慰謝料が認められている。ただし，治療の理由となった基礎疾患の予後が悪いことが想定される場合には，逸失利益を認めない処理がされるといったこともあり，総額としての賠償額が異なることはありうる。他方，事故と結果に因果関係が認められない場合には，当初求められた損害賠償は認められず，治療機会の喪失，相当程度の可能性の喪失，生存可能性の喪失，延命利益の侵害のうちのいずれかを理由として，数百万円程度の慰謝料が認められることがある。

(ⅱ) 説明義務違反の場合　説明義務違反があり，説明があったら当該治療を選択しなかったと認められる場合，すなわち，医師に治療に関して説明義務違反があり，説明されていれば当該治療を受けなかったのにもかかわ

らず，説明がなかったために受けた結果として損害を被った場合には，説明義務違反と生じた結果との間には，「あれなければこれなし」の関係が認められ，数百万円から事案によっては1千万円を超える慰謝料が認められることがある。

説明義務違反はあったが，説明されていても当該治療を選択したと認められる場合には，具体的患者がその提案された治療法を選択するかどうかは，治療法を実施する危険と，患者に予想される効果とのバランスから個別に決まる。このため，一般の患者がどのような選択をするかという点と，当該患者がそれを選択するかという点は異なって考えられるため，こうしたことも起こりうる。このため不十分な説明がなされたにとどまる場合，患者は治療法の選択機会を奪われたということになり，それを慰謝することが求められる。しかし，上記(i)に比べて，認められる慰謝料の額は低下する。

(オ) 損害賠償額の調整

医療関係者の責任が認められ，賠償義務があるとされた場合でも，損害賠償額の調整が必要とされる場合もある。

(a) 過失相殺の可能性　　患者が医師からの指示を遵守しなかったり，説得に応じずに治療を受けなかったといった場合，賠償責任が否定されたり，そこまで至らない場合でも，過失相殺（722条2項）が認められる場合はありうる。患者の自己決定を尊重することは，反面において患者の自己責任を広く認めることにも通じる。患者の医学的知識は一般的には不十分であることを考慮に入れれば，過失相殺を認めることにはある程度，慎重であるべきであろうが（過失相殺否定例として名古屋高判平14・10・31判タ1153号231頁），その可能性が全くないというわけではない。糖尿病性昏睡による死亡につき過失相殺したもの（広島地尾道支判平元・5・25判時1338号127頁）や，飲酒を続けた肝硬変患者につき過失相殺率を8割としたもの（神戸地判平6・3・24判タ875号233頁），帯状疱疹につき過失相殺率3割を認めたもの（高松地判平8・4・22判タ939号217頁），被害者の受診の遅れを理由に1割の減額を認めるもの（横浜地判平12・9・28判タ1105号190頁）など，過失相殺を認めた事例は存在し，それらは医学的な知識や理解が求められない事情についての患者側の不適切な行動が基礎事情となっている。この反面，医師の説明が不十分だったために，患者が自己の置かれた事情を理解できなかった場合には，過失相殺はさ

〔手嶋〕　651

§*709* D Ⅱ 第3編 第5章 不法行為

れない（前掲名古屋高判平 14・10・31）。これに対して看護領域での転倒事故等
については，患者について過失相殺される可能性は小さくない（例えば，東京
高判平 15・9・29 判時 1843 号 69 頁）。

(b) 素因斟酌の可否 素因は身体的素因と心因的素因の両者について
認めるのが最高裁の立場である。しかし患者の素因を理由とする賠償額の減
額は，医療事故では余り行われていない。これは医師の負う債務が，疾患あ
る患者の保護を中心とするものであるため，素因を基にして減額をすること
は適当でないことに起因すると指摘される。例えば，双生児の妊娠は障害発
生の危険性が単独の場合よりも高いため，医師は，より注意を払うことが必
要であるが，これを素因として扱うことはしない（東京地判平 10・12・14 判時
1681 号 131 頁）。しかしそれでも，素因を理由とする損害賠償額減額事例が，
下級審判決で散見される。もっとも素因のみを根拠とするのではなく，因果
関係の立証が不十分な場合がある（キシロカインによる死亡につき素因減額したも
のとして東京高判平 6・10・20 判タ 883 号 231 頁，心臓の低形成が死亡原因として 40%
の素因減額したものに東京地判平 2・7・27 判時 1375 号 84 頁など）。また，素因を問
題視せずに公平等を理由として減額したり（大分地判昭 60・10・2 判タ 577 号 75
頁〔球麻痺の予後不良から 90% に減額など〕，神戸地判平 3・4・22 判タ 770 号 236 頁），
医師の過失が被害者の労働能力喪失に寄与した割合は少なくとも 6 割として
賠償を認めたものがある（横浜地判平 18・7・6 判時 1957 号 91 頁）。

医療事故被害者の自殺について，因果関係を認めつつ損害賠償額を減額す
る手法は医療事件でも採用されることがある（高松地観音寺支判平 16・2・26 判
時 1869 号 71 頁）。

(c) 異なる見地からの調整 医療事故の処理に関して，「あれなけれ
ばこれなし」の枠組みと異なる立場から立論し，部分的因果関係論などによ
り，損害の全額を認めないという立場や，治療に危険が含まれつつも実施せ
ざるを得ない事情を考慮して損失を両者に配分した判決も一定数，存在する。
また，投薬のリスクが必然的に伴う場合に，公平の見地から賠償額を減額す
るものなども存在する（前掲神戸地判平 3・4・22）。

(d) 損害賠償責任相互の関係 説明義務違反と，技術過誤とで，両者
は並列して主張されることが一般的であることは上述したが（㈠(3)(ア)），両者
は無関係というわけではない。誤診した結果，誤った情報を患者に提供して

652 〔手嶋〕

§709 D II

承諾を得たという場合に，説明義務違反を問われるかについては，誤診が医療水準に照らして医師に責任がないという場合には，説明義務違反も問題にすることはできない。誤診が医療水準に照らして医師に帰責できるという場合には，説明義務違反は診療過誤で評価されつくしており，診療過誤と並んで説明義務違反を問題とする必要はないことになる。

〔手嶋　豊〕

§709 D Ⅲ
第3編 第5章 不法行為

Ⅲ 製造物に関する事故

細 目 次

1 製造物責任の意義・概要……………654
　(1) 「製造物責任」の意義……………654
　(2) 広義の製造物責任に属する責任の
　　概要と特徴………………………655
　(3) 製造物責任の歴史的展開…………656
2 一般不法行為責任（製造者責任）……660
　(1) 責任要件…………………………660
　(2) 効 果……………………………669
3 製造物責任法3条の責任（狭義の製
造物責任）…………………………671

　(1) 製造物責任総論……………………671
　(2) 責任要件……………………………677
　　(ア) 序説(677)　(イ) 製造物(677)
　　(ウ) 欠陥(681)　(エ) 製造業者等
　　(705)　(オ) 引渡し(708)　(カ)
　　生命・財産等の侵害(709)　(キ)
　　損害(710)　(ク) 因果関係(710)
　　(ケ) 免責事由のないこと（開発危険
　　の抗弁／部品製造業者の抗弁)(712)
　(3) 効 果……………………………716

1 製造物責任の意義・概要

(1) 「製造物責任」の意義

　Ⅲでは，製造物責任につき網羅的な解説を行う。市場を通じて製造物を取得した者が，当該製造物に何らかの問題が存したために損害を被った場合，その者は当該製造物を製造した者に対し損害賠償請求をなしうる場合がある。その場合の責任を，広く「製造物責任」と呼ぶ（広義の「製造物責任」）。製造物に伴う事故は一般的に「製品事故」と呼び慣わされており，製品事故の事例において発生する賠償責任を「製造物責任」と呼ぶと表現しても差し支えない。

　広義の製造物責任は，さらに複数の法律構成に分かれる。まず，製品事故であっても，一般不法行為責任（709条）の一環として加害者たる製造者が賠償責任を負う場合がある（この場合の責任を，ドイツ法の用語法にならって「製造者責任」と呼ぶことがある）。また，契約に基づく賠償責任（415条）の一環として，販売者等の前主が負う賠償責任を製造者も負担する場合がある（もっとも，後述のとおり契約に基づく責任は「広義の製造物責任」には含めない立場も存在する）。これに対して，後述のとおり1994年に製造物責任法が制定され，同法3条では過失ではなく「欠陥」を要件とする責任が規定された。この，製造物責任法3条に基づく責任を特に指称する意味でも「製造物責任」の表現が用いられるのが一般的である（狭義の「製造物責任」）。

654 〔米村〕

§*709* D III

このように,「製造物責任」という用語は複数の意味に用いられるため,使用にあたっては注意が必要である。IIIでは,広義の製造物責任の領域全体を視野に入れつつ,主として,709条に基づく責任と製造物責任法3条に基づく責任を取り上げることとする。

(2) 広義の製造物責任に属する責任の概要と特徴

上記の通り,広義の製造物責任には,法律構成の異なる複数の責任類型が含まれる。以下では,それぞれの概要と特徴をまとめておこう。

(ア) 709条に基づく責任（製造者責任）　これは,709条に基づく一般不法行為責任としての製造者の責任をいう。要件・効果はいずれも709条の一般的適用場面と同様であるが,特に「過失」の認定判断につき,製品事故の領域に固有の議論も存在していた。この責任では,709条の一般的要件,すなわち,①故意・過失,②権利・法益侵害,③損害,④因果関係（加えて,論者によっては⑤違法性）が認められる必要があることになる。この責任類型の大きな特徴は,製造者に過失が認定される必要がある点であり,かねてより過失認定の困難性が被害者救済の妨げになるとの議論が存在していたところである。この点が,前述の製品事故事例に固有の解釈論や新規立法が必要であるとの議論につながった。

(イ) 415条に基づく責任　これは,製品使用者が締結した売買契約等の契約に基づく責任をいう。この場合も,要件・効果は契約責任の一般的適用場面と同様であるが,契約責任として製造者の責任を追及するためには,少なくとも2つの問題を克服する必要がある。第1に,製造者が製品使用者と直接の契約関係に立つことが必要となる。わが国では契約連鎖による直接請求権が一般法理としては存在せず,直接の契約関係にない製造者に対しては契約責任を追及できないからである。第2に,人身被害を含む拡大損害の賠償請求には,人身被害をもたらす瑕疵・欠陥のない目的物の給付義務,もしくは製品使用者の生命・身体等の保護義務が製造者の義務として当該契約の内容に含まれる必要がある。2017年民法（債権関係）改正により,従来の瑕疵担保責任の適用場面につき契約不適合に基づく責任が認められるものとされた結果,特定物売買を含む売買契約全般において,瑕疵・欠陥のない目的物の給付義務の違反に基づく責任を肯定しやすくなったと考えられる。しかし,なお具体的な契約において売主の義務違反が認められ,拡大損害である

〔米村〕　655

§*709* D III 第3編 第5章 不法行為

人身損害に対する賠償責任を肯定できるかは必ずしも明確でない。上記改正前から，415条に基づく責任は被害救済手段としての有用性が乏しいとされ，広義の製造物責任の中で通常論じられる責任類型からは除外される場合も多かったが，現在も製造物に関する責任全体の中で契約責任の担う役割はさほど大きくない。

(ウ) 製造物責任法3条に基づく責任（狭義の製造物責任）　これは，1994年に制定された製造物責任法の3条に規定される賠償責任をいう。この責任では，製造物の「欠陥」によって被害者の生命・身体・財産の侵害および損害が発生した場合に責任が肯定されるものとされており，「過失」要件が「欠陥」要件で置き換わっている点が特徴的である。かねてより，709条による場合，被害者側にとって製造者の「過失」の証明は困難である事例が多いため，新規立法により無過失責任類型を創設する必要があるとの主張が製造物責任法の制定に大きな影響を及ぼしたことには疑いがない。もっとも，その後の学説は，製造物責任法上の責任が「無過失責任」と言いうるかにつき，種々の疑問を提起している。この責任と709条に基づく責任の異同については，あげて「欠陥」要件の解釈・運用に依存すると表現しても過言ではないものの，「欠陥」要件の理解については現在もなお開きが存在し，その理解によって709条との異同に関しても理解が大きく異なりうる。また，開発危険の抗弁の問題を中心に，個別の要件論等においても運用の基本方針にかかわる解釈問題が数多く残されている。

(3)　**製造物責任の歴史的展開**

製造物責任に関する運用や学説上の議論は時期によって大きく異なっており，とりわけ，製造物責任立法のあり方や新法の条文内容をめぐる議論が立法前後に沸騰した。以下では，(ア)1970年代まで，(イ)1980年代～1990年代初頭まで，(ウ)政府部内での検討と製造物責任法の成立，(エ)立法後の展開，の4つの時期に分け，具体的な事件に関する法的対応と製造物責任立法のあり方を中心に，製造物責任をめぐる運用や議論の歴史的展開をまとめておく（製造物責任立法に至るまでの歴史的展開については，升田純・詳解製造物責任法〔1997〕〔以下「升田・詳解」で引用〕98頁以下，加藤雅信編著・製造物責任法総覧〔1994〕〔以下「加藤・総覧」で引用〕65頁以下参照）。

(ア)　**1970年代まで**　　この時期は，製造物責任という問題場面の存在が

656　〔米村〕

§709 D III

次第に認識され，当該領域固有の法規範に関する議論が一般化するに至る時期であったと言える。最も初期に社会的な注目を集めたのは，森永ヒ素ミルク事件（乳幼児用の粉ミルクにヒ素が混入し多数の中毒被害を生じた事件）であり，この事件を通じて食品公害に対する注目が高まった。その後，同じく食品公害の事例としてカネミ油症事件（食用油に PCB〔ポリ塩化ビフェニル〕が混入し中毒被害を生じた事件）が発生したほか，サリドマイド，キノホルム，クロロキン，ストレプトマイシンなどの医薬品による薬害事例が発生し，これらを通じて製造物責任領域に関する社会的関心が飛躍的に高まる結果となった。

　その中でも，製造物責任に関する判例法の展開に最も重要な役割を果たしたのは，一連のスモン訴訟である。スモン（SMON；亜急性脊髄視神経末梢神経障害）とは，下痢，腹痛などの腹部症状と下肢の異常感覚・感覚障害，視神経障害などが発生し，重症化した場合は死に至ることもある神経疾患である。わが国で 1960〜70 年代に多発し，その後，整腸剤として用いられたキノホルムに起因する医薬品副作用であることが判明した。しかし，原因が判明するまでに相当の期間を要したことに加え，製薬会社側が，キノホルムがスモンの原因となることは予見できなかったとの主張を行ったため，製薬会社の過失を認定できるかが問題となった。後述のスモン訴訟判決などにおいては「予見義務の高度化」などの論理を用いて広範な過失認定が行われ，「過失の衣を着た無過失責任」であるとの批判もなされた一方で，過失認定を容易にして被害者救済の道を広げたとの評価もされている。もっとも，一連の訴訟は，薬害事例における過失認定の困難性をも浮き彫りにしたと言える。

　また，社会的には，1970 年前後に顕在化した欠陥車問題が注目を集め，製造物責任としての問題解決の重要性はこの問題を契機に認識されるに至った。

　これらの状況を踏まえ，学説においても，製造物責任に関する論稿が多数公表されるに至った。具体的には，アメリカでは 1960 年代より製造物責任に厳格責任が導入され独自の法準則が展開されていたことから，そのようなアメリカ法の状況を紹介するものや，わが国における各種事案類型での法的解決のあり方を論ずるものが複数登場し，議論が進展した。その中では，製造物責任の無過失責任化の方向性を主張するものが数多く見られたものの，現行法を前提としつつ無過失責任を実現する構成として提唱された諸見解

〔米村〕　657

§709 D III 　　　　　　　　　　　第3編　第5章　不法行為

（保証責任説，717条責任説，付随義務説など）はいずれも法律構成として難点が多く，実際の裁判実務に影響を与えることは少なかった。

(イ)　1980年代～1990年代初頭まで　　1980年代以降，製造物責任の事件類型が多様化する一方，新規立法を求める論調が高まり，海外では重要な立法化の動きが顕在化するに至った。

まず，この時期には，テレビや冷暖房器具などの家電製品による事故が多数顕在化するに至った。しかし，家電製品の欠陥は製品使用者に認識できない場合が多く，事故が発生しても原因を特定することが困難であるという特徴を持っていた。このため，ここでも，製品の欠陥を特定し，それを防止しなかった過失の存在を証明することの困難性が問題とされたのである。

同時に，この時期には無過失責任ないし厳格責任としての製造物責任法理に関する注目が高まり，外国法の紹介も盛んになされた。この時期には，アメリカ法の内容はもちろん，欧州における立法化の動きも顕在化したため，それらを包括的に紹介する文献が多く出され（具体的な文献として，安田総合研究所編・製造物責任〔1989〕，東京海上研究所編（小林秀之＝吉野正三郎監修）・国際製造物責任法〔1993〕，J. J. フィリプス（内藤篤訳）・アメリカ製造物責任法〔1992〕など），各国における制度設計や具体的な準則が知られるに至った。また，1985年にEC閣僚理事会が無過失責任としての製造物責任の導入を加盟各国に求めるEC指令を発出し，欧州各国が相次いで製造物責任立法を行ったこともわが国の議論状況に大きな影響を与えた。

このような状況を踏まえ，わが国でも製造物責任立法の必要性を説く見解が多数主張されるに至った。1975年の段階で，法学者からなる製造物責任研究会が「製造物責任法要綱試案」（ジュリ597号16頁）を発表していたが，この時期に活発化した議論を踏まえ，1990年には日本私法学会大会の報告者グループが「製造物責任立法への提案」（好美清光ほか「製造物責任立法への提案」私法53号〔1991〕4頁以下。1990年私法学会報告者グループ編・製造物責任の現状と課題（別冊NBL24号）〔1992〕も参照）を，1991年には東京弁護士会が「製造物責任法試案」（NBL467号4頁）を，また同年に日本弁護士連合会が「製造物責任法要綱」（NBL470号4頁）を，それぞれ公表した。これらと相前後して，政党や消費者団体も製造物責任立法に向けた提言や提案を公表するに至った。これらの立法提案では，総じて過失ではなく「欠陥」を責任根拠とす

658　〔米村〕

§*709* **D** III

ることに加え，欠陥や因果関係の推定規定を置くことが盛り込まれており，これらに対しては産業界からの強い反発がありながらも，製造物責任立法の必要性の認識は次第に一般化し，政府部内でも立法に向けた動きが進展していった。

(ウ)　政府部内での検討と製造物責任法の成立　　製造物責任立法に向けた動きは，多方面で顕在化した。まず，1990年に発足した経済企画庁の第13次国民生活審議会消費者政策部会において，製造物責任立法のあり方が検討され，1991年10月に中間報告（NBL484号28頁）が公表された。そこでは，過失に代えて欠陥を要件とする責任を創設する可能性が言及されつつも，制度が濫用され不当な損害賠償請求が誘発されることへの危惧も示されていた。結局，1992年10月の第13次国民生活審議会最終報告（NBL508号38頁）では最終的な結論を得ることができず，次期国民生活審議会の審議に引き継ぐとの記載がされた。1992年12月に発足した第14次国民生活審議会消費者政策部会では，製造物責任立法につき引き続き検討が加えられ，1993年11月に各省の検討結果が報告された後，最終報告「製造物責任制度を中心とした総合的な消費者被害防止・救済の在り方について」（NBL535号44頁）において，欠陥を責任要件とする新たな賠償責任を創設する立法が望ましい旨の記載がなされた。

他方で，1992年初頭から，通商産業省の産業構造審議会総合製品安全部会において製造物責任のあり方に関する検討が行われた。1993年1月からは同部会総合製品安全小委員会紛争解決ルール専門委員会において製造物責任制度に関する法的な検討が行われ，同年11月に最終報告「事故防止及び被害救済のための総合的な製品安全対策の在り方について」（NBL534号65頁）が公表された。ここでも，欠陥を責任要件とする製造物責任立法が行われるべきことが盛り込まれた。

これに加え，法務省も各省庁の動きを注視しつつ検討を進め，1993年10月より法制審議会民法部会財産法小委員会において集中的な審議を行った後，同年12月に，やはり欠陥を責任要件とする製造物責任の創設と，その場合の具体的な法規定の内容を盛り込んだ報告（NBL535号40頁）を公表した。

以上のように，1993年後半の時期には各省庁が概ね一致して製造物責任立法を行う方針を出すに至ったことから，これ以降，関係省庁間での調整や

〔米村〕　659

§709 D III 第3編 第5章 不法行為

連立与党（当時政権を担っていた細川内閣の与党である8党派）内部での法案策定作業が進められ，1994年4月，製造物責任法案が国会に提出された。同法案は，同年6月22日に全会一致で原案どおり可決成立し，同年7月1日に公布，1995年7月1日に施行された。

(エ) 立法後の展開　製造物責任法の施行後，数年間は新法の解説本などが次々に出版され，また学説において条文解釈をめぐる議論が活発になされる状態が続いたが，その後は製造物責任をめぐる議論は落ち着きを見せ，現在に至るまで，特定の解釈問題につき議論が沸騰する状況には至っていない。

他方で，実務に目を転じると，現実に発生する製品事故に関しては製造物責任法を根拠とする賠償請求が多数を占める状況になっており，同法に関する下級審裁判例は着実に積み重ねられている。加えて，数としては少ないものの重要な最高裁判例も出現するに至っており，それら諸判決を通じて，製造物責任法の運用のあり方は次第に明確な輪郭を顕すようになっている。

もっとも，製造物責任法は製品事故の事例の一定範囲のみを扱う形で立法されたため，適用対象に含まれない事案については現在も709条による責任を始めとする他の責任による請求がなされる状況にある。具体的には，製品が「製造物」にあたらない場合（不動産や無体物等の場合），責任負担者が「製造業者」にあたらない場合（製品の製造・流通・保管・修繕等に関与した別事業者である場合），権利・法益侵害および損害が製品の「欠陥」に起因しない場合（付随する役務提供の過誤等に起因する場合）などがこれにあたる。したがって，製造物責任法の各条文の解釈とともに，709条に基づく責任などの具体的な解釈準則を検討することは現在も必要かつ有用であると考えられる。また，製品類型ごとの各分野における判断準則も次第に具体化してきており，製造物責任一般に関する諸準則とあわせて検討する必要が生じている。

2　一般不法行為責任（製造者責任）

(1)　責 任 要 件

広義の製造物責任の一類型として，709条の一般不法行為責任の一環としての責任がある。まず，この場合の責任要件を取り上げる。責任要件は709条の通常の責任要件と同様であり，①故意・過失，②権利・法益侵害，③損害，④因果関係，の4要件に分類される。それぞれの要件の一般的な内容は各項目の解説に譲り，ここでは，製造物責任に固有の解釈準則に関する学

660　〔米村〕

§*709* D Ⅲ

説・判例の展開につき述べることとする。

　㋐　故意・過失

　　(a)　序説　　製造物責任では故意のある場合は通常想定できないため，ここでは過失判断の内容が問題となる。既述の通り，製品事故における責任追及にあたっては，過失認定の困難性が最も強く認識されたことに加え，事案ごとにさまざまな製造者の義務類型が提示されていたため，過失判断の内容は責任要件の中で最も重要な役割を担っている。

　まず，製品事故事例における一般的な過失判断の内容と特徴につき触れておく。今日の通説の地位を占める客観的過失論によれば，過失概念は予見可能性を前提とする結果回避義務違反として定式化され，この点は判例実務においても大きくは異ならない。製品事故の事例においては，①製造者に「予見可能性」があったと言いうるか，②製造者に結果回避義務を課すことができるか，という２点が問題となり，それぞれにつき克服の容易でない問題が存在する。この点に関しては，既述の通り食品公害・薬害などの事例が発生する中で問題が認識されてきた経緯もあり，下級審裁判例が議論を主導する形となった。以下，上記２点に即して検討する。

　　(b)　予見可能性要件——薬害事例における責任の厳格化　　製造者の過失を肯定するためには，製造者が被害発生を予見しえたことが必要となる。しかし，製品事故の事例では，被害発生のメカニズムが事故発生前には知られておらず，そもそも製造業者に予見可能性があったと言いうるかが微妙である場合がある。このような場合に関し，薬害（医薬品副作用被害）の事例に関する下級審判例において，被害の発生に関する高度の「予見義務」を製造者に課すことなどにより，予見可能性がなかったとする製造者側の主張を排斥する判断がされている。

　東京スモン訴訟第１審判決（東京地判昭53・8・3判タ365号99頁）は，「製薬会社に要求される予見義務の内容は，……医学・薬学その他関連諸科学の分野での文献と情報の収集を常時行ない，もしこれにより副作用の存在につき疑惑を生じたときは，……当該副作用の疑惑の程度に応じて，動物実験あるいは当該医薬品の病歴調査，追跡調査などを行なうことにより，できるだけ早期に当該医薬品の副作用の有無および程度を確認することである。……製薬会社は，予見義務の履行により当該医薬品に関する副作用の存在ないしは

〔米村〕　　661

§**709** D Ⅲ 第3編 第5章 不法行為

その存在を疑うに足りる相当な理由……を把握したときは，可及的速やかに適切な結果回避措置を講じなければならない」と判示し，結論としても過失を肯定した。また，大阪スモン訴訟判決（大阪地判昭54・7・31判時950号241頁）も，「製薬会社は，……医薬品の製造，販売を開始するにあたっては，当該医薬品，同種の医薬品ないしその類縁化合物について医学，薬学その他関連諸科学の分野での文献，情報の収集，調査を行い，又動物実験，臨床試験等を行うべきであり，製造，販売開始後も常時右同様の文献，情報の収集，調査を行い，当該医薬品の臨床使用の結果につき追跡調査を行い，副作用の存在が疑われるような場合には，その事案に応じ再度，動物実験その他の試験や各種の調査研究を行い，医薬品の安全性を確認すべきである」と述べ，やはり製薬会社の過失を肯定した。これらの判決は，「予見義務」として最新の科学的知見に関する調査・解析の義務を製薬会社に課すことによって，予見可能性の認定の困難性を克服することを試みたと言える。

　同様の判断は他の薬害訴訟においても採用され，たとえばクロロキン薬害訴訟控訴審判決（東京高判昭63・3・11判タ666号91頁）は，「会社がこれから製造し，輸入し，販売しようとする医薬品または現に製造し，輸入し，販売しつつある医薬品についての副作用情報の収集，調査，検討及び予見される副作用と当該医薬品の有効性との対比等専門的分野にわたる事項の検討については，……企業の全能力を挙げて調査，検討を行い，いささかでも有効性や副作用に関係のある情報等は漏れなく会社首脳部にまで到達するような社内組織の整備及び執務態勢の維持管理が不可欠であり，この整備等の業務は代表取締役が自ら実施すべきもので，他人まかせにすることはゆるされない。そして，企業の全能力を挙げて右の収集，調査，検討を実施したとすれば当然副作用の有無及びその程度等を予見し得たのに，代表取締役がこれを予見しなかったときは，代表取締役において前記のような社内組織の整備及び執務態勢の維持管理を怠らなかった事実を証明しない限り，代表取締役には，右予見しなかったことにつき，過失があるものと推定するのが相当である」と述べており，ここでは「予見義務」という表現は用いられておらず，また過失の推定という構成が用いられている点が異なるものの，実質的には前掲スモン判決と同様の趣旨をいうものと解される。

　これらの判決の判断に対しては，「過失の衣を着た無過失責任」であると

662　〔米村〕

の批判もされたものの，全般には学説にも好意的に受け止められた。

　もっとも，これらの裁判例は，治験を始めとする医薬品の開発過程の規範が十分に整備されていない時期の問題状況に対応したものであったことに留意すべきである。すなわち，医薬品開発におけるブラックボックス性が高く，原告の主張立証，ひいては裁判所による過失判断も，細かい事実関係を捨象して行わざるを得ないような状況下では，「予見義務」等の構成を通じた包括的な責任厳格化の姿勢が正当化されうるとしても，承認申請の根拠となる治験や各種臨床試験のデータの入手が容易になり，医薬品開発の各過程が相応の透明性の下で行われるようになった今日の状況では，医薬品製造に向けた各段階における製薬業者の行為義務を措定して義務違反の判断を行うことも無理とは言えず，むしろそのような個別行為に即した緻密な判断が求められるとも考えられる（この点に関する詳細は，米村滋人「医薬品の欠陥判断と過失判断」河上正二古稀・これからの民法・消費者法（Ⅱ）〔2023〕525頁以下参照）。

　(c)　結果回避義務違反要件 —— 義務違反の類型化

　予見可能性が肯定されたとしても，それのみでは過失を肯定することはできず，さらに一定の結果回避措置を行う義務に違反したことが必要である。この点については，裁判例上は製品事故一般に妥当する義務の概念は展開されていないものの，製造物の種類に応じて種々の結果回避措置を行う義務が設定されており，以下では，この点に着目した義務類型を概観する。

　(i)　食品　　食品に関しては，カネミ油症事件判決（福岡地判昭52・10・5判タ354号140頁，福岡地小倉支判昭57・3・29判タ469号87頁など）や種々の食中毒事件（神戸地判昭47・12・21判時704号80頁〔フグ中毒〕，岐阜地大垣支判昭48・12・27判タ307号87頁〔卵豆腐のサルモネラ菌食中毒〕など）などを始めとして，高度な安全性確保義務を課すことで製造業者に厳格な責任を認める裁判例が多い。食品安全の問題については社会的関心も高く，食品製造業者に求められる注意水準はおのずから高まると考えられることから，この傾向は今後も継続されることが予想される。

　(ii)　医薬品・医療機器　　医薬品については，医薬品の使用に伴って発生する副作用事例に関する情報の収集・調査・解析を内容とする調査義務に加え，具体的な副作用情報を医療機関や薬局等に伝達し，または添付文書の改訂に速やかに反映させることなどによる情報提供義務・警告義務が挙げら

§709 D III　　　　　第3編　第5章　不法行為

れることが多い。前者は既述の「予見義務」の内容とも重なるものであるが，結果回避義務の1つとしても位置付けることができる。これらに関する裁判例としては，各種スモン訴訟（東京高判平2・12・7判タ748号65頁，金沢地判昭53・3・1判タ359号143頁，福岡地判昭53・11・14判タ376号58頁，広島地判昭54・2・22判時920号19頁，札幌地判昭54・5・10判時950号53頁，京都地判昭54・7・2判時950号87頁など）やクロロキン薬害訴訟（前掲東京高判昭63・3・11，東京地判昭62・5・18判タ642号100頁など）が代表的であるが，他の医薬品副作用の事案でも同様の判断がされている（ストレプトマイシンによる聴覚障害が生じた事案につき，東京高判昭56・4・23判タ441号118頁，フィブリノゲン製剤によるC型肝炎ウイルス感染の生じた事案として，大阪地判平18・6・21判タ1219号64頁，東京地判平19・3・23判時1975号2頁など）。

　もっとも，以上のような情報に関する義務を超えて，医薬品の危険性を理由に当該医薬品自体の製造販売を中止する義務については，極めて認められにくい（否定例として，大阪高判昭60・4・26判タ565号142頁〔造影剤モルヨドール〕，福岡地小倉支判昭55・11・25訟月27巻4号661頁〔ミオブタゾリジン〕）。医薬品は常に効果と副作用の両者を有しており，副作用の強い医薬品でも効果も強い場合には製造販売自体に正当性が認められるとの判断もありうることから，特に医薬品医療機器法による厚生労働大臣の承認（同法14条）を受けて発売される医薬品に関しては，裁判所が医薬品の製造販売自体を中止する義務を肯定することは容易でないと推測される。

　他方で，医療機器に関しては，通常の使用法で使用した場合に発生した事故に関しては比較的広く製造者の責任が肯定される傾向にある（肯定例として，東京高判平14・2・7判タ1136号208頁〔人工心肺装置のチューブ破裂〕など）。

　（iii）　自動車・家電機器等　　自動車に関しては，過失を肯定する裁判例は必ずしも多くない（肯定例として，東京高判昭52・7・4判タ360号155頁，名古屋高金沢支判昭56・1・28判時1003号104頁など）。これは，自動車に関しては道路運送車両法に基づく保安基準が明確に定められており，これを遵守した場合には義務違反があるとは言いにくいこと（保安基準に適合していれば特段の事情のない限り過失が否定される旨を述べたものとして，東京地判昭54・12・25交民12巻6号1679頁）に加え，自動車事故では運転者等の過失が存在する場合が多く，製造業者の責任が直接的に問題となりにくいためであると考えられる。

664　〔米村〕

§*709* D III

家電機器や家庭用冷暖房器具に関しては，一般人が使用する点を考慮して，製造者に対し，安全性確保に向けた高度の注意義務を課すものが見られる（大阪地判平 6・3・29 判タ 842 号 69 頁〈松下テレビ発火事件〉，大阪地判平 9・9・18 判タ 992 号 166 頁〈シャープテレビ発火事件〉，東京地判平 11・8・31 判タ 1013 号 81 頁〈三洋冷凍庫火災事件〉など）。これらの事案では，製品のどこに瑕疵・欠陥が存在したかを被害者側が特定しなければならないかも問題とされたが，製造業者が高度の注意義務を負うことを理由に過失の存在が「推定」され，被害者側で特定の部位に瑕疵・欠陥があったことを証明する必要はないとされたことも注目される。

　(d)　「過失の推定」構成について　　以上の通り，予見可能性と結果回避義務違反が認定されれば製造者の過失が肯定できるが，実際の製品事故事例では，被害者がこれらを基礎付ける事実を証明することは困難な場合も多い。そこで，複数の下級審裁判例において，一定の事実関係が証明されれば「過失の推定」がなされるとの判示が見られた。

　具体的には，カネミ油症事件第 1 審判決（前掲福岡地判昭 52・10・5）は，「食品の出荷以前に生じまたは存在した原因によって，食品に人の生命，健康を害する瑕疵（欠陥）が生じ，その瑕疵（欠陥）ある食品を摂取したことによって人の生命，身体に被害が及んだ場合には，それだけで瑕疵（欠陥）ある食品を製造，販売した者の過失が事実上強く推定され，そのような瑕疵（欠陥）の発生または存在が食品製造業者に要求される高度なかつ厳格な注意義務を尽しても，全く予見し得なかったことが主張，立証されない限り，右推定は覆えらないものというべきである」と判示した。これとほぼ同様の判示は，福岡スモン訴訟第 1 審判決（前掲福岡地判昭 53・11・14）にも見られ，また，前掲クロロキン薬害訴訟控訴審判決（前掲東京高判昭 63・3・11）は，前掲引用箇所において，予見義務の懈怠により「過失の推定」がされる旨を判示した。

　これらの下級審裁判例の採用する「過失の推定」構成は，製造物の瑕疵・欠陥につき特定された欠陥内容の証明を原告被害者側に要求する場合には，ほとんど過失を肯定できず被害救済が著しく困難になることから，その点を補うために定立された法律構成であったと考えられる。しかし，今日の一般的理解によれば過失は評価的要件であり，それ自体が主要事実となるわけで

〔米村〕　665

§*709* D Ⅲ

第3編　第5章　不法行為

はないことから，過失要件につき事実上の推定を行うことはできず，「過失
の推定」という表現は不正確であると考えられる。過失判断にあたってどの
程度の基礎的事実関係が明らかにされる必要があるかは，それ自体が規範的
に決定されるべき事項であり，欠陥内容の特定の要否や程度についても同様
の観点から個別具体的事情に照らし規範的に決定すべきであると考えられる。
「過失の推定」構成を採用した前掲諸判決は，製品の瑕疵・欠陥の内容が特
定されていなくとも，各判決の言及する周辺的な事実が過失の評価根拠事実
として十分となる旨を述べたものと解すべきであろう。

　(イ)　権利・法益侵害　　権利・法益侵害要件に関しては，製造物責任領域
に固有の問題は多くない。現実に問題となった製品事故の事例では人身損害
賠償が問題となることが多いものの，家電製品から出火して火災を生じた場
合など，当該製造物以外の財産に損害を生じさせた場合も賠償請求をなしう
ることには疑いがなく，この点につき製造物責任に特有の事情は存在しない
と考えられる。

　もっとも，やや問題であるのは，当該製造物に関する損害のみが発生して
いる場面に権利・法益侵害要件が充足されるかであり，この点は，純粋経済
損害の賠償請求が否定されると解した場合に，これとの対比で不法行為責任
が発生すると解しうるかが問題とされてきた。これについては，不法行為責
任と契約責任（契約不適合責任を含む）の適用範囲の区別との関連でも種々の
議論がされており，見解の分かれうるところではあるが，少なくとも当該製
造物の使用態様を大幅に制約する程度の危険性が存在する場合などには，当
該物の所有権や（物権的）利用権の侵害が生じていると解することができ，
権利・法益侵害要件が充足されることから，不法行為法においても賠償責任
を肯定できると言えよう。

　これに関連して，製造物責任に関する判例として扱われることは少ないが，
最高裁平成19年7月6日判決（民集61巻5号1769頁）は，欠陥住宅が建築さ
れた事例において，「建物としての基本的な安全性を損なう瑕疵があり，そ
れにより居住者等の生命，身体又は財産が侵害された場合」には不法行為責
任が成立しうるとして，当該建物以外に損害が発生していなくとも，建物所
有者から建築業者等に対する賠償請求を不法行為に基づき肯定する余地があ
るものとした。さらに，本件の第2次上告審である最高裁平成23年7月21

666　〔米村〕

日判決（判タ 1357 号 81 頁）は，上記判決にいう「建物としての基本的な安全性を損なう瑕疵」とは，「居住者等の生命，身体又は財産を危険にさらすような瑕疵」をいい，具体的には，「建物の瑕疵が，……当該瑕疵の性質に鑑み，これを放置するといずれは居住者等の生命，身体又は財産に対する危険が現実化することになる場合」を含むものとした。また，同判決はこの場合の賠償額は瑕疵修補費用相当額である旨も明らかにした。これら 2 判決では，不法行為責任が成立する根拠や厳密な責任発生場面については十分に明確にされていないものの，何らかの財産的権利・法益の侵害を根拠に一定範囲の事例における不法行為責任の成立を認めたものと解され，その方向性は基本的に適切と考えられる（もっとも，平野裕之〔判批〕民商 137 巻 4 = 5 号〔2008〕444頁以下は本判決の構成に反対する。本判決に関する学説上の議論の詳細は，→ Ⅵ 3 (3)(イ)(c)）。

　この判例法理の直接の射程は建物の瑕疵の場合以外には及ばないと解される一方で，同判決は契約責任の成否や適用範囲とは独立に不法行為責任の要件判断をなしうることを示しており，通常の製造物責任領域における不法行為責任の判断でも同様の判断がなされる可能性がある（なお，不動産については後述のとおり製造物責任法では「製造物」から除かれているが，709 条の適用にあたっては，不動産の特殊性に配慮する必要はあるものの製造物責任としての検討対象から当然に排除する理由はない）。今後の判例の展開に注意する必要があろう。

　㈡　損害　　損害要件に関しては，製造物責任固有の問題はない。権利・法益侵害が発生している以上は損害も肯定されるのが通常であると考えられるが，具体的な損害額の算定方法等については，709 条の一般的解釈によることになる。

　㈢　因果関係　　因果関係は，製造物責任領域において，過失と並び認定の困難性が指摘されることの多い要件である。薬害や食品公害の事例では，当該物質が当該原告患者の症状の原因となったものであるか否かが問題となる事例が相次いだことに加え，家電製品などにおいても，基本設計の瑕疵が事故の原因となったと言えるかが明確でない事例も存在する。もっとも，因果関係の認定の困難性は製造物責任領域のみならず，公害・環境責任や医療過誤責任でも発生する問題であり，709 条の一般的解釈における対応が必要となる事情もあるためか，この点に関する製造物責任固有の学説の展開は見

§709 D III 第3編 第5章 不法行為

られていない。

裁判例上は，最高裁昭和50年10月24日判決（民集29巻9号1417頁〈東大ルンバール事件〉）を引用しつつ，原告側の立証負担を若干緩和した形で因果関係を認定するものが見られる。たとえば，仙台地裁平成19年9月7日判決（訟月54巻11号2571頁）は，フィブリノゲン製剤の投与によりC型肝炎ウイルス（HCV）に感染したとして患者らから製薬会社等に対し賠償請求がなされた事案に関して，上記昭和50年最判を引用し，HCVや血液製剤に関する膨大な医学文献を参照した上で，当該製剤の投与に加え，輸血など他の感染原因となりうる治療が行われていた者に関しては，「乾燥加熱製剤を投与されたこと〔の証明〕のみでは足りず，……患者へ投与された最終製剤に感染力のあるC型肝炎ウイルスが感染し得る数量だけ混入していたなど，乾燥加熱製剤の投与と患者のC型肝炎ウイルス感染との結び付きが強いこと〔の証明のある場合〕，又は，他の感染源となり得るものの曝露によるC型肝炎ウイルス感染の危険性の程度との比較において，乾燥加熱製剤による感染の危険性がかなり高いときに，同製剤の使用によってC型肝炎ウイルスに感染したものであることが推認でき，これに対して，当該感染が乾燥加熱製剤によるものでないことを相当の理由をもってうかがわせる具体的事実が存在しない限り，当該感染が乾燥加熱製剤によるものであることが高度の蓋然性をもって証明されたと解するのが相当である。そして，……乾燥加熱製剤の最終製剤には相当広範に不活化処理の不十分なものがあった上，医薬品の製造は製薬会社がその責任においてその支配下で行うもので，会社側はその製造，品質管理を行い，それらを記録，保管している反面，患者側はこれらに関知せず，資料を得るにも多大な困難を伴うものであるから，……患者側は乾燥加熱製剤にそうした不活化処理の不十分なものがあることを立証すれば足り，製薬会社側において，当該患者へ授与された最終製剤が十分に不活化処理されたものであることを立証しない限り，不十分な製剤を投与されたことの立証があったと解するのが相当というべきである」と判示しており，ここでは，実際上の証明の困難性などが考慮されつつ因果関係が認定されている。以上のような判断が判例実務上一般的であると言いうるかには不明確な点が残るものの，実務における因果関係の判断様式の1つとして位置付けることは可能であり，今後の展開が注目されるところである。

668 〔米村〕

§*709* D III

(2) 効 果

(ア) 一般的効果　責任が成立した場合に発生する法律効果，すなわち，賠償範囲の画定，損益相殺・過失相殺等による減額処理，時効などの適用に関しても，709条責任の一般的解釈によることになり，これらの点につき製造物責任に固有の問題は存在しない。

(イ) 責任主体・求償

(a) 序説　もっとも，製品事故においてはしばしば複数の主体が責任を負うことから，一応の検討を行うべき問題として，このような場合に製造物責任の責任主体をどのように考えるかの問題が存在する。具体的には，製造物の製造に直接関与した者のほか，部品製造者，運送者，販売者など，製品の製造・流通にかかわる全ての者が責任を負う可能性があり，このうち複数の者の責任が問われうる事態もまれではない。

ここでも，709条その他の一般的運用に従うのが原則となる。すなわち，それぞれの主体が自らの過失に基づく責任を負担する一方で，719条の共同不法行為の要件や715条の使用者責任の要件を充足する場合などには，複数主体が連帯責任を負うべきこととなる。ただし，製品事故の事例においてはやや特殊な判断が必要となる場面も存在するため，以下，製造者の組織内における複数関与者の責任と，製造者と他の関与者（部品製造者・運送者・販売者等）の責任に分けて，検討を行う。

(b) 組織内における複数関与者の責任　製品事故の事例，特に大量生産品に関連する事故の事例においては，製造者は法人である場合が大半であり，法人組織の内部で複数の関与者が存在することが通常である。このような場合に，法人としての製造者がいかなる根拠により責任を負うかについては，2つの法律構成が存在する。第1に，当該法人の代表者ないし被用者が一次的に不法行為責任（709条）を負い，その上で代表者が責任を負う場合は会社法350条・一般法人法78条等によって，被用者が責任を負う場合は使用者責任（715条）によって，それぞれ法人としての製造者が責任を負うとする構成がありうる。第2に，法人としての製造者が直接的に709条の責任を負うとする構成がありうる。第1の構成による責任が成立することには問題がないが，第2の構成による責任が成立するかは争われている。

第2の構成の問題は，一般的に「法人の不法行為責任」の問題，すなわち

〔米村〕　669

§709 D Ⅲ 第3編 第5章 不法行為

法人・団体が709条に基づき直接的に責任を負うかの問題として論じられている。この問題の詳細は，第16巻（→§715 Ⅳ2）において扱われるため詳細は省略するが，法人に709条の責任を認める構成に対しては，法人自体に「行為」を観念できない以上は採用できないとする批判がある一方で，被害者側が一次的な責任負担者（代表者・被用者等）を特定した上で当該者の過失を証明することは極めて困難であるとして，第2の構成による責任の成立を主張する見解が見られる。

　裁判例においては，上記2種の構成のいずれを採用したものも存在するが，明示的に第2の構成を採りえないとするものは比較的少数であり（前掲クロロキン薬害訴訟控訴審判決〔前掲東京高判昭63・3・11〕など），多くの裁判例では製造業者の709条責任が直接的に認定されている。これは，食品・医薬品や自動車，家電製品の事故の事例を中心に，欠陥の内容（欠陥部位や事故発生のメカニズムなど）を具体的に特定した立証を被害者に求めるべきではないとされることが多いこととの関連で，一次的な責任負担者の特定も不要とされ，通常の使用によって何らかの損害が発生すれば直ちに法人たる製造者の過失を肯定するとの判断がなされやすいとの事情があるものと考えられる。もっとも，この点に関する最高裁判例は存在せず，今後の学説・判例の動向を注視する必要があろう。

　(c)　製造者の責任範囲　　製品事故においては，複数の事業者等が損害発生に関与する場合がまれならず存在する。たとえば，欠陥のある部品が製造者の下で組み立てられ製品化された場合（以下,「部品欠陥事例」という）には，部品の製造者と（本体製品の）製造者がともに責任を負う可能性があり，製品の輸送中の振動等により不具合が発生し損害を惹起した場合（以下,「輸送時不具合事例」という）には，輸送による振動で不具合が生ずるような製造物を製造した製造者の責任に加え，乱雑な取扱いをした運送者の責任も発生する可能性がある。また，製品の使用法に関する指示や危険性の表示が不十分であり，かつ販売者もこの点の説明を怠ったために損害が発生した場合（以下,「不適正警告事例」という）には，製造者と販売者がともに責任を負う可能性がある。これらの事例において，複数の関係者がどのように責任を分担し，ないし連帯して責任を負担することになるか，法律関係を検討する必要がある。

670　〔米村〕

§ *709* D Ⅲ

　この点に関しては，まず719条1項前段の共同不法行為責任の成否を検討する必要がある。共同不法行為の要件につき伝統的通説の立場（各行為者につき個別に709条の要件充足を要求する見解）に立ち，関連共同性を客観的関連共同で足りると解した場合には，複数主体の過失行為が異時的に競合した場合でも関連共同性が肯定される可能性がある。その場合は，部品欠陥事例では部品製造者と本体製造者に，輸送時不具合事例では製造者と輸送者に，不適正警告事例では製造者と販売者に，それぞれ共同不法行為責任が成立しうることとなる。他方で，近時の多数を占める有力説の立場（「共同行為」と損害の因果関係が存在すれば各行為者と損害の因果関係は不要であるとする見解）によれば，意思連絡等のない不法行為が順次競合して損害が発生した場合は719条1項前段の共同不法行為ではなく，709条責任の競合（競合的不法行為）であるにすぎないとされることが多く，この場合には各行為者が通常の責任要件・賠償範囲の判断により責任を負担する限度でのみ（賠償範囲の重なる部分に応じて一部連帯または全部連帯の）責任を負うことになろう。そうすると，前記3種の事例ではいずれも各人が709条の範囲で責任を負うにすぎないこととなる。

　裁判例においては，複数の事業者が関与したことがうかがわれる場合でも，被害者原告の選択によって製造者のみが被告となる場合が多く，実際上複数事業者の責任の関係が問われた事例は少ない（たとえば，医薬品副作用被害の事例では医薬品を処方ないし使用した医師の過失が競合する可能性があるが，大半の事例では製薬会社のみが被告となっている。例外的に，製薬会社・医師・医療機関・国の責任が追及された前掲クロロキン薬害訴訟控訴審判決では，製薬会社と医師・医療機関の責任は「不真正連帯の関係にたつ共同不法行為を構成する」ものとされた）。しかし，今後は複数の関与者に対する請求がなされる事例が出現することも想定され，具体的に各人がどのような責任を負担するかは検討の必要があると考えられる。

3　製造物責任法3条の責任（狭義の製造物責任）

(1)　製造物責任総論

　(ア)　序説　　1994年に制定された製造物責任法（以下，本項において「法」という）は，全6条からなる簡潔な法律であり，「欠陥」を責任要件とする損害賠償責任（狭義の製造物責任）につき規定することをほぼ唯一の内容とする。もっとも，同法には重要な責任要件が複数の条文に分かれて規定されているため，本稿では，同法の逐条解説の形式はとらず，体系的に整理した形で同

§*709* D Ⅲ 第3編 第5章 不法行為

法の内容と関連する学説・判例を記述することとする。

製造物責任法の制定経緯に関しては1(3)で概要を整理したが，元来，製造物責任に関する議論には外国法の影響が大きく，特に，立法にあたってはEC指令の内容が大きな影響を与えたことが知られている（升田・詳解84頁）。本項ではEC指令の内容を包括的に紹介することはしないが，個別条文の内容に関連して適宜その内容を引用する。

(イ) 製造物責任の法的性質

(a) 従来の議論状況

製造物責任に関する重要な解釈問題として，製造物責任法の定める責任が過失責任・無過失責任のいずれであるか，その法的性質に関する議論が展開されている。この点は，立法時に激しく議論されたところであるが，現在もなお多くの見解が存在し，学説は帰一していない。

(ⅰ) 立法過程での議論 製造物責任立法の必要性が学者グループや弁護士会等によって説かれた当初は，立法の第一義的な目的は過失認定の困難性を克服することであるとされていたため，製造物責任は無過失責任とすべきであるとされるのが一般的であった。「欠陥」を責任要件とする規定の創設は，まさに無過失責任規定の創設として理解されていたのである。

ところが，法案策定前後の段階になって，同法案における答責範囲は従来の過失責任と変わらないとする見解が複数出現するに至った（内田貴「管見『製造物責任』(3)」NBL496号〔1992〕22頁以下，森島昭夫「製造物責任における欠陥概念」名法142号〔1992〕189頁）。これには，2(1)(ア)で述べたとおり，709条によっても「予見義務」構成などによって相当に厳格な過失認定を行う実務が存在していたため，これとの対比で「欠陥」を要件とする責任類型にさほどの答責範囲の拡大は期待できないとされたことに加え，法案に開発危険の抗弁の規定（法4条1号）が盛り込まれたことが大きく影響した。すなわち，同抗弁による免責が認められるとすると，結局は責任成立に予見可能性が要求されることになり，実質的な判断が過失判断と変わらなくなるとする議論が出現したのである。

さらに，立案段階での政府審議会等の報告書も，このような理解を助長させた。たとえば，産業構造審議会の専門委員会の報告においては，新たな製造物責任は「無過失責任といわれることもある」とされつつ，自賠法などの

672 〔米村〕

§709 D Ⅲ

定める従来の無過失責任とは異なる「欠陥責任」であり，それは判例の水準
をそろえて法的安定性を高める効果は期待されるものの，従来の判例の動向
を大きく変更するものではないとの位置付けがされたのである（産業構造審議
会総合製品安全部会総合製品安全小委員会紛争解決ルール専門委員会「紛争解決ルールに
係る法的論点について」Ⅲ.5. 参照）。同旨の記述は，国民生活審議会の部会報告
にも盛り込まれた（第14次国民生活審議会消費者政策部会最終報告「製造物責任制度
を中心とした総合的な消費者被害防止・救済の在り方について」第2の1. 参照）。

(ⅱ) 立法後の議論　　この点に関する議論は，製造物責任法の施行後に
は，立法前後の時期よりは落ち着きを見せた。しかし，複数の異なる理解が
存在する状態が続いたまま現在に至っている。

まず，法制定直後に刊行された立案当局の逐条解説では，この点につき上
記の審議会報告とはややニュアンスを異にする記述がされた。すなわち，製
造物責任は，加害者の故意・過失が要件とならないという意味では「無過失
責任」であるが，製造物の客観的性状である「欠陥」が責任要件となること
から「欠陥責任」と言いうるとされ，「過失責任」から（「無過失責任」の一類
型たる）「欠陥責任」への転換により「被害者の円滑かつ適切な保護」が実現
できるとの記述が見られる（通商産業省産業政策局消費経済課編・製造物責任法の解
説〔1994〕〔以下「通産省編・解説」と略記〕2頁，経済企画庁国民生活局消費者行政第
一課編・逐条解説製造物責任法〔1995〕〔以下，「経企庁編・逐条解説」と略記〕8頁）。
ここでは，過失と欠陥の間に一定の実体法的差異が存し，立法前の状態と比
較して責任の成立範囲が異なることが前提となっていると言えよう。

学説においては，この点の議論は複雑な構造をとる。まず，製造物責任を
「無過失責任」ないしそれに近い固有の責任類型として理解する見解がある
（加藤雅信「製造物責任法の特色」新賠償講座(3)12頁，小林秀之・製造物責任法（新世
社）〔1995〕28頁など。立法作業に関与した実務家による論稿として，升田・詳解7頁以
下，山本庸幸・注釈製造物責任法〔1994〕9頁も基本的に同旨と思われる）。他方で，
製造物責任の成立場面を類型的に考察する立場から，一部類型については
「無過失責任」としての固有の性質が認められるが，他の類型では過失責任
と同質であるとの議論が提起されている。具体的には，欠陥責任全体を（契
約責任の拡張である）「保証責任」の類型と「不法行為責任」の類型に分類し，
後者については過失責任と同質であるとの理解を示す見解（瀬川信久「欠陥，

〔米村〕　　673

開発危険の抗弁と製造物責任の特質」ジュリ1051号〔1994〕〔以下，「瀬川・欠陥」で引用〕17頁）や，後述する欠陥の3類型（→(2)(ウ)(d)(i)）を前提に，「指示・警告上の欠陥」の類型では欠陥判断の内容は製造業者の行為に関する無価値評価であり，過失判断と区別できないとして，部分的にせよ製造物責任は過失責任と性質を同じくするとの見解（潮見II 385頁以下など）などがある。

　　(b)　検討　　製造物責任の法的性質を過失責任と同質と捉えるか異質と捉えるかは，製造物責任立法の意義付けにかかわる問題であるのと同時に，「欠陥」と「過失」の異同に関する法技術的な分析と切り離すことのできない問題でもあり，むしろ近時は，後者の観点からこの点を論じるものが多い。

　欠陥概念の解釈の詳細については後述するところに委ねるが，学説を見渡すならば，立法時の激しい議論にもかかわらず，少なくとも現在は製造物責任における「欠陥」概念が「過失」概念と（いかなる事案類型においても）完全に一致するとする見解は見られない。少なくとも，後述する「製造上の欠陥」の類型については，過失を要件としない製造物責任によって709条に比して広範な責任追及が可能となっているとの理解が一般的である。そうすると，「過失」と「欠陥」の異同に関しては，(i)「欠陥」判断の法的性質を類型によって区別せず包括的に把握し，「欠陥」は「過失」とは異なる固有の判断であるとの理解を示す見解，(ii)「欠陥」判断の法的性質を類型ごとに区別して考察し，部分的に「過失」判断との同質性を認める見解，に分かれることになる。

　筆者自身は，詳細は後述するとおり（→(2)(ウ)(d)），従来論じられてきた欠陥の3類型はアメリカ法に由来する区別であり，わが国では実定的根拠を有しないことや，欠陥判断の前提に予見可能性や結果回避可能性を必須と解すべきか否かは製品類型によって異別に解釈されており，必ずしも欠陥類型によって製品横断的に判断構造が区別されているわけではないと考えられることから，欠陥判断の類型的区別を否定する立場に立つ。そのことを前提とするならば，法的性質に関しても欠陥判断内部で類型的に異なるとする考え方は採用できず，前記(i)の立場のように，全体が包括的に過失とは異なる固有の責任原理によるものであると解すべきことになる（詳細は，米村滋人「製造物責任における欠陥評価の法的構造（3・完）」法学73巻3号〔2009〕〔以下「米村・欠陥評価」で引用〕426頁以下参照）。

674　〔米村〕

§*709* D III

しかし，この点は欠陥判断の実際上の運用によっても変わりうるものであり，将来的に，前記(ii)の立場に親和的な運用となる可能性も否定できない。製造物責任の法的性質をどのように解するかは，種々の事案に関する法の実務的な運用状況を見極めた上で，将来にわたり検討を継続する必要があると考えられる。

　なお，製造物責任が「無過失責任」であると表現することが適切であるか否かは，「無過失責任」の概念理解が必ずしも一致していない中では，慎重に検討すべき問題である。製造物責任が，少なくとも一部の事案類型においては過失責任とは異なる責任原理に立脚することを踏まえれば，製造物責任では通常の過失責任における「過失」が要求されないという意味で，製造物責任は「無過失責任」であるとの表現を用いることも誤りではないと考えられるが，本稿では，この点の慎重を期するため，製造物責任は「欠陥責任」であるとの表現を主として用いることとする。

　㋒　**製造物責任の責任根拠**　　製造物責任が多かれ少なかれ709条責任に比して答責範囲を拡大させる責任類型であるとすると，伝統的な「過失」の範囲を超えた責任を肯定しうる根拠が問題となる。この点については，従来，危険責任と報償責任の観点から説明されてきた。すなわち，人為的に製造された製品はそれ自体が一定の危険を有しているのであり，当該危険が現実化して損害が発生した以上は，当該危険を創出した製造業者が損害を負担すべきであるというもの（危険責任），および，製品を販売することで最終的に利益を上げるのは製造業者であることから，「利益の帰するところ損失もまた帰する」という考え方によって製造業者の責任負担が肯定されるべきであるというもの（報償責任），である。

　もっとも，これらの論理によって，製造物責任の発生場面の全てを説明することはできない。まず危険責任に関しては，製造業者自身が責任を負担する場合はそのように言えるとしても，表示製造業者の場合や輸入業者の場合は，危険を創出したとは言いにくく，別の政策原理を援用せざるを得ない。また，報償責任に関しては，営利事業として製造物が製造・販売されている場合には妥当するが，製造物責任の成立場面は営利事業を通じて製品が流通した場合に限定されてはいない。このように，従来的な危険責任・報償責任論による正当化には限界があると言わざるを得まい。

〔米村〕　　675

§*709* D Ⅲ 　　　　　　　　　　第3編　第5章　不法行為

このような点を考慮して，学説には，副次的な責任根拠としてであれ，「保証責任」や「信頼責任」を挙げるものが存在する。「保証責任」に関しては，表示製造業者の責任根拠としてこれを掲げる見解（浦川道太郎「製造物責任における責任主体」森島昭夫還暦・不法行為法の現代的課題と展開〔1995〕228頁以下）があるほか，やや文脈は異なるが，後述の欠陥類型論との関係で，製造上の欠陥に関する責任原理としてこれを掲げる見解（瀬川・欠陥18頁。ただし，契約責任の延長としての「黙示の保証」と表現しており，他の論者の主張する「保証責任」との内容的な同一性は疑わしい）も存在する。また「信頼責任」に関しては，表示製造業者や輸入業者の責任に関してこれを掲げる見解が見られる（山本・前掲書55頁以下，奥田昌道＝潮見佳男編・法学講義民法6〔2006〕15頁〔飯塚和之〕など）。このうち「信頼責任」に関しては，これを挙げた場合，被害者が真の製造業者を知っていた場合に輸入業者・表示製造業者の責任を否定することになるとして，責任原理として掲げることに反対する見解もあるが（潮見Ⅱ368頁），これは「信頼責任」を表見法理と同様に理解した場合に生ずる問題であり，それと異なる内容で「信頼責任」を理解する可能性もあろう（元来，不法行為法一般において，被害者の個別的な知・不知を責任要件に反映させることの適否は別途論ずる必要があるが，ここでの「信頼責任」は製品使用者の「合理的期待」を基礎に責任要件を構成するという部分についてのみ正当化を与えている可能性があり，それであれば個別被害者の知・不知は責任の成否に影響しない。また，ここでの「信頼責任」が，輸入業者や表示製造業者が，何らかの形で製造物の安全性につきコントロールを行うことへの「社会的信頼」に基礎を置くという意味での「信頼原理」を問題としているのであれば，やはり，個別被害者の知・不知は責任の成否に影響しないことになろう）。

他方で，製造物責任法の立法時には，製造業者等の責任負担を正当化する根拠として，想定される当事者の利益状況に着目した以下のような主張もなされた。第1に，大量生産・大量消費の時代を迎え，製造業者に製品安全の確保がより強く求められており，製造業者に無過失責任を課しても不当ではないこと，第2に，製品の使用者（特に消費者である使用者）は製品の構造や危険性について正確な知識を有しないことが多く，事故を防止する手段にも乏しいため，被害救済の必要性が高まること，第3に，製造業者が損害を負担しても保険や価格転嫁によって費用を社会的に分散することができること，などである。これらの主張は前記の危険責任・報償責任・保証責任・信頼責

§*709* D Ⅲ

任の各原理と矛盾するものではないが，現行の製造物責任における責任根拠
となりうるかはやや問題である。特に第2の点は，一般論として被害救済の
必要性があることは否定できないとしても，現行法は責任の成立場面を被害
者が消費者の場合に限定しておらず，消費者保護立法としての性格は有して
いないと言わざるを得ない（製造物責任法が消費者保護立法とならなかった点に対す
る批判として，加藤・前掲新賠償講座(3)13頁以下参照）。製造物責任に関する当事
者の地位や利益状況を類型的に論じることは容易でなく，製造物責任の責任
根拠としては，このような類型的利益状況よりも製造物の有する客観的危険
性や製造物に対する社会的信頼が重視されていると見るべきであろう。

　(エ)　法の時的適用範囲　　法附則第1項において，同法は，その施行日
（1995年7月1日）以降に製造業者からの引渡しがなされた製造物に対し適用
される旨が定められる。「引渡し」とは，後述のとおり製造業者が他の事業
者等に当該製造物を給付し流通に置くことを意味するため，上記施行日に先
だって市場に流通していた製品の欠陥に起因する事故については，同法の適
用対象外となる。

　(2)　**責 任 要 件**

　(ア)　序説　　製造物責任の要件としては，法3条に規定される通り，(i)製
造物，(ii)欠陥，(iii)製造業者等，(iv)引渡し，(v)生命・身体・財産の侵害，(vi)因
果関係，(vii)損害，が挙げられる。以下，これらにつき順に検討する。

　(イ)　**製 造 物**

　「製造物」とは，製造または加工された動産をいう（法2条1項）。この規定
は，製品事故に関する責任のあり方は製品の類型によって異なると考えられ，
また，無過失責任としての製造物責任は歴史的にも一定範囲の製品に関する
製品事故を想定して議論されてきたことから，製造物責任の成立範囲を製品
の属性によって限定することを意図したものである。具体的な要件は，(a)動
産，(b)製造・加工，の2点に分かれる。

　　(a)　**動　　　産**

　製造物責任の成立が肯定できる「製造物」は，動産でなければならない。
「動産」の定義は民法85条・86条に規定されており，基本的にはこれに従
うこととなるが，ここでの「動産」概念は製造物責任の成否を判断する基準
としての概念であり，例外的には民法の解釈と異なる場合もありうる。

〔米村〕　677

§*709* D III　　　　　　　　　　　　　　第3編　第5章　不法行為

　動産要件によって「製造物」から除外されるものとして，(ⅰ)不動産，(ⅱ)無
体物，がある。それぞれにつき若干敷衍する。

　（ⅰ）　不動産　　欠陥のある状態のまま取引対象となりうる不動産として
は，建物が代表的である。欠陥建築をめぐる紛争事例は近時増加しており，
社会的にも看過できない問題であるが，他方で，建物については，建築時の
個別性が強く大量生産品とは同視できないことや，欠陥の発見まで相当期間
を要する場合が多く経年変化との区別が難しいことなど，通常の製造物と異
なる側面が指摘される（升田・詳解225頁）。これらが，不動産全般につき製
造物責任法の適用を排除する十分な理由付けとなるかには疑問もあるものの，
少なくとも不動産の代表である建物については，「製造物」から除外するこ
とは立法時に明確な態度決定があったと解さざるを得まい。その他の不動産
については検討の余地があり，立木法2条1項によって不動産とみなされる
立木（同法上の立木登記を経たもの）や，工場抵当法14条により不動産とみな
される工場財団に含まれる動産については，「製造物」にあたるとする余地
があろう（升田・詳解209頁参照）。

　なお，不動産の構成要素である動産については，付合の成否にかかわらず，
動産として「製造物」要件を充足するとされる（升田・詳解207頁）。このた
め，たとえば建物のスプリンクラー設備に欠陥があり，火災の発生時に消火
できなかった場合には，民法242条の解釈としてスプリンクラーが建物に付
合していると解するか否かにかかわらず，スプリンクラーの欠陥による損害
として製造物責任の追及が可能である。

　（ⅱ）　無体物　　無体物には，多種多様なものが含まれる。まず電気につ
いては，民法・刑法の「物」「財物」に含まれるかが古くから争われてきた
ところであり，これを「製造物」に含めることも全く不可能ではない。外国
の製造物責任立法では，電気を含める立法例も見られ，EC指令は電気を
「製造物」に含む旨の明文規定を置いている。しかし，わが国の製造物責任
法では，立案段階でEC指令の規定の存在が認識されつつも，電気の欠陥に
ついては供給設備の欠陥や管理上の瑕疵などの構成によって対処可能である
との理由から，電気を「製造物」に含めないという積極的意図で同旨の規定
が置かれなかったとされており，電気については「製造物」に含めないとす
る解釈が一般的である（通産省編・解説66頁，経企庁編・逐条解説58頁，升田・詳

678　〔米村〕

解241頁）。

　役務（サービス）も「製造物」には含まれない。役務が製造物責任の対象から除外された理由は，役務提供を内容とする取引は多様性が極めて大きい上に，通常は役務提供事業者との間に直接の契約があり，契約責任を追及することで被害救済が実現されうるなどの事情による。ただし，役務提供の一環として動産の給付がされる場合にも，当該動産自体に欠陥があれば製造物責任が成立する（升田・詳解233頁）。

　情報，特にソフトウェアの欠陥に関しては，近時問題となることが多い。ソフトウェアは「製造物」にあたらず，ソフトウェア自体の欠陥があっても製造物責任は発生しないとするのが一般的な理解である（升田・詳解250頁）。もっとも，たとえば自動車や家電製品等の他の製品に（内蔵のICチップに記録するなどにより）あらかじめ組み込まれた形で製造・販売されるソフトウェアについては，その欠陥は当該他の製品（動産）の欠陥とみなしうるため，製造物責任が成立しうるとされる（通産省編・解説67頁，経企庁編・逐条解説59頁，升田・詳解252頁）。

　問題となるのは，コンピュータにインストールされた状態で販売されているソフトウェアや，記録媒体に焼き付けた状態で販売されるソフトウェアの扱いである。これらについては，コンピュータや記録媒体自体の欠陥とは扱わず製造物責任の成立を否定する見解がある（松本恒雄「コンピュータと製造物責任」升田純編・現代裁判法大系(8)〔1998〕60頁）。この見解は，媒体とソフトウェアの「一体性」の有無によって製造物該当性を区別するようであるが，「一体性」の有無の判断は微妙であり，IT技術の発達により，今後さらに多様な場面でソフトウェア付き製品が開発される可能性を考えれば，不明確な判断基準は社会的混乱を引き起こすことが懸念される。ソフトウェア一般につき通常の動産と区別して製造物責任の対象外とする政策的理由が十分に明らかでないことも踏まえると，「製造物」要件での不明確な限定を行うのは適切でなく，何らかの媒体と一体的にソフトウェアが取引される場合は，動産の種別によらず「製造物」に該当すると考えた上で，必要な限定は「欠陥」要件で行うべきであると考える。

　なお，このように考えても，ソフトウェアをオンラインでダウンロードすることにより購入する場合は，「製造物」要件を欠くことになる。販売店で

〔米村〕　　679

§709 D III 第3編 第5章 不法行為

認証番号を購入した顧客が自らダウンロードする方式の場合も，認証番号の購入は「ダウンロードによりソフトウェアを取得する」ことを給付内容とする債権の取得にすぎないため，やはり同要件を欠くことになろう。単なる販売形態の違いによって責任の成否が異なるのは不適切であるとの批判も考えられるが，ダウンロードによる販売は「引渡時」を基準に欠陥の有無を判断する製造物責任法の枠組みでは捕捉できないリスクを有しており，この場面では製造物責任法の枠組みとは別に責任判断を行うことが正当化されよう。

　(b)　製造・加工　「製造物」は，製造または加工されたものでなければならない。製造とは，原材料・部品等から新たな物を創出する行為をいい，加工とは，物の基本的属性を維持したまま工作を加えるなどにより，当該物に新たな価値を付加する行為をいう。これらの行為が必要となることは，人為的な操作を加えることにより損害発生の危険が高まった点に無過失責任としての責任根拠があるとする危険責任の考え方に基づくものとして説明される（潮見II 380頁，升田・詳解202頁）。もっとも，牡蠣の加工品に牡蠣毒が含まれていた場合のように，ここでいう「人為的な操作」が危険性を高める方向に作用していない（損害に実現した危険性は人為的操作に由来していない）場合であっても，製造・加工があったものとして「製造物」と扱われる点には注意が必要である。このような場合の製造業者の責任負担に関しては，危険責任原理のみでは説明ができず，加工品は天然物に比して安全性が高まっているという社会的信頼があり，その種の信頼に反することを責任根拠とする（「信頼原理」による責任負担）と考えるべきであろう。

　以上のことから，人為的操作の全く加わっていない未加工の農水畜産物は，「製造物」にあたらない。ただし，加工の有無の判断は実際上微妙である場合がある。野菜や果物を洗浄した場合や外皮を剥いた場合，魚を切り身にした場合などはいずれも加工にあたらないが，調味料や保存料等を添加した場合，果物をジュースにした場合，加熱・冷凍した場合など，製品の性状を変更させうる操作を加えた場合には，「加工」にあたると解される（土庫澄子・逐条講義製造物責任法〔2版，2018〕〔以下「土庫・講義」で引用〕32頁以下，升田・詳解215頁以下参照。ただし，通産省編・解説70頁，経企庁編・逐条解説61頁は，冷凍・乾燥などは「加工」にあたらないとする）。これに対して，切断や乾燥の過程で刃先や病原菌が混入した場合に責任追及できないのは不当であるとして，およ

680　〔米村〕

§*709* D Ⅲ

そあらゆる人為的な操作は「加工」にあたるとする見解も有力に主張されるが（朝見行弘「製造物の範囲」金判 960 号〔1995〕15 頁，羽成守「製造物と加工・未加工」前掲現代裁判法大系(8)41 頁），病原菌の増加は未加工産品を高温環境下で単に放置した場合にも生ずるのであり，危険性の増加可能性により「加工」概念を画することはできないと考えられる。上記の通り，信頼原理があわせて責任根拠となる点を考慮し，一般人から見て危険性の内容・程度を想定できる程度の切断・乾燥等の操作は「加工」にあたらないと解すべきであろう（もっとも，同じく「乾燥」であっても，フリーズドライなど一般人が危険性の内容・程度を想定できない特殊な乾燥技法等を用いた場合は「加工」にあたる）。

　裁判例として，東京地裁平成 14 年 12 月 13 日判決（判タ 1109 号 285 頁）は，料亭が提供したイシガキダイのアライ・兜焼き等によって食中毒を起こしたとされた事案につき，食品については「原材料に加熱，味付けなどを行ってこれに新しい属性ないし価値を付加したといえるほどに人の手が加えられていれば，法にいう『加工』に該当する」と判示し，本件料理が「製造物」にあたるものとした。

　医薬品は，仮に原材料が天然の薬草などであっても，加工されたものとして当然に「製造物」となる。他方で，人の血液を輸血用に製剤化した血液製剤につき，「製造物」となるかが立法時に議論されたが，血液も製剤化の過程で抗凝固剤を添加するなどの処理を行っているため，加工されたものとして「製造物」にあたると解するのが一般的である（通産省編・解説 71 頁，経企庁編・逐条解説 64 頁，升田・詳解 263 頁以下）。

　㈡　欠　　陥

　(a)　序説　「欠陥」とは，①当該製造物の特性，②その通常予見される使用形態，③その製造業者等が当該製造物を引き渡した時期その他の当該製造物に係る事情を考慮して，当該製造物が通常有すべき安全性を欠いていることをいう（法 2 条 2 項）。欠陥概念は，新たに立法された製造物責任法の性質を決定付ける極めて重要な概念であり，その内容については多岐にわたる論点が存在する。

　製造物責任立法の必要性が説かれた当初より，過失に代わる要件として，「瑕疵」ないし「欠陥」を挙げる見解は多かったが，それには諸外国における製造物責任のあり方が大きく影響していた。また，わが国の立法時にもこ

〔米村〕　681

§709 D III 第3編 第5章 不法行為

の点に関する議論は多く，それらを概観することが有益である。そこで以下では，まず比較法的・歴史的背景を整理した上で，個別の論点につき検討を進めることとする。

(b) 比較法的・歴史的背景　1(3)で述べたとおり，無過失責任としての製造物責任が論じられるようになったことには，アメリカ法において製造物責任法理が確立していたことの影響が大きい。アメリカ法では，製造物責任は厳格責任（strict liability）の一種として位置付けられ，製造物の欠陥（defect）のある場合に責任が発生するものとされる。その上で，欠陥判断は，通常，「製造上の欠陥」「設計上の欠陥」「指示・警告上の欠陥」の3類型に分ける形で検討されてきた（各類型の内容は，わが国で論じられる3類型の内容とほぼ同様であるため，後述するところに譲る）。この議論がわが国に紹介され，立法化の際にもこの種の類型を明示した欠陥の定義規定を置くべきであるとする主張が存在した。

これに対して，EC指令においては異なる欠陥の定義が採用された。EC指令は，6条で，「製造物は，以下のものを含む全ての事情を考慮して，正当に期待される安全性を提供しない場合には，欠陥を有する」と規定し，「以下のもの」の内容としては，(i)製造物の形象（presentation），(ii)当該製造物につき合理的に期待される使用法，(iii)当該製造物が流通に置かれた時期，の3点を定めた。これは，欠陥の包括的な定義規定を置きつつ，欠陥判断を（少なくとも条文上は）類型的に区別せず一般的な考慮要素のみを掲げる規定方式を採用したものである。このようなEC指令方式の欠陥の定義規定を置くべきであるとする議論も，わが国の立法に向けた検討に際しては有力であった。

これらの外国法の状況を踏まえつつ，わが国の製造物責任法案策定における検討では，欠陥の定義規定を置くべきか否か，置くとして，どのような内容とすべきかにつき，消費者の期待，責任の合理的限定，法的安定性，多様な事故に柔軟に対応できること，被害者の立証負担を軽減すること，国民的な合意が得られることなど，極めて多様な観点から議論がなされ（この間の経緯については，升田・詳解321頁以下に詳しい），最終的には，連立与党内・関係省庁間の調整において，「当該製造物が通常有すべき安全性を欠いていること」という包括的定義を置きつつ，考慮事情を例示的に規定するという方

§709 D III

向性が採用された。結果的にこの規定方式は，考慮事情の挙げ方に若干の相違があるものの，EC指令の規定に極めて近似したものとなった。

(c) 欠陥の基本的意義と特徴　　以上を踏まえて，欠陥概念に関する個別解釈問題につき述べる。まず，どのような事象が「欠陥」と評価されるか，欠陥概念の意義が問題となる。前述のとおり，法2条2項は，「通常有すべき安全性を欠いていること」という包括的定義を採用する。ここから，欠陥概念の基本的意義につき，一般に2つの特徴が指摘される。

第1に，欠陥は製品の「安全性」の問題であるとされる。およそ製造物は，人の生命・身体・財産を侵害しないような安全性を備える必要があり，それを欠いた状態が欠陥であると考えるものである（通産省編・解説74頁）。他方で，当該製造物の品質のみにかかわる問題（当該製造物限りでの価値減少等の可能性）があっても，欠陥にはあたらない（鎌田薫「欠陥」判タ862号〔1995〕〔以下「鎌田・欠陥」で引用〕56頁，升田・詳解319頁）。これは，製造物責任の成立範囲が拡大損害（当該製造物以外の客体に発生した損害）の発生場面に限られるため，欠陥概念についても拡大損害を惹起しうる安全性の欠如として限定的に解するのが適切だからである。

第2に，欠陥は製造物の客観的性状であり，製造業者等の義務違反の評価を含まない概念であるとされる（升田・詳解325頁）。これは，土地工作物責任（717条）や営造物責任（国賠2条）の「瑕疵」概念に関して存在する「客観説」と「義務違反説」の対立を念頭に置いた議論であると考えられるが，あくまで欠陥は製造物に関する客観的性状・属性として客観的・外形的に判断されるべきであるとするのである。もっとも，この点は，後述する欠陥類型の法的意義や「指示・警告上の欠陥」に関する法的性質とも関係し，学説に有力な批判が存在する。現在は，欠陥一般につき「物の客観的性状」であるとの見方は貫徹できないとする見解が多数を占める状況にある。

(d) 欠陥の類型と判断基準

(i) 欠陥の3類型

以上のことを踏まえても，どのような事象が欠陥と評価されるかは十分に明確にならず，欠陥判断に関する具体例の分析が必要となる。この点につき従来の学説では，アメリカ法の分類にならい，欠陥を「製造上の欠陥」，「設計上の欠陥」，「指示・警告上の欠陥」の3類型に分けて論じるのが一般的で

〔米村〕　683

§709 D III 第3編 第5章 不法行為

あった。以下，それぞれの内容を説明する。

① 製造上の欠陥　　大量生産品において確率的に発生する不良品（標準設計から外れた製品。「アウスライサー」とも呼ばれる）に存在する欠陥をいう。この種の不良品は，製品の製造工程につき十分な管理を行っても一定の確率で不可避的に発生するとされる一方，仮に製造業者に過失がないとしても製品不良による損害を被害者に負担させるべきではないとの理由から，立法前には無過失責任による製造業者の責任負担が最も強く主張された類型である。

製造上の欠陥については製造業者の責任が明らかな場面が多いためか，製造上の欠陥の有無が製造物責任の追及の形で争われた裁判例は多くない。しかし，カネミ油症事件のような，食品への有害物質混入事例は典型的な製造上の欠陥の事例であり，この類型が製造物責任の一類型として重要な意義を有することには疑いがない。

② 設計上の欠陥　　デザインの欠陥とも呼ばれ，製品設計それ自体に不備があり安全性を欠くために生ずる欠陥をいう。製造上の欠陥は大量生産品の一部である不良品についてのみ肯定されるが，設計上の欠陥は原則として製造された製品全てにつき肯定される（瀬川信久「消費社会の構造と製造物責任法」岩村正彦ほか編・岩波講座・現代の法13消費生活と法〔1997〕〔以下「瀬川・消費社会」で引用〕198頁）。

設計上の欠陥の有無が問題となった事例は枚挙にいとまがなく，通常の意味で「製品安全」にかかわる問題はこの類型に包摂される。具体的な裁判例は後述するところに譲るが，一般消費者向けの製品（食品・自動車・自転車・家電製品・玩具など）に加え，事業用機器（工場用機械・医療機器など）に関する欠陥もしばしば問題となる。

③ 指示・警告上の欠陥　　製品の使用法の指示や危険性の警告表示に不備があるために安全性を欠くことになる場合の欠陥をいう。製品は，一般に効用を維持しながら完全に危険性を除去することは困難であり，残存する危険性に関しては使用者に対して適切な使用法を指示し，使用に伴う危険性を警告することで対処せざるを得ない場合がある。そのような指示・警告に不備があり，使用者が事故を防止できるだけの情報が提供されなかった場合，製品自体に欠陥があるとして取り扱うものである。

指示・警告上の欠陥が肯定される事例は次第に増加しつつあり，典型的に

は，製品の取扱説明書の記載が不十分である場合に欠陥が肯定される。

(ⅱ) 欠陥の判断基準　このような欠陥の3類型が頻用されてきた背景には，それぞれの欠陥類型に対応して，欠陥判断の一般的な判断基準が論じられてきたという事情がある。具体的には，アメリカ法の議論にならい，標準逸脱基準（製品の性状が何らかの標準を逸脱した場合に欠陥と認定する判断方式），消費者期待基準（一般的な消費者が期待する程度の安全性を備えていない場合に欠陥と認定する判断方式），危険効用基準（製品の有する危険性とその効用を比較衡量し，危険が効用を上回る場合に欠陥と認定する判断方式）が挙げられ，いずれの基準が適切かが類型ごとに論じられてきた。

まず製造上の欠陥に関しては，標準逸脱基準により，設計仕様に適合しない性状の場合に欠陥ありとするのが一般的である。ここで基準となる設計仕様は，製造業者が定めたもので足りるとする見解が有力である。事業者が独断で安全性確保の十分でない設計仕様を採用した場合に，欠陥が肯定できなくなるのは不当であるとして，事業者が定めた設計仕様を直ちに基準とすべきでないとする見解もあるが，設計仕様自体が不当であれば設計上の欠陥となりうるため，製造上の欠陥の判断基準としては事業者の定めた設計仕様で足りるとされる（瀬川・欠陥18頁，鎌田薫＝山口斉昭「製造上の欠陥，設計上の欠陥，警告上の欠陥」前掲現代裁判法大系(8)129頁）。

設計上の欠陥に関しては，消費者期待基準をとる見解と危険効用基準をとる見解が対立するとされる。消費者期待基準によれば，一般消費者の「期待」に基づき厳格な欠陥判断が可能になるとされる一方で，危険効用基準によれば，製品の効用との衡量判断によって許容できる危険性が定められることになり，医薬品のように危険が大きいが効用も大きい場合に適切な判断が可能になるとされる。指示・警告上の欠陥に関しても，同様に消費者期待基準と危険効用基準が適用でき，前者によれば，一般消費者が期待する水準の安全性が確保されるよう適切な警告表示がされなければならず，後者によれば，製品の効用との相関において必要な水準に危険性が低減するよう，警告表示がされる必要があることになる。アメリカでは，この両基準のいずれを優先的に適用するかが論じられ，その内容がわが国でも紹介されている（小林秀之責任編集・東京海上研究所編・新製造物責任法大系Ⅰ〔1998〕61頁〔小林秀之・松本恒雄〕など参照）。消費者期待基準に対しては，消費者の「期待」が主観

§709 D III 第3編　第5章　不法行為

的ないし非現実的な「期待」である場合も存在することなどが指摘されている一方で，危険効用基準に対しては，過失判断とほぼ同じになるとする批判や，製品の有用性が高ければ消費者の安全を犠牲にしても良いという考え方であり不当であるとの批判も存在するとされる。

　もっとも，これらの判断基準の議論はいずれもアメリカ法の議論状況に依拠しており，わが国ではいずれかの基準のみを適切であるとする学説はほとんど見られない。裁判実務においても，後述のとおり欠陥判断には極めて多様な要素を考慮する必要がある上に，製品の種別ごとに異なる部分も大きく，一律にこれらの基準のいずれかが適用されているわけではないと考えられる。

　　(iii)　欠陥類型論に関する学説の展開　　欠陥判断を3類型に区分して考察する欠陥類型論は，現実に問題となる事例をほぼ網羅していることや，欠陥の判断基準との関係で一定の特徴を有する事案類型がうまく分類・整理される形になっているため，欠陥の内容を表現するものとして学説や下級審裁判例を通じて広く用いられてきた。もっとも，立法当初から，欠陥について包括的定義を採用する現行法の下で上記の3類型がなお法的意義を持ちうるかが盛んに論じられていたところ，近時はさらに，製造物責任全体の法的性質との関係でこの点が注目される傾向にある。

　現在もなお，従前と同様に欠陥の3類型を掲げ，それぞれ異なる判断基準で欠陥が判断されるものとする見解が多数を占めると見られるが（このような立場に立つものとして，平野克明「『欠陥』概念」新賠償講座(3)84頁，潮見II 385頁以下など），このような理解に対し何らかの意味で修正を求める見解が複数の立場から主張されている。

　第1に，欠陥類型ごとに責任の性質や判断基準を考察するという枠組み自体は維持しつつ，具体的な分類の方法につき従来の3類型に疑義を呈する見解である。具体的には，(a)製造上の欠陥と設計上の欠陥の区別を否定するもの（加藤・総覧210頁など。両者の区別が困難な例として，血液製剤のように，不良品の出現を許容する製造工程の適否が問題となる場面が挙げられる），(b)設計上の欠陥と指示・警告上の欠陥の区別を否定するもの（鎌田・欠陥58頁，瀬川・消費社会198頁など。両者は製品の安全性にかかわる問題として一体的に判断されると主張される）が存在する。

　第2に，そもそも欠陥類型ごとに判断基準等を分類・整理する意義を否定

§*709* D Ⅲ

し，全ての欠陥は総合的・一体的に認定判断されるとする立場が存在する（升田・詳解 425 頁以下，米村・欠陥評価 437 頁）。これには複数の理由付けがされているが，主として，(i)現行法は欠陥類型を明示的に採用していないこと，(ii)個別の事例では，いずれの類型にあたるかの判断が難しい場合があること，(iii)欠陥の判断基準は製品の種類によっても異なり，欠陥類型による横断的な整理は適切でないこと，(iv)被害者側に欠陥類型の特定を求めることは被害者救済の趣旨に反すること，などが挙げられる。

　この，欠陥類型に関する議論と密接に関連する形で展開されているのが，製造物責任の過失責任との異同に関する問題である。すなわち，欠陥類型による区別を肯定する立場からは，一部の欠陥類型（特に指示・警告上の欠陥）につき，過失責任と同質であるとの指摘がなされることがある（潮見Ⅱ 385 頁以下）。これに対して，欠陥類型による区別を否定する論者は，製造物責任は全体として無過失責任ないし欠陥責任であるとして，過失責任と異なる判断構造を有する責任類型であると主張するのが一般的である。

　なお，裁判例においては欠陥類型を用いるものと用いないものが両者存在するが，最高裁平成 25 年 4 月 12 日判決（民集 67 巻 4 号 899 頁）は，抗癌剤である「イレッサ」の副作用である間質性肺炎により死亡した患者の遺族らが，添付文書上に適切な警告がされていなかったことが欠陥にあたるとして製造物責任に基づく賠償請求を行った事案につき，「引渡し時点で予見し得る副作用について，製造物としての使用のために必要な情報が適切に与えられることにより，通常有すべき安全性が確保される関係にあるのであるから，このような副作用に係る情報が適切に与えられていないことを一つの要素として，当該医薬品に欠陥があると解すべき場合が生ずる」と述べており，これは，指示・警告上の欠陥を類型的に区別せず，欠陥を総合的・一体的に判断する立場に親和的な判示であると見られる。

　この点につき，筆者自身は別稿において，欠陥判断のあり方は製造物の置かれた社会的背景等によっても大きく異なるため，横断的分類である欠陥類型によって欠陥判断のあり方を類型的に考察すること自体に意義が乏しいとして，欠陥類型の法的意義を否定する見解を提示した（米村・欠陥評価 437 頁）。これは，製造物責任が全て同性質の責任であるという趣旨ではなく，むしろ，責任の性質や欠陥判断のあり方を事例ごとに緻密に考察することの必要性を

〔米村〕

重視しての立論である。もっとも，欠陥類型にいかなる法的意義を見いだすかの問題は，上記の通り製造物責任の性質論にもかかわる難問であり，個々の事例における欠陥判断のあり方とも密接に関係することから，裁判例の分析などを通じて法の運用状況に対する分析・評価を踏まえて引き続き検討する必要があろう。

(e) 欠陥判断の具体的内容

欠陥判断の内容については，本来，欠陥の判断基準ないし判断公式が明確であれば，それ以上に種々の考慮要素を個別的に検討する必要はなくなるはずである。ところが，上記で紹介した欠陥類型ごとに論じられる3種の判断基準（標準逸脱基準・消費者期待基準・危険効用基準）は，典型的な場面における判断モデルとしては正当な指摘を含んでいると言いうるものの，さまざまな製品事故事例における欠陥判断を網羅的に表現するには不十分と言わざるを得ない。製造物責任法の立案当局による解説では，法2条2項の掲げる3つの考慮事情（一(a)）に即し欠陥判断の内容が具体的に紹介されており，わが国の法解釈としてはこの整理が相対的に適切であると考えられる。そこで以下では，欠陥類型ごとの分類ではなく，考慮事情ごとに，欠陥判断の一般的な内容を整理する。考慮事情としては，(i)当該製造物の特性，(ii)その通常予見される使用形態，(iii)その製造業者等が当該製造物を引き渡した時期，(iv)その他，の4種が挙げられる（以下の整理は，升田・詳解340頁以下の整理に多くを負う）。

(i) 製造物の特性

これは，製造物それ自体の一般的な特徴（用途・外形・構造・有用性・危険性など）に加え，製品価格や警告・表示内容など，当該製造物に関する個別事情を広く含むと解される。

① 製造物の種類・用途・構造　製品の欠陥を判断する出発点ともなる，最も基本的な考慮要素である。それぞれの製品は固有の構造や特徴を有し，そこから用途や危険性が容易に判別できる場合も多い。包丁，はさみ，ガラス製品など，製品の外形や構造によって危険性が容易に理解される場合があり，その場合には通常知られている範囲の危険性についてはさほど高度の対策は講じる必要がないのに対し，外形上危険性の明らかでない製品に関しては，十分な対策が必要となる。

§*709* **D** **III**

製品の用途に関しては，それぞれの製品は特定の用途で使用されることを想定して設計されるのが通常であるため，当該用途での使用に関しては十分な安全性が求められるが，用途外の使用法によって生じる危険性への対策にはおのずと限界がありうる（→(ii)）。

② 製造物の有用性・危険性　　製品の有用性・危険性に関しては，医薬品（特に抗癌剤や難病治療薬など生存にかかわる治療薬）のように，製品の有用性が高い場合には相当に高度の危険性があっても製造や販売が許容されうるのに対し，玩具や嗜好品など有用性がさほど高くない場合には十分な危険性の低減が必要となる（以上は，(d)で紹介した危険効用基準による場合の判断とほぼ同様であるが，このような衡量判断のみで欠陥の有無が最終的に判断されるわけではない）。

③ 損害発生の蓋然性・程度　　損害発生の蓋然性や予想される損害の規模・程度に関しても，考慮要素となる。極めてまれにしか発生しない損害やごく軽微な損害に関しては，当該損害を防止するための措置までは求められない可能性が高い一方，相当程度の頻度で生じうる損害や，まれであっても重大な損害に関しては，相応の対策を講ずる必要があることになろう。もっとも，この点は製品の有用性との相関で判断され（升田・詳解346頁参照），②の一環に位置付けることも可能である。

④ 製品の通常使用期間・耐用年数　　いかなる製品も経年劣化が避けられず，製品の経年劣化により損害が発生したとしても，そのことをもって欠陥があると判断されるものではない。したがって，製品ごとの耐用年数が欠陥判断にあたり考慮されることになる。

⑤ 指示・警告表示の内容　　製品の使用法に関する指示や警告表示の内容も「製造物の特性」に含めて理解され，製品の特性に応じた指示や警告が必要となる。一般に，この種の指示や警告表示は，包丁・はさみのような，使用法や危険性が一般によく知られた製品については特段のものは必要ないが，一見してそれらが製品使用者にわからない製品の場合に必要となり，製品の使用者として想定される者が，予備知識等を踏まえて十分に危険性を理解して損害を未然に防止できるような表示方法での警告が必要である。

このような警告表示は，通常は取扱説明書の中に記載すべきであるとされるが，場合によっては，製品本体に直接表示するなどの適切な方法をとる必要がある。それに加えて，広告・宣伝や口頭指示の内容も考慮されるかが問

〔米村〕　689

§709 D Ⅲ　　　　　　　　　第3編　第5章　不法行為

題となる。欠陥判断の基準時との関係で，引渡後の広告・宣伝や口頭説明は判断対象外となる（それらに問題があれば709条の一般不法行為責任としてしか責任追及できない）とする考え方もあるが，欠陥判断の基準時との関係では，そのような理解は不適切である。引渡時の製品の性状を前提としてなされる広告・宣伝や口頭説明は，引渡後になされたものも欠陥判断の対象に含まれると解すべきであろう（米村・欠陥評価421頁以下，潮見Ⅱ390頁）。

　これらの点に関連し，抗癌剤イレッサにより致死的な間質性肺炎を生じた事案に関する前掲最高裁平成25年4月12日判決の判示が極めて重要である。同判決は，医療用医薬品の「副作用に係る情報は添付文書に適切に記載されているべきもの」であり，「添付文書の記載が適切かどうかは，上記副作用の内容ないし程度（その発現頻度を含む。），当該医療用医薬品の効能又は効果から通常想定される処方者ないし使用者の知識及び能力，当該添付文書における副作用に係る記載の形式ないし体裁等の諸般の事情を総合考慮して，上記予見し得る副作用の危険性が上記処方者等に十分明らかにされているといえるか否かという観点から判断すべきもの」であるとした。その上で，「本件輸入承認時点においては……，イレッサには発現頻度及び重篤度において他の抗がん剤と同程度の間質性肺炎の副作用が存在するにとどまるものと認識され，被上告人〔製薬会社〕は，……医師等への情報提供目的で設けられている『使用上の注意』欄の『重大な副作用』欄の4番目に間質性肺炎についての記載をした」ところ，「通常想定される処方者ないし使用者は上記のような肺がん〔手術不能または再発非小細胞肺がん〕の治療を行う医師であ」り，このような医師が「上記記載を閲読した場合には，イレッサには上記のとおり他の抗がん剤と同程度の間質性肺炎の副作用が存在し，イレッサの適応を有する患者がイレッサ投与により間質性肺炎を発症した場合には致死的となり得ることを認識するのに困難はなかったことは明らかであり」，そのことは「医学雑誌の記述等により影響を受けるものではない」として，警告表示の欠陥はなかったと判示した。さらに同判決は，発売の3か月後に副作用症例報告を受けて発出された緊急安全性情報の記載に含まれる「急速に重篤化する間質性肺炎の症状は，他の抗がん剤による副作用としての間質性肺炎と同程度のものということはできず，また，本件輸入承認時点までに行われた臨床試験等からこれを予見し得たものともいえない」などとして，「急

690　〔米村〕

速に重篤化する間質性肺炎が存在することを前提とした……記載がないことをもって，本件添付文書……の記載が不適切であるということはできない」と判示した。

　この判示部分の特徴として，3点を挙げることができる。第1に，本判示では医療用医薬品の警告に関して添付文書の記載が重視され，医学雑誌等の記述を考慮しない立場が採用されている。もっとも，これは医療用医薬品における添付文書の特殊な位置付けに由来する可能性もあり，製品一般について取扱説明書の記述のみをもって指示・警告の適否を判断したものと解すべきではなかろう。第2に，本判示では，「通常想定される処方者ないし使用者」が危険性を認識するのに困難がないのであれば，警告表示として十分であるとの立場が採られる。本判示部分の具体的判断については，「通常想定される処方者ないし使用者」の範囲が狭すぎないか，危険性を認識するのに十分な記載と言えるか，などにつき疑問を呈する見解（吉村良一〔判批〕リマークス49号〔2014〕44頁，渡邉知行〔判批〕速判解〔2014〕78頁など）もあるが，一般的な判断枠組みとしては従来の通説的見解を踏襲したものである。第3に，本判示では，「急速に重篤化する間質性肺炎」につき輸入販売時に予見不可能であったことをもって警告表示を不要とする立場が採用されている。この点についても批判が多いが（吉村・前掲判批45頁，塩野隆史・薬害過失と因果関係の法理〔2013〕198頁など），適正な指示・警告を行うには，対象となる危険性の内容や対処法が特定されている必要があり，その観点から危険性の予見可能性が必要となるとする立場は十分に合理的と考えられる（なお，ここでの「予見可能性」は過失の前提となる権利・法益侵害ないし損害の予見可能性とは内容を異にし，ここで「予見可能性」を要求することのみを根拠に指示・警告に関する欠陥の判断が過失判断と同質化するとは言えない）。

　指示・警告に関する欠陥に基づく賠償請求がなされる例は増加傾向にあり，さらなる事例の蓄積によって判断の明確化が図られることが望ましい。

　⑥　製品の価格・経済性　　必要とされる安全性の水準には製品価格も影響し，安価な製品であれば，安全装置等が十分に装備されていないとしても，欠陥とはならない場合がある。最高度に安全性を備えた製品のみを流通させることは，製品安全の観点から望ましいとも言える一方で，安全性は低くとも低価格の製品を購入したいと考える消費者の選択の余地を狭めること

§709 D III

第3編　第5章　不法行為

にもなる。そのため，製品価格との相関で消費者が自由に安全性の水準を含む製品の性状を選択できる余地を残すことが適切であり，一定水準の安全性を備えない製品につき一律に欠陥を肯定すべきではない。

もっとも，この問題については2つの点に注意する必要がある。第1に，もとより，製品の最低限度の安全性は担保される必要があり，いかに低価格の製品であってもそのような安全性を備えていなければ欠陥が肯定される。第2に，上記の「最低限度の安全性」に含まれるか，製品価格いかんにより装備しないことが許容される安全性に含まれるか否かは，製品特性・時期・地域・想定される使用者等の諸要素によって変動が生じうる。当初は高価格製品にのみ装備されていた安全装置が，その後全製品に装備されるようになる場合はしばしば存在する。そのような場合，全製品に装備されるようになった段階では，同種製品につき当該安全装置が存在することへの合理的期待が発生するに至ると考えられ，当該安全装置がない場合には欠陥が肯定されやすくなるであろう。

　⑦　裁判例における具体的判断　　以上の各点に関する裁判例を概観しておく。考慮要素は多岐にわたり，製造物の種別によって大きく異なるため，以下，食品，医薬品・医療機器等，自動車・自転車・自動車関連製品，大型機械・設備等の事業用製品，家電・家庭用品にまとめる。

食品については，名古屋地裁平成11年6月30日判決（判時1682号106頁〔ファストフード店提供のオレンジジュースへの異物混入〕），東京地裁平成13年2月28日判決（判タ1068号181頁〔輸入瓶詰めオリーブによる食中毒〕），前掲東京地裁平成14年12月13日判決（イシガキダイによる食中毒），名古屋高裁平成21年2月26日判決（LEX/DB25440726〔健康食品である加工あまめしばによる閉塞性細気管支炎〕）などの肯定例があり，事実関係に多少の不明確性があっても欠陥を肯定する判断がされている。他方で，大阪高裁平成24年5月25日判決（LEX/DB25481410）は，こんにゃくゼリーによる窒息事故につき，設計上の欠陥はなく警告表示の不十分性もないとした。

医薬品・医療機器等については，前掲最高裁平成25年4月12日判決に加え，東京地裁平成22年5月26日判決（判タ1333号199頁〔高コレステロール血症薬であるメバロチン等に関し設計上の欠陥を否定〕），大阪高裁平成24年5月25日判決（訟月59巻3号740頁〔抗癌剤イレッサに関し設計上の欠陥と指示・警告上の欠

692　〔米村〕

陥を否定〕）など，期待される効能・効果の大きい医薬品については欠陥が認められにくいのに対し，名古屋地裁平成 16 年 4 月 9 日判決（判タ 1168 号 280 頁〔アリストロキア酸を含有する漢方薬による腎障害につき欠陥を肯定〕）など肯定例も存在する。これには，医療用医薬品では製造販売に医薬品医療機器法 14 条に基づく厚生労働大臣の承認が必要とされており，有効性・安全性に対する一定の事前審査がされていることも影響しているものと考えられる。医療機器については，東京地裁平成 15 年 9 月 19 日判決（判タ 1159 号 262 頁〔脳外科手術におけるカテーテル破裂〕），東京地裁平成 15 年 3 月 20 日判決（判タ 1133 号 97 頁〔小児用ジャクソン・リース回路における他社製品接続による閉塞〕）など，通常使用の範囲で発生した事故に関しては欠陥が肯定されやすい。他方で，東京地裁平成 30 年 2 月 27 日判決（判タ 1466 号 204 頁〔人工呼吸器の電源喪失による停止〕）では，長時間のバッテリー使用は通常想定される使用形態ではないなどとして欠陥が否定された。このほか，健康関連製品に関するものとして，石けんの欠陥（福岡高判令 2・6・25 判時 2498 号 58 頁，大阪地判平成 31・3・29 判タ 1489 号 78 頁など〔小麦由来成分を含む石けんによるアレルギー〕），美容器具の欠陥（大阪地判平 22・11・17 判時 2146 号 80 頁〔日焼けマシンによる皮膚障害〕）を肯定した各裁判例が存在する。

　自動車に関しては，危険性が一般に知られていること，運転者の過失が関与する場合が多いことなどから，欠陥が否定される裁判例が多い（否定例として，広島地判平 13・12・19 LEX/DB28071705〔雪道走行時のハンドル制御不能〕，高松地判平 22・8・18 判タ 1363 号 197 頁〔車高の高い RV 車の横転〕，東京地判平 21・10・21 判タ 1320 号 246 頁〔坂道での停車中車両の後退〕など）。自動車関連製品でも，本来的機能としての安全性に関しては欠陥否定例が多く（東京地判平 23・3・29 判タ 1375 号 164 頁〔シートベルト不作動〕，広島地三次支判平 19・2・19 判例集未登載〔チャイルドシートの拘束性〕），これには，JIS 規格などとの関連で一定の事前検査等が実施されている点が考慮されている可能性もある（前掲広島地三次支判平 19・2・19 は，明示的に JIS 規格適合品であることに言及する）。他方で，仙台地裁平成 13 年 4 月 26 日判決（判時 1754 号 138 頁〔フロント・サイドマスクのフックによる眼球損傷〕），東京地裁平成 15 年 7 月 31 日判決（判タ 1153 号 106 頁〔カーオーディオのスイッチ短絡によるバッテリー上がり〕），東京地裁平成 21 年 9 月 30 日判決（判タ 1338 号 126 頁〔停車中の車両のエアバッグ暴発による負傷〕）など，製品

§*709* D III　　　　　　　　　　　　　　　　　　　　第3編　第5章　不法行為

の本来的機能とは異なる側面での危険性の制御に関しては欠陥肯定例も存在する。自転車に関してはいまだ裁判例が少ないが，欠陥肯定例が存在する（広島地判平 16・7・6 判タ 1175 号 301 頁〔幼児用自転車の組立てに関する指示・警告の不備〕，東京高判平 30・7・25 金判 1552 号 34 頁〔折りたたみ式自転車のシートポスト破断〕）。

大型機械・設備等に関しては，機器等の個別性に由来する要素が大きいものの，当該機器等の構造や特性に照らし使用者が自ら危険性を認識しにくい場合や，人身被害の危険性が大きい場合には，欠陥が肯定されやすい。具体的には，東京高裁平成 13 年 4 月 12 日判決（判時 1773 号 45 頁〔フードパック裁断・自動搬送機に頭部を挟まれ死亡〕），名古屋高裁金沢支部平成 19 年 7 月 18 日判決（判タ 1251 号 333 頁〔無煙焼却炉のバックファイアーによる火災等〕），東京地裁平成 21 年 8 月 7 日判決（判タ 1346 号 225 頁〔工場内の大型熱風乾燥装置による火災〕），東京地裁平成 29 年 1 月 24 日判決（判タ 1453 号 211 頁〔全自動式丸鋸切断機による指切断〕）などが欠陥肯定例となっている。その他の事業用製品に関する肯定例としては，徳島地裁平成 14 年 10 月 29 日判決（LEX/DB28080407〔磁気活水器による養殖ヒラメの死滅〕），東京地裁平成 16 年 3 月 23 日判決（判時 1908 号 143 頁〔ピアノ用防錆剤の液状化による腐食〕），東京地裁平成 24 年 4 月 16 日判決（LEX/DB25493732〔ビル外壁洗浄剤によるサッシ腐食等〕）がある。

家電や家庭用品に関しては，使用するのが予備知識のない一般消費者である点で，危険性のよく知られた伝統的製品以外には高度の安全性の確保が求められやすく，とりわけ，子どもや高齢者が用いる製品にはその傾向が強い。比較的多いのは冷暖房器具や一般家電製品に関する事例であり，欠陥肯定例として，東京地裁平成 20 年 8 月 29 日判決（判タ 1313 号 256 頁〔電気ストーブによる化学物質過敏症〕），仙台高裁平成 22 年 4 月 22 日判決（判時 2086 号 42 頁〔携帯電話の発熱による低温やけど〕）などがある。ただし，当該製造物の欠陥が発火原因ではないとして因果関係が否定される事例も多い（大阪高判平 13・11・30 判タ 1087 号 209 頁〔ガスファンヒーターと火災〕，甲府地判平 24・5・22 LEX/DB25444832〔石油ストーブの異常燃焼と火災〕など）。また，玩具に関する肯定例として，鹿児島地裁平成 20 年 5 月 20 日判決（判時 2015 号 116 頁〔カプセル玩具のカプセルによる子どもの窒息〕）がある。その他の一般家庭用品に関する事例はさまざまであるが，欠陥肯定例としては，京都地裁平成 18 年 11 月 30 日

694　〔米村〕

§*709* D III

判決（判時 1971 号 146 頁〔折りたたみ式足場台の脚変形による落下〕）があり，家庭用品ではないが類似する位置付けの製品に関するものとして，奈良地裁平成15 年 10 月 8 日判決（判時 1840 号 49 頁〔学校給食用強化ガラス食器の破片による眼球損傷〕）がある。他方で，一般家庭用品では欠陥が否定される事例も多い（京都地判平 19・2・13 賃社 1452 号 59 頁〔介護用ベッドによる胸部圧迫・呼吸不全〕，東京地判平 7・7・24 判タ 903 号 168 頁〔ポテトチップスの袋の角による眼球損傷〕など）。

　(ii)　その通常予見される使用形態　　どのような製品も，用い方によって危険性が生じることは避けがたい。製品の安全性は，いかなる使用形態の下でも確保されることまでは要求されず，当該製品を一定の使用形態で使用した場合に存在すれば足りる。他方で，製品の本来的使用法とわずかに異なる誤使用を行った場合にも危険性を生じるようでは，少なくとも一般消費者向け製品の安全性としては不十分と言うほかない（升田・詳解 363 頁参照）。そこで，この考慮事情は，欠陥を判断する際に想定する使用形態として「通常予見される使用形態」を基準とすべきことを定めるものである。

　「通常予見される使用形態」とは，製造業者等が指定した本来的使用法に限られず，想定される製品使用者が通常の注意によって使用した場合の使用法を広く含む。したがって，一定範囲の誤使用は想定した上で製品の安全性を確保することが必要となる。問題は，どこまでの誤使用を想定すべきかであり，これに関しては「適正使用と誤使用の区分」の問題として錯綜した議論がされてきた（訴訟実務において製造業者側から「誤使用」であるとの主張がされる場面には，欠陥の問題と因果関係の問題の両者が混在していたとされる。升田・詳解353 頁参照）。

　製造業者等が想定すべき使用形態に関しては，一般に製品の特性，想定される使用者の種別とその一般的知識水準，指示・警告の内容，危険性の程度等によって異なるものと考えられる。具体的には，以下のように考えるべきであろう（適正使用と誤使用の区分問題については，土庫・講義 185 頁以下に詳しい）。まず，適正な使用方法を認識・実行できる使用者であるかが利益状況を大きく異ならせるため，(i)十分な判断能力を有しない者の使用が想定される場合，(ii)十分な判断能力を有する者の使用が想定される場合，に分けることが適切である。

　十分な判断能力を有しない者（典型的には小児・高齢者等）の使用が想定され

〔米村〕　　695

§ 709　D Ⅲ　　　　　　　　　　　　　第 3 編　第 5 章　不法行為

る場合には，当該製造物の本来的な目的・機能とは全く異なる使用形態も想定されるため，そのような使用に対する対応が必要となる。具体的には，乳幼児用品や玩具については，たたきつけたり口に入れたりすることを含め，種々の使用形態を想定する必要がある（鎌田・欠陥 61 頁参照。前掲鹿児島地判平 20・5・20 は，3 歳未満の幼児が玩具を取り出した後のカプセルで遊ぶことも通常予見される使用形態であるとする）。さらに進んで，家庭内で使用される製品は全て小児・高齢者等の使用を想定すべきかが問題となり，これを肯定する見解もあるが（升田・詳解 365 頁），家庭内にも医薬品や塩素系漂白剤など危険性の高い製品は存在しえ，それら全てについて小児・高齢者等の使用（誤飲等を含む）を想定した直接的な安全対策を求めることは過剰な要求であろう。直接の使用者・管理者に十分な判断能力がある場合には，適切な指示・警告を行うことで対応できるため，小児・高齢者が誤った使用をしないよう厳重に保管することを警告表示に入れることで対応すべきものと思われる。

　十分な判断能力を有する者の使用が想定される場合には，当該製品の危険性が一般に知られている製品であるか否かによって異なる。包丁・はさみなどの伝統的製品を始めとして，危険性が一般に知られている製品では警告表示は不要と解され，その場合には社会通念によって当該製品の通常の使用形態と捉えられるもののみを想定すれば足りる。他方で，危険性が一般に知られていない製品（専門的知識を要するものや新規性の高い製品）では一定の指示・警告が必要であることに加え，想定される使用者が通常の注意によって行うであろう行動をも想定して安全性を確保する必要がある。

　裁判例として，前掲東京地裁平成 7 年 7 月 24 日判決（ポテトチップスの袋による眼球損傷；乳児が包装袋を手に持って遊ぶ行為をも想定する必要はない旨を判示する），東京地裁平成 23 年 10 月 27 日判決（判タ 1379 号 237 頁〔フォークリフトの充電器からの出火・火災発生；塩水が繰り返し付着する環境での使用が著しい誤使用にあたるとされた〕）は，危険性のよく知られた製品に関するものと解され，欠陥が否定されている。他方で，危険性の知られていない製品に関する事例では，多少の使用方法の逸脱があっても，指示・警告に不備があるとして欠陥が肯定される例が多く，前掲奈良地裁平成 15 年 10 月 8 日判決（学校給食用強化ガラス食器の破片による眼球損傷），前掲広島地裁平成 16 年 7 月 6 日判決（幼児用自転車の組立てに関する指示・警告の不備によるバリ発生），前掲東京地裁平成 15 年 3

§*709* D III

月20日判決（小児用ジャクソン・リース回路における他社製品接続による閉塞）など
がその例として挙げられる。

(iii) 製造業者等が当該製造物を引き渡した時期

製造物に欠陥があるか否かの判断は，時期によって異なりうる。製造物責
任法は，欠陥がどの時点で存在することが責任の成立要件となるか（欠陥判
断の基準時）を明文では定めておらず，法制定直後には，損害発生時に欠陥
が存在すれば良いとの見解も存在した。しかし現在では，「その引き渡した
ものの欠陥」（法3条）という文言や，製造物責任の帰責根拠は損害発生の危
険性を有する製品を引渡しによって流通させた点にある（引渡しの意義の詳細
については後述するが，基本的には製造業者等が製造物を流通に置いたことをいうものと
解されている）との理解などを根拠に，欠陥は引渡時に存在する必要があると
する見解が通説となっている（通産省編・解説98頁，経企庁編・逐条解説66頁，
潮見II 390頁，升田・詳解371頁など）。この考慮事情は，欠陥判断の基準時に関
する以上の解釈を前提に，「引渡時」における諸状況を欠陥判断に際して考
慮することを定めるものである。

欠陥判断にあたって「引渡時」の諸状況を考慮するというのは，より具体
的には，次の2つのことを意味する。第1に，欠陥の有無は，当該製造物の
引渡時の性状等をもとに判断される（評価対象の基準時）。第2に，欠陥の有
無は，引渡時の社会通念や科学的・技術的水準を評価基準として判断される
（評価基準の基準時）。以下，それぞれにつき若干敷衍する。

① 評価対象の基準時　　上記の通り，欠陥は，引渡時の製造物の性状
を基礎に判断される。仮に引渡前に欠陥に相当する問題が存在したとしても，
修理ないし補正により問題を除去した上で引き渡した場合には損害発生の不
相当な危険性はなく，欠陥はないと判断してよい（損害が発生した場合に，こと
さらに引渡前に欠陥があったとした上で因果関係を否定する形で問題を処理する必要はな
い）。また，引渡後に欠陥に相当する問題が発生したとすると，それは経年
変化や使用者等の使用・保管方法に起因する問題である可能性があり，製造
者に責任を負わせるべきではない。したがって，欠陥の有無は（引渡しの前後
いずれの時点でもなく）もっぱら引渡時の製品の性状をもとに判断すれば足り
ることになるからである。もっとも，これに関しては，2つの点につき留保
が必要である。

〔米村〕　　697

§*709* D III 第3編 第5章 不法行為

第1に，引渡後に何らかの問題が発生した場合であっても，潜在的原因が引渡時の製品に存在していたと認められる場合には，引渡時に欠陥が存在したものとする判断が可能である。したがって，たとえば，引渡後に別の業者が行った不正改造によって損害が発生した事例であっても，不正改造が容易に可能となるような構造の製品であった場合には，引渡時の製造物に欠陥があったとして，欠陥を肯定することができると考えられる（土庫・講義217頁以下）。

第2に，指示・警告に関しても引渡時に行われたもののみが考慮対象となるかが問題となる。この点については，必ずしも意識的な議論はされてこなかったものの，従来は取扱説明書や製品の本体表示など，引渡時に製品に添付される表示のみを考慮するのが一般的であり，指示・警告に関していわば引渡しとの「同時性」を要求するかのような処理がされていた。しかし，最終使用者に伝達されるべき製品の指示・警告は，必ずしも引渡時にのみなされるとは限らず，むしろ引渡しの前後を問わず最終消費者に伝達された情報を総合して適切な指示・警告がなされたかを判断することが望ましいことから，指示・警告の実施時点については「引渡時」に限定すべきではない。指示・警告が前提とする製品性状が引渡時のものではない場合（たとえば，他の事業者による不正改造がされていることに関する警告を公表した場合）は，欠陥評価の対象に含めるべきではないが，引渡時の製品性状に関する指示・警告は，それがなされた時点を問わず欠陥評価の対象に含まれると考えられる（詳細は，米村・欠陥評価424頁以下参照）。

② 評価基準の基準時

この点は，欠陥評価の基礎となる科学的・技術的実現可能性と，社会通念・社会的期待に分けて論じられるのが一般的である。

ⓐ 科学的・技術的実現可能性　　科学・技術の水準は日進月歩であり，引渡後に当該製品の設計より安全な代替設計が開発される場合がありうる。また，引渡時点では判明していなかった危険性が新たに判明することもありうる。そのような場合にも欠陥を肯定するのでは製造者に不可能を強いることになるため，欠陥は，引渡時における科学・技術の知見に基づく実現可能性，すなわち，当該時点で（合理的なコストの範囲内で）より安全性の高い代替設計等が可能であったか否かを考慮して判断される（通産省編・解説81頁，経

698 〔米村〕

§*709*　**D** **III**

企庁編・逐条解説71頁）。これに対して，裁判例の分析から，指示・警告上の欠陥の事例ではこの点が考慮されているが，製造上の欠陥・設計上の欠陥の事例では引渡時期が明示的に考慮されておらず，一般にもその点の考慮の必要はないとの指摘がある（土庫・講義216頁以下）。しかし，設計上の欠陥の類型に関しては，時期によって可能な代替設計が異なる事態は実際上さほど多くないため明示的な引渡時期への言及がないというにとどまり，この点を一般的に考慮しなくてよいとは言えまい（時期によって安全性評価が異なる事例では，欠陥判断が微妙となるために指示・警告上の欠陥が問題にされやすいと考えられるが，それは事実上の問題にとどまる）。他方で，製造上の欠陥の事例に関してこの点を考慮すべきかについては，結果回避可能性を要件とするか否かに関係するため，(iv)で述べる。

　引渡後に製品の危険性が判明したような場合でも，引渡時の科学・技術の水準を前提とすれば欠陥がなかった以上は，製造物責任は発生しないとするのが適切である。このような場合には，回収や無償修理など，製造者として損害発生防止措置を行う義務が発生するが，それらの義務の違反に関しては民法709条に基づく一般不法行為責任の枠組みで処理されることになる。

　なお，引渡時の科学的知見を考慮するものとすると，開発危険の抗弁の判断との関係が問題となる。この点についての詳細は後述するが，両者の重複を肯定する見解と否定する見解が存在し，多数は後者の見解に立っていると見られる（瀬川・消費社会208頁，升田・詳解374頁など）。この場合，両者の判断をどのように切り分けるかは複数の考え方が成立しうるが，一般には，欠陥判断において評価基準たる科学的知見につき製造業者の認識可能性を要求し，欠陥は認識可能な知見を考慮要素の1つとして判断されるものとされている。

　　ⓑ　社会通念・社会的期待　　欠陥は，引渡時の社会通念や製品安全等に対する社会的期待を考慮して判断される（通産省編・解説80頁，経企庁編・逐条解説70頁）。社会的に期待される安全性の水準も科学・技術の水準向上や類似製品の普及などの事情により，期間の経過によって変化する性質を有する。しかし，引渡後の社会通念等の変動によって欠陥があったものとすることは適切でなく，あくまで引渡時のそれを基準として判断される。

〔米村〕　　699

§709 D III 第3編 第5章 不法行為

(iv) その他の考慮事情

その他の考慮事情として実務的に挙げられるものとして，①法令の規制，②事業者団体等の適格性基準，③リコールなどの事後的措置，があり，また理論的に考慮の可否が問題となる要素として，④不可抗力，⑤予見可能性・結果回避可能性がある。

① 法令の規制 製造物の品質や安全性について，法令の規制が加えられる場合があり（そのような例として，医薬品医療機器法，食品衛生法，道路運送車両法，火薬類取締法などが存在する），この種の行政法規の適合性が欠陥判断に際し考慮されるかが問題とされてきた。この点については，原則として，一般不法行為責任における過失判断と同じく民事上の欠陥判断は行政法規適合性の判断と別個独立であり，法令違反があっても直ちに欠陥が肯定されるわけではない。ただし，両者は全く無関係と言うこともできず，欠陥判断における考慮事情の1つとはなりうるとされる（通産省編・解説102頁，経企庁編・逐条解説73頁，升田・詳解385頁）。

具体的な考慮のしかたは製品の種別によっても欠陥の内容によっても大きく異なるが，一般には，当該行政法令が製品安全や一般消費者保護を目的にしている場合には，法令違反がある場合に欠陥が肯定されやすいと考えられる。

② 事業者団体等の適格性基準 法令による義務的な規制ではなくとも，行政指針・ガイドラインや事業者団体の定める規格や適合性基準により，一定の品質や安全性が求められる場合がある。その場合，これらの基準に適合しないという事実が欠陥判断に影響するかが問題となる。これも，法令の規制と同様，原則的には欠陥の有無と別個の問題であるが，欠陥判断に一定程度の影響が及ぶことは避けがたい。ただし，法令の規制に比して影響の程度は弱く，これらの基準に適合していても欠陥が肯定される場合が相当程度存在する。

裁判例としては，日本工業規格（JIS）適合製品に関するものが多い。規格適合製品であることに言及しつつ欠陥を否定する裁判例（前掲広島地三次支判平19・2・19〔チャイルドシートの拘束性〕）が存在する一方，規格に適合していても欠陥を肯定する裁判例（前掲東京地判平15・3・20〔小児用ジャクソン・リース回路における他社製品接続による閉塞〕，前掲広島地判平16・7・6〔幼児用自転車の組立

§*709* D III

てに関する指示・警告の不備〕）も相当数見られる。

③　リコール・改良等　　製品の製造・販売が開始された後に，当該製品の危険性が明らかになったなどの事情により，既に流通している製品の回収・修理等（あわせて「リコール」と呼ばれる）がなされる場合や，追加的な指示・警告がされる場合がある。また，新たに安全性を高める方向で設計を変更した改良品が製造・販売される場合もある。このように，製品の発売後に何らかの問題が発見され，既に流通している製品のリコール措置等が執られた場合，あるいは改良品が新たに流通するようになった場合に，そのことを根拠に欠陥が肯定されるかが問題とされている。

この点に関しては，単純に，これらの事後的措置が欠陥を肯定する方向で考慮されうるとの立場（升田・詳解392頁・431頁）のほか，事後的な改良等によって欠陥が肯定されるとすると製品の改良に対する阻害要因となりかえって一般消費者の利益を損なうとして，この点の考慮に慎重な留保を付しつつも，総合考慮の一要素として考慮可能であるとする見解が存在する（通産省編・解説98頁。土庫・講義228頁も同旨か）。

もっとも，この問題は，理論的に異なる問題が混在したまま論じられてきたように思われる。まず，ⓐリコール等の措置以前に既に引き渡され流通していた製品に関する欠陥判断については，上記の通り欠陥判断は引渡時を基準時とするため，引渡時の科学・技術の水準や社会通念等に照らして問題がなかったのであれば，その後にリコール等の事後的措置が執られたことを理由に欠陥が肯定されることにはならない。リコール等の根拠となった知見がより早期の時点で適用可能であり，引渡時点で安全性の高い代替品を引き渡すべきだったのではないかが問題とされる可能性はあるが，それはリコール等があったこと自体を欠陥判断にあたり考慮しているわけではない（訴訟における主張・立証に際し，引渡時点で代替設計が可能であったという事実を証明するための間接証拠としてリコール等の存在を持ち出すことは可能だが，それは，リコール等の事実が欠陥概念の実体法上の考慮要素となっていることとは異なる）。したがって，この場面ではリコール等の事後的措置を考慮事情の1つに位置付けること自体が適切でないと言うべきである。

他方で，ⓑリコール等の措置以後に旧設計のまま引き渡された製品（リコール等を行った製造業者の製品であるか，別事業者の製品であるかを問わない）に関し

〔米村〕　701

§709 D Ⅲ 第3編 第5章 不法行為

ては，リコール等の存在を欠陥判断の考慮事情とすべきである。もっとも，このような場合にも常に欠陥が肯定されるとは言えず，リコール等の原因となった問題が欠陥に相当する場合に限り（他の考慮事情と総合考慮の上）欠陥が肯定されうる。たとえば，市場で販売されている同種製品の大半に新たに安全装置が取り付けられたにもかかわらず，ある製造業者が当該安全装置を備えない同種製品を製造し続けているような場合には，欠陥を肯定しうる状況があると言えるのに対し，同種製品への安全装置の装備がそれほど一般化していない場合や，安全装置の有無が製品に明示されそれによって価格差がついているような場合には，安全装置が装備されていないというだけで欠陥を肯定することはできない。この点は，引渡時点での社会通念・社会的期待や危険性の程度，代替設計の容易性等を総合考慮することになろう。

④　不可抗力　　伝統的に，不法行為法全般において，自然災害等に起因して損害が発生した場合は，不可抗力によるものとして責任が発生しないものとされてきた。このような一般命題を承認することができるかは1つの問題であるが，そのことを受け，製造物責任においても不可抗力は免責事由になるとの見解が有力であり，欠陥判断に際しても不可抗力であることを考慮して欠陥を否定することもありうるとされている（通産省編・解説90頁，升田・詳解394頁）。

もっとも，揺れを感知して自動的に消火する安全装置つきの暖房器具につき，地震発生時に当該安全装置が作動せず火災が発生した場合など，自然災害の発生を前提として安全性が確保されるべき製品に関しては，自然災害に起因する損害であっても不可抗力として欠陥が否定されるものではない。そのような事例を区別する枠組みは不可抗力概念自体にはなく，社会通念・社会的期待などの欠陥判断における考慮要素一般の枠組みの中で判断せざるを得まい。後述の通り，不可抗力によって因果関係が否定される場面は肯定できるものの，欠陥の判断に関しては不可抗力を特別の考慮要素とする必要はないと考えられる。

⑤　予見可能性・結果回避可能性

欠陥判断に際し，予見可能性や結果回避可能性が要求されるかが問題とされてきた。この点については，元来，過失判断においてこれらが要件とされることとの対比で，欠陥判断においてもこれらを要件とすると無過失責任を

702 〔米村〕

§709 D III

導入した製造物責任立法の意義を大幅に減殺することになるとして，これらの考慮を要求すべきでないとする見解が有力である（升田・詳解396頁）。この見解は過失と欠陥の理論的差異を重視したものであるが，具体的な欠陥判断の内容を考慮すると単純にそのようには言えない場面も存在し，慎重な検討を要する。

　ⓐ　予見可能性　　まず，権利・法益侵害または損害の発生の予見可能性に関しては，これらの発生を防止する義務の違反が責任要件となっているわけではないため，欠陥判断に際し直接的な要件とはならない。もっとも，個別的には一定の要素の予見・認識可能性が要求される場合がある。第1に，(ii)で述べた通り，「通常予見される使用形態」が考慮要素となることから，使用者の使用形態に関しては一定の予見可能性が要求されていると解される。第2に，指示・警告の不十分性に基づく欠陥を判断する際には，警告の対象となる危険性は特定されている必要があるため，これに対する予見可能性が必要となる。この点，前掲最高裁平成25年4月12日判決は，「急速に重篤化する間質性肺炎の症状は，……本件輸入承認時点までに行われた臨床試験等からこれを予見し得たものともいえない」として，添付文書における警告の不備はないと判示しており，これは，警告の対象たる危険性につき予見可能性を要求したものと考えられる（もっとも，どこまで特定された危険性の予見可能性を必要とするかは，なお問題となろう）。このように，権利・法益侵害や損害の予見可能性とは理論的に区別されるものの，一定の要素の予見可能性が欠陥判断の要素となることが明らかにされている。

　他方で，この2点に加えて，製造物に欠陥を基礎付ける危険性が存在すること自体の認識・予見の可能性が欠陥の要素となるか否かが問題となる。これも，理論上は権利・法益侵害または損害の予見可能性と区別されるものの，実質判断として両者の差異はほとんどなく，過失判断との差別化の観点から危険性の具体的な認識・予見の可能性を要求することは適切でない。加えて，法4条1号に開発危険の抗弁の規定が存在する関係上，欠陥の認識可能性（がないこと）は開発危険の抗弁の形でのみ主張可能となっていると解されるため，欠陥判断においてその点を要件とすべきではないと考えられる。また，具体的な認識・予見の可能性を要件としないとしても，欠陥判断における総合考慮の一事情として他の諸事情とあわせ考慮することは可能であるかが問

§709 D III 第3編　第5章　不法行為

題となる。この点の考慮自体は可能とする見解もありうるが，開発危険の抗弁との判断内容の振り分けの観点から一切の考慮を否定する考え方もありうる（瀬川・欠陥22頁はそのような理解に立つようである）。以上の点は，開発危険の抗弁の判断と欠陥の判断の関係性にかかわる問題であり，この点については後述する（→(ケ)(a)(iii)）。

　⑥　結果回避可能性　　結果回避可能性についても，過失責任の前提となる権利侵害または損害の回避可能性は要求されないのが原則である。ただし，具体的な欠陥判断の過程で，欠陥または危険性の回避可能性が要求される場面が存在しうる。

　この点は，欠陥類型によって異なって理解されるのが一般的である。すなわち，まず設計上の欠陥に関しては，通常，危険性の低減される代替設計が存在することが必要とされるため，この意味で危険性の回避可能性が要求されると考えられる。また，指示・警告上の欠陥に関しても，指示・警告によって使用者が危険性を低減できることが必要であり，その意味で危険性の回避可能性が要件となっていると考えられる。これに対し，製造上の欠陥に関してはアウスライサーの出現が不可避であったとしても製造業者が責任を負担すべきであるとされ（通産省編・解説90頁），欠陥や危険性の回避可能性を要求しない見解が一般的である。

　もっとも，血液製剤に関しては，これと異なる取扱いがされている。すなわち，輸血用血液製剤に関しては，法案審議の際の国会答弁等を根拠に，現代の科学技術水準で除去不可能なウイルス等の混入や免疫反応による副作用は欠陥に該当しないものとされている（通産省編・解説104頁，経企庁編・逐条解説73頁）。血液製剤へのウイルス混入は，一部の製品のみが低品質となることによる欠陥であるため，製造上の欠陥に分類されることが明らかである。にもかかわらず，科学的に除去できない場合に欠陥とされないということは，この場合には欠陥ないし危険性の回避可能性が要求されていることになろう。欠陥類型による区別の合理性に問題があることも踏まえて考えれば，一般に回避可能性が要求されるか否かは，当該製品をめぐる科学的背景や社会的影響，政策的妥当性などを考慮した総合判断として決せられると考えるのが合理的であろう（米村・欠陥評価432頁以下参照）。

704　〔米村〕

§709　D Ⅲ

(エ)　製造業者等

(a)　序説　　製造物責任は物の欠陥を責任原因としており，行為者の義務違反を要件としていないため，別途責任主体に関する要件が必要となる。製造物の開発から製造・加工・輸送・販売等にかかわる主体は極めて多数に上るが，製造物責任は民法709条の一般不法行為責任に比して厳格化された責任であるため，その責任主体は製造物の流通に密接な関係を有する一部の主体に限定する必要がある。そこで，法2条3項は，製造物責任の責任主体として，大きく分けて2種の類型を定めている。

第1は，「当該製造物を業として製造，加工又は輸入した者」（製造業者・加工業者・輸入業者）であり，第2は，いわゆる「表示製造業者」にあたる者，すなわち「自ら当該製造物の製造業者として当該製造物にその氏名，商号，商標その他の表示……をした者又は当該製造物にその製造業者と誤認させるような氏名等の表示をした者」（2号表示製造業者），または，2号表示製造業者以外で「当該製造物の製造，加工，輸入又は販売に係る形態その他の事情からみて，当該製造物にその実質的な製造業者と認めることができる氏名等の表示をした者」（3号表示製造業者）である。

このような責任主体の定め方は，全体として，当該製造物を国内に流通させた主体またはその種の主体である旨の表示を行った主体を責任主体としていると言え，それは，危険責任・報償責任・信頼責任の考え方によっていると考えられる。前者に関しては，製造物を危険源と考えた上で，最終消費者が当該危険源を容易に入手できる状態にした者に責任を課す考え方（危険責任）と，製造物の流通によって利益を得る主体がそれによる社会的損失をも負担すべきであるとの考え方（報償責任）によって説明することができる。他方で後者に関しては，前者の主体に該当するかのような表示を行った者に対し，社会一般の信頼保護の観点から責任を課すべきであるとする考え方（信頼責任）に基づいているとの整理が可能である。もっとも，これらは単に理念的な理由付けによる規律ではなく，最終消費者の下で損害が発生した場合に責任追及を容易にすることをも目的としており，輸入業者や表示製造業者が製造業者と同内容の責任を負う理由は，損害を受けた最終消費者との関係ではこれらの事業者が一旦全責任を負い，事業者間の損害分担は別途事業者間の求償によって解決することが公平にかなうとの判断が存在する。

〔米村〕　705

§709 D III　　　　　　　　　　　　　　第3編　第5章　不法行為

以下，各責任主体の規律の詳細につき述べる。

（b）　製造業者・加工業者　　製造物を業として製造・加工した者は，当然に責任を負う。「業として」とは，有償性や営利性のある場合に限られず，同種の行為を反復継続して行うことを意味する（通産省編・解説106頁，経企庁編・逐条解説82頁，升田・詳解538頁）。試作品の作成など初回の製造にかかる製品であっても，将来的に反復継続することが予定されていれば「業として」にあたるとされている。

ここでの「製造」「加工」の意義については，製造物の定義における意義と同様である（→(2)(イ)(b)）。部品や原材料を提供したのみでは製造業者にはあたらず，当該製品を最終的に完成させた者が製造業者となる。もっとも，当初から部品等に欠陥があり，それが組み込まれる形で最終製造物が生成している場合には，最終製造物の製造業者と部品等の製造業者がともに責任を負うこととなる（升田・詳解544頁）。ただし，部品・原材料製造業者の責任に関しては，部品・原材料製造業者の抗弁を主張できる場合がある（→(ケ)(b)）。

（c）　輸入業者　　製造物を業として輸入した者は，製造業者・加工業者と同じく責任を負う。輸入業者は製品の製造・加工に関与してはいないものの，国内の被害者が外国の製造業者に直接賠償請求等を行うことは通常困難であり，救済の実効性を失わせることが懸念されることや，輸入業者は国内流通の起点をなした者であり，危険を持ち込んだ主体として一定の責任を負わせても不当ではないと考えられることなどから，責任主体として定められたものである（通産省編・解説107頁，経企庁編・逐条解説81頁，升田・詳解545頁）。

輸入業者とは，自己の名義で，または自己の計算で，製品を輸入する者をいう（升田・詳解549頁）。輸入に複数事業者がかかわる場合など，輸入業者を決定しにくい場面も想定されうるが，取引の実態や商慣習等を考慮しつつ，実質的に輸入の過程に最も主導的に関与した者を輸入業者とすべきである。

なお，外国の製造業者も賠償責任（一般不法行為責任または製造物責任）を負う場合がある。その場合，輸入業者の賠償責任と併存することとなる。

（d）　表示製造業者

製造物に，氏名，商号，商標等を表示することによって（2号表示製造業者），または製造・加工・輸入・販売の形態等の事情から見て実質的に（3号表示製造業者），製造業者等である旨の表示を行ったとみなしうる者は，製造業者等

706　〔米村〕

§709 D III

と同内容の責任を負う。以下，それぞれの要件につき具体的に述べる。

(i) 2号表示製造業者　　製造物に，自らが製造業者等であると誤認させるような表示を行った者をいう。そのような表示として，条文には氏名・商号・商標が例示されており，これらを明示する形での表示がされる事例が典型的な適用場面である。

氏名・商号・商標のいずれも，製造物責任の追及の観点から見て帰責に値する表示がされているか否かを判断する要素であり，それぞれの由来となる概念や法制度に厳密に一致させる必要はない。したがって，氏名に関しては，実名はもちろん，通称や芸名など，個人を特定しうる名称が広く含まれる。また商号については，商法11条以下で保護される商号に限らず，また法的な商号使用権等を有する者が使用した場合に限られず，特定の事業者を指称する表示がされていると見られる場合を広く含む。商標に関しても，商標法の保護対象となる場合に限られず，他の商品やサービスとの同一性を示す標章が表示されている場合を広く包含すると考えられる。

ただし，いずれであっても，当該事業者が自ら表示することが必要である。表示製造業者の責任は，自ら誤認を与えるおそれのある表示を行った者に特別の責任を課すものであり，他者が本人に無断で表示を行っても責任を発生させることはない。ただし，表示を全て自らの手で行うまでの必要はなく，他者が行う表示を黙認した場合や他者の無断表示を事後的に容認した場合など，実質的に自ら表示したとみなしうる場合が含まれる（升田・詳解559頁）。

具体的な表示方法にはさまざまな形式があり，社会通念に従って表示があったとみなしうるかを判断すべきであるが，「製造者○○」「製造元○○」「○○謹製」などの表示は，原則として全て氏名等の表示にあたると考えられる（表示形式に関しては，土庫・講義244頁以下に裁判例を含む詳しい解説がある）。

なお，以上の諸要件を充足していれば表示製造業者に該当し，製品使用者や被害者が，表示されている者が真実の製造業者等であると実際に誤認していたことは要しない（升田・詳解563頁）。既に述べた通り，表示製造業者の責任根拠となる信頼責任は表見法理とは異なる考え方であり，社会一般の信頼を保護する目的で責任が定められているため，請求権者の具体的な知・不知は請求の可否に関係しない。

(ii) 3号表示製造業者　　氏名等の表示がなく，2号表示製造業者にあ

〔米村〕　707

§*709* D Ⅲ   第3編　第5章　不法行為

たらない場合であっても，実質的に製造業者等としての表示がされたとみなしうる場合を広く捕捉するために設けられた類型である。具体的には，「発売元」「開発者」「連絡先」「販売者」などの表示がある場合に適用される可能性がある。このうち，特に問題とされてきたのは販売者としての表示がある場合の取扱いである。販売者との記載は常に製造業者としての表示を意味するわけではないものの，医薬品のように製造業者が販売においても中心的な役割を担う製品は数多く存在するため，一概にいずれとも判断することはできない。この点は，当該製品の流通の実態（製造者と販売者の異同や資本関係など）や商慣習，その点に関する社会一般の認知度，製品に付せられた表示の内容等を総合的に勘案して判断する必要があろう。

　その他の法律関係については，2号表示製造業者の場合と同様である。

　㈹　引渡し　　法3条は，製造物責任の要件として「その引き渡したものの欠陥」と定めていることから，引渡しが要件となることについては異論がない。

　「引渡し」とは占有の移転を意味し，民法182条以下に現実の引渡し・簡易の引渡し・指図による占有移転，占有改定の4種の引渡しに関する規定がある。しかし，製造物責任の要件たる「引渡し」概念は民法の定める概念内容に必ずしもとらわれず，製造物責任の趣旨・目的に照らし適切な解釈を行う必要がある。この点に関しては，既に述べた通り，製造物責任は危険責任を責任原理の1つとするものであるが，他者に損害が発生する危険が現実化するのは，製品が製造業者等から他者に引き渡され市場に流通する可能性が高まった時点以降であることから，引渡しが責任要件となっていると解される。言い換えれば，欠陥ある製品を流通に置くことが製造業者等の帰責の根拠になっていると表現することができる。

　そうすると，ここでの「引渡し」は自己の意思によってなされることが必要と解される。製造業者等の関与なく製品が流通した場合（典型的には盗取品が流通したような場合）には，損害発生の危険性の現実化につき製造業者に帰責することはできないため，責任成立が否定される（升田・詳解665頁）。また，「引渡し」は損害発生の危険性を現実化させる態様のものでなければならないと解される。たとえば，占有改定は直接占有が製造業者の下にとどまることから，危険性を現実化させるものとは言えず，責任要件たる「引渡

708　〔米村〕

し」があったものとすることはできない（升田・詳解671頁）。他方で，引渡しを法的に基礎付ける契約に無効原因または取消原因が存在し，効力を有しないものとされた場合でも，現実に占有が移転し危険性が現実化している以上は「引渡し」があったものとして責任を肯定しうる（升田・詳解669頁）。

　(カ)　生命・財産等の侵害　　法3条は，「他人の生命，身体又は財産」に対する侵害が責任要件となる旨を定める。これは，3種の限定された権利または法益の侵害が必要であることを意味し，その他の権利・法益の侵害によっては責任は成立しない。立法段階の議論において，製造物責任はもっぱら拡大損害事例（特に人身損害事例）に適用することが想定されていたため，生命・身体・財産への実体損害が発生しない場面では責任は成立しないと考えられたことによるものである。関連して，同条ただし書は，損害が当該製造物についてのみ生じた場合には責任は発生しない旨を定めており，これも，拡大損害事例に適用対象を限定することの表れであるということができる。

　生命・身体が侵害された事例の範囲は比較的明らかである。医療過誤事例に関する判例・学説によって肯定されるような，「相当程度の可能性」侵害や「期待権」侵害に基づく賠償責任は，生命・身体自体の侵害とは区別されることから，製造物責任においては認められない。また，欠陥製品であることに起因して不安を感ずるなどにより，権利・法益の侵害なく精神的損害が発生したとしても，それのみでは賠償責任（慰謝料請求権）は発生しない（通産省編・解説129頁）。

　やや問題となるのは，財産侵害の場面である。立法段階では，上記の通り拡大損害場面への適用が想定され，財産侵害に関しても，製品の欠陥により火災が発生し建物が焼失した場合など，他の財産に拡大損害が発生した事例への適用が主に想定されていた（立法段階の議論の詳細は，升田・詳解707頁以下参照）。したがって，他の財産が滅失・損傷した場合など財産権や財産的利益の侵害が発生した場面では責任が成立する一方，欠陥製品を入荷・販売した事実が報道されたことによって売上げが落ちた小売事業者の営業損害のように，権利・法益侵害なく経済的損失のみが発生する場面（いわゆる「純粋経済損害」の場面）では責任は成立しない。両者の区分は場合により微妙であるものの，基本的な方向性としては上記の通り権利・法益侵害の有無で分けるべきであろう。

〔米村〕　　709

§709 D Ⅲ　　　　　　　　　　　　　　　第3編　第5章　不法行為

なお,「他人の生命, 身体又は財産」の要件を損害要件と同一視する見解も存在する (升田・詳解 702 頁)。しかし, 法3条において当該要件と「損害」は区別して規定されており, 条文の文理からも, 当該要件は権利・法益侵害に関する要件と理解することが自然である。これに加え, 一般不法行為責任に関しては, 理論的な責任原理としての正当性の観点からも実務的な責任成立場面の合理的画定の観点からも「権利・法益侵害」要件を重視する見解が近時有力化しており, 製造物責任においても権利・法益侵害要件を課すことが合理的であると考えられる。したがって, 上記要件は権利・法益侵害要件の一環に位置付けることが適切である。

法3条ただし書において, 損害が当該製造物についてのみに生じた場合は責任が発生しないものとされる。欠陥ある製品が提供された場合には, 多くの場合にそれだけで製品の減価分の損害が発生するはずであるが, その種の損害は契約不適合責任等の枠組みで救済されうる一方, 上記の通り製造物責任は原則として拡大損害事例にのみ適用されるものとされていたことから, この種の事例につき製造物責任の適用対象から外すことが意図されたものである。

もっとも, この規定は,「損害が当該製造物についてのみ生じた場合」にあたる事例につき, 損害が賠償範囲としては相当因果関係の範囲内にあるにもかかわらず政策的に責任の発生を否定することを定めるものであり, 通常の製造物責任が発生する拡大損害事例において, 当該製造物について生じた損害部分の賠償を否定するものではないとするのが立案当局の見解である (通産省編・解説 134 頁)。この点は賠償範囲の問題であり後述する (→(3)(ア))。

(キ)　損害　　法3条では,「損害」を賠償すべきものと定められており, ここでは「損害」が責任要件となることに加え, 賠償すべき対象は「損害」概念によって枠付けられることが明らかにされている。もっとも, 以上のことは一般不法行為責任の場合と基本的に異なるものではなく, 製造物責任において特有の事情は存在しないと言って良い。損害概念の内容や具体的な損害額算定の方法については, 一般不法行為責任に関する議論を参照すれば足りると考えられる (→C Ⅱ・Ⅳ)。

(ク)　因果関係　　製造物責任においては因果関係が責任要件となる。因果関係の有無は実務上問題となることが多く, その認定の緩和を図ることがで

§*709* D Ⅲ

きるかを中心に検討が加えられてきたが，これも基本的には一般不法行為責任に関する問題状況と共通のものであるため，多くはこの場面に特化した検討の必要はなく，一般不法行為責任に関する議論を転用することで足りる（→B Ⅶ2）。

ただし，ここでの因果関係が何と何の間に要求されるものであるか（因果関係の起点・終点の問題）は，製造物責任に固有の考慮を容れる余地が存在する。この点につき，一般には「欠陥」と「損害」の間の因果関係が要求されるとの表現が多いものの（通産省編・解説129頁，経企庁編・逐条解説98頁，升田・詳解812頁など），どれほど意識して論じられているかは明らかでない。

因果関係の起点を「欠陥」とすることの適否については，(ⅰ)因果関係を事実的判断・評価的判断のいずれと理解するか，(ⅱ)「欠陥」の内部要件構成をどのように解するか，の2点を考慮する必要がある。すなわち，「欠陥」は「過失」と同様の評価的要件であると解されることから，これを直接的に起点とする場合には因果関係判断全体が評価的判断として性質決定されざるを得ず，そのことを承認しうるかが問題となる。他方で，この点は「欠陥」概念の内部要件構成にも依存する問題である。欠陥概念を物の客観的性状として理解する立場によれば，（事実的意味での）当該客観的性状が起点となると解することが可能である。また，一般不法行為責任に関しては，「過失」自体ではなく（事実的意味における）「行為」を因果関係の起点とするのが伝統的な理解であるが，欠陥を行為の義務違反性を意味するものと解する立場に立てば（米村・欠陥評価436頁はこのような理解に立つ），ここでも「行為」を起点とする理解が成立する可能性がある。筆者自身は，欠陥を行為の義務違反性として理解しつつも，因果関係を評価的判断とする立場から，欠陥を直接的に起点とすることが適切であると解する。しかしこの点は，以上の諸点を十全に考慮する形で意識的な検討がなされるべきである。

さらに，製造物責任の全体構成における因果関係概念の位置付けの問題として，「欠陥」と「権利・法益侵害」の因果関係と「権利・法益侵害」と「損害」の2個の因果関係を承認するか（因果関係2個説），あるいは，因果関係はいずれか一方のみの関係または全体を統合した単一の関係（「欠陥」と「損害」の関係）とするか（因果関係1個説）も問題である。法3条には，「欠陥により……侵害した」という文言と「これによって生じた損害」という文言

〔米村〕　711

§709 D III　　　　　　　　　　　　第3編　第5章　不法行為

があり，因果関係2個説に親和的である。しかし，個別具体的な損害項目に
対して逐一因果関係を認定すべきであると言えるかは問題であり，これを要
求しない考え方も理論的には採用しうる（主として一般不法行為責任を念頭にこ
の点を論じたものとして，米村滋人「損害帰属の法的構造と立法的課題」立法的課題163
頁以下参照）。したがって，この点も問題として残されていると考えられる。

　以上の各点は，製造物責任の基本的な趣旨・目的をも考慮しつつ，製造物
責任の全体構成の中で因果関係をどのように位置付けるかの問題として検討
する必要がある。しばしば訴訟上の因果関係の証明の困難性が指摘される製
造物責任においては，証明すべき因果関係の内容により責任の成否の結論が
異なる可能性も存在し，実務的にも重要な問題であると考えられることから，
今後のさらなる検討が期待される。

　なお，因果関係の具体的な認定判断のあり方に関しては裁判例も存在する
が，一般不法行為責任における判断様式との差異は明らかでなく，製造物責
任における固有の傾向を論じうる状況にはないと考えられるため，この点の
詳細は割愛する（裁判例を含む実務的状況に関しては，土庫・講義254頁以下に詳し
い）。

　(ケ)　免責事由のないこと（開発危険の抗弁／部品製造業者の抗弁）

　法3条の要件が充足されれば製造物責任が発生するのが原則であるが，そ
の場合でも一定の免責事由があれば責任が発生しない。法4条は，このよう
な免責事由として開発危険の抗弁と部品製造業者の抗弁の2種を明文で定め
ている。

　(a)　開発危険の抗弁

　(i)　総説　　立法段階で，製造物責任立法の基本的性格を決定付ける要
素として最も活発に論じられたのが，開発危険の抗弁に関する問題である。
開発危険とは，引渡時点での科学・技術の水準によっては認識できない危険
をいい，立法段階では，このような危険が現実化した場合に製造業者等に責
任を負わせるべきではないとして，開発危険の抗弁の導入が主張された。他
方で，開発危険の抗弁を導入する場合には，実質的に過失責任と同様に予見
可能性を責任発生の要件とすることになりかねず，無過失責任立法としての
立法の意義を没却するとの批判もされた。最終的に，EC指令が開発危険の
抗弁を承認していることなども考慮され，これを導入することとされたが，

712　〔米村〕

§709 D Ⅲ

製造物責任の基本的趣旨を害しないよう，引渡当時の世界最高水準の科学・技術の知見をもってしても認識できない危険のみを開発危険とする形で，抗弁の成立範囲を厳格化する解釈が一般化している。

もっとも，上記の立法段階の議論においては，開発危険の抗弁によって過失の「予見可能性」判断と同様の判断がされるという理解自体が厳密さを欠くものであったことに加え，開発危険の抗弁の判断は欠陥判断との区別を念頭に置きつつ検討される必要があり，欠陥判断のあり方に関する一般的検討を欠いたままの議論はやや一面的であった印象が拭えない。現在では，開発危険の抗弁の導入により，欠陥判断の場面では製造業者の認識可能性を問わないこととなり，かえって責任成立範囲の拡大の効果があったとする議論もされており，この点につきやや錯綜した議論がなされているのが現状である。

(ii) 具体的要件　「科学又は技術に関する知見」とは，引渡時点で製造業者等が入手可能な最高水準の知見，すなわち世界最高水準の知見を意味する（通産省編・解説142頁，経企庁編・逐条解説110頁，潮見Ⅱ414頁，升田・詳解899頁，加藤・総覧32頁など）。これは，およそ認識不可能な危険性を理由に責任を課すことは適切でない一方，世界最高水準の知見であっても，当該知見が入手可能である以上は製造業者にとって危険性は認識可能であったと言え，その場合に責任を肯定することが適切であると考えられるからである。

もっとも，科学的知見は学術論文等によって逐次的に進展する性質を有し，特定の知見が後に否定される事態もまれではないことから，どの程度確立された知見を基準とすべきかが問題となる。この点については，科学界で異論なく承認される必要はなく，「特定の科学，技術の分野において認知される程度に確立したものであること」で足りるとの見解が存在するものの（升田・詳解898頁），従来あまり明確に論じられていなかった。しかし，医薬品の危険性などは人種による違いも大きく，また疫学・統計学の手法を用いた研究においては研究デザインや統計処理の方法によっても結果が異なるため，新規知見を読み解くこと自体に相応の困難性がある。また，低線量放射線の健康影響など，そもそもどの程度「確実」な知見と言えるかすら明らかにできない（「科学的不確実性」の存在する）分野も少なくない。このため，いかなる新規知見を法律効果に反映させるべきかは，それ自体，製造物の種別ごとに，科学の進展の程度，開発・流通・利用の形態，想定される損害の程度，

〔米村〕　713

§709 D III　　　　　　　　　　　　　　　第3編　第5章　不法行為

社会的期待，他の法制度による規制の有無など諸般の事情を考慮した政策的判断とならざるを得ない。「世界最高水準の知見」というのみでは具体的基準は明らかにならず，この点は今後の精緻な検討が必要であろう。

　認識の主体は「製造業者等」である。前述の法2条3項により定義される「製造業者等」と同一概念であり，輸入業者や表示製造業者を含む。ただし，個々の事業者の規模や人員配置・調査研究態勢等を前提に個別的な認識可能性を問題とするものではなく，同種の一般的な製造業者等が適宜専門家の助言等を得ながら認識可能であると評価される場合には，認識可能性が肯定される（通産省編・解説143頁）。

　(iii)　欠陥判断との関係　　開発危険の抗弁に関する重要な解釈問題として，欠陥判断との関係の問題がある。法4条の規定は法3条の責任要件が全て充足されている場合に適用されうるものであり，欠陥が肯定されていることが適用の前提となる。しかし，開発危険の抗弁の内容である欠陥の認識可能性は，製品の危険性の認識可能性として欠陥判断の際の考慮事情ともなりうると考えられることから，両者の判断が明確に分離されうるか否かが問題とされている。

　この点に関しては，分離を肯定する見解と否定する見解が対立する。①分離を肯定する見解は，欠陥判断では最高水準の知見をも認識可能であったと仮定して判断し，欠陥が肯定された場合には，製造業者側から認識不可能であったことを主張・立証すると述べる（瀬川・欠陥22頁。ただし，設計上の欠陥に関してのみこのようにいう）。これは，開発危険の点が理論上は欠陥判断の考慮要素になりうることを前提としつつも，法4条によりその点の証明責任が転換されていると解し，欠陥判断から当該要素を完全に除外する考え方である。他方で，②分離を否定する見解は，血液製剤へのウイルス混入などの場面を念頭に置きつつ，最高水準の知見によっても認識できない欠陥があったとすることには否定的態度を示し，端的に欠陥判断において最高水準の知見の認識可能性をも考慮すべきであるとする（鎌田・欠陥65頁）。その場合，欠陥が肯定されつつ開発危険の抗弁による免責が認められる場面は想定しがたいことになろう。なお，③両者の中間に位置する見解として，科学・技術の実用的な水準は欠陥判断において考慮可能だが，それは最高水準の知見による認識可能性の考慮とは異なるとして，欠陥が肯定されても開発危険の抗弁

714　〔米村〕

§*709* D III

による免責がありうるとする見解も主張される（升田・詳解374頁）。

　この問題は難問であるが，文理解釈としては，法3条の責任要件と法4条の免責事由で証明責任の所在を異ならせることが自然であることに加え，開発危険の抗弁における証明事項（製造業者側の情報入手可能性）に照らしても，この点の証明責任を製造業者等に課すことは適切である。その意味で，欠陥と開発危険の抗弁の差異を証明責任の所在の差異として理解する上記①説を基本とすべきであり，最高水準の知見による危険性の認識可能性は，原則として欠陥判断では考慮されないものと解すべきである。もっとも，血液製剤の場合など，例外的に欠陥判断においてこの点を考慮しうる場合が存在することも否定すべきでなかろう。既述の通り，欠陥判断の基準や考慮事情は，当該製造物に関する社会環境等をも総合的に考慮した政策判断として決せられるのであり，最高水準の知見による認識可能性の点についても，一律に考慮事情から排除すべきではない。仮に両者の判断に重複が生じた場合には，欠陥が肯定された場合に開発危険の抗弁が認められる可能性は論理的に消滅するが，それはあくまで当該製造物に関する固有の事情に基づくと位置付けるべきであろう。

　（b）　部品・原材料製造業者の抗弁（設計指示の抗弁）　　部品や原材料を加工し，または組み立てることによって製造される他の製品（完成品）に欠陥があり，当該欠陥が部品や原材料の段階から存在した場合には，被害者は，原則として完成品製造業者等と部品・原材料の製造業者（以下「部品等製造業者」という）のいずれにも製造物責任を追及することができる。ところが，法4条2号は，部品・原材料の欠陥がもっぱら完成品製造業者の設計指示に従ったことによって生じ，かつ，部品等製造業者に過失がないことを証明すれば，部品等製造業者は免責が得られるものと定める。これは，部品・原材料の製造業者には，零細事業者であって完成品製造業者の指示に従わざるを得ない場合があり，そのような場合に部品等製造業者の帰責性を問うことは酷である一方，被害者にとっては完成品製造業者に製造物責任を追及できれば救済は得られることから，政策的に，上記の場合に限り部品等製造業者を免責することが適切であるとされたものである（通産省編・解説157頁，経企庁編・逐条解説115頁）。

　本抗弁の適用場面としては，部品・原材料が他の製造物に使用されたこと

〔米村〕　　715

§*709* D III 第3編 第5章 不法行為

が必要であるが，事実として使用されていればよく，部品等製造業者が使用されることを認識していたことは要しない。「他の製造物」は法2条1項で定義される製造物でなければならず，不動産は除外される。これは，本抗弁が，あくまで完成品製造業者に対して製造物責任を追及でき被害者救済に支障が生じない場面に限り，免責を認める趣旨を有するためである（通産省編・解説159頁，経企庁編・逐条解説115頁，升田・詳解918頁）。なお，「完成品」は最終製造物として流通する必要はなく，さらに他の製品の部品等となる場合が含まれる（通産省編・解説159頁）。

本抗弁は，完成品製造業者から「設計に関する指示」があったことを要件とする。この指示は，部品等製造業者の責任を免除しうる程度に拘束性の強い指示である必要があり，具体的な製品仕様を明示するなど，製品設計の余地を大きく制約する指示でなければならない（通産省編・解説159頁，経企庁編・逐条解説116頁，升田・詳解920頁）。また，生じた欠陥の原因が「専ら」当該指示にある必要がある。この点は，欠陥を生じた原因が他に存在するか否かの判断となるが，指示の拘束性が弱い場合には他原因が認定される可能性が高くなろう。

本抗弁には，部品等製造業者に過失がなかったことが必要である。これは，過失ある部品等製造業者には政策的な免責を与える必要がないなどと説明されている（升田・詳解923頁）。「過失」の内容は一般不法行為責任の要件たる過失と同様に解して差し支えない。

（3）効　　果

責任要件が充足された場合の法律効果に関しては，製造物責任法の規定はごくわずかであり，多くは一般不法行為責任と同様の処理がされることが想定されている。このため，製造物責任に関して改めて論じるべき点は多くないが，若干の点に触れておく。

（ア）賠償範囲　　賠償範囲に関しては，明文の規定は存在しないものの，一般不法行為責任における判例・実務を変更すべき特段の理由はないとして，「相当因果関係」すなわち416条類推適用によって判断するとするのが，立案当局の見解である（通産省編・解説131頁，経企庁編・逐条解説101頁）。確かに，従来の実務においては一般不法行為責任の賠償範囲につき相当因果関係（＝416条類推適用）が用いられているとされており，かつ，相当因果関係説は責

§709　D Ⅲ

任原因によらない賠償範囲判断の枠組みを採用するとされていたため（「責任原因と賠償範囲の切断」），製造物責任においてもこれを適用しうるとの考え方も可能であった。

　もっとも，従前から，一般不法行為責任における賠償範囲判断については諸説が対立する状況にあり，判例実務の採用する個別判断が「相当因果関係＝416条類推適用」によって説明できるかにも懐疑的な見解が有力であった（→CⅢ4）。そのような状況の中で，2017年民法（債権関係）改正により，416条2項において，特別損害が賠償範囲に入るのは特別事情を「予見すべきであった」場合であると改められたことから，同条の本来適用においても同条が相当因果関係を意味するとの解釈は困難な状況となった（この点につき，米村滋人「損害賠償の範囲」安永正昭＝鎌田薫＝能見善久監修・債権法改正と民法学Ⅱ〔2018〕53頁参照）。これに加え，過失を責任原因としない責任類型における賠償範囲判断を過失責任における賠償範囲判断と同一であると解する必然性はなく，むしろ，各責任類型の固有の特性（社会的背景，想定される損害の額，救済の必要性，強制保険等の法制度の存在等）を考慮して，固有の賠償範囲判断を行うことも十分に合理性が認められるところである。実際にも，以下に述べる通り，製造物責任においては固有の賠償範囲規範を導入する余地がある。これらのことを踏まえると，製造物責任においては，責任の特性を十分に考慮しつつ，一般不法行為責任とは異なる賠償範囲判断がなされることも可能として個別場面に適合的な判断を行うことが望ましく，「相当因果関係＝416条類推適用」論を安易に前提とすることは適切でなかろう。

　具体的な賠償範囲判断に関して，基本的には，一般不法行為責任における賠償範囲と同様に解することができる。ただし，法3条ただし書が「損害が当該製造物についてのみ生じたとき」に賠償責任が発生しないとしていることとの関係で，拡大損害が発生し製造物責任が成立する場合であっても，当該製造物に関する損害部分が賠償範囲に入らないことにならないかを検討する必要がある。この点については，拡大損害不発生事例では賠償責任がそもそも発生しないものの，拡大損害発生事例では，単一の事故に関する賠償請求権が複数に分かれる場合には被害者の負担が過大となるなどとして，当該損害部分の賠償を否定するものではないとするのが立案当局の見解である（通産省編・解説134頁）。しかし，学説では，拡大損害発生事例でも当該損害

〔米村〕　717

§*709* D Ⅲ　　　　　　　　　　　　　　第3編　第5章　不法行為

部分は賠償範囲から除外すべきであるとの反対説が存在する（潮見Ⅱ410頁）。

　立案当局の見解によった場合には，被害者が，拡大損害が発生しているとの解釈のもとに製造物責任に基づく賠償請求の形で当該製造物に関する損害部分の請求を行ったものの，拡大損害部分に対する因果関係が否定されたような場合には，裁判所は請求を全部棄却しなければならず，被害者は別途契約責任等に基づく請求を余儀なくされることになる。しかし，このような事態はかえって実務上の混乱を招くものであり訴訟経済上も好ましくない（契約責任等に基づく請求の場合は請求の相手方が異なる可能性があり，主観的予備的併合を否定する立場によれば，契約責任に基づく請求を予備的併合の形で併合請求することもできないことになる）。拡大損害の発生の有無にかかわらず，当該製造物に関してのみ生じた損害は製造物責任ではカバーされないものとし，始めから契約責任等に基づく請求を併合する実務運用にする方が当事者の負担が少ないものと予想される。前記の反対説の立場が妥当であると解され，当該製造物に関する損害部分は賠償範囲から除外されるべきであろう。

　⑷　消滅時効　　法5条は，民法724条の特則として，製造物責任の損害賠償請求権につき消滅時効を定める。本条は，2017年の民法（債権関係）改正にあわせて大幅に改正された。従前は，本条1項後段に定められていた10年の期間制限の性質を時効と除斥期間のいずれと解するかにつき不明確性が存在したが，2017年改正で民法724条につき2種の期間制限をいずれも消滅時効とする改正が行われたことから，本条の期間制限もいずれも消滅時効を定めたものと解される。

　1項は，(i)被害者または法定代理人が損害および賠償義務者を知った時から3年の経過により（1号），または(ii)製造物の引渡時から10年の経過により（2号），請求権が時効によって消滅するものとする。

　(i)の3年の期間制限に関しては，改正前から一貫して時効と解されていた。民法724条1号と微細な文言の差異（「加害者」と「賠償義務者」の違い）はあるものの，製造物責任の場合に適合する用語選択がされたというにとどまり，基本的な内容に違いはないと考えられる（改正前の文献だが，升田・詳解1018頁参照）。被害者等が「損害及び賠償義務者を知った時」すなわち主観的起算点についても，民法724条1号と同様に解して問題はない。なお，生命・身体の侵害の場面につき，時効期間を3年から5年に変更する旨が定められる

718　〔米村〕

§709 D III

(2項)。これは，民法 724 条の 2 と同内容の規定であり，その趣旨も同様であると考えられる（→第 16 巻§724, §724 の 2）。

(ii)の 10 年の期間制限に関して，2017 年改正前は，民法 724 条後段に関する判例と同様に除斥期間であると解する見解が多数を占めていたが（通産省編・解説 165 頁，経企庁編・逐条解説 121 頁など），同改正により消滅時効と改められた。ただし，時効期間が 20 年ではなく 10 年とされている点が民法との最大の相違点であり，これは，諸外国の製造物責任法制における期間制限規定との整合性や，製品の経年劣化や修理・修繕等の可能性を踏まえれば，10年間の期間制限があっても被害者救済には十分であることなどが考慮されたものである（この点につき，升田・詳解 1070 頁参照）。

法 5 条 1 項 2 号の時効については，人体に物質が蓄積した後に生ずる損害（蓄積性損害）や一定の潜伏期間を経て顕在化する損害（遅発性損害）の場合につき，起算点を損害発生時とする旨が定められている（3項）。これらの損害の発生場面では，引渡時から 10 年で請求を封じることが被害者救済の観点から不当と考えられたため設けられた規定である。この点は，立法当時は製造物責任に固有の考え方であったが，その後一般不法行為責任に関しても，遅発性損害に関して起算点を損害発生時とする最高裁判例（最判平 16・4・27民集 58 巻 4 号 1032 頁など）が出現した（→第 16 巻§724 III 2）。この種の起算点調整は，2017 年改正前には 10 年の期間制限を除斥期間とする解釈を前提にされていたものであるが，これを時効と解した場合でも，引渡時から 10 年で請求権が消滅することの不当性は蓄積性損害・遅発性損害の場合には無視できず，なお存置する意義があろう。民法 724 条に関する上記判例との関係では，適用範囲（蓄積性損害に適用があるか否か）に若干の差異がある可能性があるものの，同条の運用と大きな違いはなくなっている。

(ウ) 過失相殺・共同不法行為等の準用　法 6 条は，製造物責任に関して民法の規定を準用すべき旨を定める。具体的には，(i)過失相殺（722 条 2 項），(ii)共同不法行為等（719 条），(iii)公序良俗（90 条），(iv)損害賠償の方法（722 条 1項）が準用される規定として挙げられるのが一般的である（通産省編・解説 173頁以下，経企庁編・逐条解説 127 頁以下）。

もっとも，このうち過失相殺と共同不法行為に関しては，過失を責任要件としない製造物責任に適用できるかにつき，問題が存在する。過失相殺に関

〔米村〕　719

§709 D III 第3編 第5章 不法行為

しては，責任主体に過失が認定されていないにもかかわらず被害者の「過失」を考慮する場合に，過失責任の場合と同様の運用で良いかが問題となる。また，共同不法行為に関しては，「共同の行為」の存在が前提とされており，関連共同性も伝統的には各人の行為と行為の間に認定すべきものとされていた。そうすると，欠陥判断の要素に「行為」を想定しない立場に立った場合，製造物責任を基礎に共同不法行為を肯定することは困難ではないか，少なくとも，行為を要件としない特殊不法行為責任一般にも共同不法行為を成立させうることの理論的説明が必要ではないかが問題となるのである。これらの問題は，民法の過失責任に関する規定を製造物責任に準用することが不法行為法理論の見地からは決して容易でないことを示しており，安易な準用処理に警鐘を鳴らすものと言える。

　これらの問題は行為を要件としない特殊不法行為責任一般で発生し，製造物責任に固有の問題ではないため，ここではこれ以上の言及は控えるが，製造物責任を含む特殊不法行為責任に対しこれらの制度をどのように適用すべきかにつき，今後の学説の進展を期待したい。

〔米村滋人〕

§709 D IV

IV 公害・環境侵害

細 目 次

1 はじめに…………………………721
2 公害・環境侵害の特徴………………722
3 権利・法益侵害（違法性ないし受忍
限度）…………………………724
　(1) はじめに…………………………724
　(2) 大気汚染・水質汚濁………………726
　(3) 騒音被害…………………………727
　(4) 日照・通風妨害…………………731
　(5) 眺望・景観侵害…………………732
　(6) その他の生活利益の侵害………734
　(7) 「環境損害」……………………737
　(8) 補論——公害・環境侵害における
保護法益としての「平穏生活権」……738
4 故意・過失…………………………740
　(1) 故　意…………………………740
　(2) 過　失…………………………740
　(3) 無過失責任……………………743
5 因果関係……………………………744

　(1) 因果関係の立証………………744
　(2) 疫学的因果関係論……………747
　(3) 疫学的因果関係論の「限界」………748
6 損害と賠償額の算定………………750
　(1) 「交通事故方式」の限界…………750
　(2) 一括請求・包括請求・一律請求…752
　(3) 包括損害の「項目化」の動き……755
7 その他の問題………………………756
　(1) 複数汚染原因者の責任…………756
　(2) 公害・環境侵害の差止め………759
　(3) 損害賠償請求権の期間制限………761
　(4) 国家賠償訴訟……………………766
8 原発事故被害の賠償………………768
　(1) 福島原発事故被害の特質…………768
　(2) 福島原発事故被害救済に関する不
法行為法理論の課題………………769
　(3) 原発の差止め…………………774

1　はじめに

　日本の不法行為法論は，交通事故・公害・医療事故・薬害といった現代的
事故による被害の救済（損害賠償）をめぐる議論の中で展開を遂げてきた。
それらの現代的事故の中でも，戦後の不法行為法論の発展をうながした主要
なものが，交通事故と公害であったことは，衆目の一致するところであろう。
年間1万5千人という死者を出した「交通戦争」に対応するために裁判所実
務と不法行為法学は新しい展開を見せ，同様に，公害による深刻な被害の救
済という課題に直面した実務と理論は，新しい不法行為法理論を発展させた
のである。このうち，交通事故については，1955年という比較的早くに，
人身被害について特別の要件を定める自動車損害賠償補償法があったため，
民法典の不法行為（特に，709条）との関係では，その議論は効果面（人身損害
における賠償額の算定論）が中心となったのに対し，公害は，1970年代になっ
て水質汚濁や大気汚染による健康被害に関する無過失責任規定がおかれるま
では，民法，しかも，主として709条（ないし，汚染源が複数の場合の719条）

〔吉村〕　　721

§*709* D Ⅳ   第3編　第5章　不法行為

によって救済が図られたため，そこでの議論は，要件・効果の両面に渡っている。

　本項では，民法典制定当時，特別な法的対応を要するものとは意識されなかった（ただし，民法典起草者が公害問題に関する認識を欠いていたかといえば，それは必ずしもそうではない。起草委員の一人であった梅謙次郎が足尾鉱毒事件に関する意見照会に答えたものとおもわれる文書が残っており，また，法典調査会においても「鉱害」については，何度か話題に上っている〔これらの点については，吉村良一・公害・環境私法の展開と今日的課題〔2002〕116頁以下参照〕。しかし，起草者らは，公害ないし鉱害について，民法典において特別な対応が必要なものとは認識していなかったようである），しかし，その後，特に，戦後の「高度成長」の中で深刻な社会問題となった公害問題（なお，「公害」という用語は，水俣病のような健康被害をともなう環境汚染をイメージして使われることが多いが，本項では，公害ないし公害・環境侵害という用語は，環境基本法2条3項が定義する「環境の保全上の支障のうち，事業活動その他の人の活動に伴って生ずる……人の健康又は生活環境（人の生活に密接な関係のある財産並びに人の生活に密接な関係のある動植物及びその生育環境を含む。……）に係る被害が生ずること」をさすものと考える。したがって，日照妨害，眺望や景観の侵害，さらには自然環境侵害の一部についても扱う）をめぐって，どのような議論が展開され，その結果，わが国の不法行為法はどのように発展してきたのか，そして，現在，どのような状況にあるのかを整理してみたい。

2　公害・環境侵害の特徴

　公害・環境侵害の特徴の第1は，被侵害法益が，交通事故等と異なり，生命・健康といった人格的法益の中核部分から，生活上の利益，さらには，良好な景観や自然環境を享受する利益のように，多様なことである。しかも，これらの利益の多くは，いったん侵害されると元に戻す（原状回復）ことが困難ないし不可能な場合が多く，そのため，被害発生を未然に防止するための事業者等の調査研究や防止措置が極めて重要となる。第2に，ここでは，他の多くの事故類型と異なり，同一の原因が広い範囲の多数の人間に影響を与えるという点も重要である。したがって，訴訟の当事者になっている原告以外に同様の被害を受けている住民らが多数おり，また，現実の訴訟でも，いわゆる集団訴訟として多数の原告がその救済を求めるということが一般的である。第3に，多くの場合，現代的な科学技術の応用としての事業活動の

722　〔吉村〕

§709 D IV

結果として発生すること，そのために，当該活動の危険性を認識したり適切にコントロールする上で，事業主体の果たすべき役割が決定的にもかかわらず，その活動が営利目的で行われることが多いため，利潤につながらない被害防止技術の開発やその実施は必ずしも迅速かつ適切には行われないといった事情も存在する。第4に，公害・環境侵害は，多くの場合，人の活動が大気や水といった環境に悪影響を与え，そのことを媒介にして，人々の生命健康，生活等に被害が発生することから，当該活動と発生した被害の因果関係の証明には困難がともなう。加えて，第5に，住民や被害者と汚染企業等の事業主体の立場の相互互換性がないことや，両者が社会的地位や資力，さらには情報力等で対等でないという特徴も重要である。

これらの特徴を踏まえて，どのような不法行為法理論を展開するかが，公害・環境侵害に関する不法行為訴訟では問われてきたのである。以下では，709条の要件・効果に関わって，公害・環境侵害事例で展開されている法理論（裁判例や学説）を整理してみよう。なお，公害・環境侵害事例において企業の責任を問う場合，企業は人間と各種施設の集合体であり，そのようなものに故意や過失を観念しうるかという議論がある。しかし，大部分の公害訴訟で裁判例は，709条の過失責任は自然人でない企業（法人）にも成立しうるとしている。この問題は法人自体の不法行為責任の問題として715条の注釈で詳説されるが（→第16巻§715 IV 2 (3)〔181頁以下〕），過失が行為者の主観的なものから注意義務違反として客観化されていること，公害（特に，従業員の操作ミスで汚染物質が漏れたような事故型でない場合）においては，たまたまある部署にいた担当者の行為やある装置の機能に問題があったというよりも，組織としての仕組みや方針といった操業メカニズムそのものに問題があったという場合が多く，そこでは企業自体の過失を問題にすることが自然であるという事情から見て，709条の責任を企業自体に問うことはありうるのではないか。ちなみに，後に制定される公害無過失責任法においては，事業者＝企業の責任が直接認められており，また，製造物責任法の責任主体としての製造者は自然人に限られておらず，むしろ組織としての企業それ自体をさす場合が多い。したがって，組織それ自体に不法行為責任を課すというのは，それほど珍しいことではない。

〔吉村〕

§709 D Ⅳ 第3編 第5章 不法行為

3 権利・法益侵害（違法性ないし受忍限度）

(1) はじめに

2004年の現代語化改正前の709条では「権利ノ侵害」が要件として規定されていた。しかし、すでに要件の項で触れられているように（→B Ⅲ 1）、この要件は、厳密な意味での「権利」が侵害された場合でなくても、「法律上保護セラルルーノ利益」（大判大14・11・28民集4巻670頁〈大学湯判決〉）が侵害された場合に拡大されてきた。そのような判例・学説の展開を踏まえて、2004年改正では「権利又は法律上保護される利益」とされたのである。このような保護法益の拡大にあたって、権利侵害を違法性に読み替える理論（末川博・権利侵害論〔1930〕）や違法性を被侵害法益の種類と侵害行為の態様の相関において判断する説（我妻）が有力に主張されてきた。公害・環境侵害の場合、これは、被害の程度が「受忍限度」を超えるかという形で議論されることが多い。すなわち、社会生活においてはある程度までの被害はお互いに受忍（我慢）しなければならずその程度を超えた場合に初めて違法なものとなり、損害賠償や差止めの対象となるとされるのである（「受忍限度」について詳しくは、→第16巻§722A Ⅳ(3)(イ)(b)〔430頁以下〕）。

なお、ここでは、主として伝統的な不法行為要件論における違法性に該当するものとして受忍限度を位置付けているが、これと異なり、709条の故意・過失と権利侵害（違法性）要件を「被害が受忍の限度を超える」という要件に一元的に統合しようとする説（新受忍限度論）がある（淡路剛久「公害における故意・過失と違法性」ジュリ458号〔1970〕375頁、他）。この説によれば、被侵害利益の性質や程度、地域性、防止措置の難易等、様々の要素を総合的に判断し、侵害の程度が、被害者が社会的に受忍すべき程度を超えれば709条の要件を満たし損害賠償しなければならない（この場合、予見可能性は必須の要件ではなくなる）ことになる。この説に対しては、709条の文言からあまりに離れすぎるといった批判があり、後にこの説の主張者は、過失要件への一元化を主張する、いわゆる新過失論（平井27頁以下、同・理論398頁以下。この説について詳しくは→B Ⅲ (1)(ウ)）を支持し、新受忍限度論は構造的には新過失論の公害事例への適用であったといってもよいとするようになる（淡路剛久・公害賠償の理論〔増補版, 1978〕98頁）。

ところで、すでに指摘したように、公害・環境被害は多岐に渡っている。

724 〔吉村〕

まず，最も深刻な問題として，「公害病」と呼ばれる健康被害がある。これは，時には生命侵害にも及ぶ。しかし，公害・環境被害はこれにとどまらない。騒音や日照妨害などにより，健康被害にまではいたらないにしても，様々な生活上の不都合が生じる場合もあり（これらも深刻な場合は健康に影響を与える），自然環境の破壊もまた重大な公害・環境侵害による被害である。以下，その代表的な事例について，裁判例等でどう扱われているかを概観するが，注意すべきは，これらの被害はそれぞれ別個のものではなく，密接に関連していることである。例えば，深刻な公害病も，突然に発生することはまれであり，まず，当該地域における自然環境や住環境の悪化が始まり，それがやがて，住民の生活に様々な支障を来し，ついには健康侵害にいたるということが少なくない。この点では，環境経済学の宮本憲一が示した次の図が示唆的である（宮本憲一・戦後日本公害史論〔2014〕11頁）。宮本は，「地域・国土の環境が悪化し，コミュニティのアメニティの悪化が累積した結果として」公害問題が「環境問題の最終局面に現れてくる」，「水俣病を例にとると，人間の健康障害が現れる前に魚介類・鳥類や猫の異変などの生態系の変化が現れた。それは明らかに環境の侵害やアメニティ（生活の質）の悪化が起こっていたのである」とする。この点に留意しつつ，公害・環境侵害をいくつ

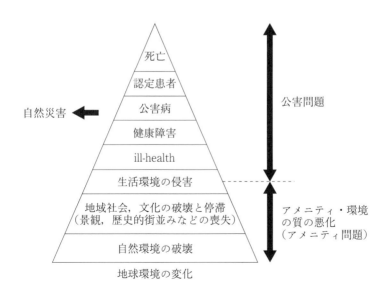

§709 D IV　　　　　　　　　　　　　　　　　第3編　第5章　不法行為

かの類型に分けて，それらが不法行為法上の「権利・法益侵害」としてどう扱われているかを概観してみよう。

(2)　**大気汚染・水質汚濁**

(ア)　**健康被害**　　四日市公害事件等の大気汚染，水俣病やイタイイタイ病事件のような水質汚濁においては，健康被害が中心であったため，侵害が認められれば違法性（受忍限度）が認められることに争いはない。そのため，これらの事件では，権利・法益侵害ないし違法性（受忍限度）要件は，裁判において大きな争点となっていない。ただし，当該汚染によって健康被害が生じているかどうかは深刻な争いとなっており（大気汚染による汚染物質の原告居住地域への到達，被害者原告の発症ないし症状の増悪の原因が大気汚染であったのかどうか，あるいはまた，当該被害者原告の症状が有機水銀中毒によるものかどうか〔水俣病の判断基準〕等），この点は，因果関係の問題として，5で検討する。

(イ)　**「平穏生活権」侵害**　　大気汚染や水質汚濁の程度がそれほど深刻なものではないが，原告らの生活に様々な不利益をもたらしている（あるいは，もたらしうる）場合には，違法性（受忍限度）判断をどのように行うのかが問題となる。この点で，廃棄物処理場をめぐる紛争において仙台地裁平成4年2月28日決定（判タ789号107頁〈丸森町廃棄物処分場差止仮処分事件決定〉）は，「人は，生存していくのに飲用水の確保が不可欠であり，かつ，確保した水が健康を損なうようなものであれば，これも生命或いは身体の完全を害するから，人格権としての身体権の一環として，質量共に生存・健康を損なうことのない水を確保する権利があると解される。また，洗濯・風呂その他多くの場面で必要とされる生活用水に当てるべき適切な質量の水を確保できない場合や，客観的には飲用・生活用水に適した質である水を確保できたとしても，それが一般通常人の感覚に照らして飲用・生活用に供するのを適当としない場合には，不快感等の精神的苦痛を味わうだけではなく，平穏な生活をも営むことができなくなるというべきである。したがって，人格権の一種としての平穏生活権の一環として，適切な質量の生活用水，一般通常人の感覚に照らして飲用・生活用に供するのを適当とする水を確保する権利があると解される」と述べている。身体権の一環としての「生存・健康を損なうことのない」水を確保する権利とならんで，それとは区別されたものとして，「人格権の一種としての平穏生活権の一環として」の「一般通常人の感覚に照らし

726　〔吉村〕

て飲用・生活用に供するのを適当と」する水を確保する権利が認められているのである。これは，（仮処分における）差止請求に関するものだが，このような権利が認められるなら，その侵害は，当然に不法行為に基づく損害賠償の対象となろう。

(3) 騒音被害

(ア) 騒音被害の多様性　　騒音に関するトラブルは，ペットの鳴き声，クーラーの室外機の音といった近隣住民同士のものから，工場騒音や建設工事騒音，さらには，空港・鉄道・道路といった大規模な交通関連施設によるものまで多様である。被害としては，睡眠妨害，生活妨害（会話妨害，電話妨害，テレビ等の視聴妨害），家族団欒や教育環境の破壊といった精神的・情緒的なものが中心だが，それらを理由とするストレスとそれからくる身体的不調，さらには，難聴や胃腸障害等にも及ぶ（ただし，このような健康被害と騒音との因果関係の証明は容易ではない。なぜなら，騒音被害の場合，騒音への曝露は，睡眠妨害や会話の妨害と言った様々な生活妨害をもたらすとともに，心身への負荷（ストレス）となり，そして，この負荷が様々な体調不良，ひいては健康被害をもたらすという，（個人差のある）心身の反応というプロセスを通じたメカニズムにより健康影響が発生しうるからである）。

(イ) 騒音による健康被害の可能性　　騒音被害が訴訟になるケースは一般にそれほど多くないが，空港・道路・鉄道等の大型施設による被害については，多くの裁判が提起されている。これらの訴訟においては，被害が「うるささ」やそれによる生活上の不利益のレベルを超えて，人の健康にも影響しうる深刻な被害が問題となっている。例えば，基地の軍用機による騒音被害に対する損害賠償や差止めが争われた基地公害訴訟では，単なる精神的不快を超える被害の認定を行っている判決がある。横田基地第1〜2次訴訟1審判決（東京地八王子支判昭56・7・13判タ445号88頁）は，航空機騒音等はその周辺地域に居住する住民の「心身の健康に種々の不利益を及ぼし，日常生活を各方面にわたって妨害し」地域の「生活環境を全般的に悪化させている」とし，厚木基地第1次訴訟第1審判決（横浜地判昭57・10・20判タ484号107頁）も，航空機騒音が「周辺住民に対して難聴や耳鳴りなどの聴力障害を発現させ，又は従前より存した他の原因による聴力障害を更に増悪せしめる重大な原因となりうる客観的危険性はこれを否定し難い」とした上で，「本件飛行

〔吉村〕　　727

§709 D Ⅳ

場に離着陸する航空機に起因する激甚な航空機騒音等は，右の身体的被害ないし健康被害を発生させ，又は他の原因に基づいて生じた身体的被害を悪化せしめる客観的危険性を有する」と述べている。嘉手納基地訴訟控訴審判決（福岡高那覇支判平 10・5・22 判タ 987 号 87 頁）は，聴覚被害が発生する客観的かつ高度の危険性があるとまでは認められないとしても「騒音の特に激しい地域において難聴等の聴覚被害の一因となる可能性を払拭できないような状況下で生活しなければならない住民らが現在又は将来の聴覚の不具合の発生に不安を感じることも十分に理解できる」とし，健康被害に接近した被害，少なくとも身体への侵害の不安感を肯定している。軍用機騒音以外の空港騒音の例として，大阪空港訴訟最高裁判決（最大判昭 56・12・16 民集 35 巻 10 号 1369 頁）は，控訴審が「身体障害に連なる可能性を有するストレス等の生理的・心理的影響ないし被害」を認めた判断も是認することができないものではないとしている。

このように，表現と程度は異なるものの，騒音公害について，単なる生活妨害による精神的被害を超える被害が認定されていることには注目してよい。そして，これらの判決では，騒音発生源の公共性等の理由から，差止請求を斥けているものの，損害賠償については，受忍限度を超える（違法な）法益侵害があるとして，これを認容しているのである。空港等の公共性と騒音被害の違法性（受忍限度）判断について言えば，施設の公共性を重視し，損害賠償との関係でも受忍限度を超えないとした判決もあるが（東京高判昭 61・4・9 判タ 617 号 44 頁〈厚木基地訴訟控訴審判決〉），公共性を理由に損害賠償上も受忍限度を超えないとした点は，他の騒音公害訴訟判決と比較して「異色」であり，この事件の最高裁判決は，「原審は，本件飛行場の使用及び供用に基づく侵害行為の違法性を判断するに当たり，前記のような各判断要素を十分に比較検討して総合的に判断することなく，単に本件飛行場の使用及び供用が高度の公共性を有することから，上告人らの前記被害は受忍限度の範囲内にあるとしたものであって，右判断には不法行為における侵害行為の違法性に関する法理の解釈適用を誤った違法があるというべき」として，公共性の過度の重視に歯止めをかけている（最判平 5・2・25 民集 47 巻 2 号 643 頁）。

なお，最高裁は，大阪空港訴訟（前掲最大判昭 56・12・16）や国道 43 号線訴訟（最判平 7・7・7 民集 49 巻 7 号 1870 頁）において，騒音被害に関する受忍限

§*709* D IV

度判断の定式を示したが，そこでは，侵害行為の公共性に関して，当該施設の利益とこれによって被る住民の被害との間に，「後者の増大に必然的に前者の増大が伴うというような彼此相補の関係」があるかどうかという点を検討すべきという考え方を示している。

(ウ)　「危険への接近」　空港等の騒音被害において，「危険への接近」(騒音源となっている施設と被害住民の先住後住関係) が問題とされることがある。しかし，大阪空港訴訟控訴審判決 (大阪高判昭 50・11・27 判タ 330 号 116 頁) は，住民の側が特に公害問題を利用しようとするがごとき意図をもって接近したと認められる場合でなければこの理論は適用されないとして，原則的にこれを否定しており，最高裁も，被害が生命・身体に関わらない場合に，「危険の存在を認識しながらあえてそれによる被害を容認していたようなときは，事情のいかんにより加害者の免責を認める場合がないとはいえない」として (その適用の可能性を原審よりは広げたものの)，このような違法性阻却事由を認めることには慎重な態度をとっている。ただし，横田基地訴訟最高裁判決 (最判平 5・2・25 判タ 816 号 137 頁) では，「危険への接近」を理由に，過失相殺に準じて慰謝料を減額した原判決 (東京高判昭 62・7・15 判タ 641 号 232 頁) が維持されている。

(エ)　騒音による「平穏生活権」の侵害　騒音被害について注目すべきは，このような被害を示すものとして，ここでも「平穏生活権」という権利概念が登場していることである。すなわち，横田基地訴訟控訴審判決 (前掲東京高判昭 62・7・15) は，「人は，人格権の一種として，平穏安全な生活を営む権利 (以下，仮に，平穏生活権又は単に生活権と呼ぶ。) を有して」おり，騒音・振動等はこの平穏生活権に対する 709 条所定の侵害であり，また，この権利は，「物上請求権と同質の権利として」差止めの根拠となりうる「排他性」を有するとしたのである。なお，この判決は，平穏生活権は「被害の態様からみると身体傷害にまでは至らない程度の」被害に対応する権利であるとしているが，国道 43 号線訴訟控訴審判決 (大阪高判平 4・2・20 判タ 780 号 64 頁) が (排ガスとの複合的な影響においてではあるが)，騒音は，その程度が「『うるささ反応』程度の段階であったとしても，少なくとも不快の念を抱くのが通常であろう。殊に，連日，しかも最も静謐が望まれる休息の時間を中心として恒常的にその状態が続くとすれば，疲労の回復を遅らせるなど，それだ

〔吉村〕　729

§709 D Ⅳ　　　　　　　　　　　　　　　　　　　第3編　第5章　不法行為

けで不快の域を超えた心理的負担を受けたとしても不思議なことではない。さらに，かなり高レベルの騒音に，濃度はそれほどではないにしても排ガスが伴って，複合的に影響するとすれば，その悪循環により身体的被害を招くことが懸念される段階に達し，しかも，その状態の低減することが必ずしも望み得ない状況にあったとすれば，不安感を醸成するというにとどまらず，深刻な心理的影響を受けて精神的苦痛を被り，疲労の蓄積，食欲不振，内臓の変調を来たして，日常活動の阻害を招くなどの生活妨害……を生ずるに至ることは，十分に考えられる」とした。騒音曝露が健康影響にいたるメカニズムから見て，健康被害と近接した権利・法益の侵害が問題となっていることには留意する必要がある。

　㋘　保育園等の「騒音」被害　　近年，保育園等の施設からの「騒音」（園児らの声等）に関して近隣住民との間で「騒音」紛争になる事案が散見される。神戸地裁平成 26 年 2 月 9 日判決（LEX/DB25448466）は，保育園の近隣に居住する原告が，園児が園庭で遊ぶ際に発する声等の騒音が受忍限度を超え，精神的被害を被ったとして慰謝料と防音設備の設置を求めた事案で，「原告が本件保育園からの騒音により精神的・心理的不快を被っていることはうかがえるものの，原告宅で測定される本件保育園の園庭で遊戯する園児の声等の騒音レベルが，未だ社会生活上受忍すべき限度を超えているものとは認められ」ないとして請求を斥けた。ただし，この判決は，「本件保育園は，神戸市における児童福祉施策の向上に寄与してきたという点で公益性・公共性が認められるものの，本件保育園に通う園児を持たない原告を含む近隣住民にとってみれば，直接その恩恵を享受しているものではなく，本件保育園の開設によって原告が得る利益とこれによって生じる騒音被害との間には相関関係を見出しがたく，損害賠償請求ないし防音設備の設置請求の局面で本件保育園が一般的に有する公益性・公共性を殊更重視して，受忍限度の程度を緩やかに設定することはできない」とした。これに対し同訴訟の控訴審である大阪高裁平成 29 年 7 月 18 日判決（LEX/DB25546848）は，同じく請求を斥けたが，「保育園は，一般的には，単なる営利目的の施設等とは異なり，公益性・公共性の高い社会福祉施設であり，工場の操業に伴う騒音，自動車騒音などと比べれば，侵害行為の態様に違いがあると指摘することが可能である。……園児が園庭で自由に声を出して遊び，保育者の指導を受けて

730　〔吉村〕

§709 D IV

学ぶことは，その健全な発育に不可欠であるとの指摘もでき，その面からすれば，侵害行為の態様の反社会性は相当に低い」としている。さらに，東京地裁令和2年6月18日判決（判タ1499号220頁）は，「保育所の公共性，公益性も含めた諸般の事情を考慮して，騒音レベルの評価をすべきである」としている。

この事案のような場合，「騒音」は園児の声等であり，園児が自由に声を出して活動することは子どもの健やかな成長・育成にとって不可欠ともいえるものである（ちなみに東京都は2015年に，子どもの健やかな成長・育成への配慮から，小学校就学前の子どもの声等について，環境条例における「日常生活等に適用する」騒音の規制基準から除外した）ことから，（それを公共性と呼ぶかどうかはともかく）近隣住民の静穏に暮らす権利や利益との間では，工場・道路・空港等の騒音とは異なる慎重な判断（受忍限度判断）が求められることになる。

(4)　日照・通風妨害

比較的古くから不法行為法上の保護が認められてきた生活環境上の利益として，日照や通風に関する利益がある。最高裁は昭和47年6月27日判決（民集26巻5号1067頁）において，「居宅の日照，通風は，快適で健康な生活に必要な生活利益であり，それが他人の土地の上方空間を横切ってもたらされるものであっても，法的な保護の対象にならないものではなく，加害者が権利の濫用にわたる行為により日照，通風を妨害したような場合には」損害賠償が認められるとした。隣地の所有者には建築の自由（権利）があり，その濫用といえる場合に初めて保護が与えられるとした点で，日照・通風利益の法的承認という点では限界もあるが，最高裁が日照・通風妨害を不法行為としたことの意味は大きく，このことが昭和51年建築基準法改正による日影規制につながった。

ただし，日影規制以後の裁判例では，日影規制はあくまで公法上の規制基準であるにもかかわらず，それに適合しているかどうかが私法上の受忍限度の判断基準として機能し，日影規制に適合している建築物は原則として適法（受忍限度を超えない）とされる傾向にあり（裁判例の動向を分析した，高田公輝「日照・日影事件◇その現状と課題◇」判タ1183号〔2005〕94頁以下は，日影規制に適合した建物は受忍限度を超える日照阻害はないとされる裁判例が多いこと，日影規制の対象外であっても，日影規制の基準をあてはめて検討する裁判例が多いことを指摘している），

〔吉村〕　731

§709 D IV　　　　　　　　　　　　　　第3編　第5章　不法行為

日影規制という公法上の規制と私法上の受忍限度（違法）判断の関係については，なお検討が必要である。

日照に関し，太陽光発電にかかる受光利益が問題となった事例がある（福岡地判平30・11・15 LEX/DB25449855）。原告が，自己が開発した住宅地に太陽光発電施設をしたところ，被告が隣地に住宅地を開発し建物を建築したことにより太陽の受光を妨げられたとして損害賠償を求めた事案である。判決は，違法性がないとして請求は認めなかったが，「太陽光発電のために太陽光を受光する利益……は，法律上保護に値する利益に当たる」とした。この判決は，受光利益を「所有権の一内容」としており，人の生活に関わるものとして，人格権ないし人格的利益として位置付けられてきた従前の日照権ないし日照利益とは異なるものとしている。なお，太陽光発電については，それが周辺の環境等に与える影響が法的紛争になる事例も少なくない。メガソーラー設置による環境や景観の侵害が問題となった事例（大分地判平28・11・11 LEX/DB25544858），屋根に設置された太陽光パネルの反射光が問題となった事例（東京高判平25・3・13判時2199号23頁）などである（両方とも請求は棄却）。

(5) 眺望・景観侵害

(ア) **眺望侵害**　眺望や景観は都市における重要な生活環境利益である。このうち，眺望に関する利益の私法上の保護については，裁判所も比較的古くから，これを認めてきた。例えば，原告の居室からの眺望を遮る隣地の建物の2階部分の収去と損害賠償（慰謝料）を求めたのに対し，「眺望も，地域の特殊性その他特段の状況下において，右眺望を享受する者に一個の生活利益としての価値を形成しているものと客観的に認められる場合には，濫りにこれを侵害されるべきではないという意味において法的保護の対象となると解すべきである」として損害賠償を認めた判決（横浜地横須賀支判昭54・2・26下民集30巻1〜4号57頁）がある。

(イ) **景観侵害**　眺望侵害の場合と異なり，裁判所は，景観利益の私法上の保護については，消極的であった。眺望と景観におけるこのような違いは，それらが，類似してはいるが異なるものと考えられてきたことによる。すなわち，眺望利益とは，特定の地点からよい景色や眺めを享受できる利益をさし，そこでは，享受主体が明確なため，個人の利益として私法上の保護の対象となりやすいが，景観利益とは自然的，歴史的，文化的要素から形成され

732　〔吉村〕

る地域の客観的状態ないし利益であり，個人も関係しないわけではなく，当該地域に居住している住民も，その利益を享受するとともに，その維持や形成に関わるが，特定の個人に排他的に帰属するものではなく，公共的性格をも有する利益であり，その保護を個人の利益保護を中心とした私法や民事訴訟がよくなしうるかについては，理論上も困難な課題があるからである（ただし，両者は密接に関連していることには注意が必要である。ある行為〔例えば建物の建築〕が地域の景観を破壊するとともに，特定の個人または業者の眺望利益をも害することがある。また，複数地点からの眺望保護は，結果として，景観保護につながる）。

　このような状況を一変させたのが国立景観訴訟であり，景観利益を709条の「法律上保護される利益」として認めた同最高裁判決である。この事件で最高裁は，「都市の景観は，良好な風景として，人々の歴史的又は文化的環境を形作り，豊かな生活環境を構成する場合には，客観的価値を有するものというべきである」こと，良好な景観は条例や法律（景観法）で保護・保全がはかられていることなどを指摘し，「そうすると，良好な景観に近接する地域内に居住し，その恵沢を日常的に享受している者は，良好な景観が有する客観的な価値の侵害に対して密接な利害関係を有するものというべきであり，これらの者が有する良好な景観の恵沢を享受する利益（以下「景観利益」という。）は，法的保護に値するものと解するのが相当である」とし，不法行為法による保護可能性を認めた（最判平18・3・30民集60巻3号948頁）。この最高裁の考え方は，景観利益は住民の私的利益としての性質と，住民のみがそれを享受するものではない公共的な性格がオーバーラップしているという立場をとったものだとの評価がなされている（例えば，大塚直「環境訴訟における保護法益の主観性と公共性・序説」法時82巻11号〔2010〕122頁は，最高裁は良好な景観についての利益が「環境関連の公私複合利益」であることを認めたものであるとし，潮見I 249頁も，最高裁は，「各種の公法上の規律のなかに『良好な景観が有する価値』という個人の権利・利益の保護という性質が盛り込まれていて，これが私法上の利益として民法709条にいう『法律上保護される利益』にあたると評価されたものとみるべき」とする）。

　ただし，最高裁は，景観利益は権利ではなく，「法律上保護される利益」である景観利益の侵害が違法となるかどうかの判断に当たっては，被侵害利益である景観利益の性質と内容，侵害行為の態様や程度等を総合的に判断す

〔吉村〕　733

§709 D IV　　　　　　　　　　　第3編　第5章　不法行為

べきであるが，それが，生活妨害や健康被害を生じさせるものでないことや，景観利益保護のためには財産権の制限が必要なこと等から，その侵害行為が刑罰法規や行政法規の規制に違反するものであったり，公序良俗違反や権利の濫用に該当するものであるなど，侵害行為の態様や程度の面において社会的に容認された行為としての相当性を欠く場合にのみ違法と判断されるとして，特に，行政法規を重視して違法性を否定した。その結果，行政法規等で適切に保護されていない景観について，その侵害に対し不法行為法上の保護を与えることは，実際上は，かなり困難である。

　しかし，過度に行政法規を重視することには問題もある。地域の土地や空間利用をコントロールするにあたって，都市計画法や建築基準法，関連する条例や規則等の行政法規は重要な役割を果たすが，それには，迅速かつ柔軟な対応の点で限界がある。また，地域の住民の意見や慣行をくみ上げて，地域の特性に応じた適切かつ十分な規制を行うといった点でも問題がなくはない。したがって，景観の形成やその維持にとって，当該地域における土地や空間の利用に関する地域の慣行やルールをも重視すべきではないか。地域の景観を保全する住民らの自主的な取組が美しい景観を形成し，それを維持保存してきた例は全国に少なくないが，そのような行動を支えてきたのは，行政法規ではなく，むしろ，地域の自主的に形成されてきたルールや黙示の合意である。したがって，行政的規制は地域的特性との調和に関する最低限のハードルにすぎず，それに反することが違法判断に結び付くのは当然としても，それに反しない限り違法でないとは必ずしも言えないのであり，かりに行政的規制をクリアしていても地域的ルール等から見て違法となる場合があると考えるべきではないか。

　(6)　その他の生活利益の侵害

　(ア)　葬儀場等をめぐる紛争　　葬儀場や火葬場の建設や使用に関して付近住民らが差止めや損害賠償等を請求する事件がある。水戸地裁平成2年7月31日判決（判タ746号173頁）では，火葬場の建設に対し，その隣接地にある病院にリハビリのために入通院している患者らが，「疾病の悪化ないしは人間の尊厳にふさわしい医療環境において治療に専念する利益の阻害」を理由に，差止めを請求した。判決は，原告の被害は「不快感」という「心理的，情緒的被害」であって，このような被害が人格権の侵害として保護されるこ

734　〔吉村〕

とがありうるとしても、「直接的な身体被害が生じる場合に比してその保護の必要性が低いことは明らかであり」、そのことをも斟酌した場合、「原告らが精神的，心理的不快感を覚えることがあるとしても，それは，原告らにおいて受忍すべき限度内のものというべきである」とした。

この事件類型で興味深いのは，葬儀場を営む業者に対し，その近隣に居宅を有し居住する原告が，居宅の2階から葬儀等（棺の出入り）が見えないよう既設のフェンスを高くすることや慰謝料を求めて提訴した事件で，第1審の京都地裁（京都地判平20・9・16 LEX/DB28142141）と控訴審の大阪高裁（大阪高判平21・6・30 LEX/DB25483441）が，「人が，他者から自己の欲しない刺激によって心を乱されないで日常生活を送る利益，いわば平穏な生活を送る利益は，差止請求権の根拠となる人格権ないし人格的利益の一内容として位置づけられるべきである」，「人が最も安息と寛ぎを求める自宅において，日常的に縁のない他人の葬儀に接することを余儀なくされることは，その者の精神の平安にとって相当の悪影響を与えるものといわなければならない」，「心の静謐を乱され，平穏な生活を送る人格権ないし人格的利益を侵害されているというべきであって，この侵害が受忍限度を超えている場合には，人格権ないし人格的利益に基づいて，その差止めを求めることができるというべきである」などとして，フェンスを高くすることを被告に命じ，慰謝料をも認容した事例である。これに対し，最高裁は，「被上告人が，被上告人建物2階の各居室等から，本件葬儀場に告別式等の参列者が参集する様子，棺が本件葬儀場建物に搬入又は搬出される様子が見えることにより，強いストレスを感じているとしても，これは専ら被上告人の主観的な不快感にとどまるというべきであり，本件葬儀場の営業が，社会生活上受忍すべき程度を超えて被上告人の平穏に日常生活を送るという利益を侵害しているということはできない」として原審を破棄した（最判平22・6・29判タ1330号89頁）が，原審と最高裁の受忍限度判断の分岐は，原告の精神的苦痛の程度に関する評価と，被告が住民らへ配慮して設けた目隠しフェンスなどの措置の評価の違いである。

(イ) 圧迫感　　居住地の近隣に高層の大型施設が建設された場合でも，それが日照を遮らない方角であれば日照妨害の問題は発生しない。しかし，例えば，2階建てないし平屋の居宅の北隣りに高層ビルが建設された場合，そこから受ける圧迫感は深刻である。このような圧迫感を理由とした差止めや

§*709* D IV   第3編　第5章　不法行為

損害賠償訴訟が提起されることがあるが，神戸地裁姫路支部平成11年10月26日決定（判タ1038号291頁）は，10階建ての建物が予定どおり建築された場合には「著しい圧迫感及び閉塞感が生ずる」として（日照妨害と合わせてではあるが）8階を超える部分の建築禁止を認めた。この決定では，圧迫感および閉塞感が法益としていかなる意味を持つかについては詳述していないが，名古屋高裁平成18年7月5日判決（判例集未登載。川口創「『圧迫感』の権利性を認める・名古屋高裁判決」環境と正義94号〔2006〕2頁以下参照）は，自宅の真北に高さ51m超，横幅約50mのマンションが建設されようとしていることに対し，「圧迫感を受けることなく平穏に生活する権利（人格権）」が侵害されるとして差止めと損害賠償が請求された事例において，「隣接建物等から受ける圧迫感も住環境を構成する重要な要素の一つであり，少なくとも圧迫感なく生活する利益は，それ自体を不法行為における被侵害利益として観念できるというべきである」とした（ただし，地域性や立地条件，建築基準法等の法規制の内容，周囲の状況等を総合的に判断し受忍限度を超えないとして請求は棄却している）。

　圧迫感については，適切な規制を行う公法上の規定はなく，その意味で，私法上の保護の必要性は高いと言えるが，この場合，被侵害利益の存否の判断と違法性（受忍限度）判断が截然と分けられないことが多く，受忍限度を超えるような侵害態様が認められる場合にはじめて被侵害利益として認められるという傾向がある。例えば，隣地の高層マンションによって，景観利益や「圧迫感のない生活利益」等が侵害されたとしてマンションの一部撤去と損害賠償を求めた訴訟で，原告が，当該建物の形態率（測定点を中心とする半球に写った建物の姿を円に正射影した場合の円の面積に占める建物の投影面積の割合）を指標にして圧迫感にもとづく請求を行ったのに対し，東京地裁は，「圧迫感のない生活利益が受忍限度を超えて侵害されているか否かを検討するに当たっては……問題とされている建築物の形状等のほか，当該地域における建築物設置の状況，建築関係法規による建築物の形状等に関する規制の状況，当該建築物の建築の経緯，その他様々な事情……を総合的に判断する必要がある」とし，利益の要保護性と受忍限度判断を一体として判断している（東京地判平17・11・28判時1926号73頁）。

736　〔吉村〕

§*709* D Ⅳ

⑺ 「環境損害」

　環境損害とは, 広義には, 「環境影響に起因する損害一般」をさすが, こ
こで公害・環境侵害不法行為における保護法益の問題として取り上げるのは,
大気や水といった環境利益の侵害そのもの, あるいは希少動植物や生態系の
侵害といった, 「環境影響起因の損害のうち, 人格的利益や財産的利益に関
する損害以外のもの（狭義の環境損害）」である（この定義は, 大塚直「環境損
害に対する責任」ジュリ1372号〔2009〕42頁による）。この狭義の環境損害につい
ては, 不法行為法のような私法によって扱うことに困難があるとされている。
なぜなら, そこでは, 個人に帰属しない（したがって私法上の法益としては把握
が困難な）利益の侵害が問題となっているからである。そのため, 狭義の環
境損害の回復のための固有の法制度としては行政（国や地方公共団体）が全面
に出る仕組みが中心となっている。

　しかし, そこには限界もある。まず, 行政が措置をとるためには, 法治主
義から言って法律上の権限根拠が必要だが, そのような法規の制定は基本的
には立法政策の問題とされるために, しばしば, 穴があったりして, 対応が
後手に回ってしまう。また, 環境損害は法的な規制を守っている事業活動等
によっても生ずる可能性があるが, その場合, 行政的な措置は取りにくい。
加えて, 行政裁量を理由とした不作為の可能性も否定しがたい。以上のよう
な限界に加えて, 立法や行政は社会的・経済的・政治的な力関係の影響を受
けやすいが, 原因である事業活動等に比して, 環境利益（特に, 私人の利益で
はない環境利益）の場合, その保護や回復を求める声は社会において決して常
に多数派ではないという事情や, 「地方自治体が財政難等で環境に対する監
視力をなくしている我が国の今日の状況」（大塚・前掲ジュリ1372号52頁）が
もたらす限界もある。

　そこで, 一方では, 環境団体訴訟のような新しい仕組みを作るべきことが
主張されるとともに, 狭義の環境損害で問題となっている被害の（少なくと
もその一部に）公的利益と私的利益がオーバーラップしているとして, 後者の
側面から私法（とりわけ不法行為法）上の保護を志向する主張がなされている
（例えば, 大塚・前掲法時82巻11号121頁は, 環境利益には, 「環境関連の公私複合利
益」と「純粋環境利益」の2種類のものがあり, 後者は公益であるが, 前者（例えば, 入
浜, 森林浴によって良好な環境の恵沢を享受する利益）においては公私がオーバーラップ

〔吉村〕　　737

§*709* D Ⅳ 第3編 第5章 不法行為

し，それを享受する住民，それに関与あるいは関係性を有する住民や団体は訴権を有するとする。「環境損害」に関しては，大塚・前掲ジュリ 1372 号のほか，吉村良一・環境法の現代的課題〔2011〕6 頁以下，小野寺倫子「人に帰属しない利益の侵害と民事責任」北法62 巻 6 号 1834 頁以下，63 巻 1 号 250 頁以下，4 号 1206 頁以下〔2012〕等参照）。

(8)　**補論——公害・環境侵害における保護法益としての「平穏生活権」**

(ア)　**はじめに**　以上の検討の中で，被侵害法益として「平穏生活権」が問題とされることが少なくなかった。最後に，この「平穏生活権」が，不法行為法上の権利・法益として持つ意味について整理しておきたい（以下について，詳しくは，吉村良一・市民法と不法行為法の理論〔2016〕273 頁以下参照）。

不法行為に基づく損害賠償訴訟や差止訴訟において，平穏生活権ないし平穏に生活する利益の侵害が原告によって主張されるケースには，これまで述べてきたような生活環境利益侵害以外にも，プライバシー侵害にかかわる事例，暴力団事務所の使用禁止等を求めた事例（静岡地浜松支決昭 62・10・9 判タ654 号 241 頁，他）等，多様なものが含まれる（平穏生活権（利益）に関する裁判例を網羅的に紹介・検討するものとして，須加憲子「高度な危険性を有する（バイオハザード）研究施設による『不安感・恐怖感』と『平穏生活権』について」早法 78 巻 1 号〔2002〕167 頁がある）。

(イ)　**身体権に接続した「平穏生活権」**　平穏生活権が問題となる事例は多様であるが，大別して 2 つの場合がある。まず，生命・身体等の利益が危険にさらされる結果侵害される平穏である。その典型は暴力団事務所事例である。暴力団事務所が近くにあることは，抗争事件の場合，その巻き添えになって生命や身体が侵害されることがありうることから，危険にさらされているのは付近住民の生命・身体であり，問題となっている平穏は，生命・身体に結び付いたものである。公害・環境侵害でも，騒音公害や廃棄物処分場ケースでは，激しい騒音にさらされることが健康被害につながったり，生活用水の水源が汚染されることは健康被害につながりうることから，同列において考えられる。これらの平穏生活権が侵害された場合，絶対権侵害の場合に準じて扱うべきとする学説も多い（淡路剛久「廃棄物処分場をめぐる裁判の動向」環境と公害 31 巻 2 号〔2001〕10 頁以下は，この種の平穏生活権の侵害の中核は「身体権侵害のおそれ・不安・危惧それ自体」であるが，「単なる不安感や危惧感ではなく，生命，身体に対する侵害の危険が，一般通常人を基準として深刻な危機感や不安感となっ

738　〔吉村〕

§*709* D Ⅳ

て精神的平穏や平穏な生活を侵害していると評価される場合には，人格権の一つとしての平穏生活権の侵害として差止請求権が生じ」，その場合，侵害行為の公共性等は「身体権に直結した平穏生活権との比較ではそれほど重要な位置を与えられてはいない」とする）。また，これらの場合に，生命・身体侵害ではなく平穏生活権侵害を主張することには，被害立証の容易化をはかるという意図が込められているとされる。すなわち，平穏生活権侵害の場合には，身体権の侵害そのものが立証命題ではなく，生命・身体に対する侵害の危険が一般通常人を基準として危険感や不安感として精神的平穏や平穏な生活を侵害することが立証命題となるので，そこでは，身体被害や疾病ではなく，その発生のおそれの存在ないしそのようなおそれにさらされて生活することの証明でよく，個々の症状にまで因果関係の連鎖が証明されることは必要ない（因果関係の終点の前倒し）ということになるのである（大塚・前掲法時 82 巻 11 号 118 頁他）。

　この点に関し，仮処分事例ではあるが，安定型産業廃棄物最終処分場の建設・操業差止事例において，住民側が健康被害の具体的なおそれを厳密に立証することは困難だとした上で，平穏生活権を被保全権利として認め，「飲用水に影響を与える可能性のある場所に産業廃棄物最終処分場を設置しようとする事業者は，その操業により周辺住民に社会通念上合理的な健康被害への不安を抱かせぬように周辺の環境を十分に調査し，不安を覚える住民に対して十分に説明を行いその不安を払拭することが求められる」とした決定がある（広島地決令 3・3・25 判時 2514 号 86 頁）。

　㈦　主観的利益の受け皿としての「平穏生活権」　以上と異なり，葬儀場事例のような場合に主張される平穏生活権は，生命・身体に結び付いたものではない。したがって，そのような種類の平穏生活権には絶対権類似の保護は認めにくいが，このような場合の「平穏生活権」概念には，主観的な利益を不法行為や場合によれば差止めによる保護の対象としてすくい上げてくるという機能が存在するのではないか。主観的な利益の要保護性を訴訟における検討の俎上に載せるための受け皿ともいうべき機能（主観的利益の客観化機能）である。例えば，葬儀場による精神的不快感等は，従来の考え方では人格権侵害として保護対象とはなってこなかったが，それが平穏生活権という受け皿によって，不法行為による保護法益たりうるかどうかの議論が可能になったのである。もちろん，このような種類の平穏生活権においては，身

〔吉村〕　　739

§*709* D Ⅳ 　　　　　　　　　　　第3編　第5章　不法行為

体に結び付いている平穏生活権とは異なり，侵害行為の態様を含む利益衡量が不可欠である。例えば，居宅から葬儀場（そこへの棺の出入り）が見えることが平穏な生活に関する権利を侵害しているかどうかは，当該地域の地域性や葬儀場側と原告のこれまでの関係，葬儀場側の対応といった諸事情との総合衡量抜きには判断できないのである。

　なお，福島原発事故の賠償訴訟でも平穏生活権が語られることがあるが，そこでは，「包括的生活利益としての平穏生活権」として，上述の平穏生活権とはやや異なる内容の権利・法益が問題となっている（→8参照）。

4　故意・過失

(1)　故　　意

　公害・環境侵害に対する汚染原因者の責任を709条で問う場合，多くの公害訴訟で原告は故意を主張している。これは，被告の行為の悪質性を追及するという意図に出るものだが，故意責任が認められることは稀であり（安中鉱害訴訟1審判決〔前橋地判昭57・3・30判タ469号58頁〕は，「深刻な被害を与えることを知りながら，あえて操業に伴う排煙，排水を継続してきた」として故意を認める判断を示している。反対運動や行政機関の被害調査を無視して増設したといった事情から故意を認めたものだが，珍しい事例に属する），通常は過失責任が問題となる。

(2)　過　　失

　判例や最近の有力説は，過失を内心の意思の緊張の欠如ではなく，行為者が遵守すべき義務（注意義務）の違反だととらえる。その中心に置かれるのは損害の発生を防止・回避すべき義務（損害回避義務）である。しかし同時に，過失が存在するためには，行為者が行為にあたって注意しておれば損害結果を予見できたこと（予見可能性）も必要となるとされる。その場合，予見可能性の前提として予見・調査義務が問題とされることが多い（過失概念について，詳しくは→BⅤ）。

　(ア)　予見可能性（ないし予見義務）　　公害・環境侵害の場合の過失において問題となるのは，第1に，どのような予見義務を課し何をどの程度において予見すべきことを求めるかである。まず，予見可能性については，例えば，もし水俣病事件において，有機水銀による中毒という特定された結果についてまで予見可能性が必要だとすれば，企業の過失が認められるのは被害発生がかなり顕著になってからということになってしまうであろう。そこで，熊

§*709* D IV

本水俣病訴訟で原告側が主張したのが「汚悪水論」であった。「汚悪水論」
とは，「総体としての汚悪水を排出して，他人に被害を与えたことこそが，
不法行為にほかならない」，「このような危険な汚悪水を排出しながら操業を
継続させたならば，この排出行為自体に責任がある」という主張（原告最終
準備書面・公害裁判第三集（法時臨増）〔1973〕195 頁以下）であり，そこでは，工
場が危険な廃液を未処理のまま排出すること自体に責任の根拠が求められて
いる。裁判所は，明示的にはこの「汚悪水論」はとらなかったが，予見可能
性の前提として高度の予見・調査義務を課し，同時に，予見の対象を抽象化
することによって，被告企業の過失を認めた。まず，予見・調査義務では，
新潟水俣病訴訟判決が「化学企業が製造工程から生ずる排水を一般の河川等
に放出して処理しようとする場合においては，最高の分析検知の技術を用い，
排水中の有害物質の有無，その性質，程度等を調査し，これが結果に基づい
て，いやしくもこれがため，生物，人体に危害を加えることのないよう万全
の措置をとるべき」（新潟地判昭 46・9・29 下民集 22 巻 9＝10 号別冊 1 頁）という
高度の調査義務（予見義務）を企業に課し，さらに，熊本水俣病訴訟判決で
は，同様の高度の予見・調査義務を課すとともに，予見（調査研究）の対象
を特定の原因物質や特定の被害に限定することは，「人体実験に供すること
を容認することになるから，明らかに不当である」とした（熊本地判昭 48・
3・20 判タ 294 号 108 頁）。

　(イ)　結果回避義務　　次の問題は結果回避義務の内容である。この点に関
しては，戦前，化学工場の排出するガスによる農作物被害の賠償が問題にな
った大阪アルカリ事件において大審院（大判大 5・12・22 民録 22 輯 2474 頁）が，
損害発生が予見できた場合であっても当該工場が損害予防のために「事業ノ
性質ニ従ヒ相当ナル設備」を施した場合には過失はないとしたことをどう見
るかが問題となる。このように相当な設備をすれば回避措置としては十分で
あり過失なしと解すると，過失が認められるケースはかなり限定的なものと
なってしまうおそれがある。もちろん，相当な設備の内容しだいで結果は異
なるが（本件差戻審において大阪控訴院は，相当な設備がなされていないとして責任を
認めており，その後もこの制限は実質的に機能しなかったとの指摘もある〔潮見佳男・民
事過失の帰責構造〔1995〕37 頁以下〕），少なくとも論理上は過失認定を狭く限定
しうる論理である。

〔吉村〕　741

§709 D IV 第3編 第5章 不法行為

これに対し公害訴訟の各判決は，理論枠組みとしては予見可能性に加えて結果回避義務を問題にするという立場を維持しながら，回避義務の中に当該危険行為の中止義務をも取り込むことにより事実上それを克服していった。例えば，新潟水俣病判決や熊本水俣病判決は，最高技術の設備をもってしてもなお人の生命，身体に危害が及ぶおそれがあるような場合には，企業には操業停止を含む結果防止のための注意義務（絶対的な防止義務）が課せられることを明言している。この考え方によれば，被害発生が予見できたにもかかわらずその操業を中止しなかった場合には義務違反があることになり，結果的には，予見可能性がある場合には当該企業の具体的な防止のための諸措置を問うことなく過失が認められるのと同様の結果となる。

(ウ) 学説の受け止め　以上の結果，化学工場の操業のような生命・身体に危険を及ぼす可能性のある活動に限定してではあるが，抽象的危険が存在する段階において具体的な危険を調査（予見）すべき高度の義務を課し，そのような調査義務を尽くせば予見可能であった被害については，操業停止を含む高度の回避義務が課されるという過失論が裁判上定着したのである。学説も基本的にはこのような裁判例の動きを支持したが，そこにはニュアンスの違いもあった。一つは，公害のように注意しても結果発生の回避困難な損害については本来無過失責任こそが妥当するとの基本的理解に立って，前述のような判例の過失論を，「過失の衣を着た無過失」責任と理解する立場である（徳本鎭「過失の衣を着た無過失の理論」法セ155号〔1969〕64頁以下）。これに対し，判例の過失論を，むしろ古典的な過失論の復活ないし現代的適用と理解する考え方も有力であった。すなわち，損害の発生が予見できるのに行為を中止せず結果として他人に損害を与えた者は過失ありとして責任を負うのが私人間では当然のことであるのに，企業の場合にはその活動を止める必要はなく賠償を負わないという理論は，産業資本勃興期に産業保護のために私法の一般理論を変容させたものであり，古典的理論に加えられていたこのような修正を廃止または縮小するだけで公害に対する救済は随分進展するとして，操業停止を含む高度の損害回避義務という考え方を，本来の過失責任ないしその現代的適用として理解する説である（西原道雄「公害に対する私法的救済の特質と機能」法時39巻7号〔1967〕10頁以下）。

その後，後述する無過失責任立法などにより，過失が主要な争点となるこ

§*709* D IV

とは減少したが，ここでの過失論は，他の同様の（現代型の企業活動がもたらす危険から発生する健康被害という）事故類型にも影響を与えた。例えば，薬害スモン訴訟やカネミ油症事件のような製造物責任事例でも，製造物責任法制定以前は過失責任が問われたが，そこでは，高度の注意義務（調査研究義務，回避義務）を課して過失を認め，被害者救済をはかるということが行われている（製造物責任については，→Ⅲ）。

(3) 無過失責任

公害企業に責任を認め被害者を救済しようとする場合，過失責任をどのようにして認めていくかとは別に（それと密接に関連を有しつつ），いわゆる無過失責任に関する議論がある。近代の不法行為法は，ほとんど全てが過失責任主義に基づく制度をとっている。しかし，過失責任主義は，公害のような事例では妥当な結果をもたらさないおそれがある。それは，注意をすれば被害の発生が防げるという前提や，立場の対等性・相互互換性という，過失責任主義が合理性を持つための条件が，公害・環境侵害では欠けることが多いからである。わが国の判例は解釈による無過失責任の導入を認めないために，（イタイイタイ病を除く四大公害判決に見るように）709条の過失責任の枠内で被害者救済をはからざるをえなかった。しかし，このような方法は，過失の存否をめぐって訴訟に時間と労力がかかるという問題点がある。さらに，いかに注意義務を高度化しても全ての現代的な事故をカバーしうるかどうかには疑問も残る。

わが国においても，無過失責任導入に関して立法機関の迅速な対応が望まれるが，公害・環境侵害に関する無過失責任規定としては次のものが重要である。まず，公害における（公害にも適用可能な）もっとも早い法律として鉱業法の規定がある。鉱害に関する特別の賠償規定は，1905年に制定された当初の鉱業法には設けられていなかったが，1939年の改正によって鉱業権者の無過失責任を定めた規定（74条ノ2）が導入され，戦後の新鉱業法（1950年）に受け継がれた（109条）。それによれば，鉱物の採掘のための土地の掘さく，坑水もしくは廃水の放流，捨石もしくは鉱さいのたい積，鉱煙の排出による被害（人身損害に限らない）に対し，鉱業権者等が無過失で責任を負う（不可抗力等の免責事由は規定されていない）。イタイイタイ病では，この規定が適用された。さらに，四大公害事件の提訴後の1972年には，大気汚染防止法

〔吉村〕　743

と水質汚濁防止法の中に，無過失責任規定が設けられた。具体的には，工場または事業場における事業活動にともなう健康被害物質（政令により指定）の大気中への排出により健康被害を発生させた事業者は無過失責任を負うとする大気汚染防止法 25 条と，工場または事業場における事業活動にともなう有害物質（政令で指定）の汚水または廃液に含まれた状態での排出または地下への浸透により健康被害を発生させた事業者は無過失責任を負うとする水質汚濁防止法 19 条である。いずれも，責任を負うのが事業者であること，排出や浸透といった行為が問題となっていること，原因物質が政令で指定されていることという特徴がある（その他の公害・環境侵害に対する無過失責任法としては，油濁損害に関する船舶油濁等損害賠償保障法 3 条や，原子力損害賠償法 3 条がある。後者については，後述する。→8）。

　無過失責任には過失責任のような非難性はないとして，無過失責任による賠償を一定額で打ち切るのが妥当であるとする考え方がある（例えば，加藤（一）22 頁以下）が，これに対しては，未知の物質を大量に外部に放出する行為によって他人の生命・健康等を侵害すれば，過失責任の基礎にある人に損害を与えないように注意して行動せよというルールから見て，すでにそのこと自体に過失があり，公害において追及されるべきはあくまで過失責任であるが，過失の立証を必要とすると苦しい立場の被害者にさらに重い負担を課し被害救済までに長い時間がかかることになるので，これらのケースでは，過失の立証を要することなく（被告の反証をも許さないという意味で単なる立証責任の転換ではない）損害賠償を請求しうるようにすべきであり，これらの事件で認められる「無」過失責任は，その本質において，このような責任であるべきであるという批判もある（清水誠・時代に挑む法律学〔1992〕347 頁以下，富井利安・公害賠償責任の研究〔1986〕39 頁以下，他）。無過失責任であることは被告の責任が軽いものであることには直結せず，したがって，責任制限には慎重であるべきであろう。

5　因 果 関 係

(1)　因果関係の立証

　要件の項で触れられているように（→B Ⅶ 1），不法行為法において「因果関係」という場合，それには多様なものが含まれているが，ここで扱うのは，当該行為が被害発生の原因であったかどうかという意味での因果関係，すな

§*709* **D IV**

わち，いわゆる「事実的因果関係」の問題である。損害賠償訴訟において因果関係の立証責任は原告にあるとされる。しかし，公害の場合，その証明はしばしば極めて困難である。そこで，1960年代後半以降，被害者の立証負担を軽減しその救済をはかるための理論が提唱された。その先駆はいわゆる蓋然性説である。蓋然性説とは，原告の因果関係の立証はそこに因果関係が存在することの「かなりな程度の蓋然性」を示すだけで十分であり，もし被告がそこには因果関係のないことを証明しえない場合には，それでもって因果関係の存在を認定しうるとする説である（徳本鎮・企業の不法行為責任の研究〔1974〕130頁以下）。この説の核心は，公害において被害者に要求される因果関係立証の程度を蓋然性の証明でよいとして引き下げる点にあるが，問題は，なぜ公害訴訟において証明程度の引下げが認められるかである。この点の理論的根拠付けとしては2つの考え方があった。1つは，民事事件の場合には原告・被告どちらの主張する事実の方が確かといえるかが問題であり50％を超える蓋然性があればよいとして，英米法の証拠の優越の考え方を用いる説である（加藤一郎編・公害法の生成と展開〔1968〕29頁〔加藤〕）。しかしこの説に対しては，職業的裁判官が積極的に事件に働きかけて納得のいくまで審理することのできる大陸型事実審の構造のもとでは証拠の優越によって事実認定を行うことは許されるべきでないとの批判がなされた。別の考え方は，事実上の推定ないし一応の証明の理論によって蓋然性説を根拠付けようとするものである。すなわち，原告が因果関係の存在をかなりの程度の蓋然性でもって証明したときには，因果関係の一応の証明がなされたものとしてその存在が事実上推定され，被告の方でこの推定をくつがえすに足る反証をあげない限り因果関係は存在するものとして扱われるとの主張である。これに対しては，蓋然性の程度で一応の推定がなされるのなら，逆にその推定を破る被告の側の反証もまた容易であり結局被害者救済にならないのではないかとの批判（好美清光＝竹下守夫「イタイイタイ病第一次訴訟第一審判決の法的検討」判評154号（判時646号）〔1971〕5頁〔竹下〕）があった。

　このように，蓋然性説には様々な点で批判も強いが，この理論が初めて正面から公害における被害者の因果関係立証負担の軽減に取り組んだこと，そして，従来，因果関係の認定に消極的であった裁判所にアピールしてその訴訟運営に一つの方向を与え，因果関係の存否判断にあたって科学的に厳密な

〔吉村〕　　745

§*709* D Ⅳ 第3編 第5章 不法行為

証明は必要ないとして不必要な科学論争に裁判所が入り込む危険を防いだことは，確認しておく必要があろう（森島292頁以下参照）。

蓋然性説の問題提起を受けて，この時期，公害訴訟における因果関係立証の問題を民事訴訟法の一般理論の中に位置付けようとする説が登場する。因果関係立証プロセスへの間接証明および間接反証論の適用である。この主張によれば（好美＝竹下・前掲論文2頁以下），被告企業の生産活動と原告の損害との間に因果関係が存在することの証明のためには，被告企業の生産活動における特定物質の発生，その外部への排出，媒体を通じての拡散，原告の身体・財産への到達，損害の発生という各事実およびその各前者から後者への過程という複合的な立証主題を対象としなければならない。しかしそのことはこれらの各事実，各過程につき常に各別に証拠を提出し，あるいは直接に証明しなければならないことを意味するわけではなく，間接事実の積み重ねにより経験則の助けを借りて主要事実を証明する間接証明の方法を使うことができる。そして，原告が間接事実の証明と経験則によりある主要事実の存在を証明した場合には，当該場合には特段の事情があるからその経験則は適用すべきでない，あるいはその主要事実の不存在を推認させる別の間接事実があるとの被告の主張はいずれも間接反証事実の主張でありその立証責任は被告にある。この考え方は，間接証明，間接反証という民事訴訟法上一般に認められている手法を公害訴訟に適用することにより原告の立証困難の緩和を目指したものである点で評価しうる。しかし，この手法においては経験則が重要な役割を果たすため，経験則自体が曖昧な場合には有効に機能しないという限界もある（この点を指摘するものとして森島298頁以下）。

なお，新潟水俣病判決は，因果関係の証明で問題となる点を，①被害疾患の特性とその原因物質，②原因物質が被害者に到達する経路，③加害企業における原因物質の排出の3つにわけ，「①，②の立証がなされて，汚染源の追求がいわば企業の門前にまで到達した場合，③については，むしろ企業側において，自己の工場が汚染源になり得ない所以を証明しない限り，その存在を事実上推認」し因果関係の証明があったものと解すべきであるとした（新潟地判昭46・9・29下民集22巻9＝10号別冊1頁）。汚染源の追及が企業の門前にまで到達すれば因果関係が推定されるとする点で「門前説」などと呼ばれるが，理論的には，間接反証の理論を実践したものとされている（淡路剛

746 〔吉村〕

§709 D IV

久・公害賠償の理論〔増補版，1978〕30頁）。ただし，①〜③は間接事実ではなく主要事実であり，したがってこの判決は，①と②の証明により③の証明責任が転換されたとの理解もある（この判決の理論的位置付けについては，川嶋四郎〔判批〕環境法判例百選〔3版，2018〕172頁参照）。

(2) 疫学的因果関係論

　公害訴訟において有力に主張されたのが，いわゆる疫学的因果関係論である。疫学とは，「集団現象として，傷病の発生，分布，消長およびこれに及ぼす自然的社会的諸要因の影響，あるいはまた逆に傷病の蔓延が社会に及ぼす影響を研究し，この知識に基づいて疾病の蔓延を防止制圧し，その社会生活に与える脅威を除去しようとする学問」（四大公害訴訟が争われていた時期に刊行された，曽田長宗「公害と疫学」戒能通孝編・公害法の研究〔1969〕236頁の説明）であり，疫学的因果関係論とは，このような疫学によって被害と被告企業の排出する物質との間の因果関係が立証されれば法的に因果関係の証明があったものとして扱おうとする考え方のことである。疫学においては，疾病発生の病理学的なメカニズムに立ち入ることなく因子と疾病の因果関係を明らかにしうることから，疫学的手法を導入することにより，被害発生の病理学的なメカニズムの解明に立ち入ることなく因果関係を認めることが可能となった。本来，法的責任発生要件としての因果関係の立証と病理学的なメカニズムの解明は別個のものであり，病理学的なメカニズムが明らかにならなくとも因果の連鎖の基本的な関連さえ明らかになればよいのであるが，ややもすれば病理学的ないし臨床医学的なメカニズムの解明がなければ因果関係の証明としては不十分なものであるかのごとき主張が少なくなかった中で，この点があらためて明確になったことの意義は大きなものがある。

　これらの考え方は，公害訴訟判決においても採用された。まずイタイイタイ病訴訟において裁判所は，「企業活動に伴って発生する大気汚染，水質汚濁等による被害は空間的にも広く，時間的にも長く隔った不特定多数の広範囲に及ぶことが多い」という公害における因果関係証明の特色を指摘した上で，「臨床医学や病理学の側面からの検討のみによっては因果関係の解明が十分達せられない場合においても，疫学を活用していわゆる疫学的因果関係が証明された場合には原因物質が証明されたものとして，法的因果関係も存在するものと解するのが相当である」として，疫学的因果関係論を採用した

〔吉村〕　747

§*709* D IV 第3編 第5章 不法行為

（名古屋高金沢支判昭47・8・9判タ280号182頁）。さらに四日市訴訟においては，疫学的因果関係論を採用した上で，その因果関係が認められるための条件を4つに整理している（津地四日市支判昭47・7・24判タ280号100頁）。4条件とは，①因子は発病の一定期間前に作用するものであること，②因子の作用する程度が著しいほどその疾病の罹患率が高まること，③因子の分布消長から結果の特性が矛盾なく説明されること，④因子と結果の関係が生物学的に矛盾なく説明できること，の4つである。

(3) 疫学的因果関係論の「限界」

以上述べたように，疫学的因果関係論はイタイイタイ病訴訟を嚆矢として，これまで多くの公害裁判で採用されてきた考え方だが，これについて，大気汚染による呼吸器系疾患のように，他の原因も考えられるいわゆる非特異性疾患の場合に，疫学的手法による（原告ら住民集団における）呼吸器系疾患の発症（集団的因果関係）が証明されても，それが，個々の原告の発症（個別的因果関係）の証明に直結しないのではないかという指摘がある（新美育文「疫学的手法による因果関係の証明」ジュリ871号〔1986〕90頁，他）。

疫学においては，複数例を観察して，その結果をデータ化して，因果関係に関する一般法則が導き出される。疫学は人体の健康に影響を及ぼす原因を「定量的に」明らかにするものであり，その基本は，曝露のあった集団となかった集団の患者の発生率の比較から導かれる相対危険度であり，因果関係は原因確率において量的に表現される。原因確率（疫学による因果関係の評価）は0から100％までの連続した値をとるので，そのどこで線を引くかは，疫学知見を利用する目的により独自に判断される。民事訴訟においても，どこで線を引くのが適切妥当かが問題となるが，それは，疫学ではなく，法律学が判断すべきことがら（疫学によって明らかにされた因果関係に関する一般法則の訴訟への適用の仕方の問題）である。

疫学による因果関係の解明で損害賠償訴訟における因果関係認定が終わるのではない。疫学知見の当該原告における因果関係判断への適用が行われて賠償訴訟における因果関係証明は完結するのである。因果関係の疫学的証明においては，集団現象としての疾病の発症原因を疫学によって明らかにし，その結果，ある因子との関連性が原因確率をもって明らかにされ，それを当該個人（原告）にあてはめる（適用する）という作業が行われているのであり，

748 〔吉村〕

§709 D IV

前者を集団的因果関係と呼び，後者を個別的因果関係と呼ぶとしても，2つの異なる（相互に関連のない）因果関係があるわけではない。また，特異性疾患と非特異性疾患の区別は相対的なものであり，因果関係立証に疫学が有用かどうかを，特異性疾患と非特異性疾患で区別して論ずる必要はない。2009年に制定された「水俣病被害者の救済および水俣病問題の解決に関する特別措置法」による救済を受けていない被害者らがチッソと国・熊本県に対し賠償を請求したノーモア・ミナマタ第2次近畿訴訟において大阪地裁は，水俣病は特異性疾患でありそこでは疫学手法による証明は使えないという被告側の主張に対し，「法的因果関係の判断に際して，疫学的因果関係を考慮することは，過去の多数の公害訴訟，薬害訴訟，労災訴訟等の裁判例においても採用されてきた方法である」とした上で，水俣病事案においても「疫学的因果関係が認められることは，法的因果関係を判断する上で重要な基礎資料となる」とする，重要かつ適切な判断を示した（大阪地判令5・9・27判タ1520号83頁）。ノーモア・ミナマタ第2次訴訟ではその後，熊本地裁（熊本地判令6・3・22 LEX/DB25620464）と新潟地裁（新潟地判令6・4・18 LEX/DB25620178）が，疫学的因果関係の限界を強調する判断を示したが，大阪地裁が示した，疫学的因果関係が法的因果関係を判断をする上で重要な基礎資料となるという考え方は，疫学研究によって得られた知見が法的因果関係判断において持つ意義を明確にするものとして特筆すべきである。

　疫学的因果関係と法的因果関係の関係について，相対危険度による推認が70〜80%の証明度を超えるときは個別的因果関係を推定（一応の推定），それ以下でも50%を超えるときには事実上の推定を認めるべきであろう（瀬川信久「裁判例における因果関係の疫学的証明」加藤古稀(上)183頁以下）とする見解や，疫学によって相対危険度が5倍（寄与危険割が80%）を超える場合は，高度の蓋然性＝証明度80%を超える心証が形成されると見て良く，相対危険度が2倍（寄与危険割合が50%）以上5倍未満の場合は疫学的経験則による事実上の推定を認めてもよいとする説がある（河村浩「公害環境紛争処理の理論と実務4」判タ1242号〔2007〕52頁以下）。裁判例においても，尼崎大気汚染公害判決（神戸地判平12・1・31判タ1031号91頁）は，大気汚染に関する千葉大調査に依拠して，「本件沿道汚染が気管支喘息の発症をもたらす危険度がこれがない場合の四倍であるとの危険度の大きさに照らせば，沿道患者が公健法の暴露

§709　D Ⅳ　　　　　　　　　　第3編　第5章　不法行為

要件を充足する場合には，その気管支喘息が本件沿道汚染に起因する確率が極めて高いということになるから，沿道患者個々人の気管支喘息が本件沿道汚染に起因する高度の蓋然性がある」としている。

確かに，相対危険度に示される疫学的な関連性の強さは，集団的因果関係から個別的因果関係を推定する際に大きな意味を持つ。80％を超える寄与危険割合が明確になった場合には，個別的因果関係は高度の蓋然性をもって証明されたと見るべきであろう。しかし，相対危険度を推定度に直結することには問題がないわけではない。特に，疫学調査によって示された相対危険度がそれほど高くないことから直ちに因果関係を否定すべきではなく，その他の証拠や当該疾病の特質などの総合判断がなされるべきではないか（淡路剛久「大気汚染公害訴訟の現状と課題」法時66巻10号〔1994〕23頁は，「自然有症率に対する超過の割合が高ければ高いほど，大気汚染の影響である蓋然性が高くなるが，それが何倍なければ法的因果関係を肯定できない，といった一律の判断を要求することは無理である。疫学的な量的調査結果，質的な調査結果，その他の証拠を総合判断して，法的な判断を加えざるを得ない」とする）。

なお，以上は，疫学による集団的因果関係の解明を（何らかの程度において）個別的因果関係の証明に結び付けようというものだが，これと異なるものとして，割合的な認定を行う裁判がある。西淀川2〜4次訴訟において，大阪地裁平成7年7月5日判決（判時1538号17頁）は，一般的因果関係と個別的因果関係を区別し，大気汚染以外にも要因の考えられる非特異性疾患については後者の証明は困難であるが，だからといって損害賠償を全面的に否定することは不法行為の基本理念にもとることになるので，疫学等によって統計的ないし集団的には一定割合の事実的因果関係の存在が認められる場合には，「いわば集団の縮図たる個々の者においても，大気汚染の集団への関与自体を加害行為と捉え，右割合の限度で各自の被害にもそれが関与したものとして，損害の賠償を求めることが許される」とした。

6　損害と賠償額の算定

(1)　「交通事故方式」の限界

四大公害訴訟に代表されるように，これまでの公害訴訟における被害は，主として人身被害であった。しかし，人身被害を損害賠償という制度で救済しようとする場合，そこには，人の生命・健康という，本来金銭に換算不可

750　〔吉村〕

§*709* D Ⅳ

能な価値の侵害を金銭（損害賠償額）に見積もらなければならないという困難
がある。この困難な課題にわが国の損害賠償法が本格的に取り組んだのは，
昭和30年代以降のモータリゼーションの進行のなかで多発した交通事故に
対する補償をめぐってであった。そしてそこでは様々の議論を経て，一定の
算定方式が確立されて行った。

　この方式の詳細は「不法行為の効果」（→CⅣ3）に譲るが，その考え方の
大要は，以下のとおりである。まず，損害を財産的損害と精神的損害に分け，
さらに前者は積極的損害と逸失利益に区別する。その上で，これらの各損害
について個別に賠償額を算定し，それらを合計したものが賠償額となる（個
別損害項目積み上げ方式）。このうち治療費や入院費等の積極的損害は実費を基
本としつつ，立証負担を軽減するために，一定の基準に従った定型的な算定
がなされることもある。また逸失利益については，被害者が失った所得を賠
償するという立場（所得喪失説）から，被害者の収入を基礎にして，可能な限
り実費にしたがって算定することが試みられる。すなわち，原則として以前
の実際の収入額が基礎となる。しかし，専業主婦や年少者のように収入のな
い者については，平均賃金による算定が認められ，その際，労働能力ないし
稼働能力を失ったことを損害と見る考え方（稼働能力喪失説）がとられること
がある。さらに，慰謝料については，裁判官の裁量によるという基本をおき
つつ，死亡の場合は家族における死者の位置に応じて一定幅の基準額が，傷
害については症状と入通院期間に応じた基準額が定められ，これを基礎に，
個別の事情を加味して金額が決められる。

　以上の交通事故賠償において形成された算定方法は，交通戦争とも表され
る大量の人身被害の迅速な処理に大きな役割を果たしたが，公害にそれを適
用した場合，様々の不都合が生ずる。例えば，公害による健康被害は子供や
老人などの弱者から顕在化するのが一般的だが，これらの被害者の逸失利益
の算定に困難な点も少なくない。勤労している成人の場合でも，継続的でし
かも徐々に進行する公害による健康被害の場合，従前の収入がどう減少した
のかを明らかにすることは困難である。また交通事故方式のように損害を項
目化した場合，多様な広がりを持ち同時に複雑に絡み合い相乗的に作用する
公害被害の全体像を把握仕切れないという問題点もある。さらに，交通事故
方式では，当然収入により賠償額に差が生ずるが，同一地域で同様の被害に

〔吉村〕　　751

§709 D Ⅳ 第3編 第5章 不法行為

苦しむ被害者間において従前の収入の違いにより賠償額に差が生ずることが果たして妥当なのかどうかも大きな論点である。

(2) 一括請求・包括請求・一律請求

公害裁判では，以上のような交通事故方式への疑問から，原告はこれと全く異なる考え方を採用した。いわゆる一括請求，包括請求，一律請求といった方法である。このうち一括請求とは新潟水俣病訴訟において主張された考え方であり，「生命，身体に対する侵害については，財産的，精神的損害をすべて総合して，賠償額を全体として適切にこれを定める」とするものである（原告最終準備書面・公害裁判第一集（法時臨増）〔1971〕241頁以下）。熊本水俣病訴訟において主張された包括請求は，この一括請求を発展させたものである。同訴訟において原告は，伝統的な請求方法を，「不法行為による被害をあらゆる社会的環境から個人を抽象して論ずるものであって，被害の実態を直視する考え方では決してない」と批判した上で，「われわれのいう損害は，原告らの蒙った社会的，経済的，精神的損害のすべてを包括する総体をいう」として，新しい損害のとらえ方を主張したのである（原告最終準備書面・前掲公害裁判第三集243頁）。被害者の被った被害，不利益の全てを総体として，すなわち包括的に把握しそれに対する賠償を求めることから包括請求と呼ばれる。一括請求との違いは，損害の把握が被害者に発生した社会的，経済的，精神的な被害の総体として一層包括的になっていることである。さらに一律請求とは，一方において迅速な救済の必要性から，他方において原告らの被った被害の共通性と本質的同一性から，原告の従前の収入等に関係なく同額ないし被害の程度に応じてランク分けされた額を請求する方法のことである。

これらの請求方式は，その後，公害事件だけではなく，スモン薬害事件訴訟やカネミ油症事件訴訟等においても主張され発展していったが，裁判所の受け止め方も概して好意的であった。まず一律請求については，被害の個別性を無視するものとして批判も強かったが，現実の算定においては，症状等によるランク分けとそれを基準にした算定が多くの公害賠償訴訟においてなされている。さらに一括ないし包括請求については，当初の判決においては，原告の主張を伝統的な意味での慰謝料請求と理解した上で，その算定において本来ならば財産的損害の算定において考慮されるべき要因をも入れて金額の算定を行うというのが一般的であったが（例えば，熊本水俣病訴訟判決は，原

752 〔吉村〕

§*709* D IV

告の包括請求を慰謝料のみの請求だと理解した上で，「逸失利益を含む財産上の損害を請求すれば，その立証が複雑困難であるため審理期間が長期化し，被害者の救済がおくれることになるので，これを慰藉料算定の斟酌事由として考慮し，慰藉料の額に含ませて請求することは許されると解すべきである」としている〔熊本地判昭48・3・20判タ294号108頁〕）．その後，スモン事件においていくつかの判決は正面からこれを認め（例えば福岡スモン判決は，スモン被害が長期間にわたりかつ多項目に及んでいることを指摘した上で，「これら多項目の損害を個々に立証していくことは非常に煩瑣であり，特にそれが長期間に及ぶときは事実上困難でさえもある。そこで，このような場合には，これらの諸損害と精神的，肉体的苦痛に対する慰藉料とを併せ包括したものとして，一定の損害額を主張し請求することも」許されると述べている〔福岡地判昭53・11・14判タ376号58頁〕）．さらに，公害事例でも，西淀川第1次訴訟判決（大阪地判平3・3・29判タ761号46頁）は，「なるほど，右の如き請求は，個別積算による損害額算定の方式からすると，その算定の根拠が曖昧で，恣意的になる危険もあるといえる。しかし，従来の個別積算による損害額算定の方式も，損害額算定の一つの法技術に過ぎず，唯一絶対のものというほどのものでもない。……本件疾病のごとく発症以来長期間継続する症状の経過は必ずしも一様ではなく，被害は物心各種多方面にわたっており，これらすべての被害を個別に細分しないで，固有の意味の精神的損害に対する慰謝料，休業損害，逸失利益等の財産的損害を含めたものを包括し，これを包括慰謝料として，その程度に応じ社会観念上妥当な範囲内で損害額をある程度区分定額化して算出することも充分合理的で，法律上許されるものと解され，このような意味で包括請求もこれを否定すべき理由はない。特に本件のごとく類似被害の多発している事案においては，右のごとき請求をなす必要があるのみか，むしろ，このような方法での損害額の算定には，公平で，実体にも即しており，より合理性が認められる」として，その意義を認めている。

　以上のような考え方は，公害のような悲惨な被害が広範囲に生じたケースにおける考え方として定着する。これらの新しい方式の意義や狙いはどこにあったのだろうか。この点に関して一般的に指摘されるのは，①個別的で具体的な損害費目の立証の困難を救済し訴訟の遅延を防ぐこと，②従来の個別的評価方式の下では損害に含まれない被害の賠償を認めることの2点である。そしてこの2点の中では，個別算定方式を採用しつつ従来より広い範囲の賠

〔吉村〕　753

§709 D IV　　　　　　　　　　　　　　　　　　第3編　第5章　不法行為

償を認めることも可能なのであるから，「むしろ，包括的な損害ということによって，個々の損害項目の具体的な立証をすることなく財産的不利益の賠償を認めさせるという点に包括請求の法技術的意味があったというべきであろう」とする見方が有力である（森島341頁以下）。確かに，原告側がこのような方式を採用した大きな理由に，立証負担軽減等の技術的問題があったであろうことは否定できない。また一律請求について言えば，多数の原告が集団的に訴訟を進める公害訴訟において原告らの団結を阻害しないために採用されたという事情もある。しかし，このような点においてのみ原告の主張の意義や狙いを見ることは一面的なように思われる。なぜなら，とりわけ包括請求は，その出発点となる損害の把握において，加害行為により生じた財産的なマイナスを中心として損害をとらえるのではなく，被害の総体を包括的にとらえる損害論を出発点としているからである。多岐にわたり，しかもそれぞれの被害が絡まり合い相乗し合っている総体を包括的にとらえる損害論が包括請求の出発点なのであり，そして，包括的・総体的損害論とも言うべきこのような損害把握を基礎にしていることに，この請求方式が持つ最大の意義がある。

　これらの新しい考え方の最大の課題は，総体的・包括的にとらえられた被害に対する賠償額をどう算定するかを具体化することであろう。しかし，この点は必ずしも十分には明らかにされて来なかった。すなわち，「包括請求方式は，『総体としての被害』を損害の事実として立証しようとし，現実の訴訟において被害者および弁護団は大変な努力を重ねてきた。そして，それが被害者の請求が裁判所によって認容されることに寄与したこともまた否定できない事実である。しかし，立証された損害の事実に対して，どのような水準の賠償金の支払を決定するかは，裁判官の裁量に依存する余地が大きいことも否定できない」のである（牛山積・公害法の課題と理論〔1987〕25頁）。この点での包括請求方式の弱点は，裁判所の多くが包括請求を伝統的な請求方式における慰謝料として理解したという事情により拡大される。包括的な損害に対する賠償額の算定が，裁判官の自由な裁量により算定されるという慰謝料における伝統的な算定論の中に流し込まれ，その結果，賠償額算定はほとんど無限定な裁判官の裁量によってなされてしまうことになる。

754　〔吉村〕

§709 D IV

(3)　包括損害の「項目化」の動き

　その後の議論としては（主として薬害や食品被害に関する議論であるが）包括的損害論を前提しつつ，損害の一定の項目化を行う主張がなされるようになったことが注目される。カネミ油症事件に関する，「原告のうけた損害を正しくとらえるためには，どうしてもその受けた被害の総体を，総体として包括してとらえるほかない」として包括的損害把握の意義を説きつつ，不法行為における損害賠償は「原告が人間として本来送ることのできるはずであった『失われた生活』自体を完全に回復する」ものでなければならない，その具体的内容としては，①「原告がこれまでうけてきた社会的・経済的・家庭的・肉体的・精神的被害などもろもろの被害すべてを正しく把握し評価して，その金額を算定すること」，②「個々の原告が適切な施設や家庭において完全な看護をうけ，かつ相当な娯楽費もカバーした金額と，なおそれによって償なわれない精神的苦痛について相当の慰謝料を終身保障するだけの金額を算定すること」，③「原告が少しでももとの体にもどるように，あるいはもとの生活にもどれるように努力をつくすために必要とされる金額を算定すること」であるとする主張（馬奈木昭雄「カネミ油症事件における損害論」法時49巻5号〔1977〕41頁以下）や，スモン被害の救済のためには，「被害者の全人間的復権のためのあらゆる措置を探究し，かかる措置を現実に実施するための費用を可能なかぎり算出し，これを加害者に負担させること」が必要であり，したがって，その損害論は，「被害の確定」，「原状回復内容の確定」，「原状回復内容の金銭的評価」の3段階から構成されることになるが，「原状回復内容の金銭評価」においては，治療・リハビリ保障費，生活保障費，慰謝料の3つが対象になり，慰謝料においては，対価賠償が不可能もしくは著しく困難であることを踏まえて慰謝料の調整的機能を活用する必要があるとの主張（鳥毛美範「スモン被害者救済の法理（損害論）」法の科学8号〔1980〕85頁以下）である。

　それでは，このような，包括損害の項目化による算定・請求方法は，理論的に可能なのか。前述したように，公害訴訟等で主張された包括請求論は損害賠償の算定ないし請求方式（包括請求方式）として主張されてきているが，請求方式の問題とは別に，損害把握（損害論）のレベルでの意義がある（高嶌英弘「包括請求の現状と問題点」古賀哲夫＝山本隆司編・現代不法行為法学の分析

〔吉村〕　　755

〔1997〕177頁は,「包括請求」という用語の二義性〔「包括的な損害把握」と「包括的に把握された損害を訴訟において請求する方式」〕を指摘する)。すなわち,包括請求論には,損害の包括的な把握という側面と,請求方式(財産的損害,精神的損害といった個別の損害について賠償を請求するのではなく,それらを一括ないし包括して請求する方式)という側面の2つがあり,そして,包括的な損害把握が論理必然的に包括請求方式に結び付くわけではないのである(このような理解から,潮見佳男「人身侵害における損害概念と算定原理(二・完)」民商103巻5号〔1991〕719頁以下は,「包括的損害把握」の下での個別算定方式を説く。それによれば,損害論を議論するにあたっては,「賠償の対象を何に求めるかという損害の本質に関する問題と,そうして認められた損害をどのような観点から評価算定していくかという算定原理に関する問題……の間の論理的関連」を整理して考える必要があり,包括請求についても,損害の本質に関する「包括的損害把握」の側面と,損害算定原理に関する「包括請求方式」とをわけて考える必要があるとされる)。

7 その他の問題

以上検討してきた以外にも,公害・環境侵害の賠償をめぐっては多くの課題がある。しかし,それらの多くは,他の項で詳しく検討されるので,以下では,各課題について公害・環境侵害に特有の問題について簡単に触れるにとどめる。

(1) 複数汚染原因者の責任

公害問題においては,環境を汚染する原因が複数存在し,それらが競合しあって被害が発生する場合が少なくない。このような場合,個々の汚染源の被害発生への寄与の有無とその程度を証明することは,事実上,不可能である。そこで,これらの複数汚染源に損害賠償を求める場合に重要な役割を果たすのが,719条の共同不法行為規定である。共同不法行為について詳しくは第16巻719条の注釈(→第16巻§719〔281頁以下〕)に譲り,ここでは,特徴的な公害判決を指摘するにとどめる。

① 719条を初めて大規模な公害事件に適用したのは,石油コンビナートの企業群の責任が追及された四日市公害訴訟判決(津地四日市支判昭47・7・24判タ280号100頁)であった。この事件において裁判所は,一般論としては,その直前に出された山王川事件最高裁判決(最判昭43・4・23民集22巻4号964頁。ただし,これは,複数の汚染者の共同不法行為責任が問われた事案ではない)にな

§*709* D IV

らって，共同不法行為が成立するためには，各人の行為がそれぞれに不法行為の要件を備えていることおよび行為者間に関連共同性があることが必要だとし，また，関連共同性は客観的なもので足りるとしつつ，現実にはそれを2つに類型化し，「弱い関連共同性」がある場合は，共同行為（一体としての汚染）と被害発生の間の因果関係が立証されれば各工場と被害の間の因果関係の存在は推定され，「強い関連共同性」が認められるときには，因果関係が擬制されるので，被告の操業がそれ自体としては結果発生との間に因果関係がなくても，結果に対して責任を負うことがあるとした。

② 西淀川大気汚染事件では，西淀川区内には被告以外にも多数の中小発生源もあり，また，被告の構成も，西淀川区とその付近の工場を操業する企業，国道を設置・管理する国，高速道路を設置・管理する公団と複雑であり，このような場合，複数の汚染源が共同不法行為を構成するかどうかが問題となった。この事件につき，第1次訴訟判決（大阪地判平3・3・29判タ761号46頁）は，四日市判決と同じく関連共同性を「強い」ものと「弱い」ものに分け，前者の場合には因果関係を擬制し後者については因果関係を推定するという考え方をとりつつ，後者については四日市判決とは異なり1項後段にあてはめることにより「被告らの排煙等も混ざり合って汚染源となっている」場合に少なくとも「弱い客観的関連」を認めうるとして，「弱い関連共同性」をかなり広い範囲で肯定し，結論として，汚染源が広く地域に散在した場合にも連帯責任を認める可能性を開いた。

③ 西淀川第1次訴訟判決以降，多くの大気汚染公害訴訟判決が出されているが，基本的には，同判決の論理が維持されている。西淀川第2〜4次訴訟判決（大阪地判平7・7・5判時1538号17頁）も，基本は第1次訴訟の共同不法行為論を維持しつつ，「重合的競合」について，719条の類推適用という考え方を提示している。すなわち，同判決は，個々の発生源だけでは全部の結果を惹起させる可能性がなく幾つかの行為が積み重なってはじめて結果を惹起するにすぎない場合（「重合的競合」）で，結果の全部または主要な部分を惹起した者を具体的に特定できないことがあるが，その場合でも，現実に被害が生じている場合に，まったく救済しないのは不当であり，一定の要件が備わっておれば719条を類推適用して公平・妥当な解決が図られるべきであるとした。その要件とは，「競合行為者の行為が客観的に共同して被害が発

〔吉村〕 757

§709 D IV 　　　　　　　　　　　　　第3編　第5章　不法行為

生していることが明らか」であること，「競合行為者数や加害行為の多様性
など，被害者側に関わりのない行為の態様から，全部又は主要な部分を惹起
した加害者あるいはその可能性のある者を特定し，かつ，各行為者の関与の
程度などを具体的に特定することが極めて困難であり，これを要求すると被
害者が損害賠償を求めることができなくなるおそれが強い」こと，「寄与の
程度によって損害を合理的に判定できる場合」である。そして，その場合，
特定された被告は原則として連帯責任を負うが，その連帯責任の範囲は結果
の全体に対する被告らの行為の寄与の割合を限度としたのである。

④　アスベスト含有建材を使った建設作業に従事し中皮腫等の疾患に罹患
した建設作業従事者やその遺族が，国とアスベスト含有建材のメーカーを相
手に起こした損害賠償訴訟においては，アスベスト含有建材を製造販売した
建材メーカーが多数に上っていることから，民法719条1項の適用ないし類
推適用が問題となったが，最高裁は，719条1項後段は，複数の者がいず
れも被害者の損害をそれのみで惹起し得る行為を行い，そのうちのいずれの
者の行為によって損害が生じたのかが不明である場合に，被害者の保護を図
るため，公益的観点から，因果関係の立証責任を転換して，上記の行為を行
った者らが自らの行為と損害との間に因果関係が存在しないことを立証しな
い限り，上記の者らに連帯して損害の全部について賠償責任を負わせる趣旨
の規定である」とした上で，「本件においては，被告Ｙらが製造販売した本
件ボード三種が上記の本件被災大工らが稼働する建設現場に相当回数にわた
り到達して用いられているものの，本件被災大工らが本件ボード三種を直接
取り扱ったことによる石綿粉じんのばく露量は，各自の石綿粉じんのばく露
量全体の一部であり，また，被告Ａらが個別に上記の本件被災大工らの中
皮腫の発症にどの程度の影響を与えたのかは明らかでないなどの諸事情があ
る。そこで，本件においては，被害者保護の見地から，上記の同項後段が適
用される場合との均衡を図って，同項後段の類推適用により，因果関係の立
証責任が転換されると解するのが相当である」（下線筆者）とした。ただし，
「本件被災大工らが本件ボード三種を直接取り扱ったことによる石綿粉じん
のばく露量は，各自の石綿粉じんのばく露量全体の一部にとどまるという事
情があるから，被告Ａらは，こうした事情等を考慮して定まるその行為の
損害の発生に対する寄与度に応じた範囲で損害賠償責任を負うというべきで

758　〔吉村〕

§ *709* D Ⅳ

ある」とする（最判令 3・5・17 民集 75 巻 5 号 1359 頁・6 号 2303 頁。建設アスベスト訴訟における建材メーカーの責任における最高裁判決の民法 719 条 1 項後段の適用および類推適用論については→第 16 巻 § 719 Ⅳ〔301 頁以下〕）。

(2)　**公害・環境侵害の差止め**

(ア)　**差止めの法的根拠**　　公害のような継続的不法行為の場合，事後的な救済である損害賠償以上に，不法行為の差止めが重要な意義を持つ。また，公害による健康被害や深刻な環境破壊は従前の状態に原状回復することが不可能もしくは著しく困難であることから，事前の防止としての差止めは重要である。1970 年代に入って，公害裁判において，損害賠償による公害被害の事後的救済にとどまらず，差止めを求める訴訟が増加する。これは，熊本水俣病訴訟等のいわゆる四大公害訴訟において公害に対する企業の法的責任が明確化されたことを踏まえて，より抜本的な対策である差止めへ公害裁判の重点が移行したことを意味する。差止めについて詳しくは，第 16 巻 722 条の注釈（→第 16 巻 § 722A Ⅳ(2)(イ)〔420 頁以下〕）で触れられるので，ここでは，公害・環境被害に関する特有の問題について簡単に触れるにとどめる。

　わが国の民法や環境法には差止めを規定した明文がない。しかし，公害・環境侵害における判例や学説は，その現実的な必要性から，様々な考え方によって差止めを認めている。裁判例としては，権利構成（人格権）によりつつ，必要な利益衡量を加えるという態度をとるものが多いが，人格権の内容をどのように理解するかについては説が分かれる。大阪空港訴訟控訴審判決（大阪高判昭 50・11・27 判タ 330 号 116 頁）は，「個人の生命，身体，精神および生活に関する利益は，各人の人格に本質的なものであって，その総体を人格権ということができ，このように人格権は……その侵害に対してはこれを排除する権能が認められなければならない」とするが，名古屋新幹線訴訟控訴審（名古屋高判昭 60・4・12 判タ 558 号 326 頁）は，差止めの根拠となる人格権を身体権としての人格権としており，この立場からは，差止めが認められる場合が実質上，身体侵害の場合に限られることになる。大阪空港訴訟控訴審判決のように広く解すると，権利の外延があいまいになるという点は否定できないが，名古屋新幹線判決の考え方は，公害の場合，その被害は人の精神的あるいは生活上の利益侵害から始まり，徐々に身体・健康の侵害に及び，身体侵害が生じた時点では回復困難な場合が多く，それにいたる以前に差し止

〔吉村〕　　759

§709 D IV　　　　　　　　　　　　　　第3編　第5章　不法行為

める必要性が高いことからすると，狭すぎるのではないか。

　さらに，廃棄物処理場の差止事例などでは，人格権の一種としての平穏生活権が根拠とされることも多い（丸森町廃棄物処分場差止仮処分事件決定（仙台地決平4・2・28判タ789号107頁〔→3(2)(イ)〕）等）。

　(イ)　差止めと公共性　　公害発生源が空港，鉄道，道路のような公共性を帯びている場合，差止めの可否判断において公共性をどう考慮するか問題となる。名古屋新幹線訴訟控訴審判決（前掲）は，新幹線の公共性は極めて高く，騒音振動対策の一つとしての減速は，当該地区にとどまらず全線に波及し，「わが国陸上交通体系に由々しい混乱を惹起し，社会経済的にも重大な結果に逢着せざるを得ないこととなる」として，差止めを棄却した。国道43号線訴訟控訴審判決（大阪高判平4・2・20判タ780号64頁）や西淀川第2～4次訴訟判決（前掲大阪地判平7・7・5）等でも，道路の公共性が重視され請求が棄却されている。差止めの可否の判断において利益衡量はある程度必要であり，公共性がその利益衡量において一定の役割を果たすことは否定できないが，だからといって，加害行為の公共性の存在だけで差止めを認めないのは行き過ぎであり，生じた被害が何かを十分考慮すべきである。特に，被侵害利益が生命・身体・健康といったかけがえのない人格的利益である場合には，公共性があるからといって差止めを否定しそれらの侵害を事実上許容する態度をとることは許されないと考えるべきではないか（このような考え方から差止めを認めたものとして，神戸地判平12・1・31判タ1031号91頁や，名古屋地判平12・11・27判タ1066号104頁がある）。

　(ウ)　公害差止めにおける「二つの壁」　　以上のような差止めの法的構成や具体的な要件についての議論とは別に，民事差止訴訟には「二つの壁」があるといわれてきた。1つは，大阪空港訴訟最高裁判決（最大判昭56・12・16民集35巻10号1369頁）により作られた，公共的事業の差止めに対する「壁」である。同判決多数意見は，以下のような論理で，差止請求を却下した。空港管理権は，大阪空港が（当時）国営空港であり，その管理権は運輸大臣が有する。他方，それと密接不可分なものとして，航空行政権があり，それは，航空法その他の法令に基づいて運輸大臣に付与された航空行政上の権利であり，運輸大臣に帰属する。両者は不即不離，不可分一体に行使されるべきであり，差止めは空港管理権に関するものだが，それは（不可分一体としての）

760　〔吉村〕

航空行政権行使の変動（航空機運行の許可の取消し等）を求めることになり，民事上の請求としては許されないという考え方である。

第2は，抽象的不作為請求の可否に関する議論である。すなわち，原告の差止請求が，例えば，防音壁の設置といった具体的行為を要求するのではなく，「被告の騒音が○○ホンを超えて原告の居住地に侵入しないことを求める」というような，いわゆる抽象的な請求である場合，請求の趣旨が特定できず強制執行も不可能だから不適法であるとするものである。国道43号線訴訟1審判決（神戸地判昭61・7・17判タ619号139頁）は，原告の不作為請求は被告の複数の措置（作為）のうちどれを求めるのか特定されてないから，被告が訴訟において（その請求は不適切であると言った形で）防御権を行使することができず，また受忍限度判断もできない（受忍限度判断は差止め方法の難易をも考慮すべき）ので不適法だとした。

以上のうち，抽象的不作為請求については，学説上は，この適法性を肯定する説が有力であったが，裁判例としても，その後，抽象的不作為請求の適法性を肯定する判断が一般的になった。例えば，国道43号線訴訟控訴審判決（前掲大阪高判平4・2・20）は，「原告らの差止請求は……趣旨の特定に欠けるところはない」とした。公共施設の活動に対する差止めはそれに関連する公権力の発動を求めることになるが，そのような請求は民事訴訟としては許されないとする考え方について言えば，空港騒音公害以外の鉄道や道路公害では，被告によって主張されはしたが，裁判所はこれを採用していない。例えば，国道43号線訴訟控訴審判決は，騒音等を防止するためには物的設備の設置等の事実行為も想定でき，原告らは公権力の発動を求めるものでもないとして，民事訴訟上の請求として許容されるとし，同上告審判決は，この点に触れることなく実体審理を行っている。ただし，基地公害訴訟では上のような考え方が維持されている（例えば，厚木基地訴訟最高裁判決〔最判平5・2・25民集47巻2号643頁〕等。ただし，同判決は，一体不可分論ではなく，端的に，防衛庁長官〔当時〕の自衛隊機の運航に対する規制を公権力の行使としている）。

(3) 損害賠償請求権の期間制限

(ア) 公害被害における賠償請求権の期間制限　　公害・環境侵害の場合，継続的な侵害であることが多いこと，また，水俣病のように紛争が長期に及ぶことがあることから，724条の期間制限が問題となることがある。詳細は

§*709* D IV 第3編 第5章 不法行為

第16巻724条の注釈（→第16巻§724〔573頁以下〕）に譲り，以下では，公害・環境被害事件で特に問題となった点について触れる。

まず，同条1号の3年の消滅時効（平成29年法改正により新設された724条の2では，生命・身体侵害については3年の消滅時効が5年に延長されている〔→第16巻§724の2〔615頁以下〕〕。被害者救済に資する改正だが，公害・環境侵害事例では，例えば騒音被害のように，身体侵害があったかどうかが争われることが多いので，3年か5年かについて，不安定な状況が生まれるおそれがある）だが，日照妨害，騒音被害などのように，加害行為が継続してなされている場合，消滅時効の起算点については争いがある。かつては，被害者が加害者および損害を最初に知った時から損害全部について時効が進行するとされていたが，このような解釈では，加害者および損害の発生を最初に知ってから3年たつと，なお不法行為が継続している場合にも賠償請求できなくなるという不都合がある。そこで判例は後に，不法占拠による損害賠償の事例において，侵害が継続する限りその損害は日々新たに発生しその消滅時効も日々新たに進行するとの考え方をとるようになった（大連判昭15・12・14民集19巻2325頁）。しかし，継続的不法行為の中でも，例えば，工場排水に含まれていた有毒物質による被害のように，被害が進行性であり累積的に発生するようなケースでは，損害を日々発生した部分に分けることは不可能であり，同時に，不法行為に基づく損害賠償請求権につき短期の消滅時効の制度を設けた理由である立証上の困難についても，不法行為がなお継続しているため問題とならない。そこで，この場合は，継続的不法行為を一つの不法行為と見て，不法行為が終わった時から時効が進行すると解すべきとの説も有力に主張されている（前田（達）390頁，森島446頁以下）。鉱業法115条3項は，進行中の損害については，その進行のやんだ時から時効が進行するとしており，その他の累積的な不法行為についても，同条にならった処理が妥当であろう。

また，724条2号の20年の期間制限（改正前のもとでの判例は除斥期間だと解しており，以下の判例はそれを前提としたものであるが，平成29年改正では，これも消滅時効であることが明確に規定された）の起算点は不法行為の時であるが，加害行為時か損害発生時かで争いがある。公害・環境被害では，加害行為時と損害発生時の間に長い期間が経過するケースがあることから見て，損害発生時とみる説が有力であり（四宮・下651頁，潮見〔初版〕299頁，他），判例も，炭

762 〔吉村〕

§709 D Ⅳ

鉱労働者の粉じん被害が問題となった筑豊じん肺訴訟において，有害物質が蓄積され一定期間を経過してから被害があらわれる場合には，損害発生時説に立つ（最判平16・4・27民集58巻4号1032頁。→第16巻§724Ⅲ2〔596頁以下〕）。

(イ) **水俣病事件における消滅時効・除斥期間**　公害訴訟においてこの期間制限が重大な問題となっているのが，紛争が長期化している水俣病事件である。水俣病関係の訴訟では，第1次訴訟で被告チッソが見舞金契約の締結ないし水俣病認定によって損害の発生および加害者を知ることができたはずだとして3年の消滅時効を主張したが（これについて，熊本地裁は，起算点を厚生省見解が水俣病の原因をチッソの廃水だとした昭和43年であるとして消滅時効の抗弁を斥けている），以後，主要な争点とはなってこなかった。これは，水俣病に対するチッソの責任が法的にも社会的にも厳しく追及され，チッソ自身も（国や県の支援を受けつつ）少なくとも認定された患者については，その救済に当たってきたことによるものと思われる。しかしその後，国や県の責任も追及されるようになり，しかも時間が経過し，特に，不知火海周辺から移住した原告らの訴訟が提起されるようになったことから，20年の期間制限問題が浮上してくる。これについて東京訴訟判決（東京地判平4・2・7判タ782号65頁）は，被告チッソがこの期間制限を主張しなかったことをもって「除斥期間の規定による利益を積極的に放棄するという意思によるものである」としてその適用を否定し，また京都訴訟判決（京都地判平5・11・26判タ838号101頁）は，「仮に原告らの損害賠償請求権の除斥期間が経過しているとしても，……訴訟上，右事実を主張することは権利の濫用であるというべき」としていた。

これに対し，除斥期間については当事者の援用が不要であることから，権利濫用や信義則違反法理の適用の余地はないとの見解もあるが（最判平元・12・21民集43巻12号2209頁。ただし，その後最高裁は，民法158条や160条の時効の停止（平成29年改正後は完成猶予）規定の法意により後段の期間制限の適用を制限している（最判平10・6・12民集52巻4号1087頁，同平21・4・28民集63巻4号853頁）。→第16巻§724Ⅲ3〔605頁以下〕），学説においては，損害賠償請求権の発生原因となった不法行為の態様を含む事情を考慮し信義則を介して除斥期間による権利の絶対的な消滅を阻止する余地は残しておくべきであるとする主張が有力である（潮見〔初版〕296頁以下，他。澤井277頁は，「民事紛争において私人の権

〔吉村〕　763

§*709*　D IV　　　　　　　　　　　　　　　第3編　第5章　不法行為

利を裁判官の職権で消滅させ，しかも信義則，権利濫用則も認めないというようなことには到底賛成できない」とする）。また，旧優生保護法による強制不妊手術に対する救済が問題となった事案において，大阪高裁令和4年2月22日判決（判タ1514号83頁），東京高裁令和4年3月11日判決（判タ1506号62頁），札幌高裁令和5年3月16日判決（賃社1824号17頁），大阪高裁令和5年3月23日判決（賃社1831・1832号59頁）など，「正義・公平の観点」や「条理」を根拠に724条後段（改正前）の適用制限を認める高裁判決が相次いだ。これらに対する上告・上告受理申立ては最高裁大法廷に回付された（令和5年11月1日）が，最高裁大法廷令和6年7月3日判決（LEX/DB25573621）は，「裁判所が除斥期間の経過により上記請求権が消滅したと判断するには当事者の主張がなければならないと解すべきであり，上記請求権が除斥期間の経過により消滅することが著しく正義・公平の理念に反し，到底容認することができない場合には，裁判所は，除斥期間の主張が信義則に反し又は権利の濫用として許されないと判断することができる」とした。憲法に反する法律による強制不妊手術という事案の特性があるので，どこまでこのような考え方を一般化できるかについては慎重な判断が必要だが，ノーモア・ミナマタ第2次訴訟では，熊本判決（熊本地判令6・3・22 LEX/DB25620464）が「除斥期間は，除斥期間の経過により消滅した旨の主張がなくても，同期間の経過により本件請求権が消滅したものと判断すべきものであって，信義則違反又は権利濫用が問題となる余地はないから……原告らによる，信義則違反又は権利濫用の主張は採用できない」として水俣病と認めた原告全員の請求を棄却したのに対し，新潟判決（新潟地判令6・4・18 LEX/DB25620178）は，「損害の公平な分担という不法行為法の理念の下で，被害者・加害者双方の事情のほか，時効の停止に係る規定との類似性や同条後段の規定を適用した場合の帰結等に鑑み，同様に当該規定の適用を制限することが妨げられるものではないというべきである」とした。これらの判断が，最高裁大法廷判決を受けてどうなって行くかが注目される。

　除斥期間の起草点については，水俣病関西訴訟で最高裁は，筑豊じん肺訴訟判決（前掲最判平16・4・27）が，「加害行為が終了してから相当の期間が経過した後に損害が発生する場合には，当該損害の全部又は一部が発生した時が除斥期間の起算点となると解すべきである」としたのを受けて，「水俣病

§*709* D Ⅳ

患者の中には，潜伏期間のあるいわゆる遅発性水俣病患者が存在すること，遅発性水俣病の患者においては，水俣湾又はその周辺海域の魚介類の摂取を中止してから4年以内に水俣病の症状が客観的に現れることなど，原審の認定した事実関係の下では，上記転居から遅くとも4年を経過した時点が本件における除斥期間の起算点となるとした原審の判断も，是認し得るものということができる」とした（最判平16・10・15民集58巻7号1802頁）。

これに対し，熊本地裁は，胎児期ないし幼児期に水俣湾周辺や不知火海の汚染された魚介類の摂取によりメチル水銀の影響を受けたとして，水俣病に対する責任をチッソおよび国と熊本県に追及した事件で，次のように述べている（熊本地判平26・3・31判時2233号10頁）。「小児水俣病については，脳性麻痺型においても，その進行が極めて長期にわたり得るものであり，かつ，その進行性の態様が医学上解明されているとはいい難い」。「そうすると，脳性麻痺型の小児水俣病について，出生後，脳性小児麻痺様の症候が出現した時点……で，10年後，20年後に発症するかもしれないより重い症候，さらに，10年後，20年後に併発するかもしれない重い合併症に基づく損害が既に発生しているとみるのは非現実的であって，このようにその賠償を求めることが全く不可能な将来の損害をも包含する単一の賠償請求権なるものが，当初発症時点において既に実体法上の権利として存在すると考えるのは，相当ではないと考えられる」。したがって「脳性麻痺型の小児水俣病については，運動障害等の主要症候が相当程度増悪した時点又は重い合併症を発症した時点において，当初発症時点での損害とは異質の新たな損害が発生したものと解するのが相当であ」り，その時点を除斥期間の起算点と解すべきである。

また，大阪地裁令和5年9月27日判決（判タ1520号83頁）は，「慢性水俣病においては，手足のしびれ感，痛みが分かりにくい，熱さや冷たさに鈍くなるなどの自覚症状が発生することが多いが……上記自覚症状自体は，一般健常者にも見られることがあるものであって，特異的なものではないから……，それだけでは水俣病と認定する根拠となるものではないし，公健法の下，自覚症状のみで水俣病と診断されることは想定し得なかった。そうすると，慢性水俣病において損害の全部又は一部が発生したと認めることができるのは，神経学的検査等に基づいて水俣病と診断された時」を除斥期間や消滅時効の起算点と考えるべきとの判断を示した。

〔吉村〕　765

§709 D IV

第3編　第5章　不法行為

(4) 国家賠償訴訟

(ア)　公害・環境侵害と国の責任　　現代社会において国や公共団体（以下，国と略称）の機能は拡大してきており，その活動内容は，市民の生命・身体・財産等に対する安全性にとって重要な意味を持ってくる。そして，その活動が直接・間接の原因となって国民に損害が発生した場合，国の賠償責任が問題となる。

公害・環境侵害において国の責任が問われるのは，以下のような場合である。第1に，国自身の活動の拡大により，その活動が公害・環境被害を引き起こすことがある。具体的に訴訟になったのは，道路や空港のように国や公団が設置・管理する施設から公害が発生したケースである。この場合は施設の設置・管理の瑕疵を理由とする国家賠償法2条の責任が問題となる。第2は，公害・環境行政において適切な防止措置や対策をとらなかったことを理由に責任が追及される場合である。この場合は，（行政の不作為による）同法1条の責任が問題となる。

(イ)　国家賠償法1条責任　　国の規制権限不行使による賠償が問題となる場合，国に規制権限があることに加えて，その権限を行使すべき義務（作為義務）の存在が必要となる。この点につき判例は，その権限を定めた法令の趣旨・目的や権限の性質に照らし，権限の不行使が許容される限度を逸脱して著しく合理性を欠くと認められるときは，その不行使は違法となるという考え方をとっており，水俣病国家賠償訴訟判決（前掲最判平16・10・15）は国と熊本県の責任を認めた。これに対し，国の後見的役割を重視して被害者救済の視点に力点を置くと，事前規制型社会への回帰と大きな政府を求める方向につながりやすいとする批判があり，アスベスト被害に関わって，国の責任を否定する判決も登場（大阪高判平23・8・25判タ1398号90頁）したが，最高裁は，平成26年10月9日の2つの判決（民集68巻8号799頁，判タ1408号44頁）で，規制権限は，「適時にかつ適切に」，「できる限り速かに」行使されるべきものであるとして国の責任を認めた。その後，アスベスト被害では同様に国の責任を認める裁判例が多数出ており（東京高判平29・10・27判タ1444号137頁等），それらは，最高裁によって維持された（最判令3・5・17民集75巻5号1359頁）。したがって，事業者等の危険な（生命・健康等に被害が生じうる）活動に対し，それを監督し規制すべき権限を適時・適切に行使しなかった場

§*709* D IV

合に，国家賠償法 1 条の責任を負うとするのが，現在の判例の立場であると
いえよう（福島原発事故でも国の国家賠償法 1 条の責任が問われているが，それについ
ては→8 (2)）。

　　(ウ)　国家賠償法 2 条責任　　国家賠償法 2 条責任の場合，どのような場合
に瑕疵を認めるかが問題となるが，判例は，同条にいう瑕疵とは，営造物が
通常有すべき安全性を欠いていることだとする。その判断は，当該営造物の
構造・用法・場所的環境および利用状況等諸般の事情を総合的に考慮して具
体的個別的にされることになる。公害・環境被害における国家賠償法 2 条の
適用において留意すべきは，営造物の瑕疵は，その物理的，外形的な欠陥な
いし不備（性状瑕疵）のみに限られず，「その営造物が供用目的に沿って利用
されることとの関連において危害を生ぜしめる危険性がある場合」（機能的瑕
疵ないし供用関連瑕疵）も含まれ，また，「その危害は，営造物の利用者に対し
てのみならず，利用者以外の第三者に対するそれをも含む」とされることで
ある（前掲最大判昭 56・12・16）。なお，判例によれば，このような供用関連瑕
疵により賠償責任を認めるためには，その供用行為が違法でなければならず，
違法かどうかは「受忍限度」を超えるかどうかで判断される。そして，それ
は，「侵害行為の態様と侵害の程度，被侵害利益の性質と内容，侵害行為の
もつ公共性ないし公益の必要性の内容と程度等を比較検討するほか，侵害行
為の開始とその後の継続の経過及び状況，その間にとられた被害の防止に関
する措置の有無及びその内容，効果等の事情をも考慮し，これらを総合的に
考察してこれを決すべき」とされる（前掲最大判昭 56・12・16）。

　　この判断基準で問題となるのは侵害行為の公共性の考慮である。基地の公
共性を重視し，被害は受忍限度内であり違法性を欠くとして損害賠償をも否
定した厚木基地訴訟控訴審判決（東京高判昭 61・4・9 判タ 617 号 44 頁）もある
が，これは例外的であり，裁判例の大勢は，たとえ公共性があってもそれを
理由に損害賠償を否定することには慎重である。大阪空港訴訟最高裁判決は，
空港による便益は国民の日常生活の維持存続に不可欠なサービスの提供のよ
うな絶対的な優先順位を主張しうるものではない，「侵害行為の態様と侵害
の程度，被侵害利益の性質と内容，侵害行為のもつ公共性」のほか，侵害行
為の経過，被害防止措置の効果などを総合的に考察すれば受忍限度を超える
とし，国道 43 号線訴訟最高裁判決も，本件道路（国道 43 号線・阪神高速）は

〔吉村〕　　767

§*709* D Ⅳ

第3編 第5章 不法行為

産業政策等の要請に基づいて設置された幹線道路であり，周辺住民はこの道路の利用によってある程度の利益を受けているとしても，その利益と損害の間には彼此相補の関係にはないので本件道路の公共性ゆえに被害が受忍限度内のものということはできないとした原審の判断は正当としている（最判平7・7・7民集49巻7号1870頁）。学説上は，損害賠償においては公共性を考慮すべきではないとの意見も有力であり，むしろ，公共性がある事業であり差止めが限定されるからこそ，公共のために自己の利益を犠牲にされている周辺住民の被害に対する補償がなされるべきではないのかとされる。

8　原発事故被害の賠償

(1)　福島原発事故被害の特質

2011年3月11日の東日本大震災を契機に発生した東京電力福島第一原子力発電所事故は，広範かつ深刻な被害をもたらした。原発事故は，放射線物質による大気汚染・水質汚濁・土壌汚染を引き起こしており，その本質において公害問題である。この事故により生じた被害は，ⓐ放射線被ばくそのもの（それによる健康障害や将来の健康不安）あるいは被ばくの恐怖感や深刻な危惧感等，ⓑ被ばくを避けるための避難による被害（避難費用，避難生活の身体的負荷や避難生活の精神的苦痛，それらによる疾病の発症や持病の悪化や死亡，自死（自殺）等），ⓒ生活の破壊（家族の崩壊，生業の破壊，地域コミュニティの破壊や変容等），ⓓふるさとの喪失や変容による精神的被害，ⓔ生態系への影響などの環境に関する損害などに整理できる。そして，これらの被害全体の特徴としては，①類例のない被害規模の大きさ，②被害の継続性・長期化，③暮らしの根底からの全面的破壊，④被害の不可予測性などがあげられることが多い（小島延夫「福島第一原子力発電所事故による被害とその法律問題」法時83巻9＝10号〔2011〕55頁以下，他）。

これらのうち特に重要なことは，この事故によって地域における生活が根底から破壊されていることである。われわれの生活は地域コミュニティの中において，様々な生活基盤に支えられて存在する。総じて言えば，この事故は，このような生活の基盤を何らかの形で毀損し劣化させたのであり，換言すれば，住民の物理的・社会的な生存の諸条件に重大な侵害を生じさせたのである。

768　〔吉村〕

§*709* D IV

(2)　福島原発事故被害救済に関する不法行為法理論の課題

（ア）　責任論　　本件被害の救済を考える場合に重要なことは，誰がどのような責任を本件事故に対して負うかである（責任論）。その場合，まず第1に，本原発を設置し稼働させてきた東電の責任が問われるべきであるが，同時に，原発政策を推進し，その安全性確保について大きな権限と責任を負う国の責任も問題となる。東電については，まず，原子力損害賠償法（原賠法）3条の責任（無過失責任）が問題となる。本件事故に同法が適用されることに争いの余地はないが，問題は，3条1項ただし書の免責事由との関係である。これについては，一部に，今回の事態は「異常に巨大な天災地変」にあたるとする主張（森嶌昭夫「原子力事故の被害者救済(1)」時の法令1882号〔2011〕40頁等）もあるが，多数説は免責を否定しており（地震規模は1900年以降の世界の地震で4番目であり「想像を絶する」ものとはいえないこと，津波の遡上高も明治三陸地震や北海道南西沖地震の際の津波と比べて「想像を絶する」「異常に巨大な」ものであったとは考えにくいことから，免責の可能性を否定するもの〔大塚直「福島第一原子力発電所事故による損害賠償」高橋滋＝大塚編・震災・原発事故と環境法〔2013〕68頁以下〕，この免責は，原子力損害が「異常に巨大な天災地変……によって生じたものであるとき」を要件としていることから，人為〔作為または不作為〕があってそれと災害が競合して原子力損害が発生した場合には免責されないとするもの〔淡路剛久「福島第一原子力発電所事故の法的責任について」NBL968号〔2012〕31頁〕など），救済にかかわるスキーム（原子力損害賠償・廃炉等支援機構法）は，原子力事業者（東電）が原賠法上の責任を負うことを前提に組み立てられている。

　その上で問題は，東電は民法上の不法行為責任を負うことはないのかという論点である。現在，東電に提起されている多くの賠償訴訟では，原告は709条による責任をも追及している。これは，東電側が，無過失責任を定めた原賠法によって責任を負うとしても，今回の事故は津波という天災によるものであり，自らに過失はないとしていることに対し，不法行為法の責任を問うことにより，東電の様々な注意義務違反や設置・保存上の問題点を明らかにし，その責任の重大性をより明確にしようとする意図があるものと思われる。福島原発事故に関する賠償訴訟で（原賠法3条ではなく）民法709条を適用した裁判例はないが，「被告らに本件事故について故意又は重大な過失までは認めることはできないものの，本件における……被告東電の義務違反

〔吉村〕　　769

§709 D IV　　　　　　　　　　　　　第3編　第5章　不法行為

の程度は，決して軽微とはいえない程度であったというべきであるから，これを前提に損害額を算定することとする」とした高裁判決（仙台高判令2・9・30判時2484号185頁）や，「事故を予見しながら結果回避を怠り深刻な原発事故を発生させた重大な責任が被告にあることも考慮して」慰謝料額を算定するのが相当であるとした高裁判決（仙台高判令4・11・25判時2583号12頁）がある。無過失責任は過失責任より軽い責任であり，したがって，東電の原賠法による責任は通常の不法行為における加害者の責任より軽いものであるとの理解があるとすれば，それは誤りであり，また，無過失責任の場合においても，効果論（特に，慰謝料の算定）との関係で被告の義務違反の内容や程度は重要な考慮要素であり（大塚直「東海村臨界事故と損害賠償」ジュリ1186号〔2000〕38頁参照），したがって，原賠法の責任においても，東電に重大な過失があったかどうかといったことは問題になりうる。

　本件事故の多くの訴訟において，東電とならんで，国の責任が追及されている。この点について言えば，まず，原賠法4条（責任集中規定）は国の国賠責任を免除するものではないと考えるべきである。なぜなら，責任集中規定の趣旨は，関連業者を免責することによって原子力産業への参入を促進するとともに，責任保険引受キャパシティーを原子力事業者に集積することにあるとされていることや，そもそも，同法が制定される時期には，国の規制権限不行使による責任は考えられていなかったのであり，同法の立法者は国の責任が責任集中原則で免責されるとは考えていなかったことから見て，国は，原賠法4条によって免責されるものではないと考えられるからである。同法の責任集中原則によって国の責任が否定されるとすれば，それは，憲法17条との関係で違憲の疑いがあるとの指摘もある（大塚直「福島第一原発事故による損害賠償と賠償支援機構法」ジュリ1433号〔2011〕40頁，日本弁護士連合会編・原発事故・損害賠償マニュアル〔2011〕32頁）。国が責任を負うとして，その根拠は，国家賠償法1条の，いわゆる規制権限不行使による責任であり，7⑷で検討した公害・環境被害に関する国賠訴訟の議論を踏まえて，原発に関する規制法規と規制の実態を明らかにした議論を行うことが必要となる。

　最高裁令和4年6月17日判決（民集76巻5号955頁）は，福島原発事故における国の責任について判断を示したが，多数意見は，国の規制権限不行使に関する従前の判例と異なり，当該被害発生が予見可能性であったかどうか，

770　〔吉村〕

§709 D IV

（権限根拠法の趣旨目的に照らし）国にはどんな権限があったか（権限行使の有無には裁量があるという議論もあるが，重大かつ深刻な被害の場合，その権限は「適時かつ適切に」行使されるべきとするのが，従前の判例学説の大勢であった）を論ずることなく（したがって，規制権限不行使が違法かどうかの判断を示していない），権限を行使した場合にとられたであろう措置を防潮堤の設置に絞った上で，それが設けられていても，被水を防げなかった相当の可能性があるとして責任を否定した（本判決には，三浦守裁判官の反対意見が付されている）。

　防げなかった相当の可能性があるので責任を認めないという考え方は，防げたことについての高度の蓋然性を要求しているかのようであるが，本件のような不作為不法行為の場合には，「かりに，そのような措置を講じておれば」という仮定的な判断が求められており，そこに「高度の蓋然性」の証明を求めるには疑問もある。いずれにしても，あらためて，従前の判例の枠組みの戻った判断を行うことが求められているのではないか（桑原勇進〔判批〕令4重判解53頁は，「速やかに変更されるべき」とする。なお，この最高裁判決については，大塚直〔判批〕Law & Technology 99号〔2023〕87頁以下も参照。そこで大塚は，「福島第一原発事故からは，規制と推進に携わる行政機関の分離，情報公開の徹底，大規模事業に対する安全対策の強化など，いくつかの教訓が残されたはずであるが……同事故の後に，その教訓を生かしているとは考えにくい……。本判決は，このような状況にお墨付きを与えるものではないはずであるが，そのように受け取られる可能性もあることは今後の重大な問題である」と述べている）。

　その後，各地で争われている訴訟で，国の責任に関する判決が言い渡されている。このうち，仙台高裁令和5年3月10日判決（LEX/DB25572756）は，「平成14年末までには，福島第一原発の敷地高を越える……津波を想定することは十分に可能であった」，国には「極めて重大な義務違反である」，「経済産業大臣が適時適切に規制権限を行使していれば，本件津波によって福島第一原発が炉心溶融を起こして爆発するなどという重大事故が起きなかった可能性は相当程度高かった」としつつ，「津波の想定や想定される津波に対する防護措置について幅のある可能性があり，とられる防護措置の内容によっては，必ず本件津波に対して施設の浸水を防ぐことができ，全電源を失って炉心溶融を起こす重大事故を防ぐことができたはずであると断定することまではできない」として，責任を否定した。重大事故を防げた可能性が相当

〔吉村〕　771

§709 D Ⅳ　　　　　　　　　第3編　第5章　不法行為

程度高いとしつつ，重大事故を防ぐことができたはずとは断定できないという理由で責任を否定する判断が，従前の規制権限不行使による国等の責任に関する判例と整合性があるのかどうかには疑問がある。

さらに，令和5年11月22日の名古屋高裁判決（LEX/DB25597720），同12月22日と26日の東京高裁判決でも，最高裁の多数意見にならって，権限を行使していても事故を防げなかった可能性があるとして国の責任を否定する判決が相次いでいる。これらの高裁判決については上告・上告受理申立てが行われており，最高裁としては，あらためて，津波による被水の予見可能性，原子力発電所の安全に関する関連法規の趣旨目的，どのような防止措置が可能であったのかといった基本的論点について判断をし直すべきではないか。

(イ)　損害論　　福島原発事故による損害賠償については，事故後に原子力損害賠償紛争審査会（原賠法18条に基づく。以下，原賠審）が賠償指針を策定し，それが，東電への直接請求においても，原子力損害賠償紛争解決センターにおける和解あっせんにおいても重要な役割を果たしてきた（指針の内容については，中島肇・原発賠償中間指針の考え方〔2013〕や，大塚・前掲原発事故と環境法65頁以下等に紹介がある）。原賠審が早期に指針を示したことは，本件原発事故被害の救済に一定の道筋を付けたものとして意義を有するが，それは，あくまで，「和解の仲介及び当該紛争の当事者による自主的な解決に資する一般的な指針」（原賠18条）であり，また，「避難を余儀なくされた住民や事業者，出荷制限等により事業に支障が生じた生産者などの被害者らの生活状況は切迫しており，このような被害者を迅速，公平かつ適正に救済する必要がある」ことから，「原子力損害に該当する蓋然性の高いものから，順次指針として提示することとし，可能な限り早期の被害者救済を図ることとした」ものとされている（原賠審「東京電力株式会社福島第一，第二原子力発電所事故による原子力損害の範囲の判定等に関する中間指針」（2011年8月5日）1-2頁）。したがって，訴訟においては，本件被害の実態に即した賠償額の算定論が追求されなければならない。

　＊　裁判外の和解手続や訴訟において，被告東京電力は，これが賠償の最大限であるとの主張（場合によっては，指針は損害を超える補償を認めているといった主張も）が行われていた。しかし，裁判所は，指針を参照しつつも，当該事案に即した賠償額の算定を行い，その結果，多くの判決は，指針を超える賠償を認

772　〔吉村〕

§*709* D IV

めている。そして，2022 年 3 月に最高裁は，仙台・東京・高松各高裁におい
て東電に指針を超える賠償を認めた 7 つの判決に対する東電の上告の不受理を
決定することにより，それらを確定させた。これを受けて，指針を見直すべき
との声が高まり，原賠審は，2022 年 12 月 20 日に指針の第 5 次追補を確定し
た。そこでは，「指針において示されなかったものや対象区域として明示され
なかった地域が直ちに賠償の対象とならないというものではなく，個別具体的
な事情に応じて相当因果関係のある損害と認められるものは，全て賠償の対象
となる」ことがあらためて強調されるとともに，7 高裁判決などを参照しつつ，
「過酷避難状況による精神的損害」「生活基盤喪失・変容による精神的損害」な
どの項目が賠償範囲として追加された（第 5 次追補の策定経過と内容については，
吉村良一「原賠審『第 5 次追補』と『いわき市民訴訟』控訴審判決」法時 95 巻 5 号
〔2023〕83 頁以下参照）。

　なお，同追補は，指針の考え方と一般の不法行為における考え方の関係につ
いて，「損害の範囲につき，一般の不法行為に基づく損害賠償請求権における
損害の範囲と特別に異なって解する理由はない」が，本件事故は，「内容，深
刻さ，周辺に及ぼした被害の規模，範囲，期間等は前例なきものであった」こ
とから，「本件事故に特有の事情を十分に考慮」して指針を策定したと述べて
いる。

　具体的には，まず，この事故で生じた前述したような多様で広範な被害を
どうとらえるか（損害論）が問題となる。指針は交通事故における賠償を参
考に，個別の損害項目の積み上げを行っているが，果たして，このような考
え方によってこの事故被害の全体像が把握できるのか。この点について，
「本件原子力事故によって侵害された法益は，地域において平穏な日常生活
をおくることができる生活利益そのものであることから，生存権，身体的・
精神的人格権——そこには身体権に接続した平穏生活権も含まれる——およ
び財産権を包摂した『包括的生活利益としての平穏生活権』が侵害されたケ
ースとして考える」べきとの主張（淡路剛久「『包括的生活利益としての平穏生活
権』の侵害と損害」法時 86 巻 4 号〔2014〕101 頁）が注目される。このような権
利・法益の考え方が訴訟において原告側から主張され，それを受けいれた裁
判例もある。学説においても，「原発事故をめぐる議論が権利論のレベルで
不法行為法学にもたらした最大の成果は，いわゆる『包括的平穏生活権』な
いし『包括的生活利益』と言われる権利の定立である」との評価がある（長

〔吉村〕　773

§709 D IV

第3編　第5章　不法行為

野史寛「福島原発事故と不法行為責任内容論（損害論）」論叢 188 巻 4 = 5 = 6 号〔2021〕
433 頁）。

　個別的な論点としては，指針が一人当たり月 10 万円（避難所の間は 12 万円）
とした避難者慰謝料の当否，いわゆる「自主的避難者」への賠償の可否やそ
の内容，放射線量の高い地域に滞在した者に対する賠償，被ばくによる将来
の健康影響や不安に対する補償，本件事故によって，居住用不動産等の生活
基盤としての財物に重大な被害を受けた者の賠償や，山林や農地被害に対す
る賠償をどう考えるのか，休業や廃業を余儀なくされたことによる逸失利益
や追加的費用の賠償，取引先を失ったことによる営業損害，いわゆる「風評
被害」の賠償等，様々な課題がある。また，原発被害を苦にして「自殺（自
死）」した人に対する賠償といった問題もある（福島地判平 26・8・26 判時 2237
号 78 頁や同平 27・6・30 判時 2282 号 90 頁は，自死と本件事故の因果関係を肯定し，遺
族の損害賠償請求を認めた）。加えて，生態系の変化を含めた環境それ自体に生
じた損害（環境損害）をどう補償するかも重要な課題である。なお，本件で
発生し，かつ，これまでの損害賠償論では十分にとらえきれない重大な被害
として，「ふるさと喪失ないし変容」被害がある。原発事故によって，それ
まで定住圏の中に一体となって存在していた諸機能（自然環境，経済，文化）
がバラバラに解体され，「ふるさと喪失ないし変容」という重大な損失が発
生し，その結果，住民は，そのバラバラにされてしまった機能のうちのどれ
をとるかというきわめて困難かつ理不尽な選択に直面した（除本理史「原発事
故による住民避難と被害構造」環境と公害 41 巻 4 号〔2012〕36 頁）が，このような，
おそらくこれまで損害賠償法が直面して来なかった被害をどうとらえて損害
論・損害賠償論の議論の俎上に載せていくのかが問われている。「ふるさと
喪失ないし変容」損害に対する慰謝料を認めた裁判例は多く，原賠審「第 5
次追補」も，前述のように，「生活基盤喪失・変容による精神的損害」とい
う項目を追加することにより，事実上，これを認めた（原発事故による賠償の
問題については，判例民法 VIII 466 頁以下〔若林三奈〕および，窪田充見ほか編著・事件類
型別不法行為法〔2021〕132 頁以下〔大塚直〕も参照）。

　(3)　原発の差止め

　㋐　福島事故後の原発差止訴訟　　原子力発電所の設置や稼働の差止めを
求める訴訟は，福島第一原子力発電所事故以前にも多数提起されていた。訴

§*709* D IV

訟の形態としては，行政訴訟と民事訴訟の2つがある。

福島原発事故以前において差止めを認めた民事訴訟は志賀原発運転差止事件第一審判決（金沢地判平 18・3・24 判タ 1277 号 317 頁）のみであるが，事故後に言い渡された大飯原発再稼働差止訴訟で福井地裁平成 26 年 5 月 21 日判決（判時 2228 号 72 頁）は，「原子力発電技術の危険性の本質及びそのもたらす被害の大きさは，福島原発事故を通じて十分に明らかになったといえる。本件訴訟においては，本件原発において，かような事態を招く具体的危険性が万が一でもあるのかが判断の対象とされるべきであり，福島原発事故の後において，この判断を避けることは裁判所に課された最も重要な責務を放棄するに等しいものと考えられる」とし，再稼働の差止めを認めた。この判決の特徴は，福島原発事故の重大性を踏まえ，そのような事故を二度と起こさないためには何が必要かという視点から問題をとらえていることである。この判決の，「万が一」の危険でもあれば差止めが可能であるという部分について，ゼロリスクを求めるもので，現代的科学技術の発展を否定するものだとの批判もあるが，ここでは「抽象的危険」ではなく「具体的危険」が問題となっている点に留意すべきである。

(ｲ)　原発差止訴訟と行政基準　　福島事故後の原発再稼働に対する仮処分申請に対し，（民事事件である）仮処分申請に関しても，裁判所が「高度な科学的，専門技術的知見に基づく判断の当否を」規制基準適合性と「同程度の水準に立って行うことは本来予定されていない」などとして原子力規制委員会の新規制基準への適合性を踏まえた判断を行うべきとした上で，規制委員会の判断や審議過程に「看過し難い過誤，欠落」はないとし，申請を却下する決定が出されている（福岡高宮崎支決平 28・4・6 判時 2290 号 90 頁〈川内原発仮差止事件〉）。これに対し，「原子炉施設の安全性に関する資料の多くを電力会社側が保持していることや，電力会社が，一般に，関係法規に従って行政機関の規制に基づき原子力発電所を運転していることに照らせば」，「債務者において，依拠した根拠，資料等を明らかにすべきであり，その主張及び疎明が尽くされない場合には，電力会社の判断に不合理な点があることが事実上推認されるものというべきである」とした上で，「債務者は，福島第一原子力発電所事故を踏まえ，原子力規制行政がどのように変化し，その結果，本件各原発の設計や運転のための規制が具体的にどのように強化され，債務者

〔吉村〕　775

§709　D Ⅳ　　　　　　　　　　第3編　第5章　不法行為

がこの要請にどのように応えたかについて，主張及び疎明を尽くすべきで
あ」り，「原子力規制委員会が債務者に対して設置変更許可を与えた事実
……のみによって，債務者が上記要請に応える十分な検討をしたことについ
て，債務者において一応の主張及び疎明があったとすることはできない」と
した決定（大津地決平28・3・9判時2290号75頁〈高浜原発仮差止事件〉）もある。

　規制基準（行政基準）と民事上の判断の関係が問われているが，ここでは，
人格権侵害を理由とする差止めが問題となっているのであり，民事訴訟にお
ける裁判官は，行政基準を無視することは適切ではないとしても，それを絶
対視するのではなく，様々な事情を考慮した判断を行うべきである。行政基
準の民事訴訟における位置付けにつき，これまでの公害・環境侵害をめぐる
民事訴訟では，過失における注意義務や差止めにおける受忍限度判断におい
て，行政基準を絶対視することなく，それはいわば最低限の基準であり，行
政基準が遵守されていなければ過失あり，あるいは，受忍限度を超えるとい
う判断がなされるとしても，行政基準遵守がそれだけで民事上の適法性を保
障するものではないとされており，このことは，原発差止訴訟においても変
わらないのではないか（同旨，大塚直「環境民事差止訴訟の現代的課題」淡路剛久古
稀・社会の発展と権利の創造〔2012〕552頁）。したがって，民事差止訴訟の裁判
官は，「行政基準……だけに拘束されるものではなく十分な理由があればそ
れを超える判断もできる」（大塚直「大飯原発運転差止訴訟第1審判決の意義と課題」
法教410号〔2014〕92頁）と考えるべきである（この問題については，大塚直「高浜
原発再稼働差止仮処分決定及び川内原発再稼働仮処分決定の意義と課題」環境法研究3号
〔2015〕51頁以下，同「原発の稼働による危険に対する民事差止訴訟について」環境法研
究5号〔2016〕91頁以下等参照。また，神戸秀彦・福島第一原発事故後の民事訴訟
〔2021〕は，この点を含め，行政訴訟における議論との対比で民事訴訟における差止めに
ついて検討を行っている）。

〔吉村良一〕

§*709* D Ⅴ

Ⅴ 交 通 事 故

細 目 次

1 自動車事故‥‥‥‥‥‥‥‥‥‥‥777
 ⑴ 運転者の民法709条の責任 ‥‥‥778
  ㋐ 道路交通法違反と過失 (778)
  ㋑ 「信頼の原則」と過失 (782)
 ⑵ 運行供用者の自賠法3条の責任 ‥793
  ㋐ 運行供用者性 (795)　㋑ 運
 行起因性 (806)　㋒ 他人性 (811)

  ㋓ 免責事由 (816)　㋔ 自賠責
 保険と政府保障事業 (820)
2 鉄道事故‥‥‥‥‥‥‥‥‥‥‥823
 ⑴ 列車運転士・ホーム要員等従業員
 の民法709条の責任 ‥‥‥‥‥‥824
 ⑵ 鉄道会社の民法709条の責任 ‥‥828
 ⑶ 鉄道会社の民法717条の責任 ‥‥831

　交通事故の被害者から加害者に対する損害賠償請求訴訟を，民法およびその特別法を適用して解決する場合の類型的特徴を素描するのがここでの課題である。交通事故の本態は，高速大量輸送に伴って自動車・列車といった金属製重量物が人の生命・身体・財産に対して引き起こす，外的物理的侵襲にある。したがって，交通事故損害賠償請求訴訟では被侵害利益の要保護性に疑いが向けられることはなく，もっぱら民法709条の過失ないしは717条の瑕疵の有無が主たる争点を形成する。以下では，自動車事故と鉄道事故に焦点を絞った叙述を行う。

1 自動車事故

　自動車が引き起こす人の損害については，民法709条に基づき運転者の責任が追及されることも少なくないが，大抵は自動車損害賠償保障法（自賠法）3条に基づき運行供用者の責任が追及され，そのため運転者についての過失判断は，自賠法3条ただし書による運行供用者責任の免責事由の一つとして，主張立証責任が転換された形でなされることが多い。その限りで民法709条は後景に退くことになるが，自動車が引き起こす物の損害については，自賠法の適用がないことからそれが再び前景に登場する。

　以下においては，第1に，民法709条であれ，自賠法3条ただし書であれ，加害運転者についての過失判断に，加害運転者の道路交通法（道交法）違反行為や，被害者または第三者の交通秩序違反行為がどのような影響を与えるかを概観する。すなわち，取締法規違反と過失の関係ないしいわゆる「信頼の原則」と過失の関係を問題として取り上げる。第2に，自賠法が民法の特

〔山口（山口補訂）〕　777

§*709* D Ⅴ　　　　　　　　　　　　　第3編　第5章　不法行為

別法として果たしている重要な役割に鑑みて，自賠法上の運行供用者責任の
成立要件である，運行供用者性，運行起因性，他人性に関わる問題，ならび
に責任の履行確保手段である，自動車損害賠償責任保険，政府の自動車損害
賠償保障事業に関わる問題を俯瞰する。なお，道交法の適用のない場所（た
とえば，駐車場内や倉庫内）であっても自賠法は適用されるが，このときの自賠
法3条ただし書による免責判断に道交法が影響を及ぼさないことは言うまで
もない。

(1)　運転者の民法709条の責任

(ア)　道路交通法違反と過失

(a)　道交法の行為義務と民法の注意義務　　道路交通法は，道路におけ
る危険の防止，交通の安全と円滑，道路交通に起因する障害の防止，を目的
とする取締法規である。道交法は交通事故を未然に防止するため，法規とし
ての一般的抽象的見地から各種の命令・禁止規定を設け，交通関与者に各種
の作為・不作為義務（＝行為義務）を課している。他方，民法709条は，道交
法の目的が頓挫して交通事故が発生したその後に，それにより被害者が被っ
た損害を加害者に転嫁することを目的とする損害賠償法である。民法は損害
の公平な分担を実現するため，事故発生直前の個別具体的状況に照らして，
加害運転者が結果（＝被害者の権利法益の侵害）の予見可能性を前提とした結果
回避義務（＝注意義務）に違反したかどうか，すなわち過失の有無を判断の基
準としている。

このように両法の義務を課す観点が全く異なることから，加害運転者が道
交法の課す行為義務に違反したことにより交通事故が発生し，それにより生
命・身体・財産を害された被害者が民法709条に基づき加害運転者の責任を
追及する場合，道交法違反は取締りや処罰の根拠とはなっても，論理的には，
そのまま損害賠償の根拠である注意義務違反を構成することはない（加藤
（一）72頁，高木多喜男ほか・民法講義(6)事務管理・不当利得・不法行為〔1977〕160頁
〔石田穣〕など）。道交法違反が同時に過失の前提をなす注意義務違反を構成し
てはじめて，「加害運転者には道交法違反の過失があった」という表現が可
能となる。とはいえ実際には，道交法が車両運転者に各種の行為義務を課す
に当たって想定した危険が，想定した機序により想定した被害者の上に想定
した損害を実現した以上は，道交法違反は事実上同時に民法上の注意義務違

反を構成することとなろう。なぜなら，一方で，道交法が課す行為義務の多くは，人の死傷等の結果発生を防止することを目的としているから，事故の危険が具体化しそれが客観的にも認識可能となった状況で行為義務への違反がなされ，そのことにより事故が発生したとなると，他方で，民法が過失の前提となる注意義務の内容を認定するに当たり，道交法が課した行為義務を過去の事故経験からの教訓が活かされたものとして参照し，事実上それを自らの規範として取り込むことが起こり得るからである（平井32頁）。こうした事情により，「加害運転者には道交法違反の過失があった」といった表現が広く見られることになるのであるが，加害運転者についての過失判断が本来は民法独自の観点からなされるものである以上，そこにおいて道交法違反を援用することは必須ではなく，道交法違反に言及しない過失認定も広く行われている。

　(b)　道交法の行為義務類型と過失　　道交法は過去の千差万別な事故原因の分析に基づき，罪刑法定主義の要請に応えるかたちで，時間・場所・態様を特定して定型化した命令・禁止規定（たとえば，同法7条の信号遵守義務，第3章の車両および路面電車の交通方法に関わる諸規定）を置いている。信号遵守義務や制限速度遵守義務のように，事故の危険がいまだ抽象的である段階からすでに課されるものは，民法709条の過失との関係を問題とするときは，事故の危険が具体化しそれが客観的にも認識可能となった段階における義務違反だけが考察対象になる。たとえば，衝突地点の1キロメートル手前での赤信号無視や制限速度超過が，すでにその段階で道交法違反を構成するとしても，また，仮にその地点で信号に従い停止するなり，制限速度以下で走行するなりしていたとすれば，衝突地点の直前で停止できたはずであるとしても，そうした事故発生の具体的予見可能性のない段階での道交法違反が民法上の過失を構成することはない。

　他方，道交法は危険がまさに実現せんとする切迫した状況においてはじめて課される行為義務も規定している。たとえば，道交法36条1項1号は，交通整理の行われていない交差点において左方車両の進行を妨害してはならない義務を右方車両運転者に課すが，この規定は双方がそのまま進行を続ければ出会い頭に衝突するという，切迫した危険が実際に生じ，かつそれが客観的にも認識可能となった状況において適用されるものであるから，こうし

〔山口（山口補訂）〕　779

§709 D V　　　　　　　　　　　　　　第3編　第5章　不法行為

た義務は民法上の過失の前提となる注意義務をも同時に構成し得るものである。同様に，道交法38条1項後段は，横断歩道を横断しようとする歩行者があるときの直前での一時停止義務を車両運転者に課すが，この規定も車両がそのまま進行すれば歩行者に衝突するという状況において適用されるもので，こうした道交法上の行為義務もまた民法上の注意義務を同時に構成し得るものである。

　さらに，道交法は千差万別の事故発生メカニズムに対応するため，上記の各種定型から外れる危険行為を抑止せんとして，行為の内容を特定することなく包括的に，事故の危険が具体化した状況に応じて可能な限りにおいて課すべき行為義務（道交法70条の安全運転義務。それを特定場面に適用したものとして，追越し方法につき同28条4項，交差点進入通行方法につき同36条4項）でもって補充している。このように道交法70条の課す安全運転義務は個別具体的状況に対応させた非定型的な行為義務であるから，民法709条の過失の前提となる注意義務と内容を同じくする。そうとすると，道交法中の時間・場所・態様を特定して定型化した命令・禁止規定に違反していなくても，同法70条の安全運転義務に違反した場合は民法上の注意義務に違反したことにもなるのが通常である。たとえば，横断歩道の近辺で道路を横断しようとする歩行者に衝突したときには，上述の道交法38条1項後段の適用はないが，同法70条によって衝突防止のため一時停止が義務付けられると解釈すべきであるから，結局道交法違反が認められかつそれと同時に民法709条の過失が肯定されることになる。もっとも，民法上の注意義務の内容を認定するために，道交法上の非定型的行為義務の内容を認定することは迂遠であるから，こうした場合の過失判断において道交法が援用されることは実際には多くない。

　(c)　道交法と過失の残された問題　　これら定型・非定型の諸規定を合わせると，道交法が課す行為義務は実に網羅的であり，事故が発生した以上は道交法違反があることになり，「道交法を遵守している限り民法上の過失はないと言ってよいか」というような問題設定ができる状況は，実際は生じないのである。そうすると，道交法違反と過失の問題として残るのは，事故発生の危険が抽象的なものから具体的なものへ転化したことを，車両運転者が認識し得ないまま事故が発生したような場合であっても，道交法違反を民法上の過失と評価できるかどうかという問題に限られる。この点については，

780　〔山口（山口補訂）〕

§*709* D V

「一定の人または人々の『権利』を保護する目的を有する法規（広義の保護法規）が，形式的に，『権利』への一般的・抽象的な危険性ある一定の行為を禁止しまたはそのような危険性を生じないように一定の行為を命令する場合（例，道路交通における速度制限，取締役の貸借対照表の公告義務）（狭義の保護法規）には，法秩序は私人の『権利』の防衛線を前進せしめているのであるから，故意・過失は，『権利』の侵害に関することを要せず，これらの法規（法規違反）について存すれば足りる」（四宮・中 297-298 頁）との考え方があり，これに従えば，「夜，人気のない道路で速度制限に違反して走行中，泥酔者を轢いた者は，それが認識不能な状況でも，速度違反が止むをえない場合でない限り賠償責任がある」（澤井 160 頁）ということになる。これは，道交法違反（＝取締法規違反）はそれが運転交通方法に直接かかわる違反である限り，そのまま民法上の過失を構成するという考え方にほかならない。

　しかしながら，結果の予見可能性がありながら，適切な結果回避措置を取らなかったことを過失と考える限り，上記の例にあるような「認識不能な状況」では過失を否定せざるを得ず，よって運転者に損害賠償責任を負わせることはできない。それでも責任を負わせるべきだというのであれば，その旨の法律の規定が，たとえば，ドイツ民法 823 条 2 項のような，すなわち故意または過失による保護法規違反があれば同様に責任を負うとするような規定が必要であるが，わが国には交通事故に適用できるそうした特別法は存在しない。もっとも，上記の例で，被害者が泥酔のため路上に横臥していて轢かれたのであれば，そうした道路状況の具体的予見可能性を認め，加害運転者に前方不注視の過失を認めるのが実務の大勢であり，「認識不能な状況」と認定されるケースは少ない。しかし，被害者が泥酔して，地下の共同溝からマンホールを通じて道路上に突如這い出してきて轢かれたのであれば，これを「認識不能な状況」と認定しつつ，仮に制限速度以下で走行していたなら轢過地点の直前で停止できていたはずだとして，運転者の責任を認めることは疑問である。同様に，夜間，見通しのよい交差点において，赤信号を無視して，しかし，制限速度を相当に下回る速度に減速して進入したところ，交差点内のマンホールから道路上に突如這い出してきた泥酔者を，遅滞なく発見したものの急制動措置を取る間もなく轢いてしまった場合に，これを「認識不能な状況」と認定しつつ，仮に赤信号に従い交差点手前で停止していた

〔山口（山口補訂）〕

§709 D V 第3編 第5章 不法行為

なら轢過は避けられたはずだとして，運転者の過失を肯定し民法709条の責任を認めることは，結果責任を課すものとなろう。

(イ) 「信頼の原則」と過失

(a) 「信頼の原則」の意義　　車両と車両ないし車両と人との間の衝突事故において，被害者または第三者の交通秩序に反する危険な行為が事故の一因をなしている場合は，加害運転者が過失相殺または過失割合による減責を超えて，「信頼の原則」によって免責されることがある。

ここで信頼の原則とは，たとえば，交通整理が行われている交差点において，青信号に従い南から東へ右折し時速5ないし10キロメートルで東進しようとした加害普通乗用車に，赤信号を無視して交差道路を西から東へ時速数十キロメートルで直進通過してきた被害軽四輪車が衝突した事故につき，「信号機の表示する信号により交通整理が行われている場合，同所を通過する者は，互いにその信号に従わなければならないのであるから，交差点で右折する車両の運転者は，通常，他の車両の運転者も信号に従って行動するであろうことを信頼し，それを前提として注意義務を尽くせば足り，特別な事情のないかぎり，信号を無視して交差点に進入してくる車両のありうることまでも予想して左右後方の安全を確認すべき注意義務を負わない」(最判昭45・10・29裁判集民101号225頁) として，加害運転者の過失を否定し民法709条の責任を認めず，自賠法3条ただし書により運行供用者の免責を可能にする法理のことをいう。

他の交通事故事案をもあわせ考慮して，判例に現れた信頼の原則を定式化すると，「車両の運転者は，通常，他の交通関与者も交通秩序に従って行動するであろうことを信頼し，それを前提として注意義務を尽くせば足り，特別な事情のないかぎり，交通秩序に反して自車の優先進路に進入してくる交通関与者のありうることまでも予想して，減速徐行すべき注意義務ないし左右後方の安全を確認すべき注意義務を負うものではない」となる (これを第1式とする)。

信頼の原則は戦前のドイツにおいてすでに交通事故に関する刑事責任の領域で判例通説の地位を占め，戦後は民事責任の領域にまで広く定着を見たものであるが，わが国でもこれに大きく影響されて，戦後にまずは刑事責任の領域で受け入れられ (最判昭41・12・20刑集20巻10号1212頁〔交通整理の行われ

782　〔山口 (山口補訂)〕

§*709* D V

ていない交差点で，右折途中にエンストしたのち低速で進行を再開した小型貨物車と，交差道路の右方から中央線を右側にはみ出して小型貨物車の前方を回り込もうとした原付自転車が衝突した事故につき，小型貨物車運転者の過失を否定］），わずかに遅れて民事責任の領域でも受け入れられることとなった（最判昭 43・7・25 判時 530 号 37 頁〔交差点で合図なしに軌道を斜め横断して右折を開始した対向車と衝突した運転者の過失を否定した原審の判断を維持〕）。その後信頼の原則を適用して加害運転者の過失を否定したと目される民事判決としては，最高裁昭和 43 年 9 月 24 日判決（判タ 228 号 112 頁〔合図なしに進路変更してきた原付自転車と，すでに追抜き態勢に入り並進中であった軽貨物車が衝突した事故につき，軽貨物車運転者の過失を否定〕），最高裁昭和 44 年 12 月 18 日判決（判タ 244 号 156 頁〔中央線を越えて進入してきた対向車と衝突した運転者の過失を否定した原審の判断を維持〕），最高裁昭和 45 年 1 月 22 日判決（民集 24 巻 1 号 40 頁〔一 (b)〕），最高裁昭和 45 年 1 月 27 日判決（民集 24 巻 1 号 56 頁〔交通整理の行われていない見通しの悪い交差点に狭路から進入した原付自転車と，広路の国道から徐行せず進入した普通貨物車が衝突した事故につき，普通貨物車運転者の過失を否定〕），最高裁昭和 45 年 5 月 22 日判決（判時 599 号 27 頁〔深夜酒に酔って幅員約 16 メートルの目抜き通りの横断歩道でない場所を大体横断し終わったところで 1, 2 歩後退した歩行者と，歩行者を認め時速約 10 キロメートルに減速し進行していた自動車が衝突した事故につき，自動車運転者の過失を否定〕），前掲最高裁昭和 45 年 10 月 29 日判決，最高裁昭和 48 年 6 月 21 日判決（裁判集民 109 号 387 頁〔赤信号を無視して交差点に直進進入した自動車と，青信号に従って制限速度超過で直進進入したタクシーが衝突した事故につき，タクシー運転者の過失を否定〕），最高裁昭和 52 年 2 月 18 日判決（裁判集民 120 号 91 頁〔赤信号を無視して交差点に右折進入した自動車と，青信号に従って制限速度超過で直進進入したタクシーが衝突した事故につき，タクシー運転者の過失を否定〕），最高裁平成 3 年 11 月 19 日判決（判タ 774 号 135 頁〔一 (b)〕），最高裁平成 11 年 7 月 19 日判決（交民 32 巻 4 号 1008 頁〔自車の先行車と対向車線内で接触転倒し自車線内に滑走してきた対向二輪車と軽貨物車が衝突した事故につき，軽貨物車運転者の過失を否定〕）などがある。これに加えて多数の下級審判決があり，信頼の原則は民事責任の領域においても完全に定着したと言われている（篠田省二「14 信頼の原則」吉田秀文 = 塩崎勤編・裁判実務大系 (8) 民事交通・労働災害訴訟法〔1985〕138 頁）。もっとも，わが国で定着した信頼の原則は，戦前のドイツで議論の出発点をなしたその理念型（「信頼してよい」

〔山口（山口補訂）〕

§709 DV　　　　　　　　　第3編　第5章　不法行為

とする）とは，表現上の類似はあるものの内容的には異なるところの大きい
派生型（「信頼が相当である」〔→(c)(ii)〕ことを要求する）である（ドイツでの議論は，
刑事責任に関してではあるが，松宮孝明・刑事過失論の研究〔補正版，2004〕が詳しい）。

　(b)　「信頼の原則」と予見可能性　　上掲判旨も述べるように，「信号を
無視して交差点に進入してくる車両」は「ありうる」にもかかわらず，それ
を「予想」する義務がないとするところに，信頼の原則の特色がある。予見
可能性が存在する限りは予見義務を課すべきであるとすれば，前方注視義務
の他は予見義務を課さないということは，結局予見可能性を否定することを
意味し，結果を実際に予見したときはすでに回避不能となっていよう。この
ような予見可能性の捉え方は，予見可能性の「程度」というものに着目して
そこにいわば閾値を設定し，閾値以下の予見可能性は事実上のそれにすぎず，
過失の前提となるべき法律上のそれではないとすることによってはじめて可
能であろう。これとは異なり，上掲判旨を予見可能性が存在していても予見
義務を課さない趣旨のものと解するにしても，予見義務を課さない予見可能
部分を，予見義務を課す予見可能部分から分かつ必要があり，そのためには
予見可能性の「程度」を手がかりとせざるを得ないから，信頼の原則と予見
可能性の関係を考える限りでは同じことになる。

　通常の規範意識と自己防衛意識からすれば，交通法規に反する危険な行動
に出ることが極めて稀といえる状況では，加害者は被害者または第三者がそ
うした行動に出ることはないと信頼するであろう。それまでの実務がこうし
た加害者の信頼を「軽信」と評価して，加害者を容赦しない方向に傾いてい
たとすれば，信頼の原則はそうした傾向を抑制する意図を持って，「予見可
能性の認定を規制する原理」（西原春夫・交通事故と信頼の原則〔1969〕23頁）と
して登場したということができる。したがって，信頼の原則は従来の一般的
成立要件たる予見可能性と異なる「特別の原則ないし要件をなすわけではな
い」（平野龍一・刑法総論Ⅰ〔1972〕198頁）と言えなくもないが，「予見は可能で
あったか否か」と問うことから，「信頼は相当であったか否か」と問うこと
への転換には，わずかではあるが後述するように利益衡量・政策判断が潜む
のであり，予見可能性を事実認定の平面に閉じ込める限りその分だけズレが
生じ，信頼の原則の独自性を認める余地が生じる。もっとも，こうした限定
的な利益衡量・政策判断であれば，予見可能性の柔軟な認定原理の中にいず

784　〔山口（山口補訂）〕

§709　D Ⅴ

れ消化吸収することも可能であろうから，そうなれば信頼の原則も独自の役割を終えることになろう。

　たとえば，交通整理の行われている交差点において，東から北への右折待ちで停止中の先行郵便貨物車を左側から追い越し回り込んで右折しようとした被害原付自転車と，青信号で西から東へ直進通過中の加害普通貨物車が衝突した事故につき，「当該右折車の後続車の運転者が右停止車両の側方から前方に出て右折進行を続けるという違法かつ危険な運転行為をすることなど車両の運転者にとって通常予想することができない」と，客観的予見可能性の存在を否定した上で，「上告人〔加害貨物車運転者〕には，他に特別の事情のない限り，郵便車の後続車がその側方を通過して自車の進路前方に進入してくることまでも予想して，そのような後続車の有無，動静に注意して交差点を進行すべき注意義務はなかった」と，加害運転者の予見義務を否定した判決（前掲最判平3・11・19）があるが，判旨中の「通常予想することができない」は，信頼の原則においては「（違法かつ危険な運転行為をすることなどないと）通常信頼してよい」と表現される箇所であり，そうした置き換えがなされた分だけ信頼の原則の独自性が消失している。

　過失（＝注意義務違反）の前提となる結果の予見可能性は抽象的なものでは足りず，具体的なものでなければならないが，具体的か否かの判断には「程度」が重要な役割を演じ，程度の判断には結果発生の「確率・蓋然性」が密接に結合している。結果が生じる確率・蓋然性が著しく低くても，ゼロでない限りは予見可能性を認めてよいとするのであれば，予見不可能となるのは全く未知の出来事だけになってしまうであろう。とはいえ，確率は低くてもなお具体的に予見が可能な出来事のあることも事実であるから，信頼の原則を適用して予見可能性を否定するとすれば，そこには一つの利益衡量が働いていることを認めざるを得ない。被害者または第三者が交通秩序に反して行動する可能性がゼロではないからといって，念には念を入れてその全てを予想し衝突を回避すべき注意義務を加害運転者に課すのであれば，道交法が交通の安全のみならず交通の円滑にも配慮していることを無駄にして，自動車交通の利便性を大きく損なう遅延渋滞を招き適当ではないという政策判断である。民法709条が要求する過失の前提として，行為者に課すべき注意義務の内容を定めるに当たっては，被侵害利益の重要性，結果発生の蓋然性，義

〔山口（山口補訂）〕　　785

§709 D V 　　　　　　　　　　　　　　第3編　第5章　不法行為

務を課すことにより犠牲となる行為者ないし社会の利益の間で利益衡量がなされる（平井30頁）としても，信頼の原則は，予見可能性の程度すなわち行為の危険性が著しく低い場合に限って，この利益衡量を行うものである。信頼の原則は，被害者または第三者の交通秩序違反を理由として，その予見可能性の程度を問うことなく画一的に加害運転者を免責するものでないことに注意が必要である。

　従来の判断枠組みにおいてすでに予見可能性を否定できる場合は，信頼の原則をあえて適用する必要はないのであるが，信頼の原則を適用するかのごとくの判決，信頼の原則への態度を明確にしない判決が少なくない。たとえば，歩車道の区別のない片側1車線の南北道路において，北進車線では信号待ちのため交差点を先頭に100メートルを超えて車両が頭尾を接して停滞していたところ，停滞車列の中間地点で車両の間をすり抜けて西から東へ横断しようとした5歳児に，交差道路を西から南に右折し時速約25キロメートルで南進してきた三輪貨物車が衝突した事故につき，「被上告人〔貨物車運転者〕としては，北行停滞車が列をなしていたため，上告人〔5歳児〕がその間隙から飛び出してくることを予知することはできない状況であった」「突如として上告人が自ら飛びかかってきたような状態となった」との事実認定を是認しつつ，「被上告人に対し，自車の進路直前に突如飛び出してくるものを予見し，これに対処することまで要求することは難きを強いるものといわねばならない」と，信頼の原則を適用したととれなくもない説示を行って，加害運転者の過失を否定して民法709条の責任を認めず，自賠法3条ただし書により運行供用者の免責を認めた判決がその一例である（前掲最判昭45・1・22）。しかし，判断能力と身体能力を備えた歩行者に対しては，停滞車列の間をすり抜けて道路を横断するときは，左側から接近する自動車の有無に注意しいきなり飛び出したりはしないであろうと信頼することも許されるが，5歳の幼児であればそうした信頼は許されない。そして停滞車列の間をどのような歩行者がすり抜けてくるか判然としない状況では，結局無謀な飛び出しをする歩行者はいないと信頼することは許されない。したがって，このような状況では信頼の原則は適用されないのであるから，この判決は判旨前半が述べるように従来の認定枠組みにおいて予見可能性を否定したものと位置付けられよう。

786　〔山口（山口補訂）〕

§709 D V

(c) 「信頼の原則」の要件

(i) 信頼の存在　　信頼の原則を適用するには加害者に信頼が存在することが論理必然的であるので，加害者が被害者または第三者の行動を信頼しておらず，結果発生の危険を感じている状況では，信頼の原則は適用される余地がない。とはいえ，この信頼は全く主観的なもので足り，それが客観的に見て根拠薄弱なものであったとしても，そのことは信頼が存在することの妨げにはならない。ところが，上掲の最高裁諸判決のうち判旨中にこの「信頼」の要件を明記しているのは1件（前掲最判昭45・10・29）のみである。多くの判決は，冒頭に掲げた定式（第1式）から，「通常，他の交通関与者も交通秩序に従って行動するであろうことを信頼し，それを前提として注意義務を尽くせば足り〔る〕」の部分を割愛して，被害者または第三者による交通秩序違反行為を対象にした予見義務は課さないという結論だけを述べている。このことが民事責任の領域に信頼の原則を導入することへの最高裁の逡巡を示していると解するのは行き過ぎとしても，「信頼」に言及しない以上は，信頼の原則を必須の法理とは受け止めていないということであろう。

(ii) 信頼の相当性　　加害者の信頼がひとまずは主観的なもので足りるというのであれば，それでもって予見義務を課さずに過失を否定するためには，信頼は客観的に相当なものでなければならず，この信頼の客観的相当性こそが信頼の原則を適用するための核心的要件となる。ところが，上掲の最高裁諸判決は判旨中にこの「相当性」の要件を明記しておらず，判旨中の「特別な事情のないかぎり」という限定も，比較法的沿革的には被害者または第三者による交通法規違反行為がすでになされているか，またはその顕著な端緒が認識できるような，いわば加害者の信頼がすでに裏切られてしまったような例外的場合が想定されており，信頼の相当性を一般的に問題としたものではない。とはいえ，最高裁は信頼の原則の適用が争われた事案では，事実関係を慎重に検討しており，加害者は他の交通関与者が交通法規に従って行動することを常に信頼してよいとするものでないことは明らかである。いずれにせよ，信頼の原則の第1式中，「車両の運転者は，通常，他の交通関与者も交通秩序に従って行動するであろうことを信頼し，それを前提として注意義務を尽くせば足り〔る〕」の部分は，字義どおりではなく制限的に理解しなければならない。

〔山口（山口補訂）〕　787

§709 DV 第3編 第5章 不法行為

　この点につき誤解のないように信頼の原則を一般化すれば，「行為者があ
る行為をなすにあたって，被害者あるいは第三者が適切な行動をすることを
信頼するのが相当な場合には，たといその被害者あるいは第三者の不適切な
行動によって結果が発生したとしても，それに対して責任を負わない」（西
原・前掲書14頁）ということになろう。これに合わせて前述（一(a)）の第1式
を修正すると，「車両の運転者は，他の交通関与者が交通秩序に従って行動
するであろうことを信頼するのが相当である場合には，それを前提として注
意義務を尽くせば足り，交通秩序に反して自車の優先進路に進入してくる交
通関与者のありうることまでも予想して，減速徐行すべき注意義務ないし左
右後方の安全を確認すべき注意義務を負うものではない」となる（これを第2
式とする）。信頼の原則の適用範囲が広くなる「特別な事情のないかぎり」を，
それが狭くなる「信頼するのが相当である場合には」と入れ替えたものであ
る。

　信頼の客観的相当性は，個別具体的に判断されなければならないが，客観
的予見可能性の程度すなわち結果発生の確率・蓋然性に大きく影響され，交
通秩序違反行為の確率・蓋然性は，信号機の設置や歩車道の区別などの道路
環境整備，一時停止義務や徐行義務の設定などの交通規則の進化，交通関与
者とりわけ歩行者や自転車運転者への交通教育の徹底に大きく依存する。し
たがって，信号機のある交差点での車同士の衝突事故では信頼に相当性が認
められる余地が広く，歩車道の区別のない狭路での車対人の衝突事故では相
当性が認められる余地はまずないということになろう。また，加害運転者に
おいては，少なくとも，加害車両の進路に被害者または第三者が進入しない
ことが交通法規によって保証されていること，つまり，加害車両が被害者ま
たは第三者に対して通行上の優先的地位を有していることが，加害運転者の
信頼を相当なものとするために不可欠となる。

　信頼の客観的相当性を判断するにはさらに利益衡量が必要である。すなわ
ち，信頼の原則の適用を否定して，被害者に対する過失相殺ないし第三者と
の過失割合による減責の結果として，加害者に高々5パーセントの責任を負
わせるためだけに，加害者に過度の減速徐行義務ないし左右後方安全確認義
務を課し，もって高速度交通機関の効用を著しく損ねてもよいかという政策
判断である。もっとも，道路交通に関わる基本的な利益衡量はすでに交通法

788　〔山口（山口補訂）〕

規中で完結しているのであるから，さらにこれに重ねて利益衡量を行うことで加害運転者を民法上の責任から免責するのであれば，それは被害者または第三者の交通秩序違反行為につき，予見可能性の程度が著しく低く，加害者に信頼を許しても事故の危険が有意に増大しない場合に限るべきである。

　　(iii)　加害者の交通秩序違反　　加害運転者にも交通秩序に反する不適切な運転行為が認められる場合に，被害者または第三者の不適切行為を理由にして，加害運転者が信頼の原則により免責されることは許されるであろうか。信頼の原則が，前述したように「予見可能性の認定を規制する原理」であるとすれば，加害者の交通法規違反が事故発生の予見可能性を高めない限り，信頼の原則の適用は妨げられないはずである。たとえば，加害者の交通法規違反が被害者または第三者の交通法規違反を誘発したわけでもなく，またそれが被害者または第三者に認識され被害者または第三者からの適切な対応が期待できたときなどは，信頼の原則の適用は否定されない。

　そこで検討してみるに，まずは，加害者の交通秩序違反行為が事故と条件関係にない場合はどうか。たとえば，青信号に従い制限速度を超過して交差点に進入した加害車両と，赤信号を無視して交差道路から交差点に進入した被害車両が出合い頭に衝突した事故の場合，仮に加害車両が制限速度以下で走行していても衝突は避けられなかったとしても，クリーンハンズの原則に立てば，被害者の交通法規違反だけを取り上げて，同じく交通法規違反をした加害者を免責することは許されないであろう。しかし，信頼の原則は，交通秩序の遵守を理由に加害者を賞揚し，交通秩序への違反を理由に被害者を非難する法理ではないのであって，クリーンハンズの原則を適用する余地はない。前掲最判昭和48年6月21日，最判昭和52年2月18日は，いずれも制限速度以下で走行していても衝突は起きたといえるから，速度制限違反と事故とは無関係であるとして，信頼の原則を適用し加害運転者の過失を否定している。

　次いで，条件関係のある場合はどうか。先の交差点事故でいうと，加害者が制限速度以下で走行していれば，赤信号を無視した被害車両の進入を発見した後に，急制動措置を取るなりして衝突を避けられたような場合である。加害者が被害車両の進入を発見する直前までは信頼の原則により，被害車両が進入してくることにつき予見可能性が否定され，加害者には被害車両との

〔山口（山口補訂）〕　789

§709 D V　　　　　　　　　　　　　第3編　第5章　不法行為

関係において前方注視義務の他は何ら注意義務は課せられないから，制限速度超過は交通法規違反であるとしても民法709条の過失とはならない。また，被害車両の進入を遅滞なく発見した後は，信頼は裏切られ衝突の予見可能性が生じるが，もはやその時点では回避可能性が存在しないため，やはり過失はないことになる。加害者の交通法規違反行為の有無に関わりなく，被害者には赤信号を無視して進入することが禁じられているのであるから，衝突の原因は被害者の一方的過失によるもので，加害者の速度制限違反と事故との間に条件関係があったとしても，結局制限速度超過は信頼の原則を適用する妨げとならない（刑事であるが最判昭48・5・22刑集27巻5号1077頁は，赤色点滅信号を無視して一時停止せずに交差点に進入した普通乗用車と，黄色点滅信号が表示され左右の見通しがきかないにもかかわらず徐行せずに進入した大型貨物車が衝突した事故につき，大型貨物車運転者の過失を否定している〔天野武一裁判官の反対意見がある〕。この刑法上の論点については，大塚裕史「過失犯における結果回避可能性と予見可能性」神戸54巻4号〔2005〕1頁が詳しい）。したがって，信頼の原則の適用が否定されるとすれば，それは制限速度超過により前方注視能力やハンドル・ブレーキ操作能力が低下し，または加害者の制限速度超過が被害者の赤信号無視を誘発し，それらのことが事故発生の危険を有意に高めたがゆえに，予見可能性を生じさせたという場合に限られよう（片岡聰・最高裁判例にあらわれた信頼の原則〔1975〕150頁）。

　たとえば，交通整理の行われていない丁字路交差点において，速度制限のなされていない優先道路である国道を東から西へ，法定最高速度を超過して時速約71キロメートルで，直進通過しようとした加害大型貨物車と，南から国道に突き当たる交差道路上の停止線手前で加害大型貨物車の通過を待って停止中の先行車を，右側から反対車線に進出して追い越し，一時停止標識を無視して時速約30キロメートルで，反対車線からそのまま国道へ右折進入しようとした被害普通乗用車とが衝突した事故につき，加害大型貨物車が法定最高速度の時速60キロメートル以下で走行しておれば衝突は回避できたとして，法定最高速度規制違反と事故との間の条件関係を認め，信頼の原則の適用を許さず加害運転者の過失を肯定した上で，95パーセントの過失相殺をした裁判例がある（東京地判平14・12・12交民35巻6号1631頁）。判旨はその根拠として，法定最高速度が自動車の運行上起こり得るあらゆる危険を

§709 D V

想定して定められていることを挙げているが，道交法上の法定最高速度規制を民法上の注意義務として取り込むことがあるとしても，それは他の交通関与者の極めて稀で予見可能性を否定すべきほどの危険行為までを想定し，それにより発生する衝突事故を回避する目的でなされるとは言い難い。したがって，この状況で加害運転者の過失を否定しないのであれば，それは法定最高速度の超過それ自体ではなく，左方の交差道路の反対車線から一時停止することなく高速のまま優先道路に右折進入してくる車両の存在を予想して，交差道路の入り口よりもさらに奥側の安全確認をすべく減速徐行しなかった点にその理由を求めるべきであろう。つまり，法定最高速度規制違反にかかわりなく，もともと信頼の原則を適用すべき道路状況ではなかったということを認定すべきであったろう。

(d) 学説による受容——「信頼の原則」の帰趨　　学説では民事責任の領域においても信頼の原則を承認するものが多数を占めるが（倉田卓次・民事交通訴訟の課題〔1970〕7頁，野村好弘「運行供用者責任についての一考察」ジュリ431号〔1969〕122頁，新美育文〔判批〕交通事故判例百選〔4版，1999〕80頁，など多数），その理由として次のような議論が展開されている。「特定の活動に関与する者にその活動を支配する規則を順守することを，期待する必要が大であり，かつ，期待することが可能でもあるならば，そのことを前提として，それと相関的に，……業務者に本来的に要求される注意義務の程度を，注意義務における『可能性』要件が欠けるという理由で低減することが，許される」（四宮・中364頁）。しかし，これだけではただ「信頼してよい」ということになり，被害者または第三者に交通法規違反があればそれだけで，加害者に交通法規違反がない限り，加害者が免責されるということにもなりかねない（ドイツでの議論の出発点をなした信頼の原則の理念型はこうした結論を導いていた）。高速度交通機関の利便性を優先した利益衡量・政策判断が，交通法規制定の段階を超えて，事故後の損害負担の段階においてまで，野放図に行われる危険がある。したがって，信頼の原則は被害者または第三者の交通秩序違反行為が極めて稀で，加害者に信頼を許しても事故の危険が有意に増大しない場合，したがって「信頼するのが相当な場合」に限って適用すべき法理であることが強調されなければならない。

反対説も有力であり，「信頼の原則」は「あくまで，刑事過失に関する理

〔山口（山口補訂）〕

§709 D V　　　　　　　　　　　　　第3編　第5章　不法行為

論であり，刑事上無過失とされることが直ちに民事上も無過失とされる趣旨
のものでない」「刑法上無過失であっても，民事賠償の根拠とするに足る程
度の過失は肯定できる，という場合が，ひろく存在する」(藤木英雄〔判批〕
判評 100 号（判時 474 号）〔1967〕50 頁)，ないし「刑事の縮少された注意義務範
囲をもって，ただちに民事過失の認定基準とすることが妥当性を欠くことは
いうまでもない」(藤倉皓一郎「交通事故の民事責任と信頼の原則(下)」判タ 235 号
〔1969〕21-22 頁）との主張がされる。確かに，信頼の原則を適用し得る状況が
刑事では広く民事では狭いという趣旨ならその通りであろう。信頼の相当性
が予見可能性の程度によって判断されるとするならば，そこで要求される予
見可能性の程度が刑事では高く民事では低いということになろう。したがっ
て，これらの主張は信頼の原則そのものを民事責任の領域から排除すべき根
拠となるものではないと解すべきである。これらの反対説はどちらかという
と，信頼の原則を「信頼してよい」とする理念型で捉えて批判するもので，
その限りではもっともな主張であるが，「信頼が相当である」ことを要求す
る派生型に対しては十分な批判とはなり得ないように思われる。

　他にも，「きわめて限られた場（たとえば衝突事故運転者間の民法 709 条にいう過
失認定）において，注意義務の限界を画す予見可能性ルールの一要素として
『信頼の原則』を考慮する余地はあろう」としつつも，「予見可能性ルールは，
本来，多くの判断要素を包含した柔軟な基準である。そこにわざわざ『信頼
の原則』という刑事過失における加害者免責の画一的認定規準を持ち込む必
要があるかどうか，きわめて疑問」とか，「『信頼』をいうなら，それは加害
者の被害者に対する一方的信頼に限られる理由はなく，つねに相互性をもつ
はずであ」り，「加害者だけの免責に働く『信頼の原則』は……，過失相殺
ルールとあきらかに牴触する」(藤倉・前掲論文 21 頁）との批判もなされる。
もっともな指摘であるが，ただわが国に定着した信頼の原則の派生型は予見
可能性という一般原則を排除するものではなく，その中に程度という観点を
取り込もうとするものであるにすぎず，結果無価値の立場からも受け入れる
ことのできる法理であること（西田典之（橋爪隆補訂）・刑法総論〔3 版，2019〕287
頁，山口厚・刑法総論〔3 版，2016〕256 頁），そして仮に過失相殺の実務上の最大
値が 95 パーセントであるとするなら（100 パーセントの過失相殺が許されるので
あれば，信頼の原則は無用の長物となり，こうした論者の批判はそもそも対象を失う)，

792　〔山口（山口補訂）〕

§*709* D V

信頼の原則が適用されるか否かは，加害者に高々５パーセントの責任を課すことすら過重となるほど，被害者または第三者の交通秩序に反する危険行為が稀なものであったか否かで決まるから，それ相当の事実認定に支えられる必要があり，事実認定が不相当に単純化され画一化されるおそれはないこと（過失相殺を支える事実認定と少なくとも同程度であろう）が確認されるべきである。

いずれの反対説の懸念も正当であるが，信頼の原則を民事責任の領域に導入すること自体を拒絶する理由としては十分ではない。「損害分散の法的主体である自賠法３条の運行供用者責任の免責について，『信頼の原則』はさらになじまない基準である」（藤倉・前掲論文22頁）との批判も，高々５パーセントの「損害分散」にこだわる余り，高速度交通機関の利便性を確保しつつ，予見可能性の程度を過失判断の中でどう扱えばよいかという，より原則的な問題をなおざりにしているように思われる。結局これら反対説の正当な懸念を解消するためには，信頼の原則を民事責任の領域において適用して加害者を免責することは，「従来の過失概念の弾力的解釈によっても是認される場合」に限定し，「政策的価値判断を正面から援用することが必要とされる場合」には，信頼の原則は適用せず過失相殺で調整することとし，「信頼の原則の民事適用に一定の絞りをかける」ことが必要かもしれない（武田圭弘「民事責任における信頼の原則」塩崎勤編・現代民事裁判の課題 8〔1989〕289 頁）。しかし，それこそがわが国に定着した「信頼の原則」の本来の姿だとも言えるのであって，信頼の原則を適用したと目される民事の最高裁判決は少なくないが，「信頼」に言及した判決はごくわずかであるのもそのことを示している。ドイツで誕生した信頼の原則の理念型が唱える「信頼してよい」から，わが国に定着した信頼の原則の派生型が唱える「信頼するのが相当な場合」への進化は，結局「信頼の原則」の「予見可能性ルール」による発展的吸収への地ならしであったということになろう。

(2)　運行供用者の自賠法３条の責任

1955（昭和30）年に制定された自動車損害賠償保障法（自賠法）は，一方で，自動車事故により生命または身体を害され損害を被った被害者から，加害運転者の過失を立証するという過重な負担を取り除き，他方で，被害者の救済を実効あらしめる自動車損害賠償責任保険（自賠責保険）または政府の自動車損害賠償保障事業（政府保障事業）の制度を創設した。

〔山口（山口補訂）〕　793

§*709* D V 第3編 第5章 不法行為

　たしかに，責任主体とされた運行供用者が免責される余地を残してはいるものの，免責要件は極めて厳格であり，たとえば，加害運転者に過失がなかったことの証明ができないときは，運行供用者は自らに過失がなくても責任を負わなければならず，限りなく無過失責任に接近している。また，自賠責保険には限度額があるものの，徐々に限度額が引き上げられてきており，保険会社への直接請求権も認められるようになり，被害者の救済はより確実迅速に行われるようになった。なお，加害運転者の責任は従来どおり民法709条に委ねられているが，保有者が責任を負う場合において加害運転者も責任を負うときは，自賠責保険金の支払はなされることになっている。

　自賠法制定前において，被害者が民法709条に基づいて加害運転者の，さらに同715条1項に基づいてその使用者の責任を追及しようとすれば，加害運転者の過失を立証しなければならず，たとえ立証に成功しても使用者には免責の余地が与えられていた（同項ただし書）。免責されず被害者に賠償を行った使用者であっても，加害運転者に求償することができ（同条3項），結局，責任を免れたのと同じことになる可能性があった。しかし，自賠法制定後は，加害運転者は自賠法上の責任を負わず，唯一運行供用者のみが限りなく無過失責任に接近した責任の主体となったから，運行供用者たる使用者は以前に比して格段に重い責任を負うことになった。

　この意味で自賠法3条は民法715条の特別法であるということができるが，自賠法制定に向かう時代背景として，法人所有の事業用自動車による事故の比重が大きかったという事情の下では，民法715条の特別法として自賠法3条を制定するという問題意識が働くのも当然のことと思われる。しかし，運行供用者の全てが使用者でないことは言うまでもない。自ら運転するマイカー所有者は運行供用者であるが使用者ではない。したがって，モータリゼーションが極大化した現在においては，自賠法3条の解釈において民法715条の解釈を投影する必要は全くないというべきであろう。むしろ，無過失責任への限りなき接近を支えている，危険責任の発想こそが自賠法3条をめぐる課題の解明に寄与するものと思われる。

　なお，近時においては自動運転技術の発達がめざましい。このため，自動運転車の事故による損害の責任についても，多くの議論がなされるようになった。この点につき，2018年に示された，政府による「自動運転に係る制

794　〔山口（山口補訂）〕

度整備大綱」では，自動運転システム利用中の事故により生じた損害についても，従来の運行供用者責任を維持するとし，同時に，保険会社等から自動車メーカー等に対する求償権行使の実効性確保のための仕組みを検討するものとしている。同大綱でも，求償権行使確保の仕組みの検討が必要とされているところに見られるように，自動運転車による事故の最終的な責任を誰が負うべきかについては，なお議論がある。しかし，自動運転車の事故による人身損害について，自賠法3条を適用し，運行供用者責任を認めることができるとする点については，学説上もいまのところ大きな異論はない。これは，上記のような自賠法3条の意義，および，そこから導かれる同条の射程範囲の広さを裏付けるものであろう。

　以下では，こうした観点に立って，自賠法3条の責任構造につき述べることとする。

　さて，自賠法3条は，「自己のために自動車を運行の用に供する者は，その運行によつて他人の生命又は身体を害したときは，これによつて生じた損害を賠償する責に任ずる。ただし，自己及び運転者が自動車の運行に関し注意を怠らなかつたこと，被害者又は運転者以外の第三者に故意又は過失があつたこと並びに自動車に構造上の欠陥又は機能の障害がなかつたことを証明したときは，この限りでない」と規定する。本条の解釈適用において主たる争点となってきた箇所は，「自己のために自動車を運行の用に供する者」（以下「運行供用者」という）であり，「運行によつて」であり，「他人」である。

　㋐　運行供用者性

　自賠法は，運行供用者に厳格な責任を課しながら，運行供用者についての定義規定を置かず，またその立法過程においても責任主体に関する議論には見るべきものがない。したがって，この厳格な責任を負担すべき者は誰か，すなわち，運行供用者概念の内容はその後の判例と学説に委ねられたというほかはないが，自賠法2条3項の「保有者」の定義，すなわち，「自動車の所有者その他自動車を使用する権利を有する者で，自己のために自動車を運行の用に供するものをいう」と，同法3条を合わせ読むならば，運行供用者かどうかは正当な権利の有無にかかわらず決まると一応言うことができる。

　自賠法の立案に当たった政府当局者は自賠法の施行後つとに，「自己のために」というのは「自動車の運行についての支配権とこれによる利益が自己

〔山口（山口補訂）〕　795

§709 Ｄ Ｖ 第3編 第5章 不法行為

に帰属するということを意味する」と解説していた。運行供用者は通常「自動車の所有者又は使用者」であるが，「自動車の賃借人，自動車を預かる倉庫業者，委託販売業者，自動車の整備業者，陸送業者，自動車の使用にかかる広範な者（保有者）を含み，また自動車泥棒のように，正当な権限がなくて自動車を使用した者も含まれる（ただし，事故のときの責任者は，おおむね，それらの中の一人に限定されることは勿論である。）」というのである（運輸省自動車局監修＝自動車保障研究会編・自動車損害賠償保障法の解説〔1955〕41頁）。

上記解説中の「運行についての支配権」（以下「運行支配」という）は危険責任の考え方から導かれる要素であり，「運行による利益」（以下「運行利益」という）は報償責任の考え方から導かれる要素であるが，このように運行供用者概念を運行支配と運行利益の両要素で構成する立場は二元説と呼ばれる。

(a) 最高裁判例の展開

(ⅰ) 直接的事実的な運行支配・運行利益　　自賠法3条の責任に関する最初の最高裁判決である最高裁昭和39年2月11日判決（民集18巻2号315頁）は，農協所有車を職員が私用のため無断運転中に引き起こした事故につき，「当該運行行為が具体的には第三者の無断運転による場合であっても，自動車の所有者と第三者との間に雇傭関係等密接な関係が存し，かつ日常の自動車の運転及び管理状況等からして，客観的外形的には前記自動車所有者等のためにする運行と認められるときは，右自動車の所有者は『自己のために自動車を運行の用に供する者』というべく自動車損害賠償保障法3条による損害賠償責任を免れない」とした。判旨は民法715条1項の事業執行性についての判例法理をストレートに援用しており，自賠法3条の運行供用者責任を使用者責任と同様の報償責任として理解していることが窺えた。

もっとも，使用者被用者関係が存在しないドライブクラブによる自動車の賃貸事案では，こうした外形標準説を持ち出すことはなく，最高裁昭和39年12月4日判決（民集18巻10号2043頁）は，「いわゆるドライブクラブ方式による自動車賃貸業者から自動車を借り受けた者がこれを運転使用している場合には，自動車賃貸業者としては，借受人の運転使用についてなんら支配力を及ぼし得ないというのであり，このような場合には，右借受人のみが自己のため自動車を運行の用に供する者にあたる」として，ドライブクラブの運行供用者責任を否定した。判旨は「自己のため」と言うには「支配力を及

§*709* Ⅾ Ⅴ

ぼし得〔る〕」ことが必要という論理構成をもって，直接的事実的な運行支配を運行供用者概念の要素とし，運行供用者責任を危険責任として理解していることが窺えた。

運行供用者概念を一般命題の形で定式化したのは，最高裁昭和43年9月24日判決（判タ228号112頁）が最初であって，「自賠法3条にいう『自己のために自動車を運行の用に供する者』とは，自動車の使用についての支配権を有し，かつ，その使用により享受する利益が自己に帰属する者を意味する」として，運行支配により危険責任の契機を，運行利益により報償責任の契機を，この両方を運行供用者責任に見出そうとするものであった。事案は子が所有する原付二輪車を父親が借り受けて，自己の営業のために常時使用中に事故を引き起こしたというものであったが，子は当該原付二輪車の「運行自体について直接の支配力を及ぼしえない関係にあった」として，子の運行供用者性を否定し父親だけに運行供用者性を認めた。ここで，運行支配の直接性事実性が要求されていることは明瞭であるが，責任否定の結論を導くには必須でなかったためか，無償貸与した子の運行利益については触れられていない。

（ⅱ）　間接的観念的な運行支配・運行利益　　しかし，運行支配・運行利益を直接的事実的なものに限るとすると，被害者救済の可能性は著しく狭まってしまう。そこで，最高裁昭和43年10月18日判決（判タ228号115頁）は，借金の担保として債務者が置いていったエンジンキーなしで運転できる自動車を，債権者の従業員が無断運転中に引き起こした事故につき，預かった債権者は使用収益権を有しないとしても，「少なくとも事実上本件自動車の運行を支配管理し得る地位」にあり，当該無断運転も「客観的には上告人〔債権者〕による運転支配可能な範囲」に属していたことに触れて，運行支配は事実として存在しなくてもその可能性で足りるとして，その運行利益には触れないまま債権者に運行供用者責任を認めた。さらに，最高裁昭和45年7月16日判決（判時600号89頁）は，兄の所有する自動車を妹が知人を病院に搬送するため運転中に引き起こした事故につき，兄は家族で経営するガソリンスタンドの営業のためにも当該自動車を使用していたという事情に着目して，一家の主宰者である父親は「自動車の運行について指示，制御をなし得べき地位にあり，かつ，その運行による利益を享受していた」と，再び運行

〔山口（山口補訂）〕　797

§709 D V 第3編 第5章 不法行為

支配はその可能性で足りるとしつつ運行利益も認めて，父親に運行供用者性を認めた。

そして，ついに最高裁昭和46年11月9日判決（民集25巻8号1160頁）は，ドライブクラブ方式による自動車賃貸業者の運行供用者性を認めた原審の判断を支持するに至る。「運行支配は必ずしも直接的であることを要せず間接的な支配でも足りる」と明言した1審の判断を含め支持しており，貸出し時の審査，申告した予定の変更や事故の報告義務など，借受人に種々の制約を課すことでもって運行支配となり得るとするものである。運行利益については，1審は賃料収入が直接に目的とされているとし，原審は自ら運行する場合と貸与する場合とで区別する根拠がないとするが，いずれにせよ本判決は自動車賃貸業者に運行利益が帰属していることを認めている。

　(iii)　規範的な運行支配　　最高裁昭和49年7月16日判決（民集28巻5号732頁）は，父親が同居する未成年の子に原付自転車を買い与え，その維持経費および生活費の全部を負担していたところ，子が事故を引き起こしたという事案において，父親の運行支配・運行利益になんら触れることなく父親の運行供用者性を認めた原審の判断を支持した。そして，最高裁昭和50年11月28日判決（民集29巻10号1818頁）は，成年（20歳）〔平30改正前〕の子が自分の収入で購入し，維持管理費用も自ら負担していた自動車で引き起こした事故につき，父親が信用上の必要から所有名義人となっていたこと，自宅の庭を保管場所として提供していたこと，同居して家業を手伝わせ生活の一部の面倒を見ていたことなどに注目して，父親は「自動車の運行を事実上支配，管理することができ，社会通念上その運行が社会に害悪をもたらさないよう監視，監督すべき立場にあった」と，支配の可能性に加えて支配の社会的責務をもって運行支配概念の要素とし，父親の運行利益には触れることなくその運行供用者責任を認めた。本件事案は父親に運行利益を認めるのが困難なものといえ，判旨の論理はあたかも運行供用者概念の運行支配への一元化を許容するかのようである。

　(iv)　主観的客観的容認と運行支配　　最高裁平成20年9月12日判決（判タ1280号110頁）は，未成年の子が父親所有の自動車を借り受けて飲みに出かけ，酔いつぶれて寝ていたところ同行していた未成年で無免許の友人が，無意識の借受人を自動車に乗せて帰宅しようと運転中に引き起こした事故に

§709 D V

つき，飲酒した子が友人等に運転を委ねることも父親の「容認の範囲内にあったと見られてもやむを得ない」こと，子は友人の運転を容認していたというべきこと，したがって，面識がなく存在すら認識していなかった無断運転者の運転であっても，父親の「容認の範囲内にあったと見られてもやむを得ない」として，父親は「客観的外形的に見て」運行供用者に当たるとした。運行支配を主観的客観的容認で置き換えているようにも見えるが，むしろ運行支配概念を維持しつつ，運行支配を有する者が容認している以上は，その運行支配が継続し失われることはないとするものであろう。

　(ⅴ)　規範的運行支配のさらなる進展　　さらに，最高裁平成30年12月17日判決（民集72巻6号1112頁）は，生活保護を受けていた姉が自動車を購入する際に，自己の名義で自動車を所有すると生活保護を受けられなくなるおそれがあると考えたため，その弟に名義貸与を依頼し，弟がこれを承諾したところ，その後，姉が弟名義の自動車により事故を引き起こしたという，いわゆる名義貸与に関する事案において，名義貸与者の運行供用者責任を認めた。従来，単なる名義貸しの事案において名義貸与者の運行供用者責任が認められる事案はほとんどなく，裁判所は，名義貸しであっても，費用負担，利益供与，名義人と車両使用者との間の関係（使用者と被用者と同様の関係など）等の事実から，運行利益や運行支配の有無を認定して運行供用者性を判断していた。しかし，本判決は，弟の名義貸与が，「事実上困難であったA〔姉〕による本件自動車の所有及び使用を可能にし，自動車の運転に伴う危険の発生に寄与するものといえる」とし，弟が「被上告人〔弟〕とAとが住居及び生計を別にしていたなどの事情があったとしても，被上告人は，Aによる本件自動車の運行を事実上支配，管理することができ，社会通念上その運行が社会に害悪をもたらさないよう監視，監督すべき立場にあった」として，弟の運行供用者責任を認めた。本件事案は，姉と弟は住居および生計を別にし，疎遠であって，弟は本件自動車を使用したことはなく，その保管場所も知らず，本件自動車の売買代金，維持費等を負担したこともなかったとされた事案である。それにもかかわらず，自動車の運転に伴う危険の発生への寄与をもって運行供用者責任を認めた本判決は，上記(ⅲ)で示した，運行供用者概念を規範的な運行支配へ統合する流れを，さらに進めるものとなったと言えよう。

〔山口（山口補訂）〕

§*709* D V

第3編　第5章　不法行為

　(b)　学説の展開　　このように最高裁が運行支配・運行利益を要素とする運行供用者概念を採用しながらも，次第に運行支配・運行利益につきその直接性事実性を要求しなくなり，運行利益には触れないことも多く，ついには，運行支配の観念化・規範化を進行させていったことに対して，学説は当初は概ね好意的にそうした被害者救済の拡大につながる動向を支援する形で展開されていく。たとえば，運行供用者責任を報償責任（715条）よりも危険責任（717条・718条）の系譜に位置づけることにより（川井健「運行供用者責任の根本理念」判タ212号〔1967〕18頁），運行利益概念の無用性ないし補完性が強く意識され，運行支配概念への一元化が多数の支持を受けるようになった（四宮和夫「自動車の無断運転による保有者の責任」法時36巻5号〔1964〕20頁など）。

　しかし，被害者救済の余地を拡大するために，冒頭で述べた立法当局者による解説中に見られた「それらの中の一人に限定される」とする立場を捨てて，複数の重層的な運行供用者間の不真正連帯責任を導こうとして，いわば無理な解釈を重ねた結果，運行供用者概念の肥大化・希薄化が進行した。そのため学説においては，被害者救済を厚くする意図は支持されながらも，運行支配・運行利益概念は「そこにどのような内容でも盛り込めるほど曖昧，空虚であり，これらの概念から，具体的にどのような者が運行供用者責任を負担するのか，という結論を一義的に引き出すことは不可能である」（石田穣「『運行供用者』概念の再構成」法協92巻5号〔1975〕484頁）という受け止め方が広がっていく。以来，運行支配・運行利益に代わって被害者救済を可能とする実質的判断基準の模索が現在に至るまでつづくのである。

　まずは，一元的に位置づけられた運行支配概念すら別のものに取って代わられるべきだとして，運行供用者とは「自動車の有する危険の実現に加担したと評価される者」（石田・前掲論文494頁）であるとか，運行支配・運行利益は一つの基準にすぎないとして，運行供用者とは「自動車について人的物的管理責任を負うもの」（前田達明「『運行供用者』について」論叢102巻5＝6号〔1978〕135頁）であるなど，危険責任ないしそれに近い要件構造から運行供用者概念を再構成しようとするものが主流となる。

　しかしまた，運行支配・運行利益概念を維持する議論も有力で，泥棒運転を除いては保有者への責任の集中を図る立場から，「運行支配および運行利益の概念は，自動車の使用権限という法的地位（抽象的な支配関係）として把

800　〔山口（山口補訂）〕

§*709* D V

握されるべきもの」（伊藤高義「運行供用者責任」交通事故（ジュリ総合特集）〔1977〕85頁）との主張や，保有者の責任については，主観的客観的容認の有無をもって判断することで，運行支配・運行利益概念を活性化させるべきである（福永政彦「運行供用者概念の現状と問題点」新実務民訴(5)76頁）との主張がなされた。

　こうした中で，運行供用者が有するいわば究極的決定可能性に着目して，運行供用者とは「社会通念上完全な事故防止を決定しうる可能性のある者」（高崎尚志「運行供用者理論の新展開」不法行為法研究会編・交通事故賠償の現状と課題〔1979〕57頁）であるとか，「自動車を社会的危険造出の場へ出すことを規範的意味において完全に阻止・回避させ得べき立場に（ある者），したがって，自動車の運行自体を阻止しうることが可能な者」（伊藤文夫「運行供用者責任」田辺康平＝石田満編・新損害保険双書2 自動車保険〔1983〕404頁）であるなど，比較的明瞭な判断基準が提起されるに至っている。また最近では，判断基準としては運行よりも供用を重視すべきとの立場から，運行供用者とは，「供用支配を有する者」をいう（藤村和夫「自賠法における責任論の推移と課題」交通法研究35号〔2007〕32頁）との主張も見られる。結局のところ，自賠法3条にいう「自己のために自動車を運行の用に供する者」とは，自動車の運行の開始継続に最終的決定力を有する者，もしくは，第三者がその意思と判断で運行の開始継続を決定できる状態をあえて作出したり，すでに決定できる状態にある第三者に開始継続を強く促したりする者，ということになろう。

　　(c)　事案類型から見た最高裁判例

　以下では，最高裁判例を事案類型ごとに整理することにするが，「所有者等」とは「自動車の所有者その他自動車を使用する権利を有する者」（自賠2条3項の「保有者」）のことである。

　　(i)　所有者等でありながら運行供用者性が一般に否定される場合

　　①　留保所有権者　　割賦販売売主は「販売代金債権の確保のためにだけ所有権を留保するにすぎない」から，「該自動車を買主に引き渡し，その使用に委ねたものである以上，自動車の使用についての支配権を有し，かつ，その使用により享受する利益が自己に帰属する者ではな〔い〕」（最判昭46・1・26【昭45(オ)885】民集25巻1号126頁）。

　　②　修理や陸送を依頼した所有者等　　自動車修理業者は「少なくとも

〔山口（山口補訂）〕　　801

修理や試運転に必要な範囲での運転行為を委ねられ，営業上自己の支配下に置いているものと解すべきであ〔る〕」（最判昭44・9・12民集23巻9号1654頁）から，「自動車が修理のために自動車修理業者に預けられている間は，修理業者がその運行を支配すると解されるのであるが，修理を終えた自動車が修理業者から注文者に返還されたときには，特段の事情のないかぎり，その引渡の時以後の運行は注文者の支配下にあるものと解すべき」（最判昭46・7・1民集25巻5号727頁）である。また，半製品自動車の架装と陸送を依頼した所有者は，「なんらその運行を指示・制御すべき立場になかった」から運行供用者ではない（最判昭47・10・5民集26巻8号1367頁）。ただし，運転代行業者に運転代行を依頼して同乗している所有者等は運行供用者性を失わない（最判平9・10・31民集51巻9号3962頁）。

③　泥棒運転された所有者等　「客観的に第三者の自由な立入を禁止する構造，管理状況にある」タクシー会社の車庫に，「ドアに鍵をかけず，エンジンキーを差し込んだまま」駐車中のタクシーを窃取した者が起こした事故については，タクシー会社は「なんらその運行を指示制御すべき立場になく，また，その運行利益も会社に帰属していたといえない」（最判昭48・12・20民集27巻11号1611頁）。ただし，当該泥棒運転が自動車の管理上の過失により可能となった場合は，所有者等の運行支配は失われないとする下級審判決が少なくない（札幌地判昭55・2・5交民13巻1号186頁など）。

(ii)　所有者等の運行供用者性が問題となる場合

①　無断運転された所有者等　所有者等と無断運転者との間に「雇傭関係等密接な関係が存し，かつ日常の自動車の運転及び管理状況等からして，客観的外形的には前記自動車所有者等のためにする運行と認められるとき」は，当該自動車の所有者等は運行供用者であるとされる。無断運転者が従業員の場合（農協職員・前掲最判昭39・2・11，貸金担保として自動車を預かった債権者の従業員・前掲最判昭43・10・18，修理のため自動車を預かった修理業者の従業員・前掲最判昭44・9・12），無断運転者が親戚や友人知人の場合（姻族・最判昭46・1・26【昭45(オ)836】判時621号35頁，弟・最判昭52・9・22交民10巻5号1255頁，息子の友人・最判平5・3・16判タ820号191頁）などである。

②　無償で貸与した所有者等　最高裁は当初は，「自動車の運行自体について直接の支配力を及ぼしえない」として，父親に貸与した子たる所有

802　〔山口（山口補訂）〕

§709 D V

者の運行供用者性を否定した（前掲最判昭43・9・24）が，のちに所有者等は使用借主との間の相当な人間関係を介して運行支配および運行利益を失わないとする立場に移行した（元従業員への貸与・最判昭46・1・26【昭45(オ)678】民集25巻1号102頁，買主への代車提供・最判昭46・11・16民集25巻8号1209頁，友人への貸与・最判昭48・1・30判時695号64頁）。

③　有償で貸与した所有者等　　最高裁は当初は無償貸与の場合と同様に，「借受人の運転使用についてなんら支配力を及ぼし得ない」として，自動車賃貸業者たる所有者の運行供用者性を否定した（前掲最判昭39・12・4）が，のちに所有者等が自動車を貸し渡す際に，賃借人に様々な条件・制約を課していることに着目して，レンタカー業者たる所有者は「運行支配および運行利益を有していた」とする立場に移行した（前掲最判昭46・11・9，最判昭50・5・29判時783号107頁）。

④　返還期限を徒過された所有者等　　長期間乗り回す意図のもとに2時間後に返還すると装って借り受けた者が，貸渡人から再三電話で返還要求されながら，約1か月にわたりその場しのぎの返還約束をし，返還を引き延ばしながら運転中に引き起こした事故については，貸渡人が自ら直接取り戻す方法はなく，任意の返還に期待せざるを得なかったという事情の下では，自動車の運行はもっぱら借受人が支配しており，「貸渡人は何らその運行を指示，制御し得る立場になく，その運行利益も貸渡人に帰属していたとはいえない」として，貸渡人たる所有者の運行供用者責任が否定された（最判平9・11・27判タ960号95頁）。

⑤　無断転貸された所有者等　　父親所有の自動車を借り受けた息子が，父親と全く面識のない友人に無断転貸し，友人がドライブ中に暴走行為により事故を引き起こした場合でも，ドライブが終われば直ちに返還予定であった以上は，父親たる所有者の運行支配は失われない（最判昭53・8・29交民11巻4号941頁）。

⑥　貸与自動車を無断運転された所有者等　　父親所有の自動車を借り受けた娘が，父親と全く面識のない友人と飲酒し，娘が泥酔して仮眠中に，友人が娘を同乗させて帰宅すべく運転中に事故を起こした場合でも，スナックに出かけると知って貸し渡した父親は飲酒した子が友人等に運転を委ねることを容認していたと見られてもやむを得ないこと，子は友人の運転を容認

〔山口（山口補訂）〕　803

§*709* Ｄ Ⅴ

第3編　第5章　不法行為

していたというべきこと，したがって，面識のない無断運転者の運転は父親の容認の範囲内にあったと見られてもやむを得ないから，父親たる所有者は運行供用者である（前掲最判平20・9・12〔→(a)(iv)〕）。

(iii)　所有者等ではないが運行供用者性が問題となる場合

①　泥棒運転者・無断運転者　　短時間・短距離であっても，所有者等から独立した運行支配・運行利益を有する者として運行供用者となる。

②　名義人　　従来，名義貸しであれ名義残りであれ，名義人であるというだけで運行供用者となることはないと考えられてきた。しかし，前掲判例（最判平30・12・17〔→(a)(v)〕）は，生活保護者である姉への名義貸与事例において，名義を貸与した弟の運行供用者責任を認めたものであり，同判決によれば，名義貸しが，事実上困難であった自動車の所有および使用を可能にし，自動車の運転に伴う危険の発生に寄与するものであった場合，名義貸与者は，自動車の運行を事実上支配，管理することができ，社会通念上その運行が社会に害悪をもたらさないよう監視，監督すべき立場にあった者として，運行供用者とされることとなる。

③　元請人または注文者　　下請人または請負人が所有者等である自動車の運行につき，元請人または注文者が運行供用者となるかどうかは，当該元請人または注文者が所有者等である場合と同視できる程度の，運行支配と運行利益が存在するかどうかで決まる。肯定例としては，名義残りや車体への名称表示ならびに従属関係または専属関係に着目したもの（最判昭44・1・31判時553号45頁，最判昭44・9・18民集23巻9号1699頁），運転手付きで自動車の派遣を受けるなり借り上げて業務の指揮監督まで行っていたことに着目したもの（最判昭46・12・7【昭46(オ)35】判時657号46頁，最判昭50・9・11判時797号100頁）がある。否定例としては，車体への名称表示はあったがたんなる注文者にすぎずなんら支配力を有していなかったとしたもの（最判昭45・2・27判時586号57頁），名義残りや車体への名称表示はあったものの専属関係も従属関係もなかったことに着目したもの（最判昭46・12・7【昭46(オ)723】判時657号50頁）がある。

④　使用者　　被用者が所有者等である自動車の運行につき，使用者が運行供用者となるかどうかは，当該使用者が所有者等である場合と同視できる程度の，運行支配と運行利益が存在するかどうかで決まる。肯定例として，

804　〔山口（山口補訂）〕

会社の作業場へのダンプカーの持込みにつき，会社は「ダンプカーの運行について実質上支配力を有し，その運行による利益を享受していた」としたもの（最判昭46・4・6交民4巻2号387頁），従業員のマイカーによる出退勤中の事故につき，自動車利用を承認して，ガソリン手当，単車手当を支給していた会社は，「運行支配と運行利益を有し」運行供用者責任を負うとしたもの（最判昭52・12・22判時878号60頁），従業員が工事現場へマイカーで通勤することを禁じていながら，従業員がマイカーを寮から工事現場への通勤手段として利用していることを黙認して事実上利益を得て，かつ従業員を寮に住まわせ社屋に隣接する駐車場を使用させていた会社は，当該車両の「運行につき直接または間接に指揮監督をなしうる地位にあり，社会通念上もその運行が社会に害悪をもたらさないよう監視，監督すべき立場にあった」としたものがある（最判平元・6・6交民22巻3号551頁）。

⑤　一家の主宰者　　一家の構成員が所有者等である自動車の運行につき，一家の主宰者が運行供用者となるかどうかは，「自動車の運行について指示，制御をなしうべき地位にあり，かつ，その運行による利益を享受していた」（前掲最判昭45・7・16）かどうか，「自動車の運行を事実上支配，管理することができ，社会通念上その運行が社会に害悪をもたらさないよう監視，監督すべき立場にあった」（前掲最判昭50・11・28）かどうかで決まる。前者の事案では，構成員たる所有者が家族で経営するガソリンスタンドの営業のために当該自動車を使用していたことが考慮され，後者の事案では，構成員たる所有者が20歳で，信用上の必要から父親が名義貸しを行っていたこと，自動車の保管場所を提供し同居の上家業の農業を手伝わせていたことが考慮された。

(d)　運行供用者性の認定方法　　民法709条の故意過失の主張立証責任から被害者を免れさせることが，自賠法を制定する目的の一つであったにもかかわらず，自賠法3条の「運行供用者」であることの主張立証責任を被害者に負担させることは，被害者救済の趣旨に反することが自覚されるようになる。

そこで，一方で，「運行供用者」を事実概念ではなく法的地位と考えて，被害者は被告が一般的抽象的支配を有する地位を取得したこと（例えば，所有権の取得）を主張立証すれば足り，責任を争う被告がそうした地位の消滅事

§709 ⅮⅤ 第3編 第5章 不法行為

由（例えば，無断運転）を抗弁事実として主張立証しなければならないという考え方（抗弁説）が登場する。他方で，「運行供用者」を事実概念と考えたうえで，被害者は被告が所有者等であることを主張立証すれば，被告が運行供用者であることが事実上推定されるから，責任を争う被告は所有者等ではあるがなお事故当時には運行供用者ではなかったといえるだけの，特段の事情（例えば，無断運転）を間接反証事実として主張立証しなければならないという考え方（間接反証説）が登場する。いずれにせよ，被害者が負っていた主張立証の負担を被告側に転換することで，被害者救済の実効性を高めようとする工夫である。

もっとも，所有者等でないものが運行供用者であることもあり（例えば，元請人や使用者），そうした場合は抗弁説も間接反証説も適用の余地はないから，被害者は被告が事故当時に運行支配と運行利益を有していたことを主張立証しなければならない。

(ｲ) 運行起因性

運行供用者が損害賠償責任を負うのは，その「運行によって」他人の生命または身体を害したときに限られる（自賠3条本文）。したがって，いかなる行為が「運行」に当たり，さらには，それ「によって」事故が生じたといえるのかどうかが問題となる。

(a) 「運行（によって）」

(ⅰ) 「当該装置」の拡大　「運行」には自賠法2条2項が，「人又は物を運送するとしないとにかかわらず，自動車を当該装置の用い方に従い用いることをいう」との定義を置いているが，この「当該装置」に当たるものは何かが争われてきた。自賠法施行後しばらくは，原動機（エンジン）装置のみに限定されるという理解が支配的であり，「駐車によって停止している状態は運行ではなく，駐車しようとして停止するまでの動作が運行である」（前掲自動車損害賠償保障法の解説25頁）とされた。これに従う下級審判決も多かったが，次第に判例は被害者の救済を追求する立場から，「当該装置」概念の拡大を図るようになった。

まず，他の自動三輪車によりロープで牽引されていた，エンジン故障中の自動三輪車の荷台から児童が飛び降り死亡した事故につき，「『当該装置』とは，エンジン装置，即ち原動機装置に重点をおくものであるが，必ずしも右

§*709* D V

装置にのみ限定する趣旨ではなく，ハンドル装置，ブレーキ装置などの走行装置もこれに含まれる」（最判昭43・10・8民集22巻10号2125頁）とした。したがって，エンジンが作動せず他車両に牽引されて走行することも，自車両のハンドル・ブレーキ操作による操縦の自由がある以上は「運行」となる。

さらに，クレーン車のクレーンのブームから吊り下げられたワイヤーが高圧電線に接触し作業員が感電死した事故につき，「自動車をエンジンその他の走行装置により位置の移動を伴う走行状態におく場合だけでなく，本件のように，特殊自動車であるクレーン車を走行停止の状態におき，操縦者において，固有の装置であるクレーンをその目的に従って操作する場合をも含む」（最判昭52・11・24民集31巻6号918頁）とした。したがって，走行していなくても固有装置を操作することは「運行」となる。そうすると，乗用車の乗降扉や貨物車の荷台側板などの固有装置の開閉もまた，「当該装置の用い方に従い用いること」として「運行」となるであろう。

しかし，以上の限りでは，荷物の積み降ろし作業や，道路端での駐停車などに起因する事故において，自賠法3条の責任を追及することが困難である。そこで，走行装置や固有装置の操作にとどまらず，車庫から出て車庫に戻るまでの全行程が「運行」に当たる（平井一雄・実務法律大系4〔改訂版，1978〕220頁），ないしは自動車それ自体が「当該装置」であり車庫に置くことも「運行」に当たる（北河隆之〔判批〕交通事故判例百選〔4版，1999〕31頁），との見解が提起される一方で，運行供用者概念のときと同様に運行概念の野放図な拡大を抑制するために，危険責任の観点から，通常走行の場合に匹敵するような危険状態に自動車を置く行為に限定すべきこと（石田穣〔判批〕法協86巻12号〔1969〕1528頁）が主張されるようになった。

(ⅱ)　「固有装置」の拡大　　このような運行概念を極端に拡張する議論にもかかわらず，判例は上記の固有装置の操作を運行と認める段階にとどまっている。この立場からは，荷物の積み降ろしや，路上駐停車それ自体は「運行」ではないが，その前後の走行が「運行」であるから，それ「によって」事故が生じたのかどうかを検討することになるが，固有装置の範囲，したがって「運行」の範囲を拡大させてきてもいる。たとえば，上記クレーンのような大掛かりな機械的操縦を必要とする装置だけでなく，フォークリフトによる積み降ろしのため荷台に設置された枕木，もしくはそうした枕木設

〔山口（山口補訂）〕

置済み荷台もまた固有装置として「当該装置」に当たり，そうした荷台を特別な操作なしに使用することもまた「運行」に当たるとする。材木工場敷地に駐車された木材運搬専用車の側面から，荷台に設置された枕木の隙間にフォークリフトのフォークを差し込んで，積まれた原木を反対側に落下させていたところ，原木が通行人の頭部を直撃して死亡させたような場合，「右枕木が装置されている荷台は，本件車両の固有の装置というに妨げなく，また，本件荷降ろし作業は，直接的にはフォークリフトを用いてされていたものであるにせよ，併せて右荷台をその目的に従って使用することによって行われたものというべきであるから，本件事故は，本件車両を『当該装置の用い方に従い用いること』によって生じたものということができる」（最判昭63・6・16【昭59(オ)1063】判タ685号151頁）。

　しかし，こうした枕木もしくは枕木設置済み荷台は，操作操縦すべき固有装置というよりも，当該自動車の車体そのものに近く，そうした枕木の設置されていないただの荷台との差は僅少というほかない。したがって，作業員が古電柱を普通貨物車の荷台から降ろそうとして下敷きになり死亡した事故につき，当該荷台が固有装置とまではいえないことを前提にして，現場が他の車両・人の出入りが許されていない場所であったこと，駐車後1時間余り経過しての事故発生であったこと，荷降ろし作業後の走行が予定されていなかったことなどを総合的に考慮して，当該事故が「運行によって」発生したものではないとした原審の判断を，そのまま維持した最高裁判決（最判昭56・11・13判タ457号82頁）の立場は，実質的には変更されつつあるというべきであろう。

　　(b)　「(運行）によって」

　　(i)　「に際して」か「に因って」か　　主に比較法的根拠に基づき，「によって」を「に際して」と広く解するべきとの考え（木宮高彦・註釈自動車損害賠償保障法〔1965〕56頁）もあるが，わが国の自賠法が，場所的時間的近接性はあっても因果性のない場合にまで，運行供用者責任を課していると解すべき理由はなく，支持しがたい。

　判例は「によって」を「に因って」つまり「相当因果関係」と解しているようだが（前掲最判昭52・11・24など），判例の相当因果関係論が結果に対する通常人を基準にした予見可能性を要求することからすれば，「によって」を

§*709* D Ⅴ

「相当因果関係」と解することは，結果発生の予見可能性の主張立証責任を被害者に負わせることになり，過失判断における結果発生の予見可能性の主張立証責任から被害者を解放した趣旨に反するともいえそうである。こうした問題意識に立てば，「によって」を「条件関係」と解した上で，「相当因果関係」（＝予見可能性）がなかったことを免責事由と位置付けることも考えられる（寺本嘉弘「運行によって」判タ 268 号〔1971〕58 頁）。もっともな指摘ではあるが，加害者からの免責の主張を許さず，被害者をより厚く保護する本来の完全な危険責任（＝無過失責任）においては，因果関係の主張立証は被害者の負担とするほかないのであるから（たとえば，製造物責任法 3 条本文の「欠陥により」），不完全な危険責任を定める自賠法において，被害者の負担を本来の完全な危険責任におけるそれよりも軽くする必要はないであろう。この問題は要するに，通常人基準の予見可能性を要求するという，わが国特有の相当因果関係論の不十分性に帰するのであるから，「によって」を相当因果関係論とは異なる地平から「危険関連性」と解したうえで，被害者がその主張立証責任を負担することでよいと思われる。

さて，事故と運行との因果関係（＝危険関連性）は，走行中に積荷が落下して歩行者に当たったような場合は肯定しやすく，炎天下に駐車した車両内の乳児が熱中症で死亡したような場合は否定しやすいであろう。しかし，その中間に判断の困難な多くの事故類型が存在する。たとえば，後輪を盛土に取られて自力で動けなくなったダンプカーを，ブルドーザーで牽引しようとしたところ，ブルドーザーが誤って後進したため，両車両の間にいた作業員が挟まれ死亡した事故につき，ダンプカーの運行との間に因果関係が存するかどうかが争われた事件がある。被告は，ダンプカーはエンジンをふかして前進しようとはしていたが，ブルドーザーが後進してきた瞬間はいまだ自力では動けず停止していたのであるから，事故はダンプカーの「運行によって」生じたものではないと反論した。最高裁昭和 57 年 1 月 19 日判決（民集 36 巻 1 号 1 頁）は，被告の反論に応接することなく相当因果関係を認めた原審の判断をそのまま維持しているが，これは，牽引車と被牽引車は牽引という共同作業に従事する密接な関係にあり，衝突事故はこの共同作業中に牽引車が後進して生じたものであるがゆえに，停止していたものの共同作業の一環としてエンジンをふかして前進しようとしていた被牽引車の「運行」との間に

〔山口（山口補訂）〕　809

§709 D V　　　　　　　　　　　　　　　　第3編　第5章　不法行為

因果関係を認めたものと思われる。

　なお，自動車保険契約の傷害特約においては，「運行に起因する事故」であることが，保険金支払要件の一つとして定められており，運行と事故との間の因果関係が問題とされている。この運行起因性要件につき，最高裁は，老人デイサービスセンターの利用者が当該センターの送迎車から降車し着地する際に負傷したという事故について，送迎車の運転を担当したセンターの職員が降車場所として危険な場所に当該送迎車を停車したといった事情がないこと，利用者が当該送迎車から降車した際に職員による介助を受けることによって，送迎車の危険が現実化しないような一般的な措置がされていたことなどを指摘して，「本件事故は，本件車両の運行が本来的に有する危険が顕在化したものであるということはできないので，本件事故が本件車両の運行に起因するものとはいえない」との判断を示した（最判平28・3・4判タ1424号115頁）。この判断は，自賠法3条の「運行によって」の要件そのものに関してなされたものではないが，自賠法3条と共通する「運行起因性」の判断基準が，「車両の運行が本来的に有する危険が顕在化したものである」かどうかにあることを明らかにしたものとして理解されている。

　(ii)　「運行」と「によって」の相互関係　　ところで，自賠法3条の責任要件としての「運行によって」における，前半の「運行」と後半の「によって」との間の連関構造をうかがわせるものとして次のような判決がある。木材運搬用大型貨物車を道路端に駐車して，フォークリフトにより積荷の角材を荷降ろし作業中，フォークの高さを調節するためフォークを道路に突き出した状態で路外の空き地にフォークリフトを停車させていたところ，道路を走行してきた軽四輪車が空中に突き出たフォークに衝突した事故につき，「本件車両がフォークリフトによる荷降ろし作業のための枕木を荷台に装着した木材運搬用の貨物自動車であり，上告人が，荷降ろし作業終了後直ちに出発する予定で，一般車両の通行する道路に本件車両を駐車させ，本件フォークリフトの運転者と共同して荷降ろし作業を開始したものであり，本件事故発生当時，本件フォークリフトが三回目の荷降ろしのため本件車両に向かう途中であったなど前記の事情があっても，本件事故は，本件車両を当該装置の用い方に従い用いることによって発生したものとは言えない」（最判昭63・6・16【昭61(オ)1261】民集42巻5号414頁）とした判決である。

810　〔山口（山口補訂）〕

§709 D V

これを同日に下された前掲(一)(a)(ii)の判決と比較すると，荷台そのものと言えなくもない枕木設置済み荷台を「当該装置」として，したがって，車体それ自体の使用または固有装置の操作を「運行」と広く捉えたうえで，その「運行」と，一方で荷台から落下してきた積載原木との衝突（昭59(オ)1063事件），他方で荷台と離れた位置で停止していたフォークリフトとの衝突（昭61(オ)1261事件）との間の，これら異なる事故態様における因果関係の存否を，「によって」で判断することで，総じて自賠法3条の適用を妥当な範囲に抑えようとしていることがうかがえる。「運行」を広く解したがゆえに，「によって」を狭く解することで，総合的に「運行によって」が妥当な結論を導けるようにしようとする姿勢がここからうかがえる。

(ウ)　他　人　性

自動車に同乗していて交通事故に遭遇した被害者が，自賠法3条に基づき当該自動車の運行供用者に損害賠償を請求する場合，当該同乗被害者が同条本文にいう「他人」に当たるかどうかが争われることが少なくない。判例はこの「他人」を，「自己のために自動車を運行の用に供する者および当該自動車の運転者を除く，それ以外の者」（最判昭42・9・29判タ211号152頁）と解しており，「運転者」には「運転の補助に従事する者」（自賠2条4項）が含まれる。したがって問題は二方向で生じる。一つは，同乗被害者が運行供用者性・運転補助者性のいずれかを取得して他人性を喪失する場合であり，もう一つは，同乗被害者が運行供用者性・運転者性・運転補助者性のいずれであれ喪失して他人性を取得する場合である。

(a)　他人性の喪失が問題となる場合

(i)　同乗被害者が運行供用者の配偶者・同居親族である場合　「被害者が運行供用者の配偶者等であるからといって，そのことだけで，かかる被害者が右にいう他人に当らないと解すべき論拠はなく，具体的な事実関係のもとにおいて，かかる被害者が他人に当るかどうかを判断すべきである」（最判昭47・5・30民集26巻4号898頁）。そうすると，自動車は夫が所有して維持費を負担し，夫がもっぱら運転して妻は免許を持たず，事故当時妻は運転補助行為もしていないという事実関係においては，同乗被害者たる妻が他人性を喪失することはない。逆に，娘所有の自動車を日ごろから自由に乗り回していた母親や，会社所有の自動車を日ごろから自由に乗り回していた取締

〔山口（山口補訂）〕　811

§709 D V 第3編 第5章 不法行為

役（代表取締役の息子）は，第三者に運転させて同乗被害者となっても，運行供用者性を取得した以上は他人であることを主張できない。

また，父親の所有する自動車の助手席に同乗し，免許を有する友人が運転していて交通事故に遭遇した場合，同乗被害者が仮免許しか持たない事情の下では，当該自動車の借主は運転していた友人であり，同乗被害者は所有者の子であるとしても運行供用者性を取得せず他人性を喪失しない（最判平3・2・5交民24巻1号1頁）。同じく，父親の所有する自動車の助手席に同乗し，免許を有する職場の先輩が飲酒運転していて交通事故に遭遇した場合，同乗被害者が免許取得資格を有さない未成年者であり，当該先輩に人格的に従属していたという事実関係においては，当該自動車の借主は運転していた先輩であり，同乗被害者は所有者の子であるとしても運行供用者性を取得せず他人性を喪失しない（最判平6・11・22判タ867号169頁）。

(ii) 同乗被害者がいわゆる好意無償同乗者である場合　保有者の好意に甘えて無償で同乗し交通事故に遭遇した場合，好意無償同乗であったこと自体を理由に，同乗被害者が他人性を喪失し，自賠法3条に基づく損害賠償請求権を取得できないと解すべきではない。したがって，泥酔のうえ所有者の意に反して無理に助手席に乗り込み，所有者の運転中に交通事故に遭遇した場合であっても，所有者が結局同乗を拒むことなくそのまま自動車を操縦したという事情の下では，同乗被害者は他人性を喪失しないことになる（前掲最判昭42・9・29）。

もっとも，保有者に無断ないしはその意に反して無償同乗した場合には，保有者の運行支配を排除して運行利益を享受したとして，同乗被害者は運行供用者性を取得して他人性を喪失する（吉岡進「交通事故訴訟の課題」実務民訴(3)24頁），または，少なくとも保有者との相対的関係においてはそうなると解する（原田和徳「自賠法三条の他人の意義」近藤完爾＝浅沼武編・民事法の諸問題(4)〔1995〕124頁）余地がある。それどころか，保有者の好意により無償同乗した場合であっても，同乗被害者は割合的に運行供用者性を取得して割合的に他人性を喪失すると解する（野村好弘「運行供用者と他人」交通法研究1号〔1971〕85頁）余地がある。しかしながら，一方で運行供用者に責任を集中させ，他方で被害者を同乗の有無で区別していない自賠法の構造からすれば，好意無償同乗の問題を自賠法3条の解釈問題とすべきではなく，同乗被害者には他

812　〔山口（山口補訂）〕

§709 D V

人性を認めた上で，賠償額の減額が必要と感じられる場合は自賠法4条を介して民法（＝一般法）の見地からその当否を検討する（倉田卓次「無償同乗論」同・交通事故賠償の諸相〔1976〕48頁）ことを原則とすべきであろう。

そうすると，好意無償同乗の問題とは，同乗被害者が共同運行供用者または運転補助者と評価される場合であるのかどうかを，具体的事実関係に照らして判断すべき問題にすぎないのであり，たとえば，私用目的により会社に無断で乗り出した自動車に同乗して交通事故に遭遇した場合，無断乗り出しの事実を知ったうえでの同乗というだけで他人性を喪失すると解すべきではない（最判昭52・9・22交民10巻5号1246頁）。同乗被害者が他人性を喪失するのは，同乗中に運転補助行為を現に行うか，無断乗り出しそのものを教唆して同乗することで，同乗被害者にも運行支配・運行利益が帰属する場合に限られよう（最判昭49・12・6民集28巻10号1813頁）。同様に，盗まれた自動車に同乗して交通事故に遭遇した場合であっても，同乗被害者が窃盗の事実を知ったうえでの同乗であるというだけで他人性を喪失すると解すべきではない。同乗被害者が他人性を喪失するのは，同乗中に運転補助行為を現に行うか，窃盗を積極的に容認して同乗することで同乗被害者にも運行支配・運行利益が帰属する場合に限られよう（最判昭57・4・2判タ470号118頁）。

(b) 他人性の取得が問題となる場合

(i) 同乗被害者が運転者・運転補助者である場合　　運転者であっても，同僚運転者と運転を交代して，当該自動車内で仮眠中に交通事故に遭遇した場合は，他人性を取得して保有者に対して自賠法3条の責任を追及することができよう。同僚運転者と運転を交代しても，助手席で運転補助の役目を果たすべき事情の下では，運転者が他人性を取得することはない。同様のことは運転補助者についても当てはまり，運転補助行為を中断して休憩中に交通事故に遭遇した場合は，運転補助者性を喪失して他人性を取得すると解すべきであろう。

ここで問題となるのは，同乗被害者の勤務制度上の地位ではなく，事故当時に同乗被害者が実際上果たしていた役割を具体的に評価することである。運転者とは運転者として自動車に乗車した者一般を指すのではなく，事故当時現に運転業務に従事していたか，従事していなければならない義務を有する者をいう。運転補助者が他人から除外されるのは，単に一般的な運転補

〔山口（山口補訂）〕　813

§*709* D V 　　　　　　　　　　　　　　第3編　第5章　不法行為

者の地位にあったというだけでは足りず，少なくとも運転行為の一部を分担する等直接の運転者と実質的に同視できる立場にあった者に限られる。

そうすると，荷物の積み降ろしだけを補助すべく同乗していた者は，積み降ろし地点への移動中または停車して積み降ろし作業中に交通事故に遭遇した場合，運転補助者性を喪失して他人性を取得するというべきであろう。逆に，ダンプカー運転者とブルドーザー運転者が事前の打ち合わせどおり，ダンプカーの荷台をやや傾斜させ，ブルドーザーをダンプカー後方の地形を利用して荷台まで登坂させようとしたところ，ブルドーザーが直立状態から裏返しになってブルドーザー運転者が死亡した場合，ブルドーザー運転者はダンプカーの運転補助者性を取得し，ダンプカーの運行供用者に対して他人であることを主張できない（最判昭57・4・27判タ471号99頁）。

　(ii)　同乗被害者が共同運行供用者である場合　　共同運行供用者が同乗被害者となった場合であるから，歩行者その他の当該自動車外の被害者に対して，他の運行供用者とともに自賠法3条の責任を負うことに疑いはない。問題は，運行支配・運行利益は濃淡のある概念であるから，運行支配・運行利益のより薄い運行供用者がそれらのより濃い他の運行供用者に対して，「相対的に」他人であると主張して自賠法3条の責任を追及することができるかどうかという点にある。

会社所有の自動車を日ごろから自由に乗り回していた取締役が，勤務外の私用目的で配下の従業員に運転させ同乗していて交通事故に遭遇した場合，「その具体的運行に対する支配の程度態様において被害者たる取締役のそれが直接的，顕在的，具体的である本件においては，取締役は会社に対し自賠法3条の『他人』であることを主張することは許されない」（最判昭50・11・4民集29巻10号1501頁）。そうすると，数人がグループ旅行のため一人の名義でレンタカーを借り，運転を交代しながら旅行中に交通事故に遭遇したような場合，同乗被害者の運行支配の程度態様はレンタカー会社のそれに比し「直接的，顕在的，具体的」であるから，同乗被害者はレンタカー会社に対して自賠法3条本文の「他人」であることを主張できないことになろう。

また，所有する自動車で友人らを送ろうとしたところ，そのうちの一人に懇請されて自動車を貸し，自分は助手席に同乗していて交通事故に遭遇した場合，「A〔同乗所有者〕がある程度Y〔友人〕自身の判断で運行することをも

814　〔山口（山口補訂）〕

§709 D Ⅴ

許したとしても，Aは事故の防止につき中心的な責任を負う所有者として
同乗していたのであって，同人はいつでもYに対し運転の交替を命じ，あ
るいは，その運転につき具体的に指示することができる立場にあったのであ
るから，YがAの運行支配に服さず同人の指示を守らなかった等の特段の
事情がある場合は格別，そうでない限り，本件自動車の具体的運行に対する
Aの支配の程度は，運転していたYのそれに比し優るとも劣らなかったも
のというべきであって，かかる運行支配を有するAはその運行支配に服す
べき立場にあるYに対する関係において同法〔自賠法〕3条本文の他人にあ
たるということはできない」（最判昭57・11・26民集36巻11号2318頁）。そうと
すると，数人がグループ旅行のため一人の名義でレンタカーを借り，運転を
交代しながら旅行中に交通事故に遭遇したような場合，共同運行供用者たる
同乗被害者は事故当時に運転の任に当たっていた他の運行供用者に優るとも
劣らない運行支配を有していたとして，自賠法3条本文の「他人」であるこ
とを主張できないことになろう。

　それでは，同乗被害者たる共同運行供用者が他の運行供用者に対して，自
らの運行支配がより「間接的・潜在的・抽象的」であったとして，すなわち
判例のいう「同乗被害者の運行支配に服さず同人の指示を守らなかった等の
特段の事情がある場合」として，自賠法3条本文の「他人」を主張できるの
はどのような場合であろうか。たとえば，甲所有の自動車を共同借受けした
共同運行供用者の乙・丙が，乙が運転し丙が同乗中の事故により両名とも死
亡した場合，丙が未成年（19歳）〔平30改正前〕であり年長の乙を日ごろから
畏怖していた事情の下では，丙の指示に乙が従わなかったであろうから，丙
は甲に対しては他人性を主張できないとしても，乙に対しては他人性を主張
することができる（最判平4・4・24交民25巻2号283頁）。

　さらに，飲酒のため運転代行を依頼し，代行業者の派遣した代行運転者に
自動車を運転させて，自分は助手席に同乗していて交通事故に遭遇した場合，
「本件自動車の運行による事故の発生を防止する中心的な責任は代行業者が
負い，所有者の運行支配は代行業者のそれに比べて間接的，補助的なものに
とどまっていたものというべきである。したがって，……所有者は代行業者
に対する関係において，法3条の『他人』に当たる」（前掲最判平9・10・31）。

　(c)　他人性が認められる場合の損害賠償額の減額　　無免許運転，飲酒

〔山口（山口補訂）〕　815

§*709* D V   第3編　第5章　不法行為

運転，暴走運転等の，事故発生の直接的原因となった危険運転を承知で同乗
し，事故発生に寄与した場合は，自賠法4条を介して民法722条2項を適用
し損害賠償額を減額することになろう。そのような直接的な帰責事由が認め
られない場合であっても，保有者との人的関係，同乗するに至った経緯，同
乗の目的・態様，同乗後事故発生までの経緯等の間接的原因を総合的に考慮
して，損害の公平な分担の見地から同項を類推適用して，損害賠償額を割合
的に減額することも許されよう（いわゆる素因減額を認める判例の立場が参考とな
る）。もっとも，後述するように，現在では自賠責保険・政府保障事業とも
に，①重過失減額制度を導入して通常過失では過失相殺を行わず，②好意同
乗減額および親族間慰謝料減額は行わないことにしており（→(オ)(a)(iv)），この
類推適用論の実益はその限りで減少している。

　　(d)　他人性が認められない場合の損害賠償請求権　　同乗被害者が自賠
法3条本文の「他人」に当たらない場合であっても，民法709条の「他人」
および同715条1項本文の「第三者」には当たるであろうから，その場合に
同乗被害者が，両法条のその他の要件を充足する限り，加害運転者およびそ
の使用者に対して損害賠償請求権を取得することは言うまでもない。

　(エ)　免　責　事　由

　　(a)　自賠法3条ただし書

　自賠法3条ただし書が掲げる免責要件を全て満たしたときに限り運行供用
者は同条本文の責任を免れる。しかし，「右要件事実のうちある要件事実の
存否が，当該事故発生と関係のない……場合，運行供用者は，右要件事実の
存否は当該事故と関係がない旨を主張立証すれば足り，つねに右但書所定の
要件事実のすべてを主張立証する必要はない」（最判昭45・1・22民集24巻1号
40頁）。たとえば，昼間に信号待ちしていて追突され同乗者が負傷した自動
車の運行供用者は，ヘッドライトの機能に障害のないことを主張立証しなく
ても，他の免責要件が満たされる限り免責される。以下，同条ただし書が掲
げる免責要件につき順次問題点を指摘しておく。

　　(i)　「自己及び運転者が自動車の運行に関し注意を怠らなかつたこと」
（第1要件）　　「注意を怠らなかつたこと」は無過失と同義と解されているが
（注民(19)103頁〔加藤一郎〕），ここでの「注意」には，たとえば，民法715条1
項ただし書にいう選任監督についての相当の注意も含まれると解されている

816　〔山口（山口補訂）〕

§*709* D V

（前掲自動車損害賠償保障法の解説 43 頁）。被用者たる運転者が運転中に突然のクモ膜下出血により心神喪失状態となり歩行者に後方から衝突したような事故については，使用者たる運行供用者が定期健診や出発前点呼等により日常的に被用者の健康異常の発見に努めていたとすれば，「注意を怠らなかつた」と認定される余地がある。

　この相当の注意が 709 条にいう過失の前提をなす注意とは異なることからすれば（使用者は 709 条の責任を負うわけではない），自賠法 3 条ただし書にいう「注意を怠らなかつたこと」は 709 条の無過失よりも狭いということになろう。もっとも，たとえば，運行供用者が運転者に自動車の固有装置につき誤った操作方法を命じたために事故が発生したような場合や，道路の瑕疵を知っていながら告げなかったために事故が発生したような場合は，運行供用者は 709 条・719 条の責任を負うから，こうした場合の「注意」懈怠は 709 条の過失と同じである。

　実際の紛争においては，「自己」（＝運行供用者）よりも「運転者」についての過失の有無が主要な争点をなすが，それは既述の「信頼の原則」と密接に関係するのでその箇所を参照されたい。

　(ii)　「被害者又は運転者以外の第三者に故意又は過失があつたこと」（第 2 要件）　責任能力の要否につき議論がある。一方で，被害者が責任能力を欠くときはその法定監督義務者の監督上の過失を問い，第三者の場合は責任能力を欠く状態を招いたことにつき第三者の過失を問い，無過失ならばその法定監督義務者の監督上の過失を問うべきであると主張され（安田実「免責の要件(2)」判タ 212 号〔1967〕166 頁），他方で，問題は事故の発生原因がどこにあるかであって，被害者であれ第三者であれ，その行為の客観的態様こそが重要であり，責任能力はもちろんのこと事理弁識能力すら必要でないと主張される（篠田省二「自賠法における免責」賠償講座(3)159 頁）。

　この問題には，第 2 要件が要求していることは，被害者が自己自身に対して責任を負うべきこと，または第三者が被害者に対して責任を負うべきことであると考えて対処すべきである。そうすると，被害者については，運行供用者の免責は被害者に対する 100 パーセントの過失相殺と実質において同じであるから，過失相殺の判例に従えば責任能力までは不要だが事理弁識能力は必要であり（最大判昭 39・6・24 民集 18 巻 5 号 854 頁），被害者が事理弁識能力

〔山口（山口補訂）〕　817

§709　D Ⅴ　　　　　　　　　　第3編　第5章　不法行為

を欠く場合は，被害者側に立つ者に過失があったこと（最判昭44・2・28民集23巻2号525頁）がここでの要件となる。自賠法3条ただし書の故意過失を，被害者に関しては民法722条2項の過失と捉えるわけである。第三者については，被害者に対して責任を負うためには責任能力が必要であるが（713条本文），責任能力を欠く場合はその状態を招いたことにつき第三者の過失があったこと（同条ただし書），そうでなければその法定監督義務者に過失があったこと（714条1項本文）がここでの要件となる。自賠法3条ただし書の故意過失を，第三者に関しては民法709条の故意過失と捉えるわけである。

　残る問題は，過失はないが被害者に対して責任を負う第三者が存在する場合をどう扱うかということになる。たとえば，道路沿いの建物からの看板の落下（717条1項の土地の工作物責任），道路上での陥没の発生（国賠2条1項の営造物責任）などの場合，運行供用者は第1要件・第3要件を満たしていても，第三者（建物所有者，道路管理者）に過失があったとはいえず，第2要件を満たさないとして免責されないことになるのかどうかである。瑕疵＝義務違反説に立てば過失があったことになり免責されようが，第2要件は運行供用者を免責してもなお被害者に対して責任を負う者が被害者自身を含め存在するかどうかを問うものと考えるならば，民法717条1項の責任や国賠法2条1項の責任の法的性質いかんにかかわらず，それで責任を負担する者が存在する限り，運行供用者の免責を認めることができると解すべきである。同様のことは，後述するように，自動車の欠陥により発生した事故につき，製造業者が製造物責任法3条本文の無過失責任を負担する場合にもいえる。

　　(ⅲ)　「自動車に構造上の欠陥又は機能の障害がなかつたこと」（第3要件）

　　欠陥または障害があったとしても，それが認識可能でないときが問題となる。この認識可能性を一般通常人を基準にすることは，実質上の無過失責任を追及する自賠法の立場と相いれない。製造物責任法4条1号を参考にして，事故当時における科学または技術に関する知見によっては認識できなかった場合に限り，欠陥または障害はなかったことになると解すべきであろう（製造物責任法の制定前にほぼ同旨の判示を行うものに，東京地判昭42・9・27下民集18巻9＝10号941頁がある）。

　　第1要件を満たしながら，製造過程においてすでに生じていた欠陥または障害があったために，免責を得られなかった運行供用者は，当該自動車の製

818　〔山口（山口補訂）〕

§*709* D V

造業者に求償権を行使することができると解すべきであろうが（民法717条3項や同422条の法意を，自賠法4条を介して参酌する），このような運行供用者による一時的肩代わりを認めることに異論もあり得よう（田島純蔵「自動車事故と製造物責任との交錯」判タ943号〔1997〕167頁）。第2要件で検討した瑕疵についてはこうした肩代わりを認めないことにしたわけであるから，製造物責任法の制定後はこれに平仄を合わせて，製造過程で生じた欠陥または障害については運行供用者の免責を認めるべきであろう。したがって，第3要件にいう欠陥または障害とは，自動車が流通に置かれた後の原因により生じたもので，製造物責任の対象とはならないものに限られると解することになる。

(b) その他の免責事由

(i) 不可抗力　完全な危険責任（＝無過失責任）においてすら結果責任が課されるわけではなく，不可抗力は免責事由となるのであるから，不完全な危険責任（＝中間責任）で満足する自賠法が，その3条ただし書によって不可抗力を免責事由から排除していると解することはできない。不可抗力はむしろ自賠法や民法の個々の責任規定を超えた一般法理と解するべきであって（419条3項の反対解釈），地震，落雷，がけ崩れ，野獣の飛び出しなど，突発的で避けることのできない外来的出来事により事故が発生した場合にまで，運行供用者に責任を課す必要はないというべきである。

しかし，被害者が救済されない結果を導く以上は，不可抗力かどうかの認定は厳格に行うべきであり，そこで，不可抗力の範囲が問題となる。たとえば，前述の運転者のクモ膜下出血による心神喪失を不可抗力というかどうかである。伝統的な不可抗力概念からすれば，そのような行為者の内部にある持病の発作を不可抗力と捉えることは困難である。さりとて，運行供用者，運転者いずれにも注意懈怠を認められないとすれば，そのときの免責事由は何とすべきか。自賠法3条ただし書によっては第2要件を満たさないため免責できない。

上記の例で言えば，「運行供用者側で，運転者について常日頃から十分な健康管理を行っており，同人が運転中に心神喪失状態に陥るようなことが，現代の医学上の知識と経験に照らしておよそ予見不可能であることを立証した場合には，例外的に免責される」（傍点は引用者）（新潟地判平7・11・29交民28巻6号1638頁）との見解が示されているが支持しがたい。というのも，この

〔山口（山口補訂）〕

§709 D Ⅴ 第3編 第5章 不法行為

見解は第3要件での欠陥または障害についての判断になぞらえたものであり，その限りでは妥当であるが，第2要件を不要とする根拠が示されてはいないからである。運転者の隠れた持病による心神喪失という事態は，自動車運行上の十分にあり得る危険として，運行供用者があらかじめ計算に織り込んでおくべきものであると考えたい（運行供用者が無過失責任を負う一例となる）。

(ⅱ) 正当防衛・緊急避難　　一般法理からしても，自賠法4条を介した民法720条1項からしても，運行供用者の免責を認めることになるが，実際に正当防衛・緊急避難を認めて運行供用者を免責した事例は見当たらない。暴走族から危害を加えられそうになり，それから逃れるために急発進，急停止，急ハンドルを繰り返し，その衝撃により同乗者に頸椎捻挫の傷害を負わせたような場合は，緊急避難を理由に運行供用者を免責する余地が生じよう。

(オ)　自賠責保険と政府保障事業

自動車事故で被害者が被った損害の塡補を確実にする財政的仕組みとして，自賠法は一つに，責任保険と責任共済（自賠11条）を，もう一つに，政府保障事業（同72条）を用意した。責任保険と責任共済は，類似の規定および規定の準用により，被害者救済の実質に違いがないので，以下では責任保険について述べることとする。

(a)　自賠責保険

(ⅰ)　強制保険であること　　自賠責保険はだれでも保険契約者となることができるが，自動車1台ごとに契約を締結し（自賠12条），契約の締結されていない自動車を運行の用に供してはならない（同5条）。したがって，自動車を運行の用に供することを欲する者は，自賠責保険の締結を間接的に強制されることになる。自賠責保険の保険金額は政令（自賠令2条）で定める（自賠13条1項）。

(ⅱ)　賠償責任保険であること　　自賠責保険の被保険者は保有者ないし運転者である。保険者たる保険会社は，保有者に自賠法3条の責任が発生した場合において，これによる保有者の損害を塡補するとともに，運転者もその被害者に対して民法709条の責任を負うときのこれによる運転者の損害を塡補する（自賠11条1項）。ただし，保有者ないし運転者が保険会社に対して損害塡補として保険金を請求できるのは，被害者に損害賠償額を支払った後に，支払った限度においてである（同15条）。たしかに，損害賠償責任の発

§709 D V

生が保険事故であるから，そのときに保険金を請求できてもよさそうであるが，「交通事故の加害者である被保険者が保険金を受け取りながらこれを被害者に対する損害賠償債務の履行に充てず，被害者が現実に損害賠償を受けることができない事態が生ずるのを未然に防止し，もって被害者の保護を図る」（最判平7・4・25判タ884号128頁）趣旨からこうなっている。しかし，保有者または運転者に賠償資力が欠けることも多いであろうから，これでは被害者が損害賠償を得られないまま放置されるおそれが生じる。

(iii) **被害者の保険会社に対する直接請求権**　そこで，被害者の救済を迅速確実にするための中核的方策として，被害者は保有者または運転者から損害賠償額の支払を受ける前に，保険会社に対して保険金額の限度で損害賠償額の支払を請求することができるようにした（自賠16条1項）。この仕組みは，被害者が被保険者に代わって保険会社から保険金を受け取るというものではなく，被害者が損害賠償額の支払を保険会社から受けるというものである（一種の第三者弁済）。したがって，保険会社の支払は被害者の損害を塡補する性質を有するものであり，被害者の保有者らに対する請求において控除され，また被害者が保険会社に対する請求権を放棄したとしても，保有者ないし運転者に対する請求権を放棄したことにはならない（最判昭39・5・12民集18巻4号583頁）。

保険契約者または被保険者の悪意によって損害が生じた場合，つまり，保険会社が保険契約上免責される場合であるにもかかわらず，被害者からの請求に応じて損害賠償額の支払をしたときは，保険会社は政府に対して支払額につき補償を求めることができる（自賠16条4項）。なお，被害者が社会保険給付を受けてもなお塡補されない損害につき有する請求権と，給付を行った社会保険者が代位取得した請求権が競合し，その合計額が保険金額を超えるときであっても，被害者は社会保険に優先して保険金額の限度で，保険会社から支払を受けることができる（最判平20・2・19民集62巻2号534頁，最判平30・9・27民集72巻4号432頁，最判令4・7・14民集76巻5号1205頁）。

(iv) **支払基準**　保険会社は保有者ないし運転者に保険金を支払い（自賠15条），被害者に損害賠償額を支払う（同16条1項）ときは，国土交通大臣および内閣総理大臣が定める支払基準（自動車損害賠償責任保険の保険金等及び自動車損害賠償責任共済の共済金等の支払基準）に従わなければならない（同16条の

〔山口（山口補訂）〕　821

3第1項）が，裁判所は保険会社に保険金や損害賠償額の支払を命じるとき
にこの支払基準に拘束されることがない（自賠16条1項の損害賠償額の支払につ
き最判平18・3・30民集60巻3号1242頁，同15条の保険金の支払につき最判平24・
10・11判タ1384号118頁）。支払基準における注目点の一例として，過失相殺
は被害者の過失が7割未満の場合では行わず，7割以上になる場合に限って，
過失割合に応じて2割から5割の限度で減額する（損害額が保険金額以上となる
ときは保険金額から減額する）ように制限されていることが挙げられる。自賠責
保険ではかつての政府保障事業とは異なり，好意同乗減額や親族間慰謝料2
分の1減額も行われてこなかった。

　(v)　仮渡金　　保険会社が保有者の責任ないし損害額を争い，それが確
定するまでは被害者からの直接請求に応じないこともある。そこで，それま
でのつなぎとして，被害者は保険会社に対して，政令（自賠令5条・6条）で
定めるところにより仮渡金の支払を請求でき（自賠17条1項），保険会社は請
求があったときは遅滞なく支払わねばならない（同条2項）ことになってい
る。なお，仮渡金額が後に確定した損害賠償額を超えた場合は，保険会社は
その超過額の返還を請求することができ（同条3項），保有者の責任が不発生
に確定した場合は，保険会社は支払った仮渡金について，政府に対して補償
を求めることができる（同条4項）。

　(b)　政府保障事業　　ひき逃げ事件のように，加害車両の保有者が不明
なため，自賠法3条の請求ができない場合がある（自賠72条1項1号）。また，
責任保険の締結を強制されていない構内自動車の運行や，責任保険を締結し
ていない無保険車の違法な運行，さらには泥棒による保有者の運行支配を排
除しての運行のように，被保険者以外の者が運行供用者として自賠法3条の
責任を負う場合がある（同項2号）。こうした場合，被害者は自賠責保険制度
の恩恵を受けられず窮地に立たされるため，政府が被害者の請求により政令
（自賠令20条）で定める金額の限度においてその受けた損害を塡補すること に
した（自賠72条1項）。これを政府保障事業というが（自賠71条），被害者が得
られる救済は自賠責保険の場合とほぼ同じであり，現在（2007年度以降）では
自賠責保険と同様の上記（一(iv)）重過失減額制度が採用され，好意同乗減額
ないし親族間慰謝料2分の1減額も行われなくなっている。損害の塡補をし
た政府は，支払金額の限度において，被害者が損害賠償の責任を有する者に

§*709* D V

対して有する権利を代位取得する（自賠76条1項）。

　前述したように，悪意によって損害が生じた場合（自賠16条4項）や，保有者の責任が不発生に確定した場合（自賠17条4項）にも，この政府保障事業による補償が行われることになっている（自賠72条1項3号）。補償をした政府は，前者の場合に被害者が保険契約者または被保険者に対して有する権利を代位取得し（自賠76条2項），後者の場合に被害者に対して仮渡金の返還を請求することができる（同条3項）。

　被害者が他法令に基づき損害の塡補に相当する給付を受けるべき場合には，政府はその給付額の限度において損害の塡補をしないことになっているが（自賠73条1項），たとえば，労災保険法に基づく障害年金の場合，政府が塡補すべき損害額は，支給が確定した年金額のみならず，未確定の年金額をも控除して算定すべきとされている（最判平21・12・17民集63巻10号2566頁〔宮川光治裁判官の反対意見がある〕）。これは確定分だけを控除する自賠責保険での扱い（最大判平5・3・24民集47巻4号3039頁に従っている）と異なっており，政府保障事業の運用を自賠責保険のそれに合わせようとしてきた最近の傾向から外れている。上記最判平成21年の多数意見は損害賠償・損益相殺（＝自賠責保険）と社会保障・給付調整（＝政府保障事業）の違いを強調するが，政府保障事業の原資がほぼ皆保険状況にある自賠責保険への賦課金にあることからすれば，説得力に欠けることは否めない（政府保障事業への税金の投入は行われていない）。

2　鉄 道 事 故

　鉄道事故に関しては，鉄道会社に限りなく無過失責任に接近した責任を課す，自賠法のような特別法は存在しない。被害者が鉄道の利用客であり，鉄道会社の旅客運送契約上の責任を追及する場合に，注意を怠らなかったことの主張立証責任を鉄道会社に課す商法590条の適用があるのみである。しかし，鉄道による高速大量輸送に伴う危険が自動車によるそれに勝るとも劣らないことからすれば，危険責任の観点から自賠法に類する特別法を制定すべき状況は，比較法的に見ても十分あったと言えよう。

　もっとも，①鉄道事故の発生件数（2022年度の運転事故総数584件，死亡者数275人，負傷者数236人（国土交通省調べ））が，自動車事故のそれ（2022年度の事故総数30万0839件，30日以内死亡者数3216人，負傷者数35万6601人（警察庁調べ））

〔山口（山口補訂）〕　823

§709 D V　　　　　　　　第3編　第5章　不法行為

と比較して圧倒的に少ないこと，②専用軌道を走行する列車には自動車と異なりほぼ絶対的ともいえる優先通行権が与えられ，踏切を直前横断するなり，線路内に立ち入るなりした被害者には厳しく自己責任が問われ，その結果鉄道会社に帰責すべき事故の割合が低いこと，③被害者が利用客である場合が鉄道事故の半数を超えるが，この場合被害者は商法590条により主張立証負担を免れること，④鉄道会社の責任が多く問題となりうる踏切事故・ホーム事故の場合，被害者には民法717条1項の無過失責任を追及する余地があること，⑤鉄道会社の賠償資力がマイカー所有者と比較して潤沢であることなどを考慮すれば，自賠法に類する特別法が存在しないからといって，社会的に見て被害者が特に不利な状況に置かれているとは言い難い。

　以下では，踏切事故とホーム事故に焦点を絞るが，それは鉄道会社等の責任が問題となる類型として列車同士の衝突や，脱線・転覆・火災などの列車事故よりもはるかに大きな割合を占めているからである。

(1)　列車運転士・ホーム要員等従業員の民法709条の責任

　この場合，鉄道会社は使用者として715条1項本文の責任を追及されるが，選任監督について相当の注意をしたとして，同項ただし書により免責された事例は見当たらない。また，利用客でもある被害者に対しては商法590条の責任を負うことは言うまでもない。

(ｱ)　踏　切　事　故

　鉄道と道路法上の道路との交差部分を「踏切道」といい（踏切道改良促進法2条），第1種踏切道（自動遮断機の設置または踏切保安係の配置があるもの），第2種踏切道（一定時間だけ踏切保安係が遮断機を操作するもので現在は存在しない），第3種踏切道（自動警報機は設置されているが，自動遮断機が設置されていないもの），第4種踏切道（自動遮断機・自動警報機いずれも設置されていないもの）の区別があるが，道交法33条にいう「踏切」はそれよりも広く，道路法上の道路，道路運送法上の自動車道以外の「一般交通の用に供するその他の場所」（道交2条1項1号），たとえば里道などとの交差部分を含む。以下では，「踏切道」ではなく「踏切」として対象を広く取っておく。

　(a)　列車の優先通行権　　第1に，専用軌道を走行する列車が人または車両との接触・衝突を避ける手段は，前方注視を前提とした警笛吹鳴と制動措置に限られること，第2に，鉄道輸送の大量性・高速性に加えて定時性に

824　〔山口（山口補訂）〕

§709 D V

対する社会的期待が高いことから，列車には人車に対して顕著な優先通行権が与えられている（車両について道交33条，人について鉄営37条）。したがって，「一般に専用軌道を使用する交通機関は，踏切を通過するに際して事故発生の危険が特に大である等の特別の事情がある場合を除いては，特別に電車の速度を減じたり電車を何時でも停止し得るような状態に置いて事故の発生を防止すべき注意義務はない」のであって，「唯常に前方を注意して踏切通行人の速やかな発見をなし，警笛を吹鳴してその注意を喚起することによって事故の発生をできる限り防止すべき義務があるに過ぎない」とされてきた（東京地判昭28・12・24下民集4巻12号1978頁）。

　人車が電車の接近を無視して踏切を渡ろうとする直前横断は，踏切事故原因の過半数を占めている（2022年度は58.5%）。それにもかかわらず，電車運転手はこうした直前横断を予見する義務がないというのである。いわゆる「信頼の原則」が自動車事故において定着するはるか前から鉄道事故において定着していたことが窺える。ここでいう「特別な事情」とは，人車がすでに踏切内に進入している状況，まさに進入せんとしている状況を指すのであって，見通しがかなり不良であるとか，小学校が近く登下校時には児童が通行する等の一般的事情を指すものではなく，「かかる事情のみによっては電車運転手に速度を低減すべき義務があるとはいえ〔ない〕」（前掲東京地判昭28・12・24）。

　そうすると，踏切事故について運転士等列車側の要員に過失が認められる割合は極端に低くなる。以下，その少数の事例を挙げておく。

　(b)　第1種踏切　　保安設備が作動しなくなった第1種踏切に進入した自動車と衝突した事故につき，動作反応灯が消灯していることを見落とし，警笛を鳴らすことも徐行することもなく漫然と進行した電車運転士には過失がある（福井地武生支判平14・3・12判時1793号120頁）。また，遮断機の下りた第1種踏切内の対向線路上に停止している自動車を発見しながら急制動をかけずに進行し，再発進して自線路まで進出した自動車と衝突した事故につき，自動車の動静が不明でも発見後ただちに急制動をかけなかった電車運転士には過失がある（大阪地判昭46・10・30判タ274号288頁）。

　(c)　第2種踏切　　接続道路よりも幅員の狭い第2種踏切内で，離合できずに停滞していた複数の自動車と衝突した事故につき，危険を知らせよう

〔山口（山口補訂）〕　　825

§709 D V 第3編 第5章 不法行為

と駆け寄ってきた踏切警手の赤色合図灯を見落とし，漫然と進行した電車運転士には前方不注視の過失がある（東京高判昭46・4・27高民集24巻2号158頁〔踏切警手にも発煙筒を使用しなかった過失があるとされた〕）。また，上り電車の通過後下りが接近しているにもかかわらず遮断棒を挙げた警手と，通過待ちの通行人に下りの接近を警告せず，遮断棒が上がると同時に踏切内に立ち入ろうとした通行人を阻止しなかった警手の双方に過失がある（大阪高判昭27・9・15下民集3巻9号1232頁）。

(d) 第4種踏切

(i) 見通しが良いときの前方注視義務違反　　見通しが良いにもかかわらず，前方注視を怠ったために，警笛吹鳴，減速徐行，非常制動などの措置をとらず，またはとっても時機が遅れ衝突したというような場合は，列車運転士に過失の認められることがある（東京高判昭44・6・27交民2巻3号871頁，その1審である東京地判昭42・9・27交民2巻3号875頁，富山地判昭31・4・19不法下民昭和31年度90頁〔保安設備を設置しない会社に過失なし〕，東京地判昭30・11・28下民集6巻11号2490頁〔保安設備を設置しない会社に過失なし〕，東京地判昭25・7・7下民集1巻7号1042頁）。なお，改札口からホームに向かう構内踏切での衝突事故につき，事故当時出務していた駅助役に乗降客の誘導，警備の義務を怠った過失を認めた例もある（東京高判昭41・9・6判タ195号91頁）。

(ii) 見通しが悪い時の警笛吹鳴・減速義務違反　　見通しが悪いにもかかわらず，警笛吹鳴，減速徐行などの措置をとらず，またはとっても時機が遅れ衝突したというような場合は，列車運転士に過失の認められることがある（仙台地判昭55・7・9判時989号76頁〔運転士が警笛をならしたかどうかの証明がないとして国鉄に商法590条の責任を認めた〕，大阪高判昭28・11・30下民集4巻11号1774頁〔保安設備を設置しない会社にも過失あり〕，その1審である大阪地判昭27・8・20判タ28号68頁〔保安設備を設置しない会社にも過失あり〕）。

(イ) ホーム事故

乗降客がホームから転落するなり，ホーム上で電車に接触するなりして死傷する事故については，車掌やホーム監視要員の過失が問われることが多いが，それが認められた事案はわずかである。利用客には乗降時以外にはホーム端に近づかず，無理な駆け込み乗車をしないことが強く要請されているからである。

826　〔山口（山口補訂）〕

§709 D V

(a) ドアに挟まれ列車に引きずられた事故

(i) ホーム上での負傷　先頭車両に乗ろうとした利用客が，ドアにバッグを挟まれて引きずられ，バッグが抜けた反動で転倒負傷した事故につき，見通しが良く混雑もなかったから，車掌には安全確認を怠った過失がある（大阪地判平18・2・15交民39巻1号179頁）。また，電車に乗ろうとした利用客が，ドアに右手を挟まれて引きずられ，右手に負傷した事故につき，発車前に挟まれたことを現認しながら，赤旗を振り非常制動措置を取らせなかった運輸係には過失がある（東京地判昭60・7・5判タ557号296頁）。さらに，電車に乗ろうとした利用客が，ドアに左手を挟まれて引きずられ，ホーム上に転倒負傷した事故につき，車掌には安全確認不十分の過失がある（東京地判昭54・7・3判時947号63頁）。

(ii) ホームからの転落　新幹線に乗ろうとした利用客が，ドアに左手指を挟まれて引きずられ，ホームの切れ目で落下し轢過され死亡した事故につき，ホーム上で列車監視に当たっていた輸送主任と，列車中央部に乗車していながら列車監視をしていなかった車掌長には過失があるが，列車最後部に乗車中の後部車掌には過失がない（静岡地沼津支判平13・3・7判時1752号90頁）。また，同じ事故につき，会社は法人であるから709条責任を問えないが，会社の安全対策部長および新幹線鉄道事業本部運輸営業部長には，車掌長に対する指導義務および，ホーム上に監視モニターを設置すべき注意義務を怠った過失がある（前掲静岡地沼津支判平13・3・7）。

(b) 停車中の列車とホームの間からの転落事故　降車後ふらつきながら電車に接触しつつ歩行していた利用客が，電車の連結部分から転落し，電車とホームの間に挟まれて引きずられるうちに，落下し轢過され死亡した事故につき，転落を現認できたはずの車掌とホーム要員には過失がある（千葉地松戸支判平16・4・28判時1867号98頁）。また，駆け込み乗車に失敗した利用客が，電車とホームの間から線路上に転落し轢過され死亡した事故につき，ホーム監視員には非常停止警報装置の操作が遅れた過失がある（東京地判平元・3・14判タ700号220頁）。

(c) ホームからの転落と進入してきた列車との衝突事故　点字ブロックの設置されていない島式の高架ホームから視力障害者が転落し，進入してきた電車に轢過され重傷を負った事故につき，運転士には前方不注視の過失

〔山口（山口補訂）〕　827

§709 D V

第3編　第5章　不法行為

がある（大阪地判昭55・12・2判タ437号89頁〔国鉄に商法590条の責任を認めた〕）。また，泥酔者がホームから転落し，進入してきた電車に轢過され死亡した事故につき，運転士には前方不注視の過失があり，駅長には電車の到着看視義務違反の過失がある（東京地判昭32・10・18不法下民昭和32年度（上）261頁）。

(2)　**鉄道会社の民法709条の責任**

鉄道会社には警報機などの保安設備を踏切に設置する義務，あるいはモニターなどの監視設備をホームに設置し，監視要員をホームに配置する義務を怠った過失があるとする一群の裁判例がある。これらは後掲東京高判昭和41年もいうように，厳密には会社（＝法人）の過失を観念するというよりも，執行機関（＝自然人）の過失を会社の過失になぞらえる一種の方便と思われる。たしかに，装置の操作ミスなど積極的な作為が事故原因となった場合は，当該行為者をある程度の範囲で特定しないと，最終的に鉄道会社が責任を負うべきかどうかは決まらないであろうが，踏切あるいはホームを現状のまま放置するなど消極的な不作為が事故原因となった場合には，当該の執行機関を特定せずに会社の責任を肯定しても結論で間違うことはないであろう。もっとも，最近では，会社は法人であり709条責任は問えないとして，JR各社の幹部従業員の職責権限を特定したうえで，JR各社の715条責任を認めた判決（後掲大阪地判平11・3・29，前掲静岡地沼津支判平13・3・7）も見られる。

いずれにせよ，踏切・ホームといった土地の工作物に関する会社の709条の注意義務違反（＝過失）は，717条の設置保存の瑕疵と実質的には重なってくるが，後述するように，注意義務違反（＝過失）を否定した上で，設置保存の瑕疵を肯定する裁判例も多く，瑕疵＝義務違反説が支配しているわけでもない。

(ア)　**踏　切　事　故**

(a)　**第3種踏切**　　点滅し警報ブザーの鳴っている第3種踏切に，一旦停止せずに相当な速度で進入した自動車と衝突した事故につき，警笛を適切に鳴らした運転士に過失はないが，警報機が経年劣化し点滅は塵埃により見えにくく，ブザーは自動車には聞き取りにくい状態にあったから，「警報機の性能保全が充分でない点に被告会社の過失を認めなければならない」（名古屋地判昭32・4・20不法下民昭和32年度(下)905頁）とした例がある。

(b)　**第4種踏切**　　改札口からホームに向かう構内踏切において利用客

828　〔山口（山口補訂）〕

§709 D V

と衝突した事故につき，抜本的には跨線橋または地下道を設けるのが相当であるが，最小限に見ても遮断機または警報機を設けるべきであったから，会社には，厳密にいえばその業務執行機関には，そうした保安設備を設置する義務を怠った過失がある（前掲東京高判昭41・9・6）。また，警笛を適切に鳴らした運転士には過失がないが，電車列車の通行がひんぱんであり，踏切の長さが20メートルあり，警笛が聞こえないこともありうるから，国鉄には電車などの進行を適確に通行人に警告する施設の設置義務を怠った過失がある（東京高判昭30・11・9下民集6巻11号2350頁）。次いで，見通しが悪く危険な箇所であるのに，資材労力不足のときとはいえ，警報機も設置しない会社には過失がある（前掲大阪高判昭28・11・30，その1審である前掲大阪地判昭27・8・20），さらに，運転士には過失がないが，会社には交通量と見通しを考えると，事業経営者として遮断機を設けて番人を置き交通を遮断して危害を防止する義務を怠った過失がある（東京地判昭26・6・12判タ15号65頁）。

逆に，見通しが良くないとしても，地方鉄道基準に照らして保安設備の必要がなかった以上，会社には注意義務違反はないが，設置保存の瑕疵があり717条責任は負うとした例や（東京高判昭30・12・23下民集6巻12号2670頁，その1審である前掲東京地判昭28・12・24），また，見通しが良く，交通量，電車回数からして警報機等の保安設備を設置する必要がなく，会社には過失はないが運転士には過失があるとした例がある（前掲東京地判昭30・11・28）。

(イ) ホーム事故　通過電車の列車風により3歳児がホーム上で転倒し，頭部を強打して死亡した事故につき，マイク放送等により具体的な電車の接近を予報しなかった限りにおいて，またその代替措置として安全監視のための駅員を配備しなかった限りにおいて，会社はいまだ安全運送義務を尽したと言うことはできず商法590条の責任を免れない（大阪高判昭59・3・29判タ540号293頁，その1審である大阪地判昭56・9・29判タ460号151頁）。

逆に，いずれも酒に酔ってホームから転落し，進入してきた電車に轢過され死亡した事故につき，後述の717条責任の場合と同様，被害者の自己責任を厳しく問うて，会社には不法行為上の注意義務に違反する過失はない（大阪地判平24・1・11交民45巻1号25頁〔契約上の安全配慮義務違反もないとする〕，大阪地判平18・11・15交民39巻6号1582頁）とした例がある。

(ウ) 列車事故　列車同士の衝突や列車の脱線・転覆・火災などの列車事

〔山口（山口補訂）〕　829

§709 D V 　　　　　　　　　　　第3編　第5章　不法行為

故は，件数が極めて少ない上に大抵の場合，被害者は利用客であることから被害者に有利となる商法590条の適用があり，民事の損害賠償請求訴訟が提起されることは一層少なくなる。その稀ともいうべき事例として大阪地裁平成11年3月29日判決（判タ1010号96頁〈信楽高原鉄道事件〉，その控訴審である大阪高判平14・12・26判タ1116号93頁）があるが，事案は単線区間での異なる鉄道会社に属する列車同士の衝突事故であり，双方の列車に発生した被害者が，乗車していない方の列車が属する会社の責任を追及するには，民法（不法行為法）に依拠せざるを得ないという事情があった。

このように鉄道事故の被害者が民法に基づいて鉄道会社に損害賠償を請求する場合，鉄道会社は鉄道用地，軌道施設，信号システムを，自ら直接の管理下に置いていることが通常であるから，複雑な大事故など事故態様によっては，被害者が事故原因を究明し，有責従業員の特定を行うことは容易ではない。そのため，被用者たる特定従業員の709条責任を前提とした，使用者たる鉄道会社の715条責任という構成ではなく，鉄道事業者たる鉄道会社自身の709条責任という構成が唱道されたりもする。鉄道会社自体の過失を観念しようとするものである。

しかし，前記大阪地判平成11年は，①機関を通じて活動するほかない法人自体に過失を観念し民法709条の責任を問題にすると，過失概念について再検討を迫られざるをえなくなる上，民法709条と旧〔平18改正前〕44条1項および715条に基づく責任との役割分担が明確ではなくなること，②使用者責任でも従業員の氏名まで逐一特定する必要はなく被害者に過大な立証を要求するものではないこと，③法人自体の過失を問題にすると加害行為の抑止機能が損なわれることなどの理由から，原告が主張する法人自体の709条責任構成を退け，JR西日本本社の電気部長，電気部信号通信課長，運輸部管理課長，運輸部運用課長，安全対策室長らと，当該運転手のそれぞれに過失を認め，JR西日本の715条責任を認めた。

列車が線路外に逸走して人車や建物に被害を与える事故（余部鉄橋転落事故，福知山線脱線転覆事故など）でも，契約関係にないため商法590条の恩恵を得られない被害者が生じる。したがって，上記と同様の議論が妥当することになろう。

列車事故ではなくホーム事故ではあるが，前掲静岡地裁沼津支判平成13

830　〔山口（山口補訂）〕

§*709* D Ⅴ

年もまた，会社は法人であるから709条責任は問えないとして，JR東海本
社の安全対策部長，運輸営業部長らと，当該輸送主任・車掌長のそれぞれに
過失を認め，JR東海の715条責任を認めている。法人自体の過失を観念で
きないとする点では上記大阪地判平成11年と同じであるが，このホーム事
故では被害者は利用客であり商法590条が適用できるので，関与した従業員
を特定し，その者が注意を怠らなかったことを主張立証すべきは法人である
ことに違いがある。なお，この注意を怠らなかったことの証明がないとして，
法人の免責を認めなかったものに，前掲仙台地判昭和55年，前掲大阪高判
昭和59年，その第1審である前掲大阪地判昭和56年などがある。

(3) 鉄道会社の民法717条の責任

鉄道会社には警報機などの保安設備を踏切に設置する義務，あるいはモニ
ターなどの監視設備をホームに設置し，監視要員をホームに配置する義務を
怠った過失がなく，それとともに列車運転士あるいはホーム要員らにも過失
がない場合，鉄道会社は709条・715条の責任をいずれであれ負わない。し
かし，踏切に保安設備が欠けており，あるいはホームに安全対策がなされて
いないことに着目して，土地の工作物の設置保存に瑕疵があるとして，踏
切・ホームを占有所有する鉄道会社に717条1項の責任を認める一群の裁判
例がある。

自動車事故においては，道路が公の営造物であることから，民法717条の
設置保存瑕疵ではなく国家賠償法2条の設置管理瑕疵を問うことになるが，
鉄道事故においては，旧国鉄や公営鉄道などごく一部の事件を除けば，踏切
あるいはホームなどの鉄道施設につき鉄道会社の民法717条責任を問う余地
がある。

旧国鉄の踏切あるいはホームなどに，民法717条と国賠法2条のいずれを
適用すべきかは一個の問題であるが，裁判所は当事者の主張には拘束されな
いとしつつも（神戸地伊丹支判昭45・1・12判タ242号191頁〔引揚者用住宅の事案〕），
少なくとも鉄道事故においては被害者が主張する構成をそのまま受け入れて
きたようである。東京地裁の同じ合議体がたてつづけに，昭和54年3月27
日判決（判タ382号91頁）において，点字ブロックのないホームにつき民法
717条を，同年5月24日判決（下民集30巻5〜8号216頁）において，立ち入
り防止柵の破損した線路につき国賠法2条を適用して，いずれも旧国鉄の賠

〔山口（山口補訂）〕　831

償責任を認めたことがそれを如実に示している。件数としては民法717条適用例の方が多いが，国賠法2条適用例も上記のもののほかに，大阪高裁昭和58年6月29日判決（判タ498号219頁。これを破棄差戻しした後掲最判昭和61年もその構成は支持している），大阪地裁平成13年10月15日判決（判タ1107号205頁〔請求棄却，ただし市営地下鉄の事案〕）があり，次第にその数を増しつつあるようである。

(ア)　踏切事故

(a)　自動警報機のないことと瑕疵（第4種踏切）

(i)　最高裁昭和46年4月23日判決（民集25巻3号351頁）　まず，土地の工作物の単位について従前から争いのあった点につき，「踏切道は，本来列車運行の確保と道路交通の安全とを調整するために存するものであるから，必要な保安のための施設が設けられてはじめて踏切道の機能を果たすことができるものというべく，したがって，土地の工作物たる踏切道の軌道施設は，保安設備と併せ一体としてこれを考察すべきであり，もしあるべき保安設備を欠く場合には，土地の工作物たる軌道施設の設置に瑕疵があるものとして，民法717条所定の帰責原因となる」と述べて決着をつけた。

次いで，瑕疵の認定方法として，「当該踏切道における見通しの良否，交通量，列車回数等の具体的状況」を基礎として，「列車と横断しようとする人車との接触による事故を生ずる危険が少くない状況にあるとすれば，踏切道における軌道施設として本来具えるべき設備を欠き，踏切道としての機能が果されていないものというべきであるから，かかる軌道設備には，設置上の瑕疵があるものといわなければならない」とした。

その上で，本件事案につき，見通しが悪く，交通量は700人程度，列車回数は504回であり，通行人との接触の危険はきわめて大きく，事実数度に及ぶ接触事故があったことからすると，本件踏切は，「けっして安全なものということはできず，少くとも警報器を設置するのでなければ踏切道としての本来の機能を全うしうる状況にあったものとはなしえない」とした。さらに，「踏切利用の態様の委細や警報機の設置に要する費用等を云々することによって，前記判断の結論を左右しうるものとは認められない」として，鉄道会社の717条責任を認めた。

なお，本判決は当時の運輸省鉄道監督局長通達で定められた地方鉄道軌道

§709 D Ⅴ

及び専用鉄道の踏切道保安設備設置標準にも言及して,「行政指導監督上の一応の標準として必要な最低限度を示したものであることが明らかであるから,右基準によれば本件踏切道には保安設備を要しないとの一事をもって,踏切道における軌道施設の設置に瑕疵がなかったものとして民法717条による土地工作物所有者の賠償責任が否定さるべきことにはならない」としている。

(ⅱ) 下級審判決　前掲最判昭和46年4月23日に従い,見通しの良否,交通量,列車回数,事故歴を総合判断する以上,立地場所によって結論は大きく変わってくるはずであるが,瑕疵を肯定する判断が多数を占める。第4種踏切は2022年においても2408か所あるが,それは踏切の改良促進がなされた結果であるから,今後の訴訟においては,その多くが瑕疵のないものとされよう。

以下,瑕疵を肯定した判決としては,前橋地裁平成16年5月14日判決(判時1860号108頁),東京高裁平成元年1月30日判決(判タ696号154頁),その第1審である静岡地裁昭和62年3月27日判決(判時645号207頁),福岡地裁久留米支部昭和53年5月23日判決(判時926号103頁),東京地裁八王子支部昭和50年3月14日判決(判タ324号257頁),東京高裁昭和48年7月20日判決(高民集26巻3号226頁),鹿児島地裁昭和47年11月8日判決(判時703号73頁),神戸地裁昭和47年2月16日判決(交民5巻1号212頁〔構内踏切〕),東京地裁昭和47年1月19日判決(判タ275号233頁),東京高裁昭和40年2月10日判決(高民集18巻1号80頁〔最判昭46・4・23の2審〕),東京地裁昭和36年10月19日判決(判タ123号84頁),前掲東京高裁昭和30年12月23日判決,その第1審である前掲東京地裁昭和28年12月24日判決,東京地裁昭和26年8月15日判決(下民集2巻8号1003頁)がある。

否定した少数の判決をその理由を付して挙げると,和歌山地裁平成2年8月17日判決(判タ739号142頁〔通常の注意で防止できた,被害者の一方的過失〕),福岡地裁昭和55年7月18日判決(判タ423号142頁〔見通し良好,交通量少なし,隣接踏切の警報音が聞こえる〕),前掲仙台地裁昭和55年7月9日判決〔交通量まれ,事故歴なし,商法590条責任は認める〕,大阪高裁昭和53年9月28日判決(判時933号73頁〔見通し良好,交通量多くない,事故歴1件〕),大阪地裁昭和51年1月29日判決(判タ336号315頁〔列車の警笛がよく聞こえる,通常の注意で防止

〔山口（山口補訂）〕　833

§*709* D V

第3編　第5章　不法行為

できる〕），東京地裁昭和37年5月29日判決（下民集13巻6号1080頁〔隣接踏切の警報音が聞こえる〕）となる。

(b)　自動遮断機のないことと瑕疵（第3種踏切）

(i)　最高裁昭和46年9月28日判決（判タ269号192頁）　前掲最判昭和46年4月23日と全く同文の一般論を展開した上で，見通しが極めて悪いこと，1日の交通量は1522台，定時列車回数は1日12回であったが，不定時の通過が度々であること，閃光警報機は高いため接近すると多少見えにくくなり，警報ベルは旧式のもので周囲の騒音が大きいと聴きとり難いことを挙げて，「本件踏切はただ単に警報器を設置したのみでは保安設備として不十分であり，少なくとも自動遮断機の設備をするのでなければ踏切道としての本来の機能を全うしうる状況にあったものとなしえない」とした。

(ii)　下級審判決　上記最判昭和46年9月28日の事案は，前掲名古屋地判昭和32年のそれと同様，警報機の警報音が自動車運転者には聴き取りがたいという個別事情があった。そうではなく，警報音が規格通りに十分鳴っている場合は瑕疵を認めないようである。福岡地裁久留米支部昭和54年12月19日判決（判時965号98頁〔見通し極めて良好，警報機で十分足りる〕），東京高裁昭和53年10月31日判決（交民11巻5号1305頁〔見通し極めて良好，警報機で十分足りる〕）。もっとも，東京地裁昭和36年2月21日判決（判タ119号38頁）のような肯定例もないわけではない。

(c)　第2種踏切　幅員が著しく狭く自動車が離合できず停滞しやすい第2種踏切には瑕疵があり（前掲東京高判昭46・4・27），幼児の通過や短気な通行人のくぐり抜けを防止できる機能を備えた遮断機でなければ，その第2種踏切には瑕疵がある（大阪地判昭45・11・28判時627号69頁）ことになる。

(d)　第1種踏切が通常有すべき安全性　昭和36年の踏切道改良促進法の施行以来，踏切の改良が大きく進み，2022年度には第1種踏切が91％を占めるに至り，踏切事故も195件とピーク時の10分の1にまで減っている。したがって，現在においては，自動警報機や自動遮断機の有無自体よりも，それが設置してあることを前提に，なお踏切が通常備えるべき安全性の有無が争点になるものと思われる。

　根本的なハード面での対策としては立体交差化があるが，それまでのつなぎとして，高齢者や電動車いす利用者の通行が多く距離の長い踏切では，エ

834　〔山口（山口補訂）〕

§709 D Ⅴ

レベーター付跨線橋の設置が望まれるし，少なくとも，踏切保安設備の整備（列車種別選別装置，全方位型踏切警報灯）やカラー舗装等の対策が急がれよう。そうすると，後掲最判昭和 61 年によれば，こうした保安設備等の普及状況に照らしつつ，それがいまだ設置されない踏切に設置保存の瑕疵があるかどうかを判断することとなろう。

　(イ)　ホーム事故

　　(a)　ホームの設置保存ないし設置管理の瑕疵

　　(ⅰ)　最高裁昭和 61 年 3 月 25 日判決（民集 40 巻 2 号 472 頁）　　瑕疵の意義と認定方法について，「国家賠償法 2 条 1 項にいう営造物の設置又は管理の瑕疵とは，営造物が通常有すべき安全性を欠く状態をいい，かかる瑕疵の存否については，当該営造物の構造，用法，場所的環境及び利用状況等諸般の事情を総合考慮して具体的個別的に判断すべきものである」とした上で，「点字ブロック等のように，新たに開発された視力障害者用の安全設備を駅のホームに設置しなかったことをもって当該駅のホームが通常有すべき安全性を欠くか否かを判断する」に当たっては，次の諸点を総合考慮することが必要あるとする。

　すなわち，①その安全設備が，視力障害者の事故防止に有効なものとして，その素材，形状および敷設方法等において相当程度標準化されて全国的ないし当該地域における道路および駅のホーム等に普及しているかどうか，②当該駅のホームにおける構造または視力障害者の利用度との関係から予想される視力障害者の事故の発生の危険性の程度，③事故を未然に防止するため安全設備を設置する必要性の程度，④安全設備の設置の困難性の有無等，諸般の事情を総合考慮することを要するというのである。

　その上で，本件ホームに関しては，①点字ブロック等が，昭和 48 年 8 月の本件事故当時，視力障害者用の安全設備としての普及度が低く，②その素材，形状および敷設方法等において必ずしも統一されていないことが窺え，③当該駅のホームが視力障害者の利用度との関係で視力障害者の事故の発生の危険性が高かったか否かについて検討されていない，と述べて破棄差戻ししている。

　　(ⅱ)　下級審判決　　点字ブロックの設置されていない，旧国鉄時代の大阪環状線あるいは東京山手線のホームから，視力障害者が転落し進入してき

〔山口（山口補訂）〕　835

§709 D V 第3編 第5章 不法行為

た電車に轢過された事故につき，国賠法2条の設置管理瑕疵を認めた前掲大阪高裁昭和58年6月29日判決（最判昭61・3・25の2審），あるいは民法717条の設置保存瑕疵を認めた前掲東京地裁昭和54年3月27日判決が肯定例としてあるのみで，あとは全て否定例で占められている。

酒に酔ってふらついたような場合（前掲大阪地判平18・11・15，東京地判平4・1・28判時1421号94頁）は，自己責任の原則からも瑕疵を否定する結論は当然であるし，雨で滑ったり（東京地判平7・3・23交民28巻2号464頁），脳貧血でふらついたり（東京地判昭47・9・27判タ288号341頁）した場合も，通常有すべき安全性を備えていなかったとまではいえないであろう。しかし，視力障害者が点字ブロックの設置されたホーム上で，自らが降車した電車に接触して線路脇に転落し，引きずられて重傷を負った場合（前掲大阪地判平13・10・15〔国賠法2条の瑕疵を否定〕）は判断の分かれるところであろう。

　(b)　点字ブロックの設置されたホームが通常有すべき安全性

　(i)　ホームドア等のないことと瑕疵　　前掲最判昭和61年は，点字ブロックを欠くホームに設置管理の瑕疵があるとした原審の判断を覆したが，点字ブロックの設置はその後急速に進み，現在では普及率は100パーセントを達成するとともに，規格の全国的統一が進められている。最高裁が示した近辺に視力障害者施設があり当該駅が最寄り駅として利用されているかどうかという基準は，視力障害者の社会進出が奨励かつ支援され鉄道利用の頻度が高まってきている現在では，全く時代遅れの感を禁じ得ない。

その40パーセント弱がホームからの転落経験を有するという視力障害者のみならず，判断能力ないし運動能力に不自由さを抱える全ての利用客にとって，ホームドア（可動式ホーム柵を含む）の整備は根本的なハード面での対策となる。しかし，2015年度末のホームドア設置駅は665駅にとどまっていたため，それまでのつなぎとして，非常停止押しボタンまたは転落検知マットの設置，ホーム下の待避スペースの整備が，2014年度までに，列車速度が速く（進入速度が概ね60km/h以上），運転本数の多い（概ね12本/h以上）2072駅において完了した。その後，ホームドアの設置数は，2022年度末には1060駅，2484番線（1日当たりの平均利用者数が10万人以上の駅で157駅，493番線）にまで増加したが，国土交通省としては，2025年度までに3000番線，かつ1日当たりの平均利用者数が10万人以上の駅において800番線に設置

836　〔山口（山口補訂）〕

§709 D V

することを目標としている。前掲最判昭和61年によれば，こうした保安設備等の普及状況に照らしつつ，それがいまだ設置されないホームに設置保存の瑕疵があるかどうかを判断することとなろう。

(ii) 駅員による「声がけ」のないことと瑕疵　集中力が途切れて点字ブロックに気づかないことも，騒音により警告アナウンスがかき消され電車の接近を察知できないこともあるという視力障害者のみならず，判断能力ないし運動能力に不自由さを抱える全ての利用客にとって，乗車するまで駅員が同行し，降車駅でも別の駅員が同行することは，安全性を高める当面の対策として有効である。駅員側からこうした同行措置を積極的に提示するとともに，利用客からの要望に時間をかけずに対応できる態勢を整えることが必要とされている。

このようにホーム事故の当面の有効な防止策として，駅員による声掛けに注目が集まるようになってきた状況では，駅員による声掛けのないことを含めて，土地の工作物たるホームの設置保存の瑕疵として捉えることもできるように思われる。当該事故において，声掛けが法的義務とまではいえず，したがって，声掛けをしなかったことに過失はないとしても，声掛けがなされていることが通常有すべき安全性といえ，したがって，声掛けがなされていなかったことが瑕疵と評価できるとすれば，被害者はホームを占有所有する鉄道会社に対して717条1項の責任を追及できるようになる。

(ウ) その他の施設　踏切・ホーム以外の鉄道施設につき民法717条ないし国賠法2条の瑕疵が問題となったものとして，周囲に人家の多い地域で立ち入り防止柵の不備な線路には瑕疵があるとした，前掲東京地裁昭和54年5月24日判決〔国賠2条〕，名古屋地裁昭和49年4月19日判決（判時754号70頁〔民717条〕）があり，立ち入り防止柵の不備な新幹線高架下の変圧設備には瑕疵があるとした，大阪地裁昭和55年10月20日判決（判時1007号99頁〔民717条〕）がある。

〔山口成樹（山口斉昭補訂）〕

〔山口（山口補訂）〕　　837

§*709* D Ⅵ　　　　　　　　　　　　　　　　　第3編　第5章　不法行為

Ⅵ　取引関係における不法行為

細　目　次

1 「取引関係における不法行為」の意義
　と問題点‥‥‥‥‥‥‥‥‥‥‥‥838
　(1) 取引関係における不法行為の意義
　　‥‥‥‥‥‥‥‥‥‥‥‥‥‥‥838
　(2) 「取引関係における不法行為」の問
　　題点‥‥‥‥‥‥‥‥‥‥‥‥‥841
2 各種の「取引関係における不法行為」
　‥‥‥‥‥‥‥‥‥‥‥‥‥‥‥‥842
　(1) 契約交渉破棄類型‥‥‥‥‥‥‥842
　(2) 不当勧誘類型‥‥‥‥‥‥‥‥‥845
　　(ア) 不当勧誘類型の諸形態（845）
　　(イ) 不当勧誘行為の態様（854）
　　(ウ) 不当勧誘と不法行為（859）
　　(エ) 契約締結に関与した第三者の不
　　法行為責任（862）
　(3) 有価証券報告書等虚偽記載類型‥866
　(4) 給付起因損害類型‥‥‥‥‥‥‥867

3 「取引関係における不法行為」の特徴
　‥‥‥‥‥‥‥‥‥‥‥‥‥‥‥‥867
　(1) 行　為‥‥‥‥‥‥‥‥‥‥‥867
　(2) 故意・過失‥‥‥‥‥‥‥‥‥868
　(3) 権利・法益侵害，違法性‥‥‥869
　(4) 責任能力‥‥‥‥‥‥‥‥‥‥874
　(5) 損害・因果関係‥‥‥‥‥‥‥874
　　(ア) 契約交渉破棄類型（874）　(イ)
　　不当勧誘類型（875）　(ウ) 有価証
　　券報告書等虚偽記載類型（881）
　　(エ) 給付起因損害類型（883）
　(6) 損益相殺‥‥‥‥‥‥‥‥‥‥884
　(7) 過失相殺‥‥‥‥‥‥‥‥‥‥885
　(8) 消費者取引における集団的被害の
　　賠償‥‥‥‥‥‥‥‥‥‥‥‥886
4 小　括‥‥‥‥‥‥‥‥‥‥‥‥888

1　「取引関係における不法行為」の意義と問題点

(1)　取引関係における不法行為の意義

　伝統的には，不法行為法が主として対象にしてきたのは，取引行為が介在
しない不法行為（事実的不法行為）であり，交通事故や公害などのような事実
行為によって，他人の生命・身体・財産等が侵害された場合が多く問題とさ
れてきた。もっとも，取引関係における不法行為が問題となる場合が意識さ
れてこなかったわけではなく，取引関係にある者の間での契約責任と不法行
為責任の選択ないし調整・統合の問題（請求権競合問題）が盛んに議論されて
きた。しかし，ここでも主として問題とされてきたのは，事実行為による生
命・身体・財産等の侵害だったと言うことができる（例えば，大判明45・3・23
民録18輯284頁は，借家人が失火という事実行為によって賃借家屋を焼失させた場合，
不法行為については失火責任法により免責されても，同法は債務不履行には適用されず，
借家人は契約責任を免れないとする。他の事例も含め，小林秀之「請求権の競合──実務
的視点を入れて」新争点195頁参照）。1970年代頃まで，不法行為法学は，取引

838　〔後藤〕

§709 D Ⅵ

関係における不法行為に格別の関心を寄せなかった（注民(19)63頁以下において
も，これを独立の類型としていない）。

このような状況のなかで，715条については，取引関係における不法行為
（以下，「取引的不法行為」と表記することが多いが，「取引関係における不法行為」と特
に区別するものではなく，同じ意味で用いる）にかかわる事例が古くから存在した。
例えば，株式会社の庶務課長として株券発行の事務を管掌していた者が自己
の保管する株券用紙・印章・社長印を使用して勝手に株券を偽造し発行した
場合にも事業執行性を認める裁判例があり（大連判大15・10・13民集5巻785
頁），この流れは，被用者の職務執行行為そのものには属しないが，その行
為の外形から観察して被用者の職務の範囲内の行為に属するとみられる場合
には事業執行性を認める「外形標準説」（「外形理論」）に受け継がれた（最判昭
40・11・30民集19巻8号2049頁，最判昭42・11・2民集21巻9号2278頁など）。
1980年代まで，取引的不法行為として問題とされたのは，もっぱらこのよ
うな使用者責任関連の事例であり（注民(19)が取引関係における不法行為を取り上
げるのも，この問題のみである。同書275-276頁・288-289頁），こうした判例の進展
を背景に，学説は，表見代理と不法行為責任の機能分担，すなわち，44条
（平成18年改正前。現在の一般法人78条）・715条と110条との適用関係，さらに
その調整に関心を寄せた（→第16巻§715Ⅳ3・4）。

これに対して，近時は，以上と異なる場面においても取引的不法行為を問
題とする事例が増えている（奥田昌道編「取引関係における違法行為とその法的処
理——制度間競合論の視点から(1)～(21)」ジュリ1079号～1097号〔1995～1996〕，國井
和郎「取引における不法行為の位置と役割」椿寿夫古稀・現代取引法の基礎的課題
〔1999〕591頁，潮見佳男「取引的不法行為」新争点281頁。体系書・教科書で，取引的
不法行為の項目を設けるものとして，加藤(雅)206頁，窪田301頁〔「取引の場面におけ
る不法行為責任」という〕）。

このような例として，まず指摘できるのは，二重譲渡，営業妨害，不正競
争行為に代表されるような，第三者の取引行為による債権侵害の場面である
（潮見〔初版〕110頁は，第三者による債権侵害の問題は，「契約準備交渉から契約終了後
に至るまでの間に相対的取引的接触の中で生ずる，第三者による取引的不法行為」という
視点の下でとらえられるのが適切であるという）。すでに1980年代半ばから，不法
行為法による契約の対第三者保護という問題は，人的・物的侵害（人の死

〔後藤〕　839

§709 D Ⅵ　　　　　　　　　　　　　　　第3編　第5章　不法行為

亡・負傷や物の毀損・滅失）を伴わないで，経済的損失だけが生ずる場合におい
て，被害者が不法行為法上どう扱われるかという問題であることが指摘され，
債権侵害においては，契約が対外的にいかに保護されるかという視点が加害
行為の評価に当たり有意義であることが説かれており（吉田・侵害論670頁），
この問題については，709条における権利・法益侵害要件の理解の場面にお
いてすでに一定の蓄積がある（→BⅣ2⑶）。

　しかし，取引的不法行為が問題となるのはこのような場面だけではない。
以下では，取引的不法行為が問題となる場合として，比較的新しい類型であ
る以下の①〜④の4つの場合を取り上げて検討する（本書の初版後に現れた文献
として，若林三奈「取引関係における不法行為」窪田充見＝大塚直＝手嶋豊編著・事件類
型別不法行為法〔2021〕231頁以下，鈴木清貴「取引的不法行為及び純粋経済損失をめぐ
る我が国の議論状況」新美育文＝浦川道太郎＝畑中久彌編・不法行為法研究2〔2021〕45
頁以下がある。鈴木論文は，下記④の類型を取引的不法行為の問題ではないとするが，本
稿では自己の給付物を原因として第三者から不法行為責任を問われるという意味で，取引
関係における不法行為が問題となる場面ととらえている）。

　①　契約交渉破棄類型　　これは，契約交渉を中途で破棄したことにより
相手方に損害が生ずる場合である。ここでは，一方の当事者が契約準備交渉
段階において支出した費用，新たに引き受けた負担，契約が成立したならば
得たであろうはずの利益を得られなかったことなどによる損害の賠償が問題
となる。この場合の責任の性質については，「契約準備段階における信義則
上の注意義務違反」による責任とする裁判例もあるが，不法行為責任とする
裁判例もあり，取引的不法行為が問題となるケースとされている（潮見・前
掲新争点283頁）。

　②　不当勧誘類型　　これは，不当な勧誘を受けて契約を締結したために，
被勧誘者に損害が生ずる場合である。ここでは，金融商品などの不当勧誘を
受けた顧客が契約を締結し，本来ならば意図しない金銭の出捐を強いられた
ことなどを理由とする損害の賠償が問題となる。この場合の責任の性質につ
いては，不法行為責任とする裁判例が多い（後藤巻則・消費者契約の法理論
〔2002〕231頁以下）。取引的不法行為としては，現在では，まずこのケースが
念頭に置かれる（吉村53頁，窪田301頁，窪田充見「取引関係における不法行為──
取引関係における自己決定権をめぐる現況と課題」法時78巻8号〔2006〕66頁，角田美

840　〔後藤〕

穂子「取引における自己決定権の法的保護——金融商品取引を中心に」立法的課題145頁）。

③　有価証券報告書等虚偽記載類型　　説明や情報をめぐる損害の賠償は，有価証券報告書等の虚偽の記載によって投資家に損害が生ずる場合など，虚偽の情報がマーケットで使われる場合にも生じ，この場合の不法行為の成否や損害額の算定方法などが問題となる（能見善久「総論——本シンポジウムの目的と視点」NBL936号〔2010〕11頁）。

④　給付起因損害類型　　建物の瑕疵の修補費用に関し，施工者等が，直接の契約関係に立たない居住者等に対し不法行為責任を負うかどうかが争われた事件（最判平19・7・6民集61巻5号1769頁，最判平23・7・21判タ1357号81頁〔同一事件の第2次上告審判決〕）においても，損害の賠償が問題となる（新堂明子「契約と過失不法行為責任の衝突——建物の瑕疵により経済的損失（補修費用額）が生じる例をめぐって」NBL936号〔2010〕17頁，同「契約と過失不法行為責任の衝突——建物の瑕疵により経済的損失（補修費用額）が生じる例をめぐって」北法61巻6号〔2011〕2270頁）。この問題は，「契約上の給付に起因する第三者の損害」（山本周平「不法行為法における経済的利益の保護とその立法的課題」立法的課題118頁）であることから，以下では，「給付起因損害」類型と呼ぶことにする。

(2)　「取引関係における不法行為」の問題点

以上の①～④の類型では，多くの場合に，他人の行為により人的・物的侵害を伴わない経済的損失（英米法で「純粋経済損失」〔pure economic loss〕といわれる損失。ドイツ法では「純粋財産損害」〔reiner Vermögensschaden〕といわれる。なお，純粋経済損失・純粋財産損害が問題となる諸事例は，後出の「総体財産」の減少場面と多くが重なる）を被った場合の不法行為責任が問題となっている。英米法やドイツ法では，訴訟の濫用への危惧，金銭的利益より所有権が重要であるとの思想，契約責任と異なり不法行為責任では単なる期待は保護されないとの理解等に基づき，純粋経済損失に対しては，不法行為法による救済が限定されており（中原太郎「純粋経済損失」法時86巻5号〔2014〕58頁参照），そのために不法行為法の救済範囲を拡張して純粋経済損失についても保護を与えるべきかどうかが議論されてきたのに対して，日本の不法行為法は，709条の権利侵害の要件を希薄化してきたこともあり，純粋経済損失を不法行為法で救済すべきかどうかという問題意識は乏しかった。むしろ損害がある以上，不法行

§*709* D Ⅵ 　　　　　　　　　　　　　第3編　第5章　不法行為

為法による救済の対象となるのは当然で，救済するか否かの限界は過失の有
無で考えればよいとするのが学説の大勢であり，経済的利益の保護の限界に
つき立ち入った検討がなされることは少なかったと指摘されている（能見善
久「比較法的にみた現在の日本民法——経済的利益の保護と不法行為法（純粋経済損失の
問題を中心に）」百年Ⅰ619頁以下，同「投資家の経済的損失と不法行為法による救済」
前田庸喜寿・企業法の変遷〔2009〕311-312頁）。その意味では，純粋経済損失につ
いても不法行為責任の成否は，不法行為の成立に関する故意・過失，違法性，
因果関係などの問題として個別的に考察することになる。

　純粋経済損失を生じさせるものは取引的不法行為だけではない（純粋経済
損失の諸類型につき，能見・前掲百年Ⅰ621頁以下）。また，取引的不法行為は，純
粋経済損失だけを生じさせるものでもない（鈴木・前掲論文58頁は，仙台地判平
16・10・14判時1873号143頁〔デート商法の被害者が自死した事例〕を挙げる）。しか
し，多くの場合に，取引的不法行為が純粋経済損失を生じさせることから，
取引的不法行為においても，損害がある以上保護の対象とし，あとは個別の
要件を問題とするということが考察の基本となる。そのうえで，純粋経済損
失について不法行為の成立を認める基準が模索されている（能見・前掲百年Ⅰ
620頁）。

　これらの点に留意しつつ，取引的不法行為についてどのような救済が図ら
れているかを紹介し，検討することがここでの課題である。

2　各種の「取引関係における不法行為」

(1)　契約交渉破棄類型

　契約を締結するか否かは，原則として当事者の自由に委ねられている
（521条1項）。したがって，契約交渉当事者は，いつでも契約交渉を打ち切る
ことができる。そのため，当事者が契約締結前に契約の締結を期待して費用
を支出したものの契約が成立せず，支出した費用が無駄になったとしても，
その負担は自身が負うことを覚悟しなければならない。しかし，一定の事情
の下では，契約交渉を破棄した者が相手方に対して損害賠償責任を負うこと
がある。

　例えば，最高裁昭和59年9月18日判決（判タ542号200頁）は，歯科医院
を営むため建築中のマンションの購入を検討していた歯科医の問い合わせを
受けて，売却予定者が設計変更等をしたのに，結局，歯科医が購入を拒絶し

たという場合に，歯科医は，契約準備段階における信義則上の注意義務違反を理由とする損害賠償責任を負うとした。

　同様に，最高裁平成19年2月27日判決（判タ1237号170頁）は，XがAの意向を受けて開発，製造したゲーム機を順次XからY，YからAに継続的に販売する旨の契約が，締結の直前にAが突然ゲーム機の改良要求をしたことによって締結に至らなかった場合において，Yが，開発等の続行に難色を示すXに対し，Aから具体的な発注を受けていないにもかかわらず，ゲーム機200台を発注する旨を口頭で約したり，具体的な発注内容を記載した発注書および条件提示書を交付するなどし，ゲーム機の売買契約が確実に締結されるとの過大な期待を抱かせてゲーム機の開発，製造に至らせたなどの事情の下では，Yは，Xに対する契約準備段階における信義則上の注意義務に違反したものとして，これによりXに生じた損害を賠償する責任を負うとした。

　これらの判決は，損害賠償責任の性質について「契約準備段階における信義則上の注意義務違反」による責任とするが，契約交渉を破棄した者の責任を不法行為責任とした判決もある。

　例えば，最高裁平成2年7月5日判決（裁判集民160号187頁）は，日本の総合商社Yが，マレーシアの政治家・実業家であり，インドネシアにおいて林業に関与しているXとの間で林業の合弁事業を計画し，半年ほどにわたる折衝を経て，Xが所有するブルネイ法人の株式の50%をYが買い受ける契約につき相互の了解に達し，契約書案が作成されたが，市況の低迷のために木材取引の利益の見込みが薄くなり，Yの契約締結の意欲が急速に減退したことを主要な原因として，結局，契約締結に至らなかったという事案につき，契約締結の過程において，その目的物，代金の額および支払時期，契約締結の時期などを当事者の双方が了解し，買主となる者が，売主となる者に確実に契約が成立するとの期待を抱かせるに至ったにもかかわらず，一方的，無条件に契約の締結を拒否し，これを正当視すべき特段の事情もないなどの事実関係の下においては，買主となる者は，売主となる者に対し，契約準備段階における信義則上の義務違反を理由とする不法行為責任を負うとした原審（東京高判昭62・3・17判タ632号155頁）の判断は，正当として是認することができるとした。

§*709* D Ⅵ 第3編 第5章 不法行為

また，最高裁平成18年9月4日判決（判タ1223号131頁）は，建具業者（下請業者となるべき者）Ｘが，研究教育施設用建物の建築の施工業者（元請業者）が決まる前の段階で，注文者となるべきＹ大学の了承に基づいて，下請けの仕事の準備作業を開始した後に，Ｙが上記計画を中止したという事案につき，Ｘは，Ｙが誰を本件建物の施工業者に選定したとしても，その施工業者との間で本件建具の納入等の下請契約を確実に締結できるものと信頼し，また，Ｙは，Ｘが上記準備作業のために費用等を費やすことになることを予見し得たものというべきであるところ，上記信頼に基づく行為によってＸが支出した費用を補塡するなどの代償的措置を講ずることなく本件建物の建築計画を中止することは，Ｘの上記信頼を不当に損なうものというべきであるとして，Ｙは不法行為責任を免れないとした。

こうした説示は，当事者が主張した請求原因に対応した判断がなされたものにすぎず，判例法理としての意義については疑問の余地があるが（山本豊「契約準備・交渉過程に関わる法理（その3）──契約交渉打切り責任」法教337号〔2008〕105頁，大島梨沙〔判批〕北法61巻4号〔2010〕1453頁），学説はこの場合の帰責の根拠をめぐって議論を展開した。

すなわち，当初，学説の多数は，これをドイツ法に由来する契約締結上の過失責任の一類型と解し，債務不履行ないしそれに類似する責任とした（北川善太郎・契約責任の研究〔1963〕343頁以下など）。しかし，ドイツでは，日本法と異なり契約交渉破棄を不法行為では適切に処理できないという特殊な事情があったとの認識を背景に，現在では，多数説に疑問を抱くものが少なくない（（2）で扱う不当勧誘類型の場合も含め，契約締結上の過失について詳細は，新版注民（13）〔補訂版，2006〕90頁以下〔潮見佳男〕参照）。また，「交渉過程での挫折の責任の根拠（少なくともその一部）は，出来上がりつつあった小さな約束に対する違反と考えられる」（河上正二「『契約の成立』をめぐって──現代契約論への一考察（2・完）」判タ657号〔1988〕26頁），あるいは，「交渉期間中の明示または黙示の合意により，当事者が交渉を継続する債務あるいは，すでに合意された事項を再び蒸し返さない債務などを負うことが十分に考えられる」（横山美夏「不動産売買契約の『成立』と所有権移転(2)──フランスにおける売買の双務予約を手がかりとして」早法65巻3号〔1990〕302頁）として，中途で交渉を破棄した者の責任も，中間的な合意の内容に即した債務不履行責任として説明できるとす

844 〔後藤〕

§*709* D Ⅵ

る見方も有力に主張された（先駆的な学説として，鎌田薫「不動産売買契約の成否」判タ484号〔1983〕21頁）。しかし，これに対しても，契約交渉破棄の場面では，当事者には，交渉破棄に伴う責任を負う旨の契約を確定的に締結する意思はないのが通常であり，そこでの合意は擬制である（山本豊・前掲法教337号108頁），あるいは，法律行為における効果意思とは次元の異なる事実的意思を問題としている（潮見Ⅰ125頁）といった疑問ないし批判が出されている。

　他方，この場面においては，(α)当事者のどのような言動から相手方にどのような信頼が形成されたのか，その信頼は正当なものといえるか，(β)その信頼を維持することがどこまで要請され，その要請に反したといえるか，(γ)相手方の信頼を破ってでも，交渉を破棄せざるをえない正当な理由があるかが問われるところ，(α)は，権利・保護法益が認められるか，(β)は，その権利・保護法益が侵害されたか，(γ)は，その権利・保護法益の侵害を正当化する理由があるかどうかの問題であり，このような思考枠組みは，基本的には不法行為法のそれと変わりはない。そのため，この場面を不法行為責任として構成すること自体には何の支障もない（山本敬三・民法講義Ⅳ-1 契約〔2005〕49頁）。

(2)　不当勧誘類型

(ア)　不当勧誘類型の諸形態

　不当勧誘類型は，契約は成立したけれどもその契約の締結過程で詐欺的あるいは強迫的な行為が行われ，顧客に損害が生じた場合であり，法律行為法に基づいて契約の拘束力を否定することも考えられる場面で，不法行為の成立が認められている（國井和郎「詐欺的商法の不法行為処理と理論構成」判タ667号〔1988〕64頁は，詐欺的商法につき，私法的効力の否定が困難な場面で不法行為の成立を認めて被害者救済を図っており，ここに不法行為法による処理の意義と機能を見出すことができるとする。不当勧誘の場合に考えられる種々の法理の適用につき，後藤巻則「不当表示と情報提供者の責任」森泉章＝池田真朗編・消費者保護の法律問題〔1994〕289頁以下）。

　このような事例として，取引内容自体の不当性が問題となる場合も少なくないが，次第に，勧誘行為の不当性に重点を置く裁判例が増加した（山本敬三・契約法の現代化Ⅰ──契約規制の現代化〔2016〕70頁以下〔初出, 1999〕参照）。不当な内容の契約では，それを隠すために不当な勧誘が行われることが多く，

〔後藤〕　845

§*709* D Ⅵ 　　　　　　　　　　　　第3編　第5章　不法行為

両者は相互に関連し，明確に区別することは困難であるが，代表的なものとして，次のような取引がある。

(a)　取引内容の不当性を重視する裁判例

(i)　現物まがい商法　　取引的不法行為のうちには，そもそも取引の内容自体が不当であり，「取引（法律行為）」の外皮をまとった不法行為（荒川重勝〔判批〕消費者取引判例百選〔1995〕89頁）とでもいうべきものがある。その代表的なものは，現物まがい商法であり，商品を販売するが，現物を渡さずにその運用等を行うと称して預かり証等しか交付しない商法が典型例である。

1981年から1985年にかけて社会問題になった豊田商事の現物まがい商法は，主婦や高齢者などをターゲットにして，執拗な勧誘によって金の地金を販売したうえで，実際には現物を引き渡すことなく，年10%から15%の賃料を支払うと称して豊田商事に預託させる商法である。豊田商事は，注文に見合う金地金を購入することなく，顧客に対して預託物を返還することを最初から予定していない詐欺的な取引を行い，顧客に対してほとんど不可能な資産運用を約束して，目的物の新規売却代金をもってその支払にあてるという早晩行きづまることが明白な経営を続けたあげくに倒産して，多数の被害者を出した（豊田商事事件）。

このような事案につき，裁判所は，金地金の売買とその消費寄託（顧客に対しては賃貸借と称していた）を仮装してその契約金名下で金の預け入れを受ける行為は，出資法（出資の受入れ，預り金及び金利等の取締りに関する法律）2条1項で禁止されている業としての預り金行為にあたり，かかる出資法違反の行為に加えて，高齢者に対して根拠のない利殖話を深夜までの長時間に渡って行い，執拗かつ強引な手法を用いて契約を締結させる場合には，公序良俗に反する違法業務を遂行した会社（豊田商事）のほかに，これを企画，実施，推進する代表者個人，営業部課長，営業部員もまた不法行為責任を負うと判断した（秋田地本庄支判昭60・6・27判時1166号148頁〔二審である仙台高秋田支判昭62・5・27判タ657号141頁も控訴棄却〕）。また，豊田商事が破産した後は，同社の代表取締役または取締役であった者（大阪地判昭61・11・21判タ641号170頁）や，元従業員（大阪地判昭61・6・9判タ608号82頁，大阪高判平元・3・31判タ707号191頁など）の不法行為責任を認めている。

(ii)　マルチ商法　　マルチ商法とは，販売活動に従事すれば多大な利益

846　〔後藤〕

§709 D VI

が簡単に得られるかのごとく説明して個人を販売員になるよう勧誘し，さらに次の販売員を勧誘させる形態で販売員を連鎖的に拡大させて商品・権利の販売や役務の提供を行わせる取引形態をいう。新規に販売員になる，あるいは上位ランクに昇進するためには商品の購入等，なんらかの金銭的負担をすることが条件となるため，販売員が増加し続けることによって参加者に利益が入ってくるという点に特徴があるが，販売員が増加し続けることは不可能である以上，いつの時点かで破綻を免れない。この点で，マルチ商法は，ねずみ講と同じ構造を抱えているが，ねずみ講が破綻必定の単純なピラミッド型の形態であるのに対して，マルチ商法には様々な態様のものがあって，必ずしも破綻必定とはいえないシステムである。そのため，ねずみ講は，無限連鎖講防止法（無限連鎖講の防止に関する法律）で全面禁止（同法3条）とされているのに対し，マルチ商法は，特定商取引法（特定商取引に関する法律）で「連鎖販売取引」として適用範囲を定め，行為規制を厳しくすることで被害防止を図っている（同法第3章）。

　破綻した豊田商事の関連会社であったベルギーダイヤモンド社が展開した，ベルギーダイヤモンド事件については複数の裁判例があるが，その一つである大阪高裁平成5年6月29日判決（判タ834号130頁）は，同社の商法を適法な「商品流通組織」と違法な「金銭配当組織」類似の「リクルート利益配当組織」に分けたうえ，同社の商法におけるリクルート利益配当組織部分は，（昭和63年改正前の）無限連鎖講防止法が刑罰をもって禁止する金銭配当組織（昭和63年改正後は，「金品の配当組織」）の要件を充たすから，それ自体違法なものというべく，また，本件商法ないし本件組織のうち，上記違法なリクルート利益配当組織部分が43%に及ぶ割合を占めるものであるから，同法が「同法2条にいう金銭配当組織の開設等を長期3年の懲役刑をもってしてまで禁止するものであることを考慮すれば，天然の宝石の商品流通組織部分が57パーセント存するとしても，本件商法はなお全体として民法上違法なもの」であるとした。

　この判決は，当該商法の仕組自体の違法性を問題としているが，同商法における勧誘は，「本件組織の破綻の必然性，破綻によってもたらされる結果について，開示されることなく隠蔽」してなされたものであり（広島高判平5・7・16判タ858号198頁），必然的に詐欺的な勧誘となる。そのため，ベルギ

〔後藤〕　847

§*709* D Ⅵ　　　　　　　　　　　　第3編　第5章　不法行為

－ダイヤモンド事件に関する裁判例は，組織自体の違法性と勧誘方法の違法性を別個の違法性判断の対象としている（前掲広島高判平5・7・16）か，総合的に考慮している（東京高判平5・3・29判タ861号260頁，大阪地判平3・3・11判タ773号204頁〔前掲大阪高判平5・6・29の原審判決〕，広島地判平3・3・25判タ858号202頁〔前掲広島高判平5・7・16の原審判決〕，大阪地判平4・3・27判時1450号100頁）かの違いはあれ，ほとんどの判決が同商法における勧誘方法を違法なものとしている（織田博子〔判批〕前掲消費者取引判例百選97頁）。

(b)　勧誘行為の不当性を重視する裁判例

上記の事例にも現れているように，取引内容の不当性を問題とするものについても，取引内容自体の不当性のほか，勧誘行為の不当性があわせて考慮されていることが多い。このように勧誘行為の不当性を問題とする傾向は，取引内容自体が必ずしも不当とはいえないケースになるとより明瞭になる。

問題となる事例は，金融取引，保険取引，不動産取引等，広範囲に及ぶが（中田裕康＝山本和彦＝塩屋國昭編・説明義務・情報提供義務をめぐる判例と理論（判タ臨増1178号）〔2005〕，長野県弁護士会編・説明責任―その理論と実務〔2005〕など），ここでは，特に問題が多かった事例を扱う（保険取引につき最判平15・12・9民集57巻11号1887頁，不動産取引につき最判平16・11・18民集58巻8号2225頁などが重要であるが，後に別の角度から取り上げる〔→3(5)(イ)(b)〕）。

(i)　原野商法　　原野商法の事例として，例えば，大阪地裁昭和63年2月26日判決（判時1292号113頁）は，実勢の市場価格が1 m² 当たり200円からせいぜい500円と極めて低価格であり，将来において，この価格を上昇させるような社会的，経済的要因は存在せず，値上がりがまったく見込めないにもかかわらず，販売会社の従業員が，この事実を秘して，周辺地域の開発計画や新幹線の敷設などにより近い将来の値上がりが確実であるかのように言葉巧みに説明し，若年で不動産取引や利殖目的の投機的取引の経験が全くない者にその説明を信じさせて，市場価格の15から35倍程度の価格で購入させたことなどを違法としている。

また，大阪地裁昭和63年2月24日判決（判タ680号199頁）は，販売会社の従業員が，本件土地の評価額は実際には一坪当たり約7326円程度にすぎないのに，これが一坪当たり14万円ないし15万円であるかのような虚偽の説明をして，本件売買代金（一坪当たり7万5000円）でも時価よりはるかに安

848　〔後藤〕

いように装っていたこと，実際は近隣の開発計画，工場の進出，交通の利便等はいずれも本件土地の価格に近い将来影響を及ぼす可能性が全くないものであるうえに，本件土地の売買代金額自体が時価より著しく高額で，これ以上の価格に値上がりすることは到底考えられないのに，いかにも上記事態によって本件土地が1，2年後にも売買価格より大幅に値上がりするかのごとく断定的な説明をしたことなど，不動産取引，投資取引に知識・経験の乏しい者に虚偽の説明を誤信させるよう意図的な勧誘方法をとっていたことが認められ，かかる勧誘方法は，不動産業者として許容される顧客獲得のための正常な宣伝，勧誘行為の範囲を著しく逸脱したものであって，違法なものというべきであるとしている。

　いずれの判決でも，実勢価格と販売価格との乖離が指摘されているが，これによる暴利行為的な利益の取得というより，この乖離の秘匿や価格についての虚偽説明が重視されており，主として勧誘行為の不当性が問題とされている（日本弁護士連合会編・消費者法講義〔6版，2024〕130頁〔齋藤雅弘〕）。

　　(ⅱ)　商品先物取引　　商品先物取引は，将来の一定の時期に受渡しをすることを条件として商品を売買し，その時期が来る前に転売したり買戻ししたりして，現実にはその商品の受渡しをせずに，その間の値動きの差金決済によって損益を出して終了することができる取引（差金決済取引）である。この取引では，取引額の数分の1から数十分の1の証拠金を預託して取引を行うことができるため，少ない資金で大きな取引をすることができる反面，商品の値段は様々な要因によって変動することから，相場が予想に反する動きをした場合に発生する損失は膨大なものとなる。このような危険性の高い取引であるため，商品先物取引法（旧・商品取引所法）によりかなり厳しい規制が加えられているが，それにもかかわらず，知識・経験のない者を先物取引業者が不当な勧誘で取引に引き込み，損害を生じさせる事例が多発した。

　ところが，商品先物取引法はいわゆる取締法規であり，これに違反しても直ちに契約が無効になるわけではない（最判昭42・9・29判時500号25頁，最判昭49・7・19判時755号58頁など）。また，国内私設市場における商品先物取引につき公序良俗違反による無効を認めた最高裁判決があるが（最判昭61・5・29判タ606号46頁），国内公設市場における先物取引では取引をすること自体には違法性がなく，公序良俗違反とまでは認められないとされるのが一般で

§*709* D Ⅵ   第3編　第5章　不法行為

ある（最判平 10・11・6 先物取引裁判例集 25 号 135 頁は，取引員の受託業務が無意味な手数料稼ぎに該当する行為として損害賠償を認めた原判決〔大阪高判平 10・2・27 判時 1667 号 77 頁〕を支持した）。詐欺取消しを認めた判決も存在するが（東京地判昭 49・4・18 判タ 310 号 261 頁など），詐欺の故意の立証が難しいため，少数にとどまる。さらに，先物取引のリスクは周知性が高いことから，錯誤無効（現，錯誤取消し）もほとんど主張されていない（松岡久和「商品先物取引と不法行為責任——債務不履行構成の再評価」ジュリ 1154 号〔1999〕11 頁）。

　このような事情を背景に，不当勧誘の違法性を理由とする不法行為責任を肯定する判決が増加し，昭和 50 年代まではこれが主流であったが，昭和 60 年代以降，当初の勧誘行為からその後の取引行為の全体を一連の行為として総合的に評価を行い，不法行為の判断をする「一体的不法行為論」が下級審で定着し（仙台高秋田支判平 2・11・26 判タ 751 号 156 頁，仙台地判平 3・12・9 判時 1460 号 125 頁など。河内隆史「先物取引に関する判例」判タ 701 号〔1989〕56 頁以下），最高裁もこれを是認するに至った（最判平 7・7・4 LEX/DB28010068〔前掲仙台高秋田支判平 2・11・26 の上告審判決〕）。商品先物取引をめぐる被害においては，勧誘時だけでなく契約締結後の個々の取引（一任売買，無断売買，両建玉，過当取引，向い玉など）にも問題性・欺瞞性のあることが多いため，取引全体として不法行為と評価するのが実態に適しているからである。

　もっとも，商品先物取引においては，商品先物業者による無差別の勧誘，とりわけ無差別の電話勧誘あるいは突然の訪問による勧誘により，そもそも取引自体に興味がない者や，先物取引に必要な知識，情報，経験または資金が不十分な者が取引に引き込まれることで被害が生じているという場合が多い（宮下修一・消費者保護と私法理論〔2006〕288 頁〔初出，2003〕）。また，委託契約に基づき行われる個々の先物取引が，業者が委託証拠金を自己の手数料等の収入に転化させる目的で行う「予定された一連の取引」であり（今西康人「契約の不当勧誘の私的効果について——国内公設商品先物取引被害を中心として」中川淳還暦・民事責任の現代的課題〔1989〕230 頁），不当勧誘を受けて委託契約を締結することによって，顧客が必然的に損失を被るという場合が少なくない。その意味では，商品先物取引における一体的不法行為論においても，違法性判断が不当な勧誘行為に収斂する場合が多いとする指摘もある（松岡・前掲ジュリ 1154 号 12 頁は，一体的不法行為論は，行われた取引の内容をも合わせて考慮すると

850　〔後藤〕

§**709 D Ⅵ**

はいっても，基本的には違法性判断を不当な勧誘行為に収斂させる考え方であるとする）。

(ⅲ) 変額保険　　変額保険は，生命保険のうち，死亡保険金額や解約返戻金，満期保険金の金額が，保険会社の運用実績に応じて変動するものである。わが国では 1986 年 10 月から発売が開始され，いわゆるバブル経済の時期には保険料支払のための融資と結び付けられた相続税対策の商品として注目されたが（融資一体型変額保険），バブルの崩壊後は変額保険の運用利益がマイナスに転じ，解約返戻金の額が一時払いの保険料の額を大幅に下回るという事態になった。そこで，このような変額保険の危険性を知らずに契約したとして，保険会社および保険料支払のための融資を行った銀行に対して多くの訴訟が提起された。

保険会社の責任につき，当初は，これを否定する判決が多かったが，次第に肯定する判決が増加した（後藤・前掲消費者契約の法理論 115 頁以下）。例えば，東京高裁平成 8 年 1 月 30 日判決（判タ 921 号 247 頁）は，変額保険募集人は，変額保険募集に当たり，顧客に対し，変額保険に対する誤解から来る損害発生を防止するため，変額保険が定額保険とは著しく性格を異にし，高収益性を追求する危険性の高い運用をするものであり，かつ，保険契約者がその投資リスクを負い，自己責任の原則が働くことを説明すべき法的義務が信義則上要求されているものというべきであり，客観的にみて，この点を理解させるに十分な説明がなされていなければ，変額保険募集時に要請される説明義務を尽くしていないとして，保険会社の不法行為責任を認め，最高裁もこの判断を是認している（最判平 8・10・28 金法 1469 号 51 頁）。

銀行の責任についても否定する判決が多かったが，肯定例もある（松岡久和「変額保険の勧誘と銀行の法的責任」金法 1465 号〔1996〕17 頁以下）。例えば，東京高裁平成 15 年 12 月 10 日判決（判時 1863 号 41 頁）は，保険会社の従業員は，ハイリターン・ハイリスクの保険商品である本件変額保険の勧誘について条理上認められる説明義務に違反して，顧客の判断を誤らせたものであり，また，銀行の従業員においても，変額保険加入および融資の受入れの動機付けをし，その弁済条件について何ら説明をせず融資の申出をする等，社会的相当性を逸脱する違法な行為があったとして，保険会社および銀行の不法行為責任を認めている（ただし，損害賠償請求権は時効により消滅したとする）。

なお，融資一体型変額保険が相続税対策として有利な結果をもたらす旨の

〔後藤〕　851

§709 D Ⅵ 第3編 第5章 不法行為

説明を受け，それを信じて保険契約・融資契約を締結したのに相続税対策として機能しなかったことから，変額保険契約と融資契約の錯誤無効（現，錯誤取消し）を認めた判決もある（東京高判平 16・2・25 金判 1197 号 45 頁，東京高判平 17・3・31 金判 1218 号 35 頁）。

(iv) ワラント取引　ワラントとは，新株予約権付社債（かつては新株引受権付社債と呼ばれた）のうちの新株予約権（発行会社の株式を買い付ける権利）部分をいう。買付けの対象となる株式の価格が値上がりすればワラントの価格はその数倍の値上がりをするが，逆に株式の価格が一定水準以下になるとワラントは無価値となる。そのため，バブル経済の崩壊によって損失を被った投資家が，ワラントという商品の内容（とくにハイリスク・ハイリターンであること）についての説明義務違反を理由として，証券会社の責任を追及する訴訟が多数提起された。現物まがい商法等の事例では，契約内容にかなりの不当性があることが普通であり，説明義務違反だけでなく，契約内容の不当性を考慮に入れて損害賠償を認めることになる。また，先物取引においては，説明義務違反だけではなく，業者によって契約成立後に行われる無断売買や過当売買等も考慮された上で不法行為責任が認められる。これに対して，ワラント取引は，商品それ自体（ひいては契約内容）の不当性を問題とすることが難しく，また，契約締結の後に考慮されるべき事情にも乏しいため，問題が契約締結の際の説明義務違反に絞られる（小粥太郎「説明義務違反による不法行為と民法理論——ワラント投資の勧誘を素材として（上）」ジュリ 1087 号〔1996〕119頁）。

裁判例としては，例えば，証券会社およびその使用人は，投資家に対し証券取引の勧誘をするに当たっては，投資家の職業，年齢，証券取引に関する知識，経験，資力等に照らして，当該証券取引による利益やリスクに関する的確な情報の提供や説明を行い，投資家がこれについての正しい理解を形成した上で，その自主的な判断に基づいて当該の証券取引を行うか否かを決することができるように配慮すべき信義則上の義務を負うものというべきであり，証券会社およびその使用人が，同義務に違反して取引勧誘を行ったために投資家が損害を被ったときは，不法行為を構成し，損害賠償責任を免れないとした判決（東京高判平 8・11・27 判タ 926 号 263 頁）などがある。この判決において，ワラントの特質（①期間を経過すると価値がなくなること，②期間中でも残

852　〔後藤〕

§*709* D Ⅵ

存期間が短いと株価が権利行使価格を下回ったワラントは売却が困難となるおそれが大きいこと，③価格が株式より激しく動き予測が困難なこと）に関し，少なくとも，ワラントの市場価格は，基本的には，ワラント発行会社の株価に連動して変動するが，その変動率は株価の変動率より格段に大きく，株式の値動きに比べてその数倍の幅で上下することがあることについて十分に説明すべきであるとされている。

　(v)　オプション取引　　オプションとは，ある商品（原資産）を将来の一定期日または期間内にあらかじめ決めた価格（権利行使価格）で売買する権利である。オプション取引は，この権利を売買する取引であり，買う権利をコール・オプション，売る権利をプット・オプションという。コール・オプションを買った場合は，価格が上昇して権利行使価格とプレミアム（オプション料）単価の合計額を上回った分が利益となる。プット・オプションを買った場合は，価格が下落して権利行使価格からプレミアム単価を差し引いた額よりさらに下落した分が利益となる。いずれの場合も，権利行使をしても利益がないときには，権利を放棄することになる。したがって，オプションの買い手は，投資金額全額（プレミアム）を失うリスクがあるが，半面，最悪の場合でもすでに支出した金額（プレミアム）分だけ損をするにとどまる。これに対して，オプションの売り手は，証拠金を積み，買い手からプレミアムを取得し，権利行使されなければそのすべてが利益となるが，利益はそれに限定される半面，権利行使された場合の損失は，理論上は無限大である（ただし，時価にマイナスはないので，プット・オプションの売りの損失には一定の限度がある）。以上の点は，取引所取引でも店頭取引でも同様であるが，店頭取引ではこれに加えて，顧客と業者の利害が対立するため顧客に不利な取引を勧誘されるリスクが常に存在する（桜井健夫＝上柳敏郎＝石戸谷豊・新・金融商品取引法ハンドブック〔4 版，2018〕36-38 頁）。

　オプション取引はこのように複雑で，大きな損失を被る可能性が高い取引である。そこで，最高裁平成 17 年 7 月 14 日判決（民集 59 巻 6 号 1323 頁）も，オプション取引は抽象的な権利の売買であって，現物取引の経験がある者であっても，その仕組みを理解することは必ずしも容易とはいえない上，とりわけオプションの売り取引は，利益がオプション価格の範囲に限定される一方，損失が無限大またはそれに近いものとなる可能性があるものであって，

〔後藤〕　853

§*709* D Ⅵ 　　　　　　　　　　　第3編　第5章　不法行為

各種の証券取引の中でも極めてリスクの高い取引類型であることは否定でき
ず，その取引適合性の程度も相当に高度なものが要求されると判示している
（ただし，結論としては，不法行為責任を否定した）。

　(vi)　スワップ取引　　スワップ取引とは，将来，受け取ったり支払った
りするキャッシュフローを交換する取引である。スワップ取引に関する最高
裁判決としては，銀行と顧客との間で固定金利と変動金利を交換してその差
額を決済するという金利スワップ取引を勧誘する際の銀行の説明義務につき，
「本件取引は，将来の金利変動の予測が当たるか否かのみによって結果の有
利不利が左右されるものであって，その基本的な構造ないし原理自体は単純
で，少なくとも企業経営者であれば，その理解は一般に困難なものではなく，
当該企業に対して契約締結のリスクを負わせることに何ら問題のないもので
ある」として，銀行に説明義務の違反があったとはいえないとした判決があ
る（最判平 25・3・7 判タ 1389 号 95 頁。同平 25・3・26 判タ 1389 号 95 頁も同旨）。

　上記の 2 つの判決は，銀行の説明義務違反を否定する理由として，本件契
約における固定金利の水準が妥当な範囲にあるか否かというような事柄は顧
客の自己責任に属すべきものであるから説明義務の範囲に属さないとしてい
るが，同一通貨の固定金利と変動金利との交換を行うという最も単純なスワ
ップ取引で，顧客も企業経営者であるという事案に関する判断であり，判旨
の射程は限定的にとらえる必要がある（黒沼悦郎〔判批〕民商 149 巻 3 号〔2013〕
329-330 頁）。

　(イ)　不当勧誘行為の態様

　不当勧誘類型は，契約締結の過程において，詐欺的勧誘や強迫的勧誘が行
われ，顧客に損害が生じたという場合であり，不当勧誘行為の態様としては，
次のようなものがある。

　(a)　詐欺的勧誘

　裁判例（一(ア)）をみると，不当勧誘に関する裁判例の多くは，事業者の顧
客に対する説明方法が，不適切または不十分であることを理由として損害賠
償を認めている。その際の説明方法の具体的な内容は多様であるが（清水俊
彦・投資勧誘と不法行為〔1999〕〔以下「投資勧誘」で引用〕28 頁以下，山田誠一「取引
における不法行為——要件を中心にして」ジュリ 1097 号〔1996〕100 頁参照），①顧客
に誤解を生じさせるような虚偽の事実を告げたり，その契約に係る不確実な

854　〔後藤〕

§*709* D Ⅵ

事項について断定的判断を提供する場合（不実表示・断定的判断の提供），②その取引をするかどうかを判断するうえで重要な事項について十分な情報を提供しない場合（情報提供義務違反），③リスクの高い投資取引等について，そうした取引の意味を理解する能力またはリスクを負担するだけの知識や財産をもたない者を勧誘する場合（適合性原則違反）に分けることができよう（山本敬三「不法行為法における『権利又は法律上保護される利益』の侵害要件の現況と立法的課題」立法的課題104頁）。

　（ⅰ）　不実表示・断定的判断の提供　　不実表示・断定的判断の提供の場合は，相手方が顧客の認識や判断を誤らせるような積極的な行為をしている。そのため，相手方の不実表示・断定的判断の提供により表意者の意思決定が侵害されたという関係が認められやすく，それにより本来ならばするはずのない契約を締結したという場合であれば，詐欺（96条）や錯誤（95条），あるいは公序良俗違反（90条），さらに消費者契約法4条（1項・2項）などを理由として契約の効力を否定することが考えられる。上記の(ア)で検討した裁判例に見られるように，少なくとも民法上は法律行為法による救済が認められることは多くないが，法律行為法による救済が認められうる場合も含め，様々な詐欺的勧誘行為が不法行為としての評価の対象となる。

　（ⅱ）　情報提供義務違反　　私的自治の原則のもとでは，各人が契約に拘束されるのはそれが各人の意思に基づくからであり，その前提として，各人が自ら自分のために情報を収集・分析し，それにより当該契約が自分の目的に適合するかどうかを知った上で契約を締結することが要請される。これが原則であるが，契約当事者間に情報収集力，情報分析力において格差がある場合には，契約締結に際して，当事者の一方から他方に対して情報を提供する義務が課せられることがある。このような義務を情報提供義務という。契約当事者間にこうした格差がある場合には，そのままでは情報の劣位者にとって不利な取引が行われる可能性がある。そこで，こうした情報劣位者の契約自由ないし自己決定権の保護の観点から，信義則（1条2項）上の義務として情報提供義務を課すのが学説の多数であり，判例もこれを認めている（後藤巻則・消費者契約と民法改正〔2013〕232頁以下〔初出，2007〕，後掲最判平18・6・12〔一・(エ)(b)〕，最判平17・9・16判タ1192号256頁など）。もっとも，ここでは情報の不提供が問題となることから，法律行為法による救済は，上記(ⅰ)の場合と比

〔後藤〕　855

§*709* D Ⅵ 第3編 第5章 不法行為

べてより困難であり，裁判例においては主として同義務の違反に基づく損害賠償が問題とされている。

どのような場合に情報提供義務が発生し，その違反に基づく損害賠償責任が認められるかについては，提供すべき情報の範囲とも関係し，その要件を定式化することは容易ではない。例えば，民法（債権関係）改正中間試案によれば，「契約の当事者の一方がある情報を契約締結前に知らずに当該契約を締結したために損害を受けた場合であっても，相手方は，その損害を賠償する責任を負わない」ことが原則であるとしつつ，「(1) 相手方が当該情報を契約締結前に知り，又は知ることができたこと。(2) その当事者の一方が当該情報を契約締結前に知っていれば当該契約を締結せず，又はその内容では当該契約を締結しなかったと認められ，かつ，それを相手方が知ることができたこと。(3) 契約の性質，当事者の知識及び経験，契約を締結する目的，契約交渉の経緯その他当該契約に関する一切の事情に照らし，その当事者の一方が自ら当該情報を入手することを期待することができないこと。(4) その内容で当該契約を締結したことによって生ずる不利益をその当事者の一方に負担させることが，上記(3)の事情に照らして相当でないこと。」という要件のすべてを充たす場合には，相手方は損害賠償責任を負うとされている（中間試案補足説明340頁）。

これは，契約締結過程における情報提供義務を一定の要件のもとに一般的に認めようとする提案であるが（ただし，情報提供義務の違反に基づく損害賠償責任が，不法行為責任なのか債務不履行責任なのかは，明らかにしていない），最終的には，コンセンサス形成が困難であるとして，見送られた（部会資料81-3・30頁）。

情報提供義務は，契約締結のための意思決定の基盤確保を目指す義務であって，契約が当該表意者にとって結果として有利なものかどうかという評価に関する情報は当然には情報提供義務に含まれない。このような契約の有利性に関する情報提供義務（助言義務）は，顧客が専門家に寄せる信頼に基礎を置く義務であり，より積極的な支援義務である（後藤・前掲消費者契約の法理論96頁以下，同・前掲消費者契約と民法改正237頁，潮見Ⅰ156頁）。

(iii) 適合性原則違反 適合性原則は，広狭二義あるとされる。狭義では，「ある特定の利用者に対してはどんなに説明を尽くしても一定の商品の

856 〔後藤〕

§*709* **D Ⅵ**

販売・勧誘を行ってはならない」というルールであり，広義では，「業者が利用者の知識・経験，財産力，投資目的に適合した形で勧誘（あるいは販売）を行わなければならないというルール」である（金融審議会第一部会「中間整理（第一次）」(1999 年 7 月 6 日) 17-18 頁）。狭義の適合性原則は，取引に適合しない者を市場から排除するルールであり，広義の適用性原則は，取引を希望する者を市場に参加させたうえで，勧誘における説明や助言を通してその者が取引に適合できるようにするルールであると言える（適合性原則の意義や機能につき，王冷然・適合性原則と私法秩序〔2010〕353 頁以下，潮見佳男「適合性の原則に対する違反を理由とする損害賠償──最高裁平成 17 年 7 月 14 日判決以降の下級審裁判例の動向」現代民事判例研究会編・民事判例Ⅴ 2012 年前期〔2012〕6 頁以下，角田美穂子・適合性原則と私法理論の交錯〔2014〕329 頁以下，河上正二「思想としての『適合性原則』とそのコロラリー」現代消費者法 28 号〔2015〕4 頁以下，同「『適合性原則』についての一考察──新時代の『一般条項』」星野英一追悼・日本民法学の新たな時代〔2015〕587 頁以下参照）。

　適合性原則は，投資取引における公法的規制ルールとして展開してきた。金融商品取引法 40 条 1 号や商品先物取引法 215 条が定めるルールは，狭義の適合性原則の現れと言える。他方，金融商品販売法 3 条 2 項（現，金融サービスの提供及び利用環境の整備等に関する法律 4 条 2 項）や商品先物取引法 218 条 2 項は，説明が顧客の状況に適合したものであることを求めており，これらは広義の適合性原則を取り入れたものと説明されている（宮下修一「わが国の金融サービス取引・消費者取引での適合性原則に関する学説・裁判例の状況」現代消費者法 28 号〔2015〕16 頁）。

　投資取引の分野において，適合性原則違反が不法行為ないし債務不履行の根拠の 1 つとして主張された。これに関する下級審の考え方は分かれていたが（後藤巻則「金融取引と説明義務」判タ 1178 号〔2005〕42 頁），最高裁は，「証券会社の担当者が，顧客の意向と実情に反して，明らかに過大な危険を伴う取引を積極的に勧誘するなど，適合性の原則から著しく逸脱した証券取引の勧誘をしてこれを行わせたときは，当該行為は不法行為法上も違法となる」とした（前掲最判平 17・7・14。ただし，具体的な判断における違法性は否定されている）。

　もっとも，上記の最高裁判決以降の下級審裁判例では，適合性原則違反を直接の理由として損害賠償を認めたものは少ない。裁判例としては，適合性

〔後藤〕　857

§*709* D Ⅵ 第3編 第5章 不法行為

原則違反そのものは否定しつつ，説明義務違反について適合性を考慮したうえで肯定したり（大阪地判平23・12・19判時2147号73頁，大阪高判平24・5・22金判1412号24頁），適合性原則違反の有無が争点になったにもかかわらず，それには明確に言及せずに，説明義務違反を肯定するもの（東京地判平23・2・28判時2116号84頁）がある（宮下・前掲現代消費者法28号22頁，同「適合性原則違反の判断基準とその精緻化」加賀山茂還暦・市民法の新たな挑戦〔2013〕115頁以下）。

　助言義務と適合性原則の関係について，上記の平成17年最判に才口千晴裁判官の補足意見があり，「被上告人のような経験を積んだ投資家であっても，オプションの売り取引のリスクを的確にコントロールすることは困難であるから，これを勧誘して取引し，手数料を取得することを業とする証券会社は，顧客の取引内容が極端にオプションの売り取引に偏り，リスクをコントロールすることができなくなるおそれが認められる場合には，これを改善，是正させるため積極的な指導，助言を行うなどの信義則上の義務を負うものと解するのが相当である」と述べており，ここで問題とされている助言義務は，「業者が利用者の知識・経験，財産力，投資目的に適合した形で勧誘（あるいは販売）を行わなければならない」というルール，すなわち，広義の適合性原則を措定することによって導かれる義務である。その意味で，助言義務は，広義の適合性原則の適用場面で問題となる義務であると考えられる（山本豊「契約準備・交渉過程に関わる法理（その2）――適合性原則，助言義務」法教336号〔2008〕103-104頁）。

　(b)　強迫的勧誘　　強迫的勧誘としては，不当な圧迫を加えて顧客が自由に意思決定を行う機会を奪うような勧誘行為を挙げることができる。深夜に及ぶ執拗な勧誘や，心理的圧迫等により正常な判断力が働かない状態での勧誘など，強迫（96条）や困惑（消費契約4条3項）に該当しない威迫・困惑行為も含まれる（後藤・前掲消費者契約と民法改正56頁以下〔初出，2011〕，同204頁以下〔初出，2012〕）。

　消費者契約法上の困惑取消しの類型は，消費者契約法成立当初は不退去（4条3項1号）および退去妨害（2号）の場合に限られていたが，同法の平成30年改正および令和4年改正により，消費者を任意に退去困難な場所に同行しての勧誘（3号），威圧する言動を交えた相談の連絡の妨害（4号），経験の不足による不安をあおる告知（5号），経験の不足による好意の感情の誤信

$§709$　D　VI

に乗じた破綻の告知（6号），判断力の低下による不安をあおる告知（7号），霊感等による知見を用いた告知（8号），契約前の義務実施・契約目的物の現状変更（9号），契約前活動の損失補償請求（10号）の各場合に適用範囲を拡張した。これらに該当する場合を含め，様々な威迫・困惑行為が不法行為としての評価の対象になる。

　(ウ)　不当勧誘と不法行為

　　(a)　債務不履行責任と不法行為責任　　説明義務・情報提供義務の違反に基づく損害賠償請求につき，裁判例には，債務不履行責任を認めたものもある（東京高判平 11・9・8 判タ 1046 号 175 頁，福岡地判平 18・2・2 判タ 1224 号 255 頁，最判平 21・7・16 民集 63 巻 6 号 1280 頁など。請求の根拠としては，債務不履行と不法行為の両方を主張することが少なくない。本稿で取引的不法行為の事例として紹介する裁判例のなかにも，請求の根拠として，不法行為に加えて債務不履行を挙げているものがある）。学説上も，この場合を契約締結上の過失責任の一類型と解し，一種の債務不履行となるとする立場が有力に主張された（本田純一「『契約締結上の過失』理論について」現代契約法大系(1)〔1983〕208 頁など）。

　しかし，最高裁平成 23 年 4 月 22 日判決（民集 65 巻 3 号 1405 頁）が，契約の一方当事者が，当該契約の締結に先立ち，信義則上の説明義務に違反して，当該契約を締結するか否かに関する判断に影響を及ぼすべき情報を相手方に提供しなかった場合，一方当事者は，相手方が当該契約を締結したことにより被った損害につき，当該契約上の債務の不履行による賠償責任を負わないと判示し，債務不履行責任ではなく不法行為責任によってこの場面が規律されるとの判断を示したことから，この場面における不法行為責任の検討を深める必要がある。

　ただし，説明義務・情報提供義務には，①相手方の意思決定を左右し契約の有効性にかかわる重要なものと，②相手方の意思決定を左右するに至らず契約の有効性にかかわらない付随的なものがあると考えられ（上記平成 23 年判決における千葉勝美裁判官の補足意見は基本的には同様の見方と思われる），学説にも，「契約の締結に向けられた情報提供義務」と「契約の履行に向けられた情報提供義務」を区別し，情報提供義務の違反により，前者については錯誤無効（現，錯誤取消し）や詐欺取消し，あるいは不法行為に基づく損害賠償義務が生じ，後者については債務不履行責任が生ずるとして，同様の方向を説

〔後藤〕　859

§*709* D Ⅵ 第3編 第5章 不法行為

くものがある（横山美夏「契約締結過程における情報提供義務」ジュリ1094号〔1996〕130頁）。このような区別によれば，②の違反に基づく損害賠償責任については，これを債務不履行責任と考えても，上記の平成23年判決に抵触しないと解される。

(b) 原状回復的損害賠償　　不当勧誘を理由として不法行為責任を認めた裁判例においては，ほとんどの場合，不法行為を理由とする損害賠償という構成で，契約の名の下で支出した金額に相当する額の回復を命じており（ただし，過失相殺を通じて賠償額が減額されることが多い），これにより，被害者にとっては契約を（一部）無効と評価したうえで給付利得の返還が認められたのと同様の経済的効果が導かれている。

この場面で問題となる不法行為とは，意思決定に不当な介入が行われ，本来ならば意図しない金銭の出捐を強いられたことにほかならないから，不当な勧誘に基づき実際に出捐させられた金銭を損害とみるべきことになる（山本敬三・公序良俗論の再構成〔2000〕290頁〔初出，1996〕）。このような意味での損害賠償は，「原状回復的損害賠償」と言われる（潮見佳男・契約法理の現代化〔2004〕〔以下，「現代化」で引用〕9頁〔初出，1995〕）。

(c) 評価矛盾問題　　不当勧誘の場面で不法行為責任の追及を認める裁判例の中には，契約の有効性を維持しつつ，不法行為に基づく損害賠償責任を認めたものがある（大阪地判昭47・9・12判時689号104頁，大阪高判平3・9・24判時1411号79頁，前掲仙台地判平3・12・9など。もっとも，このように契約の効力について言及する裁判例はむしろ少数であり，契約の効力について触れることなく不法行為に基づく損害賠償責任を認める裁判例が多い。東京地判平2・3・29判時1381号56頁，名古屋簡判平5・6・30判タ848号266頁など）。そのため，契約の効力を維持しつつ，その契約を成立させた者の行為が不法行為となると言えるのかという疑問が提示された（松岡和生〔判批〕判評174号（判時706号）〔1973〕25頁，河本一郎「証券・商品取引の不当勧誘と不法行為責任」上柳克郎還暦・商事法の解釈と展望〔1984〕493頁以下，森田宏樹「『合意の瑕疵』の構造とその拡張理論（3・完）」NBL484号〔1991〕61頁）。これを認めることは，契約の効力を維持しながら，契約に基づく給付を保持するという状態を損害賠償によって覆すことであるから，実質的には契約の効力を否定しているのに等しく，ここには，法律行為法と不法行為法との制度間での評価矛盾があるという指摘である。この見解は，原状回復

§709 D Ⅵ

的損害賠償が認められるような場合には，契約の無効・取消しによる問題解決を図るべきであるとする（潮見・現代化 30 頁以下）。

このような評価矛盾論に対しては，これに疑問を呈する学説もある。すなわち，法律行為法はすべての違法な行為に無効・取消し→原状回復という救済を与えているわけではなく，救済には，侵害の程度に応じて様々な段階があってよく，無効・取消原因がないからといって，その結果有効とされた契約による給付を法があらゆる面で積極的に適法・正当と評価するものではないとする（松岡久和「原状回復法と損害賠償法」ジュリ 1085 号〔1996〕92 頁）。また，違法評価を受ける契約締結態様が種々存在し得るなかで，法律行為法は一定の場合についてのみ契約の取消しまたは無効という救済手段を与え，それ以外の場合には損害賠償のみが許容されていると解することは可能であると指摘する（横山・前掲ジュリ 1094 号 136 頁）。

ただし，評価矛盾論に立つ見解も，契約の無効・取消しによる問題解決を図るべきであるとしつつ，一部無効や信義則による履行請求の減縮などを認めることによって，法律行為法でも割合的解決を行うことは可能であるとし（潮見・現代化 31 頁），他方，評価矛盾論を批判する見解も，規範や制度間の競合の場合に相互の調整の必要性自体を否定するものではない（松岡・前掲ジュリ 1085 号 92 頁，横山・前掲ジュリ 1094 号 135 頁）。どちらの見解も，規範や制度間の調整が必要であることは認めているが，そのうえで，既存の要件論・効果論をどこまで固定的なものと考えるかの違いが，2 つの立場の差異をもたらしていると言えよう（道垣内弘人「請求権競合論から制度間競合論へ」ジュリ 1096 号〔1996〕109 頁）。

その意味では，評価矛盾論の提言内容は，法律行為法・不法行為法それぞれの制度固有の論理に譲れない部分があるかどうかといった点についての根本的な検討を通して，むしろ法律行為法・不法行為法の立法論において考慮されるべき余地が大きいと言えよう（山本豊「契約準備・交渉過程に関わる法理（その 1）──情報提供義務」法教 334 号〔2008〕72 頁）。消費者契約法の制定（2000年）による消費者への取消権の付与（消費契約 4 条）およびそれを基盤とする特別法の展開（特定商取引 9 条の 3 等，割賦 35 条の 3 の 13 等）は，この観点から重要な意義を有する。

〔後藤〕　861

§709 D Ⅵ 　　　　　　　　　　　　　　　第3編　第5章　不法行為

㈐　契約締結に関与した第三者の不法行為責任

契約の無効・取消しに基づく不当利得返還請求の主張は，契約の相手方に対してしかできないが，不法行為責任の追及であれば，契約の相手方のみならず，契約締結に関与した第三者に対する責任追及も考えられる。具体的には，次に挙げるような第三者の不法行為責任が問題となる。

（a）広告関係者　　広告関係では，不当広告の掲載者の責任を認めたものとして，東京地裁昭和60年6月27日判決（判タ585号65頁）がある。裁判所は，国家公務員共済の組合員向けの雑誌である『ニュー共済ファミリー』に，「特選分譲地情報」として広告が掲載された土地の売主が，同土地を所有者から入手していないのに，自己の土地であるかのごとく欺罔して契約をさせ，手付金・中間金を詐取したという事案において，同誌の発行会社としては，同社を信用し，同社が推薦する業者，物件であるということで取引に入る顧客の信用を裏切らないようにするべき注意義務があり，これを避けようとするなら，同社は単に広告を掲載するだけで，取引については何ら責任を負うものではないことを表示するなどして，顧客がより慎重に取引に臨むよう配慮すべきであったとして，同誌の発行会社に損害賠償責任があるとした（ただし，上記注意義務違反と相当因果関係にある損害としては，損害額の3割の賠償が相当とした）。

また，最高裁として初めて，新聞広告の内容の真実性について新聞社・広告社が調査確認義務を負う場合があることを認めた判決として，最高裁平成元年9月19日判決（裁判集民157号601頁）がある。これは，新聞社が掲載した竣工前の分譲マンションの買受け申込みを勧誘する広告によって当該マンションの購入契約を締結した者が，マンション業者の倒産によって損害を被ったとして，広告を掲載した新聞社の債務不履行責任および同新聞社と上記広告の版下を搬入した広告社の不法行為責任を追及したという事案に関するものであり，最高裁は，「広告掲載に当たり広告内容の真実性を予め十分に調査確認した上でなければ新聞紙上にその掲載をしてはならないとする一般的な法的義務が新聞社等にあるということはできないが，……広告媒体業務にも携わる新聞社並びに同社に広告の仲介・取次をする広告社としては，新聞広告のもつ影響力の大きさに照らし，広告内容の真実性に疑念を抱くべき特別の事情があって読者らに不測の損害を及ぼすおそれがあることを予見し，

862　〔後藤〕

又は予見しえた場合には，真実性の調査確認をして虚偽広告を読者らに提供してはならない義務」があるとした（ただし，同義務の違反はなかったとして，新聞社，広告社の責任を否定した）。

さらに，原野商法の広告に推薦文を掲載した者の責任を認めたものとして，大阪地裁昭和62年3月30日判決（判タ638号85頁）がある。裁判所は，販売会社のパンフレットに推薦文を掲載するなどして，原野商法に関与した俳優につき，自己の持つ影響力を認識するのはもちろんのこと，広告主の事業に不正があった場合に損害が多額に上る可能性を認識し，自分が，一人のタレントとして販売会社の単なる情報伝達手段としての役割を演ずるにとどまらず，個人の立場から，販売会社あるいはその取り扱う商品の推薦を行う場合には，その推薦内容を裏付けるに足りる調査を行うべき義務があるなどとして，販売会社の不法行為を幇助した責任があるとした（ただし，総合的な考慮から，原告の落ち度を考慮し，全損害のうち6割の範囲で他の被告と連帯して損害賠償責任を負うとした）。

（b）金融機関　　金融機関の責任を認めたものとして，名古屋地裁平成6年9月26日判決（判タ881号196頁）がある。これは，原野商法として不法行為と認定された土地のローン提携販売において，提携銀行は，買主が損害を被るという結果の発生を防止すべき高度の注意義務を負っていたにもかかわらず，この義務に違反し，ローンの締結，杜撰な担保の評価等，買主の本件土地の購入に関しての判断を誤らせるような行為に出たものであり，重大な過失により，買主に損害を被らせたとして，銀行の不法行為責任を肯定したものである。

また，最高裁平成18年6月12日判決（判タ1218号215頁）も，銀行が責任を負う場合があることを認めている。すなわち，銀行の担当者が，顧客に対し，融資を受けて顧客所有地に容積率の制限の上限に近い建物を建築した後，敷地として建築確認を受けた土地の一部を売却することにより融資の返済資金を調達する計画を提案した建築会社の担当者と共に，上記計画を説明し，顧客が，上記計画に沿って銀行から融資を受けて建物を建築したが，その後，上記土地の一部を予定どおり売却することができず，上記融資の返済資金を調達することができなくなったところ，上記計画には，上記土地の一部の買主がこれを敷地として建物を建築する際，敷地を二重に使用することとなっ

§*709* D Ⅵ 第3編　第5章　不法行為

て建築確認を直ちには受けられない可能性があることなどの問題があったな
どの事実関係の下においては，顧客が，原告として，銀行の担当者は顧客に
対して上記土地の一部の売却について取引先に働き掛けてでも確実に実現さ
せる旨述べたなどの事情があったと主張しているにもかかわらず，上記事情
の有無を審理することなく，上記担当者について，上記問題を含め上記土地
の一部の売却可能性を調査し，これを顧客に説明すべき信義則上の義務がな
いとした原審（大阪高判平16・3・16金判1245号23頁）の判断には違法があると
した。

　なお，変額保険の勧誘につき第一義的に責任を負うべき保険会社とともに
銀行が責任を負うことを認めた判決もある（→(2)(ｱ)(b)(ⅲ)）。

　　(c)　場の提供者など　　インターネットオークションサイト運営事業者
が，出品者を加害者，落札者を被害者とする詐欺行為についていかなる責任
を負うかが問題になった事件として，名古屋地裁平成20年3月28日判決
（判タ1293号172頁）がある。これは，Yの提供するインターネットオークシ
ョンサイトを利用して，商品を落札し，その代金を支払ったにもかかわらず，
商品の提供を受けられないという詐欺被害にあったXらが，Yの提供する
システムには，契約および不法行為上の一般的な義務である詐欺被害の生じ
ないシステム構築義務に反する瑕疵があるとし，Yに対し損害賠償を求めた
という事案に関する判決であり，Yは，信義則上，利用者に対して「欠陥の
ないシステムを構築して本件サービスを提供すべき義務」を負っているとし
たうえ，Yは，利用者間のトラブル事例等を紹介するページを設けるなど，
詐欺被害防止に向けた注意喚起を実施・拡充してきており，時宜に即して，
相応の注意喚起措置をとっていたものと認めるのが相当であるとして，Xの
請求を棄却した（同判断は，高裁でも維持され（名古屋高判平20・11・11自保ジャー
ナル1840号179頁），最高裁も上告棄却および上告不受理の決定を下して（最決平21・
10・27 LLI/DB L06410194。花田容祐〔判批〕NBL931号〔2010〕49頁），本件は終了して
いる）。この判決において，オークションサイト運営事業者の責任は，結論
としては否定されているが，責任が肯定される要件が明らかにされつつある。

　情報通信技術やデータを活用して第三者に「場」を提供するデジタルプラ
ットフォーム事業者（PF事業者）が介在する取引市場が拡大し，2020年に
「特定デジタルプラットフォームの透明性及び公正性の向上に関する法律」，

§*709* D Ⅵ

2021 年に「取引デジタルプラットフォームを利用する消費者の利益の保護に関する法律」が成立するなど，デジタルプラットフォームをめぐる取引環境の整備が進んできている。学説上も PF 事業者の責任についての議論が展開している（千葉惠美子「デジタル・プラットフォームビジネスにおけるプラットフォーム事業者の役割と責任」NBL1248 号〔2023〕17 頁以下など）。PF 事業者が介在する取引においては，①PF 事業者と財・サービスの提供者の契約関係（利用契約），②PF 事業者と財・サービスの購入者の契約関係（利用契約），③財・サービスの提供者と購入者の契約関係（取引契約）があるが，契約を個別的にとらえる限り，契約の相対効により，PF 事業者が負担する債務は利用契約に基づくものに限定され，利用契約とは別個の契約である取引契約についてPF 事業者は契約上の責任を負わない。こう考えると，この場合に PF 事業者が責任を負うとしてもそれは不法行為責任である。しかし，財・サービスの提供者と財・サービスの購入者の間の取引契約は，PF 事業者の介在により，はじめてその成立が可能となるものであり，その前提として，財・サービスの提供者も財・サービスの購入者も利用規約に同意することが必要になるのであって，三つの契約が相互に密接に関連している。こうした見方に立って，契約法的な観点から PF 事業者の責任のあり方を考える見解が多数である（中田邦博「消費者視点からみたデジタルプラットフォーム事業者の法的責任」現代消費者法 48 号〔2020〕24 頁以下など。比較法を含めた詳しい検討として，三枝健治「プラットフォーム提供者の契約責任」後藤巻則古稀・民法・消費者法理論の展開〔2022〕253 頁以下参照）。

　　(d)　**幇助者**　　原野商法の対象となった土地の売買を仲介等した宅地建物取引士の不法行為責任を認めたものとして，大阪高裁平成 7 年 5 月 30 日判決（判タ 889 号 253 頁）は，本件は取引の相手方が多数の住民に多額の被害を発生させる行為をすることが予見可能で，少しの調査で結果発生が回避できる場合であって，法令を遵守すべき義務のある宅建業者としては，取引ないし仲介の相手方がそのような行為をすることを予見し，これを回避すべき注意義務があったとして，宅建業者が過失による幇助責任を負うとした（宅地建物取引士に同様の責任を認めた判決が複数存在する（秋田地大曲支判平 29・9・22 消費者法ニュース 115 号 269 頁など））。

　幇助者の責任については，上記のような事例のほか，原野商法の広告に推

§*709* D VI 第3編 第5章 不法行為

薦文を掲載した者の責任を認めた判決（前掲大阪地判昭62・3・30）などもある。また，最近では，私設私書箱，電話，預金口座など，詐欺行為の手段を提供するなど，取引的不法行為において関与者の幇助責任（719条2項）を問題とする判決が多くなっている（→第16巻§719 V(4)）。

(3) 有価証券報告書等虚偽記載類型

これは，有価証券報告書等の虚偽記載によりマーケットを歪める虚偽情報が提供された場合であり，株式を発行する会社が虚偽の情報を投資家に公表し，その情報を信じた投資家（株主）がその会社の株式を購入したことにより被った経済的損失を不法行為法により損害賠償請求できるかどうかが問題となる。西武鉄道の有価証券報告書等虚偽記載事件では，大株主の株式所有数に関する有価証券報告書等の虚偽記載が問題となり，西武鉄道やその取締役等に対して損害賠償を請求する訴訟が相次いで提起された（現在では，金融商品取引法の規律があり，同法21条の2では，民法709条の特則として要件が緩和されており，故意または過失の立証責任が転換され〔同条2項〕，損害額および因果関係について推定規定が設けられている〔同条3項〕。その一方で，損害賠償額については上限が定められている〔同条1項本文・19条1項〕）。

西武鉄道事件の下級審判決においては，「有価証券報告書等の重要な事項について虚偽の記載をすることは，有価証券の流通市場における公正な価格形成及び円滑な取引を害し，個々の投資家の利益を害する危険性の大きい行為」であるから，「有価証券報告書等を提出する会社及び当該会社の取締役は，有価証券報告書等の提出に当たり，その重要な事項について虚偽の記載がないように配慮すべき注意義務があり，これを怠ったために当該重要な事項に虚偽の記載があり，それにより当該会社が発行する有価証券を取得した者に損害が生じた場合には，当該会社及び当該取締役は，当該取得者が記載が虚偽であることを認識しながら当該有価証券を取得した等の特段の事情がない限り，当該損害について不法行為による賠償責任を負う」（東京地判平20・4・24判タ1267号117頁）などとして，不法行為の成立自体は概ね肯定されており，最高裁も不法行為責任の成立を認めたが（最判平23・9・13民集65巻6号2511頁），虚偽記載によって投資家が被った損害をどのようにとらえるかについては議論がある（→3(5)(ウ)）。

866　〔後藤〕

§*709* D Ⅵ

⑷　給付起因損害類型

建物の瑕疵によって直接の契約関係にない居住者等の生命，身体または財産が侵害された場合，すなわち拡大損害が生じた場合に，瑕疵ある建物を建築し，流通に置いた設計・施工者等に不法行為責任が生ずることには異論がない。問題となるのは，拡大損害の賠償ではなく，瑕疵の修補費用相当額の損害の賠償という意味での経済的損失である。

瑕疵修補費用は契約があるからこそ損害として評価されること，当事者の契約によって調整が施されている利益に不法行為法が介入すべきでないことから，この場合の不法行為責任を否定することが考えられる。他方，不法行為法の保護法益を拡大損害の場合に限定する必要はないと考えれば，建物自体について生じた損害であっても，不法行為法に基づく損害賠償が認められることになる。そこでは，建物の瑕疵に基づくリスクは，建物所有者と直接の契約関係に立つ当事者との間の契約と契約法によって分配されるべきであって，不法行為法は契約に介入するべきではないとする考え方と，建物の瑕疵にかかわるリスクについては，それを作出した者が，居住者等との関係においても負担すべきであるとして不法行為法の適用を認める考え方（最判平23・7・21判タ1357号81頁は，「建物としての基本的な安全性を損なう瑕疵」があった場合に，この立場に立つ）が対立し，とりわけ拡大損害が生じていない状況のもとでの責任追及において，不法行為法によって保護されるべき法益をどのように理解するかについての本格的な議論が求められた（瀬川信久〔判批〕現代消費者法14号〔2012〕90頁，大澤逸平「建物の基本的安全性の瑕疵に関する不法行為責任について」専修ロージャーナル7号〔2012〕90頁，笠井修〔判批〕NBL963号〔2011〕42頁など）。

3　「取引関係における不法行為」の特徴

以下では，取引的不法行為の成立要件に着目して，これまで紹介・検討してきた4つの類型を横断する形で，取引的不法行為の特徴を考察する。

⑴　行　　為

事実的不法行為は，行為が比較的短い時間内に一回完結で行われることが多いのに対して，取引的不法行為は，取引の勧誘から終了に至る全体を通して，反復継続して行われることも多い。また，商品先物取引事例が典型であるが，一つの行為（勧誘ないし取引受託）がその後の新たな行為の前提となっ

§*709* D Ⅵ　　　　　　　　　　　　　　第3編　第5章　不法行為

ていたり，影響し合っていることも少なくない。そのため，取引的不法行為
の場合には，個々の行為でなく全体を一体の行為として，不法行為の成否を
判断することが必要なことが多い。そのような場合でも，違法性判断は不当
な勧誘行為に収斂するという見方もあるが（商品先物取引につき→2(2)(ア)(b)(ⅱ)），
取引的不法行為の実態に適合的な考え方として，一体的不法行為論の進展を
図ることが必要であろう。

　また，事実的不法行為の場合には，侵害を回避する義務を被告（加害者）
にどれだけ負わせるかが，不法行為の成否の判断の中心となるが，取引的不
法行為では，先物取引，変額保険取引，ワラント取引をはじめとする不当勧
誘類型にみられるように，不十分な説明によって損失を与える点が問題の核
心であり（→2(2)(ア)(b)），加害者が損害を回避できたかを判断する前に，取引
上どのような行為が不法行為になるかが，まず問題になる（瀬川信久「民法
709条（不法行為の一般的成立要件）」百年Ⅲ 586頁）。情報提供義務がどのような
場合に存在するか，という議論（→2(2)(イ)(a)(ⅱ)）は，この問題の一環である。

(2)　故意・過失

　取引的不法行為でも，不法行為の要件として故意・過失が必要とされる。
しかし，実際の判断においては，行為に「違法性」が認められれば，故意，
過失はあまり問題にならない。

　例えば，変額保険・ワラント取引の事例では，ほとんどの裁判例は，損害
の予見可能性を認定していない（→2(2)(ア)(b)(ⅲ)(ⅳ)）。これらの取引で「過失」
を認定しないのは，投資商品の取引では，ある程度の危険を相手方に負わせ
ることが許されるために，相手方の損害の可能性を予見していただけで不法
行為を認めることはできないからであろう（瀬川・前掲百年Ⅲ 587頁）。投資勧
誘に関する裁判例において損害賠償請求が肯定された事例では，違法性の認
定に付随して過失が容易に認定され，あるいは，単に客観的概念としての過
失が認定されており，違法性と過失の存否はほぼ一体として判断されている
（清水・投資勧誘461頁）。

　また，有価証券報告書等虚偽記載類型においては，当該虚偽記載が，当該
担当者の故意（もしくはそれと同視される重過失）によりなされることがほとん
どであり，法人または代表者につき，かかる虚偽記載を防ぐことができたか
どうかという観点から，その義務違反（有価証券報告書等の虚偽記載を予防するた

868　〔後藤〕

めに「なすべき行為」をしなかったという義務違反）と過失の有無が問題となるが，ここでの過失とは，虚偽記載という結果の回避に向けた行為義務の違反（客観的過失）であり，過失の有無の判断は，法人または代表者の上記義務違反の判断とおおむね一致することになる（明石一秀＝田中襄一＝松嶋隆弘・金融商品と不法行為——有価証券報告書虚偽記載と損害賠償〔2012〕8頁）。

(3) 権利・法益侵害，違法性

(ア) 権利・法益侵害，違法性判断の特徴　　取引的不法行為の事例では，不法行為の成否につき，権利・法益侵害，違法性の判断が大きな部分を占める（瀬川・前掲百年Ⅲ 587-588 頁）。例えば，マルチ商法では，多くの裁判例で，仕組みの違法性・勧誘の違法性を詳細に判断しており（→2⑵(ア)(a)(ⅱ)），変額保険・ワラント取引等では，違法性を，もっぱら説明義務違反の有無によって判断している（→2⑵(ア)(b)(ⅲ)(ⅳ)(ⅵ)）。説明義務の違反を問題とし，権利侵害にあたる事実を認定しないことが多いのは，直接の侵害対象が被害者の意思・判断であるために，被侵害財産を特定できないからであろう（瀬川・前掲百年Ⅲ 587 頁）。

また，独占禁止法や不正競争防止法をはじめとする市場秩序に関する諸法令や，消費者取引において事業者に対する種々の規制を課す諸法令等に見られるように，取引行為を規制する取締法規が増大し，取締法規違反行為が不法行為の成否にとってどのような意味をもつかが問題とされている。この問題は，学説上，不法行為の成否の判断をどのように行うかに関する理論枠組みに即して，「違法性」の要件あるいは「過失」の要件として扱われてきたが（山本敬三・前掲公序良俗論の再構成 266 頁），いずれにせよ，取締法規が，不法行為責任において問題とされている当該利益に対する侵害を防止することを目的としている場合には，そうした取締法規の違反が，不法行為責任を成立させる方向で影響を与えるとする見解が有力である（窪田 97 頁など）。

裁判例にも，例えば，株式の購入につき証券取引法（当時）違反の勧誘が行われたという事案で，取締法規違反の行為は，理論上は民事上の不法行為の故意，過失を直接構成するものではないけれども，その違反の有無は，不法行為の要件である違法性を判断するための要素の一つとなることは明らかであり，また，その取締法規の目的が間接的にもせよ一般公衆を保護するためのものであるときは，その取締法規違反の事実は，他の諸事情をも勘案し

§709 D Ⅵ 　　　　　　　　　　　第3編　第5章　不法行為

て不法行為の成否を判断する主要な要素であり，一応不法行為上の注意義務違反を推認させるとするものがある（東京高判平 11・7・27 証券取引被害判例セレクト 14 巻 1 頁）。

　(イ)　被侵害権利・法益

　取引的不法行為においては，多くの場合に，純粋経済損失の賠償が問題となるが，他方で，この場面では，自己決定権等の法益が侵害されたということもできる。そのため，取引的不法行為における権利・法益侵害，違法性の判断においては，被侵害権利・法益をどうとらえるかが，基本的な課題となる。

　(a)　契約交渉破棄類型　　契約準備交渉段階でも，当事者はたがいに相手方の人格や財産を害さないという信義則上の注意義務を負い，それに違反して相手方に損害を生じさせた場合に損害賠償責任を認めるのが，判例・通説である（山本敬三・前掲民法講義Ⅳ-1 契約 47 頁）。

　この類型につき，「契約を確実に締結できるものと信頼して……準備作業を開始したものであり，……信義衡平の原則に照らし，原告の上記信頼には法的保護が与えられなければなら」ないと判示した最高裁判決があり（最判平 18・9・4 判タ 1223 号 131 頁），相手方の信頼が保護法益として観念されている。

　学説の有力説は，①自己の行為により契約締結の可能性や確実性を相手方に誤信させた後で，契約締結交渉を打ち切った場合（誤認惹起型），および②契約交渉が成熟に至った段階で，正当な理由なく契約締結を拒絶して相手方の信頼を裏切った場合（信頼裏切り型）に，不当破棄による責任を負うとする（池田清治・契約交渉の破棄とその責任〔1997〕25 頁以下・331 頁以下・342 頁以下〔初出，1991-1992〕）。①においては，「先行行為に対する信頼」，②においては，「契約成立への正当な期待」が保護法益となると考えられるが（潮見Ⅰ 117 頁・131 頁以下），ここでの問題は，交渉破棄者の「交渉離脱の自由」と相手方の「契約締結への信頼・期待」との調整であり，①②の類型は，その均衡点が，交渉破棄者の誤認惹起行為（①）または交渉の成熟（②）という基準に見い出されたものに他ならない（橋本佳幸「不法行為法における総体財産の保護」論叢 164 巻 1～6 号〔2009〕408 頁）。その意味では，①②を通じ，「契約締結への信頼・期待」という法益の侵害が問題となっていると言えよう。

870　〔後藤〕

§709 D Ⅵ

(b) 不当勧誘類型・有価証券報告書等虚偽記載類型　　不当勧誘類型における顧客の損害賠償請求について，学説は，自己決定権侵害の問題として検討してきた（潮見・現代化128頁など）。ただし，自己決定権侵害の位置づけについては争いがあり，(α)説明義務違反によって（自己決定権が侵害されたこと自体ではなく）本来なら締結しなかったはずの契約を締結させられたことにより財産的損失を被ったことを，709条の権利・法益侵害ととらえて，不法行為責任を追及するという見解と，(β)勧誘者の説明義務違反により，その契約を締結するかどうかを決定する権利（自己決定権）が侵害されたととらえ，その侵害による機会の喪失を損害とみて，不法行為責任を追及するという見解がある。

(α)の考え方は，「取引的不法行為における説明義務違反を介しての自己決定権侵害という構想は，取引行為の当事者の自己決定という人格的利益そのものの保護を目指すものではない。財産的利益の処分についての自己決定権の不法行為法上の意味は，少なくとも現状では，財産的利益の保護を実現するという効果を導き出すという枠内で認められる」とする（錦織成史「取引的不法行為における自己決定権侵害」ジュリ1086号〔1996〕90頁。橋本佳幸「取引的不法行為における過失相殺」ジュリ1094号〔1996〕153頁も，（自己決定への干渉という加害形態をとった）純粋財産損害と構成すれば足りるという）。ここでは，不法行為法が保護するのは，生命身体等の人格的利益や財産権であり，自己決定権は，そうしたいわば最終的な権利・利益を保護する手段とみる。

これに対して，(β)の考え方は，「経済的な損失がなくても，自己決定権が侵害され，何らかの救済が必要な場合は存在する」として，「説明義務違反がある場合，表意者は，整備された情報環境の下で意思決定をする機会を失う。これが自己決定侵害の意味であろう。したがって，これに対する最も効果的な救済は，意思決定がなかった状態に戻すことである」とする。そして，「救済手段として，原状回復（契約の解消）ではなく金銭賠償を考える際にも，経済的損失ではなく，機会の喪失そのものを損害と位置づけ，その金銭的評価を考えるべきである」という（小粥太郎「『説明義務違反による損害賠償』に関する2, 3の覚書」自由と正義47巻10号〔1996〕45-46頁）。

西武鉄道株を取得させられたこと自体が損害であるとした西武鉄道事件最高裁判決においても，西武鉄道株を取得するという自己決定権に対する侵害

§709 D VI　　　　　　　　　　　　第3編　第5章　不法行為

を観念することができ（潮見佳男「資産運用に関する投資者の自己決定権侵害と損害賠償の法理」松本恒雄還暦・民事法の現代的課題〔2012〕527頁，同「有価証券報告書等の不実表示に関する責任について——民法から」法セ695号〔2012〕20頁），有価証券報告書等虚偽記載類型も，自己決定権の侵害という観点からの考察が必要である（→(5)(ウ)(a)）。

　　(c)　給付起因損害類型　　注文者Aから建物を譲り受けた所有者Xが，直接の契約関係にない同建物の設計・施工者等に対し，不法行為に基づき瑕疵の修補費用相当額の損害賠償を請求できるかどうかかが争われた。この事件で，福岡高裁平成16年12月16日判決（判タ1180号209頁）は，契約責任と不法行為責任の機能分担を念頭において，不法行為責任は設計・施工者等が注文者または建物取得者の権利を積極的に侵害する意思があるなど「強度の違法性」がある場合に限定して発生するとしたが，第1次上告審判決（最判平19・7・6民集61巻5号1769頁）は，この立場を改め，建物の建築に携わる設計・施工者等は，「建物の建築に当たり，契約関係にない居住者等に対する関係でも，当該建物に建物としての基本的な安全性が欠けることがないように配慮すべき注意義務」を負い，「設計・施工者等がこの義務を怠ったために建築された建物に建物としての基本的な安全性を損なう瑕疵があり，それにより居住者等の生命，身体又は財産が侵害された場合には，設計・施工者等は，不法行為の成立を主張する者が上記瑕疵の存在を知りながらこれを前提として当該建物を買い受けていたなど特段の事情がない限り，これによって生じた損害について不法行為による賠償責任を負う」とし，このことは「居住者等が当該建物の建築主からその譲渡を受けた者であっても異なるところはない」とした。

　　これに対して，建物の所有者の修補費用の支出や瑕疵による減価は，契約目的物の瑕疵（契約利益）の問題であり，本来，契約法が規律すべきであって，これを不法行為に基づく損害賠償として請求するには，建物の瑕疵がはらむ「生命身体に対する差し迫った危険」を要件とすべきであるとする批判がなされた（橋本・前掲論叢164巻1〜6号413頁）。第2次控訴審判決（福岡高判平21・2・6判タ1303号205頁）も，この立場を採り，「居住者等の生命，身体又は財産に対する現実的な危険性を生じさせる瑕疵」が存在した場合にのみ瑕疵修補費用相当額の賠償を認めた。しかし，第2次上告審判決（最判平

23・7・21判タ1357号81頁）は，この立場を改め，「居住者等の生命，身体又は財産に対する現実的な危険をもたらしている場合に限らず，当該瑕疵の性質に鑑み，これを放置するといずれは居住者等の生命，身体又は財産に対する危険が現実化することになる場合には，当該瑕疵は，建物としての基本的な安全性を損なう瑕疵に該当する」とした（その後，再度の差戻後の控訴審判決である福岡高判平24・1・10判タ1387号238頁は，当該建物には，建物としての安全性を損なう瑕疵があるとして，施工者等に対する不法行為に基づく損害賠償請求を一部認容した）。

　このように現実的な法益侵害がなく，建物自体の損害（具体的には，瑕疵修補費用相当額の損害）しか生じていない段階で想定される保護法益については，学説上，Xの「所有権」とみる見解（鎌野邦樹〔判批〕NBL875号〔2008〕16頁，藤田寿夫〔判批〕法時81巻6号〔2009〕121頁），Xの「総体財産」への侵害（橋本・前掲論叢164巻1〜6号397頁・413頁），あるいは「純粋経済損失」の問題（山口成樹〔判批〕判評593号（判時2002号）〔2008〕186頁，新堂明子「契約と過失不法行為責任の衝突――建物の瑕疵により経済的損失（補修費用額）が生じる例をめぐって」NBL936号〔2010〕17頁，同「契約と過失不法行為責任の衝突――建物の瑕疵により経済的損失（補修費用額）が生じる例をめぐって」北法61巻6号〔2011〕2270頁）とみる見解，「『建物としての基本的な安全性を確保することにより生命，身体または財産が危険にさらされない』という利益」とみる見解（円谷峻〔判批〕平19重判解90頁），「居住者等の生命，身体又は財産に対する危険を引き受けさせられないという利益」とみる見解（荻野奈緒〔判批〕同志社法学61巻4号〔2009〕187頁），「建物の安全性」とみる見解（笠井・前掲NBL963号47頁），「対価に見合った瑕疵のない建物であることへの信頼」とみる見解（石橋秀起〔判批〕速判解10号〔2012〕67頁）などがある。

　第2次上告審判決が居住者等の生命，身体または財産に対する現実的な危険を要しないとした点については，将来にわたる安全性をも広く不法行為責任の対象とすることへの躊躇も示されている（笠井・前掲NBL963号48頁）。しかし，現実的な危険の発生のみを回避対象とする場合，建築時点の行為義務としての記述が困難で，事前的な義務内容の基準となりにくく（米村滋人〔判批〕民商146巻1号〔2012〕119頁），責任範囲も狭くなりすぎる点で，第2次上告審判決の立場が正当である。この場合の保護法益について，学説には上記

§709 D Ⅵ 第3編　第5章　不法行為

のように種々の見方があるが，第2次上告審判決の立場は，建物完成時点で居住者等の生命，身体また財産に対する抽象的な危険があれば法益侵害性が肯定されるという立場であり，「建物の安全性」が保護法益になっていると考えられよう。

(4) 責 任 能 力

不法行為責任が生ずるためには，行為者が責任能力を有することが必要である（712条・713条）。これに対して，著しく能力の低い一定の行為者の免責を認めるという考慮は，債務不履行においては意思能力・行為能力制度によってなされているとして，債務不履行責任では責任能力を不要とする見解が有力である（中田裕康・債権総論〔4版，2020〕163頁）。同様に，取引の世界での財産管理・処分能力については，もっぱら意思能力と行為能力によって決すべきであり，取引的不法行為については責任能力は不要と解すべきであろう（潮見Ⅰ404頁）。

(5) 損害・因果関係

(ア) 契約交渉破棄類型　　契約交渉破棄類型において，伝統的な学説は，契約の成立を信頼したことによる損害としての信頼利益の賠償を認めるが，契約が成立していない以上，契約の成立を前提とした履行利益の賠償は認めない。

これに対して，①契約交渉がかなり煮詰まった段階で，かつ交渉拒絶に背信性が強い場合には，相手方の被る損害が契約成立と同一レベルに達している以上，履行利益賠償を認めるべきであるとする見解（本田・前掲現代契約法大系(1)211頁）や，②代金等を含む契約内容についてほぼ合意に達し，正式契約の締結日が定められるに至った段階では，契約成立に努めるべき義務が発生し，この義務に違反した当事者には，履行利益の賠償義務が課せられるという見解（松本恒雄〔判批〕判評317号（判時1151号）〔1985〕26頁，円谷峻〔判批〕金判687号〔1974〕50頁以下など）がある。

また，③契約が締結されるとの誤信を誘発したこと自体を根拠とする「誤認惹起型」と，信頼の惹起自体でなく，信頼を裏切ったことを帰責の根拠とする「信頼裏切り型」の区別（→(3)(イ)(a)）に依拠し，契約交渉の開始から契約の締結までを，(α)当事者の接触が始まり，契約交渉が具体的に開始されるまでの段階，(β)契約交渉が開始され，契約内容が具体化されるなど交渉

が進展し，主たる事項が定まるまでの段階，(γ)契約の具体的内容がほぼ合意に達し，正式の契約の締結日が定められるに至った段階の３段階に分け，(β)の段階では，契約当事者の一方がその相手方に対して信頼を与えた場合には，自己の先行行為と矛盾する行為をしてはならないという観点から，先行行為に対する信頼を裏切らないように行動する義務を負い，(γ)の段階では，当事者は契約成立への期待を有するから，その利益を保護すべきであり，以後は契約の成立に向かって誠実に交渉する義務を負うとして，(α)の段階では契約交渉の破棄によりなんらの責任も負わないが，(β)の段階では信頼利益の賠償が認められ，(γ)の段階では履行利益の賠償が認められるとする見解（野澤正充・セカンドステージ債権法Ⅰ契約法〔4版，2024〕40頁。山本豊・前掲法教337号107頁も，実質的な判断としてこれに近い）や，④この問題は，損害賠償の範囲に関する一般法理によって判断すれば足りるとする見解（中田・前掲債権総論147頁）もある。

　裁判例の中には，とりわけ融資交渉の破棄の際に，当該交渉の対象となっている契約に続く取引によって得たであろう利益の填補を認めるものもある（大阪地判平2・10・12判時1376号91頁，東京高判平6・2・1判時1490号87頁）。これは，投下資金の回収という意味での信頼利益とは異なる経済的損失の填補を認めるものであり，「履行があれば相手方はどれだけの利益を得ていたか」という視点からの履行利益の賠償とみる余地もある。しかし，こうした判決の理解としては，融資実現を受けて達成される被融資者の経済的状態・保護される経済的利益を確定し，その利益侵害の結果として経済的損失が生じたことを理由とする損害賠償が認められたと見れば足りるであろう（潮見・現代化8頁）。ここでは，信頼利益・履行利益という観点からの問題の立て方自体が意味を有するものかどうかが検討課題となってくる。重要なのは，損害論というよりむしろ，契約締結への信頼・期待という法益の侵害によって被った損害を賠償しなければならないという意味での権利・法益論であると考えられる（潮見Ⅰ139頁）。

　(イ)　不当勧誘類型

　(a)　損害の評価　　不当勧誘類型において，損害の評価が問題になることがある。例えば，ベルギーダイヤモンド事件においては，組織が破綻しても会員の手元には自らが購入したダイヤが残るから，会員の被った損害額を

§709 D VI
第3編 第5章 不法行為

算定するにあたって，このことをどう評価するかが問題となる。

　この点に関する裁判例をみると，(1) 購入価格全額を損害と認めるもの（大阪地判平4・3・27判時1450号100頁），(2) 会員が購入したダイヤの通常小売価格（購入価格の7割程度）を購入価格から控除して損害賠償額を算定するもの（大阪高判平5・6・29判タ834号130頁〔上告審判決である最判平9・2・14審決集44巻792頁も，同旨〕），(3) 処分価格（購入価格の1割程度）をダイヤの価値とみて，これを控除して損害賠償額を算定するもの（大阪地判平3・3・11判タ773号204頁，広島高判平5・7・16判タ858号198頁，東京高判平5・3・29判タ861号260頁〔原判決である東京地判平元・8・29判時1331号86頁は，違法性を否定。上告審判決である最判平9・2・14審決集44巻789頁は，控訴審判決を支持〕），(4) 購入価格については損害と認めず，慰謝料において斟酌するもの（広島地判平3・3・25判タ858号202頁）がある（以上の裁判例につき→2(2)(ア)(a)(ⅱ)）。

　このように見解が分かれるのは，①本件商法全体を違法とみるか，それとも本件商法を部分的には適法とみるかという評価の違いや，②ダイヤ購入に対する被害者の目的（ダイヤを手に入れること自体をどの程度欲していたか）にあると考えられるが（織田博子〔判批〕消費者取引判例百選〔1995〕97頁），これらは，取引関係における不法行為だからこそ問題となるものであり，取引的不法行為に特徴的な考慮要素と考えることができる。

　例えば，上記②の要素を考慮した判決として，前掲大阪地裁平成3年3月11日判決は，「大多数のビジネス会員は，宝石そのものに対する価値若しくは欲求から購入したのではなく，宝石の購入代金を含む投下資本を上回る手数料にひかれて，かつこれを得ることが可能と信じて，ビジネス会員になるために必要なダイヤを購入したものであり，右のような志向を持って本件組織に加入したビジネス会員が組織の破綻によって損害を受けたか否かは，単にダイヤを希望して購入した消費者としての立場を越えて，まさにビジネス会員として目的とした金銭的利益が得られたか否かの問題であると考えるべきであるから，本件組織に加入した会員の損失の有無については，消費者が通常の宝石店で購入するときに支払う宝石の対価を基準とするのではなく，それを処分するとしたときの宝石の交換価値（処分価格）に基づいて判断するのが相当である。」とし，被害者のダイヤ購入目的を考慮した損害論を展開している。

876　〔後藤〕

§*709* D VI

　また，マルチ取引とは事案が異なるが，取引的不法行為における損害の考え方につき参考となる判決として，東京地裁平成 31 年 4 月 17 日判決（LEX/DB25581328）は，不動産の売買，賃貸，仲介等を目的とする会社の社員であるＣから投資用マンション購入の勧誘を受け，2 件の不動産を購入した後，第三者にそれぞれ売却したところ，いずれの不動産においても収支差損を被った場合の損害をどのように考えるかにつき，「原告は，Ｃの勧誘により△△△号室，□□□号室を購入した際，購入代金と諸費用を出捐する一方，△△△号室，□□□号室の所有権を取得したのであるから，その差額が原告の被った損害となる。このことは，△△△号室，□□□号室が投資用マンションであることによっても何ら左右されない。原告が別表において主張するその余の諸費用は，原告が自らの意思により△△△号室，□□□号室を保有し続けることにより生じたものであるから，Ｃの違法行為と相当因果関係のある損害とはいえない（なお，△△△号室，□□□号室の賃料収入も，原告が自らの意思により△△△号室，□□□号室を保有し，賃貸し続けることにより生じたものであるから，損益相殺の対象とはならない。）。」と判示した。

　これは，マンションの購入価格および購入に伴う諸費用の額から，当該マンションの客観的価値を差し引いた金額（ここでは，「差額損害」と呼ぶことにする）を損害と考えるものであり（原告が取得する賃料は，損益相殺の対象にならない），この考え方は，控訴審判決（東京高判令元・9・26 LEX/DB25565224）でも維持されている。

　これに対して，当該マンションが投資用マンションであり，原告が継続的に賃料を取得するという本件契約の性質からは，当該マンションに係る賃料収入と諸費用（ローン金利，税金，管理費，修繕費等）の収支および当該マンション自体の売買損益の合計（ここでは，「収支損害」と呼ぶことにする）を損害と考える可能性もある。

　適切な説明がされていれば，当該契約を締結しなかったという観点からは，差額損害を損害とする考え方が基本になると思われるが（マンションの購入価格および購入に伴う諸費用の額から差し引かれるべきマンションの客観的価値は，不法行為時であるマンション購入時の時価と考えられよう），上記事件のように，マンションの購入者がすでに当該マンションを売却処分している場合には，この時点で投資に係る行為を終了させたとみて，それまでの現実の収支を損害（収支

§*709* D Ⅵ 　　　　　　　　　　　第3編　第5章　不法行為

損害）と考える余地もある。いずれにしても，こうした問題についての裁判
例の蓄積が期待される。

　(b)　財産的利益に関する自己決定権の侵害と慰謝料　　説明義務違反に
基づく自己決定権侵害についての2つの考え方（→(3)(イ)(b)）のうち，(β)の立
場によると，説明義務違反によって金融商品を購入し，最終的に経済的損失
が生じなかった場合にも，損害賠償（慰謝料）が肯定される可能性がある（小
粥太郎「説明義務違反による不法行為と民法理論（下）——ワラント投資の勧誘を素材と
して」ジュリ1088号〔1996〕94頁，同〔判批〕消費百選〔初版〕35頁）。これに対し
て，(α)の立場によると，不当勧誘があっても財産的利益が損なわれなけれ
ば，損害賠償（慰謝料）は認められない。

　判例においては，生命・身体等に関する自己決定権侵害については，一般
に慰謝料請求が認められているが（最判平12・2・29民集54巻2号582頁〈エホ
バの証人事件〉），取引的不法行為については，最高裁平成15年12月9日判決
（民集57巻11号1887頁）が，慰謝料請求は否定されるとした。

　同判決は，阪神・淡路大震災の約7時間後に発生した火災が延焼して全焼
した建物の所有者が，火災保険契約を締結していた損害保険会社に対して保
険金の支払を求めたところ，保険会社が地震免責条項を理由に支払を拒否し
たため，建物の所有者が，地震保険の内容等について，保険会社に情報提供
義務ないし説明義務の違反があったと主張し，慰謝料を請求したという事案
において，地震保険に加入するか否かについての意思決定は，生命・身体等
の人格的利益に関するものではなく，財産的利益に関するものであることに
鑑みると，この意思決定に関し，仮に保険会社側からの情報の提供や説明に
何らかの不十分，不適切な点があったとしても，特段の事情が存しない限り，
これをもって慰謝料請求権の発生を肯認し得る違法行為と評価することはで
きないとした。

　これに対して，最高裁平成16年11月18日判決（民集58巻8号2225頁）は，
分譲住宅の譲渡契約の譲受人が，同契約の締結に際し譲渡人である住宅・都
市整備公団から価格の適否を検討する上で重要な事実につき説明を受けなか
ったとして慰謝料を請求したという事案において，住宅・都市整備公団は，
譲受人らに対するあっせん後未分譲住宅の一般公募が直ちに行われることお
よび一般公募における譲渡価格と譲受人らに対する譲渡価格が少なくとも同

878　〔後藤〕

§*709* D Ⅵ

等であると譲渡契約締結時に譲受人らが認識していたことを容易に知ることができたにもかかわらず，譲受人らに対し一般公募を直ちにする意思がないことを全く説明せず，これにより譲受人らから十分に検討した上で契約を締結するか否かを決定する機会を奪ったものであり，この行為は信義誠実の原則に著しく違反し慰謝料請求権の発生を肯定し得る違法行為と評価できるとした。

平成 15 年判決と平成 16 年判決は慰謝料請求の可否について結論を分けたが，平成 15 年判決では，情報が不十分ながら提供されていて，相手方（保険契約者）にとってそれ以上の情報を得る機会があり，情報の意図的秘匿もなかったのに対して，平成 16 年判決の事案では，価格の適否を検討するための情報（一般公募を直ちに実施しないこと）が全く提供されず，住宅・都市整備公団側に故意に準ずる主観的状態があったという点で違いがある（山本豊・前掲法教 334 号 78 頁）。調査官解説も，平成 16 年判決の事案においては住宅・都市整備公団の説明義務違反の内容に信義誠実の原則に著しく違反する点があること等から慰謝料請求を認めるのが相当であるとし，平成 15 年判決と相反する判断をしたものではないとしている（志田原信三〔判解〕最判解平 16 年下〔2007〕710 頁）。

平成 16 年判決は，値下げ価格（適正価格）で売却すべき義務を認めておらず，法益評価としては財産的損害は発生していないものとされており，財産取引における契約締結に関する意思決定の利益それ自体が侵害されたことに対する損害賠償（慰謝料）を認めた点で，(β)の理解を採用したという見方（安永正昭〔判批〕判評 564 号（判時 1912 号）〔2006〕36 頁）もある。しかし，平成 15 年判決を含めた最高裁の立場としては，むしろ，財産的利益について意思決定をする権利の侵害はそれだけでは慰謝料請求権を生じさせないが，平成 16 年判決の事案のように重要な事項について説明が行われず，自己決定権侵害という以上に信義則に著しく反し，ほとんど詐欺ととらえられるような場合には，財産的利益についての意思決定が問題になっている場合であっても，慰謝料請求権が生ずるという立場であり，(α)の立場に親和的とみるべきであろう（小粥・前掲消費百選 35 頁）。

(c)　財産的利益が損なわれた場合と慰謝料　　取引的不法行為によって顧客の財産的利益が損なわれ，それによる財産的利益の賠償が認められる場合

〔後藤〕　879

§*709* D Ⅵ 第3編 第5章 不法行為

に，これに加えて財産的利益に関する自己決定権の侵害による慰謝料を請求することが認められるか。平成16年判決は，財産的損害は発生していないものとされているケースであり，財産的利益の賠償が認められる場合には，別個の考察が必要である。

これについては，財産的利益が侵害された場合には，それに基づく財産的損害が賠償されれば，通常は精神的苦痛も慰謝されたものとみられ，それによって慰謝されない精神的苦痛が残存するという特段の事情があるときに慰謝料が認められるというのが判例の立場であり（最判昭35・3・10民集14巻3号389頁），変額保険に関する東京高裁平成8年1月30日判決（判タ921号247頁）も，「財産権侵害については，原則として，財産上の損害が回復されれば，全ての損害が回復されたものというべきである」として，慰謝料請求を否定している。学説上も，このような理解が多数であり（加藤(一)230頁，塚本伊平「慰謝料(2)——財産権侵害と慰謝料」篠田省二編・裁判実務大系(15)〔1991〕373頁），不当勧誘類型の場合に，財産的利益の賠償に加えて慰謝料が認められることもあるが，その場合の慰謝料は，適切な情報に基づいて契約を締結するという自己決定権の侵害に対するものではなく，欺瞞的に締結させられた契約を通じて被害者の生存権などの人格的利益が侵害され，財産的損害の賠償によっては解消されない精神的苦痛が発生したこと，あるいは当該勧誘が威圧的な行為を伴うなど極めて違法性が高く，勧誘行為自体が独立の不法行為と評価されることから認められると説く（窪田・前掲法時78巻8号73頁）。

裁判例において財産的損害の賠償に加えて慰謝料を認めたものをみると，例えば，①商品先物取引の事案で，原告が，被告らの悪質な違法行為により，老後の生活の支えとなる退職金の大部分を失い，さらに500万円の借金まで背負わされるとの極めて深刻な状況に陥ったことにより受ける精神的苦痛は看過しえないものがあり，被告らも原告の資産，生活状態を知りながら，借金までさせて原告の損失を大きくさせていったことからすれば，被告らは原告の被った精神的損害をも賠償すべきであり，その金額は50万円であるとしたもの（秋田地大館支判昭61・2・27判タ617号101頁），②詐欺的商法の事案で，原告らはいずれも高齢であり，現在は職を持たず，年金生活を送っているのであり，原告らが奪われた金員は老後のための生活資金であったことが認められるとして，原告4名につき各5万～50万円の慰謝料を認めたもの

§*709* D Ⅵ

（横浜地判昭 62・12・25 判時 1279 号 46 頁），③商品先物取引の事案で，多額の財産的損害を被ったことによって極度の不安を感じ，睡眠薬に頼らなければ眠れない状態となるなど，財産的損害の回復によっては償いきれない精神的苦痛を被ったとして，100 万円の慰謝料を認めたもの（神戸地判平 19・9・19 先物取引裁判例集 49 号 362 頁）などがあるが，これらにおいても，契約を締結させられたこと自体から生ずる損害とは区別される精神的苦痛の賠償が問題となっていると考えられる。

(ウ)　有価証券報告書等虚偽記載類型

(a)　西武鉄道事件　　有価証券報告書等の虚偽記載によって投資者が被った損害については，不法行為法の一般原則に従い，虚偽記載がなかったと仮定した場合の被害者の利益状態を予想して，被害者の現実の利益状態とそうした仮定の利益状態との差をもって損害とするという差額説を採用する裁判例が一般である（東京地判平 21・3・31 判タ 1297 号 106 頁など）。その際の虚偽記載がなかったと仮定した場合の被害者の利益状態としては，2 つの状態が考えられる。

第 1 は，当該虚偽記載がなかったならば当該有価証券を取得しなかったであろうという状態である。この場合には，当該有価証券を取得するために支払った取得価格自体を損害ととらえ，取得価格と当該有価証券の現在価格（処分した場合には処分価格）との差額が損害額となる（取得自体損害説）。

第 2 は，当該虚偽記載がなかったとしてもなお当該有価証券を取得したが，当該有価証券をもっと低い価格でしか取得しなかったであろうという状態である。この場合には，高値取得を損害ととらえ，取得価格と想定価格（虚偽記載がなかったならばあったであろう取得時の想定価格）との差額（取得時差額）が損害額となる（高値取得損害説）。

この 2 つのケースのいずれに該当するかは，当該事案における諸事実を総合して判断することになる（神田秀樹「上場株式の株価の下落と株主の損害」曹時 62 巻 3 号〔2010〕622 頁以下，飯田秀総〔判批〕平 23 重判解 111 頁）。

取得自体損害説は，取得者が当該有価証券を取得するという決定をしなかった状態（取得者にとって取引がなかった状態）の金銭的価値による回復を目的としたものであり（原状回復的損害賠償），この見解の下では，取得者の権利侵害は，有価証券を取得したという点（自己決定権侵害）に見いだされる。これ

〔後藤〕　881

§709 D Ⅵ　　　　　　　　　　　　　第3編　第5章　不法行為

に対して，高値取得損害説では，有価証券の取得価格と取得時における想定
価格との差が，賠償されるべき損害となり，原状回復的損害賠償は基礎に置
かれていない。この見解の下では，取得者の権利侵害は，真の価値を反映し
ない対価（取得価格）を支払って当該有価証券を取得した点（財産権の侵害）に
見いだされる（潮見・前掲民事法の現代的課題516-517頁）。

　最高裁平成23年9月13日判決（民集65巻6号2511頁）は，西武鉄道事件
の事案を上記の第1のケースとみて，「有価証券報告書等に虚偽の記載がさ
れている上場株式を取引所市場において取得した投資者が，当該虚偽記載が
なければこれを取得することはなかったとみるべき場合，当該虚偽記載によ
り上記投資者に生じた損害の額，すなわち当該虚偽記載と相当因果関係のあ
る損害の額は，上記投資者が，当該虚偽記載の公表後，上記株式を取引所市
場において処分したときはその取得価額と処分価額との差額を，また，上記
株式を保有し続けているときはその取得価額と事実審の口頭弁論終結時の上
記株式の市場価額（上場が廃止された場合にはその非上場株式としての評価
額。……）との差額をそれぞれ基礎とし，経済情勢，市場動向，当該会社の
業績等当該虚偽記載に起因しない市場価額の下落分を上記差額から控除して，
これを算定すべきものと解される」と判示した。これは，基本的には株式の
取得自体を損害と認めつつ，単純に取得価額と処分価額または事実審口頭弁
論終結時の価額との差額を損害額とするものではなく，さらに経済情勢，市
場動向，当該会社の業績等による市場価額の下落分を上記差額から控除する
という修正を加えたものとみることができる。

　もっとも，この場合の差額を評価する際の考え方としては，上記の取得自
体損害説あるいは高値取得損害説のほか，虚偽記載があった有価証券を取得
したために取得者の保有する財産の総体（保有財産全体の価値）が現実に置か
れている状態と，虚偽記載があった有価証券を取得しなかったならば取得者
の保有する財産の総体が置かれているであろう仮定的状態との差を損害とみ
るという見方もある（総体財産損害説。潮見佳男「虚偽記載等による損害——不法行
為損害賠償法の視点から」商事法務1907号〔2010〕16頁以下）。この見解によると，
上記の最高裁の判断は，弁論終結時までの事情を考慮に入れて被害者の財産
総体に生じた損害をとらえる立場であり，総体財産損害説と発想の基礎を共
通にする立場であるとされている（潮見・前掲民事法の現代的課題526頁，同・前

§*709* D Ⅵ

掲法セ 695 号 20 頁)。

この最高裁判決は，民法 709 条に基づく損害賠償請求事件について判断したものであるが，金融商品取引法 21 条の 2 第 1 項に基づく損害賠償請求にも適用されるものであり（アーバンコーポレイション事件に関する最判平 24・12・21 判タ 1386 号 169 頁②は，金融商品取引法 21 条の 2 第 1 項に基づく損害賠償請求をした事件であったが，西武鉄道事件の最高裁判決を引用している），虚偽記載がなければ株式を取得しなかったといえる場合の損害額について判示した重要な判断である（加藤真朗編・有価証券報告書等虚偽記載の法律実務〔2015〕106 頁）。

（b）ライブドア事件　次いで，ライブドア事件の最高裁判決（最判平 24・3・13 民集 66 巻 5 号 1957 頁）は，金融商品取引法 21 条の 2 第 1 項にいう「損害」とは，一般不法行為の規定による場合と同様に，虚偽記載等と相当因果関係のある損害の全てを含み，取得時差額に限定すべき理由はないとした。そのうえで，被告会社への強制捜査，上場廃止の可能性などの事情によって売り注文が殺到して被告会社株式が大幅に値下がりすることは通常予想される事態であり，これらの事情による値下がりは，虚偽記載等と相当因果関係のあるものと認め，損害額から減額することを否定している。この立場は，高値取得損害説を採用しないものの，取得自体損害説を支持するものかどうかは必ずしも明確でない（川口恭弘〔判批〕平 24 重判解 104 頁）。

（c）アーバンコーポレイション事件　さらに，アーバンコーポレイション事件で，最高裁（最判平 24・12・21 判タ 1386 号 169 頁①）は，臨時報告書等に虚偽記載を行った会社が，その事実について公表し，かつ同日に再生手続の申立てを行った結果，株価が急落した事案につき，上記値下がりには，虚偽記載等とは無関係な要因により生じた分が含まれているとして，株価の値下がりは虚偽記載等の事実が公表されたことに起因するとした原判決（東京高判平 22・11・24 判タ 1351 号 217 頁）を破棄している。相当因果関係の無限定な拡張に歯止めをかけた判決と言えよう（松井智予〔判批〕判例セレクト 2013 Ⅱ（法教 402 号）〔2014〕22 頁）。

（エ）給付起因損害類型　給付起因損害類型における「損害」に関して，第 1 次上告審判決（前掲最判平 19・7・6）は，居住者等の生命，身体，財産が侵害された場合に不法行為が成立しうると述べたが，この点は，拡大損害を念頭に置くものとも見られ，瑕疵修補費用相当額の損害について賠償を認め

〔後藤〕　883

§*709* D Ⅵ　　　　　　　　　　　　第3編　第5章　不法行為

る趣旨かどうか明確でなかった。

　これに対して，第2次上告審判決（前掲最判平23・7・21）は，「建物の所有者〔X〕は，自らが取得した建物に建物としての基本的な安全性を損なう瑕疵がある場合には，第1次上告審判決にいう特段の事情がない限り，設計・施工者等〔A〕に対し，当該瑕疵の修補費用相当額の損害賠償が請求できる」として，拡大損害を伴わない建物自体の損害も不法行為法の対象となることを明示し，さらに，「上記所有者が，当該建物を第三者〔B〕に売却するなどして，その所有権を失った場合であっても，その際，修補費用相当額の補塡を受けたなど特段の事情がない限り，一旦生じた損害賠償請求権を当然に失うものではない」と判示した。

　この場合のXの損害については，修補費用を現実に支出せず，しかもBに建物を売却したXに損害賠償請求権を認めるのは，不法行為責任が現実に損害が発生した後の救済を目的とすることに相応しないとの指摘があった（古積健三郎〔判批〕速判解8号〔2011〕125頁）。しかし，これは，いったん発生した損害賠償請求権は他の給付による塡補等がない限り消滅しないとする不法行為法の原則に沿った判断とみられ（米村・前掲民商146巻1号120頁），実際にも，瑕疵のある建物を売却する場合において売主がその瑕疵を知っているときは，通常は瑕疵を評価して代金額を決定することになる。そこで，修補費用相当額の塡補を受けたなど特段の事情がない限り，Aに対して瑕疵修補費用相当額の損害賠償を請求できるのは，BではなくXである（野澤正充〔判批〕平23重判解85頁）。第2次上告審の判断が正当であり，このようなケースでは，修補費用を実際に支出していなくても，建物の基本的な安全性を損なう瑕疵の存在により，修補費用相当額の損害が生じていると考えられよう（山本周平〔判批〕民百選Ⅱ9版155頁参照）。

(6)　損益相殺

　取引的不法行為では，有利な投資や利殖を口実にした詐欺商法に見られるように，被勧誘者に配当金や利益金名目で金員が支払われることが少なくない。この場合に，勧誘者から受領したこれらの金員を被勧誘者が受けた損害（出捐した金員）との間で損益相殺すべきかどうかが問題となる。

　これにつき，いわゆるヤミ金融業者が元利金等の名目で違法に金員を取得する手段として著しく高利の貸付けの形をとって借主に金員を交付し，借主

884　〔後藤〕

が貸付金に相当する利益を得た場合に，借主からの不法行為に基づく損害賠償請求において同利益を損益相殺等の対象として借主の損害額から控除することは，708条の趣旨に反するものとして許されないとした判決（最判平20・6・10民集62巻6号1488頁）や，Yが投資資金名下にXから金員を騙取した場合に，Xからの不法行為に基づく損害賠償請求において，Yが詐欺の手段として配当金名下にXに交付した金員の額を損益相殺等の対象としてXの損害額から控除することは，708条の趣旨に反するものとして許されないとした判決（最判平20・6・24判タ1275号79頁）がある。これらの事案のように，契約の相手方から交付された金員が，反倫理的行為に該当するような不法行為の手段として交付されたような場合には，これらの給付によって相手方が得た利益は損益相殺の対象にならない（前田陽一〔判批〕判タ1298号〔2009〕69頁以下）。

損益相殺と過失相殺の適用の先後関係について，判例は，損益相殺事由によって異なる取扱いをしており，一律に考える必要はないが（→ C Ⅴ3），709条の「損害」は，原則的には，損益相殺を経た賠償されるべき損害であり，これに過失相殺をすることになる（平野414頁）。取引的不法行為の場合も，この原則通りと考えてよいであろう。

(7) 過失相殺

取引的不法行為においては，不法行為の成立が認められた事案でも，過失相殺によって被害者の損害賠償額を減額する裁判例がきわめて多い（橋本・前掲ジュリ1094号147頁，山田・前掲ジュリ1097号101頁，清水・投資勧誘131頁）。これに対して，過失相殺を否定する裁判例もあり，その根拠として，被害者の過失とされる誤解が加害者の詐欺（故意行為）によるものであること（東京高判昭41・8・18下民集17巻7＝8号695頁，東京地判昭62・1・22判時1261号95頁，横浜地判平成2・2・14判タ721号199頁）や，過失相殺を認めると加害者が不法行為によって得た不当な利得の保有を許す結果になること（東京地判昭48・2・24判時722号78頁）を指摘している。

学説も過失相殺に肯定的なものと否定的なものがある。過失相殺に肯定的な学説は，投資への不当勧誘類型においては，説明義務違反という構成の実質が詐欺取消制度の拡充にすぎないことに鑑み，広く過失相殺を肯定してよいとする（橋本・前掲ジュリ1094号153頁）。また，説明義務違反による不法行

§*709* D Ⅵ 　　　　　　　　第3編　第5章　不法行為

為責任を認めつつ過失相殺をする裁判例は，当時の裁判官の多くが，自己決定権侵害の価額を事業者の得た利得全額で算定することにためらいを覚えたこと，さらに，錯誤や詐欺に関する法律行為法が自己決定権の価額を決定する評価規範として十分機能していないと考えていたことを示唆しているとして，変額保険など新規の金融商品について必ずしも適切でない勧誘行為がなされた場合に，加害者と被害者の行為態様を比較しつつ，利得と損失を公平に分担する別次元の解決方法にシフトしたとみる可能性を指摘する（山下純司「不法行為における利益吐き出し責任」NBL937号〔2010〕34頁）。

　これに対して，過失相殺に否定的な学説は，事実的不法行為と取引的型不法行為の差異として，①事実的不法行為の場合，被害者から加害者に損害が転嫁されれば，その分，加害者が事故による損害を被るという意味で，発生した損害が，通常，加害者にとっても好ましいものではないのに対して，取引的不法行為の場合，概して被害者の損失が加害者の利得につながること，②事実的不法行為の場合，加害者は通常，被害者の落ち度を知らず，または知りうべき関係になく，被害者の事情をコントロールできないのに対して，取引的不法行為の場合，加害者は概して被害者の落ち度および属性を知りまたは知りうべき立場にあり，それに乗じている関係にあることを指摘する（今川嘉文・投資取引訴訟の理論と実務〔2版，2014〕375頁）。これはいずれも基本的に詐欺的取引について該当する観点であり，加害者の詐欺行為によって被害者の過失が惹起されたことや，加害者の利得の保有を許すべきでないことに基づき，過失相殺を否定する考え方である（窪田・法理263頁〔初出，1991〕は，過失相殺が規範的評価に深く関わった制度であることを指摘する）。

　上記の事実的不法行為の場合と取引的不法行為の場合の差異に着目すると，取引的不法行為の場合には，過失相殺を否定すべき事例も少なくないと思われる。

⑻　消費者取引における集団的被害の賠償

　取引，とりわけ消費者取引においては，事業者が行う不当な取引から多数の被害者が生ずる場合が少なくない。そこで，2006年の消費者契約法の改正で，事業者の不当な勧誘行為の差止請求，および事業者が使用する不当な契約条項を含む契約の締結の差止請求を認める消費者団体訴訟制度が新設された（消費契約12条以下）。

§*709* D Ⅵ

　しかし，消費者紛争にかかる損害賠償問題の集団的解決のためには，個々の消費者に属する損害賠償請求権を束ねて事業者に請求する方法が，選定当事者という形で民事訴訟法上，曲がりなりにも用意されていることなどを理由として，上記改正においては消費者団体による損害賠償請求を制度化することは見送られた。

　とはいえ，差止請求を認めただけではすでに発生している損害の回復を図ることはできない。また，消費者個人に損害賠償請求権が認められるとしても，個々の消費者が被る被害の額は，多くの場合には少額なので，現実に行使されることはあまり期待できない。

　これらの理由から，消費者団体が個々の被害者に代わって損害賠償を請求する仕組みの制度化が検討され，2013 年 12 月に，消費者の財産的被害を集団的に回復するための制度として，「消費者の財産的被害の集団的な回復のための民事の裁判手続の特例に関する法律」（消費者裁判手続特例法）が成立した（その後，2022 年に，制度の対象範囲の拡大，手続の柔軟化，消費者への情報提供方法の充実などを内容とする改正が行われ，同法の名称も「消費者の財産的被害等の集団的な回復のための民事の裁判手続の特例に関する法律」に改称された。この法律については，消費者庁消費者制度課編・一問一答消費者裁判手続特例法〔2014〕，町村泰貴・詳解消費者裁判手続特例法〔2019〕，山本和彦・解説消費者裁判手続特例法〔3 版，2023〕など参照）。

　この法律は，消費者契約に関して相当多数の消費者に生じた財産的被害等について，消費者と事業者との間の情報の質および量ならびに交渉力の格差により消費者が自らその回復を図ることには困難を伴う場合があることに鑑み，その財産的被害等を集団的に回復するための裁判手続を創設する法律である（消費者被害回復 1 条）。

　被害回復の手続としては，特定適格消費者団体（消費者被害回復 71 条〜97 条）が手続追行主体となって，1 段階目の手続で，多数の消費者に共通する事実上，法律上の原因に基づき，金銭を支払うべき義務を負うべきことを確認し（同 3 条〜12 条），それを前提として，2 段階目の手続で，個別消費者の債権の内容について確定をしていく（同 13 条〜60 条）という 2 段階の訴訟手続を定めている。また，判決手続段階の手続のほか，保全・執行段階についても若干の特則が規定されている（同 61 条〜64 条）。

〔後藤〕　887

§*709* D Ⅵ 第3編 第5章 不法行為

4 小 括

取引的不法行為において，不当勧誘類型では，主として法律行為法と不法行為法の適用関係が問題となり，契約交渉破棄類型および給付起因損害類型では，債務不履行（契約責任）法と不法行為法の適用関係が問題となっており，制度間競合の問題が重要な論点になる。有価証券報告書等虚偽記載類型では制度間競合は問題とならないが，以上で検討した4つの類型を通じて，他人の行為によって経済的損失を被った場合に不法行為が成立するか，成立するとしてどのような内容の賠償が認められるかという点が検討課題となっている。

取引的不法行為においては，多くの場合に，(α)純粋経済損失ないし総体財産の減少が問題となるが，他方で，(β)「契約締結への信頼・期待」（契約交渉破棄類型），「自己決定権」（不当勧誘類型・有価証券報告書等虚偽記載類型），「建物の安全性」（給付起因損害類型）といった法益を見出すことができる。

学説は，709条について，権利侵害要件を違法性要件に読み替えており，総体財産の保護も可能にしてきたが，総体財産は，通常の権利・法益と異なり利益の特定性・具体性を欠き，その減少（財産的損害の発生）がそれ自体として責任を根拠付けうるものではないため，総体財産の減少場面につき，不法行為責任の実質的根拠を問い直す必要がある（橋本・前掲論叢164巻1～6号392頁）。

そこで，取引的不法行為においては，多くの場合に，上記(β)への侵害が，(α)をもたらしたという関係があること，(α)の原因となっている直接の侵害対象は，(β)として法益としては特定されていることから，直截に(β)を保護法益ととらえることも考えられる（このような思考につき，笠井修〔判批〕NBL963号〔2011〕47頁参照）。(β)は(α)より早い段階で保護法益を考えており，いわば最終的な権利・法益を保護するための手段的な法益と言えるが，このような法益が不法行為により保護されることに目を向かわせるという点が，取引的不法行為について論ずることの重要な意義であると言えよう。

もっとも，上で析出した法益のうち，学説上最も広く承認されていると思われる「自己決定権」についてさえ，裁判所は，取引的不法行為の場面においては，それを独立の法益と観念することに慎重な態度を示している（→3(5)(イ)(b)(c)。詳細な検討として，吉田克己「取引的不法行為と自己決定権」西谷敏古稀・労

働法と現代法の理論(上)〔2013〕179 頁以下は，自己決定権から見た取引的不法行為の類型を，「危険取引勧誘型」，「有利な取引機会喪失型」，「不利益取引誘導型」の 3 つの類型に分けて裁判例を分析し，取引的不法行為における自己決定権の意義について考察している)。

この問題は，新しい法益を不法行為法の枠組みでとらえることの意義や限界（保護すべき利益の順位付けをせず，塡補されうる損害を広くとらえるフランス法の伝統とその今日的議論状況が参考になる。中原・前掲法時 86 巻 5 号 58 頁参照），さらに，物権・債権から自己決定権等の人格権を中核とする体系への再編につながる課題であり（小粥・前掲消費百選 35 頁），他の新たな法益（能見・前掲 NBL936 号 8 頁以下，吉村良一・市民法と不法行為法の理論〔2016〕216 頁以下〔初出，2012〕）も視野に入れ，伝統的な民法体系・原理との緊張関係に留意しながら（この問題につき，浅野有紀「権利と法秩序 ── 自己決定権論の一側面」民商 134 巻 4 = 5 号〔2006〕525 頁以下，とりわけ 550 頁以下参照），検討を深める必要がある。

〔後藤巻則〕

一般不法行為の要件事実

細 目 次

I 訴訟物 ……………………………………890
II 請求原因 …………………………………891
  1 709条の法律要件 ……………………891
  2 故意・過失 ……………………………891
    (1) 故 意 …………………………………891
    (2) 過 失 …………………………………892
  3 権利・法益侵害行為（違法性）………896
    (1) 権利・保護法益の保有 ……………896
    (2) 加害行為 ……………………………897
    (3) 違法性 ………………………………898
  4 損害の発生………………………………900
    (1) 損害の発生およびその額 …………900
    (2)「損害」についての考え方…………901
    (3)「損害」の要件事実…………………902
  5 因果関係…………………………………905
    (1) 相当因果関係説と事実的因果関係
      説 ………………………………………905
    (2) 因果関係の要件事実…………………905

    (3) 因果関係の証明 ……………………907
III 抗 弁 …………………………………911
  1 違法性阻却事由…………………………911
  2 責任能力の欠缺…………………………911
  3 過失相殺…………………………………911
    (1) 過失相殺の意義 ……………………911
    (2) 過失相殺の要件事実 ………………912
    (3) 過失相殺の類推適用（素因減額）…913
  4 損益相殺…………………………………913
    (1) 損益相殺の要件事実 ………………913
    (2) 損益相殺の対象となる給付 ………914
    (3) 将来の給付についての損益相殺 …914
  5 消滅時効，除斥期間（平成29年改正
    前の規定によるもの）…………………915
    (1) 消滅時効……………………………915
    (2) 平成29年改正前の規定に基づく
      除斥期間 ………………………………916

I 訴 訟 物

709条の法律効果は，「損害を賠償する責任を負う」ことである。したがって，原告は，不法行為が成立したとして被告に対して損害賠償の支払を求めることができ，当該訴訟の訴訟物は，「不法行為に基づく損害賠償請求権」である。そして，「同一事故により生じた同一の身体傷害を理由とする財産上の損害と精神上の損害とは，原因事実および被侵害利益を共通にするものであるから，その賠償の請求権は1個であり，その両者の賠償を訴訟上あわせて請求する場合にも，訴訟物は1個であると解すべきである」（最判昭48・4・5民集27巻3号419頁）から，このような場合には訴訟物の個数は1個となる。他方，原告が不法行為として主張する加害行為が異なったり，被侵害利益が異なる場合には，その数に応じて訴訟物は異なることとなろう。最高裁令和3年11月2日判決（民集75巻9号3643頁）は，この点につき，「車両損

傷を理由とする損害と身体傷害を理由とする損害とは，これらが同一の交通事故により同一の被害者に生じたものであっても，被侵害利益を異にするものであり，車両損傷を理由とする不法行為に基づく損害賠償請求権は，身体傷害を理由とする不法行為に基づく損害賠償請求権とは異なる請求権であると解される」としている。

Ⅱ　請　求　原　因

1　709条の法律要件

709条は，「故意又は過失によって他人の権利又は法律上保護される利益を侵害した者は，これによって生じた損害を賠償する責任を負う」と規定している。そこで，同条により「損害を賠償する責任」という法律効果が発生するための要件は，

①　被害者が権利または法律上保護される利益を有していること，

②　行為者に故意または過失があること，

③　行為者が①を侵害したこと，

④　被害者に損害が発生したこと，

⑤　④の損害は③によって生じたこと，

となる（一§709 B Ⅰ 2⑴）。原告は，不法行為に基づく損害賠償請求訴訟において，これらの法律要件に該当する具体的事実（要件事実）を請求原因として主張する必要があることとなるが，具体的にいかなる事実を主張する必要があるのかについては，要件事実的に問題が多い。以下，実務上支配的といわれる法律要件分類説（司法研修所編・改訂 新問題研究要件事実〔2023〕5頁，同・増補民事訴訟における要件事実第一巻〔1986〕5頁）に従って，709条の要件事実に関する分析を試みる。

2　故意・過失

⑴　故　　意

故意とは，「自己の行為により一定の結果が発生すべきことを認識しながら，その結果の発生を容認して，その行為をあえてするという心理状態」と定義されている（注民(19)21頁〔加藤一郎〕）。更に当該行為が違法であることの認識が必要であるとする説と，客観的に違法とされる事実が発生すること

の認識さえあれば，違法の認識は不要であるとする説がある。709条は故意か過失かによって不法行為の成立に差異を設けていないから，その両者を区別する実益はないとされている（注民(19)20頁〔加藤〕，幾代26頁，川井400頁）し，裁判所は故意の主張だけがあっても過失を認定して差し支えない（大判明40・6・19民録13輯685頁）とされるが，実務上は，主張すべき事実関係が異なるとして，故意による不法行為か過失による不法行為かを区別して主張するのが一般である。

　主張すべき事実としては，上記定義に従って，当該行為の際，行為者が結果発生を認識し，かつこれを容認していたことであり，違法性の認識が必要であるとする説によれば，当該行為の際，同人が当該行為が違法であると認識していたことを併せて主張する必要があることとなるが，「故意により」と主張するのが一般である。

　(2)　過　　失

　(ｱ)　過失の要件事実　　過失とは，「自己の行為により一定の結果が発生すべきことを認識すべきであるのに，不注意のためその結果の発生を認識しないでその行為をするという心理状態」と定義されており（注民(19)21頁〔加藤〕），これがかつての通説的な立場であるとされる。しかし，現在では，「結果回避ないし防止義務に違反した行為であり，かつその前提として行為者に結果発生の予見可能性ないし予見義務が要求されている行為」（平井・理論400頁），通常人にとって「ある結果の発生が予見可能であったにもかかわらずその結果の発生を防止すべき措置をとらなかったこと，いいかえれば予見可能な結果に対する回避義務に違反したこと」（森島196頁）と捉えるのが通説的理解である（→§709 B V 3(1)(2)）。過失を行為者の結果の発生を認識していなかったという純粋な心理状態と考えれば，それは事実であり，過失の要件事実も「認識していなかった」という事実であると結論付けられそうであるが，上記のとおり通常人を基準とする結果回避義務違反（客観的注意義務違反）であると捉える限り，それは行為者の客観的な行為態様に対する規範的な評価であるというべきであるから，「過失」は規範的要件（規範的評価に関する一般的・抽象的概念をもって定められた法律要件〔司法研修所編・前掲要件事実第一巻30頁，村田渉＝山野目章夫編・要件事実論30講〔4版，2018〕89頁〔村田〕〕）であると考えられる。

892　〔竹内〕

一般不法行為の要件事実　II

　規範的要件の場合，その要件自体を直接に判断することができず，必ずその基礎をなす事実群があり，当該事実群を前提として当該要件の充足について規範的判断がされるという構造となる。そのため，規範的要件に関する要件事実をどのように考えるかについては，上記基礎をなす事実群の位置付けをどう見るかによって，主要事実説と間接事実説の対立がある。主要事実説は，上記事実群が正に「過失」があるかないかの規範的評価の根拠をなす事実であって，これが要件事実に他ならないと考えるのに対し，間接事実説は，「過失」が主要事実であって，事実群は間接事実にとどまると考えるのである。規範的要件の場合には，上記のように必ず規範的判断の基礎をなす事実群が存在し，それを基礎として初めて「過失」の有無を判断することができるのであって，「過失」の有無を直接に証拠によって証明することはできないことから，「過失」自体を主要事実と考えることは困難であると考えられる。また，上記事実群が間接事実にとどまるとすると，それらは「過失」の有無の判断の基礎をなすのに弁論主義の適用が及ばないこととなってしまい，相手側の防御への支障は著しい（原告は，「当該行為について被告に過失がある」と主張すれば要件事実を主張したこととなる）と思われることからも，主要事実説が妥当であると考えられる。したがって，過失の評価根拠事実が要件事実であると理解される。もっとも，評価根拠事実に該当する要件が規定されているわけではないため，何が評価根拠事実に当たるかの判断に困難を伴うこともあるし，理論上は，証拠上極めて有力な評価根拠事実が顕れていても，それが弁論に顕れない限り裁判所は当該事実を判断の基礎にすることができないという問題点もあるけれども，実際の裁判においては，適切な争点整理と訴訟指揮によって事案の実相と判断との間に齟齬が生じないように工夫がされているところである。

　また，評価根拠事実の主張に対し，評価根拠事実とは両立して（両立しなければ，評価根拠事実の否認に当たる），規範的評価の成立を妨げる事実の存在が考えられるところであり，これを評価障害事実と呼ぶ。評価障害事実は，評価根拠事実と両立して過失に関する規範的評価の成立を妨げ，請求原因から発生する法律効果を阻害する事実であるから，抗弁に位置付けられる事実であると考えられる。そこで，結局のところ過失の判断は，評価根拠事実と評価障害事実を総合した上で規範的評価を加えて行われることとなるが，評価

〔竹内〕　893

根拠事実は請求原因事実であるから，立証された評価根拠事実のみを総合したときに過失があるという判断に至り得ることが必要である。主張された評価根拠事実が全て立証されたとしても過失があるという判断に至らないのであれば，評価障害事実について判断するまでもなく，請求原因が主張自体失当ということとなる。

　(イ)　評価根拠事実・評価障害事実　　さて，何を評価根拠事実あるいは評価障害事実として具体的に主張すべきかはもちろん事案によって異なるところであるが，一般的には，過失とは何かという解釈に逢着するものと思われる。過失を客観的注意義務違反であると捉えるとしても，その注意義務の構造を予見可能性を軸として理解するのか（予見可能性説），それとも結果回避義務を軸として理解するのか（結果回避義務説）については考え方が異なるところである（内田339頁，森島187頁）。この解釈の相違によっても評価根拠事実は異なるものと思われるが，現在の通説的な理解は，上記のとおり，予見できない損害の発生を回避する義務は生じないとして，予見可能性を前提とする結果回避義務違反と捉えていると思われる。

　このような理解に立脚した場合の過失の評価根拠事実は，①当該損害の発生を回避する義務の発生を根拠付ける事実と②その義務が履行されなかった事実という構成となる。これに対して評価障害事実としては，①に対して結果回避義務の発生を妨げる事実ということになるが，これは結果回避義務発生の前提となる予見可能性がなかったという場合と，予見可能性はあったものの具体的事情の下では結果回避義務までは発生しないという場合があろう。

　ではどのような事実を基礎として結果回避義務の存否を検討すべきかについては，いわゆるハンドの定式を挙げる文献が多い（→§709 B Ⅴ5⑵）（内田341頁，大村41頁，窪田充見「過失論の新たな展開」新争点273頁）。これは，当該行為をすることによって損害が発生する蓋然性はどのくらいあったのか（損害発生の蓋然性）とそれによって損害を被る利益は重大なものか（被侵害利益の重大性）を考慮し，さらにその損害の発生を回避するためにどの程度のコストが必要なのか（回避コスト）との相関関係で結果回避義務の有無を考える試みであり，実際にこの公式を用いて機械的に結論が出るわけではないけれども，考慮要素を検討する上での参考にはなろう。この定式を参考にすると，結果回避義務を検討するに際しては，①発生する損害がどのような規模・内

一般不法行為の要件事実　II

容のもので，それによって侵害される利益がどのようなものであるかを基礎付ける事実，②被告が行為当時にこれらの損害発生を予見し得たこと，あるいは予見し得なかったことを基礎付ける事実，③当該損害発生の結果を回避するために考えられる措置がどのようなもので，その措置を講じるために被告に発生するコストはどの程度かを基礎付ける事実などが考えられるところである。これらの事実が事案によって，評価根拠事実となりあるいは評価障害事実として機能することになるものと思われる（何が評価根拠事実となり，何が評価障害事実となるかは，ある程度類型的に捉えられるのかもしれないが，実際の訴訟における当事者の主張内容にも左右される部分がないとはいえず，その全てについて基準を定立しておくことは困難であると思われる。この点に関しては振分けの基準が重要であるとの批判もある〔大塚直「要件事実論の民法学への示唆(3)——不法行為法と要件事実論」大塚ほか編・要件事実論と民法学との対話〔2005〕69頁〕）。

　(ウ)　過失の一応の推定　　不法行為に基づく損害賠償請求訴訟のうち，産業公害事案や医療過誤事案などのように，証拠が偏在し，過失の立証が非常に困難である場合などにおいて，過失の一応の推定という判断手法が議論されることがある（例えば，最判平8・1・23民集50巻1号1頁は，「医師が医薬品を使用するに当たって右文書に記載された使用上の注意事項に従わず，それによって医療事故が発生した場合には，これに従わなかったことにつき特段の合理的理由がない限り，当該医師の過失が推定されるものというべきである。」と判示している）。

　過失の一応の推定は，経験則の適用による事実上の推定の一場合と解するのが通説である（中野貞一郎・過失の推認〔1978〕16頁，加藤新太郎「医師の過失」鎌田薫ほか編著・民事法III債権各論〔2版，2010〕254頁）。しかしながら，事実上の推定は，経験則を適用してある事実の存在または不存在を推定する裁判官の心証形成作用であるが，過失の一応の推定の場合には推定の対象が上記のとおり規範的評価あるいは法的価値判断であることから，これをどのように理解すべきか問題となる。この点については，「一応推定される過失は，具体的・特定的に主張された特定の注意義務違反の事実ではなく，不特定概念を用いた構成要件要素として過失にあたる『なんらかの』過失事実」であり，また，一応の推定が働く場合には，過失の証明責任を原告が負うことに変更はないが，加害の客観的事情により過失が推認できる場合には，この過失の推認を妨げる特段の事情がない限り過失が認定される結果となり，その意味

〔竹内〕　895

で被告側がこうした特段の事情につき証明責任を負うことになる，と説明される（中野・前掲書16頁）。そうすると，結局のところ過失の一応の推定により推定されるのは過失自体ではなく，「ある事実が発生している以上，その原因はこれかこれである」という高度の蓋然性のある経験則に基づいて，行為者の具体的な事情を（択一的に）認定し，その結果の法的価値判断として過失を「推定」しているものであって，高い蓋然性であっても経験則の適用である以上，反対の確率がゼロではないために，特段の事情による留保が付けられているものと理解することができるように思われる。このような不特定の事実の推定が許容されるのは例外的であって，適用される経験則が高度の蓋然性のある場合に限られるであろう。

　要件事実の面からこれを見ると，過失の一応の推定の基礎となるのは，請求原因事実として主張された評価根拠事実である。評価根拠事実として主張・立証されたa，bおよびcの事実を前提とすると，経験則上高度の蓋然性をもってその原因等はAかBである（Aの事実もBの事実も，主張されれば評価根拠事実となる事実である）と推定できるという場合には，被告には過失があったものとの規範的評価に至る（過失が一応推定される）こととなる。他方，もしxという事実（特段の事情）が立証された場合には上記過失があったとの評価が覆るのであれば，事実xは評価障害事実として抗弁となる（事実xが主張立証されない限りは抗弁が認められず，過失があるという判断になる）という構造になろう。

　なお，過失の一応の推定については，このように①経験則を用いた裁判所の自由な心証形成の場面に加えて，②そうした理解に収まりきれない場合も考えられるとする見解もある（高田裕成「過失の一応の推定」伊藤眞＝加藤新太郎編・〈判例から学ぶ〉民事事実認定（ジュリ増刊）〔2006〕61頁，「推論の構造──経験則の内実は」加藤新太郎編・民事事実認定と立証活動第Ⅰ巻〔2009〕372頁〔村田渉発言〕，森島220頁）。後者の場合は，前者の事実上の推定とは異なり，政策的考慮から，被告側の反対の証明がない限り被告に過失があるものと判断するもので，被告に過失の立証責任を転換したものなどと説明されている（森島219頁）。

3　権利・法益侵害行為（違法性）

(1)　権利・保護法益の保有

709条による不法行為の成立には，「他人の権利又は法律上保護される利

一般不法行為の要件事実　II

益を侵害した」ことが必要である（平成16年改正前の同条は「他人ノ権利ヲ侵害シタ」と規定していたところ、同年の改正により「法律上保護される利益」の要件が加わった。→§709 B III）。したがって、まず、加害行為時に原告が「権利又は法律上保護される利益」を有していたことを要する。

　原告が確立された権利の侵害を主張する場合には、加害行為時に当該権利を有していたことを主張することとなるが、争いがある場合には、原告はその取得原因事実を主張しなければならない。過去の取得原因事実を主張することによりその権利を取得することとなるから、その後当該権利の消滅事由がない限りは加害行為時まではその権利を有している状態が継続することとなる。したがって、請求原因としては権利の取得原因事実を主張することで足り、上記権利の消滅事由がある場合には、被告が抗弁として主張することとなる。原告は被告を不法行為者として主張しているから、当該権利について対抗要件を具備している必要はない。

　また、不法行為は、法律上保護された利益を侵害した場合にも認められる。平成16年改正前の709条の下でもそのように解釈されていた（大判大14・11・28民集4巻670頁〈いわゆる「大学湯事件」〉）が、これが明文化されている。何が法律上保護された利益であるかは様々なものが考えられるが、判例上、例えば、①居宅の日照、通風の利益（最判昭47・6・27民集26巻5号1067頁）、②氏名を正確に呼称される利益（最判昭63・2・16民集42巻2号27頁）、③みだりに自己の容貌、姿態を撮影されない人格的利益（最判平17・11・10民集59巻9号2428頁）、④良好な景観の恵沢を享受する利益（景観利益）（最判平18・3・30民集60巻3号948頁）などと表現され、法律上保護される利益であることが認められている。しかし、不法行為上、単なる主観的利益や事実上の利益は保護されないから、法律上保護された利益であることを基礎付ける必要があり、法律上保護された利益を有していると主張する原告が、請求原因事実として法律上保護された利益であることを基礎付ける事実を主張する必要があろう。

(2)　加　害　行　為

　被告に不法行為責任が発生するためには、被告が原告の権利（または法律上保護された利益）を侵害する行為をしたことが必要である。ここでは特に不作為が問題となるところ、不法行為上行為として評価されるのは、法律上の作為義務を負う者の不作為である。作為義務の発生原因としては、法令に基づ

く場合，契約や事務管理に基づく場合，先行行為に基づく場合などがあるとされており（→§709 B Ⅱ 4 (2)(ウ)），原告は，被告の不作為による不法行為を主張する場合には，このような作為義務の発生原因事実を請求原因事実として主張する必要があることとなる。

(3) 違 法 性

(ア) 平成16年改正前の709条が規定していた「権利侵害」は違法性の徴表であってむしろ本質的要件は加害行為の違法性であり，その違法性の有無は被侵害利益の種類と侵害行為の態様の相関関係によって判断するという相関関係説が従来の通説であり，判例の採用するところとなっている。

このように違法性の判断に侵害行為の態様，すなわち加害行為者の主観的態様を含めて考慮し，他方，前述のように過失を客観的注意義務違反と理解すると（→2 (2)(ア)），不法行為の成立要件として違法性（客観的要件）と過失（主観的要件）を区別する意味がないのではないかという批判もあり，違法性一元説あるいは過失一元説などの考え方もあるところである（→§709 B Ⅲ 3）が，本稿においては不法行為の成立要件としてこれを区別して要件事実を検討することとする。

(イ) 相関関係説と要件事実　　違法性を不法行為の成立要件と解すると，その主張立証責任は原告が負い，不法行為に基づく損害賠償請求訴訟においては請求原因事実としてこれを主張する必要がある。そして，相関関係説によると，不法行為における違法性の有無は，被侵害利益の種類と侵害行為の態様との相関関係によって決まるから，要するに被侵害利益が強固なものであれば，侵害行為の不法性が小さくとも加害行為に違法性があることとなるが，被侵害利益がそれほど強固なものでなければ，侵害行為の不法性が大きくないと加害行為の違法性は否定されることとなる。違法性の判断は，このように被侵害利益の種類に関する主張と侵害行為の態様に関する主張に基づいて，それを相関関係的に考慮し，規範的に評価して判断されることになると思われるので，結局のところ，「違法性がある」との主張では足りず，違法性の評価根拠事実（主として侵害行為の態様に関する事実となろうか）が要件事実として主張されるべき事実となろう。しかし，どこまで詳細に評価根拠事実を主張すれば違法性を基礎付けられるかは，被侵害利益の種類によって異なるように思われる。

一般不法行為の要件事実　Ⅱ

　この点については，被侵害利益が例えば物権のような強固な権利である場合には，加害者の行為を事実として主張するだけでその侵害行為の違法性が請求原因事実として顕れるということとなろう。所有権侵害に基づいて損害賠償請求をする場合には，当該物件に対する原告の所有権の取得原因事実と，被告が当該物件を毀損したという事実を主張するだけで，他には特に評価根拠事実を主張しなくとも，物権侵害による違法性が肯定されると思われる（山本和敏「損害賠償請求訴訟における要件事実」新実務民訴(4)324 頁は，このことを，「物の毀損というような古典的な型の加害行為においては……要件事実の上で，違法性が独立の要件であるか否かを論じる実益はない。」と表現している）。

　他方，被侵害利益がそれほど強固な利益とはいえない場合には，加害者の行為態様を具体的に主張する必要が生じるものと思われる。例えば，前掲最高裁平成 18 年 3 月 30 日判決は，景観利益について，それが被侵害者の生活妨害や健康被害を生じさせるという性質のものではないことなどを理由に，「その侵害行為が刑罰法規や行政法規の規制に違反するものであったり，公序良俗違反や権利の濫用に該当するものであるなど，侵害行為の態様や程度の面において社会的に容認された行為としての相当性を欠くことが求められる」と判示し，侵害行為について比較的大きな不法性があることが必要であるとしている。したがってこのような場合には，加害行為に違法性があることの評価を根拠付ける事実（例えば，上記景観利益侵害を主張する場合には，「侵害行為の態様や程度の面において社会的に容認された行為としての相当性を欠くこと」の評価根拠事実）を主張する必要があることとなろう。そして，理論的にはその評価障害事実が抗弁となる。

　(ｳ)　受忍限度論と要件事実　　不法行為の違法性に関しては，相関関係説を基礎として，特に日照，通風，騒音，悪臭などの生活妨害型不法行為について受忍限度論が発展し，判例もこれを採用している（判例上は，生活妨害的不法行為のみならず，表現行為と人格的利益が対立する場面における違法性についての判断基準としても幅広く展開されている〔中島基至〔判解〕最判解平 23 年下 575 頁〕）。

　受忍限度論は，人間が社会生活を営んでいる以上，他人の生活に起因する侵害行為については，社会共同生活上受忍すべき限度を超えた場合に違法として評価されるとするものである。受忍限度論では，違法性の判断基準として，「受忍限度を超えたか否か」が問題となるが，その判断要素としては，

〔竹内〕　899

被害者側の事情として，①被害の種類・程度，②被侵害利益の公共性，社会的価値，③被害者に対する被害回復期待可能性，④被害者の過失が，加害者側の事情として，⑤加害行為の態様，⑥加害行為の公共性，社会的価値，⑦加害者に対する防止措置の期待可能性，⑧法令・条例等の公法上の基準，⑨改善勧告等の行政処分，双方の事情として，⑩先住性，⑪地域性などが挙げられており（東孝行「受忍限度論における挙証責任の分配」奥田昌道ほか編・民法学6（不法行為の重要問題）〔1975〕73頁），相関関係説による考慮要素より多角的な分析がされる傾向にある。そして，このような判断要素を基礎として，「受忍限度を超えたか否か」の規範的な評価をすることとなるから，上記のような事情を評価根拠事実または評価障害事実として整理したものが要件事実となる。

　この場合，当該行為が受忍限度を超えていることが請求原因事実となるのか（請求原因説），あるいは，原告としては被告の行為があることを請求原因事実として主張すれば足り，被告は当該行為が原告の受忍限度内であることを抗弁事実として主張しなければならないか（抗弁説）は理論的には争いがあり得るところであろう。しかし，音の発生や所有地への建物等の建築などは通常禁止されているわけではなく，その意味で社会生活上の利益は，生命身体それ自体に対する侵害など強固な権利に対する侵害に比して考えると法益性が強いとまではいえないから，原告は，違法性を基礎付けるために，被告の行為がその行為の態様や社会的価値などから見て受忍限度を超えることの評価根拠事実を請求原因事実として主張する必要があろう（佐藤陽一「騒音公害と不法行為責任」山口和男編・裁判実務大系(16)〔1987〕95頁。なお，反対説として山本・前掲論文326頁がある）。この場合，受忍限度を超えることの評価障害事実が抗弁となる。

4　損害の発生

(1)　損害の発生およびその額

　不法行為に基づく損害賠償請求権が発生するためには，加害者の行為により被害者に損害が発生したことが必要である。そして，損害賠償制度は被害者に生じた現実の損害を塡補することを目的とする（最判昭42・11・10民集21巻9号2352頁）から，現実に発生した「損害」を請求原因事実として主張すべきこととなる。また，「損害」の発生が立証されても，その額が立証でき

一般不法行為の要件事実　**Ⅱ**

なければ，立証できなかった額は認容されないので，損害の額についても原告に立証責任があり，請求原因事実となると解される（山本・前掲論文 332 頁）。したがって，原告は，請求原因事実として「損害の発生及びその額」を主張すべきこととなる。では，原告が主張すべき「損害」の要件事実はどのように考えるべきか。

(2) 「損害」についての考え方

損害とは何かについては，一定の加害行為がなかった場合に想定できる利益状態と，加害行為によって現実に発生した利益状態を，それぞれ金銭的に評価して得られた差額であるとする差額説（佐藤歳二「積極損害・消極損害・慰謝料」新実務民訴(5)85 頁，幾代 260 頁）が従来の通説であり，判例といわれる。差額説によれば，原告は不法行為後の生活の場で発現する個々の利益状態と不法行為前の利益状態との差をとらえて，それぞれの差を金銭的に評価することとなる。損害の内容としては，財産的損害と精神的損害に区別され，前者は更に積極損害と消極損害（逸失利益）に分かれ，各費目を積み上げて損害の額を算定する。これに対し，差額説による場合には被害者の収入の多寡等により賠償額に大きな差が生じてしまうおそれがあることや，賠償額を早期に算定して被害者を救済する必要があることなどから賠償額の定額化を指向し，人の死傷そのものを全体として一個の非財産的損害と捉える死傷損害説（損害事実説）も有力である（吉岡進「交通事故訴訟の課題」実務民訴(3)3 頁，西原道雄「生命侵害・傷害における損害賠償額」私法 27 号〔1965〕114 頁，内田 384 頁）。死傷損害説は，更に死傷の損害評価について，治療費や逸失利益等の各費目を資料として評価する説と，死傷について一般的・抽象的に適正な損害額を算定すべきであるとする説に分かれる。上記昭和 42 年判決は，「労働能力の喪失，減退にもかかわらず損害が発生しなかった場合には，それを理由とする賠償請求ができないことはいうまでもない」として，差額説の立場に立つことを明らかにしているが，最高裁昭和 56 年 12 月 22 日判決（民集 35 巻 9 号 1350 頁）は，「かりに交通事故の被害者が事故に起因する後遺症のために身体的機能の一部を喪失したこと自体を損害と観念することができるとしても」として，死傷損害説に理解を示しているともいわれるところである（長秀之「不法行為Ⅰ：基礎理論」要件事実講座(4)210 頁）。

〔竹内〕　901

一般不法行為の要件事実 Ⅱ　　　　第3編　第5章　不法行為

(3)　「損害」の要件事実

以上の「損害」に関する解釈を前提として，原告が請求原因事実として主張すべき要件事実を検討する。

(ア)　差額説による場合　　まず，差額説によれば，原告は，不法行為前の利益状態と，不法行為後の利益状態を具体的に比較して，その差に相当する分を金銭的に評価して主張・立証することとなる（岩村弘雄「人身損害における主要事実」賠償講座(7)29頁）。各費目について検討する。

(a)　積極損害については，加害行為により費用（治療費，修繕費等）を要することとなったことおよびその支払をしたことが要件事実となる。被害者に現実に損害（利益状態の差）が発生したことを要するから，理論的には発生した費用を支払ったことまでを主張立証する必要がある（発生した費用の種類や内容から，支払の事実を事実上推定することができる場合があることは別問題である）。ただし，弁護士費用については，「訴訟追行を弁護士に委任した場合には，その弁護士費用は，事案の難易，請求額，認容された額その他諸般の事情を斟酌して相当と認められる額の範囲内のものに限り，右不法行為と相当因果関係に立つ損害というべきである」（最判昭44・2・27民集23巻2号441頁）から，弁護士と委任契約を締結して訴訟追行を委任したことが要件事実となり，その支払をしたことまでは不要と解される。

なお，当該不法行為により支出した費用であっても積極損害として主張することができない場合がある（不動産の占有により強制執行を余儀なくされたとする不法行為に基づく損害賠償請求において，民事執行法42条1項の執行費用を請求することはできないとした最判令2・4・7民集74巻3号646頁等）。そうすると，上記不法行為につき請求原因事実としてそのような損害を主張しても失当となる。

(b)　消極損害については，加害行為により所得を失った（減少した）ことおよびその総額を主張すべきこととなる。失った（減少した）所得の総額を計算するためには，基本的には被害時の収入額，被害者の年齢，性別，生活費の額等を主張した上（理論上はこのような主張を要するものの，「被害者が控え目な賠償額の算定を甘受するかぎり，抽象的な賠償額の算定を求め，基準値ないし統計上の数値を主張することが可能である」（佐藤（歳）・前掲論文96頁）。そして，実際にはそのような場合がほとんどであろう），収入額を基礎として被害者の余命や稼働可能年数を乗じ，生活費を控除し，更に失った所得総額を現在の価格に引き直

902　〔竹内〕

一般不法行為の要件事実　II

すために中間利息を控除する必要があるが，稼働可能年数自体や中間利息の控除の方法は，いずれも経験則ないし論理法則の適用の場面であって，要件事実ではないと解される。

　なお，消極損害については，所得の喪失ないし減少ではなく，労働能力を喪失したこと自体を損害と捉える立場（労働能力喪失説）があるが，この立場によると，「加害行為により労働能力を喪失（ないし減少）したこと」が要件事実となろう（収入の喪失ないし減少の事実は，労働能力の喪失ないし現象を推認させる間接事実と位置付けられる）。

　最高裁令和2年7月9日判決（民集74巻4号1204頁）は，消極損害（逸失利益）について，損害の公平な分担や，被害者の被った不利益を補塡して不法行為がなかったときの状態に回復させるという不法行為の目的および理念に照らして相当と認めるときは，定期金賠償の方法による支払を求めることができるとした。消極損害は，被害者が当該不法行為により就労可能期間にわたって得られるはずであった利益を失ったという損害であって，不法行為時に発生する損害である。しかし，当該利益の喪失が現実化するのは将来であることから，当該利益の喪失が現実化する都度これに対応する時期にその利益に対応する額の金員を支払う賠償方法（定期金賠償）によることも考えられるところであり，原告は，請求原因事実として上記相当性を基礎付ける事実（上記最判の事案では，被害者が事故当時4歳の幼児で，高次脳機能障害により労働能力を全部喪失したことなどを考慮して，定期金賠償が認められている）を主張して，定期金賠償を求めることもできる。そして，この場合，特段の事情のない限り定期金賠償の終期を被害者の死亡時までとする必要はない（上記最判）。したがって，例えば，被害者が口頭弁論終結時以前に死亡したことを被告が主張しても，消極損害の額にも影響はしない（最判平8・4・25民集50巻5号1221頁）し，定期金賠償の終期にも影響しないから，抗弁として失当である。

　(c)　精神的損害（慰謝料）については，加害行為により精神的苦痛を被ったことを主張することとなる。慰謝料額の算定に当たっては，当事者双方の社会的地位，加害の動機，侵害行為の態様，被害の状況等諸般の事情を斟酌して，裁判所が自由な心証により判断する。したがって，これらの算定の基礎となる事実はいずれも慰謝料が発生するための要件事実ではない。また，慰謝料額の主張は，当事者の法律的評価の陳述であって弁論主義の適用はな

いと解されている（岩村・前掲論文40頁）。

　(d)　このように差額説に立って各損害費目を積み上げることにより損害額を算定するときは，費目間の流用の可否が問題となる。上記のとおり，身体傷害による財産的および精神的損害の賠償請求権の訴訟物は1個と解されているものの，各費目の損害額はそれぞれ要件事実であるから，総請求額の範囲内であっても，当事者が主張している額以上の損害額を認定することは弁論主義に反する。他方，慰謝料については，その額の算定は上記のとおり裁判官の自由な心証に基づく判断であるから，これを当事者の主張する額以上に増額することも可能である。そこで，処分権主義に反しない限度では，例えば財産的損害の請求は過大で一部しか認定できないが慰謝料の請求額は過小であるという場合，慰謝料額を増額することにより，賠償額のバランスをとることはできると考えられる。

　(イ)　死傷損害説による場合　　死傷損害説は，死亡または傷害を被ったこと自体が損害であるとするので，要件事実も「被害者が加害行為により死亡したこと，あるいは傷害を被ったこと」で十分であると思われ，治療費の額などは上記損害が発生したことやその額を推認させる間接事実にすぎない（そのうち治療費や逸失利益等の各費目を資料として位置付ける説によると，このような結論となろう。他方，死傷について一般的・抽象的に適正な損害額を算定すべきであるとする説に立つと，各費目は損害を推認させる意味も持たないということになろうか）から，請求原因事実として主張する必要はないこととなる。

　(ウ)　遅延損害金　　不法行為による損害賠償債務は，損害の発生と同時に，何らの催告を要することなく，遅滞に陥る（最判昭37・9・4民集16巻9号1834頁）。したがって，不法行為に基づく損害賠償請求訴訟の附帯請求として遅延損害金の支払を請求する場合，被告に対して損害賠償の支払を催告したことは請求原因事実ではなく，主請求の請求原因事実により，不法行為の時からの遅延損害金を請求することができる。最近の判例では，離婚に伴う慰謝料として夫婦の一方が負担すべき損害賠償請求権は，当該夫婦の離婚の成立により発生するから，離婚の成立時に遅滞に陥るとされている（最判令4・1・28民集76巻1号78頁）。

　また，不法行為に基づく損害賠償債務の遅延損害金は，405条の適用または類推適用により元本に組み入れることはできない（最判令4・1・18民集76巻

一般不法行為の要件事実　Ⅱ

1号1頁）。したがって，遅延損害金を損害賠償債務の元本に組み入れた上で上記遅延損害金の附帯請求をしても失当である。

5　因果関係

(1)　相当因果関係説と事実的因果関係説

709条は，「これによって」生じた損害を賠償する責任を負うと規定しているから，不法行為に基づく損害賠償請求が認められるためには，加害行為と発生した損害との間に因果関係が認められることが必要である。

判例・通説は，これを相当因果関係として理解し，416条を類推適用する（相当因果関係説）。相当因果関係説によれば，加害者が賠償すべき損害は加害行為から「通常生ずべき損害」であって，また，「特別の事情によって生じた損害」については，「加害者がその事情を予見すべきであったとき」に賠償責任を負うこととなる。したがって，相当因果関係説に立つ場合，法律要件としての因果関係は「当該損害と被告の加害行為との間に相当因果関係があること」であって，これを416条の要件に置き換えると，当該損害が通常損害のときには「当該損害が被告の加害行為から通常生じる損害であること」を主張し，原告の主張する損害が特別事情によるものであるときは，「被告が加害行為当時，当該結果の発生を予見すべきであったことの評価根拠事実」を主張することとなる。

これに対して，因果関係の問題は法的価値判断とは切り離された事実の問題であるとして，事実的因果関係の問題と，事実的因果関係に立つ損害のうちどの損害の賠償が被害者に与えられるかという問題（保護範囲）を分けて考える学説が有力である（事実的因果関係説〔→§709BⅦ1(4)〕。平井・理論135頁，前田(達)125頁，潮見Ⅰ362頁，窪田349頁，内田390頁）。事実的因果関係説によれば，事実的因果関係の問題と保護範囲の問題は分けて分析され，保護範囲にあることの有無は裁判官の政策的価値判断として因果関係とは別の問題と捉えられるから，因果関係として主張すべき事実は，「当該損害と被告の加害行為との間に事実的因果関係があること」ということになる。

なお，以下，本稿の記述は相当因果関係説に立って法律要件等の分析を行うこととする。

(2)　因果関係の要件事実

相当因果関係説に立つ場合，因果関係の有無は，①当該損害と加害行為と

の間に事実としての因果関係がある（「あれなければこれなし」の関係にある）こと，②当該損害を加害者に賠償させるのが相当であること（当該損害は，加害行為から「通常生ずべき損害」であること），という２つの要件により判断される。このうち②は法的価値判断であるから，具体的には当該損害を加害者に賠償させるのが相当であることを基礎付ける事実を主張することになると思われ，これが①の事実としての因果の流れを主張する中で併せて主張されるものと考えられる。他方，事実的因果関係説の立場では，因果関係の場面では正に事実としての因果の連鎖が主張すべき要件事実ということになる。

　実務上多くの場合には不法行為とされる加害者の行為に「よって」当該損害が生じたと主張される場合が多く，この表現により事実としての因果関係があることと，その損害が相当性の範囲内にあることが表現され，要件事実は満たされていると理解されている（事実的因果関係説の立場でも要件事実として満たされると考えることは変わらないだろう）。しかしながら，因果関係に争いがある場合には，どちらの立場でもより具体的な事実として因果関係を主張する必要がある。この点に関する考え方としては，

①　因果関係に争いがある場合には，経験則上首肯できる程度に加害行為からその損害が発生するまでの原因と結果のつながりを主張する必要があるが，因果関係自体は法的な概念であるから，これを科学的に解明して主張する必要はないとする説（山本・前掲論文331頁）

②　訴訟上問題となる因果関係は，科学法則に基づいて原因・結果のメカニズムを明らかにすべき科学的証明の対象と同一であるから，個々の因果の連鎖の形で具体化し，中間事象まで取り込んで因果の筋道をたどっていかなければならないとする説（賀集唱「損害賠償請求訴訟における因果関係の証明」新堂幸司ほか編・講座民事訴訟⑤証拠〔1983〕202頁）

③　事実的因果関係の有無は，「あれなければこれなし」という条件関係の公式に当てはまることで判断されるから，加害行為と結果がこのような条件関係にあることを主張すれば足りるとする説（しかしこの場合，「加害行為がなければ当該損害は発生しなかったこと」だけを主張しても，「なぜ発生しなかったのか」という問いに答えることはできず相手方の手続保障に欠けるから，やはり条件関係があるというために具体的な因果のつながりを主張することとなろう）

一般不法行為の要件事実　Ⅱ

があろうと思われる。いずれの立場でも争いがあれば加害行為から損害発生に至る個々の原因・結果の一つ一つを要件事実として主張する必要があると考えられるが，②説ではそれが科学的なプロセスとして捉えられなければならない。最高裁昭和50年10月24日判決（民集29巻9号1417頁）は，因果関係の立証について，「一点の疑義も許されない自然科学的証明ではなく，経験則に照らして全証拠を総合検討し，特定の事実が特定の結果発生を招来した関係を是認しうる高度の蓋然性を証明すること」であると判示しており，そうすると，立証の対象となるべき要件事実としても，自然科学的な根拠を有する主張までは要せず，「特定の事実が特定の結果発生を招来した関係」が高度の蓋然性をもって是認し得ることを主張すればよいとも考えられよう。このようなことは，因果関係の科学的な解明が十分でない分野について因果関係を主張しなければならない場合に問題となるものと思われるが，特に相当因果関係説の立場では，因果関係の判断は発生した損害の賠償責任を加害行為者に負わせるか否かの規範的評価の側面を有し，科学的な解明がされない限り因果の連鎖がつながらないとはいい難いから，個々の原因・結果の一つ一つを要件事実と解しつつ，経験則上それが原因・結果として連鎖しているものと首肯される程度に主張することを要し，それで足りると解することができるように思われる。

　ところで，因果関係の主張に対しては，相手方から別原因の存在の主張がされることが考えられるが，原告の主張する原因と別の原因が存在し，その原因が結果をもたらした可能性がある旨の主張は，一般的には原告の主張する因果の流れとは両立しないから，抗弁ではなく否認に当たる。

(3)　因果関係の証明

　(ア)　高度の蓋然性　　原告は，請求原因事実である因果関係の存在を立証しなければならない。上記のとおり，前掲最高裁昭和50年判決は，因果関係の証明は「一点の疑義も許されない自然科学的証明ではなく，経験則に照らして全証拠を総合検討し，特定の事実が特定の結果発生を招来した関係を是認しうる高度の蓋然性を証明することであり，その判定は，通常人が疑を差し挟まない程度に真実性の確信を持ちうるものであることを必要とし，かつ，それで足りる」と判示している（最判平11・2・25民集53巻2号235頁は，不作為による不法行為についてもこの枠組みが妥当することを明らかにしている）。した

一般不法行為の要件事実　II　　　　　　第3編　第5章　不法行為

がって，因果関係の証明度，すなわちどの程度までの立証ができたときに因果関係の存在を認定することができるのかについては，「高度の蓋然性」であると捉えるのが判例・通説であると理解されており，「高度の蓋然性」とは，おおむね「通常，人が日常生活上の決定や行動の基礎とすることをためらわない程度」（新堂幸司・新民事訴訟法〔6版，2019〕568頁）であると解されている。この点については，後段の「真実性の確信」との関係で，「高度の蓋然性」に加えて「裁判官の主観的確信」が必要であるとする学説も有力である（新堂・前掲書571頁，田尾桃二＝加藤新太郎編・民事事実認定〔1999〕262頁，司法研修所編・民事訴訟における事実認定〔2014〕7頁）。客観的に高度の蓋然性による立証がされても，裁判官が主観的確信が持てないまま判断するのは裁判官の良心に従った判断とはいえないという問題提起であって正当な指摘であるが，立証が高度の蓋然性に至ったという判断は結局のところ当該裁判官がするのであるから，それは当該裁判官の真実性の主観的確信と離れて存在し得るのかという整理が必要なようにも思われる。

　これに対して，証明の基準は証拠上いずれの側の証明度が優越しているかという証拠の優越原則によるべきであるとする説（証拠の優越説。石井良三「民事裁判における事実証明」ジュリ150号〔1958〕38頁），証明責任を負う当事者の主張事実が相手方の主張事実と比較してより真実らしいという程度で足りるとする説（優越的蓋然性説。伊藤眞「証明，証明度および証明責任」法教254号〔2001〕33頁。なお，伊藤眞・民事訴訟法〔8版，2023〕383頁は，これを「相当の蓋然性説」と称している）など証拠の優越で足りるとする立場もある。証拠の提出を当事者の権能であり責任であるとする弁論主義を徹底すれば，提出された証拠の優劣により立証の有無を判定するとする立場もあり得ると思われるが，実務家としては，実体的権利関係の有無を判断し，強制力をもって実現する手続である民事訴訟においては，やはり偶然に左右されかねない当事者の提出する証拠の程度や内容によるよりも，心証が高度の蓋然性に至ったときに立証があったと判定することに親和性を覚えるものである。

　とはいえ，特に因果の流れに関する科学的な解明が十分なされていない分野など高度の蓋然性をもって因果関係を立証するのが困難と思われる事案もあり，そのような事案への対処として立証責任の軽減が問題となる。要件事実の観点からは，因果関係の推定と医療過誤における法益の拡張について検

908　〔竹内〕

一般不法行為の要件事実　**II**

討する。

　(イ)　因果関係の推定　　裁判官の自由心証の作用である事実上の推定手法を使うことにより，因果関係の一部または全部を推定することがある。過失の一応の推定と同じ理屈であるが，過失は規範的評価であるのに対し，因果関係は事実であるので，正に事実上の事実推定により要件事実を推定することとなる。原告が，因果関係の一部または全部について因果の連鎖を要件事実として主張し，科学的な解明が十分ではないためにその連鎖を科学的な証拠等により直接に立証することはできないけれども，その存在を推認させる間接事実の存在を積み重ねて立証した場合において，当該間接事実により，経験則上高度の蓋然性をもって上記因果の連鎖が存在すると推定されるに至った時には，特段の事情のない限り，因果関係の存在が推定されるということとなろう（この際に，当該個別の事案における原因と結果を直接解明するのではなく，疾患の原因を集団的に観察し，そこから当該事案の原因と結果を推認しようとする疫学的手法や統計的手法が用いられる場合がある。立証方法の問題であるが，このような手法により因果関係を立証すること自体も，立証負担軽減の機能を有するものと解される）。これに対して被告は，上記「特段の事情」に当たる事実として，当該原因と結果との関係については原告の主張するところとは別の原因が存在すること（要証事実の存在を疑わせる間接事実〔司法研修所編・改訂　事例で考える民事事実認定〔2023〕65頁〕という位置付けになろうか）を立証（間接反証ともいわれる）することにより，上記事実上の推定を揺るがせなければ，因果関係が認定されるという立場に立たされることとなる。

　ただ，709条に基づく請求の場合には，719条1項後段に基づく請求の場合とは異なって，因果関係が法律上推定されるわけではないから，あくまで因果関係の立証責任は原告にあり，上記別原因の存在の主張は抗弁になるわけではない。

　(ウ)　医療過誤における因果関係の主張・立証　　医療過誤訴訟においては，しばしば医師の不適切な医療行為と患者の死亡との間の因果関係を立証するのが困難であり，特に当該患者が重篤な疾患を抱え末期症状であった場合などに問題となる。

　この点で，前掲最高裁平成11年2月25日判決は，「医師が注意義務を尽くして診療行為を行っていたならば患者がその死亡の時点においてなお生存

していたであろうことを是認し得る高度の蓋然性が証明されれば，医師の右
不作為と患者の死亡との間の因果関係は肯定されるものと解すべきである。
患者が右時点の後いかほどの期間生存し得たかは，主に得べかりし利益その
他の損害の額の算定に当たって考慮されるべき事由であり，前記因果関係の
存否に関する判断を直ちに左右するものではない」と判示し，生命の侵害と
いう意味では，因果関係の終点として「患者がその死亡の時点においてなお
生存していたであろうこと」を主張すれば医療行為と死亡との間の因果関係
について要件事実は満たし，それを高度の蓋然性をもって証明することで因
果関係の立証は足りるとしている。そして，その後当該患者がどれほどの期
間生存し得たかは，損害の要件事実であっても権利侵害の要件事実ではない
として区別し，結果として因果関係の主張・立証の負担を軽減する機能を有
しているということができる。「ある患者が適切な診療行為を受けていたな
らばいかほどの期間生存し得たであろうかという問いと，ある患者が適切な
診療行為を受けていたならば特定の時点で生存していたといえるか否かとい
う問いとを比較すると，一般的には，後者の方が回答が容易」（八木一洋〔判
解〕最判解平 11 年上 150 頁）だからである。

　また，最高裁平成 12 年 9 月 22 日判決（民集 54 巻 7 号 2574 頁）は，「疾病の
ため死亡した患者の診療に当たった医師の医療行為が，その過失により，当
時の医療水準にかなったものでなかった場合において，右医療行為と患者の
死亡との間の因果関係の存在は証明されないけれども，医療水準にかなった
医療が行われていたならば患者がその死亡の時点においてなお生存していた
相当程度の可能性の存在が証明されるときは，医師は，患者に対し，不法行
為による損害を賠償する責任を負うものと解するのが相当である」と判示し，
死亡との間の因果関係は主張・立証できない場合でも，「医療水準にかなっ
た医療が行われていたならば患者がその死亡の時点においてなお生存してい
た相当程度の可能性」を法によって保護されるべき利益として捉えて，医療
行為とその法益侵害との因果関係を主張立証することにより，不法行為が成
立するとしている（→§709 B Ⅶ 4 (2)(ア)）（更に重大な後遺症が残存した事案について
同様の考え方を示すものとして，最判平 15・11・11 民集 57 巻 10 号 1466 頁がある）。生
命とは別な法益侵害を観念することによって死亡との間の因果関係の主張・
立証の負担を軽減することとなるが，この法益侵害による不法行為は，原告

910　〔竹内〕

一般不法行為の要件事実　III

が主張する医療行為による患者の死亡による損害賠償請求の請求原因事実とは被侵害利益を異にするから，別な訴訟物を構成する請求ということになろう。

III　抗　　弁

1　違法性阻却事由

一般的には違法性が認められるものの，一定の事由がある場合には違法性が阻却され，不法行為が成立しない場合がある。いずれも請求原因とは両立する事由であって抗弁に位置付けられる。違法性阻却事由としては，①正当防衛（720条1項本文），②緊急避難（同条2項），③被害者の承諾，④正当業務行為，⑤自力救済があるといわれている。

2　責任能力の欠缺

不法行為が成立し，加害者に損害賠償責任を負わせるためには，加害者に不法行為当時責任能力があったことが必要である。しかし，責任能力はあるのが通常であるから，加害行為当時に責任能力がなかったことを被告が抗弁として主張すべきものと解される。

責任能力の欠缺の抗弁としては，①712条により，㋐加害行為当時，加害者が未成年者であったこと，㋑加害者が㋐の当時，自己の行為の責任を弁識するに足りる知識を備えていなかったことを主張するか，②713条により，㋒加害者に加害行為当時精神上の障害があったこと，㋓加害者は，㋒により自己の行為の責任を弁識する能力を欠く状態にある間に加害行為を行ったことを主張することとなろう。上記㋑および㋓の事実については，争いがあるときはこれを基礎付ける具体的な事実を主張する必要がある。

713条ただし書は，加害者が故意または過失により②の状態を招いたときはこの限りでない，すなわち賠償責任を負うことを規定するから，原告は，上記抗弁のうち②に対し，加害者が故意または過失によって一時的に②の状態を招いたこと，を再抗弁として主張することができる。

3　過　失　相　殺

(1)　過失相殺の意義

722条2項は，「被害者に過失があったときは，裁判所は，これ考慮して，

〔竹内〕　911

一般不法行為の要件事実　**III**　　　第3編　第5章　不法行為

損害賠償の額を定めることができる」と規定する。これを過失相殺と呼び，被害者の過失を主張してこれを裁判所が考慮することにより，賠償額が減額される効果が発生するから，過失相殺の主張は損害賠償請求権の全部または一部の発生障害事由として抗弁に位置付けられる。なお，請求原因事実が被告の故意による不法行為である場合，過失相殺の抗弁は主張自体失当ではないかという議論があるところ，窪田430頁は，加害者の故意が被害者の不注意を惹起したり，これを利用しようとする意図であったりした場合には過失相殺の主張を許すべきではないが，そうでなければ排除はされないとしている。

(2)　過失相殺の要件事実

過失相殺の要件は，「被害者に過失があったとき」である。過失の要件事実については前述（→II 2(2)(ｱ)）したところであり，ここでも理論的には抗弁事実として被害者の過失の評価根拠事実を主張する必要があると考えられる（新堂幸司・新民事訴訟法〔6版，2019〕471頁，潮見佳男・プラクティス民法　債権総論〔5版補訂，2020〕154頁，窪田433頁）。これに加えて相殺の意思表示をする必要はないし，過失相殺を求める旨の権利主張をする必要もない（笠井正俊＝橋本佳幸「不法行為における過失相殺」前掲民事法III 396頁）。他方，判例はむしろ当事者の主張がなくとも職権で判断できるとする趣旨の判断をしている（大判昭3・8・1民集7巻648頁，最判昭43・12・24民集22巻13号3454頁）し，学説上，過失相殺は公平や信義則の理念に基づく制度なのであるから，弁論主義の適用はなく，評価根拠事実を主張する必要はないとする説も有力である（篠田省二「権利濫用・公序良俗違反の主張の要否」新実務民訴(2)35頁）。このような考え方によると，被告から評価根拠事実の主張がなくとも，被害者の過失に関わる事情が証拠資料に顕れている限り，裁判所はそれを自由に考慮して過失相殺をすることができることとなる。

評価根拠事実の主張を要することを前提として被害者のどのような事情が考慮されるのかについて検討すると，まず，判例は，未成年者の過失相殺能力について，事理を弁識できる知能があれば足り，責任を弁識できる知能まで備えている必要はないとしている（最大判昭39・6・24民集18巻5号854頁）から，被害者が未成年者であっても過失相殺の抗弁を主張し得る。また，被害者自身の過失でなくとも，「被害者と身分上ないしは生活関係上一体をな

912　〔竹内〕

一般不法行為の要件事実　Ⅲ

すとみられるような関係にある者の過失」を被害者側の過失として考慮することができるとしている（最判昭42・6・27民集21巻6号1507頁）から，被害者とこのような関係にある者の過失の評価根拠事実も主張することができることとなる。

(3)　過失相殺の類推適用（素因減額）

　また，被告は被害者の心因的要因や疾患が不法行為と競合して損害を拡大した場合には，722条2項の過失相殺を類推適用して損害賠償額を減額することを認めており，このような主張も損害賠償額の一部消滅の効果を有するものとして，抗弁に位置付けられよう。すなわち，判例は，前者については「損害がその加害行為のみによって通常発生する程度，範囲を超えるものであって，かつ，その損害の拡大について被害者の心因的要因が寄与しているとき」（最判昭63・4・21民集42巻4号243頁），後者については「被害者に対する加害行為と被害者のり患していた疾患とがともに原因となって損害が発生した場合において，当該疾患の態様，程度などに照らし，加害者に損害の全部を賠償させるのが公平を失するとき」（最判平4・6・25民集46巻4号400頁）には，722条2項の過失相殺の規定を類推適用して当該事情を斟酌することができるとしているから，素因による減額としてこのような事情を主張することが考えられる。

　しかしながら，他方，最高裁平成8年10月29日判決（民集50巻9号2474頁）は，「被害者が平均的な体格ないし通常の体質と異なる身体的特徴を有していたとしても，それが疾患に当たらない場合には，特段の事情の存しない限り，被害者の右身体的特徴を損害賠償の額を定めるに当たり勘酌することはできないと解すべきである」としているから，被害者に疾患に当たらない程度の身体的特徴があることのみを主張しても失当であり，抗弁としては上記「特段の事情」を併せて主張する必要があることとなろう。

4　損益相殺

(1)　損益相殺の要件事実

　不法行為の被害者が，不法行為があったことによって利益を受けた場合には，公平の見地から，当該利益は損害賠償の額から控除される。損益相殺により賠償額が減額されることとなり，その範囲で原告の主張する損害賠償請求権は消滅するから，損益相殺の主張は抗弁と解される。判例も「損益相殺

〔竹内〕　913

一般不法行為の要件事実　III　　　　　　第3編　第5章　不法行為

的な調整」と表現するように，民法上の相殺ではなく，むしろ公平の観点か
らの損害賠償額の調整であって相殺の意思表示を要しないので，被告が主張
すべき要件事実は，①損益相殺の対象となる債権の発生原因事実と②原告が
その支払を受けたこと，となろう。

(2)　損益相殺の対象となる給付

上記①の事実について，どのような給付が損益相殺の対象となるかについ
て判例は，「損害と利益との間に同質性がある限り，公平の見地から，その
利益の額を被害者が加害者に対して賠償を求める損害額から控除することに
よって損益相殺的な調整を図る必要があ」るとしており（最大判平5・3・24民
集47巻4号3039頁），「損害と利益との間の同質性」が問題となる。この観点
から，①国民年金法や厚生年金保険法に基づく遺族年金（最判平11・10・22民
集53巻7号1211頁）あるいは障害基礎年金や障害厚生年金（最判平22・9・13民
集64巻6号1626頁），②労災保険法に基づく休業給付（最判平22・10・15裁判集
民235号65頁），③労災保険法に基づく遺族補償年金（最大判平27・3・4民集69
巻2号178頁）などについては損害のうちこれらの給付と同質性を有する逸失
利益等の元本との間での損益相殺が認められている。他方，①生命保険金
（最判昭39・9・25民集18巻7号1528頁），②生命保険の特約に基づく障害給付
金または入院給付金（最判昭55・5・1判タ419号73頁）あるいは③火災保険金
（最判昭50・1・31民集29巻1号68頁）は，保険料の対価であって不法行為とは
関係なく支払われる金銭であるとして損益相殺を認めない（ただし火災保険金
については，保険代位〔保険25条1項〕により保険者が支払った保険金の範囲内で保険
者が損害賠償請求権者に代位するので，被害者の損害賠償請求権はその範囲で消滅するこ
ととなる。したがって，被告は，上記事由による賠償請求権の全部または一部消滅を抗弁
として主張することはあり得よう）。したがって，原告がこれらの支払を受けた
ことを主張しても，損益相殺の抗弁として失当である。

(3)　将来の給付についての損益相殺

上記(1)②の事実について前掲最高裁大法廷平成5年3月24日判決は，地
方公務員等共済組合法に基づく遺族年金について，債権を取得しただけでは
損益相殺的な調整を行うことはできず，「当該債権が現実に履行された場合
又はこれと同視し得る程度にその存続及び履行が確実であるということがで
きる場合に限られる」と判示しているから，年金等の支払または取得による

914　〔竹内〕

損益相殺を主張する場合には，(1)②の事実か，またはこれに代えて「②'当該債権が，現実の支払と同視し得る程度に存続及び履行が確実であること」を主張することとなろう。

5　消滅時効，除斥期間（平成29年改正前の規定によるもの）

(1)　消 滅 時 効

不法行為に基づく損害賠償請求権は，724条1号により，被害者またはその法定代理人が損害および加害者を知った時から3年間行使しないとき，また，724条の2により，人の生命または身体を害する不法行為によるものであるときは，上記の時から5年間行使しないときは，時効によって消滅する。

したがって，被告は，損害賠償請求権の消滅事由として，これらの消滅時効の抗弁を主張することができる。その要件は，724条1号の消滅時効を主張する場合には，①原告が損害および加害者を知ったこと，②①の時から3年間が経過したこと，③被告が原告に対して時効を援用する意思表示をしたこと，である。また，原告が請求原因で主張する不法行為が人の生命または身体を害するものである場合には，被告は，724条の2に基づく抗弁を主張することとなり，その場合には，上記②に代えて，②'①の時から5年間が経過したことを主張することとなろう（この場合には，既に請求原因事実に生命または身体傷害に係る不法行為であることが顕われているため，被告が724条1号に基づく3年間の経過による消滅時効の抗弁を主張しても失当である）。そして，時効の援用は，権利の得喪を確定させる実体法上の意思表示と解されるから，③が必要である。実務上は，「加害者を知った時」または「損害を知った時」の起算点が問題となることが多いが，「知った時」とは，「被害者が損害の発生を現実に認識した時をいう」（最判平14・1・29民集56巻1号218頁）から，その時点を主張する必要があるし，消滅時効は請求権ごとに進行するから，ある不法行為が複数の利益を侵害する場合は，各被侵害利益につき損害を知った時から進行する。例えば，車両損傷を理由とする不法行為に基づく損害賠償請求権の消滅時効は，同一の交通事故により同一の被害者に身体障害を理由とする損害が生じた場合であっても，被害者が，加害者に加え，上記車両損傷を理由とする損害を知った時から進行する（最判令3・11・2民集75巻9号3643頁）。後遺症や継続的不法行為の損害につき，その発生を知った時が被告の主張する時より後であるとの原告の主張は，抗弁事実と両立しないから，そ

〔竹内〕　915

一般不法行為の要件事実　III　　　　　　　　第3編　第5章　不法行為

の否認に当たる。

　また，724条2号により，損害賠償請求権は不法行為の時から20年の経過によって時効消滅する。したがって，被告は，同号に基づく消滅時効の抗弁を主張することもできるところ，その要件は，①不法行為の時から20年間が経過したこと，②被告が原告に対して時効を援用する意思表示をしたことである。

　原告は，これらの消滅時効の抗弁に対し，訴えの提起による時効の完成猶予や債務の承認による時効の更新事由があることなどを再抗弁として主張することができる。

(2)　平成29年改正前の規定に基づく除斥期間

　なお，平成29年改正前の724条後段（「不法行為の時から20年を経過したときも，同様とする」）について，通説・判例（最判平元・12・21民集43巻12号2209頁）は，除斥期間を定めたものと解釈していた。したがって，上記改正前の民法724条が適用となる事案（改正法施行日（令和2年4月1日）において上記除斥期間が経過していた事案）では，被告は，原告の主張する不法行為の時から20年が経過したこと，を除斥期間の抗弁として主張することができる（このように解した場合の要件事実は特定の年月日が経過したこととなり，当該事実は裁判所に顕著な事実である）し，裁判所は，当事者から損害賠償請求権が除斥期間の経過により消滅した旨の主張がなくても，期間の経過により同請求権が消滅したものと判断することができる（前掲最判平元・12・21）と解されていた。しかし，この点について最高裁令和6年7月3日大法廷判決（LEX/DB25573621）は，「請求権は，除斥期間の経過により法律上当然に消滅するものと解するのが相当である」ものの，「裁判所が除斥期間の経過により……請求権が消滅したと判断するには当事者の主張がなければならないと解すべきであ」るとして，前掲最高裁平成元年12月21日判決を変更した。したがって，除斥期間の抗弁については，上記のように特定の年月日（不法行為の時から20年）が経過したことに加えて，「除斥期間の経過により請求権が消滅した」旨の主張を必要とすることとなる（時効の援用との関係で，この「主張」の性質をどのように解するかは今後の議論を待つことになろう。消滅時効の効果（権利の消滅）と時効の援用との関係について，時効期間の経過によっても時効の効果は不確定的に発生するに止まり（不確定効果説），時効の援用によって初めてその効果が確定する（停止条件説）

916　〔竹内〕

一般不法行為の要件事実　III

と解すると，時効の援用は時効の法的効果を確定させる旨の実体法上の意思表示の性質を有することとなる。しかし，上記最高裁判決は，除斥期間の経過によって請求権は法律上当然に消滅すると判断しているから，これによる請求権の消滅を言う当事者の主張は，時効の援用のように時効の法的効果を確定させる実体法上の意思表示ではないと考えられ，そうすると，既に発生した除斥期間の法的効果についての権利主張の性質を有するものと考えられようか。この場合には，権利抗弁（事実の主張だけでなく，権利者による権利行使の意思表示があってはじめて判決の基礎とすることができる抗弁）の一種となろう。他方，当事者の「主張」は訴訟上の攻撃防御方法の提出をいうものとも考えられ，そのように解する場合には，抗弁としての権利主張が要件事実として必要となるのではなく，弁論主義に基づく除斥期間の抗弁の提出行為が必要となる）。もっとも，同改正前の民法724条に基づく除斥期間の主張に対しては，判例上，時効の停止に関する平成29年改正前の158条（最判平10・6・12民集52巻4号1087頁。予防接種により心神喪失の常況にあるのに，法定代理人がいないまま除斥期間が経過した場合）や同160条（最判平21・4・28民集63巻4号853頁。殺人事件の加害者が遺体を隠匿したまま除斥期間が経過した場合）の法意に照らし，著しく正義・公平の理念に反するとして除斥期間が経過しても損害賠償請求権が消滅しない場合が認められている。また，前掲最高裁令和6年7月3日大法廷判決は，裁判所が除斥期間の経過により請求権が消滅したと判断するには当事者の主張が必要であることを前提として，「請求権が除斥期間の経過により消滅したものとすることが著しく正義・公平の理念に反し，到底容認することができない場合には，裁判所は，除斥期間の主張が信義則に反し又は権利の濫用として許されないと判断することができると解するのが相当である。」と判断している。そこで，除斥期間が抗弁として主張された場合には，原告は，上記各判例が挙げるような，除斥期間の経過による権利消滅の主張が著しく正義・公平の理念に反することを基礎付ける事実を主張して，①時効停止の法意に照らし除斥期間が経過してもその法的効果が発生しない旨の再抗弁，または，②除斥期間の経過による請求権消滅の主張が信義則違反もしくは権利濫用に当たる旨の再抗弁（ただし，当事者の「主張」が訴訟上の攻撃防御方法の提出であると考える場合には，再抗弁ではなく，除斥期間経過の抗弁の提出行為が訴訟上の信義則違反や権利濫用と解されることとなる）を主張することが考えられる。

〔竹内　努〕

§710

第3編　第5章　不法行為

（財産以外の損害の賠償）

第710条　他人の身体，自由若しくは名誉を侵害した場合又は他人の財産権を侵害した場合のいずれであるかを問わず，前条の規定により損害賠償の責任を負う者は，財産以外の損害に対しても，その賠償をしなければならない。

〔対照〕ド民253，ス債47・49，DCFR VI.-2: 101

細　目　次

I　本条および711条の意義と本条の位置
付け …………………………………919
　1　非財産的損害の賠償に関する規定の
　概観と解説の構成……………………919
　2　民法710条の位置付け………………920
　3　本条の比較法的位置付け……………920
　4　本条の射程……………………………921
　5　非財産的損害の賠償の特殊性………922
II　本条の非財産的損害の意義 ……………923
　1　精神的損害・非財産的損害と慰謝料…923
　2　身体侵害を伴う不法行為における慰
　謝料……………………………………926
　3　身体侵害を伴わない不法行為におけ
　る慰謝料………………………………926
　　(1)　人格的利益の侵害における慰謝料
　　………………………………………926
　　(2)　経済的な性格を有する無形の利益
　　の侵害における非財産的損害 ………927
　　(3)　財産権侵害に伴う慰謝料（愛好利
　　益についての損害）……………………928
　　(4)　財産的損害と非財産的損害の関係
　　………………………………………929
III　慰謝料請求の主体 ………………………930
　1　自然人の慰謝料請求…………………930
　　(1)　苦痛の主体としての自然人 ………930
　　(2)　胎児・乳幼児や苦痛に対する感受
　　性を欠く被害者の慰謝料請求権 ……930
　　(3)　それ以外の無形の損害 ……………931
　2　法人に生じた非財産的損害の賠償請

求権…………………………………932
　3　近親者に生じた重大な傷害を理由と
　する慰謝料請求権……………………933
IV　慰謝料の機能と役割 ……………………933
　1　基本的な考え方——非財産的損害の
　慰謝料の損害塡補機能とその他の機能…933
　2　慰謝料の制裁的機能をめぐる議論……935
　3　慰謝料の拡張的な機能………………937
　　(1)　慰謝料の補完的機能・調整的機能
　　………………………………………937
　　(2)　包括請求と慰謝料の補完的機能 …938
　　(3)　財産的損害の賠償に代わる慰謝料
　　（代替的な機能を果たす慰謝料）……938
　　(4)　慰謝料の満足的機能（償い機能）
　　………………………………………940
V　慰謝料額の算定 …………………………941
　1　慰謝料額の算定に関する概観…………941
　2　被害者に関する事情…………………943
　　(1)　身体侵害等の不法行為において考
　　慮される被害者の事情 ………………943
　　(2)　その他の個別事情 …………………944
　　(3)　名誉毀損における慰謝料額の算定
　　要素 …………………………………944
　　(4)　被害者の過失等と慰謝料額の決定
　　………………………………………945
　3　加害者に関する事情…………………946
　4　慰謝料額算定の基準時………………947
VI　慰謝料請求権の一身専属性 ……………948

918　〔窪田（長野補訂）〕

§*710* I

I　本条および711条の意義と本条の位置付け

1　非財産的損害の賠償に関する規定の概観と解説の構成

　非財産的な損害の賠償（いわゆる「慰謝料」。ただし，慰謝料という言葉を厳密にどの範囲で用いるかについては，後述のように議論がある。ここでは，さしあたり，非財産的損害の賠償に対応するものとして，広い意味で慰謝料という言葉を使うことにする）については，民法710条，711条が規定している。

　民法710条は，「他人の身体，自由若しくは名誉を侵害した場合又は他人の財産権を侵害した場合のいずれであるかを問わず」，賠償義務を負う者は，「財産以外の損害」についても，賠償責任を負担することを規定する。なお，文言上は，同条が適用されるのは，709条（「前条」）の規定により損害賠償の責任を負う場合に限られるが，慰謝料は，その他の構成要件によって賠償責任を負う場合についても認められている。

　また，民法711条は，他人の生命を侵害した場合に，「被害者の父母，配偶者及び子」に固有の損害賠償請求権（遺族固有の慰謝料）を認める。この規定については，709条，710条とどのような関係に立つのかについて議論がある（→§711 I 1⑵）。

　なお，法典調査会の段階では，現行民法710条に相当する内容は，原案731条1項（名誉毀損に関する現行民法723条に相当する内容が，原案の同条2項としてあわせて規定されていた）として，現行民法722条（原案730条）のあとに置かれ，それに続けて，現行民法711条の内容（原案732条）が規定されていた（法典調査会民法議事〔近代立法資料5〕440頁以下）。

　この両条はいわゆる慰謝料に関する規定であるが，被侵害法益の種類等を限定せずに一般的に慰謝料請求権を認めているという点でも（条文上は「身体，自由若しくは名誉」が挙げられているが，文言上も限定列挙ではなく，例示にすぎない。前田(達)320頁），また，遺族固有の慰謝料請求権を明示的に認めているという点でも，比較法的には，かなり幅広く慰謝料請求権を認めるものであるといえる。

　両条については，相互にまたがる問題もあるが，以下では，慰謝料それ自体に関する問題をもっぱら民法710条の注釈の中で説明し，被害者が死亡した場合の法律関係については，財産的損害の賠償請求権の相続等の問題を含

〔窪田（長野補訂）〕　919

§710 Ⅰ 第3編 第5章 不法行為

めて，民法711条の注釈の中で説明をする。

2 民法710条の位置付け

実際上はそれほど深刻な問題をもたらすものではないが，慰謝料請求権が認められる根拠となる条文を710条と解するのか，709条と解するのかについては，若干の議論の余地がある。

実際の裁判例においては，慰謝料請求を認める場合には，「民法709条，710条による慰謝料」というように両条に言及するものが少なくない。

これはごく形式的な問題のようにもみえるが，厳密に言えば，非財産的損害の賠償は，710条によってはじめて認められるものであるのか（同条は非財産的損害賠償についての創設的規定であるのか），そうではなく709条によって認められるものであり，710条は，その点を確認するにすぎないのか（同条は確認規定にすぎないのか），という問題に関わる。非財産的な損害の賠償について710条が規定している以上，そうした損害賠償について，その根拠条文のひとつとして，同条を挙げること自体は不自然ではない。しかし，前者のように理解すると，709条自体は，原則として財産的損害の賠償請求権のみを認めたものであり，710条が例外として非財産的損害の賠償を認めたものだということになる。これは，709条の本来の趣旨の理解としても適切ではなく，むしろ，709条の「損害」には，当然に非財産的損害も含まれていると理解すべきであろう（加藤(一)151頁・231頁）。

この点は，後述のように，710条のような規定が置かれていない債務不履行において慰謝料が認められるのかという問題にも関係する。

3 本条の比較法的位置付け

比較法的には，一方で，慰謝料についての特別の規定を置かず，不法行為についての一般規定で対応するものがある。すなわち，フランス法は，わが国の民法709条に相当する不法行為についての一般規定であるフランス民法1240条（2016年改正前1382条），1241条（同1383条）で，非財産的損害についても対応している。こうした枠組みでは，一般規定に置かれた損害は，財産的損害であるか非財産的損害であるかを問わず，いずれも含まれることになる（DCFR Ⅵ.-2: 101は，損失について，経済的なものか非経済的なものかを問わないとしたうえで，法的に重要な損害であるかの基準を通じて，賠償が認められるかを判断する）。

920 〔窪田（長野補訂）〕

§*710* Ⅰ

　他方，慰謝料（非財産的損害，精神的損害）については，特に法律に定めた場合にのみ認めるとするものもある。たとえば，ドイツ民法253条1項は，「財産的損害ではない損害については，法律によって規定された場合にのみ，金銭による賠償を求めることができる」としたうえで，同条2項に「身体，健康，自由または性的自己決定（sexuelle Selbstbestimmung）が侵害された場合には，非財産的損害についても，公平な金銭賠償が求められる」と定める。これは法定された場合にのみ慰謝料が認められるとするとともに，慰謝料が認められる法益侵害を一定の種類に限定するものである。このように慰謝料請求権を人身侵害等の場合に限って認めるという国は，比較法的にも少なくない。

　こうした比較法的な状況の中では，慰謝料が認められる場合を限定していないという点では，710条は前者に位置付けられるが，他方で，にもかかわらず慰謝料についての明文の規定として置かれたという意味で，710条，711条は，やや特殊なものだということができるだろう。こうした状況が，上述のように710条は709条の例外なのか，また次の注釈で言及する711条は709条，710条の例外なのかという問題をもたらしているといえる（加藤（一）232頁以下）。

4　本条の射程

　民法710条は，「前条の規定により損害賠償の責任を負う者」として，709条のみを承ける形で規定されている。しかし，前述のように，こうした非財産的損害の賠償が，工作物責任や使用者責任についても認められることについて，現在では争いがない（なお，法典調査会の段階では，上述のとおり，不法行為に関する規律の最終部分に置かれ，「前条の規定により」に相当する部分もなかったために，そのような問題はそもそも生じなかった）。

　本注釈の直接の対象とするものではないが，債務不履行の場合に，民法415条に基づいて非財産的損害の賠償が認められるのかという問題がある。安全配慮義務違反の事案において，判例は，711条に基づく遺族固有の慰謝料については否定しているが（最判昭55・12・18民集34巻7号888頁），他方で，被害者自身の慰謝料請求権については，請求が415条のみに基づく場合であっても認める裁判例が少なくない（札幌高判平20・8・29判タ1302号164頁等）。

　すでに言及したように，710条は，文言上は特に財産的損害の賠償に限定

〔窪田（長野補訂）〕　921

§*710* I 第3編 第5章 不法行為

されていない 709 条について，その賠償には非財産的損害も含まれることを
確認した規定であると理解され，非財産的損害についても，その賠償請求権
の根拠は 709 条に求められるものと考えられる。そうだとすれば，415 条の
損害賠償についても，710 条に相当する規定が存在しないことから，一律に，
非財産的損害が排除され，財産的損害の賠償のみが認められると解するべき
ではないだろう（奥田昌道＝佐々木茂美・新版債権総論上巻〔2020〕275 頁，中田裕
康・債権総論〔4 版，2020〕180 頁）。もちろん，415 条に基づく損害賠償におい
て，実際に慰謝料請求権が認められるかは，損害賠償の範囲をめぐる問題と
して，当該債務の目的や保護する利益の解釈によって決定されるのであり，
あらゆる債務不履行が慰謝料請求権を基礎付けるものではないことはいうま
でもない（→第 8 巻§416 III 2⑵(イ)）。

5 非財産的損害の賠償の特殊性

後述のように，非財産的損害の賠償や慰謝料をどのように理解するかにつ
いては，理論上も多くの議論がある。その点を留保したうえで，710 条の特
殊性について，特にそのポイントを挙げるとすれば，以下の 2 つの点である
と考えられる（問題の包括的な整理として，住田守道・慰謝料算定の基本問題——日本
法における人損慰謝料論を中心に〔2023〕）。

第 1 に，対象となる損害の内容が必ずしも明確ではないという点である。
この点は，以下にみていくように，710 条は何を対象とする損害についての
規定なのかという問題につながる。

第 2 に，慰謝料を含め，710 条の損害賠償においては，賠償額の算定基準
が明確には存在せず，基本的に，裁判官の裁量的判断によって決定されると
いう点である。この点についても，後述のように，そこでの考慮要素をめぐ
る議論はある。ただし，どの要素が最終的に認められた賠償額に具体的にど
のように反映されているかを実証的に検証することは，実際には困難である。
これは賠償額算定について通常のアプローチで分析することが困難であると
いうことを意味すると同時に，むしろ，一部では，そうした裁量的判断を利
用した問題解決が可能となるという側面も有している（後述の慰謝料の機能や
包括的慰謝料をめぐる議論につながる）。

これらの点を確認したうえで，以下，順次，710 条の内容を確認していく。

§710　II

II　本条の非財産的損害の意義

1　精神的損害・非財産的損害と慰謝料

いわゆる慰謝料として，一般的に想定されていたのは，精神的苦痛に対して，金銭を支払うことで，その苦痛を緩和するといったものであった。たとえば，不法行為によって負傷した場合，それによって生ずる治療費等の積極損害，逸失利益といった財産的損害以外に，負傷による苦痛それ自体に対するものとして，慰謝料が考えられてきた。

このような典型的な場合を想定し，慰謝料の対象となるのは，財産的損害と対になる「精神的損害」であるとされ，用語としても一般的に利用されていた（我妻200頁，加藤(一)228頁等，やや古い文献においては一般的な表現であった）。

しかし，前提となるこうした財産的損害と精神的損害の二分法自体が次第に疑問視され，現在では，精神的損害という表現は次第に減少してきており（あるいは後述のように，限定的に用いられており），現在では，非財産的損害と呼ぶ場合が増えてきている（窪田168頁，潮見・講義II64頁等）。こうした背景には，特に後述の法人の名誉毀損の場合の「無形の損害」の賠償のように，710条で賠償が認められる損害の中に，「精神的損害」とは理解しにくいものが含まれていることがある（最判昭39・1・28民集18巻1号136頁〈代々木診療所事件〉）。したがって，非財産的損害か精神的損害かということは，単に用語の問題にとどまらず，710条に規定された「財産以外の損害」が何を意味するのかという点にも関わってくる。

前提とされてきた財産的損害・精神的損害という伝統的な二分法について，幾代262頁は，その修正が必要ではないかという点について言及しつつ，法人の名誉毀損で問題となるような「無形の損害」は，実際には財産的損害に含まれるものであるとし，「潜在的・抽象的な財産的損害」と呼んでいる（中田裕康・債権総論〔4版，2020〕180頁以下も同様の趣旨を述べ，非財産的損害と精神的損害の外延は一致すると述べる）。また，四宮・下593頁は，民法710条の非財産的損害には，「慰謝料の対象とされる精神的・肉体的苦痛」のほか，「それらとは異質の無形の損害」が含まれるとしたうえで，財産的損害・非財産的損害の区別で問題となっているのは，金銭に見積もることができる損害か否かの区別であり，有形の損害・無形の損害という区別の方が適切であると

〔窪田（長野補訂）〕　923

§710 II　　　　　　　　　　第3編　第5章　不法行為

する（四宮・中436頁。平井78頁もこうした視点を示しており，また，幾代264頁も，算定できないという点に，潜在的・抽象的な財産的損害の特殊性を見出す）。

　現在の判例および議論状況を前提とすると，710条によって賠償が認められる損害の中には性格の異なるものが含まれており，そこでの「財産以外の損害」（あるいは「無形の損害」）は精神的損害に限定されないものであるとするのが，ほぼ共通の理解だといえるだろう（もちろん，無形の損害のうち精神的損害以外のものは，あくまで709条の対象であり，「非財産的損害」には含まれないから，710条が適用されるわけではないという立場は考えられるが，上述の各立場も，そうした扱いまでを求めているわけではないように思われる）。

　もっとも，このような非財産的損害（あるいは金銭に見積もることができないという意味での「無形の損害」）の定義は，財産的損害の補集合（財産的損害ではない，金銭に見積もることができる損害ではない）としての消極的な定義にすぎず，非財産的損害とは何なのか自体を積極的に定義するものではない。すなわち，精神的苦痛を伴わない場合でも慰謝料が認められるということの説明を可能とするものではあっても，その場合の慰謝料が何を意味し，何を塡補するものであるかといった点を明確に示してはいない。そのために，後述の算定以前の問題として，非財産的損害それ自体の不透明性といった状況が残されている。四宮・下594頁以下は，「非財産的損害と財産的損害とを区別することは，困難であるとともに，そのような財産的損害を証明することも，困難である。つまり，非財産的損害に密着する財産的損害は，やはり証明困難なのである」としたうえで，慰謝料とは，「無形の利益の侵害に対して人びとの懐く感情に社会が置く価値を，社会の代弁者としての裁判官が，その自由な判断によって，あえて一定の金額に形象化したもの」だとし，それを「慰謝料の感情価値表象機能」と呼んでいる。こうした理解は，もちろん直ちに一定の金額を算定することに結び付くものではないが（それが不可能であるという点にこそ，この理解の本質がある），慰謝料が対象とする損害についてのより掘り下げた理解のひとつだといえるだろう。

　以上の状況を確認したうえで，710条が対象とする非財産的損害については，以下のように整理することができるだろう。

　第1に，精神的損害（精神的・身体的苦痛）に対する賠償としての慰謝料である。これは，依然として，非財産的損害の賠償の中心的な部分である（な

924　〔窪田（長野補訂）〕

§710 **II**

お，用語上は，「慰謝料」という言葉が，こうした精神的損害に対するものに限定するものとして説明されることもある。四宮・下593頁，潮見・講義II 64頁。ただし，一般的には，710条が適用される場面においては，広く慰謝料という言葉が用いられている）。もっとも，その前提となる「苦痛」をどのように理解するのかについては，なお議論の余地が残されている。被害者に現に生じている具体的な精神的・身体的苦痛だとするのか，より抽象化され，規範的に評価される苦痛を観念することができるのかという問題である。後者のように解する場合には，次の第2のものとの境界線は必ずしも明確ではなくなる（なお，慰謝料の前提とされる苦痛の位置付けと意味の歴史的変遷等については，遠藤史啓「慰謝料における被害者の苦痛の意義と位置付け」六甲台論集法学政治学篇59巻1号〔2012〕107頁）。ここでは，「苦痛」の意味を，ひとまず前者のような具体的な精神的・身体的苦痛の意味で，以下の検討を進める。

第2に，狭義の精神的損害を前提とせずに認められる非財産的損害に対する賠償である。特に，法人の名誉毀損における「無形の損害」については，精神的感情を観念することができないものである以上，狭義の「精神的損害」ではないという点は明確である。ただ，そのうえで，それがどのような性質のものであるのかについては明確ではない。名誉毀損に限っていえば，社会的評価の低下といった無形の損害を考えることができるが，精神的損害ではない無形の損害は，これに限られるわけではないだろう。なお，こうした損害については，前述のように，むしろ財産的損害の性格を有するものであり，一般的な算定手法で損害額を算定することができないという点に特徴があるのだとする見解も有力である。

なお，精神的損害（精神的・身体的苦痛）とそれ以外という整理について，主として念頭に置かれているのは法人の名誉毀損であるが，自然人が被害者となる場合であっても，後述のように，名誉毀損やパブリシティの侵害においては，これと同種の損害が問題となっていると考える余地がある。また，自然人である被害者が苦痛の感受性を失っている場合についても，当然に前者（精神的・身体的苦痛）としての慰謝料なのか等，なお不明確な部分は残っている。その点では，非財産的損害を精神的・身体的苦痛とそれ以外に分け，後者については法人に関してのみ生ずる問題だと解することは適切ではないだろう。

〔窪田（長野補訂）〕　925

§710 II 第3編　第5章　不法行為

2　身体侵害を伴う不法行為における慰謝料

前述のように，身体侵害を伴う不法行為における慰謝料は，一般的には，精神的・身体的苦痛に対する慰謝（苦痛の緩和）という観点から説明できるものである。

厳密にいえば，身体侵害を伴う不法行為の場合であっても，身体侵害（負傷等）それ自体に伴う苦痛（精神的損害）と，身体侵害による後遺障害によって生じた社会生活上の不利益としての苦痛を区別することは可能であろう。前者の苦痛について，身体侵害について賠償義務を負う者が，慰謝料についての責任を負うべきことは当然としても，後者については，当然に慰謝料が認められるかは問題となる余地がある。特に，身体侵害によって一定の後遺障害，機能障害が生じた場合に，そうした機能障害が，その被害者にとって特段の意味を有していた場合，それについての慰謝料が問題となることは考えられる（被害者がピアノを趣味にしていた場合。被害者が職業としてのピアニストであった場合には，ピアノを演奏できなくなったことは，財産的損害として評価することが可能であるが，経済的活動につながらない趣味の場合には慰謝料の問題とせざるを得ない）。もっとも，この点は，そもそも，そうした後遺障害あるいは後遺障害に伴う非財産的損害について，賠償義務が認められるのか否かという賠償範囲をめぐる問題として判断されるものと考えられる。

3　身体侵害を伴わない不法行為における慰謝料

(1)　人格的利益の侵害における慰謝料

慰謝料は，身体侵害を伴わない場合にも認められる。特に，物理的侵害を伴わない人格的利益の侵害においては，その損害賠償の内容は，もっぱら慰謝料だということになる。こうした人格的利益の侵害としては，名誉毀損，プライバシー侵害が典型的なものとして挙げられる（なお，名誉毀損，プライバシー侵害の不法行為の成否については，→§709 D I）。

この中，名誉毀損における慰謝料についてのみ，若干の補足的な説明をしておく。すなわち，名誉毀損における被侵害法益としては，主観的名誉（名誉感情）と客観的名誉（社会的評価）が考えられるが（民法723条においては，もっぱら客観的名誉のみが問題とされるとしても，709条の保護法益から主観的名誉が排除されているわけではない。最判平14・9・24判タ1106号72頁等），こうした性格が異なる両者について，名誉毀損の慰謝料が問題となるためである。

926　〔窪田（長野補訂）〕

§*710* II

この中，主観的名誉（名誉感情）については，精神的苦痛に対する慰謝という観点から説明が可能である。他方，社会的評価の低下は，本人の認識や主観的感情等に関わりなく生じる得るものである。

判例は，法人の名誉毀損による損害賠償請求権を認めたが（前掲最判昭39・1・28），その中では，非財産的損害は，慰謝料によってやわらげられる精神的苦痛のほか，全ての無形の損害を意味するとした。こうした法人の名誉毀損における損害の性格について議論があることは前述のとおりであるが，社会的評価の低下それ自体は，法人であると自然人であると問わず，認められ得る。そうだとすると，法人の名誉毀損の場合のみ，精神的損害ではないとするだけではなく，自然人が名誉を毀損された場合についても，それと同種のことが問題となっていると理解するべきであり，自然人の場合についても，精神的苦痛の慰謝とは異なる無形の損害が認められるとするのが整合的だと思われる（幾代263頁は，法人の名誉毀損において賠償が認められたのは「潜在的・抽象的な財産的損害」だとしつつ，これは自然人が名誉や信用を侵害された場合にも同様に生ずるとする）。

また，人格的利益の侵害としては，自己決定権侵害についての慰謝料も考えられる。もっとも，実際に，自己決定権侵害についての慰謝料が認められる場面は限定されており，それが固有に機能するのは医療の場面における自己決定等，重要な自己決定権侵害と評価される場合に限られている（最判平12・2・29民集54巻2号582頁等。なお，その他の場面における自己決定権侵害の慰謝料は，財産的損害の賠償が認められない場合に補充的に機能しているのではないかという点については，→Ⅳ3(3)）。以上のほか，いわゆる「平穏生活権」侵害（→§709 D Ⅳ3(8)）や不貞行為（→第17巻§752 Ⅴ）の場面における非財産的損害も，この類型に含まれる。

(2)　経済的な性格を有する無形の利益の侵害における非財産的損害

非財産的損害の賠償が認められるものとしては，他にも，信用が毀損された場合（信用毀損については，→§709 D Ⅰ1(3)(ウ)(b)），パブリシティが侵害された場合など，侵害された法益が経済的・財産的な性格を有する場面も考えられる（パブリシティ権をどのように理解するかについてはなお議論があるが，最判平24・2・2民集66巻2号89頁は，「肖像等は，商品の販売等を促進する顧客吸引力を有する場合があり，このような顧客吸引力を排他的に利用する権利」と定義したうえで，その侵害

〔窪田（長野補訂）〕　　927

が一定の場合に不法行為となることを認める。この定義を前提とすれば，その侵害によっ
て生ずる損害は，精神的な苦痛等とは異なるものであり，無形ではあるが，財産的な性格
を有するものだと理解されるだろう）。

　これらにおいては，かりに慰謝料という言葉が使われていても，狭義の精
神的損害（苦痛）に対する塡補ではなく，無形の損害についての塡補として
の性格がより明確である。厳密にいえば，こうした類型においては，生じて
いるのも財産的損害であり（上述のように，現にそのように理解する立場も有力であ
る），そのうえで，算定困難を理由として民事訴訟法 248 条の適用により解
決することも考えられるが（なお，慰謝料額の算定と民訴法 248 条との関係について
は，→Ⅴ 1），実際には，こうした場合も含めて，710 条の適用が認められて
いる。ここでは，慰謝料の精神的あるいは非財産的性格より，無形の損害に
対する賠償として，710 条によって柔軟に解決するという側面が前面に出て
きていると考えられる。なお，この点は，以下に説明するように，財産的損
害と非財産的損害の流動性という点にも関わる。

(3) 財産権侵害に伴う慰謝料（愛好利益についての損害）

　より単純なかたちで所有権等の財産権が侵害された場合についても，慰謝
料が認められる可能性はある。たとえば，ペットが不法行為によって死んだ
場合や身近な者の形見の品が不法行為によって滅失・毀損した場合などであ
る。

　これらの事案においては，財産権それ自体の侵害による財産的損害（所有
するペットの死亡，所有物の滅失・毀損による財産的損害。通常は，これらの所有物の財
産的価値が，財産的損害額となる）とは別に，そうした財産権侵害によって生じ
た所有者の精神的苦痛に対する損害賠償としての慰謝料を考えることができ
る（その意味で狭義の慰謝料である）。

　こうした慰謝料は，所有権侵害において広く一般的に認められるわけでは
ないが，一定の場合には認められている（15 年間飼っていたペットについての獣
医の不適切な診療について東京高判平 19・9・27 判時 1990 号 21 頁。ただし，ペット自体
の財産的価値は否定して，治療費等を除く財産的損害は認めなかった。さらに，最近の認
容例として，大阪高判令 4・3・29 判時 2552 号 21 頁）。この点は，従来の枠組みの
中では，所有権侵害の不法行為によって賠償される損害がどこまでなのかと
いう，いわゆる相当因果関係の問題として位置付けられることになるだろう。

928　〔窪田（長野補訂）〕

§*710* Ⅱ

⑷　財産的損害と非財産的損害の関係

　被侵害法益（権利）の種類と賠償されるべき損害の種類との関係について
は，一対一に対応するわけではない。上述のように，財産権侵害から非財産
的損害が生ずる場合もあり，また，非財産的な生命・身体の侵害からも逸失
利益，積極損害等の財産的損害が生ずる。

　多くの場合には，財産権侵害については，財産的損害を考えれば足りるが，
そうした場合でも，非財産的損害の賠償が認められる場合がある。このひと
つは，すでに言及した愛好利益の賠償であり，ここでは財産的損害（所有物
としてのペットの財産的価値）とは別に，非財産的損害の賠償（精神的苦痛として
の慰謝料）が認められることになる。ここでは，財産的損害と非財産的損害
は，塡補する対象が異なる併存的なものとして位置付けられる。

　他方で，両者が選択的な関係に立つ場合も考えられる。上述の愛好利益の
賠償の例外性にも関わるが，一般的には，財産的損害が生じた場合，その財
産的損害を回復する（賠償する）ことで，非財産的損害も一応回復されると
理解されている（加藤（一）230頁）。しかし，不法行為があったにもかかわらず，
財産的損害の立証が困難である場合等において，別の法益侵害を観念するこ
とにより，非財産的損害の賠償のみが認められるという場合がある。ここで
は，両者の関係は択一的である。と同時に，ある不法行為において，そこで
生じた損害を財産的損害と構成するか，非財産的損害と構成するかについて
は，相互に，流動性，相対性が，一定の範囲で認められていると考えられる。

　たとえば，後述するように（→Ⅳ3⑶），分譲住宅の譲渡契約に際しての説
明義務違反に基づく慰謝料，あるいは不適切な診療行為による生存の相当程
度の可能性の侵害等の事案における慰謝料は，本来は財産的損害としても構
成することが可能な性格の損害について，その立証が困難な場合に，非財産
的損害として構成することで対応しているものだと理解する余地がある（前
者については，最判平16・11・18民集58巻8号2225頁〔同事案については，→§709 D
Ⅵ3⑸(イ)(b)〕。後者については，最判平12・9・22民集54巻7号2574頁〔同事案につい
ては，→§709 D Ⅱ3⑷(オ)〕）。その点で，ここには，財産的損害と非財産的損害
相互の流動性，相対性といったものを見出すことが可能である（窪田153頁以
下）。なお，こうした場面においては，上述の愛好利益の侵害としての慰謝
料と異なり，財産的損害と非財産的損害が並列的に認められるわけではなく，

〔窪田（長野補訂）〕　929

§710 III 　　　　　　　　　　　　　第3編　第5章　不法行為

その一方としてのみ選択的に評価されるという関係に立つことになるものと考えられる（分譲住宅の譲渡契約に際して説明が不十分だったことを理由とする法律行為法上の解決や財産的損害の賠償が認められる場合であれば，独立に慰謝料を基礎付けるような特段の事情がない限り，一般的には，非財産的損害としての慰謝料がそれに加えて認められるわけではない）。

　こうした慰謝料については，慰謝料の機能，役割の機能の理解をふまえた検討をなす必要があり，その点については後述する（なお，事件類型ごとの慰謝料の役割については，医療事故について→§709 D II 3 (5)(エ)，取引関係における不法行為については，→§709 D VI 3 (5)(イ)）。

III　慰謝料請求の主体

1　自然人の慰謝料請求

(1)　苦痛の主体としての自然人

　精神的な損害を前提とする狭義の慰謝料については，被害者が精神的損害をこうむったということが前提となる。したがって，そこでは，精神的・身体的苦痛を感受する主体である自然人が，慰謝料請求権の主体となるということが当然に導かれる。

(2)　胎児・乳幼児や苦痛に対する感受性を欠く被害者の慰謝料請求権

　もっとも，こうした精神的・身体的苦痛を前提とするとしても，被害者は自然人であるが，不法行為の時点では，具体的な感受性がない場合，あるいは，精神的苦痛をもたらす前提となる事情を理解できない場合が問題となる。

　たとえば，胎児の場合，不法行為に基づく損害賠償請求権が認められるが（721条。なお，同条の位置付けについては，→第16巻§721），その精神的損害をどのように理解するのかが問題となる。乳幼児についても，自らが被害者になる場合のほか，遺族の精神的損害（→§711 III 2）については，どのように理解するのかが問題となる。

　これらについては，出生後における後遺障害等による苦痛，あるいは，事態が理解できるような年齢に達してからの精神的苦痛といったものを考えることで，これらについても精神的苦痛に対する狭義の慰謝料を認める説明は不可能ではない。実際に，かつてはそうした立場を示す判決もあり，それを

930　〔窪田（長野補訂）〕

§*710* **III**

緩和したとされる大審院昭和 11 年 5 月 13 日判決（民集 15 巻 861 頁）も，「慰藉料請求権ハ肉体上若クハ精神上ニ於ケル苦痛感受性ノ存在ヲ前提トシテ初メテ肯認シ得ヘキ権利」であるとし，事故「当時既ニ将来ニ於ケル右感受性ノ発生ヲ通常期待シ得ヘキ」場合には請求を認めるというものであった（同事件は，711 条に関するものである。なお，我妻 208 頁は，「父を殺害された子が嬰児なる場合にも慰謝料を請求し得べきは論を俟ない」とする）。しかし，現在の 710 条の損害賠償は，狭義の精神的損害の賠償に限定されるものではなく，感受性を前提とするものではない無形の損害の賠償を含み得るものであること，さらに，死亡や負傷，後遺障害における慰謝料については，ある程度，定型化，客観化された形での処理が一般化していることに照らせば（慰謝料の定額化），このような法律構成は不要であり，端的に，これらの者についても，710 条の損害の賠償を認めるとすれば足りるであろう。前述の四宮博士による「慰謝料の感情価値表象機能」は，この点についてのひとつの説明を与えるものである。

　また，被害者が先天的に，あるいは，不法行為その他の事情によって，苦痛の感受能力（これが何を意味し，どのように判断されるのか自体が実際には問題となるだろう）を有さない状況における慰謝料についても，同様の問題が考えられる。この場合についても，同様に，無形の損害についての標準的な賠償が認められるべきである（この問題について，注民(19)196 頁〔植林弘〕は，「慰謝料は，単に感覚的苦痛を慰謝するためのみでなく，……被害者の喪失せる精神的利益の回復を目的とするものであるから，被害者の苦痛感受能力の有無にかかわらず，慰謝料請求権が認められる」とする。あくまで被害者の精神的利益に即した説明であるが，上述の感情価値徴表機能による説明の方が説得的だと思われる）。

　なお，人格的利益の侵害があった場合にのみ慰謝料を認めるドイツ法においては，より精神的損害としての側面が強く，この点をめぐる同様の議論があり，かつては苦痛感受能力を欠く者についての慰謝料は象徴的な意味の償いにすぎないとして，きわめて限定的な範囲で認められていたが（BGH NJW 1976, 1147 等），現在では，苦痛の感受能力を問題とせずに，慰謝料が認められている（BGHZ 120, 1 等）。

(3)　それ以外の無形の損害

　すでに言及したように，自然人においても，狭義の慰謝料だけではなく，

〔窪田（長野補訂）〕

§*710* Ⅲ   第3編　第5章　不法行為

場合によっては財産的損害としての性格を有し得る無形の損害が生ずる場合
も考えられる。こうした場合であっても，その被害者である自然人が損害賠
償請求の主体となり得ることについて疑問はない。問題は，あくまで709条
による賠償のみが認められるのか，710条によっても構わないかという点で
あるが，710条の趣旨は，一般的な手法によって損害額を算定することがで
きない無形の損害についても賠償を認めることを明確にしているという点に
あると理解すれば，同条の範囲に含まれると解してよいだろう。

2　法人に生じた非財産的損害の賠償請求権

　自然人と異なり法人の場合，精神的感情を有さないので，法人は慰謝料請
求権の主体となり得ないというのが，かつての一般的な理解であった。すな
わち，710条によって認められる慰謝料は，精神的損害に対するものであり，
そうした精神的損害が生じる余地がない法人については，同条による損害賠
償は認められないという理解である。

　しかし，最高裁昭和39年1月28日判決（民集18巻1号136頁）は，法人の
名誉毀損による損害賠償を否定した原判決を破棄し，その可能性を認めた。
そこでは，「民法710条は，財産以外の損害に対しても，其賠償を為すこと
を要すと規定するだけで，その損害の内容を限定してはいない。すなわち，
その文面は判示のようにいわゆる慰藉料を支払うことによって，和らげられ
る精神上の苦痛だけを意味するものとは受けとり得ず，むしろすべての無形
の損害を意味するものと読みとるべきである」とし，不法行為がなかった場
合の原状と不法行為によって現に生じている現状との差を「数理的に算定で
きるものが，有形の損害すなわち財産上の損害であり，その然らざるものが
無形の損害である」とする。そのうえで，後者の無形の損害は，精神的損害
に限定されるものではなく，法人についても考えられるとし，「法人の名誉
権侵害の場合は金銭評価の可能な無形の損害の発生すること必ずしも絶無で
はなく，そのような損害は加害者をして金銭でもって賠償させるのを社会観
念上至当とすべき」であるとした。

　この判決は，法人についても名誉毀損の損害賠償の可能性を認めたという
だけではなく，710条の理解についても，大きな意味を有するものであった。

　第1に，名誉毀損という観点からは，（社会的評価の低下といった）無形の損
害を観念することができ，それは必ずしも被害者の精神的な苦痛感受能力と

は関わりがないものであるとしつつ，それが 723 条の救済の対象となるだけではなく，損害賠償も認められるものであるという点を明確にした点に意味がある。

第 2 に，同判決は，710 条の非財産的損害が，精神的損害に限定されない「無形の損害」を含むものであるという点を判示したことによって，同条の理解についての一般論も提示した意義を有する。ただし，その点を確認しつつ，そのような無形の損害賠償がどのような場合に認められるかについて，同判決は，必ずしも明確に示しているわけではない。名誉毀損の場合は，加害行為の態様としての名誉毀損の成否の判断は，自然人の場合と同様のスキームでなすことが可能であり，また，法人の場合でも，723 条の救済は認められることを手がかりに，非財産的損害の賠償を認めることは比較的容易であったと思われる。しかし，それ以外の場合として，どのような場合が含まれるのか，「金銭評価の可能な無形の損害」が一般的にどのように定義されるのかについては，依然として明確ではないと言わざるを得ないだろう（この点をめぐる見解については，四宮・下 593 頁）。

3 近親者に生じた重大な傷害を理由とする慰謝料請求権

その他，判例によって，慰謝料が認められた特殊なケースとしては，近親者が重大な傷害を負った場合の慰謝料がある。最高裁昭和 33 年 8 月 5 日判決（民集 12 巻 12 号 1901 頁）は，被害者の女児が，不法行為によって容貌に著しい影響を受けたという事案で，母親からの 709 条，710 条に基づく損害賠償請求について，「民法 711 条所定の場合に類する」として，容認している。

ここでは慰謝料請求権の根拠条文は，709 条，710 条とされているが，実質的には，711 条の類推適用，拡張解釈の問題としての性格を有するので，詳細は，同条の注釈において説明する（→§711 Ⅲ 3 ⑵）。

Ⅳ 慰謝料の機能と役割

1 基本的な考え方 ── 非財産的損害の慰謝料の損害塡補機能とその他の機能

慰謝料も，不法行為法によって認められた損害賠償のひとつであり，基本的には，損害の塡補に向けられたものである（不法行為法の目的，役割，機能に

〔窪田（長野補訂）〕　933

§710 IV   第3編　第5章　不法行為

ついては，→§709 A I）。

　狭義の非財産的損害としての精神的損害（精神的・身体的苦痛）については，
それ自体の回復はできないとしても，金銭の支払によって，その苦痛を緩和
するというのが，慰謝料の基本的な機能である（「慰謝」としての機能）。すで
に言及したように，前提となる非財産的損害の理解それ自体が必ずしも明確
ではないために，その点をめぐる不透明さは残るが，慰謝料も損害賠償のひ
とつとして，損害の塡補という機能を果たすものであり，それを目的とする
こと自体について争いはない。

　もっとも，慰謝料の機能はそれにとどまるものではなく，損害の塡補に限
定されない機能や役割があるのではないかということについては，「慰謝料
の本質」をめぐって，活発な議論がなされてきた（代表的なものとして，戒能通
孝「不法行為に於ける無形損害の賠償請求権(1)(2・完)」法協50巻2号210頁，3号498
頁〔1932〕，三島宗彦「慰謝料の本質」金沢法学5巻1号〔1959〕1頁以下，植林弘・慰
藉料算定論〔1962〕117頁以下，吉村良一「戦後西ドイツにおける慰謝料本質論の展
開——満足（Genugtuung）機能論を中心にして(1)(2・完)」民商76巻4号546頁，76
巻5号672頁〔1977〕，後藤孝典・現代損害賠償論〔1982〕187頁等。議論の状況につい
ては，吉村良一「慰謝料請求権」民法講座(6)429頁，齋藤修「慰謝料に関する諸問題」
新賠償講座(6)195頁参照）。

　慰謝料に，それ以上の機能や役割があるかについては，不法行為法の機能
や役割をどのように理解するのかにもかかわるが，慰謝料については，比較
的早い段階から，損害の塡補に限定されない機能があるのではないかという
ことが問題とされてきた。もっぱら慰謝料に限って，特にそうした点が議論
されてきた背景には，慰謝料が対象とするものが精神的損害・非財産的損害
であるという事情もあるだろう。しかし，それ以外にも，背景となるいくつ
かの理由があったと考えられる。

　第1に，慰謝料額や，その前提となる精神的損害，非財産的損害が，金銭
的には客観的な手法を通じて自明なものとして算定されるわけではないとい
う点である。通常の財産的損害の場合，一定の確立されてきた手法によって
損害額が算定され，それを前提に賠償額が論じられるため，損害の塡補か否
かという点は，比較的明瞭である。それに対して，非財産的損害については，
そもそも算定の手法が確立していない以上（すでに言及したように，算定ができ

934　〔窪田（長野補訂）〕

§*710* Ⅳ

ないという点に「無形の損害」の独自性を認める見解が有力である）, 裁判官が裁量的に判断せざるを得ない。そのため, 慰謝料においては, 本当にそれが損害の塡補に向けられたものに限定されているのか, それ以上の性格を有しているのかを, 客観的に検証することはできないのである。

第2に, 後述の慰謝料額の算定要素についても, 判例実務において考慮されるファクターとされてきたものの中には, 必ずしも損害の塡補という観点からは説明できないものが, 現に含まれていたということもあると思われる（後藤・前掲書187頁は, この点を指摘して, 判例上の障害もないとする）。特に, 加害者の主観的な態様, 特に故意があったか否かという点は, 身体侵害等による被害者の身体的・精神的苦痛の観点から説明をすることが困難である（故意によるか過失によるかで, 客観的な身体侵害等の状態が異なるわけではない）。この点については, 故意の侵害による場合の方が被害者の精神的苦痛がより大きいといった観点から説明するものもあるが, 身体侵害等が生じたのちに明らかになった事情によって負傷に伴う精神的苦痛が変わるのか（故意による侵害であることを知ったことにより新たな法益侵害が生じたのか）, 感受性を欠いた被害者や胎児の場合にはどうかといった問題に照らせば, 一応の説明という程度のものを超えていないだろう。

2 慰謝料の制裁的機能をめぐる議論

こうした慰謝料については, 通常の損害塡補にとどまらない機能があるのではないかということは, 早くから問題提起されてきた。

その機能としては, 慰謝料の補完的機能・調整的機能と制裁的機能が挙げられるが, 前者については, やや対象を広げて後述することとして, 損害塡補機能への限定とは最も対立すると思われる慰謝料の制裁的機能に関する議論についてみておく。

制裁的慰謝料論を積極的に主張する後藤・前掲書187頁においては,「制裁的慰謝料論とは, 違法性の程度のきわめて高い悪質な加害行為につき, その行為主体にたいし, これを抑制するにたる慰謝料を課すべしとする主張」だとされる。こうした慰謝料の制裁的機能についての評価は現在でも分かれており, ある程度, 肯定的な見方もある一方で（前田（達）321頁, 澤井243頁, 加藤（雅）288頁, 吉村172頁等）, 否定的あるいは慎重な立場も少なくない（注民(19)210頁〔植林弘〕, 加藤（一）228頁, 幾代282頁, 四宮・中267頁, 潮見Ⅰ52頁等）。

〔窪田（長野補訂）〕　935

§710 IV　　　　　　　　　　　　　　　　第3編　第5章　不法行為

　もっとも，慰謝料については，前提となる無形の損害をどのように理解するのかという問題もあり，また，その慰謝としての機能あるいは後述の満足的機能をどのように理解するかという問題も存在している。そのため，慰謝料の制裁的機能（制裁的慰謝料）を認めるか否かで，単純に立場の区分けをすることができるわけではない（上記の文献についても，それぞれにおいてニュアンスの違いが大きく，単純に2つの立場に分けられるわけではない。四宮・中267頁は，制裁的慰謝料そのものについては否定的な立場を示すが，同・下595頁の「慰謝料の感情価値表象機能」については，制裁的な側面と親和的な要素を見出すことも可能であるように思われる。また，潮見Ⅰ52頁は，「加害者に対する応報処罰（応報刑）そのものを民事不法行為制度の目的にすえることには，なお躊躇をおぼえる」としつつ，「『応報』という観点が不法行為損害賠償制度の目的として意味をなさないとみるべきではない」とし，応報感情の満足としての慰謝料の役割を肯定的にとらえている）。

　わが国の判例は，損害賠償が制裁的機能を果たすこと一般について否定的であり（懲罰的損害賠償を認めたアメリカの裁判所の判決について，わが国における執行力を否定した最判平9・7・11民集51巻6号2573頁〈萬世工業事件〉。→§709ＡⅠ3⑶)，慰謝料についても，この点が明示的に争いとなった訴訟においては，制裁的慰謝料は否定されている（東京地判昭57・2・1判タ458号187頁〈クロロキン薬害訴訟第一審判決〉，東京高判昭63・3・11判タ666号91頁〈同控訴審判決〉，京都地判平5・11・25判タ853号249頁，仙台高判平30・4・26判時2387号31頁等）。

　もっとも，正面から慰謝料の制裁的機能を認めて，それによって賠償額を決定するということは否定するとしても，そうした裁判例も含めて，慰謝料の営む機能に，制裁が含まれていないのか否かという検証を厳密になすことは困難であろう。その点は，すでに述べたように慰謝料がそもそも裁判官の裁量的判断によって決定されるものであるということ，そして，その中の考慮要素に加害者の主観的態様等が含まれていることを，どのように評価するのかという問題でもある。

　なお，近時の不法行為法上の議論においては，特に，利益吐き出し型の損害賠償を中心に，不法行為法それ自体の機能として（慰謝料に限定した枠組みではなく），こうした制裁という機能や役割をめぐる問題をとらえていこうとする動きもある（→§709ＡⅠ3⑶）。そうした動きとの関係では，従来の慰謝料の制裁的機能については，それを支持する見解においても，あくまで慰謝料

936　〔窪田（長野補訂）〕

§*710* IV

に固有の機能として位置付けるのか，不法行為法全体の機能を実現するものの一部として位置付けられるのかが（慰謝料においては，賠償額が裁判官の裁量的判断によるものであり，実損害を超える賠償という問題が顕在化しにくいから，それが用いられるにすぎないのかが），問われることになるだろう。

3 慰謝料の拡張的な機能

(1) 慰謝料の補完的機能・調整的機能

慰謝料の機能としては，補完的機能あるいは調整的機能と呼ばれるものがあるのではないかということも，早くから指摘されてきた。こうした補完的機能・調整的機能は，必ずしも厳密に定義されているわけではないが，一般的には，財産的損害の賠償が不十分であると考えられる場面において，慰謝料を認める，あるいは，それを増額することで，十分な賠償を実現するという場面で用いられてきた（幾代282頁，四宮・下596頁）。

もっとも，財産的損害が不十分な場合といっても，いくつかの場面が考えられる。

そうした場合のひとつとして，財産的損害の立証が困難な場合が挙げられる。これは，財産的損害があるにもかかわらず，立証が障壁となって，十分な賠償が実現されないという意味では，あくまで財産的損害が問題となっている場面だと考えられる。この場合の慰謝料の補完的機能というのは，後述の財産的損害の賠償に代わる慰謝料として位置付けられることになる。

他方，立証の問題ではなく，定型的な手法によって算定される損害賠償額が十分ではないという場面でも，こうした慰謝料の補完的機能が論じられる場合がある。たとえば，同一の事故によって多数の被害者が生じ，年齢等もほぼ同じなのに，男女別の平均賃金センサスを利用することで，賠償額に大きな開きが生じ，それが不公平だと感じられる場合，それを調整するものとして，慰謝料を用いる可能性が論じられている。

こうした慰謝料の補完的機能については，制裁的機能に比べると，拒絶反応は少なく，それを肯定する見解も，相対的には多い。もっとも，こうした事案においては，実際には，前提となる財産的損害についての現在の立場の妥当性自体が問われているとみるべきである。その意味で，なぜ補完されなければならないのかということは，慰謝料それ自体の問題ではなく，不法行為法の役割や，現在の財産的損害の算定の手法の妥当性をめぐる問題だと考

〔窪田（長野補訂）〕　937

§*710* IV　　　　　　　　　　　　　　　　第3編　第5章　不法行為

えるべきであろう（慰謝料の補完的機能については，財産的損害の証明自体を緩和することによって解決すべきであるとの批判もある。四宮・下596頁）。

(2) 包括請求と慰謝料の補完的機能

特に公害の場合など，被害が広範囲にわたり，被害者の数も多数にのぼる場合について，個別の損害項目に区別せずに，包括的な損害賠償を請求する場合がある。かつては，こうした請求についても，慰謝料に限った主張として，限定的に対応していたが，現在では，大阪地裁平成3年3月29日判決（判タ761号46頁）のように，慰謝料，休業損害，逸失利益等を含めて，「包括慰謝料」として請求することを認めるものもある（ここで前提となる一括算定方式についても，さまざまなバリエーションがあるが，これらについては，→§709 C IV 3(1)・D IV 6，吉村174頁以下参照）。

こうした包括請求を，前述の慰謝料の補完的機能・調整的機能の延長として理解することも可能である。しかし，他方で，ここでは，慰謝料は形式的なものとして用いられているにすぎず，あくまで人身損害についてどのような算定が可能なのかという問題だとすれば，慰謝料に限定された問題ではなく，人身損害についての個別算定方式の妥当性，一括算定方式という異なる算定方式の許容性をめぐる問題だということになる（潮見〔初版〕274頁以下参照）。

(3) 財産的損害の賠償に代わる慰謝料（代替的な機能を果たす慰謝料）

すでに慰謝料の補完的機能に関して述べたところであるが，財産的損害の賠償は認められなかったものの，慰謝料が認められた一連の事案がある。慰謝料の補完的機能の一局面とみることもできるが，ここでは独立に論じておくことにしよう。

まず，財産的損害も発生している可能性があるが，現在の法律構成を前提とすれば，その立証が困難であり，その賠償が認められないという場合がある。たとえば，医師の診療ミスがあったことは明らかであるが，そのミスがなかった場合に，被害者である患者が，どれだけの余命を有していたかを明らかにすることは困難であるといった場合である。判例は，こうした場面において，適切な診療を受ける期待，あるいは，生存の相当程度の可能性を保護法益として観念し，その法益侵害に基づく非財産的損害の賠償としての慰謝料を認めている（生存の相当程度の可能性を保護法益として判断したものとして，

938　〔窪田（長野補訂）〕

§710 IV

最判平 12・9・22 民集 54 巻 7 号 2574 頁。医療事故における慰謝料について，→§709 D II 3(4)(オ)）。

ここでは，単に証明の困難を，慰謝料という構成で回避するというだけではなく，生命という保護法益の侵害に関して，差額説的な財産的損害として構成する場合に生ずる困難について，前提となる保護法益自体を，別の法益，すなわち，「相当程度の生存可能性」や「適切な治療を受ける期待」として構成し，そのうえで，そうした保護法益の侵害による慰謝料を認めることで対応していると考えられる（金銭に見積もることが可能である，または見積もる手法が確立している法益侵害ではなく，金銭に見積もることができない別の法益侵害だとすることによって，慰謝料の問題として処理される）。

また，取引的不法行為の場面でも，こうした類型に位置付けられると思われるものがある。最高裁平成 16 年 11 月 18 日判決（民集 58 巻 8 号 2225 頁）は，分譲住宅の譲渡人が，契約を締結するか否かの譲受人の意思決定に当たり価格の適否を検討するうえで重要な事実について説明をしなかった事案について，709 条，710 条に基づく慰謝料請求権を認めた。同判決は，「本件各譲渡契約を締結するか否かの意思決定は財産的利益に関するものではあるが，A〔譲渡人〕の上記行為は慰謝料請求権の発生を肯定し得る違法行為と評価することが相当である」としたものである。本来，説明義務違反の不法行為があった場合，それが法律行為法上の要件を満たすのであれば，無効の主張や取消しが可能であるし，また，説明義務違反によって財産上の損害をこうむった場合，それを債務不履行や不法行為に基づく賠償請求で回復することも可能である。本件は，こうした財産上の損害の回復までは認められないが，「意思決定の侵害」という保護法益を前提として，慰謝料を認めた事案として位置付けることができるだろう（なお，この事件については，→§709 D VI 3(5)(イ)）。

こうした事案においては，上述のように，愛好利益の賠償の場合と異なって，慰謝料請求は，財産的損害の賠償に重ねて認められるわけではない。むしろ，通常であれば，財産的損害の賠償の問題として解決されるべき事案が，限定的に，それに代わる慰謝料によって処理されていると理解することが可能だろう（その意味で，こうした局面における慰謝料は，まさしく財産的損害の賠償を補完するものとして機能している）。

〔窪田（長野補訂）〕

§710 IV　　　　　　　　　　　　　　　　第3編　第5章　不法行為

(4)　慰謝料の満足的機能（償い機能）

　従来，慰謝料の満足的機能と呼ばれてきたものがあるので，慰謝料の機能
の最後に簡単に触れておく。これは，比較法的にはスイス債務法47条，49
条に規定された Genugtuung（満足，償い）を受けたものである（スイス債務法
47条，49条における「Genugtuung としての適切な金額」等）。もっとも，こうした
Genugtuung に注目する検討は，こうした用語が法典の中では直接には規定さ
れていないドイツ法における議論の中で活発になされ，従来の損害填補に限
定されない慰謝料の機能という文脈で，慰謝料の機能を説明する概念として
用いられることになったものである。わが国においても，慰謝料の機能をめ
ぐる議論の中で，こうした満足的機能が紹介されている（吉村・前掲民商76巻
4号，5号）。ただ，Genugtuung というドイツ語の言葉は，「満足」という意
味とともに，「償い」や「贖罪」という意味を有しており，この言葉が有す
るどのニュアンスを重視するかによって，ドイツにおいても，論者によって，
そこに込められた意味が異なっている（日本語に翻訳する場合にも，「満足的機能」
と訳すか，「償い機能」と訳すかで受け止め方は大きく異なるだろう。窪田充見「ドイツ
法における人格権侵害を理由とする損害賠償請求権の役割——BGH のカロリーヌ・モナ
コ王女事件判決をめぐる状況」ジュリ1199号〔2001〕33頁・40頁。潮見〔初版〕264頁
では，Ausgleich〔補整〕と並ぶものとして，「贖罪的機能」という表現が示されている）。
被害者の単なる精神的な満足を意味するのであれば，「慰謝」と異ならない
ものであるし（四宮・中268頁は，こうした理解を示したうえで，ことさら満足を慰謝
料の目的とみる必要はないとする。潮見〔初版〕264頁も同様の立場を示す），他方，
「償い」あるいは「贖罪」といった場合には，必ずしも被害者との関係にと
どまらず，場合によっては制裁的な機能に近いものとして理解される可能性
もある（潮見Ⅰ52頁は，前述のように，制裁を不法行為法の目的とすることには慎重な
立場を示しつつ，Genugtuung における満足は被害者の応報感情の満足であるとし，「被
害者が加害者から償いを受けることによる満足感情の実現」こそ，不法行為損害賠償制度
の目的のひとつであり，これは加害者・被害者間の個別具体的事情を考慮しつつ，慰謝料
制度の中で実現されるべきものだとする）。

　ドイツ法においては，判例においてもこうした慰謝料の機能が認められて
いるものの（ドイツにおける判例の展開については，吉村・前掲民商76巻4号551頁
以下），なお，Genugtuung をどのような意味で理解するのかという点を含

940　〔窪田（長野補訂）〕

めて，多くの議論があり，必ずしも安定的な状況ではないように思われる。ここでは，比較法的な検討における重要な素材であることを確認するにとどめることにしたい。

V　慰謝料額の算定

1　慰謝料額の算定に関する概観

　慰謝料額は，裁判官の裁量的判断によって決定される。すなわち，「事実審の口頭弁論終結時までに生じた諸般の事情を斟酌して裁判所が裁量によって算定する」とされる（最判平9・5・27民集51巻5号2024頁）。過去の裁判例では，そうした場合の考慮要素として，被害者や加害者の年齢，学歴，職業，資産，収入，社会的地位，不法行為の態様や動機等が挙げられている。さらに，個々の事案においては，これらに限定されない事情が考慮されている。その意味では，裁量的判断の基礎となる事情は多岐にわたることになるが，そうした多岐にわたる事情が，それぞれどのような意味で考慮されるのかについて，厳密に示されているわけではない。

　狭義の慰謝料として精神的苦痛に対する慰謝を考え，また，その他の無形の損害についても被害者に生じた損害の塡補を考えるということを前提とすれば，すでに言及したように，不法行為の態様（特に，加害者の主観的態様）が考慮要素とされるということは，それほど自明ではない。また，加害者の資産や収入なども，損害の大きさという観点からの説明は困難であろう（こうした点については，幾代284頁）。もちろん，実際の裁判例においては，諸般の事情が考慮されるとして，当該事件におけるさまざまな事情が言及され，最後に包括的に慰謝料額が示されているにすぎない。したがって，特定の事情を考慮しないと明示した場合以外については（加害者の相続人の資産状況は考慮しないとした大判昭8・7・7民集12巻1805頁等），以上の各要素がどのように具体的に考慮されているかを把握することはできない。

　なお，実際の裁判においては，それぞれの事件類型，侵害の内容に応じて，すでに蓄積された判断を参照として慰謝料額が決定されており，一定の定額化の傾向が認められる。特に，死亡や負傷など，不利益についてのある程度の定型化が可能なものについては，こうした定額化は比較的容易である。そ

§*710* V 　　　　　　　　　　　　　　　　　　第3編　第5章　不法行為

の場合には，客観的な被害の態様によって慰謝料額が原則として決まり，当該事案における個別事情は修正要素として機能することになる。特に，交通事故によって生じた人身損害については，一般に「青本（青い本）」と呼ばれる『交通事故損害額算定基準』（日弁連交通事故相談センター本部），「赤い本（赤本）」と呼ばれる『民事交通事故訴訟　損害賠償額算定基準』（日弁連交通事故相談センター東京支部）が大きな影響力を持ち，著しく定額化が進んでおり，これは他の事故類型にも影響を与えているとされる。他方，定型化が困難であり，被侵害法益や侵害態様についても個別性が高い名誉毀損・プライバシー侵害等の事件類型においては，こうした過去のデータの蓄積を過度に重視することについては慎重であるべきだろう（なお，名誉毀損においては，2000年頃から，従前のきわめて低額とされた賠償額を意識的に見直す動きが進められ，その後，この事件類型における慰謝料は，それまでに比べて高額化している。こうした動きについて，千葉県弁護士会編・慰謝料算定の実務〔3版，2023〕73頁）。

　なお，民事訴訟法248条は，「損害の性質上その額を立証することが極めて困難であるとき」は，裁判所が，相当な損害額を認定することができることを規定している。慰謝料額の認定についても，本条の適用事例であるとする見解もあるが（立法担当者は，慰謝料も同条の対象として考えていた），他方で，「慰謝料は，精神的苦痛そのものの填補ではなく，精神的苦痛を和らげるための金銭給付であるとされ，したがって，慰謝料額の算定とは，認定された損害を証拠にもとづいて金銭的価値に転換するものではない」として，裁判所の自由裁量によるのは，同条の適用によるのではないとする見解もある（伊藤眞・民事訴訟法〔8版，2023〕407頁。山本克己「自由心証主義と損害額の認定」講座新民事訴訟法Ⅱ〔1999〕301頁も，慰謝料算定は法的評価として事実審の裁量に委ねられており，同条の問題ではないとする。なお，この点をめぐる議論状況については，高橋宏志・重点講義 民事訴訟法（下）〔2版補訂版，2014〕56頁以下参照）。この点は慰謝料とは何であるのかという問題にもかかわるが，以下に説明するように，身体侵害等の不法行為における身体的・精神的苦痛に対する慰謝料については，後者のような説明も考えられるだろう。他方，名誉毀損における慰謝料については，被害者の苦痛に関わりなく，社会的評価の低下それ自体を損害と認定し，それを金銭的に評価するために，民事訴訟法248条を適用することも可能であるように思われる。ただし，前提となる損害について厳密な算定が

942 　〔窪田（長野補訂）〕

§710 Ｖ

求められる財産的損害の場合と異なり，710条の非財産的損害の賠償は，元来，裁判官の裁量によって判断されざるを得ないものであり，この点の区別が，実践的な意味を有しているわけではない。

2 被害者に関する事情

(1) 身体侵害等の不法行為において考慮される被害者の事情

慰謝料に本来期待される機能が，被害者の苦痛の慰謝である以上，そうした精神的・身体的苦痛の大きさが，慰謝料に反映されるべきことは当然である。そもそも，こうした「苦痛」が何を意味するのか，精神的苦痛と身体的苦痛が区別されるべきか等，前提となる苦痛の理解について議論があり得るところであるが（注民(19)204頁以下〔植林弘〕），その点をおくとして，苦痛の大きさが慰謝料額の算定要素になるということは否定できない。

なお，慰謝料額の算定要素としては，さまざまなものが挙げられているが，これらの多くは，基本的に，そうした苦痛の大きさに影響を与えるものとして位置付けることが可能である。もっとも，過去の裁判例で考慮された事情としては，被害者の財産状態，被害者の生活状態，被害者または近親者の取得する財産的利益，被害者の職業・社会的地位，被害者の年齢等が挙げられているが（注民(19)204頁以下〔植林〕），これらが機械的に慰謝料額の算定要素として，プラスまたはマイナスに働くという理解は疑問である。

身体侵害の場合であれば，被害者の財産状態や生活状態が，慰謝料の増額または減額に働くということは説明できないだろう。「被害者が資産家の場合には，被害者の喪失した精神的利益が，貧者の場合より多大である」（注民(19)205頁〔植林〕）とは言えないのではないだろうか。生活水準・生活状態についても同様である。また，逆に，貧しい場合，生活水準が低い場合に，増額や減額に働くということについても説明は困難である。

また，被害者の職業的・社会的地位も，身体侵害には関わりのないものであり，こうした権利侵害類型における慰謝料額の算定要素に含めるべきではない。これらは，別途，名誉毀損における社会的評価の考慮事由とはなるものと考えられるが，身体的苦痛の大きさをめぐる判断とは切り離すべきものと思われる。

また，被害者または近親者の取得した財産的利益についても，それが被害者の財産的損害の塡補に充てられるべきものである場合には，そうした給付

〔窪田（長野補訂）〕

§710 Ⅴ 第3編　第5章　不法行為

がなされたことをもって，慰謝料額の算定要素（この場合には減額要素）とすることは疑問である（考慮すべきものとして，注民(19)207頁〔植林〕）。ただし，損害賠償の支払について適切に対応した，見舞金・香典としてそれなりの金額を支払ったといった事情は，後述のように，慰謝料額の算定要素としての不法行為後の加害者の対応（苦痛を緩和する加害者の対応）として位置付け，考慮する余地はあるものと考えられる。

他方，被害者の年齢は，身体侵害によって後遺障害が残るような場合，これからの人生で，どれだけの期間，そうした後遺障害等と向き合わなければならないのかという点で，苦痛の大きさに影響を与えるだろう。

(2)　その他の個別事情

もっとも，個別具体的な不法行為ごとに，当該事案における特殊事情が，被害者の苦痛の大きさに影響を与えるものとして考慮されることはある。事故によって続けることができなくなった職業あるいは趣味が被害者にとって有する意味，あるいは，滅失・毀損した物が被害者にとって有する意味といったものは，そこでの個別事情を考慮して，被害者の苦痛を測るほかはないだろう（愛好利益に関する東京高判平19・9・27判時1990号21頁）。

(3)　名誉毀損における慰謝料額の算定要素

苦痛の大きさとはやや異なる観点から慰謝料額が算定されるべきものとしては，名誉毀損がある。

まず，名誉毀損の場合においても，そうした名誉毀損によって生ずる精神的苦痛（主観的名誉，名誉感情）の侵害があり，その点については，上述と同様に，その苦痛の大きさという観点から慰謝料額が算定されることになる（もっとも，名誉毀損の場合，こうした苦痛についての慰謝料と以下に説明する社会的評価の低下それ自体ついての慰謝料は，截然と区別されていない）。

他方，名誉毀損における法益侵害としての社会的評価の低下については，それ自体が，無形の非財産的損害であり，その算定に際しては，被害者の苦痛を測るという観点とは異なる視点からの評価も必要となる。すなわち，こうした社会的評価の低下については，そうした事実の摘示について知らなくても，事実の摘示の時点で，それによる社会的評価の低下が生じ，損害が発生しているとされる（この点を含む名誉毀損の成否については，→§709 D Ⅰ 1）。したがって，そうした損害についての慰謝料額算定においては，社会的評価の

944　〔窪田（長野補訂）〕

§710 Ⅴ

低下がどのような内容のものであるのかという観点から判断されることになる。ここでは，摘示された事実の内容のほか，身体侵害等の不法行為における慰謝料の判断では考慮すべきではないとした被害者の社会的地位等も，その社会的評価に関わるものとして考慮されることになる。なお，前掲最高裁平成 9 年 5 月 27 日判決は，名誉を毀損された被害者が，その事実の摘示に関わる犯罪について，その後有罪判決を受けたことは，慰謝料額の算定において考慮される事情となるとする。これは，虚名であっても，名誉毀損は成立し，ただし，その点は慰謝料額の算定において考慮するという方向を示すものであると考えられるが，一方で不法行為の成立を認めることと，慰謝料額の算定において考慮するということとの関係については，両者を整合的に説明ができるのか，問題が残るように思われる。

(4) 被害者の過失等と慰謝料額の決定

不法行為による損害の発生・拡大について，被害者に過失あるいはその他被害者の負担とすべき事情があった場合，財産的な損害賠償においては，過失相殺の問題として扱われる。慰謝料額の決定の場合には，このように過失相殺によって処理をするほか，被害者の事情のひとつとして，慰謝料の考慮事由として扱うことも考えられる。

慰謝料が，精神的・身体的苦痛等，不法行為によって生じた法益侵害に伴う非財産的損害に対する賠償だとすれば，それが裁量的な判断によるものだとしても，それによって確定される損害額を，他の財産的損害と同様に，過失相殺で処理することも可能である。また，法人の名誉毀損における社会的評価の低下のように，対象となる法益侵害の事実それ自体は客観的に把握される場合，通常の過失相殺の枠組みで判断するという方式にも，特に不都合はないものと思われる。

他方，慰謝料額算定は，諸般の事情を考慮して裁量的に判断されるのであるから，そうした諸事情のひとつとして，被害者の過失等を考慮するという方式も考えられる。この場合，一般的な過失相殺割合を機械的に適用せず，賠償されるべき慰謝料額として判断がなされることになる。

裁判例においては，損害額の算定の中で慰謝料額を決定し，それをふまえて，財産的損害を含む損害総額に対して過失相殺で減額するという方式で処理しているものも多いが（大阪高判平 24・5・29 判時 2160 号 24 頁，大阪高判平

〔窪田（長野補訂）〕

§*710* V 第3編 第5章 不法行為

24・6・7判時 2158 号 51 頁〈「サッカーボール事件」控訴審判決〉等），後者のように過失相殺という枠組みではなく，慰謝料額算定の一事情として処理しているものも少なくない（東京高判平 18・2・16 判タ 1240 号 294 頁，大阪地判平 23・6・27 判時 2133 号 61 頁〈「サッカーボール事件」第一審判決〉等）。後者は，慰謝料額決定に際して被害者側の事情として自らの不注意等も考慮されるということによるものと考えられるが，いずれかによらなければならない必然性はないだろう（被害者の過失を除いた事情に基づいて慰謝料額を算定し，そのうえで過失相殺をするという前者の場合にも結論は異ならない）。

3 加害者に関する事情

慰謝料の算定要素の中には，一般的には，加害者の主観的態様（故意・過失）や加害行為の客観的態様，不法行為後の加害者の対応など，加害者側の事情も含まれている。

このうち，不法行為後の加害者の対応（謝罪の有無等）は，それによって，被害者に生じた精神的苦痛の程度に影響を与えるという観点から説明することがある程度可能であろう。まず，加害者の誠実な対応等が被害者の精神的苦痛を軽減するものであれば，被害者の精神的損害の軽減という観点から，慰謝料を減額する方向に作用することを説明することは可能だと考えられる。他方，加害者の不誠実な態度が，事故による負傷等の精神的苦痛を増大させ，慰謝料の増額に作用するということの説明は，そう簡単ではないように思われる。そうした不誠実な態度が，それ自体として独立して慰謝料の対象となるような精神的苦痛をもたらすものとして評価できることが必要なのではないだろうか（福岡高判平 24・7・31 判時 2161 号 54 頁は，交通事故の加害者側が，自らに過失があることを前提に示談の提案をしながら，訴訟において，当初自身の責任を認めながら，その認否を撤回し，過失を争うに至った場合について，その態度は不誠実のそしりを免れないとして，慰謝料の算定の際に考慮することは許容されるとした）。

もっとも，以上のような場合を除くと，加害行為についての加害者の主観的態様（故意か過失か）や加害行為それ自体の客観的態様が慰謝料の算定要素となることについての説明は，必ずしも容易ではない。たとえば，交通事故によって負傷したという場合，負傷という事実それ自体は，加害者に故意があったか過失しかないか，あるいは，悪質な暴走行為によるのか，比較的軽微なミスによるのかによって，変わるわけではないからである。この点につ

§710 V

いて，すでに言及したように，故意の侵害による場合の方が被害者の精神的苦痛がより大きいといった説明もなされているが，非財産的損害の賠償においても，あくまで認められるのは損害の塡補であるとするならば十分な説明とはいえないだろう（慰謝料の制裁的側面や被害者の満足感情の実現を肯定するのであれば，この点は説明が可能である）。同様に，加害者の資産や収入の大きさなどについても，制裁や抑止の観点を取り入れない限り，考慮要素となることを説明することは困難であろう。

4　慰謝料額算定の基準時

　慰謝料額は，「事実審の口頭弁論終結時までに生じた諸般の事情を斟酌して裁判所が裁量によって算定する」とされる（前掲最判平 9・5・27）。

　したがって，慰謝料額算定の基準時は，事実審の口頭弁論終結時とされる。これは，一方で，多様な事情を斟酌して慰謝料を決定するということと，そうした事情について判断が可能な事実審裁判官の裁量的判断によるものである（最判昭 38・3・26 裁判集民 65 号 241 頁，最判平 6・2・22 民集 48 巻 2 号 441 頁），ということを意味する。

　もっとも，このように口頭弁論終結時を基準時とすることについては，財産的損害と非財産的損害の相違を強調することだけでは（注民(19)211 頁以下〔植林〕），十分な説明ではなく，また必ずしも適当ではないだろう。

　財産的損害についても，不法行為時に全ての損害が発生しているわけではない。後遺障害等，不法行為と因果関係がある権利侵害または損害が生じ，それが積極損害や逸失利益等の財産的損害を発生させることもある。その点で，口頭弁論終結時における全ての事情をふまえて，賠償額を判断するということについて，財産的損害と非財産的損害との間に構造的な相違があるものとは思われない。

　ただし，被害者の身体的・精神的苦痛についても，身体的障害の重大性や継続性の程度，その後の加害者の対応等，一般的に，不法行為後のより多くの事情を斟酌して判断する必要があるということは否定できないだろう。また，そうした判断が，何らかの客観的な算定手法によってなされるものではない以上，裁判官の裁量的判断によらざるを得ないということになる。

　他方，加害者の主観的態様等については，こうした説明は必ずしも容易ではないということについては，すでに述べた通りである。

〔窪田（長野補訂）〕　　947

VI 慰謝料請求権の一身専属性

慰謝料（特に精神的損害に対する狭義の慰謝料）は，対象となる損害，特に精神的・身体的苦痛という狭義の非財産的損害（精神的損害）が一身専属的なものであると考えられることから，その一身専属性が問題となる。一身専属性は，非譲渡性・非相続性を意味する帰属上の一身専属性と債権者代位等の対象となるかという行使上の一身専属性に分けられる（奥田昌道＝佐々木茂美・新版債権総論中巻〔2021〕385頁）。

まず，判例は，当初は慰謝料請求権の相続を認めなかったが，現在は，慰謝料請求権が当然に相続されることを肯定しており（慰謝料請求権の相続については，→§711 II 3)，その意味で，帰属上の一身専属性を否定している。

他方で，「被害者が右請求権を行使する意思を表示しただけでいまだその具体的な金額が当事者間において客観的に確定しない間は，被害者がなおその請求意思を貫くかどうかをその自律的判断に委ねるのが相当であるから，右権利はなお一身専属性を有するものというべきであって，被害者の債権者は，これを差押えの対象としたり，債権者代位の目的とすることはできない」として，行使上の一身専属性を肯定する。そのうえで，「一定額の慰藉料を支払うことを内容とする合意又はかかる支払を命ずる債務名義が成立したなど，具体的な金額の慰藉料請求権が当事者間において客観的に確定したとき」は，もはや行使上の一身専属性も認められないとする（最判昭58・10・6民集37巻8号1041頁）。

学説上は，このいずれについても金額が確定して一般の金銭債権となるまでの段階については，一身専属性を肯定するという見解も有力であったが，現在では，こうした扱いについて，特に活発な議論はなされていない。

もっとも，一般的には，譲渡可能性と相続可能性が帰属上の一身専属性の問題であるが，慰謝料についても相続が認められたことから，金額確定前の慰謝料請求権についても当然に譲渡が可能であるとするかといった問題については，なお議論の余地が残されているように思われる。

〔窪田充見（長野史寛補訂）〕

§711 I

（近親者に対する損害の賠償）

第711条　他人の生命を侵害した者は，被害者の父母，配偶者及び子に対しては，その財産権が侵害されなかった場合においても，損害の賠償をしなければならない。

〔対照〕　ド民844，ス債47，DCFR VI.-2: 202

細　目　次

I　本条の意義 ……………………………949
　1　本条の意義……………………………949
　　(1)　比較法的な状況 …………………950
　　(2)　本条の扱う問題と不法行為法全体
　　　の中での位置付け ………………951
　　(3)　遺族の財産的損害の賠償 ………953
　2　以下の注釈の内容……………………955
II　不法行為による被害者の死亡と遺族の
　損害賠償請求権 ………………………956
　1　問題の概観──基本的な問題の構図…956
　2　財産的損害賠償請求権の相続………957
　　(1)　被相続人の財産的損害賠償請求権
　　　の相続をめぐる問題 ………………957
　　(2)　財産的損害賠償請求権（特に逸失
　　　利益）の相続をめぐる判例・学説の
　　　展開 ……………………………960
　　(3)　逸失利益の相続構成をめぐる問題
　　　……………………………………964
　3　慰謝料請求権の相続性…………………969
　　(1)　被害者が死亡した場合の慰謝料請
　　　求権の相続をめぐる問題 …………969
　　(2)　慰謝料請求権の相続をめぐる判
　　　例・学説の展開 ………………971

　　(3)　民法711条との関係での慰謝料請
　　　求権の相続に対する批判的立場 ……972
　4　不法行為法の全体の体系における民
　　法711条の意義と位置付け ………973
　5　相続構成における損害賠償請求権の
　　帰属と相続法の規律………………975
III　近親者の固有の損害賠償請求権 ………976
　1　近親者の財産的損害賠償請求権………976
　　(1)　扶養利益の侵害 …………………976
　　(2)　被害者の治療・看護に要した費用
　　　その他 ……………………………977
　2　近親者の固有の慰謝料請求権…………982
　　(1)　基本的な枠組み …………………982
　　(2)　被害者の慰謝料請求権と遺族固有
　　　の慰謝料請求権との関係 …………984
　3　判例による本条の拡張…………………986
　　(1)　賠償請求権が認められる遺族の範
　　　囲の拡張 …………………………987
　　(2)　被害者の死亡以外への拡張 ………990
IV　本条の射程 ……………………………992
　1　特殊的不法行為における本条の適用…992
　2　債務不履行責任における本条の適用…993

I　本条の意義

1　本条の意義

　本条は，生命侵害の不法行為があった場合において，死亡した被害者の遺族（近親者）に，固有の損害賠償請求権を認める規定である。一般的には，（相続によって承継する被害者自身の損害賠償請求権とは別に）遺族固有の慰謝料請求権を認める規定であると解されている。もっとも，本条によって認められ

〔窪田（長野補訂）〕　949

§711 I
第3編　第5章　不法行為

る損害賠償請求の内容が何であるのか，また，本条が，民法709条，710条
とどのような関係に立つのか，本条の射程等の問題をめぐって，以下に論ず
るように，必ずしも明確ではない点が残されている。

(1) 比較法的な状況

比較法的には，このように被害者が不法行為によって死亡した場合につい
て，遺族等がどのような損害賠償請求をなすことができるかについて明文の
規定を有するものもある。たとえば，ドイツ民法844条1項は，被害者の葬
儀費用を負担すべき者に対して，その費用を賠償すべきことを定めるととも
に，同条2項は，被害者が扶養すべき法律上の義務を負担していた者に対し
て，定期金による賠償をなすべきことを規定している。また，スイス債務法
47条は，被害者の死亡または身体侵害の場合には，裁判官は，諸般の事情
を考慮して，被害者または被害者の遺族に，適切な額の慰謝料（Genugtuung
としての適切な額。"Genugtuung" は，「満足」と訳されることが多いが，「償い」という
意味も有する。→§710 §IV 3 (4)）を支払うべきことを命じることができるとす
る。さらに，国内法ではないが，ヨーロッパ各国の比較法の成果としてのモ
デル法典の性格を有する「ヨーロッパ私法の原則・定義・モデル準則（共通
参照枠草案〔DCFR〕）」（フォン・バールほか）のVI.-2: 202 (1)は，「人身侵害又は
死亡により他の自然人に生じた非経済的損失は，侵害の時点において，その
自然人と侵害された者とが特に密接な人的関係にあったときは，法的に重要
な損害とする」と規定するとともに，同(2)においては，死亡時までに被害者
に生じた重要な損害は，その相続人の重要な損害であると規定し（a号），合
理的な葬儀費用（b号），扶養利益の喪失（c号）が，重要な損害になることを
規定している。

他方で，フランスをはじめとして，こうした不法行為によって死亡した被
害者の遺族の損害賠償請求権について，民法等における明文の規定を用意し
ていない国々も少なくない。

被害者の遺族に関する規定をめぐる状況の相違は，前提となる不法行為法
に関する一般的な規律がどこまでを対象とするものであるのか，という点に
も依拠している。こうした問題状況は，わが国においても存在し，その問題
は，不法行為法の体系全体の中で，本条をどのように位置付けるのかという
問題にも関わるものである。

950　〔窪田（長野補訂）〕

§711　I

(2)　本条の扱う問題と不法行為法全体の中での位置付け

　不法行為によって死亡した被害者の遺族が，どのような賠償請求権を有するのかという問題は，自らは人身損害を被っていない者に対して，不法行為者がどのような責任を負うのかという意味では，いわゆる「間接被害者」をめぐる問題（→§709 C Ⅵ 2）のひとつであるという見方もできる（間接被害者の問題として明確に位置付けて論ずるものとして，四宮・下493頁以下）。間接被害者の問題というのは，不法行為によって直接の被害者の権利を侵害し，その結果，被害者以外の第三者に損害が生じた場合に，不法行為者は，その第三者に対して損害賠償責任を負担するのかという問題である。もっとも，間接被害者を厳密にどのように定義するのか，また，その場合の賠償のルールをどのように考えるのか，さらには，そもそも間接被害者という問題の立て方をする必要があるのかという点についても，それほど明確に共有されているわけではない（間接被害者の意味とそうした概念の必要性をめぐる検討のひとつとして，平井184頁以下）。ごく概略的に説明することが許されるならば，不法行為法において権利侵害を責任の成立要件として重視する立場は，こうした間接被害者という問題の設定に親和的であり（不法行為によって権利侵害が生じているとしても，その権利の主体ではない者の損害賠償については，いわば例外的な問題として位置付けられる），他方，権利侵害要件に損害とは切り離した特別の位置を与えない立場を取る場合には，むしろ一般的な賠償範囲の問題として位置付けられるという理解をすることができるだろう。

　また，この点にも関わる点であるが，こうした被害者の遺族の固有の慰謝料請求権は，711条によってはじめて基礎付けられるものなのか（本条は固有の慰謝料請求権についての創設的規定なのか），それとも，709条，710条によっても認められ得るものであり，これらの者については当然に認められるということを確認的に規定したものにすぎないのかという問題がある。この点は，後述する本条の拡張をめぐる事案について，どのように考えるのかという点にも関わってくる。

　こうした問題は，本条が比較法的にみると，やや特殊な位置付けにあることにも関係している。ドイツ法では，すでに説明したように，遺族の埋葬費用や扶養利益の喪失についての賠償について明文の規定が置かれているが，これは，ドイツ民法823条に端的に示されるように，他人の権利を侵害した

〔窪田（長野補訂）〕　　951

§711 I 第3編 第5章 不法行為

者は，その他人に対して賠償責任を負うと規定しており，不法行為の賠償請求権は，権利侵害を要件とし，その権利を侵害した者に対して認められるという不法行為の一般的なルールが前提となっているからだと理解することができる。ここでは，生命という権利を侵害された直接の被害者以外の者についての賠償請求権（間接被害者としての遺族の賠償請求権）は，一般的なルールからは当然に導かれるものではなく，そのための特別の規定が必要とされるのである。前述のドイツ民法844条は，まさしくこうした規定として理解することができる。他方，フランス法では，わが国の民法709条に相当するフランス民法1240条（2016年改正前1382条），1241条（同1383条）は，フォートのある不法行為者が損害賠償責任を負うことを一般条項的に規定しており，間接的に生じた損害であっても，広くカバーできる構造となっている。そのため，遺族からの損害賠償請求も，こうした一般的な不法行為法のルールの中で処理することが可能である。こうした状況においては，不法行為によって被害者が死亡した場合の遺族の損害賠償請求権を独立に規定することの意義は希薄である（なお，注民(19)212頁〔植林弘〕は，民法711条の参照条文として，フランス民法1382条から1384条〔2016年改正前〕を挙げるが，これらは1384条の無生物責任を含めて，不法行為法の一般的ルールであり，特に遺族の賠償請求権を規定したものではない。むしろ，こうした一般的ルールによって，民法711条の問題が扱われているという意味での比較対象として，挙げられているものである）。

こうした状況をふまえてみた場合，わが国では，709条，710条によって，広く損害賠償を認めつつ（その点ではフランス民法と共通する），その一方で，711条が遺族の損害賠償請求権を明示的に規定しているために，その位置付けが問題となるのである（加藤(一)232頁）。709条，710条が広汎な射程を有しており，遺族についての損害賠償も，それらによって解決することが可能なのだとすれば，711条は，その点を確認的に規定したものにすぎないということになる。他方，709条がいかに包括的な規定であるとしても，それが権利侵害を要件としている以上，いわゆる間接被害者の問題は存在するのであると考え，まさしく711条は，その点を規定したものだとすれば（同条の「その財産権が侵害されなかった場合においても」という文言は，こうした理解にもつながり得る），同条は，より積極的な意味，本来のルールでは当然には認められない遺族の損害賠償請求権（慰謝料請求権）を創設的に規定したものだという

ことになる。こうした 711 条の位置付けをめぐる理解は，単に抽象的，理論的な問題にとどまるものではなく，後述するような 711 条の類推適用を通じた適用範囲の拡張（請求主体についての拡張，被害者が死亡した場合以外への拡張）をどのように評価するのかという点にも関わってくると考えられる。

(3) 遺族の財産的損害の賠償

民法 711 条は，「その財産権が侵害されなかった場合においても，損害の賠償をしなければならない」と規定しており，一般的には，非財産的損害の賠償，いわゆる慰謝料（710 条参照）についての規定であると理解されている。その点では，すでに言及したドイツ民法 844 条が，同様に遺族の損害賠償請求権について規定しているものの，そこでは葬儀費用や扶養利益の喪失という財産的損害を内容としているのとは異なっている。

遺族に生じた財産的損害が，711 条を含む不法行為法全体の中でどのように位置付けられるのかという点は，本条の意義を考えるうえでも重要と考えられるので，簡単に触れておくことにしよう。

すでに述べたように，本条をどのように位置付けるかについては議論の余地があるが，かりに間接被害者の問題だとすれば，非財産的損害については本条でカバーされるとしても，ドイツ民法 844 条が規定するような財産的損害については，特別の規定が置かれていないことになる。そのため，不法行為によって被害者が死亡した場合の遺族の財産的損害の賠償をどのように考えるのかが問題となる。現在では，被害者の本条による遺族固有の慰謝料請求権を除くと，財産的損害については，もっぱら死亡した被害者の損害賠償請求権を相続するという構成によって解決されている。しかし，後述するように，当初から，そのような構成がとられていたわけではない。むしろ，法典調査会における本条の起草者である穂積陳重による説明では，本条が例外規定であるということが強調され，本条によって「父母ハ子ヲ喪ハヌ」権利があるといえるとしつつ（法典調査会民法議事〔近代立法資料 5〕455 頁），本条によって規定された以外の近親者についても，その扶養の権利が害された場合には，709 条（原案 719 条）による賠償が認められるという趣旨の説明がなされている（同 456 頁）。また，富井政章は，本条によって，自己の権利が害された場合でなければ損害賠償を請求することができないということが明らかになったとする（同 458 頁）。

〔窪田（長野補訂）〕

§711 I　　　　　　　　　　　　　第3編　第5章　不法行為

こうした立法時の議論をどのように位置付けるかは，解釈方法論上の問題でもあるが，そこからは，いくつかの手がかりを得ることは可能であろう（なお，現行法の成立過程については，吉村良一・人身損害賠償の研究〔1990〕6頁以下参照）。

まず，富井の発言からは，少なくとも富井においては，709条において，自らの権利が侵害されたということが不法行為に基づく損害賠償請求権の要件であると理解されていたとみることができるだろう。本来，この問題は，709条において検討されるべき問題であり，711条においてその趣旨が明らかになったとするのは，かなり強引な説明であるとの印象も受けるし，また，法典調査会の議論の中で，そうした認識がどこまで共有されるものであったかは不明であるが，少なくとも起草者の一部において，そうした見方を強調する立場があったということは確認できる。

もうひとつの点は，財産的損害の賠償は，709条によって解決されるという説明がなされている点である。この点について，穂積は，前述のように，本条による「父母ハ子ヲ喪ハヌ」権利に言及しているが，「父母ハ子ヲ喪ハヌ」権利（本条との関係でいえば，それ以外にも，「子は父母を失わない権利」，「配偶者を失わない権利」等が本条によって創設されたことになる）といったものが，現在の709条の権利または法律上保護された利益を考えるうえで，どこまでの妥当性を有するのかという点では疑問が残る。しかし，穂積の説明の中で重視すべきなのは，扶養の権利の侵害を理由として，709条の損害賠償請求権が認められるということ，さらに，その場合の賠償請求権者は，711条に明示的に列挙された者に限定されないとしている点であろう。実際，711条が「その財産権が侵害されなかった場合においても」としていることからすれば，扶養に関する利益を「財産権」と解することができるのであれば，端的に709条によって解決することが可能であり，わざわざ「父母ハ子ヲ喪ハヌ」権利といったものが711条によって基礎付けられたという説明は不要だということになる。

なお，上記の点は，前述の比較法的な状況の中での711条の位置付けについても一定の手がかりを与えるものである。すなわち，一般規定としての709条について権利侵害要件を重視しつつ，理解しているという点では，フランス民法との違いを見出すことが可能である。しかし，他方で，直接の被

954　〔窪田（長野補訂）〕

§711 I

害者ではないとしても，その遺族に固有の権利侵害を見出すことができるのであれば，それは709条によってカバーされるものであるという点では，ドイツ法とも異なっているのである（特別規定としてのドイツ民法844条が規定する遺族の扶養利益の問題は，まさしく民法709条によって扱われ，それについては特別の規定が用意されていないということになる）。

2　以下の注釈の内容

人の生命が，最も重要な権利であり，法律上保護された利益であること自体については疑いがない。しかし，生命侵害という不法行為は，同時に，権利主体の消滅をももたらす。そのために，生命侵害によって生じた損害の賠償をどのように実現するのかが問題となる（梅886頁は，「人ハ自己ノ生命ニ付キ権利ヲ有スルハ固ヨリナリト雖モ而モ他人ノ故意又ハ過失ニ因リ其生命ヲ殞シタルトキハ其者ハ死亡セルヲ以テ敢テ加害者ニ対シテ損害ノ賠償ヲ求ムルコト能ハス」としていた）。「遺族」（もっとも，「遺族」や「近親者」という概念をどのように定義し，どの範囲の者がそれに当たるのかというのは，それほど自明ではない）の損害賠償請求権を観念するとしても，そうした損害賠償請求権がどのように遺族に帰属するのか，また，それがどのような内容を有しているのかという点が問題となる。

本条は，すでに述べたように，不法行為によって被害者が死亡した場合の遺族の慰謝料請求権を規定するものであり（なお，厳密にいえば，本条が対象とするのは財産権が侵害されていない場合の損害賠償請求権についてである。侵害されたのが財産権かそうではないのかという問題と生じた損害が財産的損害か否かという問題は次元を異にし，必ずしも一致するわけではないが，ここでは，この点については立ち入らない），こうした問題について一定の規律を示している。しかし，現在では，通常の場合，遺族は，本条によって認められる固有の慰謝料請求権だけではなく，他の財産的損害，さらには本条でカバーされない被害者自身に生じた非財産的損害の賠償についても加害者に対して求め，そして，それが認められている。

以下では，本条を理解する前提として，不法行為により被害者が死亡した場合の法律関係一般について概観したうえで，本条の内容について確認することにしよう。このように被害者が死亡した場合の損害賠償をめぐる法律関係全般を確認することは，本条の位置付けや内容を考えるうえでも不可欠だからである。

〔窪田（長野補訂）〕　955

§711 II   第3編　第5章　不法行為

II　不法行為による被害者の死亡と遺族の損害賠償請求権

1　問題の概観——基本的な問題の構図

　現在では，被害者が不法行為によって死亡した場合，死亡した被害者自身が709条等によって有する損害賠償請求権を，遺族（相続人）が相続によって承継し（いわゆる「相続構成」），それとともに，711条に基づいて遺族は固有の慰謝料請求権を有するという枠組みが確立している。もっとも，こうした被害者の損害賠償請求権の相続という枠組みは，すでに述べたように，当初から自明なものだったわけではない。むしろ，立法時の議論と初期の判例学説においては，遺族自身の固有の損害賠償請求権が主として観念され，相続の対象となる損害賠償請求権は限定的なものとして位置付けられていた。その背景には，相続構成を認めるうえでのいくつかの理論的な問題があったと考えられる。判例の展開を通じて，そうした相続構成は，より広範囲に認められるようになり，現在に至っているわけであるが，こうした相続構成をめぐる理論的な問題自体は，必ずしも判例やその後の学説によって明確に解消されたわけではなく，その意味では，過去の問題となったわけではない。そうした理論的問題は，現在でも，さまざまな場面で個別の問題（以下で言及する相続構成と扶養利益侵害構成との関係，709条，710条と711条との関係，711条の拡張をめぐる問題等）において顔を出すように思われる。この点をあらかじめ確認したうえで，被害者が死亡した場合の損害賠償をめぐる法律関係の展開について，以下で確認する。

　まず，不法行為によって被害者が死亡した場合，生命を侵害されたのは被害者本人であるが，その不法行為が同時に他の者，たとえば遺族の「権利」（または法律上保護された利益）を侵害するのであれば，そうした遺族も，709条に基づいて損害賠償を請求することが考えられる。起草者も，そうした可能性を認め，遺族の「扶養の権利」が侵害された場合には，それによる損害の賠償を求めることができると考えていた（法典調査会民法議事〔近代立法資料5〕456頁）。こうした扶養利益の侵害として遺族等の損害賠償を認めるという考え方（いわゆる「扶養利益侵害構成」）は，比較法的にも一般的であり，初期の判例においては，実際に，そのような解釈がとられていた（吉村良一・人身損害賠償の研究〔1990〕20頁）。

956　〔窪田（長野補訂）〕

§711 II

しかし，その後，死亡した被害者自身の損害賠償請求権を遺族（相続人）が相続するという相続構成が一般的なものとなり，上述のとおり，現在の判例によれば，被害者に生じた治療費，入院費等の積極損害のほか，死亡後のものを含む被害者自身の逸失利益，さらには被害者本人の慰謝料請求権までを含めて，遺族が相続によって承継するということが肯定されている。そうした状況においては，711条は，遺族固有の慰謝料請求権として，限定的にのみ機能することになる。

もっとも，このような相続構成は，不法行為による遺族の損害賠償についてのひとつの構成にすぎず，必ずしも自明のものというわけではない。比較法的には，すでに言及したように，むしろ扶養利益の侵害等，財産的損害を含めて，遺族固有の損害賠償請求権を考えるものが一般的である。また，こうした扶養利益侵害構成は，民法典の起草者自身もとるところであった。すでに判例としては確立している相続構成ではあるが，そうした相続構成がどのような意味を有しているのか，また，扶養利益侵害構成等とどのような関係に立つのかという点については，現在でも不明確な部分が少なくない（藤岡450頁は，相続構成に対して批判的な見方があることをふまえつつも，「相続肯定説にはそれ相応の理由がある」として，その意義を確かめることがこれからの課題であるとする）。

以下では，財産的損害と非財産的損害に分けて，判例の展開と，この問題に関して学説において議論された内容を確認する（この問題に関する近時の分析として，山本周平「相続構成と扶養利益構成」法教456号〔2018〕34頁）。

2　財産的損害賠償請求権の相続

(1)　被相続人の財産的損害賠償請求権の相続をめぐる問題

被害者が不法行為によって死亡した場合，被害者の財産的損害についての賠償請求権が相続されるのかという問題がある。

(ｱ)　被害者の死亡までに生じていた積極損害等　　一般的には，扶養利益侵害構成等，遺族の固有の損害賠償請求権という構成から，相続構成への変遷として描かれる判例の流れであるが，被害者の死亡までにすでに生じていた治療費，入院費等の積極損害について，それが相続の対象となるということについては，特段の議論がなされていたわけではないようである。現在の理論状況に照らしてみても，被害者の財産権が侵害され，それに基づく損害

〔窪田（長野補訂）〕　957

§711 II　　　　　　　　　　　　　第3編　第5章　不法行為

賠償請求権が生じた後に被害者が死亡した場合，そうしたすでに発生し，被害者が有していた損害賠償請求権が「相続」の対象となり得るということについては，そうした損害賠償請求権についても一身専属性の観点からの検討が必要だという点を除けば（896条ただし書の一身専属性をめぐる問題），いわゆる「相続構成」を持ち出すまでもないものである。こうしたすでに発生している積極損害等についての損害賠償請求権の相続は，扶養利益侵害構成と対置される意味での相続構成を採用しなくても認められ得るものである。扶養利益侵害構成を採用する場合であっても，死亡した被害者のもとですでに発生していた積極損害についての損害賠償請求権が相続されるということを認めることは可能であるし，また，両者の間に重複や抵触といった関係が生ずるわけでもない。

　なお，被害者の近親者等が，被害者の入院費，治療費等を負担した場合の損害賠償をめぐる問題がある。いわゆる「肩代わり損害（反射的損害）」の賠償をめぐる問題であるが，これ自体は，被害者が死亡した場合に限らず生じ得る問題である（事故によって負傷した被害者の治療費等を近親者が支出し，被害者自身は死亡していない場合でも，同様の問題は生ずる）。これを間接被害者の問題と考え，あるいは，近親者による費用の支出が，加害行為と相当因果関係があるかといった枠組みの中で判断するという考え方もあるが，不法行為の被害者について治療費や入院費が必要となったという不法行為によって生じた状況は，その費用を実際に誰が負担するかということによって変化するものではない。こうした入院費や治療費等，本来であれば被害者が自ら支出しなくてはならなかった費用については，被害者に生じた積極損害として，相当因果関係が認められる限り，加害者は賠償をしなくてはならない責任を負うものであり，そうした費用をまずは別の者が負担したというにすぎない。その点に照らせば，別の主体に生じた権利侵害の問題ではなく，間接被害者という問題構成は不要であり，さらに実態にも即さないものであるように思われる。むしろ，まずそうした損害が加害者自身に認められる損害賠償の対象に含まれるかという判断をふまえたうえで，そのうえで，第三者による賠償代位の問題として扱うことが（民法422条の類推適用），問題の本質にも適合していると考えられる（徳本伸一「被害者とその近親による損害賠償請求」金沢法学17巻1号〔1972〕1頁，四宮・下522頁以下，潮見・講義II 100頁。いずれも，費用負担者が

958　〔窪田（長野補訂）〕

§*711* **II**

直接の被害者に対して扶養義務を負っている場合等，その費用を負担する法律上の義務を負っている場合には，422条の類推適用により，費用負担者が賠償請求権を取得するとする。扶養義務を負っていない場合について，四宮・下522頁以下は，費用負担者の被害者に対する事務管理等による費用償還請求権が生ずるだけで，賠償による代位は認められないとするのに対して，潮見・講義Ⅱ100頁は，民法499条による弁済による弁済者代位の可能性を認める）。

　(イ)　被害者の逸失利益の損害賠償請求権　　それに対して，より深刻な理論的な問題があるとして意識されてきたのが，被害者の逸失利益の損害賠償請求権の相続をめぐる問題である。

　もっとも，厳密に考えれば，被害者自身の逸失利益についても，事故による負傷から死亡までに一定の期間がある場合についての死亡時までの逸失利益と，死亡後の逸失利益を分けて考えることができる。なお，逸失利益をどのようなものとして理解するかについては議論の余地が残されている。財産状態差額説を前提として考えるのであれば，それは将来の各時点で発生する消極損害だと理解することになる。他方，逸失利益は不法行為時に生じた損害を算定する手法にすぎないのだとすれば，それは不法行為時に包括的に生じていることになる。この点については深刻な見解の対立があり，ここで扱う問題にも関係するものであるが，ここではかりに前者のように，将来の各時点で発生する消極損害だという理解（伝統的な理解と思われる立場）を前提にした場合，以下のように整理されるということを確認しておく。

　まず，前者の被害者の死亡時までの逸失利益（不法行為による傷害等によって生じた死亡時までの逸失利益）については，被害者自身を権利主体として観念することができ，被害者が取得した損害賠償請求権が，遺族（相続人）に相続によって承継されるという説明は，それほど困難ではない。不法行為による傷害等によって逸失利益を含む損害賠償請求権が生じ，その後，被害者は回復したが，その損害賠償請求権については弁済がなされないまま別の原因によって死亡し，相続が開始したという場合と本質的な違いはないからである。この点で，上記の積極損害の賠償請求権と基本的には異ならないと考えられる（なお，吉村・前掲書20頁によれば，初期の実務において人身損害賠償の中心となっていたのは，慰謝料と積極損害の賠償であり，逸失利益賠償の占める地位は小さかったとされる。そうした状況では，この点をめぐる問題は顕在化しにくかったと考えられる）。

〔窪田（長野補訂）〕　　959

もちろん，逸失利益の場合，積極損害と異なり，家族（被害者の死亡によって遺族となる前の段階での家族）の扶養との関係が問題となるが，そうした扶養の問題は，権利主体としてまだ存在している被害者の損害賠償請求権を通じて解決されるべき問題だということになる。

　他方，より深刻な問題をもたらすのが，被害者死亡後の逸失利益についての賠償請求権の相続の問題である。ここでは，そもそも，相続の前提として，被害者自身が自らの死後の逸失利益についての賠償請求権を有していたのかという点が問題となる。また，被害者自身が権利主体として存在し，その損害賠償請求を通じて解決するという説明が困難だという点では，まさしく扶養利益侵害構成と直接対置されるような関係に立つ問題である。死亡事故における逸失利益の相続においては，死亡の前後は特に区別されずに議論がされることも少なくないが，理論的には，その前後で理論的な位置付けは大きく異なるという点は，十分に意識されるべきであろう。さらに言えば，扶養利益侵害構成と対置されるものとしての相続構成の固有の部分は，まさしくこの点に存在していると考えられる。

(2)　**財産的損害賠償請求権（特に逸失利益）の相続をめぐる判例・学説の展開**

　こうした問題について，大審院大正9年4月20日判決（民録26輯553頁）は，不法行為によって負傷した者が，いったん損害賠償請求権を取得し，その損害賠償請求権を相続人が承継するという説明をしていた。すなわち，死亡に至るような負傷をこうむった事案においては，負傷によって将来の逸失利益（平均余命，平均稼働年数に対応した逸失利益）の全面的な喪失が生ずるのであり，この負傷の時点で，平均稼働年数を前提とする逸失利益の損害賠償請求権が成立し，それが死亡によって相続されるという説明である。ここでは，その後の経過からは死亡後の逸失利益となるものを含めて，「負傷による逸失利益」として構成され，それが生じた時点では，被害者が生存しているので，権利主体の不存在という問題も回避することができる。

　しかし，こうした構成に対して，負傷から死亡という流れでとらえられない「即死」の場合にはどうなるのかが問題となった。即死がどのように定義されるか自体が問題であるが，負傷（生存している被害者による損害賠償請求権の取得）というプロセスを欠く場合には，不法行為損害賠償請求権の成立と権

§711 II

利主体の消失が同時であり，相続という枠組みに乗らないことになる。その後の判例は，やや混乱を見せる。大審院大正15年2月16日判決（民集5巻150頁〈重太郎即死事件〉）は，即死の場合であっても，被害者が通常生存し得べき期間についての逸失利益の損害賠償請求権を取得し，これを相続人が承継すると判示している。ここでは，即死の場合であっても，傷害と死亡との間の時間的間隔があることによって説明をしている（後述の時間的間隔説による説明）。他方で，その後の大審院昭和3年3月10日判決（民集7巻152頁）は，相続によるのではなく，被害者の死亡によって，損害賠償請求権は相続人に原始的に帰属すると説明していた（後述の人格承継説的な説明）。

　学説においても，これを説明するために，さまざまな法律構成が主張されることになった。そこで前提となっていたのは，負傷後に死亡した場合と即死の場合とで，遺族が請求できる内容が大きく異なるという不合理さの克服であった。その点で，いずれの学説も，（負傷後に死亡した場合であれば認められるとされていた）死亡後の逸失利益を含む損害賠償請求権の発生とその相続を認めることを企図したものであった（これらの学説については，注民(19)215頁以下〔植林弘〕，前田(達)87頁以下）。

　まず，「時間的間隔説」は，かりに即死の場合でも，負傷と死亡との間には時間的間隔を観念できるとして，負傷後に死亡した場合と異ならないとするものである（鳩山・下871頁，加藤正治「旅客死傷ノ損害賠償」法協34巻6号〔1916〕938頁以下）。前掲大審院大正15年2月16日判決も，すでに述べたように，こうした時間的間隔説を採用したものと理解される。

　他方で，被害者は生命侵害による損害賠償の範囲では，なお権利主体としての地位を有するとする「人格存続説」（平野義太郎〔判批〕判民大正15年度〔1928〕111頁），被相続人の生命侵害に対する賠償請求権は，その人格を包括的に承継する相続人によって原始的に取得されるとする「人格承継説」（杉之原舜一〔判批〕判民昭和3年度〔1930〕75頁，穂積重遠「相続は権利の承継か地位の承継か」法協48巻1号〔1930〕15頁，同・相続法〔1946〕16頁，我妻139頁，勝本正晃・債権法概論（各論）〔1949〕293頁以下等。なお，当時の通説的見解は，人格承継説であったとされる。注民(19)216頁〔植林〕），また，生命侵害は身体侵害の極限概念であるとする「極限概念説」（末弘1023頁，舟橋諄一「生命侵害による損害の賠償と相続」我妻還暦(上)333頁以下）も有力に主張されることになる。上述のよ

〔窪田（長野補訂）〕　　961

§711 II 　　　　　　　　　　　第3編　第5章　不法行為

うに，前掲大審院大正 15 年 2 月 16 日判決は時間的間隔説を採用したが，その後，大審院昭和 3 年 3 月 10 日判決は，人格承継説によるとみられる説明をしており，判例においても，この時期，理論構成が確立していなかったことがうかがわれる。また，後述のように，こうした理論構成とはやや異なるものとして，被害者の死亡を家族共同体への侵害とみる「家族共同体被害者説」（末弘厳太郎「不法行為としての殺人に関する梅博士の所説」と「被害者としての家団」同・民法雑記帳〔1940〕202 頁以下・210 頁以下）も主張されていた。

もっとも，これらの学説は，必ずしも同じ平面での議論の対立ではないという点については，注意が必要である。たとえば，極限概念説は，比喩的に負傷と死亡との関係を説明するだけであり，負傷後に死亡した場合と即死の場合が異なった扱いを受けること，特に後者の方がより損害賠償責任が小さくなることの不合理さを説明するものではあっても，なぜ，死亡後の逸失利益の賠償が認められるのかということを理論的に説明するものではない。同様に，時間的間隔説も，前提としての負傷後に死亡した場合に，死亡後の逸失利益の賠償請求権が成立し，それが相続されるという立場を前提とすれば，それと異ならないという意味では，理論的な説明に一応成功しているとはいえるが，他方で，そもそも，その前提において，なぜ死亡後の逸失利益の賠償が被害者自身に認められるのかという点について，何らかの積極的な説明をしているものではない。

それに対して，人格存続説，人格承継説においては，まさしくそうした死亡後の逸失利益の賠償請求権とそれが相続されるということを理論的に説明することが企図されていると考えられる。もっとも，人格存続説においては，死亡後の逸失利益についても被害者が請求主体だということは説明できても，それが相続によって承継されるということは説明できず，また，人格承継説においても，人格的な地位の承継がなされるとしても，（被害者の）死亡後の逸失利益の損害賠償請求権が相続人に原始的に取得されるという説明は，それほど容易に理解ができるものではない。

他方，家族共同体被害者説は，これらの学説とは基本的な性格が異なっている。すなわち，この説において企図されているのは，死亡後の逸失利益を被害者について観念し，それを相続させるという基本的な枠組みの構築なのではなく，あくまで家族共同体が被害者であって（したがって，相続を問題とす

962　〔窪田（長野補訂）〕

§*711* Ⅱ

る必要はない），また，被害者の死亡によって生じた逸失利益も，被害者自身
の損害としてではなく，家族共同体の損害として位置付けられているからで
ある（死亡後の逸失利益についての被害者の損害賠償請求権を観念する必要もない）。
その点では，家族共同体被害者説は，死亡後の逸失利益を含む被害者の損害
賠償請求権の相続という構成それ自体を説明するものではなく，むしろそこ
で現になされていることをより実質的な法律構成によって説明しようとした
ものだと位置付けられる（末弘自身，「六かしい技巧を用ゐなければ説明出来ない」
結果を求めていること自体に間違いがあるとして，相続肯定説を退ける文脈の中で，こう
した家族共同体被害者説を提唱している）。家族共同体被害者説をとる場合，上記
の各理論に伴う問題や不透明さを回避することは可能であろう。ただし，被
害者死亡後の逸失利益という困難な問題を，ある意味で最もクリアに解決す
ることができる家族共同体被害者説は，その後の議論において，積極的に支
持されることはなかった。その背景のひとつには，家族共同体といったもの
を観念することの問題があったと考えられる。この説が主張されたのは戦時
中であったが，家制度を廃止した個人主義を基礎とする現行民法のもとでは，
こうした説明を正面から取り入れることについて，なおさら躊躇を覚える見
方が多いだろう。こうした問題はすでに指摘されているところであるが（前
田（達）88 頁），家族共同体被害者説は，他にも，困難な問題を伴っているよう
に思われる。それは，まさしく家族共同体被害者説が説明として説得的であ
るということと表裏一体なのであるが，この説においては，被害者は，家族
共同体のために「利益を生み出す機械」として位置付けられている点である。
いわば家族共同体は，そうした利益を生み出す機械を不法行為によって失っ
たからこそ，その機械が生み出すはずだった逸失利益の賠償を請求すること
ができるという説明をするのであり，それは一定の説得力を有すると同時に，
被害者の位置付けをめぐる問題を顕在化させることになる。後述のように，
相続構成については，被害者を「利益を生み出す機械」とするものだという
批判がなされるが（いわゆる西原理論による批判。西原道雄「幼児の死亡・傷害と損
害賠償」判評 75 号（判時 389 号）〔1964〕11 頁，同「損害賠償額の法理」ジュリ 381 号
〔1967〕152 頁等），こうした批判は，むしろ家族共同体被害者説において，前
面に出てこざるを得ないのである。なお，ここでやや詳しく家族共同体被害
者説に言及したのは，こうした問題があるにもかかわらず，現在の相続構成

〔窪田（長野補訂）〕

§711 Ⅱ 　　　　　　　　　　　　　　第3編　第5章　不法行為

の状況を実質的に最も説得的に説明しているのは，この立場ではないかと考えられること，さらに家族共同体被害者説が解決しようとした問題は，今日の相続構成についても解消されていないのではないかという点でも，無視できない意味を持っていると思われるからである。

　もっとも，こうした見解，特に死亡後の逸失利益の賠償を説明しようとする理論構成のアプローチは，結局，いずれも支配的なものとなることなく，大審院昭和17年7月31日判決（新聞4795号10頁）などを経て，被害者が通常生存し得べき期間についての逸失利益の賠償請求権が相続によって承継される点については，争いのない判例実務として定着した。前掲大審院大正15年2月16日判決に照らせば，一応，その後の判例は時間的間隔説によっているという理解も可能であろう。ただ，すでに言及したように，時間的間隔説は，即死の場合であっても，負傷後に死亡した場合と異なるものではないという点を説明するものではあっても，負傷後に死亡した場合に，なぜ死亡後の逸失利益を，負傷による損害として把握できるのかといった問題について説明を与えるものではない。その点で，出発点となった理論的な問題は必ずしも解明されないまま，相続構成が実務として定着したという評価をせざるを得ないように思われる。

(3)　逸失利益の相続構成をめぐる問題

　(ア)　本質的な問題としての死亡後の逸失利益の賠償　　相続構成以前の問題として，こうした逸失利益の損害賠償という基本的な考え方については，それ自体が問題であるという主張もなされている。すなわち，逸失利益というのは，人間を「利益を生み出す機械」として位置付けるものだという批判（すでに言及した西原理論による批判）等である。人身損害についての金銭的評価をめぐる問題については，別途論じられるところであるが（→§709 C Ⅳ 3），こうした批判は，逸失利益一般について考える場合と逸失利益の賠償請求権の相続について考える場合とでは，かなり異なる性格を有しているように思われる。

　すなわち，不法行為によって負傷した者が働けなくなった場合，その逸失利益の賠償を求めるということについて，それほど深刻な問題があるわけではないように思われる。もちろん，この場合にも，逸失利益によって評価される結果，被害者ごとに大きく賠償額が異なるという問題はある。ただ，被

964　〔窪田（長野補訂）〕

§*711* **II**

害者自身が，「利益を生み出す機械」として自らを位置付け，その賠償を求めるということについては，それ自体を否定的に見る立場は，それほど強くないのではないだろうか。そこでは，自らが失った収入・利益を損害として把握すればよいのであり，被害者を「利益を生み出す機械」と見るという側面は，それほど顕著にあらわれるわけではない。しかし，相続構成によって，被害者の死亡後の逸失利益を相続人が取得するという構成においては，よりそうした側面が強く示される。すなわち，死亡後の逸失利益は，被害者自身も，すでに権利能力を失っている以上，取得することができないものだとすれば，そこでの損害賠償について，被害者は，いわば相続人にその損害賠償請求権を取得させるためだけの中間的な存在として観念されており，それはまさしく，相続人あるいは遺族にとって「利益を生み出す機械」として位置付けられているのではないかという点をより顕在化させることになるからである。人格存続説，人格承継説にもそうした側面が認められるが，すでに述べたように，この点をある意味で最も明確に示しているのが，家族共同体被害者説だという見方もできるだろう（そこでは，死亡後の逸失利益は被害者の損害ではなく，被害者を失ったことによる家族共同体の損害なのである）。この点では，相続構成の問題一般というより，「死亡後の逸失利益の相続」という部分に，その本質的な問題が存在すると考えられる。

　なお，すでに言及したように，「逸失利益」の賠償を認めるとしても，損害論において，どのようなレベルの問題としてそれを位置付けるか自体について理論上は議論がある。この点も，詳しくは，§*709* **C** IV **1** にゆだねるが，ここでの問題に関係する範囲で簡単に触れておく。

　まず，伝統的な見解は，逸失利益を，財産状態差額説を前提とする損害として位置付けてきたが，それによれば，逸失利益は，将来のその都度の時点で生ずる消極損害だということになる（最判昭 56・12・22 民集 35 巻 9 号 1350 頁は，不法行為による軽度の後遺障害により労働能力の一部喪失が認められる場合において，職場での業務内容の変更によって，給与面での不利益は生じなかったという事案において，「現在又は将来における収入の減少も認められない」として，「労働能力の一部喪失を理由とする財産上の損害を認める余地はない」としている。そこでは，被害者に現実に生じている状況をふまえて，現在または将来の財産状態が判断されている。同判決においては，逸失利益は，将来の各時点で発生する損害として理解されてきたと考えられる）。そこ

〔窪田（長野補訂）〕　965

§711 II　　　　　　　　　　　　第3編　第5章　不法行為

では，権利主体が失われた死亡後の逸失利益はその位置付けがきわめて困難なものとなる。本書においても，そうした伝統的な立場を前提とした場合の「死亡後の逸失利益」の問題として，この点を論じてきた。

　他方，「貝採り事件」判決として知られる最高裁平成8年4月25日判決（民集50巻5号1221頁）において，不法行為とは別の原因による死亡後の逸失利益の賠償を否定した原審に対して，最高裁は，「交通事故の被害者が事故に起因する傷害のために身体的機能の一部を喪失し，労働能力の一部を喪失した場合において，いわゆる逸失利益の算定に当たっては，その後に被害者が死亡したとしても，……右死亡の事実は就労可能期間の認定上考慮すべきものではないと解するのが相当である。けだし，労働能力の一部喪失による損害は，交通事故の時に一定の内容のものとして発生しているのであるから，交通事故の後に生じた事由によってその内容に消長を来すものではな」いとして，別原因による死亡後の逸失利益についても，その賠償が認められるとした。同判決の理解については議論のあるところであるが，そこで示されている逸失利益は，それ自体が（将来の各時点において生ずる）損害というより，労働能力の喪失等の損害を金銭的に評価すべき手段として位置付けられていると考えられる（特に，別原因による死亡後の介護費用について，「被害者が死亡すれば，その時点以降の介護は不要となるのであるから，もはや介護費用の賠償を命ずべき理由はな」いとして，その損害賠償を否定した最判平11・12・20民集53巻9号2038頁と対比することで，その点がより明確に示される）。かりにこのように理解するのであれば，死亡後の逸失利益として評価される損害も，すでに負傷によって労働能力を喪失した時点で，確定的に生じているのであり，それが相続の対象となるということについては，さほど深刻な問題が生じるわけではない。家族共同体被害者説，人格存続説，人格承継説等による説明は，そもそも不要であり，せいぜい確定的に生じた損害賠償請求権を即時に相続させるという意味で，時間的間隔説があれば，説明としては十分だということになる。いわゆる相続構成についても，特殊なものと位置付ける必要はなく，単に，一般的な相続の問題だという見方もできるかもしれない。

　もっとも，その後，後遺障害による逸失利益についての定期金賠償方式の可否を扱った最高裁令和2年7月9日判決（民集74巻4号1204頁）は，これを肯定する際の理由づけとして，逸失利益は「不法行為の時から相当な時間

966　〔窪田（長野補訂）〕

が経過した後に逐次現実化する性質のものであり，その額の算定は，不確実，不確定な要素に関する蓋然性に基づく将来予測や擬制の下に行わざるを得ないものであるから，将来，その算定の基礎となった後遺障害の程度，賃金水準その他の事情に著しい変更が生じ，算定した損害の額と現実化した損害の額との間に大きなかい離が生ずることもあり得る」と述べた。これは，前掲最高裁平成 8 年 4 月 25 日判決で示された「事故時に損害発生→その後の事由の影響なし」という見方との整合的な理解が容易ではなく，むしろ上述の伝統的見解に復帰しているようにも見える（窪田充見「後遺障害による逸失利益の定期金賠償——最一小判令和 2・7・9 をめぐって」NBL1182 号〔2020〕4 頁・10 頁）。もしそうだとすると，少なくとも判例上は，相続構成の理論的な当否の問題については，議論は振出しに戻ることになる。

　(イ)　相続構成によることが不自然な結果をもたらす場合　　以上は，逸失利益の相続構成についての理論的な問題である。他方，逸失利益を含む財産的損害賠償請求権について，相続という形式で解決することが，実質的に不自然な結果をもたらすのではないかという問題についても，従来から指摘されてきた。

　ひとつは，いわゆる「逆相続」をめぐる問題であり，子が死亡した場合に両親が，その逸失利益の賠償請求権を相続するということについては，一方で，子の平均余命等を前提に逸失利益を算定しつつ，現在の身分関係を前提に相続人を考えることの論理的な矛盾が指摘されている（なお，判例による相続構成が確立してからも，東京地判昭 37・2・19 下民集 13 巻 2 号 231 頁は，相続人たる父親が相続し得る子どもの逸失利益を，父親の事故当時の平均余命の範囲内に限定するとの解決を示している。これは，こうした逆相続に伴う問題に対するひとつの対応だったと考えられるが，このような解決は一般的なものとはならなかった）。

　また，いわゆる「笑う相続人」と呼ばれる問題がある。これは，被害者とは実際には疎遠であった者が，相続人であるというだけで，その損害賠償請求権を承継するということについての妥当性をめぐる問題である。もっとも，この背後にあるのは，形式的な身分関係に基づく相続によって処理することで，実際上の扶養関係等との齟齬が生じるということに対する問題意識であろう。現在の一般的な相続構成の理解（この点については後述する）によれば，逸失利益を含む被害者の損害賠償請求権は，相続人に，相続分に応じて当然

〔窪田（長野補訂）〕

§711 Ⅱ 第3編 第5章 不法行為

に分割承継される。したがって，相続人ではない内縁関係に基づく扶養の関係があったとしても，内縁配偶者は相続人ではないから，それを承継することはないし，また，相続人の間に扶養をめぐる実態に大きな相違があったとしても（子のひとりが重度の障害があり，被害者が全面的に扶養し，他の子はすでに独立して生計を営んでいる等），そうした状況は，賠償請求権の承継には反映されないことになる（後述の最判平5・4・6民集47巻6号4505頁は，自賠法72条1項〔令4法65改正前〕が問題となった事案であるが，いわゆる「笑う相続人」型のケースとみることができるだろう）。

　(ウ)　相続構成の意味と扶養利益侵害構成との関係　　もっとも，「相続構成」といった場合に，逸失利益を含む被害者の損害賠償請求権が相続されるということと，扶養利益侵害構成による損害賠償との関係は，必ずしも明確ではない。将来の扶養のための原資となる逸失利益を含めて，被害者の損害賠償請求権は，全面的に相続法の規律によって処理されるというのであれば，それとは別に扶養利益の賠償が問題となることはない。他方，将来の逸失利益を含む損害賠償請求権が相続されるとしても，将来の扶養に必要な支出については，それを控除し，その残額が相続人によって承継されるとするのであれば，そうした相続構成と扶養利益の塡補は，一定の範囲では両立が可能となる（扶養利益を侵害された者が相続人ではない場合に限ってではあるが，加藤(一)257頁以下，注民(19)231頁〔植林〕）。一般的には，まさしく前者のような意味で「相続構成」が理解されていると考えられるが，被害者の損害賠償請求権が相続されるという一事から，それをすべて説明するのは困難であろう。すでに言及した笑う相続人のケースにも該当すると考えられる前掲最高裁平成5年4月6日判決は，自賠法72条1項に関する事案であるが，（相続人ではないが，同条による請求が認められる）内縁配偶者に支払われる「その扶養利益の喪失に相当する額」を，「相続人にてん補すべき死亡被害者の逸失利益の額からこれを控除すべき」ものとしている。また，最高裁平成12年9月7日判決（判タ1045号120頁）は，相続を放棄した場合には，扶養利益の損害賠償を認めている（→§709 C Ⅵ 2 (3)）。その点では，扶養利益の侵害を理由とする損害賠償請求権は，理論的に否定されているわけではなく，相続の関係が認められる場合には，いわばそれによって上書きされているという法律状態だと考えられる。もっとも，扶養利益を侵害された遺族が相続人の場合であって

968　〔窪田（長野補訂）〕

§711　Ⅱ

も，扶養利益の侵害による損害額と法定相続分による承継との間にはずれが
生じ得るのであり（相続人の一部が障害等を有し，被害者により現に看護や扶養をさ
れていた場合等），その場合に，扶養利益の損害賠償が相続構成に劣後するという
ことは，必ずしも積極的に理論付けられているわけではない。なお，従前の議論においては，相続構成か扶養構成かを二者択一的に位置付けて説明する場合が多いが，実際には，逸失利益の相続を認めつつ，扶養利益に相当する部分について控除を認めるか否かという形で両者の関係を論ずる可能性もあるという点については，確認をしておきたい。こうした問題は，特に，相続人と扶養利益を侵害された遺族が異なる場合，あるいは上述のように，相続人の一部に扶養利益の侵害という点で特段の事情がある場合において，実践的にも意味を有する問題となる。

3　慰謝料請求権の相続性

(1)　被害者が死亡した場合の慰謝料請求権の相続をめぐる問題

　財産的損害についての賠償請求権と異なり，慰謝料請求権の相続については，これを否定する見解がより有力であり，前者の相続が認められるようになってからも，慰謝料についての当然相続は認められていなかった。また，後述の最高裁大法廷昭和 42 年 11 月 1 日判決（民集 21 巻 9 号 2249 頁）によって，一応判例の立場が固まってからも，なお議論は錯綜した状況がみられる。慰謝料請求権をめぐってこうした状況が生じた背景には，複数のポイントがあり，そうした問題の多面性が，現在でも，この点に関するクリアな法律関係を阻害するものとなっているように思われる。

　まず，第 1 に，慰謝料請求権をめぐっては，慰謝料請求権のいわば属人的な性格がある。慰謝料がまさしくその被害者の精神的苦痛を和らげるためのものだとすれば，それは高度に属人的な性格を有し，慰謝料請求権もそうした一身専属性を有するものだと考えることができる。そのように考えた場合，一身専属的な慰謝料請求権については，そもそも相続の対象となることが否定される（896 条ただし書）。これは財産的損害の賠償請求権とは異なる性格の問題として，慰謝料に関してのみ論じられることになる。

　第 2 に，上記の慰謝料請求権の一身専属性については少なくとも問題としては明確に共有されていたのに対して，必ずしも，前提の共有自体が確立しておらず，それがより複雑な問題状況をもたらしていると思われるのが，相

〔窪田（長野補訂）〕　969

§711 Ⅱ 第3編 第5章 不法行為

続の前提となる「被害者自身の慰謝料」として何を考えるのかという問題である。特に，死亡事故において，「死亡した被害者の慰謝料」，「死亡による慰謝料」として論じられる場合には，その前提として何が考えられているかについて，論者によってずれがあるように思われる。これについては，負傷後，死亡に至るまでの間の「負傷による被害者の慰謝料」と「死亡によって生じた慰謝料」を明確に区別して論ずる立場がある一方で（加藤一郎「慰謝料請求権の相続性——大法廷判決をめぐって」ジュリ391号〔1968〕34頁・41頁以下等），「死亡による慰謝料」という括りの中で特に明確に両者が区別されていない場合もある（前掲最大判昭42・11・1における色川幸太郎裁判官における反対意見では，被害者自身の慰謝料は，生命を侵害された死者自身の慰謝料として，むしろ死亡による慰謝料が想定されている）。前者のような立場をとれば，生前の被害者に生じた苦痛については，被害者自身の慰謝料請求権が成立し，それが相続の対象となるかという第1の問題の対象となる。その一方で，死亡によって権利能力を失う被害者自身が，その死亡による慰謝料請求権を取得するというのは背理であり，そもそも死亡による被害者自身の慰謝料は存在せず（相続の対象となるか以前の問題である），死亡による慰謝料が観念されるとしても，それは遺族固有の慰謝料の問題としかなり得ないといった流れとなる。それに対して，後者のように両者を区別しない場合には，死亡による慰謝料までを含めて，全体としての慰謝料請求権の相続が論じられ，遺族固有の慰謝料請求権との関係が問題とされる。

問題自体としては，第1のものは比較的明確であるが，その前提となる慰謝料が第2の問題によって決まる以上，この全体の構造を明確にして論じることが不可欠である。しかし，第2の問題については，後述のように，この点をめぐる混乱，議論の不透明さは，現在までなお存続しているように思われる。慰謝料は，最終的には裁判官の裁量的判断によって決まるものであり，また，全体としての定額化という状況が進んでいる中では，その厳密な理論的な検討の実質的必要性は薄れているのかもしれない。しかし，この不透明さは，理論的にはきわめて居心地の悪い状況をもたらしており，また，細部に至る理論化，明確化（たとえば，慰謝料の総額をどのように考えるのかという問題）の阻害要因となっているように思われる。

970　〔窪田（長野補訂）〕

§711 II

(2) 慰謝料請求権の相続をめぐる判例・学説の展開

　前述のように，慰謝料請求権の相続については，それが一身専属的なものであることが問題となるが，判例は比較的早い段階で，慰謝料請求権の行使の意思表示がなされた場合には，その時から金銭債権としての性質を有するようになり，相続人に承継されるという立場をとることで，この問題を回避していた（大判明43・10・3民録16輯621頁）。

　もっとも，このような準則の設定は，何が慰謝料請求権行使の意思表示なのかという次の問題をもたらすことになる。この点に関して，まず，大審院大正8年6月5日判決（民録25輯962頁）は，慰謝料を請求する意思を表白するものであれば足りるとし，それが相手方に到達する必要はないとした。そして，「残念残念事件」として知られる大審院昭和2年5月30日判決（新聞2702号5頁。大判昭8・5・17新聞3561号13頁も，残念残念事件として知られる）は，「残念々々ト叫ヒツヽ死亡」したというケースで，「右ノ言語ハ自己ノ過失ニ出テタルヲ悔ヤミタルカ如キ特別ノ事情ナキ限リ加害者ニ対シテ慰藉料ヲ請求スル意思ヲ表示シタルモノ」と解することができると判示した。このような判断は，結局，何らかの形で慰謝料請求権の意思表示と理解することができる被害者の言動をつかまえるという方向を導くことになり，実際，下級審の裁判例を含め，多くのものがこれに続くことになる（「向フカ悪イ向フカ悪イ止メル余裕アツタノニ止メナカツタ」〔大判昭12・8・6判決全集4輯15号10頁〕，「お母さん，痛いよ」と三回も訴えた〔仙台高判昭32・7・5不法下民昭和32年度（上）155頁〕，死亡直前に妻に「駄目だ口惜しい」と言って涙を流した〔東京地判昭32・12・24不法下民昭和32年度（上）385頁〕など）。

　しかし，こうした取扱いは，何でもよいから意思表示をつかまえ，実際には慰謝料請求権の行使と理解するには困難なものまで取り上げることになるとともに，また，何らの意思表示をなし得ないような即死の場合については方策を欠くという形で，別のアンバランスをもたらすことになる。そのため，当時においては，被害者の意思表示の有無を問わず，原則として慰謝料請求権が相続されるという立場をとる学説も多かった（なお，1965年に刊行された注民(19)216頁以下〔植林〕は，当時のこうした学説の状況について詳しく説明している）。結局，前掲最高裁大法廷昭和42年11月1日判決は，「ある者が他人の故意過失によって財産以外の損害を被った場合には，その者は，財産上の損

〔窪田（長野補訂）〕　971

§*711* Ⅱ   第3編　第5章　不法行為

害を被った場合と同様，損害の発生と同時にその賠償を請求する権利すなわ
ち慰藉料請求権を取得し，右請求権を放棄したものと解しうる特別の事情が
ないかぎり，これを行使することができ，その損害の賠償を請求する意思を
表明するなどの格別の行為をすることを必要とするものではない」と判示し
て，慰謝料請求権についても当然に相続されるという判断を示した。その中
では，「損害賠償請求権発生の時点について，民法は，その損害が財産上の
ものであるか，財産以外のものであるかによって，別異の取扱いをしていな
いし，慰藉料請求権が発生する場合における被害法益は当該被害者の一身に
専属するものであるけれども，これを侵害したことによって生ずる慰藉料請
求権そのものは，財産上の損害賠償請求権と同様，単純な金銭債権であり，
相続の対象」となると説明している。これは慰謝料請求権の一身専属性をめ
ぐる問題についてのひとつの説明ではあるが，他方で，債権者代位権の行使
の対象としての慰謝料請求権については，その一身専属的な性格に照らした
判断がなされていることに照らせば（最判昭 58・10・6 民集 37 巻 8 号 1041 頁），
上記のような説明が十分なものであるかについては，なお議論の余地が残さ
れているものと考えられる（なお，昭和 42 年大法廷判決には，慰謝料請求権が相続
の対象となるのは，慰謝料請求の意思を外部に表示した場合とする田中二郎裁判官の反対
意見，慰謝料請求の意思を義務者に対して明確な意思表示によってなした場合とする色川
裁判官の反対意見，加害者が一定の支払を約し，あるいは支払の債務名義ができた場合と
する松田二郎裁判官，岩田誠裁判官の反対意見が付されている。なお，当時の議論状況を
ふまえた同判決の理解については，千種達夫・人的損害賠償の研究・上〔1974〕210 頁以
下）。前掲最高裁大法廷昭和 42 年 11 月 1 日判決の判断の背景には，意思表
示を必要とすることによってアンバランスな状態が生じてしまっているとい
う認識，相続人の保護に寄せた形でのそうしたアンバランスな状態の解消の
必要性といった実質的な判断があり，それがこうした結論を支えていると考
えられるが，同時に，従前から問題とされてきた理論構成をめぐる問題は十
分に解決されないまま，実務上の処理が確立したというのが，中立的な評価
なのではないだろうか。

　⑶　**民法 711 条との関係での慰謝料請求権の相続に対する批判的立場**

　なお，被害者の慰謝料請求権の相続をめぐっては，上述の一身専属性とは
やや異なる視点からの問題の指摘もあり，これらについては，なおその意義

§*711* Ⅱ

を失っていないように思われる。すなわち，加藤(一)260頁以下・317頁以下においては，前掲最高裁大法廷昭和42年11月1日判決より後の増補版においても，慰謝料請求権の一身専属性という側面より，慰謝料請求権の相続を認めることと711条との不調和という点にウェイトを置いたうえで，請求の意思表示の有無にかかわらず，慰謝料請求権の相続性を否定し，被害者の近親者については，もっぱら711条の固有の慰謝料請求権で処理すべきだとする立場が維持されている。前田(達)93頁も，「死者の慰謝料請求権を相続するという構成をとっても，結局は，遺族の慰謝を図ることにほかなら」ないとし，もっぱら711条によって解決するという方向を示す（ただし，受傷から死亡までに時間があった場合については，被害者の固有の慰謝料を観念することができ，示談や確定判決があった場合には相続の対象となる可能性を認めており，相続を否定するのは，もっぱら死亡による慰謝料だと考えられる）。また，四宮・下502頁以下も，非相続的構成をとることを前提として，「相続的構成のもとで甲に認められる慰謝料と710条ないし711条によって遺族に認められる慰謝料とにほぼ相当するものが，711条によって近親者に認められる」としている（その他，同様の指摘として，潮見・講義Ⅱ99頁）。

なお，財産的損害の賠償請求権については，なお理論的な問題が残ることを指摘しつつも，相続構成をいわばやむなしとして受け入れる立場が，今日では多数説であると考えられるのに対して，慰謝料請求権については相続構成に否定的な立場をとる学説は，現在においても少なくない（好美清光「慰謝料請求権者の範囲」賠償講座(7)222頁は，前掲最高裁大法廷昭和42年11月1日判決を契機として，学説は，「相続否定説へのなだれ現象を示す結果となった」とする。また，平井179頁は，「慰謝料請求権の相続性に関してもこれを否定するのが現在の通説である」とする）。

4　不法行為法の全体の体系における民法711条の意義と位置付け

すでに述べてきたように，遺族の損害賠償請求権（特に財産的損害の賠償請求権）については，相続構成と扶養利益侵害構成等，遺族固有の利益を観念する立場の基本的な対立があるが（ただし，単純な二項対立として理解されるべきではない。→2⑶(ウ)），そうした中で，711条は，どのように位置付けられるのであろうか。

まず，711条をどのようなものとして位置付けるかという点は，上記の相

〔窪田（長野補訂）〕　973

§711 II　　　第3編　第5章　不法行為

続構成と扶養利益侵害構成との対立と，必ずしも直結するわけではない。すなわち，相続構成を前提としても，711条について固有の意義を認めるか（創設的規定と理解するか），単なる確認的な規定と理解するかの対立は存在し，また，扶養利益侵害構成のような立場を前提としても，同様の理論的な対立が存在する。ここでは，むしろ，709条，710条が遺族の損害賠償請求権についてどこまでを規定しているのかという点に，焦点が当てられる。

　第1に，遺族の損害賠償請求権は，当然には認められるものではないという立場を前提とすれば，遺族に固有の慰謝料請求権を認めた711条には独自の積極的な意味があり，それは創設的規定だと位置付けられることになる。また，遺族に扶養利益の侵害といった固有の権利侵害が存在する場合には，709条による損害賠償請求権が認められるという立場をとる場合でも，そこではあくまで財産権の侵害が前提とされているという立場においては，財産権の侵害がない場合にも遺族の慰謝料請求権を認めるという711条には，709条には解消されない意義が存在することになる。立法時の議論は現時点からみれば必ずしも明確ではないが，立法者は，711条に，こうした積極的側面，独自の意義を見出していたことがうかがわれる（→Ⅰ1(3)）。

　なお，711条にこうした創設的規定としての側面を認める場合，一般論のレベルでいえば，その拡張については，（確認規定と解する場合との対比では）相対的に慎重な立場がとられることになるだろう。

　第2に，711条が挙げるような近親者が不法行為によって死亡した場合，精神的苦痛を受けるのは当然であると考えるならば，財産的損害が生じているか否かにかかわらず，遺族の慰謝料請求権が，709条，710条によって認められるのは当然だと理解する余地もある。こうした立場においては，711条は，単なる確認規定だということになる。一般論としては，確認規定にすぎない以上，同条の遺族の限定列挙についても，厳格に解する必要はなく，709条，710条による損害賠償が認められると評価される場合には，その範囲に限定されず，賠償が認められるべきだということになる。

　なお，709条，710条によっても遺族の慰謝料請求権が認められるという立場をとりつつ，711条に独自の意義を認めるという立場もある。すなわち，四宮・下503頁は，こうした遺族の損害賠償請求権については，後続侵害の帰責の問題であるとしたうえで（四宮博士の立場を前提とすれば，後続侵害につい

974　〔窪田（長野補訂）〕

§711 **II**

ての違法性判断が必要となる)，「人の生命の侵害によって，その最近親者の『権利』が侵害を受けたことによる定型的な非財産的損害（悲歎・コンソーシャムの喪失）については，特に，後続侵害帰責のための要件を具えているか否かを問うことなしに，帰責を肯定する」という独自の機能が，711条にあるとする。

5　相続構成における損害賠償請求権の帰属と相続法の規律

現在の判例によれば，金銭債権のような可分債権は，預貯金債権を除き（最大決平28・12・19民集70巻8号2121頁），遺産分割の対象となる遺産を構成せず，相続分（もっぱら法定相続分が念頭に置かれてきたと考えられる）に応じて当然に分割承継される（最判昭29・4・8民集8巻4号819頁）。こうした判例を前提に，遺産分割の対象とすることを一切否定し，遺産分割の審判において金銭債権を対象とすることを排除した審判例もあったが，現在では，共同相続人全員の同意があれば，遺産分割の対象とすることを認める立場が一般的である。

金銭債権をはじめとする可分債権一般について言えば，分割承継の基準となる相続分は，法定相続分に限定されるわけではなく，被害者の遺言において相続分の指定がなされていた場合には，指定相続分になると考えられる（潮見佳男・詳解相続法〔2版，2022〕195頁）。では，そうした扱いが，死亡事故における損害賠償請求権の承継においても妥当すると解すべきだろうか。これは，相続構成による損害賠償請求権の「相続」につき，相続法の規律がどこまで適用されるのかという問題の一環として位置付けられる。

相続構成は，現在では，ごく一般的なものとして受け入れられており，また，学説においても，理論的な問題があることを指摘しつつも，最終的に，それを支持する立場が多い。しかし，背景において重視されたのは，相続構成によった方が，扶養利益侵害構成によるより損害賠償額が大きくなるという点であったことは看過すべきではない。被害者によって負担される将来の扶養に関する費用は，被害者の将来の逸失利益から支出される以上，理論的にも，扶養利益の賠償が逸失利益の賠償を超えることはない。さらに要扶養状態がいつまで継続するのかといった観点を視野に入れれば，扶養利益の賠償は，さらに縮減されることになる。こうした実質的な公平観を基礎として，相続構成は広く受け入れられるにいたったものと考えられる（幾代236頁は，

〔窪田（長野補訂）〕　975

「判例が長年にわたって相続説を採ってきた理由は，純理論的なものというよりは，これによると，死者の所得を基準にしての計算が賠償額算定方法として簡単明瞭であること，数額の立証が比較的に容易であること，請求権者の範囲が明確であること（原則として相続人であるから），認定される賠償額が固有被害説で考えるよりも一般的に高額になる（ように思われる）ことなど，たぶんに司法政策的な配慮ないしは便宜に出ているように思われる」とする。また，四宮・下483頁は，「理論的には非相続的構成のほうがすっきりしていることは，否定しえないが，問題は，理論構成にあるというよりは，むしろ，相続的構成と非相続的構成の背後にある価値判断に存する」として，そのうえで，背後にあるものとして，①不法行為法の予防的機能，制裁的機能についての対立，②生命侵害による損害賠償請求権について相続による配分を行うことの妥当性をめぐる対立，③日本人の親子関係・死生観と民法の個人主義との対立があるとして，そのうえで，相続構成について否定的立場を示す）。そこでの相続構成は，被害者の遺族の損害賠償を充実したものとするための手法として採用されたものであり，いわばフィクションであった。その点では，積極的に相続という構成が採用され，相続法の規律に服することが期待されていたわけではないように思われる。

以上を踏まえると，被害者が，不法行為による死亡以前に，相続分の指定を含む遺言を残していた場合であっても，そうした指定相続分による分割を認めるべきではないと考えられる。実質的に見ても，相続分の指定を含む遺言による処分は，基本的には，生前の被相続人の財産処分権の延長として理解することができるのに対し，死亡後の逸失利益は，本来被害者自身が享受できないはずのものである以上，そうした処分権を観念することもできない（窪田充見「人身損害賠償における相続構成について——相続という視点からの検討」立命363＝364号〔2015〕1454頁・1476頁）。

Ⅲ　近親者の固有の損害賠償請求権

1　近親者の財産的損害賠償請求権

(1)　扶養利益の侵害

不法行為によって被害者が死亡した場合，近親者（ここでの近親者は，民法711条の範囲に限定されない）に一定の財産的な損害が生ずるという状況が考えられる。

§711　III

　そうした損害のひとつとして近親者が被害者から扶養を受けていた場合に，被害者の死亡により，そうした扶養を受けることができなくなったという損害は，財産的損害として観念することができる（実際にも，不法行為によって被害者が死亡した場合に，こうした扶養利益の侵害として，遺族の損害賠償請求権を構成するものが，比較法的には一般的である）。しかし，すでに言及したように，わが国では，逸失利益についての相続構成が採用されたことで，こうした扶養利益についての損害は，相続構成の中で解決されるということになっている。すなわち，将来の扶養は，被害者の将来の財産から支出されるべきものであり，そうした財産が相続によって相続人に帰属する以上，それとは別に扶養利益の損害を考える余地はないということになる。

　もっとも，こうした説明には，すでに言及したように，いくつかの問題も残る。ひとつは，扶養利益が侵害される者と相続人が一致するわけではなく，扶養利益が侵害された近親者の損害が損害賠償請求権の相続によっては解消されない場面が残るということである。こうした状況としては，たとえば被害者の両親が被害者から扶養を受けていたが，被害者には子がある場合が考えられる。この場合，第二順位の相続人である両親は，被害者の損害賠償請求権を相続する余地はない。また，同順位の相続人である子が複数存在しており，一部は被害者から扶養を受けている未成年者であり，他はすでに自立している成年者であるという場合，あるいは，子の一部が障害を有しており，現に被害者から扶養を受けており，その扶養が法的にも説明できるものである場合においても，相続という規律と扶養をめぐる関係の間には抵触が生ずることになる。最後の点は，すでに言及したように，相続構成という場合，逸失利益を含む損害賠償請求権の帰属を全面的に相続によって承継させるのか，相続の対象となるのは将来の扶養による支出を控除したものなのではないかといった問題にも関わるところである。現在の相続構成は，相続による解決が可能な場合には，もっぱら相続の規律によって問題を排他的に処理し，扶養利益をめぐる問題を考慮しないというものとして理解されていると思われるが，その点の合理性や説得性は十分に論証されているわけではなく，なお検討が必要だと思われる。

(2)　被害者の治療・看護に要した費用その他

　現在の裁判例においても，被害者の治療・看護に要した費用や被害者の葬

§711 III 第3編 第5章 不法行為

儀費用については，第三者からの賠償請求が認められている。この点については，肩代わり損害について言及したところであるが（→Ⅱ2(1)(ア)），それを含めて，全体を整理しておくことにしよう。

　(ア)　被害者の治療等に要した費用　　被害者の治療費については，一般的には，被害者自身が負担する積極損害として，その損害賠償請求権が相続されるという説明は，それほど困難ではない。

　しかし，相続人ではない者が現実にこれらの費用を負担し，支出した場合には，その者による賠償請求を認める必要があり，それが認められている（大判昭12・2・12民集16巻46頁）。また，相続人のひとりがこれを支出した場合にも，その者からの直接の賠償請求を認めればよく，いったん相続の対象として，相続によって承継されるものとする必要はない（相続によって処理すると，実際の費用負担者以外にも，相続分に応じて承継されることになり，最終的に不当利得等で調整する可能性が残るとしても，むしろ不合理な結果をもたらす）。

　なお，すでに述べたように，誰がその費用を負担したにせよ，ここで問題となっているのは，被害者に生じた治療等に関する費用が，不法行為に基づく賠償の対象となるものなのかという点なのであり，誰が費用負担者であるかによって，たとえば相当因果関係の判断が異なるということには合理性がない。被害者自身がその費用を支出した場合に，不法行為の加害者がその費用を賠償しなければならない場合には，誰が費用を負担したにせよ，加害者が，その賠償義務を免れる余地はないものと考えてよい。その点で，ここで問題となっているのは，相当因果関係といった損害賠償の範囲をめぐる問題ではなく，費用負担者が，（その費用による治療を必要とした被害者に対してではなく）加害者に対して，賠償請求権を行使することができるのか，できるとすればその法律構成は何なのかという問題だとみるべきである。

　この点については，上述のように，費用負担者がその費用を法的にも負担しなければならなかった場合（扶養義務を負う場合など），民法422条の類推適用により，被害者の賠償請求権に代位するものとする説明が合理的であると思われる。他方，扶養義務がない場合の費用の償還については，あくまで費用負担者と被害者との法律関係にすぎず，代位の可能性を否定する立場もあるが（四宮・下522頁以下），弁済者代位の可能性を認める余地はあるのではないだろうか（潮見・講義Ⅱ100頁）。この点については，前提となる「扶養義

978　〔窪田（長野補訂）〕

§711 III

務」自体が，それほど明確ではなく，扱いを異にすることの正当性も問題となる（なお，四宮・下522頁は，扶養義務者として，内縁配偶者や未認知の子の父を含むとしており，そこでは，厳密な意味での扶養義務者より広い範囲で考えられている）。

このように近親者，特に法的な費用負担の義務が認められる者については，加害者に対する直接の賠償請求権が認められることになるが，その場合，被害者自身の損害賠償請求権がどのようになるのかという問題がある。判例においては，こうした場合にも，直接の被害者からの賠償請求が認められており（大判昭18・4・9民集22巻255頁。最判昭32・6・20民集11巻6号1093頁は，被害者の両親が治療費を支払った事案において，「治療費を被上告人〔被害者〕自ら支出したとはいえず，従って未だ被上告人の蒙った損害としてこれが賠償を求めることはできない」とする被告の主張に対して，被害者は，「本件傷害により治療費を支払うべき債務を負担するに至ったもので，そのこと自体がとりも直さず損害と認むべき」だとする），学説においても，いずれからの請求も認めるという立場が多い。

この点は，費用負担者の法律関係についてどのように考えるかとも関わる。まず，扶養義務等を負わない者が治療費等を負担した場合には，その費用については被害者に対する費用償還請求権が問題となるだけであり，加害者に対する直接の賠償請求権が認められないという立場をとるのであれば（四宮・下522頁以下等），その場合に，被害者が損害賠償請求権を失わないのは当然である（被害者は治療費等の債務からは解放されていない）。他方，扶養義務者が費用を負担する場合について，被害者がなお損害賠償請求権を有するという点についての説明は，やや難しい。扶養義務の履行として治療費の負担がなされたのであれば，被害者は必ずしも費用負担者に対して，その費用について償還債務を負うわけではなく（扶養義務者であるか否かが，その賠償請求権の有無に影響を与えるひとつの背景である），また，代位を認めるのであれば，その損害賠償請求権は費用負担者に移転し，被害者はもはや請求できないということにもなりそうだからである。この点については，請求権者をできるだけ直接の被害者にしぼって訴訟の簡素化を図りたいという実務上の要請，被害者中心に損害賠償を枠付けるという考慮（徳本伸一「被害者とその近親による損害賠償請求」金沢法学17巻1号〔1972〕26頁）等が挙げられている。もちろん，費用負担者である近親者と被害者自身からの損害賠償請求権が二重に認められるわけではなく，この点については，両者の不真正連帯債権だと考えるこ

〔窪田（長野補訂）〕

§711 Ⅲ 第3編 第5章 不法行為

とになるだろう。

(イ) 近親者による看護等　　以上と類似する問題として，近親者等による看護や付添い等の問題がある。これについても，その看護等を金銭的に評価して，治療費等と同様に扱うということも考えられる。その場合には，上記(ア)と項目を区別する必要もないということになる。

最高裁昭和46年6月29日判決（民集25巻4号650頁）は，近親者による看護を受けた事案において，被害者自身からの付添看護料相当額の損害賠償請求権を認めた。また，「ウィーン留学帰国事件」として知られる最高裁昭和49年4月25日判決（民集28巻3号447頁）は，交通事故により受傷した被害者が，加害者に対し，損害賠償を請求した事案において，「不法行為によって被害者が重傷を負ったため，被害者の現在地から遠隔の地に居住又は滞在している被害者の近親者が，被害者の看護等のために被害者の許に赴くことを余儀なくされ，それに要する旅費を出捐した場合，当該近親者において看護等のため被害者の許に赴くことが，被害者の傷害の程度，当該近親者が看護に当たることの必要性等の諸般の事情からみて社会通念上相当であり，被害者が近親者に対し右旅費を返還又は償還すべきものと認められるときには，右旅費は，近親者が被害者の許に往復するために通常利用される交通機関の普通運賃の限度内においては，当該不法行為により通常生ずべき損害に該当する」としている。ここでは，「被害者が近親者に対し右旅費を返還又は償還すべき」関係が，被害者自身の損害として評価されることの基礎となっていると解することができる。

もっとも，こうした事案においては，通常の治療費のように，被害者自身が医療機関に対して債務を負担し，それを近親者が肩代わりするという場合（肩代わり損害。→Ⅱ2⑴(ア)，(ア)）とでは問題状況が異なるようにも思われる。特に，ウィーン留学帰国事件において問題とされたのは，看護として通常必要とされる費用とは性格の異なるものである（無駄となった横浜からナホトカ経由ウィーンまでの旅費13万2244円と帰国のために要したモスクワからナホトカ経由横浜までの旅費8万4034円の合計21万6278円の旅費）。また，こうした費用について，「被害者が近親者に対し右旅費を返還又は償還すべき」関係が，本当に法的に認められるのかについても疑問が残る。

こうした場面においては，加害者による賠償義務が認められるとしても，

980 〔窪田（長野補訂）〕

§711 III

それは，むしろ近親者自身の固有の損害賠償請求権として認められるべきものなのではないだろうか。ウィーン留学帰国事件においても，看護の必要性や妥当性というより，肉親が不法行為によって受傷した場合に，その身近にいて見守りたいという近親者として当然の感情をふまえて，そこで必要となる費用が賠償範囲に含まれるか否かを問題とすべきものであるように思われる。その点では，こうした事案は，むしろ間接被害者の問題あるいは相当因果関係の問題として解決されるべき問題であり，被害者の損害賠償請求権を前提とし，それを代位によって近親者が取得するといった構成（肩代わり損害について，本書においても支持する構成）は，実質的にも適合しないものと考えられる。かりに，ウィーン留学帰国事件のような場合に，被害者からの賠償請求を認めるとしても，前述の，被害者からの損害賠償請求権に一本化して，紛争をできるだけ単純な形で解決するという司法政策上の配慮といった別の観点から説明せざるを得ないのではないだろうか。

もちろん，ウィーン留学帰国事件のようなケース（被害者に必要とされる看護の費用と賠償の対象とされた費用が異なることが顕著な事案）のような場合と異なり，まさしく近親者が付き添うことで，通常は必要とされる付添看護料が不要になるようなケースにおいては，(ア)と(イ)との区別は困難である。しかし，その点をふまえつつ，両者の問題の基本的な性格の違いを確認しておくことは意味があるように思われる。

(ウ) 葬儀費用　また，やや性格の異なるものとして，葬儀費用の賠償をめぐる問題がある。葬儀費用については，比較法的には，特別の規定を用意しているものが少なくない（すでに言及したドイツ民法844条1項のほか，デンマーク損害賠償法12条，ポルトガル民法495条等）。この背景には，人はいつか死亡するものであり，その際には，葬儀費用が必要となるのだから，そもそも不法行為と葬儀費用との間には（相当）因果関係がないのではないかが問題となるからである。

かつては，こうした考え方を前提に，被害者が天寿をまっとうした場合に負担する費用を早く支出したことによる利息相当額の賠償を認めるといった下級審裁判例もあったが（東京控判大14・6・5新聞2444号9頁。なお，加藤(一)225頁は，葬儀費用の賠償について理論的には疑問があるとして，同判決に言及する），大審院は，葬儀費用について，こうした理由で賠償を免れることはできない

〔窪田（長野補訂）〕　981

§711 Ⅲ

第3編　第5章　不法行為

としていた（大判明44・4・13刑録17輯569頁，大判大13・12・2民集3巻522頁）。現在では，不法行為によって被害者が死亡した事案において，葬儀費用の賠償が認められることについては，もはや疑問視されていない（戦後においても，最判昭43・10・3判時540号38頁は，被害者は「遅かれ早かれ死亡するものである。本件事故なく病気の場合，其の遺族である被上告人が当然其の負担を免れ得ざる処の費用である」という被告側の主張に対して，「遺族の負担した葬式費用は，それが特に不相当なものでないかぎり，人の死亡事故によって生じた必要的出費として，加害者側の賠償すべき損害と解するのが相当であり，人が早晩死亡すべきことをもって，右賠償を免れる理由とすることはできない」とした）。

なお，こうした葬儀費用の賠償が認められるとしても，それをどのレベルで位置付けるかについては，個別的な事案における処理は区々である。実際に近親者のひとりが葬儀費用を負担した場合においては，その近親者の固有の損害として，相続による逸失利益等の損害賠償請求権の承継とは別に扱うものがあるとともに（最判平16・12・20判タ1173号154頁，最判平17・6・2民集59巻5号901頁の事案），葬儀費用を死亡した被害者自身の損害として位置付け，逸失利益等を含む損害賠償請求権と同様に，相続分に応じて承継するとするものもある（最判平13・3・13民集55巻2号328頁，最判平24・10・11判タ1384号118頁の事案等）。現実に葬儀費用を負担する者がある以上，その者の固有の損害として観念することが合理的だと思われるが（澤井260頁は，相続人固有の損害賠償請求権として位置付けるべきとする），この点は，原告の請求の立て方によって左右される部分が大きいと考えられ，後者のような構成も必ずしも排除される必要はないだろう（葬儀費用については，そもそも相続財産の負担とする考え方と，葬儀を主催する喪主の負担とする考え方があり，前提となる法律状態自体が，必ずしも明確ではない。→第19巻〔2版〕§885 Ⅱ(4)）。なお，葬儀費用として認められる額については，社会的地位，年齢，慣習等が考慮され，また，定額化の傾向も認められるとされる（前田(達)345頁。定額化の必要性とそれをめぐる当時の動きについて，倉田卓次・民事交通訴訟の課題〔1970〕41頁以下）。

2　近親者の固有の慰謝料請求権

(1)　基本的な枠組み

以上の説明は，709条，710条に基づく損害賠償請求権に関するものであるが，711条は，さらに，被害者が死亡した場合には，遺族固有の慰謝料請

§711 III

求を認めることを規定している。

この遺族の範囲について，後述のような裁判例を通じた拡張はなされているが，条文自体は，「被害者の父母，配偶者及び子」と限定的な列挙をしている。これは，相続人の範囲をカバーするものではないし（第三順位の血族相続人である兄弟姉妹は含まれていない），実際の相続の場面における相続人とも一致していない（被害者に父母と第一順位の血族相続人である子がある場合，第二順位の血族相続人である父母は相続人にはならない）。その点で，本条は，相続とは無関係に婚姻と親子のいずれかの関係で結ばれた近親者に，固有の慰謝料を認めるという規定だということになる。

本条による慰謝料の内容は，近親者を失ったことによる慰謝料という以上に具体的に説明することは困難であり，判決の多くにおいても，必ずしも慰謝料額算定のための具体的な考慮要素が示されているわけではない。ただし，「一家の支柱」であるか否かは，実務において慰謝料額算定の要素として考慮されているようである。大阪民事交通訴訟研究会編著『大阪地裁における交通損害賠償の算定基準』〔4版，2022〕63頁は，一家の支柱：2800万円，その他：2000万円〜2500万円という数字を示したうえで，慰謝料の増額要素として，加害者の違反の悪質性，被扶養者が多数であること，損害額の算定が不可能または困難な損害の発生が認められることを挙げ，減額要素として，相続人が被害者と疎遠であったことを挙げている。こうした死亡慰謝料については，交通法規の違反の態様を除けば，交通事故に限定される性格のものではなく，実務における慰謝料算定のあり方を考えるひとつの手がかりとなるだろう（なお，一家の支柱であるか否かを区別して基準額を示すという立場は，日弁連交通事故相談センター・交通事故損害額算定基準——実務運用と解説 2024〔いわゆる『青本』〕163頁以下，日弁連交通事故相談センター東京支部・民事交通事故訴訟 損害賠償額算定基準 上巻（基準編）2024（令和6年）〔いわゆる『赤い本』〕203頁以下でも示されている）。

同時に，そこには，こうした死亡慰謝料が定型化されているという状況を見出すことができる。もっとも，基本的な類型として，「一家の支柱」であるか否かを分けるということが適切であるかについては，議論の余地があるだろう。もちろん，「一家の支柱」を失ったということに伴って受ける精神的苦痛が大きいといった説明は不可能ではないが，しかし，扶養利益の損害

〔窪田（長野補訂）〕

賠償などと違って，それが直接的に決定的なものとなるとは必ずしもいえないように思われるからである（慰謝料の補完的機能等，別の観点からの説明が必要となるのではないだろうか）。

(2) 被害者の慰謝料請求権と遺族固有の慰謝料請求権との関係

現在の判例のように，被害者自身の損害賠償請求権が相続によって遺族に承継され，また，遺族は711条によって固有の慰謝料請求権を有すると構成する場合（この2つの「遺族」は必ずしも一致するわけではない），両者の関係が問題となる（なお，最大判昭42・11・1民集21巻9号2249頁は，「民法711条によれば，生命を害された被害者と一定の身分関係にある者は，被害者の取得する慰藉料請求権とは別に，固有の慰藉料請求権を取得しうるが，この両者の請求権は被害法益を異にし，併存しうる」とするのに対して，2つの請求権の併存はいたずらに法律関係を複雑にするという松田二郎裁判官，岩田誠裁判官の反対意見，生命を侵害された死者自身が慰謝料請求権を取得するという法理は民法の認めるものではないとする色川幸太郎裁判官の反対意見がある）。

両者の関係をどのように考えるのかについては，すでに言及したように，慰謝料請求権の相続を肯定するとしても，その相続の対象となる被害者自身の慰謝料請求権とは何であり，何を内容としているのかという点が，先行問題として存在している（→Ⅱ3(1)）。死亡時までの被害者自身の慰謝料請求権に限定する場合には，そこでの被害者の慰謝料請求権（自らの負傷による精神苦痛等についての慰謝料）と遺族固有の慰謝料請求権（被害者の死亡による遺族の精神的苦痛等についての慰謝料）との関係は，（被害者の負傷による近親者の慰謝料という後述の問題を度外視すれば）比較的明確である。他方，被害者自身の慰謝料を，「死亡による慰謝料」，「死亡慰謝料」というように，その死亡までを含むものとして観念する場合には，両者の関係が問題となる。そうした問題は，被害者自身の慰謝料と遺族固有の慰謝料の総額をめぐる問題にも関わる。

前掲『大阪地裁における交通損害賠償の算定基準』は，死亡慰謝料として，上述の額を示しているが，そこでは，「近親者固有の慰謝料は，近親者自身が被った精神的苦痛についてのものであるから，被害者の有する慰謝料請求権とは別の訴訟物であるが，被害者の慰謝料請求権の斟酌事由としては，近親者が受けた精神的苦痛も考慮されているのであり，被害者の慰謝料請求権と近親者固有の慰謝料請求権は重なりあうものがあること，近親者の多くは，

§*711* III

死亡した被害者の慰謝料請求権を相続しており，固有の慰謝料請求権を行使したか否かによって慰謝料額に差が生じることは相当ではないことなどから，死亡慰謝料は本人分及び近親者分を含んだものとして基準額を定めている」（66頁）との注記が付されている（『青本』163頁，『赤い本』203頁もそこで示した額は，近親者の固有慰謝料を含む死亡慰謝料の総額だとする）。この点は，実務においても，被害者自身の慰謝料請求権と遺族固有の慰謝料請求権の区別を貫徹することが困難であるということ，あるいは，その区別を貫徹することが妥当ではないという感覚があることを示しているように思われる。

　もっとも，711条の遺族と相続人が一致する場合には，上記のような説明を一応なし得るとしても，それが一致しない場合には，この問題はなお存在し続けることになり，少なくとも基本的な枠組みは示しておく必要があるだろう。前提となる状況自体が錯綜しており，学説の対立を整理すること自体困難であるが，一応，以下の点を指摘することはできるのではないだろうか。

　まず，負傷後，死亡までに一定の期間があり，その期間についての被害者自身の慰謝料請求権が観念できる場合には，それは「死亡による慰謝料」としてひとくくりにされるべきではなく，すでに成立している慰謝料請求権として考えるべきであり，その相続が肯定されるという前提をとる以上（そうした相続を認めること自体に議論があるとしても），相続分に応じて，相続人に承継されるということでよいだろう。また，こうした慰謝料については，遺族固有の慰謝料とは別の性格のものであることが明らかであるから，総額をめぐる問題も生じないと考えられる（死亡までの期間が長く，その間の苦痛も大きければ，それ自体，慰謝料の増額をもたらすことは当然である）。

　他方，「死亡による慰謝料」，「死亡慰謝料」と呼ばれるものについては，被害者の死亡による慰謝料を被害者自身が取得するということを論理的に説明することはできず，被害者の死亡によって生じた遺族固有の慰謝料と考えざるを得ないように思われる（平井181頁等）。かりに，その点を度外視して，被害者自身の慰謝料として観念するとしても，そこでの被害者自身の慰謝料と遺族固有の慰謝料は，二重に成立するようなものではないと解すべきではないだろうか。その点では，この点の理論的な問題に深入りすることを避けつつ，実務において，「死亡慰謝料は本人分及び近親者分を含んだものとして基準額を定めている」ということには，一定の合理性があるように思われ

〔窪田（長野補訂）〕　985

§711 Ⅲ　　　　　　　　　　　　　　第3編　第5章　不法行為

る。この場合，慰謝料額算定の基本的な視点は，被害者の死亡によって，遺族がどのような精神的苦痛を受けたのかという点に当てられることになるだろう。定額化の流れといったものも，そのうえでの別の観点からの要請だと考えられる。

　なお，慰謝料の総額をめぐる問題は，711条の遺族が複数存在する場合（その遺族が相続人である場合も，そうではない場合も含む），総額としての慰謝料は，どのようになるのかという形でも問題となる。これについては，総額を前提として考えるという立場と，近親者の人数によって総額が増減することもあり得るという立場（倉田卓次・交通事故賠償の諸相〔1976〕94頁）が両極に対立している。また，いわば中間的立場として，慰謝料の総額は，死亡した被害者が慰謝料請求権を取得したら得られる額を念頭に置いて決定すべきとしつつ，遺族の慰謝料は直接の被害者の代償に尽きるものではなく，自己の権利侵害による固有の損害についての賠償請求であるとして，総額が同一でなければならないとまではしないとする立場もある（四宮・下510頁注（三））。本書の立場を前提とすれば，「死亡による慰謝料」は，基本的に遺族固有の慰謝料であり，遺族の精神的苦痛を対象として評価算定されるものであり，総額が一定の範囲になるということの説明は困難である。ただし，他方で，慰謝料の定額化における要請の中で重視されている加害者間の公平という視点も，完全には無視できないように思われる。判断はきわめて困難であるが，上記の中間的立場は，そうした点も考慮するものとして評価されるように思われる。

3　判例による本条の拡張

　711条をめぐっては，いわばその拡張の問題がある。ひとつは，同条に示された請求権者の範囲の拡張であり，もうひとつは，対象となる事案を「他人の生命を侵害した」場合以外にも拡張できるのかという問題である。前者については，以下に示すように，実質的な関係に応じての拡張，すなわち本条の類推適用が，比較的広く認められている。他方，後者については，一定の範囲で拡張と評価される状況もあるものの，比較的慎重な対応がなされており，また，それを認める場合にも，本条の類推適用ではなく，あくまで709条，710条による損害賠償請求として扱われている。

986　〔窪田（長野補訂）〕

§711 III

(1) 賠償請求権が認められる遺族の範囲の拡張

711条は，固有の慰謝料を認める遺族の範囲を「被害者の父母，配偶者及び子」としている。すでに言及したように，この遺族の範囲は，相続人の範囲とも異なるものである。そうした状況の中で，固有の慰謝料請求権が認められるのは，711条に列挙された者に限られるのか，他の者にも及び得るのかが問題とされてきた。基本的な構図としては，すでに言及したように（一II 4），711条を創設的規定であると解する場合には，こうした拡張に慎重な立場がとられ，他方，同条は，709条，710条によっても認められ得る慰謝料請求権についての確認的規定にすぎないのだと解する場合には，ここでの遺族の範囲の列挙は，単なる例示としての意味を有するにすぎないということになる。

立法時の議論においては，すでにみたように711条の独自の性格が強調されており，その拡張は当然には予定されていなかったが，学説においては，早くから，こうした限定を一定の範囲では緩和する方向が示されてきた（ただし，711条の反対解釈から，ここに列挙されていない者については，慰謝料請求権は認められないという見解も有力だった。鳩山・下872頁は，それを前提としたうえで，立法論として，祖父母と孫を加えるべきであるとする）。すなわち，我妻138頁も，711条は，慰謝料請求権の範囲を「一応限定せるものと解すべき」としつつ，「特殊の関係に在る親族についてはこの範囲外に於ても，特に侵害行為の態様をも考察することによって，違法性の生ずることあるべきを認めても妨げなきものと思ふ」とする。また，加藤（一）242頁においては，内縁の妻を711条の配偶者に準じて考え，他方，未認知の子は対象外であるとしていた。

こうした中で，下級審において，711条の類推適用を認めるものがあったが（結婚式を挙げたばかりで婚姻届を出していなかった内縁配偶者が被害者の場合について千葉地佐倉支判昭49・7・15交民7巻4号1026頁，戦死した父親代わりとなって面倒を見てきた祖父が被害者の場合について岡山地判昭49・7・19交民7巻4号1076頁），最高裁昭和49年12月17日判決（民集28巻10号2040頁）は，「不法行為による生命侵害があった場合，被害者の父母，配偶者及び子が加害者に対し直接に固有の慰藉料を請求しうることは，民法711条が明文をもって認めるところであるが，右規定はこれを限定的に解すべきものでなく，文言上同条に該当しない者であっても，被害者との間に同条所定の者と実質的に同視しうべ

〔窪田（長野補訂）〕　987

§711 III 　　　　　　　　　　　第3編　第5章　不法行為

き身分関係が存し，被害者の死亡により甚大な精神的苦痛を受けた者は，同条の類推適用により，加害者に対し直接に固有の慰藉料を請求しうるものと解するのが，相当である。……Aは，Bの夫であるCの実妹であり，原審の口頭弁論終結当時46年に達していたが，幼児期に罹患した脊髄等カリエスの後遺症により跛行顕著な身体障害等級2号の身体障害者であるため，長年にわたりBと同居し，同女の庇護のもとに生活を維持し，将来もその継続が期待されていたところ，同女の突然の死亡により甚大な精神的苦痛を受けたというのであるから，Aは，民法711条の類推適用により，上告人に対し慰藉料を請求しうるものと解するのが，相当である」との判断を示した。

　本判決では，具体的に，2親等の傍系姻族としての被害者の夫の妹について，本条の類推適用を認めたものであるが，そこで判断基準となっているのは，「被害者との間に同条所定の者と実質的に同視しうべき身分関係が存し，被害者の死亡により甚大な精神的苦痛を受けた」かという点であり，形式的な親族関係よりも，それらの者の間の実質的な関係が重視されているとみるべきである。そして，そうした実質的な判断基準を示した判示には，一般的な形で，711条を拡張するという性格を見出すことが可能であろう。また，本判決が，711条の類推適用という構成をとっている点も，後述の対象事案の拡張と異なり，まさしく同条の拡張という性格を示すものだといえる。

　こうした判例をふまえ，その後の下級審では，さまざまな場面で，711条の類推適用が認められている。概略的には，以下のようなカテゴリーに整理することができる。

　第1に，内縁配偶者については，その内縁関係の実態にまでは踏み込まずに，711条の配偶者に準じて，類推適用を認めるものが一般的である（大阪地判平9・3・10交民30巻2号403頁，鹿児島地判平15・3・26 LEX/DB28081475，東京地判平27・5・19判時2273号94頁。なお，京都地判昭60・12・11判時1180号110頁は，被害者と元妻が形式上協議離婚し，別居しているものの，事実上の夫婦関係を継続していたものと見るべき場合だとして，711条の類推適用を認めている）。

　第2に，兄弟姉妹については，その兄弟姉妹が法定相続人である場合は当然類推適用されるとする裁判例（東京地判昭54・2・8交民12巻1号171頁）もあるものの，兄弟姉妹間の日頃の関係や事故の目撃等，具体的な事情に言及する裁判例が多い（東京地判昭56・2・19交民14巻1号238頁，秋田地判平19・7・5

988　〔窪田（長野補訂）〕

§*711*　III

判時 1982 号 136 頁，名古屋地判平 20・11・26 交民 41 巻 6 号 1495 頁，名古屋地判平 24・11・27 交民 45 巻 6 号 1370 頁，東京地判平 24・12・26 交民 45 巻 6 号 1586 頁）。

　第 3 に，祖父母と孫についても，兄弟姉妹の場合と同様，実際の関係をふまえつつ，711 条の類推適用が認められている（大阪地判平 15・9・24 交民 36 巻 5 号 1333 頁）。

　第 4 に，法的な身分関係は認められない者（上述の内縁配偶者についてもそうした側面は認められるが，現在の法制度の中では，さまざまな場面で内縁配偶者には一定の法的保護が与えられており，また，「配偶者に準ずる者」という一般的な位置付けについても，あまり争いがない）についても，実態的な関係をふまえて，711 条の類推適用が認められている。特に，いわば親子関係に準ずるものとして，その類推適用が認められた事案が目立つ（その意味では，法的な身分関係がなくても，「親しい関係」があれば類推適用が認められているわけではなく，「711 条に挙げられた者に準ずる関係」があるかという視点からの判断だと理解することができる）。この類型に属するものとしては，死亡した被害者が夫の前妻の子を養育してきた事案（東京地判昭 54・3・22 交民 12 巻 2 号 406 頁，東京地判平 6・12・6 交民 27 巻 6 号 1782 頁），養子縁組をしていない事実上の養子について 711 条の類推適用を認めた事案（大阪地判平 19・3・29 交民 40 巻 2 号 479 頁）が挙げられる。なお，神戸地裁尼崎支部昭和 52 年 3 月 30 日判決（交民 10 巻 2 号 485 頁）は，死亡した被害者と継母子関係にあった 2 人の子について，1 人は生後間もなく被害者に育てられ，被害者を実母と信じており，711 条の類推適用を認める一方で，もう 1 人については，被害者が継母であることを知っていたとして，その類推適用を否定している。また，大阪地裁平成 20 年 12 月 10 日判決（判タ 1298 号 125 頁）は，未認知の子が胎児の間に，その父が死亡した事案において，「本件事故（不法行為）の被害者である A と B との間に血縁上の父子関係が存在するとしても，前記のとおり，B は本件事故時（不法行為時）にはいまだ胎児の状態にあって出生しておらず，A（被害者）の死亡により甚大な精神的苦痛を受けるような生活実態がなかったのであるから，民法 711 条を類推適用するに足りるだけの事実上の基礎を欠く」として，類推適用の可能性を否定した。最後の 2 つの事案については，711 条の類推適用の可能性の限界が問われている事案だと考えられるが，なお議論の余地の残るところであろう。

〔窪田（長野補訂）〕　989

§*711* Ⅲ　　　　　　　　　　　　第3編　第5章　不法行為

(2)　被害者の死亡以外への拡張

　711条は，被害者が死亡した場合の規定であるが，死亡以外への拡張も問題となる。もっとも，この点での拡張は，(1)で採り上げた問題とは，かなり性格が異なるように思われる。(1)で取り上げた問題が，711条において限定的に列挙されている者以外の近親者について，直接の被害者が死亡した事案において，遺族固有の慰謝料という同条に規定された内容を類推適用できるかという点が問題となっているのに対して，ここで扱うのは，被害者が死亡していない事案についてであり，すなわち，そもそも「遺族」ではない者の損害賠償請求権だからである。

　この点について，最高裁昭和33年8月5日判決（民集12巻12号1901頁）は，直接の被害者である女児が顔面に傷害を受け，医療により除去できない著明な瘢痕を遺したという事案で，「民法709条，710条の各規定と対比してみると，所論民法711条が生命を害された者の近親者の慰藉料請求につき明文をもって規定しているとの一事をもって，直ちに生命侵害以外の場合はいかなる事情があってもその近親者の慰藉料請求権がすべて否定されていると解しなければならないものではなく，……その子の死亡したときにも比肩しうべき精神上の苦痛を受けたと認められるのであって，かかる民法711条所定の場合に類する本件においては，同被上告人は，同法709条，710条に基いて，自己の権利として慰藉料を請求しうる」として，母親からの損害賠償請求を認めた。その後，最高裁昭和42年1月31日判決（民集21巻1号61頁）は，交通事故により7歳の男児Aが重傷を負い，約10回に及ぶ手術等の加療の結果，両足切断は免れたが，重篤な身体障害を残している事案について，「父母としての精神的苦痛は本件事故によってAの生命が侵害された場合のそれに比し著しく劣るものではないということができるから，右被上告人両名に自己の権利として慰藉料請求権を認めた原審の判断は是認できる」として，両親の固有の慰謝料請求を認めている。

　もっとも，最高裁昭和43年9月19日判決（民集22巻9号1923頁）は，最高裁昭和33年8月5日判決をふまえつつ，不法行為によって8歳の男児Bが頭蓋骨骨折などの傷害を受けて意識不明の状態になり，父母が受傷後4日間にわたり不眠不休の看病を続け，4日目にはその死を覚悟するといった事実関係があった場合について，両親が多大な精神的苦痛を受けたことを認め

990　〔窪田（長野補訂）〕

つつ,「いまだ B が生命を害された場合にも比肩すべきかまたは右場合に比して著しく劣らない程度の精神上の苦痛を受けたものとは認め難」いとして,両親の固有の慰謝料請求を否定している。

また,その後の下級審においても,こうした類推適用を認めるものが散見される一方で,近親者の範囲においてみられたような拡張の傾向は,必ずしも明確には認められない。この点では,(1)において論じた711条の拡張とは,かなり状況が異なるように思われる。学説上も,こうした拡張についての評価は分かれている(消極的な見方をするものとして,好美清光「慰謝料請求権者の範囲」賠償講座(7)246頁,前田(達)97頁,平井181頁,窪田335頁以下等。他方,判例の立場を肯定するものとして,加藤(一)237頁以下,植林弘・慰藉料算定論〔1962〕316頁以下,森島377頁等。幾代250頁以下,幾代＝徳本266頁は,慎重な立場をとりつつも,『『近親関係に根ざす人間感情』を侵害する不法行為の成立を認めうる場合がありうる」とする)。

この点については,以下のような視点を重視すべきであろう。

第1に,すでに述べたように,(1)の場合と異なり,ここで問題となっている事案では,被害者が生存しており,現に自ら損害賠償請求権を有し,それを行使することが可能であるということである。その点で,711条について論じてきた問題と異なり,死亡によって被害者が権利主体でなくなった場合に,どのように損害賠償をめぐる問題が解決されるのかという出発点自体が,ここでは存在しないのである。だからこそ,前掲最高裁昭和33年8月5日判決も,「民法711条所定の場合に類する」とし,前掲最高裁昭和42年1月31日判決も,「父母としての精神的苦痛は本件事故によってAの生命が侵害された場合のそれに比し著しく劣るものでない」としつつも,711条の類推適用とするのではなく,あくまで709条,710条の損害賠償請求だとしていると考えられる。したがって,この問題は,より明確に,いわゆる間接被害者の問題としての性格を有するものだということになる(したがって,間接被害者の問題として,709条,710条に基づく固有の損害賠償請求権を肯定する可能性は残る。ただし,後述の第3の点で言及する点も含めて,慎重な対応が必要ではないだろうか)。

第2に,生命が侵害された場合に比し著しく劣るものではないとする判断基準の難しさである。かわいがっている子どもが負傷したことに伴う親の精

神的苦痛が大きいということは否定するものではない。しかし，そのことと，その負傷が生命侵害に比し得るものであるということには，大きな開きがあるように思われる。すでに言及したように（→2），711条が本来対象としているのが，被害者の「死亡」による近親者の苦痛なのだとすれば，やはり，そこでの「死亡」，すなわち，被害者が存在しなくなるということは，決定的に重要な意味を有しているように思われる。

第3に，近親者の慰謝料を認めることの実践的な意味である。上述のように，ここでの事案では，被害者は生存しているのである。慰謝料の総額についての問題については言及したところであるが（→2(2)），慰謝料の総額の定額化の流れがあり，それが一定の意味も有しているのであるとすれば，近親者の慰謝料を認めることによって，被害者自身の慰謝料にマイナスが働くような事態は避けるべきである。

近親者が負傷した等によって，その身近な者が精神的な苦痛を受けることがあり，前掲最高裁昭和33年8月5日判決は，まさしくそうした感情にも配慮したものだという積極的な評価も可能かもしれないが，顔面の瘢痕は，あくまで被害者である女児の損害として把握すべきであるように思われる。かりに，709条，710条に基づく近親者の固有の慰謝料請求権を認める余地があるとしても，被害者が回復の可能性のない昏睡状態にある場合，あるいは，近親者に苦痛を与えることを企図した場合等，きわめて限定的に考える必要があるように思われる。現在の判断基準はきわめて不透明であり，不安定な法律状態をもたらしているように思われる。

IV　本条の射程

1　特殊的不法行為における本条の適用

本条は，709条，710条に続けて置かれており，また，本条の「他人の生命を侵害した」という文言からは，行為による生命侵害の場合に限られるようにも見えるが，法定監督義務者責任や使用者責任，工作物の占有者・所有者の責任についても適用があることについては争いがない。

なお，すでに言及したところであるが（→§710 I 1），法典調査会の段階では，現行民法710条に相当する原案731条1項が現行民法722条（原案730

条）のあとに置かれ，それに続けて，本条（原案 732 条）が規定されており（法典調査会民法議事〔近代立法資料 5〕440 頁以下），いわゆる特殊的不法行為によって被害者が死亡した場合も，当然に対象とされていた。

2　債務不履行責任における本条の適用

他方，債務不履行責任について本条の適用ないし類推適用があるかについては，必ずしも明確ではない。

安全配慮義務違反によって被害者が死亡した事案について，最高裁昭和 55 年 12 月 18 日判決（民集 34 巻 7 号 888 頁）は，遺族固有の慰謝料請求権を否定している。しかし，こうした限定が，安全配慮義務違反以外の債務不履行に基づく損害賠償一般について妥当するものなのかは必ずしも明確ではない。

債務不履行に関しては，711 条だけではなく，710 条に相当する規定も存在していないが，債務不履行が債権者の生命・身体等の完全性利益を保護する義務に違反するものである場合，非財産的損害賠償としての慰謝料請求権が認められることについては，大きな異論はないものと考えられる（→§710 I 4）。その点で，債務不履行については，711 条に相当する規定がないということからだけで，債務不履行による被害者（債権者）の死亡については，遺族固有の慰謝料請求は認められないという説明は，十分なものではないだろう。そのうえで，この問題を考えるうえでは，710 条と 711 条の基本的な性格が問題となるように思われる。

すなわち，710 条については創設的規定であるという性格は希薄であり，709 条によっても認められ得る非財産的な損害賠償請求権について確認的に規定したものにすぎないと解することができる（→§710 I 4）。そのように理解した場合，債務不履行においても，709 条に相当する 415 条が規定されている以上，同条に基づくものとして，被害者（債権者）自身の慰謝料請求権を基礎付けることは，それほど困難ではない。

他方，711 条についても，同様に解することができるかが問題となる。すでに言及したように，立法時の議論においては，同条の創設規定としての性格を強調する見方が強く，その後の議論においても，そうした見方は，なお一定の支持を有しているように思われる。こうした見方からすれば，債務不履行において 711 条に相当する規定が置かれていない以上，同条によって認められるような遺族固有の慰謝料請求権は認められないということになる。

〔窪田（長野補訂）〕　　993

§*711* IV   第3編　第5章　不法行為

　しかしながら，711条については，むしろ709条，710条によっても認められ得る損害賠償請求を確認的に規定したものだとする見方も存在し，また，独自性を認めるとしても，立証や要件の緩和というレベルのものだとする立場も存在する（四宮・下503頁）。さらに，すでに言及したような711条の拡張が認められるということも，本条を単純に創設的な規定としてのみ理解することに対しては，消極的な判断につながるように思われる。こうした立場からは，損害賠償一般についての415条しか有さない債務不履行においても，（債権者の）遺族固有の慰謝料請求権を認める可能性は，なお残されているように思われる。

　最終的には，債務不履行に基づく損害賠償と不法行為に基づく損害賠償との関係一般の中で検討される必要がある問題であるが，特に，相手方の完全性利益の侵害に当たるような債務不履行事案において，この点はなお検討を要する問題だと考えられる。

〔窪田充見（長野史寛補訂）〕

事 項 索 引

あ 行

愛好利益 …………………………………928
悪　意 ……………………………………264
　　――の証明責任 ………………………194
　　――の判定時期 ………………………194
悪意の受益者 ………………184, 187, 273
　　――の推定 ……………………192, 266
　　過失ある善意者と―― ………………188
悪意の利得者
　　――の損害賠償義務 …………197, 273
　　――の返還義務 ………………………195
圧迫感 ……………………………………735
「あれなければこれなし」公式…………382
医学的知見 ………………………………608
意思決定の侵害 …………………………939
意思責任 ………………………301, 349, 361
意思の緊張 ……………287, 349, 352, 353
　　――の欠如 ……………………………358
意思非難 …………………………………349
意思無能力者の返還義務 ………………124
慰謝料 …………………………401, 751, 919
　　――の感情価値表象機能 ……………924, 931
　　――の機能 ……………………………934
　　――の制裁的機能 ……………………935
　　――の総額 ……………………………986
　　――の調整的機能 ……………………937
　　――の定額化 ………………………931, 941
　　――の補完的機能 …………458, 649, 937
　　――の本質 ……………………………934
　　――の満足的機能 ……………………940
　　財産的損害に伴う―― ………………928
　　財産的損害の賠償に代わる―― …………938
　　財産的利益に関する自己決定権の侵害と
　　　―― ………………………………878
　　死亡による―― ………………………970
　　人格的利益の侵害における―― ………926
慰謝料額の算定 …………………………941
　　――と過失相殺 ………………………945
　　――の基準時 …………………………947
　　医療事故における―― ………………649

民訴法 248 条の適用による―― …………942
　　プライバシー侵害の―― ……………448
　　名誉毀損の―― …………………448, 944
慰謝料請求権
　　――行使の意思表示 …………………971
　　――の一身専属性 ……………948, 969
　　――の相続性 …………………492, 969
　　近親者の固有の―― …………………982
　　債務不履行の場合の―― ……………921
意思理論 …………………………………287
遺族（賠償請求権が認められる範囲）………987
遺族固有の慰謝料請求権 ………492, 916, 949
　　債務不履行の場合の―― ……………993
　　被害者の慰謝料請求権と――との関係 …984
遺族の敬愛追慕の情 …………535, 536
遺族の財産的損害の賠償 ………………953
一時金 ……………………………………394
一律請求 ……………………436, 437, 752
一括算定方式 ……………………………938
一括請求 …………………………………752
逸失利益 …………………401, 438, 751, 959
　　――の損害賠償請求権の相続 …………492, 959
　　医療事故における―― …………………648
　　後遺障害による―― …………………445
　　不法行為と別原因による死亡と―― ……966
　　不法在留外国人の―― ………………428
　　幼児の―― …………………………427, 477
一身専属性 ………………………………958
一般的人格権 ……………………518, 520
一般的成立要件主義 ……………………295
一方的な給付……………………………94
違法管理…………………………………18
違法性
　　――概念・要件の排除 ………………313
　　――の要件事実 ………………………896
　　不作為の―― …………………………305
違法性一元説 ……………………………898
違法性概念 ………………………………318
違法性説 ………………298, 310, 724
　　――と判例 ……………………………315
違法性阻却…………………………43, 317

995

事項索引

違法性阻却事由の誤信 ……………372
違法性と過失の接近 ………299, 311, 354
違法性の意識の可能性 ……………372
違法性要件 ………………………310
違法評価 …………………………320
違法―有責評価による責任判断 …299, 301, 360
　　――の排除 …………………355
医薬品 ……………………………663
　　――の添付文書 …………611, 690
医薬品副作用 ……………………663
医療過誤 …………………………596
医療過誤訴訟 ……………………596
　　――における因果関係の証明 ………909
　　――の要件事実 ……………600
医療慣行 …………………………610
医療事故 …………………………596
　　――の救済制度 ……………602
　　――の報告義務 ……………596
医療集中部 ………………………598
医療水準 …………………………606
　　――の主張立証責任 ………614
因果関係
　　――の終点の前倒し …………739
　　――の証明 …………………907
　　――の推定 …………………909
　　――の要件事実 ……………905
　　――の立証 …………………744
　　医療過誤における――の立証 …642, 909
　　製造物責任の要件としての―― ………710
　　複数原因の競合と―― ………757
因果関係（不当利得）………………151, 259
　　――の直接性 ………………151, 270
　　社会観念（通念）上の―― ………164
因果関係要件 ……………………377
　　――の始点 …………………378
　　――の終点 …………………378
因果的行為論 ……………………302
因果法則 …………………………384
インフォームド・アセント …………620
インフォームド・コンセント …………604
ウィーン留学帰国事件 ……………980
運行起因性（運行によって）…………806
運行供用者（自己のために自動車を運行の用
　　に供する者）……………………795

　　――の認定 …………………805
運行支配 …………………………796
運行利益 …………………………796
営業の侵害 ………………………334, 351
疫学的因果関係論 ………………747, 909
延命利益の侵害 …………………343, 389
汚悪水論 …………………………741
応招義務（医師の）………………601
大阪アルカリ事件 ………………363, 741
大阪空港訴訟 ……………………728
押し付け利得の防止 ……………12, 97
オプション取引 …………………853

か 行

害　意 ……………………………315, 318, 347
外界変化の連鎖 …………………384
蓋然性説 …………………………745
介入の正当性 ……………………9
開発危険 …………………………712
開発危険の抗弁 …………………672, 699, 712
　　――と欠陥の関係 …………704
　　――と欠陥判断との関係 ………714
加害段階による類型化 …………357
加害の意思 ………………………351
価格返還 …………………………111
　　――の算定基準時 …………115
　　――の内容 …………………113
拡大損害 …………………………683, 709, 717
確定判決の騙取 …………………340
加　工 ……………………………680
加工業者 …………………………705, 706
瑕　疵 ……………………………470, 767
貸金業法43条1項（旧）……………208
瑕疵修補費用 ……………………867, 883
瑕疵責任 …………………………292
過　失 ……………………………349, 352, 356, 740
　　――の客観化 …………299, 311, 350, 352, 359, 365
　　――の特定 …………………625
　　――の評価根拠事実 ………666, 894
　　――の評価障害事実 ………894
　　――の要件事実 ……………892
　　道路交通法違反と―― ………778
過失責任 …………………………287
過失責任主義 ……………………286, 287, 348, 743

996

事 項 索 引

過失責任の原則 ……………………286
過失相殺 ……………………911
　　──と慰謝料算定 ……………945
　　──と損益相殺 ……………468
　　──と損益相殺の先後関係 ……489
　　──の要件事実 ……………912
　　医療事故と── ……………651
　　取引的不法行為における── ……885
過失と違法性の接近　→違法性と過失の接近
過失なければ責任なし ……………287
過失による幇助 ……………303, 366, 388
過失の一応の推定 ……………895
過失の証明責任の転換 ……291, 375, 777
過失の推定 ……………144, 665
果実の返還 ……………115
過失要件による一元的成立要件論
　　……………313, 355, 377, 724, 898
仮装譲渡 ……………223
家族共同体被害者説 ……………962
肩代わり損害 ……………499, 500, 958, 980
　　──と賠償者の代位 ……………511
　　企業の── ……………508
価値のレイ・ヴィンディカチオ ……164
価値賠償 ……………127
活動自由 ……287, 319, 324, 325, 348, 356, 370
仮定的因果関係 ……………473
稼働能力喪失説 ……………751
過払金返還請求（超過制限利息の）
　　……………190, 196, 266
過払い債務の弁済と不当利得 ……207
仮名加工情報 ……………585
環境侵害 ……………722
環境損害 ……………737
間接事実説 ……………893
間接侵害型 ……………358, 364, 370, 391
　　──の因果関係要件 ……………379
間接正犯 ……………303
間接代理 ……………60
間接反証論 ……………746, 909
間接被害 ……………332, 337, 351
間接被害者 ……………492, 951, 991
　　企業損害 ……………502
　　近親者の財産的損害 ……………498
　　近親者の精神的損害 ……………494

第三者の精神的損害 ……………508
完全賠償主義 ……………408
監督義務 ……291, 303, 307, 365, 375
管理義務 ……292, 307, 365, 375
管理継続義務 ……………55
　　──の終了 ……………56
管理者
　　──の受取物引渡義務 ……………60
　　──の管理継続義務 ……………55
　　──の行為能力 ……………30
　　──の損害賠償義務 ……………38
　　──の損害賠償請求権 ……………65
　　──の代弁済請求権 ……………67, 72
　　──の代理権 ……………69
　　──の通知義務 ……………53
　　──の費用償還請求権 ……………61, 63
　　──の報告義務 ……………60
　　──の報酬請求権 ……………67
管理承継義務 ……………56
管理中止義務 ……………58
企業責任 ……………723
企業損害 ……………37, 493, 502
　　肩代わり型の── ……………508
危険効用基準 ……………685
危険性関連説 ……………411
危険責任 ……288, 675, 680, 705, 794
危険責任論 ……………289
危険への接近 ……………729
技術過誤 ……………606
規制権限不行使 ……………766
帰属法的不当利得 ……………92
基礎収入 ……………438, 439
　　障害者の── ……………443
　　女子年少者の── ……………441
　　年金等受給者の── ……………441
危殆化禁止規範 ……359, 365, 370
危殆化行為 ……………358, 365
　　──の違法評価 ……………359
　　──の有責評価 ……………359
期待可能性 ……………373
期待権 ……………646
期待・信頼の侵害 ……………348
基地公害訴訟 ……………727
機能的瑕疵 ……………767

997

事項索引

規範的損害論 ……………………………431
規範的要件 …………………………614, 892
　——に関する要件事実 …………………893
義務規範の保護目的 ……………………390
義務射程 ……………………………………390
義務射程説 …………………………………409
義務の不存在 ………………………………31
逆相続 ………………………………………967
客観的違法性 ………………………………299
客観的違法性と主観的有責性の対置 …309, 349
客観的他人の事務 ……………………21, 29
客観的名誉 …………………………………926
救急医療 ……………………………………613
休業損害 ……………………………………445
求償利得 …………………………96, 146, 147
　——の効果 ………………………………148
　——の要件 ………………………………147
救助義務 ……………………………………51
給付関係 ……………………………………152
　——の確定 ………………………………152
給付起因損害類型 ………………………841, 867
　——における損害・因果関係 …………883
　——における被侵害権利・法益 ………872
給付による不当利得 ……………………94
給付の侵害 ………………………………332, 333
給付利得 ……………………91, 94, 98, 260
　——の効果 ………………………………109
　——の対象 ………………………………98
　——の要件 ………………………………102
給付利得請求権 …………………………200
狭義の製造物責任（製造物責任法）……656, 671
競合取引 ……………………………………333
強行法規違反と不法原因給付 …………225
行政法規違反 ……………………………315, 318
矯正法的不当利得 ………………………92
共通参照枠草案 …………………………82
共同運行供用者 …………………………814
共同不法行為 ……………………………756
強迫の勧誘 …………………………………858
供用関連瑕疵 ……………………………767
虚偽の公告・登記 ………………………341
極限概念説 …………………………………961
虚名は保護に値しない …………………556
緊急事務管理 ……………………………41, 47

近親者固有の慰謝料請求権 ……………494
近親者固有の損害賠償請求権 …………976
近親者に生じた重大な傷害 ……………933
近親者の精神的損害 ……………………494
金銭賠償の原則 …………………………393
金銭騙取の不当利得 ……………………162
空港騒音訴訟 ……………………………728
国立景観訴訟 ……………………………733
熊本水俣病訴訟 …………………………741
雲右衛門事件 ……………………………308
クリーンハンズの原則 …………………218, 789
クロロキン薬害訴訟 ……………………662
景観侵害 ……………………………………732
景観利益 …………………………………733, 899
警告義務 ……………………………………663
経済的損失 ………………………………841, 840
形式的企業損害 …………………………502
継続的不法行為 …………………………350, 762
刑罰法規違反 ……………310, 315, 318, 338, 341
契約交渉の不当破棄　→契約交渉破棄類型
契約交渉破棄類型 ………………340, 840, 842
　——における損害・因果関係 …………874
　——における被侵害権利・法益 ………870
契約締結上の過失 ………………………844
契約締結の不当勧誘　→不当勧誘類型
結果回避可能性 …………………………391
結果回避義務 ……………………………362, 741
　——と権利・法益侵害との間の関連性……90
結果回避義務違反 ………………………354, 365
結果回避コスト …………………………369
結果帰属　→行為への結果帰属
結果責任 ……………………………………287
結果不法 ……………………………………325
結果不法論 ………………………299, 320, 360
欠　陥 ……………………………………656, 681
　——と開発危険の抗弁 …………………704
　——の3類型 ……………………………683
　——の判断基準 …………………………685
　EC指令における—— …………………682
　指示・警告上の—— ………………684, 685
　製造上の—— ………………………684, 685
　設計上の—— ………………………684, 685
欠陥住宅 …………………………489, 666, 872
欠陥責任 ……………………………………292, 673

事 項 索 引

欠陥判断
　　—　と開発危険の抗弁との関係 …………714
　　—　の基準時 ………………………………697
　　行政指針・ガイドライン・規格の適合性に
　　よる— ………………………………………700
　　行政法規の適合性による— …………700
　　指示・警告表示と— ………………………689
　　製造物の特性による— ……………………688
　　通常予見される使用形態による— ……695
　　引渡時期による— …………………………697
　　不可抗力と— ………………………………702
　　予見可能性・結果回避義務と— ……702
　　リコールと— ………………………………701
原因関係が無効の善意取得者 ………………136
原因関係の瑕疵 ………………………………156
原因競合 ………………385, 397, 469, 756
　　—　と条件公式 …………………………383
原因主義 ………………………………………287
厳格責任 …………………………………657, 682
健康侵害 ………………………………………343
原状回復 …………………………………285, 394
原状回復的損害賠償 …………………………860
原子力損害賠償法 ……………………………769
現存利益 ………………………………………266
現存利得 ………………………………………118
原発事故被害の賠償 …………………………768
原発の差止め …………………………………774
原物返還 ………………………………………110
　　—　が可能か否かの判定時期 …………111
　　—　が不能となった場合 ………………112
現物まがい商法 ………………………………846
原野商法 ………………………………………848
権利帰属の侵害 …………………………326, 332
権利侵害から違法性へ ………………………310
「権利」侵害要件 ………………………………307
権利・法益侵害要件 ………307, 308, 320, 322
　　—　の再評価 ……………………………318
　　—　の要件事実 …………………………896
権利・法益に該当しない利益 ………………316
権利・法益の違法な侵害 ……………………315
権利・法益の違法な侵害要件 …………317, 321
権利・法益の事後的保護 ………………283, 376
権利・法益の事前的保護 ……………………360
権利保護の制度目的 …………………………319

故　意 ………………………349, 350, 740
　　—　の要件事実 …………………………891
故意不法行為 …………………………………351
好意関係 …………………………………………64
行為慣行 ………………………………………368
行為義務 ………………………………………353
　　—　の判断因子 …………………………368
　　—　の分配 ………………………………371
行為義務違反 …………………………………352
後遺症 …………………………………………399
後遺障害 ………………………………………926
後遺障害慰謝料 ………………………………447
行為態様の違法性 ……………………………337
行為の目的 ………………………………352, 333
行為不法 ………………………………………325
行為不法論 ………………………303, 312, 354
行為への結果帰属 ……298, 303, 382, 384, 385
好意無償関係 …………………………………469
好意無償同乗者 ………………………………812
行為要件 ………………………………………302
公益目的性（名誉毀損の免責要件としての）
　　………………………………………………541
公　害 …………………………………………722
公害病 …………………………………………725
公共性と違法性（受忍限度）判断 ……728, 767
公共利害性（名誉毀損の免責要件としての）
　　………………………………………………540
公序良俗違反 …………310, 315, 318, 338, 339
更生を妨げられない利益 …………527, 566, 572
後続侵害 …………………………………379, 380
行動自由　→活動自由
行動ターゲティング広告 ……………………587
高度の蓋然性 …………………………………907
高度の予見義務 …………………………661, 741
衡平説 ……………………………………………87
合法則的条件関係説 …………………………384
個人関連情報 …………………………………589
個人主義 …………………………………523, 576
個人主義的権利観の限界 ……………………530
個人責任の原則 ………………………………303
誤振込 …………………………………………160
個別損害項目積み上げ方式 ………401, 435, 751
　　—　と弁論主義 …………………………904
個別的因果関係 ………………………………749

999

事項索引

固有装置 ……………………………807
婚姻の侵害 ……………………………346

さ 行

財貨運動法 ……………………………147
財貨帰属法 ……………………………147
債権の帰属の侵害 ……………………331
債権の侵害 ………………………330, 351
債権の第三者効 ………………………166
財産以外の損害 ………………………923
財産の損害 ……………………………401
　　──と非財産的損害の関係 …………929
　　死亡と── ………………………437
　　負傷・健康被害と── ……………444
財産の損害賠償請求権の相続 ……957, 960
差額説 …………377, 398, 422, 881, 901
詐　欺 …………………………………338
詐欺的勧誘 ……………………………854
差金決済取引 …………………………849
作　為 …………………………………644
作為義務 …………………365, 644, 897
　　──の判断基準 …………………306
作為義務違反 …………………………305
錯　誤 ……………………………212, 215
指　図 …………………………………154
　　──の欠如 ………………………159
差止め …………………283, 360, 395
　　──と公共性 ……………………760
　　原発の── ………………………774
　　公害・環境侵害の── ……………759
　　プライバシー侵害行為の── ……573
　　名誉権に基づく── ……………519
3号表示製造業者 …………………705, 707
死因解明義務 …………………………624
時間の間隔説 …………………………961
自己決定権 ………………………604, 871
自己決定権侵害 ………………………927
自己責任の原則 ………………………303
指示・警告上の欠陥 ………………684, 685
事実上の推定 …………………………895
事実的因果関係 ……381, 382, 402, 642, 745
事実的因果関係説 ……………………905
事実的不法行為 ………………………838
死者の名誉毀損 ………………………535

支出利得 …………………12, 91, 96, 146
市場機会の喪失 ………………………455
死傷損害説 ………………………436, 901
自然債務 ………………………………206
自然力の競合 …………………………469
失火責任法 ……………………………373
知って弁済 ……………………………200
実名の使用 ……………………………568
私的空間 ………………………………561
自動車事故 ……………………………777
　　──における過失の証明責任の転換 …777
自動車損害賠償責任保険（自賠責保険）
　　 ……………………………793, 820
　　──と過失相殺 …………………822
　　──の直接請求権 ………………821
自動車損害賠償保障法 ………………793
支配操縦 …………………………384, 388
　　不作為による── ………………387
支配領域 …………………………307, 365
死亡慰謝料 ………………………446, 983
死亡したときにも比肩しうべき精神上の苦痛
　　 ……………………………495, 990
死亡による慰謝料 ……………………970
事務管理
　　──と契約法との関係 ……………16
　　──と不当利得との関係 …………12
　　──と不法行為との関係 …………16
　　──の沿革 ………………………2
　　──の追認 ………………………40
　　──の法的性質 …………………31
　　委任と── ……………6, 17, 65
事務管理意思 …………………………36
事務の他人性 …………………………21
　　──と自己性の並存 ………………22
氏名権の侵害 …………………………345
氏名と人格的利益 ……………………567
氏名を正確に呼称される利益 ………567
社会構成主義 …………………………523
社会生活の平穏 …………………527, 566
社会的行為論 …………………………302
社会的交際関係の侵害 ………………347
社会的コミュニケーション
　　 ………………523, 528, 529, 593, 594
社会的マイノリティ …………………533

1000

事 項 索 引

社会的名誉 ……………………519, 926
社会的有用性・公共性 ………………370
写真撮影（公道上での）………………564
写真撮影（法廷内での）………………565
自由意思による違法行為 ………………388
重過失 ……………………………373
重合的競合 ………………………757
集団的因果関係 …………………749
就労可能年数 ……………………438
受益者悪意の再抗弁 ……………269
受益者の善意・悪意の主張・立証責任 …264
主観的他人の事務 ……………21, 29
主観的名誉 ………………………926
主観的有責性 ……………………299
受光利益 …………………………732
手段債務 …………………………600
受忍限度 ……………………317, 724
受忍限度論 …………………563, 564
　──と要件事実 …………………899
守秘義務 …………………………605
主要事実説 ………………………893
準契約 ………………………………5
準事務管理 …………………………44
準事務管理論 ………………………10
純粋経済損失 ………………337, 709, 841
純粋財産損害　→純粋経済損失
消極の損害 …………………401, 438
条件関係 …………………………386
条件公式 …………………………382
証拠の優越 ………………………745
証　書 ……………………………215
肖像権 ……………………………562
肖像等をみだりに利用されない権利 ……590
消費者期待基準 …………………685
消費者契約法 ……………………855
消費者裁判手続特例法 …………887
商品先物取引 ……………………849
商品に対する批判 ………………524
情報環境 ……………528, 528, 533, 566
情報コントロール権 ………559, 579
情報提供義務 ………………663, 855
消滅時効 ……………………718, 762, 915
使用利益の返還 …………………115
食品公害 …………………657, 663

助言義務 …………………………856
除斥期間 …………………………916
　──の起算点 …………………762
　──の主張と信義則 …………763
所得喪失説 ………………………751
所有権の侵害 ……………………326
「所有者が損害を負う」 ………………282
事理弁識能力 ……………………817
侵害禁止規範 …………………64, 358
侵害禁止規範違反 ………………321
侵害行為の態様 ……………310, 323, 325
侵害利得 ……………91, 95, 125, 261
　──の機能 …………………125
　──の効果 …………………127
　──の要件 …………………127
人格権 ……………………………342
　──に基づく差止め ……518, 537, 759
人格承継説 ………………………961
人格存続説 ………………………961
人格的価値 ………518, 519, 522, 525, 534, 533
人格的利益 ………………………342
　──の侵害 ……………………342, 926
　狭義の── ……………………342
人格の形成 ………………………530, 534
信仰生活の静謐 …………………563
真実性（名誉毀損の免責要件としての）
　……………………………345, 541
　──の判断基準時 ……………539
真正企業損害 ……………………502, 506
新請求原因説 ……………………262
身体侵害 …………………………343
身体的自己決定権の侵害 ………344
身体的利益 ………………………342
　──の侵害 ……………………343
身体の自由の侵害 ………………344
信用毀損 …………………………335, 524
信頼責任 ………………356, 676, 680, 705
信頼の原則 ……………369, 370, 371, 782
　──の要件 ……………………787
心理的因果関係 …………………387
診療拒否 …………………………601
診療契約 …………………………599
　──における付随義務 ………618
診療指導 …………………………623

1001

事 項 索 引

水質汚濁 ……………………726
推知報道 ……………………569
スポーツのルール ……………372
スモン訴訟 ……………657, 661
スワップ取引 …………………854
生活費控除 …………………439
生活妨害（生活利益の侵害）………344, 389
請求権競合 …………………282
制限行為能力者の返還義務 ……124
制限賠償主義 ………………403
制　裁 …………………285, 454
制裁的慰謝料 ………………935
精神的自由の侵害 …………348
精神的損害 ………401, 446, 923
製　造 ………………………680
製造業者 ………………705, 706
製造者責任（709条）……654, 655, 660
　　──における因果関係 ………667
　　──における過失判断 ………661
　　──における権利・法益侵害 ……666
　　──における損害要件 ………667
　　──の責任範囲 ……………670
製造上の欠陥 …………684, 685
製造販売中止義務 ……………664
製造物 ………………………677
製造物責任 …………………654
　　──と過失相殺 ……………719
　　──と共同不法行為 ………719
　　──の消滅時効 ……………718
　　──の法的性質 ……………672
　　──の免責事由 ……………712
　　──の要件 ………………677
　　狭義の── ………………654
　　広義の── ……………654, 655
製造物責任法 ………656, 660, 671
生存の相当程度の可能性
　　………343, 389, 447, 646, 910, 938
性的自由の侵害 ………………344
正当な事務管理論 ……………10, 18
正当防衛 ………………283, 360
制度間競合 ……………839, 888
製品事故 ……………………654
西武鉄道事件 …………866, 881
政府保障事業 …………793, 822

生命侵害 ……………………343
セカンド・オピニオン …………624
責任原因 ……………………286
　　──の判断 ………………361
責任集中原則 ………………770
責任成立の因果関係 …………380
責任能力 ………………817, 911
責任範囲の因果関係 …………380
責任保険 ………………285, 288
責任類型 ……………………289
　　──と過失 ………………363
　　──の分化 …………301, 357
　　作為不法行為と不作為不法行為の── …305
積極的損害 ……………438, 401
設計指示の抗弁 ………………715
設計上の欠陥 …………684, 685
絶対権 …………………323, 323
絶対権侵害型
　　…323, 326, 328, 329, 332, 343, 344, 345, 364
説明義務 ……………………604
　　──と医療水準 ……………617
　　──の免除 ………………622
説明義務違反（医療）………344, 616
　　──と因果関係との関係 ………644
　　──と技術過誤との関係 ……606, 652
説明義務違反（取引）
　　……338, 852, 854, 859, 869, 871, 878
　　──と過失相殺 ……………885
先行行為 ……………………307
潜在的・抽象的な財産的損害 ……923
前借金契約 …………………232
選択的追完……………………47
専門医 ………………………614
専門家の責任 ………………366
占有（権）の侵害 ……………329
占有者規定と不当利得規定 ……138
占有者の費用償還……………15
素因減額 ………………652, 913
騒音被害 ……………………727
　　基地の軍用機による── ………727
　　空港の── ………………728
　　保育園等の── ……………730
相関関係理論 ………310, 315, 333, 337, 724, 898
　　──と要件事実 ……………898

1002

事 項 索 引

葬儀場をめぐる紛争 ……………………734
葬儀費用 …………………………………981
相続構成 …………………………………956
 ——と扶養利益侵害構成との関係 ……968
総体財産の減少 …………………………337
総体差額説 …………………………………88
相当因果関係 ……………………………390
相当因果関係説 …………………405, 905
相当因果関係の三分論 …………………381
相当性（名誉毀損の免責要件としての）
 ……………………………………372, 543
 ——の判断基準時 ……………………539
 裏付け取材 ……………………………543
 取材源の秘匿 …………………………544
 先行報道 ………………………………544
 通信社の配信サービス ………………544
相当程度の生存可能性　→生存の相当程度の
 可能性
相当な設備 ……………363, 369, 370, 741
双務契約の巻き戻し………………………94
阻却事由
 故意・過失の—— ……………………372
 損害賠償責任の—— …………………297
ソフトウェアの欠陥 ……………………679
損益相殺（損益相殺的な調整）………397, 474
 ——と過失相殺 ………………………468
 ——と過失相殺の先後関係 …………489
 ——と損害が塡補されたと評価すべき時期
 …………………………………………484
 ——と不法原因給付 ………250, 488, 885
 ——の要件 ……………………………476
 ——の要件事実 ………………………913
 社会保険給付と—— …………………482
 所得税と—— …………………………479
 生活費と—— …………………………478
 生命保険金と—— ……………………480
 損害保険金と—— ……………………481
 取引的不法行為における—— ………884
 養育費と—— …………………………479
損　害 ………………395, 398, 750, 900
 ——と損害項目 ………………………399
 ——の意義 ……………………………375
 ——の要件事実 ………………………902
 製造物責任の要件としての—— ……710

損害額の算定 ……………………………422
 財産的利益の侵害による—— ………453
 損害賠償の範囲と——の区別 ……399, 400
 民訴法248条の適用による—— ……465
損害額の推定 ……………………………144
損害＝金銭説 ……………………………376
損害項目 …………………………379, 380, 401
 損害と—— ……………………………399
損害事実説 ………………376, 399, 423, 901
損害転嫁 …………………………282, 283
損害塡補 …………………………284, 394, 934
損害の額 …………………………………901
損害の金銭的評価 ………381, 396, 402, 422
損害の発生 ………………………………399
損害賠償額の減額・調整 ………396, 468
損害賠償債務の遅滞 ……………………513
損害賠償請求権 …………………………397
 ——の主体 ……………………………491
 ——の譲渡 ……………………………511
 ——の代位行使 ………………………512
損害賠償請求権の相続 …………………956
 ——と遺産分割 ………………………975
損害賠償制度の目的 ……………………394
損害賠償の範囲 …………………396, 402
 ——と損害額の算定の区別 ……399, 400
 医療事故における—— ………………646
 製造物責任における—— ……………716
 説明義務違反の—— …………………650
損害発生要件 ……………………………375
損害分散 …………………………………284
損　失 ……………………………………259

た 行

代位責任 …………………………………292
第一次侵害 ………………………379, 380
対価関係の瑕疵 …………………………156
大学湯判決 ………………………308, 724
大気汚染 …………………………………726
「対抗言論」法理 ………………………554
第三者弁済…………………………………13
胎　児 ……………………………………930
代理人の悪意 ……………………………193
高められた危険の現実化 ………………388
多数当事者不当利得………………………97

1003

事 項 索 引

建物としての基本的な安全性を損なう瑕疵
　　　　　　　　　　　　　　340, 666, 872
他人性 …………………………………811
他人の財貨の侵害による不当利得………95, 125
他人の債務の弁済 ………………146, 213
　——による求償権…………………96, 147
他人の事務 …………………………………21
他人の物にした費用の償還請求権………96, 148
断定的判断の提供 …………………855
担保権の侵害 …………………………328
　——と損害 ……………………………376
担保の放棄 …………………………216
蓄積性損害 …………………………719
知的財産権の侵害 …………………142, 330
遅発性損害 …………………………719
緻密で真摯かつ誠実な医療を尽くす義務 …613
チーム医療 …………………………371
注意義務 …………………………………352
　　研修医の—— ……………………614
　　専門医の—— ……………………614
中間最高価格 …………………………459
中間責任 …………………………………292
中間利息控除 …………………438, 439
抽象的過失 …………………355, 361, 366
抽象的危険 …………………352, 353
抽象的不作為請求 …………………761
中性的他人の事務…………………………21
超過利息の返還請求 …………228, 266
調査研究義務 …………………362, 743
重畳的競合 …………………383, 470
眺望侵害 …………………………………732
直接侵害型 …………………357, 364
　——の因果関係要件……………379
直接訴権………………………19, 44, 59
治療上のガイドライン …………611
治療上の特権 …………………………622
治療費 …………………………………978
　——の確率的算定 ………………444
　——の遅滞 …………………………514
追　完 …………………………………47
通常人 …………………………………366
　——の類型化 ………………………367
通常有すべき安全性 …………683, 767
通風妨害 …………………………………731

付添看護費用 …………………………498, 980
償い機能 …………………………………940
定期金 …………………………………394
定期金賠償 …………………425, 903
抵当権の侵害 …………………………328
適合性原則 …………………………856
適切な診療を受ける期待 …………938
適切な治療を受ける機会の侵害 …………646
デジタルプラットフォーム事業者の責任 …864
鉄道事故 …………………………………823
転送義務 …………………………………615
顛末報告義務 …………………………624
転用物訴権 …………………72, 81, 167, 271
ドイツ民法 253 条 …………………921
ドイツ民法 823 条 …………………295, 504, 518
ドイツ民法 826 条 …………………295
ドイツ民法 844 条 …………………950
同意書 …………………………………625
同意能力 …………………………………620
当該装置 …………………………………806
動機の不法 …………………233, 235
盗　撮 …………………………………561
盗の不当利得…………………………………80
道路交通法 …………………………………778
特殊の不法行為 …………………291
独占禁止法違反の行為 …………341
ドクターハラスメント …………596
特別事情の予見可能性 …………400
匿名加工情報 …………………………585
賭博行為 …………………………………232
豊田商事事件 …………………………846
「とらわれの聞き手」…………563
取締法規違反 …………………310, 341, 869
　——と過失 …………………………371, 778
取引関係における不法行為 …………838
取引的不法行為 …………………839
　——と第三者の不法行為責任 …………862

な 行

内縁関係の侵害 …………………………346
新潟水俣病訴訟 …………………………741
二元的成立要件論
　違法性—故意・過失 …………298, 311, 349
　権利侵害—故意・過失 …………312

事 項 索 引

権利・法益侵害―故意・過失 ………300, 361	被侵害利益の保護法益性 ……………307, 320
故意・過失―権利侵害 ………………313	非絶対権侵害型 ……324, 326, 335, 345, 346, 364
故意・過失―権利・法益侵害 …………356	必要条件的競合 …………………………470
2 号表示製造業者 ……………………705, 707	必要的競合 ………………………………383
西原理論 ………………………………430, 963	必要的事務管理……………………………41
二重欠缺 …………………………………157	必要費……………………………………15
二重譲渡による権利帰属の侵害 …………326	人の社会的評価 …………………………522, 521
二重の売買契約による債権の侵害 ………333	1 人で放っておいてもらう権利 …………559
西淀川訴訟 ………………………………753	評価根拠事実 ……………………………893
日影規制 …………………………………731	評価障害事実 ……………………………893
日照権 …………………………………731	評価矛盾問題 ……………………………860
日照妨害 …………………………………731	表示製造業者 ……………………………705, 706
入通院慰謝料 ……………………………447	標準逸脱基準 ……………………………685
任意弁済 ………………………………207, 229	費用償還請求権（事務管理者）…39, 61, 63
	費用利得……………………………96, 146, 148
は 行	――の効果 …………………………149
	――の要件 …………………………148
賠償額の算定 ……………………………750	富喜丸事件 ………………………………406
――の基準時 ………………………459	「フェア・コメント」法理…………………554
賠償者の代位 ……………………………510, 958	フォート ……………………………295, 355
配信サービスの抗弁 ……………………544	不可抗力 …………………………………702
排他独占的支配 …………………………323	福島原発事故賠償 ………………………456
箱庭説……………………………………91, 261	複数汚染原因者の責任 …………………756
恥ずべき原因による不当利得……………80	不公正な競争手段 ………………………335
パブリシティ ……………………………146	不公正な取引方法 ………………………336
パブリシティ権 ……………330, 589, 927	不作為 …………………………………644
――の内容 …………………………589	――の違法性 ………………………305
「情報の自由な流通」論 …………………591	――の因果関係 ……………………385
損害の算定 …………………………593	不作為不法行為 …………………………365
「専ら」基準…………………………591, 592	――の因果関係 ……………………385
物の―― ……………………………316	――の加害構造 ……………………305
反対訴権 …………………………………19, 61	――の責任成立要件 ………………304
ハンドの定式 ……………………………368, 894	――の要件事実 ……………………897
被害者救済制度 …………………………284	不作為への結果帰属 ……………………386
比較衡量 …………………………………317	不実告知 …………………………………338
引渡し …………………………………708	不実表示 …………………………………855
引渡時（製造物の）……………………697	不真正事務管理 …………………………4
非財産的損害 ……………………401, 923	不正競争 …………………………………336
財産的損害と――の関係 …………929	負担帰属法 ………………………………147
非財産的損害の賠償 ……………………919	物権的権利の侵害 ………………………329
非債弁済 …………………………………217	不貞行為の相手方による権利・法益侵害 …346
――と自然債務 ……………………206	不当勧誘類型 ……………………338, 840, 845
――と不法原因給付 ………………242	――における損害・因果関係 ……875
――の要件事実 ……………………277	――における被侵害権利・法益……871
非債弁済の不当利得…………79, 83, 94, 103, 200	

1005

事項索引

宗教団体による―― ……………338
不動産賃借権の侵害 ……………328
不当な訴えの提起 ………………339
不当な競争阻害行為 ……………335
不当な弁護士懲戒請求 …………339
不当な保全処分 …………………340
不当利得
　――の一般条項 ……………79, 83
　――の訴訟物 …………………257
　――の分類…………………………94
　――の要件事実 ………………259
　事務管理と――との関係…………12
　多数当事者間の―― …………149, 259
不当利得の返還義務
　原因関係が無効の善意取得者の―― ……136
　無償の善意取得者の―― ……136
不当利得返還義務の付遅滞 ……123
不当利得返還請求
　――に対する抗弁 ……………274
　弁済受領者としての外観を有する者に対す
　　る ………………………………140
部品・原材料製造業者の抗弁 ……706, 715
不　法 ………………………………221
不法原因給付 ……………………217
　――の要件事実 ………………278
　共同不法行為者間の求償と―― ……256
　経済統制法規違反と―― ……227
　公序良俗違反と――との関係 ……221
　債権者代位権と―― …………248
　詐害行為取消権と―― ………249
　損益相殺と―― ………………250
　非債弁済と―― ………………242
　否認権と―― …………………249
　物権的請求権と―― …………245
　不法行為責任と―― …………254
　不倫関係に基づく慰謝料請求と―― ……254
不法原因給付による不当利得…………95, 108
不法行為
　――と事務管理との関係…………16
　――の一般的成立要件 ………294
　――の成立要件 ………………295
　――の伝統的成立要件論 ……311
不法行為制度の目的 ……………283, 454
不法行為責任

――と不法原因給付 ……………254
――の成立要件 …………………297
不法行為訴訟
　――の抗弁 ……………………911
　――の請求原因 ………………891
　――の訴訟物 …………………890
不法行為の責任判断
　――の構造 ……………………297
　――の3段階 …………………297, 380
不法な原因による不当利得………80
踏　切 ………………………………824
踏切事故 ……………………………824, 828
　――と瑕疵（717条責任）………832
踏切道 ………………………………824
扶養利益 ……………………………498
　――の侵害 ……………………343, 976
扶養利益侵害構成 ………………956
　――と相続構成との関係 ……968
プライバシー
　――と名誉の関係 ……………527
　検索事業者による検索結果の提供と――
　　………………………………………570
　個人情報の取得・利用と―― ……580
　個人情報の第三者への提供と―― ……578
　自己のイメージのコントロール権 ……576
　社会的な―― …………………560, 566
　情報コントロール権 …………559, 579
　情報ネットワーク運営者による投稿記事の
　　表示と―― …………………573
　ビッグデータと―― …………585
　1人で放っておいてもらう権利 ……559
　平穏に私生活を送る利益 ……560, 575
　平穏に社会生活を送る利益 ……566
　モデル小説と―― ……………575
　労働者のメンタル・ヘルス情報と―― ……581
プライバシー侵害 ………………605
　――行為の差止め ……………573
　――の慰謝料額 ………………448, 452
フランス民法1240条…………………295, 504
振込取引 ……………………………154
ふるさとの喪失・変容 …………774
平穏生活権 …………………………726, 729, 738
　――の侵害 ……………………389
　主観的利益の受け皿としての―― ……739

事 項 索 引

身体権に接続した―― ………………738
包括的生活利益としての―― …………773
平穏に私生活を送る利益 …………560, 575
平穏に社会生活を送る利益 ……………566
ヘイト・スピーチ ………………………521
変額保険 …………………………………851
弁護士費用 …………………………465, 902
――の遅滞 …………………………………515
弁 済
期限前の―― …………………………209
債務の存在を知ってした―― …………199
錯誤による―― ……………………212, 215
他人の債務の―― ……………………213
騙取金による弁済 …………………165, 271
包括慰謝料 …………………………437, 938
包括請求 …………………436, 437, 752, 938
包括的損害 ………………………………755
包括的な生活利益 ………………………437
法規の保護目的 …………………295, 321, 341
報償責任 …………………288, 675, 705, 796
法 人
――の慰謝料請求権 ……………491, 932
――の非財産権的損害の賠償請求権 ……932
――の不法行為責任 …303, 304, 669, 723, 830
――の名誉毀損 …………………………925
法体系投影理論……………………92, 261
法定債権 ……………………………5, 78
法律行為の巻き戻し ……………………123
法律上の原因なくの主張立証責任 …………259
法律上保護される利益 …………309, 733, 897
保護範囲 …………………………………381
補 償 …………………………………284
補償関係の瑕疵 …………………………156
保証責任 …………………………………676
保証人の弁済……………………………14
ホーム事故 …………………………826, 829
――と瑕疵（717条責任） ………………835
保有者 ……………………………………795

ま 行

マルチ商法 ………………………………846
未熟児網膜症 ……………………………607
みなし弁済 ………………………………208
水俣病事件…………………740, 746, 752, 763

無過失責任 …………288, 292, 374, 672, 743
――の特別法 ……………………………286
無過失責任規定 …………………………743
無過失責任論 ……………………………288
無形の損害 ………401, 491, 521, 524, 923, 932
無原因の不当利得 ………………………80
無償の善意取得者 ………………………136
名 誉 …………………………………517
――と人格権（人格的利益）……………517
――とプライバシーの関係 ………………527
――の定義 …………………………………518
「客観的」評価 …………………………532
「社会から受ける」評価…………………529
社会的―― …………………………………519
前科の公表と―― との関係 ……………526
名誉感情 …………………519, 520, 529, 926
名誉毀損 …………………………………345
――と表現の自由 ………………………538
――における慰謝料 ……………………926
――における慰謝料額算定 ……………944
――の慰謝料額 ……………………448, 450
――の判断基準 …………………………520
意見・論評型と事実摘示型との区別 …551
意見・論評型の―― ……………………546
慰謝料の算定時期 ………………………532
事実摘示型の―― ………………………539
損害の発生時期 …………………………532
多数の人々の―― ………………………521
団体・法人の―― ………………………520
滅失・損傷 ………………………………216
免責（運行供用者責任）…………………816
不可抗力と―― …………………………819
目的消滅の不当利得 …………………80, 94, 105
目的的行為論 ……………………………302
目的不到達の不当利得 ……………80, 95, 106
「専ら」基準……………………………591, 592
モデル小説 …………………………560, 575
――の芸術性と違法性 …………………577
物のパブリシティ権 ……………………316
モンスターペイシェント ………………596
門前説 ……………………………………746

や 行

薬 害 …………………………………657, 661

1007

事項索引

結納の返還請求 ……………………………107
有益的事務管理……………………………41
有益費……………………………………15
有価証券報告書等虚偽記載類型 …462, 841, 866
　──における損害・因果関係 ……………881
　──における被侵害権利・法益 ………872
有形的利益の物理的侵害 …………………318
有責性 ……………………299, 349, 351, 355
輸入業者 ……………………………705, 706
用益物権の侵害 …………………………327
よきサマリア人法…………………………51
抑　止 ………………………………285, 454
　最適な── …………………………286
予見可能性 ………………361, 365, 740
　信頼の原則と── ……………………784
予見義務 ……………………………361, 740
四日市公害訴訟 …………………………756
416条類推適用 …………………………405

ら　行

利益吐き出し型の損害賠償…………45, 286, 454
利益を生み出す機械 ……………………963

利息制限法1条2項（旧）………………207
利息の返還義務 ……………116, 196, 273
利他性………………………………………36
利他的活動…………………………………10
利　得 ……………………………118, 259
利得消滅の抗弁 …………118, 184, 267
利得消滅の証明責任 ……………………123
利得の押し付け防止 …………………12, 97
留保付弁済 ………………………………203
類型論……………………………………89, 260
累積的競合 ………………………………470
列車事故 …………………………………829
労働者の引き抜き ………………………333
労働能力喪失説 ………………445, 903
ロングフル・バース ……………432, 639

わ　行

忘れられる権利 …………………………572
笑う相続人 ………………………………967
ワラント取引 ……………………………852
割合的因果関係論 ………………………385
割合的な認定 ……………………………750

判 例 索 引

明 治

大判明 32・2・14 民録 5 輯 2 巻 56 頁………223
大判明 32・2・28 民録 5 輯 2 巻 124 頁 ……226
大判明 32・4・26 民録 5 輯 4 巻 81 頁………223
大判明 32・5・30 民録 5 輯 5 巻 142 頁 ……338
大判明 32・12・7 民録 5 輯 11 巻 32 頁 ……352
大判明 32・12・21 民録 5 輯 11 巻 88 頁……335
大判明 33・5・24 民録 6 輯 5 巻 74 頁………226
大判明 34・4・5 刑録 7 輯 4 巻 17 頁 ………254
大判明 34・12・20 刑録 7 輯 11 巻 105 頁……448
大判明 35・10・25 民録 8 輯 9 巻 134 頁……229
大判明 36・10・22 民録 9 輯 1117 頁………27
大判明 36・10・22 刑録 9 輯 1843 頁………254
大判明 37・5・31 民録 10 輯 781 頁…………140
大判明 37・9・27 民録 10 輯 1181 頁 ………216
大判明 38・11・30 民録 11 輯 1730 頁
　　　　　　　　　　………114, 115, 129
大判明 39・10・11 民録 12 輯 1236 頁…118, 123
大判明 39・12・24 民録 12 輯 1708 頁………236
大判明 40・2・8 民録 13 輯 57 頁…………206
大判明 40・6・19 民録 13 輯 685 頁…………892
大判明 40・6・22 民録 13 輯 698 頁…………333
大判明 41・3・18 民録 14 輯 275 頁…………513
大判明 41・5・9 民録 14 輯 546 頁 …………222
大判明 42・2・27 民録 15 輯 171 頁…223, 246
大判明 43・4・5 民録 16 輯 273 頁 …………448
大判明 43・6・9 刑録 16 輯 1125 頁…………129
大判明 43・10・3 民録 16 輯 621 頁…………971
大判明 43・10・20 民録 16 輯 719 頁 ………513
大判明 44・1・26 民録 17 輯 16 頁 …………344
大判明 44・4・13 刑録 17 輯 569 頁…………982
大判明 44・9・29 民録 17 輯 519 頁…………467
大判明 45・3・23 民録 18 輯 284 頁…………838
大判明 45・3・23 民録 18 輯 315 頁…………373
大判明 45・5・6 民録 18 輯 454 頁 …………341

大 正

大判大 2・4・26 民録 19 輯 281 頁 …………366
大判大 2・10・20 民録 19 輯 910 頁…………475
大判大 3・4・23 民録 20 輯 336 頁 …………335
大判大 3・6・15 民録 20 輯 476 頁 …………211

大判大 3・7・4 刑録 20 輯 1360 頁 …………308
大判大 4・3・10 刑録 21 輯 279 頁 ……330, 333
大判大 4・3・13 民録 21 輯 371 頁
　　　　　　　　………114, 115, 129, 130
大判大 4・5・12 民録 21 輯 692 頁…………368
大判大 4・5・20 民録 21 輯 730 頁…………138
大判大 5・1・22 民録 22 輯 113 頁…………352
大判大 5・2・16 民録 22 輯 134 頁…………112
大判大 5・4・21 民録 22 輯 796 頁…………105
大判大 5・6・1 民録 22 輯 1121 頁…………234
大判大 5・11・21 民録 22 輯 2250 頁 …249, 334
大判大 5・12・22 民録 22 輯 2474 頁
　　　　　　　………352, 363, 369, 741
大判大 6・2・28 民録 23 輯 292 頁…………107
大判大 6・3・31 民録 23 輯 619 頁…27, 70, 72
大判大 6・6・4 民録 23 輯 1026 頁 …………406
大判大 6・12・11 民録 23 輯 2075 頁 …203, 277
大判大 7・4・12 民録 24 輯 666 頁 …………226
大連判大 7・5・18 民録 24 輯 976 頁 ………462
大判大 7・7・10 民録 24 輯 1432 頁 ………69
大判大 7・7・16 民録 24 輯 1488 頁……101, 108
大判大 7・8・6 民録 24 輯 1494 頁 …………246
大判大 7・9・18 民録 24 輯 1710 頁…………308
大判大 7・9・23 民録 24 輯 1722 頁…………206
大判大 7・10・12 民録 24 輯 1954 頁 …232, 332
大判大 7・12・7 民録 24 輯 2310 頁……103, 140
大判大 7・12・19 民録 24 輯 2367 頁……45, 130
大判大 8・6・5 民録 25 輯 962 頁…………971
大判大 8・6・26 民録 25 輯 1154 頁 …………23
大判大 8・9・15 民録 25 輯 1633 頁…………227
大判大 8・10・3 民録 25 輯 1737 頁…………129
大判大 8・10・20 民録 25 輯 1890 頁 ………162
大阪控判大 8・12・27 新聞 1659 号 11 頁 …363
大判大 9・4・12 民録 26 輯 527 頁 …………366
大判大 9・4・12 民録 26 輯 527 頁 …………406
大判大 9・4・20 民録 26 輯 553 頁……492, 960
東京控判大 9・7・1 新聞 1825 号 17 頁 ……108
大阪地判大 9・12・17 新聞 1802 号 19 頁 …244
大判大 10・4・4 民録 27 輯 616 頁 …………515
大判大 10・9・29 民録 27 輯 1774 頁 ………232
大判大 10・10・22 民録 27 輯 1749 頁………223

1009

判 例 索 引

大判大 10・11・8 新聞 1932 号 10 頁 ⋯⋯⋯191
大判大 11・6・14 民集 1 巻 310 頁 ⋯⋯⋯105
大判大 11・8・7 刑集 1 巻 410 頁⋯⋯⋯⋯332
大判大 12・3・14 民集 2 巻 103 頁⋯⋯⋯⋯338
大判大 12・12・12 民集 2 巻 668 頁⋯⋯⋯⋯231
大判大 13・4・1 新聞 2272 号 19 頁⋯⋯⋯⋯241
大判大 13・5・22 民集 3 巻 224 頁 ⋯⋯⋯329
大判大 13・6・19 民集 3 巻 295 頁 ⋯⋯⋯363
大判大 13・7・23 新聞 2297 号 15 頁 ⋯⋯⋯156
大判大 13・12・2 民集 3 巻 522 頁 ⋯⋯500, 982
東京控判大 14・6・5 新聞 2444 号 9 頁 ⋯⋯981
大判大 14・11・28 民集 4 巻 670 頁
⋯⋯⋯⋯⋯⋯⋯⋯⋯308, 724, 897
大判大 15・2・16 民集 5 巻 150 頁
⋯⋯⋯⋯⋯⋯⋯⋯961, 962, 964
大判大 15・4・20 民集 5 巻 262 頁 ⋯⋯⋯227
大連中間判大 15・5・22 民集 5 巻 386 頁
⋯⋯⋯⋯⋯⋯381, 400, 406, 428, 456
大判大 15・5・28 民集 5 巻 587 頁 ⋯⋯⋯129
大連判大 15・10・13 民集 5 巻 785 頁⋯⋯⋯839

昭和元～21 年

大判昭 2・3・5 新聞 2731 号 12 頁 ⋯⋯⋯341
大判昭 2・5・30 新聞 2702 号 5 頁 ⋯⋯⋯971
大判昭 2・7・4 新聞 2734 号 15 頁 ⋯⋯⋯162
大判昭 3・3・10 民集 7 巻 152 頁⋯476, 961, 962
大判昭 3・8・1 民集 7 巻 648 頁 ⋯⋯⋯⋯912
大判昭 3・8・1 民集 7 巻 671 頁 ⋯⋯⋯⋯376
大判昭 3・11・24 新聞 2938 号 9 頁⋯⋯⋯⋯107
大判昭 4・10・26 民集 8 巻 799 頁 ⋯⋯⋯226
大判昭 5・5・12 新聞 3127 号 9 頁 ⋯⋯⋯482
大判昭 6・4・22 民集 10 巻 217 頁 ⋯⋯⋯217
大判昭 6・5・13 新聞 3273 号 15 頁 ⋯⋯⋯328
大判昭 6・5・15 民集 10 巻 327 頁 ⋯⋯⋯250
大判昭 7・5・27 民集 11 巻 1289 頁⋯⋯⋯328
大判昭 7・10・6 民集 11 巻 2023 頁⋯⋯⋯343
大判昭 8・2・23 新聞 3531 号 8 頁 ⋯⋯⋯121
大判昭 8・3・3 民集 12 巻 309 頁⋯⋯⋯⋯111
大判昭 8・3・29 民集 12 巻 518 頁 ⋯⋯⋯238
大判昭 8・4・24 民集 12 巻 1008 頁 ⋯⋯⋯38
大判昭 8・5・17 新聞 3561 号 13 頁⋯⋯⋯971
大判昭 8・7・7 民集 12 巻 1805 頁 ⋯⋯⋯941
大判昭 8・10・24 民集 12 巻 2580 頁 ⋯⋯216
大判昭 9・10・19 民集 13 巻 1940 頁 ⋯⋯329

大判昭 10・2・7 民集 14 巻 196 頁 ⋯⋯⋯⋯162
大判昭 10・3・12 民集 14 巻 467 頁 ⋯⋯⋯162
大判昭 10・10・15 新聞 3904 号 16 頁⋯⋯⋯107
大判昭 11・1・17 民集 15 巻 101 頁 ⋯⋯⋯136
大判昭 11・5・13 民集 15 巻 861 頁⋯495, 931
大判昭 11・7・8 民集 15 巻 1350 頁
⋯⋯⋯⋯⋯⋯⋯⋯113, 115, 130
大判昭 11・11・21 新聞 4080 号 10 頁⋯⋯⋯215
大判昭 12・2・12 民集 16 巻 46 頁 ⋯⋯501, 978
大判昭 12・7・3 民集 16 巻 1089 頁 ⋯114, 130
大判昭 12・8・6 判決全集 4 輯 15 号 10 頁⋯971
大判昭 13・3・30 民集 17 巻 578 頁⋯⋯⋯⋯234
大判昭 13・6・28 新聞 4301 号 12 頁 ⋯⋯⋯330
大判昭 13・7・1 民集 17 巻 1339 頁⋯⋯⋯⋯212
大判昭 13・7・11 判決全集 5 輯 19 号 6 頁⋯129
大判昭 13・11・12 民集 17 巻 2205 頁⋯⋯⋯162
大判昭 15・7・6 民集 19 巻 1142 頁 ⋯⋯⋯255
大判昭 15・8・30 民集 19 巻 1521 頁 ⋯⋯⋯335
大連判昭 15・12・14 民集 19 巻 2325 頁
⋯⋯⋯⋯⋯⋯⋯⋯⋯⋯516, 762
大判昭 15・12・16 民集 19 巻 2337 頁⋯⋯⋯156
大判昭 15・12・20 民集 19 巻 2215 頁⋯⋯⋯128
大判昭 16・2・19 新聞 4690 号 6 頁⋯⋯⋯⋯112
大判昭 16・4・19 新聞 4707 号 11 頁 ⋯⋯⋯203
大判昭 16・9・30 民集 20 巻 1243 頁 ⋯465, 466
大判昭 16・10・25 民集 20 巻 1313 頁⋯111, 112
大判昭 17・5・27 民集 21 巻 604 頁⋯⋯222, 226
大判昭 17・7・31 新聞 4795 号 10 頁 ⋯⋯⋯964
大判昭 18・4・9 民集 22 巻 255 頁 ⋯⋯501, 979
大連判昭 18・11・2 民集 22 巻 1179 頁
⋯⋯⋯⋯⋯⋯⋯⋯⋯⋯339, 465
大判昭 18・12・14 民集 22 巻 1239 頁⋯⋯⋯334
大判昭 18・12・22 新聞 4890 号 3 頁 ⋯⋯⋯112

昭和 22～30 年

東京地判昭 25・7・7 下民集 1 巻 7 号 1042 頁
⋯⋯⋯⋯⋯⋯⋯⋯⋯⋯⋯⋯826
京都地舞鶴支判昭 26・3・22 下民集 2 巻 3 号
414 頁 ⋯⋯⋯⋯⋯⋯⋯⋯⋯⋯609
東京地判昭 26・6・12 判タ 15 号 65 頁 ⋯⋯829
東京地判昭 26・8・15 下民集 2 巻 8 号 1003
頁 ⋯⋯⋯⋯⋯⋯⋯⋯⋯⋯⋯⋯833
最判昭 26・11・27 民集 5 巻 13 号 775 頁
⋯⋯⋯⋯⋯⋯⋯⋯⋯⋯134, 150

1010

判 例 索 引

最判昭 27・3・18 民集 6 巻 3 号 325 頁 ……224
札幌高判昭 27・5・21 高民集 5 巻 5 号 194 頁
　……………………………………………241
神戸地判昭 27・5・26 下民集 3 巻 5 号 686 頁
　……………………………………………108
大阪地判昭 27・8・20 判タ 28 号 68 頁
　………………………………………826, 829
大阪高判昭 27・9・15 下民集 3 巻 9 号 1232
　頁 ………………………………………826
最判昭 28・1・22 民集 7 巻 1 号 56 頁………235
最判昭 28・6・16 民集 7 巻 6 号 629 頁
　………………………………………156, 274
大阪高判昭 28・11・30 下民集 4 巻 11 号
　1774 頁 ………………………………826, 829
東京地判昭 28・12・24 下民集 4 巻 12 号
　1978 頁 ………………………825, 829, 833
大阪地判昭 29・3・25 下民集 5 巻 3 号 419 頁
　……………………………………………191
最判昭 29・4・8 民集 8 巻 4 号 819 頁………975
東京高判昭 29・7・10 下民集 5 巻 7 号 1060
　頁 ………………………………………458
最判昭 29・8・31 民集 8 巻 8 号 1557 頁
　……………………………………234, 241, 279
最判昭 29・11・5 刑集 8 巻 11 号 1675 頁 …163
最判昭 30・3・25 民集 9 巻 3 号 385 頁 ……374
最判昭 30・5・13 民集 9 巻 6 号 679 頁 ……194
最判昭 30・5・31 民集 9 巻 6 号 774 頁 ……327
東京高判昭 30・6・9 下民集 6 巻 6 号 1075 頁
　……………………………………………244
最判昭 30・10・7 民集 9 巻 11 号 1616 頁 …232
東京高判昭 30・11・9 下民集 6 巻 11 号 2350
　頁 ………………………………………829
東京地判昭 30・11・28 下民集 6 巻 11 号
　2490 頁 ………………………………826, 829
東京高判昭 30・12・23 下民集 6 巻 12 号
　2670 頁 ……………………………829, 833

昭和 31〜40 年

最判昭 31・2・21 民集 10 巻 2 号 124 頁……346
富山地判昭 31・4・19 不法下民昭 31 年度 90
　頁 ………………………………………826
最判昭 31・7・20 民集 10 巻 8 号 1059 頁
　………………………………………520, 522
最判昭 31・10・23 民集 10 巻 10 号 1275 頁

　……………………………………………419
最判昭 32・1・31 民集 11 巻 1 号 170 頁
　………………………416, 456, 458, 459
名古屋地判昭 32・4・20 不法下民昭和 32 年
　度（下）905 頁 …………………………828
最判昭 32・6・20 民集 11 巻 6 号 1093 頁
　………………………………………501, 979
仙台高判昭 32・7・5 不法下民昭和 32 年度
　（上）155 頁 ……………………………971
最判昭 32・7・9 民集 11 巻 7 号 1203 頁……374
東京地判昭 32・10・18 不法下民昭和 32 年度
　（上）261 頁 ……………………………828
最判昭 32・11・15 民集 11 巻 12 号 1962 頁
　………………………………………204, 243
東京地判昭 32・12・24 不法下民昭和 32 年度
　（上）385 頁 ……………………………971
最判昭 33・4・11 民集 12 巻 5 号 789 頁
　………………………………………309, 346
最判昭 33・7・17 民集 12 巻 12 号 1751 頁
　………………………………………416, 461
最判昭 33・8・5 民集 12 巻 12 号 1901 頁
　………………………495, 933, 990, 991, 992
最判昭 35・3・10 民集 14 巻 3 号 389 頁
　………………………………………457, 880
最判昭 35・4・14 民集 14 巻 5 号 849 頁……243
最判昭 35・5・6 民集 14 巻 7 号 1127 頁
　………………………………………203, 278
最判昭 35・9・16 民集 14 巻 11 号 2209 頁
　………………………………222, 227, 246
最判昭 36・1・24 民集 15 巻 1 号 35 頁
　………………………………26, 438, 508
最判昭 36・2・16 民集 15 巻 2 号 244 頁
　………………………368, 369, 606, 610
東京地判昭 36・2・21 判タ 119 号 38 頁……834
最判昭 36・5・26 民集 15 巻 5 号 1440 頁 …366
東京地判昭 36・10・19 判タ 123 号 84 頁 …833
最判昭 36・11・30 民集 15 巻 10 号 2629 頁
　……………………………………………25, 69
東京地判昭 37・2・19 下民集 13 巻 2 号 231
　頁 ………………………………………967
最判昭 37・3・8 民集 16 巻 3 号 500 頁
　………………………………222, 227, 246
東京地判昭 37・5・29 下民集 13 巻 6 号 1080
　頁 ………………………………………834

判例索引

最判昭 37・6・12 民集 16 巻 7 号 1305 頁
　　　　　　　　　　　　　　224, 246, 279
最大判昭 37・6・13 民集 16 巻 7 号 1340 頁
　　　　　　　　　　　　　　　　　　229
最判昭 37・6・19 裁判集民 61 号 251 頁
　　　　　　　　　　　　　　　　187, 264
高松高判昭 37・6・21 高民集 15 巻 4 号 296
　頁 ・・・・・・・・・・・・・・・・・・・・・・・131
最判昭 37・8・10 民集 16 巻 8 号 1700 頁・・・・・・47
最判昭 37・9・4 民集 16 巻 9 号 1834 頁
　　　　　　　　　　　　　486, 513, 904
静岡地浜松支判昭 37・12・26 下民集 13 巻
　12 号 2591 頁 ・・・・・・・・・・・・・・・625
最判昭 38・2・1 民集 17 巻 1 号 160 頁 ・・・・・346
最判昭 38・3・26 裁判集民 65 号 241 頁
　　　　　　　　　　　　　　　　447, 947
最判昭 38・9・5 民集 17 巻 8 号 942 頁 ・・・・・・346
最判昭 38・9・26 民集 17 巻 8 号 1040 頁
　　　　　　　　　　　　　　　　390, 416
最判昭 38・12・24 民集 17 巻 12 号 1720 頁
　　　　　　　　　　　　　　　　　　116
最判昭 39・1・24 判タ 160 号 66 頁・・・・・・159, 163
最判昭 39・1・28 民集 18 巻 1 号 136 頁
　　　・・・・・・401, 491, 521, 522, 524, 923, 927, 932
最判昭 39・2・11 民集 18 巻 2 号 315 頁
　　　　　　　　　　　　　　　　796, 802
最判昭 39・5・12 民集 18 巻 4 号 583 頁・・・・・・821
最判昭 39・6・23 民集 18 巻 5 号 842 頁
　　　　　　　　　　　　　　　　416, 459
最大判昭 39・6・24 民集 18 巻 5 号 854 頁
　　　　　　　　　　　　　　　　817, 912
最判昭 39・6・24 民集 18 巻 5 号 874 頁
　　　　　　　　　　　　　　　　427, 479
神戸地判昭 39・7・15 民集 21 巻 1 号 66 頁
　　　　　　　　　　　　　　　　　　353
最判昭 39・9・4 民集 18 巻 7 号 1394 頁・・・・・・108
最判昭 39・9・25 民集 18 巻 7 号 1528 頁
　　　　　　　　　　　　　250, 480, 914
東京地判昭 39・9・28 下民集 15 巻 9 号 2317
　頁 ・・・・・・・・・・・・・560, 575, 577
最大判昭 39・11・18 民集 18 巻 9 号 1868 頁
　　　　　　　　　　　　　　　　　　229
最判昭 39・11・24 民集 18 巻 9 号 1927 頁・・・626
最判昭 39・12・4 民集 18 巻 10 号 2043 頁

　　　　　　　　　　　　　　　　796, 803
最判昭 40・2・5 裁判集民 77 号 321 頁
　　　　　　　　　　　　　　　　446, 448
東京高判昭 40・2・10 高民集 18 巻 1 号 80 頁
　　　　　　　　　　　　　　　　　　833
最判昭 40・3・25 民集 19 巻 2 号 497 頁・・・・・・234
最判昭 40・11・30 民集 19 巻 8 号 2049 頁・・・839
最判昭 40・12・17 判時 440 号 33 頁 ・・・・・・・418
最判昭 40・12・21 民集 19 巻 9 号 2221 頁
　　　　　　　　　　　　　　　　204, 278

昭和 41〜50 年

最大判昭 41・4・20 民集 20 巻 4 号 702 頁・・・104
最判昭 41・5・6 裁判集民 83 号 477 頁 ・・・・・・438
最判昭 41・6・23 民集 20 巻 5 号 1118 頁
　・・・317, 360, 372, 527, 529, 539, 540, 541
最判昭 41・7・28 民集 20 巻 6 号 1265 頁 ・・・224
東京高判昭 41・8・18 下民集 17 巻 7＝8 号
　695 頁 ・・・・・・・・・・・・・・・・・・885
東京高判昭 41・9・6 判タ 195 号 91 頁
　　　　　　　　　　　　　　　　826, 829
最判昭 41・12・20 刑集 20 巻 10 号 1212 頁
　　　　　　　　　　　　　　　　　　782
最判昭 42・1・31 民集 21 巻 1 号 61 頁
　　　　　　　　　　　　　　　　990, 991
最判昭 42・3・31 民集 21 巻 2 号 475 頁
　　　　　　　　　　　　　　　　163, 271
最判昭 42・6・27 民集 21 巻 6 号 1507 頁 ・・・913
東京地判昭 42・9・27 下民集 18 巻 9＝10 号
　941 頁 ・・・・・・・・・・・・・・・・・・818
東京地判昭 42・9・27 交民 2 巻 3 号 875 頁
　　　　　　　　　　　　　　　　　　826
最判昭 42・9・29 判タ 211 号 152 頁 ・・・811, 812
最判昭 42・9・29 判時 500 号 25 頁・・・・・・・・・849
最大判昭 42・11・1 民集 21 巻 9 号 2249 頁
　　　・・・492, 969, 970, 971, 972, 973, 984
最判昭 42・11・2 民集 21 巻 9 号 2278 頁 ・・・839
最判昭 42・11・10 民集 21 巻 9 号 2352 頁
　　　　　　　　　　376, 399, 424, 900
最判昭 43・4・23 民集 22 巻 4 号 964 頁
　　　　　　　　　　　　　　　　419, 756
最判昭 43・6・27 民集 22 巻 6 号 1339 頁
　　　　　　　　　　　　　　　　390, 416
最判昭 43・7・25 判時 530 号 37 頁・・・・・・・・・783

判例索引

最判昭 43・8・2 民集 22 巻 8 号 1525 頁……440
最判昭 43・8・27 民集 22 巻 8 号 1704 頁……440
最判昭 43・9・19 民集 22 巻 9 号 1923 頁 …990
最判昭 43・9・24 判タ 228 号 112 頁
　　……………………………………783, 797, 803
最判昭 43・10・3 判時 540 号 38 頁……482, 982
最判昭 43・10・8 民集 22 巻 10 号 2125 頁…807
最判昭 43・10・18 判タ 228 号 115 頁…797, 802
最大判昭 43・11・13 民集 22 巻 12 号 2526 頁
　　…………………………………204, 207, 229
最判昭 43・11・15 民集 22 巻 12 号 2614 頁
　　………………………………………419, 502
最判昭 43・12・24 民集 22 巻 13 号 3428 頁
　　………………………………………………340
最判昭 43・12・24 民集 22 巻 13 号 3454 頁
　　………………………………………………912
最判昭 44・1・31 判時 553 号 45 頁…………804
最判昭 44・2・6 民集 23 巻 2 号 195 頁 …638
最判昭 44・2・27 民集 23 巻 2 号 441 頁
　　………………………………416, 466, 902
最判昭 44・2・28 民集 23 巻 2 号 525 頁
　　………………………399, 416, 500, 818
東京高判昭 44・6・27 交民 2 巻 3 号 871 頁
　　………………………………………………826
最判昭 44・7・8 民集 23 巻 8 号 1407 頁……340
最判昭 44・9・12 民集 23 巻 9 号 1654 頁 …802
最判昭 44・9・18 民集 23 巻 9 号 1699 頁 …804
最判昭 44・9・26 民集 23 巻 9 号 1727 頁
　　………………………………………255, 344
最判昭 44・11・25 民集 23 巻 11 号 2137 頁
　　………………………………………………207
最判昭 44・12・18 判タ 244 号 156 頁………783
最大判昭 44・12・24 刑集 23 巻 12 号 1625 頁
　　…………………………562, 564, 565, 590
神戸地伊丹支判昭 45・1・12 判タ 242 号 191
　　頁 ……………………………………………831
最判昭 45・1・22 民集 24 巻 1 号 40 頁
　　………………………………783, 786, 816
最判昭 45・1・27 民集 24 巻 1 号 56 頁 ……783
大阪高判昭 45・1・29 判タ 246 号 306 頁 …508
最判昭 45・2・27 判時 586 号 57 頁…………804
最判昭 45・3・26 民集 24 巻 3 号 151 頁……137
最判昭 45・5・22 判時 599 号 27 頁…………783
最判昭 45・7・16 民集 24 巻 7 号 909 頁

　　…………………………………169, 270, 271
最判昭 45・7・16 判時 600 号 89 頁……797, 805
最判昭 45・7・24 民集 24 巻 7 号 1177 頁 …480
最大判昭 45・10・21 民集 24 巻 11 号 1560 頁
　　…………………………………231, 237, 247
最判昭 45・10・29 裁判集民 101 号 225 頁
　　………………………………782, 783, 787
大阪地判昭 45・11・28 判時 627 号 69 頁 …834
最判昭 45・12・18 民集 24 巻 13 号 2151 頁
　　………………………………519, 529, 531
最判昭 46・1・26 民集 25 巻 1 号 102 頁……803
最判昭 46・1・26 民集 25 巻 1 号 126 頁……801
最判昭 46・1・26 判時 621 号 35 頁…………802
最判昭 46・4・6 交民 4 巻 2 号 387 頁………805
最判昭 46・4・23 民集 25 巻 3 号 351 頁
　　………………………………832, 833, 834
佐賀地判昭 46・4・23 交民 4 巻 2 号 681 頁
　　………………………………………………508
東京高判昭 46・4・27 高民集 24 巻 2 号 158
　　頁 ……………………………………826, 834
最判昭 46・6・24 民集 25 巻 4 号 574 頁……373
最判昭 46・6・29 民集 25 巻 4 号 650 頁
　　………………………………420, 499, 980
最判昭 46・7・1 民集 25 巻 5 号 727 頁 …802
最判昭 46・7・23 民集 25 巻 5 号 805 頁……346
最判昭 46・9・28 判タ 269 号 192 頁 ………834
新潟地判昭 46・9・29 下民集 22 巻 9 = 10 号
　　別冊 1 頁 …………………362, 436, 741, 746
最判昭 46・10・28 民集 25 巻 7 号 1069 頁…236
大阪地判昭 46・10・30 判タ 274 号 288 頁…825
最判昭 46・11・9 民集 25 巻 8 号 1160 頁
　　………………………………………798, 803
最判昭 46・11・16 民集 25 巻 8 号 1209 頁…803
最判昭 46・12・7 判時 657 号 46 頁…………804
最判昭 46・12・7 判時 657 号 50 頁…………804
東京地判昭 47・1・19 判タ 275 号 233 頁 …833
神戸地判昭 47・2・16 交民 5 巻 1 号 212 頁
　　………………………………………………833
福岡地田川支判昭 47・2・28 訟月 18 巻 11 号
　　1673 頁 ……………………………………516
最判昭 47・5・30 民集 26 巻 4 号 898 頁……811
最判昭 47・5・30 民集 26 巻 4 号 939 頁
　　………………………………………387, 419
福岡高判昭 47・6・15 判時 692 号 52 頁……171

1013

判 例 索 引

最判昭 47・6・27 民集 26 巻 5 号 1067 頁
　　　　　　　　　　317, 364, 731, 897
津地四日市支判昭 47・7・24 判タ 280 号 100
　頁　　　　　　　　　　　　748, 756
名古屋高金沢支判昭 47・8・9 判タ 280 号
　182 頁　　　　　　　　　　　　748
最判昭 47・9・7 民集 26 巻 7 号 1327 頁……274
大阪地判昭 47・9・12 判時 689 号 104 頁 …860
東京地判昭 47・9・27 判タ 288 号 341 頁 …836
最判昭 47・10・5 民集 26 巻 8 号 1367 頁 …802
鹿児島地判昭 47・11・8 判時 703 号 73 頁…833
最判昭 47・11・16 民集 26 巻 9 号 1633 頁…543
神戸地判昭 47・12・21 判時 704 号 80 頁 …663
最判昭 47・12・22 民集 26 巻 10 号 1991 頁
　　　　　　　　　　　　　　　170
最判昭 48・1・30 判時 695 号 64 頁…………803
東京地判昭 48・2・24 判時 722 号 78 頁……885
熊本地判昭 48・3・20 判タ 294 号 108 頁
　　　　　　　　　　　491, 741, 753
名古屋地判昭 48・3・30 判タ 295 号 153 頁
　　　　　　　　　　　　　　　471
最判昭 48・4・5 民集 27 巻 3 号 419 頁
　　　　　　　　　　　354, 486, 890
最判昭 48・4・20 判時 707 号 49 頁……390, 418
最判昭 48・5・22 刑集 27 巻 5 号 1077 頁 …790
最判昭 48・6・7 民集 27 巻 6 号 681 頁 ……416
佐賀地判昭 48・6・19 交民 6 巻 3 号 1016 頁
　　　　　　　　　　　　　　　445
最判昭 48・6・21 裁判集民 109 号 387 頁
　　　　　　　　　　　　　783, 789
東京高判昭 48・7・20 高民集 26 巻 3 号 226
　頁　　　　　　　　　　　　　833
最判昭 48・10・11 判時 723 号 44 頁 ………467
最判昭 48・12・20 民集 27 巻 11 号 1611 頁
　　　　　　　　　　　　　416, 802
岐阜地大垣支判昭 48・12・27 判タ 307 号 87
　頁　　　　　　　　　　　　　663
最判昭 49・3・22 民集 28 巻 2 号 347 頁
　　　　　　　　　　　　　307, 419
最判昭 49・3・29 裁判集民 111 号 493 頁 …544
最判昭 49・4・15 民集 28 巻 3 号 385 頁
　　　　　　　　　　　419, 458, 460
東京地判昭 49・4・18 判タ 310 号 261 頁 …850
名古屋地判昭 49・4・19 判時 754 号 70 頁…837

最判昭 49・4・25 民集 28 巻 3 号 447 頁
　　　　　　　　　399, 417, 499, 980
千葉地佐倉支判昭 49・7・15 交民 7 巻 4 号
　1026 頁　　　　　　　　　　　987
最判昭 49・7・16 民集 28 巻 5 号 732 頁……798
最判昭 49・7・19 民集 28 巻 5 号 872 頁……440
最判昭 49・7・19 判時 755 号 58 頁…………849
岡山地判昭 49・7・19 交民 7 巻 4 号 1076 頁
　　　　　　　　　　　　　　　987
最判昭 49・9・26 民集 28 巻 6 号 1243 頁
　　　　　　　　　164, 190, 270, 271
名古屋高判昭 49・11・20 高民集 27 巻 6 号
　395 頁　　　　　　　　　　　471
最判昭 49・12・6 民集 28 巻 10 号 1813 頁…813
最判昭 49・12・17 民集 28 巻 10 号 2040 頁
　　　　　　　　　　　　　496, 987
最判昭 50・1・31 民集 29 巻 1 号 68 頁
　　　　　　　　　　477, 481, 914
東京地八王子支判昭 50・3・14 判タ 324 号
　257 頁　　　　　　　　　　　833
東京地判昭 50・3・26 判時 792 号 59 頁……234
東京高判昭 50・3・27 判タ 327 号 214 頁 …501
最判昭 50・3・28 民集 29 巻 3 号 251 頁……417
大阪地判昭 50・3・28 判タ 328 号 364 頁 …192
最判昭 50・5・29 判時 783 号 107 頁 ………803
最判昭 50・9・11 判時 797 号 100 頁 ………804
最判昭 50・10・24 民集 29 巻 9 号 1417 頁
　　　　　　　　　382, 642, 668, 907
東京高判昭 50・10・27 判時 819 号 48 頁 …421
最判昭 50・11・4 民集 29 巻 10 号 1501 頁…814
大阪高判昭 50・11・27 判タ 330 号 116 頁
　　　　　　　　　　　　　729, 759
最判昭 50・11・28 民集 29 巻 10 号 1818 頁
　　　　　　　　　　　　　798, 805
最判昭 50・11・28 金法 777 号 24 頁 ………366
最判昭 50・12・26 民集 29 巻 11 号 1890 頁…34

昭和 51〜60 年

宇都宮地判昭 51・1・16 交民 9 巻 1 号 28 頁
　　　　　　　　　　　　　　　508
大阪地判昭 51・1・29 判タ 336 号 315 頁 …833
最判昭 51・2・13 民集 30 巻 1 号 1 頁…100, 103
東京地判昭 51・6・29 判タ 339 号 136 頁
　　　　　　　　　　　　　146, 594

判 例 索 引

最判昭 51・7・8 民集 30 巻 7 号 689 頁 ……256
大阪地判昭 51・7・15 判時 836 号 85 頁……421
最判昭 52・2・18 裁判集民 120 号 91 頁
　　　　　　　　　　　　　　　　　783, 789
神戸地尼崎支判昭 52・3・30 交民 10 巻 2 号
　485 頁 ………………………………………989
最判昭 52・5・27 民集 31 巻 3 号 427 頁
　　　　　　　　　　　　　　　　　483, 484
東京高判昭 52・7・4 判タ 360 号 155 頁……664
最判昭 52・9・22 交民 10 巻 5 号 1246 頁 …813
最判昭 52・9・22 交民 10 巻 5 号 1255 頁 …802
福岡地判昭 52・10・5 判タ 354 号 140 頁
　　　　　　　　　　　　　　　　　663, 665
最判昭 52・10・25 民集 31 巻 6 号 836 頁
　　　　　　　　　　　　　　　　　483, 484
最判昭 52・10・25 判タ 355 号 260 頁…390, 418
最判昭 52・11・24 民集 31 巻 6 号 918 頁
　　　　　　　　　　　　　　　　　807, 808
大阪高判昭 52・12・20 判タ 357 号 159 頁…475
最判昭 52・12・22 判時 878 号 60 頁 ………805
金沢地判昭 53・3・1 判タ 359 号 143 頁……664
福岡地久留米支判昭 53・5・23 判時 926 号
　103 頁 ………………………………………833
福岡高判昭 53・6・26 判タ 377 号 142 頁 …632
東京地八王子支判昭 53・7・31 交民 12 巻 2
　号 347 頁 ……………………………………503
東京地判昭 53・8・3 判タ 365 号 99 頁 ……661
最判昭 53・8・29 交民 11 巻 4 号 941 頁……803
大阪高判昭 53・9・28 判時 933 号 73 頁……833
最判昭 53・10・20 民集 32 巻 7 号 1500 頁
　　　　　　　　　　　　　476, 477, 479
東京高判昭 53・10・31 交民 11 巻 5 号 1305
　頁 ……………………………………………834
福岡地判昭 53・11・14 判タ 376 号 58 頁
　　　　　　　　　　　　　664, 665, 753
東京地判昭 54・2・8 交民 12 巻 1 号 171 頁
　　　　　　　　　　　　　　　　　　　988
広島地判昭 54・2・22 判時 920 号 19 頁……664
横浜地横須賀支判昭 54・2・26 下民集 30 巻
　1〜4 号 57 頁 ………………………………732
東京高判昭 54・3・14 高民集 32 巻 1 号 33 頁
　　　　　　　　　　　　　　　　　535, 537
東京地判昭 54・3・22 交民 12 巻 2 号 406 頁
　　　　　　　　　　　　　　　　　　　989

東京地判昭 54・3・27 判タ 382 号 91 頁
　　　　　　　　　　　　　　　　　831, 836
最判昭 54・3・30 民集 33 巻 2 号 303 頁
　　　　　　346, 347, 364, 420, 497
東京高判昭 54・4・17 判時 929 号 77 頁……503
札幌地判昭 54・5・10 判時 950 号 53 頁……664
東京地判昭 54・5・24 下民集 30 巻 5〜8 号
　216 頁 ………………………………831, 837
京都地判昭 54・7・2 判時 950 号 87 頁……664
東京地判昭 54・7・3 判時 947 号 63 頁 ……827
大阪地判昭 54・7・31 判時 950 号 241 頁 …662
大津地判昭 54・10・1 下民集 30 巻 9〜12 号
　459 頁 ………………………………………503
大阪高判昭 54・11・27 判タ 406 号 129 頁…531
最判昭 54・12・13 交民 12 巻 6 号 1463 頁…503
福岡地久留米支判昭 54・12・19 判時 965 号
　98 頁 ………………………………………834
東京地判昭 54・12・25 交民 12 巻 6 号 1679
　頁 ……………………………………………664
札幌地判昭 55・2・5 交民 13 巻 1 号 186 頁
　　　　　　　　　　　　　　　　　　　802
最判昭 55・5・1 判タ 419 号 73 頁 ………914
仙台地判昭 55・7・9 判時 989 号 76 頁
　　　　　　　　　　　　　　　　　826, 833
福岡地判昭 55・7・18 判タ 423 号 142 頁 …833
大阪高判昭 55・9・26 高民集 33 巻 3 号 266
　頁 ……………………………………541, 542
名古屋地判昭 55・9・26 交民 13 巻 5 号 1203
　頁 ……………………………………………503
大阪地判昭 55・10・20 判時 1007 号 99 頁…837
福岡地小倉支判昭 55・11・25 訟月 27 巻 4 号
　661 頁 ………………………………………664
大阪地判昭 55・12・2 判タ 437 号 89 頁……828
最判昭 55・12・18 民集 34 巻 7 号 888 頁
　　　　　　490, 492, 513, 921, 993
名古屋高金沢支判昭 56・1・28 判時 1003 号
　104 頁 ………………………………………664
大阪高判昭 56・2・18 判タ 446 号 136 頁 …503
東京地判昭 56・2・19 交民 14 巻 1 号 238 頁
　　　　　　　　　　　　　　　　　　　988
最判昭 56・4・14 民集 35 巻 3 号 620 頁
　　　　　　　　　　　　　　　　　526, 567
最判昭 56・4・16 刑集 35 巻 3 号 84 頁
　　　　　　　　　　　　　540, 568, 584

1015

判例索引

東京高判昭 56・4・23 判タ 441 号 118 頁 …664
最判昭 56・6・19 判タ 447 号 78 頁………617
東京地八王子支判昭 56・7・13 判タ 445 号
　88 頁 …………………………………………727
静岡地判昭 56・7・17 判タ 447 号 104 頁 …497
大阪地判昭 56・9・29 判タ 460 号 151 頁 …829
最判昭 56・11・13 判タ 457 号 82 頁 ………808
大阪地判昭 56・11・27 判タ 467 号 142 頁 …458
最大判昭 56・12・16 民集 35 巻 10 号 1369 頁
　………………………………728, 760, 767
東京高判昭 56・12・16 判時 1035 号 54 頁 …490
最判昭 56・12・22 民集 35 巻 9 号 1350 頁
　…………………399, 424, 445, 901, 965
名古屋高判昭 56・12・23 交民 14 巻 6 号
　1320 頁 …………………………………503
最判昭 57・1・19 民集 36 巻 1 号 1 頁………809
東京地判昭 57・2・1 判タ 458 号 187 頁
　…………………………446, 636, 936
福岡地小倉支判昭 57・3・29 判タ 469 号 87
　頁 ………………………………………663
最判昭 57・3・30 判タ 468 号 76 頁……367, 607
前橋地判昭 57・3・30 判タ 469 号 58 頁
　…………………………………………458, 740
最判昭 57・4・2 判タ 470 号 118 頁…………813
最判昭 57・4・27 判タ 471 号 99 頁…………814
東京地判昭 57・10・18 判タ 490 号 138 頁 …637
横浜地判昭 57・10・20 判タ 484 号 107 頁…727
最判昭 57・11・26 民集 36 巻 11 号 2318 頁
　…………………………………………815
広島地判昭 57・12・22 判タ 492 号 127 頁 …636
津地判昭 58・2・25 判タ 495 号 64 頁………469
大阪地堺支判昭 58・3・23 判タ 492 号 180 頁
　…………………………………536, 537
最判昭 58・4・19 判タ 501 号 131 頁 ………340
津地判昭 58・4・21 判タ 494 号 156 頁 ……469
長崎地判昭 58・5・13 労判 419 号 51 頁……553
大阪高判昭 58・6・29 判タ 498 号 219 頁
　…………………………………832, 836
最判昭 58・9・6 民集 37 巻 7 号 901 頁
　…………………………………420, 514
最判昭 58・10・6 民集 37 巻 8 号 1041 頁
　…………………………512, 519, 948, 972
最判昭 58・10・20 判タ 538 号 95 頁 ………542
大阪高判昭 59・3・29 判タ 540 号 293 頁 …829

大阪地判昭 59・5・24 判タ 531 号 226 頁 …500
最判昭 59・9・18 判タ 542 号 200 頁 ………842
最判昭 59・12・21 裁判集民 143 号 503 頁…260
東京地判昭 59・12・27 判時 1172 号 74 頁…182
名古屋高判昭 60・4・12 判タ 558 号 326 頁
　………………………………………759, 760
大阪高判昭 60・4・26 判タ 565 号 142 頁 …664
東京地判昭 60・6・27 判タ 585 号 65 頁 …862
秋田地本庄支判昭 60・6・27 判時 1166 号
　148 頁 …………………………………846
東京地判昭 60・7・5 判タ 557 号 296 頁……827
秋田地判昭 60・9・3 交民 18 巻 5 号 1191 頁
　…………………………………………498
大分地判昭 60・10・2 判タ 577 号 75 頁……652
京都地判昭 60・12・11 判時 1180 号 110 頁
　…………………………………………988

昭和 61～64 年

秋田地大館支判昭 61・2・27 判タ 617 号 101
　頁 ………………………………………880
最判昭 61・3・25 民集 40 巻 2 号 472 頁
　…………………………………835, 836
東京高判昭 61・4・9 判タ 617 号 44 頁
　…………………………………728, 767
最判昭 61・5・29 判タ 606 号 46 頁…………849
大阪地判昭 61・6・9 判タ 608 号 82 頁 …846
最大判昭 61・6・11 民集 40 巻 4 号 872 頁
　………………342, 450, 518, 523, 529
神戸地判昭 61・7・17 判タ 619 号 139 頁 …761
千葉地判昭 61・7・25 判タ 634 号 196 頁 …601
大阪高判昭 61・11・14 判タ 641 号 166 頁…542
大阪高判昭 61・11・21 判タ 641 号 170 頁…846
名古屋高判昭 61・12・26 判タ 629 号 254 頁
　…………………………………………613
最判昭 62・1・22 民集 41 巻 1 号 17 頁
　…………………………307, 365, 420
東京地判昭 62・1・22 判時 1261 号 95 頁 …885
東京高判昭 62・3・17 判タ 632 号 155 頁 …843
静岡地判昭 62・3・27 判タ 645 号 207 頁 …833
大阪地判昭 62・3・30 判タ 638 号 85 頁
　…………………………………863, 866
最判昭 62・4・16 判タ 642 号 173 頁 ………215
最判昭 62・4・24 民集 41 巻 3 号 490 頁……555
東京地判昭 62・5・18 判タ 642 号 100 頁 …664

判 例 索 引

仙台高秋田支判昭 62・5・27 判タ 657 号 141
頁 ‥‥‥‥‥‥‥‥‥‥‥‥‥‥‥‥‥‥846
東京地判昭 62・5・29 交民 20 巻 3 号 742 頁
‥‥‥‥‥‥‥‥‥‥‥‥‥‥‥‥‥‥508
東京高判昭 62・6・29 判タ 658 号 135 頁 ‥462
最判昭 62・7・10 民集 41 巻 5 号 1202 頁
‥‥‥‥‥‥‥‥‥‥‥‥‥‥‥‥476, 484
東京高判昭 62・7・15 判タ 641 号 232 頁 ‥729
神戸地判昭 62・9・28 判タ 672 号 225 頁 ‥638
静岡地浜松支決昭 62・10・9 判タ 654 号 241
頁 ‥‥‥‥‥‥‥‥‥‥‥‥‥‥‥‥‥‥738
横浜地判昭 62・12・25 判時 1279 号 46 頁‥881
最判昭 63・1・26 民集 42 巻 1 号 1 頁‥318, 339
最判昭 63・2・16 民集 42 巻 2 号 27 頁
‥‥‥‥‥‥315, 318, 342, 567, 590, 897
大阪地判昭 63・2・24 判タ 680 号 199 頁 ‥848
大阪地判昭 63・2・26 判時 1292 号 113 頁‥848
東京高判昭 63・3・11 判タ 666 号 91 頁
‥‥‥‥‥‥446, 662, 664, 665, 670, 936
岡山地判昭 63・3・22 判時 1293 号 157 頁‥630
大阪高判昭 63・3・28 判時 1287 号 80 頁‥‥32
最判昭 63・3・31 判タ 686 号 144 頁 ‥‥‥609
最判昭 63・4・21 民集 42 巻 4 号 243 頁
‥‥‥‥‥‥‥‥‥‥‥‥‥‥‥‥420, 913
最大判昭 63・6・1 民集 42 巻 5 号 277 頁
‥‥‥‥‥‥‥‥‥‥‥‥‥316, 348, 563
最判昭 63・6・16 民集 42 巻 5 号 414 頁‥‥810
最判昭 63・6・16 判タ 685 号 151 頁 ‥‥‥808
最判昭 63・7・1 民集 42 巻 6 号 451 頁 ‥‥354
神戸地判昭 63・8・18 判タ 702 号 207 頁 ‥461
最判昭 63・12・20 判タ 687 号 74 頁 ‥348, 563

平成元～10 年

最判平元・1・19 判タ 690 号 116 頁 ‥‥‥481
東京高判平元・1・30 判タ 696 号 154 頁 ‥833
東京地判平元・3・13 判タ 702 号 212 頁 ‥634
東京地判平元・3・14 判タ 700 号 220 頁 ‥827
大阪高判平元・3・31 判タ 707 号 191 頁 ‥846
最判平・4・11 民集 43 巻 4 号 209 頁 ‥‥‥490
静岡地沼津支判平元・4・26 判時 1343 号 113
頁 ‥‥‥‥‥‥‥‥‥‥‥‥‥‥‥‥‥‥640
広島地尾道支判平元・5・25 判時 1338 号 127
頁 ‥‥‥‥‥‥‥‥‥‥‥‥‥‥‥‥‥‥651
最判平元・6・6 交民 22 巻 3 号 551 頁 ‥‥805

東京地判平元・6・23 判時 1319 号 132 頁 ‥561
東京地判平元・8・29 判時 1331 号 86 頁 ‥876
最判平元・9・19 裁判集民 157 号 601 頁 ‥862
最判平元・12・8 民集 43 巻 11 号 1259 頁
‥‥‥‥‥‥‥‥‥‥‥‥‥342, 426, 463
前橋地判平元・12・19 判時 1357 号 115 頁
‥‥‥‥‥‥‥‥‥‥‥‥‥‥‥‥‥‥640
最判平元・12・21 民集 43 巻 12 号 2209 頁
‥‥‥‥‥‥‥‥‥‥‥‥‥‥‥‥763, 916,
最判平元・12・21 民集 43 巻 12 号 2252 頁
‥‥‥‥‥317, 364, 546, 548, 550, 561
松山地判平元・12・21 判タ 725 号 189 頁 ‥629
大阪地判平元・12・27 判時 1341 号 53 頁
‥‥‥‥‥‥‥‥‥‥‥‥‥‥‥‥536, 537
最判平 2・1・22 民集 44 巻 1 号 332 頁 ‥‥208
東京地判平 2・1・30 判タ 730 号 140 頁‥‥541
横浜地判平 2・2・14 判タ 721 号 199 頁‥‥885
京都地判平 2・2・28 民集 49 巻 8 号 2815 頁
‥‥‥‥‥‥‥‥‥‥‥‥‥‥‥‥‥‥181
東京地判平 2・3・12 判タ 734 号 210 頁‥‥639
東京地判平 2・3・26 判タ 723 号 247 頁‥‥551
福岡高判平 2・3・28 判時 1363 号 143 頁‥‥28
東京地判平 2・3・29 判時 1381 号 56 頁‥‥860
最判平 2・4・17 民集 44 巻 3 号 547 頁 ‥‥316
東京地判平 2・5・22 判時 1357 号 93 頁‥‥561
最判平 2・7・5 裁判集民 160 号 187 頁 ‥‥843
岐阜地大垣支判平 2・7・16 判時 1368 号 114
頁 ‥‥‥‥‥‥‥‥‥‥‥‥‥‥‥‥‥‥635
東京地判平 2・7・27 判時 1375 号 84 頁‥‥652
水戸地判平 2・7・31 判タ 746 号 173 頁‥‥734
和歌山地判平 2・8・17 判タ 739 号 142 頁‥833
神戸地明石支判平 2・10・8 判時 1394 号 128
頁 ‥‥‥‥‥‥‥‥‥‥‥‥‥‥‥‥‥‥637
大阪地判平 2・10・12 判時 1376 号 91 頁 ‥875
仙台高秋田支判平 2・11・26 判タ 751 号 156
頁 ‥‥‥‥‥‥‥‥‥‥‥‥‥‥‥‥‥‥850
東京高判平 2・12・7 判タ 748 号 65 頁 ‥‥664
東京地判平 2・12・20 判タ 750 号 208 頁 ‥541
東京地判平 2・12・20 判タ 758 号 209 頁 ‥508
高松高判平 2・12・27 判タ 754 号 204 頁 ‥637
最判平 3・2・5 交民 24 巻 1 号 1 頁‥‥‥‥812
仙台高判平 3・2・21 判時 1404 号 85 頁‥‥191
大阪地判平 3・3・11 判タ 773 号 204 頁
‥‥‥‥‥‥‥‥‥‥‥‥‥‥‥‥848, 876

1017

判 例 索 引

広島地判平 3・3・25 判タ 858 号 202 頁
　　　　　　　　　　　　　　　　　848, 876
大阪地判平 3・3・29 判タ 761 号 46 頁
　　　　　　　　　　437, 753, 757, 938
神戸地判平 3・4・22 判タ 770 号 236 頁
　　　　　　　　　　　　　　　　　633, 652
大阪高判平 3・9・24 判時 1411 号 79 頁……860
静岡地判平 3・10・4 判タ 773 号 227 頁……633
最判平 3・11・19 民集 45 巻 8 号 1209 頁
　　　　　　　　120, 123, 266, 267, 269
最判平 3・11・19 判タ 774 号 135 頁 …783, 785
東京地判平 3・11・25 判タ 775 号 210 頁 …638
仙台地判平 3・12・9 判時 1460 号 125 頁
　　　　　　　　　　　　　　　　　850, 860
高松地判平 3・12・9 判タ 783 号 197 頁……635
東京地判平 4・1・28 判時 1421 号 94 頁……836
東京地判平 4・2・7 判タ 782 号 65 頁………763
大阪高判平 4・2・20 判タ 780 号 64 頁
　　　　　　　　　　　　　729, 760, 761
仙台地決平 4・2・28 判タ 789 号 107 頁
　　　　　　　　　　　　　　　726, 760
広島高判平 4・3・26 判タ 786 号 221 頁……629
大阪地判平 4・3・27 判時 1450 号 100 頁
　　　　　　　　　　　　　　　　　848, 876
高知地判平 4・3・30 判タ 788 号 213 頁
　　　　　　　　　　　　　　　534, 535
最判平 4・4・24 交民 25 巻 2 号 283 頁 ……815
最判平 4・6・8 判タ 812 号 177 頁 ……609, 614
金沢地判平 4・6・19 判時 1472 号 105 頁 …640
最判平 4・6・25 民集 46 巻 4 号 400 頁 ……913
神戸地判平 4・6・30 判タ 802 号 196 頁……601
東京地判平 4・7・8 判時 1468 号 116 頁……639
京都地判平 4・7・17 判時 1489 号 142 頁 …635
東京地判平 4・9・11 交民 25 巻 5 号 1123 頁
　　　　　　　　　　　　　　　　　　504
前橋地判平 4・12・15 判タ 809 号 189 頁……639
仙台高判平 4・12・16 判タ 864 号 252 頁 …124
東京地判平 5・1・25 判タ 876 号 206 頁……234
青森地判平 5・2・16 判時 1482 号 144 頁 …541
最判平 5・2・25 民集 47 巻 2 号 643 頁
　　　　　　　　　　　　　　　728, 761
最判平 5・2・25 判タ 816 号 137 頁…………729
最判平 5・3・16 判タ 820 号 191 頁…………802
最大判平 5・3・24 民集 47 巻 4 号 3039 頁

……284, 441, 454, 476, 477, 482, 490, 823, 914
東京高判平 5・3・29 判タ 861 号 260 頁
　　　　　　　　　　　　　　　　　848, 876
最判平 5・4・6 民集 47 巻 6 号 4505 頁
　　　　　　　　　　　　343, 498, 968
大阪高判平 5・4・15 交民 26 巻 2 号 303 頁
　　　　　　　　　　　　　　　　　　461
大阪高判平 5・6・29 判タ 834 号 130 頁
　　　　　　　　　　　　　　　　　847, 848, 876
名古屋簡判平 5・6・30 判タ 848 号 266 頁…860
広島高判平 5・7・16 判タ 858 号 198 頁
　　　　　　　　　　　　　　　　　847, 848, 876
最判平 5・9・9 判タ 832 号 276 頁 ……399, 420
最判平 5・9・21 判タ 832 号 70 頁 …………441
札幌地判平 5・10・28 判タ 863 号 249 頁 …629
京都地判平 5・11・25 判タ 853 号 249 頁 …936
京都地判平 5・11・26 判タ 838 号 101 頁 …763
東京地判平 5・12・7 判タ 847 号 252 頁……639
名古屋高判平 5・12・24 判タ 846 号 221 頁
　　　　　　　　　　　　　　　　　　509
山口地下関支判平 6・1・24 判タ 844 号 220
　頁 ……………………………………637
横浜地川崎支判平 6・1・25 判タ 845 号 105
　頁 ……………………………………437
東京高判平 6・2・1 判時 1490 号 87 頁 ……875
最判平 6・2・8 民集 48 巻 2 号 149 頁
　　　　　　　317, 526, 566, 568, 580
最判平 6・2・22 民集 48 巻 2 号 441 頁
　　　　　　　　　　　　　　　447, 947
東京高判平 6・2・24 判タ 872 号 197 頁……641
東京高判平 6・3・15 判タ 876 号 204 頁……234
岡山地判平 6・3・23 判タ 845 号 46 頁 ……437
最判平 6・3・24 判タ 862 号 260 頁…………317
神戸地判平 6・3・24 判タ 875 号 233 頁 …651
大阪地判平 6・3・29 判タ 842 号 69 頁 ……665
東京高判平 6・3・30 判時 1522 号 104 頁 …622
広島高判平 6・3・30 判タ 877 号 261 頁……641
名古屋地判平 6・5・27 判タ 878 号 235 頁…253
東京地判平 6・7・27 判タ 865 号 238 頁……544
福岡高判平 6・9・16 判タ 885 号 222 頁……509
名古屋地判平 6・9・26 判タ 881 号 196 頁…863
大阪高判平 6・10・18 判時 1521 号 44 頁 …509
東京高判平 6・10・20 判タ 883 号 231 頁 …652
高松高判平 6・10・25 判タ 871 号 257 頁 …509

1018

判 例 索 引

最判平 6・11・22 判タ 867 号 169 頁 ………812
東京高判平 6・11・29 判タ 884 号 173 頁 …443
東京地判平 6・12・6 交民 27 巻 6 号 1782 頁
　………………………………………………989
広島地判平 6・12・19 判時 1555 号 101 頁…636
大分地判平 6・12・26 判タ 886 号 261 頁 …635
福岡地判平 7・1・20 判時 1558 号 111 頁 …635
最判平 7・1・30 民集 49 巻 1 号 211 頁 ……480
東京地判平 7・2・16 判タ 896 号 193 頁……524
東京地判平 7・2・17 判タ 901 号 209 頁……641
最判平 7・3・10 判タ 876 号 142 頁……354, 364
東京地判平 7・3・23 判タ 903 号 223 頁……635
東京地判平 7・3・23 交民 28 巻 2 号 464 頁
　………………………………………………836
大阪地判平 7・3・24 判タ 881 号 222 頁……647
最判平 7・4・25 民集 49 巻 4 号 1163 頁
　…………………………………617, 622, 636
最判平 7・4・25 判タ 884 号 128 頁………821
東京地判平 7・5・19 判タ 883 号 103 頁……577
最判平 7・5・30 判タ 897 号 64 頁 ……618, 640
大阪高判平 7・5・30 判タ 889 号 253 頁……865
最判平 7・6・9 民集 46 巻 6 号 1499 頁
　………………………640, 367, 601, 608
最判平 7・7・4 LEX/DB28010068 …………850
大阪地判平 7・7・5 判時 1538 号 17 頁
　……………………………750, 757, 760
最判平 7・7・7 民集 49 巻 7 号 1870 頁
　…………………………………728, 768
最判平 7・7・14 交民 28 巻 4 号 963 頁
　…………………………………486, 514
東京地判平 7・7・24 判タ 903 号 168 頁
　…………………………………695, 696
広島高松江支判平 7・7・28 判タ 890 号 190
　頁 …………………………………………632
広島地判平 7・8・30 判タ 903 号 216 頁……634
最判平 7・9・5 判タ 891 号 77 頁………347, 562
最判平 7・9・19 民集 49 巻 8 号 2805 頁
　…………………………72, 137, 173, 272
東京地判平 7・9・22 判タ 916 号 192 頁……631
東京高判平 7・10・30 判タ 915 号 206 頁 …509
大阪高判平 7・11・17 民集 52 巻 4 号 1021 頁
　………………………………………………159
東京高判平 7・11・29 判時 1557 号 52 頁 …492
新潟地判平 7・11・29 交民 28 巻 6 号 1638 頁

　………………………………………………819
最判平 7・12・15 刑集 49 巻 10 号 842 頁 …565
大阪地判平 7・12・19 判タ 909 号 74 頁……578
大阪地判平 7・12・20 判時 1586 号 97 頁 …616
東京地判平 7・12・25 判タ 923 号 245 頁 …616
東京高判平 7・12・26 判タ 912 号 217 頁 …616
最判平 8・1・23 民集 50 巻 1 号 1 頁
　…………………368, 610, 611, 630, 895
東京高判平 8・1・30 判タ 921 号 247 頁
　…………………………………851, 880
東京地八王子支判平 8・2・19 判時 1585 号
　48 頁 ………………………………………639
大阪地判平 8・2・28 判タ 935 号 218 頁……639
最判平 8・3・26 民集 50 巻 4 号 993 頁
　…………………………………346, 347
広島地判平 8・3・28 判タ 912 号 223 頁……639
高松地判平 8・4・22 判タ 939 号 217 頁……651
最判平 8・4・25 民集 50 巻 5 号 1221 頁
　…………425, 438, 445, 446, 903, 966, 967
最判平 8・4・26 民集 50 巻 5 号 1267 頁
　…………………………………157, 160
最判平 8・5・28 民集 50 巻 6 号 1301 頁……417
最判平 8・5・31 民集 50 巻 6 号 1323 頁
　…………………425, 446, 477, 479
東京地判平 8・6・21 判タ 929 号 240 頁……645
神戸地姫路支判平 8・9・30 判タ 942 号 205
　頁 ……………………………………616, 632
東京地判平 8・10・21 判タ 939 号 210 頁 …427
最判平 8・10・28 金法 1469 号 51 頁 …338, 851
最判平 8・10・29 民集 50 巻 9 号 2474 頁 …913
東京地判平 8・10・31 判時 1610 号 101 頁…427
大阪地判平 8・11・20 判タ 947 号 253 頁 …427
熊本地判平 8・11・25 判タ 944 号 233 頁 …643
東京高判平 8・11・27 判タ 926 号 263 頁 …852
最判平 9・1・28 民集 51 巻 1 号 78 頁
　…………………………428, 440, 442
最判平 9・2・14 審決集 44 巻 789 頁 ………876
最判平 9・2・14 審決集 44 巻 792 頁 ………876
大分地判平 9・2・24 判タ 953 号 250 頁 …639
最判平 9・2・25 民集 51 巻 2 号 502 頁
　…………………………………608, 615
大阪地判平 9・3・10 交民 30 巻 2 号 403 頁
　………………………………………………988
静岡地浜松支判平 9・3・24 判タ 949 号 84 頁

1019

判例索引

　　　　　　　　　　　　　　　　……23
東京地判平 9・4・28 判タ 949 号 192 頁……632
最判平 9・5・27 民集 51 巻 5 号 2009 頁……521
最判平 9・5・27 民集 51 巻 5 号 2024 頁
　　　　　　　……448, 519, 532, 941, 945, 947
最判平 9・7・11 民集 51 巻 6 号 2573 頁
　　　　　　……285, 394, 401, 454, 456, 513, 936
最判平 9・9・9 民集 51 巻 8 号 3804 頁
　　　　　　……317, 360, 372, 544, 546, 551, 552
最判平 9・9・9 判タ 955 号 139 頁 …………354
大阪地判平 9・9・18 判タ 992 号 166 頁……665
鹿児島地判平 9・10・24 判自 173 号 84 頁…623
最判平 9・10・31 民集 51 巻 9 号 3962 頁
　　　　　　　　　　　　　　　…802, 815
広島地判平 9・11・19 判タ 994 号 224 頁 …635
最判平 9・11・27 判タ 960 号 95 頁…………803
仙台地判平 10・1・20 判時 1677 号 117 頁…635
広島高判岡山支判平 10・1・29 判タ 981 号 213
　　頁 ………………………………………630
最判平 10・1・30 判タ 967 号 120 頁
　　　　　　　　　　　　　　…544, 551
大阪高判平 10・2・27 判時 1667 号 77 頁 …850
東京地判平 10・3・23 判タ 988 号 264 頁…632
神戸地判平 10・3・23 判時 1676 号 89 頁 …636
福岡高那覇支判平 10・5・22 判タ 987 号 87
　　頁 ………………………………………728
最判平 10・5・26 民集 52 巻 4 号 985 頁……158
最判平 10・6・12 民集 52 巻 4 号 1087 頁
　　　　　　　　　　　　　　…763, 917
大阪地判平 10・6・29 交民 31 巻 3 号 945 頁
　　　　　　　　　　　　　　　　…440
最判平 10・7・17 判タ 984 号 83 頁…………547
大分地判平 10・8・24 判タ 1009 号 231 頁…647
最判平 10・9・10 判タ 986 号 189 頁 ………484
最判平 10・9・10 判タ 990 号 146 頁 ………340
東京高判平 10・9・10 判タ 1042 号 210 頁…626
大阪地判平 10・9・22 判タ 1027 号 230 頁
　　　　　　　　　　　　　　…623, 635
福岡地判飯塚支判平 10・10・12 判タ 1026 号
　　249 頁 …………………………………629
最判平 10・11・6 先物取引裁判例集 25 号
　　135 頁 …………………………………850
東京地判平 10・12・14 判時 1681 号 131 頁
　　　　　　　　　　　　　　　　…652

大阪地判平 10・12・18 判タ 1021 号 201 頁
　　　　　　　　　　　　　　　　…635

平成 11～20 年

最判平 11・1・21 民集 53 巻 1 号 98 頁 ……208
東京高判平 11・2・3 判時 1704 号 71 頁 ……31
東京地判平 11・2・17 判時 1697 号 73 頁 …605
東京高判平 11・2・24 LEX/DB25462869 …591
最判平 11・2・25 民集 53 巻 2 号 235 頁
　　　　　　……386, 399, 427, 644, 907, 909
最判平 11・3・23 判タ 1003 号 158 頁………643
大阪地判平 11・3・29 判タ 1010 号 96 頁
　　　　　　　　　　　　　　…828, 830
東京地判平 11・5・31 判タ 1009 号 223 頁…637
神戸地判平 11・6・23 判時 1700 号 99 頁 …453
高松高判平 11・6・28 判タ 1041 号 232 頁…641
名古屋地判平 11・6・30 判時 1682 号 106 頁
　　　　　　　　　　　　　　　　…692
最判平 11・7・19 交民 32 巻 4 号 1008 頁 …783
東京高判平 11・7・27 証券取引被害判例セレ
　　クト 14 巻 1 頁………………………870
東京地判平 11・8・31 判タ 1013 号 81 頁
　　　　　　　　　　　　　　…459, 665
東京高判平 11・9・8 判タ 1046 号 175 頁 …859
東京高判平 11・9・16 判時 1710 号 105 頁
　　　　　　　　　　　　　　…609, 611
神戸地判平 11・9・20 判時 1716 号 105 頁…473
浦和地判平 11・10・15 判時 1719 号 109 頁
　　　　　　　　　　　　　　　　…636
最判平 11・10・22 民集 53 巻 7 号 1211 頁
　　　　　　　　　　　　…441, 483, 914
最判平 11・10・26 民集 53 巻 7 号 1313 頁…543
最判平 11・10・26 交民 32 巻 5 号 1331 頁…485
神戸地姫路支決平 11・10・26 判タ 1038 号
　　291 頁 …………………………………736
最大判平 11・11・24 民集 53 巻 8 号 1899 頁
　　　　　　　　　　　　　　　　…328
最判平 11・12・20 民集 53 巻 9 号 2038 頁…966
鳥取地判平 11・12・21 判時 1721 号 129 頁
　　　　　　　　　　　　　　　　…636
広島地判平 12・1・19 判タ 1077 号 260 頁…634
横浜地判平 12・1・27 判タ 1087 号 228 頁…641
大阪地判平 12・1・27 判時 1727 号 118 頁…637
神戸地判平 12・1・31 判タ 1031 号 91 頁

判 例 索 引

……………………………437, 749, 760
最判平 12・2・29 民集 54 巻 2 号 582 頁
………………604, 617, 621, 623, 878, 927
東京地判平 12・2・29 判タ 1028 号 232 頁
……………………………………452, 591
富山地高岡支判平 12・2・29 判タ 1081 号
　236 頁 …………………………………616
最判平 12・3・24 民集 54 巻 3 号 1155 頁 …420
名古屋地判平 12・3・24 判時 1733 号 70 頁
……………………………………621, 638
横浜地川崎支判平 12・3・30 判タ 1101 号
　232 頁 …………………………………636
最判平 12・4・7 判タ 1034 号 98 頁……129, 277
仙台地判平 12・4・13 判時 1735 号 110 頁…630
大阪地判平 12・6・15 交民 33 巻 3 号 975 頁
……………………………………………441
最判平 12・6・27 民集 54 巻 5 号 1737 頁
……………………………………134, 150
佐賀地判平 12・8・25 判タ 1106 号 202 頁…639
最判平 12・9・7 判タ 1045 号 120 頁 …498, 968
最判平 12・9・8 金法 1595 号 63 頁…………485
千葉地判平 12・9・12 判時 1746 号 115 頁…629
名古屋地判平 12・9・18 判タ 1110 号 186 頁
……………………………………616, 636
最判平 12・9・22 民集 54 巻 7 号 2574 頁
……………344, 389, 447, 646, 910, 929, 939
東京地判平 12・9・26 判タ 1054 号 217 頁 …39
仙台地判平 12・9・26 訟月 48 巻 6 号 1403 頁
……………………………………………619
横浜地判平 12・9・28 判タ 1105 号 190 頁…651
山口地岩国支判平 12・10・26 判時 1753 号
　108 頁 …………………………………612
最判平 12・11・14 民集 54 巻 9 号 2683 頁…441
最判平 12・11・14 判タ 1049 号 218 頁 …441
名古屋地判平 12・11・27 判タ 1066 号 104 頁
……………………………………………760
東京高判平 12・12・25 判時 1743 号 130 頁
……………………………………452, 455
名古屋地判平 13・1・12 判タ 1177 号 253 頁
……………………………………628, 636
大阪地判平 13・1・19 判タ 1086 号 272 頁…634
東京地判平 13・1・29 判タ 1085 号 267 頁…619
東京高判平 13・2・15 判タ 1061 号 289 頁
……………………………………576, 577

札幌地判平 13・2・26 判時 1759 号 113 頁…615
東京地判平 13・2・28 判タ 1068 号 181 頁…692
静岡地沼津支判平 13・3・7 判時 1752 号 90
　頁 ………………………………827, 828
最判平 13・3・13 民集 55 巻 2 号 328 頁……982
前橋地高崎支判平 13・3・22 判タ 1120 号
　246 頁 …………………………………634
東京高判平 13・3・28 判時 1754 号 81 頁 …608
大阪地判平 13・4・5 判時 1784 号 108 頁…646
東京高判平 13・4・12 判時 1773 号 45 頁 …694
東京地判平 13・4・19 判タ 1134 号 234 頁…633
札幌地判平 13・4・19 判タ 1116 号 249 頁
……………………………………604, 631
仙台地判平 13・4・26 判時 1754 号 138 頁…693
熊本地判平 13・5・11 判タ 1070 号 151 頁…633
福岡高判平 13・6・7 判タ 1118 号 221 頁 …621
大阪地判平 13・6・15 判時 1782 号 84 頁 …611
さいたま地熊谷支判平 13・6・20 判時 1761
　号 87 頁 ………………………………467
東京地判平 13・6・29 判タ 1099 号 244 頁…636
東京地判平 13・7・4 判タ 1123 号 209 頁 …634
東京高判平 13・7・5 判時 1760 号 93 頁
……………………………………451, 540
東京地判平 13・7・5 判タ 1089 号 228 頁 …623
東京地判平 13・7・5 判タ 1131 号 217 頁 …633
横浜地判平 13・7・13 判タ 1183 号 314 頁…626
東京高判平 13・7・18 判タ 1120 号 235 頁…619
東京地判平 13・7・18 判時 1764 号 92 頁 …551
大阪高判平 13・7・26 判タ 1095 号 206 頁…626
東京高判平 13・8・20 判タ 1092 号 241 頁
……………………………………428, 441
東京地判平 13・8・27 判タ 1086 号 181 頁…556
東京高判平 13・9・5 判タ 1088 号 94 頁……555
大阪地判平 13・9・28 判タ 1095 号 197 頁…619
横浜地判平 13・10・11 判タ 1109 号 186 頁
……………………………………………451
大阪地判平 13・10・15 判タ 1107 号 205 頁
……………………………………832, 836
東京高判平 13・10・16 判時 1772 号 57 頁…442
旭川地判平 13・10・16 LEX/DB28071487 …632
東京地判平 13・10・22 判時 1793 号 103 頁
……………………………………………451
横浜地判平 13・10・31 判タ 1127 号 212 頁
……………………………………631, 640

1021

判 例 索 引

最判平 13・11・27 民集 55 巻 6 号 1154 頁
　…………………………………609, 617, 620
大阪高判平 13・11・30 判タ 1087 号 209 頁
　…………………………………………694
大阪地堺支判平 13・12・19 判タ 1189 号 298
　頁 …………………………………………638
広島地判平 13・12・19 LEX/DB28071705 …693
千葉地判平 13・12・20 判タ 1104 号 244 頁
　…………………………………………634
東京高判平 13・12・26 判タ 1092 号 100 頁
　…………………………………………448, 451
札幌地室蘭支判平 14・1・11 判タ 1129 号
　246 頁 …………………………………619
東京高判平 14・1・16 判タ 1083 号 295 頁…453
最判平 14・1・29 民集 56 巻 1 号 185 頁……545
最判平 14・1・29 民集 56 巻 1 号 218 頁……915
最判平 14・1・29 判タ 1086 号 102 頁…539, 542
最判平 14・1・29 判タ 1086 号 114 頁………543
東京高判平 14・2・7 判タ 1136 号 208 頁 …664
大阪地判平 14・2・8 判タ 1111 号 163 頁 …623
大阪地判平 14・2・19 判タ 1109 号 170 頁…452
最判平 14・3・8 判タ 1091 号 71 頁…………545
福井地武生支判平 14・3・12 判時 1793 号
　120 頁 …………………………………825
東京高判平 14・3・28 判時 1778 号 79 頁
　…………………………………………448, 451
宇都宮地判平 14・3・28 LEX/DB28070865
　…………………………………………457
東京地判平 14・4・22 判時 1801 号 97 頁 …459
福岡地久留米支判平 14・5・10 判タ 1145 号
　193 頁 …………………………………630
福岡地小倉支判平 14・5・21 判タ 1141 号
　219 頁 …………………………………619
千葉地判平 14・6・3 LEX/DB28072334 ……634
京都地判平 14・6・25 判時 1799 号 135 頁…451
最決平 14・7・9 交民 35 巻 4 号 917 頁 ……442
最決平 14・7・9 交民 35 巻 4 号 921 頁 ……442
大阪地判平 14・8・28 判タ 1144 号 224 頁
　…………………………………………621, 640
東京地判平 14・8・30 判時 1797 号 68 頁…625
松江地判平 14・9・4 判タ 1129 号 239 頁 …634
最判平 14・9・24 判タ 1106 号 72 頁 …576, 926
最判平 14・9・24 判タ 1106 号 87 頁
　…………………………………618, 622, 646

東京高判平 14・10・3 判タ 1127 号 152 頁
　…………………………………………230, 231
徳島地判平 14・10・29 LEX/DB28080407 …694
名古屋高判平 14・10・31 判タ 1153 号 231 頁
　…………………………………………651, 652
大阪地判平 14・10・31 判時 1819 号 74 頁
　…………………………………………619, 632
最判平 14・11・8 判タ 1111 号 135 頁…608, 611
大阪高判平 14・11・21 民集 59 巻 9 号 2488
　頁 …………………………………………452
岡山地判平 14・11・26 判タ 1138 号 212 頁
　…………………………………………624
東京地判平 14・12・12 交民 35 巻 6 号 1631
　頁 …………………………………………790
仙台地判平 14・12・12 判タ 1185 号 267 頁
　…………………………………………633
東京地判平 14・12・13 判タ 1109 号 285 頁
　…………………………………………681, 692
東京地判平 14・12・18 判タ 1129 号 100 頁
　…………………………………………395
東京高判平 14・12・25 東高民時報 53 巻 1〜
　12 号 47 頁 …………………………619
大阪高判平 14・12・26 判タ 1116 号 93 頁…830
最判平 15・1・24 判タ 1110 号 134 頁………391
東京地判平 15・2・28 LEX/DB25549669 …633
最決平 15・3・12 刑集 57 巻 3 号 322 頁……161
最判平 15・3・14 民集 57 巻 3 号 229 頁
　…………………………………317, 540, 569
東京地判平 15・3・20 判タ 1133 号 97 頁
　…………………………………693, 696, 700
名古屋地判平 15・3・24 判タ 1155 号 235 頁
　…………………………………………490
東京高判平 15・3・26 LEX/DB25592805 …634
名古屋地豊橋支判平 15・3・26 判タ 1188 号
　301 頁 …………………………………635
鹿児島地判平 15・3・26 LEX/DB28081475
　…………………………………………988
前橋地判平 15・4・11 判時 1866 号 123 頁…637
東京地判平 15・4・22 判タ 1155 号 257 頁…641
福岡地判平 15・4・22 判タ 1176 号 253 頁…641
最決平 15・4・24 LEX/DB28081849 ………626
東京地判平 15・4・25 判タ 1131 号 285 頁…432
東京地判平 15・5・7 判タ 1182 号 289 頁 …640
名古屋地判平 15・5・16 交民 36 巻 3 号 732

判例索引

頁 ……………………………………461
東京地判平 15・5・28 判タ 1136 号 114 頁
………………………………………580, 605
東京地判平 15・6・3 判タ 1157 号 227 頁 …640
東京地判平 15・6・20 労判 854 号 5 頁 ……580
横浜地判平 15・6・20 判時 1829 号 97 頁 …637
名古屋地判平 15・6・24 判タ 1156 号 206 頁
………………………………………649
東京地判平 15・6・27 LEX/DB28082437 …611
東京地判平 15・7・31 判タ 1153 号 106 頁…693
東京地判平 15・8・27 判タ 1170 号 267 頁…637
最判平 15・9・12 民集 57 巻 8 号 973 頁
………………………………………453, 578
東京地判平 15・9・19 判タ 1159 号 262 頁…693
横浜地判平 15・9・19 判時 1858 号 94 頁 …641
大阪地判平 15・9・24 交民 36 巻 5 号 1333 頁
………………………………………989
東京高判平 15・9・29 判時 1843 号 69 頁 …652
神戸地尼崎支判平 15・9・30 判タ 1144 号
142 頁 ………………………………639
神戸地判平 15・9・30 判タ 1211 号 233 頁…644
福岡地判平 15・10・6 判タ 1182 号 276 頁…632
奈良地判平 15・10・8 判時 1840 号 49 頁
………………………………………695, 696
最判平 15・10・16 民集 57 巻 9 号 1075 頁
………………………………………522, 525, 542
青森地弘前支判平 15・10・16 LEX/DB
28091733 …………………………628
京都地判平 15・10・21 判時 1856 号 132 頁
………………………………………637
大阪高判平 15・10・24 判タ 1150 号 231 頁
………………………………………613
東京地判平 15・10・29 LEX/DB28091822 …621
大阪地判平 15・10・29 判時 1879 号 86 頁…628
さいたま地川越支判平 15・10・30 判タ 1185
号 252 頁 ……………………………622
最判平 15・11・11 民集 57 巻 10 号 1466 頁
………………………………………608, 646, 910
最判平 15・11・14 民集 57 巻 10 号 1561 頁
………………………………………366
最判平 15・11・14 判タ 1141 号 143 頁 ……608
東京地判平 15・11・28 LEX/DB28090425 …626
最判平 15・12・9 民集 57 巻 11 号 1887 頁
………………………………………848, 878

東京高判平 15・12・10 判時 1863 号 41 頁…851
東京地判平 15・12・18 交民 36 巻 6 号 1623
頁 ……………………………………500
大阪地判平 15・12・18 判タ 1183 号 265 頁
………………………………………637, 644, 648
東京地判平 15・12・24 LEX/DB28091445 …648
東京高判平 15・12・25 判タ 1157 号 175 頁
………………………………………549
最判平 16・1・15 判タ 1147 号 152 頁…447, 646
福岡地判平 16・1・16 判時 1891 号 102 頁…635
甲府地判平 16・1・20 判タ 1177 号 218 頁…626
大阪地判平 16・1・21 判タ 1174 号 264 頁…640
横浜地判平 16・1・29 判時 1870 号 72 頁 …187
東京地判平 16・2・2 判タ 1176 号 243 頁 …634
神戸地判平 16・2・10 LEX/DB25410545 …634
福岡地判平 16・2・12 判時 1865 号 97 頁
………………………………………630, 637
最判平 16・2・13 民集 58 巻 2 号 311 頁
………………………………………316, 330, 589
千葉地判平 16・2・16 判時 1861 号 84 頁 …637
大阪地判平 16・2・16 判時 1866 号 88 頁 …636
福岡高判平 16・2・23 判タ 1149 号 224 頁…452
東京地判平 16・2・23 判タ 1149 号 95 頁 …634
東京高判平 16・2・25 金判 1197 号 45 頁 …852
高松地観音寺支判平 16・2・26 判時 1869 号
71 頁 ………………………………634, 652
東京地判平 16・3・12 判タ 1212 号 245 頁…639
大阪高判平 16・3・16 金判 1245 号 23 頁 …864
東京高判平 16・3・23 判時 1855 号 104 頁…453
東京地判平 16・3・23 判時 1908 号 143 頁…694
さいたま地判平 16・3・24 判時 1879 号 96 頁
………………………………………640
東京地判平 16・3・25 判タ 1163 号 275 頁…644
東京地判平 16・3・31 LEX/DB28091301 …630
名古屋地判平 16・4・9 判タ 1168 号 280 頁
………………………………………693
最判平 16・4・20 家月 56 巻 10 号 48 頁……141
名古屋地判平 16・4・21 金判 1192 号 11 頁
………………………………………161
最判平 16・4・27 民集 58 巻 4 号 1032 頁
………………………………………719, 763, 764
東京地八王子支判平 16・4・28 LEX/DB
28092291 …………………………632
千葉地松戸支判平 16・4・28 判時 1867 号 98

1023

判 例 索 引

頁 ……………………………………827
大阪地判平 16・4・28 判タ 1175 号 238 頁…638
名古屋高判平 16・5・12 判タ 1198 号 220 頁
　………………………………540, 541
前橋地判平 16・5・14 判時 1860 号 108 頁…833
広島高松江支判平 16・5・26 LEX/DB
　28092384 ……………………………638
東京地判平 16・6・16 判時 1922 号 95 頁 …638
広島地判平 16・7・6 判タ 1175 号 301 頁
　…………………………694, 696, 700
東京地判平 16・7・14 判時 1879 号 71 頁
　………………………………591, 594
最判平 16・7・15 民集 58 巻 5 号 1615 頁
　……………………………547, 549, 550
高松高判平 16・7・20 判時 1874 号 73 頁 …610
さいたま地判川越支判平 16・8・26 判タ 1212
　号 213 頁 ……………………………638
大阪地判平 16・8・31 交民 37 巻 4 号 1163 頁
　………………………………………504
最判平 16・9・7 判タ 1169 号 158 頁 ………608
大阪高判平 16・9・7 LEX/DB28092465 ……630
東京高判平 16・9・30 判時 1880 号 72 頁
　………………………………624, 625
名古屋地判平 16・9・30 判時 1889 号 92 頁
　………………………………………636
神戸地判平 16・10・14 判時 1888 号 122 頁
　………………………………………649
仙台地判平 16・10・14 判時 1873 号 143 頁
　………………………………………842
最判平 16・10・15 民集 58 巻 7 号 1802 頁
　………………………………765, 766
東京高判平 16・10・19 判時 1882 号 33 頁…187
最判平 16・10・26 判タ 1169 号 155 頁 ……140
最判平 16・11・5 民集 58 巻 8 号 1997 頁 …105
最判平 16・11・18 民集 58 巻 8 号 2225 頁
　……………………848, 878, 929, 939
最判平 16・11・18 判タ 1169 号 144 頁 ……316
東京地判平 16・11・25 判時 1892 号 39 頁 …25
福岡高判平 16・12・16 判タ 1180 号 209 頁
　………………………………………872
最判平 16・12・20 判タ 1173 号 154 頁
　………………………………483, 982
横浜地判川崎支判平 16・12・27 判時 1910 号
　116 頁 ………………………………621

東京高判平 17・1・27 判時 1953 号 132 頁…433
名古屋地判平 17・1・27 判時 1919 号 119 頁
　………………………………………634
東京地判平 17・1・31 判時 1902 号 92 頁 …633
東京地八王子支判平 17・1・31 判タ 1228 号
　246 頁 ………………………………632
仙台地判平 17・2・15 判タ 1237 号 294 頁
　………………………………640, 648
東京地判平 17・2・17 LEX/DB28101921 …649
札幌高判平 17・2・23 判時 1916 号 39 頁 …231
新潟地判平 17・2・25 判時 1913 号 130 頁…638
東京地判平 17・3・4 LEX/DB28100635 ……625
名古屋高判平 17・3・17 金判 1214 号 19 頁
　………………………………………161
東京高判平 17・3・31 金判 1218 号 35 頁 …852
名古屋高金沢支判平 17・4・13 LEX/DB
　28101392 …………………………621, 638
名古屋地判平 17・4・14 判タ 1229 号 297 頁
　………………………………………639
東京地判平 17・4・27 判タ 1186 号 191 頁…634
水戸地判平 17・5・18 判タ 1222 号 224 頁
　………………………………633, 637
最判平 17・6・2 民集 59 巻 5 号 901 頁
　………………………………490, 982
最判平 17・6・14 民集 59 巻 5 号 983 頁……439
最判平 17・6・16 判タ 1187 号 157 頁………543
東京地判平 17・6・23 判時 1930 号 108 頁…637
名古屋地判平 17・6・30 判タ 1216 号 253 頁
　………………………………………610
最判平 17・7・11 判タ 1192 号 253 頁…117, 141
最判平 17・7・14 民集 59 巻 6 号 1323 頁
　………………………………853, 857
甲府地判平 17・7・26 判タ 1216 号 217 頁…604
宇都宮地判平 17・7・27 LEX/DB28101906
　………………………………………629
大阪地判平 17・7・29 判タ 1210 号 227 頁
　………………………………637, 645
東京地判平 17・8・31 判タ 1208 号 247 頁…591
最判平 17・9・8 判タ 1192 号 249 頁 ………618
最判平 17・9・16 判タ 1192 号 256 頁………855
横浜地判平 17・9・29 判時 1916 号 102 頁
　………………………………613, 628, 640
函館地判平 17・10・13 判タ 1240 号 304 頁
　………………………………………637

判 例 索 引

東京地判平 17・10・27 判時 1927 号 68 頁…453
最判平 17・11・10 民集 59 巻 9 号 2428 頁
　………………317, 562, 565, 590, 897
東京地判平 17・11・28 判時 1926 号 73 頁…736
最判平 17・12・8 判タ 1202 号 249 頁………646
さいたま地判平 17・12・14 LEX/DB
　28110338　………………………………634
最判平 18・1・13 民集 60 巻 1 号 1 頁………192
岡山地判平 18・1・19 交民 39 巻 1 号 40 頁
　…………………………………………461
最判平 18・1・20 民集 60 巻 1 号 137 頁……568
仙台地判平 18・1・26 判時 1939 号 92 頁
　……………………………………633, 648
福岡地判平 18・2・2 判タ 1224 号 255 頁…859
大阪地判平 18・2・10 判時 1949 号 76 頁 …637
大阪地判平 18・2・15 交民 39 巻 1 号 179 頁
　…………………………………………827
東京高判平 18・2・16 判タ 1240 号 294 頁…946
長崎地佐世保支判平 18・2・20 判タ 1243 号
　235 頁 …………………………………636
東京地判平 18・2・23 判タ 1242 号 245 頁
　……………………………………634, 649
最判平 18・2・24 家月 58 巻 8 号 88 頁 ……420
高知地判平 18・3・3 判タ 1241 号 174 頁 …647
最判平 18・3・13 判タ 1208 号 85 頁
　……………………………307, 365, 368
東京地判平 18・3・15 LEX/DB28110926　…639
金沢地判平 18・3・24 判タ 1277 号 317 頁…775
新潟地判平 18・3・27 判時 1961 号 106 頁…634
最判平 18・3・30 民集 60 巻 3 号 948 頁
　………………315, 318, 733, 897, 899
最判平 18・3・30 民集 60 巻 3 号 1242 頁 …822
岐阜地判平 18・3・30 判時 1961 号 121 頁…635
最判平 18・4・18 判タ 1210 号 67 頁 ………648
東京地判平 18・4・20 判タ 1225 号 286 頁…635
東京地判平 18・4・21 判時 1950 号 113 頁…549
東京地判平 18・4・26 LEX/DB28111209　…649
東京地判平 18・4・27 判タ 1233 号 287 頁…635
仙台高秋田支判平 18・5・31 判タ 1260 号
　309 頁 …………………………………629
最判平 18・6・12 判タ 1218 号 215 頁
　……………………………338, 855, 863
最判平 18・6・16 民集 60 巻 5 号 1997 頁 …643
東京地判平 18・6・21 判タ 1236 号 291 頁…635

大阪地判平 18・6・21 判タ 1219 号 64 頁 …664
東京地判平 18・6・23 判タ 1246 号 274 頁…637
千葉地判平 18・6・26 LEX/DB28111651　…646
名古屋高判平 18・7・5 判例集未登載………736
横浜地判平 18・7・6 判時 1957 号 91 頁……652
最判平 18・7・14 判タ 1222 号 156 頁 ………31
長崎地島原支判平 18・7・21 判タ 1220 号
　211 頁 …………………………………117
東京地判平 18・7・26 判時 1947 号 66 頁
　……………………………………639, 650
東京地判平 18・7・28 判タ 1253 号 222 頁…636
東京地判平 18・9・1 判タ 1257 号 196 頁 …635
最判平 18・9・4 判タ 1223 号 131 頁
　………………………………340, 844, 870
千葉地判平 18・9・11 判時 1979 号 93 頁 …633
福岡高判平 18・9・12 判タ 1256 号 161 頁…649
大阪高判平 18・9・14 判タ 1226 号 107 頁…465
東京地判平 18・9・20 判タ 1259 号 295 頁…646
青森地八戸支判平 18・10・2 判タ 1244 号
　250 頁 …………………………………632
東京高判平 18・10・18 判時 1946 号 48 頁
　……………………………………533, 535
東京地判平 18・10・18 判時 1982 号 102 頁
　……………………………………621, 633
最判平 18・10・27 判タ 1225 号 220 頁
　……………………………………618, 619
大阪地判平 18・11・15 交民 39 巻 6 号 1582
　頁 …………………………………829, 836
東京地判平 18・11・22 判タ 1265 号 293 頁
　……………………………………634, 644
京都地判平 18・11・30 判時 1971 号 146 頁
　…………………………………………694
東京地判平 18・12・8 判タ 1255 号 276 頁…640
最判平 18・12・21 判タ 1235 号 148 頁② …188
山口地岩国支判平 19・1・12 判タ 1247 号
　310 頁 …………………………………636
東京地判平 19・1・25 判タ 1267 号 258 頁…638
福岡地判平 19・2・1 判タ 1258 号 272 頁
　……………………………………616, 638
最判平 19・2・13 民集 61 巻 1 号 182 頁……196
京都地判平 19・2・13 賃社 1452 号 59 頁 …695
広島地三次支判平 19・2・19 判例集未登載
　……………………………………693, 700
最判平 19・2・27 判タ 1237 号 170 頁………843

1025

判 例 索 引

最判平 19・3・8 民集 61 巻 2 号 479 頁 ……112
東京地判平 19・3・8 LEX/DB28130783
　　………………………………621, 641
大阪地判平 19・3・9 判時 1991 号 104 頁
　　………………………………630, 635
最判平 19・3・20 判タ 1239 号 108 頁………335
横浜地判平 19・3・22 判タ 1252 号 313 頁…641
東京地判平 19・3・23 判時 1975 号 2 頁
　　………………………421, 444, 664
東京地判平 19・3・29 LEX/DB28131211 …642
大阪地判平 19・3・29 交民 40 巻 2 号 479 頁
　　………………………………………989
神戸地判平 19・4・10 判タ 1295 号 295 頁…634
東京地判平 19・4・13 判時 1990 号 40 頁 …643
最判平 19・4・24 民集 61 巻 3 号 1102 頁
　　………………………………318, 339
名古屋地判平 19・4・26 判タ 1261 号 236 頁
　　………………………………………638
福岡高判平 19・5・24 判時 2000 号 43 頁 …648
名古屋地判平 19・6・14 判タ 1266 号 271 頁
　　………………………………622, 636
東京地判平 19・6・25 判タ 1260 号 301 頁
　　………………………………452, 455
東京地判平 19・6・27 LEX/DB28131679 …636
名古屋地判平 19・7・4 判タ 1229 号 247 頁
　　………………………………………634
秋田地判平 19・7・5 判時 1982 号 136 頁 …988
最判平 19・7・6 民集 61 巻 5 号 1769 頁
　　…………341, 426, 435, 666, 841, 872, 883
東京地判平 19・7・12 LEX/DB28131895 …596
最判平 19・7・13 民集 61 巻 5 号 1980 頁
　　………………………………266, 274
最判平 19・7・13 判タ 1252 号 110 頁………192
名古屋高金沢支判平 19・7・18 判タ 1251 号
　　333 頁 ………………………………694
奈良地判平 19・7・25 LEX/DB28132311 …636
大阪地判平 19・7・30 判時 2017 号 110 頁
　　………………………………621, 635
福岡地判平 19・8・21 判時 2013 号 116 頁…637
東京地判平 19・8・24 判タ 1283 号 216 頁
　　………………………………624, 634
東京高判平 19・8・28 判タ 1264 号 299 頁
　　………………………………448, 453
東京地判平 19・8・28 判タ 1278 号 221 頁

　　………………………………………463
神戸地判平 19・8・31 判時 2015 号 104 頁
　　………………………………610, 637
仙台地判平 19・9・7 訟月 54 巻 11 号 2571 頁
　　………………………………………668
大阪地判平 19・9・19 判タ 1262 号 299 頁
　　………………………………612, 637
神戸地判平 19・9・19 先物取引裁判例集 49
　　号 362 頁 …………………………881
東京高判平 19・9・20 判タ 1271 号 175 頁
　　………………………………649, 650
東京高判平 19・9・27 判時 1990 号 21 頁
　　………………………458, 928, 944
名古屋地判平 19・9・27 LEX/DB25421125
　　………………………………………640
仙台地判平 19・10・16 判時 1996 号 68 頁…633
名古屋高金沢支判平 19・10・17 判タ 1278 号
　　264 頁 ………………………………635
大阪地判平 19・10・31 判タ 1263 号 311 頁
　　………………………………………639
東京地判平 19・11・29 交民 40 巻 6 号 1543
　　頁 ……………………………………461
大阪地判平 20・2・13 判タ 1270 号 344 頁
　　………………………………621, 638
最判平 20・2・19 民集 62 巻 2 号 534 頁……821
東京地判平 20・2・20 LEX/DB28140806 …640
大阪地判平 20・2・21 判タ 1318 号 173 頁
　　………………………………624, 625
大阪地判平 20・2・27 判タ 1267 号 246 頁…630
最判平 20・2・28 判タ 1268 号 116 頁………373
最判平 20・3・6 民集 62 巻 3 号 665 頁 ……583
大阪高判平 20・3・26 判時 2023 号 37 頁 …640
名古屋地判平 20・3・28 判タ 1293 号 172 頁
　　………………………………………864
最決平 20・4・15 刑集 62 巻 5 号 1398 頁 …564
福岡高判平 20・4・22 LEX/DB25450283 …638
最判平 20・4・24 民集 62 巻 5 号 1178 頁 …371
東京地判平 20・4・24 判タ 1267 号 117 頁
　　………………………………463, 866
東京地判平 20・5・9 判タ 1286 号 220 頁 …630
鹿児島地判平 20・5・20 判時 2015 号 116 頁
　　………………………………694, 696
名古屋高判平 20・6・4 判時 2011 号 120 頁…11
最判平 20・6・10 民集 62 巻 6 号 1488 頁

判 例 索 引

　　　　…………………229, 251, 488, 885
最判平 20・6・12 民集 62 巻 6 号 1656 頁 …348
最判平 20・6・24 判タ 1275 号 79 頁
　　　　…………………252, 488, 885
東京高判平 20・7・2 LEX/DB25440325 ……465
東京地判平 20・7・4 判時 2023 号 152 頁 …591
名古屋地判平 20・7・18 判タ 1292 号 262 頁
　　　　………………………633, 649
札幌高判平 20・8・29 判タ 1302 号 164 頁…921
東京地判平 20・8・29 判タ 1313 号 256 頁…694
最判平 20・9・12 判タ 1280 号 110 頁…798, 804
京都地判平 20・9・16 LEX/DB28142141 …735
最判平 20・10・10 民集 62 巻 9 号 2361 頁…161
水戸地土浦支判平 20・10・20 判時 2026 号
　　87 頁 ………………………635
名古屋地判平 20・10・31 判タ 1325 号 210 頁
　　　　………………………635
名古屋高判平 20・11・11 自保ジャーナル
　　1840 号 179 頁 ………………864
福島地判平 20・11・18 LEX/DB25441031 …638
名古屋地判平 20・11・26 交民 41 巻 6 号
　　1495 頁 ………………………989
大阪地判平 20・12・10 判タ 1298 号 125 頁
　　　　………………………989
東京地判平 20・12・15 LEX/DB25440202 …638

平成 21～31 年

福岡地判平 21・1・9 判時 2047 号 145 頁 …636
東京地判平 21・1・16 LEX/DB25440924 …638
東京地判平 21・1・28 判タ 1303 号 221 頁…549
東京地判平 21・1・30 判時 2035 号 145 頁…463
東京地判平 21・1・30 金判 1316 号 34 頁 …463
名古屋地判平 21・1・30 判タ 1304 号 262 頁
　　　　………………………627
福岡高判平 21・2・6 判タ 1303 号 205 頁 …872
大阪地判平 21・2・9 判タ 1300 号 276 頁 …640
名古屋高判平 21・2・26 LEX/DB25440726
　　　　………………………692
最判平 21・3・10 民集 63 巻 3 号 385 頁……365
東京地判平 21・3・26 判タ 1310 号 87 頁 …451
横浜地判平 21・3・26 判タ 1302 号 231 頁…611
東京地判平 21・3・31 判タ 1297 号 106 頁…881
最判平 21・4・28 民集 63 巻 4 号 853 頁
　　　　…………………………763, 917

大阪地判平 21・5・18 判タ 1302 号 224 頁…611
東京高判平 21・6・17 判時 2065 号 50 頁
　　　　…………………………549, 555
東京地判平 21・6・19 判時 2058 号 69 頁 …641
名古屋地判平 21・6・24 判時 2069 号 84 頁
　　　　………………………639
大阪高判平 21・6・30 LEX/DB25483441 …735
最判平 21・7・10 民集 63 巻 6 号 1170 頁 …192
最判平 21・7・16 民集 63 巻 6 号 1280 頁 …859
東京地判平 21・8・7 判タ 1346 号 225 頁 …694
知財高判平 21・8・27 判時 2060 号 137 頁…591
最判平 21・9・4 民集 63 巻 7 号 1445 頁
　　　　…………………………199, 318
東京地判平 21・9・30 判タ 1338 号 126 頁…693
最判平 21・10・1 判タ 1317 号 106 頁………603
横浜地判平 21・10・14 判タ 1321 号 172 頁
　　　　………………………640
東京地判平 21・10・21 判タ 1320 号 246 頁
　　　　………………………693
最決平 21・10・27 LLI/DB L06410194 ……864
東京地判平 21・10・29 判タ 1335 号 175 頁
　　　　………………………635
最判平 21・11・9 民集 63 巻 9 号 1987 頁
　　　　…………………199, 258, 264, 273, 274
大阪地判平 21・11・25 判タ 1320 号 198 頁
　　　　…………………………612, 638
最判平 21・12・10 民集 63 巻 10 号 2463 頁
　　　　………………………348
最判平 21・12・17 民集 63 巻 10 号 2566 頁
　　　　………………………823
最判平 22・1・19 判タ 1317 号 114 頁 ………23
大阪地判平 22・3・1 判タ 1323 号 212 頁 …613
東京地判平 22・3・4 判タ 1356 号 200 頁 …637
さいたま地川越支判平 22・3・4 判時 2083 号
　　112 頁 ………………………606
最決平 22・3・15 刑集 64 巻 2 号 1 頁………555
東京高判平 22・3・24 判時 2087 号 134 頁…463
最判平 22・3・25 民集 64 巻 2 号 562 頁……336
最判平 22・4・8 民集 64 巻 3 号 676 頁 ……552
最判平 22・4・13 民集 64 巻 3 号 758 頁……552
松山地判平 22・4・14 判タ 1334 号 83 頁 …536
仙台高判平 22・4・22 判時 2086 号 42 頁 …694
東京地判平 22・5・26 判タ 1333 号 199 頁…692
最判平 22・6・17 民集 64 巻 4 号 1197 頁

1027

判例索引

‥‥‥‥‥‥‥‥‥‥‥‥‥‥478, 489
最判平 22・6・29 判タ 1330 号 89 頁 ‥‥‥‥735
仙台地判平 22・6・30 LEX/DB25442383 ‥636
高松地判平 22・8・18 判タ 1363 号 197 頁‥693
東京地判平 22・8・30 判タ 1337 号 198 頁‥640
最判平 22・9・13 民集 64 巻 6 号 1626 頁
‥‥‥‥‥‥‥‥‥‥‥‥‥477, 485, 914
東京地判平 22・9・27 判タ 1377 号 151 頁‥642
東京地判平 22・9・29 判時 2095 号 55 頁 ‥506
大阪地判平 22・9・29 判時 2116 号 97 頁 ‥636
仙台地判平 22・9・30 LEX/DB25442701
‥‥‥‥‥‥‥‥‥‥‥‥‥‥‥624, 625
最判平 22・10・15 裁判集民 235 号 65 頁
‥‥‥‥‥‥‥‥‥‥‥‥‥‥486, 914
東京地判平 22・10・21 LEX/DB25442770
‥‥‥‥‥‥‥‥‥‥‥‥‥‥591, 594
東京高判平 22・10・28 判タ 1345 号 213 頁
‥‥‥‥‥‥‥‥‥‥‥‥‥‥‥‥440
大阪地判平 22・11・17 判時 2146 号 80 頁‥693
東京高判平 22・11・24 判タ 1351 号 217 頁
‥‥‥‥‥‥‥‥‥‥‥‥‥‥‥‥883
東京高判平 22・11・25 判タ 1341 号 146 頁
‥‥‥‥‥‥‥‥‥‥‥‥‥‥‥‥509
名古屋地判平 22・12・7 交民 43 巻 6 号 1608
頁 ‥‥‥‥‥‥‥‥‥‥‥‥‥‥‥446
大阪地判平 23・1・31 判タ 1344 号 180 頁‥621
名古屋高判平 23・2・14 LEX/DB25470948
‥‥‥‥‥‥‥‥‥‥‥‥‥‥‥‥639
最判平 23・2・18 判タ 1344 号 105 頁‥‥‥‥331
大阪地判平 23・2・18 判タ 1372 号 173 頁‥640
広島地判平 23・2・23 判タ 1380 号 160 頁‥641
東京地判平 23・2・24 判タ 1363 号 150 頁‥638
最判平 23・2・25 判タ 1344 号 110 頁‥‥‥‥646
東京地判平 23・2・28 判時 2116 号 84 頁‥858
東京高判平 23・3・23 判タ 1365 号 84 頁 ‥465
東京地判平 23・3・29 判タ 1375 号 164 頁‥693
最判平 23・4・22 民集 65 巻 3 号 1405 頁‥859
最判平 23・4・26 判タ 1348 号 92 頁 ‥‥‥‥643
最判平 23・4・28 民集 65 巻 3 号 1499 頁‥545
東京地判平 23・5・19 判タ 1368 号 178 頁‥629
那覇地判平 23・6・21 判タ 1365 号 214 頁‥636
大阪地判平 23・6・27 判時 2133 号 61 頁‥946
松山地判平 23・6・29 判タ 1372 号 152 頁‥548
最判平 23・7・15 民集 65 巻 5 号 2362 頁 ‥317

最判平 23・7・21 判タ 1357 号 81 頁
‥‥‥341, 426, 435, 461, 666, 842, 867, 872, 884
大阪高判平 23・8・25 判タ 1398 号 90 頁 ‥766
福岡高判平 23・9・8 訟月 58 巻 6 号 2471 頁
‥‥‥‥‥‥‥‥‥‥‥‥‥‥‥‥230
最判平 23・9・13 民集 65 巻 6 号 2511 頁
‥‥‥‥400, 417, 426, 428, 462, 866, 882
高松高判平 23・9・15 判タ 1378 号 173 頁‥640
東京地判平 23・10・6 判タ 1409 号 391 頁‥640
最判平 23・10・18 民集 65 巻 7 号 2899 頁
‥‥‥‥‥‥‥‥‥‥‥‥‥‥‥47, 130
東京地判平 23・10・27 判タ 1379 号 237 頁
‥‥‥‥‥‥‥‥‥‥‥‥‥‥‥‥696
名古屋高金沢支判平 23・11・30 判時 2143 号
92 頁 ‥‥‥‥‥‥‥‥‥‥‥‥‥‥638
東京地判平 23・12・9 判タ 1412 号 241 頁
‥‥‥‥‥‥‥‥‥‥‥‥612, 633, 638
名古屋地判平 23・12・9 交民 44 巻 6 号 1549
頁 ‥‥‥‥‥‥‥‥‥‥‥‥‥‥‥446
大阪地判平 23・12・19 判時 2147 号 73 頁‥858
福岡高判平 24・1・10 判タ 1387 号 238 頁‥873
大阪地判平 24・1・11 交民 45 巻 1 号 25 頁
‥‥‥‥‥‥‥‥‥‥‥‥‥‥‥‥829
名古屋地判平 24・1・27 LEX/DB25480433
‥‥‥‥‥‥‥‥‥‥‥‥‥‥623, 639
最判平 24・2・2 民集 66 巻 2 号 89 頁
‥‥‥‥‥‥‥‥‥‥‥330, 589, 591, 927
東京地判平 24・2・9 LEX/DB25492102 ‥‥600
名古屋地判平 24・2・17 判時 2246 号 37 頁
‥‥‥‥‥‥‥‥‥‥‥‥‥‥637, 645
最判平 24・2・20 民集 66 巻 2 号 742 頁‥‥481
最判平 24・2・24 判タ 1368 号 63 頁 ‥‥‥‥466
岡山地判平 24・2・28 判タ 1385 号 211 頁‥641
最判平 24・3・13 民集 66 巻 5 号 1957 頁 ‥883
最判平 24・3・23 判タ 1369 号 121 頁‥‥‥‥521
大阪地判平 24・3・27 判タ 1394 号 259 頁‥637
大阪地判平 24・3・30 判タ 1379 号 167 頁‥641
東京地判平 24・4・16 LEX/DB25493732 ‥694
名古屋高金沢支判平 24・4・18 LEX/DB
25481100 ‥‥‥‥‥‥‥‥‥‥‥‥649
那覇地判平 24・4・25 LEX/DB25481219 ‥629
東京地判平 24・5・9 判時 2158 号 80 頁‥‥630
京都地判平 24・5・9 交民 45 巻 3 号 570 頁
‥‥‥‥‥‥‥‥‥‥‥‥‥‥‥‥503

判 例 索 引

東京地判平 24・5・17 LEX/DB25494445 …635
大阪高判平 24・5・22 金判 1412 号 24 頁 …858
甲府地判平 24・5・22 LEX/DB25444832 …694
広島地判平 24・5・23 判時 2166 号 92 頁 …541
大阪高判平 24・5・25 訟月 59 巻 3 号 740 頁
　　………………………………………692
大阪高判平 24・5・25 LEX/DB25481410 …692
大阪高判平 24・5・29 判時 2160 号 24 頁 …945
大阪高判平 24・6・7 判時 2158 号 51 頁……945
松山地判平 24・6・26 LEX/DB25482119 …608
福岡高判平 24・7・13 判時 2234 号 44 頁 …562
高知地判平 24・7・27 LEX/DB25482506 …631
福岡高判平 24・7・31 判時 2161 号 54 頁 …946
東京地判平 24・8・9 判タ 1389 号 241 頁 …603
東京高判平 24・8・29 判タ 1407 号 99 頁 …448
東京地判平 24・8・29 LEX/DB25482922 …630
大阪高判平 24・9・20 判タ 1406 号 95 頁 …542
東京地判平 24・9・20 判タ 1391 号 269 頁…641
最判平 24・10・11 判タ 1384 号 118 頁
　　………………………………822, 982
東京地判平 24・10・25 判タ 1385 号 84 頁…639
名古屋地判平 24・11・27 交民 45 巻 6 号
　　1370 頁 ………………………………989
京都地判平 24・12・5 LEX/DB25483559
　　……………………………549, 555
東京高判平 24・12・20 判タ 1388 号 253 頁
　　……………………………………503
最判平 24・12・21 判タ 1386 号 169 頁① …883
最判平 24・12・21 判タ 1386 号 169 頁② …883
東京地判平 24・12・26 交民 45 巻 6 号 1586
　　頁 …………………………………989
東京地判平 25・1・31 LEX/DB25510409 …640
東京地判平 25・2・7 判タ 1392 号 210 頁
　　……………………………621, 641
大阪地判平 25・2・27 判タ 1393 号 206 頁…611
最判平 25・3・7 判タ 1389 号 95 頁…………854
東京高判平 25・3・13 判時 2199 号 23 頁 …732
東京地判平 25・3・14 判タ 1415 号 379 頁…641
最判平 25・3・26 判タ 1389 号 95 頁 ………854
東京地判平 25・3・28 LEX/DB25511605 …606
最判平 25・4・12 民集 67 巻 4 号 899 頁
　　………………611, 633, 687, 690, 692, 703
大阪地判平 25・4・26 判タ 1395 号 228 頁

　　………………………………612, 636
大阪高判平 25・5・9 LEX/DB25502337 ……549
鹿児島地判平 25・6・18 判時 2207 号 65 頁
　　……………………………………635
東京地判平 25・8・8 判タ 1417 号 250 頁 …597
東京地判平 25・8・30 判時 2212 号 52 頁 …451
福島地判平 25・9・17 判時 2213 号 83 頁 …639
東京地判平 25・9・19 LEX/DB25514814 …620
福岡地判平 25・11・1 LEX/DB25446381
　　…………………………601, 629, 635
東京地判平 25・11・7 LEX/DB25516080 …636
岡山地判平 25・11・13 判時 2208 号 105 頁
　　……………………………………610
東京高判平 25・11・28 判タ 1419 号 146 頁
　　……………………………………538
東京地判平 25・11・28 LEX/DB25516275 …638
最決平 25・12・5 LEX/DB25502560 ………640
大阪高判平 25・12・11 判時 2213 号 43 頁 …625
最決平 25・12・17 LLI/DB L06810074 ……542
東京地判平 25・12・25 LEX/DB25502638 …451
東京地判平 25・12・25 判タ 1410 号 287 頁
　　……………………………………628
広島高岡山支判平 25・12・26 判時 2222 号
　　56 頁 …………………………………608
東京地判平 26・1・15 判タ 1420 号 268 頁 …453
岡山地判平 26・1・28 判時 2214 号 99 頁 …632
最決平 26・2・7 LEX/DB25503135 …………649
神戸地判平 26・2・9 LEX/DB25448466 ……730
東京地判平 26・2・26 判タ 1411 号 317 頁
　　……………………………631, 635
長崎地判平 26・3・11 LEX/DB25503815 …640
大阪高判平 26・3・20 金判 1472 号 22 頁 …467
最判平 26・3・24 判タ 1424 号 95 頁 ………582
熊本地判平 26・3・31 判時 2233 号 10 頁 …765
さいたま地判平 26・4・24 判時 2230 号 62 頁
　　……………………………………633
福井地判平 26・5・21 判時 2228 号 72 頁 …775
名古屋高判平 26・5・29 判時 2243 号 44 頁
　　……………………………………629
さいたま地判平 26・5・29 判時 2250 号 48 頁
　　……………………………613, 616
高松高判平 26・5・30 訟月 60 巻 10 号 2079
　　頁 …………………………………620
函館地判平 26・6・5 判時 2227 号 104 頁 …432

判例索引

福岡高判平 26・6・20 LEX/DB25504331 …603
宮崎地判平 26・7・2 判時 2238 号 79 頁……630
大阪高判平 26・7・8 判時 2232 号 34 頁……521
東京地判平 26・8・21 判タ 1415 号 260 頁…641
福島地判平 26・8・26 判時 2237 号 78 頁 …774
福岡高判平 26・9・4 LEX/DB25504905 ……649
札幌地判平 26・9・17 判時 2241 号 119 頁…631
最判平 26・10・9 民集 68 巻 8 号 799 頁……766
最判平 26・10・9 判タ 1408 号 44 頁 ………766
最判平 26・10・28 民集 68 巻 8 号 1325 頁…227
東京地判平 26・11・6 判タ 1424 号 311 頁…641
東京地判平 26・11・17 交民 47 巻 6 号 1403
　頁 …………………………………………503
最決平 26・12・9 LEX/DB25505638 ………521
東京地判平 26・12・10 判時 2255 号 88 頁
　…………………………………………266, 273
札幌地判平 26・12・24 判時 2252 号 92 頁
　…………………………………………615, 634
奈良地判平 27・1・13 LEX/DB25505771 …638
神戸地判平 27・1・20 判時 2268 号 83 頁
　…………………………………………611, 638
名古屋高判平 27・1・29 金判 1468 号 25 頁
　……………………………………………161
福岡高判平 27・1・29 判時 2251 号 57 頁…581
福岡高判平 27・2・26 LEX/DB25506031 …633
最大判平 27・3・4 民集 69 巻 2 号 178 頁
　………………………………486, 515, 914
熊本地判平 27・3・25 LEX/DB25540793 …641
東京地判平 27・4・2 LEX/DB25525610 ……638
東京高判平 27・4・14 LEX/DB25506287
　…………………………………………453, 583
東京地判平 27・4・23 LEX/DB25525746 …616
東京地判平 27・4・27 判時 2261 号 178 頁…550
広島地判平 27・5・12 LEX/DB25447332 …640
東京地判平 27・5・15 判時 2269 号 49 頁…610
東京地判平 27・5・19 判時 2273 号 94 頁…988
神戸地判平 27・5・19 LEX/DB25540789
　…………………………………………631, 633
最決平 27・6・12 LEX/DB25540654 ………649
福岡高判平 27・6・19 判時 2269 号 19 頁…639
東京地判平 27・6・24 判時 2275 号 87 頁…540
福島地判平 27・6・30 判時 2282 号 90 頁…774
山口地判平 27・7・8 LEX/DB25540794 …639
大阪地判平 27・9・16 判タ 1423 号 279 頁…507

最決平 27・9・17 LEX/DB25541742 ………603
最判平 27・9・18 民集 69 巻 6 号 1711 頁 …129
高松高判平 27・10・7 LEX/DB25542488 …626
東京地判平 27・10・14 LEX/DB25541315 …567
東京地判平 27・10・15 LEX/DB25541574 …636
東京地判平 27・10・15 LEX/DB25531988 …638
さいたま地判平 27・10・22 LEX/DB
　25541489 …………………………………637
津地四日市支判平 27・10・28 判時 2287 号
　87 頁 ………………………………………538
富山地判平 27・11・25 判時 2299 号 127 頁
　……………………………………………548
さいたま地決平 27・12・22 判タ 2282 号 78
　頁 …………………………………………572
最判平 28・1・21 判タ 1422 号 68 頁 …521, 538
名古屋高判平 28・2・5 LEX/DB25542486 …603
最判平 28・3・4 判タ 1424 号 115 頁 ………810
大津地決平 28・3・9 判時 2290 号 75 頁…776
最決平 28・3・24 LEX/DB25542805 ………639
千葉地判平 28・3・25 LEX/DB25542730
　…………………………………………630, 635
福岡高宮崎支決平 28・4・6 判時 2290 号 90
　頁 …………………………………………775
大阪高判平 28・4・21 LEX/DB25542986 …552
東京地判平 28・5・19 判タ 1432 号 190 頁…635
東京地判平 28・5・26 判タ 1441 号 42 頁…639
大阪高判平 28・5・27 判時 2318 号 69 頁 …252
東京高決平 28・7・12 判タ 1429 号 112 頁
　…………………………………………571, 573
東京地判平 28・7・21 判時 2330 号 68 頁…639
東京地判平 28・7・27 判タ 1439 号 221 頁…452
広島地福山支判平 28・8・3 LEX/DB
　25544230 …………………………………639
東京地判平 28・8・30 判タ 1468 号 244 頁…530
最決平 28・9・6 LEX/DB25544420 …………603
最判平 28・10・18 民集 70 巻 7 号 1725 頁
　…………………………………………316, 584
名古屋高判平 28・10・25 LEX/DB25544470
　……………………………………………625
大分地判平 28・11・11 LEX/DB25544858 …732
東京高判平 28・12・5 LEX/DB25544973 …555
最大決平 28・12・19 民集 70 巻 8 号 2121 頁
　…………………………………141, 467, 975
東京地判平 29・1・19 LEX/DB25538622 …639

判例索引

東京地判平 29・1・24 判タ 1453 号 211 頁…694
名古屋高金沢支判平 29・1・25 LEX/DB
　25545078 ……………………………634
最決平 29・1・31 民集 71 巻 1 号 63 頁 ……570
東京地判平 29・3・23 判タ 1452 号 229 頁…641
甲府地判平 29・4・18 LEX/DB25545885 …635
最決平 29・4・28 LEX/DB25546394 ………639
名古屋高判平 29・7・18 LEX/DB25546848
　……………………………………………730
仙台地判平 29・9・8 LEX/DB25449343 ……641
秋田地大曲支判平 29・9・22 消費者法ニュー
　ス 115 号 269 頁 ………………………865
最判平 29・10・23 判タ 1442 号 46 頁…453, 583
東京高判平 29・10・27 判タ 1444 号 137 頁
　……………………………………………766
福岡高宮崎支判平 29・10・27 LEX/DB
　25560657 ……………………………634
東京地判平 29・12・28 LEX/DB25551128 …635
東京地判平 30・2・15 LEX/DB25552266 …640
広島高判平 30・2・16 LEX/DB25560210 …635
東京地判平 30・2・26 LEX/DB25552086 …630
東京地判平 30・2・27 判タ 1466 号 204 頁…693
最決平 30・3・23 LEX/DB25560464 ………634
東京高判平 30・3・28 判時 2400 号 5 頁 …639
仙台高判平 30・4・26 判時 2387 号 31 頁 …936
東京地判平 30・4・26 判タ 1468 号 188 頁…634
広島高松江支判平 30・6・6 LEX/DB
　25560703 ……………………………633
東京高裁判 30・6・13 判時 2418 号 3 頁…568
東京高決平 30・6・18 判時 2416 号 19 頁 …525
東京地判平 30・7・13 LEX/DB25556483 …641
東京地判平 30・7・25 金判 1552 号 34 頁…694
広島高岡山支判平 30・7・26 LEX/DB
　25561247 ……………………………639
東京高判平 30・9・12 判時 2426 号 32 頁
　………………………………………632, 635
最判平 30・9・28 民集 72 巻 4 号 432 頁……821
東京地判平 30・10・11 判時 2419 号 40 頁…636
福岡地判平 30・11・15 LEX/DB25449855 …732
大阪地判平 30・11・27 LEX/DB25562310 …638
最判平 30・12・17 民集 72 巻 6 号 1112 頁
　………………………………………799, 804
最判平 30・12・21 民集 72 巻 6 号 1368 頁…584
最判平 31・2・19 民集 73 巻 2 号 187 頁……346

最判平 31・3・7 判タ 1462 号 13 頁…………420
最判平 31・3・12 判タ 1465 号 56 頁 ………641
東京地判平 31・3・14 判時 2428 号 61 頁 …641
東京地判平 31・3・28 判時 2444 号 28 頁 …640
大阪地判平 31・3・29 判タ 1489 号 78 頁 …693
東京地判平 31・4・17 LEX/DB25581328 …877
広島高岡山支判平 31・4・18 LEX/DB
　25563174 ……………………………629

令和元〜6 年

岡山地判令元・5・22 判時 2441 号 37 頁 …640
最決令元・7・16 LEX/DB25564056 …………640
高松高判令元・8・30 LEX/DB25564116
　………………………………………631, 637
最決令元・9・6 LEX/DB25506571 …………639
東京高判令元・9・26 LEX/DB25565224 ……877
大阪高判令元・11・20 判時 2448 号 28 頁
　………………………………………453, 583
東京地判令 2・1・20 LEX/DB25584026 ……640
甲府地判令 2・1・21 LEX/DB25564940 ……638
山形地判令 2・1・21 LEX/DB25564840 ……629
広島地判令 2・1・31 判タ 1484 号 184 頁 …639
東京地判令 2・2・6 LEX/DB25585375 ……634
福岡高判令 2・3・24 LEX/DB25598565 ……531
大阪高判令 2・3・25 LEX/DB25566660 ……453
千葉地判令 2・3・27 判時 2474 号 122 頁 …633
最判令 2・4・7 民集 74 巻 3 号 646 頁………902
東京地判令 2・6・18 判タ 1499 号 220 頁 …731
福岡高判令 2・6・25 判時 2498 号 58 頁……693
東京高判令 2・6・29 判タ 1477 号 44 頁……574
最判令 2・7・9 民集 74 巻 4 号 1204 頁
　………………………………425, 903, 966
最決令 2・7・16 LEX/DB25566907 ……631, 637
仙台高判令 2・9・30 判時 2484 号 185 頁 …770
最判令 2・10・9 民集 74 巻 7 号 1807 頁
　………………………………………570, 582
仙台高判令 2・10・20 LEX/DB25567192 …637
東京地判令 2・11・17 LEX/DB25609608 …633
名古屋高金沢支判令 2・12・16 判時 2504 号
　95 頁 …………………………………633
大阪高判令 2・12・17 判時 2497 号 23 頁 …639
最判令 3・1・22 判タ 1487 号 157 頁 ………467
東京地判令 3・2・18 LEX/DB25587974 ……641
広島高判令 3・2・24 判タ 1498 号 62 頁……637

1031

判 例 索 引

広島地決令 3・3・25 判時 2514 号 86 頁……739
東京地判令 3・4・30 判タ 1488 号 177 頁 …640
最判令 3・5・17 民集 75 巻 5 号 1359 頁
　　……………………………………759, 766
最判令 3・5・17 民集 75 巻 6 号 2303……759
東京高判令 3・6・10 LEX/DB25590698 …638
東京地判令 3・8・27 判時 2542 号 70 頁…634
広島高判令 3・9・10 判時 2516 号 58 頁……443
神戸地判令 3・9・16 判時 2548 号 43 頁…635
最決令 3・9・30 LEX/DB25591368 …………639
東京高判令 3・9・30 LEX/DB25594703 ……638
最決令 3・11・2 民集 75 巻 9 号 3643 頁
　　……………………………………890, 915
東京高判令 3・11・4 LEX/DB25595272 ……525
東京高判令 3・11・18 LEX/DB25591917 …639
東京地判令 3・11・29 LEX/DB25602241 …640
最決令 3・12・8 LEX/DB25591986 …………638
大阪高判令 3・12・16 判時 2559 号 5 頁…639
東京地判令 3・12・24 LEX/DB25602862 …629
東京地判令 3・12・24 LEX/DB25603974 …553
大津地令 4・1・14 判時 2548 号 38 頁…641
最判令 4・1・18 民集 76 巻 1 号 1 頁 …513, 904
仙台高判令 4・1・21 LEX/DB25594319 …638
最判令 4・1・28 民集 76 巻 1 号 78 頁…516, 904
東京地判令 4・1・28 LEX/DB25603264 …634
大阪高判令 4・2・22 判タ 1514 号 83 頁…764
最決令 4・3・4 LEX/DB25592442 …………637
東京高判令 4・3・11 判タ 1506 号 62 頁…764
札幌高判令 4・3・16 LEX/DB25592235 …604
大阪高判令 4・3・29 判時 2552 号 21 頁…928
最決令 4・4・12 LEX/DB25594704 …………638
福岡高判令 4・4・21 LEX/DB25592655 …635
東京地判令 4・4・28 LEX/DB25605508 …638
高松高判令 4・6・2 LEX/DB25592690 ……632

最判令 4・6・17 民集 76 巻 5 号 955 頁 …770
最判令 4・6・24 民集 76 巻 5 号 1170 頁
　　……………………………………306, 573
最判令 4・7・14 民集 76 巻 5 号 1205 頁…821
東京地判令 4・7・22 LEX/DB25606846 ……635
名古屋高判令 4・7・28 LEX/DB25593365 …637
最決令 4・9・15 LEX/DB25595273 …………525
仙台高判令 4・11・25 判時 2583 号 12 頁 …770
宮崎地判令 4・12・21 LEX/DB25594283
　　……………………………………635, 640
最判令 5・1・27 判タ 1511 号 123 頁 …620, 641
最決令 5・2・10 LEX/DB25595758 …………632
最判令 5・3・9 民集 77 巻 3 号 627 頁……584
最判令 5・3・9 LLI/DB L07810040 …………584
仙台高判令 5・3・10 LEX/DB25572756 ……771
札幌高判令 5・3・16 賃社 1824 号 17 頁……764
大阪高判令 5・3・23 賃社 1831・1832 号 59
頁 ……………………………………………764
広島地判令 5・4・25 LEX/DB25595607 ……635
神戸地判令 5・8・4 LEX/DB25596041 ……641
大阪地判令 5・9・27 判タ 1520 号 83 頁
　　……………………………………749, 765
名古屋高判令 5・11・22 LEX/DB25597720
　　……………………………………………772
東京高判令 5・12・22 判例集未登載 ………772
東京高判令 5・12・26 判例集未登載 ………772
熊本地判令 6・3・22 LEX/DB25620464
　　……………………………………749, 764
新潟地判令 6・4・18 LEX/DB25620178
　　……………………………………749, 764
最大判令 6・7・3 LEX/DB25573621
　　…………………………………764, 916, 917
最判令 6・7・11 LEX/DB25573641 …………339

新注釈民法(15) 債　権(8)〔第2版〕
New Commentary on the Civil Code of Japan Vol. 15, 2nd edition

平成29年 2月10日　初　版第1刷発行
令和 6年12月25日　第2版第1刷発行

編　者	窪　田　充　見
発行者	江　草　貞　治
発行所	株式会社　有　斐　閣

東京都千代田区神田神保町 2-17
郵便番号 101-0051
https://www.yuhikaku.co.jp/

印　刷	株式会社　精　興　社
製　本	牧製本印刷株式会社

Ⓒ 2024, Hiroko KUBOTA. Printed in Japan
落丁・乱丁本はお取替えいたします。
★定価はケースに表示してあります。

ISBN 978-4-641-01773-3

[JCOPY]　本書の無断複写(コピー)は、著作権法上での例外を除き、禁じられています。複写される場合は、そのつど事前に(一社)出版者著作権管理機構(電話03-5244-5088, FAX03-5244-5089, e-mail:info@jcopy.or.jp)の許諾を得てください。

有斐閣コンメンタール　　　　　　　　　　◎=既刊　＊=近刊

新 注 釈 民 法 全20巻

編集代表　大村敦志　道垣内弘人　山本敬三

◎　第 1 巻　総　則 1　　1条～89条　　　　　　　　　　山野目章夫編
　　　　　　　　　　　　　通則・人・法人・物

　　第 2 巻 I　総　則 2　　90条～92条　　　　　　　　　　山 本 敬 三編
　　　　　　　　　　　　　法律行為(1)／法律行為総則

◎　第 2 巻 II　総　則 2　　93条～98条の2　　　　　　　　山 本 敬 三編
　　　　　　　　　　　　　法律行為(1)／意思表示

＊　第 3 巻　総　則 3　　99条～174条　　　　　　　　　　佐 久 間　毅編
　　　　　　　　　　　　　法律行為(2)・期間の計算・時効

　　第 4 巻　物　権 1　　175条～179条　　　　　　　　　　松 岡 久 和編
　　　　　　　　　　　　　物権総則

◎　第 5 巻　物　権 2　　180条～294条　　　　　　　　　　小 粥 太 郎編
　　　　　　　　　　　　　占有権・所有権・用益物権

◎　第 6 巻　物　権 3　　295条～372条　　留置権・先取特権　道垣内弘人編
　　　　　　　　　　　　　・質権・抵当権(1)

◎　第 7 巻　物　権 4　　373条～398条の22　　　　　　　森 田　修編
　　　　　　　　　　　　　抵当権(2)・非典型担保

◎　第 8 巻　債　権 1　　399条～422条の2　　　　　　　磯 村　保編
　　　　　　　　　　　　　債権の目的・債権の効力(1)

　　第 9 巻　債　権 2　　423条～465条の10　　債権の効力　沖 野 眞 已編
　　　　　　　　　　　　　(2)・多数当事者の債権及び債務

◎　第 10 巻　債　権 3　　466条～520条の20　　債権の譲渡　山 田 誠 一編
　　　　　　　　　　　　　・債務の引受け・債権の消滅・他

　　第 11 巻 I　債　権 4　　521条～532条　　　　　　　　　渡 辺 達 徳編
　　　　　　　　　　　　　契約総則／契約の成立

◎　第 11 巻 II　債　権 4　　533条～548条の4　　契約総則／契　渡 辺 達 徳編
　　　　　　　　　　　　　約の効力・契約の解除・定型約款・他

　　第 12 巻　債　権 5　　549条～586条　　　　　　　　　　池 田 清 治編
　　　　　　　　　　　　　贈与・売買・交換

◎　第 13 巻 I　債　権 6　　587条～622条の2　　　　　　　森 田 宏 樹編
　　　　　　　　　　　　　消費貸借・使用貸借・賃貸借

　　第 13 巻 II　債　権 6　　借地借家法　　　　　　　　　　森 田 宏 樹編

◎	第 14 巻	債 権 7	623 条～696 条　雇用・請負・委任・寄託・組合・終身定期金・和解	山 本　　豊編
◎	第 15 巻	債 権 8〔第 2 版〕	697 条～711 条　事務管理・不当利得・不法行為(1)	窪 田 充 見編
◎	第 16 巻	債 権 9	712 条～724 条の 2不法行為(2)	大 塚　　直編
◎	第 17 巻	親 族 1	725 条～791 条総則・婚姻・親子(1)	二 宮 周 平編
	第 18 巻	親 族 2	792 条～881 条　親子(2)・親権・後見・保佐及び補助・扶養	大 村 敦 志編
◎	第 19 巻	相 続 1〔第 2 版〕	882 条～959 条総則・相続人・相続の効力・他	潮 見 佳 男編
	第 20 巻	相 続 2	960 条～1050 条　遺言・配偶者の居住の権利・遺留分・特別の寄与	水 野 紀 子編